酒都文物

——宜宾市第三次全国文物普查成果集成

罗培红　主编

上　册

文物出版社

封面设计　程星涛

责任印制　梁秋卉

责任编辑　李缙云

图书在版编目(CIP)数据

酒都文物:宜宾市第三次全国文物普查成果集成／宜宾市
博物院编著．—北京:文物出版社,2013.11

ISBN 978 – 7 – 5010 – 3877 – 0

Ⅰ.①酒…　Ⅱ.①宜…　Ⅲ.①文物 – 普查 – 概况 – 宜宾市
Ⅳ.①K872.713

中国版本图书馆 CIP 数据核字(2013)第 249264 号

酒都文物

——宜宾市第三次全国文物普查成果集成

宜宾市博物院　编著

*

文 物 出 版 社 出 版 发 行

(北京东直门内北小街 2 号楼)

http://www.wenwu.com

E-mail:web@wenwu.com

北 京 京 都 六 环 印 刷 厂

新 华 书 店 经 销

787×1092　1/16　印张:59

2013 年 11 月第 1 版　2013 年 11 月第 1 次印刷

ISBN 978 – 7 – 5010 – 3877 – 0　　定价:320.00 元(上、下册)

前　言

　　宜宾位于四川盆地南部，处川、滇、黔三省结合部，四季分明，冬短夏长，热量充足，年均降雨量1000～1200毫米。优越的自然环境为人类生息繁衍创造了条件，宜宾人类历史可追溯到石器时代。春秋战国时期，为僰人的聚居地。秦时，在宜宾置"僰道"县（县有蛮夷曰道）。蜀守李冰在这里"积薪烧岩"，疏通岷江航运。汉武帝时，置犍为郡。梁武帝时，立戎州。唐代称义宾，北宋改称叙州，明清为叙州府。民国时，为四川省第六行政督察区。建国后，先后设川南行署区宜宾行政督察区专员公署、宜宾区专员公署、宜宾地区行政公署。1997年，撤地区设宜宾市，辖有翠屏区、宜宾县、南溪县、江安县、长宁县、高县、筠连县、珙县、兴文县、屏山县。2011年3月，南溪县改为南溪区。

　　宜宾辖区面积1.3万平方公里，人口543万，有2190多年建城史、4000多年酿酒史，是国家历史文化名城、中国酒都和世界名酒五粮液的故乡。因金沙江、岷江在此汇合成长江，素有"长江第一城"之美称，自古以来就是巴蜀内地联系云贵民族地区的交通枢纽，具有沟通东西、连接南北人员和物资的战略作用，被誉为"西南半壁古戎州"。这里人杰地灵，人文荟萃，积淀了深厚的文化底蕴，为我们留下了丰富的文化遗产。

　　建国以来，按照国家文物保护要求，宜宾曾先后进行过两次文物普查。1978年至1980年，共调查各类文物200多处，其中有56处文物公布为宜宾地区、县（市）文物保护单位。1987年开展的第二次文物普查，列入国家文物图集的文物2704处，其中：古遗址38处，古墓葬1414处，古建筑334处，石窟寺及石刻216处，近现代重要史迹及代表性建筑257处，其他类文物445处。

　　上世纪90年代以来，随着工业化和城镇化进程，文物的保存情况发生了变化。同时，文化遗产理念不断进步，如工业遗产、文化线路、文化景观等逐步进入了文化遗产保护范畴。为适应新形势，确保国家历史文化遗产安全，全面掌握不可移动文物的分布情况，为文物的保护、利用提供科学依据，国务院于2007年4月4日下发《国务院关于开展第三次全国文物普查的通知》国发〔2007〕9号，决定在全国范围内开展第三次全国文物普查。根据国家对文物普查的总体要求，从2007年4月到2011年12月，宜宾市对辖区内的 72 个乡（其中苗族乡 11 个、彝族乡 2 个）、104 个镇、10 个街道办事处的全部市域范围，进行了文物田野调查、资料整理和数据录入工作。经四川省第三次全国文物普查办公室组织专家验收，宜宾市文物普查工作合格。全市共普查不可移动文物 6280 处（新发现文物 4651 处，复查文物 1629 处）。其中：古遗址 125 处，古墓葬 4348 处，古建筑 1071 处，石窟寺及石刻 241 处，近现代重要史迹及代表性建筑 449 处，其他类 46 处。上述成果，已通过国家文物局第三次全国文物普查数据汇总管理系统检测核准。

文物是祖先留给我们的宝贵历史文化遗产，在发展地方经济、建设社会主义精神文明和爱国主义、历史唯物主义教育方面，具有不可替代的重要作用。为此，特将普查出的全部文物进行了全面的整理和审核，编写成《酒都文物——宜宾市第三次全国文物普查成果集成》，其旨在进一步向全社会宣传、普及文物保护知识，提高全社会保护文物意识，推广运用第三次全国文物普查成果，向各级人民政府、相关部门提供文物保护基础资料，更好地发挥文物在宣传、贯彻执行党的十八大精神和两个文明建设中的作用，为宜宾的文化强市和文化遗产保护、利用、传承做出应有的贡献。

目　录

上　册

宜宾县

南溪区

江安县

下　册

长宁县

高　县

珙　县

筠连县

兴文县

屏山县

概　述

　　2007 年 4 月，国务院下发了《关于开展第三次全国文物普查的通知》（国发〔2007〕9号）。

　　第三次全国文物普查是我国国情国力调查的重要组成部分，是国家历史文化遗产保护的重要基础工作，国家文物局制定了严格的规范标准，宜宾市第三次全国文物普查工作，自始至终严格遵循，从组织机构到经费保障，从人员组合到资料、数据的采集、整理，都以高标准、高质量要求。全市乡村普查到达率均达到 100%，共绘制文物位置示意图、分布图、平面图、立面图 13573 张，拍摄照片 19411 张，建立电子档案数据37.7G，普查出文物 6280 处，按文物类别为：古遗址 125 处，古墓葬 4348 处，古建筑1071 处，古窟寺及石刻 241 处，近现代重要史迹及代表性建筑 449 处，其他类 46 处。上述普查成果，已通过四川省第三次全国文物普查专家组验收、国家文物局"第三次全国文物普查数据汇总管理系统"检测并核准。

　　宜宾市第三次全国文物普查出的 6280 处文物，本书在编写时，将其进行了系统的整理，合并和整合了同地、同类的文物点，最后的数量为 6213 处。其中，古遗址为 127处，古墓葬 4304 处，古建筑 1052 处，古窟寺及石刻 254 处，近现代重要史迹及代表性建筑 455 处，其他类 21 处。基本情况如下：

　　古遗址主要有城址（包括聚落遗址）、寨址、窑址和古道遗址等。城址一般为当时的县、州城所在地，个别的是因战争、军事需要而修筑的关隘、城堡。其年代，上至汉、唐，下至宋、明。寨址分为两类，即作为军事上的边隘关卡和一般民寨，年代为宋至明、清。上述遗址，面积分布较广，大部分尚存有残段城墙、寨门等遗迹、遗物。窑址一般位于临水的溪河台地上，文化堆积丰富，保存有窑具器件、陶瓷半成品等，年代在宋以后。古道遗址，以高县石门遗址最具代表性，该遗址是秦修五尺道以来，历代封建王朝开发和经营西南边疆地区的实物见证。

　　古墓葬在市境内分布广泛，数量较多，形制多样，主要有悬棺葬、崖墓、石室墓和清代墓等。

　　悬棺葬主要集中在珙县、兴文、筠连 3 县，调查登记尚存的棺木有 312 具。其中珙县洛表乡麻塘坝和曹营乡苏麻湾的悬棺有 302 具，是目前国内已知数量最多者。其年代，上限未知，下限止于明代。在珙县麻塘坝悬棺周围的崖壁上，还有200多幅崖画，内容丰富，保存完好，具有浓郁的民族风格。关于行悬棺葬人的族属，自古至今，说法甚多，莫衷一是。1981年，全国首届悬棺葬学术研讨会在珙县召开，来自全国各地的专家、学者对悬棺葬的族属等有关问题进行探讨。归纳起来，主要有两说：一为僰人，一为僚人。国务院在公布珙县悬棺为全国重点文物保护单位时，命名为"僰人悬棺"。

崖墓俗称"蛮洞子"。它从汉代出现至明代终止，流行千余年。从普查的情况看，现存的崖墓，汉代最多，宋至明次之。

汉代崖墓主要分布在长江、岷江、金沙江及其支流的两岸山丘崖壁上，已发现的崖墓，有单室、双室和多室，墓室面积一般都在10平方米以上，大者可达40～50平方米。极大型的墓还凿有享堂，呈前堂后室的布局；门前还凿有双阙。不少墓的门额及室壁都有浮雕柱头、斗拱、屋檐之类的仿木建筑图像；或在墓门崖壁刻神话传说、历史典故、祥禽瑞兽等各种题材画像及年号。葬具多为石棺，次为瓦棺，亦有石、瓦棺并用的；又有一室用一棺和一室用多棺的。用石棺者，其石棺有的连壁凿就，有的单独成棺，有的为素面，有的则通棺雕刻画像。

宋、明崖墓，大部分集中在横江、南广河、淯江流域，墓室离地面高者可达20米以上；墓多无墓道，门额上方大都凿有仿屋檐形的凹槽；门左右雕刻有柱头之类的仿木建筑图像，以及各类人物、动物、花草图像。墓室主要有竖穴和横穴两种。竖穴者，墓门近于方形，多凿门洞；有装双扇对开石板门扉，少数凿槽嵌石板封门。墓室面积一般3平方米，墓室内大部分凿有棺台、壁龛，个别的还在后壁上刻"半开门"图像。墓室或平顶或券顶，亦有人字坡形和藻井的。横穴者，呈横长方形，凿槽嵌石板封门。墓室面积为2平方米左右，室内无雕刻图像。所调查登记的崖墓，均已严重扰乱。

古建筑亦是目前宜宾市境内现存地面文物中数量居多的一类，其类型有寺庙、宫观、府署、书院、会馆、塔、坊、桥、城池、古镇、民居等。年代上，仅翠屏区旧州塔为宋代建筑，其余皆为明、清时所建。基本特点是：

明代建筑多为寺庙，歇山式顶，抬梁结构，四角起翘不高，檐下旋柱头、补间、转角铺作斗拱以承托房梁。柱子用材粗大，并有侧角升起。整个造型显得朴实厚重，构架简练明快。

清代建筑，造型多样，注重外观装饰，房顶除继续采用歇山式外，有硬山、悬山、卷棚等。梁架普遍施用穿斗或抬梁穿斗混合结构。在门窗额枋上雕刻各种图案。较大的寺庙，殿前一般还配有牌坊式山门及戏楼。

塔，分布在翠屏区、南溪、高县、屏山、筠连等地。翠屏区的旧州塔，系宋代建造的十三重密檐式砖塔，为中国名塔之一。其他的均系明、清楼阁式文风塔或字库。

牌坊和桥，均为石作仿木结构。明代者，较为简练，一般为重檐歇山式顶，下刻斗拱及简单纹式；清代牌坊，多为重檐，较大者，为三重檐，坊身雕刻精细，有斗拱、匾额、诗文、对联、戏场文景、瑞兽花草，等等。桥以拱桥、平桥两种形制为主。

城池、古镇、街道、古寨、民居，各区县均有，造型各异，各具特点。其中翠屏区的叙州城址、屏山县的马湖府城门楼、南溪县的文明门城楼皆为明、清建筑，具有鲜明的明、清建筑风格。

民居建筑，亦很有地方特色，尤其是庄园式民居建筑，规模宏大，设施齐全。布局上，住宅外包绕高大的围墙，四角设碉楼。院内以各厅堂和偏房组成若干不等的四合院，内设客厅、居室、书房、琴房、佛堂、戏台、花园、仓库、作坊、马房等。

石窟寺石刻，包括摩崖造像、碑刻题记，年代最早为唐，以后历代皆有。

石窟寺及摩崖造像，唐代者，均系佛教内容，而宋代以后，则渐复杂，往往一处地方，既有佛教造像，又有道教造像。这种现象在清代造像中，尤为突出。翠屏区花台寺石刻造像、大佛沱摩崖造像、丹山碧水摩崖造像，宜宾县青山摩崖造像、石盘寺造像，南溪县洪岩寺摩崖造像，江安县和尚石窟岩造像，长宁县仙寓洞，高县半边寺摩崖造像，屏山县八仙山大佛等，为宜宾市石窟寺及摩崖造像中的代表。

碑刻题记主要有两种：一是历代文人学士刻于风景名胜地的诗文，内容多系怀古抒情文作，如翠屏区流杯池及其石刻题记、南广镇歇马石摩崖题刻；另一种是记事性碑刻题记，主要记叙当时当地发生的重大事件，如兴文县建武崇报祠碑刻。

宜宾市各地还有一批名人墓、名人故居、纪念性建筑和近、现代史迹，如翠屏区李庄营造学社旧址，中央研究院旧址，宜宾县郑佑之烈士墓、赵一曼烈士故居，南溪县朱德旧居、孙炳文故居，长宁县余泽鸿烈士故居，高县李硕勋故居、阳瀚笙故居，筠连、兴文、珙县的红军标语、红军烈士墓等。

需要说明的是，第三次全国文物普查登记的文物，截止时间为2007年前发现的。2007年以来，宜宾市陆续发现了一批古遗址，如宜宾县喜捷镇红楼梦社区"糟房头酿酒作坊遗址"，面积达3000平方米，是目前川南地区发现的要素最全、时代最早、保存最好的一处酿酒作坊遗址。屏山县向家坝水电站淹没区发现的叫化岩遗址、石柱地墓地及遗址、骆家沟遗址、平夷长官司衙门遗址、小街子遗址、大树枝遗址、沙坝墓地、桥沟头遗址、东岳庙遗址、斑竹林遗址、长箱子遗址等，为西南地区民族考古、历史考古、历史学、民族学的研究等提供了重要的实物资料。尤其是叫化岩遗址，分布面积达4000平方米，是川南地区首次发现的新石器时代遗址，为川南地区填补了史前遗址文化的空白，将宜宾地区人类活动的历史至少提前了3000多年。

通过这次文物普查，一些问题须引起高度重视：

一、文物损毁消失速度惊人。1987年开展的第二次全国文物普查，依据当时的标准，宜宾市共普查出文物2704处，此次对这部分文物进行复查，发现已消失了953处，消失比例高达 35.2%，其原因主要是城镇化建设，人为行为所致。这些珍贵的历史文化遗产，历经沧桑，侥幸保存了下来，却又在今天遭到损毁，尤值我们深刻反省，引以为鉴！在今后，各级政府、部门必须严格依法保护文物，加大文物执法力度，否则，此类情况，将会再度发生，造成不可挽回的损失。

二、现存文物，现状堪忧，抢救保护，刻不容缓。目前，在宜宾市现存的 6280 处文物中，已公布为国家、省、市县级文物保护单位的文物，仅有 255 处，绝大部分文物仍处于"原生态"状况：一是破败不堪，急需抢救修缮；二是分布广阔，无人看护，存在极大的安全隐患。对此，须采取措施，按照国家文物保护法律法规，继续强化"五纳入"，即各级政府要把文物保护，纳入地方经济和社会发展计划，纳入城乡建设规划，纳入财政预算，纳入体制改革，纳入各级领导责任制；加大对文物抢救保护经费的投入；针对文物不同的具体情况，建立健全各种规章制度，落实专人看守；尤其是要编制出科学规范的文物保护规划，分期分批抢救修缮文物。

三、在保护好文物的前提下，科学、合理利用文物为社会经济发展服务。振兴地方经济，文物有着独特的重要作用。宜宾市文物数量宏大，类别齐全，资源丰富，在发挥为地方经济服务方面，有着独特的优势，大有文章可做。如珙县僰人悬棺，是目前国内悬棺数量保存最多、最集中的地方，具有十分重要的历史、艺术、科学价值，完全可以利用这一独特的优势，修建国内唯一的悬棺博物馆，使之成为陈展、收藏、研究、观赏悬棺的旅游胜地。屏山向家坝水电站淹没区，将有 44 处文物搬迁。这 44 处文物，有庙宇、城镇、牌坊、民居、桥梁等，基本涵盖了古建筑的类别。国家对文物搬迁，有严格的法律规定，非大型基本建设，一般情况下是不允许的。因此，可利用向家坝水电站文物搬迁这一千载难逢的机遇，按照文物保护法，科学规划和设计，将所搬迁的文物，集中复建成明、清古城，再辅之以向家坝宽阔的水库、秀美的青山，使之成为集古城、山水、景观为一体的旅游胜地。

翠屏区

北城街道

古遗址

五粮液老窖池遗址 包括"长发升"酒窖和"利川永"酒窖。四川省人民政府于1998年公布为文物保护单位。国务院于2013年4月公布为全国重点文物保护单位。

"长发升"酒窖位于东城街道鼓楼街，建于明代，其作为五粮液前身——杂粮酒的重要糟坊，有酒窖31口，其左区右列第一口窖"菜刀把"和右区左列第一口窖"板子窖"为明代古窖。"菜刀把"因窖形与菜刀相似而得名，其口沿用条石砌成，窖壁、窖底为土质，窖长3、宽2、深1.8米。"板子窖"因窖面铺木板而得名，窖长2.3、宽2、深1.6米。现整个生产车间为多栋连接的民国穿斗木结构建筑组成，长60、宽依次为28、14、7和11米，呈"丁"字形。

"利川永"酒窖位于北城街道长春街，建于明代，原为"利川永"糟房旧址，现为五粮液酒厂生产车间，其中"河"字班组（民国时名称"全恒昌"）有窖池24口，占地面积624平方米；"顺"字班组（民国叫"利川永"）有窖池29口，占地面积624平方米；"梅"字班组（"大跃进"后新建）有窖池23口，占地面积608平方米。1964年，经省文物管理委员会专家鉴定，窖号为21、22、23号的三口窖池为明代窖池。21号口长2、底长1.7、口宽1.65、底宽2.5、窖深1.5米，口沿用条石，壁底为土质；22、23号长2.8、宽1.65、高1.8米，口沿为条石，壁底为土质。

古墓葬

真武山崖墓群 位于北城街道真武山社区，建于汉代。墓群坐西向东，共3座，编号M1～M3，呈横向分布，分布面积约300平方米。M1为一墓三室，由墓道、墓门、墓室组成。墓道已扰乱，正中可见墓口，墓门已毁，墓口呈矩形，长1.2、高1.5米。墓室呈不规则形，长10、宽6米。M2、M3扰乱严重，墓门已毁，墓室呈不规则形。

古建筑

刘鼎兴糟坊　位于北城街道北正街，原为私家酒坊，为前店后作坊式，建于明代。糟坊坐北朝南，砖木结构，硬山式顶，面阔三间 14.1 米，进深九间 34.5 米；现前堂和屋面均改为桁架结构，水泥瓦屋面；现存酒窖 20 口，每口长 2.1、宽 4.2、深 2 ~ 2.4 米。

真武山古建筑群　位于北城街道真武山社区，建于明、清时期，占地面积 49 亩，建筑面积 4000 平方米。现保存有望江楼、祖师殿、玄祖殿、无量殿、地姆宫、斗姆宫、三府宫、文昌宫以及牌坊。整个建筑群依山势纵横布局，年代早至明万历年间，晚至清道光时期，从山下沿石阶而上是望江楼，由望江楼过三孔石桥为祖师殿，其后为玄祖殿和无量殿，均在中轴线上。玄祖殿之西侧，横向排列斗姆宫、三府宫、文昌宫，与玄祖殿各自依山取势，间有石阶迂回相通，是川南规模最大、保存最为完整的明清宫式建筑之精品。国务院于 1996 年公布为全国重点文物保护单位。

望江楼建于明代万历年间（1573 ~ 1620 年），清乾隆五十六年（1791 年）培修。为抬梁式木结构建筑三重檐歇山顶，内二层。第三檐下饰如意斗拱，另两檐下无斗拱，单檐下斗拱出二跳。八椽栿前后乳栿搭牵用六柱，有回廊并施飞来椅。面阔三间 14.8 米，进深三间 11.4 米，通高 11.8 米。

祖师殿建于明万历九年（1581 年），抬梁式建筑，重檐式歇山顶，四椽栿，前后乳栿搭牵用四柱。面阔三间 8.67 米，进深三间 7.6 米，通高 7.8 米，檐下施斗拱出二跳。

玄祖殿，又名无极宫，系真武祠主殿。明万历二年（1574 年）建。抬梁式建筑重檐歇山式顶，面阔三间 12.6 米，进深三间 12.1 米，通高 8.9 米。四角柱侧脚明显。侧墙排架为六架檐屋，前搭牵，后乳栿，用四柱，当心间作藻井彩绘八卦图案，次间是砌上明造。石质覆盆式柱础。上檐补间铺作斗拱用四朵，六铺作出三抄，并出 45° 斜华拱。下檐明间补间铺作斗拱形制一样，均为六铺作出三抄。殿前 10 米左右，建有木结构如意斗拱建筑牌坊一座，四柱三间，清代建。

无量殿，始建于明代万历年间，毁后于清康熙十二年（1673 年）重建。穿斗式木结构建筑硬山式顶，前檐下施卷棚，后乳栿搭牵用四柱，面阔 19.6 米，进深 11.4、通高 8.9 米。

斗姆宫由前殿、中殿和后殿构成。前殿为明万历四十六年（1618 年）建，为不完全的抬梁式构架，不高的台基之上立柱，重檐歇山顶，四椽栿前后乳栿用四柱，檐下施斗拱。面阔三间 11.7 米，进深三间 10.8 米，通高 8.2 米。中殿和后殿均为清代重建，木结构硬山式穿斗结构。中殿面阔三间 11.6 米，进深三间 10 米，通高 8 米；后殿面阔三间 11.5 米，进深三间 9.8 米，通高 8 米。

三府宫，清道光年间（1821~1850年）建。由前后两殿构成二进四合院。前殿为单檐歇山式穿斗建筑，减柱造，面阔五间22.2米，进深四间18.6米，通高10.8米。后殿为硬山穿斗式建筑，减柱造，面阔五间22.1米，进深四间10.45米，通高8.5米。

文昌宫，清代修建，三重大殿均在纵轴线上，硬山式穿斗建筑。前殿面阔五间24米，进深五间19米，通高9米；中殿面阔三间15.4米，进深七间13.8米，通高8.7米；后殿面阔三间15.2米，进深三间14.2米，通高8.3米。

地姆宫，坐西向东，单檐歇山顶，穿斗式木结构建筑，面阔三间12.8米，进深三间8.2米，通高7米。

翠屏书院 位于北城街道真武山社区，始建于明代，清代重建，坐北朝南，为典型的清代书院建筑。书院为一进三幢，前后并列，左翼有一楼一底厢房。院前有两钟楼，四周砖墙环绕，建筑面积1650平方米，占地面积5408平方米。中殿为抬梁砖木结构歇山顶，其余皆为砖木结构硬山式顶，小青瓦屋面。前幢面阔三间28米，进深12米；中幢建筑面阔五间25.4米，进深三间13.6米，有回廊；后幢面阔七间23.2米，通进深12.3米；左翼楼房，面阔八间31.6米，通进深16.4米。书院门前左右各有一座钟楼，八角攒尖式顶，素筒瓦屋面。四川省人民政府于2002年公布为文物保护单位。

近现代重要史迹及代表性建筑

宜宾岷江铁路大桥 位于北城街道真武山社区，建于1958年，又名"宜宾内昆铁路大桥"。全长364、桥面宽4.85米。岷江铁路大桥属进入宜宾市区唯一一座特大型钢筋厢形拱桥，桥梁为五墩四孔厢式钢筋架，每孔有六组人字形钢构架，两端为水泥构架，南为一孔，北为两孔。桥梁修建前期为前苏联援建项目，因苏联专家撤离，后由我国自行修建完成。

东城街道

古建筑

马家巷酒作坊 位于东城街道马家巷，原为店铺作坊，建于明代，总面积412平方米，共有20口窖池，排列成三排。糟坊面阔26.1、进深15.8米。作坊内14号酒窖口长3、宽1.75、深2米。

百二河山坊 位于东城街道匡时街，建于明代，坐东向西。临近岷江，在明代外水城与内城门之间，为石质仿木结构。据清嘉庆《宜宾县志》载：坊建于明崇祯戊寅年（1638年）；四柱三间，庑殿顶，明间高，次间低，通面阔8.2米，檐下出三跳斗拱六铺作，第一层为一大坐斗，以上逐层递增，其中明间四朵，次间两朵；西面坊额雕刻"百二河山"四字。宜宾市人民政府于 2002 年公布为文物保护单位。

匡时街民居 位于东城街道匡时街（1、3、5、7、9、11、13、15、17、19、21、23 号）、复兴街（56、58、60、63、64 号），为宅第民居，建于清代时期。匡时街民居建筑共有单体房屋八间，整个民居年久失修，面临垮塌，布局不清，结构为悬山构造，其中最西一栋开间九间，进深四间，通进深 24.5 米，中间一栋面阔三间 7.4 米，进深四间，东面一栋面阔一间 5.8 米，进深四间，二层。

叙州府文庙 位于东城街道中山社区，俗称"大成殿"，建于清代，清道光二十三年（1843 年）维修。大成殿坐北朝南，占地面积 350 平方米。木结构单檐歇山式顶，抬梁式构架，檐柱与金柱之间施卷棚，外檐下用斜撑加卷棚，面阔五间 24 米，进深三间 14 米，高 14 米。有鼓形石柱础，柱径 0.3 米。殿之两侧厢房为穿斗式屋架，六椽栿，硬山顶，均为面阔五间 41.8 米，进深三间 7 米。现存建筑基本完好，宜宾市人民政府于 2002 年公布为文物保护单位。

武庙 位于东城街道中山社区，为清代建筑。坐北朝南，四合院布局，现存大殿、厢房、前殿三部分，占地面积 3395 平方米。正殿为木结构抬梁式建筑，重檐歇山带回廊构造，六椽栿用六柱，前后廊用乳栿施卷棚，前后檐外施卷棚及斜撑；第二重檐下辟棂窗，窗棂之上饰如意斗拱；有石质踏道 5 级。素筒瓦屋面，立柱三间，通面阔 27 米，进深三间 13.8 米，高 14 米，厢房为硬山小青瓦屋面，带前廊构造，面阔九间；前殿为硬山带前廊构造，殿内覆天花，与厢房搭交。宜宾市人民政府于 2002 年公布为文物保护单位。

华藏寺 位于东城街道中山社区武庙街，始建于清代康熙二十四年（1685 年），坐北朝南，四合院平面布局，总占地面积 1062.7 平方米。由山门、护法殿、大雄殿、厢房、观音殿、斋堂组成的二进深四合院。山门、三圣殿已毁，现为 2008 年新建的仿古建筑，原名华佗殿。护法殿：平面为方形 5 米，单檐歇山，小青瓦屋面。大雄殿：硬山小青瓦屋面，面阔五间 18 米，进深四间 8.4 米，屋面与厢房搭交。前堂厢房：左为现代钢混结构二层平房，右为二层小青瓦屋面，砖木结构，后檐墙改为现代小砖，失去原封火墙形制，开间六间 19 米，进深一间 5 米。观音殿：硬山顶小青瓦屋面，开间五间 10.2 米，进深六间 7.2 米，屋面与厢房搭交。后堂厢房：砖木结构，小青瓦屋面，面阔三间 8 米，进深一间 2.1 米，封火墙保存完好。

东壁图书楼 位于东城街道中山社区，亦称"文献楼"，建于清光绪二十七年（1901 年），坐北朝南，建筑面积 77.2 平方米。楼为木结构重檐歇山式顶，素筒瓦屋面，一楼一底，通高 10 米，抬梁式八架椽栿，屋前后乳栿用四柱，台基高 0.3 米，正门有二级阶梯踏道。楼内二排柱，平面呈"回"字形，底楼面阔三间 9.85 米，进深四间 11 米，梁枋有"大清光绪辛丑二十七年季冬月立"题记。宜宾市人民政府于 2002 年公布为文物保护单位。

近现代重要史迹及代表性建筑

拱星街天主堂 位于东城街道拱星街，建于清代，坐南向北。原由牌坊、礼拜堂、藏经楼三部分构成，现藏经楼已毁。天主堂占地面积 1467 平方米，牌楼为砖石结构，由多种瓷片贴成各种图案。礼拜堂为石木结构，硬山顶，小青瓦屋面，面阔三间 13.4 米，进深七间 28.7 米。

中山街钟鼓楼 位于东城街道中山社区，建于 1938 年 8 月。坐北朝南，砖石结构，平面呈方形，6 级踏道，底层为条石垒砌，其上均用青砖，通高 30 米，其内部装修为木梯道，共计 11 层。钟鼓楼是当时宜宾最高的建筑，也是标志性建筑。

宜宾地区行政公署旧址 位于东城街道中山社区，建于 1950 年，坐北向南，为一楼一底砖混结构，小青瓦屋面，通宽 29.7、通进深 22、通高 8 米，为宜宾地区行署当时修建的第一座办公大楼。

永生公馆 位于东城街道都长街，坐北朝南，为砖木结构二层带回廊构造，面阔七间 25.4 米，进深六间 14 米，地下室二间。砖柱，木楼板，歇山式小青瓦屋面，屋顶开天窗五个。

南城街道

古遗址

德盛福酒窖 位于南城街道集义社区，建于明代。酒窖原为赵元兴所拥有，始建于明代，占地 1324 平方米。酒窖呈矩形，均为地穴式曲酒发酵窖，每窖通长为 3.2、宽 2.5、深 1.8 米，现共计 18 口窖池，其中 7 口为明代老窖；窖池口沿用石板砌成，窖壁及窖底均为土质，窖表及底表均糊有约 10 厘米的窖泥。四川省人民政府于 2012 年公布为文物保护单位。

下走马街南华宫遗址 位于南城街道集义社区，为寺庙遗址，建于清代年间，坐北朝南，原由前后殿、厢房组成，前后四合院布局，占地面积 1999.2 平方米，现仅存东、西两面烽火墙体，长度 400 米。

叙州城城墙旧址 位于南城街道合江门社区，建于明、清时期。叙州城墙现存主要有以下几段：冠英街段，长 220.5、高 6.3、厚 6.7 米；水东门广场段，长 393.8、高 6.1、厚 6.7 米，均由条石错缝叠砌，此外，水东门广场与滨江路连接处尚存城门一座，以条石叠砌,门呈拱形,宽 2.7、高 5、厚 2.75 米,门上设女墙。宜宾市人民政府于 1998 年公布为文物保护单位。

古建筑

天全街王爷庙 位于南城街道滨江路,建于清代,坐北朝南,平面呈长方形,建筑面积 383 平方米。木结构硬山顶,抬梁穿斗混合构造,带前廊,面阔四间 28.6 米,进深四间 13.4 米,通高 8 米。

冠英街民居 位于南城街道合江社区冠英街,为宅第民居,建于清代年间。宜宾市人民政府于 2002 年公布为文物保护单位,包括 1 号、2 号、3 号、4 号、5 号、6 号、7 号、8 号、9 号、10 号、11 号、12 号、13 号。

1 号民居,坐南向北,建筑面积 300 平方米,为二进四合院布局,通面阔 13.9、通进深 21.5 米,硬山式顶,小青瓦屋面,花格棂窗,木板墙外带封火墙。

2 号民居,坐北向南,建筑面积 218 平方米,为二进四合院布局,通面阔 12.75、通进深 17.1 米,硬山式顶,小青瓦屋面,饰有花格棂窗,木板墙外带封火墙,临街大门为悬山式顶,柱为石作门柱,大门正上檐下有花卉雕刻。

3 号民居,坐南向北,建筑面积 212 平方米,为二进四合院布局,通面阔 9.6、通进深 22.15 米,穿斗结构硬山式顶,小青瓦屋面,饰有花格棂窗,木板墙外带封火墙,临街大门为悬山式顶,柱为石作门柱。

4 号民居,坐北朝南,建筑面积 390 平方米,二进四合院布局,通面阔 12.5、通进深 31.3 米,穿斗硬山结构,四周有砖筑封火墙,人字顶小青瓦屋面,饰有花格棂窗,内有木板墙。

5 号民居,坐南向北,建筑面积 325 平方米,为二进四合院布局,通面阔 13、通进深 25 米,穿斗结构硬山式顶,小青瓦屋面,饰有花格棂窗,木板墙外带封火墙。

6 号民居,坐西向东,建筑面积约 700 平方米,为二进深复合四合院布局,通面阔 15.8、通进深 45.3 米。悬山穿斗结构,小青瓦屋面,临街辟"八"字门,门窗、撑弓雕刻各种精美的花卉图案。

7 号、8 号原为清末民初大地主刘文彩及其家人在宜宾时的居所,包括东、西两个院子。东院坐南朝北,二进四合院布局,通面阔 16.3、通进深 25.26 米,建筑面积 420 平方米,穿斗硬山结构,外由砖筑封火墙包绕,人字顶小青瓦屋面,带天窗小楼,花格棂窗,木板墙,八字槽门宽 4.9 米,门额塑"墨庄遗庆"横匾。西院现仅存大门,内部建筑已毁。

9 号民居,坐南朝北,建筑面积 272 平方米,二进深复合四合院布局,通面阔 14.7、通进深 18.5 米,穿斗硬山结构,四周有砖筑封火墙,人字顶小青瓦屋面,饰有花格棂窗，内有木板墙。

10 号民居，坐北向南，建筑面积 375 平方米，原为四进四合院布局，现后部已毁，所存部分通面阔 12、通进深 32.8 米，小青瓦屋面硬山式顶，饰有花格棂窗，木板墙外建有封火墙。临街斜开门，门前墙上镶"福"字。

11 号民居，坐南向北，建筑面积 520 平方米，为二进四合院布局，正房已毁，通面阔 20、通进深 26 米，穿斗结构硬山式顶，小青瓦屋面，饰有花格棂窗，木板墙外建有封火墙。

12 号民居，坐北向南，建筑面积 265 平方米，为四合院布局，厢房保持较好，通面阔 13.5、通进深 19.6 米，小青瓦屋面硬山式顶，饰有花格棂窗，木板墙外建有封火墙。

13 号民居，坐南朝北，建筑面积 385 平方米，二进四合院前店后寝布局，通面阔 14.3、通进深 26.9 米，穿斗硬山结构，四周有砖筑封火墙，人字顶小青瓦屋面，饰有花格棂窗，内有木板墙。

云南会馆　位于南城街道走马街，为清末寓居宜宾的滇籍商人修建，从光绪七年至三十年（1881～1904 年）所建，占地 10 亩，与三条街相通，沿中轴线依次为牌楼、前院、大殿和花厅。大殿和花厅在 90 年代旧城改造时被毁；右侧依次为西跨院、文星楼、书楼；牌楼为三重檐庑殿式顶，面阔三间 7.9、高约 6 米。前院包括戏楼、裙楼、东西厢房，戏楼系木结构单檐歇山顶，平面呈方形，抬梁木构架。西跨院由门庭、过庭、侧院组成。门庭为重檐歇山，素筒瓦屋面，面阔三间 8.9 米，进深两间 4.3 米，烽火墙体向内延伸为一通道，为过庭，前后有廊，硬山结构，小青瓦屋面，面阔两间 6.7 米，进深 2.4 米，四合院位于其左侧，正房四间 11 米，进深六间 4.2 米，明间为庭堂造，上下二层，厢房面阔三间 6.2 米，进深一间 3.2 米。文星楼为木结构重檐歇山顶，二层，平面呈方形，占地 141 平方米，穿斗加抬梁结构，面阔三间 12.7 米，进深三间 10.8 米，书楼为二层卷棚顶。宜宾市人民政府于 2002 年公布为文物保护单位。

文重街魁星阁　位于南城街道文重街，建于清代，坐北向南，平面呈矩形。四柱三开间，面阔 10.6 米，进深 12.8 米，穿斗加抬梁结构，木结构三重檐歇山盔顶，通高 13米，保存基本完整。宜宾市人民政府于 2002 年公布为文物保护单位。

大观楼　位于南城街道民主街，原名"谯楼"，始建于明嘉靖年间（1522～1566年），后毁于战火，仅存台基，清乾隆二十年（1755 年）重建，更名为"大观楼"。楼为三重檐歇山式，坐西向东，通高 22.5 米，占地面积 654 平方米。底层为石砌高台，台高 5.45 米。中分为四个拱形顶壶门以十字形通道相接。高台南北边宽 25.5 米，其中门宽 3.5 米；东西边宽 22 米，门宽 3.5 米。抬梁木构架三重檐山顶，布灰色琉璃瓦，正脊为烧制黑色盘龙脊，中置宝顶，二楼以上每层檐下施如意斗拱，四周辟棂窗，高敞明丽，古朴巍峨；斗拱、露明梁架均饰旋子彩画。第三层东檐下有匾额"大观楼"三字，每字1.5米见方，为清叙州知府托隆所题，宜宾县知县冀宣明书，字迹酣畅淋漓，挺拔雄健。同层西檐下有匾额"西南半壁"，为清代华阳人顾汝修书，笔意流畅。国务院于2013年公布为文物保护单位。

石窟寺及石刻

花台寺石刻造像　位于南城街道南街，建于唐宪宗（806～820年）时期，寺已毁，现残存石刻数龛，龛布于大石四周，大石独立于水池中，龛呈长方形，大小不一，北面有数尊呈拜座佛像残痕，东面龛浅浮雕丛山，一树一殿，殿为悬山式，脊端有鸱吻。宜宾市人民政府于1998年公布为文物保护单位。

近现代重要史迹及代表性建筑

叙府会馆　位于南城街道商业街，建于民国初期。坐南朝北，木结构建筑，占地540平方米。前楼为单檐卷棚顶，抬梁式六架椽栿前后乳栿用四柱。大殿是三重檐歇山式顶，屋顶重檐翘角，檐下用斜撑，抬梁式六架椽栿。厢房为一楼一底。翠屏区人民政府于1981年公布为文物保护单位。

吴家大院　位于南城街道女学街，坐北朝南，四合院布局，面积310平方米，木结构硬山顶，前厅为穿斗加抬梁，六架椽，面阔14.1米，后厅为穿斗式，用八柱，面阔14.1、进深9.3米。

冯氏家祠　位于南城街道女学街，坐北朝南，四进四合院，砖木结构，硬山构造，穿斗结构，室内施望板。前厅：面阔三间15.5、进深四间7.8米。中厅：面阔四间15.5、进深四间8米。后厅：面阔三间15.5、进深四间7.5米。祠堂墙体铭文"冯氏家祠"、"民国十六年建"。

西城街道

古建筑

潼关码头　位于西城街道和平社区，为桥涵码头，建于明代。码头长500米，护提条石长1、宽40、厚50米，呈长条形分布，路面多由条石铺装，大小不一，码头是四川与云南明清时期水上贸易往来的实物见证。

石窟寺及石刻

千佛岩摩崖造像　位于西城街道人民路社区，整体刻在人工堆砌的条石墙上，石墙为三门式长条形墙，长 13、厚 6、高 6 米，石墙右侧 6 米处有垂带式踏步直下山腰。中门刻有行书楷联：上联为"莹迎□山献势业高"，下联为"门向□江光□□□"。两侧刻有功德碑，据碑文记载，石刻造像凿建于明代，清代有增补，共计 896 尊佛、菩萨、罗汉、弟子、力士等像。"文革"时期部分头像被毁，1998 年曾有修缮，现有佛像 1131尊。原名称为"千佛崖"，现更名为"千佛岩摩崖造像"。宜宾市人民政府于 1998 年公布为文物保护单位。

近现代重要史迹及代表性建筑

公信医院附属护士学校楼旧址　位于西城街道文星街，建于清代，坐北朝南，砖木结构，右侧为悬山构造，左侧为硬山构造，上下二层，回廊结构，面阔 25.6、进深 3.62 米，占地面积 207 平方米。1890 年为教会医院护士学校大楼，现为宜宾卫校使用。

文星街天主堂　位于西城街道文星街，建于清代，坐北朝南，占地面积 798 平方米。平面布局为典型天主教礼拜堂，前为天主教式山门，瓷片装饰，面阔五间 19.3 米，中部为过廊，内为礼拜堂，进深八间 42 米，后堂为圆弧形祭台，砖木结构，小青瓦屋面。

和平街川主庙　位于西城街道和平街，建于 1929 年，为供奉李冰及道教三清的道教建筑。平面为四合院布局，占地 556 平方米，坐北朝南。正殿为硬山构造，小青瓦屋面，五开间 20.4 米，进深 4.11 米，穿斗结构，厢房上下二层，硬山构造，穿斗结构小青瓦屋面，五开间 18 米，进深 3.1 米。

县级宜宾市政府旧址　位于西城街道人民社区，建于 1950 年，现为翠屏区政府办公大楼，共有前后两幢办公大楼，均坐北向南，两大楼形制一样，主体为两楼一底砖混结构，条石筑基，小青瓦屋面，通宽 36、通进深 18、通高 11 米。

潼关战备码头　位于西城街道和平社区，码头沿金沙江河道而建，建于 20 世纪 80年代，平面大致呈"L"形，位于南门大桥与金沙铁路桥之间，长 1000、高约 20 米，由条石、混凝土而成，是在原潼关码头基石之上改扩建而成。码头是当时中国处在有可能和前苏联爆发战争危机的背景下，宜宾为响应毛泽东提出的"深挖洞、广积粮、不称霸"、"备战备荒为人民"、"准备打仗"等思想，为战备需要而修建的，是反映当时历史背景的实物佐证，为 20 世纪一处不可多得的宝贵遗产。

南岸街道

近现代重要史迹及代表性建筑

真道堂后门　位于南岸街道下渡口社区宜宾市六中内，为宅第民居，坐南朝北，建于清光绪三十年（1904 年），为北美基督教侵礼会两牧师，在宜宾市南岸买地 5 英亩设洋办学，取名"真道堂"。现大部分建筑已毁，仅存后门，建筑面积约 70 平方米，为穿斗式砖木结构，小青瓦屋面，为水泥地面，面阔 13.88、进深 5.15 米，保存较好仍在使用，真道堂旧址上已建为宜宾市第六中学。

五粮液 503 车间　位于南岸街道上渡口社区，建于 1961 年。车间共有 9 个窖房，占地面积 5000 平方米，660 余口窖池，其中有 30 年代的窖池 18 口，在上世纪 60 年代、80 年代均有改建，车间年产量 2000 吨左右，占全厂出厂五粮液产量的 50% 左右。

西郊街道

古墓葬

苗圃五村墓地　位于西郊街道两路桥社区苗圃五村，建于明代，占地面积约 20 平方米。墓室共两间，形制一样，墓门已毁，墓口呈矩形，高 1.2、宽 0.9 米；墓室呈矩形，长 2.9、宽 0.9 米，内有壁龛，呈正方形，无纹饰；地面有石棺板，呈矩形，长 2、宽 0.7 米。

石子片墓地　位于西郊街道高桥村高桥组石子片，建于明代，占地面积约 10 平方米。墓室共两间，墓门已毁，墓口呈矩形，高 1.4、宽 1.3 米；墓室呈矩形，深 2.3、宽 1.3 米，顶饰棱形藻井，正龛有人物造像，侧龛无纹饰。

赖刘氏墓　位于西郊街道建新村，建于清道光十六年（1836 年），占地面积约 30 平方米。墓冢呈圆形，半径 3 米，条石垒筑，上有封土；墓碑石质仿木结构，四柱三间重檐庑殿顶，两方施抱鼓，通面阔 4.6、通高 2.9 米，明间额坊阴刻"瑞接三台"；碑文阴刻"清例赠孺人赖母刘太君□□"；东次间阴刻主人墓志铭，西次间阴刻"道光十六丙申岁秋八月中秋"。

古建筑

骑龙坳井　位于西郊街道骑龙村，建于清代，占地面积约 5 平方米。井台呈矩形，长 2、宽 1.5 米，由两块石板拼合而成，中凿圆形井口，口径 0.7 米，井身由条石垒砌成边长为 1.1 米的正方形，井深 2 米。

杨家宅 位于西郊街道白石村，为宅第民居，建于清代。坐北向南，建筑面积约 90 平方米。民居为抬梁穿斗木结构，带前廊结构，面阔四柱三间 11.5 米，进深一间 5.7 米，前檐长 2 米，民居为双开木装板门，龟背锦窗，小青瓦人字形屋面，素土地面。

杨家大院 位于西郊街道农生村，建于清代，坐北向南，呈四合院布局，占地面积约 200 平方米。抬梁穿斗木结构，现仅存门房，东、西厢房，正房已改为现代建筑。门房四柱三间面阔 13 米，进深二间 7 米，施走马木板；厢房面阔 4、进深 7、高 4.5 米。房屋为小青瓦人字形屋面，木装板隔断，饰龟背锦窗，为素土地面。

老桥沟桥 位于西郊街道骑龙村，桥涵码头，修建于清代，东西走向，分布面积约 50 平方米。古桥为单孔石拱桥，横跨老桥沟，桥面局部垮塌，现仅存 2.7 米，桥拱高 4、宽 4.5 米，南面有石雕龙头，古桥东通北门，现存石梯步 20 阶，西通凉水井。

近现代重要史迹及代表性建筑

刘氏宗祠 位于西郊街道天池村，建于民国，为刘氏家族所建祠堂，占地面积约 400 平方米。由门房、东西厢房、正房围合成四合院布局。四阶垂带踏梯至门房，门房为八字槽门，双开木板门，雕刻精美戏剧人物；砖结构，门高 3.1、宽 1.35 米，额枋阴刻楷书"刘氏宗祠"，门柱阴刻对联；厢房抬梁结构，面阔四柱三间 7 米，进深四柱三间 6 米，正房为抬梁木结构，面阔四柱三间 20 米，进深五柱四间 12 米。屋面为悬山顶小青瓦屋面，四周墙为方砖错砌，成"山"字形围墙，竹编篱笆墙，素土地面。

安阜街道

古遗址

唐、宋古城 位于安阜街道旧州大道社区，修建于唐会昌二年（842 年）。因金沙江洪水暴涨，将戎州城淹没，乃迁城于此，至宋末，历时 400 年，原占地面积 32 万平方米，现仅残存一段城墙，城墙长 30、高 3、厚 4 米，部分夯土城墙的基脚可见。翠屏区人民政府于 1982 年公布为文物保护单位。

古建筑

旧州塔 位于安阜街道旧州大道社区，亦称旧州白塔，因其地处古戎州治地，故名

"旧州塔"。塔建于宋代,为四方形砖塔,坐北朝南,13级密檐式,系印缅塔式建筑风格。塔脚南北长7.35、东西宽7.4、塔高29.5米。塔基以砖砌成,砌砖均用泥土黏合,基脚不深,全是用土砖直接从凝结的鹅卵石上砌起。塔外每重短檐下,四面中均设有小窗,四壁上下共48洞窗;其中,真窗仅占十分之二,余皆假窗,窗的造型玲珑庄雅,比例匀称。塔内壁画具有较浓厚的宗教色彩,塔内实有五层,每层皆有筑藻井及斗拱等,并设有供佛像室,各层有绕塔心登道相通。旧州塔显著特征是为宋塔定制13级密檐塔,又据塔砖上有"进士廖绎为亡父廖及施砖"的字样,从《豫章文集》查到黄庭坚于北宋谪居戎州时给廖及写的墓志铭推算,廖及父子应为北宋崇宁至北宋元符时期的人士,因此断定此塔建于宋代。且在塔身内壁发现修建此塔的最早题记是宋"大观三年"。从建造手法看,具有古地方建筑之遗风。根据建筑结构与文献记载综合考证,进一步证明旧州塔当属宋塔无疑。旧州塔建成后,迄今900余年,经历了长期风雨飘淋和多次地震,却无倾斜陷裂现象,塔身完好无损,它是难得的水文、地震、建筑、考古等宝贵的科研资料。四川省人民政府于1980年公布为文物保护单位,国务院于2013年4月公布为文物保护单位。

北岩寺　位于安阜街道五粮液社区,建于清顺治年间,坐北朝南,现仅存山门、前殿、后殿及两侧厢房,呈四合院式布局,占地面积1300平方米。山门为木结构硬山式顶,通面阔6.6米,有垂带踏道5级,门两侧有圆雕石狮各一尊。前殿用木结构抬梁式八架椽尾栿,硬山顶,面阔三间14.5米,进深三间8.1米。正殿为木结构抬梁式十架椽尾,硬山顶,乳栿搭牵用四柱,通面阔21.5、通进深12.2米。厢房通面阔均为26.4、通进深6.75米。翠屏区人民政府于1981年公布为文物保护单位。

石窟寺及石刻

大佛沱摩崖造像　位于安阜街道旧州大道社区,凿于唐、宋时期,坐东向西,在长约25、高约10米的岩面上,凿有一巨佛头像及10龛佛造像,大佛头像位于造像区南首,像高3、面阔2米,为佛祖头像,其北错落横列10龛,均为矩形,其中北面一龛内像已风化,各龛造像内各有三佛、七佛、观音、文殊、普贤、十六罗汉、力士等。其题记刻于一长方体龛内,宽0.8、高2米左右,记载有当时捐款重修佛像的人名,题款"乾隆五十三年全彩塑像"。宜宾市人民政府于1998年公布为文物保护单位。

山谷祠及砚台石　位于安阜街道流杯池社区,为一原生巨石凿刻而成,宋代所凿。砚为圆形,直径3、高0.5米,砚边刻有二龙抢宝、鱼、荷花等吉祥图案,造型古朴。昔日晴空万里无云,砚中盛水,东山白塔、南岸七星山的黑塔、岷江边的旧州塔三座塔影入砚,犹如一支毛笔蘸墨于砚中,文人雅称"笔点丹池",为宜宾古八景之一。宜宾市人民政府于1998年公布为文物保护单位。

流杯池及其石刻题记 位于安阜街道流杯池社区，前临岷江，左依天柱山。谷约呈东西走向，长 52、宽 7、高约 15 米。池依峡谷之势凿于谷底中部，呈九曲形，长 5.2、宽约 0.5 米，池首深 0.3、尾深 0.36 米。四周置石凳凡八，谷底小溪经九曲盘池后没入石缝中。谷顶古树虬根，谷底池水清冽。谷底中段低，两端高，东西谷门各有一两柱式石坊，入谷石梯自坊门下穿过，通往谷底。谷南壁中部有两突出于壁面的球状石，名为"落星石"。南壁两端脚下立有两通石碑，一为《培修流杯池碑》（清光绪己亥），一为《涪翁楼培修募捐功德碑》。谷西口为"涪翁楼"，谷东口向南行约 10 米处为"涪翁洞"。流杯池附近岩壁上，石刻题记，鳞次栉比；这些石刻题记，历宋、元、明、清各代，尽楷、行、草、隶、篆诸体，或遒劲浑厚，或刚健隽秀，各呈不同的艺术风格，如龙飞凤舞，跃然于壁间；内容大多是描述流杯池奇丽俊秀的风光和抒发对黄庭坚的敬慕之情。基本完整的石刻题记有 98 幅，主要石刻有：1. 宋代石刻：楷书"南极老人无量寿佛"八字，每字约 1.42 平方米。其"南极"两字在涪翁谷南壁中偏西下部，其余六字在东谷口南边东壁上。该刻无款，据嘉庆《宜宾县志·金石》言其为"黄庭坚真迹"。2. 明代石刻：位于谷南壁东部的杨升庵行书"胜概"二字，每字约 0.7 平方米，气势奔放，雄浑挺拔。位于流杯池畔之北壁上，嘉靖十七年（1538 年）叙州府同知王尚用楷书"流觞曲水"四字，每字约 0.4 平方米。3. 清代石刻：较瞩目的是刻于谷北壁中部的光绪甲辰（1904 年）段天赐楷书宋邵康节《醒世要言》诗。

流杯池因黄庭坚而得名于世。自宋以来，历代文人学士莫不前往凭吊观览，在池壁上留下了甚多墨迹。据嘉庆《宜宾县志·山川》载，流杯池系黄庭坚谪居戎州时（北宋元符元年至元符三年，即 1098～1100 年）所凿，其"甃池九曲，为流觞之乐"，系效法《兰亭集序》所述王羲之等人曲水流觞、赋诗唱和之举。1966 年，为防止人为破坏，用水泥将石刻敷盖；1972 年，涪翁洞被改为防空洞，损毁石刻数处；1973 年，宜宾市"革命委员会"将流杯池公布为市级文物保护单位；1978 年至 1979 年，流杯池石刻逐步恢复；1980 年，恢复涪翁洞原貌。流杯池石刻题记丰富多彩，千姿百态，其书法艺术、雕刻技巧和诗文内容都具有重要的研究、观赏价值，四川省人民政府于 1980 年公布为文物保护单位。

锁江石刻 位于安阜街道流杯池社区，为宋代题刻，面向岷江。"锁江"二字每字见方 1.5 米，旁有"山谷"二字，作为题识，凿刻颇深，现十分清晰。"锁江"二字，一说是宋代著名诗人、书法家黄庭坚于元符元年（1098 年）居此地时所书，故旁有"山谷"款识，嘉庆《宜宾县志》则记为系宋代淳熙癸丑年（1181 年）叙州知府何师心所写。翠屏区人民政府于 1982 年公布为文物保护单位。

近现代重要史迹及代表性建筑

安阜教堂 位于安阜街道宜纸社区，建于民国初期，由法国传教士修建，具有中西结合建筑特点，坐北朝南，占地面积 1255 平方米。现存教堂和两侧厢房，为悬山顶小青瓦屋面，有西式窗，面阔 10、进深 32.5、高 15 米，厢房为两层楼带阁楼，砖木混合结构，二楼为木地板，面阔 60、进深 15.5 米，门窗上饰彩绘。

宜宾市烈士陵园　位于安阜街道流杯池社区，建于 1954 年，占地面积 26 亩。坐北朝南，包含有牌坊、纪念碑、碑林、烈士墓、纪念馆五个组成部分。纪念碑原为麻石，修建后表面贴瓷砖，正面书"人民英雄永垂不朽"，底座刻有 45 名著名烈士和 157 名革命烈士名字。烈士陵园共安葬有从早期革命运动至新中国成立后，为国家、民族事业作出贡献，牺牲后被评为烈士的宜宾人 84 名，现作为爱国主义教育基地对外开放。

五粮液酒厂　位于安阜街道五粮液社区，五粮液集团有限公司前身是上世纪 50 年代初由几家古老酿酒作坊联合组建而成的"中国专卖公司四川省宜宾酒厂"，1959 年正式命名为"宜宾五粮液酒厂"，1998 年改制为"四川省宜宾五粮液集团有限公司"。五粮液集团有限公司的成名产品"五粮液"是浓香型白酒的杰出代表，以高粱、大米、糯米、小麦和玉米五种粮食为原料，以"包包曲"为基础，经陈年老窖发酵，长年陈酿，精心勾兑而成。以"香气悠久、味醇厚、入口甘美、入喉净爽、各味谐调、恰到好处、酒味全面"的独特风格闻名于世。以独有的自然生态环境、600 多年明代古窖、五种粮食配方、古传秘方工艺、和谐品质、"十里酒城"宏大规模等六大优势，成为当今酒类产品中出类拔萃的珍品。

570 厂人防隐蔽室　位于安阜街道三江社区 570 厂内。隐蔽室分为 1、2、3 号人防隐蔽室，面积 150 平方米。现仅存 1 号，2 号、3 号已毁。1 号人防隐蔽室于 1975 年 6 月动工修建，东西走向，东面出口为弧形门洞，为一明口；西面出口为地面一矩形口，为一暗口，施有盖，人防工程由于地质复杂，采用明暗挖掘相结合的方式，用条石垒砌而成，在施工组织上采取职工义务劳动和雇佣民工相结合的方式完成。570 厂又名三江厂，建于 1965 年，是当时为响应党中央和毛泽东作出的调整一、二线，建设"三线"的口号，而内迁于此。此人防隐蔽室为三线时期备战、备荒的典型产物，具有特殊的历史意义，是一处宝贵的 20 世纪历史文化遗产。

宜宾市国家粮食储备库　位于安阜街道岷江西路社区岷江西路，其中有四个仓库建于 1954 年，为宜宾市现存最早的粮食仓库。仓库由前苏联专家设计，采用了当时较为先进的粮食储备技术，当地人称"苏式仓"。四个仓库呈两条直线分布，每个仓库平面呈矩形，砖木结构，小青瓦屋面，进深 21.19、面阔 70 米，占地面积共 5930 平方米。现仍在存放国家储备粮、省储备粮。储备库是为响应"以粮为纲，全面发展生产斗争和科学试验"的那段历史的实物资料，无论从建筑风格、规模还是从其历史意义看，都应作为 20 世纪不可再生的宝贵遗产。

白沙湾街道

古遗址

东山宋末元初古城 位于白沙湾街道白塔社区，建于南宋咸淳三年（1267 年），叙州安抚使郭汉杰主持建造，为抗元之用。城建成后，叙州及宜宾县治所随即迁往。咸淳十年（1274 年）元兵毁城，仅存的东、西、北三段城墙，现已有改建。城址呈椭圆形，由陡崖和条石构成，占地面积约 18.32 万平方米。翠屏区人民政府于 1982 年公布为文物保护单位。

古建筑

东山白塔 位于白沙湾街道白塔社区，建于明隆庆三年（1569 年）。亦称东雁塔，因登高山又名东山，又因塔身呈白色，故称东山白塔。塔为文风塔，为当地佛道教徒及文人学士收藏其经典所建。坐北朝南，为八层楼阁式砖塔，攒尖顶，塔高 35.8 米，塔身为八边形，边长 4.45、底层直径 11.2 米。塔门南向，雕刻石龙盘绕石柱，塔基刻须弥座负重力士神像，塔内有踏步通至塔顶，每层有神龛和砖砌斗拱、藻井。四川省人民政府于 2002 年公布为文物保护单位。

新房子民居 位于白沙湾街道吴桥村，始建于清代，坐北朝南，占地面积 160 平方米。悬山穿斗结构，带石质前廊构造，小青瓦屋面，左右厢房已毁，正房面阔 21.25、进深 7.55 米，墙面为竹编篱墙，穿斗枋饰垂花柱。

东山村报恩寺 位于白沙湾街道白塔社区，建于清代，坐北朝南，总占地面积 250 平方米，凹形布局。正殿木结构抬梁悬山顶，面阔三间 12.9 米，进深三间 11.25 米。侧房 16.5 米，进深一间 3.2 米；台基高 2.5、宽 4.8 米，踏梯长 6.1 米，垂式带踏道 15 级。

敷侯庙 位于白沙湾街道黄角坪村，又名古都会庙，建于清代，清嘉庆十四年（1809 年）曾进行修建，坐东向西。为抬梁式六架椽屋单檐用四柱，歇山式顶，彻上明造，面阔三间 7.6、进深 6.9、高 5 米，占地 275 平方米。庙门由条石构成，门额刻"古都会庙"四字，残存门联，上联已风化，下联是"凤山与龙首并峙蔚敷道人文"，门前为阶梯形路道。宜宾市人民政府于 2011 年公布为文物保护单位。

近现代重要史迹及代表性建筑

中元造纸厂礼堂 位于白沙湾街道马鞍石社区，建于 1955 年，坐北朝南，当时的中元造纸厂为满足职工文化需要修建的职工俱乐部，建筑为仿苏式风格。正前门为六柱直径为1.05、高约11米的圆柱落地，砖泥结构，平面呈矩形，通面阔28.6、通进深17.5米，占地面积500.5平方米。门、窗均为欧式风格，面积墙体有浮雕装饰，现为中元造纸有限责任公司办公楼。

国营第899厂办公楼　位于白沙湾街道金川社区，建于1965年，坐东向西，共有三栋，呈"品"字形分布，占地约1600平方米，建筑面积644平方米。其特点是全部为混凝土预制构件，不用砖瓦，节约木材，墙体由石头和水泥垒砌，顶部覆水泥瓦，每幢面阔26.8、进深8米，具有上世纪60年代"三线"创业建筑的典型特点，是高举毛泽东思想伟大旗帜，积极响应勤俭建国的重要思路，发扬延安作风，贯彻大庆精神，因地制宜，就地取材，大搞石头"干打垒"那一历史时期的产物，是一处不可多得的20世纪遗产。

赵场街道

古遗址

薛家祠堂遗址　位于赵场街道办事处芝麻村，建于清代，祠堂原占地面积约220平方米，有上下二祠堂，基础呈矩形，现存屋基，四级条石，条石长1.6、宽0.25、厚0.35米，总长80米；下祠堂宽27.5、长80米，护坡墙七级条石，条石长1.6、宽0.25、厚0.35米，总长80米。

赵场驮马古道　位于赵场街道办事处牛洗村，为驿站古道遗址，始建于清代，据《赵场镇志》记载，古道曾为宜宾和云南马帮相互来往的重要商贸干道和交通要道。古道南北走向，在赵场境内约30千米，起于赵场街道办事处长江村，经农场村、平滩村、牛洗村、幸福村至高县双河；古道依山路崎岖而上，两旁多为田地、庄稼，由石板铺面，石板长约1.05、宽约0.4、厚约为0.1米。

寨子岩遗址　位于赵场街道梨子村，建于清代，遗址占地面积约20余亩。寨子依山取势，地形险要。现仅存围墙残迹，周围用条石垒成围墙，高约3、宽5米；围墙上修有垛子，有几个山头，三面悬崖，崖高近200米，崖顶一片平地。东、西面各辟一寨门，条石砌成，门呈拱形，现门顶已毁；寨门宽2、高3、深4米。

赵月古道　位于赵场街道办事处梨子村，赵月古道（赵场镇又称猴子坡便道）为驿站古道遗址，始建于清代，道路弯曲如弓，南北走向，由长0.8、宽0.4、厚0.3米的条石平铺而成，石板上留有马蹄印。赵月古道起自民和街横街经郭家村、猴子坳、薛家湾、苏家膀翻山崖至高县月江场，是民国时期以前当地群众去月江的交通要道，经过民和街道可到赵场锅巴溪渡口。其中苏家膀至月江翻山崖段保存完整。

古墓葬

坡上组曹家墓地 位于赵场街道办事处建设村爬海湾坡上组，建于清代，坐东向西，占地面积约 3000 平方米。共 16 座，分五层排列不等，其中 M3 保存相对较好，其他墓冢损坏较严重。墓、碑形制均为前圆弧后长方形。M3 修建于清道光二十八年（1848 年），墓冢呈梯形，以条石砌成，长 7.3、宽 4.5、高 1.83 米。碑为长方形，石质仿木结构两柱一开间歇山顶，上施浮雕双龙戏珠、回纹饰图案。碑高 2.7、宽 1.2 米。碑刻"皇清显考曹公讳国材大人之墓，道光二十八年冬日立"。

茶树坡向家墓地 位于赵场街道办事处云峰村茶树坡社，建于清光绪十四年（1888 年），朝向 325°，占地面积 60 平方米。墓群共 3 座，分别为 M1～M3。M1 为夫妻合葬墓，墓冢呈梯形，以条石砌成，长 5.4、宽 4、1.8 米；碑呈长方形，石质仿木结构两柱一开间歇山顶，两侧抱鼓石，有动物、回纹等雕刻，高 2.1、宽 2.3 米；碑刻"清故显考向公讳朝俊（妣）母颜常先之墓，大清光绪十四年"。M2 冢呈梯形，以条石砌成，长 5.4、宽 4、高 1.8 米；碑为长方形单碑，高 2.1、宽 0.9 米；碑刻"向公昌鳌之墓，大清同治十二岁次三月初六日立"。M3 冢长 7.9、宽 3.9、高 1.75 米；碑高 2、宽 0.9 米；碑刻"向母杨真太之墓，大清同治九年"。

高山梁向家墓地 位于赵场街道办事处云峰村高山梁组，建于清代，坐南向北，占地面积 11 平方米。从左到右依次编号为 M1～M6，其中 M3 保存相对较好，其他墓有不同程度损坏。M3 冢呈梯形，以条石砌成，长 5.1、宽 2.6、高 1.4 米。碑为长方形，上有五"蝠"临门浮雕，高 1.8、宽 0.98 米。碑刻"清故显考向母刘际禹老孺人墓，道光癸□年十月初四日吉立"。

河冲弯朱家墓地 位于赵场街道办事处石相村湾圳组河冲湾，建于清代，坐南朝北，为一家族合葬墓，占地面积 70 平方米。共有 5 座，从右下到上依次分布为 M1～M5。其中 M3 保存相对较好，其余均损坏严重。M3 冢呈梯形，以条石砌成，长 4.1、宽 3.2、高 1.6 米；碑呈长方形，石质仿木结构两柱一开间歇山顶，两侧抱鼓石，高 1.8、宽 2 米；碑刻"清显妣朱母戒（法）何真榛太君墓"。M5 为合葬土冢墓，长 5.3、宽 6.4、高 1.7 米；碑为单碑，高 1.7、宽 1.06 米；碑刻"清故显考朱公□□之墓，清故显妣朱母毛妙坤墓，道光丙戌年季冬"。

桑树膀刘家墓地 位于赵场街道办事处幸福村灵棺组桑树膀，修建于清道光十八年（1838 年），占地面积 8 平方米，朝向 330°，M1 墓冢为土冢墓，不规则形状，长 3.9、宽 2.4、高 1.5 米。碑呈长方形，两柱一开间笔架顶，上有回纹图饰，高 2、宽 0.95 米。碑刻"清故显妣刘母方孺人之墓，道光十八年"。

邬家墓地　位于赵场街道办事处幸福村，修建于清代，占地面积20平方米。墓地共有墓2座：M1冢呈梯形，以条石砌成，长6.1、宽3.2、高1.8米。碑呈长方形，两柱一开间歇山顶，高1.6、宽0.9米。碑刻"清故显妣邬母龚洪泰之墓，光绪十八年"。M2墓和碑形制与M1相同，碑刻"清故显妣邬母龚心荣之墓"。

天堂坝张家墓地　位于赵场街道办事处幸福村张家组天堂坝，修建于清代，坐东向西，占地面积约120平方米。共有墓5座，M1冢呈梯形，以条石砌成，长6.2、宽3.2、高1.5米；碑为长方形单碑，高1.8、宽0.8米，碑刻"清故显妣张母王真寿之墓"。M2冢呈梯形，以条石砌成，长4.2、宽4、高2.5米；碑为长方形单碑，高1.8、宽0.80米；碑刻"清故显妣张母李太明之墓"。M3冢呈梯形，以条石砌成，长6.2、宽4.9、高2.5米；碑为长方形单碑，高1.8、宽0.8米，碑刻"清显考张公讳三文大人墓"。M4冢呈梯形，以条石砌成，长4.2、宽4、高2.5米；碑为长方形单碑，高1.8、宽0.8米，碑刻"张母赵真常墓"。M5冢呈梯形，以条石砌成，长4.1、高1.6、宽2.6米；碑为长方形单碑，高1.8、宽0.8米，碑刻"清显考张公讳三武大人墓，光绪十三年"。

大坟山郭家墓地　位于赵场街道办事处平滩村村子组大坟山，修建时间从乾隆延续至道光，均为坐东向西，墓形制相同，共计10座，分别编号M1～M10，紧密分布在大坟山上。具有代表意义的是M2和M6。M2墓修建于清乾隆五十七年（1792年），冢呈梯形，以条石砌成，长5.2、宽4.4、高1.8米；碑长方形，石质仿木结构四柱三开间三重庑殿顶，上修宝顶，通高2.2、通面阔2.3米。碑刻"清显妣郭母讳法李显亮孺人墓，乾隆五十七年"。M6墓修建于清道光十九年（1839年），土冢墓，长4.2、宽3.6、高1.6米；碑呈长方形，庑殿顶（已损坏），高1.8、宽0.9米，碑刻"清赠显考郭公讳佣墓，道光十九年"。

碾子膀郭家墓地　位于赵场街道办事处平滩村村子组碾子膀，修建于清宣统三年（1911年），分布面积约8平方米，朝向353°，共2座。M1冢呈梯形，以条石砌成，长3、宽2.2、高1米；碑为长方形，两柱一开间，庑殿顶，上修宝顶，刻有人文、动物浮雕，石质仿木结构，高2.9、宽0.9米；碑刻"清显妣郭母法（戒）三福之墓，大清宣统三年"。M2冢已完全损坏，碑形制与M1相同，碑刻"清故显考郭公讳家海之墓，大清宣统三年"。

薛家墓地　位于赵场街道办事处平滩村，修建于清代，分布面积11平方米，朝向300°，从右至左依次为M1～M3，M1冢呈梯形，以条石砌成，长4.5、宽2.4、高1.6米；碑呈长方形，石质仿木结构两柱一开间，庑殿顶，施花饰浮雕，高1.9、宽1.26米；碑刻"显考薛公运彩之墓，咸丰八年"；M2和M3墓、碑形制与M1相同。M2刻"皇清故显妣薛母□□孺人墓，同治壬申年"。M3刻"清显妣薛母吴□德孺人墓"。

袁家墓地 位于赵场街道办事处浪洞村，修建于清咸丰八年（1858年），占地面积15平方米，朝向80°，M1墓呈梯形，以条石砌成，长4.9、宽3.4、高1.85米；碑为长方形单碑，上有回纹浮雕，高2、宽0.98米；碑刻"清故显考袁公讳宏仁之墓，咸丰八年"。M2墓形制与M1相同，碑为长方形，高2、宽0.98米；碑刻"清故显孝袁母郭真智之墓，□□□子年"。

坟山上李家墓地 位于赵场街道办事处浪洞村金海寺店子坡坟山上，修建于清代，分布面积约60平方米，朝向275°，M1冢呈前圆弧后长方形，以条石砌成，长7.7、宽3.9、高1.75米；碑呈长方形，石质仿木结构两柱一开间庑殿顶，上修宝顶，高2、宽0.9米；碑刻"皇清待赠显考李公讳政大人墓，道光十三年"。M2和M3墓碑形制与M1相同。M2冢长4.92、宽2.4、高1.75米；碑高2、宽0.92米；碑刻"显考李公讳元楷□大人墓，道光十三年"。M3冢长7.9、宽3.9、高1.75米；碑高2、宽0.9米；碑顶已损，碑刻"皇清待赠显妣李母真源孺人之墓"。

李扬槐夫妇墓 位于赵场街道办事处浪洞村，修建于清同治年间，占地面积22平方米。冢呈梯形，以条石砌成，长4.1、宽5.2、高1.4米；碑呈长方形，两柱一开间，庑殿顶，高1.6、宽1.04米。碑刻"清显考（妣）李公讳扬槐大人（母）刘星智孺人墓"。

大坟包曹家墓地 位于赵场街道办事处农场村天宫组大坟包，修建于清道光二十四年（1844年），坐东向西，占地面积30平方米。墓地共有2座墓，M1墓冢呈梯形，以条石砌成，长4.1、宽3.2、高1.3米；碑为上圆弧下长方单碑，高1.9、宽0.9米；碑刻"清故显祖考曹公讳梦翔大人墓，道光二十四年"。M2墓冢为不规则土冢墓，长4.2、宽3.2、高1.3米；碑为上圆弧下长方形单碑，碑高1.9、宽0.9米；碑刻"清故祖妣曹母杨老太君墓，道光二十四年十一月二十一日吉立"。

莫家墓地 位于赵场街道办事处农场村，修建于清代，坐东北向西南，占地面积约28平方米。共有墓2座，M1墓冢呈梯形，以条石砌成，长4.18、宽3.2、高1.6米，碑呈长方形，石质仿木结构两柱一开间，檐缺失，高1.9、宽2.2米。碑刻"清故显妣莫母□□□□□□，道光二十四年"。M2墓冢前圆弧后长方，以条石砌成，长4.4、宽3.5、高1.6米。碑为长方形，两柱一开间庑殿顶，高1.9、宽1.14米，碑刻"清故显妣莫母□□□□□，道光二十年"。

大坟坝邓家墓地 位于赵场街道办事处梨子村公远组大坟坝，修建于清代，均坐西向东，呈"一"字形排列，南北长约10、东西长约3.5米，占地面积约35平方米。共有4座，从右到左编号为M1～M4。其中M1冢呈梯形，以条石砌成，长3.5、宽2.2、高1.6米；碑为长方形单碑，高1.6、宽2.2米；M1碑刻"清故显考邓公讳道伦大人之墓，同治九年九月初九日立"。M2～M4墓形制、碑形制与M1相同。M2碑刻"清例诰显妣邓母徐太君墓，咸丰九年十二月十九日立"。M3 碑刻"清故显考邓公（宽、湖、汉）大人墓　咸丰九年十二月十九日立"，（三兄弟合葬）长3.5、宽5.6、高1.6米。M4 碑刻"清故显妣邓母周老太君墓，咸丰九年十二月立"。

梨子坝邓家墓地　位于赵场街道办事处梨子村苏家组梨子坝，修建于清代，坐东向西，占地面积约 120 平方米。共有 7 座墓，M1 冢呈梯形，以条石砌成，长4.4、宽2.8、高1.6米；碑两柱一开间庑殿顶，高2.1、宽0.94米；碑刻"清处仕显考邓公讳邦柄墓，大清咸丰壬子年十月十八日立"。M2～M4 形制与 M1 相近。M5 冢呈梯形，以条石砌成，长5.2、宽4.8、高0.95米。碑为石质仿木结构四柱三开间，三楼庑殿顶上施宝顶，雕福、禄、寿三星，两侧抱鼓石，雕回纹花饰，高1.9、宽2.8米。碑刻"清故显考邓公讳望和大人（妣）母朱老孺人墓，大清同治丁卯年"。M6 与 M5 形制相近。M7 冢呈前"八"字外圆弧后梯形，以条石砌成，长11、宽10.4、高1.3米。碑呈长方形，石质仿木结构六柱五开间，三楼庑殿顶上施宝顶，浮雕云彩，条纹花饰，高2.3、宽2.88米。碑刻"邓公于山大人（母）周老太君大人墓，咸丰八年十二月"。

李曾氏墓　位于赵场街道办事处梨子村，修建于清嘉庆十七年（1812 年），坐东向西，占地面积 14 平方米。冢呈前圆弧后长方形，以条石砌成，长4.5、宽3.2、高1.2米。碑为长方形，石质仿木结构两柱一开间庑殿顶，高2.3、宽1.1米。碑刻"清故显妣李母曾老太君墓，大清嘉庆十七年十月初八立"。

解文进夫妇墓　位于赵场街道办事处浪洞村，修建于清道光元年（1821 年），朝向330°，占地面积 14 平方米。冢呈梯形，以条石砌成，长4.4、宽3.9、高1.8米；碑呈"八"字形，石质仿木结构四柱三开间重檐歇山顶，上有人物浮雕，高2.48、宽2.8米。碑刻"清故显考（妣）解公文进大人（母）韩氏孺人墓，大清道光辛巳元年"。

陈照云墓　位于赵场街道办事处金星村，修建于清道光二年（1822 年），朝向295°，占地面积 11.6 平方米。冢呈前圆弧后长方形，以条石砌成，长4、宽2.9、高1.2米。碑为长方形单碑，边雕回纹饰，高1.4、宽0.86米。碑刻"清故显妣肖母陈照云之墓，道光二年"。

周美学墓　位于赵场街道办事处农场村，修建于清道光十四年（1834 年），朝向280°，占地面积 15 平方米。土冢墓，碑为长方形，石质仿木结构两柱一开间歇山顶，高5、宽1.14米。碑刻"故显考周公字美学大人墓，大清道光十四年"。

李元堂墓　位于赵场街道办事处浪洞村，修建于清道光十六年（1836 年），朝向98°，占地面积 10 平方米。冢呈梯形，以条石砌成，长4.1、宽2.9、高1.8米；碑为长方形，石质仿木结构两柱一开间庑殿顶，高2.4、宽1.52米；碑刻"清故显考李公讳元堂老人之墓，大清道光十六年九月十四日立"。

华泰麟墓　位于赵场街道办事处云峰村，建于清道光十八年（1838 年），坐东向西，占地面积 18 平方米。冢呈梯形，以条石砌成，长 4.9、宽 3.6、高 1.7 米；碑呈长方形，石质仿木结构四柱三开间庑殿顶，有牡丹回纹浮雕。通高 3.1 米，通面阔 2.6 米，碑刻"清故显考华公讳泰麟之墓，道光十八年二月立"。香炉长 0.66 米。

邓刘氏墓　位于赵场街道办事处梨子村，建于清道光二十二年（1842 年），占地面积 8 平方米。土冢，长 3.9、宽 2.4、高 0.8 米。碑为长方形单碑，高 1.3、宽 0.8 米，碑刻"邓母刘老太君墓，道光二十二年"。

李穀宇墓　位于赵场街道办事处平滩村，修建于清道光二十五年（1845 年），坐南向北，占地面积 25 平方米。墓冢呈梯形，由五层条石垒砌而成，冢长 6、宽 4.76、高 1.8 米。前有石质仿木结构牌坊四柱三间庑殿顶，碑高 2.3、宽 2.9 米。碑文"清故显李公穀宇之墓，道光二十五年"，对联"水源千载祗承□□；瓜绵万年永念同家"，外联"由水环滢钟淑□；少峨□翠焕文章"。

黄氏墓　位于赵场街道办事处金星村，修建于清道光三十年（1850 年），朝向 290°，占地面积 220 平方米。墓呈覆斗形，以条石砌成，两边施抱鼓石，上刻缠枝纹、回纹饰。墓长 8.7、最宽 14、高 2.6 米。碑呈长方形，石质仿木结构四柱三开间重檐庑殿顶，上修宝顶，刻花草饰，两侧抱鼓石，上刻铜钱、梅花饰，碑高 3.38、宽 3.7 米，拜台长 8、宽 20 米。碑刻"皇清例赠征仕郎显考/姚黄□□□母□□老大/孺人墓"。

解唐氏墓　位于赵场街道办事处幸福村，修建于清咸丰元年（1851 年），朝向 315°，占地面积 12.5 平方米。冢呈梯形，以条石砌成，长 3.9、宽 3.2、高 1.42 米。碑为长方形，石质仿木结构两柱一开间庑殿顶，高 2.1、宽 1.4 米。碑刻"故显姚解母唐静宁孺人之墓，大清咸丰元年"。

解时鉴墓　位于赵场街道办事处幸福村，修建于咸丰三年（1853 年），朝向 330°，占地面积 13 平方米。冢呈梯形，以条石砌成，长 4.4、宽 3.8、高 1.6 米。碑为石质仿木结构四柱三开间，左次间墓碑已毁，明间碑高 2.1、宽 2.4 米；碑刻"清待赠显考公讳时鑑府君墓，咸丰三年"。

曹汉魁墓　位于赵场街道建设村，建于清同治五年（1866 年），坐南朝北。冢呈梯形，以条石砌成，长 4.8、宽 3.8、高 1.8 米；碑为长方形，石质仿木结构两柱一开间庑殿顶，上修宝顶，两侧施抱鼓石、双龙戏珠浮雕、回纹饰图案；碑高 3.1、宽 2.55 米；碑刻"皇清显考曹公讳汉魁大人之墓，同治五年冬月吉日立"。

曹汉贵墓　位于赵场街道办事处佛现村，修建于清光绪五年（1879 年），朝向 145°，占地面积 15 平方米。土冢墓，长 6.6、宽 2.7、高 1.7 米；碑为长方形单碑，石质仿木结构歇山顶，剩右侧抱鼓石，高 1.7、宽 2.1 米；祭台为半圆弧形，长 13.6 米；碑刻"清恩登仕郎显考曹公汉贵大人墓，光绪四年岁戊寅五月"。

古建筑

东皇殿　位于赵场街道金星村，建于明天启五年（1625 年），坐东向西，占地面积 66 平方米。平面呈长方形，木结构硬山顶，抬梁式，面阔三间 11、进深三间 6、高台基 2.2 米，垂带式踏道。屋前约 60 米有石质牌坊四柱三开间重檐歇山顶，檐下石质斗拱 8 个，通面阔 7.13、通高 7.84 米，上方匾额阴刻"至真胜境，龙飞天启乙丑孟冬吉日家仅"。明间、次间雀替 6 个，夹杆石 8 对。

合顺号客栈　位于赵场街道办事处，建于清代，坐东向西，建筑面积约 180 平方米。由门厅、天井、过厅和堂屋构成（堂屋已拆建为现代建筑）四合院。面阔三间 11.85、进深 15.2 米，左右厢房各四间，均为穿斗构架悬山顶小青瓦屋面，三合土地面，木板墙面，三关六扇门。

民和井　位于赵场街道办事处民和社区草尾坝，建于清代，坐西向东。井以条石砌成，圆形井口，口径 0.58 米，井沿厚 0.14 米。

赵家宅　位于赵场街道办事处桥咀村，修建于清代，坐北向南，占地面积 217 平方米。堂屋和左厢房尚存，通面阔 16.6、通进深 10.75 米。三合土地面，穿斗式结构，人字顶小青瓦屋面，为双扇门。

赵家井　位于赵场街道办事处石相村，修建于清代，占地面积 1 平方米。圆形井口，口径 0.7 米，井沿高 0.2、宽 0.2 米。内以条石砌成，条石厚约 0.3 米，井深度不明。

观音田桥　位于赵场街道办事处金星村，建于清代，南北走向，为四墩三孔平梁式石桥，占地面积 18 平方米。桥长 8.5、宽 1.9、高 1.9 米，桥墩高 1.8、跨度 2.4 米，墩上刻有龙形图腾饰纹，观音桥为池塘村与后山村两村通道。

清溪桥　位于赵场街道办事处幸福村，占地面积 144 平方米。南北走向，石质平板桥，桥长 17、宽 1.7 米。由条石垒砌成方形桥墩，四墩三孔，墩高 8.6、宽 8.6、跨度 1.5 米。

解家宅　位于赵场街道办事处浪洞村，修建于清代，坐东南向西北，占地面积 133 平方米。民居原为一四合院，现门厅及厢房都改建为现代建筑，堂屋四柱三开间，三合土地面，穿斗结构，小青瓦屋面人字坡屋顶，檩有九根，木板墙面，为双扇门，通面阔 14.5、进深 9.2 米。

大池井　位于赵场街道办事处农场村，朝向 222°，占地面积 5 平方米。古井呈长方形，长 3.1、宽 1.6 米。以青条石砌成，每块条石长约 1.5、宽约 0.38、厚约 0.1 米。井口有九级台阶下井，每级台阶长约 1、宽约 0.38、厚约 0.2 米。

赵树吉故居　位于赵场街道办事处农场村，是清代著名书法家赵树吉的故居，建于清同治年间，坐北向南，建筑面积 1333 平方米。故居规模较大，由门厅、东西厢房、正堂组成。穿斗木结构悬山顶小青瓦屋面，前厅为三合土地面。赵树吉（1827~1880年），字沅清，宜宾市翠屏区赵场农场村铁匠湾人，清道光进士，钦点翰林院庶吉士，善诗词，书法出王羲之和赵孟頫，系当地一书法家。

牛洗滩桥 位于赵场街道办事处牛洗村，为桥涵码头，修建于清代，南北走向，占地面积 44 平方米。桥为石质九孔平拱桥，桥面宽 1.97、桥长 22、桥板厚 0.3、桥墩高 1.8、桥跨度 2.6 米。

五马桥 位于赵场街道办事处牛洗村，建于清代，南北走向，桥为五墩四孔平梁式石桥，占地面积 16 平方米。桥面由条石铺成，桥宽 0.8、长 14.2 米，桥板厚 0.4 米，桥高 1 米，桥跨度分别为 1.5、3.7、4.6 米。

跳墩桥 位于赵场街道办事处牛洗村，为桥涵码头，建于清代，东西走向，占地面积 11 平方米。为三孔平梁式石板桥，桥面宽 0.8、桥长 9、桥板厚 0.3、桥高 2.8、桥墩间跨度 2.9 米。

梨子坝桥 位于赵场街道办事处梨子村，为桥涵码头，建于清代，东北—西南走向，占地面积 45 平方米。为单孔拱券式石桥，两头分别有踏道九级，桥长 14、高 3.2、宽 2.8 米。拱高 2.4、跨度 5 米，每级踏道长约 0.9、宽 0.3 米。

芝麻埂民居 位于赵场街道办事处芝麻村，为宅第民居，修建于清代，坐南向北，占地面积 793.8 平方米。大院系穿斗结构悬山顶，小青瓦屋面，木质板壁，三合土地面。由门厅、过厅、堂屋和左右厢房构成完整二进四合院，门厅、过厅、堂屋在一条中轴线上，整个建筑台基为素面石作，朝门前有 6 级石梯踏道；门厅已改成现代建筑，进深 5、面阔 9.8 米，过厅面阔 9.8、进深 9.6 米，门厅与过厅合成四合院；后厅面阔三间 14.5、进深 8.4 米；左右厢房各三间对称，面阔 26、进深 8.4 米，与过厅围成四合院，有檐柱 8 根。

薛家桥 位于赵场街道办事处芝麻村，为桥涵码头，建于清代，南北走向，占地面积约 11 平方米。桥为四墩三孔平梁式石桥，桥面宽 1.3、桥长 8.7、桥板厚 0.4、桥跨度 3 米，桥身中部两侧刻有"薛家桥"三字。

雷音寺 位于赵场街道办事处佛现村，建于清嘉庆十三年（1808 年），坐东南向西北，原占地面积约 1500 平方米。寺庙原由弥勒殿、如来殿、观音殿组成，现仅存观音殿（雷音寺）。通面阔 14.7、进深 8.2 米。东厢房已毁，西厢房改建为现代建筑。原寺庙大门前石梯处有一石刻，凿有人物、鸟兽图案和文字，但均已风化，模糊不清。

桥坎组节孝牌坊 位于赵场街道芝麻村，建于清道光乙未年六月二十九日（1835年），坐北向南，占地面积 12 平方米。石质仿木结构四柱三开间三重檐歇山式顶，面阔 6.3、高约 8 米，正方形柱边长 0.5 米，脊檐两端圆雕吻，双龙护宝，坊檐下龛内刻有灵龟和绶带围绕着"圣旨"二字，其下匾额又刻有"节孝"，再下坊正身及柱上有阴刻从中央到地方各级官员题联，内容为建坊由来褒语，其中道光年间曾任内阁学士、兵部尚书又是著名的书法家的卓秉恬题联"逮事重堂祐德皆堪式训，能成独子苦心愈足褒嘉"，坊横额刻建坊年代款识。

王氏节孝牌坊 位于赵场街道梨子村，建于清同治五年（1866 年），朝向 65°，占地面积 10 平方米。牌坊呈长方形，石质仿木结构四柱三开间三重檐歇山顶；明间次间雀替共 6 个，夹杆石 8 对，牌坊上方阴刻"圣旨"，同治五年丙寅五月吉旦；下有阴刻"节孝"二字，通高 8.22、通面阔 6.3 米。

百岁坊 位于赵场街道幸福村，建于清同治十年（1871 年），坐南朝北。青石仿木结构四柱三开间五楼庑殿顶，中楼置宝顶。通面阔 6、通进深 2.82 米。柱间抱鼓石护足，明次间均施有雀替，正面上额楷书阴刻"百岁坊"，下额楷书阴刻"五世同堂"。

幸福村桥 位于赵场街道办事处幸福村，修建于清同治十年（1871 年），占地面积 33 平方米。单孔拱券式石桥，南北走向，长 9、宽 3.6、高 5.5 米，拱高约 5、跨度 3 米，桥面平直无栏杆。

薛郭氏牌坊 位于赵场街道芝麻村观音组，坐北向南，占地面积 34.5 平方米。据牌坊题记：修建于清朝光绪二十七年（1901 年）辛丑仲冬月二十八日；石质仿木结构四柱三间五楼庑殿顶，高约 8、面阔 6.9 米，柱为方形，边长 0.5 米，脊檐两端置龙吻，檐下刻有"圣旨"，下又刻有"节孝"，再下坊身及柱上有阴刻楷书，内容为建坊由来和对牌坊主人的褒语，坊横额刻建坊年代款识，坊正面雕有双龙，背面雕有凤凰；抱鼓石部分丢失。

李筱文宅 位于赵场街道牛洗村，清代建筑，坐南朝北，占地面积 1220 平方米。由两进四合院组成，依山势而建，宅前有石质台阶，呈"L"形，石梯两旁分别置有炮台，共 53 级，第一进四合院由门厅、东西耳房组成；二进四合院由前厅、东西耳房和正堂组成。形制相似，穿斗木构架，悬山式顶小青瓦屋面，出檐较深。扰乱严重，第一进四合院基本改建为现代建筑；革命烈士李筱文青年时期曾在此居住。

石窟寺及石刻

金星村摩崖造像 位于赵场街道金星村，凿于明代，面积约 160 平方米，坐东向西，分布在 8 米长的山壁上，距地高约 4 米。共 5 个龛，从右至左编为 1～5 号龛。1 和 5 号龛为拱形顶，各有一造像禅座，双手重叠平摊，旁有万历四十六年题记，高 0.85、宽 0.5 米。2 号龛为长方形平顶，长 2、高 0.7 米。4 号龛窟窿顶，高 2.9、宽 4.5、台基高 1 米。3 号龛二造像，吉祥坐手重叠平摊，称地公地母图。4 号龛被掩盖，无法看清龛内容。

小峨山摩崖石刻 位于赵场街道幸福村，凿于清代，坐东向西，占地面积 20 平方米。由对联、功德碑和重修小峨山普贤殿碑记三部分组成。对联高 1.8、宽 0.25 米，字长 0.12、字间距 0.04 米，楷书阴刻"万盏明灯照遍八千世界 数重云岭现来六丈金身"，首事监生何国珍敬题。重修小峨山普贤殿碑序，字长 0.05、字径 0.03、字距 0.02 米，记载了重修小峨山的由来。功德碑宽 0.98、高 1.6 米。

近现代重要史迹及代表性建筑

赵慧深宅 位于赵场街道牛洗村，建于清代，坐西南向东北。由堂屋及厢房组成三合院建筑，建筑面积 225 平方米，今仅存正堂屋及耳房，二侧厢房已毁，堂屋面阔五间 22 米，进深 8.65 米，素面台基，三合土地面。正门前有三级垂带式踏道，穿斗式结构悬山顶建筑小青瓦屋面。著名戏剧表演家赵慧深出生于此，离开后由其后人代为看管至今。

石骨梗渡槽 位于赵场街道办事处浪洞村，渡槽 1976 年开工，1977 年竣工，总长 46 米，由黄沙条石砌成，槽高 0.62、深 0.32 米；基座呈桥状，十墩九孔，墩高 1.75、宽 1、跨度均为 4 米。第二拱上刻有"继续革命永向前；抓纲治国学大寨"的标语。渡槽当时由村上集体修建，可灌溉张家组约 300 亩农田，促进了当地经济建设。

赵秋潭故居 位于赵场街道办事处桥咀村，建于清代，是教育家赵秋潭的故居，建筑面积约 500 平方米。坐北向南，由门厅、东西厢房和正堂组成一四合院。房屋均建于素面台基上，穿斗结构悬山顶小青瓦屋面。正堂屋面阔五间，均施木装板，明间槛窗施一马三箭，台基前有三级垂带踏道，天井由石板对缝铺成。为典型的川南四合院民居，现为其后人居住。

象鼻街道

古遗址

凉风坳寨址 位于象鼻街道办事处大林村，建于明代，分布面积约 1000 亩。遗址残存寨门三处，分别为东寨门、西寨门、北寨门，以及不规则条石墙、夯土墙多处。东寨门坐西向东，条石夯拱已毁，残存可见宽度为 1.7 米，现在通五棵松；西寨门坐东向西，条石夯拱已毁，残存可见宽度为 1.7 米，通道宽度为 2.6 米，现在通凉姜、宜宾；北寨门坐南向北，条石夯拱已毁，残存可见宽度为 3.9 米，现在通象鼻。

古墓葬

桂圆弯崖墓群 位于象鼻街道办事处观音村，修建于汉代，坐北向南。共有墓 2

座：M1 和 M2 相距约 3 米，M1 墓口呈梯形，可见高度 0.4、宽 1.8 米，墓道呈长方形。

甘八里陈家墓地 位于象鼻街道办事处红坝村三组甘八里，建于清代，共有墓 2 座，从左至右编为 M1、M2。M1 墓：坐西向东，占地面积约 18 平方米，墓冢均不见条石，仅存封土，墓碑为单碑有碑座，碑高 1.75、宽 0.9 米，碑文为"清显妣陈母贺定寿孺人墓，大清光绪十年三月初九日"；碑上刻"龙蟠万载辛山成；虎踞千年乙向兴"，横批"山斗映瑞"。M2 墓：形制同 M1 墓，碑文为"显考陈公讳学遗府君之墓，大清光绪二十八年三月二十七日"；碑刻"辛山地脉锺□□；乙面文峯拱秀多"，横批"要领克全"。

洪声贵墓 位于象鼻街道办事处红坝村，建于清代，坐西向东，占地面积约 15 平方米。墓冢已毁，仅存封土，墓碑为石质仿木结构两柱一开间庑殿顶，柱外两边施抱鼓石，碑前有一小香炉，碑高 2.2、宽 1.4 米，碑文为"显妣刘母戒法洪声贵孺人墓 戊午年全月初八"。碑柱上刻有"吉地长绵年逢戊午□□墓；先灵永佑山开辛乙蔚人文"，抱鼓石上刻有花纹。

刘仲达夫妇墓 位于象鼻街道办事处方碑村，修于清道光十八年（1838 年），坐南向北。墓冢呈梯形，以条石砌成，长 4.4、宽 3.3、高 1 米。碑为上圆弧下长方形单碑，上方刻"日月"二字，高 1.2、宽 0.74 米。碑刻"清故显考刘公讳仲达（妣）冯□□太君老大（孺）人墓，道光十八年"。

彭祖尧墓 位于象鼻街道办事处华家村，为土冢合葬墓，修建于清代咸丰五年（1855 年），坐西朝东。冢长 6.5、宽 4.5、高 1.1 米；碑均为单碑，呈上圆弧下长方形。碑 1：高 1.9、宽 0.88 米，碑刻"清显考彭祖尧大人之墓，咸丰五年乙卯岁十二月望六日立"。碑 2：高 1.6、宽 0.74 米，刻"清显考彭祖舜大人之墓，咸丰五年乙卯岁十二月望六日立"。

周吴氏墓 位于象鼻街道办事处一品村，修建于清光绪二十八年（1902 年），坐南朝北，占地面积约 20 平方米。墓冢平面呈圆形后梯形，条石垒砌而成，长边 4、短边 3.5、进深 5 米。墓碑有碑座，宽 0.83、高 0.9、条石厚 0.16 米，碑文为"皇清待诰故显妣周母吴孺人墓，光绪二十八年岁次壬寅三月吉日立"。

古建筑

新湾头东岳庙 位于象鼻街道办事处沙坝村，为坛庙祠堂，始建于明代，于乾隆四十一年有培修，坐北朝南，原分为上、中、下殿，现仅存中殿，建筑面积约 145 平方米，穿斗式结构，硬山式顶，通面阔四柱三开间 10.3 米，通进深七柱落地 14.1 米。

大麦坝井 位于象鼻街道办事处大麦村，建于清代，坐东南向西北。井以条石砌成，井口呈长方形，可见长度 1.3、宽 1.65、井沿宽 0.3、水深约 2 米。

芊河硲石桥 位于象鼻街道办事处华家村，为桥涵码头，西北—东南走向，四墩三孔平梁式石桥，桥面平直，总长 8.5、桥宽 0.82、跨度 3、桥高 1.5、墩高 1.5、桥墩宽 0.47 米。

方咀民居 位于象鼻街道办事处大地村，为宅第民居，建于清代，三合院带前廊构造，建筑面积约 370 平方米。正房四柱三开间，七悬山构造，小青瓦屋面，左右厢房三柱二开间，与正房搭交，室内墙体为土坯墙，地面为水泥地面。

石窟寺及石刻

云峰寺碑刻 位于象鼻街道办事处观斗村云峰寺禅院遗址内，凿于清代，坐西南朝东北，云峰寺禅院遗留下 3 块石碑。碑 1 为上梯形下长方，碑高 1.75、宽 1.1 米；碑名"斗山大殿"，主要记载大殿修建时概况及募捐名单。碑 2 为上梯形下长方，碑高 1.75、宽 1.04 米；碑名"修佛名记"，主要记载功德情况。碑 3 为上梯形下长方，碑高 2.1、宽 0.9 米；碑名"万善同归"，主要记载当时云峰寺翻修情况。三通碑立于寺庙西南面，并成一排，保存较好，字体轻微风化。

朝阳洞摩崖石刻 位于象鼻街道办事处桂家村朝阳洞崖壁上，距地面约 10 米，为摩崖石刻，凿于清代年间，坐西朝东，题记为清同治十三年（1874 年），楷书阴刻，分别以三个圈环绕，每字长约 1、宽 0.8 米，字间距 0.5 米，左面刻有"甯子谦书"。

近现代重要史迹及代表性建筑

金禾供销社旧址 位于象鼻街道办事处金象社区，建于 1956 年，坐西朝东，分布在街道两旁。房屋呈"一"字形，分上、下两层，三合土地面，砖木结构，"人"字顶，小青瓦屋面。现为十三开间，通面阔 49.2、通进深 7.77 米，占地面积 382 平方米。

草盖瓦水库 位于象鼻街道办事处大林村，建于 1964 年。水库坐东南朝西北，呈不规则弯道形，水面面积约 800 亩地，储水约 50 万立方米；水面最宽处约 70 米，水库堤坝总长 42、宽 2、高 11.5 米。

高滩水库 位于象鼻街道办事处桂家村，建于 1976 年。水库坐南向北，呈不规则弯道形，总蓄水量达 261 万立方米，灌溉面积 4500 亩；堤坝全长 112、坝高 30、宽 4 米。

观斗水库 位于象鼻街道办事处观斗村，建于 1966 年。水库坐北向南，呈不规则"S"形，面积约 60 亩，蓄水量达 60 万立方米，灌溉面积约 1000 亩；坝杆总长 77、宽 3、高 12.5 米。水库系由村里投工投劳修建，主要可灌溉方水井村、大麦村等 53 个社共 500 亩农田，促进了当地生产生活建设。

南广镇

古遗址

榨子母码头遗址 位于南广镇陈塘关社区,建于清代。码头长约200、宽约25、高度213米。码头上留存文化内涵丰富,有多处石刻、水文标志、石梯步、拴船只用的石鼻子。南广河注入长江西侧有多块巨石,枯水期时,巨石距江面约10米。其中最高的一块4米见方,不规则形巨石南立面阴刻有繁体告示四行:"奉/县主设渡□界/上下船支只不/得占此",其中"县"、"设"、"船"、"只"、"占"为繁体,字径约17厘米。石刻右侧阴刻有方框形水文标志并标有"X"、"XI"罗马字样,"X"与"XI"之间相隔10个方形框,每一小格长、宽均为10厘米。巨石前方另有一块2米见方不规则巨石错位重叠,阴刻有"IX"字样水文标记,多个方形框,每框长、宽为10厘米。与最大巨石相对立10米处有不规则巨石一块,阴刻有"奉 □□设立渡□ □只不可跐此"。在码头上发现多处凿刻长短不一梯步,最长的梯步有32级,宽由下至上约40~80厘米,梯步最陡处高约55厘米。最短残存梯步为6级,每级高为20、宽约90厘米。南广河注入长江江口西侧约200米,范围到"龙脊崖壁"残留有大小不一数十个拴船只用的"石鼻子"。翠屏区人民政府于2011年公布为文物保护单位。

古墓葬

侯建统夫妇墓 位于南广镇曾岩村,修建于清代。为夫妻墓,总面积23平方米,冢以条石砌成,呈梯形,长6.9、宽3.1、高1.9米,碑上圆弧下长方形,高1.8、宽0.9米。两碑基座通长0.5、宽0.5米,拜台长10.1、宽5.9米。碑刻"清故显考侯公讳建统老大人墓,清故显孝侯母李广性老孺人墓"。

王真寿墓 位于南广镇曾岩村,建于清代,占地面积18平方米。冢呈梯形,以条石砌成,长5.5、宽3.2、高1.8米,碑长方形,高1.6、宽1.26米,碑座长1.5、宽0.4米。碑刻"皇清故显妣周母王真寿墓"。

水竹林于家墓地 位于南广镇富强村九组水竹林,建于清代,坐北向南。共有墓3座:M1冢呈梯形,以条石砌成,长6.4、宽4.4、高2米;碑呈长形,石质仿木结构四柱三开间庑殿顶,刻有戏曲人物浮雕,高3.5、宽2.8米;碑刻"清例授登仕郎显考于公字学明老大人墓 道光十七年"。M3碑为石质仿木结构两柱一开间庑殿顶,上修宝顶,两侧抱鼓石。碑刻"皇清待诰于母李法戒□□□人墓,道光十七年"。M2、M3冢和碑形制与M1相同,M2刻"皇清驰哈显考于公讳恩效老大人墓,道光十九年"。

坟头岭陈家墓地 位于南广镇文星村七组坟头岭，修建于清代，坐北向南，占地面积约60平方米。共有3座墓：M1冢呈梯形，以条石砌成，长6、宽4.6、高2米。碑为石质仿木结构两柱一开间庑殿顶，上有戏曲人物浮雕，碑高2.4、宽2.5米。碑刻"清显考（妣）陈公（母）讳万钥（谢荣高）老大（孺）人墓，同治七年"。M2冢呈梯形，以条石砌成，长5.9、宽3.3、高1.8米。碑为石质仿木结构两柱一开间庑殿顶，上有戏曲人物浮雕，两侧施抱鼓石（右边已毁），碑高2.4、通宽2.1米。M3冢呈梯形，以条石砌成，长5.7、宽3.69、高1.8米。碑为长方形，碑高1.9、宽0.86米。碑刻"清显妣陈母黄老孺人之墓"。

佐家凹罗家墓地 位于南广镇塘坡村四组佐家凹，建于清代，坐西向东。共有墓2座：M1冢呈梯形，以条石砌成，长2.9、宽3.6、高1.3米；碑为长方形，石质仿木结构两柱一开间庑殿顶，两侧抱鼓石，高2.3、宽2.2米；碑刻"罗母法戒黄光礼老孺人墓，光绪戊子年"。M2修建于清同治年间，坐西向东。冢呈前圆弧后长方形，以条石砌成，长3.5、宽2.8、高1.3米；碑为长方形单碑，高1.5、宽0.8米，碑刻"清故显妣罗母文法戒如太孺人墓"。

大坟山于家墓地 位于南广镇顺河村大坪社峰砖大坟山，修建于清道光年间，坐南向北，占地面积90平方米。共有墓3座：M1墓冢为条石围砌垒筑，长9、宽5米，呈梯形，上有封土；墓碑为青石，石质仿木结构四柱三开间，三楼庑殿顶，碑高2.7、碑宽3.25米；明间、次间额枋均雕刻精美双凤朝阳、瑞兽、花草纹。明间碑文阴刻"道光二十六年丙午孟夏日吉旦，清故显考于公讳萃大人□□"；明间两柱镌刻"玉案藏风生瑞气；金堆聚水捲银涛"；次间阴刻墓志铭；两柱阴刻"钟灵兴四鸟；毓秀较麒麟"。M2墓冢为条石围砌垒筑，长6、宽3.4米，呈梯形，上有封土；墓碑为青石石碑，碑高1.7、碑宽0.8米，呈长方形，碑文阴刻"道光二十六年丙午岁春三月吉旦，清显妣于母周老太君之墓"。M3墓冢为条石垒砌，长7.2、宽4.2米，呈前带圆弧形梯形，上有封土；墓碑为青石石碑，石质两柱一开间庑殿顶，碑高2.2、碑宽1.2米。额枋阴刻"德启后昆"；明间碑文阴刻"皇清待赠于公讳□大人之墓，大清道光十二年壬辰岁仲秋月二十五日"。

老房子于家墓地 位于南广镇顺河村沙江队老房子，建于清代，坐南向北，占地面积30平方米。共有墓2座：M1为于母卢氏墓，M2为于公墓，两墓相距约30米。M1、M2均为条石围砌垒筑墓冢，长5、宽3米，呈梯形，上有封土；墓碑为石质仿木结构两柱一开间单檐庑殿顶。M1碑高2.05、碑宽1.32米；碑文"同治六年季春月朔日吉，皇清待诰显妣于母卢法戒悟莲孺□□□"；两柱阴刻"凤舞高飞辉田；龙盘虎踞□□"。M2碑高2.2、碑宽1.3米；额枋"万古佳城"花草纹；碑刻"同治六年季春月朔，清待赠显考于公讳□□□"，两柱阴刻"穴镇□□□；茔逢□□□"。

亭子上王家墓地 位于南广镇盐坪村老房子队亭子上，修建于清代。共有墓2座：M1坐南向北，占地面积25平方米。墓冢为条石围砌垒筑，墓冢呈圆形，半径为3米，上有封土；墓碑为青石石碑，仿木结构建筑四柱三开间重檐庑殿顶，高3.1、宽4.2米。明间、次间额枋上均雕刻精美戏曲人物；明间阴刻"道光十有口年岁次戊戌仲秋日谷旦丁山癸向，皇清授口职佑朗显王考公开基、封孺人妣母冯老孺人墓"。M2坐南向北，占地面积7.84平方米。墓冢为条石围砌成半径为2.8米的圆形墓冢，上有封土；墓碑为青石石碑，高为2.6、宽为1.35米，石质仿木结构建筑两柱一开间单檐庑殿顶，宝顶为梯形，两方抱鼓石已毁，雕刻精美龙纹、蝙蝠纹、福禄寿人物图，额枋雕刻精美双凤朝阳图。碑文阴刻"咸丰三年癸丑岁仲春日，清待诰显妣王母涂太君之墓"；两柱阴刻"势接崑仑灵钟地脉；江横玉带蔚起人文"。

瓦房子顾家墓地 位于南广镇盐坪村瓦房子，为清代家族墓地，坐南向北，占地面积约20平方米。共有2座墓，分别为顾公和顾母墓：顾公墓冢为条石围砌成半径为2.2米的圆形墓冢，上有封土；墓碑为青石石碑，高为2.28、宽1.05米，呈矩形，碑文阴刻"同治八年九月初八日立 清故显考顾公讳遥大人之墓"。顾母墓冢为条石围砌成半径为2.2米的圆形墓冢，上有封土；墓碑为青石石碑，高为2.4、宽1.2米，呈矩形，碑文阴刻"同治八年九月初八日立，清故显妣顾母杨孺人墓"。

坟山坝张家墓地 位于南广镇大石村半坡组坟山坝，修建于清同治七年（1868年），坐东向西，占地面积约200平方米。共有墓12座：M1冢呈前圆弧后长方形，条石砌成，长5.7、宽4、高1.4米；碑为石质仿木结构两柱一开间庑殿顶上修宝顶，檐下施梅花、动物等浮雕，碑高2.6、宽1.3米；碑文阴刻"清赠口功郎显考张公讳登举老大人之墓"。M2冢呈前圆弧后梯形，以条石砌成，长4.5、宽3.4、高1.4米；碑为石质仿木结构两柱一开间庑殿顶，檐下施精美浮雕，高2.5、宽1.2米；碑刻"清故姨母张门王孺人之墓"。M6冢呈前圆弧后梯形，以条石砌成，长4.4、宽3.2、高1.4米；碑为石质仿木结构两柱一开间庑殿顶，檐下施精美浮雕，高2.5、宽1.14米；碑刻"清故姨母张门刘孺人之墓"。M7修建于清同治七年，坐向260°，冢呈前圆弧后梯形，以条石砌成，长4.5、宽4、高1.9米；碑为石质仿木结构两柱一开间庑殿顶，顶上修宝顶，有戏曲人物浮雕，碑高2.5、宽1.4米。碑刻"皇清诰授孺人祖妣张母彭真莲之墓，同治七年"。

丁氏墓 位于南广镇黄河村，修建于清乾隆五十二年（1787年），坐南朝北，面积12平方米。土冢墓，长4、宽3、高1米。碑为长方形，两柱一开间，顶现已毁，碑高2、宽1.8米。碑刻"授赠正六品文村郎丁公讳启口口，大清乾隆五十二年"。

钟罗氏墓 位于南广镇曾岩村，修建于乾隆五十三年（1788年），面积16平方米。冢现已毁，碑宽1.8米，碑顶至地面高1.66米，碑刻"清待诰钟母罗老太君墓，乾隆五十三年秋七月望六日立"。

顾张氏墓 位于南广镇盐坪村,修建于清嘉庆十六年(1811 年),坐南向北,占地面积 28.8 平方米。墓冢为条石围砌垒筑,长 6、宽 4.8 米,呈梯形状,上有封土;墓碑为青石碑,石质仿木结构建筑两柱一开间单檐庑殿顶,碑高 3.15、宽 1.65 米。碑文阴刻"清故明诰封恭人高祖妣顾母张太君之墓,嘉庆十六年季冬吉旦立"。

花地坡墓 位于南广镇顺河村沙江队花地坡,修建于清道光三年(1823 年),坐南向北,占地面积 18 平方米。墓冢为土冢墓,长 5、宽 3.6 米,呈梯形;墓碑为石质仿木结构建筑两柱一开间,单檐庑殿顶,碑高 2.25、宽 1.15 米,额枋上雕刻精美花草纹;碑文阴刻"大清道光三年岁在癸未春五月,皇清例诰显妣于母雷氏涂锡真老太君之墓";两柱阴刻"虎踞龙盘闻□□;山屏水带产□□"。

罗真诚墓 位于南广镇和平村,建于清道光七年(1827 年),占地面积 12 平方米。冢呈前圆弧后长方形,以条石砌成,长 6、宽 2.7、高 1.5 米;碑为上圆弧下长方形单碑,高 1.9、宽 0.82 米。碑刻"清故显妣黄母罗真诚之墓,道光七年"。

袁宏诰墓 位于南广镇杉木村,修建于清道光十二年(1832 年),占地面积 11 平方米。冢呈前圆弧后长方形,以条石砌成,长 4.2、宽 2.9、高 1.6 米;长方形碑,两柱一开间,歇山顶,高 2、宽 1.28 米;碑刻"皇清待赠显考袁公讳诰大人墓,道光十二年"。

高长禄墓 位于南广镇文星村,修建于清道光十五年(1835 年),占地面积 20 平方米。冢呈梯形,以条石砌成,长 5.6、宽 4、高 2 米。碑为长方形单碑,石质仿木结构两柱一开间歇山顶上修宝顶,高 2.8、宽 1.28 米。碑刻"皇清待赠故高祖考公长禄大人之墓,道光十五年"。

梁显章墓 位于南广镇互相村,建于清道光十五年(1835 年),坐南向北,占地面积 50 平方米。墓冢为土冢墓,长 10、宽 5 米,呈梯形状,上有封土;墓碑为青石碑,石质仿木结构两柱一开间,笔架顶,通高 1.95、宽 1.15 米,额枋阴刻"万代兴隆";两柱阴刻"凤凰护脉人文启;金鸡佑穴甲第文";碑文阴刻"大清道光十五年八月吉日立,清显考梁公讳显章大人墓"。墓冢前有圆弧形拜台,面阔 4.2、长 2.1 米。

姚嘉谟墓 位于南广镇坪和村,修建于清道光二十年(1840 年),坐西向东,占地面积 12.5 平方米。墓冢为条石围砌垒筑,墓长 5、宽 2.5 米,呈梯形,上有封土;墓碑为青石石碑,仿木结构两柱一开间,两方施抱鼓石,单檐庑殿顶。额枋上雕刻精美花草纹。碑上阴刻"道光二十年庚子岁十二月上浣,清显考姚公字嘉谟大人墓";两柱上阴刻"气聚龙峰山拱翠;云襟鱼踞水成□";抱鼓石上阴刻鸟字纹与福字纹。

田悟清墓 位于南广镇曾岩村,修建于清道光三十年(1850 年)。墓冢以条石砌成,冢呈前圆弧后长方形,长 4、宽 2、高 1.6 米;碑高 1.8、宽 0.84 米,碑刻"清故侯母田悟清墓"。

陈吴氏墓　位于南广镇坪和村，建于清光绪十二年（1886 年），坐西向东，占地面积 20 平方米。墓冢为条石围砌垒筑，墓长 5、宽 4 米，呈前带拐角梯形，上有封土；墓前碑为青石石碑，仿木结构两柱一开间笔架顶，碑高 1.9、宽 0.82 米；碑顶端阴刻"女峰挺秀"；碑上阴刻"光绪十二年冬月吉日，清故显妣陈母吴老太君之墓"；两柱上阴刻"峦秀峰回承地永；山环水抱启人文"。

雷源慧墓　位于南广镇顺河村，修建于清代，坐南向北，占地面积 15 平方米。墓冢为条石垒筑，长 5、宽 3 米，呈前带圆弧梯形，上有封土。墓碑为石质仿木结构建筑两柱一开间单檐庑殿顶，碑高 2.3、宽 1.2 米，额坊上有浅浮雕，山明水秀；明间碑文阴刻"皇清例诰于母戒雷源慧老太君之墓"；明间两柱已完全风化，字迹不清。

张学礼墓　位于南广镇大石村，修建于清咸丰三年（1853 年），占地面积 20 平方米。冢呈前圆弧后长方形，长 5.2、宽 4 米，两柱一开间庑殿顶，刻有戏曲人物浮雕，上修宝顶。碑为单碑，宽 1.64、通高 4.5 米。碑刻"清赠修职郎显考张公字学礼老大人之墓，咸丰三年"。

姚刘氏墓　位于南广镇坪和村老屋基队姚家嘴坟嘴上，修建于清咸丰六年（1856 年），坐北向南，占地面积 9.6 平方米。墓冢由条石围砌垒筑，长 6、宽 3.6 米，呈梯形，上有封土，封土上植被茂盛。墓碑为青石石碑，碑首为圆拱形，高 1.5、宽 0.85 米。碑文阴刻"咸丰六年三月十六日吉立，清故显妣姚母刘孺人之墓"。

李悟光墓　位于南广镇分水村，修建于清咸丰七年（1857 年），占地面积 16 平方米。冢呈梯形，以条石砌成，长 4.6、宽 4、高 1.8 米。碑呈长方形，石质仿木结构两柱一开间歇山顶，高 2、宽 1.27 米。碑刻"清故显妣郑母李悟光老太君墓"。

罗绍圣墓　位于南广镇塘坡村，修建于清咸丰八年（1858 年），占地面积 15 平方米。冢呈梯形，以条石砌成，长 4.7、宽 3.88、高 1.5 米；碑呈长方形，石质仿木结构两柱一开间歇山顶，上有浮雕（已风化不清），两侧抱鼓石，高 2.4、宽 2.48 米；碑刻"清故显考罗公讳绍圣大人墓，大清咸丰八年"。对联"地结真龙□□□□□□；天生的脉年照旗开□□"。

李占春夫妇墓　位于南广镇大石村，修建于咸丰八年（1858 年），占地面积 32 平方米。冢呈前圆弧后长方形，以条石砌成，长 7.8、宽 4.9、高 1.7 米。碑为石质仿木结构四柱三开间，重檐歇山顶，碑高 2.4、面阔 3.64 米。拜台长 12.1、宽 5.7 米。碑刻"皇清赠（诰）故显考（妣）李公（母）讳占春（真海）老大（孺）人墓"。

卢三仲墓　位于南广镇甜竹村，建于清同治四年（1865 年），坐北向南，占地面积为 36 平方米。墓冢由条石围砌垒筑，呈前带拐角梯形，墓长 8、宽 4.5、高 2.2 米，上有封土，墓冢形制完好，条石保存完好。墓碑为青色石碑，仿木结构两柱一开间单檐庑殿顶，两方施抱鼓石，通面阔 3.6、碑高 4.15、宽 1.24 米。墓碑碑顶施龙头鱼身净水瓶，额枋有两排雕刻，第一排雕刻三组精美的戏剧人物图，第二排雕刻精美的钱纹；碑上浅浮雕梯形匾，阴刻"佑启后人"；碑文阴刻"同治四年乙丑岁孟冬月初四吉旦，皇清恩赐正八品显考卢公三仲老大人之墓，庚戌恩科举人姐弟会其恭撰，乙酉科举人愚侄婿陶符书"；两柱上阴刻"得牛眠且喜青山添秀色；封成□欣看绿水壮又澜"。两柱两边施抱鼓石，雕刻狮子和戏剧人物。

文通泰墓 位于南广镇五一村，建于清同治十一年（1872 年），坐东向西，占地面积 17.28 平方米。由条石围砌墓冢，长 3.6、宽 4.8 米，呈长方形，上有封土，墓冢形制完整，条石保存完好。墓碑为红石碑，两柱一开间仿木结构，单檐庑殿顶，宽 1.2、高 3.1 米。碑上阴刻"清故文公讳通泰大人之墓，大清同治壬申年夏四月二十九日榖旦"；额枋阴刻"云蒸霞蔚"；两柱上阴刻"曲水营回玉钩金锁；群山□□人杰地灵"。

王治伦墓 位于南广镇甜竹村，修建于清同治十一年（1872 年），坐西向东，占地面积 10.4 平方米。墓冢为条石围砌垒筑，墓长 4、宽 2.6 米，呈梯形，上有封土；墓碑为青石石碑，高为 1.35、宽为 0.8 米，呈矩形，碑上阴刻"辛山亥□　王公治伦之墓，同治十一年三月初四日立"。

郑国华夫妇墓 位于南广镇文星村，建于清光绪元年（1875 年），坐北朝南，占地面积 81 平方米。冢呈梯形，以条石砌成，长 8、宽 4.5、高 2.3 米。碑为长方形，石质仿木结构两柱一开间庑殿顶，上修宝顶，刻有戏曲人物浮雕，两侧施抱鼓石，高 3.5、宽 2.7 米。拜台面阔 10 米，进深 4.5 米。碑刻"清例（诰）显考（妣）郑公讳国华母（樊真）修老大（孺）人墓"。

蒲元春夫妇墓 位于南广镇大石村，修于清光绪三年（1877 年），面积 80 平方米。冢呈长方形，由条石砌成，长 5.6、宽 4.6、高 1.9 米。碑为石质仿木结构四柱三开间三重檐歇山式顶，两侧施抱鼓石，宽 4.3、高 4.2 米。拜台长 16、宽 4 米。明间匾额"五世同堂"。碑刻"皇清待故显考蒲公（妣母）讳元春（杨常荣）老大（孺）人之墓"。

丁大经夫妇墓 位于南广镇文星村，修建于清光绪七年（1881 年），占地面积 60 平方米。冢呈梯形，以条石砌成，长 5.3、宽 4.8、高 2 米。碑为上圆弧下长方形，单碑，高 2.2、宽 1.4 米，拜台长 11、宽 4.5 米。碑刻"清故显考妣丁公讳大经大人母法戒叶光龙之墓，光绪七年"。

胡国兴夫妇墓 位于南广镇七星村，建于清光绪八年（1882 年），占地面积 30 平方米。为夫妻合葬墓。冢呈梯形，以条石砌成，长 6.1、宽 4.8、高 1.5 米；碑为石质仿木结构四柱三开间歇山顶，高 2.6、宽 2.66 米。碑刻"皇清显考（妣）胡公讳国兴大人（母）卢真高孺人之墓"。

查德新墓　位于南广镇杉木村，修建于清光绪十年（1884年），占地面积35平方米。冢呈前圆弧后长方形，以条石砌成，长4.5、宽1.8、高1.5米。长方形单碑，长2、宽1米。拜台长7.6、宽3米。碑刻"查公德新之墓，大清光绪甲申年"。

梁朝福墓　位于南广镇五一村，建于清光绪十八年（1892年），坐西向东，占地面积24.84平方米。墓冢条石围砌，墓长7.6、宽3.4米，呈长方形，上有封土。墓冢形制完整，条石完好无损。墓碑为红色石碑，碑宽0.8、高1.9米，碑上阴刻楷书"清故显妣李母梁戒（名）朝福孺人之墓，大清光绪八年十月十七日立"。碑首呈圆拱形，两方阴刻对联："一方流长增寿域；群峰竞秀启人文。"

徐昆山夫妇墓　位于南广镇互相村，建于清光绪二十一年（1895年），坐南向北，占地面积33.6平方米。墓冢为青条石围砌垒筑，长6、宽4.2米，呈梯形，上有封土。墓碑为青石石碑，碑首呈圆拱形，通高1.8、宽0.93米，阴刻"光绪二十一年岁次乙未仲秋月吉日重立　授武功将军考　公昆山大　皇清诰显徐人之墓"；拜台呈半圆形，长6.1、宽2.8米。

戴王氏墓　位于南广镇塘坡村，修建于清光绪三十四年（1908年），坐西北向东南，占地面积7平方米。冢呈梯形，以条石砌成，长2.8、宽2.6、高1.15米。碑为长方形单碑，高1.3、宽0.72米。碑刻"清故显妣戴母法（戒）王祖□墓，光绪戊申年"。

张廷耀墓　位于南广镇坪和村，修建于清光绪三十四年（1908年），坐西向东，占地面积35平方米。墓冢为条石围砌垒筑，长7、宽5米，前为圆弧形，中间镶嵌石碑，总体呈前带凹弧梯形，上有封土；墓碑宽为0.86、高为1.5米，呈长方形；碑上阴刻"光绪三十四年五月二十日，张公讳廷耀大人墓"。

徐刘氏墓　位于南广镇互相村，修建于清宣统三年（1911年），坐南向北，占地面积18平方米。墓冢为土冢墓，长5、宽3.6米，呈梯形；墓碑为青石石碑，碑首为圆拱形，碑高1.4、宽0.8米。碑文阴刻"宣统三年辛亥七月吉日立，皇清□封孺人显妣徐母刘老孺人之墓"。

古建筑

七星山黑塔　位于南广镇七星村，建于明代嘉庆年间（1796～1820年），坐向90°，七级阁楼式砖塔，攒尖顶；塔内为空筒式构造，每层设券拱塔心室。118级踏道绕实心柱由左至右盘旋至顶。塔门面西，门高2.2、宽1.15米，门前有垂带式塔道6级。塔身为八边形，逐层内收，第七重檐上为暗层八角珠形塔顶。塔内外有多处浮雕石刻，大门两柱刻龙柱，底层藻井刻二龙抢宝，第四层藻井刻双凤朝阳，第七层藻井刻盘龙图案，雕刻细腻，形态逼真。四川省人民政府于2002年公布为文物保护单位。

玉皇寺 位于南广镇互相村，始建于明代，重建于清代，属七星山景区佛教圣地，坐东向西，抬梁穿斗木结构建筑，占地面积263.62平方米。现仅大雄宝殿、药师殿、地藏殿、北面耳房各一间。大雄宝殿四柱三开间，施双开门三扇，花格槛窗四扇，面阔12.2、进深9米，平面呈矩形；大雄宝殿正脊居中，从上至下施"莲花花瓣"、"二龙抢宝"、"姜子牙"精美图案。鱼身鳌尖；大雄宝殿前带廊檐，檐柱下施八棱形柱础，面阔12.2、长2.1米，呈矩形；药师殿和地藏殿分别列于大雄宝殿南北面，三柱两开间，面阔6.6、进深4.5米，平面呈矩形；北面厢房面阔8.6、进深5.6米，平面呈矩形，南面耳房已全毁，地面为素土，屋面为小青瓦。

南江街12号民居 位于南广镇陈塘关社区，建于清代，为宅第民居，坐西向东。穿斗木结构二层小楼，面阔四柱三间12、通进深12.5米，人字顶小青瓦屋面，三合土地面。

尚家宅 位于南广镇陈塘关社区，建于清代，为宅第民居，坐西向东，总面积68平方米。现仅存下院大门进去的一正间，台基平面呈矩形，面阔三间8.6、进深8.9米，带前廊构造；正门前施8级踏道，地面为水泥地面；建筑为穿斗结构，人字屋顶，小青瓦屋面。大门顶为花形门楣，窗式为格子窗花。

刘祖芳宅 位于南广镇陈塘关社区，为宅第民居，建于清代，坐北向南。穿斗式木结构，双挑出檐，小青瓦悬山式屋顶，现残存面阔两间6.35米，进深三间9.2米，明间四面为木板墙，室内地面为三合土地，室内分为两层，前檐下层为双开门，上层为竹编隔墙，建开风窗。

顺江街87号民居 位于南广镇陈塘关社区，为宅第民居，建于清代。坐北向南，穿斗木结构四合院，面阔四柱三间10、进深14.5米，人字顶小青瓦屋面，木板墙，双开门，饰花格窗，正中小天井，前后木梯可上阁楼，三合土地面。

水井街井 位于南广镇陈塘关社区，建于清代。井有两口，均由条石垒砌，相距约5米。一口为圆形，直径0.9米，一口为矩形，长0.9、宽0.5米。两井相通，当上面井水满出就会流入下面的井中，现仍在使用。

刘志强宅 位于南广镇陈塘关社区，为宅第民居，建于清代，坐西向东。穿斗抬梁木结构建筑，平面呈长方形，面阔五间16.1、进深6.3米。八字槽门，弯挑出檐。明间安双开门，施花格风窗，竹编隔墙，斗砖山墙，地面为素土地面，小青瓦屋顶。

尹玉民宅 位于南广镇五一村，为宅第民居，建于清代，坐北向南，室内面积为76.5平方米。穿斗式木结构建筑，平面呈矩形，面阔四间11.9米，进深一间5米。地面为素土地面，小青瓦人字瓦顶。前檐施花格槛窗，其余装修已被破坏。

于家宅 位于南广镇富强村，为宅第民居，建于清代，坐向225°，面积47平方米。平面呈矩形，为三合土地，屋四柱三间，穿斗结构，木板墙面，人字屋顶，小青瓦屋面，面阔三间 10.4、进深 4.5 米，门上雕梅花菊花饰。

张弯桥 位于南广镇和平村，为桥涵码头，建于清代，东西走向，占地面积 45 平方米。六墩五孔平梁式石桥，桥长 22、宽 2、高 3.7 米。

查家宅 位于南广镇杉木村，为宅第民居，建于清代，坐南朝北，面积 60 平方米。三合土地面，人字屋顶，穿斗结构，小青瓦屋面，木板墙面，门为三关六扇；明间面阔 4.6、进深 5.8 米；两次间面阔 4.45、进深 5.8 米。

百步梯 位于南广镇盐坪村，建于清代。百步梯梯脚到梯顶共有台阶 153 阶，长 0.4、宽 1.2 米，由条石建成，笔直陡峭直通王家坟山。百步梯旁有一不规则巨石，巨石上凿一石窟，上端为圆拱形，风化严重，字迹不清，可见"咸丰二年二月十九日，□□□□□，□□□□□，捐银五十两正"，是记述当时修建此道的纪年以及资金捐赠情况。

甜竹村贞女牌坊 又叫大益牌坊，位于南广镇甜竹村，始建于光绪二十八年（1902年）。坐北向南，石质仿木结构四柱三开间重檐歇山式顶，面阔 6、高约 7 米，坊身南面、北面有题记。

石窟寺及石刻

歇马石摩崖题刻 位于南广镇陈塘关社区，巨石俗称"太子石"，仅长江枯水期可见。题刻内容为"開禧改元王正月其日甲申南谿令袁叔宜與客焦昌朝訪武侯歇馬之石齒齒橫流真奇絕也陳迹□□未有此游舉□觞吊古而下"。全文共计 52 字，现在可辨的有 49 字，残损 3 字；内容为记述南溪县令与朋友在开禧年正月间的一次出游，目的是寻访诸葛武侯的歇马石，并对长江美景大加赞赏。光绪《庆符县志》记载有此处题刻，内容如下："开禧元年，其日甲午，南溪令与客焦昌朝访武侯歇马之石，齿齿横流，真奇绝也，鼓觞吊古而下。"笔法流畅，水涨其石即不见。经过对比，歇马石摩崖题刻与光绪《庆符县志》对该题刻所处位置和主要内容的记述基本吻合，此题刻是研究长江水文变化的重要实物资料。

廻澜硖石刻 位于南广镇陈塘关社区，凿于明嘉靖丁巳年（1557 年），分布在七星山陡峭石壁上，离地面约 30 米处。坐西向东，石刻外侧凿刻成宽 0.07、深 0.05 米的矩形框，框长为 3.7、宽 1.1 米，框内由南向北阴刻"廻澜硖"三字，每字上檐用石板保护，字宽 0.74、高 0.7、字距 0.47 米。框右侧角阴刻"嘉靖丁巳（1557 年）春"，字宽 0.12、高 0.14 米；框外右下侧阴刻楷书"督公善人向万□"，字宽 0.3、高 0.4 米。翠屏区人民政府于 2011 年公布为文物保护单位。

黄河口石刻 位于南广镇黄河村黄河溪边，凿于清代，坐向 110°，形似倒立雕印，俗称"玉印石"，东壁浅刻"玉印"、"仙源色月季芳题"，阴刻楷书，上直径 1.8、下直径 1.12、高 2 米，龛 1 长 1.3、宽 0.7 米，字高 0.53、宽 0.4 米；龛 2 长 1.5、宽 0.8米。

沟头组石雕　位于南广镇大石村，凿于清代，东面和西面上部均刻有头像，下部刻有文字，上书"南无阿弥陀佛，同治元年九月，一九八三年元月"；人像戴帽、怒目圆睁、张口大笑、长耳。长 0.34、宽 0.31、高 1.26 米，其中头像部分高 0.5 米，字体部分高 7.67 米。

擦耳岩石雕　位于南广镇大石村，凿于 1918 年。擦耳岩石雕为长方体，东面和西面上部均刻有头像，下面有文字，上书"南无阿弥陀佛，民国八年九月吉立"；人像戴帽，面阔凤眼，耳呈半月形，嘴唇向下弯曲呈弧形，牙较突出，石雕长 0.33、宽 0.26、高 1.237 米，其中头像部分高 0.42 米，刻字部分高 8.17 米，整个佛像坐落在一块石头上。

近现代重要史迹及代表性建筑

马氏宅　位于南广镇陈塘关社区，建于 1950 年，坐西向东，面积约 192 平方米。宅台基平面呈矩形，通面阔 14、进深 8.1 米。外有踏道，长 4、宽 0.9 米。整个房子分两层，上为木板楼，南檐下有一木梯上楼。小青瓦"Z"形屋面。木门施红漆，木框架窗，北面窗口现作营业窗。

陈塘关桥　位于南广镇陈塘关社区，建于 1967 年。陈塘关桥横架于南广河上，东西走向，单孔拱券敞肩式石平桥，两侧桥肩共有小券拱 16 个，总长 92.5、宽 7.6 米，面积 703 平方米，用条石砌成，桥面铺水泥，有石栏杆，高 0.95 米。

李庄镇

古遗址

黑脸观音码头遗址　位于李庄镇新胜村，建于清代。遗址依山而建，为一狭长形地带，码头主要道路已毁，仅余两段石梯，第二段石梯旁有一供过往牲口饮水的蓄水池。石壁上刻有"县正堂李示：上下船只，务靠码头，散泊遇事，不得怨尤"。旁十几米处，有一仿木结构石质纪念碑，为纪念一溺水身亡者而立，立碑时间为"道光十五年"。

古墓葬

观音岩崖墓群　位于李庄镇双桥村，建于汉代。崖墓群共 3 座，分别为 M1 ~ M3。

M2，坐南向北，墓门呈圆弧形，门高1.3米。墓室呈梯形，长边1.4、短边1米，进深2.1、高0.5米。后壁龛周围有人工打凿过的痕迹，已不见随葬品和骨骼，墓道已毁。M1、M3被泥土、杂草掩盖，不见内部结构。

红岩山崖墓　位于李庄镇安石村十组红岩山腰，建于汉代。坐南朝北，墓道已毁，墓门呈方形，高0.8、宽0.6米，墓室呈圆拱形，高1.4、宽2、进深1.5米，有打凿痕迹，不见随葬品和骨骼。

仙人洞崖墓群　位于李庄镇中和村，修建于汉代。共有墓2座：M1墓坐东向西，墓道已毁，墓门呈梯形，宽1.9、高1.7米，墓室呈梯形，进深4.8米，后壁龛呈梯形，四周有打造痕迹，现室内堆积大量泥土，无法测量；M2墓道已毁，墓门呈圆拱形，高1.6、宽1米，墓室呈梯形，进深4米，后壁龛呈梯形，宽1.1、高1.3米，四周有打造的痕迹，现已不见随葬品和骨骼。

蛮洞湾崖墓群　位于李庄镇新胜村八组蛮洞湾，修建于汉代。共有墓8座：M2、M3、M7洞口被泥土封住保存较好，M4、M5里面堆积有泥土，内部结构被掩盖。M1墓：坐西向东，墓道已毁，墓门呈圆拱形，宽1、高1.2米，墓室呈梯形，长边2.35、短边2、进深2.8米，有打造痕迹，不见随葬品和骨骼。M6墓：有墓道，墓门呈梯形，门宽0.9、高1.2米，墓室呈梯形，有后壁龛，墓室地面人工打造，右边有一个壁龛，呈倒梯形。

尹家坟山墓　位于李庄镇长胜村，建于宋代。单室墓，北向34°。墓室为仿木结构，用条石和板石垒砌而成，墓室呈券顶，墓平面呈长方形，长4.65、宽1.6、高2米。室内左右壁上雕刻有祥云、格子花等精美图案，石室后壁有一龛，呈倒梯形，高1.1、长边0.95、短边0.65米，雕刻半开门像，夹门雕一妇人，面向墓室中，作欲出状，衣裙衩、髻挽结于顶上，墓门已毁。

坟湾头墓地　位于李庄镇南胜村四组坟湾头，建于宋代，坐东向西。一墓两室，中间相通，有侧壁龛，刻有精美图案，墓门已毁，未见棺木及随葬品。

五里坡墓地　位于李庄镇上坝村，建于明代。墓为一墓四室，坐北朝南，墓室仿木结构，用大型条石及石板雕凿后垒砌而成，二室与三室相通，规格相同，平面呈长方形，深3.5、宽1.5、高2.5米，室顶呈棺盖状，地面铺石板，墓室左右壁上均雕有石质单扇门，墓室后壁龛内浮雕有仿建筑图案、祥云、人等，龛高1.58、宽1.25米，墓门均已毁，未见任何随葬品及骨骼，盗掘痕迹明显。

大石堡墓地　位于李庄镇中和村，修建于明代。坐北朝南，墓门为石质双扇门，向外闭合，门高约2、宽约1米，上浮雕钱币图案，墓门紧闭，无法进行测量。

郭湾叶家墓地　位于李庄镇长胜村七组郭湾，修建于清代。共有7座，分别编为M1～M7墓。M1墓坐南朝北，墓冢平面呈梯形，条石垒砌而成，长边3.7、短边2.8、进深 6.7 米。墓碑为石质仿木结构两柱一开间庑殿顶，青砂石质，碑高 2.15、宽 1.56 米，碑文为"皇清待赠顕考叶公字靈雨大人墓，嘉庆十四年乙卯季冬九日立"。碑柱上刻"水秀山青藏骨脉；龙蟠虎踞行人文"。M2~M7 墓形制同 M1 墓，刻有碑文及对联。

灯笼坡张家墓地　位于李庄镇永胜村三组灯笼坡，修建于清代。共有 2 座：M1 墓建于清嘉庆年间，坐东南向西北，墓冢为合墓，呈梯形，条石垒砌成，长边 6.8、短边 6.2、进深 6.8 米。墓碑均为石质仿木结构两柱一开间，为双碑，均为庑殿顶，带有碑座，碑宽 1.64、高 2.9 米，碑文为"皇清恩荣修职郎顕考张公字握玉大人墓，皇清乙酉举人例授文林郎顕考张公字子平大人之墓"。墓冢后方有一香炉塔，刻有人、兽、花等精美纹饰。M2 墓冢梯形，前圆弧形，条石砌成，碑为四柱三开间，带碑座，墓冢旁有一石碑，刻有墓志铭。

老龙沟张家墓地　位于李庄镇永胜村三组老龙沟，修建于清代。共有墓 3 座，分别编为 M1~M3 墓。M1 墓：坐西向东，墓冢呈梯形，条石垒砌而成，长边 4.5、短边 2.7、进深 5.7 米；碑为石质仿木结构两柱一开间庑殿顶，脊上饰吻兽、宝瓶，碑宽 1.37、高 2.9 米，碑文为"故顕考张公字子文大人墓，光绪七年辛乙四月上浣日榖旦"。

小黄坡雷家墓地　位于李庄镇九沟村二组小黄坡，建于清代，坐南向北，占地面积约 60 平方米。共有 4 座，M1：墓冢呈梯形，条石垒砌而成，长边 3.9、短边 3.3、进深 5.3 米，墓为单碑带碑座，青砂石质，碑高 1.7、宽 0.93 米，碑文为"皇清待赠顕考雷公讳先春老大人之墓　道光十九年季夏月二十七日立"；碑柱上刻有对联为"虎踞龙盘钟岳秀；莺飞凤舞诞□□"。M2 墓冢呈矩形，条石垒砌而成，长 5.8、宽 3.8 米，碑为石质仿木结构两柱一开间庑殿顶，有碑座，碑高 2.1、宽 1.2 米，碑文为"皇清待诰故顕考雷公讳聪老大人之墓，道光十九年季夏月二十七日立"。碑柱上刻有对联："五马朝天官宰相；六龙乘御贵探花。" M3 墓形制同 M1 墓。M4 墓冢呈矩形，条石垒砌而成，长 6、宽 3.8 米，墓碑为单碑有碑座，青砂石质，碑高 1.8、宽 0.88 米，碑文因腐蚀风化严重，仅存"李老太君之墓"，墓施有拜台，长 2.8、宽 1.2 米。

尖尖山崖墓　位于李庄镇安石村八组尖尖山半山腰，建于清代，坐西向东。墓道已毁，墓门呈圆拱形，高 1、宽 1.7 米，墓室圆拱形，深 1.2、短边 1.5 米，有打凿痕迹，不见随葬品和骨骼。

祖坟山雷家墓地　位于李庄镇安石村十一组祖坟山，建于清光绪十三年（1887年）。共有 3 座，分别编为 M1~M3 墓。M1 墓坐北朝南，墓冢呈矩形，现不见条石仅存封土堆，长 6、宽 4.9 米。墓碑为石质仿木结构两柱一开间，白砂石质，庑殿顶，脊上饰宝瓶，碑高 2.3、宽 1.2 米，碑文为"皇清待赠雷公讳仁陶达仙老大孺人之墓，光绪十三年丁亥小阳月十二日立"，碑柱上刻有对联"卜云其吉千山拱照；终焉允□万水来朝"。M2、M3 墓形制同 M1 墓。

帅家墓地　位于李庄镇安石村，修建于清代。共有 2 座，分别编为 M1、M2 墓。M1 墓坐南朝北，墓冢呈梯形，条石砌成，长边 4、短边 2.4、进深 3.2 米。墓碑为单碑有碑座，红砂石质，高 1.8、宽 0.93 米，碑文为"清故显妣帅母李老孺人墓，□□年□巳三月上浣日"。碑上刻有对联为"烟凝马鬣三万地；云拥螺髻十筠山"。M2 墓形制同 M1 墓，碑文为"清故显妣帅母汤老孺人墓，光绪十年癸巳岁春王月十三日"。

易奇芳墓　位于李庄镇安石村，建于清代，坐东向西。墓冢呈梯形，条石垒砌而成，长边 4、短边 3.3、进深 6 米。墓为单碑，碑顶已毁，碑高 2.2、宽 1.1 米，碑文为"皇清待赠显考易公讳奇芳老大人之坟墓，□□六年丙申岁秋七月望五日监立"。碑上刻有对联为"五马朝天官宰相；六龙乘御贵探花"。

楼房头蒲家墓地　位于李庄镇伏光村三组楼房头，修建于清代，坐西向东。共有墓 5 座，分别编为 M1 ~ M5 墓：M1 墓墓冢现无条石仅有封土，墓碑为单碑有碑座，碑文为"清显考蒲公讳□□老大人之墓，大清同治十□年岁次季风吉立"。M2 ~ M5 墓，形制同 M1。

上院子墓地　位于李庄镇沿江村九组上院子，修建于清代，坐南朝北。墓冢呈梯形，条石垒砌而成，带顶，长边 3.3、短边 2.8、进深 4.5 米，墓碑为石质仿木结构两柱一开间庑殿顶，青砂石质，碑高 2、宽 1.35 米，碑文为"清诰□妣唐母□□□□，大清道光□巳年冬月二十□□"。

老房子黄家墓地　位于李庄镇沿江村五组老房子，修建于清代。共有墓 3 座，分别为 M1 ~ M3。M1 坐南朝北，墓冢呈梯形，带护墙，墓冢长边 6、短边 5.2、进深 4 米，墓碑高 2.5 米，石质仿木结构四柱三开间庑殿顶，施抱鼓石，碑文为"清待例诰赠正八品显妣考黄母公戒字陈文真泰智老孺大人墓，大清咸丰五年岁次乙巳卯月建己酉癸丑日立"。

孟姜林何家墓地　位于李庄镇龙金村二组孟姜林，建于清道光十九年（1839 年）。坐南朝北，共有墓 2 座：M1 墓冢呈梯形，条石砌成，长边 3.5、短边 3.15、进深 5.25 米；墓碑为石质仿木结构两柱一开间庑殿顶，带碑座，碑高 2.4、宽 1.3 米。碑文为"清故显考何公讳国祥老大人墓，道光十九年六月初七日立。"M2 形制同 M1，碑文为"皇清待诰显妣何母张老太君墓，道光十九年季夏月朔七日。"

洪日升夫妇墓　位于李庄镇安石村四组碑湾头，建于清嘉庆十二年（1807 年）。坐南朝北，墓冢平面呈梯形、前呈圆弧形，条石垒砌而成，长边 6.8、短边 5.2、进深 6.5 米；墓为单碑带碑座，青砂石质，碑高 1.8、宽 0.87 米，碑顶刻有麒麟，碑文为"皇清处士显考洪公讳日升大人之墓，嘉庆十二年岁次丁卯七月立"。碑上刻有对联为"水湄山辉合万象；子贤孙肖状千秋"。

王邦辅墓　位于李庄镇新胜村，修建于清嘉庆十八年（1813 年），坐南朝北。墓冢呈梯形，条石砌成，长边 3.2、短边 2.2、进深 5.3 米，带拜台；墓碑为石质仿木结构庑殿顶，高 2、宽 1.28 米，碑文为"清故显考王讳邦辅□□，嘉庆拾捌年秋八月吉日立。"对联："此地环吴山□；其穴□汉寝唐。"

杨家坟山杨张氏墓　位于李庄镇安石村一组杨家坟山，修建于清道光二年（1822 年），坐东向西。墓冢呈梯形，条石垒砌而成，长边 3.8、短边 2.8、进深 5.5 米。墓碑为石质仿木结构两柱一开间庑殿顶，碑高 2.5、宽 1.4 米。碑文为"皇清例诰显妣杨母张名法戒□□□，道光二年壬岁九月十一□□"，碑柱上刻有对联为"缭绕青山荣万代；潆洄绿水映千秋"。

单氏墓　位于李庄镇龙金村，建于清道光八年（1828 年），坐西北向东南。墓冢呈长方形，条石砌成，前呈弧形。长 6.4、宽 3.8 米；墓碑为仿木结构，庑殿顶，正脊饰吻兽，碑高 2.6、宽 1.25 米。碑文为"皇清例赠六品单公讳□□□，道光八年姑浣月望三日吉旦。"碑联："玉质金相长对马□；佳山秀水永护牛眠。"

单朝荣墓　位于李庄镇九沟村，建于清道光己丑年（1829 年），坐南朝北。墓冢呈梯形，条石砌成，长边 3.75、短边 2.8、进深 5 米，碑为单碑带碑座，庑殿顶，碑高 2.3、宽 1.35 米，碑文为"清故显考单公讳朝荣老大人墓，道光己丑年应钟月望二日立"。碑上刻"水秀山清长绵福泽领；龙蟠虎踞永盘人文□"，横批"垂裕後昆"。

梨子嘴墓　位于李庄镇安石村九组梨子嘴，建于清道光二十一年（1841 年），坐北朝南。墓冢呈矩形，条石垒砌而成，长 4.3、宽 3.6、高 1.2 米。碑为石质仿木结构两柱一开间庑殿宝瓶顶，碑宽 0.88、高 3 米。碑文为"皇清待赠位侍郎故显□□，道光辛丑年又三月二十三日"。碑柱上刻有对联为"丙向水藏启；□□□□□"，横批"壬山接"。

曾章华夫妇墓　位于李庄镇安石村，建于清道光二十三年（1843 年），坐东向西。墓冢呈梯形，条石垒砌而成，长边 4.8、短边 3.4、进深 5.4、高 1.75 米。墓碑为石质仿木结构四柱三开间庑殿顶，有碑座，高 2.4、宽 2.64 米。碑文为"皇清待诰赠顯妣考曾母公萧讳太章君华老孺大人之墓，道光二十二年岁在壬寅季春月立"。碑柱上刻有对联，内联为"山明水秀照千古；子□孙贤永万年"，横批"佑啟后人"；外联为"人文由地出；蔚起自山呈"，横批"百代流芳"。

雷德鄰墓　位于李庄镇九沟村，修建于清咸丰元年（1851 年），坐南朝北。墓冢呈长方形，由条石垒砌而成，进深 4.3 米。墓碑为石质仿木结构两柱一开间庑殿顶，碑高 3、宽 1.24。碑文为"清待赠雷公讳德鄰大人墓，咸丰元年辛亥岁季春月□□日。"碑柱上对联："封之□堂荣敷宿草；十云莫吉□庇孙枝。"拜台呈半圆弧形，两层，弧长 16 米。

唐思凡墓　位于李庄镇安石村，建于清代咸丰八年（1858 年），坐西南向东北。墓冢呈矩形，条石垒砌而成，长 5.2、宽 3.38、高 1.45 米，碑为两柱一开间，高 1.2、宽 0.98 米，碑文为"清□□□唐公讳思凡，咸丰八年七月初三日立吉"。碑柱上刻有对联为"烟凝马声□□□；云拥螺髻十□□"。

颜文昭墓 位于李庄镇双塘村，修建于清咸丰九年（1859 年），坐南朝北。墓冢呈梯形，条石垒砌而成，长边 4.5、短边 4.3、进深 4.5 米。墓碑单碑带顶，青砂石质，两边呈八字形，碑高 1.6、宽 7.4 米，碑文为"顯考正八品颜公讳文昭墓，大清咸丰九年□□乙春□□□□"。

丁真福墓 位于李庄镇兴文村，修建于清同治九年（1870 年），坐南朝北。墓碑为一单碑，碑高 1.45、宽 0.85 米，墓冢条石已毁，仅剩封土。碑文为"清故显妣郭母丁真福墓，同治九年次庚午春王月初十日"。

帅国荣墓 位于李庄镇安石村，建于清光绪十年（1884 年），坐北朝南。墓冢呈梯形，条石砌成，长边 3.2、短边 2.8、进深 4 米。墓碑为单碑，长方形，红砂石质，高 1.6、宽 0.82 米。碑文为"清故顯考帅公讳国荣之墓，光绪十年□□岁六月中浣日"。

邓宗元夫妇墓 位于李庄镇安石村，修建于清光绪十四年（1888 年），坐西向东。墓冢呈梯形，条石垒砌而成，长边 5.3、短边 4.8、进深 4.7 米。墓碑为石质仿木结构两柱一开间庑殿顶，青砂石质，左右两侧施有抱鼓石，饰有精美图案，碑高 2.7、宽 1.59 米。碑文为"皇清待诰赠故顯妣考邓母公管讳真宗福元老孺大人之墓　大清光绪十四年子岁月初七日榖旦"。碑柱上刻有对联为"封之若堂荣放宿草；卜云其吉阴仳孙枝"，横批"人文蔚起"，碑柱左右两侧雕有花纹。

马柳地黄氏夫妇墓 位于李庄镇沿江村五组马柳地，修建于清光绪十九年（1893 年），坐南朝北。墓冢呈梯形，由条石垒砌而成，长边 11、短边 8、进深 6.5 米。墓碑两通，为两柱一开间，系夫妻合葬墓。碑 1 文为"例授徽仕郎显考黄川□□□□，光绪十九年岁次癸巳季秋月下浣日"；碑 2 文为"清显妣黄母陈明宽孺人墓，光绪十九年癸巳岁秋月下浣日吉立"。碑顶部雕饰有花纹、蝙蝠、麒麟。

雷登连墓 位于李庄镇九沟村，建于清光绪二十九年（1903 年），坐北朝南。墓冢呈梯形，条石垒砌而成，长边 2.7、短边 2.5、进深 4.4 米。墓碑为单碑带碑座，青砂石质，碑高 1.26、宽 0.25 米。碑文为"故顯妣雷母龙名法登连孺人墓，大清光绪二十九年癸卯岁七月十六日"。

古建筑

旋螺殿 位于李庄镇长胜村，建于明万历二十四年（1596 年），清雍正、乾隆、嘉庆、道光均有培修，旋螺殿建在石牛山，其山下有巨石盘然，殿即建于石上，坐北朝南，殿前梯田栉比，殿后龙潭深涧，地形独具。为三重檐八角攒尖顶，通高 25 米，屋面铺筒瓦及小青瓦，檐端置勾头滴水，上、中、下檐的八垂脊上饰蹲兽。殿平面呈八方形，面阔、进深均为 8 米，南面二檐柱间开门，其余七面均以砖砌 1.5 米高的槛墙，上为格扇窗。殿内建四井口柱直贯二层，径 0.35 米，井口柱间施抬梁、穿枋，角梁连接，形成殿的梁架骨干。第一层抬梁承接载殿内楞木楼板，东西两梁下附梁枋，八根采步梁上，立中层檐柱八根，上承椽枋，下附檐椽，檐枋上为中檐斗拱。第二层抬梁承顶屋檐柱八根，檐柱平板枋上置拱，座斗外侧，为外檐斗拱，内侧构成网目状的藻井。殿顶部藻井，八面均用斗拱，其左侧用如意斗拱，右侧斜翘和斗拱后尾向上重叠呈网目状，并向右侧旋转，形如旋螺，故殿由此而得名。

旋螺殿风格独特，尤其是内部结构之精工，运用力学之巧妙，同时期的建筑与之相同者甚少，且与宋、清两代官式作法迥异。40 年代，我国著名古建筑家梁思成、莫宗江曾对旋螺殿进行考察，并撰文登于《中国营造学社》七卷上，誉该建筑"颇足傲于当世之作"。四川省人民政府于 1956 年公布为文物保护单位，

国务院于 2006 年公布为全国重点文物保护单位。

麦天官府 位于李庄镇长虹村，始建于清代，为复式四合院式布局，坐南朝北，占地 1500 平方米。外观规矩，中线对称，悬山穿斗结构，通面阔 47.5、通进深 33.1 米，面阔方向有三个天井，正院正房（南房）为六柱五间，进深九柱落地；北房六柱五间，进深为减柱造，四柱落地，东西厢房为中柱造五柱落地，分别和东西偏院搭交，偏院建筑为七檩悬山穿斗结构，结构纵横交错。翠屏区人民政府于 2011 年公布为文物保护单位。

胡家滩大院 位于李庄镇九洞村，建于清代，坐南朝北。四合院布局，由朝门、正房、左右厢房组成，建于条石砌成的高为 28.6 米的台基上。朝门为抬梁加穿斗式构造；正房四间面阔 16.8、通进深 9 米；左右厢房为穿斗结构，中柱造，五柱落地，左厢房前原为阁楼，现仅存下部。屋面为小青瓦，天井青石墁地，室内三合土地面长 16.4、宽 8 米。

九洞桥 位于李庄镇九洞村，为桥涵码头，建于清代，东西走向。由条石搭砌而成的石质平板桥，有 10 个桥墩，每个桥墩高 0.9 米，桥面由 22 块长 2.1、宽 0.5、厚 0.35 米的条石拼接而成。

双眼井 位于李庄镇上坝村，始凿于清代，有两个井口，一个井身。井口用条石垒砌呈圆形，直径 0.74 米，井深约 3 米。井水为地浸水，清澈见底，因为井口形似人的眼睛，故称为双眼井。

堰头上桥 位于李庄镇新房村，为桥涵码头，建于清末，为东北—西南走向。条石砌成，为一石质平板桥，有桥墩两个。桥面宽 0.8、长 8.2 米，桥墩宽 1.2、高 1 米。

席子巷 位于李庄镇同济社区，建于清代，西南—东北走向，面积约 150 平方米。

巷道略呈弯道形，全长 60 余米，由 95 块条石板构成；巷道宽 2.5 米，两边分别为九间两层阁楼式面铺，对称状共十八间，两边檐口相距约 0.4 米，在巷中仰视，仅见窄窄"一线天"。巷道曾为打席子店铺，因此得名"席子巷"。

李庄羊街　位于李庄镇同济社区，建于清代，街道呈"T"形，全长约 300 米。羊街分大小街两条，大羊街长约 150 米，小羊街长约 150 米，地面全由条石块筑成，大羊街石板长 0.23 米，小羊街条石宽 0.28、长 1～2 米，街道宽 2.5 米；街道两旁分别有私家住宅，刘家院、胡家院、李济故居等四合院子。羊街早为羊市街，包括有牛市巷等片区几条小巷，过去是进行牛羊交易的地方。

老场街 1 号民居　位于李庄镇同济社区，建于清代，坐西向东，占地面积 400 平方米。门牌号分别为 24、17、19、13、9、6、5、3、1 号，建筑属七檩悬山带前廊构造，南北部分搭交连接而成，面阔四开间 17.84 米，北段面阔四开间 16.5 米，进深均为 11.65 米。

祖师殿　位于李庄镇同济社区，又名真武宫，始建于清道光十三年（1833 年），坐南向北，占地面积约 865 平方米。建筑为前后四合院式布局，穿斗结构硬山式顶，面阔 24、进深 39.3 米，后殿独立于后四合院中，在李庄的众多庙宇建筑中是独特的布局。抗战时期，内迁的国立同济大学医学院设于此。翠屏区人民政府于 2011 年公布为文物保护单位。

老场街商铺　位于李庄镇同济社区，为店铺作坊，建于清代，前店后坊，坐南朝北，占地面积 180 平方米。悬山穿斗结构，小青瓦屋面，面阔五柱四开间 163 米，进深十柱落地 11 米。

老场街 38 号民居　位于李庄镇同济社区，建于清代，坐南朝北，占地面积约 240 平方米。悬山穿斗结构，带廊，小青瓦屋面，建筑面阔六间 25.2 米，进深七柱落地 9.5 米。

老场街栅子门　位于李庄镇同济社区，为牌坊影壁，修建于清代，坐南向北，占地面积约 10 平方米。两柱一间，门框上文字已风化。额枋有雕刻。栅子门的修建在当时主要是防土匪抢劫、保百姓平安，天晚关门，天明开门。门宽 2.4、高 2.8 米，木板门已毁。

李家大院　位于李庄镇同济社区，为宅第民居，修建于清代，面积约 300 平方米。大院为二进四合院，前院因严重扰乱几乎毁完；后院由过厅、厢房、堂屋围合成一四合院，过厅及两侧厢房有改建；堂屋分上下两层，前后房间数间，正面为四柱三间带耳房，通面阔 8.2、通进深 6 米；屋为木地板，木墙面，檩八根，人字顶，小青瓦屋面；门为三关六扇，雕戏曲人物饰，窗四扇，雕蝙蝠花纹饰。

席子巷 1 号民居　位于李庄镇同济社区，建于清代末期，坐西向东，面积约 40 平方米。民居分为两间，面阔 8.5、宽处进深 7.6 米，全木板墙面，穿斗结构，悬山顶小青瓦屋面。

席子巷 2 号民居　位于李庄镇同济社区，建于清代末期，坐西向东，面积约 128 平方米。民居呈"一"字形，分上下两层，全木板墙面，穿斗结构，悬山顶小青瓦屋面。下层为面铺四间，通面阔 17、通进深 7.6 米。

席子巷 4 号民居　位于李庄镇同济社区，建于清代末期，坐东向西，面积约 101.5 平方米，呈"一"字形，分上下两层，全木板墙面，穿斗结构，悬山顶小青瓦屋面。下层为面铺三间，通面阔 12.3、通进深 8.25 米。

席子巷 8 号民居　位于李庄镇同济社区，建于清代末期，坐东向西，面积约 101.5 平方米。民居呈"一"字形，分上下两层，全木板墙面，穿斗结构，悬山顶小青瓦屋面。下层为面铺三间，通面阔 12.3、通进深 8.25 米。

席子巷 9 号民居　位于李庄镇同济社区，建于清代末期，坐西向东，面积约 266 平方米。民居呈"一"字形，分上下两层，全木板墙面，穿斗结构，悬山顶小青瓦屋面。下层为面铺五间，通面阔 21.1、通进深 12.6 米。

席子巷 14 号民居　位于李庄镇同济社区，建于清代末期，坐东向西，面积约 101.5 平方米。民居呈"一"字形，分上下两层，全木板墙面，穿斗结构，悬山顶小青瓦屋面。下层为面铺三间，通面阔 12.3、通进深 8.25 米。

张爷庙　位于李庄镇同济社区，始建于清代晚期，坐南朝北，建筑面积约 300 平方米。后殿为硬山式顶，五架椽屋，前后搭牵用四柱，小青瓦屋面，地面为水泥地面。建筑面阔六柱五开间 24.4、进深四柱落地 12.35 米。

羊街文昌宫　位于李庄镇同济社区羊街，为坛庙祠堂，修建于清代，坐南向北。文昌宫已毁，仅存山门。山门为四柱三开间，重檐歇山顶，上有灰塑龙凤呈祥饰，缠枝花纹饰，石质仿木结构，面阔 8.85、高约 4 米。

羊街刘家院子　位于李庄镇同济社区羊街，为清代中晚期四合院建筑，坐向 50°，面积约 300 平方米。过去为刘姓私家宅院，由花号厅、草鞋厅、草龙厅、草席厅等构成。大院石门坊上含家训内容的对联，寓意颇深，耐人寻味。

栅子口城门　位于李庄镇同济社区，清代建筑，为牌坊影壁，坐东向西，占地面积约 10 平方米。栅子口城门过去为防土匪抢劫，天晚关门，天明开门，现仅存石城门，宽 2.1、高 2.5 米，木板门已毁，城门为石质仿木结构，两柱一开间，顶为片砖筑矩形顶，两柱上文字已毁。

胡家院　位于李庄镇中心羊街 5 号，建于清代，坐向 250°，原为胡姓私家四合院式宅院，面积约 500 平方米。以门厅、厢房及堂屋构成四合院，均为砖木结构，木板墙面，人字顶，小青瓦屋面。屋前有回廊；门厅面阔 14、进深 7 米；堂屋为四柱三间，木地板，面阔 12、进深 6 米。在抗战中（1940~1946 年），文化名人李济、王献唐等人曾寓居于此。

正街 9 号民居 位于李庄镇同济社区，为宅第民居，建于清代，坐西南向东北，建筑占地面积约 120 平方米，为木结构穿斗式小青瓦一楼一底民居建筑，通进深 10、通面阔 12 米。

正街 15 号民居 位于李庄镇同济社区，为宅第民居，建于清代，坐西南向东北，占地面积约 205 平方米。木结构穿斗式小青瓦一楼一底建筑，通面阔五柱四开间 14.8 米，通进深五柱落地 13.8 米。

正街 25 号商铺 位于李庄镇同济社区，建于清代，坐西向东，占地面积约 106 平方米。建筑为木结构穿斗式小青瓦一楼一底建筑，通面阔四柱三开间 12.2 米，通进深七柱落地 8.7 米。

正街 56 号商铺 位于李庄镇同济社区，建于清代，坐东向西，建筑面积约 185 平方米。通面阔 16.1、通进深 11.5 米，七檩悬山穿斗结构，小青瓦屋面，带有阁楼。

正街 66 号商铺 位于李庄镇同济社区，为店铺作坊，建于清代，坐东向西，建筑面积约 134 平方米。木结构穿斗式小青瓦一楼一底建筑，面阔六柱五开间 17 米，进深八柱落地 7.9 米。

正街 82 号商铺 位于李庄镇同济社区，为店铺作坊，建于清代，坐东向西，建筑面积约 140 平方米。木结构穿斗式小青瓦一楼一底建筑，面阔六柱五开间 17 米，进深八柱落地 7.9 米。

唐家宅 位于李庄镇奎星社区，为宅第民居，建于清代，坐向 90°，占地面积 150 平方米。呈"一"字排开，四柱三间，砖木结构，人字顶，小青瓦屋面，通面阔 12、通进深 11.55 米。

巧圣巷民居 位于李庄镇奎星社区，建于清代，坐南向北，占地面积约 200 平方米。一进四合院，门房三间，正门房为八字槽门，双开木板门，宽 1.3、高 2.8 米，两侧片砖墙上有影壁，文字已风化，两侧门房分别用作厨房。正房呈矩形，五柱四间面阔 17.2 米，进深三柱两间 7.6 米，抬梁木结构悬山构造，施宝顶，小青瓦屋面，竹编篱笆夹墙，木方格窗，素土地面。厢房现仅存一间，呈矩形，面阔四柱三间 8.8 米，进深一间 4 米，抬梁木结构，小青瓦人字形屋面，竹编篱笆夹墙，木方格窗，素土地面。

文星街商号 位于李庄镇奎星社区，为店铺作坊，建于清代，坐南向北，占地面积约 80 平方米。原为一楼一底四柱三间，现仅存三柱两间面阔 7.6 米，进深三柱两间 7.5 米，抬梁木结构悬山构造，人字形小青瓦屋面，木装板隔断，素土地面，西侧外墙为片砖墙。

线子市街商铺 位于李庄镇奎星社区，为清代建筑，其中 25 号、27 号、29 号（两间）、31 号、33 号、35 号共 7 间，坐北向南。22 号、24 号、26 号、28 号、30 号共五间，坐南向北。占地面积约 1000 平方米，七间单号商铺与五间双号商铺隔线子市街道对列，建筑形制、布局一致，均为一楼一底抬梁木结构悬山构造，楼上为住宿，楼下均为前店后寝。悬山顶小青瓦屋面，龟背锦窗，木装板门，素土地面。

颜家院 位于李庄镇奎星社区，建于清代，坐向 265°，面积约 340 平方米，为颜姓人家私家宅院。二进四合院，主体结构保存完整。由过厅、厢房、堂屋构成前院，左右厢房及堂屋（过厅改建）均有改建。厢房面阔 4.1、进深 8.1 米，过厅面阔 4、进深 7 米，后院改为现代建筑。

牌坊田井 位于李庄镇永胜村，为池塘井泉，建于清代。井口用条石砌成，直径 0.89 米，井深约 8 米，井口周围用条石砌成一长方形平台，井水清澈。

大屋基民居 位于李庄镇安石村，为宅第民居，建于清代，坐西北向东南，属三合院式建筑，现堂屋和左厢房尚存，右厢房已毁。悬山穿斗结构式，七柱落地，小青瓦屋面，叠瓦脊，宝顶已毁，台明由条石砌成。屋内为三合土地面，屋外为素土夯筑地面，窗为直棂窗，正房通面阔 2.8、通进深 8.4 米，厢房通面阔 8.8、进深 5.3 米。

三夏房子民居 位于李庄镇下坝村，为宅第民居，建于明代，坐南朝北，属三合院式建筑。悬山穿斗式建筑，小青瓦屋面，正堂屋为四柱三开间，面阔 14.56、进深 7.5 米，右次间已毁，现为扰乱砖墙，耳房四柱三开间，面阔 12、进深 7.5 米。

老房子民居 位于李庄镇双塘村，为宅第民居，建于清代，坐南朝北，为三合院式建筑。悬山穿斗结构，小青瓦屋面。正房前门为燕儿窝样式，四柱三开间，通面阔 12.9、通进深 6.9 米；左耳房五柱落地，面阔 11.2、进深 5.2 米，现右耳房已拆除。

上大烂民居 位于李庄镇新房村，为宅第民居，建于清代，坐北朝南，为三合院式建筑。悬山穿斗结构，小青瓦屋面，正房为四柱三开间，通面阔 15.8、进深 5.5 米；厢房通面阔 17.3、进深 4.6 米。

李庄禹王宫 位于李庄镇同济社区，建于清道光十一年（1831 年），坐南朝北，占地面积约 2200 平方米。木结构建筑，由一主一次两个四合院构成。主院由山门、戏楼、厢房、正殿、中殿、后殿及四周围墙组成。主院右侧配有一次院，主次两院间有一巷道，侧门相通，连为一体。主院之山门、戏楼均为重檐歇山式顶，檐下饰如意斗拱。正殿建于须弥座台基上，为穿斗结构硬山顶，分左右踏道，台基上有古代戏剧题材的浮雕，图案完好、雕刻精美、形象生动。屋架为穿斗构架，硬山屋顶，山面为风火山墙。殿前檐下饰如意斗拱，面阔五间 25.5 米，进深三间 9.5、高 10 米。正殿前两侧配有厢房。后殿为穿斗结构硬山顶，山面为封火山墙，柱础略为方形，各有精美龙凤浮雕。面阔五间 22.5 米，进深三间 10.1、高 10 米。抗战时期为国立同济大学校本部驻地，恢复佛教活动后于 1992 年更名慧光寺。四川省人民政府于 2007 年公布为文物保护单位。

李庄张家祠 位于李庄镇同济社区，始建于清道光十九年（1839 年），坐南朝北，占地面积约 4000 平方米。原为二进院落式四合院建筑，硬山抬梁加穿斗式木构造，小青瓦屋面，地面为青石墁地。分为前殿、中殿、后殿，前殿现已改建为现代式建筑，中殿正面为楠木，精心雕刻的槛窗、槛墙共 28 扇，通面阔六柱五开间 28.3 米，通进深四柱落地 9.5 米。后殿正房与厢房搭交而成，正房通面阔四柱三开间 30.3 米，通进深五柱落地 10.1 米。抗战时期，中央博物院及所属数千箱国家级珍贵文物曾迁驻此地六年之久。2005 年，此处建成为"中国李庄抗战陈列馆"。四川省人民政府于 2007 年公布为文物保护单位。

李庄东岳庙 位于李庄镇同济社区，始建于明正德年间，供奉东岳大帝，于清道光七年（1827 年）重修，坐南朝北，现存前、中、后殿、十二殿、玉皇殿和厢房组成复合式四合院，占地面积 3046 平方米。十八级垂带式踏道通往正门，门宽 2.5、高 3.9 米，正门二柱刻对联，阴刻对联"丙地东皇万物滋其长养；甲宫南面群黎荷乃鲱幪"。前殿硬山式顶，五架椽前后乳栿搭搭牵用四柱，面阔三间 13.2 米，进深三间 7.3、高约 7.5 米。中殿硬山式顶，五架椽前后乳栿搭搭牵用四柱，面阔三间 9.5 米，进深三间 9.2、高约 7.5 米。后殿硬山式顶，五架椽前后乳栿搭牵用五柱，面阔五间 24 米，进深三间 11.7、高约 9 米。玉皇殿五架椽前后乳栿搭牵用四柱，面阔三间 8.4 米，进深三间 8.7、高约 8.7 米。抗战期间，于 1940 年冬，从云南昆明迁来李庄的同济大学，其工学院就设在东岳庙内，工学院在李庄的近六年中，共有六届学生在此毕业，为国家培养了一大批栋梁人才。四川省人民政府 2007 年公布为文物保护单位。

天上宫 位于李庄镇奎星社区，修建于清道光二十五年（1845 年），坐南向北，现存山门、戏楼、前、后殿，均在中轴线上，东西两翼设厢房，组成复合式四合院，占地 2117.5 平方米。戏楼系木结构单檐歇山顶，前殿为硬山式屋顶，五椽前后搭牵用四柱，面阔五间 24.8 米，进深三间 9 米，高 10 米；后殿是歇山式屋顶，五椽前后搭牵用四柱，面阔三间 8.4 米，进深三间 8 米，高 9 米，檐下斜撑以圆柱雕刻为盘龙。宜宾市人民政府于 1998 年公布为文物保护单位。

李庄南华宫 位于李庄镇奎星社区，又名广东会馆，建于清光绪二十二年（1896 年），坐南向北，现由戏楼、正殿、后殿、厢房组成四合院布局，占地面积 2250 平方米。山门系砖石结构，面阔 8、进深 9.6、通高 8.5 米。前殿为硬山式屋顶，五架椽屋前后乳伏搭牵用四柱，面阔 18.2、进深 12.6、高 8 米。殿后左右两侧各一四方形魁心阁，重檐四脊顶，面阔 4、高 9.5 米。抗战中期，国立上海同济大学从昆明迁来李庄，南华宫作为同大理学院的教学用房。当时共设有化学、生物、数学三个系。翠屏区人民政府于 2011 年公布为文物保护单位。

石窟寺及石刻

观音岩摩崖题记　位于李庄镇双桥村观音岩口，凿于清代，记载了当时修建山路的情况，题记长 1.8、高 0.9 米，石刻有一句佛教言语，清晰可见"度悲航"三字。

观音洞摩崖造像　位于李庄镇双桥村，凿于清代，坐南朝北，刻于一石壁上。两处题记，题记刻于同治十二年。原有寺庙，现仅存部分佛像，洞内大部分被水淹，不可见洞内佛像，观音洞上留两龛 12 尊造像，刻有佛光祥云。

黑脸观音石窟　位于李庄镇新胜村，凿于清代，由十级石梯而上，石窟外观为仿木结构庑殿顶建筑式样，带有宝顶，脊饰祥云吻兽。洞宽 2.05、高 1.95 米，洞内有龛台，台高 0.9 米，原有佛像已被移走。左下方有两个窟洞，一个供有三尊佛像，另一个记载当时修建石窟寺的捐助情况及建成年代"咸丰七年二月初四"。

江湾孝子碑　位于李庄镇长胜村，立于 1930 年，坐南朝北。正方体，尖顶，长 0.4、宽 0.4、高 2.79 米，带碑座。碑四面均阴刻文字"孝妇左罗氏故里，中华民国十九年二月张华先敬书"，"旌表孝妇罗氏南溪李庄左是鸿之妻也咸丰元年□□十月十一日卯时生于庆符易裕乡癸天镇硬头湾同治十一年三申九月十七日亥时在上桂里江湾救姑焚身年仅二十岁"，"原葬项珑山民国庚申年迁葬□桐塆□山乾向余车□"等内容。

近现代重要史迹及代表性建筑

湾头民居　位于李庄镇长庆村，建于 1918 年，占地面积 194.02 平方米。四合院式建筑，悬山穿斗结构；小青瓦屋面，叠瓦脊，屋内地面为三合土，天井已改为水泥地面。正堂屋为六柱落地，耳房为五柱落地，正房和耳房互搭呈矩形，通面阔 20.7 米，通进深 23.4 米，天井长 9.8、宽 10.6 米。

顺河街刘家院子　位于李庄镇同济社区，建于 1921 年，坐南向北，占地面积 194.02 平方米。刘家院子原为三进式院，现仅存门房，七步垂带式踏梯连接大门，台基高 1 米，门房为八字槽门，门高 2.6、宽 1.5 米，两侧均为门房，五柱四间面阔 6 米，进深二间 8.7 米，小青瓦人字形屋面，斗砖墙，木栏窗，双开木板门，素土地面。

白梨凼 11 号民居　位于李庄镇安石村，建于民国，坐东向西，占地面积 200.8 平方米。筑在条石砌成的台基上，台基高 1.1 米，左右厢房已毁，属悬山穿斗结构，七柱落地，小青瓦屋面，叠瓦脊，台明为条石砌成，地面为水泥地面，窗为三龟下田和直棂窗，堂屋面阔 13、进深 7.3 米，厢房面阔 11.3、进深 5 米。

中国营造学社旧址　位于李庄镇上坝村，建于民国，四合院布局，坐西向东。悬山穿斗结构，小青瓦屋面，典型的民居风格。面阔 39.6、进深 17.1 米。抗战时期中国营造学社迁址于此。营造学社在李庄的六年中，继续进行着建筑学术领域的研究，出版了

《中国营造学社汇刊》，著名建筑学家梁思成在夫人林徽因的协助下完成《中国建筑史》、《图像中国建筑史》等中国建筑领域的经典著作。在抗战时期，李庄物质条件非常匮乏的情况下，完成这些工作是相当艰难的。现为古镇李庄梁、林纪念馆。国务院于2006年公布为全国重点文物保护单位。

李济宅　位于李庄镇同济社区羊街，建于1940年，面积约800平方米。宅原本是罗家大院之一，因改建大部分，现存两不规则四合院。宅外围墙为砖混结构，房屋均为木架结构，三合土地面，木板墙，悬山顶小青瓦屋面。抗战时期，李济随中央博物院等机构迁驻川南李庄，从1940～1946年，在李庄生活长达六年之久。他曾住过的房间及房内设施全都保留至今。

同济大学李庄教授村　位于李庄镇奎星社区，建于20世纪三四十年代，1940～1946年期间用作同济大学教授居住点，原为并列分布形制一样的房屋四栋，现仅存一栋，为抬梁木结构，悬山构造，正房与两方厢房围合成三合院，小青瓦人字形屋顶，方格木窗，竹编篱笆隔墙，素土地面。

中央研究院社会科学研究所李庄旧址　位于李庄镇长胜村，建于清代，坐北朝南，占地面积3837平方米。四合院布局，悬山穿斗结构，小青瓦屋面。正堂屋为六柱五开间，带前廊构造，通面阔24.2、通进深11.7米，九柱落地；左厢房为四柱三开间，面阔12.7、进深4.7米，右厢房为三柱两开间，面阔8.7、进深4.7米。在抗战时期（1940～1946年），作为中央研究院之社会科学研究所，左右耳房曾为办公区和宿舍区，我国重要研究机构坚持科研活动，具有特殊的历史意义，文物价值较高。

中央研究院历史语言研究所李庄旧址　位于李庄镇永胜村五组，又名栗峰山庄，始建于清乾隆年间，坐北朝南，占地面积1500平方米。属多个四合院组成的庄园式建筑，原为李庄望族张焕玉住宅。1940～1946年，中央研究院历史语言研究所、人类体质学研究机构和梁思永、董作宾、傅斯年等一批文化名人迁于此，在此期间出版了研究成果《六同制录》上、中、下卷，《殷历谱》等多种学术成果传世。

李庄供销社旧址　位于李庄镇奎星社区，修建于20世纪30年代，坐东向西，建筑面积196.56平方米。硬山式抬梁构造，面阔六间23.4米，进深8.4、高6.5米。人字形小青瓦屋面，木装板墙，门为六开木板门，两侧为砖封火墙。李庄供销社为计划经济时期当时李庄唯一的猪肉供销点。

李庄保卫战革命烈士陵园　位于李庄镇双溪村，建于1963年。1950年3月6日，李庄人民政权成立之初，国民党残余势力与李庄一带土匪相勾结，大肆进行破坏颠覆活动。匪首王玉堂率1000余众匪徒围攻李庄区政府，李庄镇驻军和人民一道，与之进行了殊死搏斗达6小时，击毙击伤匪徒数十人，被李庄人民称为"李庄保卫战"。英勇牺牲的有解放军连长谭路成，班长张铁坚、李定辉，战士李新源、刘成坤、杨舒怀、王

□□，征粮队员马连生，职员陈俊凯。人们尊为"九烈士"。战后烈士遗体安葬在镇东南场口，民政部门于1963年在李庄镇东南场口处为剿匪中牺牲的九烈士树纪念碑。碑高1.4、宽0.87米。1971年，政府拨款在李庄天府堂修建九烈士公墓，墓地呈长方形，面积1200平方米，内竖四棱柱碑一座，碑后横排埋葬1950年3月6日牺牲的九位烈士。碑正面题"革命烈士永垂不朽"，左题"生的伟大；死的光荣"，右题"为民而死；虽死犹存"。

白梨凼14号民居　位于李庄镇安石村，建于民国，占地面积69.3平方米。属三合院式建筑，建于条石砌成的台基上，台基高2.1米，现左右耳房已改建为砖混结构，仅余正堂原有结构，堂屋属悬山穿斗结构，中柱造五柱落地，面阔12.6、进深5.5米。

菜坝镇

古墓葬

蛮子洞崖墓群　位于菜坝镇光荣村，修建于汉代，坐西向东。从左至右分M1和M2。M1墓口呈不规则梯形，以条石砌成，最长0.8、最宽0.7米。墓室为长方形，长2.66、宽1.2、高0.8米，墓室内石壁龛雕文字、图腾等图案，不见随藏品和骨骼。M2墓室内长满杂草，墓口已被掩盖。

偏朝门墓地　位于菜坝镇幸福村六队偏朝门，修建于宋代，占地面积5.6平方米。单室石室墓，墓室用石板砌成，宽1.5、高0.8、通进深3.76米。墓室右侧雕饰一鹿子。

刘江氏墓　位于菜坝镇劳动村，修建于嘉庆二十四年（1819年），坐南向北，面积9平方米。土冢墓，长4.2、宽2.8、高1.3米，碑为单碑，上圆弧下长方形，高1.8、宽1.02米。碑刻为"刘母江太君墓　嘉庆二十四年"。

张鼎俊夫妇墓　位于菜坝镇劳动村，修建于清道光二十二年（1842年），坐北向南，占地面积42平方米。冢呈前八字后梯形，以条石砌成，长8.8、宽5.6、高1米；碑为单碑，呈上圆弧下长方形，宽0.88、高1.6米。碑刻为"清显考（妣）张公鼎俊大人（母）例老孺人之墓，道光壬寅二十二年十一月二十日"。

曹正邦墓　位于菜坝镇扇子村，修建于清咸丰二年（1852年），坐西向东，占地面积13平方米。冢呈梯形，以条石砌成，长4.2、宽3、高1.2米。碑呈长方形，石质仿木结构两柱一开间庑殿顶，上有浮雕花纹饰，碑宽1.16、高2.9米。碑刻为"曹公讳正邦墓　咸丰二年"。

沙树坡刘家墓地　位于菜坝镇点灯村一组沙树坡，修建于清咸丰七年（1857年），坐南向北，占地面积约 45 平方米。从下到上依次为 M1～M2。M1 冢呈前八字后梯形，以条石砌成，长 5.5、宽 1.4、高 6.6 米。碑为长方形单碑，石质仿木结构两柱一开间卷棚顶，上施牡丹、菊花、草等植物浮雕，宽 1.2、高 2.1 米。拜台长 3.3、宽 4.6 米。碑刻为"清显考刘公讳元英（妣）刘母黄太君孺人墓，咸丰七年□二十八日吉立"。

王运达夫妇墓 位于菜坝镇光荣村，修建于清同治元年（1862 年），占地面积 17 平方米。冢呈梯形，以条石砌成，长 5.9、宽 3.4、高 1.9 米。碑为长方形单碑，石质仿木结构两柱一开间庑殿顶，两侧施抱鼓石，宽 2.32、高 2.9 米。碑刻为"王公字运达（母）明妙睿墓"。

郑蓝氏墓 位于菜坝镇菜胜村，修建于清同治八年（1869 年），坐北向南，占地面积 6.8 平方米。土冢墓，长 3.8、宽 1.8、高 1.13 米；碑为单碑，长方形，高 1.4、宽 0.84 米。碑刻为"清故显妣郑母蓝孺人墓，同治己巳年八月二十六日立"。

郑昌俊墓 位于菜坝镇菜胜村，修建于清光绪七年（1881 年），坐南向北，占地面积 50 平方米。冢呈前八字后梯形，以条石砌成，长 7.9、宽 7、高 1.4 米；碑为长方形，两柱一开间官帽顶，宽 1.2、高 2.2 米。碑刻"皇清恩赐八品显考郑公昌俊大人墓，光绪七年岁次辛巳五月立"。

黄荣泰墓 位于菜坝镇点灯村，修建于清光绪十三年（1887 年），坐南朝北，占地面积 52 平方米。墓呈前八字后梯形，冢以条石砌成，长 10.1、高 1.48、宽 5.9 米。碑为长方形单碑，石质仿木结构两柱一开间庑殿顶，两侧施抱鼓石，雕回纹饰，高 1.6、宽 1.2 米。碑刻"清显妣谢母讳法黄荣泰孺人墓，光绪拾三年仲夏月中吉立"。

刘道经墓 位于菜坝镇劳动村，修建于清光绪二十一年（1895 年），坐东西向，占地面积 22 平方米。土冢墓，长 5.4、宽 4.6、高 1.6 米；碑为单碑，上圆弧下长方形，高 1.5、宽 0.7 米。碑刻"清显妣李母刘道经孺人墓，光绪二十一年"。

颜正莲墓 位于菜坝镇劳动村，修建于清光绪三十年（1904 年），坐南向北，占地面积 14 平方米。土冢墓，长 4.2、宽 3.5、高 1.7 米。碑为上圆弧下长方形单碑，高 1.6、宽 0.66 米。碑刻"雷母颜正莲墓，光绪三十年十月十二日"。

谢朝举墓 位于菜坝镇五星村，修建于清光绪三十年（1904 年），坐东西向，占地面积 65 平方米。冢呈前八字后梯形，以条石砌成，长 9、高 7.2、宽 1.8 米。碑为上圆弧下长方形单碑，高 1.6、宽 0.8 米。碑刻"清显考谢公讳朝举大人墓，光绪三十年□甲辰十月初二日立"。

古建筑

碾子边民居 位于菜坝镇绿源社区，为宅第民居，建于清代，坐向 350°，面积 220 平方米。由门厅、厢房、堂屋围合成一小四合院，现门厅与厢房已改建为现代建筑，堂屋保存较好。为穿斗结构，人字形顶，小青瓦屋面，檐柱五根，两级垂带踏道，双扇门，上雕花饰，六柱五开间，通面阔22.2、通进深8.7米。

官桥溪桥 位于菜坝镇五星村，为桥涵码头，修建于清代，东西走向，占地面积20平方米。石质五墩平板桥，桥长18.59、宽1.1、高1.85米；墩宽0.6、高1.85、跨度2.2米。

近现代重要史迹及代表性建筑

双河村小学旧址 位于菜坝镇双河村，建于上世纪50年代，面积449.9平方米。呈"一"字形，共七间，砖木结构，人字形顶，小青瓦屋面，通面阔38.45、通进深11.7米。解放初期由全村投工投劳集体修建而成，原为双河村村小，2005年改为双河村村办公场所。

金坪镇

古遗址

姜家寺遗址 位于金坪镇金龙村，为寺庙遗址，始建于清代，坐北向南，为姜家寺残存部分。处在原姜家寺外墙墙根的石刻均为浅浮雕，由三层条石垒筑，长2.1、高1.1米。呈矩形，上层由三块长1.6、高0.24米条石拼合，雕刻精美回纹；中层由四块长1.4、高0.32米条石拼合，雕刻"福、禄、寿"篆书，"灵芝花"、"麒麟瑞兽"、"荷花"等精美图案；下层由三块长0.7、高0.27米条石拼合，雕刻精美缠枝花纹。

罗王寨址 位于金坪镇金鸽村，为罗仁王于清代所建，依山而建，呈环形状，占地面积约600亩。现存西大门、东大门、北寨门。西大门为正门，北寨门为后门，三道寨子大门均已毁，残存城墙长短不一，残存墙体均为红色沙石砌筑，由长1、宽0.5、厚0.5米的条石垒筑，垒砌方法为一反一顺，墙体高0～7米之间，宽8米，中间为夯土。

梅竹庵遗址 位于金坪镇罗家村，为寺庙遗址，始建于清代，四合院分布，坐北向南，占地面积约500平方米。现存遗迹有东厢房一间及基础，青石板地面；天王殿基础以及由炮房沟进入该建筑的山间小路约350米。其中厢房台明长19.5、宽8.5米，面阔五间，进深五柱四间，前廊构造，青石板地面；天王殿面阔三间14，进深三间9.8米，硬山构造，大殿已毁。现存石碑7通，其中有4通可见其碑文为"嘉庆十七年九月二十二日吉旦"。

古墓葬

古坟湾墓群 位于金坪镇金堂村金义社古坟湾，建于明代，坐南向北，占地面积约

1500 平方米。由下至上分为一区、二区。一区平行分布墓冢 4 座，均为修乡村公路挖掘的残存部分，M2、M3 均残存一半，每座墓有墓室两间，M1、M4 封闭未开启。二区是一座七间墓室的墓，露出墓口。

大圆头墓群 位于金坪镇菜子村新中组大圆头坎下，建于明代，坐南向北，占地面积约 300 平方米。墓群呈环形分布，分为 M1~M5，每个墓有两个墓室，其中 3 座墓露出墓口，可见墓室内部结构，均为石砌矩形，内凿龛三个，两边龛无纹饰，中间龛凿刻人物造像。另有 5 座封闭未开启，看不见其形制结构。

深基嘴墓地 位于金坪镇绍光村桂花组深基嘴，建于明代，坐北向南。墓室三间，每间长 2.3、宽 0.95、高 1.2 米，条石垒筑，左右墓室有壁龛两个，后壁石刻四柱三间庑殿顶建筑，明间为一壁龛，柱间施雀替，次间施月梁。墓口已毁，附近石室墓较多，封闭未开启，具体数量不详。

梅竹庵僧人墓群 位于金坪镇罗家村新小社芙蓉山梅竹山，建于清代，坐北向南，分布面积约 200 平方米。共分为 M1~M8，M1~M8 墓冢形制大小一样，均为圆形墓冢，长 7、宽 4.2、高 1.7 米，上有封土；M1~M6 呈直线并列分布，M7、M8 呈直线并列分布；M1~M7 均无墓碑，M8 墓碑高 1.8、宽 0.9 米，碑首呈圆拱形，因碑石严重风化脱层，已看不清碑文。

青大社彭家墓地 位于金坪镇青桥村青大社大屋基，修建于清代，坐北向南。共分为 M1~M3，呈平行错列分布。M1~M3 均为土冢墓，M1 长、宽各 4 米，M2、M3 长 5、宽 3 米；M1 墓碑高 1.2、宽 0.7 米，碑首抹角，碑文为"嘉庆八年癸亥年岁冬月三日立，清故慈母彭门文如明正性之墓"；M2 墓碑高 1.2、宽 0.7 米，碑首呈圆拱形，墓碑风化严重，字迹不清；M3 墓碑高 1.5、宽 0.75 米，碑首呈圆拱形，碑文为"道光十一年春三□□□，清故显考彭公□□□□"。

罗家嘴蒋家墓地 位于金坪镇青桥村青罗社罗家嘴，修建于清代，坐北向南，分布面积约 120 平方米。墓群共分三个，即 M1~M3，均为条石垒筑，呈直线并列分布。M1 墓冢长 5、宽 2.8、高 1.6 米，前呈圆弧形，上有封土；墓碑高 1.7、宽 0.75 米，碑首呈圆拱形。碑文为"清显妣蒋林正乾老孺人墓　同治八年四月吉日立。"M2 墓冢长 6、宽 3.6、高 1.6 米，上有封土；墓碑高 1.9、宽 0.95 米，碑首呈圆拱形。碑文为"清故显妣蒋母刘悟兴□□□"。M3 墓冢长 6、宽 3.6、高 1.6 米，前呈圆弧形，上有封土；墓碑高 1.9、宽 0.9 米，碑首呈圆拱形。碑文为"清显考蒋公□廷大人墓　妣　母段氏"。

新龙嘴蒋家墓地 位于金坪镇青桥村青马社新龙嘴，修建于清代，坐北向南。共分为 M1、M2，呈前后错列分布，M1 占地面积 26.4 平方米，M2 占地面积 24 平方米。M1、M2 墓冢均为条石垒筑，前呈圆弧形，上有封土，M1 长 6、宽 4.4、高 1.6 米；M2

长 6、宽 4、高 1.5 米；M1、M2 墓碑碑首均呈圆拱形，M1 墓碑高 1.7、宽 0.9 米。碑文为"大清咸丰元年三月初九日立，清故显考蒋公讳思贵字崇爵□□□"；M2 墓碑高1.8、宽 0.9 米。碑文为"宣统元年追思木本；清正八品祖公蒋祖成神墓"。

青龙嘴韩家墓地　位于金坪镇青叶村同心社青龙嘴，修建于清光绪十五年（1889年），坐南向北。共分为 M1、M2，呈平行并列分布，面积均为 15.2 平方米。M1、M2墓冢均为条石垒筑，长 4.5、宽 3.6 米，上有封土；M1 墓碑高 1.6、宽 0.72 米，碑首呈圆拱形，碑文阴刻"清待赠韩公字运道大人墓，光绪十五年八月下浣榖旦立"；M2墓碑高 1.5、宽 0.85 米，碑首呈圆拱形。碑文阴刻"光绪十五年全月吉日，清显考韩公字相丞大人墓"。

坟嘴上罗家墓地　位于金坪镇金鸽村河边社坟嘴上，修建于清代，坐北向南，占地面积 140 平方米。共有墓 2 座，现存墓冢、墓碑各二。M1 墓冢为条石垒筑，长 9.7、宽7.4、高 1.4 米，前呈圆弧形，上有封土；墓坊为石质，四柱三开间三楼庑殿顶，高2.3、宽 3.2 米；明间碑文为"清處士罗公讳之明大人之墓，道光三年七月初八日立"；次间碑文分别为"清赠八品耆员□□□□，清處士罗公讳正相大人墓"。M2 墓冢为条石垒筑，前呈圆弧形，长 7.5、宽 7.4、高 1.4 米，上有封土；墓坊为石质，四柱三开间重檐庑殿顶，高 2.65、宽 3.2 米；明间碑文为"清赠孺人罗母曾照仁之墓，道光三年七月初八日立"；次间碑文为"清赠文林郎邑庠罗公璨墓，清赠修职郎国学罗公琮墓"。

大田片罗家墓地　位于金坪镇中林村红星社大田片，修建于清代，坐北向南。共分为 M1、M2，呈平行并列分布，M1 占地面积 13 平方米，M2 占地面积 16 平方米。M1墓冢为条石垒筑，长 5、宽 2.6、高 1.4 米，前呈圆弧形，上有封土；墓碑高 1.6、宽0.8 米，碑首呈圆拱形，浅浮雕精美"二龙抢宝"图案，碑文阴刻"光绪二十二年八月二十日立，清显考罗公讳家润大人墓"。M2 墓冢为条石垒筑，长 5、宽 3.2、高 1.4 米，前呈圆弧形，上有封土；墓碑高 1.7、宽 0.82 米，碑首呈圆拱形，碑文阴刻"清显考罗公讳家聪大人墓，光绪十四年八月十一日立"。

雨家岩韩家墓地　位于金坪镇中林村民新社雨家岩，修建于清代，坐北向南。共 2座，呈平行并列分布，M1 占地面积 15 平方米，M2 占地面积 22.8 平方米。M1 墓冢条石垒筑，长 5、宽 3、高 1.5 米，前呈圆弧形，上有封土；M1 墓碑高 2、宽 1.03 米，碑首呈圆拱形，碑文阴刻"皇清显考韩公字肇休老大人之墓，同治十年六月初八日"。M2墓冢条石垒筑，长 6、宽 3.8、高 1.5 米，前呈圆弧形，上有封土；M2 墓碑高 2、宽1.03 米，碑首呈圆拱形，碑文为"皇清显妣韩母冯老孺人墓，光绪癸未岁季冬月上浣日"。M1、M2 共处一座半径为 5.5 米的半圆形拜台。

方水井萧家墓地　位于金坪镇秀才村方水社，修建于清代，占地面积 150 平方米。

共有墓 4 座，M1 坐南向北，墓冢为条石垒筑，长 5.5、宽 5.4、高 1.7 米，前呈八字形，上有封土；墓碑高 1.7、宽 0.85 米，碑首呈圆拱形，碑文阴刻"同治十年辛未岁八月十九日，清显考萧公讳玉琏大人墓"。M2 坐北向南，墓冢为条石垒筑，长 55、宽 3.6、高 1.3 米，前呈圆弧形，上有封土；墓碑高 1.7、宽 0.85 米，碑首呈圆拱形，碑文阴刻"清显考肖公讳玉书大人墓，同治辛未年十二月二十二日立"。M3 坐北向南，墓冢为条石垒筑，长 5.5、宽 3.8、高 0.9 米，前呈圆弧形，上有封土；墓碑高 1.7、宽 0.8 米，碑首呈圆拱形，碑文阴刻"清显妣谢母名戒萧显慈老孺人墓，同治十一年壬申岁九月十三日旦立"。M4 坐南向北，墓冢为土堆，长 7、宽 4 米；墓碑高 1.7、宽 0.8 米，碑首呈圆拱形，碑文阴刻"清显考萧公字龙光大人墓，光绪丁未年八月十八日立"。拜台长 2.5、宽 8 米，呈圆弧形。

坟上坡刘家墓地　位于金坪镇菜子村新中社坟上坡，修建于清代，分布面积约 500 平方米。共 6 座，从北至南呈平行错列分布。M1～M6 均为土堆墓，形制尚存。M1 墓碑为石质两柱一开间，单檐庑殿顶；M2、M3、M5、M6 墓碑形制一致，碑首均为圆拱形，M4 墓碑已毁，残存一半。墓碑风化严重，可见碑文如下：M2 为"乾隆四十□□月　日　清故显妣刘母张老孺人之墓"；M3 为"乾隆丁酉年吉旦立，清故显妣刘母谷太君之墓"；M5 为"乾隆丁酉年吉旦立，清故刘公字其中大人之墓"。

干坳子黄家墓地　位于金坪镇高洞村菜斯组干坳子，修建于清代，坐北向南，占地面积约 200 平方米。共分为 M1、M2，呈平行并列分布，M1 墓冢条石垒筑，长 6、宽 4、高 1.5 米，前呈圆形，上有封土；墓碑已毁，残存部分风化严重，已无字迹。M2 清同治九年（1870 年），墓冢条石垒筑，长 7.5、宽 5.2、高 1.8 米，前呈圆形，上有封土；M2 墓碑高 2、宽 0.96 米，碑首呈圆拱形，碑文阴刻"清显考黄公字命高老大人墓，大清同治九年庚午蒲月望三日吉旦"。M1、M2 共筑拜台 1 座，呈圆弧形，长 5、宽 17 米。

黄兴夫妇墓　位于金坪镇高洞村，修建于清代，坐北向南，占地面积 22 平方米。墓冢为条石垒筑，长 5.5、宽 4、高 1.3 米，上有封土；墓碑高 1.2、宽 0.7 米，碑首呈圆拱形，碑文阴刻"□黄公兴老人墓，黄母刘氏老孺人墓，□□□年己未春壬□□"。

太阳坡王家墓地　位于金坪镇绍光村新陆社太阳坡，修建于清代，坐西向东，分布面积约 200 平方米。共有墓 3 座，呈平行错列分布，M1～M3 墓冢为条石垒筑，前呈圆形，上有封土。M1 长 6.5、宽 3.6、高 0.6 米；M2 长 6.5、宽 4.2、高 1.3 米；M3 长 6.5、宽 6、高 1.7 米；M1～M3 墓碑碑首均呈圆弧形，M1 高 1.4、宽 0.9 米；M2 高 1.7、宽 0.8 米；M3 高 1.9、宽 0.9 米。M1 碑文为"清故显妣王母万老孺人墓，道光二十年庚子岁"；M2 碑文为"清显考王公讳世道老大人墓，大清道光庚戌岁仲春月"；M3 碑文为"清显考王公讳希禄大人墓，同治七年戊辰岁七月廿五日立"。

滨家湾王家墓地　位于金坪镇绍光村新陆组滨家湾，修建于清代，坐北向南，分布面积约 120 平方米。共分为 M1、M2，呈直线并列分布，M1 墓冢为土堆，长 4、宽 2.6 米；墓碑高 1.35、宽 0.7 米，碑首呈圆拱形，碑文为"清故显妣王母万老孺人墓，大清道光庚戌岁仲春月"；M2 墓冢为土冢，长 5、宽 3 米；墓碑高 1.7、宽 0.86 米，碑首呈圆拱形。碑文为"清显考王公讳闻诗大人墓，光绪九年仲秋月三十日吉立"。拜台分两层，均呈圆弧形，上层长 12、宽 2.5 米，下层长 12、宽 7.5 米。

大圆头墓地　位于金坪镇菜子村新中社大圆头，修建于清道光九年（1829 年），坐南向北，占地面积 18 平方米。墓冢为条石垒筑，长 5、宽 3.6、高 0.8 米，上有封土；墓碑高 1.3、宽 0.8 米，碑首呈圆拱形，碑文阴刻"清故公祖妣曹母刘太君墓，□母刘门陈太君墓，道光九年冬月吉日立"。

童赵氏墓　位于金坪镇菜子村，修建于清道光二十三年（1843 年），坐北向南，占地面积为 39 平方米。墓冢为条石垒筑，长 7.5、宽 5.2、高 1.4 米，上有封土；墓碑高 1.95、宽 1 米，碑首呈圆拱形，两方施抱鼓，碑文阴刻"大清道光十六年丙申岁春，老孺人显妣童母赵老孺人之墓，廿三年癸卯岁十月初十立"。

汪家嘴胡王氏墓　位于金坪镇秀才村红花社汪家嘴，清道光二十五年（1845 年），坐北向南，占地面积 20 平方米。墓冢为条石垒筑，长 5、宽 4、高 1 米，前呈圆拱形，上有封土；墓碑高 1.7、宽 0.9 米，碑首呈圆拱形。碑文阴刻"清显妣胡母王老孺人之墓，道光廿五年乙巳岁仲春月"。

万希俊墓　位于金坪镇民强村，修建于清代，坐西向东，占地面积约 100 平方米。墓冢为条石垒筑，长 7、宽 5.2、高 1.3 米，前呈圆形，上有封土；墓碑三通，墓冢前、左、右各一，前方墓碑高 1.8、宽 0.9 米，碑首呈圆拱形，碑首刻"二龙抢宝"图案，碑文为"清故显考万公讳希俊老大人墓"。左、右墓碑风化严重，字迹模糊。

鲜鹅山坡墓群　位于金坪镇民强村油草组鲜鹅山坡，修建于清道光三十年（1850 年），坐西向东，占地面积 36.4 平方米。墓冢为土冢，长 4.5、宽 3 米；墓碑高 1.3、宽 0.85 米，碑首呈圆拱形，碑文为"皇清显考林公讳培福老大人墓，道光庚戌年秋九月朔"。

彭文氏墓　位于金坪镇一步滩村，修建于清道光三十年（1850 年），坐北向南，占地面积 15 平方米。现存墓冢、墓碑各一。墓冢为条石垒筑，长 5、宽 3 米，呈梯形，上有封土；墓碑高 1.3、宽 0.72 米，碑首呈圆拱形。碑文为"清故显妣彭母文太君墓，大清道光三十年二月二十日"。

刘尹氏墓　位于金坪镇一步滩村，修建于清咸丰六年（1856 年），坐南向北，占地面积 14 平方米。墓冢为条石垒筑，长 5、宽 2.8、高 1.1 米，呈梯形，上有封土；墓碑高 1.47、宽 0.75 米，碑首呈圆拱形。碑文阴刻"清故显妣刘母尹老孺人墓，咸丰六年春三月初□□□"。

温德清墓 位于金坪镇一步滩村，修建于清咸丰九年（1859 年），坐北向南，占地面积 25.2 平方米。土冢墓，长 6、宽 4.2、高 1.6 米，墓冢由条石包砌，呈前圆弧后梯形。墓碑为青石单碑，碑高 1.75、宽 2.5 米，碑顶丢失，碑两边刻有对联，两侧施抱鼓石。碑文阴刻"清显考温公讳德清大人墓，咸丰九年季秋月望一日"。

刘秉田墓 位于金坪镇中林村，修建于清同治六年（1867 年），坐南向北，占地面积 10 平方米。墓冢为土堆墓，长 4、宽 2.5 米。墓碑高 1.9、宽 0.95 米，碑首呈圆拱形。碑文阴刻"清显考刘公字秉田老大人之墓，同治六年小阳朔月日立"。

罗赵氏墓 位于金坪镇中林村，修建于清同治九年（1870 年），坐南向北，占地面积 15 平方米。墓冢为条石垒筑，长 5、宽 3、高 1.5 米，前呈圆弧形，上有封土；墓碑高 1.8、宽 0.8 米，碑首呈圆拱形。碑文阴刻"清显妣罗母戒名赵云高之墓，同治九年仲冬月三十日吉旦"。

李长通夫妇墓 位于金坪镇中林村，修建于清同治九年（1870 年），坐北向南，占地面积为 37.8 平方米。墓冢为条石垒筑，长 7、宽 5.4、高 1.2 米，上有封土；墓碑高 1.8、宽 0.8 米，碑首呈圆拱形。碑文阴刻"清故显考李公长通老人墓，同治九年□□□，妣□母罗老孺"。

黄尹氏墓 位于金坪镇高洞村，修建于清同治十二年（1873 年），坐南向北，占地面积约 81 平方米。墓冢为条石垒筑，长 5.5、宽 5.2、高 1.5 米，前呈圆弧形，上有封土；墓碑高 2.1、宽 1 米，碑首呈圆拱形，雕刻精美"双凤朝阳"图案。碑文阴刻"清显妣黄母尹老孺人墓，同治十二年十一月二十八日辰时"。拜台长 9.2、宽 3.7 米，呈圆弧形。

候彭氏墓 位于金坪镇青叶村，修建于清同治十三年（1874 年），坐北向南，占地面积约 26 平方米。墓冢为条石垒筑，长 6.5、宽 4、高 1.3 米，前呈圆弧形，上有封土；墓碑高 1.5、宽 0.75 米，碑首呈圆拱形。碑文阴刻"清故显妣候母彭孺人之墓，同治十三年三月二十四日立"。

蒋学易夫妇墓 位于金坪镇青桥村，建于清代，坐南向北，占地面积为 52.8 平方米。墓冢为条石垒筑，前呈八字形，上有封土，长 8、宽 6.6、高 1.7 米；墓碑高 1.7、宽 0.85 米，碑首呈圆拱形。碑文阴刻"皇清显考蒋公学易大人墓，妣　母王氏"。

罗培耀墓 位于金坪镇金鸽村，修建于清光绪二年（1876 年），坐西向东，占地面积约 120 平方米。现存墓冢、墓碑、拜台各一。墓冢为土冢，长 5、宽 4 米；墓碑高 1.7、宽 0.88 米，碑首呈圆拱形。碑文阴刻"清登仕郎罗公培耀大人墓，光绪二年仲秋月下浣榖旦"；拜台长 12、宽 5 米，呈圆弧形。

刘觉贤墓 位于金坪镇绍光村，修建于清光绪十八年（1892 年），坐北向南，占地面积约 20 平方米。墓冢为土冢，形制基本消失；墓碑高 1.5、宽 0.9 米，碑首呈圆拱形。碑文为"清显姚刘母戒名刘觉贤墓，光绪十八年仲春月八日吉立"。

庙山子墓地　位于金坪镇罗家村新庙社庙山子，修建于清光绪二十三年（1897年），坐南向北，占地面积约 12 平方米。墓冢为条石垒筑，长 4、宽 3、高 0.6 米，前呈圆弧形，上有封土；墓碑高 1.5、宽 0.7 米，碑首呈圆拱形。碑文阴刻"光绪二十三年丁酉十二月十八癸酉吉日立，清故显考刘公三□□□□"。

古建筑

太极观石牌坊　位于金坪镇金堂村，建于明代，坐北向南，占地面积约 20 平方米。牌坊为石质仿木结构四柱三开间重檐庑殿顶，檐下施斗拱，现仅存上檐和斗拱，两次间顶和斗拱均已丢失。牌坊通高 4.5、面阔 4.5 米，正面斗板阳刻"太极观"，背面书"丹亭福地"。次间额枋上阴刻"修立牌坊匠师徐有训　付可用　悟□　姚上　刘腾"。

高山屋基井　位于金坪镇罗家村，为池塘井泉，建于清代，占地面积约 5 平方米。井为圆形井口，直径 0.8 米，方形井壁，边长约 0.8 米，由长 0.85、宽 0.4 米条石垒筑，井深 1.2 米。

老房子井　位于金坪镇金堂村，为池塘井泉，建于清代，占地面积约 5 平方米。井口为边长 1 米的正方形石板盖成，石板中心凿出口径为 0.7 米的圆形井口；井身由长 0.7、宽 0.4 米的条石垒筑，呈正方形，井深 4 米。

下坝罗氏宅　位于金坪镇金鸽村，为宅第民居，建于清代，平面呈四合院，坐北向南。现存厢房、正房，前堂已毁。正房四柱三间 13.6 米，进深五柱四间 7.2 米，带前廊构造，八架椽，小青瓦屋面，悬山构造，木装板墙，龟背锦窗，双扇木板门，尽间与厢房搭交。厢房开间三间 13.5 米，进深五柱四间 4.8 米，带前廊构造，十一架椽，小青瓦屋面，悬山构造，木装板墙体及隔断，龟背锦窗，双扇木板门，素土地面。

双高社罗氏宅　位于金坪镇金鸽村，为宅第民居，建于清代，平面呈四合院布局，坐南向北，占地面积约 500 平方米。现存门厅、正房、厢房。门庭包括朝房，门房四间面阔 21、进深 4.4 米；门厅面阔一间 3.4、进深 4.4 米，七架椽，穿斗结构；正房面阔三间 14 米，进深九柱 8.8 米，十一架椽，穿斗结构；尽间与厢房搭交；南厢房面阔三间 8.5 米，进深五柱 4.4 米，七架椽，穿斗结构；西厢房面阔三间 15.2 米，进深五柱 3.6 米，七架椽，穿斗结构。建筑为小青瓦屋面，悬山构造，木装板墙体，双开板门，龟背锦窗和直条窗，红色砂岩台明，素土地面。

韩氏宅　位于金坪镇中林村，亦名为雨家岩，为宅第民居，建于清代，坐北向南，占地面积约 500 平方米。平面呈四合院，现存前堂、正房，厢房已毁。前堂残存西门房，另一半已损坏，面阔四柱三间 7、进深 8 米，木板墙人为改建为竹编篱笆墙，穿斗结构，悬山构造，七架椽，小青瓦屋面，素土地面，门窗已完全改变；正房面阔四柱三间16米，进深两间10.4米，穿斗结构，悬山构造，九架椽，带前檐构造，两扇四开木板门，木装板墙体已隔断，龟背锦窗，小青瓦屋面，素土地面。

拱桥湾桥　位于金坪镇菜子村，为桥涵码头，建于清代，南北走向，分布面积约200平方米。桥面宽2.5、长8米，桥头两边为石板路连接，桥拱长4米，桥洞高3、宽2.5米。

高洞寺　位于金坪镇高洞村，建于清代，坐北向南，占地面积约120平方米。现仅存正殿，面阔三间10.8米，进深三间10.2米，带前廊。素面台基，正中三级垂带踏代，廊柱出台基，抬梁穿斗混合木构架，悬山屋顶，小青瓦屋面，叠瓦脊，中置灰塑宝顶。明间前金柱蟠龙，施双交四椀棱花格栅门，次间施木装板槛墙，槛窗疑为后人改建，三合土地面。

炮房沟桥　位于金坪镇罗家村，为桥涵码头，建于清代，东西走向，面积约50平方米。石墩平板桥，桥面石质，长9、宽1.05、厚0.6米，共两块石板构成；桥墩石质，长1.85、宽0.85、高2.9米，由两块巨石构成，两墩间距3.7米。

石窟寺及石刻

半边寺摩崖造像　位于金坪镇中林村，凿于清代，坐北向南，分布面积约100平方米。分布在离地面高1.8米的崖壁上，凿刻长4、宽2.7米的石龛，内凿三个长1.2、宽2.1米的石龛，每一龛内各凿刻盘座于莲花座上菩萨一尊，菩萨头顶雕刻精美花卉及三尊人物小造像。

宝峰观摩崖石刻　位于金坪镇民强村，凿于清代，坐东向西，石刻面积约2平方米。题记为行书阴刻五言绝句："最爱宝峰观，登临望眼开。鸟从天外至，云从四边来。佛石凉由生，寻幽履翠台。同由无限乐，回首先徘徊。"耆员万良汪题。

宝峰观石窟　位于金坪镇民强村冬子社宝峰观，凿于清代，坐东向西。摩崖造像高为0.7、宽0.5米的龛内，龛顶呈尖顶形，内塑灵感观音菩萨一尊。

近现代重要史迹及代表性建筑

韩家祠堂　位于金坪镇中心社区，坐南向北，占地面积约2000平方米，为韩氏家族于中华民国辛未年间所造。平面呈四合院，现存门庭、厢房、正房。门庭砖混结构，带回廊构造，分上下两层，面阔两间8.8米，进深一间4米；门厅一间4米，两柱均为整石铸成，均刻文字，已被人为损毁。厢房面阔四间18米，进深三间3.8米，砖混结构，带回廊构造，分上下两层。正房面阔五间28米，进深八间11米，砖混结构，悬山顶，双扇木板门，龟背锦窗，素土地面，四方围合成四合院，呈正方形，边长17米。

陈绍光烈士纪念碑　位于金坪镇高洞村，建于1970年，坐西向东，占地面积约

2000 平方米。纪念碑是 1970 年为珍宝岛自卫反击作战的英雄陈绍光同志而修的。纪念碑大门为青砖垒筑，高约 6.5、宽 6 米，书写宋体对联"为有牺牲多壮志；敢教日月换新天"，横批"浩气长存"。纪念碑台明为 13×13（米）正方形，基座高 4 米，分为两层，上层为陈绍光同志学习的部分语录摘抄，下层为陈绍光同志的生平介绍；碑体高 8 米，东面书写宋体："战斗英雄陈绍光烈士永垂不朽。"

罗家嘴碉楼 位于金坪镇青桥村，建于 20 世纪初，坐北向南，占地面积约 55 平方米。碉楼由红砂条石垒砌而成，二楼一底，平面呈矩形，长 6、宽 5.5、高 10 米，素三合土地面，小青瓦屋面。每层用木楼板分隔，四周有瞭望窗，墙上枪眼洞无数，呈不规则分布，条石长 1.1、宽 0.4、厚 0.33 米。碉楼原为青桥村抵御土匪袭击而建，土改后归集体，现属周民昆所有。

高店镇

古遗址

高店盐道遗址 位于高店镇高店社区，建于明代。遗址为明、清时期由自贡至云南商道之一，其走向为东西走向，具体方向为黄沙—高店—顺南—凉姜—沙坝。盐道长 200、宽 2.3 米，以青条石错缝安装，条石规格为长 0.9、宽 0.5 米，左右为民居、商铺、货仓。街面距建筑台明高为 0.16～0.2 米，其高程随地势或平坦、或阶梯。

大洞子遗址 位于高店镇天宫村，建于明代，坐北向南，其利用天然丹霞岩穴开凿而成，分布面积约 200 平方米。其南部用红砂条石、夯土墙围砌而成，其西部岩顶有人工加工痕迹，东面岩壁多掘孔，当为其房屋建筑通道。其中部有一石质卷顶门，宽 1.1、高 2.1、深 1.3 米，平面现分七间，总长 50 米。

龙华观遗址 位于高店镇桂华村，为寺庙遗址，建于清代，坐南向北，占地面积约 3000 平方米。现残存遗迹有山门、前殿至后殿的台基，其形制不明，龙华观台明清楚，为长 10.4、宽 5.6 米。建筑组群依山而建，龙华观位于最高处。

应子坡校场址 位于高店镇桂华村，为军事设施遗址，建于清代。为清同治、光绪年间宜宾县团练营地，总负责邱场、王场、高洞、高店、上下高熊里等九个场镇的地方武装训练及治安。现存遗迹有内围墙长 800 米，外围墙体长约 1500 米，其砌筑方法为下层为条石，宽约 3、高约 1.8 米，上层为夯土筑砌，高约 1、宽约 1 米，山门仅存遗迹，宽 2 米。此外，在印子坡有长 8、宽 5 米建筑台基遗址。

古墓葬

草树坡崖墓群 位于高店镇新桥村老房组草树坡，建于汉代，坐北向南，占地面积约 1500 平方米。共有 13 座墓，呈直线平行分布，由西至东为 M1～M13。M1～M10 现存状况大致相同，只可见露出墓口，墓室被积土堵满，看不见内部结构；M11～M13 墓室相通，均可见墓道；M11 墓道长 2.3、宽 1.9 米，呈矩形；墓门高 1.2、宽 1.1、厚 0.4 米；M12 墓道长 2.9、宽 1.9 米，呈矩形；墓门高 1.2、宽 1.1、厚 0.4 米；M13 墓道长 3.6、宽 1.9 米，呈矩形；墓门高 1.2、宽 1.1、厚 0.4 米；M11～M13 墓室均无纹饰，M12、M13 内凿石棺床一具。

和尚坡崖墓群 位于高店镇新桥村团结组和尚坡，建于汉代，坐北向南，占地面积约 200 平方米。由西至东为 M1～M4，呈直线并列分布。M1～M3 形制一般，墓门均垮塌成不规则圆形，内凿有石棺床一具；M1 长 3.3、宽 2.6 米；M2 长 5.3、宽 1.9 米；M3 长 5.5、宽 2.4 米；M4 未成功开凿。

松树坡崖墓 位于高店镇天宫村民权组松树坡，建于汉代，坐北向南，占地面积约 180 平方米。现存墓室一间，呈狭长方形，长 8.8、宽 2.1 米；墓门为边长 1.3 米正方形，墓门前已毁，墓室内存石函四具，其中有一具已毁。

嘴嘴坡崖墓 位于高店镇鱼剑村增产社嘴嘴坡，建于汉代。共有墓 2 个，其中 M1 残存通道长 6.6、宽 1.4 米，墓门呈矩形，宽 0.9、高 1.5 米，墓室长 6、宽 1.5 米，残存岩棺一个，壁龛两个；M2 未成功开凿，仅存墓道、墓门，室内长 1.7、宽 1 米。

老房湾墓 位于高店镇金川村小桥组老房湾，建于汉代，坐南向北，占地面积 4 平方米。仅有墓室一间，长 2、宽 0.78 米，呈狭长方形，墓室内有一龛，无纹饰；墓门已毁，墓口呈矩形，宽 0.78、高 0.75 米。

横房头墓地 位于高店镇新桥村民主组横房头，建于明代，坐南向北，占地面积约 10 平方米。共有墓室三间，形制大小一样，呈并列分布，每间墓室长 3、宽 0.7、高 1.36 米，呈矩形；墓道夯平顶，长 1.5、宽 0.56、高 1.8 米，呈矩形。

骑龙坳墓 位于高店镇金川村五格组骑龙坳，建于明代，坐南向北，占地面积约 40 平方米。共有墓道 1 处，墓室一字排开，共九间墓室，从西至东分别为 M1～M9，其中 M2、M3 墓门已毁，其余均为半开门，墓门呈矩形，宽 0.42、高 1.25 米；M1～M9 墓口均呈矩形，高 1.25、宽 0.85 米；M1～M9 均凿壁龛三个，底部一个，两侧各一个，饰天花纹；M1～M9 前有一通道，呈矩形，长 10.1、宽 0.8 米，墓道顶用条石封。

瓦窑坳王家墓地 位于高店镇金鹅村开口组瓦窑坳，修建于清代，坐南向北。共分为 M1、M2，呈前后错列分布，M1 占地面积 10 平方米，M2 占地面积 20 平方米。现存有墓冢、墓碑各二。M1 清光绪戊戌年（1898 年），墓冢为土冢，长 5、宽 2 米；墓碑高 1.8、宽 0.92 米，碑首呈圆拱形。碑文为"清显妣王母段中福孺人墓，光绪戊戌年□□□□"；M2 墓冢为土冢，长 5、宽 4、高 1.3 米；墓碑高 1.7、宽 0.83 米，碑首呈圆拱形。碑文为"恩赐正八品显考王公正其大人墓，光绪癸巳年孟夏月"。

上面房张家墓地 位于高店镇龙门村朝房组上面房，系一清代张氏家族墓群，坐西向东。共分为 M1、M2，占地面积分别为 104 平方米和 5 平方米。M1 墓冢为条石围砌垒筑，长 9、宽 5、高 1.6 米，呈前带圆弧梯形，上有封土；墓碑为仿木结构四柱三开间重檐庑殿顶，脊丢失，高 2.45、宽 1.35 米。碑文阴刻"清故显考张公讳恺清大人之墓，光绪二十六年庚子岁瓜月朔二日吉立"。拜台面阔 8、长 3.2 米，呈圆弧形。M2 墓冢形制基本消失，墓碑高 1.5、宽 0.93 米，平面呈矩形。碑文阴刻"清故显考张公讳树贵大人墓，光绪二十六年庚子岁七月初二日吉立"。

郑文星墓 位于高店镇骑龙村，建于清代，坐南向北，占地面积 14.4 平方米。墓冢为土冢墓，长 4、宽 3.6 米，呈梯形；墓碑高 1.6、宽 0.7 米，碑首呈圆拱形，碑首上施一如意顶，两边雕刻云纹。碑文阴刻"清显考郑公讳文星大人墓"。

大坟山坡吴家墓地 位于高店镇金川村罗家社大坟山坡，建于清代，坐北向南。共有墓 2 座：M1 现有墓冢、墓碑各一。墓冢由条石垒筑，长 5.5、宽 3、高 1.7 米，上有封土。墓碑为石质仿木结构两柱一开间单檐庑殿顶，高 2.3、宽 1.3 米，额枋雕刻"二龙抢宝"图案。碑文阴刻"清故显考吴公讳钦大人墓，道光十一年五月吉旦"。M2 占地面积 16.5 平方米，现有墓冢、墓碑各一。墓冢为条石垒筑，长 5.5、宽 3、高 1.7 米，呈梯形，上有封土；墓碑为石质仿木结构两柱一开间单檐庑殿顶，高 2.3、宽 1.3 米，额枋雕刻"二龙抢宝"图案；碑文阴刻"清故显考吴公讳玉灿大人之墓，乾隆八年季秋月吉旦"。

文家湾彭家墓地 位于高店镇金川村五格组文家湾，建于清代，坐西向东。共分为 M1、M2，呈前后排列，M1 占地面积 190 平方米，M2 占地面积 119 平方米。M1 清咸丰十年（1860 年），墓冢由条石围砌垒筑，长 5.5、宽 5、高 1.5 米，呈梯形，上有封土；墓碑高 2.1、宽 1.08 米，碑首呈圆拱形；碑文阴刻"清显考彭公讳雍权大人墓，妣母李广年孺，咸丰十年九月吉日镌"。拜台面长 20、阔 4 米，呈圆弧形。M2 清道光十四年（1834 年），墓冢由条石围砌垒筑，长 6.5、宽 3.6、高 1 米，呈梯形，上有封土；墓碑高 1.6、宽 0.9 米，碑首呈圆拱形。碑文为"清显考彭公讳里相大人墓，道光十四年季冬月朔二日立"，拜台面长 14、阔 2 米，呈圆弧形。

老房湾彭家墓地 位于高店镇金川村小桥组老房湾，建于清代，坐东南向西北，占地面积 100 平方米。共有墓 6 座：M1 墓冢为条石垒筑，长 4.5、宽 2.5、高 1.2 米，上有封土；墓碑高 1.1、宽 0.6 米，碑首呈圆拱形。碑文为"彭母刘太君孺人墓"。M2～M4 形制相近。M5 墓冢长 5.5、宽 4.2、高 1.2 米，呈梯形，上有封土；有两墓碑均为高 1.7、宽 0.88 米，呈矩形；拜台面长 8、阔 2.8 米，呈圆弧形；碑文为"清故显妣彭母马太君墓，显考彭公雍仁老大人之墓，同治二年癸亥岁仲春月立"。M6 墓冢为条石垒筑，长 3.2、宽 2.4、高 1.1 米，呈梯形，上有封土；墓碑高 1.67、宽 0.86 米，呈矩形。碑文为"清故显妣彭母郭老太君墓,咸丰二年癸亥岁仲春月立"。

叶合水彭家墓地 位于高店镇金川村小桥组叶合水,修建于清代,坐南向北。共2座,呈前后平行分布。M1占地面积25平方米,M2占地面积76平方米。M1清咸丰十一年(1861年),墓冢为条石垒筑,长6.5、宽4、高1.4米,呈梯形,上有封土;墓碑高1.7、宽0.9米,碑首呈圆拱形;拜台为半径为4米的半圆;墓后挡呈扇形,由长1、宽0.5米的条石垒筑。碑文为"显考彭公雍顺老大人之墓,咸丰十一年仲春吉旦";M2清同治二年(1863年),墓冢为条石垒筑,长5、宽5、高1.3米,呈矩形,上有封土;墓碑高1.8、宽0.97米,碑首呈圆拱形。碑文为"显考彭公讳伦旦老大人墓,大清同治二年九月初七日立"。

张雷氏墓 位于高店镇金鹅村,修建于清道光十四年(1834年),坐北向南,占地面积20平方米。现有墓冢、墓碑各一。墓冢为条石垒筑,长5、宽4米,呈圆弧形,上有封土;墓枋为石质仿木结构两柱一开间单檐庑殿顶,高2.7、宽1.2米,额枋雕刻精美"二龙抢宝"图案。碑文为"清故显妣张母雷老孺人墓,大清道光十四年孟春吉旦"。

张奕琏墓 位于高店镇金鹅村,修建于清代,坐西向东,占地面积28.8平方米。现有墓冢、墓碑各一。墓冢为条石垒筑,长6、宽4.8、高1.7米,呈梯形,上有封土;墓枋为石质仿木结构重檐庑殿顶四柱三开间,高2.9、宽3米,明间碑文为"清例赠显考张公讳奕琏大人墓,字希商"。

聂光壁墓 位于高店镇新桥村,建于清代,坐北向南,占地面积28.8平方米。墓冢为条石垒筑,长6、宽4.8、高1.3米,呈梯形,上有封土;墓碑为石质仿木结构,两柱一开间,单檐庑殿顶,高2.5、宽1.4米。碑文为"清故显考聂光壁□□□,大清道光二十九年仲秋月吉日立"。

杨刘氏墓 位于高店镇鱼剑村,建于清道光十七年(1837年),坐南向北,占地面积22.8平方米。墓冢为条石围砌垒筑,长6、宽3.8、高1.3米,呈前带圆弧矩形,上有封土;墓碑高1.7、宽0.9米,碑首呈圆拱形。碑文阴刻"清故显妣杨母刘孺人之墓,道光十七年四月十七日立"。

严学潜墓 位于高店镇金川村,建于清代,坐西北向东南,占地面积20平方米。现有墓冢、墓碑各一。墓冢为条石垒筑,长5、宽4、高1.6米,呈梯形,上有封土;墓碑为石质仿木结构两柱一开间单檐庑殿顶,高2.3、宽1.2米。碑文为"清显考严公讳学潜大人之墓"。

侯家瑹夫妇墓 位于高店镇骑龙村,修建于清同治九年(1870年),坐北向南,占地面积14.4平方米。墓冢为条石围砌垒筑,长4、宽3.6、高1.3米,呈梯形,上有封土;墓碑高1.5、宽0.88米,碑首呈圆拱形。碑文阴刻"清显考侯公家瑹大人墓,同治九年季冬月二十九日，姓　母李守孺立"。

邓李氏墓　位于高店镇高店村，修建于清同治十三年（1874年），坐东向西，占地面积23.8平方米。墓冢为土冢墓，长7、宽3.4米；墓碑高1.5、宽0.83米，碑首呈圆拱形。碑文为"清显姓邓母李显容孺人墓，同治十三年十月二十五日"。

刘德贵墓　位于高店镇金川村，修建于清光绪四年（1878年），坐东向西，占地面积26.4平方米。现有墓冢、墓碑各一。墓冢为条石垒筑，长6、宽4.4米，呈梯形，上有封土；墓碑高1.45、宽0.84米，碑首呈圆拱形。碑文为"彭母刘德贵墓，大清光绪戊寅四年三月二十二日立"。

马明让夫妇墓　位于高店镇公平村，修建于清光绪十三年（1887年），坐南向北，占地面积36.4平方米。墓冢为条石围砌垒筑，长7、宽5.2、高1.6米，呈前带圆弧梯形，上有封土；墓碑高1.7、宽0.83米，碑首呈圆拱形，碑首两边雕刻"麋鹿含花"各一，中间刻隶书"寿"字。碑文为"清故显考马公讳明让老大人墓，姓　母彭真量孺，大清光绪十三年腊月初三日立"。

黄彭氏墓　位于高店镇白新村，修建于清光绪十九年（1893年），坐北向南，占地面积90平方米。墓冢为条石围砌垒筑，长6、宽3.2、高1.5米，呈梯形，上有封土；墓碑高1.6、宽0.8米，呈矩形。碑文为"故显姓黄母戒（名）彭□□□□□，光绪十九年朔七日立"；横批"立佳城"；对联为"亥山牛眠地卜□；己向马□并□风"；拜台为半径为4.5米的半圆。

赵智相夫妇墓　位于高店镇天宫村，修建于清光绪二十一年（1895年），坐北向南，占地面积10平方米。现存有墓冢、墓碑各一。墓冢为土冢墓，形制基本消失；墓碑高1.26、宽0.74米，碑首呈圆拱形。碑文阴刻"故高祖赵公智相老大人之墓胡太君，孺　光绪二十一年六月十二日"。

罗云氏墓　位于高店镇鱼剑村，建于清代，坐西向东，占地面积18.24平方米。墓冢为条石围砌垒筑，长4.8、宽3.8、高1.7米，呈前带圆弧梯形，上有封土；墓碑高1.85、宽0.87米，碑首呈圆拱形。碑文阴刻"清故显姓罗母戒（名）云牟孺人墓，光绪十三年八月十一日立"。

新湾陈家墓地　位于高店镇白新村金堂社新湾，建于清代，坐南向北，占地面积140平方米。共有墓2座：M1墓冢为三层条石围砌垒筑，面长8、阔5、高1.1米，呈梯形，上有封土；墓碑高1.7、宽0.9米，碑首呈圆拱形，内凿扇形框，两方浅浮雕精美"二龙抢宝"、"蝙蝠"、"寿"纹图案，扇形框内阴刻"藏真处"；碑身呈矩形，内凿顶呈拱形，身呈矩形内框，碑身内框阴刻"清国学显考陈公讳家谟大人墓"。M2墓冢为条石围砌垒筑，长5.7、宽3.6、高1.4米，呈梯形，上有封土；墓碑高1.6、宽0.9米，碑身呈矩形。碑文阴刻"清浩显姓陈母杨老孺人墓，光绪三年仲夏月立"。拜台为长 3.3、宽 5 米的半圆形。

李永熙夫妇墓　位于高店镇骑龙村,建于清代,坐东向西,占地面积 43.5 平方米。墓冢为土冢墓,长 7.5、宽 5.8 米,呈梯形;墓碑高 1.72、宽 0.9 米,碑首呈圆拱形,碑文阴刻"清显考李公讳永熙大人墓　妣　母萧妙安孺"。

古建筑

张里桥　位于高店镇金川村,为桥涵码头,南北走向,建于清代,分布面积约 50 平方米。桥面长 12、宽 1.1 米,由 5 块石块构成;桥墩由 4 块长 2.2、宽 1.7、厚 0.5 米的石块构成,桥墩间距为 2.5 米至 3.1 米。

开口头桥　位于高店镇金鹅村,为桥涵码头,南北走向,占地面积约 50 平方米,为一单孔拱券敞肩式平桥,桥面由石板铺成,长 21、宽 1.4、桥拱高 3.8 米。

龙华观井　位于高店镇桂华村,建于清代,坐南向北,占地面积约 5 平方米。井深 3.2 米,由长 0.9、宽 0.3、高 0.3 米的条石垒砌成长 2.2、宽 1.6 米的水井,平面呈矩形。

老街盐铺　位于高店镇高店社区,建于清代,为清代肖氏、王氏售盐铺面,坐南向北。面阔四柱三间 11.8 米,进深四柱三间 8 米,前一间为铺面,后两间为仓储,上下两层,上层为住宿,前底层墙体为木装板,上层为竹编墙,左右为竹面墙体,后墙为砖砌体,地面为素土地面,穿斗结构,小青瓦屋面,悬山构造,前檐装修为双扇双开门,左右为槛窗,为售盐窗口,上层有风窗两个。

黄桷桥　位于高店镇公平村,为桥涵码头,建于清代。大条石板砌成,桥面由 3 块条石铺成,总长 8.5、宽 0.8、厚 0.4 米,跨无名冲沟上。该桥为两墩三孔,桥墩呈楔形,长 1.8、高 1.4 米,桥面附属结构全毁。

新桥村狮子桥　位于高店镇新桥村,为桥涵码头,建于清代,分布面积约 300 平方米,南北走向。横跨于福溪河支流上,桥两端由石梯连接山路,平板桥桥长 28、宽 0.92 米,桥面由九块长短不一、厚度相同的石块铺成,8 块桥墩形制相同,均为长方体,长 2、宽 0.5、高 1.6 米。

赵氏宅　位于高店镇天宫村,为宅第民居,系清代赵氏(都司)所建,坐北向南,平面呈四合院布局,现存门厅、厢房、正房,占地面积 526 平方米。其中门厅原有开间 5 间,现残存 4 间,面阔 21.4、进深 9.6 米,穿斗结构十一架椽;正房开间五间 21.3 米,进深九柱 10.2 米,穿斗结构十一架椽;厢房开间二间 13.8 米,进深七柱 6 米,穿斗结构九架椽;小青瓦屋面,悬山构造,素土地面,装修为板门,格子窗,竹编墙。

尹氏宅　位于高店镇鱼剑村,为宅第民居,建于清代,为前店后带店面住房。上下两层,底层为仓储,坐东向西,二层平面呈矩形,穿斗结构,十五架椽,进深三间 13

米，面阔十二间 56.4 米，前檐装修为木板门，竹编墙走马板，条形窗，素土地面，小青瓦屋面，前后廊结构。

孟氏宅 位于高店镇骑龙村，为宅第民居，建于清代，为骑龙村孟氏所有，平面呈四合院布局，坐东向西，建筑面积约 185 平方米。现存建筑有正房、厢房。正房面阔三间 16.3 米，进深 7.5 米，夯筑土墙，十一架檩，穿斗结构，悬山屋顶布小青瓦，回廊构造，分为上下两层。厢房面阔五间 35.5 米，进深一间 5.6 米，十三架檩，穿斗结构，前廊构造，前檐装修为木装板，为竹编墙。

观音坡庙 位于高店镇高店村，修建于清道光二十五年（1845 年），属村社小庙，供奉观世音菩萨，石雕为两柱一开间，平面呈正方形，宽 1.3 米，坐北向南，分上下两层，上层有观音石雕，庑殿顶，鱼吻，檐下前后为"二龙抢宝"，左右为深浮雕"双凤朝阳"、"麋鹿衔花"。其题记内容有：罩左右有"云"、"法"，左柱"此法普……"、右柱"向……"，左侧墙为"周文适七千文……道光二十五年乙巳岁四月十一日立"，右侧石墙文字模糊不清。

赵家祠堂 位于高店镇天宫村，修建于同治十一年（1872 年），坐北向南，现有建筑有正堂、厢房，其余已毁。正堂为带前廊构造，开间五间 24 米，堂屋为庭堂造，四柱三间，次间为九柱八间，进深 10.6 米，穿斗结构，十三架椽，上下两层。东厢房残存一间，单坡屋面，五架椽，上下两层，西厢房残存三间，单坡屋面，五架椽，上下两层。装修为木装板，方格窗，龟背锦窗，竹编墙，素土地面，小青瓦屋面，封火山墙，正堂隔断残存局部图案。

近现代重要史迹及代表性建筑

高店供销社旧址 位于高店镇高店社区，修建于 1973 年，坐东向西。建筑为 20 世纪 70 年代供销社铺面和仓库。分上下两层，上层为住房，施木板楼；铺面面阔十二间 47.2 米，进深两间 9.5 米；仓库共十间，东面七间面阔 35.5 米，进深 7.5 米，北面三间面阔 21.2 米，进深 3.5 米，仓库与铺面围合。商铺和仓库装修一致，素土地面，小青瓦屋面。

沙坪镇

古墓葬

望峨村棺山坡崖墓 位于沙坪镇望峨村四队棺山坡，建于汉代，坐东向西，占地面积约 20 平方米。古墓由条石砌筑，墓门已毁，露出墓口，宽 0.7、高 0.9 米，呈矩形，墓门封口高 1、宽 0.9 米，呈矩形，墓室长 2.2、宽 2 米，内有积土。

鸽子山崖墓　位于沙坪镇望峨村五队鸽子山，建于汉代，坐北向南，由西至东共分为 M1、M2，并列分布在巨石石壁上，通面阔 5 米，分布面积约 60 平方米。M1、M2 墓室形制一样，墓门已毁，墓口高 0.8、宽 0.6 米，墓口侧均有高 0.5、宽 0.3 米圆形小孔，墓室长 3.7 米，内凿凹形棺床，M1、M2 墓室相通。

洞子坡崖墓　位于沙坪镇炮桐村二队洞子坡，建于汉代，坐东向西，占地面积约 25 平方米。墓门已毁，露出墓口，墓口高 1、宽 0.9 米，呈矩形，墓室深 2.4、宽 1.6、高 1.1 米，呈矩形，顶部凿有精美兽纹，无龛，无纹饰，地面平坦。

湾子头崖墓　位于沙坪镇四坪村三队湾子头，修建于汉代，坐西向东，占地面积约 10 平方米。崖墓凿于一巨石上，墓门已毁，露出墓口，墓道长 2、宽 1.5 米，墓门为边长 1.2 米的正方形，墓室宽 1.5、深 2.6 米，呈矩形，内有大量垃圾、积土。

蛮洞坡崖墓　位于沙坪镇火花社区八社蛮洞坡，修建于汉代，坐北向南，占地面积约 20 平方米。墓门已毁，露出墓口，墓口高 0.7、宽 0.7 米，呈正方形；墓室深 2.6、宽 2.5 米，呈矩形，内凿石棺床，长 2.5、宽 0.6 米，无壁龛，无纹饰。

白莲村崖墓　位于沙坪镇白莲村，修建于汉代，坐北向南，占地面积约 20 平方米。墓门已毁，露出墓口，宽 2.1、高 1.9 米，呈矩形，墓室长 2.8 米，呈正方形，墓室三壁均有壁龛，高 0.9、宽 0.65 米，呈矩形，两侧壁龛无纹饰，正中壁龛内刻有人物造像，正中壁龛两方各凿一石棺床。

石坝子崖墓　位于沙坪镇天桂村十组石坝子，修建于汉代，坐东向西，占地面积约 20 平方米。墓由整体岩石开凿，墓门已毁，露出墓口，墓口呈正方形，边长 0.8 米，墓门封口宽 1、高 1.1 米，墓道宽 1.1、高 1.6 米，墓室长 3.4、宽 1.8 米，呈矩形，后部有石柱一根及图案，两侧各有二龛，无纹饰。

天堂湾崖墓　位于沙坪镇天桂村十组天堂湾，修建于汉代，坐东向西，占地面积约 20 平方米。古墓凿在巨石上，墓门已毁，露出墓口，墓道长 3.5、宽 1.4 米，墓口呈矩形，宽 1、高 1.1 米，墓口上方雕刻仿古建筑檐，墓室呈矩形，长 2.6、宽 1.7 米，顶部有二矩形龛，可见北龛凿刻高挽发髻妇女，南龛凿刻一戴官帽老者，两侧各凿刻壁斋两个，无纹饰。

天桂村崖墓　位于沙坪镇天桂村，修建于汉代，坐北向南，占地面积约 20 平方米。墓门已毁，露出墓口，墓口高 1、宽 1.8 米，呈正方形；墓室长 2.7、宽 1.8 米，呈矩形；无壁龛，无纹饰。

清水坳墓地　位于沙坪镇构庄村十队清水坳，修建于明代，坐北向南，占地面积约 40 平方米。共分为四座墓 M1～M4，M1～M4 墓道相通，M1、M3、M4 封闭未开启，M2 露出墓口，墓口宽 0.85、高 1.1 米，呈矩形，墓室宽 0.85、长 2.3 米，呈矩形，墓室无壁龛。

桥头坡墓　位于沙坪镇白胜村，修建于明代，坐西向东，呈直线并列分布，分布面积20平方米。墓冢由石板垒砌，共两个墓室，左侧墓室墓门已毁，墓口宽0.95、高0.95米，呈正方形；墓室长3.2、宽0.95米，呈矩形，内有壁龛二个，两侧壁龛可见人物造像，内龛无纹饰。右侧墓室未开启。

天桂湾墓　位于沙坪镇天桂村十组天桂湾，修建于明代，坐南向北，为一墓两室，面积约50平方米。露出墓口，墓门已毁，墓口呈矩形，高1.3、宽1.1米，墓口顶部局部垮塌，墓室呈矩形，长4、宽1.1米。

曾正绚墓　位于沙坪镇沙坪村，修建于清代，坐北向南，占地面积约30平方米。墓冢呈梯形，长6、宽4.4、高1.2米，上有封土；墓碑石质仿木结构两柱一开间单檐庑殿顶，高2.6、宽1.25米。碑文阴刻"清□□曾公□正绚大人墓，清丁卯年小阳月吉旦立"。

牌坊坡胡家墓地　位于沙坪镇石岗村八队牌坊坡，修建于清代，坐南向北，占地面积约40平方米。共有墓2座：M1墓冢为土堆墓，扰乱严重，形制基本消失，墓碑高1.7、宽0.8米，碑首呈圆拱形。碑文阴刻"明奉政大夫胡□□□□，道光二十三年三月□□"。M2墓冢为土堆墓，扰乱严重，形制基本消失，墓碑高1.35、宽0.97米，碑首呈圆拱形。碑文阴刻"清诰孺人显妣胡母□□□，乾隆五十四年岁序己□□"。

新房子刘家墓地　位于沙坪镇构庄村三队新房子，修建于清代，坐西向东，分布面积约80平方米。共分M1、M2，呈直线并列分布。M1墓冢由条石垒筑，长5、宽3.5、高1.5米，前呈圆弧形，上有封土，墓碑石质仿木结构两柱一开间单檐庑殿顶，高2.1、宽1.35米。碑文阴刻"清故显妣刘□□□太君墓，大清道光十四年"；M2墓冢由条石垒筑，长5、宽3.5、高1.6米，前呈圆弧形，上有封土，墓碑石质仿木结构两柱一开间单檐庑殿顶，高2、宽1.1米。碑文阴刻"清显考刘公字显□□□大人墓，大清道光二十四年春"。

埝子上陈家墓地　位于沙坪镇新路村三队埝子上，修建于清代，坐北向南，分布面积约为200平方米。共分为M1、M2，呈前后并列分布。M1、M2墓冢形制一样，均为条石垒筑，长6、宽4.2、高1.8米，呈梯形，上有封土；墓碑碑首呈圆拱形，墓碑高1.8、宽0.9、厚0.2米。M1碑文阴刻"显妣陈母龚道明墓，大清光绪十八年壬辰岁仲秋月容旦"。M2碑文阴刻"清显考陈公讳绍龙大人之墓，光绪十二年丁亥四月之中"。

孙家墓地　位于沙坪镇新路村，修建于清代，坐西向东，分布面积约为200平方米。共分为M1、M2，M1、M2墓冢形制一样，均为条石垒筑，M1墓冢长6、宽4、高1.7米，呈圆弧形，上有封土；墓碑高1.65、宽0.82米，墓碑碑首呈圆拱形。碑文阴刻"光绪六年九月旦，清显考孙公云贵大人　母刘孺人墓"。M2墓冢长6、宽4、高

1.2 米，呈梯形，上有封土；墓碑高 1.6、宽 0.85 米，墓碑碑首呈圆拱形。碑文阴刻"母洪真寿孺人墓，咸丰七年九月吉旦，清显考孙公字世芬"。

大坟坝文家墓地　位于沙坪镇龙丰村二组大坟坝，修建于清代，坐东向西，分布面积约为 80 平方米。共分为 M1～M3，呈直线并列分布，M1～M3 墓冢均为条石垒筑，墓碑碑首呈圆拱形。M1 碑文阴刻"清显考文公讳沼康大人墓　光绪三十四年戊申岁月二十七日吉立"；M2 碑文阴刻"清显考文公讳宗明大人墓，光绪三十四年戊申岁月二十七日吉立"；M3 碑文阴刻"清显考文公讳思圣大人墓，同治四年乙丑岁三月清明日"。

山沿塘陈家墓地　位于沙坪镇白利村七队山沿塘，修建于清代，坐西向东，分布面积约 200 平方米。共分为 M1、M2，呈前后排列，前后相距约 10 米，M1 墓冢为条石垒砌，长 7、宽 5 米，呈梯形，上有封土，碑首呈圆拱形。碑文阴刻"清显考陈公宏士大人墓，陈母刘老孺人墓，同治十二年三月吉日立"。拜台为半径 5.5 米的半圆形；M2 墓冢由条石垒砌，长 6、宽 3.8 米，前呈圆弧形，上有封土，碑首呈圆拱形。碑文阴刻"清显考陈公大讳自准大人墓，咸丰七年三月望二吉日立"。拜台呈圆弧形，长 7、宽 3 米。

汪家墓地　位于沙坪镇白胜村，修建于清代，坐南向北，占地面积约 200 平方米。共分为 M1～M4，M1 墓冢为条石围砌垒筑，长 5、宽 3.6、高 1.8 米，呈矩形，上有封土；墓碑高 1.6、宽 0.8 米，碑首呈圆拱形。碑文阴刻"故显妣汪母罗太君之墓，大清同治六年孟夏雪吉日立"；M2 形制已消失，碑文不清；M3 墓冢形制尺寸同 M1，墓碑高 1.6、宽 0.8 米，碑首呈圆拱形。碑文阴刻"显考汪公字汇川大人墓，大清同治六年孟夏雪吉日立故"。M4 墓冢为条石围砌垒筑，长 6、宽 5.8 米，呈圆弧形，上有封土。墓碑石质仿木结构两柱一开间单檐庑殿顶，墓碑高 2.7、宽 1.4 米。碑文阴刻"皇清故显考汪公字永清母王氏老人之墓，道光五年丁酉岁季冬月十三日立"。

清塘湾杨家墓地　位于沙坪镇白胜村一队清塘湾，修建于清代，坐南向北，分布面积约 50 平方米。共分为 M1～M3，呈"品"字形排列。M1 墓冢为条石垒筑，长 6、宽 3.6、高 1.7 米，呈梯形，上有封土。墓碑高 1.75、宽 0.83 米，碑首呈圆拱形。碑文阴刻"清显考杨公讳宗楷大人墓，光绪十三年九月十二日立"；M2 墓冢为土冢，长 6、宽 3、高 1.7 米，墓碑高 1.4、宽 0.8 米，碑首呈圆拱形。碑文阴刻"清显考杨公讳成全大人墓，光绪十三年九月十二日立"；M3 墓冢为条石垒筑，长 6、宽 3.6、高 1.4 米，呈梯形，上有封土；墓碑高 1.4、宽 0.8 米，碑首呈圆拱形。碑文阴刻"清祖妣杨母刘老孺人之墓，光绪十三年九月十二日立"。

刘蕴源墓　位于沙坪镇新村，修建于清代，坐北向南，占地面积约 10 平方米。墓冢为土冢，形制基本消失，墓碑石质仿木结构两柱一开间单檐庑殿顶，两方抱鼓石已毁，高 3.3、宽 1.05 米。额枋刻"水抱山环"和戏剧人物；碑文阴刻"清故邑庠士显考刘公讳蕴源老大人之墓"。

冯家墓地 位于沙坪镇四坪村，修建于清代，坐西向东，分布面积约 60 平方米。共分为 M1～M3，M1、M3 为土冢墓，长 6、宽 3.6 米；M1 墓碑高 1.7、宽 0.8 米；M3 墓碑高 1.8、宽 0.98 米；M1、M3 墓碑碑首均呈圆拱形。M1 碑文阴刻"清例赠显考冯公讳大成老大人墓，光绪廿八年岁次壬寅季冬月"；M3 碑文阴刻"皇清例封孺人显妣冯母向正广老孺人墓，光绪三十年甲辰岁巧月"；M2 墓冢条石垒筑，长 6.5、宽 4.2、高 1.5 米，呈梯形，上有封土。墓碑两柱一开间单檐庑殿顶，两方施抱鼓石，高 2.8、宽 2.8 米。碑文阴刻"皇清特授正八品冯公□□□□□□，母□□□□，咸丰戊午年菊月吉立"。

三锁坟坝邓家墓地 位于沙坪镇三江村四队三锁坟坝，修建于清代，坐北向南，分布面积约 80 平方米。从东向西分别为 M1～M3，呈直线并列分布。M1 墓冢由条石垒筑，长 6、宽 4.4、高 1.7 米，呈矩形，上有封土。墓碑高 2.22、宽 1.19 米，碑首呈笔架顶。碑文阴刻"皇清显妣邓母吴，赵老太君墓，大清光绪十一岁右乙酉桂月建"；M2 墓冢形制尺寸同 M1，墓碑已毁；M3 墓冢由条石垒筑，长 6、宽 4、高 1.7 米，呈矩形，上有封土。墓碑高 2.25、宽 1.3 米，碑首呈云纹。碑文阴刻"清诰授孺人显妣邓母李太君墓，大清道光二十三年岁次癸卯暮春建"。

开口楼黄家墓地 位于沙坪镇红花村七社开口楼，修建于清代，坐北向南，分布面积约 100 平方米。共分为 M1～M3，呈直线并列分布，M1～M3 均为土堆，形制较差，人为扰乱严重；M1 碑高 1.2、宽 0.85 米，呈矩形；碑文阴刻"清故显曾祖考黄□□□，道光二十七年□□□"。M2 墓碑高 1.2、宽 0.8 米，碑首呈圆拱形；碑文阴刻"清故显考黄公子风，妣黄母万老孺人墓"。M3 墓碑高 1.2、宽 0.8 米，呈矩形；碑文阴刻"皇清表节孝崇祀建坊黄□□□□，大清咸丰元年六月吉日立"。

鸭子池邓家墓地 位于沙坪镇红岩村四队鸭子池，修建于清代，坐北向南，分布面积约 80 平方米。共分为 M1、M2，M1 墓冢由条石垒筑，长 5.4、宽 4.8、高 1.4 米，呈圆弧形，上有封土。墓碑石质仿木结构四柱三间重檐庑殿顶，两方施抱鼓，墓碑高 2.6、宽 5.4 米，碑文不清，额枋雕刻精美戏剧人物；M2 墓冢为土冢，形制尚存，墓碑为石质仿木结构四柱三开间，檐缺失，两方施抱鼓，抱鼓石上雕刻精美花草纹。现存墓碑高 4.2、宽 1.4 米。碑文阴刻"清诰授孺人显妣邓母张太君墓"。

小屋基李氏墓 位于沙坪镇五里村七组小屋基，修建于清代，坐南向北，占地面积约 50 平方米。墓冢为条石围砌垒筑，长 8.8、宽 6、高 1.2 米，呈梯形，上有封土。墓碑石质仿木结构四柱三开间重檐庑殿顶。明间碑文阴刻"皇清□赠显考李公讳溶老大人之墓，乾隆六十年仲秋月下浣谷旦"。西次间碑文阴刻"皇清□诰妣李门王太君孺人之墓"。东次间碑文阴刻"皇清□赠显考李公讳朝选老大人□□□"。

王刘氏墓　位于沙坪镇龙丰村，修建于清道光三年（1823 年），坐北向南，占地面积约 24 平方米。墓冢为土冢，长 5.5、宽 3.5 米，墓碑高 1.5、宽 0.8 米，碑首呈圆拱形。碑文阴刻"清显妣王母刘真无太君墓，道光三年立"。

蒲荣宗墓　位于沙坪镇石岗村，修建于清道光十九年（1839 年），坐南向北，占地面积约 20 平方米。墓冢由条石垒砌而成，形制基本消失；墓碑高 1.9、宽 1.1 米，呈矩形，上有封土。碑文阴刻"皇清显考蒲荣宗老大人墓，道光十九年中秋月望四日吉日"。

李廷苏夫妇墓　位于沙坪镇五里村五队蟠龙湾，修建于清咸丰六年（1856 年），坐东向西，占地面积 32 平方米。墓冢为条石围砌垒筑，长 6.8、宽 5、高 1.2 米，呈梯形，上有封土。墓碑石质仿木结构四柱三开间单檐庑殿顶，高 2.8、宽 1.3 米。碑文阴刻"显妣李母宋太君之墓，皇清待赠显考李公字廷苏，咸丰六年十一月十二日吉"。额枋雕刻精美"二龙抢宝"图案。

田氏墓　位于沙坪镇天桂村，修建于清咸丰七年（1857 年），坐北向南，占地面积约 30 平方米。墓冢由条石垒筑，长 6、宽 4.8、高 2.8 米，呈梯形，上有封土，墓碑石质仿木结构四柱三开间，现仅存三柱二开间，面阔 2、高 2.8 米，单檐庑殿顶，额枋浅浮雕"二龙抢宝"图案，碑文阴刻"皇清例赠显考田公讳禹□□□，咸丰七年仲秋春月谷旦"。

王应通夫妇墓　位于沙坪镇白莲村，建于清咸丰八年（1858 年），坐南向北，占地面积约 35 平方米。墓冢为条石垒砌，长 7、宽 5、高 1.6 米，前呈圆弧形，上有封土。墓碑为石质仿木结构，四柱三开间，面阔 3、高 3.4 米，重檐庑殿笔架顶，两方施抱鼓石，抱鼓石雕刻缠枝花纹，额坊雕刻精美"二龙抢宝"图案。明间碑文为"皇清例赠显妣王母戒名陈悟修孺人墓，诰考公讳应通字达臣老妣母戒名郭开元孺，大清咸丰八年岁次戊午二月"。

潘汝卿夫妇墓　位于沙坪镇构庄村，修建于清同治三年（1864 年），坐北向南，占地面积约 30 平方米。墓冢由条石垒筑，长 7、宽 4.4、高 1.8 米，呈矩形，上有封土。墓碑石质仿木结构两柱一开间，檐缺失，高 1.6、宽 0.95 米。碑文阴刻"清显考潘公字汝卿大人墓，妣母韩真朝孺，同治三年清明月谷旦"。

文官珍墓　位于沙坪镇白胜村，修建于清同治六年（1867 年），坐西向东，占地面积 21.6 平方米。墓冢为条石围砌垒筑，长 6、宽 3.6、高 1.5 米，呈梯形，上有封土。墓碑高 1.6、宽 0.95 米，前呈圆弧形，碑首呈圆拱形，碑文阴刻"清故显考文官珍大人墓，同治六年十二月吉旦"。

刘悟源墓　位于沙坪镇构庄村，修建于清同治六年（1867 年），坐南向北，占地面积约 80 平方米。墓冢为条石围砌垒筑，长 6.5、宽 3.6、高 1.5 米，前呈圆弧形，上有封土。墓碑高 1.7、宽 0.85 米，碑首呈圆拱形。碑文阴刻"清显考妣王母刘悟源孺人墓，同治六年丁卯岁月立"。拜台长 8、宽 3 米，呈圆弧形。

伍傅氏墓 位于沙坪镇望峨村四队伍家大坟山，修建于清同治十年（1871 年），坐南向北，占地面积约 20 平方米。墓冢由条石垒筑，长 6、宽 3.8、高 1.8 米，呈梯形，上有封土。墓碑石质仿木结构两柱一开间单檐庑殿顶。碑文阴刻"待诰显妣伍母法/名傅月通孺人之墓，大清同治拾年岁次辛未孟夏月十八日谷旦"。

田于福墓 位于沙坪镇天桂村，修建于清同治十一年（1872 年），坐北向南，占地面积约 30 平方米。墓冢由条石垒筑，长 6、宽 4.6、高 0.9 米，呈矩形，上有封土。墓碑高 2、宽 1.1 米，呈矩形。碑文阴刻"清故显考田公讳于福老大人墓，同治十一年四月二十四日"。

周节明夫妇墓 位于沙坪镇白胜村，修建于清光绪元年（1875 年），坐南向北，占地面积约 30 平方米。墓冢条石垒筑，长 7、宽 4.6、高 1.7 米，呈梯形，上有封土，长满植被；墓碑为石质仿木结构，呈八字形，墓碑高 2.3、宽 4.6 米，两方施抱鼓。碑文阴刻；"清例授登仕郎显考周公讳节明，母张正荣墓，大清光绪元年仲春月朔九日"。

刘世光墓 位于沙坪镇海滨村，修建于清光绪壬午年（1882 年），坐南向北，占地面积约 20 平方米。墓冢由条石垒筑，长 7、宽 4.8、高 2 米，呈梯形，上有封土。墓碑石质仿木结构四柱三开间重檐庑殿顶，高 1.6、宽 2.4 米。明间碑文阴刻"故显考刘公讳世光大人墓，光绪壬午年桃花月朔日"。次间为墓志铭。

泥鳅坟杨张氏墓 位于沙坪镇红岩村七队泥鳅坟，修建于清光绪十二年（1886 年），坐西向东，占地面积约 24 平方米。墓冢由条石垒筑，长 6、宽 4、高 1.5 米，前呈圆弧形，上有封土。墓碑高 1.3、宽 0.75 米，碑首呈圆拱形。碑文阴刻"清故祖妣杨母张显坤老孺人墓，光绪丙戌年"。

文官美夫妇墓 位于沙坪镇火花社区八队，修建于清光绪二十三年（1897 年），坐东向西，占地面积 35 平方米。墓冢由条石垒筑，长 7、宽 5、高 2 米，呈矩形，上有封土。墓碑石质仿木结构二柱一开间单檐庑殿顶。碑文阴刻"清故显考文公讳官美母刘兴前孺人之墓，光绪二十三年冬月二十九日立"。

周廉寅墓 位于沙坪镇白胜村，修建于清光绪二十五年（1899 年），坐北向南，占地面积 17 平方米。墓冢为条石围砌垒筑，长 5、宽 3.4、高 1.5 米，呈梯形，上有封土。墓碑高 1.65、宽 0.82 米，碑首呈圆拱形。碑文阴刻"清显考周公讳廉寅大人墓，光绪乙亥年三月二十七日立"。

新龙湾刘家墓地 位于沙坪镇红轮村二社新龙湾，修建于清代，坐南向北，占地面积 160 平方米。共有墓 2 座：M1 墓冢由条石垒筑，长 8.6、宽 7、高 2 米，呈前带拐角梯形，上有封土。墓碑共三块，中间为刘世镇，两边分别为刘世镇夫人。刘世镇墓碑石质仿木结构两柱一开间庑殿顶，高3、宽1.3米。碑文阴刻"皇清例授登仕郎显考刘公讳世镇大人墓　光绪乙亥年仲夏月朔一日新修丁山癸向"。两边墓碑均为高1.5、宽0.85米，碑首呈圆拱形。碑文阴刻分别为"□封孺人显妣刘母林□□□□　□封孺人显妣刘母李□□□□"。M2风水墙为石砌，有檐，墓冢由条石垒筑，长6.5、宽5、高2.1米，呈圆形，上有封土。墓碑石质仿木结构四柱三间三楼庑殿顶，高2.5、宽2米。碑文阴刻"清例赠正八品显考刘公字秀□□□□，咸丰九年己未岁季冬月廿伍日"。西侧约3米处有影壁一座，长5、宽2.5米，呈矩形，上刻刘氏家族族谱。

周李氏墓　位于沙坪镇四坪村，修建于清宣统元年（1909年），坐北向南，占地面积26平方米。墓冢由条石垒筑，长6.5、宽4、高1.7米，前呈圆弧形，上有封土。墓碑石质仿木结构两柱一开间，两方施抱鼓石，单檐庑殿顶，高3.2、宽3.2米。碑文阴刻"清授孺人周母法讳李正莲老孺人墓，大清宣统元年岁次乙酉仲秋月中浣"。

曾光坤墓　位于沙坪镇白胜村，修建于民国时期，坐北向南，占地面积约20平方米。墓冢为条石围砌垒筑，长6、宽3.8、高1.3米，呈梯形，上有封土。墓碑高1.6、宽0.8米，墓冢前为一石碑，碑首呈圆拱形。碑文阴刻"清显考曾公讳光坤大人墓，民国三十六年丁亥岁三月朔三日"。

古建筑

汪家坝桥　位于沙坪镇白利村，修建于明代，东西走向。单孔拱券桥，由红条石夯拱，拱高3.3米，桥面长7.5、宽3.4米，两边石栏杆已毁，桥南北面正中点为太极图案。

黑岩寺井　位于沙坪镇红岩村，为池塘井泉，修建于清代，占地面积约5平方米。井台为长1.7、宽1.5米长方形石板，中凿圆形井口，口径0.75米，井壁由条石垒筑，呈矩形，井深5.6米。

杨家院子井　位于沙坪镇红岩村，为池塘井泉，修建于清代，占地面积约5平方米。井台由1.2米正方形石板筑成，中凿圆形井口，口径0.6米。井壁由条石垒筑错砌成六棱形，深6.8米。

张家桥　位于沙坪镇望峨村，为桥涵码头，修建于清代，为东西走向。单孔拱券桥，桥面由条石铺筑，长7.5、宽3.2米，横跨张家桥河沟。桥东西两面有引桥，东引桥长5米，西引桥长8米，与桥面相连处有7阶石梯步，桥拱石夯拱，最宽处3.3、高4米，离桥面0.7米。

边境田井　位于沙坪镇泡桐村，修建于清代，占地面积约5平方米。井台由两块条石拼成0.8米正方形，井身由条石垒砌，深1.5米。

胡氏牌坊　位于沙坪镇石岗村，修建于清代，坐南向北，占地面积20平方米。牌坊为石质仿木结构，四柱三开间，现仅存三柱二间，额仿阴刻"胡氏天荣"。左次间已毁，现存牌坊面阔5.1、高4.6米，柱宽0.4米。

黄土坎井 位于沙坪镇构庄村，修建于清代，占地面积约5平方米。井台为1.6米正方形石板，中凿长0.9、宽0.75、厚0.15米井口，呈矩形，井深1.5米。

海林桥 位于沙坪镇构庄村，修建于清代，南北走向，分布面积约50平方米。桥面由两块巨石组成，长2.5、宽1、厚0.4米，桥墩长2.4米，西面有二龙头，桥墩宽4、桥高2米。

八角井 位于沙坪镇高丰村，修建于清代，占地面积约5平方米。井盖为长1.5、宽1.2米的矩形石板，石板正中凿圆形井口，口径为0.9米。井身由条石错砌成八棱形，井深约5米。

郭氏宅 位于沙坪镇新路村，为宅第民居，修建于清代，坐北向南，平面呈四合院分布。现存西门庭一间，正房三间，门庭包括朝门、门房各一间。正房四柱三间3.8米，进深九柱七间7米，带前廊构造。四根带柱础石柱，穿斗结构，小青瓦屋面，悬山构造，木装板墙，双开门木板门，龟背锦窗，素土地面。

柑子湾井 位于沙坪镇白胜村，修建于清代。井盖为边长1.1米正方形，中凿井口成圆形，口径0.6米。井身由八层条石垒石砌成方形，边长为0.8米，井深3.9米。

摊厂头井 位于沙坪镇新村，修建于清代，占地面积约5平方米。井台由四块圆弧形石板镶嵌成1.5米正方形，井口呈圆形，口径0.55米。井壁由条石围砌成1.1米正方形井身，深3.3米。

水井田井 位于沙坪镇三江村，修建于清代，占地面积约5平方米。井台由三块石板镶嵌成1.3米正方形，中凿圆形井口，口径0.5米。井壁由条石垒砌成正方形井身，深3.6米。

陈氏宅 位于沙坪镇羔羊村，修建于清代，坐西向东。呈矩形布局，面阔六柱五间14.2米，进深四柱三间8.8米，柱为石柱，上刻对联，为抬梁穿斗结构，小青瓦屋面，木条栅窗，素土地面。

天桂湾井 位于沙坪镇天桂村，修建于清代，占地面积约5平方米。井台由两石块拼成矩形，长1.5、宽1.1米，中凿圆形井口，口径0.55米。井身由条石错砌成六角形，井深3.7米。

下海滨田井 位于沙坪镇海滨村，修建于清代，占地面积约5平方米。井台由整块石刻凿成2.5米方形井台，正中凿圆形井口，口径0.75米。井身由条石垒砌成1.3米正方形，深4.2米。

田氏宅 位于沙坪镇海滨村，为宅第民居，修建于清代，坐西向东，占地面积约200平方米。民宅平面呈矩形布局，面阔四柱三间14.3、进深10.2米，穿斗木结构，小青瓦屋面，龟背锦窗，木装板和竹篱笆墙，素土地面，台基两边有部分石刻。

新龙湾井　位于沙坪镇红轮村，修建于清代，占地面积约 5 平方米。井台为圆形石块，直径 1.1 米，中凿圆形井口，口径 0.55 米。井壁由条石垒筑为 0.7 米正方形井身，深度 3 米。

田片上井　位于沙坪镇红花村，修建于清代。井台为长 1、宽 0.9 米矩形石板，中凿圆形井口，口径 0.5 米。井壁由条石垒砌为 0.6 米正方形井身，深度 3.5 米。

鸭子池井　位于沙坪镇红岩村，修建于清代，占地面积约 5 平方米。井台为半径 0.9 米圆形石板，中凿圆形井口，口径为 0.5 米。井壁由条石垒砌成正方形，井深 3.1 米。

石窟寺及石刻

老观音石窟　位于沙坪镇新路村，凿于明代，坐北向南，占地面积 50 平方米。造像离地约 1.7 米，下有 1.5 米高的石基座，造像凿于矩形龛内，上呈圆弧形，高 1.2、宽 0.8 米。观音坐莲台造像高 1、宽 0.6 米。莲座台造像东侧面约 0.3 米处有题记"万历十四年六月二十一日"，共分布长 0.8、字径 0.07、字距 0.02 米。

白利村石刻牌坊　位于沙坪镇白利村，凿于清代，坐东向西。分布凿刻在高 25、宽 30 米的石崖壁上，为仿木结构四柱三间三楼庑殿顶，露出地面高 10.4、宽 10.85 米。额仿阴刻"节孝儒童张宣祖之妻罗氏坊"。

近现代重要史迹及代表性建筑

玄义玫瑰教堂　位于沙坪镇火花社区，建于 1895 年，坐西北向东南，占地面积 3300 平方米。现尚存山门、前堂、两侧厢房、牌坊、后堂、耳房、碉楼，有砖石围墙。砖木结构建筑，穿斗屋架，悬山和硬山式屋顶，山门与前堂连为一体，为石质仿木四柱三门重檐歇山式，明间额枋上书"玫瑰书院"。门前有如意踏道四级，前堂为木结构硬山式顶，牌坊居后堂前，石质仿木四柱三间三重檐歇山顶，十字柱础，后堂为传教施礼场所，典型的西式建筑。四川省人民政府于 2012 年公布为文物保护单位。

火地沟毛主席语录　位于沙坪镇火花社区三队火地沟南厢房内墙上，语录为 1960 年代用白底红油漆书写，面积约 30 平方米。原为生产队会议室，现为堆放杂物间。标语共 6 条：1. 战无不胜的毛泽东思想万岁；2. 要提倡顾全大局，每一个党员，每一种局部工作，每一项言论或行动，都必须以全党利益为出发点；3. 力戒骄傲，这对领导者是一个原则问题，也是保持团结的一个重要条件，就是没有犯过大错误，而且作出了很多成绩；4. 党为批评要防止主观武断和把批评庸俗化，说话要有证据，批评要注意政治；5. 政策和策略是党的生命，各级领导同志务必充分注意，千万不可粗心大意；

6. 凡是敌人反对的，我们就要拥护。

牟坪镇

古墓葬

陈公庙崖墓 位于牟坪镇群星村，修建于汉代，坐东向西。墓门呈矩形，宽 0.8、高 0.8 米，墓室平面呈"凸"字形，宽 3.2、进深 3.6 米，室壁有人工打凿痕迹，不见随葬品和骨骼。

石塔上崖墓 位于牟坪镇群星村三组石塔上，修建于宋代，坐西向东。凿于一崖壁上，墓门呈矩形，宽 0.76、高 0.8 米，墓室平面呈矩形，宽 2.4、高 1 米，后壁龛呈梯形，两侧刻有人像。墓壁有人工打凿痕迹，不见随葬品和骨骼。

代家湾崖墓 位于牟坪镇庆丰村二组代家湾，修建于宋代，墓群向南 146°。共 2 座，分别编为 M1、M2。墓门呈圆拱形，门宽 1.3、高 0.85 米，墓室平面呈梯形，墓室进深 1.7 米，洞内四周有打凿的痕迹，墓室后壁凿有一龛，呈倒梯形，墓室内堆积大量生活垃圾，已不见随葬品及骨骼。

庙坡崖墓 位于牟坪镇庆南村二组庙坡，修建于宋代。洞口呈梯形，高 0.95、宽 1.5 米，洞内宽 2.4、进深 2.1 米，洞壁有人为打凿痕迹，不见随葬品和骨骼。

老黄坡墓地 位于牟坪镇高潮村二组老黄坡，修建于明代，墓向北 350°。为一墓两室，由厚为 0.2 米的条石搭建而成，通宽 2.26、进深 2.5、高 1.1 米，后壁为壁龛，不见随葬品和骨骼。

张家湾墓群 位于牟坪镇杏花村二组张家湾，修建于明代。均由条石或石板搭建，共有墓 5 座；其中 M1 坐北朝南，宽 3 米，墓门紧闭，不见盗掘痕迹；M2 墓门未开，内部结构不可见；M3 可见 3 个墓室，其余部分因遮掩不可见；M4 进深 9、宽 3.8 米；M5 墓门未开，不见内部结构。

石塔里刘家墓地 位于牟坪镇龙兴村二组石塔里，修建于清代。共 6 座，由西向东标记为 M1～M6，其中 M1 向北 40°，墓冢平面呈梯形，由条石砌成，长边 3.5、短边 3.3、进深 4.5、冢高 1.5 米；墓碑为石质仿木结构两柱一开间庑殿顶，高 2.4、宽 2.26 米，左右施抱鼓石。碑文阴刻"皇清待赠显考刘公□信晃大人墓，咸丰四年正月二十六日立。"碑柱对联为"富厚偏闲一生清福；精灵远荫万载明柱"；横批"共仰先型"；抱鼓石上雕刻回纹。M2～M6 形制同 M1。

凤凰山陈家墓地 位于牟坪镇龙兴村凤凰山，修建于清代。共 3 座，从左至右为 M1、M2、M3。其中，M1 墓向东 120°，墓冢平面呈梯形，墓冢周边由条石垒砌而成，长边宽 3.2、短边宽 3、进深 4、冢高 1.3 米；墓碑为石质仿木结构两柱一开间庑殿顶，碑高 2.2、宽 1.1 米。碑文为"皇清待赠显考陈公讳赞大人墓，嘉庆十九年甲戌岁菊月初七日吉立"。碑柱上刻对联为"碧水流辉萦□昔；丹□耸翠映龙屏"；横批"祯秀阁"。M1、M2 墓形制同 M3 墓。

老坟山陈家墓地　位于牟坪镇龙兴村，建于清代。系陈氏家族墓葬，共有 8 座，由东向西呈斜线分布，分别为 M1～M8。其中 M1：冢平面呈梯形，条石砌，长边 7、短边 5.5、进深 4.5、高 1.8 米；碑为石质仿木结构四柱三开间，庑殿宝瓶顶，施抱鼓石，高 4.5、宽 3.23 米，额枋上浮雕精美人物图案。碑文为"清例赠国学士显考陈伟达桂老大人之墓，故慈妣陈母徐孺人，故慈妣陈戒名程广清"。其余墓形制同 M1。

陈明昌夫妇墓　位于牟坪镇龙兴村，修建于清代，墓群向南 80°。共有 2 座，分别从左到右编为 M1、M2。墓冢平面呈矩形，外砌条石，长边 5、短边 4、进深 6.8、冢高 1.8 米，墓冢为仿木结构庑殿顶；墓碑为石质仿木结构四柱三开间庑殿顶，柱外两边施抱鼓石，碑高 3.7、宽 4.14 米。碑文为"清显考陈公讳明昌大人墓，咸丰丁巳七年清和月二十四日吉立"。碑柱上刻有对联为"山势拱环长绵春秋俎豆；溪流潆带聿焕甲第冠裳"；横批"昭德坊"；外联为"一片广贞偶像开吉壤；千秋祸从天□岁允矣作佳城"；横批"垂裕后昆"，额枋上饰有精美人物"八仙过海"图案，抱鼓石上雕刻有祥龙、瑞兽、荷花等图案。M1 形制同 M2。

大锅凼陈家墓地　位于牟坪镇牟坪村三组大锅凼，修建于清代，坐北朝南。冢平面呈梯形，条石砌成，长边 5.9、短边 5.7、进深 4、高 1.7 米；碑为两柱一开间庑殿顶，宽 1.54、高 2.4 米。碑文为"清故陈母罗孺人□，清光绪二年丙子岁"；碑对联为"牛眠在迩方寸□；龙穴非遐领头□"。

上荒村杨家墓地　位于牟坪镇双河村三组上荒村，修建于清代。共有 6 座，分别编为 M1～M6 墓。M1 墓坐西向东，墓冢平面呈不规则六边形，条石垒砌而成，长边 6.2、短边 6.2、进深 8、冢高 2 米。碑为石质仿木结构四柱三开间三楼庑殿顶，脊上饰吻兽、宝瓶，柱外施抱鼓石，碑高 5.2、宽 4.8 米。碑文为"清故显妣考杨母公周讳真明修礼老孺大人之墓，同治十一年壬申岁菊月二十五日"。次间碑上刻墓志铭、后人名字，碑柱上刻有对联，为"五代高人儒范成其□范；九旬硕士德音助以徽音"、"室以腾公二老承□份；封如孔氏三光擁□□"；横批"地天泰"。额枋及抱鼓石上刻有精美花纹。其余墓形制同 M1 墓。

三所坟周家墓地　位于牟坪镇金银村四组三所坟，修建于清代，坐北朝南。共有 3 座，分别从左至右编为 M1～M3 墓，M1 墓冢平面呈前圆弧后方形，条石垒砌而成，长边 2.3、短边 2、进深 3.5、冢高 1.6 米。墓碑为石质仿木结构两柱一开间庑殿顶，碑高 2.3、宽 1.32 米。碑文为"皇清待诰慈妣周门陈法讳真先老孺人墓，道光二年岁壬午季春又三月二十六日吉立"。碑柱上刻有对联"四世懿微藏瑞□；千年兆域发祥雪"。M2、M3 墓形制大小同 M1 墓。

狮子坟陈家墓地　位于牟坪镇红农村二组狮子坟，修建于清代，坐南朝北。共有 2 座墓，其中 M1：墓冢平面前圆后梯，后半部分已毁，宽 2.6、进深 4.2 米。碑为两柱一开间庑殿顶，宽 1.07、高 2 米。碑文为"皇清待诰慈妣陈母范老孺人之墓，大清道光二十七年五月十九日吉立"。M2 为单碑，碑文为"故慈妣陈母李儒人墓，光绪二十三年丙申岁二月十八日敬"。

瓦窑山曾家墓地　位于牟坪镇工农村六组瓦窑山，修建于清代。共有 2 座墓，分别为 M1、M2：M1 坐北朝南，墓冢前修八字墙，条石垒砌而成，弦长 6、冢高 1.5 米。墓碑为石质仿木结构两柱一开间，碑高 2.2、宽 1.41 米。碑文为"清故严考曾光周大人之墓，光绪十三年丁亥岁又四月初三日吉立"。碑柱上刻对联"水秀人文起；山明从此兴"；横批"裕后昆"。横批外雕刻有人物图案。M2 两柱一开间，碑文"清故显考（妣）曾（韩）明智（太君）老大（孺）人墓，光绪元年乙亥岁仲冬月吉日"。碑柱对联为"山清水秀千年盛；地脉升腾万载兴"，横批"□□□"。

芦家嘴胡家墓地　位于牟坪镇工农村四组芦家嘴，修建于清代。共有 2 座墓，M1 坐南朝北，墓冢平面呈不规则六边形，条石垒砌而成，宽 7、进深 9、冢高 2.2 米。墓碑为石质仿木结构两柱一开间，左柱和碑顶已毁。碑高 2.1、宽 1.31 米。碑文为"清故正八品显考胡公（母）讳正六老大（孺）人之墓，□□□□□□□□"。对联为"凤□龙吟灵钟吉地；□□□□□□□□"；M2 为单碑，有碑座，碑文"皇清例赠胡公讳朝宣大人之墓，咸丰八年六月吉立"。碑上对联为"但逢此日考思永；尤忆当年英气灵"。

坳上谭家墓地　位于牟坪镇绥庆村三组坳上，修建于清宣统二年（1910 年），墓向北 10°。共有墓 2 座：M1 冢平面呈梯形，长边 2.05、短边 1.8、进深 4、高 1.7 米。碑为单碑，宽 0.78、高 1.55 米。碑文为"清故谭母名李代芳老孺人佳城，大清宣统二年庚戌岁清和月十二日谷旦"。M2 形制同 M1。

雷家嘴黄家墓地　位于牟坪镇绥庆村四组雷家嘴，修建于清代。共有 5 座，分别编为 M1~M5，M1 向北 43°，墓冢平面呈不规则六边形，条石垒砌而成，宽 2.75、进深 4.8、冢高 1.55 米。墓碑为单碑，带碑座，两边施抱鼓石，碑高 1.75、宽 1.83 米。碑文刻"清故祖考黄公进朝大人之墓　光绪三十年甲辰岁五月十二日吉立"。抱鼓石上刻有人物、瑞兽、祥云等图案；M2 碑为石质仿木结构两柱一开间庑殿顶。碑文刻"清故显考黄讳大旺戒名□□，道光十七年丁酉岁□正月望九日立"。M2、M3、M4、M5 墓形制同 M1。

芽杈嘴周家墓地　位于牟坪镇群星村四组芽杈嘴，修建于清代。共有 3 座墓，由北向南为 M1～M3：M1 墓坐南朝北，墓冢平面呈椭圆形，条石垒砌而成，径长 2.8、冢高 1.5 米。墓碑为石质仿木结构两柱一开间庑殿顶，碑高 2.1、宽 1.1 米。碑文刻"皇清待赠显考周公讳□大人墓，道光二十三年□□□八月立"。碑柱上刻有对联"水秀山明辉甲第；龙吟虎啸启人文"；横批"起凤腾蛟"。M2 墓为单碑，碑文"皇清待诰慈妣周张氏老孺人墓前，嘉庆十六年孟冬月望四日立"。碑上刻对联"人文蔚起千秋秀；地脉钟灵万代荣"；横批"启后人"。M3 形制同 M1。

坟山嘴陈家墓地 位于牟坪镇群星村一组坟山嘴，修建于清光绪十三年（1887年），坐北朝南。墓冢平面呈不规则六边形，宽 4.4、进深 5、冢高 2 米。墓碑为石质仿木结构两柱一开间庑殿顶，顶上脊饰吻兽、宝瓶，柱外两边施有抱鼓石。碑高 4、宽 2.82 米，碑文刻"例赠显考陈公以选老大人佳城，大清光绪十三年丁亥岁六月初十日立"。碑柱上刻有对联"山清水秀归马鬣；龙盘虎踞镇牛眠"；横批"万古佳城"。横批外雕刻有精美人物图像，抱鼓石上雕刻有人物、仙鹤、祥云等图案。

碑石坡王家墓地 位于牟坪镇庆丰村一组碑山坡，修建于清代。共有 2 座，从左到右分别编为 M1、M2，M1 向西南 225°，墓冢平面呈前圆后梯形，条石垒砌，长边 3、短边 2.8、进深 4、冢高 1.6 米。墓碑为石质仿木结构两柱一开间庑殿顶，顶上脊饰吻兽、宝瓶，碑柱外两边施有抱鼓石。碑高 2.6、宽 2.5 米，碑文为"皇清待赠显考王公讳长有大□□，同治四年秋八月十八日立"。碑柱上刻有对联"水秀山明开甲第；松清竹荫启人文"；横批"佑启后人"；抱鼓石上雕刻有寿字纹、花瓶等图案。M2 形制同 M1。

狗脑坡涂家墓地 位于牟坪镇庆南村六组狗脑坡，修建于清代。共有 2 座，分别编为 M1、M2，M1 建于清代，坐东向西，墓冢呈不规则六边形，条石垒砌而成，长边 4.8、进深 5、冢高 1.8 米。墓碑为石质仿木结构四柱三开间庑殿顶，碑高 2.5、宽 1.4 米，碑文为"皇清待诰修职左郎王深孺□人祖之神墓，大清嘉庆二十三年戊寅岁季春日立"。碑柱上刻有对联"马鬣崇封应诰紫；牛眠叶吉待焚黄"；"□□□□□□□；曲州拱秀长□□"。额仿上雕刻有精美人物图案。M2 碑为两柱一开间，庑殿顶，碑文为"皇清待诰涂母杜老孺人墓，大清道光三年癸未季夏望八日吉立"。

老坟山李家墓地 位于牟坪镇庆南村，建于清代。共有 3 座，分别编为 M1～M3：M1 墓向西 260°，墓冢前平面呈矩形，前为弧状，宽 3.1、进深 5、冢高 1.4 米。墓碑为两柱一开间庑殿顶，碑高 2.6、宽 1.99 米。碑文为"皇清待诰（赠）故显妣（考）母（讳）周（大）氏（氏）老孺（大）人正□之墓，嘉庆三年岁在戊午十月初五日吉旦"。碑柱上刻对联"雇腹劬劳□力成三男二女；恩勤周拯何能报十月三年"；横批"万代佳城"。

新坳田墓地 位于牟坪镇七一村三组新坳田，修建于清乾隆三十八年（1773 年），墓向北 30°。墓冢现仅有封土堆，墓碑为单碑带碑座，碑高 1.5、宽 0.67 米，碑文为

"清故慈妣罗门□□□，乾隆三十八年岁在癸巳月望□□"。

张永秀夫妇墓 位于牟坪镇杏花村，修建于清嘉庆十八年（1813 年），坐北朝南。墓葬平面呈规则六边形，条石垒砌而成，进深 3.7、宽 4.2、冢高 1.8 米。墓碑为石质仿木结构四柱三开间重檐庑殿顶，碑高 3.5、宽 3.2 米，碑文为"皇清待赠（诰）故显考（妣）张公（母）讳（宋）永（绩慧）老大（儒）人之墓，嘉庆十八年癸西岁仲冬月溯八日立"。次间碑刻有墓志铭、家族志，碑柱上刻有对联，内联为"溪环双冢来翔鹤；穴拥千峰聚卧龙"；横批"仙驭偕栖"。外联为"山奠双灵宅；水绵百代芳"；横批"松坚柏古"。

涂锡化夫妇墓 位于牟坪镇庆南村，修建于清嘉庆二十三年（1818 年），坐东向西。墓冢呈不规则六边形，条石垒砌而成，宽 5.6、进深 5.2、冢高 1.6 米。墓碑为石质仿木结构四柱三开间庑殿顶。碑高 3、宽 3.12 米，碑文为"皇清待赠徐（张）公锡化老大人（太君）之墓，嘉庆二十三年仲冬月朔一日吉立"。次间碑上刻有墓志铭，后人名字，碑柱上刻有对联，明间对联为"□□□□□□□□；琢玉追金崇封看□□"；次间对联为"□□□□□□□□；湖灯□拥收诰□□"；横批"毓秀钟灵"。额枋上雕刻有精美人物图案。

赵山坡墓地 位于牟坪镇工农村五组赵山坡，修建于清道光七年（1827 年），坐东南向西北。墓冢平面呈前圆后梯形，条石垒砌而成，长边 4、短边 3.8、进深 5.5、冢高 1.4 米。墓碑为石质仿木结构四柱三开间重檐庑殿顶，碑高 2.6、宽 1 米，碑文为"清故慈妣胡门名（戒）显量孺人之墓，道光七年岁属丁亥润五月吉旦"。次间碑上刻有后人名字，内联"青山绿水交映；明星皓月同□"，外联"虎踞龙蟠征地吉；山清水秀启人文"；横批"天设地造"。额枋上雕刻有精美人物图案。

李远菁墓 位于牟坪镇庆南村，修建于清道光十年（1830 年），坐东向西。墓冢平面呈梯形，条石垒砌而成，长边 5.1、短边 2.5、进深 4、冢高 1.5 米。墓碑为石质仿木结构两柱一开间庑殿顶，顶上脊饰吻兽、宝瓶。碑高 2.6、宽 1.24 米，碑文"皇恩敕授正八品李公讳远菁大人之墓位，大清道光十年姑洗月二十九日谷旦"。碑柱上刻有对联"轸宿照临千载盛　壁星朝映万千兴"；额枋上雕刻有精美人物、花、瑞兽等图案。

徐张氏墓 位于牟坪镇庆南村，修建于清道光十五年（1835 年），坐南朝北。墓冢平面呈前圆后梯形，条石垒砌而成，长边 3、短边 2.7、进深 5、冢高 1.46 米。碑为石质仿木结构两柱一开间庑殿顶，碑高 2.2、宽 1.12 米，碑文为"清诰孺人徐母张□□□□，道光十五年乙未八月十三立"。碑柱上刻有对联"□□□□□□□；牛眠叶吉待焚黄"。

王显福墓 位于牟坪镇工农村六组涂村，修建于清道光十八年（1838 年），坐南朝北。墓冢平面呈前圆后梯形，由条石垒砌而成，长边 3.6、短边 3、进深 5、冢高 1.3

米。墓碑为石质仿木结构四柱三开间重檐庑殿顶，柱外施抱鼓石，碑高3.5、宽1米。碑文"清故祖妣胡门戒名王显福老孺人之坟墓，道光十八年冬月十二日吉立"。碑柱刻有对联，内联"千秋不蒸尝穴；万古留俎豆香"。外联"金石心肠留万古；□□□□□□□"；横批"佳城"。横批外四周及额枋上雕刻有花、花瓶、人物等精美图案。左抱鼓石上雕刻有祥云、瑞兽等图案，右抱鼓石已毁。

杨陈氏墓　位于牟坪镇双河村，修建于清道光二十四年（1844年），坐东北向西南。墓冢平面呈前圆后梯形，条石垒砌而成，长边3.45、短边3.1、进深6.1、冢高1.7米。墓碑为石质仿木结构两柱一开间庑殿顶，碑高3、宽1.3米，碑文为"清故杨母陈老孺人□□□□，道光二十四年□月十七日立"；碑柱上刻有对联"德面坤贞□□□□；山符兑吉启□□"；横批"富有基"。

康家湾墓　位于牟坪镇双河村五组康家湾，修建于清咸丰五年（1855年），坐南朝北。墓冢现部分条石被毁，长边2.8、短边2.5、进深4.5、冢高1.3米。碑为石质仿木结构两柱一开间庑殿顶，柱外施抱鼓石。碑高2.4、宽2.26米，碑文为"皇清待赠享五十三寿显考陈讳品之墓，咸丰五年乙卯岁十月二十五日立"。碑柱上刻有对联"地脉升腾荣世代；山峰拱秀蔚人文"；横批"永千秋"。横批外两边雕刻有精美人物图案，抱鼓石上雕刻有牡丹、芙蓉、回纹等图案。

杨彭氏墓　位于牟坪镇双河村，修建于清咸丰九年（1859年），坐北朝南。墓冢平面呈不规则六边形，周围用条石垒砌，宽4.1、进深6、高1.9米。墓碑为石质仿木结构四柱三开间重檐庑殿顶，额枋上饰凤凰、瑞兽、花草等精美纹饰。碑宽2.5、高4.5米，碑文为"皇清故慈妣杨母彭太君之坟墓前，咸丰九年□月朔日吉立"。

周文奇夫妇墓　位于牟坪镇工农村，修建于清咸丰十一年（1861年），坐南朝北。墓冢平面呈前圆后梯形，条石垒砌而成，长边4.4、短边4.1、进深6、冢高1.7米。墓碑为石质仿木结构两柱一开间庑殿顶，柱外施抱鼓石。碑高2.5、宽2.48米，碑文为"清故显考（妣）周公（母）文友（雷氏）大（孺）人墓，咸丰十一年二月吉旦"。对联为"山清水秀千年盛；地脉升腾万载兴"；横批"德垂后裔"。抱鼓石上雕刻有精美回文，荷花、鹿、树木等图案。

吴显亮墓　位于牟坪镇龙兴村，修建于清同治元年（1862年），墓向南300°。墓冢平面呈梯形，条石垒砌，长边3、短边2.5、进深3.8、冢高1.3米。墓碑为石质仿木结构两柱一开间庑殿顶，碑高2.3、宽2.01米，柱外两边施抱鼓石，碑文为"皇清待诰刘母戒名吴显亮老孺人墓，大清同治元年壬戌岁重冬月吉旦"。碑柱上刻有对联"善□继斯善□；贤慈远荫贤孙"；横批"淑德流芳"。

吊嘴上墓地　位于牟坪镇杏花村三组吊嘴上，修建于清同治二年（1863年），坐北朝南。为三棺合葬墓，墓冢平面呈不规则六边形，条石垒砌而成，宽1.85、进深4、冢高 2 米。墓碑为石质仿木结构四柱三开间重檐庑殿顶，柱外施抱鼓石。碑高 3.8、宽 1.2 米，碑文为"皇清待赠（诰）显考（妣）张公（母）讳（赵）德绩（孺人）老大人（太君）之墓 清故显考张公讳正显老大人之墓，大清同治二年癸亥岁季春月二十七日立"。碑上刻有墓志铭，碑柱上刻有对联，内联"山上蔚人文□□百代；烟云培地脉俎豆千秋"；外联"黄卷披残未战扶摇□□；白云望断空怀涉山之心"；横批"天伦聚处"。横批外两边及额枋上刻有精美花纹、人物图案，抱鼓石上雕刻有花、花瓶、兵器等，香炉上雕刻有花纹、人物图案。

杨傅氏墓 位于牟坪镇金银村，修建于清同治四年（1865 年），墓坐南朝北。墓冢平面呈前圆后梯形，条石垒砌而成，长边 2.9、短边 2.6、进深 5.2、冢高 1.8 米。墓碑为单碑，碑高 2、宽 1 米，碑文为"皇清待诰故慈妣杨门傅老孺人墓，大清同治四年乙丑岁十一月中浣日"。

康家墓地 位于牟坪镇高潮村，修建于清同治十年（1871 年），向南 195°。从西到东呈直线分布，分别为 M1、M2，其中 M2 墓冢平面呈梯形，长边 3.8、短边 3.8、进深 4.6、高 1.5 米。碑为两柱一开间庑殿顶，左右施抱鼓石，抱鼓石上刻花草、瑞兽等图案。碑宽 1.97、高 2.2 米。碑文为"皇清待赠正八品严考康公讳历朝老□□，大清同治十年辛未四月初六日"。M1 形制同 M2。

王方氏墓 位于牟坪镇庆丰村，修建于清光绪二年（1876 年），向南 206°。墓冢平面前呈不规则六边形，条石垒砌而成，宽 3.8、进深 5.2、冢高 1.4 米。墓碑为石质仿木结构两柱一开间庑殿顶，柱外两边施抱鼓石。碑高 3、宽 3.2 米，碑文为"皇清例诰故慈妣王母方□□□，大清光绪二年岁次丙子麦秋朔三日立"。碑柱上刻有对联"竹策丛生应紫□；湖灯阿护授黄封"；横批"垂裕后昆"。额枋上雕刻有"二龙戏珠"。抱鼓石上饰有牡丹、瑞兽、禽鸟、花草等图案，碑前饰有一香炉。

王锡华墓 位于牟坪镇庆丰村，修建于清光绪二年（1876 年），坐西南向东北。墓冢平面呈不规则六边形，条石垒砌而成，宽 3.95、进深 5、高 1.6 米。墓碑为石质仿木结构两柱一开间庑殿顶，柱外两边施有抱鼓石。碑高 2.8、宽 2.8 米。碑刻"皇清例赠故显考王公讳锡华老大人之墓，大清光绪二年丙子岁十一月二十八日立"。碑柱上刻有对联"一路龙形归□墓；三山文凤绕佳城"；横批"蔚起炊"；横批两边额枋上刻有花瓶、花等图案，抱鼓石上雕刻有缠枝花草、房屋、禽鸟等图案。

罗公夫妇墓 位于牟坪镇红农村，修建于清光绪二年（1876 年），坐西向东。墓冢已毁，仅存封土堆。墓碑为单碑，高 2.2、宽 1.15 米，碑文为"清故处□显妣（考）罗（徐）氏（□）享年六（五）十□□□，光绪二年丙子桂月望七日重修"。对联为"碧冢云封毓秀钟灵绵第旷；赤极霜古新诗献赋继流芳"；横批"德垂后裔"。碑后侧刻有墓志铭和对联"故墓重修万代衣冠□；英灵再振千秋麟□□"；横批"终马久臧"。

张怀仲墓 位于牟坪镇红农村，修建于清光绪三年（1877 年），坐南朝北。墓冢平面前圆后梯，条石垒砌而成，宽 3.5、进深 4.8、高 1.7 米。碑为单碑，拱顶，宽 0.9、高 1.5 米。碑文为"皇故显考张公讳怀仲老人墓，光绪三年九月初八日"。

鸡婆凼谭家墓地 位于牟坪镇高潮村三组鸡婆凼，修建于清光绪七年（1881 年），坐北朝南。从上到下呈直线分布，分别为 M1、M2，其中 M1，墓冢平面呈梯矩形，条石砌成，长 6、宽 5.5、高 1.9 米，碑为两柱一开间庑殿顶，碑宽 3.23、高 3.7 米，柱外施抱鼓石，刻有缠枝花草、祥云、凤凰等图案，碑文为"皇清待赠诰显考谭呈潘涂氏老大孺人之墓，大清光绪七年辛巳岁九月十八日"。

文正才夫妇墓 位于牟坪镇同心村，修建于清光绪十年（1884 年），坐西向东。墓冢平面呈半月形，周围用条石垒砌，宽 8.8、进深 8 米。墓碑为石质仿木结构四柱三开间重檐庑殿顶，施抱鼓石，额枋、抱鼓石上均饰精美纹饰。碑高 3.5、宽 3.95 米。碑文为"皇清待赠显考（妣）文正才（谭真源）老大（孺）人墓，大清光绪十年甲申岁三月初三日"。

王长富墓 位于牟坪镇高潮村，修建于清光绪十一年（1885 年），坐南向北。墓冢平面呈梯形，条石垒砌，长边 6.1、短边 5.8、高 2.6、进深 7.9 米，后砌护坡墙，碑为四柱三开间庑殿顶，施抱鼓石，宽 4.1、高 5 米。石刻以戏剧图案为主，雕刻精美，墓外砌拜台，带条石护栏，拜台高 1.25 米。碑文为"皇清待赠（诰）显考王长富（妣李真城）老大（孺）人墓，大清光绪十一年乙酉岁二月初一"。

赖真福墓 位于牟坪镇绥庆村，修建于清光绪二十四年（1898 年），墓向西南。墓冢平面呈前凹后方，条石垒砌，宽 4.1、进深 6.6、冢高 1.75 米。墓碑为单碑带碑座，碑高 1.5、宽 0.72 米，碑文为"清故慈妣黄母香名赖真福之墓，大清光绪戊戌年十二月十七日"。

文纪成夫妇墓 位于牟坪镇同心村，修建于清光绪三十一年（1905 年），坐西向东。墓冢平面呈半月形，宽 6.5、进深 8、高 1.8 米。碑为石质仿木结构四柱三开间重檐庑殿顶，施抱鼓石，额枋、抱鼓石上均刻有精美人物像。碑文为"皇恩龙锡（诰封）正八品（老安人）故显考（妣）文公（母）讳纪成（真福）之墓，大清光绪三十一年季春月中浣日立"。明间对联"炼金玉以为精有英有灵夜台仍作前身合；尖冈陵而定固山如吉地"；横批"起人文"。次间对联"收得有情山水住；宏开克□子孙多"；横批"克昌厥后"。

古建筑

柏杨湾大院 位于牟坪镇龙兴村，为宅第民居，建于清代，坐南向北，占地面积 576 平方米。悬山穿斗结构，小青瓦屋面，正房重檐阁楼带前廊构造，面阔七柱五开间

16.95、进深 10.04 米。厢房面阔八柱落地 16.29 米，进深五柱落地 4.8 米，厢房外为走楼，墙面为竹编篱墙。

石塔里民居 位于牟坪镇龙兴村，为宅第民居，建于清代，坐南朝北。为三合院式建筑，建于高为 1.2 米的台基上，悬山穿斗结构，小青瓦屋面。正房六柱五开间，通面阔 19.8、通进深 9.6 米。厢房面阔三柱两开间 9.1 米，进深七柱落地 8.1 米，墙面为竹编篱墙。

卢家桥 位于牟坪镇双鱼村 建于清代，西南—东北走向。为十三墩十二孔平梁式石桥，桥长 26、宽 0.9 米，桥面、桥墩均用条石搭砌；桥面由厚为 0.2 米的条石铺就，桥墩高 1.55 米。

水倒流井 位于牟坪镇八一村，凿于清代。为条石垒砌而成，井口为圆形，口径 0.68 米，井深约 3 米。

水倒流民居 位于牟坪镇八一村，为宅第民居，建于清代，坐西北向东南，占地面积 509 平方米。属三合院建筑，台基高 2.2 米，悬山穿斗结构。正房面阔六柱五开间，面阔 17.95、进深 10.3 米。厢房面阔 18.25 米，进深六柱落地 6 米，正房和厢房均带阁楼，墙面为竹编篱墙。

柏杨湾民居 位于牟坪镇金银村四组柏杨湾，建于清代，坐北朝南。为三合院布局，悬山穿斗结构，正房面阔八柱七间 23.2 米，进深八柱落地 9.4 米，厢房均带阁楼，墙面为竹编篱墙。

沙嘴上桥 位于牟坪镇七一村，建于清代，东南—西北走向。为六墩五孔平梁式石桥，由厚 0.3 米的条石搭建而成，桥面宽 0.84、长 16.25 米，桥头雕刻有精美龙头纹饰。

陆指桥 位于牟坪镇七一村 建于清代，为东西走向。为平板桥，桥面由厚 0.2 米条石垒砌而成，长约 4.3、宽 0.96 米。

庆南村狮子桥 位于牟坪镇庆南村，建于清代，呈东西走向。为四墩三孔平梁式石桥，桥墩由边长 0.45、高 1.7 米的条石搭砌；桥通高 2.2 米，桥面由六块长 3.3、宽 0.47、高 0.38 米的条石铺就，通长 9.9、宽 0.94 米，两桥墩均架有身长为 2.2 米的石龙，龙头向北，龙尾朝南，龙嘴含珠，桥面条石架于龙脊上。

庆南双桥 位于牟坪镇庆南村，建于清代，东北—西南走向。有两个桥墩三个桥孔。桥墩用厚为 0.6、长为 1.95 米的条石搭砌，墩高 2.3 米；桥面由六块长 2.9、宽 0.5、厚 0.4 米的条石铺就，桥通长 8.7、宽 1 米，墩上西面雕刻龙头。

近现代重要史迹及代表性建筑

川南农民运动指挥部旧址 位于牟坪镇牟坪社区，始建于清乾隆十三年（公元

1748 年），培修于光绪十八年（公元 1892 年），系牟坪镇禹王宫之戏楼，坐北朝南，建筑面积约 200 平方米。面阔四柱三开间 7.4 米，进深四柱三间 8.35 米。分为上、下两层，戏楼板壁上挂一"风月楼"的匾，匾上记录"清乾隆十三年戊辰修戏楼光绪十八年壬辰风月楼挂匾　民国十八年川南农协会在此楼召开"等内容以及捐赠名录。顶部脊檩上墨书楷书题记"光绪十八年壬辰首事曾昭显监修　舒长进全建　日月同辉　天地"等字。戏楼在 1928 年曾为南溪农民运动的总指挥部。

余文涵烈士纪念碑　位于牟坪镇牟坪村，建于 1966 年 4 月，坐西向东，由当时的中央牟坪区委会四清工作团牟坪分团立，以此纪念革命烈士余文涵。由碑座和主碑组成，均为条石搭建，碑座呈六边形，高 0.85 米，边长均为 1 米；主碑由三块条石搭成，高 2.58、宽 0.62 米。纪念碑正面为"余文涵烈士纪念碑　余文涵烈士殉难处"字样，背面为余文涵生平事迹及烈士诗抄。

李端镇

古墓葬

崖湾崖墓　位于李端镇方碑村八组崖湾，修建于汉代，坐西向东。凿于崖湾一山壁上，墓顶呈圆拱形，宽 2.3、进深 3、高 1.4 米，洞口宽 1.4、高 1.35 米。墓内有一高为 0.15、宽 1.5 米的棺台，侧壁有一方形壁龛，墓内有人工打凿痕迹，未见墓门与墓道。

老屋基崖墓　位于李端镇塘湾村三组老屋基，修建于东汉，坐东南向西北。墓门呈矩形，宽 0.65、高 0.7 米，墓道已毁；墓室平面呈梯形，进深 1.9 米，不见随葬品和骨骼，石壁有人为打凿痕迹。

崖湾墓地　位于李端镇新光村二组崖湾，修建于宋代，坐北向南。墓门呈圆拱形，墓道已毁，墓室宽 1、高 1、进深 3.3 米；墓内棺椁只剩残存，被盗掘未见任何随葬品，墓砖为长 0.27、宽 0.19、厚 0.05 米宋砖。

生基塝墓地　位于李端镇马盘村，建于宋代，坐北朝南。墓室中间相通，由条石砌成，高 2、宽 3.9、进深 4.3 米；券顶，后壁有龛两个，侧壁有龛六个。后壁龛刻有墓主人像，左右分别为男女主人像。侧壁龛雕有侍男、侍女，龛顶为仿木结构，雕斗拱，侧壁龛上部均刻绘缠枝花草纹饰。墓葬被盗掘，墓门已毁，不见其随葬品和骨骼。

老侯寨墓地　位于李端镇其林村五组老侯寨，修建于明代，坐西向东。为一墓两室，墓室呈长方形，用条石及石板雕凿后垒砌而成，墓室通宽 4、进深 5.5、高 1.5 米。墓已被盗，墓门已毁，已不见骨骼及随葬品。

大坟山墓　位于李端镇高坡村五组大坟山，修建于明代，坐西向东。为一墓两室，墓室呈长方形，用条石和石板经雕凿后垒砌而成，室长3.3、宽2.2、高1.55米，条石厚0.45米，墓室后壁各凿有一龛，呈正方形；地面用石板铺成，墓门已毁，不见其随葬品。

胡家沟墓群　位于李端镇塘湾村二组胡家沟，修建于明代，坐东向西。共有墓4座，并列。其中M1为一墓两室，由厚为0.08米石板搭建而成，单室洞口宽0.9、进深2.6、高1.2米；后壁龛呈矩形，不见随葬品和骨骼。其他均被泥土覆盖，不见内部结构。

印古坟墓地　位于李端镇高石村一组印古坟，修建于明代，墓向东。墓室为单室，由厚为0.25米的条石搭建而成，通宽1.6、进深3.6、高1.8米，不见随葬品和骨骼。

重石包墓地　位于李端镇马盘村五组重石包，修建于明代，墓向东南。为一墓两室，墓室呈长方形，用条石及石板打凿后砌成，通宽2.1、进深3、室高1.8米，被盗掘的迹象明显，墓门被毁，已不见骨骼和随葬品。

水井湾墓地　位于李端镇大山村四组水井湾，修建于明代，坐西向东。单墓室，墓室呈矩形，由厚分别为0.1、0.2米的条石砌成；墓室通宽0.8、进深2.6、高1.1米，墓室后壁凿有一龛，龛呈矩形，墓门被毁，不见骨骼和随葬品。

新房子墓地　位于李端镇沉香村，修建于明代，坐东向西。为一墓两室，由厚为0.42米的条石搭建而成，通宽2.7、进深4米，后壁龛呈矩形，不见随葬品和骨骼。

桥头边张家墓地　位于李端镇新田村一组桥头边，修建于清代。共有墓3座，分别由西向东编为M1～M3墓。M2墓坐西南向东北，墓冢呈梯形，条石垒砌而成，长边4.4、短边4、进深4、冢高1.8米。单碑，碑高2.3、宽1.05米。碑文为"皇清待赠顕考讳为䎞公张府君之神墓铭，乾隆五十八年癸丑□□月上浣之吉立"。碑上刻有对联"座文库停看人文风起；向武垣旋观甲第蝉连"；横批"克昌厥後"。M1、M3墓形制同M2墓。

野毛湾张家墓地　位于李端镇新田村一组野毛湾，修建于清代。共有5座，分别编为M1～M5墓。M2墓坐西向东，墓冢呈梯形，条石垒砌而成，长边3.2、短边2.8、进深3.8、冢高1米。墓碑为石质仿木结构四柱三开间庑殿顶，碑高2.5、宽3米。碑文为"曾祖妣享年五十九寿张名（戒）□寂惺老孺人之墓，道光二年壬午岁南□月二十日重立"。M3墓碑为两柱一开间，庑殿顶，碑高1.8、宽1.1米。碑文为"清故祖妣名（戒）□□□老孺人墓，道光壬午仲秋月二十四□□"。M1、M5、M4墓形制同M3墓。

风吹斗涂家墓地　位于李端镇其林村一组风吹斗，修建于清代。墓共有3座，分别从左至右编为M1、M2、M3。M1坐东北向西南，墓冢前圆弧形后梯形，条石垒砌，长边3.3、短边2.8、进深5、冢高1.5米；碑为单碑，碑高2.1、宽1.05米。碑文为"国朝待赠严考涂公讳国龙大人墓，大清咸丰元年辛亥岁小杨月下浣日之二榖旦立"。M3 同 M1。M2 为一圆形冢，碑已毁。

老房子戴家墓地 位于李端镇周村三组老房子，修建于清代。从左到右为 M1、M2，呈直线分布。M1 墓向北 25°，墓冢平面呈梯形带圆角，长边 2.6、短边 2.2、进深 4、冢高 1.4 米。碑为两柱一开间庑殿顶，脊上饰宝瓶，碑宽 1.1、高 2.7 米。碑文为"清故显考戴公讳成麟大人之墓，同治十二年癸酉八月二十六日立"。M2 形制同 M1。

黑豆山李家墓地 位于李端镇新权村三组黑豆山，修建于清代。共有墓 2 座，分别从左至右编为 M1、M2 墓。M1 墓坐西向东，墓冢呈梯形，条石垒砌而成，长边 2.8、短边 2.2、进深 5.5、冢高 1.4 米。墓碑为石质仿木结构四柱三开间庑殿顶，碑高 2、宽 2.4 米。碑文为"皇清待诰显妣李母程孺人之墓，道光二十四年季春月□□□"。明间柱上刻有对联"崇封四尺何□风□□□；□固千秋但祈子孙□□"；横批"萬古佳城"；次间柱上刻"光前乙□牛眠□；裕後□将马鬣□"。M2 墓墓冢形制同 M1 墓，墓碑为单碑，碑文为"皇清待赠显考李公讳培松大人之墓，大清道光二十六年十二月吉立"。

石板田李家墓地 位于李端镇新权村三组石板田，修建于清代。共有 3 座，分别从左至右编为 M1~M3 墓。M1 墓坐西向东，墓冢呈梯形，条石垒砌而成，长边 3.6、短边 3.2、进深 5、冢高 1.1 米。墓碑为石质仿木结构四柱三开间庑殿顶，脊上饰宝瓶，柱外两边施抱鼓石，碑高 3.38、宽 3.6 米。碑文为"皇清待赠显考李公讳煿大人之墓，大清道光四年岁序甲申月轮故洗初十日谷旦"。明间柱上刻有对联"嶺上梅花香百里；墓前秋月照三更"；横批"克昌厥後"；次间柱上刻有对联"虎踞龙□丰地脉；雲蒸霞蔚啟人文"。M2、M3 墓墓冢形制同 M1 墓，碑为单碑。

李世泽夫妇墓 位于李端镇新联村，建于清代。共有 2 座，分别从左至右编为 M1、M2。M1 坐南朝北，墓冢前圆弧后梯形，条石垒砌而成，长边 3.3、短边 3、进深 5.25、冢高 1.75 米。墓碑为石质仿木结构两柱一开间庑殿顶，碑高 2.6、宽 2.75 米，柱外施抱鼓石。碑文为"清故显考李公讳世泽大人神墓，大清光绪□辰年九月初四日立"。碑柱上刻有对联"永佩詒言当墓志；常思义训叩坟墓"；横批"永垂後裔"。抱鼓石上浮雕缠枝花草精美图案。M2 形制同 M1，碑文为"清故显妣李母胡老太君之神墓，大清光绪六年□辰岁秋九月初四日立"。

青龙嘴李家墓地 位于李端镇新光村二组青龙嘴，修建于清咸丰元年（1851 年），坐东北向西南。从左到右分别编为 M1~M5，呈不规则分布。其中 M3 冢平面呈梯形，条石垒砌，长边 2.5、短边 2、进深 4、冢高 1.5 米。碑为圆拱形，碑宽 1.26、高 2.2 米，碑文为"皇清待赠显考李公讳柄区之墓，咸丰元年"。M5 墓碑形制同 M3，M1、M2、M4 墓碑为圆拱形。

刘郎坝陈家墓地 位于李端镇塘湾村和双龙村交界处，修建于清代，坐南朝北。共有 3 座墓，由西向东分别为 M1、M2、M3。其中 M1 墓冢平面呈梯形前带圆弧，由条石垒砌，长边 4.3、短边 4、进深 6、冢高 2 米。碑为石质仿木结构庑殿顶，高 3.5、宽 2.9 米，正脊饰吻兽、宝瓶顶，施抱鼓石。碑上刻缠枝花草、人物、瑞兽等精美纹饰。碑文阴刻"皇清待赠（诰）故显考（妣）陈公讳昌贵（法名黄悟明）老大（孺）人之墓"。

白泥湾黄家墓地 位于李端镇新和村四组白泥湾，修建于清代，坐西向东。从左到右为 M1、M2，其中 M1 墓冢平面呈梯形，前呈圆弧形，由条石垒砌而成，长边 2.3、短边 1.9、进深 3.2、冢高 1.4 米。碑为单碑，宽 0.75、高 1.5 米，碑文为"皇登故显考黄公讳宋大人墓前□，同治六年五月中浣日立"。M2 形制相同。

尹家墓地 位于李端镇新庄村，修建于清代。共有墓 3 座，分别从左至右编为 M1~M3 墓。M2 墓坐西向东，墓冢呈前圆后梯形，条石垒砌而成，长边 2.4、短边 1.8、进深 4.2、冢高 1.4 米。墓碑为石质仿木结构，两柱一开间，庑殿顶，碑高 1.8、宽 0.9 米，碑文为"清故显考尹公讳尚□□□，□□九年元月初四日立"。碑柱上刻有对联"虎踞青山荣□□；龙盘绿水□□□"；横批"崇封永固"。M1、M3 墓形制同 M2 墓。

六蓄坝李家墓地 位于李端镇马石村三组六蓄坝，修建于清代。共有墓 5 座，分别编为 M1~M5 墓。M2 墓向东 90°，墓冢呈圆形，条石垒砌而成，半径 6、冢高 1.6 米。墓碑为石质仿木结构两柱一开间，庑殿顶，柱外两边施有抱鼓石，碑高 2.6、宽 2.3 米，碑文为"清故显考李公讳世鹏大人墓，同治癸酉年五月上浣日立"。碑柱上刻有对联"佳城永奠牛眠地；吉穴高□马鬣封"；横批"享千秋"。M1、M2、M4、M5 冢同 M2，均为单碑。

沱田湾李家墓地 位于李端镇马石村三组沱田湾，修建于清咸丰二年（1852 年）。共有墓 3 座，分别从左至右编为 M1、M2、M3 墓，M1 南向 148°，墓冢呈梯形，由条石垒砌而成，长边 3.3、短边 3、进深 5.2 米。墓为单碑，碑高 2、宽 1 米，碑文为"皇清待诰慈妣李祖法名邓源修老太君之墓，咸丰壬子□六月二十九日"。碑上刻有对联"地脉升腾荣世代 山川环拱荫□□"。M2、M3 形制同 M1 墓。

高家墓地 位于李端镇马石村，修建于清代。共有墓 2 座，分别由西向东编为 M1、M2 墓，M1 墓坐西向东，墓冢平面呈前圆形后梯形，条石垒砌而成，长边 2.7、短边 2.5、进深 4、冢高 1.3 米。墓碑为石质仿木结构两柱一开间庑殿顶，碑高 1.9、宽 1 米，碑文为"故慈妣高母法讳刘显富老孺人之墓，同治癸酉年桂下月浣日立"。碑柱上刻有对联"吉□吉卜逢吉□；多荣多富更多□"；横批"秀□三多"。M2 墓形制同 M1 墓。

石匠坡李家墓地 位于李端镇马盘村五组石匠坡，修建于清光绪十年（1884 年），坐西南向东北。共有墓2座：M1墓冢平面前为圆弧形后方形，条石垒砌而成，长边2.7、短边2.2、进深4、冢高1.55米；墓碑为单碑，带碑座，碑高1.7、宽0.87米，碑文为"李公成林之墓，光绪甲申年三月下浣□□"。碑上刻有对联"瑞气天开垂吉还；清华地开产黄多"；横批为"归贞□"。M2形制同M1，碑文为"李母魏顯福墓，光绪十年姑洗月念五日"。碑上刻有对联"穴兆牛眠停鹤□；封崇马鬣待鸟书"；横批为"啟人文"。

财进田罗家墓地 位于李端镇马盘村一组财进田，修建于清代。共有墓四座，分别从下至上编为M1～M4。M1墓向南155°，墓冢仅有封土堆，墓碑为单碑，碑高1.73、宽0.94米，碑文为"大清待赠享三十寿顯考罗公讳景泽□□□□，乾隆五十四年二月二十日立，杨命擁正四年丙午九月初九日生"。碑上刻有对联"虎啸龙吟绵甲第；山清水秀毓人文"；横批"马鬣高封"。M2、M3、M4形制与M1相近。

石匠坡涂家墓地 位于李端镇新田村四组石匠坡，修建于清代。共有墓6座，分别编为M1～M6墓。M5墓坐东北向西南，墓冢呈前圆形后梯形，条石垒砌而成，长边2.6、短边2、进深5.4、冢高1.85米。墓为单碑，带碑座，碑宽1.05、高2米，碑文为"清赠涂公讳泽民大人神墓，大清光绪九年癸未岁十二月初二日谷旦"。其余的墓形制同M5墓。

碾子湾张家墓地 位于李端镇新田村一组碾子湾，修建于清代。共有墓3座，由北向南分别编为M1、M2、M3墓。M1墓坐西向东，墓冢呈前圆形后梯形，条石垒砌而成，长边3、短边2、进深4.5、冢高1.4米。墓碑为石质仿木结构两柱一开间庑殿顶，顶上饰宝瓶，碑高2.6、宽1米。碑文为"皇清待赠顯考张讳世珣之墓，道光壬午年□□□□"。碑柱上刻有对联"水秀□明昭□第；山□川拱蔚人文"。M2、M3墓冢同M1墓，墓碑为单碑。

松林坡墓地 位于李端镇马石村三组松树坡，修建于清乾隆二十八年（1763年），坐西南向东北。墓为合葬墓，冢呈梯形，条石垒砌而成，长边8.5、短边7.5、进深5米。墓前立有三碑，均为单碑，其中一碑高1.6、宽0.88米，碑文为"皇清特授恩旌者考李光裕大人墓，乾隆二十八年岁次癸未季秋月□款旦立"。碑上还刻有对联"浒千年□□□□；万代有道冠□"；横批为"□大源□"。

袁文魁墓 位于李端镇大山村，修建于清乾隆五十九年（1794年），坐西向东。墓冢仅存封土堆，墓碑为单碑，碑高1.45、宽0.85米，碑文为"清待诰顯考袁文魁□，大清乾隆五十九年□□□□"；碑上刻有对联"虎踞龙盘观地脉；山清水秀蔚人文"。

尹氏墓 位于李端镇新田村，修建于清嘉庆十年（1805年），坐东向西。墓冢不见条石，只见封土堆，碑为两柱一开间，宽1.15、高1.9米，碑文为"皇清应赠顯考（诰慈妣）尹公承□（母萧氏）老大（孺）人之墓，嘉庆乙丑年十二月十八日立"。

罗氏夫妇墓　位于李端镇高石村，修建于清嘉庆二十一年（1816 年），墓向东 110°。墓冢仅存封土堆，墓为单碑有碑座，碑高 1.9、宽 1 米，碑文为"皇清待诰（赠）享八（七）十二（一）故慈（严）□罗□□□□，嘉庆二十一年七月□□□□"；碑上刻有对联"龙盘虎踞□祖德；山清水秀映后裔"；横批"佑启后人"。

段仁礼墓　位于李端镇板栗村，修建于清嘉庆二十四年（1819 年），坐东北向西南。墓冢现仅存封土堆，墓碑为石质仿木结构两柱一开间庑殿顶，柱外施抱鼓石，碑高 1.9、宽 1.78 米，碑文为"皇清西逝故考段公讳仁礼大人墓，嘉庆二十四年己卯岁小杨月吉立"。碑柱上刻有对联"宅最安龙旋虎衡□；□长发挂秀南□"；横批"灵莹室"。

张黄氏墓　位于李端镇新庄村，修建于清道光二年（1822 年），坐西向东。墓冢平面呈梯形，四周条石垒砌，长边 2.9、短边 2.5、进深 5.2、冢高 1.3 米；墓碑为石质仿木结构两柱一开间庑殿顶，碑高 1.8、宽 1.05 米。碑文为"皇清待诰赠故慈妣张门黄老□□□，大清道光二年仲冬月二十二日"；碑柱上刻有对联"拥□山形如□舞；廻环地脉似□□"。

余氏墓　位于李端镇新庄村，修建于清道光十年（1830 年），坐南朝北。墓冢条石已毁，长边 3、短边 2.2、进深 4.75、冢高 1.5 米。墓碑为石质仿木结构两柱一开间庑殿顶，柱外施抱鼓石，碑高 2.5、宽 1.7 米。碑文为"皇清待诰故显妣余母□□，道光十年壬辰季春月□六日"；碑柱上刻有对联"未睹老宣□□；唯留低梓年坟□"；横批"如事生"。横批外两边雕刻有牡丹、芙蓉、如意花瓶等图案，抱鼓石上饰有精美图案。

石家墓地　位于李端镇大山村，修建于清道光十八年（1838 年），坐东向西。从西向东分别编为 M1～M3 墓，呈三角形分布。M2 墓冢平面呈半椭圆形，条石砌成，长边 5.5、短边 5.2、进深 6、冢高 1.4 米。碑为两柱一开间庑殿顶，顶上饰宝瓶、吻兽，宽 1.1、高 2.65 米，碑文为"皇清待赠故显考石公讳国瑚老大人之墓，道光十八年戊戌小阳月望一日吉"。M1 形制相似。

寇氏墓　位于李端镇其林村，修建于清道光二十二年（1842 年），墓坐西向东。墓冢前弧形后梯形，条石垒砌而成，长边 3、短边 2.7、进深 4.2、冢高 1.3 米。墓碑为单碑，有碑座，碑高 1.4、宽 0.67 米。碑文为"皇清應赠故祖考寇公讳啟□老大□□，大清道光二十二年壬寅岁十二月十一日修立"。

李真福墓　位于李端镇新联村，修建于清道光二十三年（1843 年）。墓冢呈梯形，条石垒砌而成，长边 3.3、短边 2.6、进深 4.5、冢高 1.7 米；墓碑为石质仿木结构两柱一开间庑殿顶，柱外施抱鼓石，碑高 2.7、宽 2.44 米。碑文为"皇清待诰故慈妣邹母名戒李真福老孺人墓，大清道光二十三年九月吉日立"。碑柱上刻有对联"绿水潆洄锁象鼻；青山叠翠兆龙飞"；横批"淑德流芳"。

邓氏墓　位于李端镇马石村，修建于清道光二十九年（1849 年），向南 185°。墓冢平面呈梯形，条石垒砌而成，长边 2.6、短边 2.2、进深 5.8 米。墓碑为石质仿木结构两柱一开间庑殿顶，碑高 2.1、宽 1.5 米。碑文为"皇清待诰故慈母邓□□□□□，道光二十九年冬月二十三日立"。碑上刻有对联"穴在次宫绵世□；□锯兑位发千□"；横批为"克昌厥後"。

陈涂氏墓　位于李端镇新联村，修建于清咸丰元年（1851 年），坐北向南。墓冢呈梯形，条石垒砌而成，长边 3、短边 2.8、进深 5.7、冢高 1.7 米。墓碑为石质仿木结构两柱一开间庑殿顶，碑高 2.9、宽 1.65 米。碑文为"皇清待诰陈母涂孺人之墓，咸丰辛亥□□□□初十日立"。碑柱上刻有对联"烟凝马鬣三弓地；云拥螺环十□山"；横批"龙□□秀"。碑柱内侧刻有墓志铭。

林氏墓　位于李端镇塘湾村，修建于清咸丰四年（1854 年）。墓冢平面呈矩形，条石垒砌，宽 4、进深 5.3 米。碑为石质仿木结构庑殿顶，宽 0.9、高 2.4 米。碑文为"皇清西逝得年三十九岁故慈妣□□□□，大清咸丰四年又七月初九立"。

刘章洪墓　位于李端镇新光村，修建于清咸丰八年（1858 年），坐西向东。墓冢呈半月形，不见条石，只见封土堆，弦长 4.9、高 1.1 米。墓碑为两柱一开间庑殿顶，施八字墙，宽 0.85、高 1.35 米。碑文为"显考刘公讳章洪老大人墓，大清咸丰八年"。

廖氏夫妇墓　位于李端镇新和村，修建于清咸丰八年（1858 年），坐南向北。墓冢大部分条石已毁，仅见封土堆。墓碑为仿木结构两柱一开间庑殿顶，高 2.3、宽 1.2 米。碑文为"皇清待赠（诰）故显考（妣）廖□□□，咸丰八年菊月二十二日吉旦"。

陆陈氏墓　位于李端镇新联村，修建于清咸丰九年（1859 年）。冢平面呈梯形带圆角，由条石砌成，墓长边 3.2、短边 2.9、进深 4、冢高 1.6 米；墓碑为石质仿木结构两柱一开间庑殿顶，柱外两边施抱鼓石，碑高 2.85、宽 2.55 米。碑文为"皇清待诰慈妣陆母陈老孺人□□，大清咸丰九年岁次己未九月十一日"；碑柱上刻有对联"膺嶺狮山锺地□；□□□□□□□"；横批"裕後昆"。横批外两边雕刻有花瓶、花、茶壶等图案，上额枋雕刻有缠枝花草图案。

高锡琳墓　位于李端镇马石村，修建于清咸丰十年（1860 年），坐西南向东北。墓冢平面呈前圆形后梯形，条石垒砌而成，长边 2.7、短边 2.5、进深 4.2、冢高 1.4 米。墓碑为石质仿木结构两柱一开间庑殿顶，碑柱外施有抱鼓石，碑高 3、宽 2.44 米，碑文为"清故显考高讳公锡琳老大人之墓，大清咸丰十年庚申岁小杨月十一立"；碑柱上刻有对联"竹箓丛生延世泽；漆燈焕彩啟人文"；横批"百世共昌"。抱鼓石上雕刻有牡丹、芙蓉等精美图案。

赵文仲墓　位于李端镇沉香村，修建于清同治三年（1864 年），墓向西南 245°。墓冢平面呈梯形，条石砌成，长边 3、短边 2.6、进深 4.5、冢高 1.4 米。墓碑为单碑，圆弧顶，宽 0.9、高 1.85 米，碑文为"清赠享年七十四寿赵文仲老大人墓，同治五年丙寅岁二月十六日立"；碑上刻对联"礼乐百年燕翼；衣冠万古蒸尝"。

李盛德夫妇墓 位于李端镇板栗村，修建于清同治七年（1868 年），坐东南向西北。墓冢前呈圆弧形后梯形，条石垒砌而成，长边 3.9、短边 3、进深 5.8、冢高 2 米；墓碑为石质仿木结构两柱一开间庑殿顶，碑高 2.6、宽 1.49 米。碑文为"皇清應诰赠故顯妣（考）李母（公）杨（盛）心（德）老孺（大）人之坟墓，同治七年季春月二十八日敬建"；碑柱上刻有对联"云绕螺环山挂□；瑞凝马鬣石□屏"；横批"明且秀"。碑额枋上饰有精美图案。

李可明墓 位于李端镇高坡村，修建于清同治八年（1869 年）。墓冢呈梯形，条石垒砌而成，长边 3.3、短边 2.4、进深 5.4、冢高 1.55 米。墓碑为石质仿木结构两柱一开间庑殿顶，柱外两边施有抱鼓石，碑高 2.4、宽 2.5 米。碑文为"清故顯考李讳可明大人墓，同治八年九月十九日吉立"；碑柱上刻有对联"座辛宫龙吟虎□；向乙位水□□□"；横批"荣万代"。抱鼓石上刻有缠枝花草、禽鸟等精美图案。

徐在邦墓 位于李端镇古井村五组竹林湾，修建于清同治壬申年（1872 年），坐东北向西南。墓冢平面呈梯形，由条石砌成，宽 3、进深 5.2、高 1.7 米。碑为石质仿木结构两柱一开间庑殿顶，外施抱鼓石，碑上刻有缠枝花草、人物等精美图案，碑宽 2.4、高 3 米。碑文为"皇清顯考徐公在邦□□□，同治壬申年阳月二十八吉立"。

刘洪氏墓 位于李端镇大山村，修建于清同治十三年（1874 年），坐西向东。墓冢仅见封土堆，墓碑为石质仿木结构两柱一开间庑殿顶，碑柱外施有抱鼓石。碑文为"清故慈妣刘母洪孺人之墓，清同治十三年甲戌岁九月二十一日立"；碑柱上刻有对联"六□辛勤荣俎豆；满堂富贵荫儿孙"；横批"顾予蒸尝"。抱鼓石上雕刻有花草、瑞兽等图案。

刘章成夫妇墓 位于李端镇新光村，修建于清光绪元年（1875 年），墓向南 170°。墓冢带护墙，呈八字形，条石垒砌而成，长边 6.5、进深 7、冢高 1.8 米。墓碑为石质仿木结构四柱三开间庑殿顶，碑高 3、宽 2.7 米，柱外施抱鼓石。碑文为"顯考刘母（公）邓（讳）太（章）君（成）老□□，大清光绪元年□□□□"。右次间碑上刻墓志铭，明间柱上刻有精美花纹，次间柱上刻有对联"□□□□□□；花开□带秀□"；横批"安且吉"。额枋上刻有精美人物图案，左抱鼓石已毁，右抱鼓石上饰有人物、瑞兽、祥云等精美图案，八字墙边柱上刻对联"祥兆双棺荣寿域；瑞徽同穴啟人文"。

熊应祖墓 位于李端镇板栗村，修建于清光绪二年（1876 年），坐西南向东北。墓冢前呈圆形后呈梯形，条石垒砌而成，长边 3.2、短边 2、进深 4、冢高 1.8 米；墓碑为石质仿木结构两柱一开间，柱外施抱鼓石，碑高 1.9、宽 2.78 米。碑文为"皇清待赠故顯考熊公讳应祖老大人之墓，光绪二年丙子岁小杨月二十九日吉立"。碑柱上刻有对联"千里□龙归吉穴；萬山旋绕□佳城"。抱鼓石上雕刻有龙、荷花、禽兽等精美图案。

陈际昌夫妇墓　位于李端镇大山村，修建于清光绪二年（1876年），坐西向东。墓冢平面呈梯形，条石垒砌而成，长边5.2、短边4.9、进深5.3、冢高1.8米。墓碑为两柱一开间庑殿顶，碑宽1.55、高2.2米，碑文为"清故陈公讳际昌（母周广福）墓，大清光绪二年岁次丙子又五月六日"。碑柱上刻有对联"脉到灵基方是正；穴寻华□不曾差"。

陈际祥夫妇墓　位于李端镇大山村，修建于清光绪三年（1877年），坐北向南。墓冢平面呈梯形，条石垒砌而成，长边5.1、短边4.8、进深4、冢高1.5米。碑为两柱一开间庑殿顶，宽1.48、高3米，顶上饰宝瓶、吻兽，墓冢后带护坡墙，墙成弧形，弦长12米。碑文为"清故陈公讳际祥（母刘广庸）墓，大清光绪三年丁丑岁孟冬月初一日吉立"。碑上刻有对联"虎伏龙昂钟□吉地；山清水秀聚结灵莹"。

谭定洪夫妇墓　位于李端镇新和村，修建于清光绪四年（1878年）。墓冢平面呈梯形，条石砌成，长边5.3、短边4.8、进深9、冢高2米。碑为石质仿木结构四柱三开间庑殿顶，外施抱鼓石，带有碑座，碑宽4、高4米，碑上刻有人物、花草、鸟兽、凤凰等精美图案。碑文为"祖考谭公定洪大人姚隆孺人墓，光绪四年戊寅季秋月"。

陶宗佑墓　位于李端镇大山村，修建于清光绪五年（1879年），坐南朝北。墓冢呈前圆后梯形，条石垒砌而成，长边3.6、短边3.3、进深4.2、冢高1.4米。墓碑为石质仿木结构两柱一开间庑殿顶，顶上脊饰有吻兽、宝瓶，柱外两边施有抱鼓石，碑高3.65、宽2.7米，碑文为"清故显考陶公讳宗佑老大人之墓，光绪五年润三月二十八日立"。碑柱上刻有对联"千年吉地由心地；万古佳城本骨城"；横批"克昌厥后"。抱鼓石上刻有墓志铭、祥云、凤凰。

田世才墓　位于李端镇塘湾村，修建于清光绪八年（1882年），坐西向东。墓冢已不见条石，只见封土堆。墓碑为石质仿木结构两柱一开间庑殿顶，碑宽2.4、高3米，左右施抱鼓石，带八字墙。墓碑上额枋镂空刻有"二龙戏珠"图案，抱鼓石上刻缠枝花草、鸟兽等精美图案，碑文为"故显考田公讳世才墓，光绪八年"。碑上刻有对联"人文蔚起向临甲；马鬣崇封位座庚"；横批"荫千秋"。

罗光礼墓　位于李端镇马盘村，修建于清光绪十六年（1890年），墓向东110°。墓冢带修护墙，呈八字形，条石垒砌而成，弦长5.2米；墓碑为石质仿木结构两柱一开间庑殿顶，顶上脊饰有吻兽、宝瓶，柱外施抱鼓石，上刻花纹、禽鸟等图案，额枋上刻有精美人物图案，碑高2.9、宽2.24米，碑文为"清故显考罗公讳光礼老大人之墓，光绪十六年二月中浣之二日立"。

花生坡毛氏墓　位于李端镇新联村三组花生坡，修建于清光绪癸巳年（1893年）。墓冢呈梯形，条石垒砌而成，长边4.6、短边4.2、进深8.2、冢高1.8米；墓碑为石质仿木结构四柱三开间，碑顶现已毁，柱外两边施抱鼓石，碑高 2.1、宽 4.2 米，碑明间刻墓志铭，两次间刻碑文，碑文为"清故显考毛公讳承祖大人之墓　清故显考毛公讳兴祖大人之墓，光绪癸巳年孟冬月吉立"。明间柱上刻有对联"自古佳城封马鬣；□□吉地卜牛眠"；次间柱上刻有对联"地脉升腾荣世代；山川环绕蔚人文"。碑额枋上雕有精美图案，抱鼓石上雕有龙、荷花、祥云、瑞兽等精美图案。

曾顺达墓　位于李端镇马石村，修建于清光绪二十五年（1899 年），坐西向东。墓冢呈梯形，条石垒砌而成，长边 2.6、短边 2.2、进深 4、冢高 1.7 米。墓碑为石质仿木结构两柱一开间庑殿顶，碑高 1.9、宽 1.2 米，碑文为"皇清西逝□□考曾公讳顺达老大人之墓，光绪二十五年己巳岁孟夏□□吉立"。碑柱上刻有对联"二水文流裕凌□；三山峙列光前□"；横批"佑启后人"。

马朝洋夫妇墓　位于李端镇沉香村一组，修建于清光绪三十年（1904 年），墓向西南。墓冢呈梯形，条石垒砌而成，长边 3.4、短边 3.1、进深 45、冢高 1.6 米；墓为单碑带碑座，碑高 1.58、宽 0.8 米，碑文为"清故马母（公）讳苏朝氏（洋）孺（大）人墓□，大清光绪三十年岁次甲辰桂日上浣之□□"。

罗氏墓　位于李端镇新庄村，修建于清代，坐西北向东南。墓冢平面呈梯形，条石垒砌而成，长边 4.3、短边 4、进深 4、冢高 1.65 米；墓碑为石质仿木结构四柱三开间，碑高 2、宽 3.88 米，碑文为"皇清待赠故显考罗公讳□□□之墓，光绪□年庚辰十一月□□"。明间柱上刻有对联"水绕山环延地□；龙蟠虎踞蔚人文"；左次间上刻有墓志铭，次间柱上刻有对联"马前烈于兹末□；启后人□乎维新"。额枋上雕刻"二龙抢宝"精美图案。

古建筑

龙宝安桥　位于李端镇大山村，建于明代，南北走向。总长 14.7、宽 1.2 米。桥面由 5 块厚为 0.35、宽 1.2、长 2.5 米的石板搭建而成。桥墩有三个，由长 1.7、宽 0.55、高 0.5 米的条石搭建。

嘴上民居　位于李端镇其林村一组，始建于清代，坐北朝南，占地面积 231 平方米。现仅存部分正房和左耳房，小青瓦屋面，悬山穿斗结构，正房面阔 14.65、进深 7.7 米；厢房面阔 6.35、进深 4 米，墙面为竹编篱墙，屋面为素土夯筑地面。

毗卢场民居　位于李端镇翠南社区，为宅第民居，建于清代，坐北朝南。为悬山穿斗带前廊构造，面阔四柱三间共 12.75、通进深 12.55 米。屋面为小青瓦屋面，墙体大部分为竹编泥墙，局部改为砖墙，地面改为水泥地面。

驷马街店铺　位于李端镇翠南社区，建于清代，坐东向西，占地面积 106 平方米。五柱四间通面阔 14.05 米，七柱落地通进深 7.6 米。小青瓦屋面、竹编泥墙。

龙泉溪民居 位于李端镇方碑村 建于清代，坐西向东，占地面积 110 平方米。建于高为 3.8 米条石砌成的台基上。三合院布局，悬山穿斗结构带前廊构造，正房面阔六柱五开间 21.85 米，进深十一柱落地 8.6 米；厢房通面阔 17.8 米，进深七柱落地 14.4 米；小青瓦屋面，墙体为竹编篱墙，地面为三合土地面，门窗雕刻花草、人物等精美图案。

牛舍滩桥 位于李端镇新权村，建于清代，桥为东西走向。为一石板桥，桥长 19.1、宽 1.3 米。桥面由厚为 0.4 米的石板铺就，共有四个桥墩，高 2.7 米，由厚为 0.7 米的条石搭建。

高坎子民居 位于李端镇古井村，为宅第民居，建于清代，坐西向东，占地面积 668 平方米。三合院布局，悬山穿斗结构带前廊构造，正房建于高为 2 米条石砌成的台基上，通面阔六柱五开间 22.5 米，进深七柱落地 7.05 米；左厢房为两层，二楼施美人靠，通面阔 8.4、通进深 11 米，右厢房已毁。

马鞍山大院 位于李端镇板栗村，为宅第民居 建于清代，坐东向西，占地面积 896 平方米。三合院布局，悬山穿斗结构带前廊构造，建于高为 0.5 米条石砌成的台基上，正房面阔六柱五开间 21.8 米，进深 8.3 米；右厢房面阔 21.65 米，进深五柱落地 7 米；左厢房面阔 13.15 米，进深五柱落地 7 米。屋面为小青瓦屋面，墙体为竹编篱墙。

王家桥 位于李端镇马石村，为桥涵码头，建于清代，南北走向。桥长 9、桥宽 0.97 米。桥墩厚 0.4、高 0.9 米。桥墩平面上雕刻有花纹。

爱树沟民居 位于李端镇马石村，为宅第民居，建于清代，坐北朝南，占地面积 150 平方米。建于高为 0.47 米条石砌成的台基上，现仅存正房和右厢房。正房面阔四柱三间 13.6 米，进深七柱落地 7.4 米；右厢房通面阔 10.4、通进深 4.7 米。建筑结构为悬山穿斗带前廊构造，小青瓦屋面，墙体为竹编泥墙，三合土地面。

新田村清真寺 位于李端镇新田村，建于清代，坐西向东，占地面积约 350 平方米。三合院式悬山穿斗带前廊木结构建筑，整体布局为"三堂一院"：即礼拜堂为正殿，南北厢房为经堂和澡堂。正殿为四柱三开间，面阔 12.2、进深 5.8 米；左右厢房均为四柱三开间，面阔 9.55、进深 4.7 米。门窗以及室内装饰上呈现出阿拉伯建筑风格，较为显著的特征是漆饰多为红绿相间，另正殿后壁中心供奉有伊斯兰教神龛（当地回民称"窑儿"），上面可见其回族文字。

近现代重要史迹及代表性建筑

东风水库 位于李端镇新和村，建于 1966 年。由当时的东山公社组织村民以挣工分的形式出工修建，蓄水面积 150 余亩，占地面积 180 余亩，主渠长约 4000 米，大坝南北走向，坝顶长 70、宽 7.1 米，水库至今仍在使用，主要灌溉新和、群利、嘉利、石桥等村。

宋家乡

古遗址

宋家乡老场街　位于宋家乡南华社区，为驿站古道遗址，建于清代，东西走向。呈不规则"L"形，以条石铺成，条石长约 1.6～1.9、宽 3～4 米，全程长约 150 米左右。街道两旁是穿斗结构小青瓦屋面民居。

古墓葬

梯子石凌家墓地　位于宋家乡红石村一组梯子石，修建于清道光十二年（1832年）。冢前圆弧后梯形，以条石砌成，长 6、宽 4、高 1.6 米；碑呈长方形，石质仿木结构两柱一开间庑殿顶，高 2.6、宽 0.95 米。碑刻"清故显妣凌艾氏老孺人之墓，大清道光十二年冬月十二日立"。

土地坳卢家墓地　位于宋家乡石云村二组土地坳，修建于清代。共有墓 2 座，M1坐向 350°，为土冢墓，长 6.39、宽 4.36、高 1.3 米；碑为上圆弧下长方方碑，高 2、宽0.98 米，碑刻"高祖卢登科墓　嘉庆辛未年"。M2 坐向 355°，土冢墓，长 6.5、高1.3、宽 4.48 米，碑为上圆弧下长方，高 2、宽 0.98 米，碑刻"始祖卢蒲氏墓，嘉庆辛未年"。

沙地头卢家墓地　位于宋家乡石云村三组沙地头，修建于清代。共有墓 2 座，M1坐西向东，冢为前后圆弧中间梯形，以条石砌成，长 7.4、高 1.8、宽 4 米。碑为长方形，石质仿木结构两柱一开间，高 3、宽 1.66 米。碑刻"清待赠始祖卢公讳启鲜墓，道光二十五年"。M2 坐南向北，为土冢墓，长 6.5、高 1.3、宽 5.29 米。碑为上圆弧下长方方碑，高 2、宽 1 米。碑刻"高祖卢伍氏墓，嘉庆辛未年"。

老房子向家墓地　位于宋家乡金黄村五组老房子，修建于清代，坐西向东。共有 4座墓，M1 冢呈梯形，以条石砌成，长 4.5、宽 2.5、高 1.3 米；碑呈长方形，石质仿木结构四柱三开间三楼庑殿顶，施龙凤饰浮雕，高 2.7、宽 2.86 米；碑刻"皇清待诰向母戒名周悟明老太君墓，道光十二年壬辰岁姑洗月二十三日立"。M2 碑均为长方形，石质仿木结构两柱一开间庑殿顶，檐下施花纹饰浮雕；M2 刻"皇清待诰显考向公讳昌大人墓"。M3 墓碑为笔架顶，碑刻"清故显妣向母讳侯真粒老孺人墓"。M4 冢呈梯形，以条石砌成，长 7.05、宽 4.2、高 1.7 米；碑呈长方形，石质仿木结构两柱一开间庑殿顶，上有戏曲人物浮雕，高 2.8、宽 1.28 米；碑刻"清待赠显考向公讳大朝大人墓"。

徐家墓地　位于宋家乡红旗村，修建于清代。共有 2 座墓，M1 坐南朝北，冢前圆弧后梯形，以条石砌成，长 6.9、宽 3.2、高 1.6 米；碑呈长方形，石质仿木结构两柱一开间庑殿顶，檐下施精美动物图腾浮雕，高 3.5、宽 1.48 米；碑刻"皇清待赠故显考徐公讳泰德老大人之墓，道光十七年丁酉咸菊月"。M2 墓、碑形制与 M1 相同，刻"皇清待诰故显妣徐母曾□□老太君之墓"。

雷绎声墓 位于宋家乡洋坪村一组，修建于清代。土冢墓，长 3.1、宽 2.2 米。碑为长方形单碑，石质仿木结构两柱一开间庑殿顶，通高 1.9、通面阔 1.2 米。碑刻"皇清待赠故显考雷公讳绎声大人墓"。

青岗岭陈家墓地 位于宋家乡洋坪村 6 组青岗岭，修建于清代，坐东向西。共 4 座，M3 修建于清嘉庆十一年（1806 年），墓冢呈前圆弧后长方形，以条石砌成，长 5.7、高 1.5、宽 3.2 米。碑为长方形单碑，石质仿木结构两柱一开间庑殿顶，通高 2.7、通面阔 1.26 米。碑刻"皇清紫诰孺人陈母戒讳曾际娱老太君墓"。M1、M2 形制与 M3 相近，M4 墓碑为四柱三间，三楼庑殿顶。

新房子唐家墓地 位于宋家乡丘陵村五组新房子，修建于清咸丰年间，坐南向北，总占地面积约 72 平方米。共 4 座墓，从左至右依次编号为 M1～M4，呈"L"形分布。M1 冢呈前圆弧后梯形，以条石砌成，长 5.2、高 1.5、宽 3.4 米；碑为方形单碑，石质仿木结构两柱一开间庑殿顶，通高 2.98、通面阔 1.23 米。M2、M3 和 M4 与 M1 形制相同。

余家墓地 位于宋家乡万年村，修建于清道光年间，坐东向西，占地面积 62 平方米。共有 8 座墓，从第三排右上到第一排左下依次编号为 M1～M8，呈"＋"形分布。M1～M5 碑形制基本相似，M1 保存较好，呈前圆弧后梯形，以条石砌成，长 3.2、高 1.6、宽 2.4 米。碑为长方形，两柱一开间庑殿顶，通高 2、宽 0.74 米。M6 和 M7 碑形制基本相似，为上圆弧下长方，高 1.8、宽 0.7 米。M8 为长方形单碑，高 2.2、宽 1.8 米。

唐显慧墓 位于宋家乡万年村一组百岩湾，修建于清代，坐东南向西北，面积 15 平方米。冢呈梯形，以条石砌成，长 4.6、高 1.6、宽 3.4 米。碑为上圆弧下长方形单碑，石质仿木结构两侧有抱鼓石，通高 2.3、通面阔 2.12 米。碑刻"皇清显妣杨母唐显慧墓"。

唐时泰墓 位于宋家乡丘陵村，修建于清道光十四年（1834 年），坐东向西，占地面积 38.7 平方米。冢呈梯形，以条石砌成，长 7.4、高 1.7、宽 5.23 米。碑为长方形单碑，石质仿木结构两柱一开间庑殿顶，通高 3、通面阔 1.4 米。碑刻"皇清待赠唐公字时泰老大人墓，道光十四年"。

侯鼎墓 位于宋家乡石坪村，修建于清道光十八年（1838 年），坐西向东，面积 15 平方米。冢呈前圆弧后长方形，以条石砌成，长 5、高 1.6、宽 2.8 米。碑为长方形单碑，石质仿木结构四柱三开间三楼庑殿顶，通高2.7、通面阔2.36米。碑刻"明授四川永宁古蔺州屯田副将侯公讳鼎大人墓，道光十八年"。

王张氏墓 位于宋家乡百山村，修建于清道光二十四年（1844年），坐南向北，占地面积21平方米。冢呈梯形，以条石砌成，长5.9、高1.75、宽3.64米。碑为长方形单碑，石质仿木结构两柱一开间庑殿顶，高2.5、通宽2.3米。碑刻"清显妣王母张□老太君之墓，道光二拾四年甲辰秀□月立"。

徐世盛夫妇墓 位于宋家乡万年村，修建于清道光二十七年（1847年），坐南向北，占地面积38平方米。冢呈梯形，以条石砌成，长6.5、宽6、高1.6米。碑为长方形单碑，通高2.6、通面阔1.38米。碑刻"皇清待赠徐公讳世盛大人（诰）母袁祯祥孺人墓"。祭台呈"U"字形，面阔10、进深3.5米。

杨世瑛墓 位于宋家乡万年村，修建于清咸丰三年（1853年），占地面积33平方米。冢呈梯形，以条石砌成，长6.5、宽5.5、高1.5米；碑呈长方形，石质仿木结构四柱三开间三楼庑殿顶，两侧抱鼓石，碑高3.2、宽3.87米；碑刻"清显考杨公诰世瑛老大人墓，咸丰三年"。祭台呈方正的"U"字形，面阔10、进深4.3米。

杨进仁墓 位于宋家乡万年村，修建于清咸丰己未年（1859年），坐北朝南，占地面积30平方米。冢呈梯形，以条石砌成，长6.5、宽4.6、高2米；碑呈长方形，石质仿木结构四柱三开间三楼庑殿顶上修宝顶，两侧抱鼓石，檐下浮雕精美图案，碑高3.7、宽4米；碑刻"清显考杨公讳进仁大人墓，咸丰己未年季春月望八日立"。

江烈祖墓 位于宋家乡胡坝村，修建于清咸丰十一年（1861年），坐北向南，占地面积13平方米。冢呈梯形，以条石砌成，长4.6、宽3、高1.4米。碑为长方形单碑，石质仿木结构两柱一开间庑殿顶，通高2.3、通面阔2.4米。碑刻"清故江公讳烈祖老大人墓，咸丰十一年辛酉十月十六日立"。

张文修墓 位于宋家乡石坪村，修建于清同治元年（1862年），坐东北向西南，面积45平方米。冢呈前圆弧后长方形，以条石砌成，长7、高2、宽6；碑为石质仿木结构四柱三开间三楼庑殿顶上修宝顶，两侧抱鼓石，通高3.65、通面阔4米。碑刻"皇清例赠正八品显考张公字文修大人墓，同治元年"。祭台呈方正的"U"字形，面阔11、进深4米。

侯亮清墓 位于宋家乡石坪村，修建于清同治四年（1865年），坐西北向东南，面积27平方米。冢呈前圆弧后长方形，以条石砌成，长6.5、高1.8、宽4米。碑为长方形单碑，石质仿木结构两柱一开间庑殿顶，通高2.4、通面阔2.8米。碑刻"显考侯公讳亮清大人墓，同治四年"。

张淘溶夫妇墓 位于宋家乡石坪村，修建于清同治九年（1870年），坐北向南，面积20平方米。冢呈梯形，以条石砌成，长6、高1.7、宽3.6米。碑为长方形单碑，石质仿木结构两柱一开间庑殿顶，两侧抱鼓石，通高 2.2、通面阔 2.25 米。碑刻"清故叔考张公字淘溶（母）涂显高老大（孺）人墓，大清同治九年"。祭台呈方正的"U"字形，面阔 5、进深 2.9 米。

肖代秀墓　位于宋家乡红旗村，修建于清同治十年（1871 年），坐北朝南，占地面积 21 平方米。冢呈梯形，以条石砌成，长 5.8、宽 4.14、高 1.3 米；碑呈长方形，石质仿木结构两柱一开间庑殿顶，施花纹浮雕，高 1.8、宽 1.04 米；碑刻"故显考肖公讳代秀大人墓，同治十年"。祭台为条石垒砌呈"一"字形，长 4.8、宽 0.3 米。

凌氏墓　位于宋家乡红石村，修建于清光绪三年（1877 年），为一家族合葬墓，坐北朝南，占地面积 112 平方米。冢呈前八字后梯形，以条石砌成，长 12、宽 8、高 2.6 米；碑呈长方形，石质仿木结构两柱一开间官帽顶，两侧施仪墙，檐下浮雕精美图案，高 2.4、宽 2.48 米；拜台面阔 14、进深 4.1 米；碑刻"故曾祖考（妣）凌公（母）讳登国　吴氏老大人墓，清故显考（妣）凌公（母）讳撰位胡氏老大人墓，清待诰故祖妣凌母刘□老孺人墓，大清光绪三年岁次丁丑姑洗月二□□□"。

杨秀堂墓　位于宋家乡万年村，修建于清光绪五年（1879 年），占地面积 22 平方米。冢呈前圆弧后长方形，以条石砌成，长 7、高 1.5、宽 6.4 米。碑为长方形单碑，石质仿木结构两柱一开间笔架顶，两侧抱鼓石，通高 2.4、通面阔 2.26 米。碑刻"清故显考杨公秀堂大人墓，光绪五年"。

江文科墓　位于宋家乡胡坝村，修建于清光绪十八年（1892 年），坐北向南，占地面积 33 平方米。冢呈梯形，以条石砌成，长 6.5、宽 4.8、高 2.1 米。碑为长方形单碑，石质仿木结构两柱一开间庑殿顶，两侧抱鼓石浮雕牡丹、菊花、草等植物，高 2.5、宽 2.7 米。碑刻"清故显考江公讳文科大人墓，光绪十八年"。

杨秀邦墓　位于宋家乡万年村，修建于清光绪二十七年（1901 年），坐南向北。冢呈梯形，以条石砌成，长 6.5、宽 4.6、高 1.5 米。碑为长方形单碑，石质仿木结构两柱一开间庑殿顶，通高 3.3、通面阔 2.9 米。碑刻"杨公秀邦大人墓，光绪二十七年"。

段显真墓　位于宋家乡花林村，修建于清光绪三十三年（1907 年），坐西北向东南，占地面积 13 平方米。冢呈梯形，以条石砌成，长 4.1、宽 3、高 1.3 米。碑为长方形单碑，石质仿木结构两柱一开间庑殿顶，通高 2.4、通面阔 1.3 米。碑刻"清故显妣张母段显真墓，光绪三十三年"。

庞世福墓　位于宋家乡大地村，修建于清光绪年间，占地面积 12 平方米。冢呈梯形，以条石砌成，长 3.5、宽 3.2、高 1.7 米。碑为长方形单碑，石质仿木结构两柱一开间，两侧施抱鼓石浮雕牡丹、菊花、草等植物，通高 1.8、通面阔 2.04 米。碑刻"清故显妣唐母庞世福墓"。

古建筑

麻柳膀井 位于宋家乡菜园村，建于清代。长方形井口，长 2.04、宽 1.15 米，井沿宽 0.5 米，井内以条石砌成，井深不明。

斗趟桥 位于宋家乡石坪村，修建于清代，面积 15 平方米，东西走向。长 13.7、宽 1.5 米。桥墩高 2.7、跨度 2.8 米。

石笋村井 位于宋家乡石笋村，修建于清代，东北向西南，占地面积 1.5 平方米。方形井口，长 0.79、宽 0.67 米，井深不明。

红家桥 位于宋家乡金黄村，修建于清代，南北走向，面积 13 平方米。由十二块石板搭建而成，七墩六孔，桥面平直，桥长 12.95、宽 1.08 米，墩高 1.4、宽 0.37、跨度 2.1 米。

老王山井 位于宋家乡西牛村，修建于清代，面积约 1 平方米。椭圆形井口，口径 0.77 米，井沿宽 0.21 米，井以条石砌成，井深不明。

胡坝桥 位于宋家乡胡坝村，修建于清代，南北走向。四墩三孔石板桥，桥长 6.2、宽 0.95、墩高 1.5、跨度 2.25 米。

百山头井 位于宋家乡百山村，占地面积约 2.3 平方米。长方形井口，长 1.3、宽 1.06 米。井内以条石砌成，井沿宽 0.41 米，井深约 6 米。

回龙弯井 位于宋家乡回龙村，修建于清代。圆形井口，口径 0.45 米，井沿宽 0.09 米，井深不明。

黄角坡桥 位于宋家乡丘陵村，建于清代，占地面积 20 平方米，呈东南—西北走向。两侧有踏道 5 级，桥高 4.5、长 6.8、宽 3.2、拱高 3.8 米。

老鸭河桥 位于宋家乡丘陵村，建于清代，东西走向，占地面积约 7 平方米。为四墩三孔石质平板桥，桥高 1.7、长 7、宽 0.86、墩宽 0.6、高 1.7 米。

帅家牌坊 位于宋家乡丘陵村七组帅家祠堂，坐西向东。牌坊为石质仿木结构四柱三开间重叠檐平顶，檐下阴刻"圣旨"及"正节"。坊体通面阔 7.02、进深 1.7 米。夹杆石边长 0.5 米。

公山上字库塔 位于宋家乡红石村，修建于道光三年（1823 年），坐南朝北。以石板砌成，呈宝塔式。分三层，从小到大不一，通高 3.8、最宽 1.3 米。底层为正方体，边长 1.3 米；上两层正方体，歇山顶，边长 1 米；顶层正面有一小长方孔，长 0.2、宽 0.15 米，中间层正面孔为上圆弧下长方形，高 0.55、宽 0.27 米；顶层阴刻"字库"二字。

近现代重要史迹及代表性建筑

黄沙坡渡槽 位于宋家乡菜园村，建于1951年，南北走向。渡槽为联拱空腹平桥式，全长约6879、宽2.04米，孔距大小不一。槽口深0.56、宽1.3米。渡槽由全村投工投劳集体修建，主要用于灌溉村上多亩农田使用。

明威乡

古遗址

白塔寺遗址 位于明威乡白塔村，为寺庙遗址，建于明代，系明代所建白塔寺遗存部分，古建筑已毁，现存白塔寺庙为2002年村民捐资重建，坐南向北，占地面积约1200平方米。现内存石刻共分布为3处，均为浅浮雕：1. 庙内石刻五组，分别为"永垂万古"碑，内容为"嘉庆十九年十一月初八立契"；另有四组为人物和花草纹图案。2. 天井石刻，从东至西对称分布，井壁上凿刻鹿子含花、麒麟瑞兽等精美图案，东为七组，西为四组。3. 观音殿石刻两组，东西对称分布，均雕刻精美花草纹图案。

古墓葬

水井坡胡家墓地 位于明威乡金鱼村民全组水井坡，修建于清代，坐北向南，占地面积33平方米。共分为M1和M2，呈前后错列发布。M1墓冢为土冢墓，长4、宽3米；墓碑高1.35、宽0.7米，碑顶呈圆拱形，碑文阴刻"清故显妣胡母刘孺人之墓，大清宣统三年四月初四吉日立"；M2墓冢为土冢墓，长5、宽4.2米；墓碑高1.45、宽0.8米，碑呈圆拱形，碑文阴刻"故显考胡公讳朝兴大人墓，同治十二年季春月吉立"。

坟山坡唐家墓地 位于明威乡石牛村黄泥组坟山坡，修建于清代，坐南向北，占地面积80平方米。共有墓3座：M1墓冢为条石围砌垒筑，面阔3.6、长5.5、高1.5米，呈梯形，上有封土；墓碑高1.6、宽0.85米，呈带拐角矩形，碑文阴刻"皇清待赠显考唐公讳祠升之墓，嘉庆乙亥年春三月立"。M2墓冢为条石围砌垒筑，长5、宽3.2、高1.5米，上有封土；墓碑高1.5、宽0.8米，碑首呈圆拱形，碑文阴刻"清显考唐公历朝墓，道光癸卯年孟冬月立"。M3墓冢为条石围砌垒筑，面阔4.4、长6、高1.3米，呈梯形，上有封土；墓碑为石质仿木结构四柱三开间重檐庑殿顶，明间碑文阴刻"清显考唐公讳宗礼大人墓，大清道光丁亥年春三月"。

李家河嘴文家墓地 位于明威乡平岩村平岩组李家河嘴，修建于清代，系文氏家族墓地，坐南向北，占地面积约200平方米。共有墓10座，为M1～M10。M1、M2、M4、

M5、M6、M7、M10 墓冢形制一致，均为条石垒筑，上有封土；墓碑均为矩形，长宽不一，M1："咸丰四年文母向太君墓"；M4 字迹不清；M5："道光十一年文母万氏墓"；M6："道光二十六年文母王氏墓"；M7："嘉庆十九年文母程氏墓"；M3 为条石垒筑，长 5、宽 4、高 1.8 米，呈梯形，上有封土，墓碑为两柱一开间单檐歇山顶，两方施抱鼓石，为道光二十三年文祯墓。M2、M8、M9 墓冢形制一样，均为土冢墓，墓碑碑顶呈圆拱形，分别为 M2："同治十二年文学铺墓"；M8："乾隆五十三年文国柱墓"；M9："乾隆五十四年文启贵夫妻墓"。

串家墓地　位于明威乡平岩村，修建于清代，坐南向北，占地面积 120 平方米。M1 墓冢为条石围砌垒筑，呈梯形，长 8、宽 6、高 1.7 米，上露封土；墓碑为六柱五开间，两方施抱鼓石，面阔 6 米，明间为刘光第题词；次间、梢间及石柱上均刻有文字。前约 3 米处立一通墓碑，高 2、宽 1.2 米，两柱一开间庑殿顶，其碑文阴刻"太学生璘若串公讳天汾大人墓，光绪十有九年冬月"。M2 为土冢墓，长 7、宽 5.2 米。墓碑高 1.6、宽 0.8 米，碑首呈圆拱形，碑文阴刻"故显妣串母李老太君墓，光绪十九年冬月"。

塘坎上李家墓地　位于明威乡明威村明威社塘坝上，修建于清代，坐南向北。共分为 M1 和 M2，呈前后列发布，M1 占地面积 12 平方米，M2 占地面积 9.1 平方米。M1 墓冢为条石围砌垒筑，长 4、宽 3、高 1.1 米，呈梯形，上有封土；墓碑高 1.3、宽 0.8 米，呈矩形，碑文阴刻"清故显妣李母黄太君之墓，大清丁亥年仲春月夏浣日吉"；M2 墓冢为条石围砌垒筑，长 3.5、宽 2.6、高 1.3 米，呈梯形，上有封土；墓碑高 1.4、宽 0.75 米，碑首呈圆拱形，碑文阴刻"皇清待赠显考李公讳时榜大人墓，大清嘉庆八年仲约春望一日立"。

老房子吴家墓地　位于明威乡义和村义和组老房子，修建于清代，坐南向北，占地面积约 150 平方米。共有墓 4 座，M1 为土冢墓，长 4、宽 2.8 米，墓首呈圆拱形，高 1.1、宽 0.7 米，为吴嗣材墓；M2 墓冢为条石垒筑，长 5、宽 3.6、高 1.5 米，呈梯形，上有封土，墓碑呈矩形，高 1.6、宽 1.1 米，为吴母许氏墓；M3 墓冢为条石垒筑，长 7、宽 5.2、高 1.75 米，呈梯形，上有封土，墓碑为仿木结构四柱三开间，檐缺失，高 1.7、宽 2.7 米，为吴楚明夫妻墓；M4 墓冢为条石垒筑，长 5、宽 3.6、高 1.4 米，前为圆弧形，上有封土，墓碑高 1.9、宽 0.9 米，碑首呈圆拱形，为吴楚英墓。

毛家墓地　位于明威乡民凉村，修建于清代，坐西北向东南，占地面积共约 44 平方米。共分为 M1～M3。M1 墓冢前带圆弧形，条石垒砌，后为梯形，长 5、宽 4 米，上有封土；碑为两柱一开间，庑殿顶，两方施抱鼓石，碑文阴刻"清诰显妣毛母黄太君，大清同治八年四月既望谷旦立"；M2 墓冢条石垒砌，呈前带拐角梯形，长 5、宽 3.4 米，上有封土；碑为两柱一开间，庑殿顶，碑上阴刻"皇清待诰显妣毛母李老太君

□□，道光二十五年菊月望日记　万古佳城"；M3 条石垒砌，呈半径为 2.5 米圆形墓冢，上有封土，墓碑顶端呈圆拱形，高为 1.6、宽 0.85 米，碑文阴刻"皇清显考毛公讳官宇老大人之墓"。

空柏树李家墓地　位于明威乡民东村民空组空柏树，修建于清代，坐南向北，占地 50 平方米。共 3 座墓，墓冢形制一样，均为两柱一开间，条石围砌垒筑，上有封土。M1 碑高 1.4、宽 1.03 米；碑文阴刻"清待诰李母曾正寿老孺人之坟墓，光绪六年三月十五日立"。M2 碑高 1.73、宽 0.87 米；碑文阴刻"清故显考李公讳贵元老大人墓，光绪十一年二月二十二日吉"。M3 碑高 1.4、宽 1.05 米；碑文阴刻"清事赠李公讳富爵老大人坟墓，光绪七年二月十五日"。

圆头坡曾家墓地　位于明威乡白塔村潘家组圆头，修建于清光绪年间，坐南向北，占地面积 38 平方米。共有 2 墓，冢均为条石围砌垒筑。M1 宽 4.2、长 5、高 1.6 米，呈梯形，上有封土；M1 碑呈圆拱形，碑高 1.65、宽 0.9 米，碑文阴刻"光绪十五年十月初十日，清例诰曾母夏老孺人之墓"。M2 宽 3.4、长 5、高 1.5 米，呈梯形，上有封土；M2 碑高 1.6、宽 0.9 米，碑文阴刻"清例诰曾母文老孺人之墓，光绪十一年十月十八日立"。

黄泥滩曾家墓地　位于明威乡白塔村向阳组黄泥滩，修建于清道光十一年（1831 年），坐西北向东南，占地面积 36 平方米。共分为 M1 和 M2。两墓冢均为条石围砌垒筑，宽 3.6、长 5 米，呈矩形。墓碑顶端呈圆拱形；M1 碑高 1.92、宽 0.93 米，碑文阴刻"皇清待赠曾公字阳春之墓，道光十一年辛卯岁十月十三日立"；M2 碑高 1.85、宽 0.92 米，碑文阴刻"皇清待赠曾公字鸿春之墓，道光十一年辛卯岁十月十三日立"。

坟嘴上钟家墓地　位于明威乡燕山村黄桷组坟嘴上，修建于清代，坐北向南，面积 205 平方米。共分 M1 和 M2，M1 墓冢为土冢墓，长 7、宽 6.4 米；碑高 1.8、宽 0.97 米，碑首呈圆拱形，碑文阴刻"皇清待赠钟华美大人之墓"。M2 墓冢为土冢墓，长 12.5、宽 6 米；碑高 2.1、宽 1.05 米，碑首呈圆拱形，雕精美二龙抢宝图，两柱一开间，柱雕精美图案，碑文阴刻"登仕郎钟公讳昌绪大人墓，光绪五年己卯岁孟夏处六日"。周围为条石围砌拜台，为半径 8 米的半圆形。

龙舌田唐家墓地　位于明威乡燕山村胜利组龙舌田，修建于清代，坐西北向东南。共分为 M1、M2 和 M3，占地面积分别为 6 平方米、9.6 平方米和 20 平方米。M1 墓冢为条石垒砌，长 3、宽 2、高 1.5 米，呈梯形，上有封土；碑文阴刻"清故显考例授之林郎唐公朝天墓，□庆十三年□□□"；额枋刻"衣冠"。M2 墓冢为条石垒砌，长 4、宽 2.4、高 1.2 米，呈梯形，上有封土；碑高 0.7 米；碑文为"故显考例授佐仕郎唐公□□□，乾隆五十九年□□□"。M3 墓冢为条石垒砌，长 5、宽 4、高 1.5 米，呈梯形；墓碑高 1.1、宽 0.7 米，呈矩形，上有封土；碑文阴刻"清故显妣唐母戒名邓开慧老孺人，道光二十三年冬月二十八日酉时立"。

大屋基胡家墓地　位于明威乡九皇村大屋社大屋基，修建于清代，坐北向南，占地面积约 100 平方米。从西向东依次为 M1 ~ M10，形制和石碑均一致，土冢墓，碑顶端均呈圆拱形，墓主称号分别为：胡文星之墓，胡定儒之墓，胡安述之墓（墓冢失），胡母傅氏墓（墓冢失），胡安迁之墓（墓冢失），胡源龙夫妻墓，胡安迎墓，胡定澜之墓，胡母彭氏墓，胡母张太君墓。

骑龙坳吴家墓地　位于明威乡金鱼村民富组骑龙坳，修建于清代。共有墓 4 座，M1、M2 坐西向东，M1 墓冢为土冢墓，墓碑高 1.4、宽 0.9 米，碑顶端呈圆拱形，碑文为"清显考吴公讳裔兆大人墓　同治戊辰年桂月"。M2 墓冢为土冢墓，墓碑高 1.5、宽 0.85 米，碑顶端呈圆拱形，碑文为"清显姚吴母邹老孺人之墓，同治乙巳年□□"。M3、M4 坐北向南，M3 墓冢为土冢墓，长 5、宽 4.4 米，墓碑高 1.5、宽 0.88 米，碑首呈圆拱形，碑文阴刻"敕授文林朗泸州学正吴公嗣让府君墓，大清光绪二十二年岁次丙申日"；M4 墓冢为土冢墓，长 8、宽 4 米，墓碑高 1.6、宽 0.86 米，碑首呈圆拱形，碑文阴刻"清例赠孺人吴母史太君墓，光绪乙酉年三月立"。

老湾头唐家墓地　位于明威乡金鱼村民金组老湾头，修建于清道光四年（1824年），坐东北向西南，占地面积 44 平方米。共分为 M1 和 M2，M1 墓冢为土冢墓，长 5.5、宽 4 米；墓碑高 1.2、宽 0.65 米，碑顶呈圆拱形，碑文为"清故显考唐公讳祖斌大人之墓，大清道光四年三月十三日立"。M2 墓冢为土冢墓，长 5.5、宽 4 米；墓碑高 1.3、宽 0.72 米，碑顶呈圆拱形，碑文为"清故显考讳思晏大人之墓，大清道光四年三月十三日立"。

潘家嘴胡家墓地　位于明威乡金鱼村民强组潘家嘴，修建于清代，坐北向南。共有墓 2 座，M1 墓冢为条石围砌垒筑，长 5.6、宽 3.6 米，呈梯形，上有封土；墓碑高 3.1、宽 1.24 米，两柱一开间，庑殿顶，柱施抱鼓石，碑顶端呈梯形，雕刻精美"二龙抢宝"图案，额枋雕刻"龙吟虎啸"，抱鼓石雕刻龙虎；碑文阴刻"清显考胡公字映联大人墓，咸丰丙辰岁十二约十四日吉立"。M2 墓冢为条石围砌垒筑，长 5、宽 3.8 米，呈梯形，上有封土；墓碑高 1.6、宽 0.88 米，碑首呈圆拱形，碑文阴刻"清显姚胡母王氏老孺人墓，同治六年五月初九日吉立"。

杜天福墓　位于明威乡九皇村，修建于清嘉庆十三年（1808 年），坐西北向东南，占地面积 15 平方米。墓冢为土冢墓，长 5、宽 3 米，呈梯形，上有封土；墓碑高 1.3、宽 0.65 米，碑首呈圆拱形；碑文阴刻"清故显考杜公讳天福大人之墓，大清嘉庆十三年岁序戊辰季春月上浣吉旦"。

吴佑荣墓　位于明威乡义和村，修建于清道光二十年（1840 年），坐西向东，占地面积 30.8 平方米。墓冢为条石围砌垒筑，长 7、宽 4.4、高 1.4 米，呈梯形，上有封土；墓碑为仿木结构四柱三开间重檐庑殿顶，面阔 2.8、高 2.8 米，碑文阴刻"皇清待赠正八品显考吴公讳佑荣老大人之墓，道光庚子年仲冬既望日"。

彭万镒夫妇墓　位于明威乡金鱼村，修建于清道光二十二年（1842 年），坐东北向西南，占地面积 6 平方米。墓冢为土冢墓，墓碑高 1.9、宽 0.95 米，碑首呈圆拱形，碑文阴刻"皇清□授正八品之林彭公（孺母）讳万镒（夏显示清）之坟墓位，道光二十二年姑洗月吉日"。

吴佑昌墓　位于明威乡九皇村，修建于清道光癸卯年（1843 年），坐北向南，占地面积 80 平方米。墓冢为红条石围砌垒筑，面阔 4.6、长 6 米，呈前带拐角梯形，上有封土；墓碑高 1.8、宽 1.2 米，两柱一开间檐缺失，碑文阴刻"皇清例赠正八品吴公讳佑昌老□□□，道光癸卯年夏月吉日"。拜台呈半圆形，半径为 4 米，外围条石垒砌。

曾陈氏墓　位于明威乡燕山村，修建于清咸丰二年（1852 年），坐西向东，占地面积 26.4 平方米。墓冢为条石垒砌，长 6、宽 4.4、高 1.5 米，呈前带拐角梯形，上有封土；墓碑高 2.1、宽 1 米，碑首呈蘑菇形，碑文阴刻"皇清诰授孺人曾母陈老太君□，咸丰二年九月初一日"。

刘陈氏墓　位于明威乡明威村，修建于清咸丰乙卯年（1855 年），坐南向北，占地面积 18 平方米。墓冢为条石围砌垒筑，长 5、宽 3.6、高 1.3 米，呈梯形，上有封土；墓碑高 1.6、宽 0.9 米，碑首呈圆拱形，碑文阴刻"显妣刘母陈老太君孺人墓，咸丰乙卯年十二月望旭立"。

吴瑞墓　位于明威乡九皇村，修建于清咸丰乙卯年（1855 年），坐南向北，占地面积 30 平方米。墓冢为红条石围砌垒筑，长 6.5、宽 4.5 米，呈前带圆弧形墓冢，上有封土；墓碑高 2.5、宽 1.3 米，两边施宽 0.65、高 1.5 米抱鼓石，两柱一开间庑殿顶，额枋浅浮雕"二龙抢宝"图案，抱鼓石雕刻精美瑞兽祥图；碑文阴刻"皇清显考吴公字瑞大人墓，大清咸丰乙卯年小阳月吉"。

曾成中墓　位于明威乡义和村，修建于清咸丰十年（1860 年），坐东向西，占地面积 18 平方米。墓冢为条石围砌垒筑，长 5、宽 3.6、高 1.5 米，呈梯形，上有封土；墓碑高 2.1、宽 0.75 米，碑首呈圆拱形，碑文阴刻"皇清待赠曾公字成中老大人墓，咸丰十年冬月十三日吉立"。

吴启章墓　位于明威乡义和村，修建于清咸丰十年（1860 年），坐西向东，占地面积 12.8 平方米。墓冢为条石垒筑，呈六棱形，长 4、宽 3.2、高 1.3 米，上有封土。墓碑高 1、宽 0.8 米，呈矩形，镶嵌在墓冢正前方。碑文阴刻"清登仕郎吴公启章大人墓，咸丰拾年庚申岁闰三月初六日"。

胡吉泰墓　位于明威乡金鱼村，修建于清同治三年（1864 年），坐东向西，占地面积 49 平方米。墓冢为条石围砌垒筑，长 7、宽 7 米，呈矩形，上有封土；墓碑高 1.7、宽 0.9 米，碑首呈圆拱形，碑文阴刻"清显考胡公字吉泰大人墓，同治三年仲春月吉日"。拜台呈半圆状，半径为 7 米。

凌宝仙墓　位于明威乡石牛村，修建于清同治三年（1864 年），坐南向北，占地面积 8.8 平方米。墓冢为土冢墓，长 4、宽 2.2 米；墓碑高 1.4、宽 0.8 米，碑首呈圆拱形，碑文阴刻"清显妣唐母凌宝仙太君墓，同治三年桂月拾八日立"。

蒋广田墓　位于明威乡燕山村，修建于清同治四年（1865 年），坐北向南，占地面积 15 平方米。墓冢为土冢墓，长 5、宽 3 米；墓碑高 2.15、宽 1.03 米；碑首呈圆拱形，碑文阴刻"太孺人钟母启名蒋广田墓，大清同治四年仲秋月朔五日吉"。

张心瑄墓　位于明威乡金鱼村，修建于清同治六年（1867 年），坐东向西，占地面积 12 平方米。墓冢为条石垒砌，墓碑高 3、宽 2.36 米，仿木结构两柱一开间庑殿顶，柱施抱鼓石，顶施龙头鱼身，额枋雕刻精美二龙抢宝图案；碑文阴刻"清显妣胡母张心瑄老孺人之墓，同治六年丁卯岁五月吉旦"。

吴本怡墓　位于明威乡石牛村，修建于清同治八年（1869 年），坐北向南，占地面积 11 平方米。墓冢为条石围砌垒筑，长 5、宽 2.2 米，呈梯形，上有封土；墓碑高 1.2、宽 0.9 米，碑呈圆拱形，碑文阴刻"故显妣唐母吴本怡孺人墓，同治八年乙巳三月吉旦立"。

串国林墓　位于明威乡明威村，修建于清同治十年（1871 年），坐北向南，占地面积 20 平方米。墓冢为长方形冢，长 5、宽 4、高 2 米；墓碑高 1.6、宽 0.8 米，碑首呈圆拱形，碑文阴刻"清显考串公讳国林大人墓，大清同治十年仲春月十六日"。

李兴凤墓　位于明威乡明威村，修建于清乙亥年（1875 年），坐北向南，占地面积 12 平方米。墓冢为土冢墓，长 4、宽 3 米；墓碑高 1.4、宽 0.75 米，碑首呈圆拱形，碑文阴刻"故显考李公讳兴凤大人墓，大清乙亥年仲春月下浣日吉立"。

曾和中墓　位于明威乡白塔村，修建于清光绪四年（1878 年），坐南向北，占地面积 24 平方米。墓冢为条石围砌垒筑，长 5、宽 4.8 米，呈前带拐角梯形，上有封土；墓碑高 1.83、宽 0.93 米，碑首呈圆拱形，两方抱鼓石已毁，碑文阴刻"清赠修职郎和中公大人墓，光绪四年冬月二十七日立"。

何正应墓　位于明威乡平岩村，修建于清光绪八年（1882 年），坐北向南，占地面积 12 平方米。墓冢为条石围砌垒筑，长 4、宽 3 米，呈梯形，上有封土；墓碑高 0.9、宽 0.6 米，碑首呈圆拱形，碑文阴刻"故显考何公讳正应大人墓，光绪八年季春月上浣日立"。

张福先墓　位于明威乡石牛村，修建于清光绪十三年（1887 年），坐西北向东南，占地面积 19.8 平方米。墓冢为条石围砌垒筑，面阔 3.6、长 5.5、高 1.3 米，上有封土；墓碑高 1.7、宽 0.88 米，碑首呈圆拱形，碑文阴刻"皇清待赠显考张公字福先老大人之坟墓，光绪十三年丁亥岁季冬月吉日立"。

陈正福墓　位于明威乡金鱼村，修建于清光绪二十九年（1903 年），坐东南向西北，占地面积 12.8 平方米。墓冢为土冢墓，长 4、宽 3.2 米，呈梯形；墓碑高 1.7、宽 0.88 米，碑首呈圆拱形，碑文阴刻"清显妣胡母陈正福老孺人之墓，光绪二拾九年冬月拾二日吉立"。

唐家炳墓　位于明威乡金鱼村，修建于清宣统三年（1911 年），坐西北向东南，占地面积 25.2 平方米。墓冢为土冢墓，呈梯形，长 6、宽 4.2 米；墓碑高 1.35、宽 0.65 米，碑首呈圆拱形，碑文阴刻"清显考唐公讳家炳大人墓，宣统三年仲春上旬吉日立"。

古建筑

朱保权宅　位于明威乡明威社区，为宅第民居　建于清代，坐北向南，占地面积 115.05 平方米。为抬梁穿斗木结构，三柱两开间，面阔 5.9、进深 17.8 米，平面呈矩形。房屋分两层，一层为前店后寝，正面木板墙施双开门两扇；二楼为住房，施条形木栅栏；前带檐，施卷棚顶，面阔 5.9、长 1.7 米，弯挑出檐；屋面为人字形小青瓦屋面，两边为竹篱笆夹墙；为素土地面。

李佑祖宅　位于明威乡明威村，为宅第民居，建于清代，坐南向北，占地面积 146 平方米。为穿斗木结构建筑，四柱三开间前带廊构造，通面阔 14.6、进深 7.7、廊长 2.4 米，平面呈矩形，明间施垂带踏梯四阶，施双开门一扇，方格纹槛窗两扇，门上施方格风窗，小青瓦屋面，外围竹编篱笆夹墙，内为木板墙，素土地面。

石窟寺及石刻

禁渔猎碑　位于明威乡明威社区，系清代楷书阴刻石碑，坐东南向西北，嵌于石墙内，占地面积约 2 平方米。碑为长方形，楷书阴刻，碑的内容大致为："天子以仁义治天下，君子以仁义教生民。天地万物自有其生存准则，今有少年游侠，无知百姓，外出时恣意荼毒生灵，有伤天和，有违圣人之意，故告示众人，不准图游玩而乱打禽鸟，不准放火烧山，不准网钓图利；否则即为违禁，保甲人等可依此告示告发并追究；但也不得乱用此示伤害无辜之人。"

过路界石窟　位于明威乡燕山村，凿于清代，坐南朝北。位于山崖壁上，共有龛四个。龛 1：宽 0.45、高 0.65 米；龛 2：宽 0.6、高 0.7 米；龛 3：宽 0.35、高 0.57 米；龛 4：宽 0.35、高 0.5 米。窟壁四周均有人工打造过的痕迹。

凉姜乡

古遗址

杨家林寨址　位于凉姜乡三鱼村，建于明代，分布面积 1000 多亩。现存遗址有北门、南门；北门坐南向北，门宽 1.35、高 2.5 米，夯拱已毁，可见残墙由长 0.9、宽 0.4 米的条石错列垒筑，最高处 4.5 米，北门通向岩翁寺；南门已毁，只可见门下石板小路，寨子内已改建为农田，不见任何建筑遗迹。

古墓葬

老虎坡崖墓　位于凉姜乡三鱼村板栗社老虎坡，修建于汉代，坐西向东，占地面积约 20 平方米。墓门已毁，露出墓口，高 1.2、宽 0.9 米，呈矩形，墓室长 3、宽 0.9 米，呈矩形，墓室内有石棺床一具，长 2、宽 0.7 米。

杨家林崖墓　位于凉姜乡三鱼村杨家社杨家林，修建于汉代，坐东向西，占地面积约 20 平方米。墓门已毁，墓口呈矩形，高 1、宽 1.2 米，墓室长 3、宽 1.2 米，两壁各有二对称龛，无纹饰，中间一龛有二人物造像。

槽地湾崖墓　位于凉姜乡金胜村骑龙组槽地湾，修建于汉代，坐东向西，占地面积约 20 平方米。墓门已毁，墓口呈圆弧形，直径约 0.5 米。墓室长 1.1、宽 1 米，呈矩形。

瓦窑坝墓地　位于凉姜乡高庙村天才社瓦窑坝，修建于明代，坐北向南，占地面积约 20 平方米。有两个墓室，墓门已毁，墓口高 1、宽 0.8 米，呈矩形，墓室高 1、宽 0.8、长 3 米。墓室均有三龛，无纹饰。

大坟坝墓地　位于凉姜乡罗山村水竹社大坟坝，修建于明代，坐北向南，分布面积约 100 平方米。共有 2 座墓，M1 未开启，M2 因自然垮塌露出墓口及内部结构，墓室长 3.2、宽 0.94、高 1.8 米，呈矩形，顶部施藻井，内壁龛刻寿山图案。

黄桷坳张家墓地　位于凉姜乡新光村黄桷社黄桷坳，修建于清代，坐北向南，分布面积约 200 平方米，共分为 M1 ~ M4，其中 M1、M2 墓冢相邻，并列分布；M3、M4 墓冢相邻，并列分布；M1 ~ M4 均为条石垒筑墓冢。M1 墓冢长 5、宽 3.4、高 1.5 米；墓碑高 1.6、宽 0.75 米，呈矩形，碑文阴刻"清显考张公讳廷□□□，道光乙亥年十二月吉旦"。M2 墓冢长 5、宽 2.8、高 1.3 米；墓碑高 1.75、宽 0.9 米，碑首呈圆拱形，碑文阴刻"张公奕珍之墓，光绪十九年癸巳年十月初一日"。M3 墓冢长 7、宽 3 米；墓碑高 1.9、宽 0.9 米，碑首呈圆拱形，碑文阴刻"清例赠孺人张母叶太君墓，同治九年冬月初一日立"。M4 墓冢长 7、宽 3 米；墓碑残存高 1.4、宽 0.9 米，碑文为"□□□张公德谦大人墓"。

白果树刘家墓地 位于凉姜乡金胜村机房组白果树，修建于清代，坐北向南，占地面积约 100 平方米。共分为 M1～M3，M1、M3 形制一致，墓冢为条石垒筑，前呈圆弧形，长 7、宽 4、高 1.5 米，上有封土；墓碑高 1.7、宽 0.8 米，碑首呈圆拱形；M1 碑文阴刻"清显考刘公讳正玺大人墓，光绪戊戌年正月吉日"；M3 碑文阴刻"清显妣刘母王老孺人之墓，光绪戊申年十月初八日吉"；M2 墓冢为条石垒筑，前呈八字形，长 7、宽 3.4 米，上有封土；墓碑高 1.7、宽 0.83 米，碑首呈圆拱形，碑文阴刻"清显妣刘母戒名李悟□墓，光绪甲午年春二月廿六日"。

王德宣夫妇墓 位于凉姜乡金利村，修建于清代，坐南向北，占地面积约 50 平方米。现存墓坊一座，墓冢一座，墓碑已毁。墓坊石质仿木结构四柱三开间，三楼庑殿顶，通高 4.5、通宽 4 米。墓坊正反两面均有碑文及精美雕刻，正面明间斗板阴刻"万古佳城"，额枋雕"二龙抢宝"图案，碑文阴刻"皇清例赠登仕郎显考王公字德宣大诰孺人母杨德广孺人墓"。

坟山坝王家墓地 位于凉姜乡金利村锅底社坟山坝，修建于清代，坐南向北，占地面积约 200 平方米。共分为 M1～M3，呈前后错列分布。M1 墓冢为条石垒筑，长 5.5、宽 3.6、高 1.5 米，前呈圆弧形，上有封土；墓碑高 1.8、宽 0.9 米，碑首呈圆拱形，碑文不清；拜台两层，上层为半径 4.2 米半圆形，下层长 10、宽 6 米，呈圆弧形。M2 墓冢为条石垒筑，长 7、宽 4、高 1.3 米，前呈圆弧形，上有封土；墓碑石质仿木结构两柱一开间，高 1.8、宽 1.1 米，庑殿顶，碑文阴刻"清显妣王母殷老孺人□□□，乾隆五十一年岁次丙午季春朔月"。M3 墓冢为条石垒筑，长 6.5、宽 3.6、高 1.3 米，前呈圆弧形，上有封土；墓碑石质仿木结构两柱一开间庑殿顶，高 1.8、宽 1.1 米，碑文阴刻"乾隆五十九年□□□□□□"。

深基坝刘家墓地 位于凉姜乡罗山村大榜社深基坝，修建于清代，坐西北向东南，分布面积约 100 平方米。墓地共分为 M1、M2，呈前后错列分布，墓冢均为条石垒筑，墓碑碑首均为圆拱形；M1 墓冢长 5、宽 3.4、高 1.4 米，墓碑高 1.7、宽 0.85 米，碑文阴刻"清故显妣刘母杨老孺人墓 光绪丁酉二十三年孟夏吉立"。M2 墓冢长 6、宽 3.8、高 1.7 米，墓碑高 1.7、宽 0.85 米，碑文阴刻"清故显妣刘母钟老孺人墓，光绪乙未二十一年孟夏吉立"。

大坟山刘家墓地 位于凉姜乡高庙村大屋社大坟山，修建于清代，坐北向南，分布面积约 200 平方米。共分为 M1～M4，呈直线并列分布。墓冢均为条石垒筑，长 4.5、宽 4.2、高 1.4 米；墓碑高 2.2、宽 1 米，碑首呈圆拱形，碑文阴刻 M1："清待赠显考刘公字溢兴大人墓，大清光绪癸卯廿九年闰五月谷旦立"；M2："清显妣刘母秦法/名正寿老孺人墓，光绪三十三年仲秋月上浣"；M3："清待赠显考刘公讳玉瑚大人墓，光绪四年岁次戊寅桂月"；M4："清待赠显考刘公讳长柱大人墓，光绪己卯年季春月"。

古墓嘴墓地　位于凉姜乡金利村赵桷社古墓嘴，修建于清嘉庆十八年（1813 年），坐南向北，占地面积 28 平方米。墓冢为条石垒筑，长 7、宽 4、高 1.4 米，上有封土；墓碑石质仿木结构四柱三开间，通高 2.8、宽 2.8 米，重檐庑殿顶，明间碑文为"清例诰显妣刘母李太君墓，嘉庆十八年春二月廿一日吉立，清例诰显妣刘母谢太君墓"；次间碑文风化严重。

聂明之夫妇墓　位于凉姜乡九里村，修建于清乾隆五十九年（1794 年），坐南向北，占地面积约 25 平方米。墓冢为条石垒筑，长 6.5、宽 4.6、高 1.6 米，前呈圆弧形，上有封土；墓碑高 1.5、宽 0.8 米，呈矩形，镶嵌在墓冢正前方条石中，碑文阴刻"乾隆五十九年□□□"。

罗椿夫妇墓　位于凉姜乡金胜村，修建于清道光二十五年（1845 年），坐北向南，占地面积 40 平方米。墓冢用条石包砌，前呈圆弧形，长 8、宽 5、高 2 米；墓碑为石质仿木结构四柱三开间五楼庑殿顶，两边施八字仪墙。明间碑文阴刻"故清显考罗公讳椿字成材老大人墓"；次间碑文阴刻"故继妣罗母屈老孺人之墓，时道光廿五年乙巳岁清和月望五日立"。雕刻精美，额枋上刻有戏剧人物和吉祥花卉。

吴宅兴夫妇墓　位于凉姜乡新光村，修建于清咸丰三年（1853 年），坐南向北，占地面积 24 平方米。墓冢为条石垒筑，长 6、宽 4、高 1 米，前呈圆弧形；墓碑高 1.2、宽 0.7 米，呈矩形，碑文阴刻"清显考（妣）吴公（母）讳宅兴（胡孺）大人墓，咸丰三年嘉平月廿四日"。

刘成柄墓　位于凉姜乡罗山村，修建于清同治二年（1863 年），坐北向南，占地面积 24 平方米。墓冢为条石垒筑，长 6、宽 4、高 1.5 米，前呈圆弧形，上有封土；墓碑高 1.9、宽 0.95 米，碑首呈圆拱形，碑文阴刻"故显考刘公讳成柄大人墓，同治二年癸亥岁季春月吉日"。

邓兴贤夫妇墓　位于凉姜乡罗山村，修建于清同治九年（1870 年），坐南向北，占地面积约 50 平方米。墓冢为条石垒筑，长 7.5、宽 5.6、高 1.6 米，前呈圆弧形；墓碑高 2.05、宽 1.03 米，碑首呈圆拱形，碑文阴刻"清故显考（妣）邓公（母）讳兴贤（刘邱印）老（孺）人墓，同治九年腊月初九日吉旦"。

萧金瑚夫妇墓　位于凉姜乡罗山村，修建于清同治十年（1871 年），坐北向南，占地面积 8.8 平方米。墓冢为土堆，长 4、宽 2.2 米；墓碑高 1.7、宽 0.9 米，碑首呈圆拱形，碑文阴刻"清祖考（显）萧公讳玉瑚（玉文）大人墓，同治十年辛未岁十月二十七日立"。

吴宅栋墓　位于凉姜乡新光村，修建于清同治十二年（1873 年），坐南向北，占地面积 28.8 平方米。墓冢为条石垒筑,长 6、宽 4.8、高 1.8 米,前呈圆弧形;墓碑高 2.1、宽 0.95 米,碑首呈圆拱形,碑文阴刻"清显考吴公讳宅栋大人墓,同治癸酉年冬月廿一日立"。

小湾子墓地　位于凉姜乡高庙村团结社小湾子背上,修建于清同治十三年 (1874),坐西向东,占地面积 37.8 平方米。墓冢为条石垒筑,长 7、宽 5.4、高 2 米,前呈梯形;墓碑镶嵌在条石中间,高 2.3、宽 1.2 米,碑首呈圆拱形,碑文为"清□□□人顾□□□,大清同治甲戌年冬月";额枋阳刻"万古佳城";对联为"山势耸层峦龙降虎伏;水源回九曲象束狮收"。

刘李氏墓　位于凉姜乡高庙村,修建于清光绪十七年 (1891 年),坐北向南,占地面积 26.4 平方米。墓冢为条石垒筑,长 6、宽 4.4、高 1.6 米,墓碑高 2、宽 1.4 米,碑首呈圆拱形,碑文阴刻"清敕封孺人显妣刘□□□,大清光绪辛卯年□□□"。

蒲月兴墓　位于凉姜乡金胜村,修建于清光绪二十四年 (1898 年),坐西向东,占地面积约 25 平方米。墓冢为土堆,墓碑高 1.6、宽 0.87 米,碑首呈圆拱形,碑文阴刻"故显妣刘母戒名蒲月兴老孺人墓,大清光绪二十四年"。

刘乾贞墓　位于凉姜乡罗山村,修建于清光绪三十一年 (1905 年),坐北向南,占地面积 17 平方米。墓冢为土堆,长 5、宽 3.4 米;墓碑高 1.6、宽 0.8 米,碑首呈圆拱形,碑文阴刻"清待赠显考刘公讳乾贞大人墓,光绪三十一年乙巳岁仲夏月谷旦"。

王中愈墓　位于凉姜乡金利村,修建于清光绪三十四年 (1908 年),坐南向北,占地面积约 25 平方米。墓冢为条石垒筑,长 6.5、宽 3.6、高 1.4 米,呈梯形,上有封土;墓碑高 2.4、宽 1.2 米,碑首呈圆拱形,碑文阴刻"清例赠显考王公讳中愈字师韩老大人墓,光绪戊申年全月上浣日"。

陈明荣墓　位于凉姜乡金胜村,修建于清宣统元年 (1909 年),坐北向南,占地面积约 30 平方米。墓冢为条石垒筑,长 7.5、宽 3.8、高 1.4 米,前呈圆弧形,上有封土;墓碑高 1.65、宽 0.8 米,碑首呈圆拱形,碑文阴刻"皇清显妣刘母陈戒名明荣之墓,宣统元年岁次己酉闰二月吉日"。

古建筑

杨柳溪桥　位于凉姜乡九里村,修建于明正德六年 (1511 年),东西走向。单孔拱券式石质平桥,桥长 8、宽 4.4 米,桥两端拱顶上分别雕塑双龙含珠龙首和龙尾,南北面正中有太极图案,现尚存南侧栏板,尾部为鼓形,石桥东侧,有功德碑记载修桥过程,功德碑嵌于石龛内,碑文记载:"叙州府宜宾县新兴乡杨柳溪桥记……皇明正德六年冬十二月吉旦立。"

瓦窑坝井　位于凉姜乡高庙村,修建于清代,占地面积约 5 平方米。井盖为圆形,口径 1.4 米，东面有一个 0.15 米的缺口，用于井满溢水；中心凿直径为 1 米的圆形井口，井身为条石错砌正方形，边长 0.9、井深 2.1 米。

王显荣宅　位于凉姜乡双河社区，为宅第民居，修建于清代，坐南向北，占地面积约 80 平方米。为抬梁穿斗木结构，前带檐廊，一楼一底，呈矩形，四柱三间面阔 9.3米，进深一间 7 米。檐廊走马板上红漆正书："伟大领袖毛主席万岁！"

刘付强宅　位于翠屏区凉姜乡罗山村，为宅第民居　建于清代，坐北向南。由正房、东西耳房合成三合院。现存正房三间 14 米，进深 8 米，西耳房四间，东耳房三间，其余已改建为现代建筑。民居为典型川南民居建筑，建于素土台基上，穿斗木构架，悬山顶小青瓦屋面，出檐较深，带有廊道，山墙和立面均用木板做装板和格栅，门窗以上竹编泥抹灰墙，三合土地面，正房施弯刀挑，有垂雀吊柱。

石窟寺及石刻

清凉洞摩崖造像　位于凉姜乡三鱼村，凿于清代，分布面积约 2000 平方米。共有六龛。一龛：坐北向南，长 11、宽 0.6、高 0.7 米，有造像 38 个；二龛：坐西向东，高 2.3、宽 2.7 米，无造像；三龛：坐西向东，高 5、宽 4 米，造像 2 个；四龛：坐西向东，高 2.5、宽 3.6 米，千手观音造像一个；五龛：坐西向东，高 1.5、宽 2 米，无造像，有木桩数个；六龛：坐西向东，高 6、宽 5.7、深 5.7 米，造像 26 个。

邱场乡

古墓葬

蛮子洞湾崖墓　位于邱场乡云台村云其社蛮子洞湾，修建于汉代，坐南朝北。墓道已毁，墓门呈梯形，高 0.8 米；墓室呈圆拱形，宽 1.4、进深 2 米，左右各有一侧壁龛，洞顶打凿成斗拱形，已不见随葬品和骨骼。

毛田湾墓地　位于邱场乡新路村新路组大水井毛田湾，建于明代。2 座墓并列，分别编为 M1、M2 墓。M1 墓坐北朝南，为单室墓，室为仿木结构，用石板或条石雕凿后垒砌而成，呈长方形，长 2.5、宽 0.8、高 1.5 米，石室后壁凿有一龛，龛内放有随葬品。墓门被毁，不见骨骼。M2 墓形制同 M1 墓。

白虎山墓地　位于邱场乡新店村，修建于明代，坐北朝南。呈两排分布，第一排为 2 个石室墓，洞宽 0.8、进深 4.7、高 2 米，由 0.3 米厚条石搭建而成；第二排为 7 个石室墓，洞宽 1.2、进深 3.6、高 2 米，由厚度为 0.25 米的石板搭建而成。

长坡上墓群　位于邱场乡新站村红旗社长坡上，建于明代，坐东南向西北。墓群散落分布于长坡上一侧，约有 5 座。M1 墓由厚为 0.12 米的石板搭建而成，宽 1、高 1.1、进深 3 米，后壁凿一壁龛，不见骨骸和随葬品。其他墓或石板被移走，形制不完整，或被野草和泥土覆盖。

张家岭墓地　位于邱场乡白云村白岭组张家岭，修建于明代，坐东南朝西北。共有墓 20 座，高低错落分布在 20 米的范围内，分别编为 M1～M20。墓室形制相同，均用石板垒凿而成，现部分墓已被盗，墓门被毁，其中一墓室宽 1.2、高 1.75、进深 2.8 米，已不见随葬品和骨骸，墓室内均有不同程度的残损和风化。

竹山坡墓地　位于邱场乡新富村共和组竹山坡，修建于明代，坐东向西。用石板及条石雕凿后垒砌而成，高 2、进深 2.7、宽 1.8 米，发现时墓已被盗，不见随葬品和骨骸。

叉叉店墓群　位于邱场乡桐梓园村叉叉店社，修建于明代，坐北朝南。分布于叉叉坡侧，为一墓两室，有后壁龛，由厚为 0.2 米的条石搭建而成，通宽 2.2、进深 3.2、高 2 米，现不见骨骸及随葬品。

大坡墓群　位于邱场乡新马村红岩组大坡，修建于明代。石室墓共 8 座，分别高低分布在约 20 米的山坡上。M1 墓坐东向西，单室墓，墓室呈长方形，用石板或条石雕凿后切成，长边 2.5、宽 0.9、高 1.6 米。石厚 0.3 米，石室后壁凿有一龛，呈倒梯形，墓侧门一半被毁，可见内部结构，已不见骨骸和随葬品。其余墓现保存较好，被泥土掩盖。

大水井墓地　位于邱场乡新路村，修建于明代，坐西向东。从左到右为 M1、M2：M1 墓为一墓三室，由厚为 0.28 米的条石搭建而成，后壁龛呈矩形，墓室宽 0.82、进深 3.4、高 2、通宽 3.66 米。M2 为两室后壁刻有建筑样式花纹，凿于矩形后壁龛，均不见随葬品和骨骸。

秧田湾墓群　位于邱场乡新路村新路社大水井秧田湾，修建于明代，坐东向西。编为 M1～M8 墓，M1 墓为单室，由厚为 0.2 米的条石搭建而成，后壁雕刻有四柱三开间牌坊样式，中间凿一矩形壁龛，墓室宽 0.8、进深 2.75、高 1.8 米。其余形制相同。

大石盘刘家墓地　位于邱场乡新站村石盘村大石盘，修建于清代。共有 2 座墓，分别由下至上编为 M1、M2 墓：M1 墓坐东向西，墓冢呈梯形，条石垒砌而成，长边 4.7、短边 3、进深 4.2 米。墓碑为单碑带碑座，碑高 1.85、宽 0.92 米，碑文为"皇清待赠刘公讳□才之墓，咸丰元年春三月二日"。M2 墓形制同 M1 墓。

刘则行墓　位于邱场乡邱场村，修建于清代，坐西向东。墓冢呈圆形，红砂石质条石砌成，半径 1.98、高 1.6 米，墓碑带碑座，仅见正碑及左次间，高 1.7、宽 1.8 米。碑文为"皇清例授六品修职郎刘公字则行大人之墓"。

茶园山墓地　位于邱场乡谢坝村黑洞组茶园山，修建于清代，坐西北朝东南。墓冢呈圆形，条石砌成，半径约为 3 米。碑为石质仿木结构四柱三开间庑殿顶，柱外施有抱鼓石，额枋上刻有凤凰、龙纹、梅花等纹饰，抱鼓石饰精美图案，碑文为"皇清待诰刘母太君"。左、右次间均刻有墓志铭。

龙毛嘴郭家墓地 位于邱场乡白云村白龙社龙毛嘴，修建于清代。共有墓 4 座，分别从下至上编为 M1 ~ M4 墓。M1 坐东向西，墓冢呈圆形，条石垒砌而成，直径 4.2、高 1.6 米，碑为单碑有碑座，碑高 1.52、宽 0.8 米，碑文为"皇清待诰郭母周显浩老孺人之墓，同治九年三月初六日立"。碑上刻对联"万里风云朝吉地；满天星斗照乾坤"；横批"辰山戌向"。M2 ~ M4 墓形制同上。

盘古洞刘家墓地 位于邱场乡白云村新盘组盘古洞，修建于清代。共有墓 3 座，分别从右至左编为 M1 ~ M3。M1 墓为合葬墓，坐北朝南，墓冢呈梯形，前呈圆形，条石垒砌而成，长边 7.3、短边 4.6、进深 6.4、冢高 1.5 米。墓前立三碑，为单碑有碑座，高 1.75、宽 0.84 米，碑文为"清显考刘公讳守国老大人墓，□□□月二十一日立"。M2 墓冢呈梯形，条石砌成，长边 3.2、短边 2.9、进深 5.2 米，单碑，高 1.5、宽 0.7 米，碑文为"故显妣刘母彭悟禅老孺人墓，大清同治二年二月十七日"。M3 形制同 M2 墓。

新房子邹家墓地 位于邱场乡河边村小屋组新房子，修建于清咸丰十年（1860 年）。共有 2 座墓，分别编为 M1 ~ M2。M1 坐北朝南，为合葬墓，墓冢呈梯形，条石垒砌而成，长边 7.33、短边 6.8、进深 5.8、冢高 1.3 米。墓立三碑，为单碑带碑座，碑高 1.56、宽 0.86 米，碑文为"清显妣邹母彭老孺之墓，咸丰十年十二月十三日立"；碑上刻对联"君拥水绕山环抱；共羡龙翔凤翥人"。M2 墓冢呈前弧形后梯形，条石砌成，为单碑，碑文为"清显考邹公讳贵重大人墓，咸丰十年十二月十三日立"。

姚家山邹家墓地 位于邱场乡河边村姚家组姚家山，修建于清道光年间。共有 5 座墓，分别从下至上编为 M1 ~ M5 墓。M1 墓，坐西向东，为合葬墓，墓冢仅见前部有条石，其余均为封土，冢宽 4、高 1.3 米，墓前立两单碑，均高 1.53、宽 0.73 米，碑文分别为："皇清待赠显考邹公讳大□老大人之神墓，道光十四年二月二十四日立"；"□□□□显考邹公讳世盛老大人之墓，道光十四年二月二十四日立"。M2 ~ M5 墓，墓冢均不见条石，碑为单碑。

海歌湾墓地 位于邱场乡新富村老房租海歌湾，修建于清代，坐西向东。墓冢呈梯形，前面呈圆形，条石垒砌而成，长边 4.7、短边 4.5、进深 5.5 米。墓碑为石质仿木结构四柱三开间三楼庑殿顶，有碑座，高 4.2、宽 3.5 米，庑殿顶，脊上饰有吻兽、宝瓶，额枋上雕刻有二龙戏珠、人物、凤凰、花等图案。墓正碑已不存，明间柱上刻有对联"德备行修洲女昭千秋妇顺；山环水流佳城荫百代人文"；次间柱上刻对联"敬戒无违洲慎辉□□；□荣有待龙光□□□"；横批"风清月白"。碑两边施有抱鼓石，雕刻有龙头莲花、牡丹、动物等精美图案。

岳家墓地 位于邱场乡云台村，修建于清光绪六年（1880年），坐东北向西南。共有墓2座，从左到右为M1、M2。M1墓为岳兆位夫妻合葬墓，墓冢呈梯形，长边5.2、短边3.8、进深6、高1.38米。碑为双碑，顶部为圆拱形，总宽1.54、高1.65米。M2墓冢平面呈鹅蛋性，红沙石质条石砌成，碑为单碑，碑文为"清故岳母敝名萧清福太君之墓，大清光绪六年庚辰岁仲冬之二十八日立"。

何萧氏墓 位于邱场乡新庙村，修建于清乾隆四十年（1775年），坐西南向东北。墓冢呈梯形，条石垒砌而成，长边3.4、短边3、进深5.2、冢高1.3米。墓碑为单碑有碑座，碑高1.38、宽0.78米，碑文为"皇清应诰何门□母萧太君老□□□□，乾隆四十年又十月□日"。

杨氏夫妇墓 位于邱场乡新马村，修建于清道光六年（1826年），坐东南向西北。墓冢呈梯形，条石砌成，长边4.4、短边4、进深5.2米。碑为石质仿木结构四柱三开间三楼庑殿顶，柱外施抱鼓石，碑高3.1、宽4米，脊上饰有吻兽，额枋上饰有精美图案，碑文为"皇恩□□正八品杨母公马长讳孺□人□老大□□□□，道光六年□□□□"。明间柱上刻对联"□朝水拱百代常承季□；左回右抱千载永出之□"；次间柱上刻对联"龙岸双江来会聚；俊岭一峰状奇□"。抱鼓石上雕刻有精美图案。

刘位桂墓 位于邱场乡邱场村，修建于清道光九年（1829年），坐东北向西南。墓冢平面呈梯形，条石砌成，长边4、短边3.2、进深6.2、高1.2米。碑为石质仿木结构四柱三开间庑殿顶，施抱鼓石。碑上刻有麒麟、凤凰、祥云、慕容等精美图案，碑高3、通宽2.7米。

刘朝勋夫妇墓 位于邱场乡新站村，修建于清道光三十年（1850年），坐东向西。墓冢平面呈圆形，红砂石质条石砌成，直径5.7、高1.4米，碑为四柱三开间，碑顶部刻二龙戏珠纹，碑文为"皇清待赠（诰）刘公讳朝勋（母凌孺人）之墓，道光三十年季冬月中浣日"。左右次间刻有墓志铭。

胡许氏墓 位于邱场乡桐梓园村，修建于清道光三十年（1850年），坐南向北。墓冢呈梯形，红砂石质条石砌成，长边3.7、短边3.6、进深5.5、墓高1.45米。碑为单碑，呈圆拱形，顶部刻有二龙戏珠纹饰，带碑座，宽1.5、高1.6米，碑文为"清故显妣胡门许太君老孺人之墓，大清道光三十年正月三十日"。

蒋元善墓 位于邱场乡桐梓园村，修建于清咸丰五年（1855年），坐东北向西南。墓冢呈梯形，前为圆弧形，由红砂石质条石砌成，墓冢宽1.5、进深4.3、高1.3米。碑为单碑带碑座，圆拱形，高1.7、宽0.74米。碑文为"皇清显考蒋公元善大人墓，咸丰五年十一月吉日立"。

新房坡墓地 位于邱场乡新路村新湾组新房子坡，修建于清同治元年（1862年），坐南朝北。墓冢呈梯形，前呈圆弧形，条石垒砌而成，长边4.2、短边3.9、进深5.2、冢高1.4米。碑为石质仿木结构两柱一开间庑殿顶，碑高2、宽2.4米，施抱鼓石，碑文为"皇清待赠显考蒋公□□□□，大清同治元年□□□□"。碑柱上刻对联"牛眠吉地毓□□；马鬣荣封启□□"；横批"万古佳城"。

夏郭氏墓 位于邱场乡邱场村，修建于清同治九年（1870年），坐东北向西南。墓冢呈圆形，条石砌成，半径2.05、高1.7米，碑为两柱一开间，宽1.1、高2.67米。碑文为"□□□诰封宜人显妣夏母郭老太君墓，大清同治九年庚午岁仲冬月二十二日吉旦"。碑刻对联"白骨镇坤□万里红方拱地秀；丹心归月窟九重紫诰万人文"。

何显洪墓 位于邱场乡新庙村，修建于清光绪八年（1882年），坐西向东。墓冢呈梯形、前呈圆弧形，条石砌成，长边4.8、短边4.2、进深6.1、冢高1.5米，碑为石质仿木结构两柱一开间庑殿顶，施抱鼓石，碑高2.5、宽2.4米，碑文为"□□□显考何公显洪大人墓，光绪八年四月二十三日立"。碑柱上刻对联"峻岭崇山锺百世；光前裕後庆千秋"。两边抱鼓石上刻有人物、龙、花纹等精美图案。

蒋效忠墓 位于邱场乡大同社区千秋社，建于清光绪三年（1877年），坐北朝南。墓冢呈圆形，条石砌成。两碑，一碑刻墓主姓名"皇清例授登仕郎显考蒋公字效忠大人墓，清光绪三年丁丑岁十二月□□日"；一碑刻墓志铭。

蒋思仁墓 位于邱场乡河边村，修建于清光绪三年（1877年），坐西北朝东南。墓冢为梯形，红砂石条石砌成，长边5.16、短边4.2、进深5.8、冢高1.27米。碑为单碑带碑座，顶为圆拱形，碑高1.65、宽0.81米，碑文为"清显考蒋公讳思仁大人墓，大清光绪三年二月二十一日"。

李正衡墓 位于邱场乡河边村，修建于清光绪三年（1877年），坐南朝北。墓冢前呈圆弧形后梯形，条石垒砌而成，长边3.9、短边3.2、进深6、冢高1.4米。墓为单碑，高1.64、宽0.75米，碑文为"皇清诰授九品孺人蒋母李正衡墓，清光绪三年二月二十一日"。

柏木沟墓地 位于邱场乡桐梓园村胡家坎社柏木沟，修建于清光绪十八年（1892年），坐南向北。墓冢呈梯形，前为圆弧形，由红砂石质条石堆砌而成，长边2.2、短边2、进深4.3、冢高1.5米。碑为单碑带碑座，宽0.78、高1.68米，碑文为"皇清显考蒋公学守宏老大人之墓，光绪十八年三月初八日吉立"。

蒋祖光墓 位于邱场乡河边村，修建于清光绪二十四年（1898年），坐西北向东南。墓冢由条石垒砌而成，长边4.2、短边3.6、进深5.3、冢高2.5米。碑为石质仿木结构两柱一开间庑殿顶，施抱鼓石，碑高2.2、宽2.5米，碑文为"皇清诰授登仕郎蒋公讳组光字□锡大人之墓，光绪二十四年甲辰岁七月十一日"。碑柱刻"二龙戏珠"图案。

双鹅孵蛋墓地 位于邱场乡新站村一山坡上，建于清光绪二十七年（1901 年），坐东向西。墓冢呈梯形，用黄沙土垒成，长边 3.8、短边 3.2、进深 5 米。墓立两碑，为单碑，其中一碑高 1.5、宽 0.83 米，碑文为"清故何母曾心道老太君墓，光绪二十六年七月初四日立"；另一碑文为"清顯考刘公讳传臣大人墓，光绪二十六年七月初四日立"。

萧国泙墓 位于邱场乡新马村，修建于清光绪二十九年（1903 年），坐南朝北。墓冢呈梯形，前呈圆弧形，条石垒砌而成，长边 4.5、短边 3.2、进深 5.7、冢高 1.45 米。单碑带碑座，高 1.45、宽 0.7 米，碑文为"皇清待赠顕考萧公讳国泙□□，大清光绪二十九年二月□一日"。

古建筑

文书巷民居 位于邱场乡大同社区，为宅第民居，建于清代，坐西向东，占地面积 30 平方米。为悬山穿斗式结构，小青瓦屋面，带前廊构造，四柱三开间通面阔 17.2、进深 12.1 米，墙体为竹编泥墙，挑枋上饰垂花。

张家岭民居 位于邱场乡白云村 为宅第民居，为清代建筑，坐东向西，占地面积 100 平方米。悬山穿斗式结构，带前廊构造，通面阔 14.5、进深 7.6 米，现墙面为土坯墙，挑枋有垂花装饰，小青瓦屋面，屋内扰乱严重。

过路界桥 位于邱场乡白云村，建于清代。分为两段，第一段为六墩平梁式石板桥，东北向西南走向，桥面长 30.7、宽 1、条石厚 0.5 米；第二段为两墩平梁式石板桥，南北走向，桥面长 9、宽 0.97、高 2.1 米。

姚家山民居 位于邱场乡河边村，为宅第民居，建于清代，坐西向东，占地面积约 200 平方米。建筑建于高约 2 米的台基上，为悬山穿斗结构带前廊构造，通面阔七柱六开间 26.8 米，通进深五柱落地 7.5 米。屋面为小青瓦屋面，墙体现部分为木板墙，部分为土坯墙，地面为三合土地面。

石窟寺及石刻

罗盘坡石窟 位于邱场乡大同社区，凿于清代，坐南朝北。洞口呈圆拱形，宽 3.3、高 2.2、洞内进深 3.2 米，后壁上凿一平台放置祭品及香烛；另凿有两个窟洞供放佛像，岩壁上有明显人工打凿痕迹。

哪石坪石窟 位于邱场乡新国村，凿于清代。打凿成一弧形洞窟，洞高 1.92、宽 3.3 米，石壁上凿有两个神龛，供放两尊佛像，神龛规模分别为 0.55×0.82 米，0.65×0.68 米，龛下有石质祭台，壁上分别有三个矩形凹面。

滩边石窟 位于邱场乡新国村，凿于清代。凿有神龛，用于供放佛像，旁有一石刻题记，长 0.8、宽 0.6 米，大字为边长 0.1 米正方体，小字为边长 0.025 米正方体，字间距 0.02 米；刻于清代同治元年，记载当年捐资修建佛龛的人名，龛下有洞窟。

近现代重要史迹及代表性建筑

桥江水库　位于邱场乡新马村，建于 1959 年，由当时的新中公社组织村民出工修建，以解决农业灌溉问题。水库占地面积 719 亩，蓄水面积 45 万平方米，灌溉面积 519 亩，其大坝东西走向，坝长 16.7、高 4.7 米，至今仍在使用。

谢坝水库　位于邱场乡谢坝村，建于 1964 年 10 月，由当时的球场公社组织村民出工修建。水库占地面积 20 亩，蓄水面积 12.35 平方米，灌溉面积 400 亩，大坝东北西南走向，长 55、高 10 米，主要灌溉谢坝村。

思坡乡

古遗址

金城寨遗址　位于思坡乡邓银村寨子组，建于明代，为明末川陕总督宜宾县人樊一蘅部会同当地乡绅为防张献忠义军的进攻所筑。石寨依山取势，天设险要。东西南北面寨墙用石条砌成，四面各设寨门一个。现仅东门较为完整，门前有条石蹬道，其余皆已损。

思坡码头遗址　位于思坡乡东坡社区，建于清代。码头原系清代岷江航运的一个客货两用码头。1944 年，国民政府水运部门为了保护码头及航运水道，又在码头的岷江中央砌筑堤干，并一直沿用到 20 世纪 90 年代，今基本已废弃。古码头为浅滩沙坝码头，斜坡式，共有两个泊位，前沿岸壁长分别为 180 米和 120 米，码头两侧有后期改建的下河梯道。堤干由条石、块石和大块油光石垒砌，浮出水面长 1200 米，最宽处约有 15 米，现部分已垮毁。

古墓葬

瓦厂沟崖墓群　位于思坡乡邓银村瓦厂沟，修建于汉代，坐北朝南。从东向西共有 5 座崖墓。第 1 号墓穴已毁。2 号墓穴壁上有人工挖凿排水沟。墓道、墓门外部分已完全不存，室内空无一物。每座墓壁上有石凿条形痕。

小龙岩墓地　位于思坡乡小龙村，建于汉代，坐北向南，占地面积 11.44 平方米。墓道长 1.41 米，两侧有耳室；墓室呈长方形，长 3、宽 2.6、高 1.8 米。

棺山坡崖墓　位于思坡乡胡家村一组，建于汉代，坐南向北，占地面积约 20 平方米。墓门已毁，露出墓口，呈矩形，高 0.9、宽 0.9 米；墓室呈矩形，长 4.6、宽 2.9 米。底部凿棺床，呈矩形，长 2、宽 0.6 米。

吕家墓地 位于思坡乡玉屏村，修建于清代，坐北向南，分布面积 100 平方米。由西向东共分为 M1～M5，呈直线并列分布，通面阔 10.5 米。M1 墓冢由条石垒筑，呈前带圆弧梯形，墓碑呈矩形，碑文阴刻"清显考吕公讳□先老大人之墓 光绪十三年十二月谷旦"；M2 墓冢形制不清，墓碑碑首呈圆拱形，碑文阴刻"清赠正八品吕公讳承惠府君之墓，咸丰三年十二月廿七日立"；M3 墓冢形制不清，墓碑碑首呈梯形，碑文阴刻"道光元年下葬于此，清显妣吕母游老孺人墓，咸丰三年更立碑"；M4 墓冢形制不清，墓碑呈矩形，碑文阴刻"清赠正八品吕公讳承忠府君之墓，咸丰三年冬月谷旦"；M4 与 M3 之间有一通吕家墓志铭；M5 墓冢由条石垒筑，呈前带圆弧梯形，墓碑呈矩形，碑文阴刻"显考吕公讳承德老大人之墓"。

雷则明墓 位于思坡乡花马村，修建于清代，坐东向西，占地面积 29.5 平方米。墓冢为条石围砌垒筑，长 6.4、宽 4.6、高 2 米，呈梯形，上有封土；墓碑为石质仿木结构四柱三开间三楼庑殿顶。墓碑高 4、宽 4.6 米。碑文阴刻"皇清显雷公字则明之墓"。对联"一水□洄崇马鬣；四山环列象龙□"；明间横额"佳城永固"；次间对联为"剑气丰城光今生斗；漆□蜀水翠拥岷峨"。

临江村李家墓地 位于思坡乡临江村，修建于清代。共有墓 4 座，墓冢均由条石垒砌而成。M1 坐北向南，墓冢长 6.5、宽 3.3 米。墓前方立一"八"字形仿木结构石牌坊四柱三开间三楼庑殿顶，通高 2.6、宽 2.8 米。碑文阴刻"清显考李公长聪大人墓，嘉庆二十五年春"；檐上横批"天灵地秀"；上联为"绿水□洄兴地脉"；下联为"青山环□蔚人文"。M2 坐西向东，墓冢长 6、宽 5 米；墓碑呈长方形，高 1.6、宽 0.9 米，碑文阴刻"清显考李公讳官白老大人之墓"。M3 坐南向北，墓冢长 5、宽 3.1 米；墓碑呈长方形，高 1.6、宽 0.9 米，碑文阴刻"清显考李公讳讯老大人（妣李母丁妙志老孺人）墓，大清光绪辛巳年季春月上巳日"。M4 坐北向南，墓冢长 7.5、宽 3.8 米。墓前方立一"八"字形仿木结构石牌坊四柱三开间三楼庑殿顶，通高 2.5、宽 3.8 米，碑文阴刻"清显考李公印述楷大人李母王开妙孺人之墓，大清咸丰三年岁次癸丑月建丙辰朔日"。

内子片刘家墓地 位于思坡乡小龙村五组内子片，修建于清代，坐北向南。共有墓 5 座，墓冢由土堆积而成，形制相同。其中 M1 保存较好，墓长 6、宽 3 米。墓碑高 1.4、宽 0.8 米。碑文阴刻"大清光绪□□□□□□年重兴大荒"。M2 碑文阴刻"清显考刘公讳凤林大□□□，宣统三年岁次辛亥新正月二十□"。M3 碑文阴刻"故显考刘公讳荣林大人之墓，大清光绪十一年□□酉□□秋月初七"。M4 碑文阴刻"清故显妣刘母孝祖墓，同治八年己巳岁三月上浣"。M5 碑文阴刻"清显考刘公讳学林大人之墓，光绪二十七辛丑孟夏月中浣"。

廖家坡徐家墓地　位于思坡乡新春村八组廖家坡，修建于清光绪六年（1880 年），坐北向南，占地面积 45 平方米。共有墓 2 座，M1 墓为土冢，长 5.8、宽 3.8 米。碑身为长方形，碑文阴刻"清显妣徐母阳老孺人之墓，大清光绪庚辰年拾壹月上浣日"。M2 墓碑为仿木结构两柱一开间庑殿顶，碑文阴刻"清显考徐公讳士儒大人墓，道光己□"。

黄巫氏墓　位于思坡乡心宁村，修建于清代，坐南向北。土堆冢，墓碑石质仿木结构四柱三开间三楼庑殿顶牌楼，两边施八字仪墙。次间柱联为"□灯照破巫□；竹□藏开楚道"。明间对联为"江夏鱼频教成玉穴；平阳□□□□金□"。明间横额为"清待诰显妣黄母巫□，大清嘉庆拾□□二十九日"。明、次间横额檐之下刻戏龛，有题字或花卉，横额饰□□八宝及缠枝莲纹。

唐陈氏墓　位于思坡乡心宁村，修建于清代，坐西向东，占地面积 30.5 平方米。墓冢为土冢墓，长 6.1、宽 5 米。墓碑为石质仿木结构两柱一开间庑殿顶，露出地面高0.9、宽 1.05 米。碑文阴刻"清显考妣唐母陈老孺□□□，道光□□□□"。墓碑前方有半径为 3 米半圆形跪拜台。

会诗叶家墓地　位于思坡乡会诗村，修建于清代，坐北向南，占地面积 136 平方米。共有墓 2 座：M1 墓冢为条石围砌垒筑，呈外圆弧形，上有封土。墓碑为石质仿木结构两柱一开间庑殿顶，墓碑高 2.4、宽 1.25 米，碑文阴刻"清显考叶公讳均章府君主墓，同治六年岁次丁卯仲夏月吉日"。柱上对联为"厚德绵延承□□；□城□□庆牛"；横批"壬山丙向"。跪拜台面阔 7 米。M2 墓冢形制与 M1 相同，墓碑高 2、宽 1.7米，碑文阴刻"清显妣叶公应珍大人、母张老孺人，道光十七年丁酉岁季秋月朔二日"。对联为"锦水漾洄祥问鼎；南山横翠毓秀人"。跪拜台面阔 8 米。

坟山坡墓地　位于思坡乡心宁村四组坟山坡，修建于清雍正九年（1731），坐北向南，占地面积 6 平方米。墓封土全失，长 3、宽 2 米，碑高 1.07、宽 0.82 米。碑为石质方形，碑文阴刻"清显考廖公□□老大□□□，大清雍正九年辛亥岁初九日生"。

廖郭氏墓　位于思坡乡心宁村，修建于清道光三年（1823 年），坐北向南，占地面积 7.68 平方米。墓封土全失，长 3.2、宽 2.4 米。碑呈长方形，高 1.62、宽 0.98 米，碑文阴刻"清显妣廖母郭太老□□，道光三年岁次癸未正月二十六日立"。

唐李氏墓　位于思坡乡心宁村，修建于清道光四年（1824 年），坐西向东，占地面积为 18 平方米。墓为土冢墓，长 4.5、宽 4 米，碑为石质仿木结构二柱一间，檐缺失，碑高 1.3、宽 1.25 米，碑文阴刻"清显妣唐母李老太君之墓，道光四年孟冬月望八日修"；对联为"砂环的穴奇而□；水聚明堂秀且□"。

李缄墓　位于思坡乡星星村，修建于清道光十五年（1835 年），坐东向西，占地面积 15. 18 平方米。墓冢为条石围砌垒筑，长 4. 6、宽 3. 3 米，呈梯形，上有封土。墓碑为红砂石碑，仿木结构石坊单檐庑殿顶。墓碑高 1. 3、宽 0. 85 米，呈长方形，碑文阴刻"故显妣李母王老孺□□，大清道光十五年岁次乙未□"。对联为"五垒千□杰甲；四山百饶著功□"；横批"校百地城"。

凌克秀夫妇墓 位于思坡乡常庆村，修建于清道光十七年（1837 年），坐南向北，占地面积约 30 平方米。墓冢由条石垒筑，呈梯形，长 7、宽 4. 2、高 2. 1 米，上有封土；墓碑石质仿木结构两柱一开间庑殿顶，高 2. 9、宽 1. 4 米，碑文阴刻"皇清待赠显考（诰妣）凌公（母）子克秀（戴孺人）之墓，大清道光十七年丁酉岁花朝月"。

李喻氏墓 位于思坡乡临江村，修建于清道光二十三年（1843 年），坐北向南，占地面积 10. 05 平方米。墓冢为条石围砌垒筑，长 4. 1、宽 2. 5 米，呈梯形，上有封土。墓碑为红砂石碑，墓碑高 1. 7、宽 0. 94 米，碑文阴刻"清显妣李母喻老太君□□，道光二十三年岁癸卯孟秋冬月二十一"。

彭汝端夫妇墓 位于思坡乡小龙村，修建于清咸丰元年（1851 年），坐北向南，占地面积 56. 2 平方米。墓为长形土冢，石碑呈长方形，高 1. 4、宽 1 米。碑文为"清显考彭公汝端大人彭母梁老孺人之墓，咸丰元年岁次辛亥□阳月中浣"；对联为"山泽联云疑手□；渔灯点水映湖□"。祭台为由条石砌成直径 4 米半圆形。

陈昌宇墓 位于思坡乡天台村，修建于清同治三年（1864 年），坐北向南，占地面积约 25 平方米。墓冢由条石垒筑，呈前带圆弧梯形，长 7、宽 3. 6、高 1. 6 米，上有封土；墓碑碑首呈圆形，高 2、宽 1. 1 米，碑文阴刻"清故显考陈公讳昌宇大人墓，同治三年甲子小阳月"。

李徐氏墓 位于思坡乡望江村，修建于清同治三年（1864 年），坐北向南，占地面积 17. 15 平方米。墓冢为条石围砌垒筑，长 4. 9、宽 3. 5 米，呈梯形，上有封土；墓碑石质仿木结构两柱一开间单檐庑殿顶。柱檐间为石碑，通高 1. 8、宽 1. 05 米，碑文阴刻"清显李母徐法名广元孺人之墓，同治三年甲子岁嘉平月下浣吉旦"。

李其伟夫妇墓 位于思坡乡望江村，修建于清同治三年（1864 年），坐北向南，占地面积为 30 平方米。墓冢为条石围砌，长 6、宽 3 米。墓碑碑首呈圆拱形，碑高 1. 5、宽 0. 8 米，碑文阴刻"清显考李公其伟老太人墓，清显妣李母胡氏老孺人墓，大清同治三年甲子岁仲冬月重□"。

赖廷盛墓 位于思坡乡小龙村，修建于清同治十二年（1873 年），坐西向东，占地面积 72. 6 平方米。墓冢为条石围砌垒筑，长 7. 8、宽 4 米，呈梯形，上有封土；墓碑高 2. 1、宽 1. 01 米，碑文阴刻"同治十二年岁次癸酉十二月二十日旦葬，清显考赖公讳廷盛大人墓"。墓冢拜台面阔 5 米。

魏邦珍墓 位于思坡乡月寺村，修建于清同治十三年（1874 年），坐东向西，占地面积 31.2 平方米。墓冢由条石垒筑，呈前带圆弧梯形，长 6、宽 5.2、高 1.5 米，上有封土，墓碑呈矩形，宽 0.8、高 1.5 米，碑文阴刻"皇清待赠显考魏公讳邦珍字廷用大人墓，大清同治十三年十月初十日"。

魏正樟墓　位于思坡乡月寺村，修建于清光绪三年（1877 年），坐南向北，占地面积 27.6 平方米。墓冢由条石垒筑，呈前带圆弧梯形，长 6、宽 1.6、高 1.5 米，上有封土；墓碑为石质仿木结构两柱一开间庑殿顶，墓碑阴刻"清显考魏公讳正樟老大人之墓，清光绪三年六月十八日"；拜台由条石垒筑，呈半圆形，半径 4.3 米。

谢朝椿墓　位于思坡乡五块村，修建于清光绪十三年（1887 年），坐北向南，占地面积 26.4 平方米。墓冢为条石围砌垒筑，长 7、宽 4.2、高 1.8 米，呈梯形，上有封土；墓碑为石质仿木结构两柱一开间庑殿顶，碑文阴刻"清赠徽仕即显考谢公讳朝椿老大人之墓，清光绪丁亥年"。

徐上瑗墓　位于思坡乡星星村，修建于清光绪十六年（1890 年），坐东向西，占地面积 17 平方米。墓冢为土冢墓，长 5、宽 3.4 米。墓碑为红砂石碑，高 1.55、宽 0.85 米，呈长方形，额枋"万古佳城"；碑文阴刻"显考徐公讳上瑗老大人之墓，光绪十六年庚寅季夏月吉日"。

刘定和夫妇墓　位于思坡乡心宁村，修建于清光绪三十一年（1905 年），坐北向南，占地面积为 15 平方米。墓为长方形土冢，长 5、宽 3 米。碑呈长方形，高 1.6、宽 0.84 米，碑文阴刻"清故显刘公讳定和老大人之墓，妣母法李光明孺人，光绪三十一年乙巳岁孟冬月吉旦"。

何裕丰夫妇墓　位于思坡乡天台村，修建于清光绪三十三年（1907 年），坐东向西，占地面积 35 平方米。墓冢由条石垒筑，呈前带圆弧梯形，长 7、宽 5、高 1.5 米，上有封土；墓碑碑首呈圆拱形，高 1.6、宽 0.8 米，碑文阴刻"清故显考（妣）何公（发/戒）讳裕丰（蒲如法）老大（孺）人之墓，光绪三十三年岁次丁未三月初四日"。

古建筑

思坡乡万寿宫　位于思坡乡东坡社区，建于清代。现存正殿和前殿东厢房及大门。正殿为硬山小青瓦屋面，坐北向南，面阔三间 37.6 米，进深四间 40.97 米，前带廊，廊道东西两侧开单门，前檐设三步石梯。明间为抬梁式，次间为穿斗式，明间用方形石础。原施木天棚和木板壁已毁。大门系砖筑，民国时期改为西式风格，前檐仅存东厢房，穿斗式木结构布小青瓦，砖砌墙体，部分砖体刻有"万寿宫"字样。

龙仕林宅　位于思坡乡心宁村，为宅第民居，建于清代，坐北朝南。四柱三开间，前后为廊道，穿斗式木结构，灰色布瓦悬山式顶，明间为木板墙，正面饰花窗回纹，侧墙全装至顶。

石窟寺及石刻

"丹山碧水"摩崖造像 位于思坡乡邓艮村，它东连关刀溪，南临岷江，西接宜宾县黄伞乡，北靠河嘴寨子。这座摩崖造像赤岩壁立，高约百米，造像分布在距离地表高约 1.2～8、东至西宽约 60 米的岩壁上。造像共 13 龛，从左至右编为 1～13 号龛，主要造像 69 躯，龛坐北朝南，保存尚完整。1 号龛阴刻"丹水碧水"四个大字，据清嘉庆本《宜宾县志》记载，为明代巡抚乔星壁书楷字，每字直径约 1 米。从雕刻风格上看：2、3、5、6～12 号龛为晚唐至宋代造像，13 号龛为明代造像，其余为清代造像。3、5、13 号龛为圆雕，其余龛为高浮雕，其中 2、5 号龛造像精美，服饰华丽，线条流畅，显得丰满圆润，妩媚动人；特别是 2 号龛所凿楼阁，建筑宏伟，与造像相互辉映，更显得雕刻富丽堂皇。5 号龛释迦造像，高 1.3 米。这批造像造型生动，形态各异，依山雕刻，错落有致，层次分明，美妙精湛，在我国石刻艺术宝库中占有极其重要的地位。宜宾市人民政府于 2011 年公布为文物保护单位。由于具有极高的历史文化价值，现正在申报"全国重点文物保护单位"。

观音陀石窟寺 位于思坡乡秀峰村，刻于清代。"金沙佛地"四字刻在距地 1 米多石岩下方。有两个连起来的龛窟，上刻观音像，下刻地公、地母像。还有一些诗文刻词以及部分柱洞遗迹。

红崖子摩崖造像 位于思坡乡会诗村，为摩崖石刻，凿于清代，坐北向南，占页岩面积 6 平方米。龛成拱形，高 3、宽 2、距拜台 5 米，龛内供一面部丰润的观音结跏趺座于莲花台之上，着袈裟，遍身璎珞，容华富贵，云朵托身衣带飘舞，双手胸前交握，手掌向上托一净水瓶，身着坎肩，颈部挂着饰物，头顶戴着有饰物的帽子。

近现代重要史迹及代表性建筑

思坡乡供销社营业房旧址 位于思坡乡东坡社区，建于 1924 年，占地面积 550 平方米。建筑由前店、东西厢房和后寝围合成对称的四合院，东西长 25、南北宽 22 米，小青瓦景山式顶，穿斗式木结构，木板墙及竹编夹泥墙，后檐砌斗砖。室内分两层，前檐双挑出檐。前店为思坡乡供销营业用房。

吕家祠 位于思坡乡金城街 4 号，建于 1922 年，坐北朝南，占地面积 448 平方米。四合院布局，木结构穿斗式悬山顶，装木板墙，或竹签泥墙。正房面阔 16、进深 28 米。

江氏油坊 位于思坡乡心宁村一组，建于民国时期。当地俗称"上油坊"，东西长 25.07、南北宽 19.4 米，占地面积 486.4 平方米。由前厅、后堂、南北厢房和后堂围合成四合院，小青瓦悬山式顶。前厅及南厢房，抬梁式木结构，室内分两层，底层用大过担；北厢房及后堂穿斗式结构。

中河村保管房旧址　位于思坡乡中河村，修建于 1971 年，占地面积 268.8 平方米。面阔 32 米，进深 8.4、高 8 米。由青砖筑成，小青瓦木结构，圆拱门。整栋楼房分二层，一层为七开间；二层木质楼板，全通无隔间。房子正面墙上留有石灰书写"农业学大寨"，西面墙上书"实干苦干加巧干；誓叫河滩变良园"的口号。

五块村灌溉渠　位于思坡乡五块村，建于 1975 年，呈东西向。渠长 39、高 3.1、宽 2.3 米，由 6 级红砂条石垒砌而成。渠沟宽 1.2、深 0.8 米。灌溉渠有一圆形券顶，洞高 2.2、宽 1.5 米。灌溉渠是当时思坡乡人民公社五块大队重要水利设施。

临江公社十二队居民受灾安置房　位于思坡乡中河村，建于 1976 年，占地总面积 2973 平方米。1976 年原临江公社十二队现思坡乡中河村的 45 户村民房屋，因水灾被毁，在公社的组织带领下，为受灾村民修建了灾民集中安置房。安置房坐北向南，六栋安置房分别在街道两边，为砖瓦结构平房，悬山顶盖小青瓦，每间房屋结构布局门窗尺寸相同，每栋有十间，面阔 42、进深 11.8 米，每栋占地面积 495.6 平方米，形成一条街。中河村居民受灾安置点在修建时，还得到了当时全国农业学大寨榜样下食堂人民公社的支持。反映了人民公社时期，人民群众在党的带领下团结互助抗灾自救的精神。

思坡电站　位于思坡乡星星村，建于 1977 年，又称"临江电站"，坐东向西，占地面积 600 平方米。电站由 33 层红条石砌成，条石厚 0.4、总高 13.2 米。条石墙上有一个五角星。上面悬山顶小青瓦建筑，外侧为八面扇形坡顶。

宗场乡

古墓葬

嘴上韩家墓地　位于宗场乡新屋村桂家社嘴上，建于清代，坐西南向东北。共有墓 3 座，M1 墓冢系红条石砌成，长 4.1、宽 2.7 米；碑呈上圆拱下长方形，高 1.36、宽 0.8 米；碑刻"清显考韩公讳朝武大人墓"。M2 墓系红条石砌成，长 4.9、宽 4.5 米；碑呈上圆拱下长方形，高 1、宽 0.53 米；碑刻"清显妣韩母凌老太君墓"。M3 土冢墓，长 4.1、宽 3.1 米；碑呈长方形，高 0.9、宽 0.51 米；碑刻"清显考韩公讳希铨大人墓"。

万家墓地　位于宗场乡乐园村，修建于清代。共有墓 6 座：M1 坐北向南，土冢墓，长 4、宽 3 米。碑呈上圆拱下长方形，高 1.3、宽 0.77 米。碑刻："故显考万公讳国兴□□"。M2 坐东向西，冢形制已毁，仅可测宽 3.2 米。碑为方碑，两柱一开间，高 1.27、宽 0.76 米。碑刻"清显考万公讳国兴大人□□"。M3 ~ M6 形制相近。

新治村萧家墓地　位于宗场乡新治村萧家坟山，修建于清代，坐北向南。共有墓 3

座：3 个墓冢形制、大小一致，呈梯形，以条石砌成，长 4、宽 3.6 米。M1 碑为上圆弧下长方，高 1.4、宽 0.75 米，碑刻"故显妣萧母赵老太君孺人之墓，同治六□三月吉日"。M2 碑刻"清显考萧公升尧大人墓，同治三年十月十九日"。M3 碑刻"清显考萧公升荣大人墓，同治六年三月吉日"。

赵盛相墓　位于宗场乡石骨村，修建于清代，坐西向东，占地面积 28 平方米。冢为红条石砌成，长 6.3、宽 4.5 米。碑为石质仿木结构两柱一开间庑殿顶，高 2、宽 0.9 米。碑刻"清故显考/妣赵公/母盛相/凌氏老大人之墓"。

高坡上凌家墓地　位于宗场乡石骨村五队村高坡上，修建于清代。共有墓 2 座：M1 土冢墓，长约 4.9、宽 3.2 米。碑呈上圆拱下长方形，高 1.92、宽 0.9 米。碑刻"清显妣凌母樊老太君之墓，咸丰八年岁次戊午孟夏月朔六日"。M2 土冢墓，长 5、宽 2.8 米。碑呈上圆拱下长方形，高 1.86、宽 0.9 米。碑刻"清故显妣凌母左太君之墓，大清道光十八年戊戌正月"。

小村子朱家墓地　位于宗场乡龙洞村四队小村子，修建于清代。共有墓 2 座：M1 坐南向北，冢以条石砌成，长 4、宽 2.6 米；碑为石质仿木结构两柱一开间庑殿顶，高 1.8、宽 1.05 米；碑刻"故显考朱公字朗山大人墓，光绪七年六月初二日"。M2 坐南向北，冢由条石砌成呈梯形，长 5、宽 2.7 米；碑为石质仿木结构两柱一开间庑殿顶，高 1.7、宽 1.1 米；碑刻"祖考朱公字济三老大人墓，光绪七年六月初二日"。

竹林头邹家墓地　位于宗场乡龙洞村竹林头，建于清代。共有墓 2 座：M1 修建于清嘉庆二十五年（1820 年），坐东向西；墓条石砌成前椭圆后梯形，长 4、宽 3.2 米；碑为石质仿木结构两柱一开间庑殿顶，高 1.9、宽 1.2 米；碑刻"清故显妣邹母凌□□□"。M2 修建于清道光二十九年（1849 年），坐东向西，占地面积 21.45 平方米；墓由条石砌成，长 6.5、宽 3.2 米；碑为石质仿木结构两柱一开间庑殿顶，高 2.2、宽 1.15 米；碑刻"故显考邹公字青霖大人墓"。

磨家嘴邹家墓地　位于宗场乡新权村二队磨家嘴，修建于清代，坐南向北，共有墓 2 座。M1 土冢墓，长 5.3、宽 4.4 米；碑呈上圆拱下长方形，高 1.5、宽 0.79 米；拜台以条石砌成，通面阔 15、宽 4.2 米；碑刻"清显妣邹母李太君□"。M2 冢以条石砌成，长 5.4、宽 3.8 米；碑呈上圆拱形下长方形，高 1.6、宽 0.75 米；祭台呈半椭圆形，面阔 15、进深 4.2 米；碑刻"清故显妣邹母万老孺人墓"。

陈能本墓　位于宗场乡乐园村，修建于清代，坐西北向东南，占地面积 22.96 平方米。土冢墓，长 5.6、宽 4.1 米。碑方形，高 1.3、宽 0.77 米。碑刻"清显考陈公讳能本老大人之□"。

韩孜墓　位于宗场乡中丰村，修建于清嘉庆二年（1797 年），坐南向北，占地面积 15 平方米。土冢墓，长 4.3、宽 3.5 米。碑为长方形单碑，高 1.2、宽 0.58 米。碑刻

"清待赠显考韩公讳孜之墓"。

胡奇中墓 位于宗场乡石骨村，修建于清嘉庆十五年（1810 年），坐东北向西南，占地面积 12 平方米。土冢墓，长 3.7、宽 3.2 米。碑为石质仿木结构两柱一开间，檐缺失，高 1.5、宽 1 米。碑刻"故显考胡公字奇中大人墓，嘉庆十五年□□□□"。

万永清墓 位于宗场乡乐园村，修建于清道光二年（1822 年），坐西向东，占地面积 14 平方米。土冢墓，长 4.6、宽 3.09 米。碑为方碑，高 1.47、宽 0.82 米。碑刻"故显考万公讳永清大人墓"。

陈朝杰墓 位于宗场乡赤岩村，修建于清道光六年（1826 年），坐东南向西北，占地面积 15.3 平方米。冢系红条石砌成，长 4.5、宽 3.4 米。碑为石质仿木结构两柱一开间，檐缺失，高 1.82、宽 1.17 米。碑刻"显考陈公讳朝傑老大人墓"。

韩希圣墓 位于宗场乡乐园村，建于清道光十七年（1837 年），占地面积 34.3 平方米。冢由红条石砌成，长 4.4、宽 3 米。碑为石质仿木结构四柱三开间三楼庑殿顶，高 1.7、宽 0.88 米。拜台以条石砌成，通面阔 13.3、宽 4.3 米。碑刻"清待赠显韩公讳希圣人之墓"。

陈金检墓 位于宗场乡乐园村，修建于清道光十八年（1838 年），占地面积 18 平方米。冢由红条石砌成，长 6、宽 3 米。方碑，高 0.85、宽 0.62 米。碑刻"故显考陈公讳金检老大人□□"。

陈邱氏墓 位于宗场乡赤岩村，修建于清道光二十七年（1847），坐东北向西南，占地面积 39.9 平方米。冢由红条石砌成，长 7、宽 5.7 米。碑呈上圆拱形下长方形，高 2.07、宽 0.98 米。碑刻"皇清显妣陈母邱太君孺人墓"。

韩黄氏墓 位于宗场乡新屋村，修建于清同治六年（1867 年），坐西向东，占地面积 46.2 平方米。冢由红条石砌成，长 11、宽 4.2 米。碑呈上圆拱形下长方形，高 1、宽 0.8 米。碑刻"清显妣韩母黄老太君□□□"。

刘熊氏墓 位于宗场乡鱼台村，修建于清同治九年（1870 年），坐东向西，占地面积 15.04 平方米。土冢墓，长 4.7、宽 3.2 米。碑呈长方形，高 1.65、宽 0.85 米。碑刻"清故显妣刘母熊老太君墓"。

刘明升墓 位于宗场乡中丰村，修建于清同治十年（1871 年），坐西北向东南，占地面积 22.4 平方米。土冢墓，长 6.8、宽 3.3 米。碑为长方形，高 1.23、宽 0.75 米。碑刻"清故父刘公讳明升大人墓"。

韩朝国墓 位于宗场乡中丰村，修建于清光绪三年（1877 年），坐南向北，占地面积 11.34 平方米。冢由条石砌成，长 4.2、宽 2.7 米。碑为两柱一开间，庑殿顶，高 1.7、宽 1.3 米。碑刻"清故显考韩公讳朝国大人之墓"。

陈张氏墓 位于宗场乡乐园村，建于清光绪六年（1880 年），坐西北向东南，占地面积 13 平方米。土冢墓，长 5、宽 2.6 米。碑呈上圆拱形下长方形，高 1.2、宽 0.58 米。碑刻"清显妣陈母张老太君之墓"。

泥烟囵文郭氏墓　位于宗场乡乐园村民治社泥烟囵，建于清光绪十一年（1885 年），占地面积 8.7 平方米。土冢墓，长 4.3、宽 2.04 米。碑呈上圆拱形下长方形，高 0.85、宽 0.35 米。碑刻"清故□□文母郭太君孺人之墓"。

黄有清夫妇墓　位于宗场乡龙洞村，修建于清光绪十七年（1891 年），坐东向西，占地面积 39 平方米。冢由红条石砌成，长 6.5、宽 6 米。碑呈上圆拱形下长方形，宽 0.83、高 1.65 米。碑刻"清故显考（妣）黄有清（母）老大（孺）人墓"。

韩刘氏墓　位于宗场乡新屋村，修建于清光绪二十三年（1897 年），坐东南向西北，占地面积 23.2 平方米。土冢墓，长 5.8、宽 4 米。碑呈上圆拱形下长方形，高 1.42、宽 0.8 米。碑刻"清显妣韩母刘老孺人之墓"。

彭黄氏墓　位于宗场乡新权村，修建于清光绪二十三年（1897 年），坐西北向东南，占地面积 17.68 平方米。土冢墓，长 5.2、宽 3.4 米。碑呈上圆拱形下长方形，高 1.25、宽 0.68 米。碑刻"清显妣彭母黄园洵孺人墓"。

欧阳家来墓　位于宗场乡鱼台村，修建于清光绪二十七年（1901 年），坐西北向东南，占地面积 33.75 平方米。冢由红条石砌成，长 7.5、宽 4.5 米。碑为石质仿木结构四柱三开间三楼庑殿顶，高 3、宽 3.1 米。碑刻"清显考欧阳公讳家来字志远老大人之墓"。

何思财墓　位于宗场乡龙洞村，修建于清光绪三十年（1904 年），坐西向东。冢由条石砌成，呈梯形，长 4.8、宽 3.2 米。碑为石质仿木结构两柱一开间，檐缺失，高 1.8、宽 1.2 米。碑刻"清故显考何公讳恩财大人墓"。

唐监金墓　位于宗场乡鱼台村，修建于清光绪三十三年（1907 年），坐西北向东南，占地面积 21.6 平方米。冢由红条石砌成，长 6、宽 3.6 米。碑为石质仿木结构两柱一开间庑殿顶，高 2.3、宽 1.27 米。碑刻"皇清奉政大夫乙酉举人　南漳知县唐公监金大人墓"。

唐祖会夫妇墓　位于宗场乡乐园村，修建于清光绪三十三年（1907 年），坐东向西，占地面积 34.3 平方米。冢由红条石砌成，长 7、宽 4.9 米。碑为两柱一开间方碑，高 1.9、宽 1.3 米。碑刻"皇清奉政大夫（诰封宜人）唐公（母）祖会大（罗氏宜）人墓"。

凌春沼墓　位于宗场乡赤岩村，修建于清宣统元年（1909 年），坐北向南，占地面积 20.72 平方米。冢由红条石砌成，长 5.6、宽 3.7 米。碑呈上圆拱下长方形，高 1.45、宽 0.82 米。碑刻"故显考凌公讳春沼大人□"。

凌张氏墓　位于宗场乡新治村，建于清代，坐东南向西北，占地面积 10 平方米。

冢呈梯形，以条石砌成，长4、宽2.5、高1.6米。碑呈长方形，高1.99、宽0.95米。碑刻"清显妣凌母张老孺人之墓"。

凌崑山夫妇墓　位于宗场乡民胜村，修建于清代，坐西南向东北，占地面积10平方米。冢形制已消失。碑呈上圆拱下长方形，两柱一开间，高1.65、宽1米。碑刻"清故显考（妣）凌公（母）字崑山（刘远斌）□□"。

堰底下凌刘氏墓　位于宗场乡禾甫村四社堰底下，建于清代，坐东北向西南，占地面积9平方米。土冢墓，长4.3、宽2.7米。碑呈上圆拱下长方形，高1.25、宽0.74米。碑刻"清故显妣凌母刘老孺人墓"。

近现代重要史迹及代表性建筑

大堰河石堰　位于宗场乡钓竿村，修建于上世纪60年代。石堰全貌呈不规则图形，以八级条石砌成，两头为直线形，中间部分为半圆弧状，西面顶部有一打米槽。石堰全长20.6、宽5.5、高3.2米。石堰在上世纪60年代由大队投工投劳集体修建，主要用于打米，1976年因经济发展更换生产配置，将石堰废弃。

沙沟社保管房旧址　位于宗场乡中丰村，建于1976年，坐西北向东南，占地面积238平方米。保管室为水泥地面，砖木结构，小青瓦屋面，人字顶，抬梁结构。八柱七开间通面阔28、通进深6.5米。

宜宾县

柏溪镇

古遗址

少娥山寨址　位于柏溪镇少娥村，建于明清时期，分布在东西长 500、南北宽 300 米的范围内，分布面积约 150000 平方米。古寨原为明末时村民为防御张献忠兵乱修建，为椭圆形，内建筑大多已毁，残存寨墙长 600、高 3.2～4.2 米。东寨门寨墙分别用长 1.8、2.1、0.9、0.4、0.45 米、高 0.4、宽 0.5、0.46、0.4 米不等的石条砌成。寨门为拱形，高 2、宽 1.9、厚 0.8 米。寨内石王殿址周围残存有建筑物的基石、碑及毁坏了的石刻造像。1987 年第二次文物普查时，在寨内一村民猪舍中发现一残碑上刻"少娥山"三大字，系明叙州知州陈大壮书。

古墓葬

沱田湾墓地　位于柏溪镇长沙村，建于明代，占地面积 12.5 平方米，坐西北向东南。墓室门外有封土，墓为石砌，有墓室二间，墓室后壁建有龛。因墓门处有封土，不能入内测量。

鸡房头墓地　位于柏溪镇高梨村，建于明代，坐西向东，占地面积 12 平方米，由条石、石板砌成石室二间，墓通长 3.5、宽 3、高 1.5 米。二间墓室大小形状相同，长 2.4、宽 0.92、高约 1.5 米，顶建有藻井，后壁建有龛，龛壁浮雕有花卉图案。

柏香湾墓群　位于柏溪镇火花村，建于明代，共有石室墓 5 座，编号 M1～M5，分布在南至北长 20 米，上下宽 10 米，分布面积 200 平方米，墓门均东南向。M1～M5 墓室均由石条砌成，M2～M4 封闭完好，M1、M5 已扰乱。其中 M2 为一墓二室，长约 4、宽约 2.6、高约 1.8 米，室顶建有藻井，藻井长 1.35、宽 0.8、高 0.85 米；后壁各建有一龛，深 0.1、宽 0.35、高 0.7 米。

深基嘴墓群　位于柏溪镇解放村，建于明代，共有石室墓 3 座，编为 M1～M3，分布面积 150 平方米，西南向。M1 封闭完好，M2～M3 墓室均由石条砌成墓室二间。其中 M3 二间石室各长 3.3、宽 1.04、高 1.85 米；后壁各有一龛，宽 0.6、高 0.65、深 0.15 米，顶建有藻井，前有墓道。在 M1 后 6 米耕地壁，放有被村民拆散的墓室石条、石板、双扇墓石门等。

牌坊坝墓群 位于柏溪镇南京村，建于明代，共有石室墓 5 座，编为 M1～M5，分布面积 1500 平方米。M1 墓口南向，墓为长方形，通长 5、通高 2.2、宽 4 米。墓室用厚石板和石条砌成的石室二间，墓顶为封土，二间石室形制相同，其中右室长 2、宽 1.1、高 1.3 米。室顶建有藻井，后壁有一龛，长方形，宽 0.36、高 0.66、深 0.12 米，龛内有浮雕图案。该二室壁浮雕鹤 2、奔鹿 1、花卉 3 幅。每幅大小相等，宽 0.36、高 0.34 米；右一石室有一龛，宽 0.66、高 0.81、深 0.6 米，龛壁浮雕有马、花卉等图案。M2 残墓室后壁，与 M1 并排，M3、M4 在 M1 南 100 米处，M5 在 M1 东 150 米的牌坊北约 80 米处。

郭成夫妇墓 位于柏溪镇革坪村，建于明万历四十五年（1617 年），占地面积 240 平方米，坐北向南。墓外为土垒，长 17.5、宽 15.7、高 7 米；内为石室，由前廊道、七墓室组成。前廊长 12.22、宽 1.7、高 3 米，七间墓室每间大小相同：门宽 1.68、厚 0.12 米，室长 3.28、宽 1.42、高 2.07 米。每间墓室后壁均浮雕有牌楼、二龙戏珠、二龙抱柱；墓室及廊壁上还分别刻有斗拱、龙凤及题刻，墓前立有 5 碑，坐北向南，其中 4 块已馆藏，另一在墓前。其中郭成碑为长方形圆顶，高 1.29、宽 0.78、厚 0.19 米，中正楷阴刻"左将军雲贵……"，另有二碑分别刻有"皇明"、"万历"字样。1999 年 1 月，内昆铁路修建期间，四川省考古院等进行清理发掘，出土了四盒墓志铭碑，其中墓志三刻有"明诰封荣禄大夫镇守广东川贵总兵南京后军都督府都督同知郭公墓志铭"及铭文约两千多字，墓志一为"郭母鲁夫人……"，墓志二为"恩母张淑人"。《明史稿》、《明史》、《宜宾县志》有记载：郭成宜宾叙南人，明万历时为左将军……父为"九丝蛮"所杀，参加过抗倭和奢氏、杨应龙叛乱之役等，做过四川贵州总兵官。该墓葬对于研究明代时期该区域葬俗、葬制及墓主身份有一定的价值。四川省人民政府于 2007 年 6 月公布为文物保护单位。

大园子刘氏墓地 位于柏溪镇八一村，建于清代，共有墓 5 座，编为 M1～M5，分布在由东至西长 35 米，由南至北宽 16 米的草坡上，分布面积 560 平方米，坐东向西。M1～M2、M4～M5 为石条砌成椭圆形，M3 为石砌长方形，墓顶均为弧形封土。M1～M3 墓前各有一碑，M4～M5 碑已毁。其中 M1 墓长 5.5、宽 2、高 1.5 米。前立一石碑，仿木结构单檐庑殿顶（顶已毁），高 1.58（顶除外 1.48）、宽 1.06、厚 0.21 米。正中楷书阴刻"清诰显妣刘母周源明之……"；题记为"嘉庆庚辰年□□初三日立"；两侧阴刻对联"名山翠耸芝前□；绿水朝堂富贵□"M1～M2 墓碑形制相同，M3 碑长方形，M2 为嘉庆二十三年刘世琳墓，M3 为道光八年刘母秦氏墓。

洞背上唐氏墓地　位于柏溪镇八一村，建于清代，墓共 3 座，编为 M1～M3，分布在东西长 20、南至北 6.5 米范围内，分布面积 130 平方米，南向。墓均由石条围砌墓冢顶为弧形封土。其中 M1～M2 墓冢为石砌长方形，M3 为圆形，前均立一碑，M1 碑为长方形圆顶，M2、M3 为长方形仿木结构单檐庑殿式顶，二柱一开间。其中 M1 墓长 4.5、宽 3、高 1.8 米，碑高 1.9、宽 0.88、厚 0.2 米。正中楷书阴刻"显考唐公字成德大人之墓"，题记为"大清同治乙丑年小阳月十二日"。M2 墓长 4.5、宽 3.4、高 1.5 米。碑高 1.7、宽 0.95、厚 0.35 米，上浮雕一"福"字，正中阴刻"清显妣唐母徐老孺人之墓"；题记为"光绪六年……"；西侧阴刻对联"葬卜牛眠行看人杰；封同马鬣应知地灵"。M3 也为大清同治乙丑年立。

樊家嘴张氏墓地　位于柏溪镇解放村，建于清代，共有墓 2 座，编为 M1～M2，形制略同，分布面积 280 平方米，西向。M1：墓周用乱石砌垒，顶为弧形封土，墓长 4.5、宽 3.3、高 1.25 米。前立一碑，长方形，高 1.9、宽 0.87、厚 0.15 米。碑正中楷书阴刻"清显考张公文筌大人、显妣张母闻老孺人之墓"；题记道光十年新正月立。M2：墓周用石礅砌成长方形，顶为弧形封土，墓长 4.5、宽 3、高 2 米。前立一碑，石质，长方形，高 1.7、宽 0.91、厚 0.175 米；正中楷书阴刻"清显考张公讳登泰大人墓"，题记为"咸丰六年冬季穀旦立"；祭祀名："男大醇、猷、学、剑；及孙文、冠、博……"。

团山子杨氏墓地　位于柏溪镇解放村，建于清代，共有墓 2 座，编为 M1～M2，分布面积 80 平方米，东北向。M1 为石条砌成长方形，顶为弧形封土，墓长 5、宽 3.23、厚 0.17 米，前立一碑。碑为石质，长方形，正中正楷阴刻"清故顯妣楊母王法名德興之墓"，题记为"大清光绪十六年庚寅岁春三月十三日立"。M1 与 M2 相距 150 米。M2 为土垒，墓长 4、宽 2.5、高 1.3 米，前立石碑。碑为长形圆顶，高 1.52、宽 0.76、厚 0.15 米，正中行书阴刻"清顯考楊公諱長光老大人之墓"；题记为"光绪乙巳三十一年全月十三日吉立"。

黄忠玉墓　位于柏溪镇解放村，建于清代，占地面积 50 平方米，北向。墓为土垒，前用石条砌成弧形，墓长 5.5、宽 5.6、高 2.1 米。墓前两侧石砌二石柱、二石鼓，石鼓上浮雕回头凤、花卉，二石柱上刻有仰莲。墓石砌前立有一石碑，碑座长 1.32、高 0.35、宽 0.40 米。碑顶被掀于地，碑残高 1.95、宽 1.04、厚 0.25 米，碑座、碑柱与墓碑连在一起为整石凿成。正中楷书阴刻"故顯考黃公諱忠玉大人墓"；题记为"道光□□□□旦"；两侧行楷阴刻对联"瑞啟湖燈山水勝；祥開竹策秀靈鐘"。墓前建有内、外拜台，内拜台直径 3.9 米，外拜台直径 10 米。

棺坝欧氏墓地　位于柏溪镇仁和村，建于清代，墓地二墓横排，编为 M1～M2，分布面积 46 平方米，坐西向东。M1 冢周用条石砌成长方形，长 5.5、宽 4.2、高 1.7 米，顶为封土，前立一石碑。碑为仿木结构，重檐庑殿顶，四柱三开间，碑高 2.7、宽 2.8、厚 0.35 米，顶龛阴刻"万古佳城"，正中楷书阴刻"显考欧阳公彩云古人之墓"，题记："道光十八年戊戌岁……"，两侧阴刻对联"……夕山云……；四围水……"。M2 墓为石砌椭圆形，长 5.5、宽 3、高 1.4 米，碑为单檐庑殿顶，宽 1.3、高 2.4、厚 0.27 米。碑顶刻"渤海流芳"，正中刻"显考欧阳公徽敏大人墓"，题记"大清嘉庆，十五年冬二十一日"，两侧柱阴刻对联"瑞启湖燈山水腾；祥开竹策秀灵钟"。

青龙嘴李氏墓地　位于柏溪镇三角村，建于清代，共有墓 2 座，分布面积为 56 平方米，南向，均为土垒，形制略同。墓周由乱石砌成椭圆形，前均立有一长方形石碑。

M1 长 4.8、宽 3.2、高 2 米；碑正中楷书阴刻"清故显考李公讳天华之□"，题记"嘉庆三年岁次戊午仲春□□"。M2 墓长 5、宽 3.5、高 2.2 米；碑高 1.85、宽 1.1、厚 0.22 米，正中楷书阴刻"清故显妣李母法名罗母□□"；题记"道光辛巳元年三月二十日吉立"。

杨郑氏墓　位于柏溪镇中英村，建于清代，占地面积 90 平方米，东向。墓为土垒，长 8、宽 6.8、高 2.35 米，前立一碑。碑为石质仿木结构重檐庑殿式，六柱五开间，通宽 6.2、高 2.65、厚 0.3～0.32 米，顶龛行书阴刻"卜去□臧"，正中楷书阴刻"杨母郑孺人墓"六个大字，题记风化，右侧阴刻墓志铭文："……二百余人阅道光癸巳五月……"两侧行书阴刻二副对联，其一风化模糊，其一副刻"瑞徵云五色；世兆位三公"。墓碑用石材围建一大拜台，半圆形，直径 7、高 0.8 米；拜台上置一香炉、石桌。香炉长 0.75、宽 0.30、高 0.36 米；石桌长 0.95、宽 0.7、高 0.33 米。

老林头彭氏墓地　位于柏溪镇中英村，建于清代，共有墓 8 座，编为 M1～M8，均为彭族墓葬，分布面积 800 平方米，东南向。M1～M8 为石砌椭圆形、长方形两种，前均立有碑，碑为仿木结构，单檐庑殿顶和重檐庑殿式两种，形制略同。其中 M5 为石条砌成长方形，长 5.5、高 1.5、宽 2.8 米，前立一长形碑，顶为冠状，二柱一开间，碑高 2.4、宽 1、厚 0.2 米。正中阴刻"顯考彭公諱厚岱大人墓"；题记"光绪廿七年辛丑岁八月二十二日"，两侧阴刻对联"馬鬣垂輝人文蔚起；牛眠永固甲第宏開"。M1 为嘉庆二十四年墓，M3 为嘉庆二十三年墓，M4 为光绪十三年墓，M7 为宣统元年墓。

王琚墓　位于柏溪镇八一村，建于清乾隆十七年（1752 年），占地面积 9 平方米，西向。墓为土垒，长 3.8、宽 2.2、高 1.4 米，前立一碑。碑为石质长形圆顶，高 1.6、宽 0.8、厚 0.15 米。正中楷书阴刻"清祖考王公讳琚老大人墓"；题记"乾隆拾七年仲春月吉日新立"；右侧刻"光绪廿九年季冬月吉日重立"。碑上阴刻祭祀人名："六房八世孙永春、永富、永廷、永清、永兴……""承重孙铭曾孙大仲、大儒、大仕……"。

半坡头尹氏墓地　位于柏溪镇南京村，建于清代，上下竖排共有墓 4 座，编为 M1～M4。分布在上下长 50、宽 17 米的老房子后的半坡头，分布面积约 850 平方米。

M1～M2 墓形制略同，其中 M1 土垒椭圆形，墓长 2.7、宽 2、高 1.2 米。前立一石碑：长形圆顶，高 1.4、宽 0.8、厚 0.12 米，上阴刻一对联"乾龍巽對人丁□；戊山辰向作佳城"。字体正楷，正中刻"□尹公讳堯臣大人墓"。题记已风化；M2 为合葬墓，碑为重檐庑殿式顶，正中阴刻"考尹公諱朝川、妣王太君孺人墓"。题记"乾隆五十一……"；M3 为尹堯文、彭際懷合葬墓，碑为同治九年立。碑为四柱三开间，宽 5 米，上圆雕有 4 个狮子，浮雕花卉等图案，前有半圆形大拜台，宽 18 米，进深 7 米；M4 为同治年墓。

石马山尹氏墓　位于柏溪镇三角村，建于清乾隆四十五年（1780 年），占地面积约 12 平方米，坐北向南。墓为土垒圆形，墓长 3、宽 2.2、高 1 米。前立一碑，南向。碑为石质长形圆顶，宽 0.67、高 1.35、厚 0.15 米，上阴刻花卉图案一幅，正中正楷阴刻"皇清待赠庠士顯考尹公墓"，题记"乾隆四十五年季春日"。墓前 4.5 米处，有两尊圆雕石马，长 1.8、高 1.4、厚 0.4 米，马腰部浮雕有马鞍，两石马间另有一圆雕动物，因头部风化，不能辨状。

任大连墓　位于柏溪镇中英村，建于清嘉庆四年（1799 年），占地面积 50 平方米，东北向。墓由长石磴围砌墓冢成椭圆形，前立一碑，前建半圆形拜台。墓长 7、宽 2.6、高 2 米，顶为弧形封土。碑为石质长方形，仿木结构单檐庑殿顶，二柱一开间，两侧碑柱为整碑石凿成，碑高 2.3、宽 1.05、厚 0.26 米。正中楷书阴刻"皇清□□庠生顯考任公讳大连墓"，两侧柱行书阴刻对联"申山落穴千年旺；寅水回隆万代兴"，题记"嘉庆四年岁次己未仲春嘉平月吉旦日"。拜台直径 7.5、高 1.4 米，周用石砌。

李启福墓　位于柏溪镇八一村，建于清嘉庆二十五年（1820 年），占地面积 35 平方米，西南向。墓为石条砌成长方形，顶为封土，长 5.5、宽 3.9、高 1.75 米，前立一碑。碑为石质，长方形，仿木结构单檐庑殿式顶，二柱一开间，高 2、宽 1.2、厚 0.2～0.3 米。顶龛双勾阴刻"冬春永茂"四个大字，正中行楷阴刻"清顯妣應母李法啟福墓"，题记"嘉慶二十五年仲秋月穀旦"；两侧行书阴刻对联一副，上联为"青山環抱先靈妥"，下联风化。

隐士坳墓地　位于柏溪镇南京村，建于清嘉庆二十五年（1820 年），占地面积 23 平方米，西南向。墓原由石条围砌墓冢，现被村民将墓周石条拆用，可见墓冢内为二间石砌墓室，已封堵。墓外现存为土垒，长 4.5、宽 3.4、高 2 米，前立一石碑。碑为仿木建筑单檐庑殿顶，二柱一开间，高 2.1（其中碑座高 0.3 米）、宽 1.2、厚 0.4 米。正中楷书阴刻"清故显考罗公讳□□□□；显妣罗母法名□□□□"；题记"嘉庆庚辰年□□□"；两侧柱行书阴刻对联"癸山拥护千年盛；巳水朝迎万代□"。

李照禅墓　位于柏溪镇八一村，建于清道光七年（1827 年），占地面积约 30 平方米，坐东向西。墓由石条砌成长方形，顶为弧形封土，长 5.5、宽 3、高 1.6 米，前立一碑。碑为石质，仿木结构单檐庑殿顶，高1.95、宽1.1、厚0.28米；正中行楷阴刻"清例诰显妣刘母李照禅墓"；两侧阴刻"旌表、入志"；题记"道光丁亥七年仲冬廿日吉"；祀祭者为"男世德等"；两侧柱阴刻对联"□地扶舆千载成；佳城□□□□□"。

刘世德夫妇墓 位于柏溪镇八一村，建于清道光十三年（1833年），占地面积约46平方米，坐北向南。墓由条石砌成正方形，冢边长6、高1.5米。墓顶有封土，前立一碑。碑为石质，仿木结构重檐庑殿顶，四柱三开间，碑宽2.7、高2、厚0.25米。正中行书阴刻"刘公讳世德、母冯真学墓"，题记"道光十三年……"，两侧柱上楷书阴刻对联"风集壬山逢子午；龙盘丙穴纳庚辛"。

蒋必达墓 位于柏溪镇草坪村，建于清道光十五年（1835年），占地面积60平方米，坐北向南。墓冢由石条砌成方形，墓顶有弧形封土，墓长5.3、宽4.1、高2米，前立一碑。碑为石质，仿木结构重檐庑殿顶，四柱三开间；碑高2、宽2.9、厚0.27米，正中楷书阴刻"皇清覃恩宠锡授正七品蒋公字必达……"；题记"道光十五年……"。墓前有一半圆形拜台，直径5.4、高0.6米；1987年调查时拜台上置有一长方形香炉，现已被河卵石掩盖。

张瑶夫妇墓 位于柏溪镇解放村，建于清道光十五年（1835年），占地面积28平方米，西向。墓周为石条砌成长方形，顶为弧形封土，墓长5、残宽3.1、高2.3米。墓内为石条砌成石室二间，其中南侧一间石室长3、宽0.98、高1米，平顶。墓周围石条被盗墓者和村民毁坏，前立有一碑。碑为石质，仿木结构单檐庑殿顶，碑顶已被掀于前坎下。碑残高2.1、宽1.15、厚0.27米。正中楷书阴刻"显考妣张讳瑶郭氏之墓"；题记"道光十五年十一月十五日立"；"继男范培珍、男永隆、永茂、孙登魁……"，碑两侧柱行书阴刻对联"白鹤寻龟千古秀；青鸟点穴万季兴"，字体秀美。

唐廷秀墓 位于柏溪镇长江村，建于清咸丰元年（1851年），占地面积60平方米，东向。墓周由不规则石条砌成，墓前用石条砌成弧形，顶为弧形封土，墓长7、宽8.8、高2米，前立一碑。碑为石质，仿木结构重檐庑殿顶，四柱三开间。碑宽2.6、高2.7、厚0.34米。正中楷书阴刻"清显考唐公讳廷秀□□"；题记"咸丰元年辛亥季冬月□"；碑顶浮雕双凤等图案，左右二次间碑额下分别浮雕双鹤、莲荷图、双鹿朝钟图及花卉图案。东侧一次间楷书"唐公墓志铭"二百字，墓志铭末落款刻有"现任重庆府学训□□"，两侧四柱阴刻有对联二副，但多风化剥蚀，其一刻"金钩曲抱□□□；玉笋连□□□□"。墓前置一石香炉，碑前建有拜台。

李易德墓 位于柏溪镇三角村，建于清咸丰二年（1852年），占地面积50平方米，东南向。墓由石条砌成长方形，顶为弧形封土，墓长4.8、高2.3、宽3.05米，前立一碑。碑为石质，仿木结构单檐庑殿顶，二柱一开间，碑高2.6、宽1.05、厚0.25米，顶龛楷书阴刻"佳城"；正中楷书阴刻"显妣李易德隆□□□"；题记"咸丰壬子二年十月十三日"；碑两侧柱阴刻对联"但愿一環能□□；敢懷四尺效□□"。二碑柱顶浮雕花卉二幅。墓前建有拜台，为石砌半圆形，长8、宽3.5、高1.5米。

古建筑

戏龙桥　亦称"接龙桥"，位于柏溪镇革坪村，始建于明代，清乾隆四十七年（1782年）培修，道光年间又有维修，现保存完整。桥呈西北—东南走向，为石质三孔券拱平桥，建筑面积180平方米，横架于黑河上。桥长35、宽5.1、高8.5米。中孔拱高7、跨度5米；两侧孔拱高6.5、跨度4.5米；桥面用石板铺成，桥栏杆为石质，高0.7米，中孔上两侧形象生动地各凿饰一龙头。桥中孔拱顶刻有"自明失记，大清乾隆壬寅年培修，道光己酉年更修中硐培修小硐"的题记。宜宾县人民政府于2006年9月公布为文物保护单位。

青沙井　位于柏溪镇中和村，建于清代，共有井泉二口，分布面积20平方米。井均为石条、石板砌建。其中1号井为圆口，外边长0.8、宽0.8米，井内口径0.57、深约2.3米。2号井为方形，内为月亮形，外边长1.7、宽1.2米，内径0.8、长1.4、深约2米。一号井外有一圆形石脚盆，直径0.8米。

大南坝牌坊　位于柏溪镇南京村，建于清道光十七年（1837年），坐东向西，立面面积18.75平方米。牌坊为石质，四柱三开间，重檐庑殿顶，通高8、宽7.5、坊柱厚0.5米，正面上方浮雕人物九尊和阴刻"聖旨"牌，圣旨牌周围镂空刻有二龙，两侧浮雕二武士守护圣旨牌；临下横额上浮雕二龙，额坊中阴刻"恩荣節孝"四个大字，字高0.55～0.62米，坊下额阴刻"宜賓縣文童趙在廷之妻何氏坊"；两侧阴刻二副对联，其中一副为"十年重守貞女有士風此生豈讓山泉潔；四德不言孝婦修子職別傳应垂壷史□"。题记"四川全省提督學院黃琼題……"、"道光丁酉十七年……秋九月下浣日……旦"。正面两次间分别浮雕人物、花卉、石鼓、文字等。背面坊上部浮雕11尊人像。镂空刻二龙和"聖旨"牌，圣旨牌两侧刻二武士守护圣旨，横额中阴刻"蜀水逾清"四个大字。题记"欽命四川提督學院黃琼題"及篆印一方。额坊上阴刻"趙益昌順治昌远昌之母何孺人坊"。背面坊上另刻有人物花卉、鸟、动物和文字，如"欽命總督四川等處北方軍務太子少保兵部尚書兼都察院……"等。宜宾县人民政府于2006年9月公布为文物保护单位。

石窟寺及石刻

少娥山摩崖造像　位于柏溪镇少娥村，建于明、清时期，分布在长13.4、宽1.5米的岩壁上，分布面积121平方米，有两龛造像17尊，编为1、2号龛。1号龛长方形拱顶，撇口，长2、宽0.54、深0.33米。龛内中即第7尊为结跏趺坐，坐高0.52、肩宽

0.25 米。其余属供养人、侍者,供养人通高 0.4、肩宽 0.15 米,侍者略矮,为高浮雕;2 号龛长方形平顶,撇口长 3.4、宽 1.1、深 0.35 米,内高浮雕造像 4 尊,左起分别结跏趺坐、吉禅坐、善跏趺坐,大小略同,坐高 0.9、肩宽 0.35~0.45 米。1987 年第二次文物普查时 1 号龛有"万历十二岁甲子孟秋月吉"、2 号龛内有"清嘉庆九年七月二十四日"。现因信教者将造像和龛壁涂刷红、黄、绿、白油漆后题记龟裂风化模糊不清。在造像前下寺庙遗址上残存有建筑物基石、碑及墙砖和毁坏了的石刻石狮等。

近现代重要史迹及代表性建筑

马大华烈士墓　位于柏溪镇中英村,占地 10 平方米,西向。墓为土垒,长 3.5、宽 2.5、高 1.1 米,前立一碑。碑为石质长方形,高 1.25(下有土)、宽 0.78、厚 0.10 米,顶雕一大红五星,高 0.16 米,正中隶书阴刻"马大华烈士墓",题记"公元一九七三年四月五日立,团小初中七三级"。该墓原葬于柑子湾,于 1960 年迁葬于袜子田,碑为 1973 年补立。据宜宾县烈士纪念碑载,宜宾县柏溪工作队员在长沙乡被土匪杀害。马大华,南京市下关人。

宜宾县烈士陵园　位于柏溪镇长沙村,建于 1982 年,南向,占地面积 19980 平方米。园内总体建筑面积 6782 平方米,主体建筑有烈士纪念堂 1 座、烈士纪念碑 1 座、烈士墓穴 150 个。其中烈士纪念堂占地 396 平方米,大门门额是著名书法家魏传统所书"纪念堂"三个大字。展厅宽 27、进深 7 米,陈列宜宾县烈士名录 877 人,其中图片布展有著名烈士赵一曼、刘华、卢德铭、郑佑之等英雄遗像和事迹陈列;烈士纪念碑为大理石砌主体,碑座高、宽各 4 米,碑面为石嵌,正面嵌有红五星,碑南面贴有"革命烈士纪念碑"七个红凸字;烈士墓穴位于纪念碑后,依地形修为五排,每排高 1.2、宽 2.3、纵深 3.5 米的台阶。每一台阶有烈士墓穴 30 个,现建的 150 处墓穴已安葬革命烈士 117 位,穴前立有上刻烈士姓名、籍贯、牺牲年月及地点的墓碑。园内附属设施有陵园大门(大门门额是魏碑书写"烈士陵园"四个大字)、蘑菇亭、石阶梯道、职工宿舍、新建双拥活动中心、办公用房等。该烈士陵园是宜宾县纪念烈士及对后人进行爱国主义教育的基地。

喜捷镇

古遗址

糟房头酿酒作坊遗址　位于喜捷镇红楼梦社区,占地面积 28 亩,核心区面积 3000 多平方米,2011 年 2 月 4 日四川省考古研究院进行了 76 天发掘,发掘面积 500 平方米,发掘出石砌酿酒作坊晾堂，面积 24 平方米，由石板、石条垒砌酿酒窖池，内有大量老窖泥。出土有大量明代青花瓷，其中有瓷盏、瓷碗、瓷盘、瓷碟等，及"永乐年制"、"冯恒发号"、"喻厚昌号"瓷片、"万记检舟"大品碗瓷片及其他千余件瓷片，如高 1 米舂米用石臼、长 1.5 米石碾槽、刻有"头等三百六十斤"的石秤砣。经国家、省专家组论证结论为：糟房头酿酒作坊遗址遗迹现象丰富，包含物较多，出土的瓷器遗迹遗物、酿酒作坊要素基本齐全，生产工具丰富，为四川其他酒坊遗址所罕见，对探讨明代白酒酿造工艺提供了非常难得的实物证据，具有较高的历史科学价值。四川省人民政府于 2012 年 7 月公布为文物保护单位。

古墓葬

关桥溪崖墓 位于喜捷镇自然村，建于汉代，共有崖墓 2 座，两墓相距 25 米，分布在南北长 25、上下高 7 米的猪儿坡岩壁处，分布面积 80 平方米。其中 M1 墓门高 0.6 米，除封土宽 0.9 米；墓室底有封土，墓道长 0.9、宽 0.6 米；室长 3.2、宽 1.3、高 1.2 米，平顶。东壁有一龛，宽 2.2、高 0.75 米，龛下有封土，推测下面有棺床。后壁有一龛，高 0.5、宽 1.05 米。西壁有 3 个圆孔。M2 墓门被封堵。

凉风坳崖墓群 位于喜捷镇自然村，建于汉代，共有崖墓 3 座，编为 M1～M3，由东至西分布在凉风坳长 19、上下宽 10 米土坡上，分布面积 190 平方米。墓门均有封土。

阎王岩崖墓 位于喜捷镇自然村，建于汉代，占地面积约 15 平方米，坐东向西。墓门因风化和垮塌后不规则，门宽 1、高 0.5 米（除封土），墓室底有积土。墓室长 3、宽 2.6、高 1.5～1.8 米，拱顶。后壁有一龛，深 1.45、宽 1.8、高 0.7 米。

山头上墓地 位于喜捷镇苗儿村，建于明代，占地面积 15 平方米，坐南向北。墓由条石、石板砌成石室四间，每间大小相同，墓室长 2.1、宽 0.93、高 1.6 米，顶各有一藻井，长 1、宽 0.65、高 0.18 米；后壁各有一龛，大小相同，高 0.7、宽 0.5、深 0.16 米。

阮家村墓地 位于喜捷镇全心村，建于明代，占地面积 20 平方米，东向。墓室为条石砌建，现已封堵，墓室结构不详。在墓右侧 2 米处出土有石刻 1 通，石刻为浮雕人像，凿刻在长 0.77、宽 0.5、厚 0.15 米的龛内；龛高 0.59、宽 0.35、深 0.03 米，内浮雕一妇女像，头戴椎髻，坐式，身着长服，双手握于膝上，端坐在一椅上。造像高 0.48、肩宽 0.18、头高 0.17 米。

屋基湾墓群 位于喜捷镇新民村，建于明代，共有石室墓 3 座，编为 M1～M3，分布在南至北 18、东至西 12 米范围内，分布面积 216 平方米，墓门均向西。墓均用石条砌成，其中 M2、M3 墓门封闭完好，M1 墓室已扰乱。其中 M3 为一墓二室，墓室为石条、石板砌建而成，二室通宽 2.4 米，二间墓室大小形制相同，各长 2.87、高 1.4、宽

0.9 米，后壁各有一龛，各高 0.81、宽 0.42、深 0.1 米，藻井顶。M2 门处有一缝隙，宽 0.5、高 0.2 米。

老坟山向氏墓地　位于喜捷镇陈家村，建于清代，共有墓 4 座，编为 M1～M4，分布面积 120 平方米，西北向。M1 墓周用乱石块砌成椭圆形，顶为弧形封土，墓长 3.5、宽 2.96、高 1.3 米，前立一石碑。碑为长方形，高 1.6、宽 0.76、厚 0.16 米，正中阴刻"向母姜太君墓"；题记"同治三年二月十八日立"。M2 墓周用石条砌成椭圆形，顶为弧形封土，墓长 4.5、宽 2.72、高 1.6 米，前立一石碑。碑为圆顶，碑高 1.6、宽 0.72、厚 0.16 米，正中楷书阴刻"清顯妣向母唐明榮孺人墓"，题记"光绪廿一年十一月吉日立"。M3、M4 在 M1、M2 下 40 米处。M3 为灰砖砌成，2009 年 2 月被村民向成春挖屋基掘出，后用泥土将其封堵；M4 距 M3 约 6 米，是石砌墓室墓，可见为三间墓室，东西二室顶、门石条已毁，西一墓室较好。

杨圸杨氏墓地　位于喜捷镇干坝村，建于清代，共有墓 9 座，呈不规则排列，编为 M1～M9，分布面积约 300 平方米，均东向，形制略同。M1 用石条砌成长方形，墓顶有弧形封土，墓长 4、宽 3、高 1.5 米，前立一碑。碑为石质，仿木结构单檐庑殿顶，宽 11、高 1.8、厚 0.3 米，中楷书阴刻"皇清诰显妣杨母罗海山□人□□以"，题记"嘉庆十一年十月二十九日"；两侧柱行书阴刻对联"庚山甲向荣□□；秀水丽沙裕后昆"。M4 为嘉庆二十五年曹太君之墓。M6 碑宽 0.62、高 1.6、厚 0.19 米，仿木结构单檐歇山顶，正中楷书阴刻"皇清待赠祖考待授云南参军杨公讳楼风俯君大人墓"，题记"大清乾隆拾柒年岁次壬寅……"。两侧柱刻对联"山川毓秀钟麟□；奎壁联辉映墓堂"。

滩子上段氏墓地　位于喜捷镇乐川村，建于清代，共有墓 4 座，编为 M1～M4，分布面积 144 平方米，东北向。墓均用石条砌成长方形，墓顶为弧形封土，前均立一碑，形制略同，均为单檐庑殿顶。M1 和 M2，M3 与 M4 墓冢分别连成一体，但 M1 与 M2、M3 与 M4 之间可见二墓合一之痕迹。其中 M1 墓周用石条砌成，长 5、宽 3.65、高 1.8 米，顶为弧形封土，前立一碑，石质，仿木结构单檐庑殿顶，二柱一开间，高 2.4、宽 1.25、厚 0.30 米，碑顶吻雕为龙尾，碑正中阴刻"顯考修職郎段公諱先周大人墓"；题记"大清嘉庆乙亥年夏三月吉旦"；两侧双勾阴刻对联"祖德宗功冠裳百代；山明水秀俎豆千秋"。M2 与 M3 之间放有一石扶椅可坐；M1、M2 前置有石桌各一，宽 0.68、长 1.3、高 0.5 米。M2 至 M4 碑文大多风化，残存"嘉庆"和其他碑文。

踏水桥田氏墓地　位于喜捷镇武安村，建于清代，共有墓 3 座，呈横排，编为 M1～M3，分布面积 200 平方米，均为石条砌成长椭圆形。M3 墓长 6、宽 3.4、高 2 米。前立一碑，长形圆顶，高 2.25、宽 1.05、厚 0.24 米，上方浮雕花瓶和花卉，正中楷书阴刻"清显考田公讳廷瑞大人墓"，题记"大清道光十三年仲春朔天日吉旦"；两侧行楷阴刻对联"生水绕堂蠡斯千古；旺山照穴食禄万钟"。M1 形制与 M2、M3 同。墓碑高 2.35、宽 1.07、厚 0.24 米；碑上浮雕花瓶菊花，正中楷书阴刻"清待诰田母解老孺人之墓"，题记"大清道光十七年二月吉旦"，两侧阴刻对联"深恩罔亟同天地 懿德长留慎日星"。

老坟山墓地 位于喜捷镇武安村，建于清代，共有墓 3 座，横排编为 M1～M3，分布面积约 200 平方米。墓冢均由石条砌成椭圆形，形制相同。M1 长 4.5、宽 3、高 1.8 米，前立一碑，东向。碑为单檐庑殿顶，高 2.5、宽 1.04、厚 0.24 米，上浮雕向日葵及花卉图案，碑额阴刻"佑启后人"四字，题记"大清道光九年岁在己丑仲春廿五日吉立"，正中行楷阴刻"清显考谢公讳宗尧大人墓"……碑两侧阴刻对联"水漾己脉人文蔚□；金山照亥□□□□"。M2 形制与 M1 相同，碑额阴刻"品即祥明"四字，下刻花卉，正中阴刻"清显妣谢母唐原升孺人墓"，两侧阴刻对联"原泽深仁山川因毓秀；弘恩博德地脉乃钟灵"；题记"大清道光十一年……"。M3 为道光六年，唐世荣、孙普德合葬墓。

深基坡冯氏墓 位于喜捷镇宰龙村，建于清乾隆四十六年（1781 年），占地面积 50 平方米，东向。墓由石条砌长方形，顶为弧形封土，墓宽 3.2、长 4.5、高 2.3 米，前立一碑。碑为石质，仿木结构重檐庑殿顶，四柱三开间，通高 2.6、残宽 3.16、厚 0.2～0.3 米。中顶檐浮雕双凤朝阳，顶龛阴刻"鐘靈毓秀"四字；碑正中阴刻"清故顯考馮□□大人墓"；碑两侧次间顶浮雕花卉图案，两侧建有石鼓，两侧双勾、阴刻对联"萬派朝宗土成自合藏英士；千山聚穴福地由來待吉人"、"地脈無憑安宅兆；天朝有志煥碑銘"；北次间阴刻墓志铭"吾堂叔馮公宜之天池人……敢倫睦族尤極盡排難解紛……典刑不僅為吾宗之短護……"，"乾隆辛丑年四月十二日吉時……"；"其積之厚而流之光螽斯緝緝壽……藏君子不爭生前之譽而重身後之□□□□……"。前有一圆形拜台直径 8 米。

罗明照墓 位于喜捷镇落帽村，建于清乾隆五十九年（1794 年），占地面积 18 平方米，坐东向西。墓为土冢，墓长 5.5、冢径 2.8、高 1.8 米。前立一石质长方形碑，高 1.4、宽 0.8、厚 0.15 米，碑正中楷书阴刻"皇清待赠头考罗公字明照大人府君墓"；题记"乾隆伍拾九年几在甲寅……"。

冯先椿墓 位于喜捷镇宰龙村，建于清嘉庆二十四年（1819 年），占地面积 16 平方米，西向。墓为石砌椭圆形，长 5、残宽 2.6、高 1.3 米，顶为弧形。碑为石质长形圆顶，高 1.7、宽 0.85、厚 0.16 米，正中行楷双勾阴刻"清故祖考馮公諱先椿大人□"；题记"嘉慶二十四年季春月望一日"。

薛法语墓 位于喜捷镇宰龙村，建于清道光二年（1822 年），占地面积 22 平方米，西北向。墓由石条砌成椭圆形，顶为弧形封土，宽 3.86、长 5、高 1.5 米，前立一碑。碑为石质长形圆顶，高 1.73、宽 0.86、厚 0.13 米；正中阴刻"清故祖妣馮母薛法語孺人之墓"；题记"道光二年孟夏月九日立"。

黄以绣墓 位于喜捷镇玉泉村，建于清道光十一年（1831年），占地面积16平方米，坐北向南。墓为土冢，墓周用条石砌成，墓顶为弧形封土，墓长5.2、宽2.8、高1.8米，前立一石碑。碑为长方形圆顶，高1.8、宽0.95、厚0.23米，顶阴刻"流芳百代"四字，正中楷书阴刻"清待考黄公讳以绣大人墓"；题记"大清道光十一年夏四月望五日"，两侧阴刻对联"千年荣贵先德；万岁佳城任地灵"。

小坟嘴上吴氏墓地 位于喜捷镇新民村，建于清道光十三年（1833年），共有墓2座，从东至西编为M1、M2，分布面积为100平方米，坐南向北。M1为吴世贵墓，占地面积12平方米，墓周由石条墩围砌，墓冢的条石于上世纪70年代学大寨时生产队拆用，可见为内石棺，长4、宽2.3、高1.63米，墓前立一碑。碑为石质，仿木结构单檐庑殿顶，高2、宽1.33、厚0.3米。正中阴刻"清故显考吴公讳世贵大人之墓"、"祀男泽沛、泽淳……"，题记"道光十三年癸巳十月初六日"，两侧柱上阴刻对联"深仁自有山川秀；厚德岂无地脉灵"。M2为其妻余福祯墓，占地面积约25平方米，坐南向北。墓由石条砌成椭圆形，直径4.5、高2.5米，墓顶有弧形封土，前立一石碑。碑为石质，仿木结构单檐庑殿顶，通高2.4、碑座高0.3、碑高2.1米。碑正中行楷阴刻"清显妣吴母法讳余福祯墓"、"祀男泽沛、泽淳……敬立"，题记"道光十三年岁在癸巳小阳月朔六日穀旦"，碑两侧柱上阴刻对联"碧水潆洄绵血食 青山掩映蔚人文"。

邓儒夫妇墓 位于喜捷镇南湾村，建于清道光十四年（1834年），占地面积30平方米，坐东南向西北。墓周用条石砌成长方形，长6、宽4.4、高1.7米，顶为封土。碑为石质，仿木结构单檐庑殿顶，碑高2.4、宽0.92、厚0.23米，碑正中阴刻"邓公儒大人、母汪孺人墓"；题记"道光十四年孟秋"；两侧柱阴刻对联一副："辰山焕发千年盛；戌向呈祥万代隆。"

李苏氏墓 位于喜捷镇翠和村，建于清道光十七年（1837年），占地面积20平方米，坐南向北。墓为土冢，墓周用条石砌成椭圆形，墓长5.5、冢径3、高2米，前立一碑。碑为石质，仿木结构单檐庑殿顶，二柱一开间，碑高2.6、宽1.3、厚0.36米，正中楷书阴刻"大清道光十七年四月初二日"；两侧柱阴刻行楷对联"碧水紫洞开甲第；母山掩映蔚人文"。

猴石王氏墓地 位于喜捷镇新龙村，建于清道光十八年（1838年），共有墓2座，编为M1～M2，分布面积60平方米，东向，二墓竖排，形制相同。M1由条石砌成长方形，墓顶为弧形封土，墓长5.5、宽3、高2.5米，前立一碑。碑为石质，仿木结构重檐庑殿顶，四柱三开间，高2.8、宽3.6、厚0.22～0.36米。顶龛浮雕二狮戏绳，下阴刻"裕于后"；两次间各浮雕花瓶，碑明间顶两侧分别刻一鹤、一鹿。明间两侧阴刻对联一副"精灵宛在人文蔚；英气犹生血食绵"；碑正中阴刻"清显考王公讳世堂大人墓"，题记"道光十八年戊戌秋七月"。M2 碑为四柱三开间，重檐庑殿顶，上浮雕人物亭台楼阁、花卉图案及对联，碑正中阴刻"清显妣王母殷海寿太君墓"；题记"道光十八年戊戌秋七月"。

刘启廷夫妇墓　位于喜捷镇宜屏村，建于清道光十九年（1839 年），占地面积约 80 平方米，坐南向北。墓由石条砌成椭圆形，长 7、宽 5、高 2.8 米，前立一碑。碑为石质，仿木结构庑殿顶，六柱五开间，碑宽 4.9、高 3、厚 0.26～0.3 米。碑额浮雕一人像，身着长服，坐式，双手捧圆状物合于胸前；碑正中楷书阴刻"因赐正八品刘启廷、吴氏祔葬墓"，碑柱阴刻三副对联，其中碑正中两侧柱行书阴刻对联"欣占鹤算登三老；幸沐龙章耀九泉"，正中两间次阴刻有墓主迁徙和生平事迹铭文 500 余字。铭文"刘公讳启廷宜邑人……"、"乾隆年间公奉其母复迁青山乡五凹居住其母陈氏殁于五凹……"，题记"大清道光拾玖年乙亥岁……"，前有拜台。

杨大仕夫妇墓　位于喜捷镇凤雷村，建于清道光二十五年（1845 年），占地面积 38 平方米，坐西南向东北。墓由石条砌成长方形，墓冢顶为弧形封土，墓长 5、宽 3.4、高 1.8 米，前立一石碑，重檐庑殿顶，四柱三开间，高 4.6、宽 3.7、厚 0.22 米。前有一半圆形拜台，直径 4.5 米。碑顶圆雕一半身人像，双手握一书卷状。顶部浮雕双凤朝阳、下楷书阴刻"流芳百世"和对联"□□□锁锁；簾卷□钩钩"；第二檐下牛耕图及人物和十个站立人像。碑正中楷书阴刻"清待故显考杨公讳大仕老大人、显妣杨母唐氏老孺人之墓"，题记"道光十二年壬辰岁新正初八日预修"，两侧行楷阴刻对联二副，其中一副刻"卜云其吉开人杰　有耀自他藉地灵"。另一副刻"凤舞龙蟠钟□□　山明水秀映斯邱"。两次间阴刻有墓主生平事迹铭文"……此系宜邑青山乡也生子□□□□□"和祭祀人名及"□光二十五年乙岁仲冬月上浣榖旦吉立"，碑两侧刻有石鼓等。

钟凤清墓　位于喜捷镇干坝村，建于清道光二十八年（1848 年），占地面积 45 平方米，坐南向北。墓由石条砌成长方形，长 7、宽 2.5、高 2.2 米，前立一碑。碑高 3.85、宽 3.7、厚 0.27～0.32 米，仿木结构庑殿顶，四柱三开间。顶上浮雕一花瓶、一福字，重檐上分别浮雕祥云，碑两侧刻石鼓，碑顶额行楷"祥符竹策"，下额刻"富且贵"三大字。正中楷书阴刻"清显妣杨母钟凤清孺人墓"，题记"大清道光二十八年九月上弦后一日谷旦"。两次间上分别阴刻墓主人生平事迹约 400 余字和祀孙名字。碑四竖柱上阴刻有对联"懿范程存千秋绵甲第；徽音不朽万古焕人文"、"龙迎穴瑞欣腾海；马现河魁影化神"。次间顶阴刻"龙蟠虎踞"四字。

石拱坝杜氏墓地　位于喜捷镇干坝村，建于清咸丰三年（1853 年），共有墓 2 座，二墓相距 120 米，分布面积约 300 平方米，均坐南向北。M1 占地面积 45 平方米，墓由条石砌成椭圆形，顶为封土，墓长 6、宽 3.1、高 1.85 米，前立一碑。碑为单檐庑殿顶，高2.5、宽2.3、厚0.3米，碑上额浮雕花卉、祥鹿及小鹿哺乳图像，额下阴刻"炽而昌"三字；正中楷书阴刻"清显妣杜母张广林太君墓"，碑两侧阴刻一对联"岂以地灵来福报；须知□泽是家传"，题记"咸丰三年癸丑……"。M2占地面积50平方米，墓由石条砌成椭圆形，长5.6、宽2.5、高1.5米。前立一碑，单檐庑殿式顶，高2.3、宽2.2、厚0.25米，碑顶额浮雕双凤朝阳，额下阴刻"安且吉"三字和浮雕花卉；正中楷书阴刻"清显考杜公讳万贵大人墓"，题记"……咸丰三年癸丑贰拾春……"；两柱阴刻对联"克剑克勤长留后範；吉山吉水永护先灵"；两侧建有石鼓，左面石鼓上字迹被苔藓遮盖，右石鼓上楷书阴刻一诗："暑往寒来几十春，与家守业到于今。田连难未传千亩，也要知亲独木成。"该墓建造牢固，碑刻图像精湛，碑联及诗文书写刻工精美，内容丰富。

增产地坡吕氏墓地　位于喜捷镇云峰村，建于清咸丰八年（1858年），共有墓2座，编为M1～M2，二墓横排，分布面积65平方米，西北向，形制相同。M1墓周用石砌长方形，墓长5.5、宽3、高1.5米。墓顶为弧形封土，前立一碑。碑为单檐庑殿顶，两侧建有石鼓，高2.2、宽2.4、厚0.29米，碑正中楷书阴刻"清显妣吕母法名李真应坟墓"；题记"清咸丰八年仲冬月吉旦"，碑两侧柱阴刻对联"水绕山环成锦绣；龙吟虎啸焕文章"。

老房子袁氏墓　位于喜捷镇新河村，建于清咸丰九年（1859年），占地面积40平方米，北向。墓由石条砌成正方形，顶为弧形封土，墓边长5.5、高1.7米，前立一碑。碑为石质，仿木结构重檐庑殿顶，四柱三开间，残高1.85、残宽2.8、厚0.19米；顶龛楷书阴刻"安且吾兮"；正中行楷阴刻"例授登仕郎袁公字文达墓"、"例赠太封君袁公讳代有墓"；两侧阴刻对联二副，其中一副为"既卜牛眠是吉地；当封马鬣为佳城"；题记"咸丰九年新月下浣日承……"。

钟相连夫妇墓　位于喜捷镇宜屏村，建于清同治十二年（1873年），占地面积35平方米，北向。墓由石条砌成椭圆形，墓顶为弧形封土，墓长5、宽4、高2米，前立一碑。碑为石质，花瓣形碑顶，四柱三开间，高3.1、宽5.5、厚0.3米。两侧次间浮雕树木、花卉、鸟兽、石鼓等。雕刻精美。碑正中楷书阴刻"清显考妣钟公相连大人、母高老孺人之墓"，题记"同治十二年岁次癸酉夏月中浣日立"；两侧柱上分别阴刻对联三副，其中一副"长发其祥施于孙子；聿修厥德俾尔炽昌"，两次间阴刻墓主生平事迹铭文300余字和祭祀者姓名40余人。碑顶阴刻"启我后"、"佑人"五大字。

古建筑

下食堂徐家祠堂　亦名"徐氏宗祠"，位于喜捷镇红楼梦社区，建于清代，为当地徐氏家族祠堂，现有前殿、后殿和左右厢房；砖木结构，硬山式顶，坐东南向西北，四合院布局，建筑面积 577.75 平方米。

前殿共五间，通宽 24.5 米，进深一间 5.2 米。其中，明间宽 3.9、进深 4.6～5.2、高 5.6 米，为穿斗式梁架，三穿七柱；次间宽 4.9、进深 5.2 米；梢间大小与次间同，为抬梁式梁架。

后殿五间均为砖木结构，通宽 24.5、高 7.5、进深一间 9.8 米。其中，明间宽 5.3、进深 9.8 米，抬梁式梁架，十二架椽屋前后乳栿搭牵用四柱；次间宽 4.8、进深 9.8 米，穿斗式梁架三穿六柱；梢间与次间同。在后殿大门横额木匾上刻有"徐氏宗祠"四字，清晰可见。厢房宽 4.8、进深 4.9 米，左右各有一间，大小相同。左厢房壁面残存有冰裂纹花窗二扇。宜宾县人民政府于 2003 年 4 月公布为文物保护单位。

南华宫 位于喜捷镇喜捷镇社区，又名"广东会馆"，是清代广东商人在此兴办的会馆，占地面积 800 平方米，坐南向北略偏西。建筑原为四合院布局，现存戏楼及左厢房。戏楼为木结构歇山式屋顶，穿斗式梁架，三穿七柱，面阔一间 13.4 米，进深一间 8、通高 8 米，内顶建有藻井。戏楼木柱上有镂空和浮雕图像。左厢房为抬梁式梁架，悬山式顶。面阔四间 16 米，进深一间 4 米，通高 6.5 米。在戏楼后殿前遗存有石扶栏、垂带式踏道和石板院坝。在左厢房楼道进戏楼门处有一宽 1.85、高 0.9 米的横匾，上阴刻"同仁"二大字。

石窟寺及石刻

灯笼山石窟 位于喜捷镇五桂村，建于清代，分布面积 2.3 平方米，坐北向南，石刻为一龛二造像，龛为仿木结构单檐庑殿顶，二柱一开间，通高 1.8、宽 0.75、深 0.4 米，龛内石刻一香炉，上浮雕一观音、下浮雕一土地像，均坐式。其中观音像坐高 0.38、肩宽 0.17、头高 0.16 米；土地像高 0.36、肩宽 0.17、头高 0.13 米，土地头戴官帽，蓄长须，身着长袍，腰束带，一手握腰带一手置于膝上。造像两侧刻有对联"慧眼观世界　慈心度象生"，龛左侧建有一小龛，龛壁阴刻有捐款人名，为后期所为。

近现代重要史迹及代表性建筑

下食堂大队队部旧址 位于喜捷镇红楼梦社区，坐落在岷江南岸，建于 1960 年，分布面积 1200000 平方米。至今尚存下食堂大队时期建筑 56 幢：七间房保管室 1、礼堂 1、招待所 2、党员活动楼 1、鸳溪河电站 1、小学 1、居民点 14、蓄水池 1、打谷场及粮仓 2、砖厂 1、蓄水池 1、油窖 1、酿酒用窖池 4、储油库 1、烘干房 1、石梯道 1、鱼池 1、养猪场（4 处）建筑 6、制曲车间（3 处）建筑 4、红楼梦酒厂酿酒（1～6 号）车间（7 处）建筑 11。其中除烘干房、3 处养殖场和油窖未使用外，其余尚在使用中。

下食堂大队是 20 世纪 70 年代全国农业学大寨，走艰苦创业、共同富裕道路的典型。1963 年开始，下食堂大队在大队书记阳治国的带领下走高速发展道路，开磨面坊，办砖瓦厂，打石灰窑，挖养鱼塘，建养猪场、小水电站，发展运输业，在 60 年代末修建的居民点，结束了下食堂大队村民住草房的历史。80 年代以来，该村在市场经济环境中建立起红楼梦酒厂，更成为驰名全国的名牌村办集体经济企业，使全村 900 多名村民走上了富裕道路，下食堂大队曾经成为建国后仅次于山西大寨村的明星，来自全国各地参观的人络绎不绝，有时一天就达到几千人。下食堂大队现存建筑对于研究下食堂大队历史和社会主义农业发展史有重要的历史价值。

观音镇

古遗址

张家坝遗址 位于观音镇群众村，始建于唐代，分布在越溪河支流三溪口处一级台地上，距河边 3、高出河面 1.5 米，地势较平，略有起伏，地面是田地。遗址东西长约450、南北宽约 300 米，分布面积 13500 平方米。在遗址采集有青花杯底 1 件，瓷片 1件。在遗址中曾挖出大量厚瓦片。在遗址周围的楼子坡、凳柱湾、半边坡等一带有数十座石室墓，今尚存可见者近十座。

古墓葬

严山崖墓群 位于观音镇古塘村，建于汉代，共有崖墓 8 座，编为 M1～M8，分布面积 600 平方米，南向。其中 M1～M7 分布在蛮洞湾南至北 16、上下高 3 米的岩壁上，M8 在蛮洞湾东面山后岩壁上。M1～M8 均为长方形单室，墓门与墓室同大，墓室前大后小。M1 门宽 0.7、高 0.4 米（下有封土）；墓室长 1.6、宽 0.7、高 0.4 米（室中有土石填在里面）。M2 门高 0.5（内有土）、宽 0.85 米；室长 1.6、高 0.5 米（室中填有土石）。M8 门宽 0.9、高 0.5 米（门下及室内填有石头、泥土）。

蛮洞子坳上崖墓 位于观音镇花甲村，建于汉代，占地面积 4 平方米，东向。墓为长方形单室，门高 1、宽 1.02 米；墓室前宽 1.02、后宽 0.73、前高 1、后高 0.4、长1.9 米，顶微拱。

半边寺崖墓 位于观音镇沙沟村，建于汉代，共有崖墓 2 座，编为 M1、M2，横排分布在东西长 100、上下高 28 米的半边寺半山腰中，分布面积 600 平方米，北向。墓均为单室，M1 为拱顶，M2 为平顶。其中 M1 前有墓道，长 1.5 米；门宽 1.25、高 1.65、厚 1 米；墓室长 2.85、前宽 1.5、后宽 2.3、中宽 2.8、高 1.73～2.1 米；后壁上部有一龛，高 0.5、宽 0.82、下深 0.31、距底高 1.38 米。M2 单门楣，门宽 1、高 0.75 米；墓道长 2.7、宽 1.6、高 0.9 米；室长 4、宽 2、高 1.37 米；左右各有一石棺，右棺长 1.8、高 0.5 米；左棺长 2.33、高 0.6 米；后壁一龛高 1.05、宽 1.65、深 1.2 米。

新龙湾崖墓　位于观音镇寿昌村，建于汉、明代，占地面积 3 平方米，西向，距地表高 2.3 米。墓为长方形单室，前大后小，顶微拱，门高 0.6、宽 0.68 米；墓室长 1.7、宽 0.68、高 0.63 米。

寿昌崖墓　位于观音镇寿昌村，建于汉代，占地面积 3.5 平方米，西北向。墓为单室，门外顶岩石外凸，墓门宽 0.9、高 0.7 米；室长 1.95、宽 1.6、高 0.86 米，拱顶。

黄桷岔崖墓　位于观音镇双鱼村，建于汉代，占地面积 2 平方米，坐南向北。墓为竖穴单室，墓门高 0.8、宽 0.65、厚 0.15 米，墓室长 2、宽 0.9、高 1 米。

一步村红岩子崖墓群　位于观音镇一步村，建于汉至明代，共有崖墓 9 座，编为 M1～M9，分布在南至北 60、上下 8 米范围内，分布面积 360 平方米，墓门均向东。M1、M2、M4、M5、M7、M9 为竖穴，其余为横穴。其中 M1 在距岩脚 8.5 米陡岩上，据村民介绍，往年村民用几张梯捆绑进入墓穴，得知内有二石棺，墓长约 3.5、宽 2 米。M4 为单室，墓门与墓同高宽，墓室长 2、前宽 1.1、后宽 0.8、前高 0.58、后高 0.3 米，微拱顶。M8 为横穴，墓室宽 2.4、高 0.8、深 0.7 米，为明代崖墓。

蛮洞儿嘴崖墓　位于观音镇中峰村，建于明代，占地面积 2 平方米，坐北向南。墓为单室横穴，墓门高 0.7、宽 0.8、厚 0.3 米，墓室宽 1.78、前高 0.52、后高 0.3 米，拱顶。

林角堂墓地　位于观音镇茅坪村，建于宋代，占地面积 25 平方米，坐东向西。据该组村民介绍，该墓于 2008 年前后茅坪村修建机耕时将墓扰乱后封闭，墓室内刻有龙凤和仿木结构石柱花卉等图像。

竹林嘴墓地　位于观音镇席草村，建于宋代，共有石室墓 2 座，编为 M1～M2，二墓竖排，分布面积 80 平方米。M1 墓室已扰乱，M2 封闭完好。其中 M1 为单室，左右壁及室顶为仿木结构，方柱和拱形顶，后壁建有双龛，墓室长 2.7、高 1.6、宽 0.8 米。

尹申墓　位于观音镇合众村，建于明代，占地 51.1 平方米，南向。墓冢外原有石砌已毁坏，墓冢完好。墓内为砖瓦所筑，非常坚固，其内不详，墓冢长 7.3、宽 7、高 1.7 米。原碑不详，今存二碑皆为同治六年（1867 年）重建，被两村民各搬一块在家作生活之用。二碑为青石，大小略同，长 1.53、宽 0.75、厚 0.08 米，字均阴刻。第一碑刻"清赐谥忠介明河南布政使尹公子求府君墓"，右款"九世孙尹伦、岱嵩、十世孙尹兆芳、兆瑞敬泐"；左款题记"同治六年岁丁卯季春月吉日重建"；第二碑刻"明邑庠生七世祖尹公山雪府君墓"。宜宾县人民政府于 2003 年 4 月公布为文物保护单位。

尹子求名尹申（1577～1644 年），祖籍江苏扬州，随公由云南姚安迁入叙州。据嘉庆《宜宾县志》等载：尹子求，万历二十六年中进士，授永府推官，历任南京兵部郎中（正五品）、西安知府（正四品）、陕西提学副使、苏松兵备参政、河南左布政使（从二品）、太常寺乡（正三品）等职，历仕四朝，直节清明，深受百姓拥戴。传世之著有《东流草》、《自编堂集》。

水竹坝墓地 位于观音镇陈河村，建于明代，共有石室墓 2 座，编为 M1 ～ M2，均坐西北向东南，分布面积 125 平方米。M1 封闭完好，M2 扰乱后被杂物泥土草丛封堵。其中 M1 可见墓周为砌石，墓长 4.5、宽 2.6 米，为一墓二室，高不详。

斑竹山墓群 位于观音镇大山村，建于明代，共有石室墓 4 座，编为 M1 ～ M4，墓群竖排，分布面积约 150 平方米，均坐西南向东北。M1 ～ M4 均封闭不能看见墓室，M1 扰乱后封填，其中一刻有"洪武七年"的墓碑埋于墓底；M2、M3 封闭保存较好，M4 墓室前部已残；M3 墓顶砌石长 6.5、宽 5 米。

塘坎上墓地 位于观音镇大同村，建于明代，共有石室墓 2 座，编为 M1 ～ M2，分布面积 700 平方米，坐北向南。其中 M1 为一墓四室，四间墓室形制大小相同，墓室长 3.3、宽 0.8、高 1.85 米，后壁各建有一龛，顶各建有一藻井。

高屋基墓地 位于观音镇翻身村，建于明代，占地面积 16 平方米，坐西北向东南。墓由条石砌成石室二间，大小形制相同，各长 3.5、各宽 0.96、高 1.85 米，后壁建有龛，室顶建有藻井。

白果湾墓群 位于观音镇分水村，建于明代，共有石室墓 8 座，编为 M1 ～ M8，其中坟坝上 4 座，白果湾 3 座，白果湾坝上 1 座，均东向，分布面积 350 平方米。

M1 ～ M8 均为石条、石板砌成石室，分别为一墓二室、一墓三室、一墓四室。后壁均建有龛，室顶均建有二重藻井。其中 M1 为一墓二室，通宽 2.6 米，二室大小形制相同，室长 2.55、宽 0.93、通高 1.75 米，其中墓室高 1.3 米；后壁有龛，高 0.76、宽 0.62、深 0.13 米；顶第重一藻井长 0.8 ～ 0.93、宽 0.7、高 0.25 米；第二重藻井长 0.63 ～ 0.71、宽 0.5、高 0.2 米。在 M4、M6 墓室内各有陶罐一个，M1 室内残存有人头骨。

南瓜山墓地 位于观音镇凤竹村，建于明代，占地面积 3.5 平方米，坐东南向西北。墓由条石砌成石室一间，墓室长 2.5、宽 0.66、高 1.3 米，平顶。四壁皆素面无雕刻，墓口顶被撬开宽约 0.22、长 0.66 米的一长方形洞口。

坟山坡墓地 位于观音镇改进村，建于明代，共有石室墓 2 座，编为 M1 ～ M2，分布面积 270 平方米，M1 西向，M2 东北向。二墓均用石条砌成，形制略同。其中 M1 墓道通长 3.6 米，通宽 4.8、高 1.3 ～ 1.85 米；用石条砌成石室四间，每间大小相同，长 2.7、宽 0.9、高 1.31 米；顶为双层藻井顶，其中下一藻井长 1.48、宽 0.8、高 0.35 米；上一藻井长 0.65、宽 0.48、高 0.26 米；后壁墓室有龛，宽 0.6、高 0.75、深 0.12 米。

团灯坝墓群 位于观音镇广学村，建于明代，共有石室墓 6 座，编为 M1 ～ M6，分布在东至西 80、南至北 10 米的团灯坝坡埂上，分布面积 800 米，坐西南向东北。其中 M1 为一墓三室，墓室由条石砌成，各墓室大小相同，长 3.5、宽 1、高 1.75 米，室顶建有一藻井，后壁建有一龛。

刘冲墓群 位于观音镇红豆村，建于明代，共有石室墓 3 座，编为 M1 ～ M3，竖排，分布面积 250 平方米，坐南向北。其中 M1 为一墓四室，第一号室有 17 厘米缝隙，墓室长约 3.5、宽 0.93、高约 1.85 米，顶建有藻井，后壁建有龛，其余三间墓室封闭较好。

大坝子墓群 位于观音镇互助村，建于明代，共有石室墓 3 座，编为 M1 ～ M3，分布在南北宽 30、东西高 6 米的大坝子后的矮山坡地壁处，分布面积 180 平方米，西向。M1 ～ M3 均为石条砌成，其中 M1 为一墓二室，通宽 2.6、高 2.8 米，二室大小相同，长 3.4、宽 1、通高 2 米，藻井顶。藻井分上下二重，下藻井长 1.4、宽 1、高 0.36 米，上藻井长 0.75、宽 0.5、高 0.28 米。墓室后壁各浮雕仿木结构建筑楼阁图，为重檐歇山顶，楼阁图像中刻有小龛，雕刻精细，图像逼真。M2、M3 门有土，不知其室详情。

三块碑墓地 位于观音镇铧匠村，建于明代，占地面积 15 平方米，坐东北向西南。墓由条石、石板砌成大小形制相同的石室二间，墓室长 3.6、宽 0.9、高 1.85 米，室顶建有藻井，后壁建有一龛。

吉祥寺墓地 位于观音镇吉祥村，建于明代，占地面积 15 平方米，坐东北向西南。墓由条石、石板砌成形制大小相同的石室二间，墓室长 2.5、宽 0.97、高 1.76 米，后壁各建一龛，顶建有藻井。

严嘴墓地 位于观音镇菊花村，建于明代，占地面积 12 平方米，坐东南向西北。墓由条石砌成形制大小相同的石室三间，墓室长 2.5、宽 0.8、高 1.5 米，平顶，墓室口壁为平面，无雕刻。

桂花湾墓群 位于观音镇蟠山村，建于明代，共有石室墓 6 座，编为 M1 ～ M6，分布面积 140 平方米，东南向。墓群横排分为上下两排，上下各 3 座，M1 ～ M3 已扰乱，M4 封闭较好。M1 ～ M6 均为一墓二室，墓室用条石、石板砌成；其中 M1 二间墓室形制大小相同，长 3.5、宽 0.95、高 1.85 米，室内建有墓道，顶建有藻井，后壁各有一龛。

宋显坝墓群 位于观音镇宋显村，建于明代，共有石室墓 7 座，编为 M1 ～ M7，分布在宋显坝东至西 25 米，南至北约 40 米的坡地壁中，分布面积约 100 平方米。M1 ～ M5 墓室已扰乱，M6 ～ M7 扰乱后封堵。M1 ～ M7 墓室均由条石砌成，其中 M1 为一墓四室，四间墓室形制大小相同，长 3.5、宽 0.95、高 1.65 米，顶建有藻井，后壁各建一龛。

张家嘴墓群 位于观音镇土红村，建于明代，共有石室墓 7 座，编为 M1 ～ M7，分布面积 300 平方米，坐南向北。其中 M2 由条石砌成形制大小相同的石室四间，墓室长 3.5、宽为 1.1、高 1.85 米，后各建有一龛，顶各建有一藻井。

万古村墓地　位于观音镇万古村，建于明代，占地面积 12 平方米，坐东南向西北，墓由条石砌成形制、大小相同的石室二间，长 2.5、宽 0.9、高约 1.65 米（室底、室门有积土），室顶建有一藻井，后壁建有一龛。

长坡上墓群　位于观音镇小湾村，建于明代，共有石室墓 4 座，编为 M1～M4，均南向，分布面积 150 平方米。M1、M3 墓室已扰乱，M2、M4 封闭较好。其中 M1 为一墓二室，二室中左侧已扰乱，右侧封闭完好。左墓室长 2.3、宽 0.95、高 1.65 米，顶建有藻井，后壁有一龛。

青冈坝墓地　位于观音镇新兴村，建于明代，占地面积 40 平方米，东向。墓由石条、石板砌成石室四间，每间大小相同，门外用 4 块大石板封堵各墓室门，前有墓道，顶建有二重藻井，后有龛、左右壁有龛。墓通宽 6、通高 2.3 米。墓室四间通宽 4.2、进深 3.25、通高 1.7 米，其中墓室高为 1.3 米，各室藻井大小形制相同，下藻井长 1.2、宽 0.3、高 0.25 米；上藻井长 0.75、宽 0.5、高 0.2 米。

利林嘴墓地　位于观音镇周场村，建于明代，有石室墓 2 座，编为 M1～M2，分布在东至西 180、南至北 5 米的利林嘴和颂坡林坡壁中，分布面积 900 平方米。二墓均已扰乱，M2 扰乱后封堵。其中 M1 墓为单室，墓室长 2.8、宽 0.84、高 1.4 米，顶建有藻井，后壁建有一龛。

徐家石室墓群　位于观音镇，建于明清时期，共分为新房子当门山墓群、新房子后山墓群、鹅公颈墓群、大湾墓群、月攀墓群、清明田墓群六个部分。

新房子当门山墓群占地面积 30 平方米，坐北向南。墓室为石砌，单室，顶有封土，墓长 5、宽 3.5、高 1.8 米，弧形顶。墓室长 2.3、宽 1.1、高 1.4 米，拱顶，左、右及后壁绘有彩墨清代壁画人物等图像。

新房子后山墓群分布在东至西 60 米，南至北 60 米范围内，面积 3600 平方米。共有石室墓 4 座，编为 M1～M4，墓均由条石砌成，均北向。其中 M1 为一墓四室，由墓道、墓室、壁龛组成，墓道深 0.7、宽 1.15、高 1.8 米，双层藻井顶，下层藻井长 1.3、宽 0.9、高 0.45 米，上层略小；后壁各建有一龛，宽 0.85、高 0.9、深 0.35 米。

鹅公颈墓群分布在东至西 50 米，南至北 50 米范围内，分布面积 2500 平方米，共有石室墓 5 座，编为 M1～M5。墓均由条石砌成，墓制有一墓两室和一墓四室两种，均东向。其中 M4 墓室由条石砌成长方形石室二间，内各置一木棺，各室建双扇石门，前建有享堂，享堂深 1.1、宽 2.4、高 1.75 米，券顶，双扇墓门宽 0.75、高 1.3、厚 0.15 米。2 号室壁分别绘有牌楼、莲花、瓶花、双鹊祥云、丹凤朝阳等。1 号室壁题有"二八登科"、"官上加冠"等。

　　大湾墓群分布在南至北 70 米，东至西 60 米范围内，分布面积 4200 平方米，均西向，共有石室墓 6 座，编为 M1～M6。墓均由条石砌成，由墓道、墓室、壁龛、藻井组成。其中 M1 为一墓七室，各室大小形制略同，墓道深 0.5、通宽 10.3、高 1.85 米，拱顶；墓室通宽 10、通进深 4.5 米，每间墓室长 3、宽 1.12、高 1.75 米；顶各建有双层藻井，下层长 1.4、宽 0.85、高 0.45 米，上层藻井略小；后壁建有龛，大小相同，宽 0.56、高 0.9、深 0.3 米。

　　月攀墓群分布面积 145 平方米，坐南向北，有石室墓 2 座，编为 M1～M2。其中 M1 为一墓八室，大小相同，各室长 2.68、宽 0.9、高 1.3 米，微拱。八间墓室中，1～4 室已扰乱；其余封闭完好。1～4 号室壁分别浮雕龙、凤、花卉、鹿含花、麒麟等图像，每室分别浮雕 7 幅，每幅不雷同。

　　清明田墓群分布在东至西 100 米，南至北 85 米范围内，分布面积 8500 平方米，共有石室墓 20 座，编为 M1～M20，各墓均由条石砌成，形制略同，由墓道、墓室、壁龛组成，为一墓两室和一墓多室两种，其中多室墓面积为 30～40 平方米，墓顶为藻井、拱顶两种。其中 M17 北向，为一墓四室，由墓道、墓室、壁龛、藻井组成，墓道深 0.6、通宽 6、高 1.85 米，拱顶；墓室通宽 6、通长 4.2、通高 1.85 米，四室大小相同，长 0.5、宽 1.2、高 1.85 米；双层藻井顶，下层藻井长 1.1、宽 0.85、高 0.4 米，上层略小；后壁各有一龛，高 0.95、宽 0.85、深 0.31 米。

　　该墓群对于研究明、清代葬制、葬俗和绘画艺术具有较高的历史、科学、艺术价值。四川省人民政府于 2007 年 6 月公布为文物保护单位。

　　分水村墓地　　位于观音镇分水村，建于清代，占地面积 15 平方米，东向。墓由石条砌成长方形，残长 5、残宽 3、残高 1.5 米；顶为弧形封土。前原立一碑，已被捕蛇者毁坏，残存数块残块及碑两侧石柱。

　　鱼剑滩墓地　　位于观音镇寿昌村，建于清代，占地面积 35 平方米，坐北向南。墓由石条砌成长方形，顶有弧形封土，长 7、宽 5、高 1.9 米，前石砌中嵌有一碑。碑为石质长方形，高 1、宽 0.8 米。碑刻墓主姓名及题记已风化脱落无存。

　　新兴村墓地　　位于观音镇新兴村，建于清代，占地面积约 80 平方米，西南向。墓由石条砌成长方形，顶为弧形封土。墓长 7、宽 6、高 1.7 米，前石砌中嵌一长方形碑，通宽 6.5、高 2、厚 0.25～0.35 米；碑字迹已毁无存，碑顶浮雕二半圆形图像和阴刻花卉图案。墓前建有一大半圆形大拜台，长 7、宽 6、高 1.25 米。

　　菜子嘴墓群　　位于观音镇尹家村，建于清代，共有墓 4 座，由南至北编为 M1～M4，分布在长 65、宽 20 米的山坡上，分布面积 800 平方米，坐北向南。

　　墓群从上至下竖排。M1、M4 由石条砌成长方形，上为封土；M2、M3 为土冢。墓群共有碑 4 通，均为王姓之墓。其中 M1 墓长 8、宽 7、高 2.5 米；碑为石质，单檐庑殿式，两侧建有藤椅状附碑；高3、宽7.1、厚0.2~0.45米。顶龛阴刻"万古佳城"；正中阴刻"显考王公讳清禹大人之墓"；两侧阴刻对联"水聚风藏祥微甲第；龙盘虎踞蔚起人文"；题记"龙飞咸丰九年岁官己未季夏月十三日"，字体为行楷。碑上浮雕有动物，花卉图案，雕刻清湛，内容丰富，有较高的艺术价值。M2~M4，碑刻形略同，雕刻图像没有M1丰富。

生基湾墓群 位于观音镇尹家村，建于清代，共有墓3座，编号为M1~M3，墓群呈竖排，分布在生基湾大石包前，分布面积60平方米，坐南向北。墓为石条围砌墓冢，M1、M2为长方形，M3为圆形，墓顶均为弧形封土。其中M2墓长5、宽4、高1.85米，前立一石碑，北向。碑为单檐庑殿顶，二柱一开间，宽1.1、高2.5、厚0.25~0.4米，碑文风化无存。M1、M3碑已毁。

古建筑

石庙子井 位于观音镇石庙村，建于明代，建筑面积4平方米。井用石板、厚条石砌成，圆口，口径0.6米，井内为正方形，井径0.86、深约6米。该井是明清时期石庙子僧人等生活用水井。

观音大桥 位于观音镇观音社区，建于清代，桥横架于越溪河上，东西走向，建筑面积560平方米。为石结构五孔券拱顶平桥，桥身长70、宽8.8、高13.4米；墩间跨度10、拱高9米。桥面微呈弧形，用石板铺成，原两边建有石条栏杆各100、高0.5米；1994年改为水泥路面，并将栏杆改建为不锈钢。据原桥头牌坊上记载，桥始建于清光绪十九年，赵熙题有"积善桥"三字，嵌刻在桥头牌坊上，牌坊今已毁。该桥建筑坚固，屡经洪水冲击而不毁，除桥面石板、桥栏改建外，至今保存完整，是泥溪镇、柳嘉镇、观音镇等乡镇重要交通要道。宜宾县人民政府于1989年6月公布为文物保护单位。

万菁南华宫 又名"广东会馆"，是清代广东商人修建的会馆，位于观音镇万菁社区，坐西北向东南，占地面积480平方米。万菁南华宫现存前殿、左右厢房，其中前殿为砖、木、石结构，穿斗式梁架，三穿七柱，歇山式顶，一楼一底。底楼通面阔三间11米，通进深10、通高9米。明间宽6.6、进深10米，前有一双扇门宽2.5、高2.7米，为拱形顶，门两侧为石柱；左右次间各宽6.2米。宜宾县人民政府于2011年6月公布为文物保护单位。

楼房群坳井 位于观音镇菜板村，建于清代，建筑面积5.8平方米。该井用条石、石板砌建，井口圆形，井口为两块石板凿建，直径0.64米；井为四方形，长0.8、宽0.8、深约4米。原楼房坳老房子碑上刻有乾隆三十七年。

连五锁民居 位于观音镇菜花村，建于清代，建筑面积640平方米，坐北向南。民居为土木结构，悬山式顶，由堂屋、左右厢房及猪房组成三合院。堂屋为木结构，面阔七间通宽 31 米，进深一间 5 米，通高 6.5 米，明间门顶建有三个大形木花窗。左厢房为悬山式顶，土结构，面阔二间 8.4 米，进深一间 5、高 6.5 米；右厢房为木结构，穿斗式梁架，三穿四柱，悬山式顶，面阔二间通宽 8.2 米，进深一间 5 米，通高 6.5 米，右侧建有二间土夯屋厕所和猪舍。前建有石坝，坝边为 2.2 米高坎和 9 级阶梯式踏道。

养鱼塘井　位于观音镇猴朝村，建于清代，建筑面积 4 平方米。井用条石、石板建成圆形，井口直径 0.6 米，井径 0.9 米，井底径约 2、深约 7 米；井口东侧边缘有长 0.12、宽 0.04、深 0.03 米的用绳取水时绳痕。

兰家祠堂　位于观音镇龙沱村，建于清代，建筑面积 750 平方米，坐东向西，四合院布局，由前堂、后堂、左右厢房、天井组成。前堂为抬梁、穿斗结合式，悬山式顶，小青瓦屋面，面阔五间 23 米，进深一间 7 米，通高 6.8 米。后堂为穿斗式梁架，三穿七柱，悬山式顶，小青瓦屋面，面阔五间 23 米，进深一间 7 米，通高 6.8 米。其中堂屋明间宽 5 米，左右次间各宽 4.2 米，梢间一间宽 5 米，进深均为 7 米。左右厢房各三间，穿斗式梁架，三穿七柱，面阔三间 15 米，进深一间 5 米，通高 6.5 米。

和平街 34 号民居　位于观音镇南华社区，建于清代，建筑面积 234 平方米，坐东向西。民居为四合院布局，一楼一底，木结构，穿斗式梁架，三穿五柱，悬山式顶，前部分为临街店铺，面阔三间 13 米，进深一间 4 米，通高 8 米；后部分，面阔三间 13 米，进深二间 8 米，通高 7.5 米；左厢房面阔一间 4 米，进深一间 2.8、高 7.5 米；右厢房面阔一间 4 米，进深一间 4、高 7.5 米，内有一小天井。

广益号商铺　位于观音镇沙沟社区，建于清代，坐西北向东南，建筑面积 150 平方米。广益号是吴继普所建的药行，一楼一底，木结构，穿斗式梁架，三穿七柱，面阔二间 10 米，通进深 14 米，通高 12 米，底楼为店铺，二楼为住房，其门窗、屋壁均为木质材料建造，至今仍保留着原始建筑风格。

刘坳新桥　位于观音镇上峰村，建于清代，建筑面积 84 平方米，呈东南向西北走向。桥为石条、厚石礅砌成单拱平桥，桥长 16、宽 4.2、高约 5 米，桥拱孔跨度 5.5、宽 4.2、高 4 米。该桥原建有三块修桥碑，1966 年修水龙泵时毁坏，桥栏于 1960 年被洪水冲毁。

陈家桥民居　位于观音镇书楼村，建于清代，建筑面积 440 平方米，坐北向南。民居为三合院，因年久朽蚀后部分改建，现存左厢房为建筑原貌。堂屋为土夯墙，悬山顶，小青瓦屋面，面阔五间 23 米，进深一间 4.5、高 5.5 米；左厢房为木结构穿斗式梁架，悬山顶，面阔二间通宽 9 米，进深二间 7.5 米，通高 5.5 米；右厢房为土夯墙，悬山顶，面阔一间 4 米，进深一间 4 米。屋前有一石坝，坝边有阶梯式踏道 18 级。

万菁街 3 号民居　位于观音镇万菁社区，建于清代，建筑面积 260 平方米，坐北向南，民居为木结构穿斗式梁架，三穿七柱，悬山式顶，两面坡，小青瓦屋面，面阔四间通宽 16 米，通进深三间 15 米，其中面阔一间 4 米，进深一间 5 米，通高 7 米。临街每间入内第二间有木梯道进入二楼。二楼楼屋用圆木、木板构建；门及屋壁均为木质。

万菁街 21 号民居　位于观音镇万菁社区，建于清代，建筑面积 312 平方米，坐南向北。民居为木结构，穿斗式梁架，三穿七柱，悬山式顶，两面坡，小青瓦屋面。面阔三间通宽 6.6 米，通进深五间 21 米，其中进深一间 4.2 米，通高 6 米。入内第四间各有一石梯道下至后第四间、五间底楼。整底居民屋壁均为木柱、木板构建。临街三间为店铺，店门为木门。

秦正兰宅　位于观音镇万菁社区，建于清代，建筑面积 210 平方米，坐南向北。建筑为木结构，穿斗式梁架，三穿七柱，悬山式顶，小青瓦屋面。面阔二间 9 米，通进深五间 21 米，其中进深一间 4.2 米，通高 7 米。入内第四间各有一木质梯道上至二楼。楼屋用圆木、木板构建。临街二间为店铺，29 号店门为木插板，27 号为木门。

杨昌文宅　位于观音镇万菁社区，建于清代，建筑面积 120 平方米，坐南向北。建筑为木结构，穿斗式梁架，三穿七柱，悬山式顶，两面坡，小青瓦屋面。面阔一间 5 米，通进深五间 21 米，进深一间 4.2 米，通高 7 米。临街一间为店铺，铺门为木插门；入内第三间有木质阶梯上至二楼，楼屋用圆木、木板铺建。二楼屋壁为篱笆，其余为木板壁。

郑全伍宅　位于观音镇万菁社区，建于清代，建筑面积 120 平方米，坐南向北。建筑为木结构，穿斗式梁架，三穿七柱，悬山式顶，两面坡，小青瓦屋面。面阔一间 5 米，通进深五间 21 米，进深一间 4.2 米，通高 7 米。入内第三间有一天井和木质梯道上至二楼，二楼用圆木和木板铺成，屋壁、窗均为木质。

聂大元宅　位于观音镇万菁社区，建于清代，建筑面积 150 平方米，坐北向南。民居为木结构，穿斗式梁架，三穿七柱，悬山式顶。面阔二间通宽 9 米，通进深四间 16 米，进深一间 4 米，通高 7 米，入内第二间有"7"形木质踏道上至二楼。屋壁分别为木板、木柱，二楼屋壁为篱笆，前临街二间为店铺。

郑济书宅　位于观音镇万菁社区，建于清代，建筑面积 210 平方米，坐东南向西北。民居为木结构，穿斗式梁架，三穿七柱。面阔二间通宽 10 米，通进深四间 20 米，进深一间 5 米，通高 7 米。入内第二间各有一"7"形木质踏道上至二楼，楼层为圆木、木板铺建。屋壁均为木板、木枋。二楼临街屋壁上书写有"毛主席万岁"五个大字，字体宋体红色。

郑国川宅　位于观音镇万菁社区，建于清代，建筑面积 110 平方米，坐东南向西北。民居为木结构，一楼一底，穿斗式梁架，三穿七柱，悬山式项，两面坡，小青瓦屋面。面阔一间宽 5 米，通进深四间 20 米，通高 7 米。入内第二间有"7"形木质踏道上至二楼。楼屋用圆木、木板构建。楼壁局部用竹篱笆构建。整个民居屋壁大部分是木柱、木板构成。

万菁街 81 号民居　位于观音镇万菁社区，建于清代，建筑面积 260 平方米，坐南向北。民居为木结构，穿斗式梁架，三穿七柱，悬山式顶，两面坡，小青瓦屋面。面阔三间通宽 12 米、通进深四间 20 米，进深一间 5 米，通高 7 米。每临街一间入内第二间各有"7"形木质阶梯上至二楼。楼层用圆木、木板构建。屋壁、门、窗均为木质。

郭和云宅　位于观音镇万菁社区，建于清代，建筑面积 95 平方米，坐北向南。民居为木结构，穿斗式梁架，三穿七柱，悬山式顶，两面坡，小青瓦屋面。面阔一间 4 米，通进深四间 20 米，进深一间 5 米，入内第二间有"7"形木板踏道上至二楼。二楼楼屋为圆木、木板构建，屋壁、门均为木质，后四间下有底屋一间。

郑家宅　位于观音镇万菁社区，建于清代，建筑面积 330 平方米，坐东南向西北。民居为木结构，穿斗式梁架，三穿五柱，悬山式顶，两面坡，小青瓦屋面。通面阔三间 15 米，通进深一大间、四小间和一天井共 22 米，通高 6.5 米；其中 107 号面阔一间 5 米，进深一间 5 米，入内第三间有一天井。109 号、111 号结构基本相同，屋壁及门均为木柱、木条、木板构建。109 号现为万菁老年协会茶馆。

万菁街 38 号民居　位于观音镇万菁社区，建于清代，建筑面积 400 平方米，坐西北向东南。民居为木结构，穿斗式梁架，三穿七柱，悬山式顶，两面坡，小青瓦屋面。面阔六间通宽 30 米，通进深三间 12 米，通高 7 米。入内第二间各有木质阶梯上至二楼。二楼楼层为圆木和木板建成，屋壁均为木柱、木板构建，临街一间为店铺。

万菁街中华大楼　位于观音镇万菁社区，建于清代，楼坐西北向东南，建筑面积 60 平方米。建筑为木结构，悬山式顶，穿斗式梁架，二楼一底，三穿七柱，两面坡，小青瓦屋面。面阔一间 5 米，通进深二间 9 米，通高 9.5 米，是万菁老街中最高的木结构建筑楼房，格外壮观雄伟。临街一间为店铺，进入第二间有木质踏道进入二、三楼，各楼层及屋壁均用圆木和木板铺建。

万菁街 66 号民居　位于观音镇万菁社区，建于清代，占地面积 290 平方米，坐西北向东南。民居为木结构，一楼一底，穿斗式梁架，三穿七柱，悬山式顶，两面坡，小青瓦屋面。通面阔六间 24 米，通进深二间 10 米，通高 7 米。每进入临街一间均有木梯式踏道上至二楼。二楼楼层为圆木、木板铺建，临街为店铺。店门分别为木插板替门和木门。

张逢玲宅　位于观音镇万菁社区，建于清代，占地面积 100 平方米，坐北向南。民居为木结构，穿斗式梁架，三穿七柱，悬山式顶，两面坡，小青瓦屋面。面阔二间通宽 9 米，通进深二间 9 米，通高 6.2 米。屋壁、门、窗均用木柱、木板构建。临街二间为店铺。

张全文宅　位于观音镇万菁社区，建于清代，占地面积 128 平方米，坐西北向东南。建筑为木结构，一楼一底，穿斗式梁架，三穿七柱，两面坡，小青瓦屋面，悬山式顶，通高 6.5 米；底楼面阔二间 8 米，通进深三间 13.5 米，进第二间各有木质梯步上至二楼，二楼楼层用圆木和木板铺建。底楼前二间为店面经营房。

上街民居　位于观音镇徐家社区，建于清代，建筑面积 400 平方米，坐北向南。民居为木结构，一楼一底，穿斗式梁架，三穿九柱，面阔三间 13.5 米，通进深四间 20 米，通高 10 米。临街三间为店铺，入内第二间有木梯上至二楼，楼层用圆木和木板构建。

连五冲井　位于观音镇中秀村，建于清代，建筑面积 8 平方米，井壁、井口均由条石砌成正方形，井口长 0.8、宽 0.8 米，井径 0.9、深 2 米。

竹山民居　位于观音镇茨竹村，建于清雍正七年（1729 年），建筑面积 150 平方米，坐南向北。民居原为三合院，现存堂屋三间和左侧厨房；民居为木结构，穿斗式梁架，四穿七柱，悬山式顶，小青瓦屋面，面阔三间 14.5 米，其中明间进深一间 7.5 米，面阔一间 5.5 米，左次间面阔一间 4.5 米，进深二间 7.5 米，右次间与左次间相同；明间 3 扇双扇门，两侧建有木花窗。左侧一间厨房为土屋。据房主介绍，在该民居部分瓦片阴刻有"雍正七年建"题记。

扁担桥　位于观音镇沙沟村，建于清嘉庆二十年（1815 年），原名"三圣桥"，建筑面积 100 平方米，南北走向，桥为石质三孔平桥，方孔，桥长 14.3 米，桥礅宽 5.1 米，桥面宽 1.75 米，通高 4.4 米。桥面用长 4.3、高 1.05 米的厚石板铺成；桥礅分别用宽 5.1、高 0.6～1.4 米的大石礅垒成。桥上东侧中二桥礅上浮雕二圆形图案内分别刻有鹿子含花图像。南桥头西侧立有建桥碑，高 1.6、宽 1.7、厚 0.16 米，顶已毁，上阴刻"三□桥碑"及修桥碑记"吾乡沙沟场扁担□□□—小石桥□□……"等数百字，大多无存；题记"大清嘉庆二十年岁在乙亥初夏日上浣日立"。

横江镇

古遗址

石城山古栈道遗址　位于横江镇石城村，建于明代，分布面积 3700 平方米，古栈道曲折险峻，分为南北两段，均为依岩凿建兼石板铺建，部分地方用石条砌建。该栈道是雨狮庙、梯子岩通往石城山顶万松寺庙的必经之路。梯子岩至水帘洞段为南北走向，全长约 1.25 公里，分别为依岩凿建，局部条石砌坎，栈道宽 1.2～2.6，高 1.2～2 米；观音阁至雨狮庙段为南北走向，长约 165、宽 1.2～2.2、高 1.2～2.5 米。宜宾县人民政府于 2003 年 4 月公布为文物保护单位。

石城山寨址　位于横江镇柏林村、石城村石城山顶东南北三面，建于明清时期，分布在东至西约 5000、南至北约 6000 米范围内，分布面积 30000000 平方米，现存东、南（二道）、北共 4 处寨门及部分寨墙，寨门均由条石和厚石磴砌成。东寨门占地面积 35 平方米，坐西向东，现存寨门、左右寨墙、寨门上下石砌阶梯式踏道 60 余级，寨门内高 2.2、宽 1.1、厚 1.5 米；北寨门占地 40 平方米，坐西向东，由长 2.6、宽 2.2 米的条石砌成，其顶已毁，门残高 1.75、宽 0.78 米，上有阶梯式踏道 200 级，下有整石凿建的阶梯式踏道 35 级。该寨门在大石夹缝中，地势陡峭，十分险要，与古代石城山兵事有一定因素；南头道寨门占地 86 平方米，坐东向西，寨门左右为寨墙，上下为石阶梯人行道，寨门高 2 米，外宽 1.1、厚 1.1～1.4 米，内宽 2、深 1.5～1.8 米，拱形顶，左寨墙长 15、高 4.5、厚 1.6 米，右寨墙长 2.8、厚 1.6、高 4.5 米。寨门上由条石砌成阶梯式踏道 10 级，上至二寨门和石城山顶，下有数十级至二环子和观音岩等；南二道寨门占地 105 平方米，坐东向西。左右为寨墙，上下各有石砌阶梯式踏道数十级，寨门残高 2.5、宽 2.1 米。门足残宽 1.2、厚 1.5 米，内石砌通道长 45、厚 1.6 米，右寨墙长 15、高 4.5、厚 1.5 米。该遗址是明清时期为防御入侵者或盗窃者的防御建筑，对于研究明清时期川南地区的人文及生活情况提供了重要的实证资料。

万松寺遗址　位于横江镇石城村，始建于明代，分布面积 3000 平方米。遗址被草丛掩盖，寺庙遗址现存上殿、下殿、放生池、上房基址，及石柱础、砖瓦残片等，后存有残围墙，长约 140 余、高 0.5～0.7、宽 0.14～0.5 米，为土墙，围墙上残存有若干瓦块。在寺内，曾采集有阴刻"万松寺"的陶砖，在石城山森林管理所尚保存一个万松寺内道光十九年的石水缸。石缸长 1.94、宽 0.89、高 0.84 米，上浮雕"鱼跃龙门、仙人祥云"，人物、花卉等，题记"道光十九年主持启扬立"。

水巷子石梯道　位于横江镇正义社区，始建于明代，分布面积 160 平方米，南北走向。古道由石条、石板砌成，共 28 级，分为上下二段，总长 27 米。第一段共 8 级，宽 6、长 2.7 米，其中第一段有 6 级，每级长 6、宽 0.17～0.3、高 0.14～0.19 米不等，第 7 级由数十块条石砌成，长 6、宽 4、高 0.2 米；第八级长 6、宽 0.94～1 米。第二段 20 级，上下长 20、宽 5 米，每级高 0.25～0.3 米，每级平均宽 1 米，分别由十余块条石砌建。

横江古战场遗址　位于横江镇和平村，分布面积约 250000 平方米，均从南绕向东、西北。据《骆文忠公奏议》载，该遗址是清同治元年（1862 年）石达开部队与刘岳军、肖庆高、甘肃总兵何胜必等在横江地区激战时，用河卵石修建的军事堡垒。现存四道战壕，层层呼应，构成半圆周形状，随山势环绕，每道分别长 500、400、300、250 米，高 2～4 米，顶宽 1～2 米。山顶由东向北三方筑成连贯的卵石墙堡垒，长 220、内高近

2、外高 6 ~ 8、顶宽 2 米,顶南北各筑一大圆台,周长 80、高 3 米,显是指挥台。宜宾县人民政府于 2003 年 4 月公布为文物保护单位。

古墓葬

黄鳝沟崖墓群   位于横江镇和平村,建于汉代,共有崖墓 3 座,编为 M1 ~ M3,分布在东至西 16、上下宽 5 米范围内,分布面积 80 平方米,北向。墓群在陡坡中被泥土、莽草丛遮挡,不能测量。

板桥坝崖墓群   位于横江镇和平村,建于汉代,共有崖墓 4 座,编为 M1 ~ M4,横排,分布面积 80 平方米,墓门均向东北。其中 M1 为单室,门残高 0.6(下有积土)、宽 1.05、残厚 0.6 米,墓室长 5.2、宽 1.75、高 1.45 米(下有积土),横顶,M2 墓门被泥土封堵。

芦田嘴崖墓群   位于横江镇厚石坝村,建于汉代,共有崖墓 7 座,编为 M1 ~ M7,横排凿建于岩壁上,分布面积 280 平方米,墓门为东北向和北向。该墓群为 1998 年前后修石城山公路时挖出,大多墓门被泥沙、泥土封堵。M1 墓门、墓室被泥土封堵;M2 门缘风化,门宽 1.2、高 0.8 米,墓室为单室,长 5.2、宽 1.8、高 1.7 米(室底有积土);拱顶,后壁有一龛,宽 1.2、高 0.7、深 0.6 米。

打鱼岩崖墓群   位于横江镇油房村,建于汉代,共有崖墓 7 座,编为 M1 ~ M7,横排分布在打鱼岩长约 20、上下宽 5 米的坡坎壁上,分布面积 100 平方米,墓门均向西。其中,M2 门宽 2、高 2.2 米,墓室为单室,呈长方形,长 5.3、宽 1.9、深 0.8 米。1998 年 8 月内昆铁路建设期间,四川省考古研究院与宜宾市博物馆在 M2 等墓室中出土有陶俑、陶龟等,现已馆藏。

大包崖墓群   位于横江镇石马村,建于宋代,分布面积 56 平方米,坐东北向西南,共有崖墓 4 座,编为 M1 ~ M4。墓均为单室,形制大小相同,墓门外两侧均浮雕武士、人物图像,其中 M3、M4 墓室内分别浮雕有人物、动物等图像,雕刻生动形象逼真,图像保存较好。M1:门高 0.92、宽 0.68、厚 0.16 米,门外浮雕武士、人物等四尊图像,墓室长 2.66、宽 1.2 ~ 1.4 米,两面坡顶。宜宾县人民政府于 2011 年 6 月公布为文物保护单位。

马店崖墓   位于横江镇黄沙村,建于宋代,占地面积 8 平方米,南向。墓室已扰乱,因墓在悬岩石壁上,无法进行测量。据目测,该墓门高 0.86、宽 0.6 米,墓门外左侧浮雕有一武士,双手握一剑,剑尖向下。

泡通坪崖墓   位于横江镇黄沙村,建于宋代,占地面积 6 平方米,墓门向东。泡通坪崖墓在新堂组泡通坪北面崖壁上,因墓在悬崖壁上,不便深入进行测量,该墓有仿木结构双扇石门,门外两侧各浮雕有一武士。

石城山民族崖墓群　分布于宜宾县横江镇、双龙镇，始建于宋代，共分为北斗岩崖墓群、天堂沟崖墓群、雷打石崖墓群、黑石头崖墓群、三十六臂山崖墓群五个部分。

北斗岩崖墓群分布面积 75 平方米，共有崖墓 5 座，编为 M1～M5，墓群呈横排，M1～M2 墓门向南，M3～M5 墓门向西，各墓门顶上浮雕有仿木结构屋顶，门左右浮雕有武士，各墓均为单室，长方形，平顶，形制有二，一种为门外和室内均有雕刻图案、室内有壁龛、棺台；另一种为门外和室内均无雕刻。其中 M1：墓门两侧浮雕有武士，门顶浮雕仿木建筑图案，门高 1.1、宽 0.82 米；墓室长 2.7、宽 1.35、高 1.25 米，平顶。后壁有龛，龛内浮雕双扇门和半开门二人像，龛顶浮雕"玄武"，下方刻"奔鹿"，室左壁浮雕有《娱乐图》，右壁浮雕有《生活作业图》。

天堂沟崖墓群分布面积 7370 平方米，共有崖墓 48 座，编为 M1～M48，其中天堂沟 23 座（M1～M23）、石盘 21 座（M24～M44）、寨包顶 3 座（M45～M47）及碾子坡 1 座（M48）。M2～M23、M24、M44 呈横排，M2～M23 门向东，M24～M44 门向南。顶上分别凿"⌒"形槽，大部分门外浮雕有武士、人物、兽类及其他图像，雕刻精细、形象逼真、内容丰富；墓室大多为长方形单室，少数为横穴。墓室内有藻顶、平顶、拱顶、仿木结构脊梁顶四种。M14 门外浮雕有持斧武士，门顶有仿木结构图案，门下浮雕有卷云、人物图像，门高 0.9、宽 0.72 米；室长 2.46、宽 2.43、高 1.6 米，平顶。

雷打石崖墓群分布面积 1400 平方米，共有崖墓 18 座，编为 M1～M18，错落分布在雷打石由东至西 60 米范围内，墓口分别为东向、东南向、北向，门顶部凿有"⌒"形凹槽，存双扇门 4 个门臼。墓室为长方形，单室、直穴、拱形顶，部分墓内有壁龛，门外有雕刻。其中 M1 门顶凿有"⌒"形凹槽，门高、宽 0.58 米；室长 1.95、宽 1.04、高 1.1 米，拱顶。

黑石头崖墓群分布面积约 160000 平方米，原有崖墓 55 座，因 M33 已毁，现存崖墓 54 座，编为 M1～M54，墓门大部分西南向。各墓门顶均凿有"⌒"形凹槽或仿木建筑图，部分墓墓门、墓室壁浮雕有人物、动物、凤、武士等图像，墓室均为单室，呈长方形，平顶。其中 M1，墓门高 0.85、宽 0.64 米，门外各浮雕一执剑武士，墓室长 3、宽 1.87、高 1.3 米。M2 门外两侧各浮雕一武士，头戴兜鍪，身穿铠甲，双手按剑而立，门高 0.87、宽 0.61 米，有门臼四个，墓室长 2.25、宽 0.9、高 1 米，左右壁分别浮雕一人、一鹿、一雏凤，在与 M2、M3 北相邻一大石上刻有"正德七年、弘治十五年"、"正德七年壬申岁修山大吉"。

三十六臂山崖墓群分布面积 6500 平方米，共有崖墓 55 座，编为 M1～M55，崖墓分别东向、东南向。崖墓群为宋至明代时期凿造在陡岩壁上，墓门有的有浮雕图像，有的无图像，墓均为单室，墓室顶分别为藻井顶、平顶、拱形、仿木结构屋梁顶四种，部分墓门，墓室壁分别雕有武士、人物、花卉、兽类以及仿木建筑图像等，多为浮雕，少数阴刻。箱子石 M43 门高 0.84、宽 0.65、厚 0.2 米，门外左右浮雕一持斧武士，室长 2.2、宽 1.35、高 1.2 米，藻井顶。M44 门高 0.8、宽 0.7 米，顶凿"⌒"形凹槽，门左右各浮雕一守门人，发式椎髻，右衽，抄手，墓门下有一幅阴线刻交媾图。

该崖墓群雕刻精湛，形象逼真，内容丰富，对于研究宋至明代社会生活及葬俗、葬制等方面具有重要的价值，国务院于 2006 年 5 月公布为文物保护单位。

石盘盘嘴崖墓 位于横江镇和平村，建于明代，共有崖墓 2 座，横排编为 M1、M2，分布面积 15 平方米，墓门均向南。墓均为单室，其中 M1 墓门已毁，墓室长 1.7 ~ 1.8、宽 1.3、高 1.2 米，平顶；M2 墓口宽 1.06、高 1.02 米，墓门高 1.4 米，平顶，后壁有一龛，高 0.6、宽 0.53、深 0.18 米，室底有泥石，进墓口、墓室左右侧上端各凿有一孔，大小如碗。

包包高崖墓 位于横江镇厚石坝村，建于明代，占地面积 5 平方米，坐南向北，距地表垂高 8 米陡壁上，不能进入测量，据目测，该墓门高约 1.25、宽约 1.11 米，该墓原应有双扇石门。

上高墙墓地 位于横江镇柏林村，建于清代，共有墓 2 座，横排编为 M1 ~ M2，分布面积 51 平方米，坐南向北。形制相同，墓周均由石条砌成长方形。其中 M2 长 4.8、宽 2.8、高 1.24 米，前立一碑，碑为石质，仿木结构单檐庑殿式顶，二柱一开间，近年碑顶已毁，残高 1.15、残宽 0.8 米，题记"嘉庆……"。

场坝头墓地 位于横江镇柏林村，建于清代，共有墓 2 座，横排编为 M1 ~ M2，分布面积 200 平方米，均坐南向北。两墓形制相同，均由石条砌成长方形，墓顶为弧形封土，前均各立一石碑。其中 M2 长 5.4、宽 4.2、高 2.1 米，碑为仿木结构重檐庑殿顶，四柱三开间，高 3.4、宽 2.75、厚 0.23 ~ 0.32 米，顶阴刻"世代荣昌"，浮雕四只凤，两侧次间分别浮雕四人像，碑正中阴刻"皇清特授文林郎文祖考李公讳姓田□□□"，题记"大清咸丰四年岁甲寅阳月初四"，碑两侧阴刻对联二副，其一为"午山子向排佳圹；象鼻绕川列祖城"。

黄桷嘴墓地 位于横江镇柏林村，建于清代，二墓横排，编为 M1 ~ M2，形制相同，分布面积 80 平方米，坐西向东。墓均由石条砌成长方形，顶为弧形封土，前各立一石碑；M1 墓长 5.1、宽 3.1、高 2.1 米，碑为仿木结构单檐庑殿式顶，高 2.6、宽 2.2、厚 0.23 ~ 0.35 米，上浮雕人物、古树等图案，雕刻精美，两侧阴刻对联一副，碑正中楷书阴刻"清考李讳琚大人之墓"，题记"道光己酉年孟夏月中浣穀旦"。M2 为李母高氏墓。

赵湾墓地 位于横江镇伏龙村，建于清代，共有墓 2 座，编为 M1 ~ M2，墓竖排，分布面积 80 平方米，坐西北向东南。二墓形制略同，均由石条砌成长方形，前各立一碑。

M1 墓长 6、宽 4、高 2.7 米，顶为弧形封土。碑为仿木结构重檐庑殿顶，四柱三开间，高 3.1、宽 3.3、厚 0.24～0.3 米，顶龛阴刻"气清脉秀"，下浮雕人物 19 幅 53 尊人像，内容为二十四孝等，另浮雕动物花卉、鸟 3 幅，正中行楷阴刻"清显考赵公讳明大人之墓"，题记"大清道光乙巳年仲冬月上……"，两侧柱阴刻对联二副，碑左次间阴刻墓志铭，其旁立有"赵氏续增字派"碑。

大坟林墓群　位于横江镇和平村，建于清代，共有墓 7 座，编为 M1～M7，横排分布在石盘组大坟林长 30、宽 25 米的树林中，分布面积 750 平方米，均坐西向东，形制略同，前各立一碑。其中，M1 墓为石砌椭圆形，长 5.5、宽 3、高 1.75 米，顶为弧形封土，碑为仿木结构单檐庑殿顶，高 2、宽 1.2、厚 0.11～0.3 米，碑顶楷书阴刻"锦乡后裔"，碑正中楷书阴刻"清故慈妣李母□□□□□"，题记"道光十五年夏四月廿日立"。

碾子湾墓地　位于横江镇厚石坝村，建于清代，占地面积 20 平方米，坐东北向西南。墓周用石条砌成长方形，顶为弧形封土，墓长 5.5、宽 3.5、高 1.3 米，前立一碑。碑为石质，仿木结构单檐庑殿顶，碑顶阴刻"佳城不朽"，两侧柱阴刻一对联，碑正中阴刻墓主姓名及题记，已风化剥蚀。

杨正春墓　位于横江镇西林村，建于清代，占地面积 45 平方米，坐西向东。墓为土冢，冢径 5、高 1.5 米，前立一碑。碑为石质，仿木结构重檐庑殿顶，六柱五开间，高 1.85、宽 1.9、厚 0.4 米，碑上浮雕有马、牛、鹿、喜鹊、美化等图像，碑顶阴刻"万古如斯"，正中楷书阴刻"□□故显考杨公讳正春老大人之墓"，右侧阴刻有墓志铭，题记风化。

韦占乔墓　位于横江镇厚石坝村，建于清嘉庆二十四年（1819 年），占地面积 22 平方米，坐北向南。墓由石条砌成长方形，顶为弧形封土，墓长 5.3、宽 4.1、高 1.6 米，前立一碑。碑为石质，仿木结构，四柱三开间，高 2.4、宽 2.6、厚 0.27～0.35 米，上浮雕二人物像，二扇面，正中顶篆书阴刻 4 个篆字，正中阴刻"祖考韦公字占乔大人墓"两侧柱阴刻对联二副，题记"嘉庆二十四年"，碑右次间阴刻有墓主墓志铭文。

丰砖嘴王氏墓　位于横江镇富田村，建于清道光七年（1827 年），占地面积 30 平方米，坐西南向东北。墓为土冢，墓周由条石砌成长方形，墓长 5.5、冢径 2.85、高 1.8 米，前立一碑。碑为石质，仿木结构单檐庑殿顶，高 2.2、宽 0.85 米，顶阴刻"永远佳城"，正中楷书阴刻"皇清享年四十六寿显妣王老孺人墓"，题记"大清道光七年……"，碑两侧阴刻一副对联。

黄赵氏墓　位于横江镇厚石坝村，建于清道光十年（1830 年），占地面积 16.2 平方米，坐东向西。墓由石条砌成长方形，顶为弧形顶封土，长 4.8、宽 3.2、高 1.6 米，前立一碑。碑为石质，仿木结构单檐庑殿顶，二柱一开间，碑高2、宽1.26、厚0.26米，顶阴刻"佳城永固"，两侧柱顶浮雕二人像，阴刻楷书对联一副，正中"故妣黄母赵考孺人之墓"，题记"道光十年孟春月廿八日立"。

陈郑氏墓　位于横江镇五宝村，建于清道光三十年（1850年），占地面积40平方米，坐西北向东南。墓由石条砌成长方形，长6、宽3.2、高2.1米，顶为弧形封土，前立一碑。碑为石质，仿木结构重檐庑殿顶，四柱三开间，高2.7、宽3.1、厚0.3～0.32米，顶龛阴刻"上传横秀"，上浮雕五十五尊人物，两侧圆雕二人舞二石狮，正中楷书阴刻"清显妣陈母郑老孺□□□"，题记"道光三十年季月下浣□□□"两侧阴刻对联二副和墓志铭。

李智海夫妇墓　位于横江镇梨茶村，建于清咸丰五年（1855年），占地面积40平方米，坐西北向东南。墓为土冢，墓周用条石砌成长方形，顶为弧形封土，长6.5、直径5、高2.5米。前立一碑，碑为石质，仿木结构单檐庑殿顶，两侧建有石鼓，碑顶阴刻"世泽绵远"，正中阴刻"清显考李智海，妣燕福泰之墓"，题记"大清咸丰五年二月初十立"，碑上浮雕有人物、花卉等。

陈天椿夫妇墓　位于横江镇五宝村，建于清同治四年（1865年），占地面积45平方米，坐北向南。墓由条石砌成长方形，顶为弧形封土，长5.8、宽4、高2.2米，前立一碑。碑为石质，仿木结构重檐庑殿顶，四柱三开间，上浮雕人物战场、杂耍、二十四孝15幅，以及花卉等，正中楷书阴刻"陈公讳天椿，母郑福泰墓"，题记"大清同治四年孟秋月立旦"，碑两侧阴刻对联二副。

柏林村陈氏墓地　位于横江镇柏林村，建于清代，共有墓2座，编为M1～M2，二墓呈横排列，分布面积47平方米，坐西向东。墓均由石条砌成长方形，顶为弧形封土，前各立一石碑。其中M1长5.1、宽3.51、高2.1米，碑为单檐庑殿式顶，宽3.1、高3.4、厚0.23～0.35米，上浮雕21尊人像和花卉等，内容为二十四孝和骑马射猎图，碑正中正楷阴刻"清故显妣陈母刘寂福老孺人墓"，题记"光绪四年二月十六日立"，碑两侧柱上阴刻对联一副。

古建筑

万松寺禅洞　位于横江镇石城村，建于明清时期，共有禅洞33个，呈横排，编为1～33号，分布面积2000平方米，洞口分别为南向、东向和西向，为依整岩石建。禅洞多为一洞一穴，一洞多穴，由洞穴门、穴甬道，洞穴等组成，为僧人修行用洞穴，俗称"禅洞"。禅洞4：门向东，门高1.9、宽0.6、厚0.5～1米，洞穴通长21米，内设二室相通，前室长3.6、宽3、高2.1米，拱顶，甬道长13、宽1.8、高1.9米，后室长2.8、宽2、高1.85米；穴后有门，该洞穴没有前后壁，可以通向前后其他洞和任何地方。禅洞 5：门高 0.17、宽 0.84、厚 0.64 米，拱顶，内设二穴室，前室长 3.9、宽 1.4、高 1.9 米，穴左有二小龛，后穴室长 2.5、宽 2.4、高 1.85 米。

炳昌祥商号　位于横江镇民主社区，建于清代中期，坐东向西，建筑面积 1800 平方米。清代主要承办川滇两省的物资转运业务，抗战时期国民政府"交通部驮运管理处"迁设横江，炳昌祥商号又作为国民政府的货物中转站，解放后，这里曾为横江镇粮站，现为公房出租给十三户居民居住，至今保存完整。建筑为四合院布局，砖木结构，穿斗式梁架，悬山式顶，小青瓦屋面，分为前堂、后堂和左右厢房。前堂：面阔七间通宽 28、进深一间 6 米，通高 7 米，其中明间为大门通道，前建垂带踏道 6 级；后堂（正堂）面阔七间 28 米，通进深二间 7 米，通高 7 米；左右厢房各三间：左厢房面阔三间 12.2 米，进深一间 6 米，通高 7 米。

炳昌祥商号是横江古镇作为川滇商贸集散地的实物见证，对研究抗战历史等具有一定的价值。宜宾县人民政府于 2011 年 6 月公布为文物保护单位。

凉梯子石梯道及修路碑　位于横江镇五宝村，为大清乾隆二十五年（1760 年）、同治四年（1865 年）、光绪元年（1875 年）由当地百姓集银培修或修建。

古道上至矮藤岩后梯田边，下至横双公路，全长 700 余米，分布面积 500 平方米。由长 1.2、0.9、0.8 米不等，宽 0.5、0.4、0.45、0.3、0.28、0.35 米不等，高 0.13、0.14、0.11、0.2 米不等的条石砌成。

修路碑共有碑刻 3 通，编为 1 号、2 号、3 号，横排分布在梯子岩宽 4、上下高 2 米的岩壁处，分布面积 3 平方米，碑面北向。1 号碑为厚石板，2 号、3 号碑为依岩壁凿刻。1 号碑，石质长方形，碑高 1.54、宽 0.76、厚 0.17 米，顶阴刻该修桥路碑记，下方阴刻有 650 余字，为修路人及捐银人姓名，题记"大清光绪元年三月中浣日立"，2 号碑高 0.5、深 0.03 米，上阴刻 56 个捐款修路人名，3 号碑宽 0.41、高 0.4、深 0.01 米，上阴刻 30 多名修路石匠姓名，题记"光绪元年六月二十日吉立"。

该古道的价值不仅在联通四川和云南的政治、经济、文化方面具有重要意义，同时对中国古代交通史的研究具有重要价值。宜宾县人民政府于 2011 年 6 月公布为文物保护单位。

杨家大院　位于横江镇正义社区，坐东向西，建筑面积 936 平方米。大院为四合院布局，砖木结构，穿斗式梁架，三穿九柱，悬山式屋顶，两面坡小青瓦屋面，通高 7 米，大门设在西角处。堂屋面阔三间 25 米，进深一间 6 米，通高 7 米；左厢房面阔五间 30 米，通进深二间 8 米，通高 7 米；右厢房面阔三间 18 米，通进深二间 8 米，通高 7 米；大门内一间面阔五米，进深 5.5 米，左右侧各有一间不规则的侧房，院内设有一天井。宜宾县人民政府于 2011 年 6 月公布为文物保护单位。

周家大院　位于横江镇正义社区，坐西向东，建筑面积 480 平方米。大院为四合院布局，砖木结构，穿斗式梁架，三穿七柱，悬山式顶，分为前堂、后堂、左右厢房，通高 7.5 米。前堂面阔五间通宽 24 米，其中：明间面阔 4.6 米，进深 6 米，堂屋前建有 6 扇木门，上饰有宫字格；左右次间相同，面阔一间 4.2 米，进深一间 7 米；梢间通进深二间 7 米，面阔一间 6.4 米。后堂有厢房各一间，其中：东面一间面阔 5.4 米，进深一间 5.2 米，建有双扇木门，是大院入口处，门前建有垂带式路道五级。宜宾县人民政府于 2011 年 6 月公布为文物保护单位。

黄泽民宅　位于横江镇民主社区，建于清代，占地面积 108 平方米，东向。建筑为木结构四合院，穿斗式梁架，三穿五柱，悬山式顶，分为前堂、后堂、左右厢房和天井。前堂为面阔二间一门道，通宽 8.2 米，大门前为"八"字形，双扇门入内为通道，设有明间，左右各一次间，大小相同，面阔一间 3.1 米，进深一间 4 米。后堂为面阔三间通宽 8.2 米，其中进深一间 4.4 米，面阔一间 2.7 米。左右厢房为左右各一间大小相同，面阔一间 4.7 米，进深一间 2.7 米。

小街民居　位于横江镇民主社区，建于清代，占地面积 160 平方米，东向。民居为一楼一底木结构，三穿七柱，悬山式顶，小青瓦屋面。面阔三间一巷，通宽 14.4 米，通进深二间 10 米，通高 7 米，门窗均为木质；二楼楼屋用圆木和木板铺建。

云南马帮驿站　位于横江镇民主社区，建于清代，东向，占地面积 240 平方米。建筑为一楼一底木结构，穿斗式梁架，三穿七柱，悬山式顶，小青瓦屋面，面阔六间通宽 24 米，通进深二间 10 米，通高 7.5 米；其中面阔一间 4 米，进深一间 5 米；入内第二间有木梯道上至二楼，二楼楼屋为圆木和木板铺建，门和屋壁为木质。

驿站是清代云南马帮来往于横江时居住的一个驿站，是近代宜宾商贸业发展的实物见证，对于研究地方史、商贸史有一定参考价值。

杨新林宅　位于横江镇民主社区，建于清代，占地面积 360 平方米，坐西向东。建筑为木结构，穿斗式梁架，三穿九柱，悬山式顶，小青瓦屋面。前部分面阔三间一巷通宽 16、进深一间 7.5 米，通高 7 米；后部分面阔三间通宽 16 米，其中明间通进深二间 7.5 米，左右次间各进深一间 7.5 米，通高 7 米；左右厢房各一间，面阔 6 米，进深一间 5 米，通高 5.5 米；二楼楼层用圆木和木板铺建。

民主街 8 号民居　位于横江镇民主社区，建于清代，占地面积 400 平方米，坐东向西。民居为四合院，一楼一底，木结构，穿斗式梁架，三穿七柱，悬山式屋顶，两面坡小青瓦屋面，面阔四间一巷 18.5 米，通进深三间 16 米，通高 7.5 米；二楼楼层周圆木板构建，院内设有一天井，底楼临街檐坎边建有石阶梯。

杨本权宅　位于横江镇民主社区，建于清代，占地面积 200 平方米，坐东向西。建筑为一楼一底，木质结构，穿斗式梁架，三穿七柱，悬山式屋顶，两面坡小青瓦屋面，面阔三间 13 米，其中 11 号面阔 5 米，9 号、13 号面阔各 4 米，通进深三间 14.5 米，其中进深一间 5 米，通高 7.5 米，内设有一天井，二楼楼层为圆木木板结构。

民主街 53 号民居 位于横江镇民主社区，建于清代，占地 126 平方米，西向。民居为一楼一底，砖木结构，硬山式顶，小青瓦屋面。面阔三间通宽 12.6 米，通进深二间 10 米，通高 7.5 米，其中每间宽 4.2、进深 5 米；入内第二间各有一木梯道上至二楼，二楼楼层为圆和木板铺建；临街三间为店铺，门已改建为金属。

商业街 43 号民居 位于横江镇正义社区，建于清代，占地面积 338 平方米，西向。民居原为地主李华明房屋，一楼一底，木结构，穿斗式梁架，三穿七柱，悬山式顶，小青瓦屋面；面阔五间通宽 22.5 米，其中面阔一间 4.25 米，通进深三间 15 米，其中进深一间 5 米，通高 7.5 米；二楼楼屋用圆木、木板铺建。屋壁、屋门、壁窗均为木质。

商业街 51 号民居 宜宾县横江镇正义社区，建于清代，占地面积 352 平方米，北向。民居为一楼一底，砖木结构，穿斗式梁架，三穿七柱，小青瓦屋面；面阔七间通宽 28 米，面阔一间 4 米，进深分别为二间、三间，通进深 12 米，进深一间 4 至 6 米，通高 7.5 米；二楼楼层用圆木和木板铺建，楼壁为木板，楼窗为木条；临街为店铺，门已由木插改为铝合金门。

商业街 65 号民居 位于横江镇正义社区，建于清代，占地面积 60 平方米，坐南向北。民居为木结构，穿斗式梁架，三穿四柱，悬山式顶，小青瓦屋面；面阔四间通宽 12 米，其中面阔一间 3 米，进深一间 4 米，通高 7 米；二楼楼层用圆木及木板铺建，上至二楼用移动木梯上下。

严正文宅 位于横江镇正义社区，建于清代，占地面积 50 平方米，坐南向北。建筑为一楼一底，木结构，穿斗式，三穿九柱，悬山式顶，两面坡小青瓦屋面；面阔一间 4.5 米，通进深二间 10 米，其中一间 5 米，通高 8 米；入内第二间有木阶梯上至二楼，二楼楼层用圆木和木板铺建，临街楼壁为木壁，壁中建有重复方格形木窗。

商业街 79 号民居 位于横江镇正义社区，建于清代，占地面积 106 平方米，北向。民居为砖木结构，穿斗式梁架，三穿七柱，悬山式顶，小青瓦屋面；面阔二间通宽 8.5 米，其中 79 号面阔一间 3.5 米，81 号面阔一间 5 米；通进深二间 11 米，通高 5.6 米；临街屋壁、店门为木插板和木板门，其中 81 号临街一间建 6 扇木门。

杜明全宅 位于横江镇正义社区，建于清代，占地面积 90 平方米，北向。民居为砖木结构，穿斗式梁架，三穿七柱，悬山式顶，小青瓦屋面；面阔二间通宽 8.4 米，其中面阔一间 4.2 米，通进深二间 10 米，其中进深一间 5 米，通高 6.8 米；屋前北面为店铺，屋壁、屋门均为木质。

商业街 28 号民居 位于横江镇正义社区，建于清代，占地面积 500 平方米，坐北向南。民居为三合院布局，木结构，穿斗式，三穿五柱，悬山式顶，两面坡小青瓦屋面；后堂面阔六间 24 米，进深一间 4 米，通高 7 米；左厢房面阔三间 12 米，进深一间

4 米，通高 7 米；整座民居屋壁门窗均为木构建。

商业街 92 号民居 位于横江镇正义社区，建于清代，占地面积 180 平方米，坐北向南。民居为一楼一底，木结构，穿斗式梁架，三穿七柱，悬山式顶，两面坡小青瓦屋面；面阔四间 16 米，通进深二间 10 米，通高 7 米；二楼楼层用圆木和木板铺建，进入二楼用移动木梯，楼壁为篱笆墙，建有方格形木窗，临街四间为店铺。

商业街 97 号民居 位于横江镇正义社区，建于清代，占地面积 110 平方米，坐南向北。民居为一楼一底，木结构，穿斗式梁架，三穿五柱，悬山式顶，两面坡小青瓦屋面；面阔二间一巷通宽 10.5 米，通高 6 米，其中 97 号面阔一间，通宽 5 米，99 号面阔四间，进深一间长 6 米，巷道长 12、宽 1.2 米；临街面二间为店铺，店门为木门；二楼楼层用圆木和木板构建。

商业街 98 号民居 位于横江镇正义社区，建于清代，占地面积 260 平方米，坐北向南，又名横江大厦，现为横江供销社旅社。民居为四合院布局，一楼一底，木结构，穿斗式，三穿七柱，悬山式顶，两面坡小青瓦屋面；前部分面阔二间 9.4 米，通进深二间长 10 米，通高 7.5 米，楼层用圆木、木板铺建；后部分面阔二间一巷，通宽 9.4、进深二间 10 米，楼层与前部分相同；左右厢房各一间，其中左厢房面阔一间 4 米，进深一间 3.2 米，通高约 5.5 米，内设有一天井，屋内各有一木阶梯上至二楼。

商业街 102 号民居 位于横江镇正义社区，建于清代，占地面积 90 平方米，坐北向南。民居为一楼一底，木结构，穿斗式梁架，三穿七柱，悬山式屋顶，两面坡小青瓦屋面；面阔一间 5 米，通进深三间 15 米，通高 7 米；入内第三间有木阶梯上至二楼，二楼楼层用圆木，木板铺建，屋壁门窗为木柱、木枋、木板构建。

商业街 136 号民居 位于横江镇正义社区，建于清代，占地面积 400 平方米，东向。民居为木结构，一楼一底，穿斗式梁架，三穿七柱，悬山式顶，两面坡小青瓦屋面；面阔五间一巷通宽 20 米，其中面阔一间 4 米，通进深四间 20 米，其中进深一间 5 米，通高 7.5 米，临街屋门多为双扇木门和木插板；二楼楼层用圆木和木板铺建，上至二楼用活动木梯上下。

后街 8 号民居 位于横江镇正义社区，建于清代，占地面积 330 平方米，坐西北向东南。民居为四合院，砖木结构，穿斗式梁架，三穿七柱，硬山式顶，后堂两端建有风火墙。民居分为前堂、后堂，中间为石板天井，前堂面阔三间，通宽 15 米，通高 7.5 米，明间面阔一间 5.2 米，进深一间 10.5 米，前建六扇长方格兼"工"字格木门；左右次间相同，左次间面阔一间 4.9 米，通进深二间 10.5 米；后堂面阔三间通宽 12.6 米，通高 7.5 米，其中明间为堂屋，面阔一间 4.2 米，进深一间 5.2 米，左右次间相同，面阔 4.2 米，进深一间 6 米，两端有通道进入屋面围墙内和厕所。

樊家祠堂 位于横江镇正义社区，建于清代，为当地樊氏家族祠堂，占地面积 160

平方米，坐西北向东南。建筑原为四合院，现仅存前堂五间，砖木结构，穿斗式梁架，三穿七柱，悬山式顶，两面坡小青瓦屋面，面阔三间通宽14.2米，通进深二间10米，通高7.5米，堂屋门为双扇木门，门西侧建有木雕花窗，檐坎前有垂带式踏道三级。

田真权宅 位于横江镇正义社区，建于清代，占地面积130平方米，南向。建筑为砖木结构，穿斗式梁架，三穿五柱，悬山式顶，小青瓦屋面，分为堂屋、左右次间，通高7.5米；堂屋面阔一间宽4.2米，通进深一大间一小间长7米；左右次间各面阔一间4米，通进深二间8米；屋壁及门窗为木枋、木板构建；在堂屋后建有厨房、厕所。

后街23号民居 位于横江镇正义社区，建于清代，占地面积350平方米，北向。民居原为四合院，木结构悬山式顶，小青瓦屋面，现存后堂、左厢房一间、右厢房三间、前大门及前大门右侧房一间。前大门为双扇木门，前下有垂带式踏道5级；右侧存一间屋，三穿七柱，面阔一间5.5米，进深一间6米，通高7米；后堂面阔五间通宽17、进深一间5.5米，通高7米，左右次间、梢间面阔各为3米，进深一间5.5米；右厢房为穿斗式，三穿五柱，面阔三间通宽12、进深一间4米，通高6.5米。

郑树芳宅 位于横江镇正义社区，建于清代，占地面积120平方米，南向。民居为一楼一底，木结构，穿斗式梁架，三穿七柱，悬山式顶，小青瓦屋面；面阔二间通宽9米，通进深三间12米，进深一间4米，通高8米；入内第三间有木梯道上至二楼；二楼由圆木、木板铺建。

中心街7号民居 位于横江镇正义社区，建于清代，占地面积240平方米，坐东向西。民居为一楼一底，砖木结构，穿斗式梁架，三穿七柱，悬山顶；面阔七间通宽14、进深二间10米，通高7米；二楼为圆木、木板铺建；临街门、屋壁均属木方、木板构建。

中心街10号民居 位于横江镇正义社区，建于清代，坐西南向东北，占地面积660平方米。民居为一楼一底，木结构，穿斗式梁架，三穿七柱，悬山式屋顶，两面坡小青瓦屋面；面阔十一间通宽40米，通进深三间16.5米，通高7.5米，内入第二间、第三间有两级阶梯式踏道；二楼楼屋用圆木和木板铺间，屋壁和门窗均用木质材料建成，二楼临街壁面建有木雕花窗。

中心街33号民居 位于横江镇正义社区，建于清代，占地面积440平方米，坐西向东。民居为一楼一底，木结构，穿斗式梁架，三穿七柱，悬山式顶，两面坡小青瓦屋面；面阔五间通宽19米，其中面阔一间4.5米，通进深四间和一天井，长24米，其中进深一间5米，通高8.5米；入内第二间各有一木梯道上至二楼，楼层由圆木、木板构建，楼层壁及门均为木质，二楼西壁建有木花窗，屋内建有天井。

中心街52号民居 位于横江镇正义社区，建于清代，占地面积156平方米，坐西南向东北。民居为一楼一底，木结构，三穿四柱、三穿五柱，悬山式顶，两面坡小青瓦屋面，通高 8 米；临街为面阔二间，每间宽 4.4、进深一间 5.5 米，两间之间有一通道进入屋内天井和后屋，通进深四间 15 米，后面面阔为三间，通宽 9.9、进深一间分别为3.3、3.5 米；临街二间后各有一木梯道上至二楼，二楼楼层、楼屋壁分别用圆木、木板铺建。

梧桐街民居　位于横江镇正义社区，建于清代，占地面积 150 平方米，坐东南向西北。民居为木结构，穿斗式梁架，三穿七柱，悬山式屋顶，小青瓦屋面；面阔三间13.5 米，通进深二间 10 米，通高 6.5 米，前有阶梯式踏道 5 级。

正义街 17 号民居　位于横江镇正义社区，建于清代，占地面积 205 平方米，坐南向北。民居为一楼一底，砖木结构，穿斗式梁架，三穿九柱，硬山式顶；面阔三间一巷，通宽 17.2 米，通进深二间 10 米，通高 7 米，其中巷道宽 2.4 米；巷道左侧一间面阔 3.4 米，17 号面阔一间 5.5 米，19 号面阔一间 5.5 米，进深一间 5 米；17 号、19 号入内第二间各有一木阶梯道上至二楼，二楼楼层用圆木、木板构建；临街三间为店铺，店门均为木插板和木门。

闵家大院　位于横江镇正义社区，建于清代，坐南向北，建筑面积 720 平方米。建筑为复四合院，砖木结构，穿斗式梁架，三穿七柱，悬山式顶。其中北面四合院分为前堂、后堂、左右厢房。前堂：面阔三间通宽 17.5 米，通高 7.5 米，进深一间 6 米。明间宽 6、进深 6 米，左右次间大小相同，面阔一间 5.5 米，进深一间 6 米。后堂：面阔三间通宽 17.5 米，进深一间 6.2 米，其中明间宽 5.4 米、进深 6.2 米，左右次间各宽4.4、进深一间各 6 米。左右厢房各一间，大小相同，面阔 6 米，进深 4.4 米；大院内有一天井。

雨师庙　位于横江镇金钟村，建于清乾隆五十二年（1787 年），现存建筑面积 400平方米，东南向。该庙始建于清乾隆年间，毁于山火，1992 年在原址上重建正殿等约100 平方米，建筑为砖混结构。雨师庙因庙内的雨师洞得名，东西长约 20、南至北宽 20米（石梯除外），现遗存有"雨师洞"三字、石刻造像四尊、碑刻二通、石柱础等。雨师洞宽 2.7、高 2.9、深约 6 米。洞口立有碑刻二通，第一碑高 1.31、宽 0.8、厚 0.12米，上阴刻"永垂万古，蒙闻雨师洞先年原有满堂神像"，题记"乾隆五十二年……"；另一碑是中华民国三年立，上刻"施主文郁外出功德钱……"宜宾县人民政府于 2006年 9 月公布为文物保护单位。

横江板桥　位于横江镇和平村，建于清嘉庆元年（1796 年），建筑面积 150 平方米。桥为东西走向，单孔石拱桥，桥面为平面，由厚石条砌成，桥面宽 5、通高 8、全长 30 米，其中桥孔拱宽 5、跨度 8、拱高 6.2 米。据传，该桥由横江镇和平村新平组李祥及儿、孙、曾孙四代共 14 人共同出资修建；横江历史上几次大洪水都未冲毁此桥，内昆铁路工程、张窝电站等大型工程建设几十吨乃至上百吨车辆均从该桥上通行，甚至近几十年各种车辆长期从桥上通行，此桥仍安然无恙，十分坚固。

石窟寺及石刻

石城山二横岩石刻题记　位于横江镇石城村，明代，在二横岩高 5.6、宽 4.5 米的岩壁上，立面分布面积 6 平方米，字面向东，呈长方形，高 2.9、宽 1.72 米，阴刻竖排隶书，字径 0.1、行距 0.07、字距 0.05 米。题记内容："纪大中丞岩山先生平石城之捷用韵贰首：范子胸中百万兵，向来小试出南征。羽书飞坠由金阙，刁斗纵横破石城……"。该石刻对于研究明代石刻艺术提供了重要的实证资料。宜宾县人民政府于 1989 年 6 月公布为文物保护单位。

石城山大佛像　位于横江镇石城村，明成化元年（1465 年）凿刻，保存完整，凿在麻鸡嘴长 10、宽 4 米的岩石壁上，立面分布面积 40 平方米。造像在一龛中，龛为平顶敞口，长方形，高 1.6、宽 1、深 0.72 米，佛像右侧有题刻三幅："南无阿弥陀佛"、"明代成化元年造"、"大清嘉庆元年四月"；左侧有题记二幅："南无阿弥陀佛"、"南溪石匠张大轩凿"。宜宾县人民政府于 1989 年 6 月公布为文物保护单位。

北斗岩修路碑　位于横江镇北斗村，建于清代，共有修路碑 3 通，从右至左横排编为 1 号、2 号、3 号碑，北向，分布面积 4 平方米。三碑距地表（公路）垂高 8 米；1 号碑高约 1.3、宽约 0.7、厚 0.11 米，上阴刻有阿弥陀佛等；2 号碑高约 1.5、宽约 0.85、厚约 0.13 米，上阴刻"为善"等字；3 号碑高约 1.1、宽约 0.74、厚 0.11 米；因碑在陡壁上，不能近看，碑文具体内容不详。

雨师洞摩崖造像　位于横江镇金钟村，建于清乾隆五十二年（1787 年），分布面积 9 平方米，坐西向东。造像分布在长 2.8、宽 1.5、距地面高 3.5 米的新建的雨师庙内岩壁上。一龛三尊造像，长方形，拱顶，敞口，长 2.8、高 1、深 0.21 米。三尊造像为结跏趺坐，中一尊为释伽牟尼，左右为文殊、普贤菩萨乘青狮白象，大小基本相同，坐高 0.8、肩宽 0.27 米，须弥座高 0.24 米；造像左为 5 米的雨师洞内石刻有"乾隆五十二年……"。

矮藤岩石窟　位于横江镇五宝村，建于清代，分布面积 1 平方米，坐南向北。石窟有一龛，高 1.1、宽 0.82、深 0.51 米，内置一观音像，为圆雕半身像，高 0.88、肩宽 0.4、厚 0.2~0.3、头高 0.28 米，双手握捧一净瓶，颈挂一串佛珠，石窟左侧为矮藤岩修路碑。

矮藤岩修路碑　位于横江镇五宝村，建于清同治四年（1865 年），坐西向东，分布面积 2.5 平方米，共有横排碑刻 3 通，编为 1 号、2 号、3 号。一号碑残高 0.47、宽 0.47、厚 0.08 米，上残存刻字十余个；2 号碑高 1.9、宽 0.75、厚 0.13 米，顶阴刻"脩路碑记"，碑文刻"常思开创者先人之德，继善者后人之功有所作"约千余字，有题记等字样，碑下半部字风化脱落；3 号碑高 1.7、宽 0.875、厚 0.135 米，碑文刻"睿思修造者前人培铺厚实也"等千余字，题记"大清同治四年六月初六日立旦，匠人，郑泽成……"，碑前上下 700 余米长石梯道。

麻鸡石摩崖造像　位于横江镇石城村，凿于清嘉庆元年（1796 年），凿于麻鸡石距地高 4.8 米的岩壁上的一龛内，坐西向东，立面 3.5 平方米。龛为长方形，拱顶，宽 1.5、高 1、深 0.3 米，造像为一尊打坐菩萨，坐高 0.8、肩宽 0.37 米，造像右侧题刻"大清嘉庆元年二月吉日修"。

观音岩摩崖造像　位于横江镇柏林村，建于清代，凿于石城山狮子头前一新建的灵祖庙内，长 5.5、宽 3.2、距地面高 1.5 米的岩壁上，一龛二尊造像，坐东向西，分布面积 6 平方米。龛为长方形，敞口，高 1.48、宽 1.7、深 0.24 ~ 0.33 米，造像为依岩凿刻，属圆雕，背部连在岩石上，造像为文殊普贤，大小均同，结跏趺坐，坐高 1.48、肩宽 0.39 ~ 0.43 米，须弥座，上浮雕仰莲，第一尊文殊，下骑白象，第二尊为普贤，下骑青狮。

伏龙口德政碑　位于横江镇五宝村，建于 1922 年，刻在长 2、宽 0.6、距地面高 3.2 米的岩壁上，立面分布面积 12 平方米，南向。碑为横排阴刻正楷"桑梓长城"；字距 0.4、间距 0.1 米；右刻"尊荣乡长德政"，落款"杜䓖合乡士绅敬赠"。

打渔岩德政碑　位于横江镇油房村，建于 1933 年，立面分布面积 3 平方米。碑刻为依岩壁刻龛，龛内刻字，龛为长方形，宽 2.2、高 0.8、深 0.02 米，上楷书阴刻"叙偶团第一大队坿郭公名夫德政"十个大字，中行阴刻"攘往熙来"四字，字高 0.45 ~ 0.55、字径 0.4 ~ 0.46 米，题记"叙□□□□颂"。碑刻左侧 3.5 米处阴刻有道光四年捐钱人姓名，此碑为研究民国时期当地人文提供了实物依据。

近现代重要史迹及代表性建筑

林树海宅　位于横江镇正义社区，建于民国时期，占地面积 84 平方米，北向。建筑为木结构，穿斗式梁架，三穿五柱，悬山式顶，小青瓦屋面；面阔三间通宽 12 米，通进深二间 8 米，通高 7 米；屋壁、门窗为木枋、木板构建。

肖公馆　位于横江镇正义社区，建于 1924 年，坐南向北，建筑面积 880 平方米，是时任屏山县县长兼金、关两河清乡司令的肖锡珍所建，分为主楼和复四合院，建筑大多保存完整，局部损毁或改建。

主楼建于民国十三年，是肖锡珍所建的西式别墅，俗称洋楼，为砖木结构，悬山式顶，二楼一底，四合院布局，通高 12 米。底楼前堂面阔三间 15 米，进深一间 5.5 米，左右厢房各两间，其中左厢房，面阔两间 10 米，进深一间 5 米，内有天井；前堂北面建有围墙，外为大门、值班室及垂带式踏道。院周有回廊，二、三楼用圆木铺建。

复四合院始建于清代，坐北向南，四合院布局，一楼一底砖木结构，抬梁、穿斗结合式，悬山顶，两面坡小青瓦屋面，通高约 12 米，建筑总面积 650 平方米。底楼分为前后堂、左右厢房、街房、天井和院坝，分内外四合院。后堂三间，一楼一底，抬梁式，楼层用木板铺建，通宽 15、纵深 12、通高约 12 米。左右厢房各一间，宽 5.5、纵深 5、高约 11 米，中为一用石条、石板铺成的小天井，二楼用木板铺建；前堂三间，通宽 14、纵深 5 米，二楼用木板铺建。右次间南面外壁有"7"形木阶梯进入二楼；外四合院右侧厢房已毁，存前室和左厢房部分建筑（后部分与内四合院前堂相连），前室通宽 7.6、纵深 2.8 米，一楼一底木结构建筑；左厢房共四间，通宽 18.8、纵深 5、通高约 11 米，一楼一底木结构建筑；街房三间，内一外二，外为二间营业房，通宽 10、纵深各 7 米，顶为木板楼层，内一间通宽 10、纵深 9.4 米，顶为木板楼层。

该民居对于研究川南地区民国时期民居建筑、民俗民风等具有一定的价值，四川省人民政府于 2012 年 7 月公布为文物保护单位。

商业街 35 号民居 位于横江镇正义社区，建于 1933 年，北向，占地面积 342 平方米。民居为一楼一底，砖木结构，硬山式顶，东西两端为封火墙，两面坡小青瓦屋面；面阔七间一巷通宽 30 米，通进深 12 米，通高 8.5 米；底楼各套房内均有活动木梯上至二楼，二楼楼层用圆木、木板铺建，临街面及后面均分别建有窗口。

佘永康宅 位于横江镇正义社区，建于 1933 年，建筑面积 240 平方米，东南向。建筑为木结构，穿斗式梁架，三穿五柱，悬山式顶，小青瓦屋面；面阔二间通宽 8 米，通进深二间 7 米，通高 7 米；屋壁为篱笆，屋内原建有楼，今已拆。

佘显明宅 位于横江镇正义社区，建于 1933 年，占地面积 84 平方米，坐南向北。建筑为木结构，穿斗式梁架，三穿五柱；面阔三间一巷 12 米，进深一间 5 米，通高 5.5 米；其中明间宽 4、进深 5 米；左次间宽 4、进深 5 米；右次间宽 2.8、进深 5 米；巷道宽 1.2、进深 5 米。

杜泽元宅 位于横江镇正义社区，建于 1933 年，建筑面积 105 平方米，东南向。建筑为砖、木、石混合结构，穿斗式梁架，三穿七柱，悬山式顶，小青瓦屋面；面阔五间一巷通宽 20 米，进深一间 5 米；第 3 间面阔为 3 米，第 1、2、4、5 间面阔为 4 米；第 3、4 间之间有一巷道；第 1 间后有一间横房；在民居南面屋壁上写有"毛主席万岁"5 个大字，字为红色黑边。

朱家民居 位于横江镇民主社区，建于民国初年，坐西向东，建筑面积 1337 平方米。建筑现存图书楼、碉楼、前堂、后堂、左右厢房及围墙厕所。图书楼为砖木结构，硬山式顶，两层楼，面阔三间 17.3 米，进深一间 7.5 米，通高 12 米，前有一天井，楼层为木板、圆木构建，并设有木廊道；碉楼为五层楼，石木结构，悬山式顶，呈正方形，通面阔 5.8、通进深 5.8 米；前堂为砖木结构，悬山式顶，穿斗式梁架，三穿九柱，面阔三间 17.3 米，进深三间 13.8 米，通高 7 米，前有一天井；左右厢房一间 5.75 米，进深一间 4.65 米，通高 6.5 米；后堂为木结构，悬山式顶，穿斗式二穿五柱，面阔三间 17.3 米，进深一间 5 米，通高 6.5 米，前有一天井。

该建筑是典型中西合璧风格建筑，对于研究民国时期西洋建筑对当地的影响及民风民俗等具有一定的价值。四川省人民政府于 2002 年 12 月公布为文物保护单位。

永兴镇

古遗址

八角寨址 位于永兴镇八庙村，建于清代，其地势略起伏，由南向北倾斜，四周陡坡。寨子遗址由东至西 260 米，南北长 280 米，分布面积 57680 平方米。遗址中心天然大石地面上遗存有铣火药用的 3 个石坑，一方二圆，其中方石坑长 0.6、宽 0.37、深 0.4 米；圆坑一大一小，其中大圆坑直径 0.6 米，底部似锅底状，小圆坑直径 0.2 米。遗址东北面坡下小寨门处，残存寨墙约 200、高 1.5～4 米不等，整石上建造阶梯 20 多级；遗址西南面鱼塘垭残存寨墙 40 米。寨墙用长 0.6～0.7、宽 0.64～0.7、高 0.5 米，长短不等的厚石磜砌成，其石磜均在寨址内的整山石上面就地取石；有的寨墙利用陡坡代替，不陡之处用石磜接砌垒墙。据文献记载和当地父老口碑，此寨为清末李永和、蓝大顺义军据险抗清之处。

古墓葬

蛮洞子岩崖墓群 位于永兴镇八庙村，建于汉代，共有崖墓 3 座，编为 M1～M3，分布面积 1000 平方米。M1～M2 分布在由南至北 40 米范围内的狮子岩壁上，东南向；M3 在二墓对面约 165 米的新龙嘴陡岩壁上，南向。其中 M1 为双层门楣，宽 0.76、高 0.9、厚 0.55 米；墓室长 1.7、宽 1.4、高 1.1 米，顶微拱。M2、M3 不能进入测量。

洋芋子坡崖墓 位于永兴镇华清村，建于汉代，共有崖墓 2 座，编为 M1、M2，坐南向北，分布面积 12 平方米。二墓并排，墓室与墓室中壁有通道口可互通。二墓室形制大小相同，其中 M1 为墓门宽 0.9、高 0.95、厚 0.5 米，墓室长 2.4、宽 2.1、高 1 米，平顶。

蛮子洞崖墓 位于永兴镇竹山村，建于明代，占地面积约 5 平方米，东北向。墓为横穴单室墓，墓门宽 0.5、高 0.7、厚 0.1 米；墓室长 1.1、宽 1.8、高 0.4～0.6 米，拱顶。

上马槽沟墓群 位于永兴镇清泉村，建于明代，共有石室墓 5 座，编为 M1～M5，分布面积约 250 平方米，均坐西北向东南。M1 已扰乱；M2 封闭完好；M3 残存后壁；M4、M5 压在村民屋坝下。其中 M1 为条石、石板砌成四间墓室，形制大小相同，长3.3、宽0.9、高1.9米；顶建有一藻井，长1.3、宽0.7、高0.4~0.7米；后壁有一龛，高0.85、宽0.65、深0.2米。

湾里坎下墓地 位于永兴镇塘湾村，建于明代，共有石室墓 2 座，编为 M1~M2，分布面积 40 平方米，均坐北向南。其中 M1 为石条、石板砌成石室四间，形制大小相同，长2.8、宽0.89米，因墓底有积土，高不详，顶建有藻井，后壁有龛。

猫坝墓地 位于永兴镇土堰村，建于明代，占地面积 16 平方米，坐西向东。墓由条石、石板砌成石室四间，形制大小相同，残进深2、宽0.84、高1.5米，顶建有藻井，后壁建有一龛。

巅子坡墓群 位于永兴镇文昌村，建于明代，共有石室墓 4 座，编号为 M1~M4，分布面积 200 平方米，坐西北向东南。M1 残存后壁，M2~M4 被村民扰乱后封堵。

鱼塘坡墓群 位于永兴镇新成村，建于明代，共有石室墓 7 座，编为 M1~M7，分布面积 350 平方米，均坐东向西。M1、M6、M7 封闭完好，其余均已扰乱。其中 M3 为一墓二室，由条石、石板砌成，形制大小相同，墓室长3.2、宽0.96、高1.7米，顶建有藻井，后壁建有一龛。

登望坡墓群 位于永兴镇殷家村，建于明代，共有石室墓 6 座，编为 M1~M6，均坐东向西，分布面积 250 平方米。M1、M2 封闭完好，其余均已扰乱或损坏。其中 M1 为一墓二室，墓门宽0.95米，门下有封土，高不详。M6 墓为二室，前部分损坏，墓室残长2、宽0.85、高1.7米，顶建有藻井，后壁有龛。

雷家湾墓群 位于永兴镇永胜村，建于明代，共有石室墓 9 座，编为 M1~M9，分布面积 850 平方米，坐西北向东南。M1、M3、M4、M6 扰乱后填封，其余封闭完好。可见 M6 已扰乱的墓室后壁浮雕仿木结构重檐歇山式楼阁图像。

新屋扁墓地 位于永兴镇张场村，建于明代，占地面积 12 平方米，坐北向南。墓由条石、石板砌成石室二间，墓顶为封土，形制大小相同，长2.5、宽0.9、高2米，顶建有藻井，后壁建有龛。

小河墓群 位于永兴镇狮子村，建于清代，共墓 6 座，编为 M1~M6，分布在长20、宽10米的山坡顶上，分布面积 200 平方米，坐东向西。各墓均为石砌椭圆形，墓顶为封土，M3、M4 前各立一石碑，其余 M1~M2、M5~M6 碑已毁。其中 M3 长5、宽4.2、高1.5米；碑为单檐庑殿式顶，高2.3、宽1.1、厚0.3~0.45米；正中正楷阴刻"皇清待赠向公讳德金□□□□"；题记"同治……"。

颜家坡墓群 位于永兴镇中元村，建于清代，共有石室墓 8 座，编号为 M1~M8，分布面积 380 平方米，坐北向南。M1 已扰乱，M3、M4、M5 残存室底或石壁，M2、

M6 ~ M8 封土保存完好。其中 M1 为一墓二室，墓室由条石、石板砌成，形制大小相同，长 3.2、宽 0.8、高 1.95 米，顶建有藻井，后壁左右建有龛，龛壁保存浮雕有菱形花卉等图案。

颜其斗墓　位于永兴镇永兴村，建于清道光十九年（1839 年），占地面积 30 平方米，西北向。墓由石条砌成矩形，顶为弧形封土，长 8、宽 3.6、高 1.8 米，前立一碑。碑为石质仿木结构，四柱三开间，通宽 3.4、残高 2.2、厚 0.46 米；顶龛楷书阴刻"水包山環"，下及左右两侧高浮雕神像耕田图、人物、双凤、双鹿、花卉、走兽等，雕刻精湛，风格独特；正中楷书阴刻"待赠颜公諱其斗字龍光大人墓"；两侧四石柱上阴刻二副对联，其中一副"且欣三子諸孫皆成立；独怜一妻二妾各歸窀"；题记"道光拾玖年春月中浣八日"。

坟山塆墓地　位于永兴镇四方村，建于清同治年间，占地面积 15 平方米，坐西向东。墓由石条砌成椭圆形，墓顶为弧形封土，墓长 5、宽 3、高 2.2 米，前立一碑。碑为石质，仿木结构重檐庑殿式，六柱五开间，高 3.3、残宽 5.8、厚 0.3 ~ 0.45 米；上浮雕二十七尊人物、二龙、二鸟、一兽等图像，其中两浮雕二尊人像高 0.85 米，身着长袍，其中东北侧一尊人像挥舞手臂，十分生动；碑东侧阴刻有墓志铭文；正中正楷阴刻"清故顯考何公□□□□□"，两侧阴刻二副对联，其中一副为"龍盤凤翥定後世人以榮昌；水繞山環仍歸本來之面□"；题记为"同治□年四□"。

毛永裕夫妇墓　位于永兴镇永兴村，建于清同治十一年（1872 年），占地面积 40 平方米，坐东向西。墓由石条砌成长方形，顶为弧形封土，长 6、宽 5、高 1.6 米，前立一碑。碑为石质仿木结构，残存四柱三开间，残高 2.6、残宽 5、厚 0.4 ~ 0.45 米；顶龛行书阴刻"卜云其吉"；上浮雕二龙戏珠、十四尊人像、仙猴摘桃等图像；正中正楷阴刻"皇清例授奉政大夫顯考毛公諱永裕誥授宜人故顯妣母余氏開慧之墳墓"；题记"大清同治十一年歲在壬申孟夏月上浣日谷旦立"；两侧行书阴刻对联二副，其中一副为"正啟后后谋道燕翼；惟天錫纯嘏吉卜牛眠"。

古建筑

石坝子井　位于永兴镇大坳村，建于清代，占地面积 5 平方米。井为石条砌成，略呈正方形，井口与井径大小基本相同，直径 0.85、深约 10 米。该井为了供应原永庄乡街民用水，1968 年扩建深度，近年又在井旁建有抽水房。

肖家堰民居　位于永兴镇高寺村，建于清代，均坐北向南，现存建筑面积 490 平方米。分前后两排排列，共十二间。其中前排是保存较好的少见的清末民居，呈一字形布局，木结构悬山式顶、穿斗式梁架，三穿五柱；面阔九间 37 米，进深一间 7、高 7 米，素面台基高 1 米；设二堂屋，前有二垂带式踏道，各为 9 级；四壁均为木质建筑构成，窗为木质方格组合。后排屋存三间，为清中期建筑，穿斗式梁架，三穿五柱，悬山式顶，前建有廊道，通面阔 16 米，进深一间 6.6、高 7.5 米，廊道进深 2.5 米，堂屋为木质双扇门，两旁二窗户为镂空刻有菱形纹窗花。后排一屋已改为土墙，木结构梁架，悬山式顶，前建廊道、双扇门，尚存花窗两扇。

岸家桥 位于永兴镇八庙村、田边村，建于清乾隆四十三年（1779 年），南北走向，建筑面积 185 平方米。桥为石质方孔平桥，原为十一孔，现可见三孔，其余八孔桥面因修村公路时被石磴、泥石叠压；原十一孔桥身长 29.5、宽 2.1 米，现可见三孔长 14.2 米。桥磴用长 4.9、高 0.64、宽 1 米的石磴砌成，桥面分别用长 4.2、4.4、4.6 米、宽 2.1、厚 0.63 米的厚石板铺成。桥南桥头上西面立有一牌坊，石质仿木结构，重檐歇山顶，四柱三开间，宽 5.68、高 3.5、厚 0.38 ~ 0.45 米，坊顶下建有大斗拱；坊上分别阴刻有"皇恩浩荡□國□……"、"土地祠"、"萬户山城"、"海晏河清"、"功量百世"等；题记"大清乾隆四十三年岁次戊戌……"。

近现代重要史迹及代表性建筑

永兴碉楼 位于永兴镇安康社区，建于 1922 年，南向，建筑面积 86 平方米，碉楼为土木石混合结构，穿斗式梁架，庑殿式顶，通高 15 米，通面阔 11.47 米，通进深 8.35 米。碉楼用石磴砌底层下半截基墙，上用土夯实垒建成三层，底墙厚 0.7 米，第二、三层墙厚均为 0.5 米，第一至三层均用厚木板铺作楼层；进门处设有通道，通道东侧建木质踏道 14 级上进入第二层楼，第二层楼建 15 级木质阶梯上至第三层楼。第一层内有一通道，大小屋三间，第二层、第三层分别各有一通道，大小屋五间；第二、三层楼分别各建有十一个窗口，第三层楼墙壁设 3 个射击孔，第二层设有两个射击孔；在第三层的一木质窗户门扉上阴刻有"光荣烈士"四个大字，字高 0.2、宽 0.16 米，题记"一九五三年八月一日"。该碉楼从 1941 年起一直作为永兴区、镇政府办公重地。

李罗泉大堰 位于永兴镇新成村、高寺村、王庙村，建于 1974 年，为南北流向及东西流向，全长约 10000 米，分布面积 36000 平方米，沿途共建三级提灌站、五个渡槽桥、两条渠道及若干缺口，分为：米罗提灌站、曹家湾提灌站、金旗提灌站；群英渡槽桥、胜利渡槽桥、反修渡槽桥、创造渡槽桥、新城渡槽桥；高寺渠道和新城渠道。均用厚石条磴砌成。其中一级提灌站位于高寺村当门山毛桥河东岸，建筑面积 55 平方米，内设机房提灌设施；二级提灌站位于高寺村曹家湾，机房面积 60 平方米，有提灌设备一套；第三级提灌站位于王庙村金旗组。五个渡槽桥全长约 558 米，两条渠道总长约 9662 米，用厚石磴砌成。群英渡槽长 330 米，分别用长 0.6 ~ 1、高 0.3、厚 0.42 米的石磴砌成，渡槽桥孔 33 个，高 2.5 ~ 8.5 米不等；渡槽通宽 1.6 米，渡水槽宽 0.56、高 0.65 米。在渡槽外壁上阴刻有"群英渡槽"四字；在三、四渡槽桥外壁分别阴刻"农业学大寨"、"中国共产党万岁"、"反修渡槽"等。李罗泉大堰修建历时 5 年，耗用 50 多万个工日，规模宏大，气势磅礴，蔚为壮观，它是永兴镇人民劳动和智慧的结晶。宜宾市人民政府于 2011 年 12 月公布为文物保护单位。

白花镇

古墓葬

干草湾崖墓　位于白花镇凤形村，建于汉代，占地面积 2 平方米，距岩脚约 10 米，西北向。墓为单室横穴，宽 1.9、深 0.75、高 0.8 米，拱顶。

猫岩崖墓　位于白花镇郭家村，建于汉代，共有崖墓 2 座，横排，编为 M1、M2，二墓相距约 100 米，分布在猫岩东西长约 100、距地表高约 10 米的陡岩壁上，分布面积 250 平方米，M1 墓门北向，M2 墓门东向。其中 M1 为单门楣，门宽 0.57、高 1.08、厚 0.3 米，封门石板已毁，有嵌石板凹槽；墓室为单室，长 2.95、宽 2.2、高 1.16～1.3 米，拱顶；M2 距地表高约 7 米，不能测量。

鸡公抱崖墓　位于白花镇郭家村，建于汉代，占地面积 8 平方米，东北向。墓为单室，门高 1.25、宽 0.51、厚 0.4 米，门缘周有嵌封门石板凹槽；墓室长 2.9、宽 2.3、高 1.85 米，两面坡顶。墓门外左侧陡壁上凿有人行路道、攀缘抓坑和梯步。

半边山崖墓　位于白花镇郭家村，建于汉代，占地面积 15 平方米，西北向。墓为单室，门高 0.78、宽 0.53、厚 0.36 米；墓室长 2.6、宽 1.9、高 1.35 米，拱顶。墓门处封门石板已毁，门框四周有封门嵌石板凹形槽。

蛮子洞崖墓群　位于白花镇火地村，建于汉至明代，共有崖墓 3 座，横排，编为 M1～M3，分布面积 280 平方米，均为坐东向西。M1～M3 墓室均已扰乱，M2、M3 后被泥封堵。其中 M1 为横穴，墓门高 0.95、宽 1.1、厚 0.25 米；墓室宽 2.5、深 0.14、高 1.35 米；拱顶，为明代崖墓。

花碑湾崖墓　位于白花镇集中村，建于汉代，占地面积约 5 平方米，坐北向南，墓因在陡岩上，不便进行测量。

尖顶岩崖墓　位于白花镇刘家村，建于汉代，占地面积 6 平方米，南向。墓为单室，墓门高 0.8、宽 0.86、厚 0.45 米，门缘四周凿有嵌封门石板凹形槽；墓室长 2、宽 1.05、高 1 米，拱顶。

黄狗坡崖墓　位于白花镇刘家村，建于明代，共有崖墓 2 座，编为 M1、M2，分布在黄狗坡东西长 70 米范围的黄狗坡半山腰处，分布面积 180 平方米，东南向。M1 墓门已毁，为横穴单室，墓室宽 2.1、深 1.25、高 1.3 米，两面坡顶；M2 在崖壁上，无法测量。

茶顶岩崖墓群　位于白花镇小屋村，建于汉代，共有崖墓 3 座，编为 M1～M3，分布面积 860 平方米。墓均为单室，M1 在茶顶岩，M2 在王卖香山壁上，M3 在红苕坡壁上，均在陡崖上，不便进行测量。

桑棚扁墓地　位于白花镇一曼村，建于宋代，占地面积 15 平方米，西南向。墓为一墓二室，用石条砌成，形制大小相同，墓室长 2.5、宽 0.82、高 1.4 米（下有积土），墓室为仿木结构挑枋拱形；后壁有一龛。

隆兴寺墓地　位于白花镇蔡家村，建于明代，共有石室墓 2 座，编为 M1、M2，分布面积 50 平方米，西南向。其中 M1 为一墓六室，形制大小相同，墓室长 3.1、宽 0.8、高 1.85 米；顶为藻井顶，藻井长 0.95、宽 0.7、高 0.35 米；后壁有一龛高 0.7、宽 0.5、深 0.11 米。M2 扰乱后已封闭。

大嘴墓地　位于白花镇大嘴村，建于明代，大嘴墓地占地面积 25 平方米，西北向。墓室封闭完好，不能进行测量。

大屋基墓群　位于白花镇黄荆村，建于明代，共有石室墓 12 座，编为 M1～M12，分布面积 450 平方米，均坐东北向西南。其中 M1 为一墓四室，墓室由条石、石板砌成，形制大小相同，长 3.8、宽 0.91、高 1.6 米；后壁建有壁龛，室顶建有藻井，各墓室间建有通口，室前建有二通道。

猪槽坳墓群　位于白花镇李棕村，建于明代，共有石室墓 3 座，编为 M1～M3，分布面积 110 平方米，均坐东向西。M1 已扰乱，为一墓二室，墓室长约 2.5 米，通高 1.9、宽约 0.9 米，顶建有藻井，后壁建有龛。

横冲崖墓群　位于白花镇刘家村，建于明代，分布面积 700 平方米，共有崖墓 18 座，呈上下横排，编为 M1～M18，东北向。各墓均为单室，墓室由整山石中凿穴建造而成，部分墓在整山石上凿穴后，用条石碛构建墓顶，顶建双层藻井，后壁凿龛。其中 M16 墓室长 3、宽 1、高 1.3 米（下有土），双层藻井顶，其中下一藻井长 1.5、宽 0.7、高 0.45 米；上一藻井长 0.7、宽 0.65、高 0.3 米；后壁凿有龛，高 0.4、宽 0.35、深 0.16 米。其余墓室墓门均有封土。

茶厂坡墓群　位于白花镇通关村，建于明代，共有石室墓 6 座，呈上下排列，编为 M1～M6，分布面积 300 平方米，西向。墓均为石砌，M1～M3 封闭完好，M4～M6 已扰乱。其中 M4 为一墓二室，形制大小相同，墓室残长 1.8、宽 0.82、高 1.2 米（室底有土及杂物），拱顶，顶用片块叠拱。

汪家院子墓群　位于白花镇通关村，建于明代，共有石室墓 3 座，横排，编为 M1～M3，分布面积 80 平方米，西向。各墓室均由石条、石板砌成。其中 M1 为一墓四室，形制大小相同，墓室长 3.5、宽 0.82、高 1.8 米，顶为双层藻井，下一藻井长 1、宽 0.7、高 0.35 米，上一藻井长 0.7、宽 0.5、高 0.3 米；室石壁有一龛，高 0.5、宽 0.35、深 0.13 米；每间墓前设有双扇石门。

清明山墓地 位于白花镇通关村，建于明代，占地面积 36 平方米，南向。墓由石条、石板砌成石室六间，现存三间墓室，另三间顶部塌陷压毁，形制大小相同，长 8.5、通宽 4.2、通高 3 米；墓室长 2.6、宽 0.82、高 1.4 米；藻井顶，藻井长 1.1、宽 0.7、高 0.27 米；后壁有一龛，龛高 0.4、宽 0.5、深 0.1 米；1 号室、2 号室龛顶浮雕有花卉图案。

桐子湾墓群 位于白花镇通关村，建于明代，共有石室墓 4 座，编为 M1～M4，横排分布在桐子湾北面坡前由东至西 105、由南至北 10 米范围内，分布面积 300 平方米，南向。各墓墓室均由石条、石板砌成，M1、M3 封闭完好，M2、M4 墓室已扰乱，M2 墓室顶门已损毁。其中 M2 墓为一墓二室，形制大小相同，墓室长 2.7、宽 0.87、高 1.5 米，藻井顶；后壁有一龛，龛宽 0.62、高 0.66、深 0.3；龛壁浮雕有牌楼和花卉等，可见 1、2 号墓室间壁浮雕有四瓣叶形连续花卉图案。

堰塘坡墓地 位于白花镇许家村，建于明代，占地面积 20 平方米，坐东向西。墓扰乱后被杂草刺丛笼罩封堵，不能入内测量和拍摄。

猪槽坳墓群 位于白花镇李棕村，建于明代，共有石室墓 3 座，编为 M1～M3，分布面积 110 平方米，均坐东向西。M1 已扰乱，为一墓二室，墓室长约 2.5、通高 1.9、宽约 0.9 米，顶建有藻井，后壁建有龛。

胡万锦墓 位于白花镇碾子村，建于清道光十二年（1832 年），占地面积 32 平方米，坐东北向西南。墓由石条砌成长方形，顶为弧形封土，墓长 6、宽 4.4、高 1.8 米，前立一碑。碑为石质，仿木结构庑殿式顶，四柱三开间，高 3.6、宽 3.7、厚 0.32 米；碑顶阴刻"合同而化"；正中行书阴刻"清故显考胡□□，妣胡□□□□□"；题记"道光十二年壬□□□"；上浮雕龙戏水，水中一小鱼飞跃，另刻麒麟、人物、花卉、双凤等图像。碑左次间阴刻"胡先生碑序，先生宜邑人……"，右次间阴刻"赞胡公：……特任浙江湖州府乌城南巡县南正正堂……"；碑西侧柱阴刻二副对联。

彭清羲墓 位于白花镇杉木村，建于清同治元年（1862 年），占地面积 20 平方米，西北向。墓为土冢，墓周用石条砌成，长方形，长 5.5、宽 3.6、高 1.8 米，顶为弧形封土，墓前立一碑。碑为石质仿木结构，单檐庑殿顶，二柱一开间，高 2.2、宽 1.2、厚 0.3 米；碑顶浮雕花卉花瓶；正中楷书阴刻"皇清待赠故显考彭公讳清羲老大人之墓"；题记"大清新主同治元年岁在壬戌九月二十日吉立……"；碑两侧柱阳刻对联"背负长江环玉凡……"。

牌坊坡李氏墓 位于白花镇一曼村，建于清同治元年（1862 年），占地面积 80 平方米，西南向。墓由石条砌成长方形，为双人合葬墓，长 6、宽 4、高 2 米，顶为弧形封土，前立一碑，石质仿木结构，四柱三开间，通高 4.3、通宽 5、厚 0.4 米；碑两侧前建有二石鼓，鼓上圆雕有二石狮；正中阴刻"皇清例登仕郎显考李□□□□显妣□□□"；题记"大清同治元年仲冬月日□□"。

古建筑

刘家祠堂　位于白花镇蔡家村，建于清代，建筑面积 550 平方米，坐东南向西北。建筑呈四合院布局，前堂为砖木结构，硬山式屋顶，抬梁式梁架，四架椽屋前后栌枓搭牵用四柱，面阔五间 22 米，进深一间 6 米，通高 6 米，左右侧有风火墙；后堂为砖木结构，硬山式顶，抬梁式梁架，四架椽屋前后搭牵用二柱，面阔五间 22 米，进深一间 6 米，通高 6 米；堂屋大门两侧木壁上建有木花窗；左右厢房相同，面阔一间 6 米，进深一间 4 米，通高 5.5 米，两端各设一山墙；屋脊上圆雕有羊、狮、狗等动物像。

罗家冲井　位于白花镇建军村，建于清代，占地面积 2 平方米，井边人行路被毁，井围砌石被拆除，井和井口尚存，井为圆形，直径 0.45、深约 4 米。

井阳湾民居　位于白花镇碾子村，建于清代，占地面积 240 平方米，坐东北向西南。民居原为四合院，现存后堂，木结构，穿斗式梁架，三穿七柱，悬山式顶，两面坡小青瓦屋面，面阔五间通宽 24、进深 8、通高 6 米。其中明间面阔一间宽 5.5、进深 6.5 米；左次间面阔一间 4.5、进深 8 米；右次间及左次间相同，左梢间进深二间通进深 4 米，进深一间 4 米，面阔一间 4.5 米。堂屋前有垂带式踏道 4 级，素面台基高 0.6 米；屋前是一大石坝，长 22、宽 16 米。1949 年前，房主胡登武曾在此办私塾学校。

小嘴井　位于白花镇双桥村，建于清代，占地面积 11 平方米。井由条石、石板砌成八边形，由正方形叠正方形形成，井口用整石板凿成圆口，井径 0.85、深 3 米。

汪家扁井　位于白花镇卫星村，建于清代，占地面积 3.5 平方米，井为石板、石条砌成，井壁由条石砌成正方形叠正方形，井口用整石板凿成圆口，井径 0.8 米。

陈桥　位于白花镇新房村，建于清代，建筑面积 40 平方米，东北—西南走向。桥为八孔平桥，全长 18、通宽 1.8、厚 0.5、高约 3 米；桥面是分别用长 1.6、1.57、2.3 米、宽 0.6、1.2 米的厚石板铺建。

万金桥　位于白花镇蔡家村，建于清乾隆四十年（1775 年），建筑面积 180 平方米，南北走向。桥由石礅、厚石板、石条建成，八孔平桥方孔。桥身长 29 米，桥面宽 1.4、高 2.5 米，两墩间跨度 3.1～3.2 米；桥面用厚 0.6、宽 1.4 米的石板建成，桥礅用长 3.4、厚 0.7～0.8、宽 0.8 米的石礅建成，桥右边石碑题记"万金桥于乾隆四十年四月八日修建"；右面（南）坎上是万金庙（已毁）。

石窟寺及石刻

万金庙造像　位于白花镇桐林村，建于清代，分布面积 20 平方米，坐西向东。造像大多已毁，现存 3 尊。第 1、2 尊造像置于新建的观音瓦房内，第 3 尊在一石龛中。第 1 尊：善跏趺坐，高 0.79、肩宽 0.19 米，头新塑；第 2 尊：善跏趺坐，高 0.8 米，手残，头新塑；右 5 米处有一碑刻，高 0.6、宽 0.42 米，为整石上凿刻，碑上阴刻"尝间善由人，……"，题记"道光廿八年二月十二日开光大吉"；第 3 尊在屋外一岩龛中，造像高 0.7、肩宽 0.37 米，造像瞪眼露齿，肩上雕有二狮子，右侧有一观音龛，高1.36、宽 0.86、深 1.27 米，龛外凿刻仿木建筑重檐庑殿式屋，上刻"事有莫为"，两侧刻有碑，上阴刻有捐银人名等，题记"道光二十六年……"。

近现代重要史迹及代表性建筑

赵一曼故居　位于白花镇一曼村，建于清代，坐北向南，占地 600 平方米，是民族抗日女英雄赵一曼（1905~1936 年）出生之地，也是其儿童、少年时代的居住地。建筑原为四合院，现存后堂三间，土木结构，悬山式顶，小青瓦屋面；面阔三间 12.9 米，其中明间面阔 3.9 米，进深一间 6.8 米，左次间面阔 3.8 米，进深一间 4.8 米，右次间与左次间相同，通高 6.5 米；前建有廊道，通宽 13、进深 2.6 米；明间二双扇门，上镂空 4 扇木雕花窗。建筑坝右前有垂带式踏道 8 级，再至右有垂带式踏道 21 级，阶梯式踏道 50 级。该烈士故居现为青少年爱国主义教育基地，四川省人民政府于 2002 年 12 月公布为文物保护单位。

柳嘉镇

古遗址

麻蓝寨址　位于柳嘉镇发龙村，建于明清时期，分布在麻蓝坡顶东至西约 150 米，南至北约 200 米范围内，分布面积为 21100 平方米。寨内地势平坦，四周为陡坡，建筑大多已毁，现残存前寨门和前寨门两侧寨墙长约 70、高 5 米；北面寨墙长约 200、高2~3 米；后门"码头"寨墙约 150、高 2~3 米，后门一处及后门一段寨墙长约 70 余、高 3~5 米。前寨门呈"凸"字形，由条石砌成，宽 1.47、高 2.3、厚 0.5 米，顶已毁；后门宽 2.2、高 3、厚 0.5 米。寨墙均为条石，厚墩砌成。

仁和寨址　位于柳嘉镇青杠村，建于清代，其地势平绥，四周悬崖，只有前、后二寨门处独路通行山下。寨址东西长 600、南北宽 200~250 米，分布面积 12 万平方米。寨内建筑大多已毁，保存有前寨门、内寨门、后寨门及各寨门两侧寨墙约 185 米和寨内两个水池坑以及寨门前石阶梯。前寨门宽 1.5、高 2、深 3.1 米，门为石砌长方形，内为券拱顶，曾设双门；门两侧寨墙长约 70、宽 2.2、高 5 米，门前有石砌和整石凿造阶梯约 100 余级，上至内寨门有数十级阶梯，内寨门顶已毁，残存两侧寨墙长约 50、宽 2、高 4 米；后寨门顶已毁，残存两侧寨墙长 60、宽 2、高 4 米。

古墓葬

寨子湾崖墓 位于柳嘉镇发龙村，建于汉代，占地面积 15 平方米，坐东北向西南。崖墓在悬崖陡坡上，无法进入测量，可见墓门为长方形。

新屋湾崖墓 位于柳嘉镇发龙村，建于汉代，占地面积 10 平方米，坐北向南。墓为单室门，宽 2.2、高 1.7 米；墓室长 2.5、宽 2.2、高 1.8 米，拱顶。

响水洞崖墓群 位于柳嘉镇后边村，建于汉代，共有崖墓 5 座，编为 M1～M5，分布面积 60 平方米，墓门均向西。其中 M1 门宽 0.76、高 0.76 米；墓室长 1.97、前宽 0.26、前高 0.76、后高 0.5、后宽 0.55 米，平顶。M3 门宽 1.2、高 0.96 米；墓室长 2.75、前宽 1.2、后宽 0.7、前高 0.97、后高 0.75 米，拱顶。

黄桷坪墓地 位于柳嘉镇白马村，建于明代，占地面积 25 平方米，坐西北向东南。墓为一墓三室，墓底有积土，三间墓室形制大小相同，各室互通，墓室长 3.3、宽 0.83 米，室内积土上至室顶高 0.95 米；藻井顶长 1.3、宽 0.7、高 0.32 米；后壁有一龛，宽 0.83、高 0.9、深 0.15 米。

大石盘墓群 位于柳嘉镇白马村，建于明代，共有石室墓 4 座，呈上下横排，编为 M1～M4，分布面积 150 平方米，坐西北向东南。M1 只见外周砌石，全封闭完好。M2 墓室大小略同，长 2.5、宽 0.9、高 1.35～1.7 米；藻井顶，长 1.25、宽 0.6、高 0.32 米；后壁有一龛，高 0.42、宽 0.35、深 0.08 米。M3 墓门处长满杂草。M4 残存各墓室后壁龛和浮雕莲荷等花卉图案。

李家坝墓群 位于柳嘉镇白马村，建于明代，共有石室墓 9 座，编为 M1～M9，分布面积 650 平方米，东南向。其中 M2 为单室，内有填土，可见室内有骷髅头，肩骨架。M3 墓顶为封土，墓室为单室，长 3.5、宽 1.03、通高 1.85 米；后壁有一龛，宽 0.75、高 0.7、深 0.22 米；室顶为藻井顶，长 1.45、宽 1.02、高 0.35 米。M1、M4～M9 墓门有封石板和泥土。

帽子土墓群 位于柳嘉镇白马村，建于明代，共有石室墓 3 座，编为 M1～M3，分布面积 128 平方米。其中 M1 西北向，一墓七室，形制大小相同，室长 3.45、宽 0.9、高 1.6 米；顶为双层藻井，下层藻井长 1.26、宽 0.8、高 0.25 米，上层藻井长 0.5、宽 0.7、高 0.24 米；室后壁阴刻有圆形双圈，第七室内阴刻一"玄"字。

杉树扁墓地 位于柳嘉镇白马村，建于明代，占地面积 112 平方米，坐西北向东南。墓为一墓四室，通长 16、宽 7、高 1.95 米，均由石条砌成长方形，由墓道、墓室、藻井、后壁组成。墓室长 3.4、宽 0.98 米，通高 1.79 米；藻井长 1.2、宽 0.8、高 0.24

米，下稍大，上略小；后壁有一龛，高 0.55、宽 0.5、深 0.15 米，各龛壁浮雕有双环圆圈。

狮子坡墓群　位于柳嘉镇白马村，建于明代，共有石室墓 3 座，竖排，编为 M1 ～ M3，分布面积 185 平方米，坐西向东，均扰乱为空墓。其中 M1 为一墓四室，形制大小相同，由墓道、墓室、藻井、后龛组成。室长 3.2、宽 0.85、高 1.9 米；后壁有一龛，高 0.8、宽 0.6、深 0.15 米；顶建有一藻井，长 1、宽 0.8、高 0.35 米。

竹林坳墓群　位于柳嘉镇白牛村，建于明代，共有石室墓 7 座，编为 M1 ～ M7，分布在东至西 38、南至北 20 米范围内，分布面积 750 平方米。其中 M2 墓室长 3.3、宽 0.83、高 1.5 米（下有积土杂物），平顶；后壁有一龛，高 0.7、宽 0.5、深 0.15 米。M1、M3 ～ M5 墓外周边条石砌筑，墓道均封闭。

毡帽堂墓群　位于柳嘉镇板桥村，建于明代，共有石室墓 12 座，编为 M1 ～ M12，分布面积 500 平方米，坐西北向东南。M1 ～ M7、M9、M10 墓室已扰乱后封堵，M8、M11、M12 墓封闭保存较好，可见各墓的墓室均为石砌，多数为一墓二室，少数为单室。

高象冲墓群　位于柳嘉镇凤嘴村，建于明代，共有石室墓 7 座，编为 M1 ～ M7，分布面积 400 平方米，均坐北向南，由条石砌成，M4、M6 用条石和青砖砌建。其中 M2 为一墓四室，大小形制相同，长 3、宽 0.8、高 1.7 米，顶建有藻井，各室前建有甬道。

高峰庙墓地　位于柳嘉镇江山村，建于明代，占地面积 16 平方米，坐东南向西北。墓由条石砌成石室二间，形制大小相同，墓室长 2.65、宽 0.9、高 1.85 米，后壁建有龛，顶建有藻井，二室间建有通道口。

锣鼓岔墓群　位于柳嘉镇金象村，建于明代，共有石室墓 5 座，编为 M1 ～ M5，分布面积 380 平方米，坐西北向东南。其中 M1 为一墓三室，墓室长 2.8、宽 0.9、高 1.75 米，藻井顶；后壁有一龛，宽 0.5、高 0.65、深 0.12 米；藻井长 0.46、宽 0.86、高 0.28 米。M2 一墓四室，前残。

公家庄墓地　位于柳嘉镇金象村，建于明代，占地面积 35 平方米，墓门西北向。墓为一墓四室，长 5.2、通宽 5、高 2.1 米；墓室形制大小相同，长 4、宽 1.2、高 1.85 米；各墓室互通，墓内甬道长 3.6、宽 0.7 米。

高山嘴墓群　位于柳嘉镇栏杆村，建于明代，共有石室墓 6 座，编为 M1 ～ M6，分布面积 300 平方米，均坐西向东，由条石砌成，顶为封土。其中 M3 墓为一墓二室，形制大小相同，长 3.5、宽 0.9、高 1.85 米，顶建有一藻井，后壁建有一龛，室前建有墓道。

小坝墓群　位于柳嘉镇人民村，建于明代，共有石室墓十一座，编为 M1 ～ M11，分布面积 1600 平方米，坐西北向东南。墓分为一墓二室、一墓四室两种结构，均由条石砌成。M1 墓室较小，M2～M7 墓室较长大，墓顶均有藻井，后壁均有龛。其中 M1 为一墓二室，形制大小相同，长 2.5、宽 1、高约 1.7 米（下有垃圾和积土），顶建有藻井。

龚家山墓地 位于柳嘉镇运柱村，建于明代，占地面积 20 平方米，坐东北向西南。石室墓为一墓二室，形制大小相同，墓室长 3.3、宽 0.95、高 2.1 米；后壁有一龛，宽 0.7、高 0.75、深 0.11 米，龛顶及龛下浮雕有花卉图案；顶为藻井，长 1.4、宽 0.8、高 0.35 米。

屋基土墓群 位于柳嘉镇运柱村，建于明代，共有砖室墓 5 座，横排，编为 M1～M5，分布面积 350 平方米，均坐东南向西北。M1 封闭完好。M2 为单室，长 3.1、宽 0.85、高 1.4 米；拱顶后壁有一龛，呈"凸"字状，高 0.5、宽 0.3、深 0.18 米。M3～M5 墓室前部及墓顶损坏。

大湾沟墓群 位于柳嘉镇青坪村，建于明清时期，共有石室墓 6 座，横排编为 M1～M6，分布面积 280 平方米，均坐西南向东北，由条石砌成石室。M1～M3 为清代墓，墓周用条石砌建，顶为封土，内为石室。M4～M6 墓室结构形制相同，其中 M5 为一墓二室，墓室长 3.5、宽 0.9、高 2 米，顶建有一藻井，后壁建有龛。

石坝子墓地 位于柳嘉镇白马村，建于清代，占地面积 30 平方米，坐北向南。墓为一墓二室，1 号室封闭，2 号室长 4、宽 0.83、高 1.5、通高 1.76 米，拱顶；后壁有一龛，高 0.5、宽 0.28、深 0.08 米，周围浮雕有花纹图案；顶和东侧已残。

庙子埂墓地 位于柳嘉镇红岩村，建于清代，占地面积 6 平方米，坐北向南，由青砖砌成墓室一间，长 3、宽 1.1、高 1.1 米，拱顶，后壁有一龛。

青龙背邓氏墓地 位于柳嘉镇黄桷村，建于清代，共有墓 8 座，编为 M1～M8，横排 3 排，均由条石砌成，分布面积 650 平方米，坐西北向东南。M1 为长方形，M2～M8 为椭圆形，墓前均立有碑，大多已毁，墓内为石室。其中 M1 墓长 5.5、宽 4.8、高 2.5 米，顶为封土，前嵌立一石碑，仿木结构单檐庑殿顶，高 2、宽 0.95 米，墓主姓名已风化。碑顶阴刻"山青水秀"，两侧阴刻对联一副。

秦进芳夫妇墓 位于柳嘉镇金象村，建于清代，占地面积 160 平方米，北向。墓为土冢，长 12、宽 12、高 2.4 米，前有半圆形拜台，墓前立有长方形石碑，碑高 1、宽 0.66、厚 0.66 米，顶阴刻"丙山壬向"；正中楷书阴刻"清赠秦公进芳老大人 诰奉母曾氏老孺人之墓"；左侧题记"咸丰丙壬年三月……"，右侧题记"同治辛未年五月一日吉立"。

大坟嘴墓地 位于柳嘉镇金竹村，建于清代，占地面积 80 平方米，坐南向北。墓为土冢，长 5.5、直径 3.5、高 2.3 米。冢前用条石砌半包围状，内建有一石室，长 2.5、宽 0.85、高 1.75 米，拱顶；后壁建有一龛，龛壁绘有仿木结构牌楼等图像。墓前建有一半圆形大拜台，由厚石礅砌成。

大高山墓群 位于柳嘉镇群勇村，建于清代，共有石室墓 6 座，编为 M1~M6，分布面积 200 平方米，均坐东南向西北，由条石砌成，顶为封土。其中 M2 墓呈椭圆形，顶为弧形封土，墓长 5、冢径 3.2、高 2.5 米，可见冢内由条石砌成石室，前立一碑；碑为石质，仿木结构重檐庑殿顶，四柱三开间，碑高 2.5、宽 3.2、厚 0.35 米，碑文及石刻图像风化。

干坝子墓地 位于柳嘉镇松坪村，建于清代，占地面积 18 平方米，坐西北向东南。墓由条石砌成石室一间，顶为封土，冢长 5、冢径 3、高 2.5 米，冢内石室长 2.5、宽 0.9、高约 2 米，拱顶。

耳子埂墓群 位于柳嘉镇五四村，建于清代，共有墓 3 座，编为 M1~M3，分布面积 200 平方米，均坐西北向东南。墓均为土冢，冢前均由条石砌成"凸"形，砌石中各嵌一石碑。其中 M2 冢径 3.5、高 2.5 米，冢前砌石中所嵌的一碑为长方形，高 0.9、宽 0.6 米，顶阴刻"酉山卯向"，正中阴刻"清故显妣邓母杨老孺人墓"，题记"光绪廿四年……"。

草房湾墓群 位于柳嘉镇运柱村，建于清代，共有石室墓 6 座，上下两排排列，编号为 M1~M6，分布面积 550 平方米，坐西北向东南。M1 为一墓四室，形制大小相同，后壁浮雕图像各异，墓室长 3.5、宽 0.95、通高 2.2、室高 1.5 米；藻井为双层井顶，下层，长 1.33、高 0.35、宽 0.75 米；上层长 0.7、宽 0.55、高 0.35 米；后壁有一龛，宽 0.65、深 0.14 米，各龛浮雕图像各异，第二龛为牌楼花卉等，第三壁龛为浮雕花瓶等。

柳陈氏墓 位于柳嘉镇白牛村，建于清咸丰二年（1852 年），占地面积 35 平方米，坐西向东。墓周用石条砌成椭圆形，长 5.5、直径 3.8、高 1.55 米，前立一碑。碑为石质，仿木结构单檐庑殿顶，二柱一开间，高 1.85、宽 1.14、厚 0.35 米，两侧建有石鼓；顶浮雕双凤、变形二龙和花卉图案，下阴刻"佑启后人"，正中阴刻"流芳衍庆"、"清故十世祖母柳陈氏孺人墓"；楷书题记"咸丰二年壬子吉日谷旦"，两侧柱行书阴刻对联"漆灯闪灼□光□；玉树扶疏荫倍长"。

雄家塘墓地 位于柳嘉镇新雄村，建于清光绪三十三年（1907 年），占地面积 36 平方米，坐北向南。墓为土冢，墓前用条石砌成"凸"形，长 5、直径 4、高 2 米，砌石冢嵌有一石碑。碑为长方形，高 0.9、宽 0.7 米，碑顶阴刻"玄山包向"，正中阴刻"皇清待赠正八品老□故显考雷□□□"；题记"大清光绪三十三年丁未岁……"。

古建筑

霸王丘桥 位于柳嘉镇柳嘉村，建于清代，建筑面积 66 平方米，东西走向，是柳嘉至合什通道。桥由条石砌成单孔平桥，长 20、宽 3、高约 5.5 米；桥孔宽 3、跨度 7.4、高约 4.5 米，拱顶。

猪市桥　位于柳嘉镇三合村，建于清代，建筑面积 120 平方米，东西走向。桥为石质单拱券顶平桥，长 23、宽 5.3、高 5.8、券拱高 4.8、跨径 5.5 米，桥面用石板铺成，两侧用石条砌建栏杆，宽 0.35、高 0.3 米，桥拱顶两侧边缘浮雕有花纹图案。

唐家祠　位于柳嘉镇文家村，建于清代，建筑面积 360 平方米，坐东向西。建筑原为四合院，前堂、左右厢房于 1980 年重建为土屋，现存正堂和天井。正堂为木结构，穿斗式梁架，三穿五柱，悬山式顶，小青瓦屋面；面阔四间通宽 20 米，进深一间 7.5 米，通高 7.5 米，前建有廊道、天井；正堂明间后建有神柜。

蒋会民宅　位于柳嘉镇新街社区，建于清代，占地面积 156 平方米，坐北向南。建筑为一楼一底，木结构，穿斗式梁架，三穿五柱，悬山顶，小青瓦屋面；面阔三间 15 米，进深二间 8 米，通高 9 米。二楼临街为木廊道，廊道边建有"美人靠"木栏杆。

梭家嘴民居　位于柳嘉镇运柱村，建于清代，建筑面积 310 平方米，坐东向西。民居原为四合院，现存后堂，为木结构，穿斗式梁架，三穿七柱，悬山式顶；通面阔五间 29 米，明间进深一间 7 米，面阔 5.6 米；左右次间面阔一间 4.5 米，进深一间 7 米；左右梢间为三间；堂屋次间、梢间通高均为 6 米。堂屋明间、左右次间前设有廊道；现存房屋中共设有 14 扇门，除明间为双扇门外，其余均为单扇门；堂层明间后壁建有木神龛。整个房屋均为木柱、木条、木板构建，屋后左右残存有土夯围墙 100 余米。

正街民居　位于柳嘉镇正街社区，建于清代，占地面积 960 平方米，坐西向东。民居为一楼一底，木结构，穿斗式梁架，三穿三柱，悬山顶，小青瓦屋面；面阔六间通宽 30 米，通进深六间 30 米，通高约 8 米。东面临街一间为店铺。屋壁、门、楼层均为木质。

石窟寺及石刻

三岔埂石窟寺　位于柳嘉镇五通村，建于清代，分布面积 2 平方米，坐东向西。石窟寺由龛、造像组成，共建龛 3 个，均宽 0.46、深 0.35 米，为仿木结构重檐庑殿顶，四柱三开间，通高 2.6、通宽 2、深 0.35 米，正中一龛高 1 米，左右龛高 0.85 米；中龛内置一观音像，高 0.55、肩宽 0.2 米，为圆雕，左右龛各置一土地像，均圆雕，龛右侧地上置一阿弥佗佛像。

重修玉皇圣像碑　位于柳嘉镇白马村，建于清乾隆三十八年（1773 年），分布面积 2.5 平方米，坐南向北。碑为石质，长方形圆顶，立于方形须弥莲花台座上，通高 2.52

米，其中座高 0.39、长 1.48、宽 0.68 米，碑高 2.15、宽 1.08、厚 0.25 米。碑顶北面浮雕二龙戏珠、祥云，南面顶浮雕双凤朝阳，南北两面两侧边像阴刻花卉图案；北面碑额楷书阴刻"普应天下"四字，碑文阴刻"福地妙高山高山普明禅院重修玉皇圣像碑记，临济宗派从西来九宫八卦定乾坤，三世诸佛排左右……"及捐银人名一千余字；题记"龙飞乾隆三十八年岁次癸巳仲春日上浣日吉曰普明寺主持僧率众徒月英月现徒孙悟纶悟修建立……"；北面顶刻"正国安民"大字，其余刻捐银人名数百字。

普明寺造像　位于柳嘉镇白马村，建于清乾隆三十八年（1773 年），分布面积 4 平方米，坐西向东。造像为红砂石雕成，为玉皇大帝像，置在长 1.55、宽 1.4、高 0.8 米的素面石台上，造像为善跏趺坐，两耳下垂，双手护胸，头着冠，身披袈裟，坐高 2.5、肩宽 0.86、厚 0.88 米，头高 0.8 米。造像背部阴刻"修玉皇圣像尊永远惟记，妙高山普明禅院当代主持弘法比丘善耀……乾隆三十八年岁次癸巳季春月望九日"。造像原坐落在普明寺内，现该建筑已毁，仅存造像，造像现处普明寺新建寺庙内。

近现代重要史迹及代表性建筑

运柱乡公所　位于柳嘉镇运柱村，建于 1933 年，占地 280 平方米，坐东北向西南。建筑为土木结构，土夯墙，四合院，悬山式顶，分为后堂和左右侧房，通高 6 米，是纪念地下党李运柱而得名。后堂面阔五间通宽 26、进深一间 5.8 米；其中后堂正中一间临天井方向一面设有门，是原运柱乡公所会议室，面阔一间 5.8 米，进深一间 5.8 米，明间梢间面阔 5 米，进深 5.8 米；左右侧房各三间，其中一间临天井方向一壁也设有墙门，内有一天井，前有围墙和双扇木门；在后堂土壁墙上残留有马克思、列宁、毛泽东、周恩来等挂像。

三合街民居　位于柳嘉镇正街社区，为地主余汉奎 1943 年时修建，1949 年被政府没收，建筑面积 610 平方米，坐北向南。民居为一楼一底，木结构，穿斗式梁架，三穿七柱，悬山式顶；面阔二间 15 米，通高 7.5 米；其中左侧一间为店铺，面阔 10 米，进深 8 米，设有 8 扇木门，后右侧有木梯道上至二楼；右侧也是店铺，面阔一间 5 米，进深一间 12.5 米，设四扇木门。民居楼层为圆木和木板铺建，屋壁均为木质，前设有廊道，后六间分别为卧室和二天井、厨房等。

赶场坡桥　位于柳嘉镇赶场村，为人民公社时期农业学大寨时（1974 年）修建，建筑面积 150 平方米，南北走向。桥由石礅、石条砌成，七孔券拱平桥，长 56、宽 2.71、高 9 米，三大拱孔、四小拱孔；大拱跨径 8 米，小拱跨径 2.5 米；桥面用石板铺成，桥面两侧建有石桥栏，被学生掀毁。

泥溪镇

古墓葬

高田坎崖墓群　位于泥溪镇七星村，建于汉代，共有崖墓 15 座，编为 M1～M15，分布在东西长 50、上下宽 15 米的岩壁上，呈横排，分布面积 750 平方米，M1～M8 门南向、M9～M15 门东向。其中 M2 双层门楣，门高 1.1、宽 1.4 米；墓室长 4.4、宽 1.6～1.8、高 1.3 米（下有填土）米，拱顶。其余墓室大多有封土，部分残存室后半部分。

黄桷沱崖墓群　位于泥溪镇七星村，建于汉代，共有崖墓 17 座，编为 M1～M17，分布面积 450 平方米，墓门均向南。M1～M16 墓门墓室有封土，M17 已扰。M17 墓室长 2.5、宽 1.35 米，室底有积土，积土至室顶高 0.8 米，拱顶；后有一龛，宽 1、深 0.6 米（下有积土）；右有一石棺长 2.3、宽 0.65 米。

联营崖墓群　位于泥溪镇七星村，建于汉代，共有崖墓 8 座，编为 M1～M8，分布面积 110 平方米，墓门均向西。墓均为单室，墓室内无壁龛无石棺，平顶，墓门与墓室同大。M1 墓室长 2.15、宽 1.14、高 0.45～1 米；M2 室长 1.75、宽 9、高 0.45～0.9 米；M3 墓室长 1.85、宽 1.15、前高 0.85、后高 0.45 米；M4 墓长 1.95、宽 1.4、高 1 米。

油罗岩上崖墓群　位于泥溪镇七星村，建于汉代，共有崖墓 6 座，编为 M1～M6，横排，分布面积 360 平方米，墓门均西向。其中 M2 墓道长 1.6、宽 1.7 米；单门楣，门宽 1.1、高 0.7 米（下有土），厚 0.7 米；室长 5、宽 2.55、高 1.35 米，拱顶，室下半部有积土；其余墓墓室内有封土。

曹家坡崖墓群　位于泥溪镇七星村，建于汉代，共有崖墓 5 座，编为 M1～M5，横排分布在南至北 23、上下 20 米范围内，分布面积 140 平方米，东向。各墓道、墓门墓室均有封土。

大石包崖墓群　位于泥溪镇七星村，建于汉代，共有崖墓 16 座，横排，编为 M1～M16，分布面积 460 平方米，坐西向东，大多扰乱。其中 M3 墓门宽 0.9、高 1.3、厚 0.76 米；墓室长 2.75、宽 2、高 1.78 米，拱顶；北壁有一龛，长 2.55、宽 0.7、高 1.05 米。

白鹤嘴崖墓群　位于泥溪镇万明村，建于汉代，共有崖墓 4 座，编为 M1～M4，呈上下横排，分布面积 450 平方米，坐东北向西南。M1、M2 墓室均已扰乱，M3 新埋有尸体，M4 有封土。M1 墓道长 2.5、宽 1.8 米；门宽 0.8、高 0.9、厚 0.5 米；室长 3.5、宽 2.5 米，拱顶，因室内积土多，高度不详；后有一龛，宽 1.8、深 1 米，高不详。

黄桷湾崖墓群 位于泥溪镇万明村，建于汉代，共有崖墓 4 座，编为 M1 ~ M4，呈横排，分布面积 800 平方米，门向西。墓室均有积土，其中 M1 墓道长 1.3、残宽 2 米；门宽 1.01、高 1、厚 0.5 米；墓室长 5.5、宽 5、高 1.75 米（墓底有积土），拱顶。M2 ~ M4 因门、室内积土较多，无法入内测量。

嘉定坝红岩子崖墓群 位于泥溪镇万明村，建于汉代，共有崖墓 4 座，编为 M1 ~ M4，呈横排，分布面积 150 平方米，坐北向南。其中 M1 墓道残长 2.5、宽 1.7 米，封土至门顶。M4 门残，墓室残长 3 ~ 3.7、宽 2.2 米，室底有填土，填土上至室顶高 1.45 米，拱顶；后壁有一龛，高 1.1、宽 2.2、深 0.7 米，龛底至墓室底高 0.7 米。

冠口崖墓群 位于泥溪镇新泥村，建于汉代，共有崖墓 16 座，编为 M1 ~ M16，分布在东至西约 160、上下宽约 20 米的岩壁上，呈横排，分布面积 3000 平方米，墓门南向。M1 ~ M16 形制略同，其中 M11 墓道长 1.9、宽 2、高 2.2 米；门高 1.2、宽 1.3、厚 0.7 米；墓室长 5.5、宽 2.65、高 2.4 米，拱顶；后壁有一龛，高 1.3、宽 1.5、深 2 米，室后部左右各有一石棺，已毁，室左近门处有一小灶，左一小龛。

柏树嘴崖墓 位于泥溪镇新泥村，建于汉代，共有崖墓二座，编为 M1、M2，二墓横排，分布面积 40 平方米，坐东北向西南。M1、M2 墓门、墓室处均有封土，M2 室门外缘宽 0.85 米。因墓门、室内有土，不能测量。

枇杷沱崖墓群 位于泥溪镇新泥村，建于汉代，共有崖墓 6 座，编为 M1 ~ M6，横排，分布面积 200 平方米，坐东北向西南。其中 M1 为单室，门高 1.4、宽 1、厚 0.5 米；墓室长 2.5、宽 1.8、高 1.9 米，拱顶。M4 墓门宽 0.9、高 0.45 米（门下有填土）米；墓室长 3.5、宽 1.7 米，拱顶，室内有大量积土。

文星崖墓群 位于泥溪镇新泥村，建于汉代，共有崖墓 8 座，编为 M1 ~ M8，呈横排，分布面积 60 平方米，北向。墓均为单室，墓室外大里小，M1 门与室同大，室长 2.1、宽 1.1、前高 1、后高 0.5 米，平顶；M6 门与室同大，室长 2.1、宽 1.4、前高 0.9、后高 0.3 米，平顶。

蛮洞蹁崖墓群 位于泥溪镇阳平村，建于汉代，共有崖墓 18 座，横排，编为 M1 ~ M18，分布面积 1000 平方米，南向。其中 M4 为单室，墓道已毁，墓门宽 1.9、高 0.9 米，墓室长 4.9、宽 1.6 米，墓室积土上至墓室顶高 1.5 米，拱顶；后壁有二龛，并排，大小同，高 0.8、宽 0.7、深 0.7 米；右壁有一大龛，长 2.9、深 1.7 米，因下有积土，高不详。

观音坡崖墓群 位于泥溪镇阳平村，建于汉代，共有崖墓 3 座，横排，编为 M1 ~ M3，分布面积 360 平方米，门南向。其中 M3 门宽 0.85、高 0.6 米（下有填土）；室长 3.5、宽 1.7 米，拱顶；后壁有一龛，宽 1.3、深 0.78 米；左右各有一石棺，长 2.3、宽

0.65 米。因墓室下部有填土，墓室、后壁龛、石棺高度不详。

上阳小坝子崖墓群　位于泥溪镇阳坪村，建于汉代，分布面积 1200 平方米，门向南，共有崖墓 35 座，呈横排，编为 M1 ~ M35，分布在东至西 200、上下宽 6 米范围内。墓内结构分为：墓道、石棺、后壁有龛；左右壁龛、石棺；室内有石棺无壁龛和有壁龛无石棺四种。墓室均为长方形，单室，拱顶，双层门楣。M9：室长 4、宽 2.4、高 1.5 米；左侧有一石棺，后壁有一龛宽 1.2、高 1.13、深 0.7 米。M16：墓道长 3.8、宽 1.1 米，下积土上至顶高 1.2 米；墓门宽 0.96、高 1.5、厚 0.77 米，墓室宽 1.45 ~ 1.8、高 1.9、长 5.3 米；左右各有一石棺，长 2.35、宽 0.77 米；后壁有一龛，右有二小龛。

牛儿嘴崖墓群　位于泥溪镇阳坪村，建于汉代，共有崖墓 17 座，横排，编为 M1 ~ M17，分布在岷江北岸，分布面积 2000 平方米，坐北向南。M6、M7 有封土，其余墓室已扰乱，个别墓室已残。其中 M8 为单室，甬道残长 3.6、宽 3.25、高 2.2 米，右壁有一龛；双层门楣，门宽 1.09、高 1.25、厚 0.23、门道长 0.65 米；墓室长 9、前宽 2.05、后宽 1.4、高 2.1 米，拱顶；后壁有一龛宽 1.46、深 1.4、高 1.05 米；室后左右壁各有二石棺，大小略同，其中左一石棺长 2.35、宽 0.7、高 0.8 米；室前左右各有二龛，其中右一大龛长 2.2、宽 0.5、高 1.3 米。M5 墓门顶有斗拱。

大坟坝墓地　位于泥溪镇箭杆村，建于明代，占地面积 18 平方米，坐北向南。该墓由整块条石垒砌而成，为一墓三室，三个墓室互通，大小形制相同，长 4、宽 1.2、高 1.2 米，墓室两侧及后壁有龛，无花纹。

万家山墓地　位于泥溪镇松林村，建于明代，占地面积 22 平方米，坐南向北。该墓由整条石砌成，一墓五室，五室相通，通宽 6.2、深 3.6、高 1.6 米，其中西 1 号墓室严重毁损；墓室两壁及后壁有龛，后龛内彩绘有房屋图案，两壁龛无花纹。

杨进登夫妇墓　位于泥溪镇龙头村，建于清代，占地面积 85 平方米，坐西向东。该墓为条石围砌，顶为圆形封土，墓长 10、宽 8、高 2 米，前立一碑。碑为石质，仿木结构重檐庑殿顶，左右施抱鼓，宽 6、高 2.6 米，碑文为"皇清恩进士显考杨公谥贞厚讳进登老大人　显妣母谥慈惠讳张氏老孺人"；题记已风化不可识。

陈琇墓　位于泥溪镇红春村，建于清嘉庆元年（1796 年），占地面积 15 平方米，坐西向东。墓长 4.5、宽 3.4、高 1.8 米。封土完好，前立一碑。碑为石质，仿木结构重檐庑殿顶，四柱三开间，左右施抱鼓，宽 3.4、高 2.1、厚 0.55 米；碑文为"皇清诰授登仕郎陈公讳琇府君之墓位"；右侧题记"嘉庆元年丙辰岁春二月浣吉日"，碑文字迹清晰。

陈张氏墓　位于泥溪镇永光村，建于清道光七年（1827 年），占地面积 92 平方米，坐东北向西南。墓周用条石砌成，顶为圆形封土，长 7.6、高 2、宽 3.6 米，前立一碑。碑为石质，仿木结构重檐庑殿顶，四柱三开间，左右施抱鼓，宽 5.6、高 2、厚 0.25

米，上刻双凤图案；阴刻碑文"清显妣陈母张老孺人之墓"，墓前残存长9.5米拜台痕迹。

杨国用夫妇墓　位于泥溪镇张坝村，建于清道光二十二年（1842年），占地面积29平方米，坐西南向东北。墓为圆形封土，四周用条石砌成，长7.2、宽4、高1.5米，前立一碑。碑为石质仿木结构重檐庑殿顶，顶已毁，左右施抱鼓，碑残高1.8、残宽1.4、厚0.3米，碑文为"五世祖皇清待赠儒学士讳国用杨老大人　诰颁评慈惠勤俭吴老孺人之佳城"；右侧题记"道光二十二年岁次壬寅三月十五日"；左右柱阴刻对联一副，墓碑碑刻俱佳，字迹清晰。

陈文衡墓　位于泥溪镇月新村，建于清道光二十八年（1848年），占地面积18平方米，坐西向东。墓周用条石砌成，顶为圆形封土，长4.8、宽3.8、高1.2米，前立一碑。碑为石质，方形，左右施抱鼓，高1.5、宽2.2米，其中碑面宽0.9、厚0.15米；楷书碑文"清授正八品显考讳文衡公老大人佳□□"；右刻"皇上道光戊申□□八年季冬月中浣日"。

王天槐墓　位于泥溪镇群力村，建于清同治八年（1869年），占地面积120平方米，坐东北向西南。墓周用条石砌成，顶为圆形封土，墓长15、高8、高3米；一方形碑嵌入砌石，高1.14、宽0.64米，碑上部浮雕有花卉，碑文已风化模糊，只见"同治八年"字样。

古建筑

金紫桥　位于泥溪镇金华社区，建于清代，建筑面积312平方米，南北走向，横架于文星河上。桥为石质券拱三孔平桥，长26、宽8.5、高约9米，券拱跨度8、高约7.5米；桥东侧有石桥栏，长21、宽0.31、高0.9米，分别用长1~1.07、宽0.31、高0.3米的条石和高0.51、宽0.32米的石墩砌建，栏孔宽0.8、高0.6米，券顶有题记。

川圣宫　位于泥溪镇金华社区，建于清代，坐西北向东南，建筑面积2008平方米。建筑现存前殿、中殿、后殿，左右厢房已毁。前殿为木结构，一楼一底，穿斗式梁架，三穿五柱，悬山顶；面阔八间43米，进深一间9米，通高8米；正对明间二楼为戏楼，双扇门宽1.7、高2.8米，顶壁凸塑"川圣宫"三字，明间柱直径0.55米，内有7级垂带式踏道进入中殿。中殿为木结构，抬梁穿斗结合式，悬山顶，面阔八间43米，进深一间7.5米，通高8米。后殿为木结构，抬梁穿斗结合式，面阔六间44米，明间进深一间11.5米，通高9米。前、中殿共设4个天井，殿前立有碑记，上刻题记"嘉庆□□□……"。

李欧宅　位于泥溪镇金华社区，建于清代，占地面积172平方米，坐北向南。建筑为砖木结构，穿斗式梁架，三穿三柱，悬山式顶，两面坡小青瓦屋面，两端建有风火墙，底楼临街为店铺，面阔一间通宽 8 米，通进深四间 19 米，入内分别在中部设一通道，将其一间隔为二间，二楼楼层用圆木、木板构建。

上正街 114 号民居　位于泥溪镇金华社区，建于清代，占地面积 329 平方米。民居坐北向南，一楼一底木结构建筑，穿斗式梁架，三穿七柱，悬山式顶，小青瓦屋面，面阔四间通宽 17 米，通进深三间 13.5 米，通高 6.6 米，二楼楼层用圆木、木板构建，底楼临街四间为店铺，铺面为木门和木插板关启店铺。

上正街 123 号民居　位于泥溪镇金华社区，建于清代，占地面积 120 平方米，坐西南向东北。民居为木结构，二楼一底，穿斗式梁架，三穿三柱，悬山式顶，小青瓦屋面，面阔三间通宽 16.8、进深一间 5.5 米，通高 11 米，二楼、三楼楼层均为圆木和木板铺建，底楼临街三间为店铺。

明星寺　位于泥溪镇金华社区，建于清代，建筑面积 185 平方米，坐北向南。建筑大多已毁，现存正殿三间，为砖石木结构，悬山式顶，两面坡小青瓦屋面，面阔三间通宽 17、进深一间 10 米，通高约 7 米；其中明间一间 5 米，进深 10 米，左右次间大小同；明间右侧砖石壁上阴刻一大"福"字，字径 1.1、高 1.1、深约 0.05 米；明间门两侧石柱上、右次间门两侧分别阴刻对联"皓月凌室光明放大千世界；长江曲抱直心皈不二法门"。

王家祠　位于泥溪镇金华社区，建于清代，建筑面积 400 平方米，坐北向南。建筑原为三合院，现存堂屋、右厢房。堂屋原为穿斗式，屋壁现改为砖壁，悬山式顶，小青瓦屋面，面阔五间通宽 22 米，通进深二间 7 米，通高约 7 米。右厢房砖木结构，抬梁穿斗结合式，悬山式顶，其中穿斗部分为三穿三柱，抬梁部分为前后栿栿搭牵用二柱，通面阔六间 25 米，通进深二间 6.5 米，通高约 7 米；厢房东面屋壁门窗为木板、木条构建，南端用砖建有山墙。

顺河街 33 号民居　位于泥溪镇金华社区，建于清代，占地面积 160 平方米，民居分南北两段，中部楼下为过街楼，其中 33、36 号坐北向南，35 号坐南向北，整个民居为二楼一底。南段为木结构，穿斗式梁架，三穿九柱，面阔一间 4 米，进深二间 10 米，通高 10.5 米，二、三楼楼层为圆木、木板构建，从二楼可通向北段楼层。北段为木结构，穿斗式梁架，三穿六柱，悬山式顶，面阔二间 8 米，通进深三间 13 米，通高 10.5 米，二、三楼楼层为圆木、木板构建。

石柱桥　位于泥溪镇泥溪村，建于清乾隆四十八年（1783 年），建筑面积 72 平方米，东西走向。桥用厚石条、石礅砌成，为券拱单孔平桥，长 18、宽 3.6、高 5 米；桥拱跨度 4.5、拱高 4.5 米，桥面用石板铺成；券拱顶上楷书阴刻有题记"皇清乾隆四十八年"。

花房子桥　位于泥溪镇泥溪村，建于清嘉庆三年（1798 年），建筑面积 120 平方米，东西走向。桥用厚石条、石礅砌成，为单孔券拱平桥，长 27.6、宽 4、高 5.2 米；拱高 4.5、拱跨度 5 米，桥面用石板铺成；券拱顶上阴刻题记"嘉庆三年修建"。

近现代重要史迹及代表性建筑

王伍久宅 位于泥溪镇金华社区，建于民国时期，建筑面积 72 平方米，坐北向南。建筑为木结构，一楼一底，穿斗式梁架，三穿五柱，悬山式顶，两面坡小青瓦屋面，面阔二间通宽 9、进深二间 5.5 米，通高 6.5 米；二楼楼层用圆木、木板构建，屋壁、屋门均为木质。

顺河街 37 号民居 位于泥溪镇金华社区，建于民国时期，建筑面积 108 平方米，坐北向南。民居为木结构，穿斗式梁架，三穿七柱，悬山式顶，两面坡小青瓦屋面，面阔二间 8.6 米，通进深二间 8 米，通高 6.5 米；临街二间为居住店铺两用。

吴多贵宅 位于泥溪镇金华社区，建于 1917 年，占地面积 145 平方米，坐北向南。建筑为木结构，二楼一底，穿斗式梁架，三穿七柱，悬山式顶，小青瓦屋面，面阔一间宽 5 米，通进深三间 27 米；二楼和三楼楼层均用圆木和木板构建，楼壁、底楼店铺门匀为木板、木条构建，第三楼临街面建有木廊道。

廖家宅 位于泥溪镇金华社区，建于 1917 年，建筑面积 72 平方米，坐南向北。建筑为木结构，一楼一底，穿斗式梁架，三穿五柱，两面坡小青瓦屋面，面阔二间通宽 9、进深一间 4 米，通高 8.5 米；二楼楼层用圆木、木板铺建，并向街中延伸 1 米宽，楼壁为木板、篱笆构建。

廖永成宅 位于泥溪镇金华社区，建于 1927 年，占地面积 140 平方米，坐西北向东南。建筑为木结构，一楼一底，穿斗式梁架，三穿七柱，悬山式顶，两面坡，小青瓦屋面，面阔二间 9 米，通进深三间 15 米，通高 7.5 米；楼层为木柱、木板铺成，底左侧第二间有 12 级木质踏道进入第二楼，左右前临街两间为店铺；二楼临街木壁上写有"无产阶级文化大革命万岁"，字体为红字宋体。

上正街 43 号民居 位于泥溪镇金华社区，建于 1928 年，占地面积 600 平方米，坐东南向西北。民居为木结构，二楼一底，穿斗式梁架，三穿七柱，悬山式顶，两面坡，小青瓦屋面，面阔六间通宽 30 米，通进深四间 16 米，通高 10 米；其中面阔一间宽 5、进深一间 4 米或改建为 8 米；临街一间为店铺，入内各有一木质阶梯上至二楼、三楼，楼层均为圆木、木板构建，屋壁均为木质。

上正街 143 号民居 位于泥溪镇金华社区，建于 1933 年，坐南向北，占地面积 130 平方米。民居为木结构，二楼一底，穿斗式梁架，三穿三柱，悬山式顶，小青瓦屋面，面阔三间通宽 12.6 米，通进深二间 10 米，通高 11 米；二楼和三楼楼层均用圆木和木板构建，底楼临街三间为店铺，店铺屋壁、店门和二、三楼楼壁均为木质。

吴锡藩烈士墓　位于泥溪镇七星村，占地 30 平方米，坐西向东。墓为土垒，呈椭圆形，长 4.8、宽 2.4、高 1.3 米；墓前立一长方形石碑，高 1.27、宽 0.84、厚 0.15 米；碑正中正楷阴刻"吴锡藩烈士之墓"；碑左侧阴刻"吴锡藩同志生于一九一〇年二月十六日，一九二六年加入中国共产党，一九二九年十月二十一日在大塔英勇牺牲"。吴锡藩烈士为宜宾县月波乡（今泥溪镇）人，1973 年宜宾县人民政府为烈士立此碑。

蕨溪镇

古遗址

宣化城址　位于蕨溪镇宣化村，在隋末时为郁邬县治所，属犍为郡辖地，唐天宝元年（742 年）改称为义宾县；北宋太宗太平兴国元年（976 年），讳义改为"宜宾县"，宋神宗熙宁四年（1071 年）降为宜宾镇，属现僰道县，至南宋度宗咸淳三年（1267 年），宜宾县治迁至登高山（今三江口旧城东）。遗址分布在东至西长约 2000、南北宽 1800 米范围内，北距江边 400、高出江面 1～6 米，分布面积 36000 平方米，因长期农耕及建房，文化层大多叠压覆盖在农田耕地土层下，现遗存有大量陶瓦、石料、砖、陶瓷片及钱币。遗址中心处当地村民传叫"衙门"、"将军衙门"等，在遗址地表、地坎处随处可见残石料、瓦块等，1987 年曾出土唐代陶琮、陶杯各一件及大量陶瓷片等；今在宣化组与光复组交界处尚存石质拱桥"无河三洞桥"，随处可掘出条石、瓦块、瓷片；有村民曾在宣化坝"衙门"处挖出碑石和陶瓷器，被省有关文物部门收集。

油房码头遗址　位于蕨溪镇天元村，建于清代至人民公社时期，为上游泥溪、古柏，对岸永乐坝等船只停靠处，或其他各地木船来蕨溪停泊处，分布面积 350 平方米。码头遗址遗存停泊船只"石鼻子"约 26 个，撑孔 30 余个，至下油房、上油房石阶梯 70 余级。"石鼻子"大者直径 10 厘米，小者 3～6 厘米，石阶梯长 0.7～1.3、宽 0.35～0.45、高 0.13～0.27 米不等。

古墓葬

寨子岩崖墓群　位于蕨溪镇大坪村，建于汉代，共有崖墓 5 座，编为 M1～M5，横排分布在北至南 9、上下宽 2.5 米的寨子岩壁上，分布面积为 25 平方米，西向。墓均为单室，M1 有封土，M2～M5 为空墓；其中 M4 墓室长 1.9～2.1、宽 1、高 0.9 米。

红岩沟崖墓　位于蕨溪镇谷庄村，建于汉代，占地面积 20 平方米，墓门东向。崖墓周围是陡岩，无法进入测量，可见墓门已风化剥蚀。

大佛岩崖墓群　位于蕨溪镇谷庄村，建于汉代、明代，横穴者为明代。共有崖墓 6

座，编为 M1～M6，横排分布在大佛岩长约 100、上下宽 5 米范围内，分布面积 105 平方米，坐东南向西北。墓均为单室，分为横穴、竖穴两种；其中 M1 为竖穴，墓门高 0.79、宽 1 米，墓室长 2、宽 1.6、高 0.8 米，拱顶；M3 为横穴，墓室横宽 2.15、高 0.65～0.7、深 0.7 米，顶微拱；M4 为横穴，横宽 2、高 0.6、深 0.58 米，微拱顶。

羊板岩崖墓群　位于蕨溪镇会龙村，建于汉代，共有崖墓 13 座，编号为 M1～M13，分布面积为 2550 平方米，门均向西。M1～M3、M7～M13 无法测量；M4 单门楣，门高 1.31、宽 3、高 1.8 米，平顶；M5 门已毁，室长 3.6、宽 3.6、高 1.7 米，平顶；M6 门已毁，室长 4.5、宽 4.3、高 3 米，平顶。

丫口头崖墓群　位于蕨溪镇会龙村，建于汉代，共有崖墓 3 座，编号为 M1～M3，分布在丫口头南北长 16、上下宽 7 米范围内，距地表高 3～5 米，分布面积为 112 平方米，墓门均向西。其中 M1 为横穴墓，门高 1.45、宽 1.4、厚 0.9 米；室长 2.35、横宽 4、高 1.8 米，平顶；M2 残存室后部分；M3 墓门有封土，无法测量。

水梁上崖墓群　位于蕨溪镇马鞍村，建于汉代，共有崖墓 8 座，编为 M1～M8，横排分布在马鞍村凤凰组水梁上一小溪北面陡壁上，分布面积 300 平方米，均南向。各墓均有封土，因墓在陡岩壁上，不便进行测量，可见 M1～M8 均为单室，墓室形制相同，目测墓门高约 1.1、宽约 0.9 米，与墓室高宽相同。

大石盘崖墓群　位于蕨溪镇马鞍村，建于汉代，共有崖墓 3 座，编为 M1～M3，均坐东北向西南，分布面积 24 平方米。墓均为单室，其中 M1 墓门及墓室高宽相同，墓门高 0.98、宽 1.13 米，墓室长 1.8 米，后宽 0.6 米，斜坡顶。

伍伯老崖墓　位于蕨溪镇马鞍村，建于明代，占地面积 4 平方米，坐东向西。墓为依岩凿建，单室横穴，墓门高 1、宽 0.9、厚 0.65 米，门顶凿有风雨槽；墓室长 1.15、宽 2.4、高 1.1 米，墓室后壁阴刻有鱼、兽、人物等图像。

店子坝上崖墓　位于蕨溪镇马鞍村，建于汉代，占地面积 22 平方米，坐东向西。墓为依整岩石凿建，一墓二室，通进深 10.6 米。其中前室：墓门高 1.1、宽 1.3、厚 1.1 米，墓室长 3.3、宽 1.6、高 1.5 米，拱顶；后室：门高 1.2、宽 1.1、厚 0.6、墓室长 6.7、宽 1.7～1.8 米，中高 1.8 米，前后分别高 1.5 米，后壁有一龛，深 1.4、高 1.4、宽 1.4 米。

文草鞋崖墓　位于蕨溪镇泗水村，建于汉代、明代，共有崖墓 2 座，编为 M1、M2，分布在南至北 5.5、东至西 5 米的文草鞋岩壁上，分布面积 14 平方米，东向。其中 M1 为单室，门高 1.4、室长 1.87、前高 1.4、后高 1.3、前宽 1.4、后宽 1.3 米；后壁有一不规则龛，高 0.85、宽 0.4、深 0.15 米。M2 为横穴，明代，横长 2.05、高 0.7、深 0.8 米。

瓜儿凼崖墓群　位于蕨溪镇天元村，建于汉代，瓜儿凼崖墓群共有崖墓 7 座，编为

M1~M7，分布在瓜儿凼南 20 米，东至西 25、南至北 10 米的坡壁上，分布面积为 175 平方米，墓门均为东南向。墓均在整山石上凿建，其中 M1 门宽 1.15、高 0.7 米（下有土），厚 1 米，墓室长 5.8、宽 1.8~2、高 1.7 米（室底有填土），拱顶；南北后壁有龛，室后部南壁建有二石棺；南壁石棺外长 2.05、宽 0.94 米，内长 1.85、宽 0.5 米，因棺床中有土，高不详；北壁石棺外长 2.3、宽 0.9 米，内宽 0.5、长 1.85 米，因有土，深不详；后壁龛宽 1.4、深 1.4、高 0.9~1 米。其余墓门处有封土，不能测量。

渠塘湾崖墓群　位于蕨溪镇天元村，建于汉代，共有崖墓三座，横排，编为 M1~M3，分布面积 12 平方米，均坐东北向西南。墓均在整岩石上凿建，为单室墓，形制相同，其中 M3 墓门高 0.8、宽 0.95 米，墓室内均有封土，不能进行测量。

花潭溪崖墓　位于蕨溪镇铁牛村，建于汉代，共有崖墓 2 座，编为 M1、M2，分布在东至西 14、南至北 19 米范围内，分布面积 120 平方米，西北向。其中 M1 墓道残长 2.8、宽 1.75 米；门高（封土除外）0.5、宽 1.3、厚 0.6 米；墓室长 6.3、前宽 2.05、后宽 2.15、高 1.95 米；东壁有一石棺，长 2.55、宽 0.6 米，因有填土，高不详，拱顶。

天星桥崖墓群　位于蕨溪镇铁牛村，建于汉代，共有崖墓 3 座，编为 M1~M3，分布在东西长 9、南北 4 米范围内，分布面积 36 平方米，南向。墓均为单室。墓门：其中 M1 单门楣，门宽 1.35 米；M2 单门楣，门宽 1.1 米；M3 单门楣，门宽 0.9 米。墓室均有封土或长有植被根茎，不能进行测量。

白鸽崖墓群　位于蕨溪镇铁牛村，建于汉代，共有崖墓 3 座，横排，编为 M1~M3，分布在东西 8.5、上下宽 3 米的岩壁处，分布面积 26 平方米，均南向。M1 单门楣，门宽 1.33 米，室前宽 1.3 米，后宽 0.95 米；从墓室填土上缝隙中伸入测得室长为 1.9 米，顶微拱；M2 单门楣，宽 1.5 米；M3 单门楣，宽 1.3 米。

铁牛湾崖墓群　位于蕨溪镇铁牛村，建于汉代，共有崖墓 7 座，编为 M1~M7，分布在曾家湾、铁牛湾东西 220、南北 8 米范围内，分布面积 1760 平方米，均北向。M1、M3、M4 有封土，M2、M5、M6、M7 已扰乱，墓门处有大量封土。M5 门宽 1.15、高 0.7 米（门下一半有封土）；室长 5、高 1.95、宽 2.6 米，拱顶，内因室壁垮塌，已不规则。M7 门宽 1.4、高 0.2~0.4 米，门下有封土，室内有大量填土，从门缝处伸入测知室长 3.2、宽 1.55~1.7、高 1.15 米，西壁有一孔洞与 M6 相通。

高屋基崖墓群　位于蕨溪镇铁牛村，建于汉代，共有崖墓 18 座，编为 M1~M18，分布在南至北 150、上下宽 12 米范围的高屋基坡地壁处，分布面积 1800 平方米。M2~M4、M17 有缝隙，其余各墓道、门有封土。二普时墓群发现的崖墓 6 座均为单室，墓室有甬道、左壁有三具石棺、右壁一具石棺、小龛的；后壁、右壁各有一龛、左侧有二具石棺的两种单室。其中 M2 为双层门楣，门宽 1.04、高 1、厚 0.5 米；甬道长 1.5、宽 1.2、高 1.3 米；墓室长 9.1、宽 2.1、高 2.2 米，拱顶，左壁三具石棺，右壁一具石棺，一小龛。

张家坡崖墓群　位于蕨溪镇宣化村，建于汉代，共有崖墓 16 座，编号为 M1 ~ M16，分布在张家坡南北 165、上下宽 20 米范围内，分布面积为 330 平方米，门均东南向。墓大多有封土或为耕地；其中 M3 墓为单室，墓道被土填满为耕地，长 6、宽 2.2、高 2.5 米；门宽 1、高 0.55（下有填土）、厚 0.4 米；墓室长 4.5、前宽 1.8、后宽 4.5 米，内有填土，高度不详，拱顶；后壁有一龛，宽 1.8、深 0.45 米，龛下有填土，高度不详。M6 墓道有填土，墓为单室，门外凿有 "⌒" 弧形雨槽，门宽 0.66、高 0.7（下有填土）、厚 0.7 米；墓室长 3.5、前宽 2.1、后中宽 2.4、高 1.8 米（室底有填土），拱顶。

华嘴上墓地　位于蕨溪镇黄金村，建于宋代，占地 30 平方米，北向。墓由石条、石礅砌成石室，墓顶为封土，门宽 0.8、高因有封土不详。进门处有墓道、双扇仿木建筑石门，石门分别宽 0.4、高约 1.5（下有填土）、厚 0.75 米；墓道长 0.9、宽 0.74 米；可见墓为单室，长 4.7、宽 1.4、高 2.8 米；顶建有 6 个大拱梁，中 3 个梁下分别阴刻 "天长地久"、"神物护持"、"龙蟠虎踞" 和花卉图案；还有四层藻井，高 0.7 米；左右壁各有 5 个龛，龛宽 0.43、高 1.47、深 0.3 ~ 0.36 米，龛内分别浮雕花卉图案，龛顶分别浮雕斗拱；墓室北壁门内各浮雕一人像，其中东侧人像高约 0.85、肩宽 0.2、头高 0.14 米；墓室东侧有一石质墓志，上篆书阴刻四个大字，其余小字风化残存数字难识；墓内原来瓷俑已被毁坏，采集陶器残块和瓷俑残片。宜宾县人民政府于 2011 年 6 月公布为文物保护单位。

天豪宫墓地　位于蕨溪镇天元村，建于宋代，占地面积 16 平方米，坐西南向东北。墓由条石、石板砌成，为一墓二室，顶为封土，形制大小相同，室长 3、宽 0.85、高约 1.75 米，二室可互通，墓室后壁顶建有藻井，因墓室内有积土不便入内详细测量。

大坟山墓地　位于蕨溪镇谷庄村，建于明代，占地面积 30 平方米，北向。墓由石条砌成四间墓室，形制大小相同，长 2.8、宽 1、高 1.7 米；室顶均建有一藻井，藻井长 1.5、宽 1、高 0.35 米；室后壁均凿刻有一龛，大小相同，高 0.65、宽 0.65、深 0.2 米。

坟包上墓地　位于蕨溪镇黄金村，建于明代，占地面积 30 平方米，坐南向北。该墓为石室火葬墓，墓门、墓室已封堵。据 1992 年 2 月 14 日下午县文体局、文物管理所调查登记材料：墓为一墓三室，用厚 0.15 米，长宽不等的石条、石板砌成，室长 4、宽 0.7、高 0.6 米（下有填土）；室内有随葬陶罐共 120 个，其中一陶罐高 0.3、口径 0.157、底径 0.13 米，口沿下有二系为红砂陶，下部施黄色釉；其他陶罐有四系、六系等，分别为黄釉和褐色釉。

深基埂墓群　位于蕨溪镇蕨南村，建于明代，共有石室墓 4 座，编号为 M1～M4，分布面积为 120 平方米，墓门西北向。墓室由石条砌成，M1 封闭完好，不可测量；M3、M4 墓室前部已毁，残存墓室后壁，M4 后壁阴刻有图案；M2 由石条砌成石室二间，形制大小相同，室长 2.45、宽 0.85、高 1.1 米（室底有填土）；顶建有藻井，高 0.35、长 2、宽 0.65 米。

宰龙埂墓群　位于蕨溪镇马鞍村，建于明代，共有石室墓 4 座，编为 M1～M4，分布面积 180 平方米，墓门均向北。其中 M1 为一冢一室，冢长 4、宽 1.5、高约 2.4 米；墓室长 3.3、宽 0.9、高约 1.85 米；藻井顶，藻井长 1.5、宽 0.8、高 0.35 米；后壁有一龛，高 0.8、宽 0.6、深 0.13 米。

土老坝墓地　位于蕨溪镇马鞍村，建于明代，占地面积 18 平方米，坐东向西。墓由石条、石板砌成，为一墓四室，形制大小相同，残高 2.3、宽 0.95、高 1.6 米（下有积土和杂物）；后壁有一龛，高 0.6、宽 0.45、深 0.8 米，顶各建一双层藻井，顶层长 0.7、宽 0.5、高 0.2 米，下层长 1.3、高 0.22、宽 0.7 米。

深基坡墓群　位于蕨溪镇天元村，建于明代，共有石室墓 3 座，编为 M1～M3，分布面积 250 平方米，均坐西向东。墓均由石条砌成，其中 M1 为一墓四室，宽约 4、通长 5.8、高 2 米，形制大小相同，长 3.5、宽 0.6、深 0.12 米，顶各有一藻井，长 1.4、宽 0.8、高 1.4 米墓；M3 为一墓四室，后壁龛顶左右浮雕有牌楼、花卉等图像。

杉树坳墓地　位于蕨溪镇天元村，建于明代，占地面积 4 平方米，坐南向北。墓由石条、石板砌成，为一墓一室，墓顶为封土，室长 2.45、宽 0.81、高约 1.3 米（墓底堆有废玻璃等杂物），平顶，四壁素面无雕饰。

锯子顶墓地　位于蕨溪镇天元村，建于明代，占地面积 16 平方米，坐东北向西南。墓冢直径约为 2.5、高 1.35 米，可见墓室由块石砌成单室，墓门处因有块石封堵，从墓口孔洞处将卷尺伸入墓内测量，墓室长约 3.2、宽为 0.88 米，高不详，可见墓室为拱顶，后壁有一龛。

向春和墓　位于蕨溪镇顶仙村，建于清道光十二年（1832 年），占地面积 18 平方米，坐东北向西南。墓周由条石砌成，顶为圆形封土，墓长 5.4、宽 3.2、高 2.1 米，前立一碑。碑为石质，仿木结构单檐庑殿顶，二柱一开间，左右施抱鼓，上刻花卉吉祥图案，高 2.1、宽 2.4、厚 0.3 米；碑额刻双凤朝阳图案及阴刻"庆衍云礽"，中刻碑文"清故显考向公春和大人墓"，右刻题记"清道光壬辰年五月廿日吉旦"。碑前有一拜台。

小湾子墓群　位于蕨溪镇蕨南村，建于清代，共有墓 3 座，横排，编号为 M1～M3，分布面积为 320 平方米，东南向。M2 由石条砌成椭圆形，另两墓墓周现为乱石砌成椭圆形，顶均为弧形封土，M1、M2 前各立有一石碑，M3 碑已毁。其中 M2 墓长

4.5、宽3、高1.7米；碑为长方形，两侧建有附碑，高1.8、宽2.8、厚0.18米；碑正中行楷阴刻"清故显妣罗母张氏老太君之墓"；题记"道光十四年岁在甲午十一月十二日吉旦"；碑两侧各浮雕有一石鼓，北侧一石鼓中凸雕一行书"福"字，字体行书。

陈永锡墓　位于蕨溪镇蕨南村，建于清代，占地面积112平方米，南向。墓由土垒成椭圆形，墓周由石条围砌成椭圆形，长5.5、宽2.5、高1.5米，前立一碑。碑为石质，仿木结构重檐庑殿顶，四柱三开间，高1.46、宽2.76、厚0.15～0.25米；顶刻一阴阳八卦图案、花卉、瓦当及"万古佳城"四字；正中楷书阴刻"皇清□赠故显考陈公永锡府君大人（下有土将字掩盖）"，题记风化，两侧行书阴刻"山青"、"水秀"和二副对联，其一为"山环水绕浮佳（下被土掩盖）；凤舞龙飞状大（被土掩盖）"；前石砌一拜台，直径7.5～10、高3米。

赶场埂墓地　位于蕨溪镇马鞍村，建于清代，占地面积20平方米，坐西北向东南。墓为一墓二室，由砖块砌成，二室大小相同，长3、宽0.9、高0.8米，券拱顶，后壁各有一龛，高0.5、宽0.37、深0.16米。

牟氏墓　位于蕨溪镇蕨南村，建于清乾隆五十八年（1793年），占地面积60平方米，东南向。墓周由石墩砌成长方形，顶为弧形封土，墓长4.5、宽3.6、高2米，前立一碑；碑为石质，仿木结构重檐庑殿顶，四柱三开间，宽2.6、高2.2、厚0.24～0.3米；碑左右次间顶吻浮雕有二龙，顶龛阴刻"万古佳城"；下行书阴刻"钟灵毓秀"；中镂空雕刻二龙戏珠，两侧顶额下浮雕二龙，南侧次间横枋柱浮雕一麒麟，北次间横石枋浮雕卷云，南北两次间顶龛阴刻"根深枝茂；源远流长"；两侧四柱双勾阴刻有二副对联，正中行书阴刻"皇清待大□□□□□之墓坟"，祀名有"牟廷柱、牟廷榜、牟廷国等"；两次间阴刻墓志风化；1987年调查时碑刻题记为"乾隆五十八年癸……"，现已风化无存。

谢马氏墓　位于蕨溪镇天元村，建于清嘉庆三年（1798年），占地面积35平方米，坐西向东。墓冢径4.5、高2.2米，前立一石碑，四柱三开间，重檐庑殿顶，宽2.2米，碑足有积土；碑顶龛行书阴刻"山清水秀"，正中正楷阴刻"拾一世祖妣……勳慈谢母马老……"；题记"嘉庆三年岁戊午……"；碑两侧四柱上行书阴刻对联二副，其一为"逆涉尚好……；鸠石镇江百……"；次间阴刻有墓志铭文。

刘天奇墓　位于蕨溪镇双牛村，建于清嘉庆七年（1802年），占地面积45平方米，坐东向西。墓为土冢，封土呈圆形，长10、宽4.5、高4米；碑为石质，仿木结构重檐庑殿顶，四柱三开间，左右施抱鼓，长4.4、高2、厚0.2米；碑上刻吉祥花卉、神兽图；阴刻楷书"故显考刘天奇大人佳城"，右刻"嘉庆壬戌年孟冬月浣吉旦"，左右开间阴刻行书碑文。

杨黄氏墓　位于蕨溪镇天元村，建于清嘉庆七年（1802年），占地面积16平方米。

墓为土冢，坐西向东，冢直径 2.5、长 3.3、高 1.4 米，前立一石碑，单檐庑殿顶（碑顶已倒于墓碑后），碑高 1.6、宽 0.87、厚 0.13 米；碑正中楷书阴刻"皇清待赠……"，题记"皇清嘉庆七年壬戌岁，季秋月穀旦"。

王郑氏墓　位于蕨溪镇高林村，建于清嘉庆十一年（1806 年），占地面积 19 平方米，坐东向西。墓为土冢，封土呈圆形，长 6、宽 3.2、高 1.4 米，碑为石质，仿木结构重檐庑殿顶，四柱三开间，左右施抢鼓（已丢失），高 1.7、宽 2.28、厚 0.2 米；碑上刻吉祥花卉图案，阴刻书碑文"皇清待诰慈媲王门郑母老孺佳城"，右刻"大清嘉庆十一年蒲月中浣吉旦立"。

牟凯墓　位于蕨溪镇三块石村，建于清嘉庆十三年（1808 年），占地面积 6 平方米，南向。墓冢为土垒，残长 3、残宽 1.5、高 0.8 米，前立一长方形石碑，高 1.6、宽 0.91、厚 0.18 米；碑顶阴刻一八卦图形和"永祀千秋"四字，正中楷书阴刻"清待赠显考牟讳凯老大人茔"，东侧阴刻题记"嘉庆拾三年岁次仲春月吉"，两侧行书阴刻对联"曲水萦廻千古迹；环山拱卫四时新"。

孙贺氏墓　位于蕨溪镇铁牛村，建于清嘉庆十八年（1813 年），占地 60 平方米，坐南向北。墓由墓冢、墓碑和拜台三部分组成，墓冢为土垒长方形，长 6、宽 4、高 2.2 米，前立一碑；碑为石质，仿木结构重檐庑殿顶，八柱七开间，通高 2、通宽 4.75、厚 0.3 米，上刻对联、人物、麒麟、鹿、花卉图像等；顶龛行楷阴刻"克昌厥后"，正中隶书阴刻"显妣孙母贺老太君之佳城"，题记"嘉庆十八年菊月中浣谷立"；两侧共刻有对联二副，一副为行书，一副为篆书，其中一副是"平远山罗列□向；悠扬水曲来朝"，另一副为"钟灵天毓秀；源远水流长"；碑前有半圆形拜台，长 8、宽 4.6 米。

张家坝墓群　位于蕨溪镇马鞍村，建于清道光四年（1824 年），共有石室墓三座，呈上下两排排列，编为 M1～M3，分布面积 250 平方米，均坐南向北。墓室均由块石砌成，为单室，顶为封土。其中 M1 墓门宽 0.95、高 0.5～1 米（因门下部有土不知其实际高度），厚 0.52 米；墓室长 2.8～3、宽 0.95、高约 1.7 米，券拱顶。M3 墓门宽 1、高 0.8 米（门下有填土），墓室为券拱顶，因室内有积土，不能入内测量；门石上阴刻"日朝钦赐正八品□□□□"，题记"道光四年……"。

吴世孝夫妇墓　位于蕨溪镇谷庄村，建于清道光六年（1826 年），占地面积 50 平方米，坐南向北。墓周用石条砌成椭圆形，长 6.5、宽 5.9、高 2.2 米，顶为弧形封土，前立一石碑。碑原为重檐庑殿式，现已毁，残存四柱三开间，残高 2.7、残宽 3.5、厚 0.31 米；顶龛双勾阴刻"云蒸霞蔚"四字，正中楷书阴刻"□□□□显考吴公世孝老府君、妣吴母章氏老太君之墓"，题记"道光六年季秋"，碑上存浮雕花卉图案 4 幅、扇面 2 幅、阴刻对联 2 副，其中 1 副为"世德作求果然精燕翼；孝恩维则长此龙诞"，右侧次间残存阴刻两行篆文。

罗文元墓　位于蕨溪镇蕨南村，建于清道光七年（1827 年），占地面积 55 平方米，北向。墓由长 1.1、高 0.3、厚 0.24 米的条石砌成椭圆形，墓顶为弧形封土，墓高 1.7、长 4.5、宽 3.6 米，前立一碑；碑为石质，仿木结构重檐庑殿顶，四柱三开间，宽 3.6、高 2.2 米，其中下须弥座高 0.3、厚 0.18～0.3 米，两侧雕刻二石鼓；顶龛行书阴刻"德垂后裔"，正中行楷阴刻"皇清待赠故显考罗文元墓"，题记"道光七年大吕月朔二日立"；左右次间浮雕扇面二幅，明间、次间刻花卉四幅，两侧行书阴刻对联二副，其一为"火炼水滋饶成伟卷　龙蟠虎踞候着文英"，北侧阴刻有墓志序文。前建拜台，宽 7.6、纵 3.5、高 2 米。

牟应宗夫妇墓　位于蕨溪镇三块石村，建于清道光十五年（1835 年），占地面积 15 平方米，东南向。墓为双人合葬墓，由土垒成椭圆形，长 3.3、宽 2.2 米，前立一长方形石碑，高 1.7、宽 1、厚 0.11 米；正中楷书阴刻"皇清待赠诰显考牟公讳应宗、妣牟母王氏老太君墓"；两侧阴刻"祀男汝常、汝耀、乔氏、黄氏……孝婿王元魁、赵明星……"；题记"大清道光拾伍年仲春月拾八日"。

王照光墓　位于蕨溪镇横山村，建于清道光十四年（1834 年），占地面积 44 平方米，坐西向东，墓为土冢，四周用石条砌成，封土呈圆形，墓长 9.6、宽 4.5、高 1.8 米，碑为石质，仿木结构重檐庑殿顶，四柱三开间，左右施抱鼓，高 2、宽 1.2、厚 0.34 米；碑上刻吉祥花卉、丹凤纹样，楷书阴刻碑文"清诰龚母戒明王照光佳城"，左刻"道光十四年甲午岁季春月上浣日"。

过河扁墓地　位于蕨溪镇马鞍村，建于清道光十六年（1836 年），占地面积 35 平方米，墓向东向。墓周由石条砌成椭圆形，顶为弧形封土，前部修公路时已毁，墓长 5.8、宽 5.5、高 3 米；冢下由石条、石板砌成大小相同墓室二间，门与墓室大小相同；左一石室长 2.9、宽 1.06、高 1.18 米，券顶，后壁浮雕彩绘有牌楼、人物、花卉、祥云，牌楼阴刻"安居巩固"等；左一石室后壁牌楼中阴刻题记"道光十六年丙申岁十二月……"。

牟张氏墓　位于蕨溪镇三块石村，建于清道光二十一年（1841 年），占地面积 40 平方米，西向。墓由石条砌成椭圆形，顶为弧形封土，长 4.5、宽 3.5、高 1.8 米，墓前立一碑；碑为石质，仿木结构重檐庑殿顶，四柱三开间，高 3.1、厚 0.2～0.3 米；碑上浮雕花卉图案 5 幅、扇面 2 幅；顶龛行书阴刻"毓秀钟英"，正中楷书阴刻"皇清待诰慈母牟门张老孺人墓"，题记"大清道光辛丑年二月二十八日□"，扇面阴刻"山青"、"水秀"；碑两侧四柱阴刻对联二副，其一刻"慈颜宛在化山作云□；奠馈虔伸锦水为□□"；碑前建有半圆形拜台，砌石大多毁坏。

黄世炳墓　位于蕨溪镇石坪村，建于清道光二十三年（1843 年），占地面积 15 平方米，坐东北向西南。墓为土冢，封土呈圆形，四周用条石砌成，长 4、宽 3.6、高 2

米，前立一碑；碑为石质，仿木结构重檐庑殿顶，四柱三开间，左右施抱鼓，高 2.6、宽 3.6、厚 0.38 米，碑座高 0.25 米；碑上刻吉祥花卉瑞兽图案、人物故事图；楷书阴刻碑文"清故显考黄公讳世炳老大人之墓"，左刻"大清道光二十三年孟冬月"。

夏真亮墓 位于蕨溪镇蕨南村，建于清咸丰三年（1853 年），占地面积 85 平方米，南向。墓为土垒椭圆形，冢周为石条砌成三角形，墓长 6.6、宽 6、高 1.9 米；前立一长方形石碑，高 2.1、通宽 2.7、厚 0.17 米；正中楷书阴刻"清故显妣牟母夏真亮老孺人墓"；题记"咸丰叁年十二月吉日敬立"；两侧建附碑，分别浮一石鼓和人物、鹿含花及花卉图案；碑前建有半圆形拜台，纵长 6、横宽 4.2、高 0.8 米。

舒锦椿夫妇墓 位于蕨溪镇光华村，建于清咸丰九年（1859 年），占地面积 35 平方米，坐西南向东北。墓为土冢，封土呈圆形，四周用条石砌成，高 3、宽 5、长 5 米，前立一碑；碑为石质，仿木结构重檐歇山顶，四柱三开间，左右施抱鼓，高 2.6、宽 2.4、厚 0.2 米；碑上刻吉祥花卉、鸟兽图案；楷书阴刻碑文"清待封舒公讳锦椿大人、诰舒母魏氏孺人□□"，右刻"龙飞咸丰九年岁次……"。

罗正乾墓 位于蕨溪镇聚河村，建于清咸丰十年（1860 年），占地面积 68 平方米，坐西向东。墓为土冢，四周用条石砌成，呈圆形，长约 6、宽约 4、高约 2.4 米，前立一碑；碑为石质，仿木结构重檐庑殿顶，四柱三开间，左右施枪鼓，高约 4、宽约 8.4、厚 0.3 米；碑上刻有人物、花卉、神兽等吉祥图案；阴刻楷书碑文为"清风明月"，额枋为"仙咏霓裳"，右刻"云水屏面映金花荣展诰"，左刻"蜈蚣帐中抽木干固佳城"，中刻"清故显考罗公讳正乾字见龙老大人之墓"，左有"咸丰十年"字样。

黄刘氏墓 位于蕨溪镇正化村，建于清同治二年（1863 年），占地面积 12 平方米，坐南向北。墓为土冢，封土呈圆形，墓高 2、宽 2.4、长 3.2 米；碑为石质，仿木结构重檐庑殿顶，四柱三开间，左右施抱鼓，宽 3.2、高 2.6、厚 0.3 米，碑座高 0.26 米；碑上刻吉祥图案及"福""寿"二字；阴刻楷书碑文 皇清待诰显黄母刘老太君之墓，左刻"大清同治贰年癸亥岁仲春月修"。

古建筑

金盆民居 位于蕨溪镇顶仙村，建于清代，坐西南向东北，整个布局呈矩形，建筑面积近 3000 平方米，其中前院占地 1156 平方米。民居为复四合院结构，悬山式顶，小青瓦屋面，地面满铺条石，檐口施悬空雕花柱；前院通宽 31.4 米，通进深 36.8 米，穿斗式三穿五柱，横 14 柱，纵 19 柱，天井长 17.6、宽 11.6 米；正堂屋为六柱五开间，进深 9、廊宽 7.4 米；厢房为四柱三开间，进深 9.6、廊宽 2.4 米。

马坡上扁担桥 位于蕨溪镇渡船口社区，建于清代，是天元村至蕨溪镇米市、猪市的赶场大路上的桥，建筑面积 15 平方米，呈东西走向。桥为四孔平桥，桥长 10.5、宽

1.4、高 2.5 米，桥面厚 0.4 米，桥墩长 1.9、宽 0.5、高 2.1 米。

棕嘴朝门　位于蕨溪镇简湾村，建于清代，占地面积 30 平方米，坐东向西。建筑为民居的一部分，房屋已毁，仅存朝门，为全石结构，由内外两道过门及外门洞构成，朝门高 3.4 米，外门洞宽 1.5 米，内宽 1.6 米，门柱宽 0.3、厚 1.8 米；中间由长 5、宽 6 米方形天井相连；朝门外刻文字横额"居安资深"；联文"因尔蠢侵凌修我墙屋；伏彼苍默佑室家康宁"；内刻"竖碉砌墙千秋发达；双门出入万载兴隆"，上刻人物故事图案。

张家嘴民居　位于蕨溪镇蕨南村，建于清代，占地面积 300 平方米，坐西向东。民居原为三合院，现存后堂和左侧印子楼，石木结构，穿斗式梁架，三穿五柱，悬山式顶。后堂为穿斗式梁架，三穿五柱，面阔三间通宽 34、进深一间 7 米，通高 6.5 米；其中明间宽 5.5、进深 5.1 米，左右次间和左右梢间面阔一间各为 5.5、进深一间各为 7 米。印子楼的墙为石砌，三楼一底，悬山式顶，两面坡小青瓦屋面，面阔一间 5.85 米，进深一间 6.5 米，通高 10 米，每层楼高 2.5 米，四壁分别设有射击孔。

彭家祠堂　位于蕨溪镇桅坪村，建于清代，建筑面积 520 平方米，坐北向南。建筑为四合院布局，砖木结构，悬山式顶，小青瓦屋面。祠堂主建筑高约 7 米，门廊高约 5 米，主建筑面阔三间 15 米，进深 9.7 米，三穿五柱，四周为砖石结构墙；天井长 12.4、宽 3.7 米；天井中另有长 9、宽 1 米戒台石一块；主回廊宽 2.2 米；祠堂内有碑刻 8 通，其中能辨识年款碑刻 3 通，有乾隆癸丑年、道光二十六年、咸丰十年、同治庚午年等。

老屋基碉楼　位于蕨溪镇石坪村，建于清代，占地面积 27 平方米，坐东南向西北。碉楼为双层砖石结构，硬山顶，两坡出水，风火马头墙造型，高约 10 米，呈正方形，边宽 5.3 米，碉楼前接民居，碉楼上尚有射击孔等防御设施。

上油房民居　位于蕨溪镇天元村，建于清代，建筑面积 864 平方米，坐西向东。民居为三合院布局，土木结构，穿斗式梁架，四穿五柱，悬山式顶，小青瓦屋面；正房面阔五间通宽 20.4 米，通进深 9 米，通高约 7 米，每间间壁为土夯墙，前为木壁，门窗为木质并饰有雕刻花卉等图像，前建有廊柱；左厢房现存三间，通面阔 12.3 米，进深 4.7～6.3 米，通高 7 米；右厢房面阔五间 20.9 米，进深一间 6.3 米，通高 7 米，屋前是一大石坝。

村子头民居　位于蕨溪镇政权村，建于清代，建筑面积 776 平方米，坐西向东。民居为四合院布局，土木结构，悬山顶，左右山墙、后墙及内部隔断均为厚 0.33 米的泥土夯筑，通高约 6 米，正房面阔五间通宽 25 米，进深一间 8 米；天井长 21、宽 10.5 米；左右厢房面阔三间 12 米，进深一间 5.5 米。

石窟寺及石刻

石盘寺摩崖造像　位于蕨溪镇后坝村，凿于明末清初，分布在石盘寺遗址东西长

18、南北宽 12 米范围内，多数毁坏，分布面积 216 平方米，西北向。石盘寺始建于明嘉靖年间，寺庙建筑 1956 年毁坏，寺庙遗址约 600 平方米。原有造像为 6 龛 39 尊造像，现存 7 尊佛像、18 尊罗汉和 12 尊造像，共 37 尊造像头部已被盗，其余尚存，现为村民将其维修复原并着色，已面目全非。造像分为 6 龛，其中 2 号龛和 5 号龛最大；2 号龛为 7 尊造像；5 号龛为十尊佛像，佛高 0.93、肩宽 0.3、须弥座高 0.51 米；其余造像为菩萨、十八罗汉、侍者、飞天，均为圆雕；各造像后壁刻有人物、龙、羊、凤、花叶等，为圆雕或镂空雕，形象生动、雕刻精细；5 号龛前石柱上阴刻"石盘寺始建于嘉靖……"。宜宾县人民政府于 1989 年 6 月公布为文物保护单位。

三块石修路碑 位于蕨溪镇三块石村，建于清道光十二年（1832 年），分布面积 20 平方米，东向。碑为石质长方形，高 1.35、宽 0.37、厚 0.33 米；碑文竖排，正楷阴刻，字距 0.03～0.04、行距 0.015、字径 0.007 米，碑记主要记载了清道光年间，当地百姓捐银兴修从蕨溪至黄天顶这段路的一百多人的姓氏，牟姓、梅姓、张姓、郭姓者为多；碑刻东、南、北三面刻有约 800 余字，其中东面刻"会首"、"生资"，下刻捐银人姓名和捐银数额"牟汝畅七百、牟廷冠七百、牟廷褘、牟廷榜一千四百……梅永仲、李永林四百……"，北面刻有题记"道光十二年……"。

观音岩功德碑 位于蕨溪镇谷庄村，建于 1944 年，石刻南向，立面面积 1 平方米。石刻在一整山岩石壁中，依岩刻碑，距地表高约 3.6 米，碑高 0.7、宽 0.58、深 0.01～0.04 米，碑上阴刻"民国三十三年六月二十一日洪水大涨至此原桥路径拆溢，兹有吴鸣皋、吴少海，捐资培修纪念；歌功颂德，匠师：雀明东、彭海□、何顺章"。该碑刻对于研究民国年时期的水文情况等有着重要的科研价值。

商州镇

古遗址

道海寺遗址 位于商州镇两河村，观音岩顶部，始建于清代，坐东北向西南，占地面积 250 平方米，呈长方形布局。寺庙原建筑已毁，现存主造像三尊、原塑燃灯菩萨和十八罗汉像、功德碑三块和部分立柱柱础，其余为村民新塑菩萨，主建筑遗迹明显，寺庙建筑为近期新建小青瓦房。现存原寺庙造像均为圆雕，三尊主造像在一高 1.3、长 1.68、宽 1.68 米的石台上，其余放在主造像周围。主造像三尊佛像，结跏趺坐，坐高 1.27、肩宽 0.8、须弥座高 0.38 米，着短袈裟，头戴佛珠，手放腹前，面带微笑；十八罗汉各具姿态，形象逼真，有结跏趺坐和善跏趺坐，身着短袈裟，其中一武士、一燃灯菩萨；寺内造像均被当地村民将损坏部维修后涂漆着色。主像后一功德碑上阴刻"自来多福、名标万士"，上刻 50 个捐银人名等，题记"大清嘉庆二十三年八月……"；其中一碑阴刻"四川叙州府宜宾山内即道海寺住……"，其余碑刻为捐钱人名，另一六边形柱础碑；瓦房外还遗存有原寺庙立柱二根。

古墓葬

庙坪头崖墓群　位于商州镇两河村，建于宋代，共有崖墓 7 座，编为 M1~M7，分布面积约 300 平方米。M1~M6 分布在北至南 20、东至西 10 米的整岩石上，距地表高 0.5 米。M1 门高 1.5、宽 1.63、厚 0.3 米；室宽 1.93、高 1.68 米，拱顶；后壁有一龛，高 0.64、宽 0.68、深 0.2 米；南壁与 M2 北壁有一洞互通，在室内有一圆石凳，似鼓，直径 0.25、高 0.25 米。M2 东侧浮雕有一塔，为仿木结构二重檐，高 0.95 米，塔下有一墓为 M5，高 0.61、宽 0.49、深 0.41 米，外凿有封门门框；M2 门外顶凿"⌒"形凹槽。M4 为横穴，门高 1.24、宽 1.32 米；墓室前宽 1.32、后宽 1.73、深 1.36、高 0.93 米，平顶，室内有一残石门。M7 距 M1~M6 东北 30 米，为单穴。

屋基头崖墓　位于商州镇两河村，建于宋代，占地面积约 20 平方米，坐东向西。墓为一室二门，二门通宽 2.05、高 1.35、厚 0.4 米；室长 3、宽 2.47 米，中高 2、前高 1.6、后高 1.73 米，顶为仿木结构两面坡顶，后壁龛高 0.5、宽 0.97、深 0.26 米，后龛顶阴刻锣旋纹三圈。

乌龟石崖墓　位于商州镇两河村，建于宋代，占地面积约 20 平方米，坐东向西。墓为一室二门，大小相同；北侧一门高 1.4、宽 0.97 米，门周凿有凹槽；室长 3.05、宽 2.2、中高 1.95、后高 1.32 米，仿木结构两面坡顶；后壁有一龛，宽 0.7、高 0.6、深 0.2 米，龛顶如莲瓣状。

蛮洞田崖墓　位于商州镇两河村，建于宋代，共有崖墓 2 座，横排分布在南至北 15 米、东至西 10 米的范围内，编为 M1、M2，分布面积 30 平方米，均南向。M1 门高 1.22、宽 1.24、厚 0.3 米；室长 3.2、宽 2.7、高 1.83 米，拱顶。M2 门高 1.23、宽 1.22、厚 0.2 米；室长 3.09、宽 3.1、前高 1.58、后高 1.65、中高 1.9 米；后壁有一龛，高 0.51、宽 1.12、深 0.2 米。M1 与 M2 中间壁被毁一洞，二墓可互通。

蛮洞坪崖墓　位于商州镇两河村，建于明代，占地面积 9 平方米，坐南向北。墓凿于一大整石上，门高 1.18、宽 0.84、厚 0.2 米，门顶有一横形风雨槽，并凿有门槽，东侧有门臼各一个；墓室前低后高，长 2.64、前宽 1.31、中宽 2.69、后宽 2.27 米，室前高 1.32、后高 1.74 米，室后壁凿有一长方形立柱，由底至顶；室进门处有一横凹槽，横宽 1.55、进深 0.45、高 0.22 米；墓门外额楷书阴刻"□□□洞"，西侧楷书阴刻"□□□□□地"，字高 0.11 米，西侧楷书阴刻约二百字，已模糊不可辨识。

对丘坪崖墓　位于商州镇两河村，建于明代，占地面积约 15 平方米。墓为单室，门高 0.3~0.57、宽 1.4、厚 0.2 米；室长 2.55、宽 2.04、高约 1.5 米，内有泥土，拱顶；后壁有二龛，二大小相同，高 0.55、宽 0.47、深 0.2 米。

虾子嘴王氏墓地 位于商州镇东皇村，建于清代，共有墓 3 座，编为 M1~M3，分布面积 100 平方米。墓均为土冢，封土呈圆形，四周用条石砌成。M1：坐西北向东南，墓长 6、宽 4.5、高 2.4 米；碑为石质仿木结构，四柱三开间，重檐庑殿顶，碑残高 3.1、残宽 2.5 米，左右石鼓丢失，上刻花卉、戏剧人物故事图像、金钱图像；楷书阴刻碑文"皇清例登仕郎显考王公思光、敕诰安人显妣王母周氏墓"，左刻题记"同治九年六月朔七日榖旦立"。M2：坐西向东，墓长 5、宽 4.4、高 2.8 米；碑为石质仿木结构，两柱一开间，单檐庑殿顶，宽 2.4、厚 0.33 米，左右施抱鼓，上刻金钱、花卉图案；阴刻楷书碑文"皇清待赠故显考王公讳俸举老大人、显妣吕氏老孺人墓"，右刻"大清咸丰壬子年十一月初六吉日"。M3：坐西向东，墓长 5、宽 2.2、高 1.8 米；碑高 2.2、宽 2.2、厚 0.3 米，为方形碣碑，左右施抱鼓，浮雕人物、瑞兽、乘骑象；阴刻楷书碑文"皇清待诰故显妣王母吕老太君墓"。

罗仕圣夫妇墓 位于商州镇洞口村，建于清嘉庆十三年（1808 年），占地面积 30 平方米，坐东向西。墓为土冢，封土呈圆形，四周条石砌成，墓长 5.4、宽 4.2 米；碑为石质仿木结构，四柱三开间，重檐庑殿顶，高 2.8、宽 5.5、厚 0.2 米，左右施抱鼓，上刻渔樵耕读人物故事，朱雀、玄武、梅花、凤凰等吉祥瑞兽、花卉图；阴刻楷书碑文"皇清待赠显考罗公讳仕圣老大人/显妣罗云氏老孺人墓"，墓前碑记"皇清嘉庆十三年五月上浣谷旦"。

唐国翥夫妇墓 位于商州镇晒金村，建于清道光十年（1830），占地面积 10 平方米，坐东南向西北。墓为土冢，封土呈圆形，四周有天然岩石，墓长 3.5、宽 3、高 2 米；碑为石质仿木结构，两柱一开间，单檐庑殿顶，高 2.4、宽 1.3 米，无抱鼓，纹饰剥蚀无法辨认；楷书阴刻碑文"皇清待赠故显考唐国翥老大人，显妣郭氏老孺人之墓"，题记"大清道光十年九月望九日"，墓与碑之间留有 3 米空地。

薛再朝夫妇墓 位于商州镇松溪村，建于清道光十七年（1837 年），占地面积约 180 平方米，坐南向北。墓由条石砌成八边形，长 7.8、宽 6.8、高 3 米，顶为弧形封土；墓碑后有石砌墓墙，长 7.5、高 1.1 米；墓前有一大拜台，宽 15、进深 8 米；碑为石质仿木结构，重檐庑殿顶，高 3.2、宽 3.8、厚 0.38 米，碑额浮雕仿木建筑菱形和圆形空格纹，碑明间、次间上浮雕有葡萄、祥鹿、仙鹤、双凤朝阳、福、石鼓，石鼓上浮雕花卉图案；正中楷书阴刻"显老薛公讳再朝显妣杨氏□氏老大人（孺人）墓"，题记"道光拾柒年十月二十日"；碑正中和左右次间上分别阴刻铭文，记述墓主先祖及墓主等事迹，碑两侧柱上行楷阴刻"盛气常凝马气千秋固；精英永聚牛眠万载嘉"。

邓永寿夫妇墓 位于商州镇东皇村，建于清道光二十三年（1843 年），占地面积 16

平方米，坐北向南。墓为土冢，封土呈圆形，四周用条石砌成，墓长5、宽3.2、高1.8米；碑为石质仿木结构，四柱三开间，重檐庑殿顶，高2.3米，其中碑座高0.2、残宽2.7、厚0.25米，左右施报鼓，上刻花卉、双凤朝阳图案；阴刻楷书碑文"清故显考邓门讳永寿老大人，显妣邓门讳陈氏老孺人之墓"，右刻"龙飞道光二十三年九月二十八日穀旦立"。

薛再文夫妇墓　位于商州镇商州村，建于清道光二十三年（1843年），占地面积20平方米，坐东南向西北。墓为土冢，封土呈圆形，四周用条石砌成，墓长5、宽2.8、高2.4米；碑为石质仿木结构，四柱三开间，重檐庑殿顶，宽3.6、高2.6、厚0.3米，碑座高0.2、宽0.55米，左右施抱鼓，上刻福寿、牡丹图纹；楷书阴刻碑文"皇清待赠故显考薛公再文，显妣薛母罗氏之墓"，左刻"大清道光癸卯二十三年仲秋月十三日立"。

刘景贤夫妇墓　位于商州镇铜锣村，建于清同治十二年（1873年），占地面积41平方米，坐东南向西北。墓为土冢，封土呈圆形，四周为条石砌成，墓长6、宽4.8、高2.6米；碑为石质仿木结构，五柱四开间，左右施抱鼓，檐丢失，残高2.6、残宽6.8、厚0.33米，碑上刻有吉祥花卉动物图案；阴刻楷书碑文"清故显考刘公讳景贤老大人，显妣刘母罗氏老孺人正胜之墓"，额枋横刻纪年"大清同治癸酉年辛酉月癸酉日癸丑时立"，书刻俱佳；墓前拜台巨大，左右各有望柱一根。

王正德夫妇墓　位于商州镇安全村，建于清光绪四年（1878年），占地面积30平方米，坐东北向西南。墓为土冢，圆形封土，四周用条石砌成，长6.4、宽4.4、高2.4米；碑为石质仿木结构，四柱三开间，重檐庑殿顶，宽4.6、高2.8、厚0.33米，左右施抱鼓，上刻双凤朝阳、吉祥花卉图案；楷书阴刻碑文"皇清例赠登仕郎显考王公正德老大人，敕诰老安人显妣王母胡氏老孺人之墓"，右刻"光绪戊寅年四月廿二日"。

李绍亮夫妇墓　位于商州镇炳兴村，建于清光绪七年（1881年），占地面积34平方米，坐东北向西南。墓为土冢，封土呈圆形，四周用条石砌成，墓长4.8、宽2.4、高2.4米；碑为石质仿木结构，四柱三开间，重檐庑殿顶，碑残高3.2、残宽2.4、碑石厚0.33米，左右施抱鼓，上刻二龙戏珠及戏剧人物图；楷书阴刻碑文"皇清赠授纵九品故显考李讳绍亮老大人，显妣李母闫氏老孺人之墓"，右刻"光绪七年岁次□六月十九日"。

薛朝忠夫妇墓　位于商州镇松溪村，建于清光绪十三年（1887年），占地面积45平方米，北向。墓为石砌正方形，边长4、高1.8米，顶为弧形封土；碑为石质仿木结构，单檐庑殿顶，高2.85、宽2.6、厚0.4米；碑额阴刻"天造地设"、"居之安"，正中楷书阴刻"皇恩特授太学生薛公讳朝忠老大人、母宋氏老孺人之墓"，题记"大清光绪丁亥十三年九月吉旦"，两侧柱阴刻"山川精英生通宝，乾坤所结佳基……"；两侧建有二石鼓，上分别刻"福"、"寿"。前有石香炉和大拜台。

唐正发墓 　位于商州镇晒金村，建于清光绪十六年（1890 年），占地面积 13 平方米，坐东向西。墓为土冢，封土呈圆形，四周用条石砌成，长 3、宽 2.5、高 1.7 米；碑为石质仿木结构，两柱一开间，单檐庑殿顶，高 3、宽 1.9 米，左右施抱鼓，上刻鹿、灵芝等瑞兽吉祥花卉纹饰；上楷书阴刻"皇清待赠故显考唐公讳正发老大人之墓"，左刻"光绪十六年庚寅岁五月初十日"。

石窟寺及石刻

石堰沟石刻像 　位于商州镇两河村，建于明代，分布面积 6 平方米，北向。石刻为一官员像，头戴官帽，身着官袍，束腰带，席地而坐；坐高 0.86、肩宽 0.30、头高 0.33 米；画像为阴刻，刻工线条粗犷简练，造型准确，形象生动逼真。

长石包摩崖造像 　位于商州镇两河村，建于明代，分布在南北长 20、上下宽 10 米的崖石上，分布面积 60 平方米，有二龛，内各有造像一尊。第一尊造像凿刻于一大岩石一龛内，坐东向西，龛高 0.55、宽 0.65、深 0.36 米，圆顶，造像凿于龛后壁，高浮雕一坐式武士，头戴官帽，身着铠甲下垂于胯下，右手上举高 0.53、宽 0.24、厚 0.13 米。第二尊造像龛高 0.8、宽 0.7、深 0.22 米，坐南向北，造像为坐式，两手放于膝上，高 0.5、肩宽 0.19 米。

十八罗汉山摩崖造像 　位于商州镇两河村，建于明代，分布在石梯岩悬崖大岩壁南至北 4.3、上下高 1.9 米的范围内，分布面积 21 平方米，坐西向东，共有造像 2 龛，距地面 1.2～2.2 米。第一龛宽 3.9、高 0.55、深 0.19～0.22 米，龛内有造像 9 尊，第 1、2、3、4、5 尊为罗汉像，均为坐式，高 0.53、肩宽 0.2、头高 0.12 米，有的双手放在腹前；第 3 尊右手托腮；第 4 尊坐式，两手上举，右脚上提；第 6 尊造像双手捧二圆球状物；第 7 尊身着长服，胸着短褂，右手上举，头部残缺。第 2 龛高 0.62、宽 0.46、深 0.13 米，龛内有一造像，坐式，右手上扬，已风化模糊。每两尊造像间高浮雕似令箭物。

近现代重要史迹及代表性建筑

碉楼上标语 　位于商州镇长久村，书写于 1970 年，书写者陈林峰，书写于一个宽 14.35、高 7.6 米的石砌墙面上，立面分布面积 100 平方米。主标语书写于正面，其中前二字及末一字分别位于侧墙，标语共四条，一大三小，其中可辨认一大一小二条，石灰宋体美术字书写。大标语内容为"高举毛泽东思想伟大红旗奋勇前进"，小标语内容"毛主席语录：中国共产党是全中国人民的，我们应当相信群众，我们应当相信……一个核心，党……"；大标语字径 0.7、字距 0.1 米，小字标语字径 0.2 米。

高场镇

古遗址

屋基田遗址　位于高场镇证明村，分布在糖房田小马石东至西 200 米，糖房田至古坟坝南至北 100 米的范围内，分布面积 20000 平方米。1987 年第二次文物普查时发现，该遗址文化层厚 0.9 米，距地表高 0.2～0.3 米，采集有石器 1 件（为砾石刮削器）、陶片 63 件，以夹砂灰陶为主，部分夹砂红陶，纹饰多为素面，部分布纹；瓷片胎为灰色，大多内外施半釉，碎瓷开片碎小，底有假小圈和圈足两种，多为碗；从陶片口沿和底部看器有瓮、碗、缸等，从陶片及反映特征看，其时代为唐、宋，部分陶片有汉代因素。

古墓葬

黄伞崖墓群　位于高场镇拥护村，建于汉代，分布面积 120000 平方米，分为印子坡、喳口岩、黄泥巴坡三个墓区，共 188 座墓，编为 M1～M188，西南向及南向，西起黄泥巴坡徐全之屋东至黄伞石，长 1200 米，南至岷江，北至坡顶，其中印子坡墓区 90 座，喳口岩墓区 50 座，黄泥巴坡墓区 48 座。该墓群建造规模宏大，结构复杂，墓室面积一般为 10、30～40 平方米，最大的达 79.79 平方米，墓门大都仿木建筑，石刻图像内容丰富，是研究汉代建筑的宝贵资料；墓群随葬器物也较丰富，对于研究东汉墓葬及社会文化生活具有重要意义。其中 M1 最有代表性，该墓一堂三室，总面积 79.78 平方米，墓门通宽 12、高 2.2 米，门楣上高浮雕斗拱、房檐、瓦当、楼阁人物、动物等图像。享堂进深 4.4～4.7、宽 12～12.4、高 2.2～2.7 米，平顶，两侧、后壁上浮雕斗拱，柱头墙瓦当仿木建筑图像。墓室一：甬道长 4.3、宽 1.3～1.7 米，墓室长 6.3、宽 2.1 米，券顶内有二石棺三小灶一大龛；墓室二稍大：甬道长 3.4、宽 1.4、高 1.8 米，室长 3.3、宽 1.6、高 1.5～1.7 米，券顶内有三小龛二小灶；墓室三：甬道长 6 米，墓室长 0.9、宽 1.65～1.7、高 1.5～1.7 米，券顶内有三龛二小灶。该崖墓群对于研究汉代建筑、社会生活及葬俗葬制等方面具有重要的价值。国务院于 2006 年 5 月公布为文物保护单位。

河口崖墓群　位于高场镇大明村，建于汉代，分布面积约 14000 平方米，共有崖墓 39 座，编为 M1～M39，墓群错落排列，分布在岷江南岸河口岩坡壁上，东西长 400、南北宽约 35 米，距江面高 12 米，其中 M17～M19、M39 向西，M23～M26 向东，M16 向南，其余向北。墓群分为无石棺、壁龛的；左右后壁有龛内无石棺的；内有耳室、无石棺、壁龛的；后壁有龛无石棺的四种形制。其中 M33 墓道长 4.4、宽 1.8、高 1.26

米，门高 1.2、宽 1.6、厚 0.32 米；室长 3.78、室前宽 2.7、后宽 2.7、中高 1.7 米（少许土），拱顶；后壁一龛，距室地高 0.42 米，龛高 0.94、宽 1.37、深 0.84 米。M21 双层门楣，门处有土，门高 0.9、宽 1.6 米；墓道长 5、宽 1.6、高 0.8～2.5 米；室长 3.5、前宽 1.6、后宽 1.7、中高 1.10 米（内有填土）。

三关桥崖墓群　位于高场镇丰收村，建于汉代，共有崖墓 6 座，编为 M1～M6，分布在东至西 20、南至北 100 米范围内的三关桥至胡家沟东侧坡岩处及地壁处，分布面积约 2000 平方米，东南向。其中 M3 门宽 0.95 米，室长 2.7、宽 1.4、高 1 米（内有填土），拱顶；M5 为双层门楣，门高 1.15、宽 0.8、深 0.75 米；M6 为三层门楣，残高 1.26～1.48、宽 1.1、厚 0.95 米；室长 2.6、宽 1.4、中高 1.55、边高 1.3 米，后壁和西壁各有一龛，后壁龛高 0.63、宽 1.7、深 0.7 米；西壁龛高 0.2、宽 0.8、深 0.13 米。

转山包崖墓群　位于高场镇丰收村，建于汉代，分布面积 4000 平方米，共有崖墓 48 座，编为 M1～M48，横排分布在岷江南岸转山包东西长 160、上下宽 25 米的范围内，门大多向北。墓室分为：一、左右后壁有龛和石棺的；二、后、右壁有龛，左侧有石棺的；三、后壁有龛，左右有石棺的；四、有墓道、后壁有龛、左右有石棺的。其中 M1 甬道长 3.8、宽 1.72 米；门高 1.1、宽 1.2、厚 0.83 米，三层门楣，第一层门楣浮雕有一大斗拱，二层浮雕对称二羊，三层浮雕二斗拱；室长 5.88、宽 2.5、高 2.1 米，拱顶，左右壁各有一石棺，后壁和西壁有龛。后壁龛宽 1.81、深 0.6 米，西壁龛宽 2.3、高 0.86、深 0.6 米。该墓群分布集中，形制复杂，规模大，保存大多完好。

打铁场崖墓群　位于高场镇丰收村，建于汉代，共有崖墓 19 座，分布在原铁木社、原供销社、打铁场、原粮站坎下东至西长约 170、上下宽约 50 米的几家民房屋后范围，呈上下 4 级横排，编为 M1～M19，分布面积 480 平方米，墓门北向。其中 M1 单室门楣已残，门高 1.7、宽 1.05、厚 0.6 米；墓室长 2.5、宽 1.7、高 1.7 米，拱顶。M4 为单室，甬道宽 1.62、长 2.9 米，双层门楣，门高 1.32、宽 1.17、厚 0.6 米；墓室长 4.6、宽 1.7、高 1.75 米，拱顶；左壁前有一龛，高 0.34、宽 0.55、深 0.25 米。M16 被村民用条石将墓门封堵，可见甬道口封石有 3 米多宽。

七井崖墓群　位于高场镇七井村，建于汉代，分布面积 11250 平方米。共有崖墓 17 座，编为 M1～M17，横排分布在岷江南岸东至西长 250、南北宽 45 米范围内的水文站外地石壁处，M1～M12、M14～M17 向北、M13 向东。墓门均有封土，墓室大多有封土。其中 M1 甬道长 9、宽 1.05 米，已扰乱现已封堵；M2 甬道长 7.5、宽 1.15 米，墓门处有封土。

太平崖墓群　位于高场镇七井村，建于汉代，分布面积 140000 平方米，共有崖墓九十七座，编为 M1～M97，分布在岷江南岸东西长 1000、南北宽 140 米的范围内，距河面高约 12～28 米的斜坡壁上，墓门分别为东向、北向、东北向。从已扰乱的墓看，墓室结构有 3 种：1. 无龛无石棺；2. 有墓道、后壁有龛、左右各一石棺；3. 无壁龛、石棺有耳室的三种结构。其中 M23 甬道长 6.3、宽 2.2、高 2.35 米；门高 1.5、宽 1.2、厚 0.9 米；室长 6.2、高 2、宽 1.75 米，拱顶；后壁龛宽 1.95、高 0.95、深 1.4 米，左右壁各有石棺 2 个，4 个石棺大小相同，长 2.2、高 0.9、宽 0.7 米；内长 2、宽 0.5、深 0.4 米。M33 甬道长 2.1、宽 1.3、厚 0.4 米；墓室长 2.98、宽 1.36、高 1.37 米，拱顶。室东侧有一石棺，长 2.26、宽 0.63、高 0.54 米，近门处稍残，后壁一龛深 0.7、高 0.85、宽 0.94 米；近门西壁有二小龛，其中东壁宽 0.75、高 0.6、深 0.25 米；北壁为小龛，高 0.16、宽 0.2、深 0.15 米。

沿码头崖墓群　位于高场镇七井村，建于汉代，分布面积 30000 平方米，共有崖墓 23 座，编为 M1～M23，分布在岷江南岸东西长 300、南北宽 100 米的打渔湾和沿码头的坡地壁上，M1～M7 向东，M8、M9、M14～M23 向北，M10～M13 向西。其中 M8 有积水；M9 门宽 0.9、高 0.71（有土）、厚 0.48 米；墓室长 3、宽 1.5～1.72 米（有土），拱顶。东壁有一龛，高 0.7、宽 0.5、深 0.29 米；西壁一龛，高 0.2～0.295、深 0.3 米；后壁一龛高 1、宽 1.42、深 0.75 米，距室底 0.5 米。

上游崖墓群　位于高场镇七井村，建于汉代，分布面积 32400 平方米，共有崖墓 40 座，编为 M1～M40，分布在东西约 900、南北宽 36 米的岷江南岸斜坡壁上，M1～M16、M23～M40 北向，M17～M22 西向；除 M16、M22 外，其余封闭完好。其中 M1 为双层门楣，宽 1.2、高 1.25、厚 0.78 米；室长 2.2、宽 1.9、高 1.6 米（有土），拱顶；后壁龛高 1.59、宽 1.68、深 0.9 米，拱顶，室底窄中部宽；东壁凿有一石棺，宽 0.75、长 1.8、高 0.5 米（有土）；西壁一龛高 1.5、高 0.58、深 0.35 米。

猫猫沱崖墓群　位于高场镇证明村，建于汉代，分布面积 12500 平方米，共有汉代崖墓 42 座，编为 M1～M42，横排，门为东向、北向两种。墓室为 6 种：1. 左、后有后棺，无龛；2. 墓室无石棺、壁龛、右有耳室的；3. 内无石棺、壁龛；4. 左右后壁有龛、内有石棺；5. 左右有石棺和后壁有龛；6. 有甬道和左右有石棺。其中 M16 门宽 1.25、高 0.9（封土除外）、厚 0.5 米；室长 4.25、宽 1.75、高 1.15 米（有封土），东北向。M17 门长 1.25、宽 1.1、厚 0.55 米；室长 4.9、后宽 1.7、室前宽 1.5、中高 1.65 米，两面坡，后壁有一龛，高 0.85～1.33、宽 1.4～1.5、深 2.15 米，平顶。门外右壁有一耳室，前大后小，长 1.8、前宽 1.05、前高 0.65、后宽 0.55、后高 0.55 米，平顶。

回龙崖墓群　位于高场镇证明村，建于汉代，共有崖墓 8 座，编为 M1～M8，分布在岷江南岸东西长 40、南北宽 13 米距江面高 15 米的岩壁上，分布面积 600 平方米，北向。其中 M7 单门楣门宽 1、高 0.85（有土）米，单室，拱顶；墓室长 2.5、宽 1.5、高 1.2 米；后壁一龛宽 1.5、高 0.6、深 0.42 米。M8 门高 0.75、宽 0.8 米，墓室长 1.8、宽 0.8 米，外大内小。

蜿转岩崖墓群 位于高场镇证明村，建于汉代，分布面积 2057 平方米，坐南向北，共有崖墓 13 座，编为 M1～M13，分布在东西 121、上下 17 米范围岷江南岸。M1～M5 墓门处有封土或长满杂草，其中 M1 甬道宽 1.26、长 2.56 米，双层门楣，门宽 0.8 米，墓门处有封土，门顶浮雕有一大斗拱；M2 墓门已封堵，门宽 0.72 米；M3 墓门已堵，门宽 1 米；M4 甬道长 5、宽 1.5～1.7 米，墓门长满杂草（有杂物）；M5、M6 墓门处有封土；M7～M10 墓门半封；M11～M13 有封土。M7 墓门与室同宽，门宽 1.38、高 0.5 米（有半封土），墓室长 5.5、宽 1.4、高 0.5 米（有封土）；M7、M8 两室中壁互通；M9、M10 墓室有半封土；M11～M13 已封堵，可见墓室结构与 M7 相同。因 M1～M6、M10～M13 墓门及墓室有大量封土不能测量。

大石坝崖墓群 位于高场镇证明村，建于汉代，共有崖墓 4 座，编为 M1～M4，分布在岷江北岸凉水井坎上约 80 米的地壁处东至西 45、上下宽 6 米的范围内，分布面积 270 平方米，北向。其中 M2 甬道长 8、宽 1.65 米，墓门前长满竹林；M3 甬道残长 2.6 米，门已残，宽 0.78、高 0.5（有封土）、厚 0.63 米（竹竿测知）；墓室内有土，长 2.9、宽 1.4 米，高无法测量，从门处可见后壁有龛，左右石棺被毁。

高村墓地 位于高场镇高村，建于明代，占地面积 20 平方米，西向。墓由石条石板、砌成墓室墓顶为封土，共有二间墓室，大小形制相同，墓室前有墓道，后壁有龛，顶均建有藻井。二间墓室分别长 3.1、宽 1.1、通高 2.2 米，后壁龛高 1、长 0.8、龛深 0.1 米，龛内尚建有小龛。顶为双层藻井，其中下一藻井高 0.45、宽 1、长 1.2 米；上一藻井高 0.25、宽 0.65、长 0.7 米。

和包嘴墓群 位于高场镇乐安村，建于明代，共有石室墓 3 座，编为 M1～M3，分布面积 180 平方米，坐东南向西北。墓均由石条砌成石室，顶建藻井，用大石板封盖后用土垒盖。M1 为二间墓室，M2、M3 为四间墓室，M3 墓室已残后壁。其中 M1 墓通宽 2.3 米，二间墓室大小形制相同，分别通长 3.45 米，二墓室各宽 0.96、高 1.8 米，藻井顶，藻井长 1.4、宽 0.7、高 0.24 米；后壁各有一龛，高 0.23、高 0.35、深 0.05 米。

青山墓群 位于高场镇鱼池村，建于明代，共有石室墓 10 座，编为 M1～M10，分布面积 4200 平方米，为横排和错落排列，门为东向、北向、西向。墓均由石条砌成长石室，其中 M1 外周由石条砌椭圆形，直径 6、高 3 米，内由享堂、墓道、墓室三部分组成；墓道长 2.6、宽 1.15 米；门高 1、宽 0.9 米；室通长 5、宽 4.7、高 2.5 米；三间墓室大小相同，长 2.6、宽 1.2、高 2.5 米，室壁有七个小龛，大小相同，宽 1.25、高 0.68、深 0.48 米。M6 三室后各放有正方形石函，长 0.68、宽 0.68、高 0.6 米，中凿为水缸状，内疑盛放和尚骨灰用；各有一顶，长、宽各为 0.8、高 0.2 米，顶如宝塔状，从墓室中移出至下青云寺遗址中一石函上阴刻"大乘法寶"四字。

廖凤溪夫妇墓　位于高场镇大明村，建于明万历四十六年（1618年），占地面积37.5平方米。墓外为土垒，呈圆形，直径5.5、高2米，从盗口处可见内为石条砌成石室二间，拱形顶，石室前有享堂。享堂长2.6、宽1.25、高2.2米，可见两间墓室各有一双扇石门。墓前立一碑，西向，碑为石质，仿木结构单檐庑殿顶，高1.85、宽1.25、厚0.4米，碑上阴雕花卉图案；碑顶阴刻"永远碑记"，正中楷书阴刻"皇明处士寿考凤溪廖公　姚纱莲胡氏台基之墓"，题记"万历太岁戊午十月望次日□"。

干湾头墓地　位于高场镇茶林村，建于清代，共有石室墓2座，编为M1~M2，分布面积12平方米，坐东向西。二墓并排，形制相同，均为单室墓。其中M1墓室长2.6、宽0.85、高约1.6米，顶建有藻井，后壁建有龛。

坟山坡墓群　位于宾县高场镇大华村，建于清代，共有墓9座，编为M1~M9，呈上下两排列，分布面积500平方米，坐南向北。墓均由条石砌成椭圆形，其中M1长5.5、宽3、高1.7米，前立一碑；碑为石质仿木，四柱三开间，单檐庑殿式顶，正中阴刻"故显考萧公应高老大人之墓"，题记"清道光二十年八月十六日立"，两侧刻有一副对联。

张绍禹墓　位于高场镇东升村，建于清代，占地面积12平方米，西向。墓由石条砌成长方形，顶有弧形封土，长3.2、宽2.7、高1.5米，前立一碑；碑为石质仿木结构，单檐庑殿顶，碑顶被掀于墓前，长1、宽0.17、残高1.6米；碑正中楷书阴刻"故祖□□□□张绍禹老大人之墓"，题记"大清嘉庆□□□□□未前三月望一日吉旦□"，两侧楷书阴刻对联"山青水秀兼辰戊；□□□杰应乙辛"。

三所坟萧氏墓地　位于高场镇高村，建于清代，共有墓3座，编为M1~M3，分布在东至西20、南至北10米范围内，分布面积200平方米，坐东南向西北。三墓形制相同，均由石条砌成长方形，顶为弧形封土，前立一碑，石质仿木结构，四柱三开间，重檐歇山顶；碑上分别浮雕花卉、对联等图案，内容丰富各异，雕刻精湛，有较高的艺术价值。其中M1墓长6、宽4、高2米；碑宽3.8、高2.4、厚0.24~0.3米，顶龛阴刻"万古佳城"，正中楷书阴刻"皇清例赠正八品显考萧公讳济美之君墓"，题记"大清道光二十八年戊申岁季春月朔日"，上浮雕花卉图案八幅，对联二副为"牛眠佳宅不让凡阴拟；马鬣高封堪作寿耆茔"、"心地光明得吉地；后人昌大显前人"。M2为同治九年萧母施清贤墓。M3为咸丰八年萧正才墓。

五冠寺墓地　位于高场镇高村，建于清代，共有墓2座，横排，编为M1~M2，分布面积180平方米。M1墓周为石礅砌垒，顶为弧形封土。墓长5、宽4.6、高1.2米，前立一碑，坐东向西；碑为石质长方形，庑殿顶（顶倒于墓前），碑高1.34、宽0.85、厚0.12米；正中楷书阴刻"清显考左公字阶平大□□"，题记"道光庚□年六月十七□□"。M2为土垒，长3.3、宽3、高1.1米，前立一碑，西南向；碑为石质，高1.5、宽 1、厚 0.12 米；碑行楷阴刻"明远重新"，左侧阴刻"天开文运国正大光明"字辈，正中楷书阴刻"皇清待赠左讳了碧大人之墓位"，题记"大清道光十二年三月初四日"。

柿子塝朱氏墓地 位于高场镇青山村，建于清代，共有墓 2 座，横排，编为 M1 ~ M2，分布面积 32 平方米，均坐南向北。其中 M1 冢径 2.8、长 4.3、高 1.5 米，前立一碑；碑为石质长方形，圆顶，高 1.6、宽 0.82、厚 0.18 米；正中楷书阴刻清故考朱朝重老大人墓，题记："道光十七年丁酉几孟春。" M2 墓冢与 M1 同，碑高 1.6、宽 0.8、厚 0.2 米；正中阴刻"清故头老朱公讳承先老大人，此朱母李太君孺人之墓"，题记"大清道光十七年……"；两侧刻一对联"心地良因得吉地；后人盛乃头前人"，顶刻"卜云其言"。

上罗湾墓地 位于高场镇高村，建于清末民初，占地面积 65 平方米，西南向。墓为三人合葬墓，土垄，宽 6、长 8、高 1.6 米，前立一碑，石质仿木结构，八柱七开间，重檐庑殿式顶，通宽 6.6、高 4、厚 0.24 ~ 0.37 米；碑上浮雕丹凤朝阳、鹿含花、人物、花卉、花鸟图案 17 幅，顶龛楷书阴刻"青山拱秀"四个大字，正中楷书阴刻"清待诰顯妣萧母胡元亮□君墓"，题记"光绪壬辰年十月初十日"，左次间阴刻"故显妣萧母□□□□"，题记"民国壬子年十二月初十日"；右次间阴刻"故显妣萧母名黄万明之墓"，题记"民国庚辰二十九年秋七月"；两侧阴刻对联"旌表承恩萱护贞操高百代；山川毓秀兰陵旺气永千秋"、"马鬣崇封式焕新酋支隆祀典；牛眠兆云宏开旧地卜□灵长"。

周大杯墓 位于高场镇鱼池村，建于清乾隆十四年（1749 年），占地面积 21.7 平方米，北向。墓为土垄，呈长方形，长 7、宽 3.8、高 1.4 米，前立一碑；碑为石质仿木结构，单檐庑殿顶，高 1.5、宽 1、厚 0.3 米；顶楷书阴刻"重修碑记"四字，正中阴刻墓主姓名"周大杯"已风化剥蚀，残存"皇清待赠處士□□公□□□"，题记"大清乾隆拾四年□乙仲春月□"；碑两侧二柱阴刻对联严重风化，不可辨识，只可识一"山"字和一些笔画。

左侯氏墓 位于高场镇鱼池村，建于清乾隆五十三年（1788 年），占地面积 18 平方米，坐北向南。墓由土垄成椭圆形，直径 3.2、高 1.4 米，前立一碑；碑为石质仿木结构，单檐庑殿顶，高 1.7、宽 1.1、厚 0.25 米；碑顶正楷阴刻"万古千秋"，正中正楷阴刻"皇清待诰孺人左母侯太君之墓"，题记"大清乾隆戊申春二月重立"；两侧碑柱正楷阴刻对联"名莹发秀螽斯衍；大地钟灵瓜瓞绵"。

证明村李氏墓 位于高场镇证明村，建于乾隆五十四年（1789 年），占地面积约 11 平方米，坐南向北。墓为土垄，呈长方形，长 3.6、宽 2.7、高 0.9 米，前立一碑；碑为石质仿木结构，单檐庑殿顶，高 1.8、宽 0.94、厚 0.1 米；碑额楷书阴刻"万代先荣"四字；正中楷书双勾阴刻"皇清待诰显妣□□母万太君之墓"；题记"乾隆己酉岁开闰二月□□"。

曾氏墓　位于高场镇丰收村，建于清乾隆五十九年（1794年），占地面积20平方米。墓由石条砌成长方形，顶为弧形封土，长5、宽3、高1.7米，前立一碑，东向；碑为石质仿木结构，四柱三开间，重檐庑殿顶，高1.5、宽1.8、厚0.15米；碑重檐额浮雕花卉，额下楷书阴刻"地脉永兴"四字，正中楷书阴刻"清待赠□□□□□□□"，题记"乾隆五十九年□□"；两侧柱上行楷阴刻对联"锦江玉带泮□；赤石金冠印日"、"万古□□□；千秋祀典□"；西侧次间分别有戴官帽，身着长袍的人像，像坐高0.6、头高0.18、肩宽0.14米。

大桥李氏墓　位于高场镇大明村，建于清乾隆六十年（1795年），占地面积21.6平方米。墓为土垒，呈长方形，长6、宽3.6、高1.5米，前立一碑，西南向；碑为石质仿木结构，四柱三开间，高1.55、宽2.75、厚0.22米；顶已毁，碑额行楷双勾阴刻"启我后裔"，正中行楷双勾阴刻"皇清显考李□□之墓"，题记"乾隆陆拾年仲桂月"；两侧柱行楷双勾阴刻对联"千年风水荫人满堂"，下联风化；右次间浮雕菊花，左次间雕刻风化。

大鱼塘萧氏夫妇墓　位于高场镇鱼池村，建于清嘉庆十七年（1812年），占地面积49平方米，坐西向东。墓由乱石块砌成圆形，顶为弧形封土，直径7、高3米，前立一碑，碑为石质仿木结构，单檐庑殿顶；碑正中楷书阴刻"皇清待赠显考萧公妣萧母□□□□"，题记"嘉庆十七年岁壬申孟秋月"；两侧行楷对联"虽未光前農志□；敢萧李氏墓云□"，后书"香□"。

张禛元墓　位于高场镇高村，建于清嘉庆二十一年（1816年），占地面积110平方米，坐西向东。墓为土冢，长8、宽7、高1.8米，前立一碑。碑为石质仿木结构重檐庑殿顶，六柱五开间，通宽5.2、高2.2、厚0.33米。碑额行楷阴刻"钟灵毓秀"；正中行楷阴刻"清待赠显考张公讳禛元大人墓"；题记"皇清嘉庆二十一年季秋月立"；明间两柱行书阴刻对联"碧水洄环于今光祀奕；青山□塑目此启人文"。墓前有半圆形拜台，宽8、进深4米。

飞龙山墓群　位于高场镇东升村，建于道光七年（1827年），飞龙山墓共有墓6座，编为M1～M6，横排分布在长25、宽1米的大山头坡上，分布面积375平方米。M1为土垒，呈椭圆形，直径4、高1.5米，前立一碑，西北向。M2～M6墓冢墓碑被推倒在墓前草丛中。M1碑原为仿木结构，单檐庑殿顶，1987年顶被人为掀倒墓前，现碑高为1.35、宽1.15、厚0.28米；碑正中楷书阴刻"高祖太祖、曾祖考宋公讳现奎、朝忠、世英大人之墓"，题记"大清道光七年岁在丁亥仲秋月吉旦立"；碑两侧柱上行楷阴刻对联"三祖联茔恢旧绪；一山繡脉裕新枝"。

李彬墓　位于高场镇凉山村，建于清道光十年（1830年），占地面积13平方米，坐西北向东南。墓为土冢，长4、墓径2.8、高1.3米，前立一碑；碑为石质仿木结构，二柱一开间，单檐庑殿顶，高2.5、宽1.02、厚0.33米；碑正中楷书阴刻"清故显考公讳彬大人墓"，题记"大清道光十年几庚寅春三月望二月"，顶龛刻"山青水秀"，两侧柱阴刻对联"墓前月色三更照；额上梅花十里香"。

萧罗氏墓 位于高场镇公民村，建于清道光十一年（1831年），占地面积30平方米，坐北向南。墓由石条砌成椭圆形，长5.5、宽3.5、高2.5米，前立一碑；碑为石质仿木结构，四柱三开间，重檐庑殿式顶，高3.6、宽6.8、厚0.4米；上浮雕人像28尊及花卉等图像，两侧阴刻对联二副，正中刻"清故显妣萧母罗老孺人墓"，题记"大清道光十一年腊月十二日立"。

朱宗斌墓 位于高场镇高村，建于清道光十四年（1834年），占地面积112平方米。墓由土垒成圆形，直径5.2、高1.76米，前立一碑，东南向；碑为石质仿木结构，八柱七开间，重檐庑殿顶，高2、通宽4.3、厚0.28米；明间顶额行书双勾阴刻"流芳百代"、"万古佳城"，正中楷书阴刻"清待赠朱公宗斌府君之墓"；两旁阴刻祭祀人名32名，题记"道光十四年甲午岁十月初三日立"。两侧碑柱行书阴刻对联"脉白青山看凤起 潮来碧水爱蛟腾"；碑顶及两侧二次间分别浮雕花卉等九幅图案及对联一副；墓前有一半圆形拜台，宽7、进深4米。

曹世元墓 位于高场镇高村，建于清道光十五年（1835年），占地面积60平方米。墓为土垒，呈长方形，长6、宽5、高1.3米，前立一碑，坐东向西；碑为石质仿木结构，八柱七开间，重檐庑殿顶；碑额浮雕花卉，行楷阴刻"流芳百世"；正中楷书阴刻"清故曹公讳世元……"，题记"道光十五年乙未岁……"；两侧石柱行书阴刻对联"秀起辛垣钟子……、祥开乙位毓……"；两侧二次间分别浮雕花卉图案及"凤起"、"腾蛟"等。

汪静明墓 位于高场镇鱼池村，建于清道光十六年（1836年），占地面积18平方米，坐西北向东南。墓由土垒成椭圆形，直径6、高1.6米，前立一碑；碑为石质仿木结构，四柱三开间，高1.5、宽4、厚0.26米；正中阴刻"皇待诰显妣萧母名汪静明老孺人墓"，题记"道光丙申岁□□"；正中两侧石柱上行楷阴刻对联"龙穴咸真克昌厥子承先德；砂水有情俾宁乃祖启后昆"。

严文秀夫妇墓 位于高场镇富荣村，建于清道光二十三年（1843年），占地面积40平方米，坐南向北。墓为土冢，周用条石砌成长方形，长6.8、宽5.5、高2.5米，前立一碑；碑为石质仿木结构，六柱五开间，三重檐庑殿式，通高4.8、通宽8.4、厚0.28～0.38米；上浮雕人物18幅，花卉及动物17幅、石狮1对、石鼓1对，石鼓上刻"寿""福"二字，顶龛阴刻"尚有典型"，"福堂"，正中楷书阴刻"皇清例赠登仕郎头考几公讳及大人，妣母刘氏孺人墓"，题记"大清道光二十三年癸卯几六月五日"；

两侧柱阴刻对联 3 副；左次间阴刻墓志小序。

张永杰墓　位于高场镇涂坝村，建于清道光二十三年（1843 年），占地面积 30 平方米，坐北向南。墓由条石砌成椭圆形，顶为弧形封土，长 5.5、宽 3.5、高 2 米，前立一碑；碑为石质仿木结构，四柱三开间，重檐庑殿式顶，高 2.4、宽 4.4、厚 0.4 米，上浮雕二石狮、石鼓；顶阴刻"皇恩"二字，正中阴刻"钦赐正八品显考张公讳永杰老大人之墓"，题记"清道光二十三年……"。

萧李氏墓　位于高场镇鱼池村，建于清道光二十三年（1843 年），占地面积 18 平方米，南向。墓周用石条砌成椭圆形，顶为弧形封土，墓长 5、宽 3.2、高 1.7 米，前立一碑；碑为石质仿木结构，二柱一开间，单檐庑殿式顶，碑高 1.8（脚下部分被泥土遮掩）、宽 1.18、厚 0.24 米，正中楷书阴刻"清故显妣萧母李太……"；题记道光二十三年仲秋月吉日立。两侧碑石柱阴刻对联"亥山来龙吉；巳向分金阴"，顶额浮雕双凤朝阳。

张希乾墓　位于高场镇东升村，建于清道光二十九年（1849 年），占地面积约 42 平方米，坐东向西。墓室用条石砌成长方形，室外为圆形封土，墓高 1.9、宽 3.5、长 4 米，前立一碑；碑为石质仿木结构，四柱三开间，重檐庑殿顶，有附碑；碑额浮雕凤、雁、祥云、鹿、花卉等 23 幅图案，下有一匾，楷书阴刻"恩来□阙"，正中楷书阴刻"皇清恩赐正八品张公讳希乾墓"，题记"大清道光二十九年己酉岁促春月吉旦立"；碑明间两侧阴刻对联"牛眠佳宅不让凡荫□；马鬣高封堪作寿耆茔"；碑次间上分别阴刻"墓前月包三更照；岭上梅花十里香"。

半边山墓地　位于高场镇高村，建于清咸丰八年（1858 年），占地面积 15 平方米，西向。墓为土垒，周围局部砌有乱石块，墓长 4.5、宽 3.3、高 1.5 米，前立一碑；碑为石质，木结构，二柱一开间，单檐庑殿顶，高 2.2、宽 1.38、厚 0.33 米，顶部浮雕双凤朝阳、祥云；正中楷书阴刻"清故显考□公讳宇大人之墓"；两侧刻"甲山"、"庚向"，题记"咸丰捌年春王月上浣日……"；两侧柱上楷书阴刻对联"甲山奇形代歌□□（下面二字已被土、乱石挡掩）；庚向别物永叶蠡□"。该墓碑浮雕双凤，图像生动逼真，有较高的艺术价值。

唐启银夫妇墓　位于高场镇大明村，建于清同治四年（1865 年），占地面积 20 平方米，坐西向东。墓为土冢，冢径 3.5、长 5.2、高 1.85 米，前立一碑；碑为石质仿木结构，六柱五开间，单檐庑殿顶，高约 2.4 米（碑足下有土挡，具体高度不详），通宽 5.38、厚 0.26 米；碑顶行书阴刻"松风水月"四字，正中楷书阴刻"□考唐公启银老大人、妣唐母丁氏老孺人之墓"；碑两侧次间阴刻有碑文 200 多字，阴刻对联三副，其一为"吉映白云半亩……；祥开紫悉九重……"；题记"大清同治肆年岁次乙丑九月……"。

萧益美墓　位于高场镇鱼池村，建于清光绪二年（1876 年），占地面积 30 平方米，东向。墓由石条砌成长方形，顶为弧形封土，长 3.5、宽 2.5、高 2 米，前立一碑；碑为石质仿木结构，单檐庑殿式顶，高 2.7、通宽 2.6、厚 0.3 米；碑顶、额分别浮雕花卉、双凤朝阳，额下阴刻"光前□后"，中浮雕二鹤、莲花，正中下部楷书阴刻"清故显考萧益美之墓"，题记"光绪二年二月二十一日立"；碑两侧柱行楷阴刻"自古冈恋多吉地，而今神将拥佳城"；碑两侧建有二石鼓，上分别浮雕二奔鹿、二鹿含花图像。

陈友士夫妇墓　位于高场镇统山村，建于清光绪九年（1883 年），占地面积 20 平方米，坐南向北略偏西。墓为土冢，墓周用条石砌成长方形，长 5.5、冢径 3、高 2 米，前立一碑高 3、宽 3.8、厚 0.35 米；碑顶浮雕双凤朝阳，顶龛阴刻"光前裕后"，"皇清显考陈公讳友士老大人，母王锡慈老孺人之墓"，题记"大清光绪九年几次癸未十月……"；两侧柱阴刻对联二副，其一为"统山耸翠人财盛；绿水迎朝富贵长"；两次间阴刻墓志文。

练永现夫妇墓　位于高场镇同乐村，建于清光绪二十三年（1897 年），占地面积 20 平方米，坐北向南。墓为土冢，墓周由乱块石砌成，长 5.6、宽 3.65、高 2.2 米，顶为弧形封土，前立一碑；碑为石质长方形，高 1.6、宽 0.72、厚 0.13 米；正中楷书阴刻"清待赠诰练公讳永现……"，题记："大清光绪丁酉年……"。

李国麟夫妇墓　位于高场镇东升村，建于清光绪三十三年（1907 年），占地面积约 24 平方米，北向。墓由石条砌成长方形，墓高长 5.6、宽 4、高 2.3 米，前立一碑；碑为石质仿木结构，单檐庑殿顶，高 3.4、宽 3、厚 0.26 米；碑顶浮雕缠枝花、花瓶、一童子，头式丫髻，双手捧一圆状物、二牛、二羊，碑额浮雕十三尊人像，八男五女，下有一匾，上行楷阴刻"山青水秀"四字；碑正中行楷阴刻"清显考李公讳国麟老大人 显妣唐世有老孺人之墓"，题记"大清光绪三十三年丁未岁仲冬月十四日立"，碑两侧柱上浮雕二花钵，钵中各坐一人；柱上楷书阴刻对联"碧水漾洄佳城千秋永固；青山耸峙□孙万代荣昌"；碑左右圆雕二石狮、二石鼓，石鼓浮雕有花卉图案和"福、寿"二字以及蝙蝠。

古建筑

丁家坝民居　位于高场镇东升村，建于清代，建筑面积 605 平方米，坐南向北。民居为土木结构，悬山式顶，由后堂、左右厢房组成。后堂为穿斗式梁架，三穿五柱，面阔五间 27.5 米，进深一间 6.5 米，通高 7 米，前建有廊道，通面阔 27.5 米，进深 3.15 米，前有踏道二级，素面台基高 0.65 米；左厢房面阔二间分别为 4、6.5 米，进深一间 5.8 米；右厢房为三穿五柱，面阔五间 23 米，进深一间 5.8 米；在后堂后建有檐屋，后堂的明间与次间、次间与梢间之间，以及左右厢房屋与屋间壁均为木板、木柱建成；坝前有石质垂带式踏道十一级。

上丁高民居　位于高场镇东升村，建于清代，建筑面积230平方米，北向。民居为木结构，穿斗式梁架，三穿七柱，悬山式屋顶，现存堂屋、右厢房；堂屋廊前有素面台基，高0.5米；堂屋面阔三间14.4米，进深一间7.1米，通高7.5米，前建有廊道，面阔14.4米，进深2.9米，明间前有踏道二级，廊柱础为石质六边形，上浮雕屏风图案；明间与次间木壁上建有工字形通风窗口；右厢房面阔二间11.6米，进深一间5米；堂屋明间与次间壁，厢房屋与屋间壁为木质柱架、木板壁构建；屋前有一大石坝。

南湾头民居　位于高场镇高村，建于清代，现存面积420平方米，西向。民居原为四合院，现存后堂屋、左右厢房，均为木结构穿斗式梁架，悬山式顶；堂屋面阔三间宽13.6、进深一间4.5米；堂屋门西侧建有二扇花窗，前建有廊道，通宽20、进深2.6米，前素面台基高0.35米；左厢房面阔五间25米，进深一间4米，南侧边两间下建有吊脚楼；右厢房面阔三间12米，进深一间4米，屋坝前建有垂带式踏道14级；堂屋、左右厢房与屋间壁大多木壁，屋部屋壁上半部分用竹层编织后上糊草泥和石灰；在堂屋的廊柱础石上浮雕六边形屏风图案。

青杠园民居　位于高场镇青陈村，建于清代，建筑民居220平方米，坐北向南。民居为木结构，穿斗式梁架，悬山式顶，小青瓦屋面，原为三合院，现存堂屋和左厢房；堂屋为三穿七柱，面阔五间通宽21米，明间进深7.5米，左右次间和梢间进深均为9、通高8.5米，屋壁及堂屋门两侧有木花窗；左厢房为三穿五柱，面阔三间12米，进深一间5米，通高8.5米。

肖家宅　位于高场镇鱼池村，建于清乾隆三十九年（1774年），坐西向东，复四合院布局，占地面积2436平方米，因近二十年部分毁坏，现尚存1916平方米，包括前堂、后堂、右厢房和左厢房部分建筑、残存碾米房三间和七个天井。前堂：砖木结构，硬山式顶，穿斗式梁架，三穿五柱，面阔七间34.8米，进深一间6米，通高5.3米；后堂：砖木结构，硬山式顶，穿斗式梁架，三穿五柱，面阔七间29.7米，进深一间12米，通高6.7米，素面台基高0.8米，阶梯式踏道二级；厢房：右厢房，砖木结构，硬山式顶，穿斗式梁架，三穿五柱，面阔十间42米，进深一间4米，通高4.5米，其中一间为仓房；原左右厢房相同，今左厢房大部分拆毁残存五间；院中横房右存一间，左存三间；从后堂砖墙上一砖上阴刻"乾隆三十九年"，得知该民居为清代中期修建。

石窟寺及石刻

青山摩崖造像及石刻题记　位于高场镇鱼池村，根据造像风格，当为明清时期凿刻。分布在青山顶东西长80、南北宽40米范围内大石上或岩壁处，分布面积800平方米，共16龛，53尊，分为四大部分。第一部分：2龛5尊，在高4.7、宽4米的大石上。1号龛高2.5、宽1.5、深0.3米，平顶，龛内高浮雕一站立千手观音，坐西向东，观音头周刻 160 只手，像高 2.3、肩宽 0.5 米，观音合手护胸，头顶有 18 个罗汉头像。在观音像旁一残石柱（地震碑柱）上题刻："千手觀音大士石先在玉皇殿肩左，扶輿磅礴，巍然秀挺，前人刻像於山，由來久矣。……丙午（1726 年）五月六日地震，飛移至斯，端拱儼然，石之隕乎，神之靈也，不然何以先向南而今向東耶？"两侧各一侍者；2 号龛华严三圣像，善跏趺坐。第二部分：共 8 龛，2 号龛刻一佛两供养人；4 号龛为华严三圣和弟子；5 号龛为文殊、普贤菩萨，须弥座为青狮的吉祥动物图案。第三部分：2 龛 19 尊造像；1 号龛为 1 佛像，2 号龛 A 龛 9 尊佛像，B 龛 9 尊佛像。第四部分：4 龛 9 尊佛像，1 号龛 2 尊佛像；2 号龛 2 尊佛像，3 号 4 尊，造像为文殊、普贤菩萨，文殊乘青狮，普贤乘白象等。在第一部分观音像前石柱上阴刻有"觀我觀人例論來仙几有別"，题记左为"乾隆庚戌仲冬月敬獻"；右为观音大士"顯聖青雲庵千壽萬灵"；另一石柱上阴刻"信是山靈真仙乃得向南萬年向寿萬年"；题记为"會首、丁锦昱、李文举、栗山嚴先佐敬题"。宜宾县人民政府于 1989 年 6 月公布为文物保护单位。

仙湖洞摩崖石刻　位于高场镇证明村，建于清代，分布在仙湖洞上下高 0.6 米范围内，分布面积 16 平方米，刻有"仙湖洞"、"万春店"六字。"仙湖洞"三字高 0.48、宽 0.44 米，字体为楷书双勾阴刻，从右向左顺读，右侧题记"□□□十一□"；"万春店"三字距"仙湖洞"三字 1.6、高 0.45、宽 0.37～0.4 米，为楷书双勾阴刻，左侧阴刻题记"□石匠王相□五……"。

安边镇

古遗址

小岸坝遗址　位于安边镇火焰社区，距江边约 10 米的一级台地上，高出江面 5～80 米，地势平坦。遗址东西长 300、南北宽 100 米，分布面积 13000 平方米。遗址文化层厚 0.9 至 1.1 米，采集陶瓷片 10 余件，陶片以夹砂红陶为主，有的陶片施黑釉，纹饰多为绳纹、布纹戳纹印；可见北面断面文化层有大量陶片。1987 年二普时采集有 25 件标本：石铲 1 件、刮削器 1 件、陶瓷片 20 件、瓦当 1 件、汉砖 2 块，可见大量瓦当、汉砖、盆碗等器物的残片。

古墓葬

火焰山墓地　位于安边镇火焰社区，建于明代，占地面积 20 平方米，坐北向南。为一墓三室，藻井顶，墓室长 3.12、通宽 4、高 1.1 米；墓室分别用长 2.4、高 0.6、厚 0.23 米和高 1、宽 0.3、厚 0.26 米不等的石板石条砌建。

小岸坝墓地　位于安边镇火焰社区，建于明代，共有石室墓2座，呈横排，编为M1～M2，分布面积120平方米，坐南向北。墓均由石条砌成石室，石条规格不一，择一量得：长0.77、宽0.35、厚0.2米；两墓墓制略同。其中M1通长6、宽2.3、高0.9米，分五个墓室，每室规格相同：长2.3、宽1.2、高0.9米；M2室内填有泥土。

豆坝陈氏墓地　位于安边镇豆坝村，建于清代，共有墓5座，编为M1～M5，横排分布在长50、宽20米的耕地中，分布面积约100平方米，东南向。其中M4由石砌成圆形，顶为弧形封土，直径5、高1.5米，前立一石碑；碑用整石凿成，长方形弧顶，高1.8、宽1、厚0.2米，碑额浮雕有龙等图案；碑正中楷书阴刻"皇清□封正八品修职郎显考陈公字德三府君墓"，题记"咸丰七年八月"，碑两侧行书阴刻"活水有源灵锺秀聚；好山如畫巽伏乾□"。

古墓葬

小岸坝墓群　位于安边镇火焰社区，建于清代，共有墓7座，编为M1～M7，分布面积500平方米。均由石条砌成长方形，墓顶有弧形封土。其中M1高1.5、宽2.5、长3.5米，墓前立一碑，东南向；碑为仿木结构建筑，高1.65、宽1.1、厚0.1米，顶龛正楷阴刻"万代荣昌"四字，正中阴刻"皇清待诰□□□□□□□□□"，题记"嘉庆十二岁次丁卯……"。M1东侧3～20米处有清墓五座，其中有咸丰年间墓三座，一座无碑，西南侧1米处有1墓，碑文风化剥落。

萧谢氏墓　位于安边镇治和村，建于清道光元年（1821年），占地面积约22平方米，坐东向西。墓冢为条石礅砌成长方形，墓长5.5、宽3.2、通高2.2米，前立一碑；碑为石质单檐庑殿顶，宽1.2、通高2.6（座高0.15）米；碑顶浮雕花卉、瓦当、狮子；圆雕宝顶，碑正中阴刻"清故显妣萧母谢老太君墓"，题记"大清道光辛巳元年四月"，……碑顶和两侧分别刻有对联和花卉图案。

金钩嘴向氏墓地　位于安边镇治和村，建于清代，分布面积200平方米，上下竖排分布在东西25、南至北8米范围内，共有清墓2座，编为M1～M2，南向。为婆媳两代人墓葬，M1为婆，M2为媳。两墓形制相同，均为条石砌长方形，顶为弧形封土，前立碑。其中M1墓长6.5、宽4.8、高2.2米，前立一碑；碑为石质仿木结构，重檐庑殿式顶，六柱五开间，碑宽5、高4.3、厚0.2～0.32米；上浮雕人物图像6幅，内容为财神、官人、童子、二十四孝等图像，墓志4版，花卉图案7幅，正中楷书阴刻"皇清诰封授孺人向罗氏太君之□"，两侧楷书阴刻对联三副，其一为"水绕山环地脉千秋盛；风藏气聚人文百代昌"；四版墓志为楷书阴刻共800余字，内容为"……向氏之祖籍由入迄大明在豫章，既而徙四川，又迁贵州思南府安花县蛮彝司地，名赵家湾俑傅，是以下敢安全录自一代……"，记载向氏祖辈迁徙情况等。M2为道光二十八年向杨氏墓，碑高大，高 5.3、残宽 5.2 米，上刻墓志、花卉、人物、对联，正中刻"清例诰显妣向母杨太君墓"。

杨周氏墓 位于安边镇豆坝村，建于清道光五年（1825 年），占地面积 15 平方米，东南向。墓由石条围砌成长方形，墓顶为封土墓，宽 2.4、高 1.55、长 3 米，前立一石碑；碑为单檐庑殿顶，两侧为柱中镶碑石，碑宽 1.28、高 2.4、厚 0.27 米；碑顶额阴刻"卜吉□臧"，两侧浮雕二对称凤鸟，碑正中楷书阴刻"清待诰顕妣楊母周孺人墓"，题记"大清道光五年崴次乙酉季秋月上浣……"，两侧碑柱行楷阴一对联"水抱山環占鶴；英錘秀毓護牛"。

杨陈氏墓 位于安边镇凤来村，建于清道光十七年（1837 年），占地面积 60 平方米，坐西向东。墓冢由石条砌成长方形，长 5、宽 6、高 1.7 米，前立一碑；碑后用石条砌成弧形，两侧有石鼓，左侧石鼓刻有菊花，右侧石鼓已毁，碑脚有一石香炉；碑为石质仿木结构，重檐庑殿顶，四柱三开间，碑高 1.8、宽 2.83、厚 0.3 米；碑额楷书阴刻"寶□雙輝"，碑正中楷书阴刻"清顕妣楊母陳老孺人之墓"，题记"大清道光十七年崴次丁酉季春月……"，"曾孙：懷文、懷忠……；元孙：應洪、應汀、應山……"等一百余人；两侧有对联二副，其中一副为"竹策業生香分五桂；湖燈朗照瑞集三□"。

张友秀夫妇墓 位于安边镇金银村，建于清道光二十一年（1841 年），占地面积 22 平方米，坐南向北。墓用条石砌成长方形，墓顶为弧形封土，长 6、宽 4.4、高 2.4 米，前立一石碑；碑为单檐庑殿顶，高 2.8、通宽 2.5、厚 0.4 米；顶一碑石匾阴刻"世代流芳"，正中楷书阴刻"皇清待赠故显考张公书友秀考大人造　故显妣张母曹氏老孺人之墓"，题记"道光贰拾壹年辛丑小杨月中浣立"，两侧阴刻对联"五户包罗培宅兆；七星环拱谁佳城"；两侧建石鼓和花卉。

杨福兴墓 位于安边镇大池村，建于清光绪六年（1880 年），占地面积 20 平方米，坐东南向西北。墓由条石砌成长方形，长 5.2、冢径 3、高 1.9 米，前立一石碑；碑为仿木结构重檐庑殿顶，四柱三间，上浮雕人物、花卉、圆雕石狮；碑正中楷书阴刻"陈母杨福兴墓"，题记"光绪六年……"，右次间阴刻有墓志。

陈福寿墓 位于安边镇不当岩村，建于清宣统三年（1911 年），占地面积 15 平方米，坐东北向西南。墓为土冢，墓用条石砌成长方形，顶为弧形封土，长 5.2、宽 2.6、高 2.2 米，墓前立一长方形石碑；碑高 1.8、宽 0.82、厚 0.2 米，正中楷书阴刻"张母陈福寿墓"，题记"大清宣统三年仲秋月初八日，男天元、天赵、天喜"。

古建筑

曹家祠 位于安边镇安边社区，建于清代，建筑面积 280 平方米，坐东北向西南。

三合院布局，砖木结构，一楼一底，两面坡小青瓦硬山式顶，两侧建弧形风火墙，由清代末期曹善仁修建，民国时期办过私塾。曹家祠分为正堂、左右厢房。正堂面阔三间13.4 米，进深一间 7 米，其中明间面阔 4.6 米，左右次间各面阔 4.4 米，通高 8 米；二楼楼层为圆木板铺成，左右次间各建有一梢间；左厢房面阔二间通宽 8.6、进深一间4.8 米，通高 6 米；右厢房一间；通道边建有双扇大门，门柱和门顶均为石质构建，大门前建有垂带式踏道 14 级。

刘家祠 位于安边镇火焰社区，建于清道光二十二年（1842 年），建筑面积 625 平方米，坐北向南。为砖木结构四合院构造，正方形布局，硬山式顶，分为前堂、后堂和左右厢房及天井，通面阔 25、通进深 25 米。前堂共五间，为穿斗式梁架，三穿五柱，硬山式顶，进深 6.15 米，通宽五间 25 米，分为明间、次间、梢间；其中明间宽 5.2、进深 6.15 米，次间进深一间 6.15、宽 4.7 米，梢间进深一间 7.5、宽 4.8 米。后堂共五间，抬梁式梁架，八架椽屋前后乳栿搭牵用四柱，通宽 25 米，其中明间宽 5.2、进深8.4 米，梢间宽 4.8、进深 8.4 米。前有廊道，左厢房一间宽 4.3、进深一间 5.8 米，左右相同。后堂明间前廊柱上阴刻"孙母息肩住足庶幾绳武鸿模，孙寿敬题，公今白髮蒼颜时切贻谋燕翼，道光壬寅咸季冬月建修"。后堂廊柱为石质，长方形，廊道东西两山壁内壁分别嵌有二家训石碑。

石窟寺及石刻

豆坝摩崖造像 位于安边镇凤来村，前临豆坝电厂，从造像的风格看，当为明代所凿。占地面积约 12 平方米，造像凿刻在长 2.2、高 1.9 米的大石上，保存完好。造像为一卧式罗汉，长 1.7、肩宽 1.2、胸宽 1.1 米；造像逼真，方面大耳，浓眉大眼，笑容可掬，侧身躺卧，右手托腮，左手抚腹，腹部坦露隆起，俗称"大肚罗汉"。

双龙镇

古遗址

柏林沟寨址 位于双龙镇五星村，建于明代，呈为椭圆形，长 60、宽 50 米，分布面积 3000 平方米。寨内建筑大多已毁，现存南北寨门和寨墙，寨墙由石条砌成，残长共约 160、高 2.5～4.3 米。其中南墙长 45、高 2.5～3.3、厚 1～1.81 米；南门宽 1.36、高 2.8、厚 1.81 米，均由条石碹砌成。北寨墙高 4.15、宽 1.8～2.2、长 115、厚 1.8～2.2 米；门高 2.03、宽 1.1、厚 0.47 米；北寨墙及门分别由长 2.05、厚 0.26、宽 0.47，长 1.01、高 0.37、厚 0.34，长 0.46、高 0.4、厚 0.28 米等不规则的条石砌成。

白寨子寨址 位于双龙镇关塘村，建于清代，分布面积 3150 平方米，坐南向北。寨房已毁，现存南北二寨门及南、北、西寨墙，寨墙、寨门均用石墩砌成。北寨门高 3、宽 2、厚 2.6 米，门两侧为寨墙；寨墙在寨北、南、西面，全长约 150、高 3～3.8、宽 2.6 米。

燕子坡石梯道 位于双龙镇黄伏村，建于清代嘉庆八年（1803 年），分布面积 3000 平方米，南北走向。上至黄泡嘴，下至燕子坡长约 3000 米，由石板铺建，约 6000 余级，每级分别长 0.8、1.2、1.3、1.6、宽分别为 0.4、0.35、0.5 米不等。据三河修路碑载，该古道是嘉庆八年会首伍洪伦组织修建，修路碑上阴刻"建蜀戎兹因商贾熙营性老少……会首伍洪伦修路八丈，王尧辉修路五丈……"，题记"大清嘉庆八年腊月"。

探口湾石梯道 位于双龙镇大兴村，建于清代，分布面积 40 平方米，呈东西走向。古道分别由石条砌建或整石凿成，上下高约 15、东西长约 35 米，每级石梯道长 0.7～1.2、宽 0.3～0.43、高 0.15～0.28 米。在古石道中段南侧路壁处立有一修路碑，石质长方形，高 0.85、宽 0.63、厚 0.12 米；碑上阴刻修路时捐银者和修路工人姓名，题记：光绪四年。

古墓葬

窝棚湾崖墓群 位于双龙镇新元村，建于汉代，共有崖墓 10 座，编为 M1～M10，墓群横排，东南向，分布面积 1000 平方米。墓室为长方形单室，大多为仿木建筑屋脊梁式顶。M1、M2 为先凿岩为厦，再建墓穴，其余岩上直接建墓。M3 门上凿"⌒"形凹槽，槽中所嵌遮雨石板已毁，门高 0.85、上宽 0.52、下宽 0.62、厚 0.3 米；墓室长 2.1、宽 2.29、高 1.3～1.6 米，为仿木结构建筑屋脊梁式顶。

丁卯田崖墓 位于双龙镇新元村，建于汉代，占地面积 15 平方米，东向。门顶凿有"⌒"形凹槽，门残宽 0.95、高 1.05、厚 0.2～0.35 米；墓室长 2.08、宽 1.98～2.08 米，中高 1.08～1.2 米（有少量填土），仿木建筑脊梁顶；墓室南、后壁各有一方孔，北壁凿二方孔，大小略同，宽 0.12～0.15、高 0.11、深 0.1 米。

大兴崖墓群 位于双龙镇大兴村，建于宋代，共有崖墓 5 座，横排编为 M1～M5，分布面积 260 平方米，M1～M4 墓门向北，M5 门向西，分为单穴、直穴墓。M1、M2、M3、M5 在悬崖陡壁上，距岩墓脚高约 5～8 米，不便测量。M1、M2 墓门外面侧分别各浮雕有一武士，头戴盔，身着铠甲，双手握一剑、二斧头。M4 门已残，墓室长 2.35、宽 1.2～1.6、高 1.6 米，微拱顶。

母猪坰崖墓群 位于双龙镇沙河村，建于宋代，共有崖墓 3 座，分布在母猪坰北坡长 140、宽 18 米的坎壁上和公路边，分布面积 2520 平方米，距地表高 3 米。其中 M3 为单室，门顶凿有"⌒"形风雨槽，门两侧及顶部刻有仿木建筑图像；墓门高 0.92、宽 0.6、厚 0.3 米，内顶有门臼 2 个；墓室前宽 2、后宽 2.48、长 2.56、高 1.5~1.6 米，平顶，后壁高 1.5~1.6 米，后壁中凿有二方孔，宽 0.13、高 0.1、深 0.15 米。

蛮洞坡崖墓群　位于双龙镇上坝村，建于宋代，共有宋代崖墓 4 座，编为 M1~M4，横排分布在蛮洞坡长 12 米，上下宽 5 米，距下面小溪高约 35 米的岩壁上，分布面积 60 平方米，墓门西向。原均有双扇门，现门已毁，存门臼。M3 为横穴，其余三墓为直穴，均为单室，内设壁龛。其中 M1 门高 0.97、宽 0.65、厚 0.12~0.17 米；室宽 1.2~1.4、长 2.2、高 1.2 米，顶微拱；门外两侧浮雕顶盔贯甲执短柄斧武士，门右浮雕一牵马和一骑马武士。M3 门宽 1~1.2、高 1.2 米，墓室长 2.23、宽 0.95、高 0.94 米，平顶，门外两侧浮雕有顶盔贯甲执斧武士。

金堂崖墓　位于双龙镇水井村，建于宋代，占地面积为 2 平方米，西向。距地表高约 6 米，墓门宽 0.6~0.64、高 0.94、厚 0.27~0.34 米，上下各有门臼 2 个；门外两侧各浮雕有一武士，门北侧武士：站立，高 0.59 米，头戴盔，双手握一斧上举于头。墓室长 2.45~2.76、前宽 1.9、后宽 2.5、高 1.57 米，平顶；墓室北壁上部宽有一龛，宽 1.94、高 0.37、深 0.26 米；后壁有 4 个方孔，大小略同，高 0.12、宽 0.14、深 0.16 米。

探口湾崖墓　位于双龙镇大兴村，建于宋代，占地面积约 6 平方米，墓门向东南。该墓在探口湾，距岩脚高约 40 米的悬崖上，因崖墓在悬崖上，不便进行测量。

岩腔湾崖墓群　位于双龙镇沙河村，建于宋代，共有崖墓 3 座，编为 M1~M3，分布在岩脚下东北至西南长 50 米范围内，分布面积 260 平方米。M2 为横穴，室宽 1.9、高 0.79、深 0.9 米，室顶凿有"⌒"凹槽。

沙溪崖墓群　位于双龙镇沙溪村，建于宋代，共有崖墓 5 座，编号为 M1~M5，分布在南至北 20、上下高 10 米范围内，分布面积 100 平方米，门均向西。墓群横排，M1~M5 门顶均凿有"⌒"形槽，墓为单室，左右后壁均有龛；M3 墓室为拱顶，其余为平顶；M4 室长 2.5、宽 2.1、高 2 米，有门臼 4 个。

小海坝崖墓　位于双龙镇沙溪村，建于宋代，占地面积 7 平方米，墓门向西南。崖墓在小海坝东一大岩壁上，因墓在悬崖壁上，未能进行测量。

蛮洞湾崖墓　位于双龙镇沙溪村，建于宋代，共有崖墓 2 座，编为 M1~M2，分布面积 12 平方米，东北向。二墓门外顶均凿有"⌒"开槽。二墓门已被村民用砖封闭。

沱湾崖墓群　位于双龙镇水井村，建于宋代，沱湾崖墓群共有崖墓 4 座，距岩下（山腰）龙荡坪 81.8 米。横排编为 M1~M4，分布面积 120 平方米。无法进入测量，M1 墓门西向、M2~M4 北向。目测 M1 门宽约 0.9、高约 0.8 米；室长 2、宽 1.8、高 1.55 米，顶微拱。

夷牢山崖墓群　位于双龙镇水井村、双龙村交界处，始建于宋代，分布面积 4000

平方米，分布在长 100、宽 40 米的夷牢山老鹰嘴岩壁上，共有崖墓 12 座，编为 M1～M12，呈横向排列，墓向东北向、北向。其中 M6 二门一室，门顶有一风雨槽，二门并排。东侧门高 0.82、宽 0.68、厚 0.2 米；西侧一门高 0.86、宽 0.6 米；东侧门东侧、西侧门西侧各浮雕一顶盔贯甲执斧武士，东侧门一武士已风化，西侧尚存；室宽 1.5、长 1.9、高 1.1 米，顶微拱，刻有仿屋顶图像。

黄金湾崖墓 位于双龙镇新元村，建于宋代，共有崖墓 2 座，编为 M1～M2，分布在岩腔湾东至西 15、上下高 10 米的岩石上，分布面积 150 平方米。M1 顶凿有 "⌒" 形凹槽，门高 1.1、残宽 1.34、厚 0.26 米；墓室长 1.9～2、后宽 2.42、前宽 2.25、高 1～1.2 米（内有填土），中部为覆锅式顶；东壁高 1 米，中有一龛，高 0.5、长 1.86、深 0.26～0.3 米；西壁有二龛，其中近门处一龛高 0.51、宽 0.25～0.27 米；后一龛为卧 "丁" 字形，宽 0.28～0.31、高 0.45、深 0.21 米。M2 残存西壁、后壁和室顶。

大井崖墓 位于双龙镇白杨村，建于明代，大井崖墓分布面积 5 平方米，坐西向东。墓门高约 1、宽 1.4 米，墓室长 2.6、宽 2.2、高约 1.3 米，拱顶。

烂田湾墓地 位于双龙镇大兴村，建于明代，共有石室墓 2 座，竖排编为 M1～M2，分布面积 80 平方米，均为坐西北向东南。墓室均由石条砌成，M1 封闭完好，M2 已扰乱。其中 M2 为一墓二室，墓通宽 2.3、长 4.5 米；二室大小相同，长均为 4、宽均为 0.95、高均为 1.7 米（下有乱石泥土）；藻井顶，藻井长 1.2、宽 0.8、高 0.4 米；后壁有一龛，高 0.5、宽 0.3、深 0.12 米。

旱池崖墓 位于双龙镇钢铁村，建于明代，共有崖墓 2 座，编为 M1～M2，分布在南至北 30、上下高 11 米范围内，分布面积 300 平方米，均东向。M1 为横穴，门上有 "⌒" 形凹槽，门高 0.72、宽 0.6、厚 0.25 米；室长 1.25～1.35、宽 1.63、高 0.75 米，平顶，后壁南有一浅龛。M2 墓室较小。

大岩口崖墓 位于双龙镇金山村，建于明代，占地面积 35 平方米，墓门东北向，距岩脚高约 10 米。该墓在悬崖峭壁上，无法入内测量，可见墓门呈长方形，上窄下宽，门内面有二门臼。

猪起岩崖墓 位于双龙镇沙溪村，建于明代，占地面积 5 平方米，墓门向东。崖墓在桂林组猪起岩，周围长满莽草丛，不能测量。1987 年调查登记该墓为单门楣，单室长方形，长 2.3、宽 2.1、高 0.7 米，拱顶，右壁二小龛，左壁一小龛。

水井村蛮洞湾崖墓群 位于双龙镇水井村，建于明代，共有崖墓 3 座，分布在蛮洞湾南至北 18、上下宽 5 米范围内，距岩坡下 40 米，分布面积 90 平方米，墓门向西，编为 M1～M3。M1 门宽 1.4、高 0.9、门厚 0.75 米；墓室长 1.6、宽 2.23、高 1.2 米；后壁有龛，宽 0.3、深 0.3 米；北壁有一龛，宽 1.6、深 0.5、高 0.85～0.9 米，顶微拱，内存有人骨。M2 门宽 0.72、高 0.94 米；室长 1.1、高 0.7～0.94 米。

帽落坡墓群   位于双龙镇五星村，建于明代，共有石室墓 4 座，编为 M1～M4，上下三排，分布面积 300 平方米，东南向。M1 为石条、石板砌成石室四间，前有甬道到 4 室，1～3 号石室甬道前有三块大石板封住各墓口，该墓通宽 3.8、高 1.75～1.85 米；四间石室大小相同，通长 4.2、宽 0.75、高 1.75 米，每间石室顶建有藻井。M3 有石室五间，后壁刻有图案形小龛。

老罐窝墓地   位于双龙镇大兴村，建于清代，共有墓 2 座，编为 M1～M2，分布面积 700 平方米，坐西南向东北。二墓均由石条砌成长方形，墓顶为弧形封土，前立一碑，形制相同。其中 M1 为双人合葬墓，墓长 5.5、宽 4.4、高 2.1 米；碑为仿木结构建筑，四柱三开间，重檐庑殿顶，高 3.5、宽 2.55、厚 0.3 米，上浮雕 5 条龙，5 尊人像，阴刻二副对联；正中楷书阴刻"皇清赠显考梁公讳朝辅，妣梁母李氏孺人之墓"，题记"大清嘉庆八年小阴月立"。

梁刘氏墓   位于双龙镇大兴村，建于清道光十九年（1839 年），占地面积 15 平方米，坐西向东。墓为土冢，椭圆形，墓长 4、宽 3.8、高 1.3 米。前立一碑，碑为石质，仿木结构，单檐庑殿顶，高 2.76、宽 1.3、厚 0.27 米；正中楷书阴刻"皇清待诰五世祖妣梁母刘太君之墓"，题记"道光己亥年十二月……"，西侧阴刻一副对联，顶阴刻"佑启俊人"四字；碑中尚存有墓志生死葬时间等。

大坟坝墓群   位于双龙镇大兴村，建于清代，共有墓 11 座，编为 M1～M11，分布面积 1350 平方米。呈不规则排列，均为石条砌成长方形，形制略同。其中 M6 墓长 5、宽 3.4、高 1.2 米，墓顶为弧形封土，前立一碑。碑为仿木结构建筑，单檐庑殿顶，残高 1.5、宽 0.91、厚 0.14～0.25 米，顶阴刻"地脉发祥"四字，碑上浮雕花卉等；正中楷书阴刻"清故显考梁公谭纯学大人之墓"，题记"大清道光拾年五月十六日建立"；两侧阴刻一副对联。其中 M8 为清嘉庆二十年（1815 年）梁惠英墓。

丛茅坡刘氏墓地   位于李场镇石坝村，建于清代，共有墓 8 座，编为 M1～M8，分布面积 600 平方米，均坐北向南。其中 M1 墓由条石砌成椭圆形，长 5、直径 3.5、高 1.8、厚 0.16 米，正中阴刻"清故始祖刘公讳裕大人、张氏孺人墓"，题记"咸丰六年丙辰岁仲冬……"。M2～M8 为土冢，墓周无砌石，为道光至乾隆年。M8 墓为刘母余广福墓，题记"道光丙申年季冬……"。

碑坝头墓地   位于双龙镇红旗村，建于清代，共有墓 2 座，编为 M1～M2，分布面积 380 平方米，均坐南向北。二墓均由条石砌成长方形，墓前各立一石碑，均为仿木建筑结构，四柱三开间，重檐庑殿式顶。其中 M1 墓长 5.5、宽 1.8 米，顶为弧形封土；前立一碑，碑高 3、宽 3.3、厚 0.38 米，上浮雕人物 11 幅 34 尊，另有四龙，二蝙蝠及花卉，两侧圆雕二石狮等，顶龛阴刻"万古佳城"，正中阴刻"清显妣母周清故孺人显考王公讳玉华大人墓"，题记"光绪廿三岁次……"，碑右次间阴刻"乾隆庚戌年十月……"。

李福泰墓 位于双龙镇红星村，建于清代，占地面积 22 平方米。墓由石条砌成长方形，顶为封土，墓长 5.5、宽 3.7 米。碑上浮雕人物七幅二十八尊、花卉七幅、二凤；中龛行楷阴刻"瓜瓞联芳"，正中正楷阴刻"清显妣常母李福泰老孺人之墓"，两侧阴刻对联二副，其一为"山川秀人□□□；嶽瀆灵科甲联登"，题记"大清道光□□□□"。

陈正鹄夫妇墓 位于双龙镇红星村，建于清代，占地面积约 40 平方米，东北向。墓为石条砌成长方形，顶为弧形封土，长 6.4、宽 5.1、高 1.9 米，前立一石碑。碑为仿木建筑重檐庑殿式，四柱三开间，高 2.6、宽 3.5、厚 0.19～0.3 米；上浮雕人物图像 11 幅 41 尊，内容为人物战场、二十四孝图、二龙抢宝、双凤等花卉图像；顶龛阴刻"人杰地灵"，正中楷书阴刻"显考妣陈公正鹄、母王氏礦□"，两侧柱上阴刻二副对联，其中一幅为"凤卜鸣锵祥徵五□；牛眠兆吉秀毓千□"。该墓碑刻图像雕刻精湛、内容丰富，有较高的艺术和历史价值。

坟湾头墓群 位于双龙镇红星村，建于清代，共有墓 5 座，编为 M1～M5，前后横行两排，前排四座，分布面积 600 平方米，西北向。M1～M5 形制相同，均由石条砌成长方形，墓顶为弧形封土，墓前各一石碑，形制略同。其中 M1 墓长 5、宽 3.7、高 2.4米。碑为仿木结构重檐庑殿式，四柱三开间，高 2.2、宽 3.3、厚 0.22 米，两侧建有石鼓；上浮雕二鹿含花及花卉图案，顶楷书阴刻"百代荣昌"四字；正中楷书阴刻"皇清待诰赠显妣考韦□□□□□正老孺大人之墓"，题记"嘉庆丙子年仲冬□□□□"、"道光十五年春□□□"；两侧阴刻对联二副，其中一副为"青山绿水□□□；红云紫雾□□□"。

板梨湾墓群 位于双龙镇红星村，建于清代，共有墓 4 座，编为 M1～M4，分上下横行二排，分布面积 260 平方米，均南向。均由石条砌成长方形，墓顶为弧形封土。

叶合林韦氏墓地 位于双龙镇红星村，建于清代，共有墓四座，编为 M1～M4，为韦族家族墓，分布面积 500 平方米，坐东向西。M1～M4 均为土冢。M2、M3 碑为单檐庑殿顶，M4 碑长方形。

包包上李氏墓地 位于双龙镇红星村，建于清代，共有墓 2 座，编为 M1～M2，横排分布在包包上长 20、宽 15 米的草坝上，分布面积 300 平方米，南向。其中 M1 为双人合葬墓，由石条砌成长方形，长 6.2、宽 5、高 1.5 米，前立一碑。碑为仿木建筑单檐庑殿顶，高 2.13、宽 0.92、厚 0.17 米；顶龛正楷阴刻"世代流芳"四字，正中正楷阴刻"清赠修职郎李□臣大人 □氏孺人墓"，题记"嘉庆岁庚申仲□立"，"祀男李象乾、孙世相、世松……"。M2 为土冢，碑为长方形，无碑顶，为嘉庆庚申年李门杨氏墓葬。

高坎子王氏墓地 位于双龙镇红星村，建于清代，共有墓 3 座，横排，编为 M1 ~ M3，分布面积 140 平方米，均东向。M1 ~ M3 均由石条砌成长方形墓冢，其中 M1 长 5、宽 3.2、高 1.7 米，前立一石碑，碑前有石香炉。M1 ~ M3 共有碑 3 通，形制相同，均为仿木结构重檐庑殿顶，四柱三开间，两侧建二石鼓。M1 碑高 3、宽 2.3、厚 0.32 米；上楷书阴刻"瑞衍西南"四字；下高浮雕人物九幅二十二尊，一鹿，一象，花卉三幅，扇面二幅；正中行楷阴刻"皇清待赠顯考王公師倧妣王母魏氏老□□人之神墓"，题记"道光八年歲序戊子正陽月望六日"，两侧柱行书阴刻二副对联；西侧阴刻墓志铭文二百余字："……在先世原籍三□卜居石門弟兄三人，各興其業，各大其家夷□，生平幼而聰明存留心於典籍……"碑刻人物生动逼真，内容丰富，有较高的艺术价值。M1 ~ M3 均阴刻有墓誌，M3 墓誌刻有："□聞湖廣原籍幹州麻城□□……"

新垇墓地 位于双龙镇黄伏村，建于清代，共有墓 2 座，横排，编为 M1 ~ M2，分布面积 105 平方米，坐西向东。原为土垒，后由石条砌成长方形墓冢，前均立一碑，长方形圆顶。其中 M1 墓长 5、宽 3 米；碑高 1.5、宽 0.88、厚 0.18 米，正中阴刻"故显考吴王元之墓"，题记"同治九年"。

土谷房墓地 位于双龙镇黄伏村，建于清代，共有墓 2 座，编号为 M1 ~ M2，分布面积 100 平方米，坐西向东。二墓形制略同，均由石条砌成椭圆形。其中 M1 墓长 5、宽 2.5、高 1.7 米；碑为石质长方形，高 1.55、宽 1.2、厚 0.15 米，顶阴刻"人文蔚起"，两侧楷书阴刻对联一副，以及墓主姓名，已风化。

跨龙山墓地 位于双龙镇老房村，建于清代，共有石室墓 2 座，编为 M1 ~ M2，分布面积 90 平方米，均坐西向东。墓室由条石、石板砌成，M1 已扰乱，M2 封闭较好。其中 M1 为一墓二室，二室形制大小相同，墓室长 3.5、宽 0.85、高 1.8 米，后壁有一龛，顶建有双层藻井。

魏廷锦夫妇墓 位于双龙镇罗河村，建于清代，占地面积 30 平方米，西北向。墓由石条砌成长方形，墓顶为弧形封土，长 5.8、宽 4.6、高 1.6 米，前立一碑。碑为石质，仿木结构重檐庑殿式，四柱三开间，宽 3.34、高 2.7、厚 0.36 米；上浮雕人物图像六幅十四尊、二龙、二凤、三幅花卉图案，浮雕二扇形输钱，碑两侧有二石鼓、二石狮等；顶下楷书阴刻"百世流芳"四字，正中正楷阴刻"清赠正八品显考魏公讳廷锦待诰显妣魏母康福泰孺人之墓"；两侧柱行楷阴刻对联二副，其中一副阴刻"圣德扬休生前炫耀；皇恩宠渥殁后光辉"；题记风化，两侧刻有墓志，二扇面上分别刻有"逍遥府"、"极乐宫"。

洋正田梁氏墓地 位于双龙镇罗河村，建于清代，共有墓 2 座，编为 M1 ~ M2。竖排分布在洋正田后厂坝至北 25、东至西约 6 米荒坡上，分布面积 80 平方米，均为坐东南向西北。其中 M1 由石条砌成长方形，长 5、宽 3.6、高 2.2 米，墓顶为弧形封土，前立一碑。碑为石质仿木结构重檐庑殿顶，四柱三开间，残高2.2、宽3.6、厚0.3米，顶龛楷书阴刻"聪明正直"；碑上浮雕有龙、凤、人物等，正中楷书阴刻"岁进士梁耀模□□□□"，题记"咸丰九年春三月日"。M2为梁昌模墓。

坟山地墓群 位于双龙镇沙溪村，建于清代，共有墓4座，横排，编号为M1～M4，分布面积150平方米，均坐东向西。形制相同，均由石条砌成椭圆形，M1～M3碑已毁，M4墓长5、宽3、高1.6米，顶为弧形封土。前嵌一石碑，为长方形，顶为"山"字形，高2、宽0.6、厚0.35米，碑文大多风化，正中残存阴刻"祖公意卿大人□□□□"。

土星坳墓群 位于双龙镇上坝村，建于清代，共有墓3座，竖排，编为M1～M3，分布在土星坳西侧，上至下约45、宽10米坡上，分布面积150平方米，均坐东南向西北，各墓墓制相同。墓均由石条砌成长方形，共有碑三通，形制相同。其中M1墓长5、宽3.4、高1.5米，前立一碑。碑为仿木结构单檐庑殿顶，高1.6、宽0.82、厚0.18米；顶龛正楷阴刻"灵钟毓秀"四字，正中楷书阴刻"清登西□故显妣陈门杨氏老孺人之墓"，题记"道光四年……"。M2碑顶阴刻"地杰先灵"，正中楷书阴刻"极乐故显考陈公讳大元之墓"，题记"道光四年葬"。M1与M2墓主为夫妇。

双龙村陈氏墓地 位于双龙镇双龙村，建于清代，共有墓2座，从西至东编为M1～M2，横排分布在长15、宽5米的草坝上，分布面积75平方米，坐西向东。形制相同，均由石条砌成长方形。M1墓冢长5、宽3.2、高1.75米，墓顶有弧形封土，前立一碑。碑为仿木建筑重檐庑殿顶，四柱三开间，高3.2、宽3.5、厚0.32米；上浮雕人物、花卉图案、对联等，碑正中石刻墓主姓名等，已风化，题记残存"道光"二字。M2碑上浮雕人物15尊、花卉8幅，正中阴刻"恩锡彭□□□□"；题记"大清同治天年小阳春……"。

干塝子墓群 位于双龙镇双龙村，建于清代，共有墓5座，编为M1～M5，分布面积1000平方米。形制不一，分别是：M1为石室，M2～M3形制略同，M4～M5相同。其中M1条石砌成长方形，长6、宽3.4、高2.1米；墓室由石条砌成石室三间，每间大小略同，每室间用厚的石板隔建三室，长2.6、宽0.84、高1米，平顶。墓碑建在室前，犹一廊道，碑为仿木建筑庑殿顶，四柱三开间；正对中间一室前嵌有一石碑，高1.22、宽0.5米，上楷书阴刻"皇清待赠显考黄公讳廷桂老大人、妣黄母陈太君、罗氏老孺人正□□"；题记"大清乾隆三十四年岁在己丑仲秋月吉旦"。M2由石条砌成长方形，长5.5、宽4.2、高2.3米，前立一石碑，东向。碑为仿木建筑重檐庑殿顶，四柱三开间，高3.93、宽3.96、厚0.26～0.42米；上浮雕人物图像11幅，内容为二十四孝、姜太公钓鱼、龙凤图像各1幅、花卉3幅、两侧各刻二石狮、石鼓等；顶龛行楷阴刻"真龙的穴"；正中行楷阴刻"清待赠欧公大（孺）人国惠、李氏碑墓"；题记"大清光绪八年应钟月吉旦"；两侧柱阴刻二副对联，其一为"巩固緜千年吉壤；唱随护一窖来髋"。

大坟山黄氏墓地 位于双龙镇双龙村，建于清代，共有墓二座，横排，编为 M1 ~ M2，分布面积 75 平方米，坐西向东。二墓为土冢，呈椭圆，前均立一石碑。其中 M1 长 5、宽 1.6 米，碑刻"妣黄门高法名妙音老孺人墓□"；题记"大清嘉庆伍年岁庚申季春月日立"；两侧阴刻对联"千秋祭祀垂青石；一代名贤列碧碑"。

村子头苟氏墓地 位于双龙镇水井村，建于清代，共有墓 10 座，编为 M1 ~ M10，错落横排分布在长 40、宽 30 米的荒草坡坝上，分布面积 1200 平方米，东向，均由石条砌成长方形。其中 M1 长 5、宽 3、高 2 米，墓顶有弧形封土。前立一碑，碑为仿木结构单檐庑殿顶，高 3.2、宽 2.2、厚 0.3 米，上浮雕二十二尊人物像、二狮、二龙及花卉等；正中楷书阴刻"清显妣苟母曹太清孺人墓"，题记"大清光绪十四年二月……"。M2 长 5.2、宽 3.2、高 1.85 米，顶为封土；碑为仿木结构单檐庑殿顶，宽 2.3、高 2.6、厚 0.3 米，上浮雕三尊人像、二石鼓、二盆花卉、二石狮，碑下额正楷阴刻"东鲁遗风"四字；正中正楷阴刻"皇恩特授正八品故显考苟公讳国祯老□□墓"；题记"大清道光十年岁享庚寅闰四月□□"；两侧柱行楷阴刻对联"百步峦山平延翁仲；三方翠竹高挂铭□"。M4 ~ M10 碑为仿木结构重檐庑殿顶，大多浮雕人物、动物、花卉等图像，均阴刻对联。

水潭溪大坟山墓群 位于双龙镇水潭村，建于清代，共有墓 3 座，编为 M1 ~ M3，分布面积 100 平方米，坐东向西。M1、M3 为土垒，M2 墓为石砌长方形，M1、M2 碑为仿木结构四柱三开间，M3 碑为长方形，单檐庑殿式顶。其中 M1 墓长 5、宽 3.2 米，前立一石碑。碑顶阴刻"万古佳城"，正中阴刻"皇清待赠儒林郎樊公百川先生大人继母陈氏孺人墓"，题记"乾隆庚子岁大吕月吉旦"，两侧柱阴刻对联二副。

圳田坟边墓群 位于双龙镇水井村，建于清代，共有墓 13 座，编为 M1 ~ M13，横排分布在圳田长 50、宽 40 米的树林中，分布面积 1200 平方米。

M1 为石砌长方形，长 5、宽 2.8、高 1.5 米，前立一碑，东向。碑为石质仿木重檐庑殿顶，四柱三开间，宽 3.8、高 2.6、厚 0.32 米；上浮雕人物、花卉图案共计 9 幅，顶龛楷书阴刻"百代荣昌"；正中阴刻"皇清待赠故显考蒲公讳正邦大人之墓"；题记"大清道光九年八月十□"；两侧柱阴刻对联"昔日马啼占吉城；于今雀噪卜佳地"。M2 碑为仿木结构单檐庑殿顶，高 2.3、宽 3、厚 0.32 米；碑上浮雕花卉图案四幅，顶龛正楷阴刻"牛眠穴吉"；正中楷书阴刻"待诰故祖□□□□□□"；题记"大清道光九年八月□□□"；两侧柱行楷阴刻"绿水青山钟地脉；红云紫雾映芝兰"。M2、M4 ~ M10 形制大致相同，墓碑为单檐庑殿顶。M3、M12、M13 为土冢无碑。

四合头苟氏墓地 位于双龙镇水井村，建于清代，共有墓 4 座，编为 M1 ~ M4，横排，分布在四合头长 15、宽 8 米的土坝上，分布面积 240 平方米，南向。

M1、M2 形制略同，为土冢，碑为长方形圆顶，M1 为苟文化墓、M2 为苟明、赵氏墓。M3、M4 墓制相同。其中 M4 由石条砌成长方形，长 5、宽 3.5、高 3.28 米。墓顶为弧形封土，前立一碑，仿木建筑重檐庑殿顶，四柱三开间，两侧建有二石鼓，高 3.28、宽 3、厚 0.27 米；上高浮雕人物、花卉图案 13 幅，人物图像多为家训和二十四孝内容；碑中龛上阴刻"气聚龙峰"；正中楷书阴刻"皇清待诰苟母戒讳福贵□□□□"；两侧行楷阴刻对联二副，其中一副为"虽无湖灯开窍□；幸有朋鸟报夜□"；两侧次间碑石阴刻墓志铭及祭祀人名等，题记"大清道光七年季夏月望□□"。

鱼母塘苟氏墓地　位于双龙镇水井村，建于清代，共有墓 4 座，横排，编为 M1～M4，分布面积约 220 平方米，南向。前均立一石碑，M1～M4 碑刻各异，形制相同，碑均为四柱三开间。

M2 由石条砌成长方形，长 5、宽 2.9、高 1.7 米，前立一石碑。碑为仿木结构重檐庑殿顶，残高 2.2、宽 3、厚 0.27 米，顶龛行楷阴刻"万古佳城"；正中楷书阴刻"□显考苟公讳联芳老大人之墓"；两侧柱残存阴刻对联"山环水绕□□□□……"；左侧残存阴刻墓志铭文，题记"大清乾隆六十年岁序乙卯仲冬月□"。M1 为苟母李妙□墓，题记"道光辛丑年仲秋□□"。M3 为苟国子墓，碑上浮雕二龙、二鸟人物、花卉等，其中有一副对联"凭依万母乾坤；阴庇千年草木"。M4 为苟国□之墓，碑上浮雕鱼跃龙门等。

五斗山墓群　位于双龙镇水井村，共有墓 8 座，编为 M1～M8，上下四排，分布在五斗山东至南 30、南至西坡上 250 米的范围内，分布面积 7500 平方米，均为南向。

M1 为土冢，呈长方形，长 4.1、宽 2.1、高 1.1 米，前立一碑。碑为仿木结构单檐庑殿顶，高 2.1、宽 1.7、厚 0.3 米；上浮雕动物、花卉图案 3 幅，顶龛行楷阴刻"万古佳城"四字；正中刻"皇清待诰□□蒲公……"；题记"大清道光九年八□□□"。M5 为石砌，长 5.8、宽 4、高 2.4 米。碑为重檐庑殿式，四柱三开间，宽 3.68、高 4、厚 0.34 米；上分别镂空刻及浮雕一男一女作调情状、二龙戏珠、三十八尊人物、二石鼓、二圆雕石狮、花卉等；正中楷书阴刻"清故显妣考苟公（法）讳大振老大人、刘真秦老孺人□□□墓"；题记"光绪戊子年三月十日"。M2～M4、M6～M8 碑上分别浮雕有人物花卉、动物等图像，内容丰富，雕刻精细。

青冈嘴墓群　位于双龙镇水井村，建于清代，共有墓 3 座，编为 M1～M3，分布面积 225 平方米，东南向，由石条砌成长方形。

M1 长 5、宽 3.5、高 1.55 米，墓顶有弧形封土，前立一碑。碑为石质，仿木结构三重檐庑殿顶，四柱三开间，高 3.8、宽 3.5、厚 0.33 米；上浮雕人物图案五幅、二龙、二凤、花鸟图案三幅、对联三幅；二重檐处建有一灵位，灵位中浮雕花鸟图一幅，两侧刻"子午开地穴；午向发人文"，横联刻"祭如在"；碑中龛楷书阴刻"世代荣昌"；正中楷书阴刻"清故显妣苟母樊老孺人墓"；两侧二对联为"山环水绕牛眠而永固；虎踞龙蟠马鬣已长封"、"一水潆回朝吉穴；三山峙立拥佳城"；两次间扇面阴刻"六背来龙千年茂盛；彝牢拱向万代洪昌"；东次间墓志文刻"……嘉庆庚申年九月廿六亥时生长胡家湾大限口，道光壬辰二月十七巳时身故，葬于青棡嘴"。

水潭溪大坟山墓群 位于双龙镇水潭村，建于清代，共有墓3座，编为M1～M3，分布面积100平方米，坐东向西。M1、M3为土垒，M2墓为石砌长方形，M1、M2碑为仿木结构四柱三开间，M3碑为长方形，单檐庑殿式顶。其中M1墓长5、宽3.2米，前立一石碑；碑顶阴刻"万古佳城"，正中阴刻"皇清待赠儒林郎樊公百川先生大人继母陈氏孺人墓"，题记"乾隆庚子岁大吕月吉旦"，两侧柱阴刻对联二副。

竹林湾墓群 位于双龙镇同心村，建于清代，共有墓5座，编为M1～M5，分布面积250平方米，均坐北向南。分别为土垒和石条砌成长方形，前立墓碑，形制各异。其中M3墓为石砌长方形，长5、宽3.2、高1.6米，顶为弧形封土；前立一碑，仿木建筑结构，四柱三开间，重檐庑殿式顶，上浮雕花卉、人物，题记"大清嘉庆十六年"。M2墓为土垒椭圆形，长5、宽2.8、高1.6米；前立一石碑，为仿木建筑，单檐庑殿式顶，高1.6、宽0.8、厚0.13米，正中阴刻"清故西逝显妣杨门□□□大君墓"，题记"乾隆六十年岁次乙卯□"。

转山田墓地 位于双龙镇同心村，建于清代，共有墓2座，编M1～M2，呈不规则排列，分布面积100平方米，南向，二墓形制基本相同。其中M2由石条砌成长方形，墓长5、宽3.4、高1.5米，顶为弧形封土，前立一石碑。碑为仿木结构单檐庑殿顶，二柱一开间，高2.8、宽2.4、厚0.25～0.35米；上浮雕凤、花卉等图像；顶龛阴刻"百代荣昌"；正中阴刻"罗母□□□□□□"；碑两侧阴刻对联一副。

入口湾墓地 位于双龙镇同心村，建于清代，共有墓2座，横排，编为M1～M2，分布面积100平方米，西向。二墓墓制略同，均为土垒，呈椭圆形。其中M2长5、宽3.5、高1.52米，墓前立一碑。碑为石质，仿木结构单檐庑殿顶，高1.7、宽1.1、厚0.24米；顶龛阴刻"光垂义里"四字，上浮雕花卉、人物、飞凤等，正中楷书阴刻"陈母廖孺人墓"；题记"大清道光乙未年秋"；两侧阴刻对联一副。

坟山田墓群 位于双龙镇同心村，建于清代，共有墓3座，横排，编为M1～M3，分布面积200平方米，坐西北向东南。墓制相同，均由石条砌成长方形。其中M2墓冢长5、宽3.1、高1.6为，墓顶为弧形封土，墓前立一石碑。碑为仿木结构，重檐庑殿顶，四柱三开间，高2.4、宽3.4、厚0.18～0.35米；上浮雕有人物、花卉图案，正中阴刻"罗公讳洋□、戒讳苟福□□□□□"；题记"咸丰八年□……"。

柏林沟墓群 位于双龙镇五星村，建于清代，共有墓8座，编为M1～M8，分布在长 50、宽 30 米的树林中，墓群呈上下横行两排，均东向，分布面积 1500 平方米。

M1、M2 形制略同，M3～M8 形制略同。M2 为合葬墓，石砌长方形，顶为弧形封土，墓长 5.5、宽 4、高 1.85 米，前立一碑。碑为石质仿木重檐庑殿顶，四柱三开间，高 4.25、宽 4.42、厚 0.38 米；上浮雕人物七幅、龙鸟花卉图案九幅，两侧建有石鼓，圆雕石狮各一；顶龛阴刻"克昌厥后"；正中正楷阴刻"皇清待赠陈公国桂大人、待诰王太群孺人之墓"；两侧行楷阴刻对联二副，其一为"龙马森严及尽彝牢秀气；山川聚会融成铁寨文峰"；题记"道光十五年八月……"；北侧刻有墓志铭文："宜邑山水石城最奇，其山三脉络浑融不一，而足而要其，结使人一望而惊为奇者惟陈公之穴为最著然自石城……"。

庙子山墓地　位于双龙镇新式村，建于清代，共有石室墓 2 座，编为 M1～M2，分布面积约 100 平方米，坐西向东。M1 已扰乱，M2 封闭完好。其中 M1 为一墓五室，其中四室已残，一室保存较好，五间墓室大小形制相同，墓室长 3.9、宽 1.05、通高 1.85 米，顶建有拱形藻井，后壁建有一龛。

荷家嘴墓地　位于双龙镇黄伏村，建于清乾隆二十七年（1762 年），占地面积 8 平方米，坐北向南。墓由土垒成椭圆形，长 4、宽 2.2、高 1 米，墓前立一碑。碑为石质长方形，弧形顶，高 1.8、宽 0.67、厚 0.14 米；正中楷书阴刻"皇清待诰故妣邹母老孺人墓"，题记"乾隆二十七年壬……"。

女儿丘墓地　位于双龙镇红星村，建于清嘉庆八年（1803 年），占地面积 11 平方米，坐北向南。墓为土垒椭圆形，长 4、宽 2.5、高 0.7 米，前立一碑。碑为石质长方形，高 1.71、宽 0.81、厚 0.15 米；碑顶正楷阴刻"万古佳城"四字和花卉图案；正中正楷阴刻"皇清待诰□□□如惠老孺人墓"；题记"嘉庆八年□□□□"；两侧阴刻有对联。

李绣墓　位于双龙镇红星村，建于清嘉庆八年（1803 年），占地面积 22 平方米，东北向。该墓为土垒，呈椭圆形，长 4.5、宽 3、高 0.8 米，前立一碑。碑为石质长方形，单檐庑殿顶（顶掉在碑后墓冢处），高 1.58、宽 0.92、厚 0.155；顶龛楷书阴刻"长发其祥"四字；正中正楷阴刻"皇清待赠显考李公讳绣大人墓"；题记"嘉庆八年孟月立"。

汤家嘴墓地　位于双龙镇水井村，建于清嘉庆五年（1800 年），占地面积约 52.5 平方米，东南向。墓为土垒，呈圆形，直径 5、高 1.5 米，前立一碑。碑为石质长方形，残高 1.1、宽 0.8、厚 0.18 米；题记残存"嘉庆五年仲秋月……"；对联残存"长荣秀水□□"几字；碑刻墓主姓名风化剥蚀无存。前有一石砌大半圆形大拜台，宽 10、进深 4、高 1～2 米。

梁文通墓　位于双龙镇大坡村，建于清道光五年（1825 年），占地面积 40 平方米，东北向。墓为土冢，长 3、宽 2.2、高 1.3 米，前立一碑。碑为石质，仿木结构重檐庑殿式，四柱三开间，两侧建一石鼓；碑高 3.63、宽 4.6、厚 0.3～0.4 米；顶阴刻"克昌厥后"；碑中分别浮雕二龙戏珠、双凤、一鹿一鹤、两尊人像等；正中楷书阴刻"清故五世祖梁公讳文通大人之墓"；题记"大清道光伍年仲春月八日"；两侧阴刻对联二副，其一为"雨水回环濯就文章光□□；三山对峙联成甲第焕风云"。

梁字君夫妇墓　位于双龙镇大兴村，建于清道光十二年（1832 年），占地面积 120平方米，东南向。墓由石条砌成长方形，长 4.2、宽 4、高 1.7 米，墓顶为弧形封土，前立一碑。碑为石质，仿木结构重檐庑殿顶，四柱三开间，宽 4.1、高 3.1、厚 0.4～0.52 米；上浮雕人物图像六幅、花卉图像七幅、二龙、二凤等；顶龛行楷阴刻"万古佳城"四字；正中正楷阴刻"皇清恩者例赠修职郎梁公字君　孺人梁母刘□□□□"；题记"大清道光十二年壬辰岁闰九月二十□日"；正中两侧石柱上行楷阴刻对联"虎卧兆佳城千年翠园；牛眠占吉壤百代荣昌"，"地钏嵩岳仪凤羽；天悬奎璧焕人文"。前建有石砌半圆形大拜台，宽 20 米，进深 4 米。

大兴村墓地　位于双龙镇大兴村，建于清道光十二年（1832 年），占地面积 25 平方米，西北向。墓由石条砌成长方形，长 4、宽 2.8、高 1.7 米，顶有弧形封土，前立一碑。碑为单檐庑殿顶，高 3、宽 2.2、厚 0.3 米；顶额浮雕有人物三幅、二龙戏珠；顶龛行楷阴刻"節孝流芳"四字，下浮雕二飞鸟；碑两侧圆雕各一石狮、并分别各刻一石鼓，石鼓上浮雕花卉等图像；正中楷书阴刻"清故叔曾祖考　妣郑□□□墓"；题记"道光十二年□□□"。

蓝建春夫妇墓　位于双龙镇光辉村，建于清道光八年（1828 年），占地面积 55 平方米，坐西北向东南。墓为土冢，冢前用石条砌成"冖"形，墓长 5.5、冢径 3.5、高1.7 米，前立一碑。碑为仿木结构单檐庑殿式顶，高 1.75、宽 1.2、厚 0.35 米；正中楷书阴刻"皇清国学显考蓝公建春老大人　庶妣李孺人之墓位"。题记"道光八年三月十一日立"。碑两侧各建有二方柱，柱顶圆雕石狮，墓前建有圆形双拜台。

陈刘氏墓　位于双龙镇前进村，建于清道光四年（1824 年），占地面积 25 平方米，东向。墓由石条砌成椭圆形，长 5.9、宽 3.5，高 1.85 米，墓顶有弧形封土，前立一碑。碑为石质仿木结构，四柱三开间，高 2、宽 3.3、厚 0.1～0.35 米，碑顶无存；碑上浮雕有人物、动物，两侧建二鼓，正中正楷阴刻"皇清待诰陈母刘□□□□□"；题记"大清道光四年岁次□□□□"；两侧石柱阴刻二副对联，其中一副为"佳城称马鬣；吉地号牛□"。

李世全夫妇墓　位于双龙镇前进村，建于清道光二年（1822 年），占地面积 25 平方米，坐西向东。墓为土冢，墓周石砌已毁，墓长 4、宽 3、高 1.4 米，前立一碑。碑为石质仿木结构重檐庑殿顶，四柱三开间，两侧建有石鼓，高 2、宽 3.3、厚 0.15～

0.25 米；上浮雕花卉、鸟荷、扇面；顶正楷阴刻"克昌厥后"四字；正中行楷阴刻"皇清修职郎李世全大人、李氏、胡氏墓"；题记"道光二年又三月下浣日立"；两侧阴刻对联二副，其中一副为"木发千枝皆□本；水流万泒总归源"。

汤坝子胡氏墓地　位于双龙镇水井村，建于清代，共有墓 2 座，编为 M1～M2，分布在汤坝子东至西长 25、南至北宽 30 米的范围内，分布面积约 120 平方米，东向。

M1 由石条砌成长方形，长 4、宽 3.4、高 2.1 米，前立一碑。碑为石质仿木建筑重檐庑殿顶，四柱三开间，两侧建有石鼓；碑宽 3.28、高 3.4、厚 0.37 米；上高浮雕 46 尊人像、双凤朝阳、二鹿含花和花卉等；顶龛楷书阴刻"尊灵永固"；正中楷书阴刻"皇清待赠诰胡公讳廷元、胡母王寂先老大人（老孺人）墓"；两侧阴刻对联"乙向巽流清富□；辛山元武焕人文"；题记"大清道光二十年二月二十日"。M2 为土垄，前立一碑，四柱三开间，上刻"佑启后人"；浮雕花卉人物、对联，正中阴刻"……胡公讳清母王福宁老大人（孺人）墓"，此墓主为 M1 胡廷元之父母。

李清泰墓　位于双龙镇水井村，建于清道光十二年（1832 年），占地面积约 25 平方米。墓由石条砌成长方形，长 4.5、宽 2.5、高 1.7 米，前立一碑，东南向。碑为石质仿木建筑单檐庑殿顶，两侧建有石鼓，高 1.9、宽 2.2、厚 0.3 米；碑上浮雕花卉等图案，顶龛正楷阴刻"佑启后人"；正中正楷阴刻"清诰孺人罗母李清泰墓"；题记"大清道光十二年岁次壬辰冬朔六日"；两侧石柱正楷阴刻对联"穴坐龟□千载盛；向对戏宝万代兴"。

陈家坟山墓地　位于双龙镇五星村，建于清道光十八年（1838 年），墓地占地 35 平方米，坐西南向东北。墓为土冢，由石条砌成长方形，顶为弧形封土，长 5.5、宽 3.8、高 2.4 米，前立一石碑。碑为仿木结构建筑，重檐庑殿式顶，四柱三开间，宽 3.5、高 3.8、厚 0.35 米；顶阴刻"恩荣百代"四字；上高浮雕人物图像九幅，镂空兼浮雕有二龙，浮雕二蝙蝠，圆雕二石狮；阴刻对联三副，正中阴刻"恩赐八品陈公字建□氏罗太君□□"，题记"道光十八年岁戊戌……"。

吕陈氏墓　位于双龙镇春风村，建于清同治三年（1864 年），占地面积 20 平方米，坐东向西。墓由条石砌成椭圆形，顶为弧形封土，墓长 5.5、宽 3、高 2.5 米，前立一石碑。碑为长方形菱形顶，高 1.8、宽 0.8、厚 0.15 米；顶刻"百世荣昌"，中正阴刻"吕母陈氏老孺人之墓"，题记"同治三年十一月下浣日立"，两侧阴刻对联一副。

陈正世夫妇墓　位于双龙镇五星村，建于清同治十二年（1873 年），占地面积 35 平方米，坐西向东。墓由石条砌成长方形，长 6、宽 4.6、高 2.2 米，顶为弧形封土，前立一石碑。碑为仿木结构建筑四柱三开间，重檐庑殿式顶，碑宽 3、高 3.6、厚 0.35 米；上浮雕十幅人物共五十六尊人像，两侧各圆雕一石狮；碑顶阴"萬世荣昌"四字；正中楷书阴刻"清故显考陈公讳正世妣法戒王常福之墓"，题记"同治拾贰年"；碑两侧四柱上阴刻有二副对联。

刘万朋夫妇墓 位于双龙镇大坡村，清光绪二十八年（1902年），建于占地面积160平方米，坐北向南。墓由条石砌成长方形，墓顶为弧形封土，长5.4、宽3.71、高2.3米，前立一碑，墓前建有一大拜台。碑为石质重檐庑殿式顶，四柱三开间，碑高4.8、残宽2.8、厚0.22～0.31米；上存浮雕人物图像12幅62尊、花卉、龙凤图像20幅；顶浮雕"孝弟忠信"四字；两侧阴刻"俾名昭万古、墓誌著千秋"；中龛浮雕"龙贵砂荣"四字；正中楷书阴刻"皇清例赠修职郎刘公讳万朋、母何太元老大（孺）人之墓"；题记"大清光绪二十八年"；两侧阴刻对联，其一为"脉象昂□二息横金生角穴；砂簾叠上双流曲水会堂心"。

罗学洪夫妇墓 位于双龙镇黄伏村，建于清光绪四年（1878年），占地面积20平方米，坐西向东。墓为土垒，墓周用石条砌成长方形，长5、宽4、高1.8米，前立一碑。碑为石质，仿木结构，重檐庑殿式顶，四柱三开间，高21、宽3.3、厚0.21米；上浮雕有花卉、人物、龙、凤图像；两侧阴刻对联二副，正中楷书阴刻"皇清待赠诰故显考罗公讳学洪，妣母余真海老大人之墓"，题记"光绪四年四月夏……"。

高朝锐墓 位于双龙镇双龙村，建于清光绪十八年（1892年），占地面积25平方米，东北向。墓由石条砌成长方形，长5.5、宽3、高2米，顶为弧形封土，前立一石碑。碑为仿木结构建筑，四柱三开间，碑高3.4、宽2.6、厚0.32米；上高浮雕人物五幅、花卉五幅、顶浮雕二龙戏珠、"钟灵百代"；正中正楷阴刻"故显考高公讳朝锐老大人墓"；题记"大清光绪十八年九月……"；两侧阴刻对联"高峰缭绕来龙秀；活石盘旋活地□"。

陈正本墓 位于双龙镇五星村，建于清光绪十四年（1888年），占地28平方米，坐西南向东北。该墓由石条砌成长方形，长5.5、宽3.6、高1.95，顶为弧形封土，前立一碑。碑为石质仿木建筑结构，单檐庑殿式顶，二柱一开间，通高3.6、宽2.4、厚0.22～0.35米；上浮雕人物九副，共十七尊人像，两侧建有石鼓和圆雕石狮；碑顶行书阴刻"云蒸霞蔚"，正中楷书阴刻"清显考陈公讳正本大人墓"，题记"大清光绪十四年岁在戊子春二十一日"，两侧刻有一副对联。

老罐窝墓地 位于双龙镇大兴村，建于清代，共有墓2座，编为M1～M2，分布面积700平方米，坐西南向东北。二墓均由石条砌成长方形，墓顶为弧形封土，前立一碑，形制相同。其中M1为双人合葬墓，墓长5.5、宽4.4、高2.1米。碑为仿木结构建筑，四柱三开间，重檐庑殿顶，高3.5、宽2.55、厚0.3米；上浮雕五条龙，五尊人像，阴刻二副对联；正中楷书阴刻"皇清赠显考梁公讳朝辅，妣梁母李氏孺人之墓"；题记"大清嘉庆八年小阴月立"。

古建筑

凤凰桥 位于双龙镇凤鸣村，建于清代，建筑面积 30 平方米，东西走向。桥为五孔平桥，桥用石砌成桥墩，桥墩高 2.4～2.6、宽 1.76、厚 0.55 米，分别用 2.5～3.1、宽 1、厚 0.55 米厚的石板铺建桥面。桥长 13.95、宽 1.06、高 2.4～2.6 米。

德隆商号 位于双龙镇捧印社区，建于清代，坐西南向东北，占地面积 400 平方米。建筑为一楼一底，砖木结构，穿斗式梁架，三穿九柱，悬山式顶，小青瓦屋面，面阔三间 13.5、通进深 25、通高 8 米。其中明间面阔一间 5.5 米，通进深五间 25 米，内设一天井；左次间面阔一间 4 米，临街进深一间 5 米，屋后进深一间 3 米，通进深七间 25 米，左右次间相同。二楼楼层用圆木木板铺建，屋后面所建地楼，为马帮拴马处。

德隆商号是清代云南马帮在此住宿歇息的栈房，为研究清代时期地方史、商贸史有一定参考价值。

邓仕军宅 位于双龙镇捧印社区，建于清代，建筑面积 385 平方米，坐西向东。建筑原为四合院，现存后堂、临街店铺和右厢房，砖木结构，一楼一底，硬山式顶。店铺面阔二间 9.2 米，进深三间 17 米，通高 7.5 米。后堂面阔二间 9.2 米，进深一间 7.5 米，其中明间面阔 5.6 米，右次间面阔 4.6 米，通高 7.5 米，堂门两侧有木窗花。右厢房为一楼一底，面阔一间 6.2 米，进深一间 4.2 米，通高 7.5 米。院内有一石板、条石砌建天井。

怀信商号 位于双龙镇捧印社区，建于清代，坐西北向东南，建筑面积 440 平方米。四合院布局，砖木结构，一楼一底，穿斗式梁架，三穿七柱，小青瓦屋面悬山式顶。面阔五间 20 米，进深七间 22 米，通高 8 米。其中上堂面阔一间 5.5 米，进深一间 7 米；下堂略有改建，面阔四间 16 米，进深一间 3.5 米；内设有一天井，天井左右侧各有两间厢房，内设有木梯通道上至二楼，楼层用圆木、木板铺建；门窗、楼壁等大多刻有木雕人物、动物、花卉等画像。

怀信商号为清代朝廷御医章学诗祖先修建，清代同治年间，太平天国农民起义领袖石达开在此驻军时，曾将怀信商号作为指挥部，对于研究川南地区清代时期的民居建筑，以及石达开军事史等具有一定的价值。

郭久善宅 位于双龙镇双龙社区，建于清代，占地面积 100 平方米，坐北向南。建筑为四合院布局，一楼一底砖木结构，穿斗式梁架，上堂三穿九柱，下堂三穿七柱，硬山式顶。右侧存有防火墙，左侧已毁。堂屋面阔三间通宽 10 米，通进深一间 7 米，通高 7.5 米，其中明间面阔 4、进深 7 米，左右次间相同，面阔一间 3 米，其后有三间配房。门房面阔二间 4 米，进深一间 5.5 米，通高 7 米。两间之间有 1 米宽，通道进入屋内。左厢房，面阔一间 4 米，进深一间 3 米，右厢房相同，内设有一石砌天井。

和平街 135 号民居 位于双龙镇双龙社区，建于清代，占地面积 250 平方米，坐东向西。民居为砖木结构，穿斗式梁架，三穿七柱，悬山顶，小青瓦屋面，通面阔二间 9 米，通进深五间 25 米，通高 7.5 米。二楼楼层用圆木和木板铺建，内设有一天井，右侧建有一巷道。

洞子湾石室 位于双龙镇水井村，建于清代，建筑面积 65 平方米，因地处悬崖陡壁处，无法进入测量。石室外为石条礅砌墙封堵，门为长方形。据当地村民介绍，洞穴内有一间屋宽，内放有石桌子。

大房子民居 位于双龙镇五星村，建于清代，占地面积 750 平方米，坐西南向东北。民居原为四合院布局，现存前堂、后堂、左厢房三间，右厢房一间。前堂为木结构，穿斗式梁架，三穿七柱，悬山式顶，面阔四间 22 米，进深 4.2 米，通高 5.8 米。后堂为木结构，穿斗式梁架，四穿九柱，硬山式顶，面阔四间 22 米，进深一间 7 米，通高 7.5 米。左厢房为木结构，悬山式顶，穿斗式梁架，三穿五柱，面阔三间 8.7 米，进深二间 7 米，通高 7.2 米。后堂后侧有一碉楼，原为五层，现残存三层一石墙。

枇杷田民居 位于双龙镇新和村，建于清代，占地面积 250 平方米，北向。民居原为三合院，现存堂屋五间和左厢房三间，木结构，穿斗式梁架，三穿七柱，悬山式顶，通高 7 米。堂屋为一楼一底，面阔五间通宽 21.3、进深一间 5.5 米，左右次间及左梢间进深 7.5 米，堂屋门两侧建有双扇木窗。左厢房为一楼一底，面阔三间 12 米，进深一间 7.5 米。

碾坝头民居 位于双龙镇增产村，建于清代，建筑面积 1456 平方米，坐东南向西北。民居为复四合院，大部分为土夯结构，悬山式顶，堂屋为土木结构，左右厢房各建有一土碉楼。复四合院布局相同，堂屋面阔五间 25 米，进深一间 5 米，通高 6 米。左厢房面阔六间 21 米，进深一间 4.5 米，通高 6 米；右厢房面阔三间一碉楼，碉楼高约 13 米，正方形，三楼一底，进深面阔各 6 米，右厢房大小与左厢房相同，左面碉楼与右面碉楼结构相同。

石窟寺及石刻

石板寺碑刻 位于双龙镇钢铁村，建于明崇祯十三年（1640 年），分布面积约 5 平方米，坐西向东。碑系石质，宽 1.38、高 2.22、厚 0.14 米。东面顶部阴刻二龙戏珠和十二个阴刻篆字，四周阴刻花卉图案。碑上刻"重修石板寺大觉庵万年香灯碑记，盖佛西来，灯为首重，夫灯者，上同日月光辉，下徹昏迷幽暗……"，碑上刻记了 400 多名捐款修碑人姓名共 1100 余字。题记："本府乡官布正刘、巡简司王、天爵……，叙州府僧纲司正（副）都纲惠表慈静性善、耆僧……皇明崇祯拾叁年岁次庚辰仲秋月吉旦，邑人陶良柱（松）撰，术士涂继兴、黄道明、刘觉贤，石匠李元林……"字体楷书阴刻，字径 3.5、高 3～4 厘米。

三河修路碑 位于双龙镇黄伏村，建于清嘉庆八年（1803 年），分布面积 1 平方米，坐东北向西南。碑在三河组粑粑店北侧 11 米处水田中，碑为石质长方形，庑殿式顶，高 1.5、宽 0.39、厚 0.35 米，碑西面楷书阴刻："永垂万古"、"……稞善之……"、"……丁兼蜀戎兹因商贾熙攘营性老少……"、"会首伍洪伦修路八丈，王尧辉修路五丈……" 等，题记 "嘉庆八年腊月"。该碑记载了清嘉庆年间会首位伍洪伦组织修建黄泡嘴至燕子坡古道的情况。

近现代重要史迹及代表性建筑

孙应清宅 位于双龙镇双龙社区，建于 1933 年，建筑面积 160 平方米，坐西向东。民居为四合院布局，分为前堂、后堂、左右厢房和天井，木结构穿斗式梁架，三穿七柱，悬山式顶，通高 6.6 米，两面坡小青瓦屋面。前堂面阔三间 11.2 米，进深 5.5 米，其中，明间宽 4.8、进深 5.5 米，左右次间各宽 3.2、进深各 5.5 米。后堂与前堂基本相同；左右厢房各一间，面阔一间 3.2 米，进深 3.2 米；院中建有一天井。

杨少华宅 位于双龙镇双龙社区，建于 1933 年，坐东向西，建筑面积 300 平方米。为民国时期伪乡长杨少华所建房屋，为一楼一底四合院布局，分为前、后堂屋和左右厢房。前堂穿斗式梁架，三穿七柱，硬山式顶，两端为封火墙；底楼为店铺，面阔二间通宽 15.3、进深一间 5.5 米，通高 8 米；临街店门为木插板，其中左侧一间有双扇木门进入内院。后堂面阔三间通宽 16、进深一间 5 米，其中面阔一间 4.4 米，通高 8 米，两屋之间设有一巷道通至二楼和院后。左右厢房各一间，大小略同，面阔一间 4.8 米，进深一间 4.2 米。院中建有一天井，内建有木阶梯上至二楼，二楼内建有木回廊。

郭成莲宅 位于双龙镇双龙社区，建于 1933 年，建筑面积 180 平方米，坐西向东。民居为四合院布局，木结构穿斗式梁架，三穿七柱，悬山式顶，两面坡小青瓦屋面，通高 6.6 米，面阔三间 11.2 米。其中前堂明间宽 4.8、进深 5.5 米，左右次间各宽 3.2、进深各 5.5 米，后堂及前堂基本相同。左右厢房各一间，面阔一间 3.2 米，进深分别为 3.2 米。院中建有一天井。

李场镇

古遗址

龙川寨址 位于李场镇龙川村，建于清代，东西长约 100、南北宽 10 米，分布面积

1000 平方米。前寨门石砌向南，地势平坦，寨内建筑大多已毁，现残存前寨门和西寨墙。寨门外高 2.3、宽 1.27、厚 0.5 米；寨门内长 2.2、宽 1.85、高 2.6 ~ 3 米，券拱顶，为整石凿造，顶用石条砌成。寨门内外的上下有整石凿建阶梯 55 级。寨顶西寨墙长 30、高 0.5 ~ 1 米。

古墓葬

爱国村蛮洞湾崖墓 位于李场镇爱国村，建于汉代，共有崖墓 2 座，编为 M1、M2，分布面积 16 平方米，各墓均已扰乱，均坐北向南。M1 距地面高 2.6 米，墓前竹林挡道，不便入内测量，目测门高约 1.2、宽约 0.85、厚约 0.4 米，墓室长约 3.8、宽2.2、高 1.9 米，后壁有龛。M2 墓门与墓室同高用宽，墓室高 0.7、宽 1.1、深 1.5 米（内有积土）。

李溪崖墓群 位于李场镇大塔滩村，建于汉代，共有崖墓 7 座，编为 M1 ~ M7，横排分布在南北长 300 米，距河面 10 米李溪岩半腰上，分布面积 3000 平方米，墓门均向东。M1、M3 至 M7 墓门均有封土。其中 M2 双层门楣，上浮雕蝙蝠形大斗拱、楼层瓦当、屋檐图案；门高 1.5、宽 1.2、厚 1.1 米；单室拱顶，内有通道、龛、石棺、小灶，全长 8.3、高 2 米；石棺长 2.5、宽 0.68、高 1 米。

洞子坡崖墓群 位于李场镇金盆村，建于汉代，共有崖墓 3 座，编为 M1 ~ M3，分布在东西 10、南北 3 米的岩壁处，分布面积 30 平方米，均坐北向南。墓群呈横排，M1扰乱后封堵，M2、M3 墓室已扰乱，各墓均为单室竖穴。其中 M2 墓门高 0.8、宽 0.95米；墓室长 1.85、宽 0.98、高 0.8 米，顶微拱。

冷水冲崖墓 位于李场镇瓦房村，建于汉代，占地面积 5 平方米，墓门东南向。因崖墓在距地高约 10 米的陡岩壁上，无法测量。

石群崖墓 位于李场镇祥湾村，建于汉代，占地面积 60 平方米，南向。墓在距地高约 20 米陡岩壁上，无法进入测量，可见门外左右壁有大圆孔门，下凿有攀步。

大坪头崖墓群 位于李场镇斑竹村，建于宋代，共有崖墓 8 座，编为 M1 ~ M8，横排分布在东至西 45、上下高 5 米的岩壁上，分布面积 280 平方米，西北向。各墓均已扰乱，墓室均单室，墓室较小。其中 M1 墓门高 0.89、宽 0.55、厚 0.25 米，门内上下各有门臼二个；墓室长 2、宽 1.85 米，室内为两面顶，室高 1.25 ~ 1.45 米，门外左右各有一方孔。M2 为横穴，双门室较小，状如"牛鼻孔"，当地村叫"牛鼻子洞"。M7 门近年已毁，据村民吴安富回忆，几年前曾见一扇门上浮雕鹿等。

簸箕锣墓群 位于李场镇钟和村，建于明代，共有石室墓 12 座，编为 M1 ~ M12，分布面积 220 平方米，均坐南向北。均由条石和石板砌成石室二间，M1、M3、M6、M7封闭完好，其余已扰乱或残。其中 M2 为一墓二室，两室大小相同，室长 2.85、宽

0.86、高约 1.36 米，顶建有双层藻井，后壁建有龛。

樊天经夫妇墓 位于李场镇斑竹村，建于清同治己巳年（1869 年），占地面积 26 平方米，坐北向南。墓为石砌椭圆形，顶为弧形封土，墓长 6、宽 4.2、高 1.5 米，前立一碑。碑为石质，长方体，高 21.3、宽 1.07、厚 2 米；正中楷书阴刻"清庠生诰赠朝议大夫先老樊公天经府君，例封孺人诰赠恭人先妣樊母氏吕太君墓"，题记"同治己巳年十月十一日"；碑顶阴刻"长发其祥"，两侧刻一对联"凤诏辉煌荣吉壤；鹏程远大毓孙谋"。

余大雕夫妇墓 位于李场镇大塔村，建于清代，占地面积 120 平方米，坐东北向西南。墓由石条砌成椭圆形，长 5、宽 3.4、高 1.2 米，前立一碑。碑为石质长方形圆顶，高 1.6、宽 0.8、厚 0.16 米；正中行楷阴刻"皇清例赠诰显考余讳大雕大人，妣余母樊□子孺人墓"，题记"□□□□癸酉菊月朔十日立"；碑顶及周围分别浮雕八卦菊花等花卉图案。墓前建有半圆形拜台，直径 16、纵 6、高 1.8 米。

新房子墓群 位于李场镇大塔村，建于清代，共有石室墓 8 座，横排编为 M1～M8，分布面积 150 平方米，南向。M1、M6、M7、M8 封闭完好，M2 至 M5 已扰乱。其中 M2 为一墓二室，墓室已毁，墓室各宽 0.98、各高 1.5 米；藻井顶，藻井长 1.1、宽 0.92、高 0.28 米。

柑子嘴墓群 位于李场镇大塔村，建于清代，柑子嘴墓群共有石室墓 7 座，编为 M1～M7 方，墓群横排，分布面积 400 平方米，西南向。M1～M4 被盗后用土封闭，M5 至 M7 封闭完好。其中 M1 墓周围用石条砌成长方形，长 5.5、宽 3.5、高 1.7 米，顶为封土。

佛海寺墓群 位于李场镇大塔村，建于清代，共有石室墓 4 座，编为 M1～M4，墓群竖排，分布面积 156 平方米，西南向。M1 可见为一墓三室，1986 年被盗后填封，墓室砌石露出封土外。墓外用石条砌成长方形，长 5、宽 3.5、高 1.3 米，顶有封土。M2 至 M4 有土封闭。

桂花嘴墓地 位于李场镇金马村，建于清代，共有石室墓 2 座，编为 M1、M2，竖排，分布面积 46 平方米，均坐东北向西南。墓室均由条石砌成，已扰乱后被封堵。

丛茅坡刘氏墓地 位于李场镇石坝村，建于清代，共有墓 8 座，编为 M1～M8，分布面积 600 平方米，均坐北向南。其中 M1 墓由条石砌成椭圆形，长 5 米，直径 3.5、高 1.8、厚 0.16 米；正中阴刻"清故始祖刘公讳裕大人、张氏孺人墓"，题记"咸丰六年丙辰岁仲冬……"。M2～M8 为土冢，墓周无砌石，为道光至乾隆年，M8 墓为刘母余广福墓，题记"道光丙申年季冬……"。

余跃龙夫妇墓 位于李场镇大塔村，建于清乾隆四十四年（1779 年），占地面积 20 平方米，坐东北向西南。墓由石条砌成椭圆形，长 6.6、宽 4.8、高 1.3 米，顶为弧形封土，前立一碑。碑为石质，长方形，圆顶，高 1.3（下有土）、宽 0.8、厚 0.155 米；正中楷书阴刻"故显考余公讳跃龙，妣余母伍太君老大人孺……"，题记"大清乾隆四十四年岁己亥孟冬，大学士主男大鹏国学士孙作……"。

李国重夫妇墓　位于李场镇斑竹村，建于清道光十四年（1834 年），占地面积 40 平方米，西北向。墓为土冢，椭圆形，长 8、宽 5、高 1.8 米，前立一石碑。碑为仿木建筑单檐庑殿式顶，二柱一开间，碑正中楷书阴刻"皇恩"、"赐正七品耆老李公讳国重老大人、母先广慧老孺人墓"；两侧柱阴刻一对联，残存"山对千星□□□□；向朝王□□□□□"；题记"大清道光十四年九月二十日建立"。

樊仲夫妇墓　位于李场镇斑竹村，建于清光绪二十三年（1897 年），占地面积 28 平方米，南向。墓为土冢，长 5.5、宽 4.8、高 1.5 米，前立一碑。碑为石质长方形，高 1.3、宽 0.76、厚 0.16 米；碑正中楷书阴刻"□□樊公讳仲老大人，母张老孺人之墓"，题记"光绪二十三年十二月十五日穀立"。

古建筑

胜利街 3 号民居　位于李场镇李场社区，建于清代，东南向，占地面积 260 平方米。一楼一底木结构穿斗式梁架，三穿七柱，悬山式顶。面阔三间通宽 15 米，通进深三间 15 米，通高 7 米；其中 3 号临街面一间面阔 5 米，进深一间 5 米，其余每间大小相同。3 号、5 号、7 号每进入内第二间均有木阶梯上至二楼，在 5 号内第三间有一天井。二楼楼屋用木质材料铺建，二楼临街建有廊道，廊栏为美人靠式，二楼壁建木花窗，临街三间为店面，店门分别用木门、木插板组成。

胜利街 4 号民居　位于李场镇李场社区，建于清代，西北向，占地面积 450 平方米。民居为一楼一底木结构穿斗式梁架，三穿五柱，悬山式顶，通高 7 米，面阔十间通宽 44 米，通进深二间 9 米。每间大小相同，其中 4 号面阔一间 4.4 米，进深一间 4.5 米。临街第一间内各有一木阶梯上至二楼，二楼楼层用圆木、木板铺建，临街方向建有木廊道。

胜利街 26 号民居　位于李场镇李场社区，建于清代，占地面积 120 平方米，东南向。民居为一楼一底木结构穿斗式梁架，三穿七柱，悬山式顶，面阔二间 7 米，通进深三间 12 米，通高 6.5 米。其中 28 号面阔一间 4 米，进深一间 4 米。26 号、28 号入内第二间各有一木阶梯上至二楼，二楼楼层用圆木和木板铺建，二楼临街方向建有木廊道。

胜利街 30 号民居　位于李场镇李场社区，建于清代，西南向，占地面积 180 平方米。为一楼一底木结构穿斗式梁架，三穿七柱，悬山式顶，面阔二间通宽 12.4 米，通进深三间 15 米，通高 7 米，临街二间为店面，店门为木插板和双扇木门。入内第二间各有一木阶梯上至二楼，二楼楼层为圆木、木板组建，二楼临街面方向建有木廊道，二楼楼壁建有木花窗。

胜利街 34 号民居　位于李场镇李场社区，建于清代，占地面积 150 平方米，坐北向南。民居一楼一底木结构穿斗式梁架，悬山式顶，小青瓦屋面，通高 7 米，面阔二间通宽 9 米，通进深三间 15 米。前临街二间为店铺，其中 36 号面阔一间 6 米，进深 5 米，34 号面阔 3 米。入内第二间有木阶梯上至二楼，二楼楼层用圆木、木板铺建。

胜利街 38 号民居　位于李场镇李场社区，建于清代，占地面积 200 平方米，西南向。民居为一楼一底木结构穿斗式梁架，三穿七柱，悬山式顶，小青瓦屋面，面阔一间通宽 12、通进深 15、通高 7 米。临街二间为店面，面阔一间 6 米，进深一间 5 米，店门为木插板和双扇木门。入内第二间各有木阶梯上至二楼，楼屋用圆木、板铺建，二楼临街建有廊道。

刘运江宅　位于李场镇李场社区，建于清代，占地面积 100 平方米，坐东北向西南。建筑为一楼一底木结构，穿斗式梁架，三穿七柱，悬山式顶，小青瓦屋面，面阔一间 6 米，通进深三间 15 米，通高 7 米。临街一间为店铺，设有双扇木门和木插板门。入内第二间有木阶梯上至二楼，楼屋为圆木和木板铺建。

胜利街 46 号民居　位于李场镇李场社区，建于清代，建筑面积 160 平方米，坐东北向西南。民居为一楼一底木结构，穿斗式梁架，三穿七柱，悬山式顶，小青瓦屋面，面阔二间通宽 10 米，通进深三间 15 米，通高 7 米。临街二间为店铺，入内第二间各有一木阶梯上至二楼，楼层用圆木、木板铺建，二楼临街屋壁为木材兼篱笆壁。

胜利街 50 号民居　位于李场镇李场社区，建于清代，占地面积 150 平方米，坐东北向西南。民居为木结构穿斗式梁架，三穿七柱，悬山式顶，小青瓦屋面，面阔二间通宽 10 米，通进深三间 15 米，通高 7 米。临街二间为店铺，面阔一间 5 米，进深一间 5 米，店门为双扇木门和木插板。入内第二间各有一木阶梯上至二楼，楼为圆木和木板铺建，二楼临街方向建有木廊道。

胜利街 53 号民居　位于李场镇李场社区，建于清代，建筑面积 704 平方米，东南向。民居木结构一楼一底，木结构穿斗式梁架三穿七柱，悬山式顶，小青瓦屋面，面阔九间通宽 44 米，其中面阔一间 4 米，通进深三间 15 米，通高 7 米。临街九间为店铺，入内第二间各有一木阶梯道上至二楼，楼层用圆木、木板铺建，临街楼壁中建有木花窗。

胜利街 56 号民居　位于李场镇李场社区，建于清代，建筑面积 1000 平方米，坐东北向西南。民居一楼一底木结构，穿斗式梁架三穿七柱，悬山式顶，小青瓦屋面，面阔十二间通宽 50 米，通进深三间 16 米，通高 7 米。进深相同，面阔不一，其中 78 号面阔一间 5 米，进深一间 5.3 米；56 号面阔一间 3 米，进深一间 5.3 米。临街一间均为店铺，入内第二间各有一木阶梯上至二楼，楼层为圆木，木板铺建，临街方向屋壁上建有工字格等木花窗。

胜利街 71 号民居　位于李场镇李场社区，建于清代，占地面积 240 平方米，东北向。民居为一楼一底木结构，穿斗式梁架，三穿七柱，悬山式顶，小青瓦屋面，面阔三间通宽 15 米，通进深三间 15 米，通高 7 米。入内第二间各有一木阶梯上至二楼，二楼楼层用圆木和木板铺建。二楼临街屋壁，写有"最高指示"四字，宋体，红字。

黄世安宅　位于李场镇李场社区，建于清代，占地面积 60 平方米，坐东北向西南。建筑为一楼一底，木结构穿斗式梁架三穿七柱，悬山式顶，小青瓦屋面，面阔一间宽 5.5 米，通进深三间 15 米，通高 7 米。临街一间为店铺，双扇门和木插门，现为李场镇李场社区老协会活动室。入内第二间有一木阶梯道上至二楼，楼为圆木和木板铺建。

胜利街肖家宅　位于李场镇李场社区，建于清代，占地面积 110 平方米，西南向。建筑为一楼一底，木结构穿斗式梁架，三穿七柱，悬山式顶，小青瓦屋面，面阔二间通宽 8.5 米，通进深三间 12 米，通高 7 米。临街二间为店铺，一间宽一间窄，入内第二间各有一木阶梯上至二楼，楼层为圆木板铺建，前设有廊道。

胜利街 83 号民居　位于李场镇李场社区，建于清代，占地面积 240 平方米，东南向。民居为一楼一底木结构，穿斗式梁架，三穿七柱，悬山式顶，小青瓦屋面，面阔三间通宽 15 米，通进深四间 16 米，通高 6.5 米。屋檐四个挑檐柱上浮雕有四个龙头和莲瓣。临街面三间为店面，店门分别用木门和木插启闭。

龙川塘民居　位于李场镇龙川村，建于清代，建筑面积 300 平方米，坐北向南。民居呈一字形，木结构穿斗式梁架，三穿五柱，悬山式顶，小青瓦屋面，面阔七间通宽 29.2、通进深 8.2、通高 6.5 米。堂屋面阔一间 5.5 米，进深 6 米，设双扇门，上镂空刻变形龙凤，右侧存有一花窗。左右侧次间，面阔各 4 米，通进深二间 8.2 米，左侧梢间面阔一间 4 米，进深一间 8.2 米。整座民居屋壁均为木柱、木条、木板构建。

土地冲民居　位于李场镇龙川村，建于清代，建筑面积 450 平方米，坐东向西。民居为木结构，穿斗式梁架，悬山式顶，小青瓦屋面。堂屋为穿斗式梁架，三穿五柱，面阔八间通宽 29、进深一间 4.5 米，通高 6 米；其中明间面阔 4.5 米，进深 4.6 米；左右次间面阔各 4.15 米，进深各为 4.6 米；梢间面阔各 3 米，进深各 4.6 米。左侧房为穿斗式梁架，三穿五柱，面阔一间 4.5 米，进深一间 6 米，右侧房与左侧房相同。堂屋、左右侧屋壁均为木柱、木条、木板构建。

紫洞桥　位于李场镇全意村，建于清代，建筑面积 65 平方米，南北走向。桥为四孔平面石桥，由厚石板铺建桥面，厚石礅砌建桥墩。桥长 14.2、宽 1.3、高 2.2 米，桥墩高 2.2、宽 2.4、厚 0.6 米。南北桥头用厚石礅砌成桥墙，承托两端桥板。该桥是李场镇至马场的大路。

上龙桥　位于李场镇仁兴村，建于清乾隆五十八年（1793 年），建筑面积 40 平方米，东西走向。桥用厚石礅、厚石板砌成，为三平桥。桥长 8.64 米，桥面宽 1.36、厚 0.45 米，桥高 2.2、桥墩高 2.2、宽 2.76、厚 0.71 米。桥西面 35 米坡前立有一碑，高 2.5、宽 1.16、厚 0.38、碑厚 0.18 米；碑为仿木结构，单檐庑殿顶，上阴刻"上龙桥碑"，碑上阴刻修桥经过和捐银人员等 1000 余字，碑题记"大清乾隆五十八年孟冬……"。

石窟寺及石刻

老熊沟摩崖造像　位于李场镇画眉村，建于明代，分布面积 30 平方米，坐西北向东南。造像为 3 龛 43 尊造像，分上下两排排列，编为造像 1～43 号。龛为整岩石凿成，在整岩石中凿有二大石柱作为支撑龛顶，因而形成一龛分别三间小龛的形制。龛内互通，龛通宽 12.75、高 2.2、深 1.5 米。高浮雕，上排为 24 尊诸天像，每尊造像均站立，站高 0.9 米；下排 18 尊罗汉像，均坐式，坐高 0.9 米，龛正中一尊为佛像，坐高 1.6 米。

近现代重要史迹及代表性建筑

胜利街 39 号民居　位于李场镇李场社区，建于 1914 年，坐西向东，建筑面积 630 平方米。该建筑为一楼一底砖木结构，硬山式顶，通高 7.5 米。43 号、45 号后第二间建有三楼一底碉楼，砖木结构抬梁式梁架，通高 12 米，面阔二间通宽 7、进深一间 7 米，后各有"7"形阶梯上至二楼，二、三楼各设有阶梯。两端建有防火墙，通高 8 米。临街一间为店面，面阔六间宽 5.1 米，进深一间 5.8 米。入内第二间各设有梯道上至二楼，楼层用圆木和木板铺建，临街建有木质廊道，各临街建有廊道，廊梯为砖。

中心街 61 号民居　位于李场镇大塔社区，1915 年，建筑面积 375 平方米，坐西北向东南。民居为四合院布局，一楼一底木结构建筑，穿斗式梁架，悬山式顶。前堂穿斗式三穿七柱，面阔三间 15 米，进深二间 10.5 米，通高约 7.5 米。后堂穿斗式梁架，三穿五柱，面阔三间 15 米，进深一间 5.2 米，通高 7.5 米。左右厢房各面阔二间 8 米，进深一间 4.5 米，通高 6.8 米。

祥湾民居　位于李场镇祥湾村，建于 1928 年，坐西北向东南，现存建筑面积约 2300 平方米。民居为邓姓住宅，四合院，前低后高，土木结构，悬山式顶，三进左右对称，周围设院墙高达 6 米，前左右两角保存印子楼，系宅院最高点。该民居除少数使用木构架外，其余均为土筑夯实，以木枋作墙筋，构筑坚固。大门正对前庭，左右分别设有仓库，中厅设太师墙，后庭中间为堂屋，次间为主卧室，两侧为厨房，左右两厢为卧室，内设花园晒场。前庭面阔九间通宽 38、进深一间 4～6 米，通高 6.5 米。左右印子楼为三楼一底，通高 12 米，面阔一间 6 米，进深二间 9 米。后庭面阔七间通宽 38

米，面阔一间分别为 4、5.5、7.5 米，进深分别为 7、8 米，通高 7.5 米；后壁左右厢房各三间，面阔三间通宽 12、进深二间 10 米，通高 6 米；周残存围墙 46 米。

该民居建筑规模宏大，功能分区明确，屋宇高低错落，造型丰富，对于研究川南地区的民居建筑、民风民俗等具有一定的价值。宜宾县人民政府于 2006 年 9 月公布为文物保护单位。

征粮剿匪烈士墓　位于李场镇胜利村，建于 1982 年，占地面积 30 平方米，东北向。墓周由条石砌成长方形，顶为封土，墓长 5、宽 4、高 1.3 米。墓前砌石中嵌有 3 长方形石碑，编为 1 至 3 号，大小相同，各高 0.72、宽 0.47 米。一号碑楷书阴刻"中国人民解放军二八师八二团排长，湖南省人，五零年在李场乡征粮剿匪中牺牲，肖凯烈士之墓，李场乡人民政府，一九九二年六月□□"。二号碑楷书阴刻"中国人民□□□□□□□八二团□□□□□，陈光旦烈士之墓"。三号碑阴刻"中国人民解放军二八师八二团战士，山东省人，一九五零年在李场乡征粮剿匪中牺牲，张光烈士之墓，李场人民政府，一九九二年六月□□"。

合什镇

古墓葬

铁灯湾崖墓群　位于合什镇合江村，建于汉代，共有崖墓 10 座，编为 M1～M10，横排分布在东西约 50、上下宽 20 米范围内，分布面积 1000 平方米，门向东。M1～M4 及 M10 墓室有封土，M5～M9 为空墓。其中 M7 墓门宽 0.9、高 1.4 米；墓室长 6.8、前宽 2.13、后宽 4.2、室高 1.6～1.98 米，拱顶；右壁有一龛，宽 2.7、高 1.2～1.7 米；墓室后左壁与 M8 墓室相通。

水巴岩崖墓群　位于合什镇合江村，建于汉代，共有崖墓 4 座，横排，编为 M1～M4，分布在东西长 8、上下高 3 米的水巴岩壁上，均为空墓，分布面积 80 平方米，坐北向南。M1、M2 完好，M3、M4 因修公路将墓室前部损毁。其中 M1 门宽 0.75、高 0.6、长 5 米；墓室长 5、宽 2.2 米，平顶；室东壁有一龛，宽 1.9、高 0.8、深 0.8 米；西壁有棺台，长 3、宽 0.8、高 0.5 米。

毛子嘴崖墓　位于合什镇合江村，建于汉代，共有崖墓 2 座，编为 M1、M2，分布在毛子嘴东至西 10 米的岩壁上，距地面高 2 米，分布面积 60 平方米，坐南向北。其中 M2 门缘风化脱落，宽 1.5、高 0.75、深 0.7 米；内有二室，通长 6.8、宽 2.2 米，有一 0.4 米高的门穴可入内。其中前室长 1.95、宽 1.8 米，后室长 3.2、宽 2.2 米，内有封土，室中高 1.2 米；后室西壁有一龛，宽 2.1、高 1.1 米。

瓦窑坝墓群　位于合什镇清水村，建于明代，共有石室墓 5 座，横排，编为 M1 ~ M5，均东向，分布面积 600 平方米。墓制相同，均由石条砌成石室，其中 M1 为一墓多室，共十一间墓室，每间大小相同，每间用 0.3 米的厚石条砌隔，长 4.5、宽 1、高 1.5 米；顶为藻井，后壁浮雕有仿木建筑牌楼。

火烧山墓地　位于合什镇保宁村，建于清代，占地面积 18 平方米，坐北向南。墓由条石、石板砌成大小形制相同的石室二间，墓室各长 3.5、各宽 0.85、高 1.8 米。顶建有藻井，后壁各建有一龛，墓室前建有墓道。

王家山墓地　位于合什镇高屋村，建于清代，占地面积 12 平方米，坐西向东。墓由条石、石板砌成石室二间，二间石室大小形制相同，墓室各长 2.3、各宽 0.76、高 1.8 米。顶建有藻井，后壁各建有一龛。

坝上墓地　位于合什镇清水村，建于清代，占地面积 140 平方米，坐西北向东南。为大型石砌土坑墓，墓周用条石礅垒砌围绕墓冢，顶垒泥土，前用条石礅砌成半圆形拜台。墓长 6.8、宽 7.9、高 2 米；中镶嵌一碑已不见；拜台宽 10、高 1.65 米。

土地嘴墓群　位于合什镇万里村，建于清代，共有石室墓 3 座，编为 M1 ~ M3，分布面积 450 平方米，均坐西南向东北。M1、M2 在土地嘴，M3 在土地嘴对面长坡地壁上，M1、M3 墓室已扰乱后封堵，M2 封闭较好。因各墓有封土，不能进行测量。

陈屋嘴墓地　位于合什镇万元村，建于清代，占地面积 36 平方米，坐东向西。墓室由长 2.6、高 1.2、厚 0.42 米大厚石板砌成石室一间，墓室顶用长 1.7、宽 1.4、厚 0.4 米大石板盖顶。墓前建有一半圆形大拜台，拜台直径 10、进深 6、高 2.5 米。墓室长 2.6、宽 0.95、高 1.2 米，平顶，墓室后壁绘有仿木结构建筑牌楼。

古堰墓地　位于合什镇祝殿村，建于清代，共有石室墓 2 座，编为 M1 ~ M2，竖排，分布面积 185 平方米，北向。M1 为一墓四室，墓室由条石、石板砌成，通宽 5.5、长 5、高 2.2 米；四间墓室大小形制相同，各长 2.45、各宽 0.85、各高 1.75 米；后各建有一龛，顶各建有一藻井。M2 为一墓二室，有封土。

郑文寿夫妇墓　位于合什镇高嘴村，建于清道光九年（1829 年），占地面积 22 平方米，坐北向南。墓为土冢，墓周用条石砌成椭圆形，冢长 6、冢径 5、高 2.2 米。前立一石碑，碑为仿木结构，重檐庑殿顶，六柱三开间，碑宽 4.5、厚 0.45 米，碑顶阴刻"孔泽流长"；正中阴刻"□□世祖郑文寿老大人，显妣赖氏老孺人墓"，题记"道光九年乙丑……"；碑上浮雕龙凤、人物等图像。

古建筑

白庄子庙　位于合什镇川水村，建于清代，坐南向北，建筑面积 440 平方米。庙为三合院布局，砖木结构，穿斗式梁架，悬山式顶，小青瓦屋面，由正殿、左右厢房组成。正殿三穿四柱，面阔四间 13.8 米，进深一间 5.3 米，通高 7.5 米，明间门西侧有木雕花窗。左厢房面阔四间 18.5 米，进深一间 4.5 米，通高 7.5 米，其中正殿一间面阔 6.9 米，左壁建有风火墙，通高约 5 米。右厢房与左厢房相同，其稍间建有地楼。

宜宾县人民政府于 2011 年 6 月公布为文物保护单位。

万古桥　位于合什镇合什社区，建于清代，桥横架于越溪河上，东西走向，建筑面积 280 平方米。石质桥体由三卷拱桥构成，桥身始建于清代中期，拱面于 1972 年扩建，共十五孔，平拱结合，用大石礅和大厚石板垒砌而成。共有桥墩 14 个，其中平面 9 个，拱面 5 个。两墩跨度由大到小为 6、4.5、1.8 米。桥身总长 73.5、平孔面宽 1.6、高 2.5 米，东端拱孔（最长一孔）跨度 6、通高 8 米，桥身平面到拱面有垂带式踏道 32 级，阶梯式踏道 3 级。从结构看，石礅平桥当先建，因被洪水冲毁一段，增设拱桥相连。

宜宾县人民政府于 1989 年 6 月公布为文物保护单位。

麻柳湾民居　位于合什镇柏树村，建于清代，建筑面积 400 平方米，坐南向北。民居原为四合院，现存前堂、后堂和右厢房。前堂为土木结构，面阔二间 8.4 米，进深一间 5、高 7 米，左侧前有残存大门及垂带式石质踏道 10 级。后堂为木结构，穿斗式梁架，四穿六柱，悬山式顶，面阔三间 14 米，进深一间 7.5 米，高 7 米，前建有廊道。右厢房为土木结构，面阔五间 24 米，进深一间 5 米，高 7 米。

合什禹王宫　位于合什镇合什社区，建于清代，建筑面积 250 平方米，东南向。建筑现仅存前堂，砖木结构，硬山式屋顶，抬梁式梁架，四架缘屋前后乳栿搭牵二柱，面阔五间 21.8 米，进深一间 5 米，通高 7.5 米。北面墙外侧有垂带式阶数十级下行至合什老街。

赖家祠　位于合什镇合什社区，建于清代，坐西北向东南，建筑面积 352 平方米。赖家祠为砖木石结构，穿斗式梁架三穿四柱，悬山、硬山结合式屋顶，一楼一底。通高 9 米，面阔三间 16 米，通进深四间 22 米，大门处第一间（明间）进深 6 米，右次后壁有木梯式踏道上至二楼。二楼用圆木和木板铺成。因地形所限，明间、次间后第二、四间比前面明左右次间小，往东收敛，似梯形形状。原大门位于西砖墙中，两侧门柱尚残存阴刻对联，两侧建有窗口，墙上影绘图案，顶部建有风火墙。

万家小桥　位于合什镇万家村，建于清代，横架在黄沙河上，为东南—西北走向，建筑面积 52 平方米。桥由石砌六个大桥礅，桥礅上铺厚石板建成。桥长 21、通宽 3.9、通高约 4~5 米，可见水上部分高 2.1 米。桥礅宽于桥面，宽 3.9 米，桥礅用高 0.75~0.9、宽 1、长 1.5~2 米不等的石礅砌成。

近现代重要史迹及代表性建筑

金瓜楼　位于合什镇征远社区，为大地主郑月云于民国十二年（1923 年）为防匪患修建而成。原为四合院，后历年改建毁坏，现仅存金瓜楼（碉楼），一次匪劫未遂，便放火将其烧毁，民国中期又将其修复，后使用至今。现为合什花生厂库房，现存建筑面积100平方米，南向。金瓜楼为三楼一底，砖土木结构，重檐庑殿式顶，抬梁架八柱椽，中有0.72米见方的方砖柱由底直抵顶楼梁架。主楼通高18米，进深6.65、宽6.65米。每层有木楼梯迁回而上。二楼木阶梯为花生厂改建。碉楼用砖砌建，外糊泥筋，表饰涂石灰。二、三、四楼四壁建有枪眼口及窗口。碉楼东墙下配建有通道房。

郑清平宅　位于合什镇合什社区，建于1922年，建筑面积185平方米，坐西南向东北。建筑为一楼一底砖木结构，抬梁式梁架，悬山式屋顶，两面坡，小青瓦屋面，面阔二间11米，进深三间16.5米，通高8米。中建有通道，有石质踏道通至二楼，楼层用圆木和木板铺建，二楼廊道用木条建成扶椅状，廊柱前有瓜柱。

古罗镇

古遗址

王山瓦窑址　位于古罗镇大屋村，建于明代，占地15平方米，窑门向东北。窑呈椭圆形，在红砂整岩石凿建而成，窑址残长3.5、残宽2.8米，窑门通道长2.8米，门宽1.5、高0.6米。有泥土封堵窑门下部，窑址壁残留五个烟道，最宽0.2、高1.2米，两壁厚0.2米，灶已毁。1987年第二次全国文物普查期温关权、廖明调查时发现采集一瓦片，上题有"洪武"年号。

古墓葬

王山坎下崖墓　位于古罗镇大屋村，建于汉、明代，共有崖墓2座，横排编为M1、M2，分布面积8平方米，西向。其中M1为横穴墓，明墓。门宽1.75、高0.63米；室宽2.25、高0.6、深0.9米。M2为竖穴单室墓，门宽0.62米，因墓室内有填土，高、长不详（用钢尺伸入缝隙量得长为1.5米）。

桥墩儿崖墓群　位于古罗镇柳树村，建于汉代、明代，共有崖墓3座，编为M1～M3，分布面积30平方米，坐西北向东南。其中M1为横穴，单室，墓室宽2.3、深1.1、高0.7米，拱顶；墓门高0.7、宽1.4、厚0.3米，明代墓。M2、M3为单室，竖穴，因墓在水田壁，不能进行测量。

桃子岔崖墓　位于古罗镇团山村，建于汉代，共有崖墓2座，编为M1、M2，分布面积15平方米，坐东南向西北。其中M1门宽2.25、高1.85米，门与室同大；室长3.55、宽2.6、前高1.85米，后高1.63米，仿木屋建筑两面坡顶。左右后壁浮雕凿刻仿木建筑梁柱和支撑木柱，后壁雕刻为抬梁式木结构图像，顶为五根梁柱，每根支撑竖柱上浮雕斗拱花朵。M2 室内有填土。

打鱼岔墓群 位于古罗镇白果村，建于明代，共有石室墓 6 座，编为 M1～M6，分布面积 680 平方米，西向，墓室均由条石砌成。M1 为一墓三室，墓室长 3.3、宽 0.96、高 2.5 米，后壁建有一龛，顶建有双层拱形藻井。M2 号、M3 号墓与 M1 号不能互通，形制相同。

土地坝墓地 位于古罗镇盐井村，建于明代，占地面积 35 平方米，坐西向东。从被盗扰乱的墓顶左侧看，该墓墓室为条石砌成，墓前端用石板建成冠形顶。因墓室内有大量积土，其墓室内情况不详。

上土地嘴墓地 位于古罗镇高岩村，建于清代，共有石室墓 2 座，编为 M1～M2，分布面积 800 平方米，南向。M2 墓室均由条石砌成，其中 M1 为一墓两室，形制大小相同，室长 3.5、宽 0.95、高 1.85 米，顶建有藻井，后壁建有一龛。

李家湾墓群 位于古罗镇合林村，建于清代，共有石室墓 4 座，编为 M1～M4，分布面积 150 平方米，均坐南向北。均由条石砌成石室，顶为封土。其中 M1 为一墓两室，两室形制大小相同，墓室长 3、宽 0.9、高 1.75 米；顶各建有藻井，后壁各建有一龛，墓室前建有一通道。

高顶冠墓地 位于古罗镇互利村，建于清代，占地面积 35 平方米，坐北向南。墓为条石、石板砌成石室四间，每间大小形制相同，室各长 3.8、各宽 0.96、高 2.2 米。后壁各建有一龛，顶各建有一藻井。

陈嘴墓地 位于古罗镇凉风村，建于清代，占地面积 28 平方米，坐东北向西南。墓由条石砌成石室四间，每间形制大小相同，墓室各长 3.5、各宽 0.95、高 1.85 米。室与室之间有通道，前建有墓道，室顶各建有一藻井，后壁各建有一龛。

双桥嘴墓群 位于古罗镇普岗村，建于清代，分布面积 85 平方米，西南向。共有石室墓 4 座，为上三下一排列，编为 M1～M4。墓室均由条石、石板砌成长方形。其中 M1 为一墓二室，大小相同，墓室各长 2.5、宽 1.05、高 1.5 米（下有土），拱顶；墓室内左右后壁分别浮雕有花卉、鹤、鹿、鱼、牌楼等图七幅，该墓二室各壁共有浮雕十四幅图像。M2 至 M4 墓室保存较好。

团山庙墓地 位于古罗镇万山村，建于清代，占地面积 40 平方米，坐东南向西北。墓由条石砌成石室六间，每间形制大小相同，墓室长 3.5、宽 0.93、高 1.85 米。顶各建有一藻井，后壁各建有一龛，每室间建有通道，前有一通道。

柏树嘴墓群 位于古罗镇新燕村，建于清代，共有石室墓 5 座，编为 M1～M5，分布面积 200 平方米，均坐北向南。各墓均为石室墓，M1 封闭保存较好，M2～M5 墓室已扰乱后封堵，不能测量。

古建筑

余嘴民居　位于古罗镇大井村，建于清代，建筑面积 1040 平方米，坐南向北。民居为土木结构，复三合院布局，1960 年因火灾将左侧三合院、左右厢房烧毁后在原址重建为土屋。现存右侧三合院、右厢房和左侧三合院堂屋三间为原始建筑。堂屋为木结构，穿斗式梁架，三穿七柱，悬山式顶，面阔三间 14 米，进深一间 7.5 米，通高 8.5 米；前建有檐廊，堂屋明间大门两侧及左右次间壁中建有木花窗。右厢房为木结构，穿斗式梁架，三穿七柱，悬山式顶，面阔五间 23.5 米，进深一间 5、高 7.8 米。在院坝边建有石屏风，高 2、宽 10、厚 0.35 米，上浮雕双凤朝阳、猴、花卉等图像，坝边间垂带式踏道 23 级。左三合院堂屋与右略同，三合院前建有大石厂坝。

新房子民居　位于古罗镇古罗村，建于清代，建筑面积 350 平方米，坐西向东。民居为四合院，现存前堂三间，后堂三间，右厢房三间和院坝及垂带踏道 19 级等。民居为木结构，穿斗式梁架，悬山式顶。前堂面阔三间 13.5 米，进深一间 4.5、高 7 米，内建有木楼层。后堂面阔三间 13.5 米，进深一间 4.5、高 7 米，内建有木楼层。右厢房面阔二间 8.7 米，进深一间 4.5 米，右侧角尚存一间大间与右厢房同，屋壁建有木花窗，厢房内有一木雕花床。

汪俊宅　位于古罗镇古罗社区，建于清代，占地面积 250 平方米，坐东南向西北。建筑为木结构一楼一底，穿斗式梁架，三穿七柱，悬山式顶，通面阔三间 13.5 米，通进深三间 15 米，通高 6.5 米，屋壁均用木柱、木板构建。临街三间为店面，入内第二间有木质踏道 9 级进入二楼，二楼楼层为木柱、木板铺建。

肖正权宅　位于古罗镇古罗社区，建于清代，占地面积 160 平方米，坐西北向东南。建筑为一楼一底，木结构穿斗式梁架，三穿七柱，悬山式顶，通面阔二间 10 米，通进深三间 18 米，通高 7 米。临街二间为店面，屋壁均为木柱、木板构建，店门为木插板，入内第二间有 9 级木踏道上至二楼。二楼楼层为圆木和木板铺建，二楼临街壁前建有楼廊道，为木质。

万象坝井　位于古罗镇三元村，建于清代，共有古井 3 口，横排分别编为 1 号至 3 号，分布 60 平方米。均用石板、石条砌成和整石凿就。1 号井为圆口，井口直径 0.56 米，井内长方形，外总长 3.5、宽 1.3 米，内深 0.9、长 2.5、宽 0.79 米。2 号井为整石凿建井口，井面用石板砌建，井内如罐状，口小、肚大、底小，井泉清澈如镜，常年不枯；外长 3.05、宽 1.4 米，井口直径 0.6～0.63 米，井深约 3 米，井径约 2.1 米。3 号井被垮石封堵。

该井群分布集中，保存基本完整，是目前宜宾县境内发现的一地多井的唯一文物点，对于研究人文环境、自然环境有重要的科学价值和历史价值。

万象坝庄园 位于古罗镇三元村，建于清代，坐东向西，该庄园平面布局原为复四合院，原占地面积4154平方米。现存左右侧房六间，以及东、南、北围墙、天井院坝、阶梯踏道等建筑，现存占地面积1100平方米。右侧房（一）面阔二间10米，进深一间4米至5.5米，通高6.5米，为土木结构悬山式顶，前设有廊道；右侧房（二）土木结构，悬山式顶，面阔二间10米，进深一间4.5米，前建有廊道。左侧房为土木结构悬山式顶，面阔二间10米，进深一间4.5米。东、南、北围墙为石砌，总长约300、残高4～5、宽1.94米。墙南北各建一山门，南门高2.4、宽1.9、厚1.94米券拱顶，北门稍矮。居民内保存有天井、石坝、阶梯等建筑。

鱼子林民居 位于古罗镇跳墩村，建于清代，建筑面积300平方米，坐东北向西南。民居原为三合院，为土木结构，悬山式顶，现存前堂四间。前堂面阔四间23米，进深一间8.4米，前堂大门两侧各建有木窗，上饰有窗花；大门前建有廊道，廊柱为石质，上浮雕有花卉、图案、鸟、花瓶等，柱上有4个瓜柱，上雕刻有仰莲和俯莲及花卉图案。

李生元宅 位于古罗镇同力村，建于清代，建筑面积200平方米，西南向。建筑原为四合院，现存后堂梢间二间，右侧房三间，木结构穿斗式梁架，三穿五柱，悬山式顶。堂屋梢间通面阔二间11.25米，进深一间5.5米，通高7米。右侧房通面阔三间15.75米，进深一间6米，通高8米；前建有廊道，廊柱上饰有爪柱，爪柱上浮雕有图像，柱础为石质上浮雕、花卉等图像；侧房堂屋为双扇木门，门两侧各建一木窗，木窗饰有花朵等图案。

近现代重要史迹及代表性建筑

郑佑之故居 位于古罗镇同力村，建于清代，东南向，建筑面积200平方米。该建筑为革命烈士郑佑之出生、生活的地方。郑佑之（1891～1931年），四川早期中共党员，优秀革命活动家，四川宜宾县古罗场人。中共宜宾地方组织创建人之一，大革命时期领导川南农民运动，影响深远，人称"川南农王"，赵一曼、余宏文等共产主义战士都先后得到他的培育。

建筑原为四合院，现存后堂右侧二间，右侧客厅一间和卧室三间，共有六间。其中后堂二间为砖木结构，穿斗式梁架，三穿七柱，悬山式顶，通面阔8米，进深一间6米，通高7米，檐有4级石质踏道。右侧三间卧室和一厅为砖木结构，穿斗式梁架，三穿七柱，悬山式顶。通面阔18米，进深一间5米，通高7米；其中侧房第四间进深一间6.75米。右侧房第一、二间屋壁建有花窗，左侧有石质天井。原堂屋正中前保存有垂带式踏道、屋台基、石坝和屋边石砌保坎，长85、高4米，保存柱础数个。

佑之小学旧址 位于古罗镇普岗村，始建于1924年，由郑佑之创建，1997～2004

年陆续改建。学校占地面积 1920 平方米，坐北向南，为三包围布局砖混结构悬山式顶。后为办公室，通道通面阔五间 28 米，进深一间 8 米，其中校办公室面阔一间 8 米，进深一间 8 米，教师办公室面阔一间 4 米，进深 8 米，从右至左第四间为校大门。左右侧房为教室，通面阔五间 30 米，进深一间 8 米，右侧相同，整座校房高约 6 米。校办公室前设有讲台、升旗台和郑佑之画像的水泥瓷砖立屏，校园坝内有 7 个花台，校门外壁门侧挂有"佑之小学"校牌及"爱国主义教育示范学校"牌匾，校门北为操场。

郑佑之烈士墓　位于古罗镇普岗村，1931 年郑佑之牺牲后葬于此，墓坐北向南，占地面积 21.34 平方米。1986 年宜宾县人民政府重新修整立碑。墓由石条砌成长方形，顶为弧形封土，长 5.9、宽 3.64、高 0.58～1.58 米。墓碑嵌在墓前，石质，高 1.26、宽 0.64 米，上阴刻"中国共产党首届四川省委委员"、"郑佑之烈士墓"，碑文隶书，碑顶饰有大红五星图案。宜宾县人民政府于 1989 年 6 月公布为文物保护单位。

孔滩镇

古墓葬

白岩崖墓群　位于孔滩镇白龙村，建于明代，分布面积 500 平方米，共有崖墓 3 座，横排，编为 M1～M3，M1 墓门南向，M2、M3 门向东。M1 墓为单室横穴，墓门高 0.5、宽 0.53、厚 0.13 米，门顶浮雕有仿木建筑图像两面坡屋顶及木柱、梁柱，门缘凿有封门石板用的凹形槽和桩孔。墓室宽 2、深 1、高 0.4～0.5 米，拱顶。

宜宾县人民政府于 2011 年 6 月公布为文物保护单位。

梯子岩崖墓群　位于孔滩镇跃进村，建于汉代，分布面积 150 平方米，共有东汉崖墓 4 座，横排，编为 M1～M4，东向。因墓在陡岩壁中，难以测量。可见 M1～M3 墓门外凿刻有仿木建筑房屋图像，为悬山式，抬梁式梁架，四㭾椽前后搭牵用二柱，为高浮雕。该崖墓群图像真实精湛，是宜宾县崖墓中保存较好、雕刻建筑图像少见的崖墓葬。

宜宾县人民政府于 2011 年 6 月公布为文物保护单位。

柴山坡崖墓群　位于孔滩镇何家村，建于汉代、明代，柴山坡崖墓群共有崖墓 10 座，横排，编为 M1～M10，分布面积 250 平方米，墓门均向北。M1、M2、M9 为竖穴，汉代。M3～M8、M12 为横穴，明代。其中 M3 封门石板已毁，墓为横穴，横长 2.15、进深 0.7、高 0.7 米，拱顶。M5 横穴墓门高 0.7、宽 1.85 米，墓穴长 1.95、宽 0.8、高 0.7 米。

岩湾子崖墓群　位于孔滩镇金凤村，建于汉代、明代，共有崖墓 15 座，编为 M1～M15，分布在南至北 156、上下高 5 米范围，分布面积 800 平方米，东向。M1、M6 为竖穴，汉代；其余均为横穴，明代，均已扰乱。其中 M1 距地表 5 米，不能测量，为竖穴墓，门顶浮雕有斗拱。M5 墓为横穴，横长 1.95、深 0.6、高 0.4~0.6 米，斜顶。

洞子河崖墓　位于孔滩镇李台村，建于明代，占地面积面积 2 平方米，坐北向南。该墓为单室横穴，一墓二门，二墓门大小相同，高 0.65、宽 0.6、厚 0.2 米。二门内为一横穴，宽 2.5、深 0.75、高 0.7 米。

六乡崖墓　位于孔滩镇六乡村，建于汉代，共有崖墓 2 座，分布在东至西 20、上下宽 3 米的崖壁上，分布面积 60 平方米，编为 M1、M2。M1 距岩脖子 4 米，M2 距岩脚 7 米，因墓在陡岩壁上，不便进入测量，但见 M1 墓门顶浮雕有仿木建筑图像。曾有村民用三个短梯捆成一个长梯入崖墓室，据讲 M1 呈正方形，室长 3、高 1.5 米，平顶，室后稍高。

桑梁坡崖墓群　位于孔滩镇龙华村，建于明代，共有崖墓 5 座，编为 M1~M5，分布在东西长 40、南北宽 3 米的椅子湾后桑梁坡右壁上，分布面积 105 平方米。墓群横排，均凿建于整山崖石壁上，均为单室横穴。各墓墓室形制大小基本相同，均长 1.95、高 0.5~0.6、深 0.5~0.6 米。其中 M3 墓室是墓群中最大的一个墓，门高 0.7、宽 1、厚 0.65 米；墓室宽 2.6、深 1.3、高 0.95 米，拱顶。

长圆洞崖墓群　位于孔滩镇三星村，建于汉代，共有崖墓 11 座，横排编为 M1~M11，分布在南北长 150、东西宽 6 米范围内，分布面积 900 平方米，墓门均向东，均为单室。其中 M1 为双层门楣，门高 1.5、宽 1.3、厚 0.4 米；墓室中有积土，墓室长 3.5、宽 2.2、高约 1.75 米；拱顶，后壁有一龛。

索儿坡崖墓群　位于孔滩镇天堂村，建于汉代，共有崖墓 3 座，横排，编为 M1~M3，分布面积 150 平方米。M1 墓门向南，M2、M3 墓门向东。M1 门顶已残，门宽 0.55、厚 0.45 米，门框周凿有凹形槽；墓室长 2.7、宽 2.3、高 1.3 米，室底有少许积土，墓顶拱顶。M2、M3 墓门有封土和杂草。

秧田坡崖墓　位于孔滩镇天堂村，建于汉代，共有崖墓 2 座，编为 M1、M2，分布面积 150 平方米，M1 墓门西向，M2 墓南向。M1 墓门处长满杂草。M2 为双门楣，门高 0.84、宽 0.82 米；墓室长 4.3、宽 2.4、高 2 米，拱顶。

高石梯崖墓　位于孔滩镇跃进村，建于汉代，分布面积 20 平方米，东南向，因墓在陡岩壁上，无法测量。可见墓门为长方形，外为仿木建筑两面坡顶，浮雕有房屋建筑抬梁式梁架图像。

桥边坡墓地　位于孔滩镇金场村，建于清代，共有墓 2 座，二墓竖排，编为 M1、M2，均坐南向北，分布面积 100 平方米。其中 M1 墓周用条石砌成长方形，顶为封土，墓长 5.5、宽 3.2、高 1.85 米，墓前立一石碑。碑为单檐庑殿顶，碑高 3、宽 2.8、厚 0.35 米，两侧建有石鼓，上浮雕人物、石狮等图像；两侧柱阴刻对联"山明水秀富贵必遐昌；虎踞龙蟠子孙其逢吉"；正明阴刻"大清头考郭公讳义老□□□□"；题记"同治十一年"。

猫凶墓群　位于孔滩镇羊石村，建于清代，共有石室墓 3 座，编为 M1～M3，分布面积 92 平方米，墓门均向西北。各墓均为石条砌成，顶为封土。其中 M1 由条石砌成石室二间，二室大小相同，室长 2.8、宽 0.9、高 1.5 米；后壁各建有一龛，高 0.75、宽 0.5、深 0.12 米；顶建有藻井，长 1.5、宽 0.75、高 0.4 米。

古建筑

白马街民居　位于孔滩镇白龙社区，建于清代，占地面积 226 平方米，坐西向东。民居为木结构，一楼一底，穿斗式梁架，三穿七柱，悬山式顶，面阔三间 15 米，进深二间 9 米，通高 6.5 米。东西临街处建有廊道。

幺台儿湾井　位于孔滩镇东林村，建于清代，占地面积 4 平方米。井为石条、石板砌成，井口用两块石板凿成，井壁用条石砌成正方形，井口直径 0.525、厚 0.12 米，井径约 0.85、深约 5 米。村民近年新置有一圆形水泥井盖。

江扁民居　位于孔滩镇江湾村，建于清代，建筑面积 110 平方米，坐北向南。民居原为四合院，现存正堂屋明间和左次间。二间堂屋为穿斗式梁架，三穿七柱，悬山式顶，小青瓦屋面，面阔 10 米。其中明间进深一间 8 米，左次间进深二间 9 米，通高 7米，明间大门侧建四间雕花木窗。屋前有一石坝。

邱德宣染布作坊　位于孔滩镇孔滩社区，是清末年间邱德宣染布作坊和经营布匹的店铺，占地面积 120 平方米，坐东向西。作坊为一楼一底木结构，穿斗式梁架，三穿五柱，悬山顶，小青瓦屋面，面阔五间通宽 20、进深一间 6 米，通高 5.5 米。第三间南面屋壁处，保存有石条砌成建的售布窗口摊拉柜台。

猪儿桥　位于孔滩镇马乾村，建于清代，建筑面积 12 平方米，呈东西走向。桥用条石砌墩、石板建成，为三孔平桥，长 8、宽 0.9、高 1.6、桥孔跨度 1.2、桥面厚0.3 米。

徐扁民居　位于孔滩镇万家村，建于清代，建筑面积 1200 米，坐北向南。民居原为四合院，现存后堂和左右厢各一间。后堂为木结构穿斗式梁架，三穿七柱，悬山式顶，面阔六间通宽 30、进深二间 9 米，通高 2.5 米。左右厢房相同，各面阔一间 4.2米，进深一间 7 米，通高 2 米。大石坝保存较好。

石窟寺及石刻

佛家洞石窟寺　位于孔滩镇何家村，建于清同治元年（1862 年），佛家洞石窟寺凿于佛家洞"V"形半山腰，长 50、宽 5 米的岩壁上，分布面积 200 平方米，坐西向东。

共有造像三龛二十五尊和人工凿成的石室一间，造像编为1~3龛。

1号龛长14、高2、深0.36米，内浮雕十八罗汉，均站立，大小相同，通高0.8、肩宽0.4米，各罗汉是各踩螃蟹、蛇等怪兽像。2号龛长3、高2.5、深0.35米，内浮雕两尊造像，并坐在同一青狮背上，结珈趺坐，第一尊坐高1.27、胸宽0.59米，第二尊坐高1.58、胸宽0.5米。3号龛长2、高2.2、深0.3米，内浮雕3尊造像，大小相同，坐高1.52、肩宽0.52、须弥座高0.12米。

石室占地85平方米，东北向，为整山石凿成，由享堂、通道、石室三部分组成。享堂高6、宽3.5、深3.8米，临通道处有阶梯4级。通道门高1.4、宽0.6、厚0.2米，顶阴刻三条鱼交织在一起；通道长4、宽0.9、高1.6米。石室长（深）7.2、宽7.2、高约5米，顶为梯形。在石室右约25米处造像旁有一碑，高0.5、宽0.7、厚0.11米，上阴刻"万古不朽"及"川祖会"、"神龙会"等捐款人名，题记"大清同治元年"。

复龙镇

古墓葬

和尚坡崖墓　位于复龙镇冠英村，建于汉代，共有崖墓2座，编为M1、M2，分布面积100平方米，墓门均向东。其中M1为单室竖穴，墓门高0.75、宽0.58、厚0.16米；墓门顶阴刻一怪兽头像，门两侧各浮雕一站立武士，武士头戴盔甲，双手握一剑柄，剑锋向下；墓室长2.5、宽0.8、高1.3米，平顶。M2在悬崖壁，墓门较大，无雕刻。

赵坝崖墓群　位于复龙镇义兴村，建于汉代，共有崖墓5座，编为M1~M5，分布面积660平方米，东向。M1、M2、M5已扰乱为空墓，M3、M4墓室扰乱后已封堵，墓室内积满泥土。其中M1墓室为单室，竖穴，墓门顶凿有"⌒"形凹槽，墓门高0.85、门宽0.6、厚0.21米；墓室长2.1、宽0.95、高1.15米，平顶。

松峰村蛮洞湾崖墓　位于复龙镇松峰村，建于宋代，占地面积2.5平方米，坐东向西。墓为单室，由整岩石凿成，墓室左侧前部损坏，墓室残长2.5、高1.1、宽1米，拱顶；后壁有一龛，高0.8、宽0.6、宽0.16米，拱顶。龛前置一石刻圆雕人物，高0.5、肩宽0.15、头高0.13米。

活石包墓群　位于复龙镇庆高村，建于明代，活石包墓共有石室墓11座，编为M1~M11，横排，分布面积280平方米，均为坐东向西。各墓室均由石条砌成，形制分别为一墓二室，一墓三室，一墓四室，一墓六室。其中M1为一墓二室，墓通宽3、长4.5、高2米；二室大小相同，室长3、宽0.9、高1.7米；藻井顶，藻井长1、宽0.9、高 0.45 米；后壁各有一龛，龛高 0.8、宽 0.4、深 0.15 米。

红石坎崖墓群 位于复龙镇永安村，建于明代，共有崖墓 3 座，编号为 M1～M3，分布在红岩组红岩坎岩壁上，南至约 120、东至西 20 米范围内，分布面积 180 平方米。周围是莽草丛，不能进行测量。

岩脚下崖墓 位于复龙镇永安村，建于明代，岩脚下崖墓共有崖墓 2 座，编为 M1、M2，横排，均坐西向东，分布面积 50 平方米。M1～M2 因在陡岩壁上，无法进行测量。

石包湾崖墓 位于复龙镇永安村，建于明代，占地面积 5 平方米。在红岩组石包湾崖壁上，因崖墓在陡壁上，不便进行测量。

牛屎埂崖墓群 位于复龙镇永安村，建于明代，共有崖墓 3 座，编为 M1～M3，分布面积 200 平方米。M1～M2 呈横排，分布在牛屎埂东至西 5、南至北 6 米范围内，东向；M3 在二洞子岩壁上，北向。均为单室，其中 M2 为横穴，墓门高 0.78、宽 0.66、厚 0.35 米，内有门臼 4 个，门外雕有一斗拱；墓室深 1.4、宽 2.1、高 1.3～1.4 米，仿木建筑结构，两面坡顶。

李中奇夫妇墓 位于复龙镇花果村，建于清代，占地面积 28 平方米，坐北向南。墓由条石砌成长方形，墓顶为弧形封土，墓长 5.5、宽 3.5、高 2.2 米，前立一石碑。碑为仿木结构重檐庑殿顶，四柱三开间，宽 4.2、高 3、厚 0.35 米；上浮雕人物十二幅和花卉等，顶阴刻"昭兹来许"；两侧阴刻对联二副，其一为"松峰拱向斯□□　壩水回环若□□"。

黑石头墓群 位于复龙镇米库村，建于清代，共有石室墓 13 座，编为 M1～M13，分布面积 1500 平方米，均坐北向南。从扰乱的 M1～M5、M8、M9 表明，各墓室形制相同，各墓室均为石条砌成，墓分为一墓 2 室，一墓 4 室，一墓 3 室。其中 M2 为一墓二室，墓通长 4、宽 2.8、高 2.2 米；二室大小相同，二室间有通道口，长 2.6、宽 0.9、高 1.7 米；藻井顶，后有一龛，高 0.6、宽 0.4、深 0.13 米。

曾家山墓地 位于复龙镇米库村建于清代，共有墓 2 座，编为 M1、M2，分布面积 250 平方米，竖排，形制相同，均坐东向西。其中 M1 为石砌长方形，顶为弧形封土，前立石碑。碑为仿木结构，单檐庑殿顶，浮雕二人物和三副花卉，顶龛阴刻"终焉□藏"；正中楷书阴刻"皇清诒显妣杜门□□□□"，题记"道光三年季夏月日立"；两侧阴刻对联"爱将碧石焉生□；敢以佑骸寄夜其"。

坟嘴墓群 位于复龙镇庆高村，建于清代，共有墓 5 座，编为 M1～M5，分布面积 300 平方米，均坐东向西。墓群横排，形制相同，均由石条砌成长方形，共有碑五通，仿木结构建筑，单檐庑殿顶。其中 M1 墓长 5、宽 3.2、高 1.75 米，顶为弧形封土，前立一石碑。碑高 2.3、宽 1.4、厚 0.26 米；碑顶阴刻"蔚霞蒸云"，上浮雕二龙头、二人及花卉；正中楷书阴刻"清故祖妣李母杜寂聪之墓"，题记"道光二十年孟冬月廿四日立"；两侧阴刻对联一副。

沙坡坡墓群　位于复龙镇庆高村，建于清代，共有石室墓 12 座，编为 M1～M12，分布面积 310 平方米，呈上下横行排列，均为坐东向西。各墓室均由石条砌成，从已扰乱的几座墓表明，墓为一墓四室、一墓二室、一墓六室。其中 M1 为一墓四室，墓通长6、宽5、高 2.4 米；四间墓室大小相同，墓室长 3.2、宽 0.9、高 1.6～1.85 米，藻井顶；后壁各有一龛，高 0.9、宽 0.54、深 0.25 米。

大青林墓群　位于复龙镇润坝村，建于清代，共有石室墓 3 座，编为 M1～M3，分布面积 260 平方米，墓口均向西。M1、M3 扰乱后封闭，M2 封闭完好，M3 压在彭招才屋坝下。因各墓均被封堵，不能进行测量。

生基包墓　位于复龙镇田坝村，建于清代，占地面积 30 平方米，坐东北向西南。墓室前建有墓道，墓由条石砌成石室四间，每间大小形制相同，墓室各长 3.5、宽各0.85、高 1.75 米；顶各建有藻井，后壁各建有一龛。

老房子墓群　位于复龙镇西牛村，建于清代，共有墓 3 座，横排，编为 M1～M3，墓群分布在老房子长 160、宽 40 米的范围内，分布面积 6400 平方米，M1 坐西南向东北，M2、M3 坐南向北。各墓由石条砌成长方形，前各立一石碑，M1 碑长方形，M2、M3 碑为仿木结构建筑，重檐庑殿式顶。其中 M1 长6、宽 4.5、高 1.9 米，顶为弧形封土；碑高 2.2、宽 1.2、厚 0.2 米，正中楷书阴刻"清诰赠振威将军曾公讳正绸老大人之墓"；M2、M3 墓碑浮雕有人物、动物、花卉等图像。

蒲常清墓　位于复龙镇永安村，建于清同治辛未年（1871 年），占地面积 25 平方米，坐东向西。墓冢由条石砌成长方形，长 5.5、宽3、高 1.7 米，顶为封土，前立一石碑。碑为仿木建筑单檐庑殿顶，宽 2.1、高 2.8、厚 0.35 米；碑顶浮雕有九尊人物、花卉、动物等，碑两侧各浮雕一石狮、石鼓碑；顶龛阴刻"万代兴隆"，碑正中楷书阴刻"显妣蒲常清墓"，题记"大清同治辛未年"，两侧阴刻对联一副。

唱戏坡墓地　位于复龙镇马林村，建于清道光元年（1821 年），占地面积 30 平方米，坐北向南。墓由条石砌成长方形，顶为弧形封土，墓长 5.5、宽 3.5、高 2.1 米，前立一碑。碑为仿木结构建筑，四柱三开间，庑殿式顶；碑顶阴刻"龙章宠锡"，上浮雕牛耕图、人物、凤、花卉等；碑正中楷书阴刻"旨覃恩赐正八品寿者舒□□□□"，题记"大清道光元年仲夏月望四日立"。

曾石氏墓　位于复龙镇清溪村，建于清同治六年（1867 年），占地面积 28 平方米，坐东北向西南。墓长 5.5、宽 3.5、高 2.3 米，墓由条石砌成长方形，顶为弧形封土，前立一石碑。碑为仿木结构建筑，重檐庑殿顶，四柱三开间，高 3.4、残宽 2.5、厚0.35 米；上残存浮雕人物三幅二十二尊人像、二龙、双凤及花卉三幅和动物鸟兽画等；顶龛阴刻"气聚龙停"，正中楷书阴刻"清显妣曾母石老□□□□"，题记"同治六年天□□□", 两侧四碑柱阴刻对联一副。该墓图像雕刻生动精湛, 有较高的艺术价值。

古建筑

曾氏祠堂　位于复龙镇永安村, 建于清代, 坐东南向西北, 建筑面积 650 平方米。曾氏家祠为四合院, 现存门房、正堂和右厢房。门房为砖结构, 犹如一牌坊, 四柱三开间, 高 7.5、宽 11.16 米, 中间有一拱顶门, 宽 1.65 米, 门顶凸塑有 "曾氏家祠", 其上凸塑花朵、动物等图像。正堂为砖木结构, 悬山式屋顶, 穿斗式梁架, 四穿九柱, 面阔五间通宽 24、进深一间 7 米, 通高 8 米。右厢房, 面阔三间 14 米, 进深一间 6.2 米, 通高 6.8 米, 右侧有砖砌围墙。

宜宾县人民政府于 2006 年 9 月公布为文物保护单位。

老街民居　位于复龙镇复龙社区, 建于清代, 占地面积 433 平方米, 坐东向西。建筑为一楼一底砖木结构, 穿斗式梁架, 三穿五柱, 悬山顶。临街处为面阔四间 20 米, 通进深四间 16 米, 后面阔六间 29 米, 通高 7.5 米, 临街檐坎处建有廊道。二楼楼层及屋壁和门均为圆木、木板构建, 右侧壁墙为砖砌。

复龙玉皇观　位于复龙镇清溪村, 建于清乾隆四十六年 (1781 年), 现存建筑面积 116.1 平方米, 坐东北向西南。建筑原为四合院布局, 大多已毁, 现存正殿二间, 木结构, 硬山式顶, 穿斗式梁架, 四穿九柱, 面阔两间 12 米, 进深一间 7.74 米, 通高 7 米。前有垂带式踏道 6 级, 素面台基高 1.66 米。1987 年第二次普查表登记在次间后墙石碑题记刻有: "……清乾隆四十六年修……到光绪四年培修"。

新寨子　位于复龙镇西牛村, 建于清代, 坐北向南, 为复四合院布局, 建筑面积 1720 平方米。前堂为砖木结构, 悬山式顶, 穿斗式梁架, 面阔五间 25 米, 进深一间 6.2 米, 通高 7.5 米, 台基高 1.8 米。中堂为砖木结构, 悬山式顶, 穿斗式梁架, 三穿七柱, 面阔五间 25 米, 进深一间 6.2 米, 通高 7.5 米。后堂为木结构, 悬山式顶, 穿斗式梁架, 面阔七间 42 米, 进深一间 6.5 米, 通高 7 米。左右厢房面阔五间 36 米, 进深一间 6.5 米, 通高 7 米。

曾家民居　位于复龙镇西牛村, 亦称 "老寨子", 建于清代, 坐北向南, 建筑面积 1060 平方米。为复四合院布局, 整个建筑为砖木结构, 悬山式顶, 穿斗式梁架。正堂为穿斗式, 三穿七柱, 面阔六间通宽 32 米, 通进深一间 6.5 米, 通高 6 米; 前为石坝, 坝前有 6.6 米宽, 垂带踏道 10 级。右厢房面阔三间 12 米, 通进深 7.5 米, 通高 6 米。中堂左侧现存两间, 前坝下存三间, 为正堂右侧厢房左侧有六间房屋。该民居部分门窗木柱上浮雕有花卉、动物等图像。

登启寺　位于复龙镇永安村, 建于清代, 占地面积 341.9 平方米, 坐北向南。建筑为四合院布局, 分为前殿、后殿、左右厢房。前殿为砖木结构, 悬山式顶, 抬梁、穿斗结合式，穿斗式为三穿九柱，面阔三间 16.2 米，进深一间 7 米，通高 7 米。后殿为砖木结构，悬山式顶，抬梁、穿斗结合式，穿斗式为四穿十一柱，面阔三间 16.2 米，进深二间 10 米；素面台基高 2 米，垂带式踏道各 10 级。左右厢房为砖木结构，穿斗式三穿七柱，面阔二间 8 米，进深二间 6.5 米，通高 6.5 米。在前殿梁木上写有墨色楷书修建时上梁记载，殿有捐资碑二通，原造像四尊等。

古柏乡

古墓葬

排龙山崖墓 位于古柏乡古柏村，建于汉代，占地面积 7 平方米，东北向。墓为单室，门高 1.3、宽 1、厚 0.5 米。墓室长 2.8、宽 1.8、高 1.9 米，顶微拱。后壁有一龛，宽 1、高 0.8、深 0.6 米。

沙湾崖墓群 位于古柏乡古柏村，建于汉代，共有崖墓 8 座，分布面积 200 平方米，横排，编为 M1~M8，东北向。其中 M6 为单室，墓道长 1.8、宽 1.45、高 1.9 米（下有填土）；门宽 1.2、高 1.9（下有填土）、门厚 0.6 米；室长 3.6、宽 1.8~2 米，室下部填土至室顶 1.2 米；两面坡顶，左壁有石棺，长 2.1、宽 0.7 米，因有填土高不详；后壁有一龛，高 1、宽 1.5、深 0.6 米，仿木屋两面顶。

新渡口崖墓 位于古柏乡金坪村，建于汉代，分布面积 30 平方米，坐西向东。墓为单室，由墓道、墓室、石棺、壁龛、石灶组成。墓道长 5.5、宽 1.65 米。墓室长 3.65、宽 2.05、高 2.4 米（下有积土）。拱顶，右壁有一石棺，长 2.3、宽 0.75、高 0.45 米。后壁有一龛，龛顶额深 1.4、高 1.04 米。前右有一小灶，左有一小龛，宽 0.96、深 0.43、高 0.46 米，上浮雕二动物。

红石湾崖墓群 位于古柏乡民治村，建于汉代，共有崖墓 14 座，编为 M1~M14，分布面积 360 平方米，西向。其中 M1 门宽 0.8、高 0.6 米，门下和墓室有大量积土，门厚 0.7 米；室长 2.2、宽 1.6 米，积土上至室顶高 0.6 米，拱顶。

观音渡崖墓群 位于古柏乡民治村，建于汉代，共有崖墓 3 座，横排，编为 M1~M3，分布面积 360 平方米，门均向南。其中 M3 门高 1.15、宽 0.9、厚 0.5 米；室长 3.65、室宽 1.9、高 1.65 米，下有少量积土，拱顶；后壁有一龛宽 1.5、深 1.54、高 0.9 米；室左有一棺台，长 2.3、宽 0.7、高 0.3 米。室右壁与 M1 有一洞相通。M2 与 M3 间新建观音菩萨龛。

下河扁崖墓群 位于古柏乡民治村，建于汉代，共有崖墓 5 座，上下三排横排，编为 M1~M5，分布面积 300 平方米，西南向。其中 M3 为单室，墓道长 2.5、宽 1.9 米；

门宽 1.05、高 0.66（下有土）、厚 0.4 米；室长 3.8、宽 1.5～1.7、高 1.5 米（下有填土），拱顶；后有一龛，高 1.2、宽 1.1、深 0.8 米；左右壁各一石棺，被土掩盖，墓门左右壁各一龛。

宝峰寺崖墓　位于古柏乡岷江村，建于汉代，占地面积 15 平方米，坐北向南。墓门宽 1.2 米，门及墓室有封土，墓门处有一缝隙，高 0.3、宽 1.2 米。

和尚坡小坝子崖墓群　位于古柏乡岷江村，建于汉代，共有崖墓 4 座，横排，编为 M1～M4，分布面积 240 平方米，南向。因各墓墓门墓室均有封土，无法测量。

石滩崖墓群　位于古柏乡岷江村，建于汉代，共有崖墓 5 座，横排，编为 M1～M5，分布面积 156 平方米，南向。其中 M2 墓道长 1.4、宽 1.4 米；墓门宽 0.8 米（下有土），墓室长 5、宽 3、高 1.7 米（室底有积土），室顶为拱顶；后壁有一龛，宽 1、高 0.85、深 0.7 米。M1、M3～M5 墓室有封土。

公房坡崖墓群　位于古柏乡埝坝村，建于汉代，共有崖墓 18 座，编为 M1～M18，呈上、中、下三排排列，分布面积 600 平方米，南向。墓门大多有泥土封堵，其中 M5 门已残，墓室长 4.6、宽 1.7、高 1.9 米，拱顶；后左右壁各有一龛，后壁龛宽 1.2、高 0.95、深 0.7 米；左一小龛高 0.4、宽 0.8、深 0.3 米；右一龛宽 1.1、高 0.48、深 0.3 米；左壁有一石棺，石棺长 2.3、宽 0.7、高 0.7 米。

棺山湾崖墓群　位于古柏乡埝坝村，建于汉代，棺山湾崖墓群共有崖墓 10 座，横排，编为 M1～M10，分布面积 150 平方米，均坐北向南。墓门、墓室均有泥土封堵。其中 M9 门宽 1 米。

乱石山崖墓群　位于古柏乡埝坝村，建于汉代，共有崖墓 7 座，横排，编为 M1～M7，分布面积 150 平方米，坐北向南，大多扰乱后封堵。其中 M1 单室，门已残，墓长 4.6、宽 1.2～1.4、高 1.8 米（室底有水量积土），拱顶；左右壁各有一石棺，长各为 2.3、宽 0.6～0.8 米，因下有积土，高度不详；后壁有一龛，高 1、宽 1.3、深 0.7 米；右壁有一小龛，长 0.8、宽 0.4 米。

竹根凼崖墓群　位于古柏乡永乐村，建于汉代，共有崖墓 9 座，编为 M1～M9，横排分布在雪兰沱后面山坡上南北长 85、上下高 5 米的范围内，分布面积 405 平方米，西向。M1～M9 均有封土。M1 墓道宽 1.5 米；M2 墓门宽 1.1 米；M3 墓道宽 1.1、长 2.7 米。

撑棍坡崖墓　位于古柏乡永乐村，建于汉代，共有崖墓 2 座，分布在南至北 16、上下高 3.5 米范围内，分布面积 50 平方米，横排，编为 M1、M2，西向。其中 M1 墓道长 4.5、宽 1.8 米；墓门宽 1.05、高 0.8（下有积土）、厚 0.6 米；墓室长 5、宽 3.2、高 1.5 米（下有积土），拱顶；后壁有一龛，高 0.86、宽 0.8、深 0.3 米。M2 有封封土。

永乐崖墓群　位于古柏乡永乐村，建于汉代，共有崖墓 9 座，编为 M1～M9，横排，距地表高 15 米分布面积 300 平方米，墓门均南向。M1、M5 ~ M7、M9 有封土。其中 M6 墓道长 1.5、宽 1.9 米，拱顶；双门楣，门宽 1.16、高 1.31 米；单室，长 4.6、宽 2.4、高 1.45 ~ 1.6 米；内有二石棺，各长 2.3、各宽 0.7 米。因下有土，高度不详。

雪兰沱崖墓群　位于古柏乡永乐村，建于汉代，共有崖墓 10 座，分布面积 500 平方米，横排，编为 M1 ~ M10，墓门均南向。各墓门、墓室有泥土封堵。其中 M2 墓道宽 1.5、残长 1 米。M3 墓道宽 1.1、残长 2.2 米。M4 墓道宽 1.4、残长 1.5 米。

银窝山崖墓群　位于古柏乡永乐村，建于汉代，共有崖墓 5 座，分布面积 200 平方米，上下两排，编为 M1 ~ M5，坐北向南。其中 M1 门长 1.55、宽 0.92、厚 0.2 米；室长 2.9、宽 2.6、高 2.1 米；两面坡顶，门外左右壁有五个方孔。近年室内左右后壁新凿造有菩萨，并有人居住，装有木制门。M2 ~ M5 墓门墓室有封土。

火烧屋基墓群　位于古柏乡永乐村，建于清代，共有石室墓 4 座，分布面积 180 平方米，横排，编为 M1 ~ M4，坐东向西。其中 M1 为一墓二室，二室大小形制相同。墓室各长 3.3、宽 1、高 1.7 米；藻井顶，藻井长 1.2、宽 0.8、高 0.3 米；后壁各有一龛，高 0.75、宽为 0.6、深为 0.2 米。

岩扁崖墓群　位于古柏乡永乐村，建于汉代，岩扁崖墓群共有崖墓 6 座，分布在南北长 30、上下高 5 米范围内，分布面积 180 平方米，编为 M1 ~ M6，横排，西向。其中 M4 墓室下大部分有封土，墓门宽 0.88、厚 0.55 米（因门下有土，高不详）；墓室长 3.7、宽 2.8、高 1.9 米（下有土，高不详），拱顶。其余各墓有封土。

拖船浦崖墓群　位于古柏乡越江村，建于汉代，分布面积 7500 平方米，横排分布在越溪右岸拖船浦东西长 300、上下宽 25 米，距河面高 2 ~ 15 米的坡壁上，门均向东。共有崖墓 18 座，编为 M1 ~ M18。其中 M1 双层门楣，上浮雕有斗拱、房檐瓦当及双龙图案；墓道宽 1.65、长 1.3 米；墓门宽 1.08、高 1.5、厚 0.5 米；墓室长 4.75、宽 2.2、高 1.65 ~ 2.45 米拱顶；后壁有一龛宽 0.67、深 0.6 米，顶已毁。M7 为双层门楣，宽 1.15、高 1.7 米，上浮雕 4 拱；室长 2、宽 1.75、高 1.75 米；拱顶两侧各一石棺，左棺长 2、宽 0.65、高 0.6 米，右棺已毁；后有一龛，宽 1.3、高 0.9、深 0.2 米。

渡船塝崖墓群　位于古柏乡越江村，建于汉代，共有崖墓 5 座，编为 M1 ~ M5，分布面积 300 平方米，南向。因各墓门墓室有封土，不能入内进行测量。

上游房崖墓群　位于古柏乡越江村，建于汉代，共有崖墓 4 座，横排，编为 M1 ~ M4，分布面积 120 平方米，东南向。其中 M2 墓道宽 1.63、长 3.1、高 4.1 米；门高 1.35、宽 1.12、厚 0.6 ~ 0.8 米；墓室高 1.86、墓室长 3.2、宽 1.7 米；室后部凿建有二石棺，各长 2.1、高 0.8、宽 0.85、深 0.5 米。

水对沟崖墓　位于古柏乡越江村，建于汉代，占地面积 15 平方米，坐东北向西南。墓室内有泥土封堵，无法测量。

越江崖墓群 位于古柏乡越江村，建于汉代，共有崖墓 5 座，呈上下横排，编为 M1～M5，分布面积 160 平方米，南向。M1～M5 墓室内均有封土。M1 在公路壁，墓门及墓道已毁。

大溪沟崖墓 位于古柏乡越江村，建于汉代，占地面积 18 平方米，坐西北向东南。墓为单室，墓门宽 0.75、高 0.5（下有积土）、厚 0.5 米。墓室长 4、宽 2.1、高 1.75 米（前下有积土）。后壁有一龛，高 0.9、宽 0.8、深 0.7 米。右侧有一石棺，长 2.3、宽 0.8 米。因室内有积土，高度不详。

严湾头墓地 位于古柏乡古柏村，建于清代，占地面积 50 平方米，坐西向东。墓由石条砌成石室六间，每间大小相同，各室长 3.4、宽 0.99、高 1.8 米。各室顶有一藻井，长 0.8、高 0.35、宽 0.95 米。各室前有墓道和通道口互通。

万家湾墓群 位于古柏乡永乐村，建于清代，共有石室墓 4 座，编为 M1～M4，分布面积 280 平方米，均坐东向西。各墓墓室均有封土。其中 M1 扰乱后封堵，从暴露的墓室砌看，为一墓二室，大小相同。墓室宽 0.7 米，因墓室内有封土不能测量。

火烧屋基墓群 位于古柏乡永乐村，建于清代，共有石室墓 4 座，分布面积 180 平方米，横排，编为 M1～M4，坐东向西。其中 M1 为一墓二室，二室大小形制相同。墓室各长 3.3、宽 1、高 1.7 米；藻井顶，藻井长 1.2、宽 0.8、高 0.3 米；后壁各有一龛，高 0.75、宽为 0.6、深为 0.2 米。

古建筑

宝峰寺 位于古柏乡岷江村、民治村、埝坝村交界处，建于明清时期，坐西北向东南，占地面积 660 平方米。该寺为砖、木结构悬山式顶，现存后殿、中殿和右厢房。

后殿为砖木结构，抬梁穿斗结合式，通高 7 米，通面阔三间 16 米；明间两侧为抬梁式，六架椽屋前后乳栿用四柱，面阔一间 6 米，进深一间 11 米；左右次间均为穿斗式三穿五柱，面阔一间 5 米，进深一间 11 米。

中殿为抬梁穿斗结合式，通面阔四间 15 米，通高 6.5 米；明间面阔一间 5 米，进深 8 米；左右次间面阔一间 6.35 米，进深一间 8 米，檐顶施有斗拱。右厢房面阔五间通宽 25、进深一间 6.35、高 6 米。

宜宾县人民政府于 2006 年 9 月公布为文物保护单位。

李子坝民居 位于古柏乡高民村，建于清代，占地面积 524 平方米，坐东南向西北。民居为四合院，长 32、通宽 17 米。正房五柱，面阔三间，主厅开间 5.2 米，左右开间 7.6 米，进深 6、高 6.2 米。厢房四柱，面阔三间，开间 3 米，进深 5.4、高 5.5 米，穿斗式结构，柱下施石质柱础。民居为是侯家祖居，已传八代。

方山冲民居 位于古柏乡高民村，建于清代，建筑面积 582 平方米，坐南向北。民居为四合院，通宽18.4米，通进深31.6米。正房为三穿六柱，面阔三间，高约6米。两侧耳房，通宽8、高约5.2、进深8米。厢房三穿五柱，面阔一间宽10、进深5.4米，柱下施石质柱础。

古柏川主庙　位于古柏乡古柏社区，建于清代，现存建筑面积416米，坐北向南。前殿已毁，现存中殿、后殿。中殿为砖木结构，穿斗式梁架，三穿五柱，面阔三间通宽14、进深一间6米，通高6.5米；其中明间宽4.8、进深6米；左右次间各宽4.6、进深各6米；前有石质踏道二级。后殿为砖木结构，抬梁、穿斗结合式，悬山式顶，面阔三间通宽15米，通进深9米，通高7.5米；其中后殿明间为抬梁式，前后栿栿搭牵用4柱，宽5、进深9米；左右次间，为穿斗式梁架三穿七柱，各宽4.4、进深9米。

皂角桥　位于古柏乡红庙村，建于清代，建筑面积28平方米，呈东西走向。桥为八墩九孔石板平桥，建于小溪之上，长23.6、宽1.15、高1.9米。桥面石厚0.5、长2～2.3米不等，桥墩长1.65、宽0.4米，衬墩石长约2.2米。该桥是红庙村通往越溪的主要道路桥。

李家桥　位于古柏乡凉水村，建于清代，建筑面积约8平方米，呈南北走向。桥为石质，一墩两孔平桥，桥长6米，桥面宽0.9、厚0.5米。桥墩长2.5、宽1米，桥高2.1米，两岸桥头有护堤。该桥是老干坝通往古柏乡的赶场大道的必经处。

王场乡

古遗址

寨子上遗址　位于王场乡革新村，建于清代，分布面积3000平方米，坐东向西。寨子四周曾筑有2米宽土夯围墙，绕于四周寨边，近年陆续毁坏，今已无存，仅遗存寨门一个及部分阶梯。寨门为在天然大整石山上凿造而成，门宽3.06、内高3.7米，由西向东宽18.68、长25.9米，顶宽2.8米，门额高2.2米。

古墓葬

棚子坡崖墓　位于王场乡花阳村，建于汉代，分布面积38平方米，坐西北向东南。墓门宽0.6、高1.3、厚0.8米。墓室进深4.3、宽3.3、中高2.15、右壁高1.77、左壁高1.7米。其室内凿刻成仿木建筑抬梁式梁架，五架椽屋前后乳栿搭牵用工柱图像，室顶为两面坡，室内四壁顶均浮雕有斗拱。室前壁浮雕三人像，两小一大，其中大者高1.1米，手持兵器，另二人作习武状，头式均椎髻；左壁浮雕四人像及一兽，其中一人手握旌旗作奔跑状、一人盘坐、一人手握长刀、一人站立于室角；右壁浮雕三人一兽，其中一人手握长棍、一人盘坐、一头式丫髻站立的孩童。该墓浮雕图像丰富，形象生动逼真。

宜宾县人民政府于 2011 年 6 月公布为文物保护单位。

马蹄岩崖墓　位于王场乡革新村，建于汉代，占地积约 30 平方米，坐南向北，距地表高约 12 米。墓为单门楣，门高 0.88、宽 0.7 米；拱顶，单室，长 2.2、宽 1.4、高 0.8 米。

高坡崖墓　位于王场乡革新村，建于汉代，坐南向北，占地约 40 平方米。距地面约高 16 米，无法进入测量。

高鼻子崖墓　位于王场乡革新村，建于汉代，因洞口象鼻子而得名，凿建在大整石上，墓口距墓脚 3.8 米，距顶 26 米，占地 70 平方米，坐南向北。为一墓二室，二室间凿一门，右室高 1.8、宽 3.4、进深 4.53 米，室外洞孔宽 2.1、高 1.93 米。室底有灶坑，后壁有耳穴，室右壁有一龛，龛前顶上方壁凿有烟囱通室外；左室高 1.75、宽 3.46、进深 4.03 米，室外洞孔宽 1.1、高 1.38～1.65 米。室底有方坑一个，圆坑、长圆形各一个，左壁近室底有方孔 6 个。墓外右壁下凿攀沿小孔。两室顶为平顶，可见明显后人改建痕迹。

桐子坡崖墓群　位于王场乡革新村，建于汉代，共有崖墓 4 座，由东至西分布在长 12、由南至北宽 8 米的桐子坡地壁处，分布面积约 100 平方米，横排，编为 M1～M4，西北向。各墓墓门及墓室均有封土，不能入内测量。其中 M4 门高 0.8、宽 0.73 米，用卷尺从缝隙处伸入测得该墓室长 2.3 米。

塘塘坡崖墓　位于王场乡花阳村，建于汉代，占地面积 28 平方米，东向。墓门下宽 1、上宽 1.7、厚 0.8、高 1.7 米；墓室进深 3.65、室宽 3.65、高 2.15 米，平顶。东壁有一龛，宽 0.5、高 0.35、深 0.2 米，后壁有一孔，直径 0.13、深 0.1 米，东壁宽 3.68、高 2.05 米；西壁宽 3.5、高 2.15 米；后壁宽 3.6、高 2.5 米。

马老岩崖墓　位于王场乡花阳村，建于汉代，共有崖墓 2 座，由西至东分布在长 30、上下高 12.5 米的马老岩蛮洞湾岩壁上，距地面 10 米，分布面积约 350 平方米，编为 M1、M2，北向。其中 M1 为整石凿成，为一墓二室二门，其中 1 号室门宽 0.9、高 1.3、厚 0.8 米；墓室宽 3.8、深 4、高 1.9 米，平顶；室北壁有 4 个方孔和后龛。2 号室宽 3.4、深 2.1～2.5、高 2.3 米，平顶；室北壁有 3 个圆孔。两室间壁后有一门可互通。2 室门前凿有梯步可上下进入墓室，1 室门前为陡坎。M2 墓门前有封土。

青龙山崖墓　位于王场乡胜平村，建于汉代，占地面积 15 平方米，坐南向北。墓底距地面高 0.48 米，墓室与门同宽，下宽 1.45、高 1.26、进深 0.92 米。后壁有一龛，宽 1.26～1.45、深 0.34、高 0.73 米。室后、左壁有门，外右壁阴刻有二人像，均头戴官帽，其中一人无手足。

瓦厂坡崖墓群 位于王场乡胜平村，建于汉代，共有崖墓 6 座，分布在瓦厂坡，长 9、宽 4 米的田壁处，分布面积 65 平方米，横排，从西向东编为 M1 ~ M6，均坐北向南。M1 ~ M4 墓室内有水，M5 ~ M6 有封土，不可测。墓门宽分别为 0.7 ~ 0.8 米，墓与墓相距 0.55 ~ 0.8 米。因墓在水田壁，不能测量。

堵水田崖墓群 位于王场乡胜平村，建于汉代，共有崖墓 3 座，分布在堵水田后坎上南至 14、上下宽 16 米的地壁处，分布面积 80 平方米，编为 M1 ~ M3，坐西向东。各墓均有封土，墓室结构不详，其中 M2 与 M3 相距 0.65 米。M3 门宽 0.65、高 0.65 米（下有封土）。

长年坡崖墓群 位于王场乡胜平村，建于汉代，共有崖墓 5 座，分布在东至西 25、南至北 100 米范围的长年坡土地壁处，分布面积 2500 平方米，错落排列，编为 M1 ~ M5。M1、M2、M4、M5 南向，M3 东向。其中 M2 门高 0.6、宽 0.85 米；墓室下半部封土，长 2.1、宽 1.7、高 0.6 米（填土层除外）。

河嘴上崖墓 位于王场乡相尧村，建于宋代，共有崖墓 2 座，编为 M1、M2，横排，墓间相距 1.1 米，分布面积 39 平方米，坐西向东。M1 门高 0.87、宽 0.65 米，墓底有封土。墓室长 2.57、宽 0.75、高 1.4 米（不包括封土）；顶为双层藻井，下为菱形，上为长方形。南、北、后壁有龛。北壁龛内浮雕一人像，头戴官帽，身着长服，左手放于胸前，右手向下；两侧分别浮雕莲鹤图，顶刻三个变形斗拱；南壁一龛中浮雕一人，头为椎髻，长肥，双手合于胸前，左右各浮雕鹤，顶刻三个变形斗拱。M2 进深 2.58、宽 0.8、高 2 米；左右、后壁有龛，龛顶分别浮雕斗拱，北壁龛高 0.7、宽 0.5 米。

宜宾县人民政府于 2011 年 6 月公布为文物保护单位。

风筝坡墓地 位于王场乡革新村，建于宋代，坐南向北，占地面积约 25 平方米。墓室就地整石凿成，顶用四块厚石条铺成。室长 2.4、宽 1.55 米，前通高 2.6 米，后高 2 米，顶为藻井。室后壁浮雕一龛，龛上为斗拱，龛内浮雕一坐式人像，似墓主人，龛高 0.78、宽 0.6、深 0.3 米，龛内像高 0.54、肩宽 0.23 米；东西两壁均有龛，龛内分别浮雕有人像等。其中西壁近门处一龛，高 0.65、宽 0.38、深 0.11 米，龛下侧浮雕一半开门人像，像高 0.9、肩宽 0.15、头高 0.18 米，龛顶浮雕三重斗拱；近拱顶处浮雕一丫髻女像，像高 0.9、肩宽 0.18、头高 0.18 米；东西两壁浮雕有斗拱、武士，其中西壁武士头戴盔，身着甲，右手执剑，身佩剑鞘；室中顶部、门顶侧分别浮雕有大小不等的斗拱。在室中清理时发现有残头骨、铁钉、残木棺（已成乌木）。

坟山边墓群 位于王场乡胜和村，建于明代，共有石室墓 17 座，由南至北分布在宽约 300、东西长约 25 米的上坟山边和下坟山边，下坟山边有石室墓十三座，编为

M1～M13，上坟山边有石室墓四座，编为 M14～M17，分布面积约 7500 平方米，坐东向西。其中 M4 为一墓六室，六间墓室大小相同，分别用石条石板砌成，第六间墓室南侧有一洞口。室长 2.53、宽 0.71、高 1.4 米，藻井顶；后壁有龛，高 0.42、宽 0.43、深 0.13 米。

周李氏墓 位于王场乡凤凰村，建于清代，占地面积 20 平方米，坐南向北。墓由条石砌成方形，顶为弧形封土，墓长 5、宽 3.35、高 2 米，前立一石碑。碑为长方形圆形顶，高 1.4、宽 0.7、厚 0.11 米；顶阴刻"顶癸向"；正中楷书阴刻"皇清待诰故妣周母李□□墓"。

墓沟田墓地 位于王场乡相尧村，建于清道光十九年（1839 年），占地 40 平方米，坐北向南。墓冢用条石礅围砌，长 5.1、宽 4、高 1.8 米。碑为石质，仿木建筑重檐庑殿式，四柱三开间，通高 2.4、宽 2.8、厚 0.4 米；明间正中阴刻"皇清待赠……"、"丁向"、"长次"、顶下阴刻"裕後臺"；两柱上刻"雨水夹流仙……"、"群山科衞福……"；次间顶下阴刻"福廕"、"螽斯"……两柱上刻"瓜瓞绵长□"、"雲礽嗣續碑"，落款"道光十九年……"；字径分别为 10、12、18、21 厘米，有双勾、阴刻两种；碑正中浮雕花卉，左右浮雕丹凤朝阳等。

刘文滨夫妇墓 位于王场乡河滩村，建于清光绪十八年（1892 年），占地 50 平方米，坐北向南。墓周用长条厚石礅围砌墓冢，长、宽 3.5、高 1.85 米。前立一碑，仿木建筑重檐庑殿式顶，四柱三间，碑上浮雕花卉图案，阴刻碑文；上刻"聖旨、皇恩寵錫"、"率性成道"；正中刻"公生于富邑正滩道光甲申年冬月……，扬善终择吉於……"、"旨皇恩寵錫赏戴菊花金顶赐黄马褂鹌鹑黼黻花□、浪妻封孺人同樣穿戴"、"九重恩照免其雜派"，"皇清例授修職郎顯考劉諱文濱……之墓、皇清誥授孺人故顯妣劉母享年□十有上寿陈太君之墓"、"孺人生于富邑栗樹坝道光辛巳年九月初，一日巳时没于王家场，时善终择吉於……"、"大清天子光绪十八闰六月十一日未时铸碑……"，次间、碑额、柱等处共有数百字。

古建筑

老鹰岩石室 宜宾县王场乡大塘村，建于明代，建筑面积 306 平方米，坐北向南，分布在西至东 52、上下高 69 米的悬崖陡壁上。建筑为整岩石凿造而成，分为上、下两个石室，由岩脚攀沿至第二个室后再由石阶梯处下通第一个石室，两石室上下相距 5～6 米，两室边用长石墩分别砌有不等围墙或作承重岩顶石柱。第一室从西至东长 35、进深 2～47、高 1.7～2.5 米，后壁和洞顶凿方孔或圆孔，内有踏道式阶 19 级从西侧迁回通往第二室。第二室西至东长 31.5、进深 4～4.7、高 1.7～2.3 米。内又凿是三个不同大小的石室，有门。室边和进室处凿有或方或圆的石孔。东端凿有水缸、水沟，石室边沿由西至东有长方形石墩砌成的围墙。石室下岩脚凿有石槽和拴牲畜用的石孔。

茶园刘氏宅 位于王场乡茶园村，建于清代，建筑面积 180 平方米，坐南向北。民居大部分拆毁，现存前堂四间，为木结构穿斗、抬梁结构式梁架，悬山顶，小青瓦屋面，屋壁均为木质。建筑面阔 11、进深 3.8、通高 6.5 米，前素面台基高 1 米，明间前垂带式踏道 5 级。堂屋前有约 80 平方米青石廊坝。

新屋嘴民居 位于王场乡大塘村，建于清代，建筑面积 85 平方米，坐北向南。民居原为地主刘树权四合院，现存正堂屋二间，垂带式踏道共 22 级，木结构，穿斗式梁架悬山式，三穿五柱，分为明间次间。明间宽 4.6、进深 7.5 米，左次间宽 4.4、进深 9.3 米，双扇门，门左右壁上有龟背纹、菱花纹等窗花，留有廊道，进深 1.8 米。明间台基前有垂带踏道 3 级，坝外 14 米处有垂带式踏道 6 级，再至下有垂带式踏道 13 级。

大坡民居 位于王场乡胜和村，建于清代，现存建筑面积约 240 平方米，坐北向南。民居原为四合院，经历年拆毁，现存后堂明间、次间、梢间、横房二间和猪舍一间，穿斗式梁架，悬山式顶。其中后堂为三穿五柱，横房为三穿七柱；明间宽 4.5、进深 5.5 米；次间宽 4.5、进深 5.5 米；梢间宽 5.5、进深 4.5 米；横房二间通宽 8、进深 6 米；猪舍宽 3.4、进深 13 米。次间为木质双扇门，上有花卉、羊等浮雕图像，左右门扇上各写有"忠"字；门两侧墙窗上砌有"寿"字等图；前有廊道，廊柱顶部前饰有瓜柱；明间前院门处存有木雕花门。

双谊乡

古遗址

鸡冠寨址 位于双谊乡真武村，鸡冠寨山顶上，建于清代，其地势平缓，四周为悬崖，有小路从西寨门通山下，距山脚高 60～70 米，寨东至西 5.7～13.8 米，南到北 150 米，分布面积 1500 平方米。寨子房屋已毁，残存寨墙、寨门，寨东西南边残存土夯寨墙 265、高 0.3～2.6、厚 0.42 米。西有一寨门石质在整石上凿成，高 3、宽 2、厚 1 米，进门至寨顶在整石上凿有阶级式踏道 38 级，其中寨门处 23 级；南尾端有石砌寨墙，高 4、宽 9、厚 0.55 米。

古墓葬

大湾坡崖墓 位于双谊乡红场村，建于汉代，占地面积 20 平方米，坐北向南。墓室为单室，双层门楣，室壁有龛及小灶。门高 0.55（下有封土）、宽 0.82、厚 0.65～0.7 米；墓室长 2.05～2.1 米，前宽 1.33、后宽 1.77、前高 0.65（有填土）、后高 1.22

米（有填土），拱顶；后壁有龛，宽1.4、高0.7~0.8、深0.55~0.63米；东壁有一龛、一小灶，龛宽0.66、高0.34、深0.24米。

小河边崖墓　位于双谊乡老店村，建于汉代，共有崖墓二座，编为M1、M2，分布面积30平方米，二墓横排，相距2.5米，均坐北向南。均为单室，M1门已残，现门与墓室同高、宽，门高1.8、残宽1.3米；墓室长约3、宽1.3、高1.8米；拱顶，左右壁各凿有一石棺，后有一龛。

小桥凼崖墓　位于双谊乡明光村，建于汉代，占地面积2.8平方米，坐北向南。距地面高4米，为单室墓，内无石棺、无壁龛。墓门高0.74、上宽0.55米，下宽0.78米；墓室长1.92、宽0.86、后高0.3米，前高0.73米，平顶。

石河堰崖墓　位于双谊乡双华村，建于汉代，占地面积6.5平方米，坐东向西。墓距岩脚高约1.5米，不便进入测量调查。

双谊崖墓群　位于双谊乡双谊社区，建于汉代，共有崖墓九座，分布面积500平方米，横排，编号为M1~M9，门均向东。墓室为后壁的龛无石棺的和有龛有石棺的两种形制。M1单室，拱顶，后壁有一龛。门残室长2.5、室宽1.8、高1.9米；后壁龛高1.1、宽1.15、深0.42米。M3门宽1.1、高1.05、厚0.5米；室长2.7、宽2.15、高1.6米（有填土）；拱顶后龛高1.3、宽2.2、深1.2米，左右侧各有一石棺；墓室右壁有一洞孔，高0.6、宽0.7米，可是M2互通。

洗布凼崖墓　位于双谊乡文明村，建于汉代，占地面积3平方米，坐东南向西北。崖墓处下原为耕地，2008年一村民将洗布凼修建为鱼池后，水将墓门淹没，至今只见崖墓门顶。

陈家嘴墓地　位于双谊乡陈桥村，建于明代，占地面积25平方米，坐西向东。墓由条石、石板砌成大小形制相同的墓室四间，墓室顶均各建有藻井，后壁各建有一龛。一号室龛中置有陶罐，龛顶写有"福、寿"二字。墓室各长3.2、宽0.84、高1.6米。

深基坳墓地　位于双谊乡三岔村，建于明代，占地面积10平方米，坐北向南。墓为一墓二室，由整岩石凿成，二室形制大小相同，墓室长2.6、宽0.92、高约1.3米。顶建有藻井，后壁建有一龛，龛中浮雕一人像，坐式，双手放于腹中。

香炉山墓地　位于双谊乡陈桥村，建于清代，占地面积25平方米，坐南向北。由条石、石板砌成大小形制相同的石室四间，墓室顶各建有一藻井。后壁各建有一龛，四间墓室各长3.4、宽0.8、高1.65米。

回龙寺墓地　位于双谊乡毛桥村，建于清代，占地面积15平方米，坐北向南。墓由条石、石板砌成石室三间，三间墓室大小形制相同，墓顶各建有一藻井，后壁各建有一龛。墓室各长3.5、宽0.85、高1.65米。

鸡公垎墓群　位于双谊乡左庙村，建于清代，共有石室墓5座，分布面积300平方米，编为 M1 ~ M5，均坐西北向东南。各墓墓室均由条石、石板砌成二间，M1、M2、M5 墓室已残，M3、M4 封闭保存较好。M1 为一墓二室，残长 3.2、宽 0.85 米，高不详，后壁有一龛。

成美衡墓　位于双谊乡花古村，建于清道光二十七年（1847 年），占地面积 30 平方米，坐南向北。墓由条石砌成长方形，顶为弧形封土，长 5.5、宽 3.6、高 2 米，前立一石碑。碑为仿木结构，重檐庑殿顶，四柱三开间，高 3、通宽 3.6、厚 0.35 米；上浮雕人物、龙凤、花卉，四柱上阴刻对联二副；正中阴刻"恩赐镇人品显考成美衡老大人之墓"；题记"大清道光二十七年菊月榖立"。

周国扬夫妇墓　位于双谊乡红场村，建于清光绪五年（1879 年），占地面积 50 平方米。墓由石条砌成椭圆形，顶为弧形封土，墓长 6.5、宽 4.8、高 2 米，前立一石碑，北向。碑为长方形，碑顶凸雕篆书兼花朵代替点画的一"寿"字；正中楷书阴刻"清赠显考周公讳国扬老大人，妣周母刘太君老孺人墓"；题记"大清光绪五年己卯岁九月"。

古建筑

花古街民居　位于双谊乡花古社区，建于清代，建筑面积 100 平方米，坐北向南。民居为木结构，穿斗、抬梁结合式，三穿三柱，悬山顶。面阔二间半通宽 10 米，其中 12 号面阔 4 米，14 号、16 号面阔 4 米，18 号面阔 2 米，进深一间 7.5 米，通高 7.5 米。

中锋寺桥　位于双谊乡罗林村，建于清代，建筑面积 16 平方米，东南—西北走向。桥为整厚石礅和厚石板砌成是三孔平桥，桥长 9、宽 0.94、高 2.8、桥石板厚 0.5 米。桥中孔跨度 3.9 米，两侧二孔分别为 2.17 米和 2.45 米。桥礅宽 2.1、厚 0.6、高 2.4 ~ 2.8 米。

大路上民居　位于双谊乡文光村，建于清代，建筑面积 106 平方米，坐南向北。民居原为三合院，现存堂屋一间和右次间，木结构，穿斗式梁架，三穿七柱，悬山式顶，小青瓦屋面。面阔二间通宽 9.2 米，进深一间 8.4 米，通高 7.5 米。北面建有廊道，堂屋门两侧建有花窗。民居前有一大石坝及垂带式踏道 12 级。

沱沱河桥　位于双谊乡新政村，建于清代，建筑面积 30 平方米，东西走向，横架在沱沱河上。桥用厚石礅、厚石板砌成七孔平桥，桥全长 13.6 米，桥面宽 1.1 米，通高 2 米。桥礅宽 2.25、厚 0.58、高 2 米。桥跨度分别为 1.5、1.3、1.4 米，跨度 1.5 米的有四孔。

四合头民居　位于双谊乡堰丰村，建于清代，建筑面积 240 平方米，坐南向北。民居原为四合院，一半已拆毁，现存后堂、右厢房共十间，为周代甫之屋。后堂四间为木结构，穿斗式梁架三穿七柱，悬山式屋顶，前建廊道。其中明间宽 5.2、进深 6.6、通高 7.5 米，为双扇门，堂后依壁建有木质神龛，左次间宽 5、进深一间 7.8 米，横牵梁柱上铺建半间木板楼层。右厢房存六间，其中前堂现存右侧一大间隔为三间，前堂右侧一间为结构穿斗式梁架三穿九柱，悬山式顶，面阔一间 4 米，进深小三间 10 米，通高 7 米。整个建筑屋壁均为木质结构，其柱径大 0.26～0.32 米，直如笔，构筑坚固，残存的瓦当上有高浮雕花卉，屋内放置有浮雕双层仰莲图案的坛神座等。

李奇章碉楼 位于双谊乡鱼形村，建于清代，楼建筑面积 40 平方米，坐东北向西南。建筑原为四合院，为地主李奇章居住处，现存碉楼及碉楼南侧土屋二间。土筑碉楼为正方形，二楼一底，悬山式顶，面阔一间 4.4 米，进深一间 4.4 米，通高 8.5 米。碉楼南二间土屋面阔 8 米，进深一间 3.4、高 5 米，悬山式顶。

近现代重要史迹及代表性建筑

刘荡之故居 位于双谊乡明光村，建于清光绪二十六年（1900 年），坐西向东，占地面积 540 平方米。该建筑为刘荡之烈士的出生地及幼年、青少年时期的生活居处。刘荡之，1900 年出生，1926 年加入中国共产党，在家乡从事地下工作。1931 年在宜宾城被捕，同年 8 月 21 日被国民党杀害。故居原为四合院，已毁十间，现存后堂、左右厢房和马房十七间，为三合院状布局，土木结构，歇山式顶。正堂面阔五间 28 米，进深一间 7 米，通高 7 米，在堂屋双扇门两侧有二雕花木窗；左右厢房相同，面阔五间 24 米，进深一间 5 米，通高 7 米，在左厢房末一次间的木窗上有一五角星，前建有石坝，坝前有垂带式踏道 13 级，素面台基高 2.2 米。在正堂和厢房均建有廊道，廊柱础有浮雕花卉等图像。左侧厢房处附建有二间马房。

宜宾县人民政府于 2011 年 6 月公布为文物保护单位。

隆兴乡

古遗址

范华寺遗址 位于隆兴乡大龙村，建于明代，分布面积 10750 平方米，分布在南至北约 86、东至西约 125 米范围内。原分为川祖殿、正殿（大佛殿）、罗汉殿、天井、天王殿、经房、宗师堂、碾房、厨房和卧室等。现遗存：一、川祖殿素面石砌台基、石坝，南至北 20、东至西约 15 米；垂带式踏道 6 级，高 1.35 米。二、宗师堂台基，长17、宽 5 米；三、大佛殿遗址南侧遗存有村民用碑刻作的水缸，其上阴刻有"法华院主北丘□肖学晋经藏永远碑记"、"九皇天灯碑灯"。四、天王殿前残存范华寺碑一通，立面面积 3 平方米，西北向。碑为石质长方形，高 3.4、宽 1.6、厚 0.2 米，顶下残存少部分碑文, 竖排, 行距0.02、字距0.01~0.03米。1987年9月14日第二次全国文物大普查时登记有"碑记载了范华寺始建年代、扩建时间和寺庙规模及寺周围环境等"。碑刻有"……明……立", 今见碑表层石质连同大面积碑文脱落堆集在碑足, 内容已不详。可见脱落碑表石块上阴刻字迹有"十二、磨明、装、中、尽"等, 可见碑残存双钩一模糊大字"捐"及残存部分碑文。

大龙寺遗址 位于隆兴乡大龙村, 建于明代, 分布面积14000平方米分布在越溪河北岸东至西约100、北至南约140米范围内的大龙窝两侧、后斜坡上。建筑大多已毁, 现遗址后北端残存土木建筑宗师堂四间, 其中夯墙上彩绘花卉、喜鹊闹梅等; 宗师堂左侧后门保存有垂带式踏道63级; 残存檐坎、踏道、二十余个大柱础、石狮四尊、怪兽二尊, 均为圆雕, 村民用碑石板砌水缸上阴刻有"寿佛龛座众姓"刻百余人捐资姓氏。2009年3月19日村民文某在屋西侧遗址上建沼气池挖坑时出土青灰釉酒杯三个、碗五个。

清明寺遗址 位于隆兴乡林石村, 建于明代, 分布面积4158平方米, 分布在东至西66、南至北63米范围内, 现存上殿、中殿、四大天王殿殿基。其中上殿宽20、进深26米, 素面石质殿基高1.2米, 前两侧各垂带式踏道7级, 石质六边形佛塔三层, 直径1米。中殿宽28、进深22米, 殿内现存地面全用石板铺成。四大天王殿, 宽66、进深15米, 周边为石砌, 殿内地面残存石板、石条。在上殿东侧李姓屋坎上有石质仰莲塔尖一个, 东约150米处有僧人火葬墓群, 曾出土大量骨灰罐。

四百八十七块石梯道 位于隆兴乡仙马村, 建于明代, 分布面积200平方米, 古道为南北走向。由石条砌建的人行坡道, 为阶梯式踏道, 分别用长1.3~1.7米, 宽0.42、0.5、0.52、0.4米, 高0.3、0.15、0.2米不等的条石建成。在四百八十七块石下双河口, 建有石桥, 北为双河口, 上为张青山坳上。是明清时期万里场(原万菁乡)、观音镇途经宜宾的古道大路。在古道中段西侧一大石上阴刻有"四百八十七块石"几个大字。

古墓葬

苦竹溪崖墓群 位于隆兴乡长宁村, 建于汉代, 共有崖墓4座, 编为M1~M4, 分布在东西长30、上下6米岩壁上, 分布面积180平方米, 坐东北向西南。因崖墓在距地高5~8的悬崖峭壁上, 不便进行测量。

狮子嘴崖墓 位于隆兴乡大龙村, 建于明代, 占地面积2平方米, 墓门向西南。墓室建于一宽12、高10米的一大石上, 为横穴, 因在悬崖上不可测量, 据目测宽约1.75、高约0.8米。在墓右侧凿有二龛, 一大龛高1、宽0.8、深0.5米, 龛顶刻有风雨凹槽。

大岩洞崖墓群 位于隆兴乡和丰村，建于明代，共有崖墓5座，横排，编为M1～M5，分布面积40平方米，均坐北向南。墓室分为横穴、竖穴两种，均为单室，凿建在整岩石上。M1为竖穴，其余为横穴墓。其中M1门与墓大小相同，墓室长1.46、宽0.8、高1.04米，拱顶。M5墓室门与墓室大小略相同，墓室宽2.2、高0.7、宽0.7米，平顶。

隆兴石室墓群 位于隆兴乡，始建于明代，共分为木鱼坡墓群、大龙窝石室墓群、小龙窝石室墓群、塔圆上石室墓群、莲塘坝石室墓群、范华寺石室墓群、山王嘴石室墓群、新屋嘴墓群八个部分。

木鱼坡墓群分布面积550平方米，共有僧人火葬合葬墓10座，编为M1～10，墓门分别为南向、东向、西向。各墓墓室均由石条砌成，分为单室和多室两种，在墓室内建壁龛，一墓多龛，有的数以十计，在龛内放置骨灰罐，大者置二，小者置一，有尸葬和火葬两种。其中M1为一墓四室，石砌，前有墓道，墓室通宽8.6、通进深4.6米；西二室为整尸葬于墓室中，现遗存有二人头骨，室长2.55、宽0.8、通高1.8米，藻井顶，左右后壁有龛。东侧二室各长2.9、宽1.1米，藻井顶；室各建八个壁龛，大小略同，高1、宽0.61、深0.6米，室内出土有骨灰罐十余个。M2为单室，内设十八个壁龛，在室顶阴刻有"佛法僧"三大字，字径0.45米。其余各墓均为火葬墓，在墓内曾出土骨灰罐。

大龙窝墓群分布面积200平方米，共有僧人石室墓3座，编为M1～M3。各墓均由条石石礅砌成，南向。其中M1由墓道、门、室、龛四部分组成，墓道长6、高2.9、宽1.1米；门高1.75、宽0.8、厚0.4米；墓室通高2.2、宽6、长10米。室内竖设两间壁，将墓室分为五个局部，横二竖三，各部互通，顶部皆为券拱，室内共有八个壁面，每壁均建有石龛，毗邻相连共63个，该墓曾放僧人骨灰罐125个，已破坏，无一完好者。部分龛上额阴刻有死者姓名或法号，后壁正中一龛上额刻"普陀开山师祖号无量讳普观"；右四龛依法刻"周汉、周圆、永正"；左四刻"开"、"周初、周万、悟正宗"，右间隔壁前刻"癸酉年修众僧塔……"，字大小如拳。

小龙窝墓群分布面积800平方米，北向横排分布在东西40、南北20米范围内，共有僧人火葬石室墓8座，编为M1～M8。M1、M2、M3、M5已被扰乱，其余封闭完好，各墓墓室均由条石砌成。其中M1通宽9、长7米，顶为封土；墓内由条石、石板砌成石室三间，每间大小相同，每间墓室建有7个壁龛，双扇石门，拱顶；墓室前建有墓道，建有阶梯式踏道进入墓道、墓室。每间墓踏道七级，每级宽1、高0.25～0.3米；墓道宽2、深0.6、高2.2米；双扇门每扇门宽0.6、高1.4、厚0.08米；三墓室分别长3.2、宽1.2、通高2.6米；每间墓室左右壁六个龛，后壁一个龛，左右壁龛大小相同，平顶。室内骨灰罐已毁，残存罐局部。

塔圆上墓群分布面积 300 平方米，均坐西向东，分布在塔圆上东西 24、南北 12 米范围内，共有石室墓 5 座，编为 M1～M5。各墓墓室均由条石砌成，墓室壁建有龛，在龛内放置骨灰罐。其中 M1 由梯道、甬道、墓室组成，顶为藻井，墓门处建 7 级踏道，墓门宽 1、高 1.5 米；甬道宽 5.5、深 1.3、高 2.9 米；内设二室，大小相同，各宽 1.47、长 5.5、高 2.6 米；墓内共建壁龛 34 个，墓室左右壁 24 个，大小相同，各宽 0.65、高 1.35、深 0.5 米，后壁龛较前壁龛略大。

莲塘坝墓群面积 1000 平方米，分布在莲塘坝东西约 20、南北约 100 米的坡地壁处，共有石室墓 16 座，编为 M1～M16，均东北向。各墓墓室均由条石砌成，墓顶为封土，墓周为条石围砌。墓室分为单室和多室两种，顶分为藻井浮雕有图像、藻井无浮雕图像及拱顶三种。其中 M2 为单室，与 M3 并排，门宽 1.15、高 1.3（下有土）、厚 0.5 米；墓室长 2.8、高约 2.6（下有土）、宽 1.35 米，拱顶；后壁有一龛，宽 0.8、深 0.3、高约 1.3 米（下有土），室壁浮雕有花卉等图像。M1 在龙神坝钟贤红屋坝下，1975 年该墓清理出土有明青花碗、青花盘四件（其中三件为二级文物），铜鼎一件。

范华寺墓地分布面积 1500 平方米，共有石室墓 2 座，纵排编为 M1、M2，M1 西向；M2 北向，二墓墓室均由条石砌成。其中 M1 外顶用长 2.1、宽 0.34、厚 0.3 米的条石砌成长方形，长 6.9、宽 5.61、高 0.7～0.89 米；墓门宽 0.75、高 0.25 米，门下部被泥石封堵，不能进入测量。"第二次全国文物普查"时测得 M1 门高 1.7、宽 0.9 米；墓室内竖设一间壁，形成 6 个壁面，各壁上凿刻小龛共 29 个，每龛大小相同，宽 0.64、高 1.31、深 0.63 米；墓室通宽 5.5、深 4.6、高 1.93 米，墓室内有骨灰罐残件。M2 墓室残存室壁、顶部、壁龛。

山王嘴墓地分布面积 62 平方米，共有僧人火葬石室墓 2 座，编为 M1、M2，东向。二墓均由条石砌成，墓室顶为封土、石板。其中 M1 通长 5.5、宽 5 米，为一墓二室，每个墓室前为墓道，每室内建有九个壁龛，室后建一龛，左右各建四龛，在每个龛上置一骨灰罐。各墓室长 2.5、宽 0.6、高 2.2 米，藻井顶；龛大小相同，高 1.2、宽 0.4、深 0.65 米，可见室底积土中遗存有陶质骨灰罐。

新屋嘴墓群分布面积 100 平方米，东南向。共有僧人石室墓 3 座，编为 M1～M3，各墓墓室均由条石砌成，其中 M1 通长 6、宽 5.5 米，顶为封土，四周为条石围砌，为一墓四室，大小相同，前设墓道，墓道通长 5.5、宽 0.7 米；每室各长 2.8、宽 1、高 1.85 米，藻井顶；每室左右后壁共有浅龛五个。

该墓群对于研究该区域明清时期佛教文化及葬俗、葬制有重要价值。四川省人民政府于 2007 年 6 月公布为文物保护单位。

徐家石室墓群 位于观音镇，建于明清时期，共分为新房子当门山墓群、新房子后山墓群、鹅公颈墓群、大湾墓群、月攀墓群、清明田墓群六个部分。

新房子当门山墓群占地面积 30 平方米，坐北向南。墓室为石砌，单室，顶有封土，墓长 5、宽 3.5、高 1.8 米，弧形顶。墓室长 2.3、宽 1.1、高 1.4 米，拱顶。左、右、后壁绘有彩墨清代壁画人物等图像。

新房子后山墓群分布在东至西 60、南至北 60 米范围内，面积 3600 平方米。共有石室墓 4 座，编为 M1～M4，各墓均由条石砌成，均北向。其中 M1 为一墓四室，由墓道、墓室、壁龛组成。墓道深 0.7、宽 1.15、高 1.8 米；双层藻井顶，下层藻井长 1.3、宽 0.9、高 0.45 米，上层略小；后壁各建有一龛，宽 0.85、高 0.9、深 0.35 米。

鹅公颈墓群面积 2500 平方米，分布在东至西 50、南至北 50 米范围内，共有石室墓 5 座，编为 M1～M5。该墓群均由条石砌成，墓制有一墓双室和一墓四室两种，均东向。其中 M4 墓室由条石砌成长方形石室二间，内各置一木棺，各室建双扇石门，前建有享堂。享堂深 1.1、宽 2.4、高 1.75 米，券顶；双扇墓门宽 0.75、高各 1.3、厚 0.15 米；二室壁分别绘有牌楼、莲花、瓶花、双鹊祥云、丹凤朝阳等。1 号室壁题有"二八登科"、"官上加冠"等。

大湾墓群分布在南至北 70、东至西 60 米范围内，分布面积 4200 平方米，均西向，共有石室墓 6 座，编为 M1～M6。各墓墓室均由条石砌成，由墓道、墓室、壁龛、藻井组成。其中 M1 分布面积 65 平方米，西向，为一墓七室，各室大小形制略同，墓道深 0.5、通宽 10.3、高 1.85 米，拱顶；墓室通宽 10、通进深 4.5，每间墓室各长 3、各宽 1.12、高 1.75 米；顶各建有双层藻井，下层长 1.4、宽 0.85、高 0.45 米，上层藻井略小；后壁建有龛，大小相同，宽 0.56、高 0.9、深 0.3 米。

月攀墓群分布面积 145 平方米，坐南向北，有石室墓 2 座，编为 M1～M2。其中 M1 为一墓八室，大小相同，各室长 2.68、宽 0.9、高 1.3 米，微拱。八间墓室中，1～4 室已扰乱；其余封闭完好。1～4 号室壁分别浮雕龙、凤、花卉、鹿含花、麒麟等图像，每室分别浮雕七幅，每幅图像均不雷同。

清明田墓群分布在东至西 100、南至北 85 米范围内，分布面积 8500 平方米，共有石室墓 20 座，编为 M1～M20 各墓墓室形制略同，均由条石砌成，由墓道、墓室、壁龛组成，为一墓多室和一墓双室两种，其中多室墓面积为 30～40 平方米，墓顶为藻井、拱顶两种。其中 M17 北向，为一墓四室，由墓道、墓室、壁龛、藻井组成；墓道深 0.6、通宽 6、高 1.85 米，拱顶；墓室通长 6、通宽 4.2、通高 1.85 米，四室大小相同，长 1.2、宽 0.5、高 1.85 米；双层藻井顶，下层藻井长 1.1、宽 0.85、高 0.4 米，上层略小；后壁各有一龛，高 0.95、宽 0.85、深 0.31 米。

该墓群对于研究明、清代葬制、葬俗和绘画艺术具有较高的历史、科学、艺术价值。四川省人民政府于 2007 年 6 月公布为文物保护单位。

龙秀山墓地 位于隆兴乡大龙村，建于明代，占地面积 32 平方米，坐北向南。墓由条石、石板砌成，为一墓二室，墓室前建有墓道，墓道顶饰有券拱。墓道长2.3、宽0.6、高2.3米（下有填土）；墓室长2.6、高1.7（下有填土）、宽1.2米，券顶。在墓道两侧、南北石壁及二墓室壁浮雕有16幅花卉图像，后壁浮雕有牌位，牌位浮雕二僧人像等图像，在浮雕花卉、人物等图像表面涂有彩绘。

宜宾县人民政府于2011年6月公布为文物保护单位。

庙子坡墓地 位于隆兴乡大龙村，建于明代，共有石室墓2座，编为M1、M2，分布在庙子坡东至西10、南至北18米范围内，分布面积180平方米，墓门均为北向。墓室均由石条、石板砌成，墓顶是封土。其中M1墓由墓道、墓门、墓室、左右后壁龛、藻井组成。墓道宽1、长1.8米，前有4级阶梯；墓门宽0.89、高1.3米，有门臼4个，上下各2米；墓室长2.2、宽1.54、通高2.2米；左右壁各有二龛，大小相同，高1.16、宽0.7、深0.72米；后壁龛高1.16、宽0.9、深0.72米；顶部藻井长1.07、宽1、高0.45米。M2墓门有杂物封堵。

喻家坝墓群 位于隆兴乡大龙村，建于明代，共有石室墓4座，上下横行两排，编为M1～M4，分布面积220平方米，坐东南向西北。各墓均由石条石板砌成，分为墓道、墓室、藻井和壁龛四部分。其中M1为一墓四室，墓道长5.2、高2.2、宽0.5米；墓室长2.9、宽1、高1.8米；后壁龛高0.9、宽0.73、深0.12米。墓室内无图像。M2、M3墓室结构与M1略同；M4残存后壁，后龛顶为佛教墓葬风格"仰莲状"。

大坪头墓地 位于隆兴乡大龙村，建于明代，占地面积45平方米，坐西北向东南。该墓为僧人墓，为一墓二室，用石条石板砌建，由墓道、墓门、墓室、壁龛、藻井组成。墓道长4、宽0.5、高1.8米；二墓室各建仿木建筑双扇门，大小相同，高1.3、宽0.5、厚0.08米；墓室各长3、宽1.9、高2.2米，藻井顶，二墓室间壁设有通道口；后壁各建有二龛，大小相同。

碾子坡墓群 位于隆兴乡九峰村，建于明代，共有石室墓3座，编为M1～M3，墓室均由条石砌成，分布面积800平方米，坐西向东。其中M1为一墓四室，四间墓室大小形制相同，墓室各长3.5、宽0.95、高1.85米；后壁建有龛，龛壁浮雕有仿木建筑房屋等图像，顶各建有一藻井。

清明寺墓地 位于隆兴乡林石村，建于明代，共有石室墓2座，编为M1、M2，呈竖排，分布面积75平方米，墓口南向。顶为封土，墓室为石条砌成。2000年前后，因隆兴乡盗掘墓葬猖獗，该乡境内许多僧人石室墓被盗，隆兴乡政府为了保护墓葬，请村民将该墓群墓门用土封堵。1987年第二次全国文物大普查调查表登记为M1～M2形制相同，均由石条砌成石室长方形，M1长2.28、宽2.5、高1.4米；室壁上刻有花卉图案。

石碑坳墓群 位于隆兴乡林石村，建于明代，分布面积120平方米，共有石室墓4

座，编为 M1～4，M1 墓门东北向、M2～M4 墓门西北向。各墓室均由条石、石板砌成，M1 为单室、M2 为一墓二室、M3 为一墓四室、M4 为一墓二室。其中 M1 保存较好，雕刻内容丰富。M1 墓门宽 1.45、高 1.35（下有土）、厚 0.52 米，门两侧各浮雕一顶盔贯甲的武士；墓室长 3.9、宽 1.55、通高 2.6 米；室顶前后各建一藻井，室前一藻井无雕刻图像，室后一藻井为菱形，上浮雕斗拱等花卉图像；后壁有一龛，高 1.1、宽 0.7、深 0.33 米，顶浮雕斗拱图案；室后部左右壁浮雕有花卉、奔马等图像。

林石山墓地　位于隆兴乡林石村，建于明代，共有石室墓 2 座，编为 M1～M2，分布面积 22 平方米，坐东北向西南。二墓并排，墓室均由石条、石板砌成单室，室后壁建有一龛，顶部为藻井。其中 M1 门宽 0.9、厚 0.5 米，拱顶，因下有土，高不能测量；墓室长 2、宽 0.95 米，因室底有封土，高不详，封土至室顶 0.85 米；后壁龛高因下有土高不详，宽 0.85、深 0.7 米；室顶前后壁各建一藻井，长 0.57、宽 0.55、高 0.25 米。M2 前部残，与 M1 形制相同。

茶子坡墓地　位于隆兴乡林石村，建于明代，共有石砌墓室墓 2 座，编为 M1、M2，分布在东至西 8、南至北 12 米范围内，分布面积 96 平方米，墓门西南向。二墓均由石条、石板砌成。其中 M1 为一墓三室，各室大小相同，长 3.3、宽 0.83、高 1.6～2 米；顶为藻井，长 1.1、宽 0.7、高 0.42 米；各室后壁有龛，高 1.05、宽 0.65、深 0.15 米。

桥嘴上墓群　位于隆兴乡隆兴村，建于明代，共有石砌墓室墓 5 座，编为 M1～M5，分布面积 300 平方米，坐东向西。外墓室均由石条、石板砌成，墓顶为封土。墓室分为墓道、墓室、壁龛、藻井四部分。其中 M2 为一墓三室，三室大小形制相同。墓道长 3.2、宽 0.45、高 1.8 米；墓室各长 2.75、高 1.7、宽 0.93 米；藻井顶，长 1.6、宽 0.8、高 0.35 米；左右壁为浅龛；后壁龛高 1.1、宽 0.7、深 0.2 米，墓内有人骨骸。M1、M3、M4、M5 被盗后为防儿童陷入墓坑，被陈姓村民封堵。

新龙嘴墓群　位于隆兴乡隆兴村，建于明代，共有石室墓 4 座，编为 M1～M4，门均南向，分布面积 250 平方米。各墓室均由石条、石板砌成双室。其中 M3 为一墓二室，由墓道、墓室、壁龛、藻井组成，二墓室大小相同。墓道长 2.14、宽 0.52、高 1.8 米；墓室各长 2.8、宽 0.94 米，通高 1.8 米，藻井顶；后壁有龛，高 0.5、宽 0.5、深 0.6 米；二室东西壁各有一龛，大小相同，宽 1.3、高 0.8、深 0.1 米。

黄泥塘坡墓群　位于隆兴乡坪上村，建于明代，共有石室墓 4 座，编为 M1～M4，分布在黄泥巴坡东至西 35、南至北 15 米范围内，分布面积 660 平方米，墓口均向南，墓室均由石条、石板砌成。其中 M1 墓为石条、石板砌成七间墓室，通宽 7.5 米，每间大小相同，墓室后壁有龛；顶均建有藻井，每间墓室间壁上建有二通口。墓室各长 2.7、宽 0.87、高 2.2 米；藻井顶，藻井各高 0.35、长 1.35、宽 0.8 米；后壁龛高

0.75、宽0.87、深0.13米。在墓口外西5米处，有一双系罐残件。根据墓旁出土的陶双系罐残件，该墓应为僧人火葬石室墓群。

坳上墓群　位于隆兴乡坪上村，建于明代，共有石室墓3座，编为M1～M3，分布在东至西12、南至北25米的坳上余家屋前，分布面积300平方米，坐东向西。均由石条、石板砌成，墓顶为封土。其中M1为一墓三室，由墓道、墓室、藻井和后壁龛组成。墓道长3.6、宽0.5、高2米；墓室长2.2米，三室各宽0.91、高2米；藻井长1、宽0.8、高0.35米；后壁龛高0.85、宽0.6、深0.13米。M2、M3因封闭只能看见缝隙，其具体结构不详。

三台屋基墓群　位于隆兴乡水口村，建于明代，共有石室墓3座，编为M1～M3，分布面积300平方米，均坐西向东。M2墓室封闭保存完好，M1、M3墓室已扰乱后封堵，不能进行测量。

场背后崖墓　位于隆兴乡仙马村，建于明代，占地面积7平方米。墓为单室，依整岩壁凿造而成，东南向。墓为双层门楣，高1.2、宽0.48、厚0.18米；墓室长1.65、宽2.2、高2米，拱顶；在墓室后置一石刻仰莲纹禅坐台，死者禅坐葬之用；在前壁门内左右侧各置一方石座，用途不明。门外楷书阴刻一对联，横联已残难辨识，上下联为"一生圆明烦恼□□非□；六尘寂灭涅槃生死原空"。门外东侧1.5米处石壁凿有一小龛。

塔坳上墓群　位于隆兴乡仙马村，建于明代，共有僧人石室墓四座，编为M1～M4，分布于张春坝坡壁上东至西15、南至北20米范围内，分布面积300平方米，墓门东南向。M1墓室扰乱，M2～M4有封土。其中M1用石条砌成，长2.5、宽1.6、通高2.2米；门高1.3（下有土）、宽0.62米，前五级石质踏道进入墓室；藻井顶，左右壁各有一大龛、二小龛，后有壁，一大龛，室内置有二骨灰罐座。其中左右大龛高1.3、宽0.75、深0.6米；小龛高1.3、宽0.5、深0.6米；后龛高1.3、宽1.1、深0.8米。1973年左右村民铲灰时在该墓群时发现有五个大陶罐，下大上小，有方有圆，似塔状，已毁。在室中残有陶罐残件和二石质罐座。

火烧坡墓地　位于隆兴乡仙马村，建于明代，占地面积4.8平方米，东向，为单室墓，顶为封土，墓室由石条、石板砌成，左、右、后壁各建一龛，顶建有藻井。墓室长2.6、宽0.87、高1.85米；左右壁龛大小同，高0.85、宽1.2、深0.1米；后壁龛高0.6、深0.1米；顶藻井长1.2、宽0.8、高0.35米。

黑沱子墓群　位于隆兴乡大龙村，建于明清时期，共有墓18座，为僧人墓群，编为M1～M18，均坐西北向东南，分布面积1300平方米。18座墓中，六座由石条石板砌成墓室，不能入内测量。另有12座为土冢墓，墓周由条石围砌成长方形，顶为封土。在墓前砌石中嵌有碑，碑上阴刻僧人法号。其中M14墓周由石条砌成长方形，长5、宽

3.7、高1.6米；前砌石中嵌一碑，高1、宽0.7米，上残存阴刻"圆寂□七世上传□大□□□"。在M1东8米处残存六边形石塔二级上有浮雕图像，内容风化难辨。

花花坟墓群 位于隆兴乡大龙村，建于清代，共有墓四座，竖排，编为M1～M4，分布在隆兴初中小学校后南至北50、东至西8米的范围内，分布面积400平方米，南向。M1～M4墓制略同，均由石条砌成长方形。M1、M4有碑两通，M2、M3被盗墓毁坏。其中M1墓冢长6.5、宽6、高1.8米，顶为弧形封土，前立一石碑，南向。碑原为重檐庑殿顶，现残存西侧次间及石鼓等局部，残宽3.5、残高2.1、厚0.25～0.35米；顶龛楷书阴刻"佳城"；檐额下浮雕一鹤一鹿、水草等图像，西侧浮雕石榴、藤果、石鼓等；残存两副对联的下联"众山环拱公孙共卜□"，另一为"明坟恒奠海山齐"。前建有拜台，半圆形。M3、M4碑被毁，M4碑嵌在砌石口，碑文风化。

坝上墓群 位于隆兴乡隆兴村，建于清代，共有石室墓3座，编为M1～M3，分布面积93平方米。均由石条、石板砌成石室二间，顶为封土，墓门西向。其中M1有墓室二间，大小相同，通长3.3、宽0.9、高1.85米，藻井顶；后壁有一龛，高1.3、宽0.75、深0.2米；藻井长1.5、宽0.8、高0.4米。

新龙坝墓群 位于隆兴乡隆兴村，建于清代，共有石室墓4座，编为M1～M4，分布在新龙坝东至西20、南至北15米的范围内，分布面积300平方米，墓门均向西北。墓均由石条砌成长方形，顶均为封土，原各嵌一碑，被盗后均被毁坏或倒在墓前被土掩盖不见碑文。其中M1长5.8、宽4.5、高1.5米。M2长4.8、宽2.8、高1.5米。M4长4.6、宽4、高1.45米。M3被草丛遮盖，不能测量。1987年第二次全国文物大普查时可见M3为石室墓，今各墓门已封堵。原该墓群有四碑，M1碑刻有题记"大清嘉庆十年"，今已不见。

窑子坡墓地 位于隆兴乡坪上村，建于清代，共有石室墓2座，编为M1、M2，分布面积55平方米，坐东北向西南。从两座墓南侧被暴露的墓室口看到，两座墓均为石条砌成墓室两间，各露出一间墓室。其中M1一号墓室长2.35、宽0.8米，平顶，因室底有封土，高不能测量，一号墓室与二号墓室不能互通。

王大嘴墓群 位于隆兴乡新坝村，建于清代，共有石室墓10座，编为M1～M10，分布面积4000平方米。M1、M4、M5封闭较好，其余已扰乱，其中M6至M10扰乱后封堵。其中M2为一墓多室，其中墓右一室已扰乱，其余封闭完好，已扰乱的一间墓室长3.5、宽0.95、高1.85米，顶建有双层藻井，后壁建有一龛，该墓室与该墓中其他墓室没有通口。

石岩窝墓群 位于隆兴乡玉河村，建于清代，共有石室墓5座，编为M1～M5，纵排，分布在石岩窝南至北6、东至西35米的坡地中，分布面积200平方米，均坐东北向西南。M1、M4封闭较好，其余已扰乱损坏。其中M3墓顶局部损坏，墓为单室，由条石砌成，长 2.75、宽 0.84、高 1.3 米，后建有一龛。

坟山墓群 位于隆兴乡越溪村，建于清代，共有石室墓 3 座，编为 M1～M3，呈上下两排横排，均为坐西北向东南，分布面积 65 平方米。M1 封闭较好；M2 露出墓室砌石缝隙；M3 墓室扰乱后封堵，可见为单室，墓室口较小又有封土，不能入内测量。

陈洪氏墓 位于隆兴乡安靖村，建于清道光四年（1824 年），占地面积 16 平方米，坐东北向西南。墓为土冢，墓长 5、冢径 2.8 米。前立一石碑，长方形，三边形顶，碑高 1.3、宽 0.74、厚 0.15 米；碑顶刻八卦图，阴刻"俎豆常新"；正中阴刻"清故显妣陈母洪老太君墓"；题记"道光四年……"；碑两侧刻一副对联。

古建筑

新桥 位于隆兴乡大龙村，建于清代，建筑面积 60 平方米，横架于竹麻沟上，东西走向。桥为石质结构，四方孔平桥，桥长 14、桥面宽 1.3、两墩间跨度 2.45 米。桥面用长 2.8、宽 1.3、厚 1.07 米的四块大石板铺成。桥墩用高 1.07、长 3.4、宽 1 米的 3 个大石礅垒砌。为减轻水的阻力，桥北侧桥墩建成梯形。

邓琪禄宅 位于隆兴乡隆兴社区，建于清代，占地面积 125 平方米，坐西北向东南。建筑为木结构，穿斗式梁架，三穿三柱，悬山式顶，两面坡，小青瓦屋面，通高 7.5 米。面阔三间通宽 12 米、通进深二间 9 米。其中 15 号面阔一间 4 米，通进深二间 9 米，通高 7.5 米；17 号面阔二间，结构与 15 号同。民居屋壁、屋门均为木结构，临街小三间经营门面。

邓树清宅 位于隆兴乡隆兴社区，建于清代，占地面积 115 平方米，坐西北向东南。建筑为木结构一楼一底，前二间为三穿七柱，悬山式顶，两面坡，小青瓦屋面，通高 8 米，面阔一间 5 米，通进深四间 22.25 米，临街一间进深 6 米，南角有木质踏道 17 级进入二楼。后第二间与第一间大小相同；第三间与第四间梁架与前二间分隔构建，为穿斗式，三穿九柱，悬山式顶，第三间北侧有石阶梯 9 级至底楼。民居均用木柱、木板、木条、木枋构建。

隆兴街罗家宅 位于隆兴乡隆兴社区，建于清代，占地面积 450 平方米，西北向。建筑为木结构一楼一底，穿斗式梁架三穿七柱，小青瓦屋面，通高 7 米，面阔五间通宽 22.5 米，通进深五间 20 米，其中面阔一间 4.5 米，进深一间 4 米，往上内第三间各有一木质阶梯上至二楼，二楼楼屋用圆木、木板构建，各间屋壁、门均为木柱、木板。

隆兴街 30 号民居 位于隆兴乡隆兴社区，建于清代，占地面积 272 平方米，西北向。民居为木结构二楼一底，穿斗式梁架三穿五柱，悬山式顶，小青瓦屋面，面阔三间通宽 13.6 米，通进深四间 20 米，通高 7 米。其中面阔一间 4.2 米，进深一间 5 米，入内第二间有木质阶梯上至二楼。二楼层为圆木、木板构建，该民居屋壁、门均为木柱、木条、木枋、木板构建。

隆兴街 47 号民居 位于隆兴乡隆兴社区，建于清代，占地面积 200 平方米，东南向。民居为木结构穿斗式梁架，三穿七柱，悬山式顶，两面坡小青瓦屋面，面阔二间通宽 9 米，通进深四间 20 米，通高 6 米。其中 47 号临街一间面阔 4、进深 5 米。

隆兴街 53 号民居 位于隆兴乡隆兴社区，建于清代，建筑面积 330 平方米，坐西北向东南。民居为木结构穿斗式梁架，三穿七柱，悬山式顶，两面坡，小青瓦屋面，面阔三间通宽 15、进深四间 21 米，屋壁均用木板构建。53 号、57 号临街分别建一双扇门，55 号建 2 扇双扇门。

胡邦林宅 位于隆兴乡隆兴社区，建于清代，建筑面积 240 平方米，坐西北向东南。建筑为木结构穿斗式梁架，前后各二间分别三穿七柱，悬山式顶，两面坡，小青瓦屋面，通高 6.5 米，面阔一间 4.5 米，通进深四间 24 米。屋壁均用木柱、木枋、木板构建。

隆兴街 76 号民居 位于隆兴乡隆兴社区，建于清代，占地面积 167 平方米，坐东向西。民居为木结构一楼一底，穿斗式梁架，三穿九柱，悬山式顶，两面坡，小青瓦屋面，底楼面阔二间 8.15 米，通进深六间 20 米，通高 7.5 米。其中 76 号底楼面阔一间 4.55 米，通进深六间 20 米，一楼一底，底楼高 3 米，顶楼高 4.5 米。临街面一间进深 5 米，其余五间进深均为 3 米。78 号底楼面阔一间 3.6 米，临街一间进深 5 米，其余五间与 76 号后五间进深相同。76 号、78 号第三间分别有木质阶梯 11 级上至二楼。

桥头坝桥 位于隆兴乡双石村，建于清代，建筑面积 36 平方米，东北—西南走向。桥为五孔平桥，用厚石磴、厚石板建成，板面分别用长 2.2 ~ 2.7、宽 1.18、厚 0.6 米的厚石板铺建。桥长 12.7、宽 1.18、高约 3 米；桥南一桥磴侧有一支撑石条。桥是隆兴乡至观音镇大路桥。

双河口新桥 位于隆兴乡犀牛村，建于清代，建筑面积 15 平方米，东南—西北走向。桥由厚石磴、厚石板砌成三孔平桥，桥长 9.9、宽 1、高 2、桥板厚 0.48 米。桥孔宽 2.2 ~ 2.9、高 1.5 米。桥磴高 1.5、宽 2.2、厚 0.5 米。该桥是至越溪河、观音镇、万里场、隆兴乡、仙马场等地大路。

石窟寺及石刻

土地坳石窟 位于隆兴乡大龙村，建于明代，分布面积 3 平方米，坐东向西，凿于高 1.6、宽 1.8 米的崖石上，顶有一大石向造像前延伸如雨篷将造像遮盖，龛高 0.9、宽 0.75、深 0.16 米。龛内浮雕一土地菩萨像，坐式，头戴官帽，身着长袍，两手握一笏状物放于腹前，高 0.82、肩宽 0.27、头高 0.27 米。

佛岩摩崖造像 位于隆兴乡仙马村，根据造像风格，当为明代凿刻。分布在长 27、高 15、距地表 3 米高的岩壁上，分布面积 25 平方米，西向。共 4 龛 24 尊造像，为二十诸天造像，均为高浮雕，从左起编为 1～4 号龛。1 号龛：长 2、高 0.5、深 0.21 米，内浮雕 4 佛像，2 尊结跏趺坐，另 2 尊跏趺坐，大小同，坐高 0.6、肩宽 0.2 米，南侧二造像，一立一坐。2 号龛：长 3、高 0.62、深 0.23 米，内凿刻 6 佛，3 尊结跏趺坐，另 3 尊善跏趺坐，大小同，坐高 0.6、肩宽 0.2 米。3 号龛：长 3.9、高 0.52、深 0.23 米，内雕刻 7 尊佛像，均属结跏趺坐，大小同，坐高 0.34、须弥座高 0.19 米。4 号龛：长 1.2、高 0.54、深 0.2 米，龛内刻三尊造像，与 3 号龛间浮雕一尊造像，风化严重，内容不能辨别。在 1、2 号龛造像座上分别浮雕有仰莲瓣图像，在 3 号龛下有一约长 0.6、高 0.4 米"重修佛崖古洞记"的石刻文字百余字。

佛岩石窟寺 位于隆兴乡富来村，建于清代，分布面积 12 平方米，坐南向北。石窟寺有 9 尊造像属圆雕，置于佛岩一长 10、宽 4、高 4.2 米的天然岩穴坎上，造像由东至西编为 1～9 号。

1 号造像为川祖菩萨，善跏趺坐，坐高 0.73、肩宽 0.33 米。2 号造像为孔夫子像，高 0.4 米。3 号造像为如来站将，站高 0.78 米。4 号造像如来佛，结跏趺坐，坐高 1.1、肩宽 0.4 米。5 号造像为如来站将，站高 0.78、肩宽 0.25 米；6 号造像为送子观音。7 号为观音像，坐高 0.75 米。8 号为地公像，着跏趺坐，高 0.48、肩宽 0.24 米。9 号为地母像，坐高 0.48、肩宽 0.24 米。在 4 号造像旁为新塑的药王观音，未编号。在石窟寺西 100 米处岩壁中嵌有二石碑，上阴刻碑文大多风化。另有碑刻年代题记已不见。

双河口石窟寺 位于隆兴乡仙马村，建于清道光十八年（1838 年），分布面积 3.5 平方米，观音龛座于土地龛上，二龛后有"□□复修圣像"碑刻一通。观音龛高 1.7、宽 1.2、深 0.85 米，庑殿式顶，龛内观音像于 1964 年"破四旧"时毁，龛两侧阴刻有"河洛为数五、诸侯之宝三"。土地龛高 1.26、宽 1.42、深 0.38 米，龛内有圆雕一土地像，龛额及左右浮雕花卉图像。碑刻碑高 0.9、宽 0.6、厚 0.1 米，上阴刻"□□复修圣像"、"今我新桥旧有"及捐银人赵昌伦等数十人名，题记"道光戊戌十八年又四月吉日"。

隆兴护林古碑 位于隆兴乡隆兴社区，建于清光绪十八年（1892 年），嵌在原隆兴南华宫山墙上，西北向，立面分布面积 3 平方米。碑为石质长方形，长 1.97、宽 0.89、厚约 0.15 米，字阴刻楷书，顶大字横排，碑文竖排，大字径 0.075～0.08、小字径 0.05、行距 0.03 米。碑顶横刻七字"宜宾县正堂国示"，碑文首刻"钦如知府衔赏戴花翎，特授叙州府宜宾县正堂军械处存记加五级……□□□"，碑文主要为禁止破坏、乱砍伐森林的内容。宜宾县人民政府于 2003 年 4 月公布为文物保护单位。

近现代重要史迹及代表性建筑

越溪乡供销社旧址 位于隆兴乡仙马村，建于 1955 年，占地面积 185 平方米，坐北向南。为木结构一楼一底，抬梁穿斗结合式梁架，悬山式顶，两面坡，小青瓦屋面。通高 8 米，面阔三间 10.5 米，进深一间 8 米，三间大小相同，前建有廊道，面阔 12、进深 4.9 米。二楼楼层用圆木和木板铺建。二楼临廊道上外壁为篱笆涂谷草泥筋，糊表面后涂白石灰，在表面用墨绘有大跃进时期壁画和标语：火车头、人物、谷穗，火车上写有"亩产 800"、"鼓足干劲、力争上游"及"多快好省地建设社会主义"等。

该建筑是人民公社时期计划供应机构，在廊道上二楼外壁绘制的大跃进时期宣传画，反映了当时历史背景下加快社会主义建设的热潮，有一定的历史价值。

泥南乡

古墓葬

佛洞寺崖墓群 位于泥南乡施家村，建于汉代，分布面积 360 平方米，墓门向西北。共有崖墓 6 座，横排，编为 M1～M6。其中 M1 为一享堂三墓室，享堂宽 9.6、深 5.5、高 4 米；1 号墓室门宽 1.2、高 1.3、厚 0.5 米，顶有斗拱；墓室通长 19、宽 2.2、高 1.9 米；东壁有二石棺，其中大者长 2.4、宽 1.8、高 0.85 米，小者长 2.2、宽 0.8、高 0.8 米；西壁有一石棺，长 1.9、宽 0.5、高 0.8 米，石棺旁有一龛；2 号墓室与 3 号墓室被佛教协会用泥土和红砖封闭后在享堂陈设佛、菩萨像作佛教活动地。M6 墓室门与室大小同，室长 1、高 1.35、宽 0.6～1.1 米，平顶。

宜宾县人民政府于 2011 年 6 月公布为文物保护单位。

火掌坝崖墓群 位于泥南乡北江村，建于汉代，共有崖墓 7 座，横排，编为 M1～M7，分布面积 250 平方米，坐东北向西南。M1～M3 墓室结构保存较好，其余墓室内置有菩萨。M1 墓室内被三官楼佛教人员置有已毁的新塑菩萨像。M2 门宽 0.7～0.8、高 1.15、厚 0.8 米；墓室长 3.3、宽 2.24、高 1.87 米；后壁有一龛，宽 0.97、高 0.8、深 0.7 米；M3 有水缸挡在墓口；M4～M7 内有新塑菩萨。

钓鱼嘴崖墓群 位于泥南乡合力村，建于汉代，共有崖墓 8 座，横排，编为 M1～M8，分布面积 85 平方米，墓门均东北向。其中 M1 门宽 0.88、高 0.9 米；墓室长 2.3 米，下大半室内有积土，室前高 0.9、后高约 0.4、前宽 0.88、后宽约 0.68 米，平顶。M2 门宽 1.55、高 1、深 2.5 米，墓室内下半部有积土，室后宽约 0.74、后高约 0.45 米，平顶。M3～M8 墓门及室内有封土。

猫猫嘴崖墓群 位于泥南乡合力村，建于汉代，共有崖墓 10 座，横排，编为 M1～M10，分布面积 105 平方米，墓门均向北。墓均为单室，墓室大多有封土。其中 M1 门宽 1.08、高 0.3 米，门的墓室下有填土。M2 门宽 1.12 米，室内有土。M3 门宽 1.32、高 0.8 米，门下及墓室内有乱石、泥土堆积；室长 2.1、前宽 1.32、后宽约 1.2 米，因室内有积土，高不详。M5 门、墓室宽均为 1.53、高 0.8 米，室内有大量积土，室长不详。

牛脑壳坡崖墓群　位于泥南乡红光村，建于汉代，共有崖墓 4 座，编为 M1～M4，分布面积 50 平方米，均坐西南向东北。四墓均为单室，形制相同，无壁龛，无石棺。其中 M1 墓口与墓室同高同宽，室长 2.3、宽 1.1、前高 0.93～1 米，后高 0.45 米，平顶，内有少量积土。

红鱼嘴崖墓　位于泥南乡红光村，建于汉代，占地面积 20 平方米，坐西向东。墓为单室，墓道长 1.73、宽 1.7、高 2.5～3 米。墓室长 5、宽 2、中高 2.1、前高 1.47 米，拱顶。后有龛，前高 1、后高 0.77、深 0.7、宽 1.47 米；右壁有一小龛，高 0.4～0.7、深 0.25 米。

上洞寺崖墓群　位于泥南乡火箭村，建于汉代，上洞寺崖墓群共有崖墓 3 座，编为 M1～M3，分布面积 150 平方米，坐西南向东北。M3 墓门有塌土、竹子封堵，M1、M2 已扰乱为空墓，均为单室。其中 M1 墓门宽 2、高 1.8 米；室长 5.8、宽 2.2、高 1.9 米，平顶；后有一龛，高 1、宽 1.9、深 1.4 米；北侧有石棺，残长 2.65、宽 0.85 米。

岩边上崖墓群　位于泥南乡施家村，建于汉代，共有崖墓 5 座，横排，编为 M1～M5，分布在东西长 10、上下高 4 米的岩壁上，分布面积 40 平方米，墓门均向西北，均为单室。M1 墓门及墓室大小相同，墓室长 2.45、宽 1.05、高 0.8 米。M2 墓门宽 1.75、高 1.1 米，室内有土。M3 墓门宽 1.15、高 1 米，室内有封土。M4、M5 室内有封土。

蛮洞儿崖墓　位于泥南乡杨家村，建于汉代，占地面积 4 平方米，西向，单室，门与室同大。墓室门宽 1.2、高 1.04 米。墓室长 2.05、前高 1.05、后高 0.65 米，室前宽 1.24、后宽 0.95 米，平顶。

桥湾儿崖墓群　位于泥南乡杨家村，建于汉代，分布面积 500 平方米，共有崖墓 3 座，编为 M1～M3，呈横排，分布在南至北 20、东至西 25 米范围内，为依岩凿建，东向。其中 M1 墓道长 4.7、宽 2.7、高 2.2 米，临近墓门两侧建有双阙，各残高 1.25、足宽 0.51、长 0.6 米；三层门楣，门高 0.7、宽 1.1 米，门顶浮雕二斗拱、一羊；墓室长 8.5、宽 2.15、高 2.15 米；室后壁有一石棺，宽 1.82、深 1.62、高 1.02 米。

溪口崖墓　位于泥南乡杨家村，建于汉代，分布面积 50 平方米，坐西向东。崖墓外门高 2.2、宽 2.2 米，上浮雕仿木结构斗拱；墓门高 1.88、宽 1.42、厚 0.7 米；墓室全长 2.8、宽 2.2、高 1.77～2.4 米，墓顶为券顶；后壁龛高 1.18、宽 1.65、深 1.4 米；南壁有一龛，高 1.35、宽 2.15、深 1.75 米；南北壁各有一石棺，其中北壁石棺高 1.2、长 2.4、宽 0.8 米。

杨家村崖墓　位于泥南乡杨家村岷，建于汉代，占地面积 28 平方米，坐西向东。

墓道口及墓门处被垮塌泥土封堵，近年被盗墓者掘有一洞口，高 0.85、宽 0.6 米，连同墓道长 4 米。门额浮雕似斗拱形图像。1987 年第二次全国文物大普查时登记该墓门东向，墓口宽 1、高 0.8 米；墓室长 10、宽 1.2、高 1.4 米。

唐家湾崖墓群　位于泥南乡杨家村，建于汉代，共有崖墓 3 座，横排，编为 M1～M3，分布面积 45 平方米，墓门均西向，均为单室。其中 M2 墓室长 2.5、宽 1.4～1.55、高 1.3～1.45 米，拱顶；后壁有一龛高 0.6～0.8、宽 1.35 米。M3 墓室长 2.5、高 1.5、宽 1.5～1.55 米，拱顶。后壁有一龛，高 0.9、宽 0.95、深 0.3 米。

后龙头墓群　位于泥南乡丛树村，建于明代，共有石室墓 3 座，编为 M1～M3，分布面积 40 平方米，坐北向南。墓室均由石条、石板砌成，其中 M1 为一墓四室，1 号室无墓道，稍短，2～4 号室大小相同。1 号室长 2.45、高 1.85、宽 0.97 米，平顶，后无龛；2～4 号室各长 3.3、宽 0.97、高 1.85 米；藻井顶，各长 1.3、宽 0.75、高 0.35 米。M2 与 M1 形制相同。M3 残存一室，门有封土。

吴君瑞墓　位于泥南乡平安村，建于清乾隆四十五年（1780 年），占地面积 64 平方米，坐西向东。墓为圆形土冢，长 8、宽 8、高 2 米，前立一石碑。碑为仿木结构，四柱三开间，无宝顶，左右施抱鼓，下有碑台，碑高 2.25 米，其中台高 0.35、宽 5.6、厚 0.3 米；顶刻吉祥如意云纹及阴刻"巩固"二字；中楷书阴刻碑文"十三世显考吴公谥直义讳君瑞老大人之佳城"；右题记"清乾隆四十五年岁次庚子仲秋月吉旦鼎迁"；左刻"清道光二十九年岁次己酉仲秋月吉旦重修"。

唐友谅夫妇墓　位于泥南乡北江村，建于清嘉庆十四年（1809 年），占地面积 68 平方米，坐南向北。墓为土冢，长 15、宽 4.5、高 4 米，前立一石碑。碑为仿木结构重檐庑殿顶，左右施抱鼓，碑高 2.2、高 5、厚 0.52 米，其中碑台高 0.2 米，台宽 0.86、厚 0.3 米。篆书阴刻碑额"福荫修隆"；中阴刻碑文"清故显考唐公讳友谅　显妣唐母李孺人老大人二位之墓"；右阴刻题记"嘉庆十四年岁序己巳孟秋月款旦镌"；碑柱两侧阴刻对联两副。

圆明泰和尚墓　位于泥南乡丛树村，建于清道光九年（1829 年），占地面积 28 平方米，坐西北向东南。该墓周用石条砌成长椭圆形，顶为弧形封土，墓长 5.8、宽 4.5、高 2.4 米，前立一石碑。碑为仿木结构单檐庑殿顶，二柱一开间，高 1.6、宽 1、厚 0.3 米；顶刻"石室关风"；正中楷书阴刻"涅槃台上大比丘上圆明泰老和尚之塔"；题记"大清道光九年己丑岁孟春"；两侧柱行书阴刻对联"千重瑞气禅关聚；一线灵光宝塔浮"。

觉仙和尚墓　位于泥南乡丛树村，建于清道光十六年（1836 年），占地 100 平方米，坐西向东。墓周围石条砌成椭圆形，墓长 8、宽 6.5、高 2.9 米，前立一石碑。碑残存三柱二开间，仿木结构重檐庑殿顶，两侧建有附碑，碑高 2.7、残宽 2.7、厚 0.35

米，左侧碑一间和副碑倒塌；碑正中楷书阴刻"医济正宗传流第二十二世法讳上广下谥号觉仙老和尚之塔"；左侧刻"祀奉徒严相、严兴……性志……宏远……"；题记"道光十六年岁次丙申新正月十八日"；碑身浮雕八仙、二狮、鹤、鸟、二副对联，看经警文330余字。

吴郭氏墓　位于泥南乡红光村，建于清道光十六年（1836年），占地面积150平方米，坐东南向西北。墓为土冢，长8、宽7、高2.4米，前立一石碑。碑为仿木建筑，重檐庑殿式顶，四柱三开间，宽3米，与两侧副碑通宽7.4、通高2.6、厚0.36米；碑正中楷书阴刻"□□吴母郭老孺人之佳□"；题记"道光十六年丙申岁满月初四日寅时立"；碑顶及两侧次间共浮雕十幅计三十八尊人物像，两侧各浮雕一石鼓、石狮、二鹿、一鹤等；两侧四柱阴刻二副对联，各一扇面，扇面上阴刻"天造"、"地设"。墓前左右侧各25米处立有一石桅杆，高4米。

吴绍洪墓　位于泥南乡红光村，建于清道光二十七年（1847年），占地面积180平方米，坐北向南。墓为土垒，长8、宽6、高2.4米。前立一石碑，仿木结构，四柱三开间，顶为"山"字形，两侧建有副碑，高2.7、宽6.4、厚0.35米，中明间宽1.55米；正中楷书阴刻"清例授修职郎绍洪吴墓"；题记"道光二十七年腊月二十九日谷旦"；碑顶浮雕9尊人像、行书阴刻"护佑后裔"；碑两侧浮雕十八尊人物像和二大树、二大圆状物等图像。墓前建一大拜台，直径12米。

唐兴永夫妇墓　位于泥南乡牛心村，建于清道光四年（1824年），占地面积64平方米，坐西向东。墓为圆形土冢，长10、宽5.4、高3.8米，前立一石碑。碑为仿木结构重檐庑殿顶，四柱三开间，左右施抱鼓，下设碑台。碑高2.3、宽5.8、厚0.3米；碑台宽1、高0.45米。上刻人物花卉、戏剧人物图像、吉祥图案等，碑额刻"福庇千古"；中楷书阴刻碑文"皇清例赠正八品谥仁厚讳兴永唐公老大人，诰正八品孺人宜懿慈操唐母丘太君之佳城"；右刻题记"道光四年岁序甲申清和月既望日立"。

吴道隆夫妇墓　位于泥南乡丛树村，建于清光绪十八年（1892年），占地面积25平方米，坐西向东。墓为土冢，长4、宽1.9、高1.4米，前立一石碑。碑为长方形，高0.88、宽0.52、厚0.06米。正中楷书阴刻"皇清待诰吴母王老孺人墓　清故显考吴道隆大人之墓"，题记"光绪十八年四月十三日"。

古建筑

云峰寺及牌坊　位于泥南乡丛树村，建于清雍正二年（1724年），东北向，现存建筑面积850平方米。分为上殿及下殿。上殿：木结构，悬山式顶，抬梁穿斗结合式，三穿七柱，面阔三间宽22米，明间进深6米，左右次间通进深各6米，右梢间通进深二间10.5米，通宽4米，通高7米。前建有廊道垂带式踏道。上殿前右侧保存厢房一间，下殿近天井檐坎上立有四方形石碑，上阴刻有建寺经过和捐银人名等。题记"清雍正甲辰二年开山曾法舟江西赣□府安运塔下分派临修云峰寺"，寺前还存有"云峰寺牌坊"。

宜宾县人民政府于 2011 年 6 月公布为文物保护单位。

其他

翁罗氏墓　位于泥南乡灵芝村，建于 1914 年，占地面积 18 平方米，坐东向西。墓周用条石砌成，顶为圆形封土，墓长 5.2、宽 3.4、高 1.5 米，前立一石碑。碑为仿木结构重檐庑殿顶，四柱三开间，左右施抱鼓，左右次间及抱鼓丢失，碑高 1.8、残宽1.1、厚 0.4 米；碑顶额浮雕双凤朝阳；碑文"故慈妣翁母罗老孺人之墓"，左刻题记"中华民国三年"；碑柱两侧阴刻对联"虎踞龙盘钟福地；山青水秀绕明堂"。碑前有长5、宽约 8 米的拜台。

龙池乡

古遗址

香炉寺遗址　位于龙池乡双百村，建于明代，分布面积 10000 平方米，坐西向东，分布在东西长 100、南北宽 100 米范围内。寺庙于 1964 年被毁，遗存上、下殿殿基、殿前踏道、阶梯及大石狮等。其中上殿基遗址宽 70、进深 30 米，石砌边墙坎高 1.5 米，前有垂带式踏道 12 级，内遗存有六边形柱础、石香炉等；下殿宽 35、进深 20 米，石砌殿墙坎高 1 米，前有阶梯式踏道 14 级。朝门前有大石狮左右各一尊，各高 2.5 米，为圆雕，座方形，上浮雕有花卉等图像，朝门下至北有石板铺成的人行坡路约 150 米。遗址后面还遗存有石塔等。

石板上石梯道　位于龙池乡双百村，建于清代，分布面积 25 平方米，南北走向。古石梯道为石质，整石凿成至道为"S"形，共有 45 级，每级分别长 1、0.95、1.05 米不等，高分别 0.12、0.1、0.15 米。主道之上是至大板上坡路的路段，仍为整石凿成，梯步较窄，约 70 余级。

古墓葬

黑弹子沟崖墓群　位于龙池乡白家湾村，建于汉代，共有崖墓 3 座，横排，编为M1～M3，分布在上下高 10、东西长 18 米范围内的悬崖壁上，分布面积 120 平方米，墓门东南向。墓穴为依整山岩壁凿成。因在陡壁上，不能进入调查测量。

古坟包墓地 位于龙池乡双百村，建于明代，共有石室墓 2 座，大古坟包处编为 M1，北向；小古坟包处编为 M2，东北向，分布面积 120 平方米。M1 占地 38 平方米，一墓六室通宽 10 米，每间墓室大小相同，通长 1.1、各宽 1、高 2.6 米；各室均为藻井顶，藻井各长 1.3、宽 0.75、高 0.3 米；各室后壁有一龛，高 1.1、宽 0.4、深 0.15 米；每间墓室前设有双扇石门可随意关启。M2 由石条砌成石室五间，通宽 6 米，每间大小相同，墓室各长 3.1、宽各为 1.2、高各为 2.4 米（不包括藻井）；藻井顶每室各高 0.42、长 0.95、宽 0.75 米；每间室后壁各有一双龛，高为 1.1、宽 0.35、深 0.2 米；每间墓室前均设有双扇石门，门上浮雕有花卉图案。

洋姜坟墓地 位于龙池乡双百村，建于明代，占地面积 43 平方米，坐东北向西南。该墓为一墓四室，墓室由石条、石板砌成，顶为封土，四间墓室大小相同，每间长 3.8、宽 0.88、通高 2 米。室与室间壁有通道；后壁各有一龛，高 1.1、宽 0.4、深 0.1 米；顶为藻井顶，各长 1.6、宽 0.7、高 0.4 米；第 1 号室东壁与第 4 号室西壁上各有一龛，高 1、长 1.7、深 0.18 米。

深基埂墓地 位于龙池乡双百村，建于明代，占地面积 40 平方米，坐东南向西北。墓室由石条、石板砌成，为一墓五室，各室大小相同，各长 2.6、宽 0.98、通高 1.85 米；室顶各有一藻井，长 1.25、宽 0.95、高 0.35 米。墓室与墓室间相通。

金竹寺墓群 位于龙池乡双百村，建于明代，共有石砌墓室墓 3 座，编为 M1～M3，分布面积 130 平方米，坐西南向东北。墓室均由石条、石板砌成，均已扰乱为空墓。其中 M1 为一墓四室，大小相同，各室长 3.4、宽 1.85、通高 1.85 米；后壁各有一龛，梯形，各高 0.8、前宽 0.7、后宽 0.42、高 0.8 米；顶各有一藻井，宽 0.8、高 0.35、长 1.1 米。M2、M3 墓口有积土和杂物不能入内测量。

油房头墓群 位于龙池乡双百村，建于明代，共有石室墓 4 座，编为 M1～M4，横排，分布面积 260 平方米，坐南向北。其中 M1 为一墓二室，大小形制相同，由石条、石板砌成，通宽 2.5 米，墓室长 2.35、宽 0.9、高 1.4 米，顶建有藻井，长 1.2、宽 0.75、高 0.15 米。

坟坝头墓群 位于龙池乡龙井村，建于清代，共有石砌墓室墓 4 座，编为 M1～M4，分布面积 160 平方米，坐东北向西南。墓室均由石条、石板砌成，顶为封土。其中 M1 为一墓二室，通宽 2.8 米，二室大小相同，室各长 3.6、宽 1.1（包括墓道）、通高 2.2 米；后壁有龛，各高 1.05、宽 0.4、深 0.2 米；顶为藻井顶，长 1.4、宽 0.8、高 0.45 米；室底各置一大石板。M2～M4 墓室结构略同，M3 墓室已残。

龙井坝墓地 位于龙池乡龙井村，建于清代，占地面积 20 平方米，西南向。墓由石条、石板砌成，为一墓二室，顶为封土，墓室长 3.3、高 1.8、宽 0.9 米，二室大小相同。后壁有一龛，高 0.55、宽 0.5、深 0.1 米；顶建有藻井，高 0.45、长 0.9、宽

0.7 米。

楠竹林徐氏墓　位于龙池乡龙井村，建于清代，占地面积 50 平方米，西向。墓为土冢，墓周砌石已毁，长 5、宽 3.8、高 1.7 米，前立一石碑。碑为重檐庑殿顶，四柱三开间，顶倒在墓前，残宽 4、厚 0.27 米，因碑顶倒在碑前地上，残高 1.4 米；正中有一石板立靠在碑中，碑文风化脱落，右次间残存"□□□显考徐公□讳□□□……"，残存左柱对联"□矢志清……"。

标水岩墓地　位于龙池乡双百村，建于清代，占地面积 30 平方米，东北向。墓为土冢，长 5、宽 4、高 1.75 米，前立一碑。碑为石质，仿木结构重檐庑殿顶，四柱三开间，上浮雕双凤朝阳；顶龛楷书阴刻"龙蟠凤翥"；碑正中阴刻"清勒□□□□□□□□□"，其余碑文大多风化剥蚀；两侧柱阴刻对联一副："地灵未获师师；天问何□景景。"碑两侧建有二石鼓，次间额下浮雕有花卉等图案。

吴胜道夫妇墓　位于龙池乡阳荷村，建于清代，占地面积 38 平方米，坐西向东。墓为土冢，封土呈圆形，高 2、长 7、宽 5.4 米，前立一碑。碑高 2.7、宽 2.6、厚 0.3、碑座高 0.12 米，为仿木结构重檐庑殿顶，四柱三开间，上刻花卉、人物图案；楷书阴刻碑文"皇清待诰故显考吴公胜道老大人、显妣吴母王氏老孺人之墓"，题记风化无考。

小尖包牟氏墓　位于龙池乡双百村，建于清乾隆五十三年（1788 年），占地面积 20 平方米，坐西南向东北。墓为土冢，墓长 3.8、宽 2.6、高 0.8 米，前立一石碑。碑为长方形，高 1.1、宽 0.58、厚 0.12 米；顶刻"光昭后世"；正中楷书阴刻"皇清待赠故显老牟公讳□□□□"；题记"乾隆五十三年岁序□□□"。

牟邹氏墓　位于龙池乡双百村，建于清乾隆五十三年（1788 年），占地面积 55 平方米，坐西南向东北。墓为土冢，长 4.8、高 1、宽 2.7 米，前立一石碑。碑为长方形，高 1.29、宽 0.59、厚 0.11 米；顶阴刻"淑德长存"四字；正中楷书阴刻"皇清待诰故慈妣邹氏老孺人之坟"；题记"乾隆五十三年岁序戊申孟冬月立"；左阴刻祭祀人"男，牟佳宗……"。前有拜台，半圆形，半径 7.5、纵 2.5、高 1.3 米。

楼房湾张氏墓　位于龙池乡双百村，建于清乾隆五十三年（1788 年），占地面积 65 平方米，北向。墓为土冢，长 8.6、宽 5、高 1.4 米，前立一碑。碑为石质长方形，顶已倒在墓前，高 1.1、宽 0.6、厚 0.12 米；碑顶阴刻"泽潘千秋"；正中阴刻"皇清待诰故祖妣张氏显□□□□□□"；题记"乾隆五十三年岁序戊□□"。

香炉寺墓地　位于龙池乡双百村，建于清嘉庆七年（1802 年），占地面积 65 平方米，坐西南向东北。墓室由石条、石板砌成石室二间，门宽 0.79、高 1.33、厚 0.66 米。分为前后二室，每室周壁建有龛，龛前建有通道，顶为浅宽藻井。二室通进深 6 米，其中前室宽 2.5、长 2.55 米，前后左右四壁有龛 8 个，各宽 0.6、深 0.7、高 1.05

米；后室长 3.75、宽 3.1、高 2.5 米。该墓共建龛 21 个，左右壁各建龛 4 个，后壁建龛 3 个，前壁龛 2 个。门外左右建有碑，庑殿顶，右一碑阴刻有"重修古塔记……"，题记"大清嘉庆七年岁在□戊秋□吉旦"。前有梯形拜台，镂空刻大香炉座，长方形，高 0.7、长 1.2、宽 0.8 米。

牟汝松夫妇墓 位于龙池乡光龙村，建于清道光二十八年（1848 年），占地面积 65 平方米，坐西向东。墓为土冢，封土呈圆形，四周用条石砌成，长 8、宽 8、高 3.6 米，前立一碑。碑高 3.6、宽 3.6 米，仿木结构四柱三开间，重檐庑殿顶，上刻人物故事图案（武松打虎等）；楷书阴刻碑文"皇清赠故显牟公汝松老大人、诰故显妣牟母周氏老孺人之佳城"；左刻题记"道光二十八年戊申岁孟冬月下浣吉旦"。

牛心顶陈氏墓 位于龙池乡龙井村，建于清道光二十八年（1848 年），占地面积 30 平方米，西向。墓冢周用石条砌成长方形，顶为弧形封土，墓长 5.5、宽 3.2、高 1.9 米，前立一碑。碑为石质，仿木建筑结构单檐庑殿式顶，二柱一开间，高 2.2、宽 2.2、厚 0.3 米，两侧建有附碑；正中楷书阴刻"故显考陈公讳□□□□□"；题记"大清道光二十八年三月"；两侧碑柱阴刻有对联一副，字迹大多剥蚀。

小湾儿墓地 位于龙池乡双百村，建于清咸丰七年（1857 年），占地面积 100 平方米，西北向。墓为土冢，墓周由石条砌成椭圆形，冢径 3.6、长 6、高 2.1 米，顶为弧形封土，前立一石碑。碑为仿木结构重檐庑殿式，四柱三开间，通高 3.2、残宽 5、厚 0.39 米；顶龛阴刻"别一天"三个大字；正中楷书阴刻"清敕正八品显考丁公讳正□□大人□"；题记"大清咸丰柒年丁巳岁□□□"；两侧残存阴刻对联二副，其一为"品立龟蚨斯□□；穴阡龙角厥□昌"；左右次间扇面上阴刻"龙蟠"、"凤舞"；右附碑上浮雕二怪兽等及阴刻"长年"诗一道（草书）；碑座边缘阴刻有装饰图案。

丁正心墓 位于龙池乡双百村，建于清咸丰二年（1852 年），占地面积 80 平方米，坐西向东。墓为土冢，由石条、石磴砌成椭圆形，顶为弧形封土，墓长 5.8、宽 3.6、高 2.2 米，前立一石碑，建有一圆形拜台。碑为仿木建筑单檐庑殿顶，二柱一开间，两侧建有石鼓，碑高 2.4、宽 2.8、厚 0.36 米；顶额浮雕人物 8 尊，顶龛阴刻"垂裕后昆"，下刻花卉；正中楷书阴刻"皇清待赠显考丁公讳正心老大人坟墓"；题记"咸丰二年岁次壬子五月望六三吉"；北侧刻"长男丁大铨……"；两侧阴刻对联"气运钟灵百世不易；山陵毓秀万古为斯"；两侧二石鼓浮雕动物莲子等图像。

丁正发墓 位于龙池乡双百村，建于清咸丰五年（1855 年），占地面积 25 平方米，东北向。墓由条石磴砌成椭圆形，顶为弧形封土，墓长 5、宽 3.6、高 1.6 米，前立一石碑，碑为仿木结构单檐庑殿顶，碑嵌在砌石中，碑高 1.7、宽 0.73、厚 0.12 米。顶阴刻"山青水秀"四字；正中阴刻"皇清待赠故显考丁公讳正发老大人之墓"；题记"咸丰五年十月初五日毂旦"。

丁光佑夫妇墓　位于龙池乡双百村，建于清光绪二十四年（1898年），占地面积32平方米，坐西南向东北。墓为土冢，墓周用石条砌成椭圆形，顶为弧形封土，墓长5、宽3.8、高1.6米。碑嵌在砌石中，碑顶为半圆形，碑高1.5、宽3.8、高1.6米；碑顶浮雕一大圆形图案，正中楷书阴刻"皇清待诰赠故祖妣丁母宋氏老孺人、显考丁公光佑老大人之墓"；题记"光绪二十四年岁次戊戌十二月十八日立"；上阴刻一副对联"飞水流丹人龙蔚起；尖山耸翠天马生成"。前建有圆形拜台。

古建筑

陈树韩宅　位于龙池乡龙井村，建于清代，建筑面积560平方米，西南向。民居为地主陈树韩修建，分为后堂、左右厢房，为木结构穿斗式梁架，三穿七柱，悬山式顶。后堂面阔五间通宽28、进深一间6.8米，通高6.8米。其中明间面阔一间5.3米，进深6米，左右次间面阔各为4.5米，进深各为8米，梢间面阔各7米，进深各8米。左右厢房相同，面阔各四间通宽18、进深一间5米。整座民居屋壁均为木壁。在民居坝边立有一排石碑，字迹已风化。

向阳丁家宅　位于龙池乡双百村，建于清代，建筑面积约1020平方米，东南向。民居为复四合院和三包围布局。南侧建筑为三合院，其中堂屋面阔七间通宽33.6、进深一间5.6米，通高7米，其中面阔一间5米，进深一间5.6米，前建有廊道，通宽25.6、进深2.9米。左右侧房略同各为面阔三间通宽12、进深一间4米，临南边进深为二间进深6.2米。北侧建筑为复合四院，后堂面阔五间（已毁三间），前堂大门左右各一间，左右侧房共七间，内建有二天井。整座民居屋壁均为木质，前建4道垂带式踏道。

王家沟新桥　位于龙池乡石龙村，建于清代，建筑面积54平方米，西南—东北走向。桥为六礅五孔平桥，桥长21、宽1.4、高4.5米；桥礅长2.6米，每孔桥面由宽0.7、厚0.32、长2.8~4米不等的石板两两相拼而成。桥礅头截面呈梯形，底部呈方形，由每级宽0.75、厚0.45米左右条石砌成。该桥仍在使用，原有修路碑现已被埋于桥旁竹林之下。

普安乡

古墓葬

冲口田崖墓　位于普安乡大房村，建于宋代，占地面积10平方米，东向。墓为单室，略呈正方形。墓室长2.5、宽1.7~2.25、高1.12米（下半室有淤泥，高约0.7

米)，平顶。墓门高 0.6 米（下淤泥高 0.6 米），宽 1.06、厚 0.26~0.3 米；顶凿有凹槽，门南侧残，北面内侧浮雕一武士，头戴盔，双手放于腹前，作守门状，头高 0.13、肩宽 0.17 米，下身被泥土遮挡。

堰头上墓地 位于普安乡志益村，建于宋代，占地面积 18 平方米，坐东北向西南。墓由条石、石板砌成石室二间，二室大小相同，长 3.5、宽 1.1、高 1.8 米，二室间设有双扇门，后壁建有龛，顶有藻井。墓室门两侧浮雕一头戴盔、身着铠甲的武士，后壁及室后、左、右壁浮雕人像，头式椎髻，身着长服，腰束带，站立。

牛背坡墓群 位于普安乡英明村，建于明代，共有石室墓 3 座，编为 M1~M3，分布面积 360 平方米，坐南向北。M1 墓室扰乱后封堵，M2 墓室封闭完好，M3 墓室已扰乱，墓室前部分已损坏。其中 M1 为单室，墓室残长 2.2、宽 1.2、高 1.8 米；后壁建有龛，室顶建有藻井。

赵塝蒲氏墓地 位于普安乡北平村，建于清代，共有墓 6 座，由西至东编为 M1~M6，塔形钱库一座，分布在上下长 28、由南至北宽 20 米范围内，分布面积约 250 平方米，坐南向北。其中三座墓有碑，另三座无碑。M1~M3 均分别用长 1.7~1.8、高 0.41 米等长石礅砌成长方形，墓顶为弧形封土，墓前各立一石碑。其中 M1，石砌长方形，长 7、宽 5.5、高 2.3 米；碑为重檐庑殿式，四柱三开间，通高 4.6、宽 4.8 米；上浮雕二十四孝图像王相喂母、梦中哭笋、冬日笋生图及石狮、石鼓一对和二龙戏珠、花卉等图像，在石鼓上刻"福、禄"二字；碑正中刻"显考耆员蒲公讳大高墓"，题记"大清咸丰五年九月初十日"。在 M1 西侧有一石刻塔形钱库：高 3.6、宽 0.8 米，六边形，上浮雕一灵官、花瓶、宝剑，阴刻"金银库"三字。

荒塝邓氏墓地 位于普安乡北平村，建于清代，共有墓 2 座，上下相距 40 米，分布面积约 340 平方米，均为条石墩围砌墓周，土冢，坐北向南。其中 M1 墓宽 3.9、长 6.3、高 2.4 米。碑为重檐庑殿式，四柱三开间，通宽 4.2、通高 3.07、厚 0.19~0.4 米；碑明檐下浮雕"二龙戏珠"、"卜云其吉"、二财神像；二重檐上右浮雕"农耕图"（一人牵牛，一人扛犁喝牛，二人均戴斗笠）、左刻钓鱼牵马图，碑上还刻有凤、花卉、石鼓等图像；正中阴刻"清赠邓讳子衡老大人之墓"，题记"道光十一年……"。M2 为邓子衡夫人杜氏墓。

石埂子墓群 位于普安乡北平村，建于清代，共有墓 2 座，编为 M1、M2，横排，分布在长 30、宽 15、高 5 米的草坡上，分布面积约 150 平方米，形制略同，坐东向西。其中 M1 由石条砌成长方形，长 5.2、宽 4、高 1.6 米，墓顶为弧形封土，前立石碑。碑为仿木结构单檐庑殿式顶，高 2.1、宽 2.1、厚 0.13 米；正中正楷阴刻"皇清侍诰显妣牟母郑太君老孺人之墓"，题记"嘉庆十六年……"。

瓜芦嘴蒲氏墓地 位于普安乡北平村，建于清代，共有墓 3 座，编为 M1~M3，分布在长 50、宽 20、高 5 米的土坡上。上下两排排列,分布面积约 300 平方米,均坐南向北,墓制略同。其中 M1 由石条砌成长方形,长 5.7、宽 3、高 1.5 米,墓顶为弧形封土,墓前立一碑。碑为仿木结构,重檐庑殿式,四柱三开间,上高浮雕人物 47 尊,狮子和龙各一对,花卉图案等,其人物图像栩栩如生、姿态各异,有官人、武将、侍从等;碑正中阴刻"顕妣王母法讳蒲寂莲孺人墓";落款"道光贰拾年仲夏吉旦立"。M2 为蒲洪昌之墓,落款为咸丰元年。M3 为蒲应龙墓,落款为道光十七年。

青杠坡墓地 位于普安乡川祖村,建于清代,共有墓 2 座,编为 M1、M2,分布面积 150 平方米,二墓竖排,形制相同,坐东南向西北。其中 M1 墓为条石砌成长方形,顶为弧形封土,墓长 5.5、宽 3、高 2.2 米,前立一石碑。碑为仿木结构,单檐庑殿式顶,高 2.2、宽 1、厚 0.35 米;碑顶阴刻"瑞勇天正","山向辰戊";正中楷书阴刻"故显妣李母吴老大人墓",题记"道光十年岁序庚寅季春……";两侧阴刻对联一副。

源江河刘氏墓地 位于普安乡风洞村,建于清代,共有墓 9 座,呈横向两排,由东向西编为 M1 ~ M9,分布在东西长 50、上下宽 20 米的土坡上,分布面积约 1000 平方米,均坐南向北。墓制略同,均由石条砌成长方形,前立碑。其中 M9 为合葬墓,墓通宽 5.3、高 1.8、长 5.7 米,用石礅围砌墓冢。墓前立二碑,其中左碑中刻"清顕考刘公讳忠鎧大人墓";右碑中阴刻"清痒生顕考刘公字子易大人之墓",落款均为"同治拾贰年……";碑上浮雕 15 尊人像和对联、瓦当等。墓前碑刻均浮雕图像、碑文丰富精湛,分别有斗拱、龙凤、蝙蝠、人物、狮子、花卉、对联等。年代早至乾隆晚至同治年。

大房子墓地 位于普安乡凉井村,建于清代,占地面积 20 平方米,坐南向北。墓为土冢,墓周用条石砌在,顶为封土,长 5.5、冢径 3.5、高 2 米,前立一石碑。碑为仿木结构庑殿式顶,高 2.4、宽 1.2、厚 0.4 米;上浮雕花卉,阴刻对联一副,残存"佳城扶□,胜地频开轮墨□",墓主姓名风化,题记残存"嘉庆□□□□"。

四块田墓地 位于普安乡青龙村,建于清代,共有墓二座,二墓横排编为 M1、M2,分布面积 50 平方米,坐西南向东北。形制相同,墓周用块石砌成长方形,墓前各立一长方形石碑。其中 M1 墓长 4.8、宽 3、高 1.3 米,顶为弧形的封土;碑高 2、宽 0.93、厚 0.15 米,正中楷书阴刻"吴公超臣之墓",题记"大清咸丰十年孟冬月……"。

李王氏墓 位于普安乡民新村,建于清嘉庆五年(1800 年),占地面积 16.8 平方米,坐东北向西南。墓冢为土垒椭圆形,长 5、宽 3、高 1.3 米,前立一石碑。碑原为长方形庑殿顶,现为长方形,残高 1.76、宽 1、厚 0.11 ~ 0.16 米;碑正中楷书阴刻"皇清膺诰孺人李母王太君之墓",题记"嘉庆五年岁在庚……"。

蒲如松墓 位于普安乡北平村,建于清道光十年(1830 年),蒲如松墓占地面积约 22 平方米,坐西向东。墓冢由石条砌成长方形,长 5.8、宽 3、高 1.6 米,墓顶为弧形封土，墓前立一碑。碑为仿木结构建筑，单檐庑殿顶，碑宽1.05、高2.4、厚0.17米；顶龛正楷阴刻"天罡登垣"四字；正中刻"显考蒲公讳如松老大人之墓"；题记"大清道光十年二月……"。

岩底下邓氏墓　位于普安乡北平村，建于清道光十八年（1838年），占地面积25平方米，东南向。墓由石条砌成长方形，长6、宽3.3、高1.9米；墓顶有弧形封土，墓前立一石碑。碑为仿木结构建筑单檐庑殿顶，宽0.94、高2、厚0.23米；顶龛正楷阴刻"蔚起人文"四字；中刻"清待赠邓公讳世□□□"，落款"道光戊戌十八年四月……"。

张王氏墓　位于普安乡国强村，建于清道光十七年（1837年），占地面积40平方米，南向。墓由石条砌成长方形，长5.2、宽4.4、高2.1米；墓顶有弧形封土，墓前立一碑。碑为石质仿木结构，单檐庑殿顶，碑高2.1、宽1、厚0.18米；顶龛正楷阴刻"雲疑碧岫"四字，题记"道光十七年孟冬……"。

任陈氏墓　位于普安乡安民村，建于清同治六年（1867年），占地面积18平方米，坐北向南。墓周用条石砌成长方形，顶为弧形封土，长5.5、宽3、高1.7米。墓前立一石碑，碑为仿木结构建筑，单檐庑殿顶；碑顶阴刻"居处之安"，两侧阴刻"墓前一湾富龙水；坟后岁重贵人山"，正中阴刻"任母陈□□□□"，题记"大清同治六年岁在丁卯九月日立"。

杨永清墓　位于普安乡田坎村，建于清光绪三十三年（1907年），占地面积24平方米，坐西向东。墓周由条石砌成椭圆形，顶为弧形封土，墓长5.5、宽3、高1.8米，前立一石碑。碑为长方形圆形顶，碑高1.9、宽0.9、厚0.35米；正中楷书阴刻"杨公永清墓"，题记"大清光绪三十三年"。

古建筑

打渔岩石室　位于普安乡大理村，建筑面积206平方米。石室依岩凿建，呈"S"形，距山坡高约110米，距岩顶约12米的悬崖岩壁处，曲线长51米，宽1.75、2.1、3.5、4.5米不等，高2.2～3.1米，平顶。西面有一口向北，东面有一口向东北，西面顶岩壁上有石孔10余个，前有10米长的乱石礅垒砌的围墙和门；室内在整岩壁处凿有一水缸，石灶已拆毁，室内西向东拐弯处有石阶梯三级。东面有一出口可爬至山顶，下陡壁处上下非常艰难。1990年，在该处前下约105米处，因当地村民打石时出土有新石器石斧两件（均为三级文物）。以此两件石器看，该处早有原始人类，后历代有人居住。

柏香林民居　位于普安乡土主村，建于清代，建筑面积105平方米，坐南向北。民居原为五间，呈"一"字形，现存堂屋和左右次间三间。民居为木结构，穿斗式梁架，三穿七柱，悬山式顶，小青瓦屋面，面阔三间 13.8 米，堂屋面阔 4.6 米，进深一间 5 米。左右次间各面阔 4.6 米，进深二间 7.5 米，通高 7.5 米。

古木山民居 位于普安乡仙山村，建于清代，建筑面积 1048 平方米，坐北向南。民居为土、木、砖石结构，悬山式顶，是地主曾雨方等曾氏修建。民居为四合院，由前堂、后堂和左右厢房组成。前堂面阔三间 13.5，进深三间 9 米，通高 6 米；后堂为木结构，穿斗式梁，三穿七柱，面阔三间 13.5 米，进深一间 5.5 米，通高 6 米，前建有廊道。左厢房为土木结构，面阔四间宽 16、进深二间 8.5、高 5 米；右厢房二楼一底砖、木、石结构、抬梁式悬山式顶，面阔九间 36 米，进深一间 4 米，通高 11 米。屋壁上建有花窗，壁窗上有"寿"字，南堂屋壁建有轮孔，大门前建有垂式踏道，院坝为石板铺建，右厢房底楼一屋内建有两口水井。

长生桥 位于普安乡民新村，建于清乾隆四十六年（1781 年），又名送公桥，建筑面积 70 平方米，南北走向。桥为石质，由厚石条、石礅砌成，单孔券拱，平面桥，桥长 21.1、宽 2.8、通高 3.8 米。拱纵 5.1、宽 2.6、高 3.2 米，券顶，券顶内正中砌石上楷书阴刻"长生桥：乾隆四十六年岁次辛壬……冬月上浣吉旦、工匠士汤美元、王天仕……"。桥至今仍然十分坚固。

石窟寺及石刻

大岩口石刻 位于普安乡大理村，建于清康熙四十年（1701 年），分布面积约 4 平方米，有题记二通，并排整连。

题记一：高 0.66、宽 0.4 米，题记竖排 7 行，字体楷书阴刻，字高 0.03～0.045 米。顶刻"日月；衆信同立"，内容："湖广宝庆府新宁县杨溪村□宛大贤福移居庆符县永宁乡张家平亩□住因岩路奔败兄第发心重修施拾纹银贰两陆钱石道得久线远永记，修路口宛大贤福本口建立。康熙四十年冬月吉旦永元为记。"

题记二：高 0.62、宽 0.48 米，上楷书阴刻"银江村衆姓捐资重修观音岩大路三百二十六梯栏杆七丈……"。其余数十字大多风化模糊，难以辨识。该二题记记载了康熙年间宛氏兄弟出资建立宜宾县打渔村至庆符县的岩路的情况，为宛氏从湖广宝府新宁县移居宜宾县提供了很好的实物依据。

半节坡修路碑 位于普安乡福林村，建于清嘉庆十六年（1811 年），分布面积 1 平方米，坐东北向西南。碑为石质长方形三边形顶，高 1.19、宽 0.65、厚 0.23 米，碑顶卡书阴刻"修路碑记"，碑刻内容记述了嘉庆年间以彭义寿带头修建从冠英场至云溪义兴、高县的经商要道的经过和捐银修路者姓名。碑文为李永华书，碑刻工匠肖兰聪。题记"大清嘉庆十六年岁次辛未九月廿四日立"。

近现代重要史迹及代表性建筑

唐君毅故居　位于普安乡周坝村，建于清代，坐南向北，占地面积1476平方米。该建筑为清末建造，民国时扩建，是现代著名思想家、哲学家、教育家、"港台大儒家"唐君毅（1909～1978年）的故居。为四合院布局，小青瓦，砖木结构，穿斗式梁架悬山式顶。现存前堂、左右厢房和西侧堂屋，后堂因倒塌重建。前堂面阔十四间通宽56、进深5、高7米。左厢房六间通宽22、进深4.8、高7米；右厢房五间通宽20、进深4.8、高7米。西侧堂屋抬梁式梁架，悬山顶，面阔五间通宽12、进深8、高8米。该故居是唐君毅先生青少年时期生活的地方。

宜宾市人民政府于2011年2月公布为文物保护单位。

大田坝渡槽　位于普安乡民新村，为1973年农业学大寨时建，分布面积220平方米，呈东南向西北走向。渡槽为石、砖结构，26孔券拱平槽，全长165、宽1.6、高2～12米。渡槽沟长165、宽0.6、深0.57米。26孔，每孔纵5、宽1.5、高3～1.15米不等；为中间高两端低，每孔均为券顶，券拱为砖拱砌建。渡槽及渡槽礅为石礅砌建，渡槽礅宽1.5、厚0.6、高低不尽相同，为1.3～11米不等。

其他

曾心法墓　位于普安乡光荣村，建于1926年，占地面积36平方米，坐西北向东南。墓为土冢，长6.5、冢径5、高2米，前立一石碑。碑为仿木结构单檐庑殿顶，高2.8、宽1、厚0.3米；顶浮雕二龙顶一石匾上阴刻"宏开北诚"；两侧浮雕二人物像，阴刻一副对联"万象齐临光胜吉壤；三台端拱秀毓佳城"；正中阴刻"曾公讳心法墓"；题记："中华民国十五年季月丁亥□"。

凤仪乡

古遗址

石板田石梯道　位于凤仪乡凤西村，建于清代，从石板田塝旋大屋基至狮子坝，分布面积550平方米，南北走向。由石板、石礅砌成石梯约600级，石板桥2座。古道坡顶从南至下北面狮子坝全长560米，每级石梯道分别由长0.9、1、0.7、0.55米，宽0.4、0.5、0.6、0.35米，厚0.25、0.2、0.16米等石板铺建。2座石桥由石板、石礅构建，第一座桥长3.9、宽0.98、高2、桥面厚0.4米。

古墓葬

楠木湾崖墓群 位于凤仪乡凤坪村，建于宋代，共有崖墓3座，编为M1～M3，分布在蛮洞坡、泥洞湾石匠槽（楠木湾）长1000、宽约25米的坡壁上，分布面积5600平方米，均坐北向南。各墓门处均长满杂草树木，已被泥土混合杂草将墓门遮盖。M2被厚层杂草泥遮盖，墓门口长有一大松树挡在门口，只能见其墓门额，门室已被厚土夹枯烂杂草堵住。

蛮洞湾崖墓群 位于凤仪乡五一村，建于宋代，共有崖墓12座，编为M1～M12，分布面积1500平方米，门分别为东向、东南向。错落排列，部分墓门顶上凿有"⌒"形凹槽。其中M1墓为单室横穴，墓门高0.66、宽0.74、厚0.48米，门周凿有作嵌封门石板凹槽；墓室深（长）1.97、宽1.35、高1米，拱顶。M4横穴，单室，门宽0.7、高0.6、厚0.33～0.36米；墓室长2.6、宽1.5、高1.3米，拱顶。M10，门顶，凿有"⌒"形凹槽，门室有封土。

瘦坪头墓地 位于凤仪乡民族村，建于明代，占地面积40平方米，坐南向北。为一墓四室，墓室由石条砌成，墓通宽5、长6米。四间墓室大小相同，长各为3、宽1、高1.53米，平顶。后壁各有一龛，高0.7、宽0.5、深0.1米。

狗爬桥墓地 位于凤仪乡民族村，建于明代，占地面积16平方米，坐北向南。墓通长6、宽3、高1.8米，墓由石条砌成石室四间，每间大小相同。其中第4号室长2.6、宽0.82、高1.3米；室顶建有一藻井，长0.6、宽0.5、高0.15米。1号室、2号室被泥土封盖。

刺树坝墓地 位于凤仪乡民族村，建于明代，占地面积10平方米，西北向。该墓由石条砌成石室两间，通宽2.5、长3米。二间墓室每间大小相同，长2.3、宽0.82、高1.4米（下有积土）。平顶墓室壁为素壁，无雕刻。各室后壁有一小龛，宽2.5、高0.32、深0.07米。

田中间墓地 位于凤仪乡民族村，建于明代，共有石室墓2座，横排编为M1、M2，分布面积20平方米，坐南向北。二墓形制略同，墓室均由石条砌成。其中M1通长5、宽4米；共四间墓室，每间大小相同，宽0.9、长3、高0.5米，平顶。

磨盘嘴墓群 位于凤仪乡凤坪村，建于清代，共有墓3座，编为M1～M3，横排，分布在磨盘嘴长15、宽4米的树林中，分布面积60平方米，南向。各墓周均由乱石围砌成长方形，墓前碑均已毁，现只存有土冢和墓周砌石。其中M1长4、宽3.2、高0.65米。

李氏墓地 位于凤仪乡普选，建于清代，共有墓3座，横排编为M1～M3，分布面积180平方米，坐西北向东南。M1、M3墓为石砌椭圆形，前各立一长方形碑。M2墓为石砌成长方形，顶为弧形封土，墓长6、宽3.5、高2.2米。前立一碑，石质，仿木结构重檐庑殿顶，四柱三开，上浮雕20尊人像、二龙、二凤等，两侧阴刻二副对联；碑正中楷书阴刻"皇清显考李讳子富王氏□□之墓"；题记"道光十九年己亥岁"。M1前置一石方桌，桌周边浮雕有花卉等图像。

寨包墓群 位于凤仪乡普选村，建于清代，共有墓3座，横排编为M1～M3，分布面积150平方米，均为坐西南向东北。各墓周均由石条砌成长方形，M1、M3墓碑略同，为单檐庑殿顶。M2为石条砌成长方形，墓长5.5、宽4.2、高6.5米，顶封土。碑为四柱三开间，高4、宽3.5、厚0.35米；碑上浮雕花卉7幅、二鹿，两侧附碑石鼓上浮雕有"寿福"二字；正中楷书阴刻"故显妣孺人唐郑氏圣名斐理济达之墓"；题记"生于乾隆十七年……，卒于同治六年十一月二十二日"；两侧刻有对联二副。M1、M3为修童女玛利亚等墓葬。

长蹁头墓群 位于凤仪乡五一村，建于清代，共有墓3座，上下二排，编为M1～M3，分布面积为260平方米，各墓均坐东南向西北。M1～M2并排，M3在坡下，墓均为土垒椭圆形，前立石碑。其中M1墓长5、宽3.9、高1.5米，前立一碑。碑为单檐庑殿式，二柱一开间，高1.4、宽1、厚0.19米；顶龛阴刻"长久绵远"；正中刻"皇清待故慈妣何府王太君老孺人牌位"；两侧阴刻对联"千年地脉荣华久；万载兴隆富吾长"；题记："大清乾隆四十六年岁在辛丑年孟冬月"。M2、M3碑为长方形单碑。M1～M2墓碑碑刻对联书写雕刻精湛、内容丰富，保存较好，对于研究清代对联文化有较高的艺术价值。

老屋基墓群 位于凤仪乡五一村，建于清道光二十年（1840年），共有墓4座，横排，编为M1～M4，分布面积为500平方米，均坐北向南。各墓均为土垒，周有乱石围砌，前均立一碑。其中M2碑为仿木结构建筑，单檐庑殿式顶，二柱一开间，高2、宽1.9、厚0.33米；顶浮雕七尊人物像，顶龛浮雕"发祥"二大字；正中楷书阴刻"皇清待诰何母周老孺人之墓"；题记："道光二十年岁次庚子……"；两侧柱阴刻对联"水绕千年盛；山环面世昌"；两侧还有二石鼓，上浮雕"寿福"二大字。

何氏墓 位于凤仪乡五一村，建于清代，占地面积28平方米，坐西向东。墓周用石条砌成长方形，墓长5、宽3.5、高1.5米，墓顶为弧形封土，前立一碑。碑为石质，仿木结构庑殿式顶，已毁，碑现高1.8、宽1.2、厚0.12米；正中阴刻"皇□□□□□□□□□□"；题记"大清嘉□□□□□□□"。

大坟山彭氏墓地 位于凤仪乡悦来村，建于清代，共有墓9座，编为M1～M9，分布面积约200平方米，均为北向，横排，各墓形制相同。其中M1石条砌成长方形，墓长5、宽3、高1.7米，前立一石碑。碑为仿木结构重檐庑殿顶，四柱三开间，高3.2、宽3.45、厚0.35米；上浮雕花卉、人物等图像，题记"大清光绪……"。

公房向蒲氏墓 位于凤仪乡莲花村，建于清乾隆四十七年（1782年），占地面积30平方米，坐西向东，墓周由石条砌成长方形，长5、宽2.9、高1.8米，前立一碑。碑为石质长方形，弧形顶，碑高1.2、宽0.86、原0.15米；碑正中阴刻"清故显妣向门蒲□□□□□"；题记"乾隆四十七年……"。

大坟林墓地 位于凤仪乡民族村，建于清乾隆三十年（1765年），占地面积32平方米，坐东南向西北。墓外由石条砌成长方形，顶为封土，长5.5、宽4.5、高2.1米，碑已毁。墓室由石条、石板砌成石室二间，两室大小相同；墓室前建有墓道，二墓室、墓道前建有四双扇石门，共八扇门，门上浮雕花卉等图案，墓道外顶阴刻"永垂万古"。墓进深4米，其中墓道宽2.8、深0.5、高1.85米；墓室长2.8、宽1.2、高1.8米；后壁有一龛，宽0.6、高0.7、深0.1米。在墓道前建有"八"字行墓墙，墓道外间壁上阴刻"乾隆三十年立，嘉庆十九年正月二十八日复立"。

王怀珍墓 位于凤仪乡五一村，建于清乾隆四十六年（1781年），占地面积19.2平方米，坐西向东。墓周现为乱石围砌，原砌石于1958年"大跃进"修公路毁坏，墓长6、宽3.2、高1.5米，前立一碑。碑为石质，仿木结构，单檐庑殿式，二柱一开间，高1.5、宽0.8、厚0.2米；顶阴刻"广佑发祥"四字；正中楷书阴刻"清故显考王公讳怀珍老大人墓"；题记"大清乾隆四十六年岁在辛丑……"；两侧阴刻对联一副，字大多风化。

狮子老壳墓地 位于凤仪乡凤仪村，建于清嘉庆二十二年（1817年），占地面积36平方米，坐西南向东北。墓冢周围用乱石砌成圆形，墓顶为封土，直径4、高2米，前立一碑。墓碑为石质长方形，半圆兼梯形顶，高1.55、宽0.85、厚0.15米；正中楷书阴刻"□□□□王□□□之墓"；题记"嘉庆二十二年……"；碑两侧楷书阴刻对联一副"高山高水流先泽；阅世□人发旧科"。

乱葬坟墓群 位于凤仪乡民族村，建于清代，共有9座墓葬，编为M1～M9，横排分布在东面长50、上下宽30米的狗爬桥西面土坡上，分布面积1500平方米，坐北向南。墓形制有二，一为石砌长方形，二为土垒椭圆形。碑有两种，一为仿木结构单檐庑殿顶，二为长方形。其中M7为土垒，长4.55、宽3、高1.1米，前立一石碑，北向。碑为长方形，高1.4、宽1.1、厚0.25米；正中楷书阴刻"清故显考廖讳诸正荣大人之墓"；题记"大清嘉庆十九年仲冬月二十二日吉立"。

周永昌墓 位于凤仪乡凤坪村，建于清咸丰三年（1853年），占地面积25平方米，坐西向东。墓周由石条砌成椭圆形，长5.5、宽3.2、高1.8米，前立一石碑。碑为仿木结构，重檐庑殿式顶，四柱三开间，碑高2.6、宽3.5、厚0.35米；上浮雕11尊人物像，二龙、二凤、二石敦等；顶龛阴刻"克昌厥后"；两侧一柱阴刻二副对联；正中楷书阴刻"皇清待赠故显考周公讳永昌老大人墓"；题记"咸丰三年花朝月朔九日"。

金钩嘴向氏墓地　位于安边镇治和村，建于清代，分布面积200平方米，上下竖排分布在东西25、南至北8米范围内，坐北向南，共有清墓2座，编为M1、M2，南向。为婆媳两代人墓葬，M1为婆，M2为媳。两墓形制相同，均为条石砌长方形，顶为弧形封土，前立碑。其中M1墓长6.5、宽4.8、高2.2米。前立一碑，石质仿木结构，重檐庑殿式顶，六柱五开间，碑宽5、高4.3、厚0.2~0.32米；上浮雕人物图像六幅，内容为财神、官人、童子、二十四孝等图像，墓志四版，花卉图案七幅；正中楷书阴刻"皇清诰封授孺人向罗氏太君之□"；两侧楷书阴刻对联三副，其一为"水绕山环地脉千秋盛；风藏气聚人文百代昌"；四版墓志为楷书阴刻共800余字，内容为"……向氏之祖籍由入讫大明在豫章，既而徙四川，又迁贵州思南府安花县蛮彝司，地名赵家湾。俑傅是以下敢安全录自一代……"等，记载向氏祖辈迁徙情况等。M2为道光二十八年向杨氏墓，碑高大，高5.3、残宽5.2米；上刻墓志、花卉、人物、对联，正中刻"清例诰显妣向母杨太君墓"。

古建筑

永兴寺　位于凤仪乡凤仪村，建于清代，建筑面积115平方米，坐东北向西南。建筑大部分已毁，现存右厢房五间，为砖木结构，悬山式顶，穿斗式梁架，三穿五柱，小青瓦屋面。面阔五间通宽25、进深一间4.6米，通高6米，明间双扇门两侧有工字格木花窗，屋门前有一大石坝。东侧后殿遗址上遗存垂带式踏道18级，宽6米，踏道上耕地边及南面坝边和檐坎上遗存有雕花石柱础等。

觉皇寺　位于凤仪乡凤仪村，建于清光绪三年（1877年），现存建筑面积275平方米，东向。原为四合院，1952年后建筑大多毁坏，仅存正殿，凤仪乡佛协会于1987年至2006年陆续将前殿、左右等重建复原，现仍为四合院布局，正殿保存原貌。正殿为砖木结构悬山式顶，穿斗抬梁结合式梁架，三穿九柱，面阔三间20.45米，进深三间7.6、高7米，素面台基石砌成高1.57米，阶梯式踏道共20级，垂带式踏道6级。在新建的前殿大门外北侧立有一石碑，高1.16、宽0.8、厚0.136米，上阴刻有捐资建寺人名等，题记："大清光绪三年……"。

许焰街民居　位于凤仪乡凤仪社区，建于清代，占地面积160平方米，坐北向南。民居为一楼一底木结构，穿斗式梁架，三穿十柱，悬山式顶，小青瓦屋面，面阔三间11.5米，进深三间12米，通高7.5米。其中明间面阔4米，进深一间4米，左次间面阔4.5米，进深一间4米；右次间面阔3米，进深一间4米。该民居于1953年因火烧局部损坏，后将损坏部分维修。

李家寨民居　位于凤仪乡普选村，建于清同治元年（1862年），建筑面积2500平方米，坐西北向东南。民居为四合院，分为门房、正堂和左右厢房。门房外为砖石结构，高 2.3、宽 1.5 米；内门为拱顶，高约 4 米，外门顶阴刻"紫气东来"，题记"大清同治壬戌前八月吉……"；大门顶建有炮楼，高为 8 米。门前建素面垂带式踏道 22 级，每级宽 3.5 米。正堂为砖木结构，悬山式顶，穿斗式梁架，四穿九柱，面阔三间 15.5 米，进深二间 8.2 米，通高 7 米；正堂两侧原建有梢间六间，现存四间。左右厢房为双层，砖木结构，穿斗式梁架，各面阔四间 16 米，进深一间现存 6.5 米，通高 6.5 米。前大门左右侧屋为石结构，面阔十一间通高 44 米，进深一间 5~6 米，高 7.5 米。

老房子民居 位于凤仪乡燕子村，建于清代，建筑面积 180 平方米，坐西北向东南。民居原为三合院，现存堂屋、右厢房。堂屋为木结构，穿斗式梁架，三穿五柱，悬山式顶，小青瓦屋面，面阔五间 22.5 米，进深一间 7 米，高 7.5 米，明间双扇大门两侧建木花窗。右厢房面阔二间宽 8 米，进深一间 4.5 米，高 7 米。

南溪区

南溪镇

古墓葬

张贞黄帛墓 位于南溪镇龙台村，建于汉代，坐北朝南，占地面积21.3平方米。民国版《南溪县志》卷一舆地篇四十三页有记载："汉张贞妻黄帛合墓，墓在县西二里许道左。"墓为土冢，长7.6、宽4.5米。

魏氏墓地 位于南溪镇望洪村，建于清代，坐北朝南。墓群共3座，错落平行分布在一个长24、宽15米的土坡上。均为圆形土冢墓，四周圈砌条石。墓前均有石质仿木结构四柱三间三楼庑殿顶碑，墓碑雕刻精美，有花卉、人物、鸟兽图案。其中M1为双碑重叠墓，墓冢直径4.8米，内碑通高1.85、面阔2.85、厚0.2米；外碑通高2.05、面阔3.15、厚0.2米。明间碑刻题记为"皇清例赠文林郎魏公讳岐妣刘圆□之墓 大清咸丰元年辛亥岁姑洗月吉旦"；两侧次间碑刻题记"孝友祠"。M2明间碑刻题记"清例赠修职郎魏公讳仕琼妣孺人□太君，嘉庆二十二年丁丑岁上巳吉"。M3明间碑刻题记"皇清例赠□□□，大清嘉庆□□□"。

老房子墓地 位于南溪镇白鹤村，建于清代，坐北向南。土冢，长6、宽3米。前立拱形石碑，高1.53、宽0.81、厚0.14米。

徐氏墓地 位于南溪镇桂花村，建于清代，坐西北向东南。共有墓4座，上下排列分布在长25、宽8米的土坡上。均为土冢，条石圈砌。墓前均立墓碑，除M2为长方形碑外，其余为石质仿木结构四柱三开间三重楼庑殿顶碑。M1碑刻题记"徐母张真墓，咸丰八年立"；M2碑刻题记"徐母伍氏墓，光绪二十七年立"；M3碑刻题记"徐公以敬墓，光绪十三年立"；M4碑刻题记"徐可珩墓，道光十七年立"。M1、M3、M4碑上雕楹联、花卉、祥云瑞兽、宝瓶、龙吻等图案。

刘氏家族墓地 位于南溪镇中山村，建于清代，坐北向南。共有墓2座，并排分布在长10、宽6米的土坡上。均为土冢，条石圈砌。墓前立石碑，M1居右，拱形碑，高1.7、宽0.85、厚0.18米，碑刻题记"清待诰显妣刘母洁名显性老孺人墓，道光十二年"。M2 居左，为长方形碑，高 1.5、宽 0.85、厚 0.5 米，碑刻题记"清故显考刘公讳绍壁老大人，道光十七年"。

小坟山墓地　位于南溪镇古永村，建于清嘉庆五年（1800 年），坐西向东，占地面积 10.7 平方米。圆形土冢墓，四周圈砌条石，冢高 1.3、直径 3.7 米。前有石质墓碑，通高 1.55、宽 0.93、厚 0.2 米，碑刻题记风化严重。

袁淮墓　位于南溪镇茶花村，建于清嘉庆二十五年（1820 年），坐西向东。圆形土冢，墓冢圈砌条石，直径 5 米。石质仿木结构四柱三开间三楼庑殿顶墓碑，面阔 2.8 米，明间通高 2.2 米，次间通高 1.7 米，碑厚 0.25 米，雕有花卉图案。碑刻题记"清待赠袁公讳淮老大人墓，嘉庆二十五年"。

陈显德墓　位于南溪镇大塘村，建于清道光十年（1830 年），坐西向东。土冢，长5、宽 3 米。前立长方形石碑，高 1.65、宽 0.9、厚 0.15 米，碑刻题记"清待诰显妣林母陈显德老孺人，道光十年"。

徐李氏墓　位于南溪镇化龙村，建于清道光十一年（1831 年），北向。土冢墓，冢长 4.5、宽 3.5 米。前有拱形石质墓碑，通高 1.3、宽 1、厚 0.15 米，碑刻题记"清诰徐母李孺人□□，道光十一年辛卯□□"。

殷宣鸟墓　位于南溪镇松柏村，建于清道光二十五年（1845 年），坐北向南。土冢，呈圆形，条石圈砌，直径 4.5 米。前立长方形石碑，高 1.55、宽 0.77、厚 0.23 米，碑刻题记"清待赠殷公讳大人墓，道光二十五年八月十九日吉旦"。

唐运林夫妇墓　位于南溪镇石坎村，建于清同治辛未年（1871 年），坐北向南。土冢，冢前砌月亮形前挡，条石圈砌，长6、宽 5 米。前立石质仿木结构单檐庑殿顶墓碑，高 1.9、宽 1.1、厚 0.35 米；碑刻题记"清待赠（诰）显考（妣）唐公（母）讳运林大人（段月祥太君）墓，同治辛未年"。

张德英夫妇墓　位于南溪镇青龙村，建于清光绪二十四年（1898 年），坐西向东。土冢，冢前砌月亮形墓前挡，通高 1.6、面阔 6.6、冢长 6、宽 4.5 米。墓冢前挡嵌长方形石碑三通，碑刻题记"皇妣张母古孺人墓，光绪二十四年"、"清显考张公讳德英大人墓"及立墓后人名录。

古建筑

第一山牌坊　位于南溪镇黄泥村，建于明代，清光绪元年（1875 年）维修。又称"玉皇观牌坊"，坐东北向西南，石质仿木结构四柱三间歇山式顶，面阔6、通高 8 米，仅明间檐下存一攒斗拱，明间宽 2.9、次间宽 1.55 米，坊身刻有花卉、瑞兽等纹饰。明间檐额上刻"光绪元年乙亥冬月，知县事王捷三修"。宜宾市人民政府于 2011 年公布为文物保护单位。

南溪古城墙 位于南溪镇滨江路，坐北向南，东西走向，由古城墙和与之相连的"望瀛门"、"文明门"、"广福门"三座城门城楼及码头组成。全长 1109 米，占地面积 5000 平方米。城墙始建于明代天顺年间（1457～1464 年），清代、民国多次增修赔补。以明代石城墙为主，局部有砖、土砌筑，平均高 6、厚 0.5 米，三座城楼始建于清乾隆年间，砖木结构歇山顶建筑，其中"文明门"城楼为重檐，"望瀛门"城楼为 2007 年整体修缮。城楼前码头建于 20 世纪 40 年代。国务院于 2013 年 3 月公布为全国重点文物保护单位。

张家祠堂 位于南溪镇南门社区，建于清末民初，坐北向南。由门厅、戏楼、前厅组成。现仅存戏楼，南北长 17.05、东西宽 16.9 米，砖木穿斗结构，单檐硬山式建筑，屋面覆小青瓦，两侧设封火墙。原南溪县（现南溪区）人民政府于 2007 年 5 月公布为文物保护单位。

包宽牌坊 位于南溪镇九龙村，又称"石望溪牌坊"，建于清道光七年（1827 年），坐北向南。石质仿木结构四柱三间三楼庑殿顶，面阔 5.3、通高 7.22 米。牌坊正面及背面均刻有楷书、篆书文字和几何纹饰。正面明间檐下竖额匾上刻"圣旨"，其下匾自上而下刻"崇祀乡贤"；背面刻"孝廉正方"；"大清道光七年岁次丁亥仲春月款旦"、"壬午科贡士包宽之坊"。明间两侧门柱刻楹联"指顾散千金，耻登游侠朱陈传；头衔宗两汉，不数文章甲乙科"；次间门柱刻"者般东海谈诗客；不亚西京对策人"。宜宾市人民政府于 2011 年公布为文物保护单位。

石窟寺及石刻

观音堂摩崖造像 位于南溪镇观斗村，凿于清代，坐北朝南，立面分布面积 42.3 平方米。分布在观斗村公路南侧离地面高 4.5、宽 9.4 米的岩壁上。共两龛，1 号龛高 0.8、宽 0.65、进深 0.2 米，龛内塑观世音菩萨造像 1 尊，趺坐于莲台之上，高 0.6、肩宽 0.3 米；2 号龛高 1.8、宽 1.5、进深 0.3 米，龛内塑牛王造像 1 尊，趺坐莲台负于青牛背上，造像高 0.9、肩宽 0.4 米。龛左右两侧及顶部各有碑文一篇，左右两侧碑刻高 1.5、宽 1.2 米。左侧碑文题"补修观音庙堂碑记"；右侧碑文题"修建牛王佛像碑记，大清嘉庆六年"。顶部碑刻高 1.6、宽 1.4 米，碑文模糊不清。

近现代重要史迹及代表性建筑

皇都桥 位于南溪镇青龙村，横跨护城溪，建于民国时期，南北走向。条石券拱 3 孔实腹式，桥长 30、宽 3、通高 2.4 米，中孔高 1、跨径 1.8 米，边孔高 0.6、跨径 1.2 米。

孙炳文故居 位于南溪镇复兴村，建于清代，1885 年孙炳文同志在此诞生，渡过其童年及少年时代。故居坐东南向西北，占地面积 225.6 平方米。木结构单檐悬山顶，穿斗梁架，面阔七间 22 米，进深一间 8.8 米，通高 4.6 米。整个建筑由堂屋、居室、储藏室组成。孙炳文（1885～1927 年），四川南溪人，1885 年生，1908 年考入京师大学堂。不久，孙炳文接受资产阶级民主革命思想，加入同盟会。1922 年 10 月，孙炳文和朱德在德国柏林由周恩来介绍，加入中国共产党。1927 年 4 月 19 日在上海龙华被国民党杀害。1982 年 3 月 9 日，原南溪县（现南溪区）人民政府认定为烈士。

南溪朱德旧居　位于南溪镇紫云社区，建于清代末年至民国初年，坐东北向西南，占地面积 1482.56 平方米，建筑面积 191.26 平方米。庭院式复合四合院布局，由临街铺房、堂屋、厅堂、后院、厢房等部分组成。单檐硬山顶。穿斗结构，东西长 52.2、南北宽 22.5 米，屋面覆小青瓦，两侧设封火墙，木质板壁，格扇花窗。朱德，出生于 1886 年，伟大的马克思主义者、革命家、军事家。1922 年加入中国共产党，参加了南昌起义、井冈山会师、长征，任中国人民解放军总司令，是中国人民解放军主要缔造者之一，中华人民共和国开国元勋。南溪朱德旧居，系 1916 年朱德入川护国讨袁时，驻防泸州并与南溪青年学生陈玉珍结婚后居住 6 年之所。四川省人民政府于 2007 年公布为文物保护单位。

南溪大桥　位于南溪镇黄泥村，建于民国二十二年，为当地士绅阚舜臣捐资修建桥，横跨黄泥河，东西走向。条石券拱三孔实腹式，桥长 20、宽 2.5、通高 2.8 米，中孔高 1.6、跨径 2 米，边孔高 1、跨径 1.5 米。南面桥身题记"癸酉阚舜臣捐修建，民国廿二年"。

瓦窑碥标语　位于南溪镇莲花村，书写于 1965 年，坐西向东。标语分布于离地面 2.7、长 5 米的青砖墙上，白石灰楷体字，每字高约 1、宽 0.85 米，内容为"农业学大寨"。

南溪县革命烈士陵园　位于南溪镇黄泥村，建于 1969 年，逐年维修，增补完善至本世纪初，坐东向西，占地面积 18090 平方米。由纪念碑、纪念馆、烈士公墓、烈士名录碑记、英烈亭组成。各建筑按中轴线布局，由西向东分别为纪念碑、纪念馆、烈士公墓，英烈亭分列纪念馆前南北两侧，烈士名录碑记位于纪念碑后左侧。各建筑以砖混及石料为主要原料，英烈亭为仿木建筑。

叙南酒业曲酒酿造车间　位于南溪镇西郊村，建于 1978 年。叙南酒业有限公司为原南溪县曲酒厂，是南溪建厂时间最早、窖池历史最久的酒类国有企业，1998 年改制为股份公司，为南溪经济文化发展作出了巨大贡献。为叙南酒厂最早的曲酒酿造车间，坐南朝北，建筑长 50、宽 16.5、通高 4.5 米，小青瓦屋面，砖木结构。车间内现有曲酒窖池 34 口，每口长 2.8、宽 2.1、深 2.5 米。主要生产杂粮浓香型曲酒，其生产流程是将高粱、大米、小麦、糯米、玉米等原料通过蒸、煮、窖藏、发酵等传统工艺酿造成曲酒，产出的曲酒绵甜柔和，香味协调，余味爽净。

金龙酒厂曲酒酿造车间　位于南溪镇金星村，为全县酒类行业中的佼佼者，优秀民营企业。酒厂始建于1984年，车间坐落于厂区内，为金龙酒厂最早的曲酒窖池车间。建筑坐西向东，砖木结构建筑，小青瓦屋面，长32、宽14.1、高11米。室内有窖池25口，窖泥房1间，凉糟棚1座，中型锅炉2个。

孔维桥　位于南溪镇川主村，建于1987年，横跨桂溪河，南北走向。条石券拱单孔公路桥，长11、宽5、高10米。拱跨5、高8米。桥两侧设高0.6米石栏杆。桥面为碎石泥道。

凤翔门桥　位于南溪镇青龙村，建于1989年，期间至今曾多次维修并铺设了水泥路面，横跨护城河，南北走向。双孔石拱桥，桥长20、总宽12米，车行道宽9米，通高6米，两侧石质护栏高1米，桥下孔高5、跨径10米。

刘家镇

古墓葬

余家坳崖墓　位于刘家镇高山村余家坳，建于汉代。石室墓，墓室一间，墓门南向，高0.6、宽0.65米，墓室长3.2、宽2.1、高1.4米，室内未发现随葬品。

熬塘坡墓地　位于刘家镇太平村熬塘坡，建于清代，坐北朝南，占地面积约17.8平方米。土冢墓，冢长5.4、宽3.3、高1.15米。冢前砌半月形墓圈，两侧施抱鼓，抱鼓石高0.75、宽0.4、厚0.1米。前有长方形石质墓碑，通高1、宽0.6、厚0.1米。碑刻字体严重风化脱落，题记"清道光□□□"。

萧氏墓地　位于刘家镇太平村，建于清代，坐北朝南。共有墓三座，分布在长12.9、宽6米的平地上，呈"一"字形排列并紧密相连。土冢墓，冢高2.2米，冢前均砌半月形墓圈，其中M2两侧施抱鼓，抱鼓石高0.65、宽0.35、厚0.15米；M3前有长方形石质墓碑一通，碑高1.6、宽1.4、厚0.15米，两侧施抱鼓石，高1.4、宽0.5、厚0.1米。题记"□□□萧母（名戒）杨芳贞洁墓，清光绪三十三年"。

玉儿坡侯王氏墓　位于刘家镇大池村玉儿坡，建于清代，坐北朝南，占地面积26.6平方米。土冢墓，冢长7、宽3.8、高1.6米。前有长方形石质墓碑，高1.52、宽0.82、厚0.16米，碑刻题记"清故显妣侯母王老孺人墓，清光绪□□□"。

曾氏墓地　位于刘家镇高楼村，建于清代，坐西向东，分布面积77平方米。共有墓3座，呈"一"字形并排分布在长11、宽7米的土坡上。均为土冢墓，四周垒砌条石。墓前均有石墓碑，其中M1为石质仿木结构四柱三间三楼庑殿顶墓碑，高2.58、面阔 3.09、厚 0.18 米，碑刻题记"皇清待（赠浩）显（考妣）曾（公讳家□□母周显□□）□□，嘉庆二十年嘉平月□□"；M2 为石质仿木结构单檐歇山顶墓碑，碑额刻精美花卉图案，高 1.95、宽 1.05、厚 0.25 米，碑刻题记"清待赠曾公讳顺秀老大人墓，道光辛丑年二月□□"；M3 为石质仿木结构三楼歇山顶墓碑，高 2.45、面阔 2.2、厚 0.2 米，碑刻题记"清故显考曾公□□□，□□十一年辛卯岁□□"。

刘向氏墓　位于刘家镇龙滩村，建于清乾隆五十年（1785 年），坐北朝南。土冢，呈圆形，直径 3.5 米。前有长方形石质墓碑，高 1.65、宽 0.84、厚 0.2 米，碑刻题记"清待旖刘母向老孺人之墓，乾隆五十年春三月朔四日立"。

郭德卿墓　位于刘家镇龙滩村，建于清乾隆六十年（1795 年），坐北向南。土冢，呈圆形，直径 4 米。前有长方形石质墓碑，高 1.58、宽 0.9、厚 0.17 米，碑刻题记"清待诰故祖妣刘母郭德卿老孺人墓，乾隆六十年闰二月朔八日吉立"。

肖维瀛墓　位于刘家镇太平村，建于清道光戊子八年（1828 年），坐北朝南，占地面积约 9.5 平方米。土冢，呈圆形，四周圈砌条石，直径 3.7 米；前有长方形石质墓碑，高 1.2、宽 0.75、厚 0.18 米，碑刻题记"清故显考肖公讳维瀛大人墓，道光戊子八年孟夏月吉日立"。

朱氏墓　位于刘家镇太平村，建于清道光十四年（1834 年），坐南朝北，占地面积 16.1 平方米。圆形土冢墓，直径 4.5 米。前有石质仿木结构单檐歇山式顶墓碑，高 1.6、宽 0.9、厚 0.3 米，碑刻题记"清待赠朱公讳□□墓，清道光甲午年□□□"。

岩地头候王氏墓　位于刘家镇大池村，建于清道光十九年（1839 年），坐北朝南，占地面积 11.4 米。圆形土冢墓，四周圈砌条石，直径 3.8 米；前有石质仿木结构单檐庑殿顶墓碑，高 2、宽 1、厚 0.3 米，顶部置兽吻，碑刻题记"候母王孺人之墓，清道光十九年□□□"。

向国和夫妇墓　位于刘家镇石塔村，建于清道光二十年（1840 年），坐东北向西南。土冢墓，四周圈砌条石，长 4、宽 3、高 1.2 米。前有石质仿木结构单檐庑殿顶墓碑，高 2.5、宽 0.95、厚 0.2 米，碑额刻"双凤朝阳"图案，碑刻题记"皇清例赠正八品显（考妣）向（公母）讳国和□□□，清道光二十年庚子岁春五月吉旦立"。

王氏墓　位于刘家镇高楼村，建于清道光二十七年（1847 年），坐南朝北。土冢墓，四周圈砌条石，长 5、宽 4、高 1.5 米。前有石质仿木结构四柱三间三楼庑殿顶墓碑，高 2.5、宽 3.15、厚 0.18 米。碑刻题记"皇清待诰显妣王母□□□，道光二十七年□□□"。

曾和彬夫妇墓　位于刘家镇高楼村，建于清咸丰二年（1852 年），坐北朝南，占地面积 15.4 平方米。圆形土冢墓，四周圈砌条石，直径 4.9 米。前有长方形石质墓碑，高 1.75、宽 0.8、厚 0.25 米，碑刻题记"清故显（考妣）曾（公母）（讳和彬　刘达良）老大（孺）人墓，大清咸丰二年小阳月吉旦立"。

罗真亮墓 位于刘家镇青平村，建于清光绪五年（1879 年），坐南朝北，占地面积16.6 米。圆形土冢墓，四周圈砌条石，直径 4.6 米。前有石质仿木结构单檐庑殿顶墓碑，高 2.45、宽 1.28、厚 0.35 米，两侧施高 1.2、宽 0.66、厚 0.25 米抱鼓石，碑额刻"二龙戏珠"、花卉等图案。碑刻题记"皇清例赠修职郎罗公字真亮老大人之墓 清光绪五年己卯岁仲冬月二十八日立"。

张国成夫妇墓 位于刘家镇松林村，建于清光绪八年（1882 年），坐西向东，占地面积约 9.6 平方米。圆形土冢墓，直径 3.7 米；前有石质仿木结构单檐庑殿顶墓碑，高2.75、宽 1.15、厚 0.34 米，碑帽顶部施兽吻，檐上刻花卉，碑额刻"二龙戏珠"图案。碑刻题记"清待（赠诰）显（考妣）张（公国成，母曾□）老□□，大清光绪八年壬午岁仲春月二十日立"。

张万游墓 位于刘家镇松林村，建于清光绪十三年（1887 年），坐北朝南。土冢墓，长 6、宽 2.5、高 1.6 米；前有长方形石质墓碑，高 1.5、宽 0.83、厚 0.15 米，碑刻题记"清处士张公讳万游大人墓 光绪十三年全月十五日吉立"。

朱元端墓 位于刘家镇太平村，建于清光绪十六年（1890 年），坐北朝南，占地面积 18 平方米。圆形土冢墓，四周圈砌条石，长 6、宽 3 米；前有石质仿木结构单檐庑殿顶墓碑，高 2.7、宽 1.36、厚 0.43 米，两侧施高 1.23、宽 0.7、厚 0.25 米抱鼓石，碑刻题记"清待赠朱公讳元端大人墓，光绪十六年小阳月初六日"。

蒋成章墓 位于刘家镇松林村，建于清光绪十八年（1892 年），坐南朝北，占地面积 13.5 平方米。土冢墓，长 5.4、宽 2.5、高 1.5 米。前有长方形石质墓碑，高 1.7、宽 0.93、厚 0.3 米，碑刻题记"蒋公讳成章墓，大清光绪十八年□秋月廿四日立"。

曾显顺墓 位于刘家镇高楼村，建于清光绪十九年（1893 年），坐西向东，占地面积 11.4 平方米。圆形土冢墓，四周圈砌条石，直径 3.82 米。前有长方形石质墓碑，高1.72、宽 0.78、厚 0.23 米，碑刻题记"清待诰刘母（名戒）曾显顺坟墓，清光绪十九年小阳月"。

侯万六墓 位于刘家镇太平村，建于清光绪二十四年（1898 年），坐北朝南，占地面积 11.4 平方米。圆形土冢墓，四周砌条石，直径 3.8 米。前有长方形石质墓碑，高1.6、宽 0.86、厚 0.16 米，碑刻题记"明诰授荣禄大夫侯万六大人墓，大清光绪二十四年三月□浣日"。

周正春墓 位于刘家镇联合村，建于清光绪二十五年（1899 年），坐北向南。土冢，呈圆形，四周圈砌条石，直径 4.5 米。前有石质仿木结构四柱三间三楼庑殿顶墓碑，施抱鼓，碑身浮雕花卉、人物等图案，檐顶部施龙吻。明间通高 3.7、宽 1.18、厚0.4 米，碑刻题记"周公正春墓，光绪二十五年立"。两侧次间高 2.7、宽 0.7 米，碑文已风化。抱鼓石高 0.98、宽 0.55 米。

近现代重要史迹及代表性建筑

红庙子桥 位于刘家镇红庙村，建于 1972 年，1995 年维修，东西走向。条石券拱双孔实腹式，桥长 18、宽 3.5、通高 5.8、孔高 3.8、跨径 5 米。桥面碎石，两侧施高 0.7 米条石护栏。

大观镇

古墓葬

童家湾石室墓 位于大观镇田坝村三社童家湾，建于宋代，坐北朝南。石室墓，有墓室三间，紧密分布在长 4.5、宽 2 米的土坡上，墓室大小一致，3 层门楣。墓门高 1、宽 0.9 米，墓室高 1.5、宽 1.37、进深 1.8 米，墓室内不见随葬品。

蛮洞湾崖墓 位于大观镇田坝村蛮洞湾，建于宋代，坐北朝南。石室墓，共有墓 2座，并排分布在长约 10、高 4 米的岩壁脚下，相距约 2 米。均为单室墓，单门楣，上端刻成两面坡屋顶形，屋顶呈弧形。其中 M1 墓门高 1、宽 0.9 米，墓室高 1.5、宽 2、进深 2.8 米；M2 墓门高 0.7、宽 0.6 米，墓室高 1.3、宽 1.6、进深 2.1 米。墓室内不见随葬品。

桐子湾石室墓 位于大观镇胜利村七队桐子湾，建于明代，坐西向东。石室墓，有墓室二间，并排紧密相连，大小一致，双门楣，墓门高 0.8、宽 0.85 米，墓室高 1、宽1.2、进深 3.6 米，室内未见随葬品。

皂角湾石室墓 位于大观镇胜利村八队皂角湾山坡，建于明代，坐东南向西北。石室墓，有墓室六间，并排紧密相连，分布在长 7.2、宽 2.5 米的土坡上，大小相同。墓门高 1.1、宽 1.2、进深 2.5 米；室内后壁有龛，龛深 0.2、高 0.4、宽 0.3 米，墓室内未见随葬品。

刘氏墓地 位于大观镇立仓村，建于清代，坐北朝南。共有墓 4 座，自下而上分布在长 25、宽 8 米的土坡上。M1、M3 四周圈砌条石，其中 M1 冢长 8.5、宽 1.65 米，前立石质仿木结构四柱三间三楼庑殿顶墓碑，施抱鼓石，碑额檐下及抱鼓石浮雕花卉、戏剧人物图案。明间通高 3、宽 1.15、厚 0.3 米，碑刻题记"皇清例赠国学士显老（妣）刘公行恕（母张氏）老大（孺）人墓，道光十六年立"；次间通高 2、宽 1.1、厚 0.3米，碑文记录墓主家族变迁始末，抱鼓石高 1.05、宽 0.56、厚 0.12 米；M2、M4 均为石质仿木结构单檐歇山顶墓碑，碑刻题记年代分别为"道光十四年"、"道光二十八年"。

陈氏家族墓地 位于大观镇菜花村五队羊鸣坡，建于清代，坐东向西。土冢，呈圆形，四周圈砌条石；冢前均有拱形石质墓碑，并排分布在长 10、宽 6 米的山坡上。共有墓 2 座，其中 M1 冢直径 3.5、碑高 1.83、宽 0.86、厚 0.15 米，碑刻题记"清待赠显考陈公讳德新大人墓 光绪二十六年立"；M2 冢直径 4.5、碑高 1.3、宽 0.68、厚 0.1 米，碑文已风化，年代为"光绪二十八年立"。

宋氏墓地 位于大观镇菜花村三社骑龙坳宋家坟山，建于清代，坐西向东。共有墓 2 座，土冢，条石圈砌。前均立长方形墓碑，其中 M1 冢长 8、宽 3、高 1.2 米，碑高 1.75、宽 0.9、厚 0.12 米，碑刻题记"清待赠（诰）宋公讳□仁（母戒名□□）老大（孺）人之墓 咸丰七年"；M2 冢长 7、宽 3、高 1 米，碑高 1.55、宽 0.8、厚 0.12 米，碑刻题记"皇清待诰宋母戒（名）武显文老太君，道光二十年"。

龙氏墓地 位于大观镇新利村一队沙田笼，建于清代，坐西向东。共有墓 3 座，上下分布在长 30、宽 5 米的土坡上。土冢，条石圈砌，前均立石碑。M1 为双碑墓，左为拱形碑，高 1.45、宽 0.72、厚 0.74 米，碑刻题记"龙母李老孺人，道光十年"；右为石质仿木结构庑殿顶墓碑，高 2、宽 1.6、厚 0.3 米，碑刻题记"龙公讳光理老大人墓，道光十八年"。M3 碑刻全部风化。

铜麻湾墓地 位于大观镇胜家村一队铜麻湾刘家坟山，建于清代，坐西北向东南。共有墓 2 座，上下错落分布在长 15、宽 10 米的坡顶处。土冢，四周围砌条石。其中 M1 冢直径 4.5 米，前有石质仿木结构单檐歇山顶墓碑，高 1.85、宽 1.2、厚 0.4 米，碑刻已风化，可见题记年代"道光元年孟冬月"；M2 冢长 5、宽 3 米，前有拱形石质墓碑，高 1.55、宽 0.75、厚 0.15 米，碑文已风化。

周氏墓地 位于大观镇胜家村二队王家岩，建于清代，坐西北向东南。共有墓 3 座，呈"品"字形分布在长 20、宽 15 米的周家坟山。M1、M2 四周圈砌条石，其中 M1 冢直径 5.5 米，前立石质仿木结构四柱三间三楼歇山顶墓碑，通高 2.1、面阔 3.2、厚 0.35 米，碑文风化无存；M2 冢直径 5 米，前立石质仿木结构四柱三间三楼庑殿顶墓碑，高 2.9、面阔 3.3、厚 0.4 米，浮雕鸟兽缠枝图案。明间题记"显考周公讳之□□□，道光七年十一月□□□"；M3 冢长 3.5、宽 2.5 米，前立石质仿木结构单檐歇山顶墓碑，高 1.9、宽 1.1、厚 0.3 米，碑文风化无存。

保管室陈氏家族墓地 位于大观镇新俊村七社保管室，建于清代，坐西向东。共有墓 2 座，并排紧密相连。圆形土冢，均用条石圈砌，墓前均立拱形石碑。其中 M1 碑高 1.65、宽 0.8、厚 0.12 米，题刻"清待赠（诰）显考（妣）陈公今良（母民阳）老大（孺）人墓，宣统二年（1910 年）"；M2 碑高 1.7、宽 0.78、厚 0.13 米，题刻"皇清待赠（诰）显考（妣）陈公讳今万（母徐孺人）之墓，太岁壬子年（1912 年）"。

尹氏夫妇墓 位于大观镇朝阳村六社老虎坡，建于清乾隆五年（1740 年），坐东南向西北。土冢，长 5、宽 3 米。前立石质仿木结构四柱三间庑殿顶墓碑，碑顶及右次间损毁无存。现存碑高 1.8、宽 1.5、厚 0.3 米，明间题刻"皇清待赠尹公讳□□，乾隆五年"；次间题刻"皇清待诰慈妣尹母蔡太君"。

莫江氏墓 位于大观镇新华村，建于清乾隆三十三年（1768 年），坐东向西，占地面积 20 平方米。土冢，墓前立长方形石质墓碑，高 1.5、宽 0.9、厚 0.16 米，题刻"皇清待诰显祖妣莫门江氏老太君墓，清乾隆三十三年岁在寅春三月吉日"。

李日楠墓 位于大观镇朝阳村，建于清嘉庆九年（1804 年），坐北向南。土冢，长 5、宽 3 米。前立拱形石碑，高 1.37、宽 0.7、厚 0.17 米，题记"清故曾祖考李公讳日楠大人墓，嘉庆九年"。

刘时济夫妇墓 位于大观镇立仑村，建于清嘉庆十二年（1807 年），坐北向南。土冢墓，长 18、宽 8.2、高 2.05 米，四周圈砌条石。前立石质仿木结构四柱三间三楼庑殿顶墓碑，施抱鼓。明间通高 2.06、宽 1.28、厚 0.35 米，碑刻题记"皇清待赠故显考（妣）刘公讳时济（母李太君）老大人墓，嘉庆十二年立"；两侧次间通高 1.6、宽 0.88、厚 0.35 米，碑文记有风水学说，抱鼓石高 0.85、宽 1.15、厚 0.2 米，浮雕狮子踩绣球图案；碑前砌长方形石质祭台，长 6、宽 3.1、高 0.25 米。

陈瀍夫妇墓 位于大观镇新俊村，建于清嘉庆二十一年（1816 年），坐西向东。土冢，呈圆形，条石圈砌，直径 5.7、高 1.8 米。前立长方形石碑，高 1.75、宽 0.98、厚 0.14 米，题刻"清文生陈公字瀍（显妣夏）老大（孺）人墓，嘉庆丙子年桂月二十一日"。

徐家老院子徐氏墓 位于大观镇民利村七社徐家老院子，建于清道光十五年（1835 年），坐东向西。土冢，长 4.5、宽 3 米。前立长方形石碑，宽 1.2、厚 0.4 米，题刻"皇清待赠享年□□□□，道光十五年"。

龙氏夫妇墓 位于大观镇新利村，建于清道光十八年（1838 年），坐西向东。土冢，条石圈砌，长 5.8、宽 3.9、高 1.2 米。墓前有石质仿木结构庑殿顶石碑二通，大小一致，高 1.8、宽 1.1、厚 0.3 米，分别题刻"清故显考龙公□□墓，道光十八年"、"清故显妣龙母□□□，道光十八年"。

陈继□夫妇墓 位于大观镇菜花村，建于清道光二十六年（1846 年），坐东向西。土冢墓，墓冢长 6、宽 3.2 米。前立石质仿木结构单檐庑殿顶墓碑，通高 2.8、宽 1.1、厚 0.3 米，檐下浮雕"二龙抢宝"图案，檐上顶部正脊雕二龙，碑刻题记"皇清待赠显考（诰祖妣）陈继□（余□□）□□，清道光二十六年十一月十一日吉立"。

刘曾氏墓 位于大观镇田坝村，建于清道光二十七年（1847 年），坐北向南。土冢，条石圈砌，直径 4.5 米。前立拱形石碑，高 1.6、宽 0.77、厚 0.16 米，上刻楹联、鸟兽、花卉等图案，碑刻题记"清故祖（显）妣刘母曾孺人墓，道光二十七年仲秋月朔三日"。

宁显达墓　位于大观镇胜利村，建于清道光二十六年（1846年），坐西向东。土冢，呈圆形，四周条石圈砌，直径4.7、高1.4米。前立石质仿木结构三楼歇山顶墓碑施抱鼓石，通高3.2、面阔4.1、厚0.3米。明间题刻"清待赠显考宁公讳显达府君老大人墓"；左次间刻墓主临终情况和"道光丙午年"。

彭真圆墓　位于大观镇菜花村，建于清咸丰二年（1852年），坐东向西。土冢，呈圆形，四周圈砌条石，直径3.5米。前有石质仿木结构单檐庑殿顶墓碑，通高1.7、宽1.05、厚0.3米，碑刻题记"皇清待诰贺母名（戒）彭真圆太君坟墓，咸丰二年岁次壬子小阳月吉立"。

蒋达明墓　位于大观镇菜花村，建于清咸丰三年（1853年），坐北向南，占地面积15平方米。土冢，墓前立长方形石碑，高1.66、宽1、厚0.12米，碑柱刻楹联，碑刻题记"皇清待诰显妣舒母戒（名）蒋达明老大人墓，大清咸丰三年岁在壬子春正月"。

田□兴墓　位于大观镇新利村，建于清咸丰五年（1855年），坐东向西。土冢，呈圆形，条石圈砌，长4.8、宽2.7、高1.55米。前立长方形石碑，高1.62、宽0.8、厚0.1米。碑刻题记"清文林郎田公□兴老大人墓，道光十八年"；"清故显妣龙母咸丰五年冬月吉旦立"。

刘文钟夫妇墓　位于大观镇立仑村，建于清同治元年（1862年），坐北向南。土冢，呈圆形，直径4米，四周圈砌条石。前有石质仿木结构四柱三间三楼庑殿顶墓碑施抱鼓。明间通高2、宽1.38、厚0.3米，碑刻题记"清待赠诰显老（妣）刘公讳文（刘母曾孺人）钟大人墓，同治元年立"；次间顶上施龙吻，通高1.94、宽1.07、厚0.3米，碑文记录墓主家族史。抱鼓石高0.73、宽0.5、厚0.22米，浮雕缠枝图案。

曾氏墓　位于大观镇菜花村，建于清同治二年（1863年），坐北向南。土冢，呈圆形，直径4米。前立拱形石坤，高1.65、宽0.95、厚0.2米，碑刻题记"皇清待诰显妣曾母□孺戒（名）深宽老人墓，同治二年仲春月吉日立"。

潘刘氏墓　位于大观镇田坝村，建于清同治四年（1865年），坐东北向西南。土冢，条石圈砌，长14.8、宽9.4，高1.8米。前立石质仿木结构四柱三间三楼庑殿顶墓碑施抱鼓，通面阔4.6、高3.2米；明间高3.2、宽1.05、厚0.33米；次间高2.52、宽0.62米；抱鼓石高1.4、宽0.5、厚0.15米。碑上刻楹联，浮雕花卉、鸟兽等图案。明间题记"清待诰显妣潘母刘妙□，同治乙丑年"；次间墓志铭已风化。

汤兴孝墓　位于大观镇新俊村，建于清同治六年（1867年），坐南向北。土冢，呈圆形，条石圈砌，直径4.5米。前立拱形石碑施抱鼓，高1.65、宽0.86、厚0.14米，抱鼓高0.67、宽0.46米。碑刻题记"清待赠显考汤兴孝字作忠大人墓，同治六年"。

陈达崇墓 位于大观镇新俊村，建于清同治六年（1867年），坐南向北。土冢，呈圆形，条石圈砌，直径24.85、高1.45米。前立拱形石碑，高1.75、宽0.87、厚0.13米，碑刻题记"清待诰显妣汤母戒（名）达崇陈孺人墓，同治六年"。

严达聪墓 位于大观镇新俊村，建于清同治六年（1867年），坐南向北。土冢，呈圆形，条石圈砌，直径4.5、高1.9米。前立拱形石碑，高1.8、宽0.87、厚0.13米。碑刻题记"清待诰显妣汤母戒（名）达聪严老太君墓，同治六年"。

莫飞彪夫妇墓 位于大观镇砚池村，建于清同治八年（1869年），坐南向北。土冢，条石圈砌，直径4.5米。前立石质仿木结构单檐庑殿顶墓碑，高2.4、宽1.3、厚0.3米，顶部置兽吻，碑刻题记"皇清待诰正莫公（母）讳飞彪（马□□）墓，同治八年"。

陈刘氏墓 位于大观镇田坝村，建于清同治十年（1871年），坐北朝南。土冢，条石圈砌，长5.8、宽3.6、高1.7米。前立长方形石碑，高1.8、宽0.8、厚0.16米，碑刻题记"清故显妣陈母刘老孺人墓，大清同治十年"。

重山坡墓地 位于大观镇全福村八社重山坡，建于清同治十一年（1872年），坐东向西。土冢，呈圆形，条石圈砌，直径5.7米。前立石质仿木结构单檐庑殿顶墓碑，高3.1、宽1.26、厚0.3米，碑刻题记"清待诰显妣唐母赵（王）孺人墓，同治十一年"。

唐深先墓 位于大观镇新俊村，建于清同治十二年（1873），坐南向北。土冢，条石圈砌，长9、宽4、高1.55米。前立拱形石碑，高1.3、宽0.82、厚0.14米，碑刻题记"清待诰显妣汤母戒（名）深先唐老太君墓，同治十二年"。

唐占香墓 位于大观镇朝阳村，建于清光绪元年（1875年），坐南向北。土冢，呈圆形，条石圈砌，直径5.7、高1.7米。前立拱形石碑，高1.6、宽0.8、厚0.15米，碑刻题记"皇清待赠唐公讳占香老大人墓，光绪元年"。

龙献廷夫妇墓 位于大观镇新利村，建于清光绪六年（1880年），坐西向东。圆形土冢墓，四周圈砌条石，直径5.7米。墓前立拱形石碑二通，左碑高1.75、宽0.84、厚0.15米，碑刻题记"清例赠孺人显妣龙母刘老孺人，光绪六年"；右碑高1.25、宽0.8、厚0.15米，碑刻题记"清例授国学士龙公讳献廷大人，光绪六年"。

汤万武墓 位于大观镇新俊村，建于清光绪六年（1880年），坐西向东。土冢，呈圆形，条石圈砌，直径5、高1.4米。前立拱形石碑，高1.62、宽0.8、厚0.13米，碑刻题记"清待赠汤公讳万武老大人墓，光绪六年"。

汤氏家族墓地 位于大观镇新俊村，建于清光绪七年（1881年），坐西向东。共有墓2座，并排分布在长12、宽6米的土坡上。土冢，条石圈砌，墓前均立拱形石碑，其中M1碑高1.5、宽0.65、厚0.12米，碑刻题记"显妣汤母戒名杨显德老太君，光绪七年"；M2碑规格与M1同，碑刻题记"清赠显考汤公讳兴祥字遐龄老大人之墓，光绪七年"。

汤谢氏墓　位于大观镇新俊村，建于清光绪九年（1883年），坐西向东。土冢，长4、宽2.8米。前立拱形石碑，高1.55、宽0.87、厚0.11米，碑刻题记"显妣汤母戒名汤达上（谢孺人）老太君之墓，光绪九年岁次癸未冬月"。

潘李氏墓　位于大观镇田坝村，建于清光绪九年（1883年），坐东向西。圆形土家墓，条石圈砌，直径5米。前立拱形石碑，高1.58、宽0.8、厚0.15米，碑刻题记"清待诰慈妣潘母李孺人，光绪九年癸未岁"。

周文彬墓　位于大观镇胜家村，建于清光绪十五年（1889年），坐西北向东南。土家，呈圆形，直径4.5米，条石圈砌。前立长方形碑施抱鼓，高1.98、宽1.3、厚0.3米，碑刻题记"周公文彬墓，光绪十年"。抱鼓石高1.25、宽0.48、厚0.17米。

李忠发墓　位于大观镇菜花村，建于清光绪十八年（1892年），坐东向西。土家，四周圈砌条石，长5、宽2.3米。前有拱形石质墓碑，高1.4、宽0.8、厚0.15米，碑刻题记"清故显考李公讳忠发大人墓，光绪十八年立"。

李家老房子墓地　位于大观镇民康村八社李家老房子，建于清光绪二十四年（1898年），坐北向南。土家，条石圈砌，直径9、高1.2米。前立拱形石碑，高1.4、宽0.75、厚0.11米，碑刻题记"皇清待诰显妣李母喻（顾）老孺人墓，光绪二十四年"。

肖显俊墓　位于大观镇民康村，建于清光绪二十四年（1898年），坐北向南。土家，呈圆形，条石圈砌，直径5、高1.3米。前立拱形石碑，高1.34、宽0.75、厚0.1米，碑刻题记"皇清待诰显妣李母名（戒）肖显俊老孺人，光绪二十四年"。

龙陈氏墓　位于大观镇云峰村，建于清光绪三十三年（1907年），坐东向西。土家，呈圆形，条石圈砌，直径4米。前立拱形石碑，高1.6、宽0.79、厚0.11米，碑刻题记"□□龙母陈孺人墓，光绪三十三年"。

邓大恒墓　位于大观镇云峰村，建于清光绪三十四年（1908年），坐东向西。土家，呈圆形，直径4.5米。前立拱形石碑，高1.15、宽0.7、厚0.15米，碑刻题记"清故显考邓公讳大恒老大人墓，光绪戊申三十四年"。

李光瑜墓　位于大观镇民康村，建于清光绪三十四年（1908年），坐西向东，占地面积20平方米。土家，条石圈砌。前立拱形石碑，高1.4、宽0.8、厚0.12米，碑刻题记"清故显考李公讳光瑜大人墓，光绪三十四年"。

陈德银墓　位于大观镇菜花村，建于清宣统元年（1909年），坐东向西。土家，呈圆形，四周圈砌条石，直径4米。前有拱形石质墓碑，高1.6、宽0.9、厚0.13米，碑刻题记"皇清例授修职郎陈公讳德银老大人墓，大清宣统元年立"。

陈萧氏墓　位于大观镇新俊村，建于清宣统元年（1909年），坐西向东。土家，呈圆形，直径5.5米。前立长方形石碑，高1.5、宽0.82、厚0.12米，碑刻题记"清故显妣陈母肖老孺人之墓，宣统元年岁次己酉十一月二十七日"。

古建筑

东岳庙正殿 位于大观镇顺和街，建于清代，坐北朝南。建筑为木质结构重檐歇山顶，穿斗式梁架，檐下施如意斗拱六朵，面阔三间11.5米，进深三间11米，素面台基高0.26米。2007年5月，原南溪县（现南溪区）人民政府公布为文物保护单位。

飞马铺桥 位于大观镇飞马村，建于清嘉庆二年（1797年），南北走向。石质券拱形单孔桥，全长16、宽4.2、高4.9米，孔跨5.2、高4.4米，桥拱内侧顶端石壁可见题记年代"嘉庆二年□□□"。

石窟寺及石刻

石鼓寺捐资建佛记事碑 位于大观镇全福村十队石鼓寺，建筑已毁，仅剩石碑。清嘉庆二十二年（1817年）群众集资在寺内塑佛像后立碑记事三通，坐东朝西，分布在长15、宽5米的寺庙旧址山门处踏道旁。其中碑1为长方形，长1.75、高1.6、厚0.1米；碑2、碑3为正方体柱形四角攒尖顶，大小一致，高2.25、宽0.45米，碑帽高0.37、边长0.6米。碑文记录捐资塑佛事宜、捐资人姓名。

近现代重要史迹及代表性建筑

观云街碉楼 位于大观镇八角村，建于民国时期，坐北向南。长方形砖木结构小青瓦，面阔一间7.8米，进深一间6.45米，共三层，通高10.1米，占地面积50.3平方米，建筑面积505平方米。碉楼由红砂条石砌筑，白石灰浆黏剂，石板地面，北向开一门。楼内圆木穿墙，上铺木楼板，设木梯，顶层设眺望孔，视野开阔，可攻可守。

余家洞水库 位于大观镇新利村境内，属沱江水系百里冲支沟，是新中国成立初期为解决当地农林灌溉、预防旱灾及场镇用水由村民以挣工分的形式动工修建，1956年7月竣工。水库积雨面积8.9平方千米，总库容104万立方米，有效库容78万立方米，是一座以灌溉为主，兼有防洪、场镇供水的小（一）型水利工程，有效灌溉面积2000亩。大坝为均质土坝一座，坝高16米，坝顶长110、宽3米。溢洪道位于大坝左侧，为开放式薄壁正堰。堰顶高296.3米，进口宽19.6米，放水设施有涵卧管一处，场镇饮水用电力提灌站一处。

割草湾标语 位于大观镇胜利村三社割草湾邓树云家山墙上，书于1958年。标语写在长6、宽4米的墙上，红漆美术字体，字体高0.55、宽0.4米，内容为"总路线是照耀一切工作的灯塔"。

长庆机械厂机械加工房 位于大观镇长信社区，建于1967年，为当时响应党中央和毛泽东号召"调整一、二线，建设三线"而修建，主要为国家生产三线时期的战备物资，以生产机枪为主，是同期入驻南溪县的三大兵工企业之一。1984年开始生产电冰箱。加工房坐落于厂区内，为国营长庆机械厂机械加工主厂房。厂房坐东南向西北，水泥瓦屋面，水泥角钢梁架，砖混结构，进深一间70.5米，面阔一间45米，通高10米。国营长庆机械厂于2007年2月已搬迁至彭州，现为宜宾长信实业有限公司所有，加工房已经停止使用。

石河堰堰坝　位于大观镇民强村，建于1966年，东西走向，是"文革"初期为解决当地农林灌溉、输送泄洪而修建的利民工程。为桥梁式石板砌筑，坝长4.2、宽0.9、高3.5米，坝下设溢洪口道，每道宽1.6米，所蓄水源来自上游打鱼凼及富南水库。

新添桥　位于大观镇新添社区，建于1966年，横跨三岔河，南北走向。条石券拱双孔实腹式，桥长15、总宽5.2、车行道宽3米，通高2.6、孔高1.5、跨径2.8米，桥面两侧铁质护栏高1.1米。

牟亭桥　位于大观镇牟亭村，建于1973年，横跨高滩子水库支流，南北走向。腹式石质连拱桥，桥长17、宽8、通高7.2米；东西两侧施高0.6米石质护栏，桥下3孔大小一致，孔高4米，孔径3.4米。

黄沙镇

古墓葬

龙口山墓地　位于黄沙镇方山村四社龙口山，建于清代，分布面积70平方米。共有墓2座，相距10米。土冢，均条石圈砌。前立石质仿木结构单檐庑殿顶碑，其中M1坐北向南，居上，碑高2.15、宽1.3、厚0.35米；M2坐西向东，居下，碑高1.8、宽1.15、厚0.33米。碑刻题记分别是"清待诰显妣李母陈老太君之墓，光绪三年"；"清太学生王公仁滨大人墓，嘉庆二十四年"。

张氏墓地　位于黄沙镇方山村五社团山子，建于清代，坐北向南。共有墓葬6座，塔形分布于面积250平方米的半山腰。多数墓冢已毁，碑体残损，仅存M1、M2、M3碑刻题记。M1～M3从右至左呈一字排列，M1碑为长方形，高1.6、宽0.8、厚0.1米，题刻"张公（母）风（罗）□□□，乾隆五十年"；M2石质仿木结构单檐歇山顶碑，高2.05、宽1.2、厚0.4米，题刻"张公□□□"；M3长方形碑，高1.2、宽0.67、厚0.15米，题刻"张嘉肇大人墓，同治六年"。

古坟嘴墓地　位于黄沙镇大桥村二社古坟嘴，建于清道光十五年（1835年），坐北向南。土冢，条石圈砌，长5、宽3.5、高1.7米。前立石质仿木结构单檐歇山顶石碑二通，规格相同，均高2、宽1.3、厚0.36米，碑上均雕花卉、动物、楹联等图集，其中左碑题记"□□□蒋母戒名曾□□□，道光十五年"。右碑题记全无。

谢纲凤夫妇墓　位于黄沙镇石桥村，建于清道光十七年（1837年），坐南向北。土冢，条石圈砌，长6.5、宽3米。前立长方形石碑，高2.15、宽1.06、厚0.13米，碑刻题记"皇清待赠（诰）谢公纲凤（母屈显忠）老大（孺）人之墓，道光十七年"。

王圣明墓　位于黄沙镇田兴村，建于清道光二十年（1840年），坐东向西。土冢，条石圈砌，长5.5、宽3米。前立石质仿木结构单檐庑殿顶墓碑，高2.8、宽1.2、厚0.3米，碑上浮雕花卉、云纹、动物祥兽等图案，碑刻题记"皇恩宠赐正八耆老王公讳圣明大人，道光二十年"。

毛文祥夫妇墓　位于黄沙镇清水村，建于清道光二十二年（1842年），坐东向西。土冢，呈圆形，条石圈砌，直径5.5米。前立石质仿木结构三楼庑殿顶墓碑，高2.6、面阔2.05、厚0.36米，明间刻题记"皇清待诰赠显考（妣）毛公文祥（母杨氏）老大人墓，道光二十二年"。

庞毓隆夫妇墓　位于黄沙镇云山村，建于清道光二十四年（1844年），坐东向西。土冢，呈圆形，条石圈砌，直径7米。前立石质仿木结构四柱三间三楼庑殿顶墓碑，通面阔4.45、高3.18、厚0.4米，碑上浮雕花卉、瑞兽、楹联等图案，碑刻题记"皇清待赠（诰）庞公讳毓隆（母张荣）老大人（孺人）墓，道光二十四年"。

周氏墓　位于黄沙镇大桥村，建于清咸丰四年（1854年），坐西向东。土冢，呈圆形，条石圈砌，直径5、高2米。前立石质仿木结构单檐庑殿顶墓碑，高2.4、宽1.2、厚0.38米，浮雕楹联、花卉、龙凤等图案，碑刻题记"皇清例赠显考周公讳宏□□□，咸丰四年"。

唐开顺墓　位于黄沙镇大桥村，建于清咸丰十年（1860年），坐西向东。土冢，呈圆形，条石圈砌，直径5.1、高2.1米。前立石质仿木结构单檐庑殿顶墓碑，高2.4、宽1.23、厚0.38米，碑体浮雕花卉、麒麟、天鹿、朱雀等图案，两柱刻楹联，碑刻题记"皇清待诰显妣周母唐开顺□□□，咸丰十年立"。

周氏夫妇墓　位于黄沙镇方山村，建于清同治二年（1863年），坐北向南。土冢，呈圆形，条石圈砌，直径8米。前立石质仿木结构四柱三间三楼庑殿顶墓碑施抱鼓，通面阔4.1、高2.67、厚0.4米，碑上浮雕"二龙戏珠"、天鹿、蝙蝠、祥云、花卉等图案，题记大部分风化剥脱，仅存明间部分题记"清待赠考（诰妣）周公（母）□□□，同治二年"。

陈枝桂夫妇墓　位于黄沙镇三台村，建于清同治十三年（1874年），坐东向西。土冢，呈圆形，条石圈砌，直径5.4、高1.8米。前立长方形石碑二通，并排，右碑高1.6、宽0.9、厚0.16米。题刻"清显妣陈母戒名吴显惠老孺人墓，大清同治十三年"；左碑高

1.8、宽 1.03、厚 0.2 米，题刻"皇清恩授太学生显考陈公讳枝桂墓，光绪六年"。

滕朝永墓 位于黄沙镇三台村，建于清光绪七年（1881 年），坐北向南。土冢，呈圆形，条石圈砌，直径 6.7、高 1.8 米。前立长方形石碑，高 1.95、宽 0.95、厚 0.16 米，碑刻题记"清故显考滕公讳朝永老大人墓，光绪七年"。

谢开甲墓 位于黄沙镇石桥村，建于清光绪十三年（1887 年），坐南向北。土冢，呈圆形，条石圈砌，直径 5 米。前立拱形石碑，高 2、宽 1.05、厚 0.13 米，碑刻题记"皇清例授正八品显考谢公讳开甲大人墓，光绪十三年丁亥岁"。

王家坳墓地 位于黄沙镇方山村五社王家坳，建于清光绪二十二年（1896 年），坐北向南。土冢，条石圈砌，直径 5、宽 4 米。前立长方形石碑，高 1.25、宽 0.62、厚 0.15 米，碑刻题记"故慈□□□，大清光绪二十二年"。

王敬题墓 位于黄沙镇宜南村，建于清光绪二十五年（1899 年），坐东向西。土冢，条石圈砌，长 8、宽 4、高 1.9 米。前立长方形石碑，高 1.8、宽 0.88、厚 0.15 米，上刻楹联，碑刻题记"清故显考王公字敬题老大人坟墓，光绪二十五年"。

毛世康夫妇墓 位于黄沙镇清水村，建于清光绪三十三年（1907 年），坐西北向东南。土冢，条石圈砌，长 6、宽 3.5、高 1.7 米。前立长方形石碑，高 1.8、宽 0.9、厚 0.17 米，碑刻题记"清故显考（妣）毛公讳世康老大（母戒名广享王孺）人之墓，光绪三十三年"。

近现代重要史迹及代表性建筑

黄沙大桥 位于黄沙镇大桥村六、八社，建于 1958 年，至 2007 年间曾多次维修并铺设水泥路面，横跨黄沙河，东西走向。条石券拱四孔实腹式，桥长 105、宽 9.6、通高 7.5、孔高 6、孔径 5 米，桥两侧施高 0.7 米条石护栏。

何家嘴大桥 位于黄沙镇清水村四队何家嘴，建于 1958 年，2007 年修缮并铺设水泥路面，南北走向。条石券拱三孔实腹式，桥面施高 0.7 米条石栏杆，桥长 85、桥面宽 7、高 16.5、跨径 20 米。

汪家镇

古墓葬

铁上坡石室墓 位于汪家镇柏杨村四队铁上坡，建于宋代。石室墓，共 2 座，并排分布在长 4、宽 2 米的平坝上。M1 墓室一间，坐东向西，有活动石门一扇，高 1.27、宽 0.51 米，为四抹头格扇门，浮雕伺女图案，墓道长 1.1 米，墓室长 2.5、高 1.3、宽

1.03 米，左右两壁浮雕人物像；M2 墓室二间，坐南向北，双门楣，墓门高 0.9、宽 1.35 米，墓门已封。

罗氏墓地　位于汪家镇三桂村六社罗家湾，建于清代，坐北向南，占地面积 90 平方米。共有墓 3 座，长方形土冢墓，墓前均立拱形石碑，由上而下分布在长 18、宽 5 米的小山包上。其 M1 土冢，碑高 1.48、宽 0.8、厚 0.17 米，题刻"罗楚坤大人墓，乾隆三十九年"；M2 土冢，条石墓圈，立双碑，左碑已毁，右碑高 1.58、宽 0.76、厚 0.17 米，题刻"罗世昌大人墓，道光三年"；M3 条石墓圈，碑高 1.7、宽 0.85、厚 0.16 米，题刻"罗母聂显章墓，光绪十三年"。

邹氏墓地　位于汪家镇三桂村一社凤林湾，建于清代，坐西向东，分布面积 200 平方米。共有墓 3 座，自上而下分布。其中 M1 为邹斯政墓，建于光绪三十四年，位于中央，条石墓圈，立拱形石碑，高 1.75、宽 0.86、厚 0.15 米；M2 为邹从泰墓，建于光绪庚子年，位于 M1 右侧 50 米，条石墓圈，拱形碑高 1.76、宽 0.84、厚 0.19 米；M3 为邹母聂老孺人墓，建于光绪三十四年，位于 M1 左侧 50 米处，条石墓圈，拱形碑高 1.7、宽 0.85、厚 0.12 米。

邓刘氏墓　位于汪家镇奇峰村二社大田扁，建于清代，坐北向南。土冢，呈圆形，条石圈砌，直径 4.5 米。墓前立拱形石碑，高 1.5、宽 0.8、厚 0.15 米。碑刻题记"清待诰鼓显妣邓母刘老太君"。

金堂山墓群　位于汪家镇顺河村七社金堂山，建于清代，坐北向南。共有墓 3 座，呈"品"字形分布在长 16、宽 12 米的山坡上，其中 M1、M2 居下，M3 在 M1、M2 上 8 米处。三墓均为土冢，以条石圈砌，墓前立石质仿木结构歇山顶墓碑。M1 高 2、宽 1.2、厚 0.15 米，题刻"讳□□□□，大清乾隆五十八年"；M2 规格与 M1 相同，题刻"赠显□□□□，乾隆五□□"；M3 字迹风化。

熊李氏墓　位于汪家镇合村六社，建于清道光四年（1824 年），坐东向西。土冢，呈圆形，直径 6.5 米。前立石质仿木结构歇山顶墓碑，通高 2.4、宽 1.45、厚 0.15 米，题刻"清待诰显妣熊母李老孺人之墓，道光四年孟夏月"。

上坟山朱氏墓　位于汪家镇合村上坟山，建于清道光五年（1825 年），坐南向北。土冢，长 4、宽 3 米。墓前立拱形石碑，高 1.4、宽 0.8、厚 0.12 米，题刻"显考朱公讳曰□□墓，道光五年"。

熊氏墓　位于汪家镇合村，建于清道光七年（1827 年），坐南向北。土冢，呈圆形，直径 4.5 米，条石圈砌。墓前立石质仿木结构四柱三间三重楼庑殿顶墓碑施抱鼓，面阔 4 米，明间高 3、宽 0.8 米；次间高 2.1、宽 0.6 米；抱鼓石高 0.7、宽 0.6 米。碑上雕刻楹联并浮雕人物、牲畜、花卉等图案。明间刻题记"皇清例赠考熊公讳□□，道光七年"。

朱萧氏墓　位于汪家镇合村，建于清道光九年（1829年），坐南向北。土冢，长5、宽2.5米。墓前立拱形石碑，高1.35、宽0.8、厚0.1米，题刻"显妣朱母萧氏老孺人，清道光年己丑孟春立"。

坟嘴上墓地　位于汪家镇大砍村六社坟嘴上，建于清道光十一年（1831年），坐北向南。土冢，长6、宽5、高1.9米，条石圈砌。墓前立拱形石碑，高1.6、宽0.9、厚0.18米，题刻"清故戴尚品大人之墓，清待诰显妣戴门吕老太君之墓，清故赠母吕孺人之墓，清道光辛卯年"。墓前有石板祭台。

曹肖氏墓　位于汪家镇大坝村，建于清咸丰二年（1852年），坐北向南。土冢，长11、宽4、高1.8米，条石圈砌。墓前立拱形石碑，高1.98、宽0.78、厚0.17米，题刻"清待诰显妣曹母肖老孺人之墓，咸丰二年秋八月吉旦"。

聂有祥墓　位于汪家镇新塘村，建于清同治十年（1871年），坐东向西。土冢，长15、宽4、高2.05米，条石圈砌。前立石质仿木结构四柱三间三重楼庑殿顶墓碑施抱鼓，通高2.75、面阔2.7、厚0.25米；抱鼓石高1.35、宽0.65米，题刻"皇清应赠显考聂公讳有祥老大人，同治十年季冬月立"。碑额檐下两侧雕刻楹联、人物、牲畜、花卉等图案。

冷梧林墓　位于汪家镇柏杨村，建于清光绪元年（1875年），坐北向南。土冢，呈圆形，直径5米，条石圈砌。墓前立拱形石碑，高1.25、宽0.74、厚0.17米，题刻"清待诰显妣覃母戒名冷梧林老□□，光绪元年"。

欧阳氏墓　位于汪家镇白庙村，建于清光绪七年（1881年），坐西向东。圆形土冢，直径4.5米，条石圈砌。墓前立长方形石碑，嵌于墓圈内，高1.34、宽0.84、厚0.15米，题刻"清待考欧阳公恩墓，光绪七年辛巳岁"。

邓氏家族墓地　位于汪家镇奇峰村二社老坟山，建于清光绪十年（1884年），坐东向西。共有墓2座，呈上下分布。土冢，条石圈砌，立拱形石碑。其中M1墓冢直径4.5、高1.75米，碑高1.65、宽0.8、厚0.1米，题刻"邓母杨老孺人墓，大清光绪十年春立"；M2在M1下2米处，墓冢直径5、高1.8米，墓碑规格与M1同，题刻"邓公大礼大人墓，大清光绪十年春立"。

向儒聪夫妇墓　位于汪家镇三桂村，建于清光绪十一年（1885年），坐北向南。长方形土冢墓，以条石围砌。墓前立石质仿木结构单檐歇山顶墓碑施抱鼓，碑高2.8、宽1.3、厚0.35米。碑上浮雕花卉、云纹、戏剧人物等图案。题刻"清待赠诰故显考向讳老大人，故显妣向母雷氏老孺人墓，清光绪十一年"。

杨真恬墓　位于汪家镇渠河村，建于清光绪十四年（1888年），坐东向西。土冢，呈圆形，直径4.5米，条石墓圈。拱形石碑，通高1.45、宽0.8、厚0.18米，题刻"周母杨真恬墓，光绪十四年立"。

李童氏墓　位于汪家镇三桂村，建于清光绪二十三年（1897年），坐北向南。圆形土冢，条石墓圈，长6、宽2.8、高1.4米；墓前立拱形石碑，高1.65、宽0.72、厚0.12米；题记"皇清待诰李母童老孺人之位，光绪二十三年冬月初六立"。

潘安勋墓　位于汪家镇渠河村，建于清光绪二十六年（1900年），坐北向南。土冢，呈圆形，条石圈砌，直径4.5米。前立拱形石碑，高1.37、宽0.78、厚0.17米，题刻"潘公讳安勋墓，光绪二十六年立"。

石窟寺及石刻

洪岩寺摩崖造像　位于汪家镇渠河村，坐北朝南，据南溪民国版《县志》记载，始凿于清雍正初年，光绪三十三年培修着彩。造像共1龛7尊，呈"一"字形并排分布在离地面4.5、宽约10米的岩壁上。龛宽9.4、高2.7、进深0.5米，右侧龛壁题刻"光绪三十三年"。龛内7佛造像，每尊高2.4、座高1.27米，高浮雕，低肉髻，V形领，眉毛下弯，眼角上挑，面部丰满，洁足跌坐于须弥座及莲台座上，手姿各异。造像下方是进深6、长约20米的石质平台，台前砌土墙，木栏，平台入口设有木门。原南溪县（现南溪区）人民政府于1992年7月公布为文物保护单位。

近现代重要史迹及代表性建筑

塘湾头渡槽　位于汪家镇新塘村七社塘湾头，建于1976年，属马耳岩水库主干渠，东西走向，全长70米，是"文革"后为解决当地农林灌溉、水利输送而修建的利民工程。渡槽为六孔券形拱石质桥梁式，平均高9.5米，除东西孔略高外，中部四孔规格相同，孔跨10、高4.6米，为混凝土浇铸，总宽2.3米，槽深1、宽0.8米。

观音滩桥　位于汪家镇三桂村六、七社交界处，始建于1976年，2007年铺设水泥路面，横跨观音滩河沟，南北走向。为双孔实腹式石桥，桥长24、宽7、通高5.2米，桥面两侧施高0.75米石质护栏，桥下双孔大小一致，孔高4.5、跨径6米。

高桥　位于汪家镇新桥村六社汪林路，始建于1977年，2008年铺设水泥路面，横跨高河河沟，南北走向。为七孔实腹式石桥，桥长40、宽5、通高3.3米，桥面两侧施高0.85米石质护栏，桥下七孔大小一致，孔高2.5、跨径1.5米。

林丰乡

古墓葬

老鹰山李氏墓　位于林丰乡花园村四社老鹰山，建于清代，坐北向南。土冢，条石圈砌，长4、宽2.8米。前立石质仿木结构四柱三间三重楼庑殿顶墓碑施抱鼓，通面阔3.7、高3米，碑上刻楹联、浮雕花卉、鸟兽、扇形钱币、几何等纹饰，明间题记"皇清待赠李□□□"；两侧次间碑文已风化。

黄滕氏墓　位于林丰乡石龙村，建于清嘉庆十三年（1808年），坐东向西。土冢，呈圆形，直径4.5米，条石圈砌。墓前立石质仿木结构四柱三间三重楼庑殿顶墓碑，通高1.9、宽1.15、厚0.13米，题记"皇清待诰尊祖妣黄母滕老太君，嘉庆十三年"。

赵正弟墓　位于林丰乡金光村，建于清咸丰四年（1854年），坐东向西。土冢，呈圆形，条石圈砌，直径4.5米。前立拱形石碑，高1.95、宽0.95、厚0.16米，题记"清待赠显考赵公讳正弟字玉珉大人墓，咸丰四年"。

左定明墓　位于林丰乡石龙村，建于清咸丰八年（1858年），坐东南向西北。土冢，长5、宽3、高1.6米，条石圈砌。墓前立拱形石碑，高1.4、宽0.68、厚0.11米，题刻"清故妣彭母戒名左定明之墓，咸丰八年"。碑前设有祭台。

戴尚进夫妇墓　位于林丰乡青山村，建于清同治十年（1871年），坐南向北。土冢，长5、宽3.5、高1.7米，条石圈砌。前立拱形碑，高1.68、宽0.8、厚0.16米，碑刻题记"皇清待赠显考戴公讳尚进大人，待诰显妣待母张开盛孺人之墓，同治十年十二月"。

罗正阳夫妇墓　位于林丰乡石龙村，建于清光绪三十年（1904年），坐东向西。土冢，呈圆形，直径6米，条石圈砌。前立拱形石碑二通，规格相同，高1.8、宽0.9、厚0.15米；左右碑题刻分别为"故显考罗公讳正阳大人之墓，光绪三十年立"、"罗母叶安人之墓，光绪三十年立"。

古建筑

赵家大院　位于林丰乡花园村，建于清代，坐北朝南，占地面积1220平方米，建筑面积1050平方米。一进式四合院，木结构，穿斗式梁架，一楼一底板壁小青瓦建筑，高台式，外八字山门，整个建筑东西长36.8、南北宽33米，由门厅、左右厢房及正厅组成。门厅及左右厢房二楼为回廊式，围绕天井绕通，楼上回廊砌板壁护栏。

石窟寺及石刻

三佛岩摩崖造像　位于林丰乡茶丰村八队三佛岩岩壁上，题记年代为"民国十六年"，坐东向西。共3尊，并排分布在距地面约4米的岩壁上一龛内，龛长3、高1.2、深0.2米。造像从右至左依次为佛之法身、应身、报身，第一尊与第二尊同，高0.8、肩宽0.35、腰宽0.4米；第三尊高0.6、肩宽0.3、腰宽0.38米。三尊佛像均结跏趺坐于莲台上，U形领，衣纹厚重。龛下约1.5米处有"九皇天灯碑记"一篇，长1.2、高

0.8 米。

近现代重要史迹及代表性建筑

黑凼子标语　位于林丰乡青山村三社黑凼子，书于 1960 年。标语写在离地面 3.2 米的竹泥白石灰墙上，红油漆楷体字，每字高 0.4、宽 0.3 米，内容为"总路线万岁，人民公社万岁"。

黑凼子桥　位于林丰乡青山村三社汪林路，始建于 1975 年，2007 年铺设水泥混凝土路面，横跨黑凼子河，南北走向。为单孔实腹式石桥，桥长 13、宽 5.5 米，通高 4.2 米，桥下孔高 3、跨径 6 米。

四五水库　位于林丰乡柏果村，于 1971 年动工，1978 年竣工，属长江北岸黄沙河支流，是改革开放之初为解决当地农林灌溉、预防旱灾由村民以挣工分的形式修建。水库集雨面积 1.11 平方千米，总库容 33 万立方米，灌溉面积 1000 亩，是一座以灌溉为主，兼有种、养殖业的小（二）型水库。枢纽工程由大坝、溢洪道、放水涵卧管组成，大坝为土石混合坝，高 24 米，坝顶长 57、宽 14 米；溢洪道位于大坝左侧，为开敞式正堰，堰顶宽 4 米；放水涵管为钢管直径 0.4 米闸阀。

五五水库　位于林丰乡石龙村，于 1975 年动工，1979 年竣工，属长江北岸黄沙河支流，是改革开放初期为解决农林灌溉、预防旱灾由村民以挣工分的形式修建。水库集雨面积 1.1 平方千米，库容 60 万立方米，灌溉面积 1000 亩，是一座以灌溉为主，兼有种、养殖业的小（二）型水库。枢纽工程由大坝、溢洪道，涵卧管组成。大坝为石拱坝，高 16 米，坝顶长 60、宽 1.6 米；溢洪道为薄壁堰；涵卧管为浆砌条石闸阀放水。

大坪乡

古墓葬

塘湾头陈氏墓地　位于大坪乡锦绣村二社塘湾头，建于清代，坐西向东。共有墓二座，并排分布于长 10、宽 8 米的土坡上，相距约 4 米。土冢，条石圈砌，月亮形，前均立拱形石碑。其中 M1 碑高 1.75、宽 0.76、厚 0.2 米，碑刻题记"皇清待赠享年七十九冢故显考陈公讳永进，光绪庚寅年（1890 年）"；M2 碑高 1.3、宽 0.73、厚 0.16 米，碑刻题记"皇清待诰显妣陈母□□□，光绪甲申年（1884 年）"。

周之贵墓　位于大坪乡龙胜村，建于清嘉庆二十三年（1818 年），坐东南向西北。土冢，呈圆形，条石圈砌。前立拱形石碑，高 1.65、宽 0.96、厚 0.1 米，碑刻题记"清赠显考周公讳之贵大人墓，嘉庆二十三年"。

李文榿墓 位于大坪乡木香村，建于清嘉庆二十三年（1818年），坐北向南。土家，呈圆形，条石圈砌，直径5米。前立拱形石碑，高1.8、宽0.9、厚0.1米，碑刻题记"皇清待赠显考李公讳文榿老人，大清嘉庆二十三年"。

桂花湾墓地 位于大坪乡锦绣村五社桂花湾，建于清道光元年（1821年），坐北向南。土家，条石圈砌，直径5.5米。前立石碑二通，左为石质仿木结构单檐庑殿顶墓碑，右为拱形墓碑。左碑高1.6、宽1、厚0.1米，碑刻题记"皇清待赠显考李公讳世祀老大人，道光元年"；右碑高1.75、宽1.05、厚0.07米，碑刻题记"皇清赠显考李公讳文林老大人，道光元年"。

坟嘴上刘氏墓 位于大坪乡锦绣村八社坟嘴上，建于清道光十一年（1831年），坐北向南。土家，呈圆形，条石圈砌，直径5.5米。前立拱形石碑，高1.98、宽0.86、厚0.2米，碑刻题记"清故慈妣刘门谭（曾）老孺人墓，道光十一年"。

李主氏墓 位于大坪乡锦绣村，建于清道光二十六年（1846年），坐西向东。土家，条石圈砌，长7、宽3.5米。前立拱形墓碑，高1.3、宽0.68、厚0.12米，碑刻题记"皇清待诰高祖婆李门主氏老孺人墓，道光二十六年"。

肖应试墓 位于大坪乡民主村，建于清咸丰六年（1856年），坐西向东。土家，呈圆形，条石圈砌，直径5.5米。前立石质仿木结构单檐庑殿顶墓碑，高2.4、宽1.18、厚0.4米，碑刻题记"故显考肖公讳应试大人，咸丰丙辰年"。

许家坟山墓地 位于大坪乡锦绣村八社许家坟山，建于清同治四年（1865年），坐北向南。土家，呈圆形，条石圈砌，直径5.8、高1.8米。前立石质仿木结构三楼四柱三间庑殿顶墓碑，通面阔3.1、通高2.8、厚0.3米，上刻楹联、花卉，明间题记"恩赐八品故祖（显）考许公讳定远（其萱）字道安（德芳）大□□，同治四年"。次间题记全部风化。

邓宗福墓 位于大坪乡龙山村，建于清同治四年（1865年），坐东向西。土家，条石圈砌。前立拱形石碑，高1.58、宽0.8、厚0.1米，碑刻题记"皇清待赠显考邓公讳宗福老大人，同治四年"。碑额浮雕祥云，花卉等图案。

塘坝头李氏墓 位于大坪乡木香村三社塘坝头，建于清光绪四年（1878年），坐东向西。土家，呈圆形，条石圈砌，直径4米。前立石质仿木结构单檐庑殿顶墓碑，高1.88、宽1.1、厚0.3米，碑刻题记"清赠李七十四寿□□老大人，光绪四年"。碑两侧柱上雕刻楹联。

李张氏墓 位于大坪乡石松村，建于清光绪六年（1880年），坐西向东。土家，条石圈砌，长7、宽3.6米。前立石质仿木结构单檐庑殿顶墓碑，高2.3、宽1.25、厚0.34米，碑额、檐下浮雕人物、花卉等图案，碑刻题记"清故慈妣李母张□□□，清光绪六年"。

袁定模墓 位于大坪乡民主村，建于清光绪十五年（1889年），坐东向西。土冢，呈圆形，条石圈砌，直径6米。前立拱形石碑，高1.6、宽0.77、厚0.15米，上雕祥云、鹿鹤、花卉等图案，碑刻题记"皇清待赠显考袁公讳定模老大人墓，光绪己丑年仲秋"。

青岗桥刘氏墓 位于大坪乡石松村二社青岗桥，建于清光绪二十年（1894年），坐东南向西北。土冢，条石圈砌，长11、宽6、高1.8米。前立石质仿木结构四柱三间三楼庑殿顶墓碑，两侧施抱鼓，通面阔3.5、高3.15、厚0.3米，明间碑上题刻有刘母等四人墓主姓名，次间刻后人姓名、"光绪二十年"等。

陈莫氏墓 位于大坪乡石松村，建于清光绪二十一年（1895年），坐东北向西南。土冢，呈圆形，条石圈砌，直径4.5、高1.2米。前立拱形石碑，高1.5、宽0.8、厚0.13米，碑刻题记"皇清待诰富年六十七寿显妣陈母莫□□□，光绪二十一年"。

石窟寺及石刻

机房头石龛 位于大坪乡民主村四社机房头，凿于晚清时期，坐东向西。仿木结构单檐歇山顶石刻庙龛，面阔一间，通高1、宽0.88、深0.55米，龛两侧柱上雕刻楹联。石龛座于长1.2、宽0.6、厚0.95米的石台座上。

泠谈河建桥记事碑 位于大坪乡锦绣村二队泠谈河，为清乾隆二十四年（1759年）群众捐资建桥所立，桥梁已毁，仅剩石碑。正面记录建桥事宜，背面记录嘉庆年间补修桥及桥旁建庙事宜。原为立方体柱形四角攒尖顶石碑，现在碑刻倒塌，攒尖顶毁，碑高1.45、边长0.38米，碑文严重风化，隐约可见题有"嘉庆十三年"。

一板桥石窟 位于大坪乡民主村，凿于清嘉庆二十五年（1820年），坐北向南，立面面积11平方米。在高3.7、宽3米的红砂石岩壁上雕凿而成，双层歇山顶五级圆形莲瓣宝顶龛，通高3.7、宽0.86、厚0.45米，檐高0.7米，下层龛深0.4、高1.1米，长方形；上层龛深0.48、高0.8米，拱形扇匾额，龛两侧刻楹联，龛内造像无存。龛左侧题刻建造年代为清嘉庆二十五年，右侧为功德碑，通高1.1、宽1.3米。

磨子石石窟 位于大坪乡民主村五社磨子石，凿于清道光二十五年（1845年），坐南向北。双层庑殿顶龛，通高1.8、宽0.85、深0.3米，为制作后嵌于岩石腔内。上层龛两侧刻楹联，龛右外壁有碑刻一通，题刻记录捐资人名及造龛年代等内容。

近现代重要史迹及代表性建筑

上大屋基标语 位于大坪乡锦绣村四队上大屋基，为1961年一位四清干部书写，标语共三幅，美术字体，红色油漆书写，面向南方，并排分布在距地面2.7、长3、宽0.55米的山门上方墙面上。中间一幅呈弧形，字体高0.15、宽0.06米，内容为"高举毛泽东思想伟大红旗奋勇前进",下方绘有五角星一颗;左右两侧标语字体高 0.45、宽 0.3 米,内容分别是"学大寨精神"、"为革命种田"。

对窝塘水渠 位于大坪乡锦绣村七社对窝塘,建于 1976 年,南北走向,系花园水库引水灌溉渠道,是"文革"后期为解决当地农林灌溉、水利输送而修建的利民工程。为石质券拱桥梁式,共十一孔,中心孔高 5.4、宽 7.2、厚 1.15 米,两侧孔逐次递减,拱上为渡槽,深 0.6、宽 0.85、全长 80 米。

罗龙镇

古遗址

苔子上遗址 位于罗龙镇凉亭村,建于汉代。遗址长约 90、宽约 70 米,面积约 6000 平方米。遗址共分四层。

一层:厚 0.8 米。土色浅红,土质疏松,包含现代瓦片和大量生活垃圾。

二层:厚 0.65、深约 1.4~1.45 米。土色暗红,土质紧密,包含大量红烧土颗粒和炭粒,少量灰色瓦片,瓦片表面装饰有粗绳纹。

三层:厚 0.5、深约 1.95~2 米,土色浅黄,土质紧密。包含大量灰陶瓦片和少量红陶片。陶片夹细砂,表面装饰有绳纹、布纹和方格纹。

四层:厚 0.4、深约 2.3~2.4 米,土色暗黄,土质松散。包含有大量灰瓦片,红陶片少见。陶片以夹砂陶为主,纹饰以绳纹为主,部分为素面磨光,可辨器形有陶罐口沿和底部。

根据土质土色和包含物判断:第一层为现代扰乱层,二至四层为汉代层。

康家造纸作坊遗址 位于罗龙镇谢坝村,为一清代作坊遗址。遗址地面建筑已完全毁坏,目前仅能见到当年制作纸浆的水池遗迹,保存已不完整。地面残留部分为水池西侧墙体,长 7、宽 0.9、高出地面 0.3 米。墙体中间有一缺口,为当年的水池排水口,宽约 0.3 米。墙体构筑方式不明,墙体剖面处可见大量青花瓷片。

古墓葬

机耕村墓群 位于罗龙镇机耕村二队,建于汉代,坐北朝南。共有墓 22 座,并排分布在公路边离地面 1~2、长 100、高约 3 米的断岩上,崖墓在红色崖壁上开凿,构造基本一致,直壁、弧顶、不见壁龛,开口宽 2~3、进深 1~4 米不等,墓室内壁光滑,不见雕刻,不见随葬品。

长石塔崖墓 位于罗龙镇惠明村四队长石塔,建于汉代,坐西向东。共有墓 2 座,并排分布在村公路旁高 2、长 10 米的岩壁上，均为三层门楣，进深 2 米，其中 M1 最外层门楣高 1.35、宽 1.8 米，中间宽 1.5 米，最里层高 0.8、宽 1.1 米；M2 最外层门楣高 1.4、宽 1.8 米，中间宽 1.35 米，最里层高 0.7、宽 0.9 米。

龙斗山墓群 位于罗龙镇凉亭村一队龙斗山，建于宋代。坐落在离地面 4、长 15、高 1.5 米的岩壁上，现残留墓葬 5 座。其中砖石混合结构墓 4 座，石室墓 1 座。砖石混合结构墓为石材砌墙，小砖拱顶。最东侧一座墓室残长 1.7、宽 1.3、高 1.15 米，有后壁龛一个。墓砖规格较小，长 0.37、宽 0.19、厚 0.055 米，素面青砖。石室墓两壁及墓顶为石板构筑，墓底不明，左右两壁石板加工较为规整、光滑，墓顶盖板较为粗糙厚重。

石马村墓群 位于罗龙镇石马村三队，建于宋代，坐北朝南。共有墓 4 座，分布在离地面 8、长约 10、宽 2 米的崖壁上。墓葬均为小砖顶，排列较为整齐，墓口位于同一水平线上。

叶氏墓地 位于罗龙镇长江村，建于清代，坐北朝南。共有墓 3 座，分布在长 20、宽 8 米的平坝上。均为土冢墓，M1 冢直径 4.5 米，前立石质仿木结构单檐庑殿顶墓碑，高 1.8、宽 0.9、厚 0.3 米，顶部置吻兽，碑刻已风化；M2 冢长 4、宽 2.4 米，前有拱形石质墓碑，碑高 1.6、宽 0.85、厚 0.16 米，碑刻题记"清诰显妣叶母胡圆□□，光绪十五年"；M3 冢直径 3.8 米，前有拱形石质墓碑，高 1.7、宽 0.75、厚 0.15 米，碑刻题记"清诰显妣叶母法名卢□□，光绪十五年□□□□"。

苟氏墓地 位于罗龙镇添丘村，建于清代，西向，分布面积约 70 平方米。共有墓 3 座，呈"品"字形排列。冢前面均有长方形石质墓碑，其中 M1 冢长 5、宽 3 米，碑高 1.5、宽 1.23、厚 0.1 米，题记"乾隆六十五年"；M2 冢长 5、宽 3.5 米，碑高 1.8、宽 0.9、厚 0.1 米，题记年代"清道光十年"；M3 题记"清例赠正八品显考苟公讳洪余大人墓，清光绪十七年"。

向氏墓地 位于罗龙镇凉亭村四队朝屋基，建于清代，西向。共有墓 3 座，呈梯形排列分布在长 20、宽 8 米的土坡上。均为土冢，四周圈砌条石。其中 M3 冢长 4.5、宽 3.6、高 1.9 米。前有石质仿木结构单檐庑殿顶墓碑，高 2.3、宽 1.5、厚 0.4 米，题记"清待赠显考向公讳□□□，清乾隆五十四年"。

黄氏家族墓地 位于罗龙镇中池村二队圆平坝，建于清代，坐北朝南。共有墓 2 座，分布在长 10、宽 6 米的土坡上，其中 M1 冢长 4、宽 2.8 米。前有长方形石质墓碑，高 1.43、宽 0.85、厚 0.15 米，碑刻题记"清待赠黄公讳元□，大清光绪二十九年"；M2 冢长 4.5、宽 3 米。前有长方形石质墓碑，高 1.4、宽 0.85、厚 0.1 米，碑刻题记"皇清显妣黄母钟老孺人墓"。

坟山坝杨氏墓地 位于罗龙镇杉木村七队杨家坟山，建于清代，坐北朝南。共有墓

4 座，呈"一"字形并排分布在长 10、宽 5 米的土坡上。均为土冢，四周圈砌条石。其中 M2 冢长 4、宽 2.6 米，前有长方形石质墓碑，高 1.9、宽 1、厚 0.14 米，碑刻题记"清故显妣杨母名戒丁老孺人墓，道光十三年"。M1、M3、M4 碑刻风化严重。

圆坟坝墓群　位于罗龙镇羊耳村六队圆坟坝，建于清代，坐北朝南。共有墓 3 座，呈"品"字形分布在长 10、宽 8 米的土坡上。均为土冢墓，四周圈砌条石。M1 冢直径 3.5 米，前有长方形石质墓碑，高 1.45、宽 0.85、厚 0.15 米，碑刻题记"清故显妣沈母名戒黄绍□□□，大清道光二十九年"；M3 冢直径 3 米，前有长方形石质墓碑，高 1.4、宽 0.85、厚 0.12 米。

沈氏家族墓地　位于罗龙镇羊耳村六队沈家坟山，建于清代，坐北朝南。并排分布在长 10、宽 6.8 米的土坡上。均为土冢墓，四周圈砌条石，其中 M1 冢直径 4.5 米，前有石质仿木结构单檐庑殿顶墓碑，高 1.9、宽 0.9、厚 0.2 米，碑刻题记"清处士沈公讳□□□，乾隆三十年春明月"；M2 冢直径 3.5 米，前有长方形石质墓碑，高 1.8、宽 1.1、厚 0.1 米。

椅子窝张氏墓地　位于罗龙镇羊耳村七队椅子窝，建于清代，坐北朝南。共有墓 5 座，呈梯形分布在长 20、宽 18 米的土坡上。均为土冢墓，其中 M1 冢长 4、宽 2.5 米，前有长方形石质墓碑，高 1.5、宽 0.7、厚 0.15 米，碑刻题记"清故显妣张母郭老孺人墓，光绪十七年"；M3 碑刻题记"清故显考张公讳桴大人墓，大清同治二年"；M2、M4、M5 风化严重。

场地头墓地　位于罗龙镇谢坝村二社场地头，建于清同治年间，坐南向北。圆形土冢，直径 3.8、高 1.3 米，条石圈砌。前立长方形石碑，高 1.7、宽 1、厚 0.17 米，碑刻题记"皇清待诰□□□，同治□□□"。

练氏墓地　位于罗龙镇金鸡一社渔翁沱，建于清代，坐北向南。共有墓 3 座，并排分布在长 50、宽 8 米的山包上。均为土冢，墓前均立石碑，其中 M1、M3 为石质仿木结构庑殿顶墓碑，M2 为长方形墓碑，M1 碑高 2.05、宽 1.35、厚 0.3 米；M2 碑高 1.1、宽 0.76、厚 0.15 米；M3 规格与 M1 同，三碑题记分别为"清待诰练母钟老太君之墓，嘉庆十八年"、"清待诰练母陈老孺人"、"清待赠练公讳福昌大人之墓，乾隆三十一年"。

大坟山郭氏家族墓地　位于罗龙镇红光村四社大坟山，建于清代，坐北向南。共有墓 2 座，平行分布，相距 8 米。均为土冢，其中 M1 墓冢圈砌条石，前立石质仿木结构庑殿顶墓碑，高 2.5、宽 1.36、厚 0.35 米。题记"清例赠部公讳雄才大人墓，嘉庆二十年"；M2 冢前立长方形石碑，高 1.82、宽 0.92、厚 0.16 米。题记"皇清待赠部郭公讳中清之墓，道光十二年"。

伍家嘴陈氏家族墓地　位于罗龙镇粮仓村一社伍家嘴，建于清代，坐西北向东南。

共有墓 2 座，上下排列。均为土冢，前立墓碑。其中 M1 居上，碑高 1.35、宽 1.05、厚 0.24 米。题记"皇清待赠陈公讳圣忠老大人之墓，道光十三年"；M2 距 M1 约 5 米，碑高 1.45、宽 1.3、厚 0.3 米。题刻"皇清待赠陈公讳启朝之墓，道光十二年"。

宋邓氏墓　位于罗龙镇繁荣村，建于清乾隆五十四年（1789 年），坐南向北。土冢，呈圆形，直径 4 米。前立长方形石碑，高 1.36、宽 0.75、厚 0.12 米，碑刻题记"皇清待诰孺人宋母邓氏墓，乾隆五十四年"。

俞上彩夫妇墓　位于罗龙镇凉亭村，建于清嘉庆辛酉年（1801 年），北向，占地面积 19.6 平方米。圆形土冢墓，四周圈砌条石，直径 5.4 米。前有长方形石质墓碑，高 2.2、宽 1.28、厚 0.15 米，碑刻题记"皇清待赠（处士，孺人）俞（公母）（上彩老大人圆福谢太君）之墓，清嘉庆辛酉年"。

段其祀墓　位于罗龙镇繁荣村，建于清嘉庆十九年（1814 年），坐东向西。土冢，长 5、宽 2.5 米。前立石质仿木结构单檐庑殿顶墓碑，高 1.8、宽 1.08、厚 0.33 米，碑刻题记"清诰授段公讳其祀大人之墓，嘉庆十九年"。

郭氏墓　位于罗龙镇长江村，建于清嘉庆二十年（1815 年），坐北向南。土冢，呈圆形，直径 4.5 米，四周条石圈砌。前立石质仿木结构四柱三间三重楼庑殿顶墓碑，明间高 3 米，次间高 2.6 米，通面阔 3.15、进深 0.37 米，明间题记"清例赠宜人郭□□□，嘉庆二十年"。

张伦夫妇墓　位于罗龙镇长江村，建于清嘉庆二十二年（1817 年），坐北朝南，占地面积 15.1 平方米。圆形土冢墓，四周圈砌条石，直径 4.2 米。前有石质仿木结构单檐庑殿顶墓碑，高 2.05、宽 0.9、厚 0.3 米，碑刻题记"皇清待（赠诰）张公（讳伦叶福道）老（大孺）人墓，大清嘉庆二十二年"。

大坟山张氏墓　位于罗龙镇长江村三队大坟山，建于清嘉庆二十三年（1818 年），坐东向西，占地面积 15.4 平方米。圆形土冢墓，直径 4.4 米。前有石质仿木结构单檐庑殿顶墓碑，高 1.75、宽 0.7、厚 0.2 米，顶部施龙吻，碑刻题记"清待赠张公讳□□，大清嘉庆二十三年"。

练刘氏墓　位于罗龙镇金鸡村，建于清道光元年（1821 年），坐北向南。土冢，条石圈砌，长 7、宽 6.8、高 2.4 米。前立石质仿木结构三重楼庑殿顶墓碑，明间高 2.56、宽 0.95 米；次间高 2.05、宽 0.73 米；檐宽 0.3 米；通面阔 3.3 米，明间题记"清待诰孺人练母刘太□□□，道光元年"；次间题刻严重风化。墓圈前挡左右圆雕石狮一对。

周谦墓　位于罗龙镇杉木村，建于清道光六年（1826 年），坐东向西，占地面积 11.3 平方米。圆形土冢墓，四周圈砌条石，直径 3.8 米。前有长方形石质墓碑，高 1.6、宽 0.86、厚 0.12 米，碑刻题记"清待赠显考周公讳谦老大人墓，大清道光六年"。

大坟山赵氏家族墓地 位于罗龙镇骑龙村八社大坟坝，建于清道光十年（1830年），坐西向东，面积约40平方米。共有墓2座，上下分布。均为土冢，条石圈砌，前立石质仿木结构三重楼庑殿顶墓碑。其中M1面阔三间3米，明间高2.3、宽1.2、厚0.3米。次间高1.7、宽0.8、厚0.3米；M2位于M1下3米处，形制规格与M1同。M1、M2墓碑题记分别为"故祖考（妣）赵公（赵母）戒名讳学明（胡真寿）老大人（孺人）墓，道光十年"、"故显考（妣）赵公（赵母）讳国文（胡达元）老大（孺）人，故慈妣赵母戒名王如灶（郭如真）老孺人，道光十年"。

无弓形墓地 位于罗龙镇骑龙村十社无弓形，建于清道光十年（1830年），坐北向南。土冢，呈圆形，条石圈砌，直径5米。前立石质仿木结构三重楼庑殿顶墓碑，高2.3、宽3、厚0.3米，其中明间高2.3、宽0.8米，题记为"赵国达墓，道光十年十二月"；左右次间高1.35、宽0.75米，分别题记"赵正台墓"、"赵正和墓"。

李氏墓 位于罗龙镇羊耳村，建于清道光十三年（1833年），坐东朝西，占地面积15.3平方米。圆形土冢墓，直径4.4米。前有拱形石质墓碑，高1.5、宽0.9、厚0.15米，碑刻题记"清故显考李□□，大清道光十三年"。

刘姜氏墓 位于罗龙镇牛角村，建于清道光十八年（1838年），坐东向西。土冢，条石圈砌，长5、宽3米。前立石质仿木结构单檐庑殿顶墓碑，高3.2、宽1.25、厚0.33米，上雕楹联、花卉、瑞兽等图案，碑刻题记"清待诰刘母姜孺人太君墓"。

谢川华墓 位于罗龙镇杨村，建于清道光二十六年（1846年），坐南向北。土冢，条石圈砌，长5、宽3.5米。前立石质仿木结构庑殿顶墓碑，高1.3、宽1.03、厚0.33米。碑刻题记"清待赠谢公讳川华□□□，道光二十六年"。

张先仕夫妇墓 位于罗龙镇杉木村，建于清道光二十七年（1847年），坐东向西，占地面积15.3米。圆形土冢墓，直径4.5米，冢前砌月亮形墓圈，高1.8、长8、宽0.3米。前有石质仿木结构单檐庑殿顶墓碑，高2.2、宽1.2、厚0.3米，碑刻题记"清待（赠诰）显（考妣）张（公母）（讳仙仕陈太君）（大孺）人墓，大清道光二十七年"。

张氏墓 位于罗龙镇杉木村，建于清咸丰五年（1855年），坐北朝南，占地面积约12.5平方米。圆形土冢墓，直径4米。前有石质仿木结构四柱三间三楼庑殿顶墓碑，明间高1.6、宽1、厚0.3米；次间高0.7、宽0.7、厚0.15米，碑刻题记"清待赠显考张公讳□□□，咸丰五年"。

张杨氏墓 位于罗龙镇杉木村，建于清同治三年（1864年），坐西向东，占地面积22.5平方米。土冢墓，长5、宽4.5米。前有石质仿木结构单檐庑殿顶墓碑，高1.8、宽1.1、厚0.3米；次间高1.1、宽1.8、厚0.2米，碑刻题记"清显妣张母杨老孺人墓，大清同治三年"。

古肖氏墓 位于罗龙镇石马村，建于清同治四年（1865 年），坐西向东。土冢，冢前砌月亮形条石墓圈，前挡施抱鼓，长 5.5、宽 3.5、高 1.2 米。前立拱形石碑，高 1.18、宽 0.84、厚 0.16 米，碑刻题记"清待诰显妣古母萧老孺人，同治四年"。

赵象贤夫妇墓 位于罗龙镇骑龙村，建于清同治六年（1867 年），坐南向北。土冢，条石圈砌，长 6、宽 4.5 米。前立石质仿木结构四柱三间三重楼庑殿顶墓碑，通面阔 3.9、通高 1.9 米；明间高 1.9、宽 0.92、厚 0.35 米；次间高 1.3、宽 0.65 米；抱鼓石高 0.4、宽 0.8、厚 0.2 米，明间题记"清赠登仕郎显考（妣）赵公字象贤（母邬悟性）夫妻合墓"。碑额浮雕人物、花卉等图案。

谭安相夫妇墓 位于罗龙镇杉木村，建于清同治十一年（1872 年），坐东向西，占地面积 15.3 平方米。圆形土冢墓，直径 4.5 米，冢前砌月亮形墓圈，高 1.9、长 8、厚 0.2 米。前有拱形石质墓碑，通高 1.8、宽 1.2、厚 0.2 米，碑刻题记"故显（考妣）谭（公母）（讳安相，母沈氏）（大孺）人墓，大清同治十一年"。

宋壁廷墓 位于罗龙镇平安村，建于清光绪四年（1878 年），坐南向北。土冢，长 4、宽 2.8 米。前立圆形石碑，直径 1、厚 0.15 米，题记"清显考宋公子壁廷，光绪戊寅年"。

陈宏林墓 位于罗龙镇添丘村，建于清光绪六年（1880 年），坐北朝南，占地面积 34.2 平方米。圆形土冢墓，四周圈砌条石，直径 6.7 米。前有长方形石质墓碑，通高 1.25、宽 0.75、厚 0.1 米，碑刻题记"清考陈公讳宏林墓，大清光绪六年"。

肖正田墓 位于罗龙镇幸福村二锅底凼，建于清光绪七年（1881 年），坐东南向西北。土冢，呈圆形，直径 4.5 米，四周圈砌条石。前立石质仿木结构庑殿顶墓碑施抱鼓，碑刻楹联、回纹，浮雕人物、花卉，题记为"清故显妣赵母戒（名）肖正田墓，光绪辛巳年金月"。

谢邓氏墓 位于罗龙镇杨村，建于清光绪八年（1882 年），坐北朝南，占地面积 17.7 平方米。圆形土冢墓，冢砌月亮形墓圈，直径 4.7 米；墓圈长 3、厚 0.1、高 1 米。前有长方形石质墓碑，高 1.4、宽 1、厚 0.2 米，碑刻题记"清诰显妣谢母邓老孺人墓，大清光绪八年"。

古培柱墓 位于罗龙镇石马村，建于清光绪九年（1883 年），坐南向北。土冢，冢前砌月亮形石质墓圈，长 5、宽 3、高 1.55 米。前立长方形石碑，高 1.43、宽 0.71、厚 0.16 米。题记"清显考古公讳培柱大人墓，光绪九年"。

廖之骐墓 位于罗龙镇幸福村，建于清光绪九年（1883 年），坐南向北。土冢，条石圈砌，长 5、宽 3 米。前立长方形石质墓碑，高 1.55、宽 0.84、厚 0.20 米，碑刻题记"清故显考廖公讳之骐大人墓，光绪癸未年"。

古培焕墓 位于罗龙镇石马村，建于清光绪十三年（1887 年），坐西北向东南。土冢，月亮形石墓圈，前挡施抱鼓，上刻花卉、几何纹饰，冢长 6、宽 3.5、高 1.7 米。前立长方形墓碑，高 1.6、宽 0.9、厚 0.14 米，碑刻题记"清待赠古公讳培焕大人墓，光绪十三年"。

寇陈氏墓　位于罗龙镇惠明村，建于清光绪十七年（1891 年），坐西向东。土冢，呈圆形，条石圈砌，直径 4.5 米。前立石质仿木结构单檐庑殿顶碑施抱鼓，高 2.3、宽 1.8、厚 0.35 米，碑刻题记"清故显妣寇母陈老孺人墓，光绪十七年"。

张王氏墓　位于罗龙镇粮仓村，建于清光绪十七年（1891 年），坐西北向东南。土冢，长 6、宽 3.5 米。前立石质仿木结构四柱三间三重楼庑殿顶墓碑，两侧设石栏板施抱鼓。明间通高 2.4、宽 1.25、厚 0.34 米；次间通高 1.45、宽 0.55、厚 0.34 米；栏板高 1.4、宽 1.7、厚 0.18 米；抱鼓石高 0.95、宽 0.45、厚 0.18 米。明次题记"清待诰显妣张母王老孺人"，脊上浮雕花卉，"寿"字纹饰；次间题"光绪十七年"。碑前石砌半圆形拜台，高 0.45、半径 4 米。

刘世珣墓　位于罗龙镇骑龙村，建于清光绪十九年（1893 年），坐北向南。土冢，条石圈砌，长 5、宽 3 米。前立石质仿木结构庑殿顶墓碑，高 2.3、宽 1.1、厚 0.34 米，浮雕花卉、鸟兽等图案。题记"故显考刘公讳世珣大人墓，光绪十五年"。

谭张氏墓　位于罗龙镇幸福村，建于清光绪二十二年（1896 年），坐北向南。土冢，呈圆形，四周条石圈砌，直径 4 米。前立石质仿木结构庑殿顶墓碑，高 2.4、宽 1.25、厚 0.34 米，上刻楹联、花卉，题记"清待诰显妣谭母张□□□，大清光绪二十二年"。

李光明墓　位于罗龙镇滨江村，建于清光绪二十五年（1899 年），坐西向东，面积 12.5 平方米。土冢，直径 4 米。前立长方形墓碑，高 1.3、宽 0.87、厚 0.16 米，题记"皇清待赠李公讳光明大人墓，光绪二十五年立"。

侯氏墓地　位于罗龙镇平安村侯家大坟山，建于清光绪二十九年（1903 年），坐西向东。共有墓 4 座，分布在长 12、宽 6 米的山丘上。均为土冢，M1、M2 碑文题记可辨，M3、M4 条石圈砌，碑文全部风化残毁。其中 M1 坐于墓群中部，冢前立长方形墓碑，高 0.93、宽 0.56、厚 0.12 米，题记"旌表节孝侯母李孺人墓，光绪二十九年"。M2 与 M3 紧挨，为民国时立。

李郭氏墓　位于罗龙镇羊耳村，建于清光绪三十一年（1905 年），坐南向北。土冢，长 4.5、宽 2.6、高 1.4 米，冢前砌月亮形前挡施抱鼓。前立长方形墓碑，高 1.15、宽 0.75、厚 0.18 米，题记"清故显妣李母郭老孺人墓，光绪三十一年"。

赵世熙夫妇墓　位于罗龙镇洪桥村，建于清光绪三十三年（1907 年），坐北向南。土冢，长 5、宽 3 米。墓前立长方形墓碑，高 1.46、宽 0.17、厚 0.12 米，题记"清显考赵公世熙大人，显妣赵母常孺人之墓，光绪丁未年"。

廖陈氏墓 位于罗龙镇洪桥村，建于清宣统三年（1911 年），坐北向南。土冢，长4.5、宽 3 米。前立长方形墓碑，高 1.4、宽 0.8、厚 0.15 米，题刻"清故显妣廖母陈孺人墓，宣统三年"。

古建筑

罗龙寺 位于罗龙镇杉木村，建于明成化二年（1466 年），清乾隆、光绪年间相继维修，坐北朝南，复合式四合院布局，建筑面积 779.9 平方米。厢房：面阔三间 11 米，进深一间 5.8 米。后殿：木结构单檐悬山顶，穿斗式梁架，三穿五柱，面阔五间 25.4米，进深一间 7 米，通高 6 米，素面台基高 0.2 米。正殿：木结构重檐歇山式顶，抬梁式梁架，檐下施斗拱 6 朵，八架椽屋前后乳栿搭牵用四柱，面阔三间 21.5 米，进深三间 13.8 米，通高 8 米，素面台基高 0.7 米，踏道系重修。前殿：木结构单檐硬山顶，抬梁穿斗式梁架，面阔五间 25.4 米，进深一间 7 米，通高 6 米，素面台基高 0.5 米，垂带式踏道 3 级。

桂溪桥 位于罗龙镇石岭村，建于明代，1990 年桥面浇铸混凝土，大桥东西走向。为三孔石质桥，中孔略宽于两侧孔，中孔高 7.7、宽 6 米，南侧孔高 6.2、宽 5.6 米，支撑孔的桥墩宽 10.9、厚 1.6、高 2.8 米，桥面长 35、宽 6.9 米，桥体通高 9.2 米。

石窟寺及石刻

朝阳洞摩崖造像 位于罗龙镇柏木村，建于明代，东北向。上、下分布在长 30、宽 20 米，距离地面高 5.4 米的岩壁上，共 2 龛 18 尊，每龛各 9 尊。龛为长方形平顶龛，上龛长 4.9 米，下龛长 5、宽为 1.2、深为 0.5 米。造像每尊高 1 米，座高 0.8 米，肩宽 0.3 米。另有碑刻 1 通，题记"道光十二年七月十九日"。

新洞寺 位于罗龙镇山峰村，建于清代，寺庙已损毁，东向，现存壁画共 2 幅，清代晚期绘制。壁画分布在岩腔南北两侧砌筑的土墙上，系用彩色墨汁描绘。北面墙体距地面 0.9、长 6.8、高 1.3 米，墙面绘有韦陀、哪吒、观音及山水图案；南面墙体大部分已毁，残存部分距地面 0.9、长 1.8、高 1.6 米，绘有观音、祥云等图案。

近现代重要史迹及代表性建筑

靖国军铜元厂旧址 位于罗龙镇金鸡村六社牛巷口，为民国七年（1918 年）护国讨袁靖国军第十三旅在此办的铜元厂旧址，生产铜元以做军饷，为护国战争提供有力保障。旧址原为木结构青瓦房复合四合院，占地 1200 平方米。现仅存后院房 1 幢，坐南向北，面阔二间 9 米，进深一间 8 米，通高 5.7 米，一间 8 米，穿斗式砖木结构小青瓦建筑。

拱背桥水库 位于罗龙镇凉亭村、中池村境内，1955年动工，1956年竣工。属长江北岸溪流，是新中国成立初期为解决农林灌溉、预防旱灾由村民以挣工分的形式修建。水库集雨面积3平方千米，库容82万立方米，灌溉面积1400亩，是一座以灌溉为主，兼有种、养殖业的小（二）型水库。枢纽工程由大坝、溢洪道、涵卧管组成。大坝为黏土均质土坝，坝高13.5米，坝顶长98.5、宽4米；溢洪道位于大坝左端，为开放式正堰，进口宽11米；涵卧管共3处，均为石质管。

滨江水库 位于罗龙镇滨江村境内，建于1956年，属长江北岸二级支流金鸡溪沟，是新中国成立初期为解决当地农林灌溉、预防旱灾由村民以挣工分的形式动工修建。水库集雨面积1.27平方千米，总库容40.6万立方米，灌溉面积900亩，是一座以灌溉为主，兼有种、养殖业的小（二）型水库，枢纽工程由大坝、溢洪道、涵卧管组成。大坝为均质土坝，高11.3米，坝顶长60、宽2米；溢洪道位于大坝右侧，为开放式正堰，堰顶净宽8.8米；涵卧管位于大坝右侧。

锅底凼水库 位于罗龙镇幸福村境内，建于1958年，属长江北岸黄沙河支流，是"大跃进"时期为解决当地农林灌溉、预防旱灾由村民以挣工分的形式动工修建。水库集雨面积0.91平方千米，库容28.6万立方米，灌溉面积1000亩，是一座以灌溉为主，兼有种、养殖业的小（二）型水库。枢纽工程由大坝、溢洪道、涵卧管组成。大坝黏质砂土均质土坝，坝高10.39米，坝顶长54、宽3米；溢洪道位于大坝左端，为开放式正堰，进口宽5.8米；涵卧管位于大坝右端。

鸭婆凼水库 位于罗龙镇建设村、骑龙村境内，建于1959年，属长江水系黄沙河支流龙滚滩溪流，是"大跃进"时期为解决当地农林灌溉、预防旱灾由村民以挣工分的形式动工修建。水库集雨面积9.2平方千米，总库容38.8万立方米，灌溉面积2000亩，是一座以灌溉为主，兼有种、养殖业的小（二）型水库。枢纽工程由大坝、溢洪道、涵卧管组成。大坝为均质土坝，坝高11.9米，坝顶长50.6、宽3米；溢洪道位于大坝右侧，为开放式正堰，进口宽11米；涵卧管位于大坝左侧。

拱背桥 位于罗龙镇中池村，建于1959年，横跨拱背河，南北走向。为条石券拱单孔实腹式，桥长12、宽1.5、通高1.9、孔高0.8、跨径2.8、条石护栏高0.35米。

王家大院标语 位于罗龙镇凤凰村二社王家大院下堂房砖墙上，坐北向南，标语共计19字。分布在离地面2.5、长4.5、高0.4米的墙体上，黑体白石灰书写，每字高0.6、宽0.2米，其内容为"紧跟毛主席的伟大战略部署，认真搞好斗批改"。

马草窝水库 位于罗龙镇滨江村，建于1968年，属长江北岸水系，是"文革"初期为解决当地农林灌溉、预防旱灾由村民以挣工分的形式动工修建。水库集雨面积2.5平方千米，库容27.80万立方米，灌溉面积2000亩，是一座以灌溉为主，兼有种、养殖业的小（二）型水库。枢纽工程由大坝、溢洪道、涵卧管组成。大坝为均质土坝，坝高 16.38 米，坝顶长 105、宽 1.5 米；溢洪道位于大坝右端，为开放式正堰，进口宽 18.5 米；涵卧管位于大坝右岸。

庙子坡水渠 位于罗龙镇粮仓村，建于 1971 年，东西走向，为大峡沟水库的引水灌溉渠道，是"文革"时期为解决当地农林灌溉、水利输送而修建的利民工程。水渠全长 70 米，为 12 孔桥梁式，孔高 5.5、宽 4 米；槽宽 1.2、深 0.4 米，内槽宽 0.6 米。水渠由红砂石砌筑，表面饰水泥。

大峡沟水库 位于罗龙镇粮仓村，建于 1972 年，属长江北岸溪流，是"文革"时期为解决当地农林灌溉、预防旱灾由村民以挣工分的形式动工修建。水库集雨面积 0.52 平方千米，总库容 30.4 万立方米，灌溉面积 800 亩，是一座以灌溉为主，兼有种、养殖业的小（二）型水库。枢纽工程由大坝、溢洪道组成。大坝为均质土坝，高 15.5 米，坝顶长 115、宽 1.4 米；溢洪道位于大坝左侧，为开放式正堰，堰顶净宽 3.5 米。

内口岩水库 位于罗龙镇砚台村，1971 年动工，1972 年竣工，属长江水系黄沙河支流，是"文革"时期为解决农林灌溉、预防旱灾由村民以挣工分的形式修建。水库集雨面积 2.05 平方千米，总库容 146 万立方米，灌溉面积 3000 亩，是一座以灌溉为主，兼有种、养殖业的重点小（一）型水库。枢纽工程由大坝、溢洪道、涵卧管组成。大坝为黏质砂土均质土坝，高 20.97 米，坝顶长 120、宽 4 米；溢洪道位于大坝左端，为开敞式正堰，进口宽 8 米；涵卧管位于大坝右岸，在库尾设有放水涵洞闸阀放水。

凤凰水库 位于罗龙镇平安村，建于 1973 年，属长江水系北岸溪流，是"文革"时期为解决当地农林灌溉、预防旱灾由村民以挣工分的形式动工修建。水库集雨面积 0.65 平方千米，库容 19.8 万立方米，灌溉面积 8000 亩，是一座以灌溉为主，兼有种、养殖业的小（二）型水库。枢纽工程由大坝、溢洪道、涵卧管组成。大坝为均质土坝，坝高 9.93 米，坝顶长 72、宽 3 米；溢洪道位于大坝右侧，为开放式正堰，进口宽 5.5 米；涵卧管位于大坝右岸。

岩坪坝水渠 位于罗龙镇建设村，建于 1977 年，东西走向，是"文革"结束后为解决当地农林灌溉、水利输送而修建的利民工程。水渠全长 86 米，为石质卷拱桥梁式，共 7 孔，每孔跨宽 108、高 5.8、厚 1 米，渠墩厚 1.8、宽 0.9 米；渠槽宽 1 米，内槽宽 0.64、深 0.4 米，为水泥钢筋制作。

跳墩水库 位于罗龙镇建设村，建于 1979 年，属长江北岸上黄沙河溪流，是改革开放初期为解决当地农林灌溉、预防旱灾由村民以挣工分的形式动工修建。水库集雨面积 2.07 平方千米，总库容 25.2 万立方米，灌溉面积 800 亩，是一座以灌溉为主，兼有种、养殖业的小（二）型水库。枢纽工程由大坝、溢洪道、涵卧管组成。大坝为均质土坝，高 11.4 米，坝顶长 53.7、宽 2.5 米；溢洪道位于大坝右侧，为开放式正堰，进口净宽 6 米；石质涵卧管位于大坝右侧。

石鼓乡

古墓葬

马道子崖墓群　位于石鼓乡解台村五队马道子，建于汉代，坐西朝东。共有墓6座，M1～M6并排分布在长50、宽3米的马道子、母猪拱、雷打石半山上。均为单门楣，单室，其中M1墓门高1.7、宽1.2米，墓室长2.8、宽1.5、高1.75米，室顶呈弧形，后有壁龛。

涪溪口墓地　位于石鼓乡新兴村五队涪溪口，建于汉代。砖室墓，大部分为泥土掩埋，只有前壁和侧壁有墓砖露出，墓葬长度不明，宽2.2米，高度不明。墓砖规格较大，长0.39米，宽度不明，厚0.07米，表面饰菱格纹和方格纹。

蛮洞坡崖墓　位于石鼓乡新兴村一队蛮洞坡，建于汉代。石室墓一间，墓门南向，呈半圆形，高1.1、宽1.3米；墓室长3.5、宽2.1、高1.6米，室内未发现随葬品。

幺帽湾墓群　位于石鼓乡柏林村五队幺帽湾，建于清代，坐西朝东。共有墓3座，分布在长40、宽4米的小坟山上。均为土家墓，四周圈砌条石，其中M1、M2碑刻已毁。M3冢长10、宽5.5、高1米，前有石质仿木结构四柱三间三重楼歇山顶墓碑，碑上刻有花卉、鸟兽图案，顶部置兽吻。明间通高3.2、宽1、厚0.4米，题记"清待（赠诰）孙（公母）（讳学□萧氏）老（大孺）人墓，清嘉庆壬申岁春□□□□"；次间高2.5、宽0.8、厚0.4米，碑文记录墓主生平及后人姓名。墓前砌半圆形祭台，半径6米。

尹从淑墓　位于石鼓乡大坪村，据民国版《南溪县志·墓葬篇》记载：为明大理府知府、中宪大夫尹从淑墓葬前石刻。墓葬已平，神道两侧留石雕翁仲1对，石兽1对，石马1只，散乱分布在长15、宽8米的平坝上。翁仲高1.9、肩宽0.45米；石马体长1.3、高1米，石兽体长0.83、高0.7米。

九碑岩墓群　位于石鼓乡柏林村四队九碑岩，建于清代，坐西朝东。共有墓3座，自上而下呈"三"字形分布在长40、宽10米的张家坟山上。均为土家墓，M2、M3碑刻已残。其中M1冢长4、宽2、高0.6米。前有长方形石质墓碑，通高2.2、宽0.65、厚0.1米。

罗氏家族墓地　位于石鼓乡柏林村三队，建于清代，坐北朝南。共有墓2座，并排分布在长10、宽7米的平坝上。均为土家墓，M1圈砌条石，冢直径4米，前有拱形石质墓碑，通高1.7、宽0.7、厚0.1米，碑刻题记"皇清例罗公讳大息老大人墓，嘉庆二十五年九月二十九日立"。M2碑刻损毁严重。

吴氏家族墓地 位于石鼓乡人群村二社吴家崖，建于清代，坐北向南。共有墓2座，并排分布在长10、宽5.5米的小山坡上。均为土冢，墓前均立石碑，其中M1石质仿木结构单檐庑殿顶墓碑，高2.35、宽1.1、厚0.4米；M2为拱形墓碑，高1.65、宽0.9、厚0.2米；M1、M2碑刻题记分别为"清故显妣吴母张太君墓，嘉庆庚申岁"；"皇清故显考（妣）吴公（母）讳益（张）老大（孺）人墓，道光十三年"。

李秦氏墓 位于石鼓乡柏林村，建于清乾隆三十六年（1771年），坐北朝南。土家墓，四周圈砌条石，长4.9、宽3.1、高1.3米。前有长方形石质墓碑，通高2、宽1、厚0.2米，碑刻题记"皇清应诰曾祖妣李母秦太君墓，乾隆三十六年"。

吴氏墓 位于石鼓乡人群村，建于清乾隆五十三年（1788年），坐东向西。土家，四周圈砌条石，直径5米。前立石质仿木结构单檐庑殿顶墓碑，高1.95、宽0.14、厚0.4米，题记"皇清例赠处士郎吴□□墓，大清乾隆五十三年"。

王氏夫妇墓 位于石鼓乡桂山村，建于清嘉庆七年（1802年），坐东向西。土家，条石圈砌，直径5.5米。前立石质仿木结构单檐庑殿顶墓碑，高1.9、宽1.1、厚0.4米，题记"清待诰（赠）显考（妣）王公（母）□□，嘉庆七年"。

萧杨氏墓 位于石鼓乡果园村，建于清道光九年（1829年），坐北朝南。土家墓，四周圈砌条石，长6、宽2.3、高1.6米。前有长方形石质墓碑，高1.57、宽0.78、厚0.1米，碑刻题记"清待诰慈妣萧母杨老孺人墓，道光九年己丑岁十二月"。

肖吉遐墓 位于石鼓乡柏林村，建于清道光十八年（1838年），坐东朝西。土家墓，四周圈砌条石，长6、宽4.9、高1.45米。前有石质仿木结构单檐庑殿顶墓碑，高2.17、宽1.27、厚0.4米，碑额浮雕精美的"二龙戏珠"图案，题记"皇清待赠萧公讳吉遐老大人墓，大清道光戊戌年季春月望二日"。

李志瑞墓 位于石鼓乡金山村，建于清光绪二十一年（1895年），坐南向北。土家，四周条石圈砌，直径4.5米。墓圈前挡嵌碑刻，高1.2、宽0.67、厚0.12米，题记"清显考李公讳志瑞大人府君位，光绪二十一年"。

古建筑

鱼鳅形桥 位于石鼓乡果园村与黄金村交界处，建于清代，南北走向，由当地乡绅牵头，群众集资修建。为石砌三卷拱平桥，长60、宽6、高7米，每孔拱高4.5米，中间孔跨度5.1米，左右孔跨度4.2米，顺走向而平，横面微呈弧形。

近现代重要史迹及代表性建筑

漏棚头标语 位于石鼓乡桂山村一社漏棚头王家大院山门上方，标语书于1967年，坐东向西。标语呈上下五排排列，内容为："伟大的导师，伟大的领袖，伟大的统帅，伟大的舵手，毛主席万岁。"字体为红色油漆楷体字，每字高 0.2、宽 0.16 米。

裴石乡

古墓葬

李氏墓地 位于裴石乡麻柳村一队牛栏山，建于清代，坐北朝南。共有墓 2 座，分布在长 12、宽 9 米的山坡上。均为土冢墓，前立墓碑。其中 M1 长方形墓碑，通高 1.5、宽 0.8、厚 0.16 米，碑刻题记"清诰李母法名成真墓，清嘉庆□□□"；M2 拱形石碑，通高 1.2、宽 0.82、厚 0.1 米，碑刻题记"清故显考李公讳□□□，道光辛卯年孟秋月"。

叶氏家族墓地 位于裴石乡裴丰村一队，建于清代，坐北朝南。共有墓 2 座，呈"一"字形并排分布在长 10、宽 4 米的平坝上。均为圆形土冢墓，前立墓碑，其中 M1 冢高 1.9、直径 5.6 米，前有拱形双碑并立，左侧墓碑高 1.54、宽 0.75、厚 0.2 米，碑刻题记"清故显妣叶母赵老孺人墓，嘉庆九年申子岁大吕月望八日"；M2 冢高 1.8、直径 3.8 米，前有长方形墓碑，高 1.6、宽 0.75、厚 0.2 米，碑刻题记"清显（考妣）叶（公母）（字森然严济聪）老（大孺）人墓，嘉庆二十三年□□"。

管氏墓地 位于裴石乡临江村四队黄邦岭，建于清代，坐东向西。共有墓 3 座，呈"品"字形分布在长 15、宽 10 米的荒地上。均为土冢，呈圆形，其中 M1 冢直径 4 米，前有长方形墓碑，高 1.3、宽 0.8、厚 0.16 米，碑刻题记"清故显考管公讳先高大人墓，咸丰五年"；M2 冢直径 4 米，前有长方形墓碑，高 1.55、宽 0.86、厚 0.16 米，碑刻题记"咸丰四年"；M3 冢直径 3.5 米，前有拱形墓碑，高 1.35、宽 0.78、厚 0.12 米，碑刻题记"道光二十六年"。

下店子张氏墓地 位于裴石乡油坊村九队下店子，建于清代，坐南朝北。共有墓 3 座，纵列分布在长 25、宽 6 米的土堆上。均为土冢，其中 M1 冢长 4.5、宽 3 米，前有拱形墓碑，通高 1.9、宽 0.68、厚 0.15 米，碑刻题记"皇清待诰显妣张母赵老□□，乾隆三十年"；M2 拱形墓碑，高 1.15、宽 0.65、厚 0.15 米，题记年代"乾隆四十一年岁次丙申春"；M3 圆形墓碑，直径 0.8、厚 0.05 米，题记"大清光绪十二年"。

黄氏墓地 位于裴石乡中坝村黑林子，建于清乾隆五十四年（1789 年），坐北朝南。共有墓 3 座，并排分布在长 10、宽 5 米的平坝上。均为土冢，其中 M1 冢长 3.5、宽 2.7、高 0.9 米，前有石质仿木结构单檐庑殿顶墓碑，通高 1.64、宽 1.05、厚 0.17 米，碑刻题记"清待诰黄公讳□□"；M2、M3 与 M1 形制一致，墓主均为黄姓。

黄邓氏墓 位于裴石乡长兴村，建于清嘉庆二十一年（1816 年），坐北朝南，占地面积 28.8 平方米。圆形土冢墓，四周圈砌条石，高 2.2、直径 6.1 米。前有石质仿木结构四柱三间三重楼庑殿顶墓碑，明间通高 5.5、宽 2.05、厚 0.3 米，碑额书"节寿坊"，两侧碑柱书楹联"龙盘虎踞启人文；玉洁冰清荣诰命"；碑文书"皇封正节黄母邓老□□，大清嘉庆二十一年六月十二吉□"；四周刻"九龙盘绕"图形；两侧次间通高 3.8、宽 1.9、厚 0.3 米，刻墓志铭，介绍墓主生平。碑身刻有雕工精美的花卉、人物、鸟兽图案，墓碑前方 7 米处立望柱一根，高 5.7 米，柱顶置石狮一只。

田湾头墓地　位于裴石乡高库村四队田湾头，建于清道光三年（1823 年），坐东北向西南，占地面积 38.4 平方米。土冢，三人合葬墓，冢高 1.5 米。前有并排墓碑三通，大小一致，碑高 1.5、宽 0.7、厚 0.16 米，题记年代均为"清道光癸未年"；左侧碑文为"显考刘洪兴大人墓"；中间碑文为"清赠显妣刘母谢老孺人墓"；右侧碑文已风化。

陈荣亮墓　位于裴石乡前进村，建于清道光十二年（1832 年），坐东向西，占地面积 8 平方米。土冢，呈圆形，四周圈砌条石，直径 3.2 米。前有拱形石质墓碑，通高 1.45、宽 0.8、厚 0.13 米，碑刻题记"清故堂兄陈君讳荣亮大□□，道光壬辰岁□□月上浣日"。

张罗氏墓　位于裴石乡前进村，建于清道光十七年（1837 年），坐东向西，占地面积 8 平方米。土冢，呈圆形，四周圈砌条石，直径 3.2 米。前有拱形墓碑，高 1.9、宽 1.05、厚 0.14 米，碑刻题记"清故显妣张母罗老孺□□□，道光十七岁次丁酉九月初二日"。

张国柱墓　位于裴石乡前进村，建于清道光十七年（1837 年），坐西向东，占地面积 13.8 平方米。土冢，呈圆形，直径 4.2 米。前有长方形墓碑，高 1.65、宽 0.95、厚 0.2 米，碑刻题记"故显考张公讳国柱老大人墓，道光十七年岁次丁酉九月初二"。

李刘氏墓　位于裴石乡油坊村，建于清道光二十九年（1849 年），坐西向东，占地面积 25.5 平方米。土冢，呈圆形，四周圈砌条石，直径 4.7 米。前有石质仿木结构单檐庑殿顶墓碑，西侧施浮雕云龙抱鼓石，高 2.3、面阔 2.2、厚 0.3 米，碑额浮雕戏剧人物图，碑刻题记"李母刘老孺人墓，道光二十九年□□"。

雷打沟陈氏家族墓地　位于裴石乡新建村四队雷打沟，建于清光绪二年（1876 年）。共有墓 2 座，并排分布在长 10、宽 4 米的土坡上。均为土冢，呈圆形，四周圈砌条石。其中 M1 冢直径 4 米，前有长方形墓碑，高 1.18、宽 0.7、厚 0.2 米，碑刻题记"陈母李孺人墓"；M2 大小与 M1 同，碑刻题记"陈世公荣墓"。

刘芳祺墓　位于裴石乡前进村，建于清光绪十年（1884 年），坐北朝南，占地面积 17.3 平方米。土冢，呈圆形，四周圈砌条石，直径 4.7 米。前有拱形墓碑，高 1.65、宽 0.83、厚 0.2 米，碑刻题记"故显考刘公芳祺老大人墓，光绪甲申岁戊酉廿日"。

李德□墓　位于裴石乡临江村，建于清光绪十六年（1890 年），坐南朝北，占地面积 15.4 平方米。土冢，呈圆形，四周条石圈砌，直径 4.4 米。前有石质仿木结构单檐庑殿顶墓碑，两侧施抱鼓，高 2.28、面阔 2.55、厚 0.36 米，碑刻题记"例授登仕郎李公德□之墓，光绪十六年二月廿日"。

近现代重要史迹及代表性建筑

响水洞水库　位于裴石乡前进村，建于 1965 年，属长江北岸溪流，是"文革"初期为解决当地农林灌溉、预防旱灾由村民以挣工分的形式动工修建。水库集雨面积 1.39 平方千米，库容 42 万立方米，灌溉面积 700 亩，是一座以灌溉为主的小（二）型水库。枢纽工程由大坝、溢洪道、涵卧管组成。大坝为均质土坝，坝高 13.4 米，坝顶长 160、宽 3.5 米；溢洪道位于大坝左侧，为开敞式正堰，进口宽 9 米；涵卧管设于主坝左、右岸及副坝，共三根条石卧管。

骑马村石桥　位于裴石乡骑马村，建于 1968 年，南北走向。为条石券拱单孔平桥，长 19、宽 4.1、高 2.9 米，孔宽 6.6、高 1.7 米。

新庄水库　位于裴石乡建旺村，建于 1972 年，属长江北岸水系，是"文革"时期为解决当地农林灌溉、预防旱灾由村民以挣工分的形式动工修建。水库集雨面积 0.26 平方千米，库容 16.1 万立方米，灌溉面积 600 亩，是一座以灌溉为主小（二）型水库。枢纽工程由大坝、溢洪道、涵卧管组成。大坝为均质土坝，坝高 7.8 米，坝顶长 76、宽 2 米；溢洪道位于大坝右端，为宽浅式无闸门控制溢洪道，进口宽 3 米；涵卧管设于大坝右岸。

团结水库　位于裴石乡石林村，建于 1978 年，属长江北岸支流小溪沟，是"文革"后为解决当地农林灌溉、预防旱灾由村民以挣工分的形式动工修建。水库集雨面积 0.36 平方千米，总库容 46.5 万立方米，灌溉面积 500 亩，是一座以灌溉为的小（二）型水库。枢纽工程由大坝、溢洪道、涵卧管组成。大坝为均质土坝，高 10 米，坝顶长 100、宽 4 米；溢洪道位于大坝左侧，为开敞式正堰，进口净宽 5.7 米；涵卧管位于大坝左侧。

普安桥　位于裴石乡前进村，属公路桥，建于 1985 年，2000 年作了加固维修加宽，并铺设水泥路面。为单孔实腹式石拱桥梁，东西走向，桥下普安河穿流而过。桥长 15、宽 6、高 3 米，孔高 2 米，跨径 5 米。桥面两侧施高 0.8 米石质护栏。

留宾乡

古墓葬

麻布湾刘氏墓地　位于留宾乡红金村六队麻布湾，建于清代，坐北朝南。共有墓 3 座，呈"品"字形分布在长 8、宽 6 米的土坡上。均为土冢墓，前立长方形墓碑。其中

M1 碑高 1.7、宽 0.8、厚 0.15 米，碑刻题记"清故卒年七十四寿显考□□□，道光十八年"；M2 碑高 1.8、宽 0.8、厚 0.2 米，碑刻题记"刘公讳应刚墓，道光二十二年□□□"；M3 碑高 1.8、宽 0.85、厚 0.3 米。

斑竹山刘氏墓地　位于留宾乡红金村五队斑竹山，建于清代，坐西向东。共有墓 3 座，交错分布在一个长 12、宽 5 米的土坡上。均为土冢墓，其中 M1 冢长 5、宽 3、高 1.4 米，前有长方形墓碑，高 1.5、宽 0.82、厚 0.18 米，碑刻题记"清待（赠诰）故高祖（考妣）刘（维翰，杨氏）老（大孺）□□□"；两侧置墓志铭碑刻三通，左侧两通，右侧一通，记录墓主生平及家族变迁始末；M2、M3 紧密并排相连，呈圆形，四周圈砌条石，前有长方形墓碑，M2 冢高 1.8 米，直径 3.5 米，碑高 1.55、宽 0.8、厚 0.15 米；M3 冢高 1.7 米，直径 3.5 米，碑高 1.5、宽 0.65、厚 0.15 米。

小土坝杨氏墓地　位于留宾乡建国村四队小土坝，建于清代，坐南朝北。共有墓 3 座，上下交错分布在长 15、宽 8 米的平坝上。均为土冢，M1、M2 四周条石围砌。M1 冢直径 7 米，前有长方形墓碑，高 1.1、宽 0.6、厚 0.13 米，碑刻题记"□□十寿故显考杨公讳□□，嘉庆十九年□□"；M2 冢直径 4.5 米，前有石质仿木结构单檐歇山顶墓碑，高 0.72、宽 0.65、厚 0.14 米，碑刻题记"故享年三十六寿□□，嘉庆二十五年□□"；M3 碑高 1.1、宽 0.65、厚 0.16 米，题记"杨公永宣之墓，光绪三十二丙午岁□□"。

刘成修墓　位于留宾乡建国村，建于清代，坐南朝北，占地面积 12.5 平方米。土冢，呈圆形，直径 4 米。前有长方形墓碑，高 1.12、宽 0.66、厚 0.18 米，碑刻正中题记"曹母刘成修墓"；四周刻碑文记录墓主生平简介，生于清道光丙午年（1846 年），辞世年代碑文已风化剥落。

坟包隆陈氏墓地　位于留宾乡建国村一队坟包隆，建于清代，坐西向东。共有墓 3 座，并排分布在长 25、宽 6 米的平坝上。均为土冢，其中 M1 冢呈圆形，条石围砌，直径 4.5 米，前有长方形墓碑，高 1.85、宽 0.8、厚 0.15 米，碑刻题记"显考陈公讳嘉哲老大人墓，光绪元年品"；M2 碑高 1.55、宽 0.8、厚 0.15 米，碑刻题记"显考陈公讳□□，大清宣统元年"；M3 碑高 1.8、宽 0.85、厚 0.15 米，碑刻题记"显考陈公讳□□，光绪三年□□"。

高氏墓地　位于留宾乡石盘村七队灰坝子，建于清代，坐西向东。共有墓 6 座，上下交错分布在长 20、宽 15 米的平坝上。均为土冢，前立长方形墓碑各一通。M3、M6 四周砌条石。其中 M2 冢直径 4.5 米，墓碑高 1.75、宽 0.7、厚 0.15 米，碑刻题记"清故高母杨如德孺老人墓，咸丰十年"；M1、M3、M4 碑刻题记分别为"清故高公讳琼老大人墓，咸丰□□年"、"清故高公讳三镜（永璨）二大人墓"、"清待诰高母李老孺人□□，大清嘉庆□□"。M5、M6 碑刻已风化。

彭氏墓地 位于留宾乡集体村大地山，建于清代，坐北朝南。共有墓7座，自上而下错落分布在长30、宽15米的土坡上。M1、M5、M6四周圈砌条石；M4、M7家前立石质仿木结构单檐歇山顶墓碑；M1、M2、M3、M5、M6为拱形墓碑。其中M1家直径4米，墓碑高1.8、宽0.93、厚0.2米，碑刻题记"清显考彭公字承之大人墓，咸丰丙辰六年十月初十日"。

叶家坟山墓地 位于留宾乡文化村叶家坟山，建于清代，坐东向西。土家，条石圈砌，直径7.5、高2.3米。前立长方形墓碑，高2、宽1、厚0.15米，题记为"清待士□□□□，嘉庆拾□□□"。

徐氏家族墓地 位于留宾乡长冲村五社，建于清代，坐北向南。共有墓2座，上下错落分布在长8、宽5米的土坡上。均为土家，前立长方形墓碑，其中M1居下，题刻"清待诰徐母方老孺人之墓，大清光绪二十一年"；M2题刻"清待诰徐母游老孺人之墓，大清光绪二十二年"。

长冲院子徐氏家族墓地 位于留宾乡长冲村五社，建于清代，坐东南向西北。共有墓2座，并排分布。均为土家，其中M1居左，条石圈砌，前立石质仿木结构庑殿顶墓碑，高2.5、宽1.1、厚0.38米，两侧抱鼓高1.6、宽0.5、厚0.12米，碑额浮雕"二龙戏珠"、花卉；抱鼓为镂空雕游龙，题刻"清故显妣徐母袁老孺人之墓，光绪六年"；M2墓家无圈石，前立长方形墓碑，题刻"清待赠徐公讳上召大人墓，大清光绪二十二年"。

龚氏墓地 位于留宾乡光荣村四社老坟山，建于清代，坐南向北。共有墓3座，并列分布在长20、宽6米的山坡上。均为土家，条石圈砌，前立长方形墓碑，碑刻题记分别为：M1："父龙耀明字兼□□，大清同治六年"；M2："显妣龚尹修真母银如亮孺人之墓，道光二十七年"；M3："故显考龚讳耀举老大人墓，光绪三十三年立"。

刘世□夫妇墓 位于留宾乡红金村，建于清嘉庆八年（1803年），坐西向东，占地面积14.1平方米。土家墓，长4.7、宽3、高1.6米。前并立长方形墓碑两通，右侧碑高1.8、宽0.9、厚0.18米，碑刻题记"清故慈妣刘母老唐孺人之墓，□□辛未年"；左侧碑高1.2、宽0.7、厚0.18米，碑刻题记"清故祖考刘公讳世□老大人之墓，嘉庆八年上浣月吉旦"。

刘罗氏墓 位于留宾乡团结村，建于清嘉庆三年（1798年），坐西朝东。土家墓，四周圈砌条石，长3.2、宽2.8、高1.1米。前有长方形墓碑，高1.1、宽0.8、厚0.15米。碑文风化严重。

戴刘氏墓 位于留宾乡团结村，建于清咸丰五年（1855年），坐北朝南，占地面积13平方米。圆形土家墓，四周圈砌条石，直径4米。前有长方形墓碑，高1.4、宽0.85、厚0.15米，碑刻题记"清故显妣戴母刘老孺人墓，大清咸丰乙卯岁孟冬月"。

石缸湾叶氏家族墓地　位于留宾乡熊湾村三社石缸湾，建于清咸丰五年（1855年），坐北向南。共有墓2座，上下分布在长30、宽5米的山腰上。均为土冢，墓冢未圈。M1居下，墓前立长方形石碑，高1.5、宽0.77、厚0.2米，题刻"恩进士显考光宇叶公之墓，大清咸丰五年仲春"；M2墓前立石质仿木结构四柱三间三重楼庑殿顶墓碑，高2.5、宽2.6、厚0.35米，明间题刻"故显妣叶□□□"；左次间刻墓主生平，碑额刻"大清咸丰五年"；右次间字迹模糊。

刘学□夫妇墓　位于留宾乡建国村四队坟山头，建于清咸丰七年（1857年），坐南向北，占地面积45.3平方米。土冢，呈圆形，四周圈砌条石，墓冢高2.2、直径7.6米。前有长方形墓碑，高1.56、宽0.7、厚0.1米，碑刻题记"清赠（诰）显考（妣）刘讳字□考（母杨氏孺）□□□，咸丰七年岁次丁吕月廿八日"。

谭德荣夫妇墓　位于留宾乡马村，建于清光绪十七年（1891年），坐北朝南，占地面积11.4平方米。圆形土冢墓，四周圈砌条石，冢直径3.8米。前有石质仿木结构四柱三间三楼庑殿顶墓碑，明间通高2.2、宽1.2、厚0.3米，题记"清故谭（公母）（德成，苟氏）老（大孺）人墓，清光绪十七年"。两侧次间通高1.6、宽0.8、厚0.2米，题刻墓主生平简介。碑身刻精美花卉，鸟兽图案。

杨正乾夫妇墓　位于留宾乡建国村，建于清光绪二十四年（1898年），坐东向西，占地面积17.3平方米。土冢，呈圆形，四周圈砌条石，直径4.7米。前有长方形墓碑施抱鼓，高1.65、宽2.5、厚0.2米，碑刻题记"清故显（考妣）杨（公门）（讳正乾龙氏□□）□□，光绪二十四年仲春月三十日"。

刘赵氏墓　位于留宾乡红金村，建于清光绪三十一年（1905年），坐南朝北，占地面积11.4平方米。圆形土冢墓，直径3.8米。前有长方形墓碑，高1.72、宽0.75、厚0.2米，碑刻题记"清故显妣刘母赵老孺人，光绪三十一年孟夏月中浣"。

石窟寺及石刻

上三关庙摩崖石刻　位于留宾乡建国村，凿于汉代，坐北朝南。分布在高3.9、宽2.8米的岩壁上，刻有三鱼一头、马、鼠、人脸、星宿图形各一，形象简洁生动，线条明快，工艺粗犷质朴。石刻左上方隐约可见有题刻"庚申年正月初六日，丙子年□□□"，风格与石刻图形迥异。

燕子岩摩崖造像　位于留宾乡团结村三队燕子岩，凿于清同治二年（1863年），坐东向西，立面分布面积22平方米。共2龛，上下对称分布于离地面3、高5.5、宽4米的岩壁上。其中上龛高1.38、宽1.3、进深0.6米，龛内塑造像3尊，中间塑南海观世音像，趺坐于莲台上，高1.32、宽0.65米；左右两侧龛壁塑金童玉女像，高0.74、宽0.3米。龛顶崖壁上可见题记"同治癸亥年四月初一日"；下龛高0.7、宽0.6、进深

0.18 米，龛内塑男女土地造像各一尊，并排而坐，造像高 0.6 米，肩宽 0.25 米。造像前砌有长方形石质台，长 6.9、宽 4.5、高 1.65 米。

近现代重要史迹及代表性建筑

斑竹山水库　位于留宾乡鲜明村斑竹山，建于 1960 年，属长江北岸留宾溪流，是"大跃进"时期为解决农林灌溉、预防旱灾由村民以挣工分的形式修建。水库集雨面积 1.11 平方千米，库容 50.2 万立方米，灌溉面积 7000 亩，是一座以灌溉为主、兼有种、养殖业的小（二）型水库。枢纽工程由大坝、溢洪道、涵卧管组成。大坝为均质土坝，高 7.7 米，坝顶长 115、宽 4.3 米；溢洪道布于大坝左侧，为开敞式正堰，进口宽 6.3 米；涵卧管位于大坝右岸。

龙透水库　位于留宾乡石盘村，建于 1974 年，属长江北岸留宾河水系，是"文革"时期为解决当地农林灌溉、预防旱灾由村民以挣工分的形式动工修建。水库集雨面积 2.23 平方千米，库容 164 万立方米，灌溉面积 4000 亩，是一座以灌溉为主兼有种、养殖业和场镇供水的重点小（一）型水库。枢纽工程由大坝、溢洪道、涵卧管组成。大坝为均质土坝，高 16.22 米，坝顶长 110、宽 3.5 米；溢洪道布于大坝左岸，为开敞式正堰；涵卧管有左、中、下三处，左干渠为廊道闸阀，中、下为条石卧管。

仙临镇

古墓葬

楠木湾墓群　位于仙临镇红坡村四队楠木湾，建于清代，坐西朝东。共有墓 3 座，并排在长 12、宽 3.5 米的土坡上。土冢墓，分布面积 42 平方米，碑刻已消失。

南山屋基墓地　位于仙临镇光明村三队南山屋基，建于清代，坐南朝北。共有墓 2 座，并排分布在长 8、宽 5.8 米的平坝上。均为土冢墓，四周圈砌条石，其中 M1 冢长 7、宽 3.1、高 2.1 米，前有石质仿木结构四柱三间三楼庑殿顶墓碑，碑高 2、宽 3.65、厚 0.35 米，刻有花卉、人物、鸟兽图案。明间碑刻题记"清赠显考周□□□□，光绪□□□□"；两侧次间碑文已风化。M2 冢长 4.7、宽 3.3、高 1.5 米，前有长方形墓碑，高 1.35、宽 1.2、厚 0.15 米，碑刻已风化。

胡家湾墓群　位于仙临镇涌泉村五队胡家湾，建于清代，坐东朝西。共有墓 3 座，四周圈砌条石，呈"品"字形分布在长 7、宽 6 米的土坡上。均为土冢墓，碑刻全部消失。

顾氏家族墓地　位于仙临镇金鱼村六队吊嘴上，建于清代，坐西向东。共有墓 2

座，并排分布在长 12、宽 5 米的山包上。均为土冢，呈圆形，四周圈砌条石。其中 M1 冢直径 5 米，前有石质仿木结构庑殿顶墓碑，面阔 2.7 米，碑高 2.28、宽 1.1、厚 0.33 米，碑刻题记"清例授孺人顾母卢太君墓，光绪六年庚辰岁五月初四"；M2 冢直径 4 米，前有长方形墓碑，高 1.55、宽 0.77、厚 0.15 米，题记"清待赠顾公讳代训大人墓，同治四年"。

汤氏家族墓地　位于仙临镇光华村五队老坟山，建于清代，坐北向南。共有墓 2 座，上下分布在长 14、宽 5 米的土坡上。均为圆形土冢墓，四周圈砌条石，前立石质仿木结构庑殿顶墓碑，其中 M1 冢直径 4 米，墓碑高 1.05、宽 0.93、厚 0.3 米，题记"清待诰慈母妣汤门李孺人墓，嘉庆戊辰年立"；M2 冢直径 4.5 米，为二人合葬墓，碑高 2.16、宽 1.1、厚 0.4 米，顶部置"二龙抢宝"脊，碑刻"清诰继祖母陈老淑人墓"；左侧书"故显考汤讳兴荣之墓"；右侧书"清故显老汤讳兴文之墓"；题记年代为"嘉庆□□□"。

五支坊陈氏墓地　位于仙临镇五星村四队五支坊，建于清代，坐西向东。共有墓 3 座，并排分布在长 18、宽 5 米的山顶上。均为土冢，呈圆形，四周圈砌条石。其中 M1 冢直径 4 米，前有石质仿木结构庑殿顶墓碑，高 2.2、宽 1.15、厚 0.35 米，两侧施麒麟抱鼓石，高 1.1、宽 0.45、厚 0.2 米，碑刻题记"清赠显考陈公讳绍大人墓，咸丰四年立"；M2 冢直径 4.5 米，前有石质仿木结构四柱三间三楼歇山顶（顶毁）墓碑，明间通高 1.57、宽 1.2、厚 0.34 米，题记"皇清待赠显考陈公讳道老大人墓，嘉庆二十一年立"。左侧次间（右侧已毁）高 1.41、宽 0.7、厚 0.34 米，侧立石质前挡，浮雕灵猴母；M3 规格同 M1，碑刻题记"清待诰显妣陈母温老孺人墓，咸丰八年立"。

蒋世智夫妇墓　位于仙临镇两木村，建于清代，坐东向西。圆形土冢，四周圈砌条石，直径 4 米。前有长方形墓碑，高 1.6、宽 0.84、厚 0.14 米，碑刻题记"清（赠诰）蒋（公母）（讳世智大龙真清孺）人墓"。

赵文祭墓　位于仙临镇光明村，建于清嘉庆二十三年（1818 年），坐西朝东。土冢墓，四周圈砌条石，长 6.67、宽 3.4、高 1.48 米。前有石质仿木结构庑殿顶墓碑，高 1.75、宽 0.86、厚 0.4 米，碑刻题记"皇清待赠显考赵公讳文祭老大人墓，嘉庆二十三年三月初三"。

郑氏墓　位于仙临镇一元村，建于清道光元年（1821 年），坐西朝东。土冢墓，长 5、宽 3.5 米。前有石质仿木结构庑殿顶墓碑，高 1.85、宽 1.2、厚 0.3 米，碑刻题记"清驰赠八品郑公□□□，道光元年辛巳岁仲冬月立"。

邓节文墓　位于仙临镇分水村，建于清道光十三年（1833 年），坐南朝北。土冢墓，长 5.2、宽 2.8 米。前有石质仿木结构四柱三间三楼庑殿顶墓碑施抱鼓，面阔 4.2、厚 0.33 米，碑身浮雕花卉、戏剧人物图案。明间通高 2.9、宽 1.2 米，题记"皇清待赠邓公□节文大人墓，道光十三年"；两侧次间通高 1.9、宽 0.86 米，碑文已风化；抱鼓石高 0.65、宽 0.5、厚 0.2 米。

顶头户徐氏墓 位于仙临镇红坡村一队顶头户，建于清道光十四年（1834 年），坐北朝南。土冢，呈圆形，四周圈砌条石，冢直径 6 米。前有石质仿木结构四柱三间三楼庑殿顶墓碑，明间通高 2、宽 1.1、厚 0.35 米，题记"清故显妣张母徐孺人墓，道光十四年甲午孟冬"；次间通高 1.6、宽 0.75、厚 0.35 米，碑文记录墓主生平简介。

胡思敬夫妇墓 位于仙临镇涌泉村，建于清咸丰八年（1858 年），坐西向东。圆形土冢墓，四周圈砌条石。前有石质仿木结构庑殿顶墓碑，高 2.15、宽 1.15、厚 0.32 米，碑刻题记"大清咸丰八年，仲春月上浣吉旦立"。

徐秦氏墓 位于仙临镇一元村，建于清同治四年（1865 年），坐南朝北。圆形土冢墓，四周圈砌条石，冢直径 4.5 米。前有长方形石质墓碑，通高 1.47、宽 0.85、厚 0.18 米，碑刻题记"清待诰孺人徐母秦太君之墓，同治四年立"。

贾德成夫妇墓 位于仙临镇永丰村，建于清光绪二年（1876 年），坐北朝南。土冢，呈圆形，四周圈砌条石，冢直径 3.8 米。前有长方形墓碑，高 1.5、宽 0.76、厚 0.15 米，碑文周围浮雕花卉图案，碑刻题记"清待赠（诰）显考（妣）贾公（母）讳德成大人（杨寂评孺人）墓，清光绪二年丙子岁季月下浣立"。

夫子坟李氏墓 位于仙临镇两木村五队夫子坟，建于清光绪三年（1877 年），坐北朝南。土冢墓，长 4.5、宽 3 米。前有长方形墓碑施抱鼓，面阔 2.6 米，碑高 1.6、宽 1.3、厚 0.4 米，抱鼓石厚 0.2 米，碑刻题记"清故始祖妣戴母李孺人墓，大清光绪三年立"。

顶头户张氏家族墓地 位于仙临镇联盟村六村顶头户，建于清光绪九年（1883 年），坐北朝南。共有墓 2 座，上下分布在长 25、宽 6 米的竹林内。均为土冢，四周圈砌条石。其中 M1 冢长 5、宽 4 米，冢前条石砌月亮形墓圈，高 1.78、面阔 4 米。前有长方形墓碑，高 1.58、宽 0.73、厚 0.13 米，碑刻题记"清驰封都骑尉正六品卫副府张纯祖大人墓"。M2 冢长 5、宽 3.7 米，冢前条石砌月亮形墓圈，高 1.63、面阔 3.7 米。前有长方形墓碑，高 1.43、宽 0.75、厚 0.15 米，碑刻题记"皇清例授诰封孺人张母刘本福老人墓"。

龙郭氏墓 位于仙林镇光芒村，建于清光绪二十三年（1897 年），坐南向北。土冢，条石圈砌，长 5、宽 3.2、高 1.8 米。前立长方形墓碑，高 1.6、宽 0.75、厚 0.15 米，碑刻题记"清待诰显妣龙母郭老孺人之墓，光绪二十三年"。

石窟寺及石刻

百佛寺摩崖造像 位于仙临镇同心村六队百佛寺山冲四周岩壁上，凿于明代。9 龛共 108 尊，环绕分布在一条长 2000、高 10 米的山冲田坎壁上。均为长方形敞口龛，高 0.44～0.8、进深 0.09～0.2、长 1～12.2 米不等；龛内造像高 0.5、肩宽 0.2 米，头着冠，圆领袈裟，造型一致，并排结跏趺坐于龛内，造像均为高浮雕。

近现代重要史迹及代表性建筑

石板田桥 位于仙临镇三星村五社石板田，建于民国初年，南北走向。为券拱形单孔石桥，长 5、宽 2.6、高 2.8 米，孔宽 3、高 2.4 米。

李子桥 位于仙临镇合众村，建于民国，东西走向。石板平面，长 4.2、宽 1.1、高 2 米，一墩二孔，桥墩为条石长方体，长 1.6、宽 0.4、高 1.5 米，在桥面与桥墩之间设枕木一根。两端引桥为梯形条石砌筑。

下梅溪桥 位于仙临镇光荣村，建于民国，南北走向。石板平面，四墩五孔，桥长 9、宽 1.9、高 3.1、长方形桥墩长 2.7、宽 2.8、厚 0.7 米，桥东 5 米处有梯形溢洪堰。桥两端有引桥。

金家堰堤坝 位于仙临镇白云村一社金家堰，建于 1964 年，南北走向。坝为梯形，条石砌筑，高 5.5 米，坝顶长 21、宽 3.2 米，坝顶设溢洪道闸口 3 处。坝左岸提灌站 1 座，建于 1980 年。大坝上游为金家溪流。

乌龟塘堤堰水渠 位于仙临镇大龙村五社乌龟塘，建于 1967 年，是"文革"初期为解决当地农林灌溉、水利输送而修建的利民工程。堤堰为条石砌筑，呈梯形，高 4 米，坝顶长 21、宽 3.6 米，左设溢洪道，宽 1.9 米，坝上设砖混引水渠，延伸两端农田，砖柱混泥土渡槽，高 3.1、宽 0.4 米。

姚家嘴桥 位于仙临镇利群村三社姚家嘴，建于 1972 年，东西走向，横跨毛桥溪。为石板平铺 5 孔，桥面由四块大型石板连接，四个桥墩由条石砌筑。桥长 11.8、宽 2、厚 0.5 米，通高 3.4 米，桥墩长 3、宽 0.7、高 2.9 米，两端石砌引桥，宽 8.6、长 4 米。

潘家寺水库 位于仙临镇金鱼村，建于 1975 年，属长江水系沙河支流，是"文革"时期为解决当地农林灌溉、预防旱灾由村民以挣工分的形式动工修建。水库集雨面积 4.9 平方千米，总库容 152 万立方米，灌溉面积 4500 亩，是一座以灌溉为主、兼有种养殖业和场镇供水的小（一）型水库。左干渠放水设施由涵卧管放水，最大放水流量 0.2 立方米/秒。溢洪道位于大坝左侧，为开敞式正堰，最大下泄流量 102 立方米/秒。

两木桥 位于仙临镇两木村，建于 1976 年，2001 年铺设水泥路面，东西走向。为石券拱双孔实腹式桥，桥长 43、宽 6、高 8 米，最大跨径 35 米，施石栏杆，栏杆两端石柱上刻毛主席语录。

黄桷湾引水渠 位于仙临镇杨柳村一、三社（原石公街村），建于 1977 年，由西向东引水，属黄桷湾水库引水灌溉渠，是"文革"结束后为解决当地农林灌溉、水利输送而修建的利民工程。条石砌筑，全长 1600 米，依地形构筑。其中经石公街村一段为三孔券拱桥梁式，高 5.35、宽 1.15 米；孔宽 9.1、高 4.55 米。

二龙桥堰坝 位于仙临镇龙川村四社二龙桥，建于 1978 年。堤坝为条石砌筑，梯形，中部设溢洪道，左设涵卧管，坝下设消防池，两侧设护墙，右旁设提灌站。坝顶有石桥一座，南北走向，红砂石券拱五孔桥，桥长 31、宽 2.4、高 4.3 米，孔高 3.85、跨径 5、厚 0.65 米。

长兴镇

古墓葬

庄儿上墓群 位于长兴镇红德村七队庄儿上，建于清代，坐南朝北。共有墓 5 座，分布在长 10、宽 7.8 米的土坡上。均为土冢墓，四周圈砌条石，其中 M1 前立长方形墓碑，高 1.75、宽 0.8、厚 0.2 米，碑刻题记"清例赠登仕郎生邓公讳立乾老大人墓，公元一九八七年丁卯岁九月十一日重建"；M2 ～ M5 碑刻消失。

油扎坳墓群 位于长兴镇红德村五队油扎坳，建于清代，坐北朝南。共有墓 3 座，并排分布在长 10、宽 7 米的灌木丛中。均为土冢墓，四周圈砌条石，其中 M1 冢长 6、宽 4、高 1.7 米，前有石质仿木结构庑殿顶墓碑施抱鼓，高 2.4、宽 0.94、厚 0.4 米，碑刻题记"清例诰享八十一寿周□□□，道光十六年□□□"。抱鼓石高 1、宽 0.5、厚 0.25 米；M2、M3 碑刻已风化。

李氏家族墓地 位于长兴镇长春村六队新房子，建于清代，坐东向西。共有墓 2 座，并排分布在长 10、宽 5 米的平坝上。圆形土冢，四周圈砌条石，其中 M1 冢直径 4.5 米。前有长方形墓碑，高 1.15、宽 0.8、厚 0.18 米，碑刻题记"清故显妣李母张老孺人墓，光绪二十五年春月望九日立"；M2 冢直径 4.5 米，前有长方形墓碑，高 1.65、宽 0.78、厚 0.18 米，碑刻题记"清故显考李公讳明发老大人墓，光绪三十年三月初八日立"。

铁路头墓地 位于长兴镇长春村六队铁路头，建于清代，坐东向西。共有墓 2 座，上下分布在长 12、宽 4 米的平坝上。均为圆形土冢，四周条石圈砌，其中 M1 冢直径 3.5 米，前有石质仿木结构庑殿顶墓碑，高 1.8、宽 1.05、厚 0.44 米，题记"清侍赠享六十三寿显□□□，道光元年仲夏月"；M2 冢直径 4 米，前有石质仿木结构单檐歇山顶墓碑，通高 1.75、宽 1.25、厚 0.35 米，碑刻题记"□□□显妣老孺人之位，道光六年立"。

董氏夫妇墓　位于长兴镇天台村，建于清代，坐北朝南。土冢，呈圆形，四周圈砌条石，直径5米。前有石质仿木结构四柱三间三楼庑殿顶墓碑施抱鼓，右侧次间及抱鼓石已毁。明间通高3、宽1.1、厚0.34米，檐上施吻兽，檐下浮雕"二龙戏珠"、花卉、戏剧人物图案，碑刻题记"清待赠（诰）董公大（母老孺）人墓"；左侧次间通高1.8、宽0.73、厚0.34米，檐下浮雕凤凰图案，碑文记录墓主生平简介。抱鼓石高1.1、宽0.4、厚0.14米，浮雕缠枝、四轮图形。

荆刘氏墓　位于长兴镇新生村，建于清代，坐南向北。土冢，呈圆形，四周圈砌条石，直径4.5米。前有石质仿木结构四柱三间三楼庑殿顶墓碑，檐下雕刻回纹、十字纹、宝瓶、香鼎等纹饰。明间通高2.6、宽0.95、厚0.4米，碑刻题记"清故显妣荆母刘老孺人之墓"；两侧次间通高1.7、宽0.9、厚0.4米，碑文已风化。

油扎坳周氏墓　位于长兴镇红德村五队油扎坳，建于清道光三年（1823年），坐北朝南，占地面积18.8平方米。圆形土冢墓，四周圈砌条石，直径4.9米。前有长方形墓碑，高1.95、宽1.1、厚0.35米，碑刻题记"皇清例赠儒林郎周公讳□□□"。

谭任氏墓　位于长兴镇尖山村，建于清同治二年（1863年），坐东向西。土冢，呈圆形，四周圈砌条石，冢直径4.5米。前有石质仿木结构庑殿顶墓碑施抱鼓，面阔2.2米，碑高2.64、宽1.5、厚0.3米，碑刻题记"清故显妣谭母任老□□，大清同治二年桂月吉立"；两侧抱鼓石高1.93、厚0.1米，浮雕缠枝、牡丹、石榴、火轮、人物等图案。

冯大胜墓　位于长兴镇岫云村，建于清同治七年（1868年），坐南朝北，占地面积49.7平方米。圆形土冢墓，直径8米。前有石质仿木结构四柱三间三楼庑殿顶墓碑，明间高3.5、宽1.2米；两侧次间通高2.5、宽0.9米，碑刻题记"始祖考冯公讳大胜老大人墓，大清同治七年"。

项桂英墓　位于长兴镇庆林村，建于清同治八年（1869年），坐南向北。土冢，呈圆形，四周圈砌条石，直径5米。前有长方形墓碑，高1.23、宽0.78、厚0.15米，碑刻题记"项孃孃桂英（满姑）墓，大清同治八年岁次己巳丑月吉立"。

陈进瑯墓　位于长兴镇天台村，建于清光绪元年（1875年）。土冢墓，四周圈砌条石，冢长3.9、宽2.9、高0.7米。前有石质仿木结构庑殿顶墓碑，通高2.4、宽1.1米，浮雕"双凤朝阳"图案，碑刻题记"清待赠显考陈公讳进瑯大人墓，大清光绪元年"；两侧抱鼓石高1.8、宽0.55、厚0.25米。

石窟寺及石刻

诸天湾摩崖造像　位于长兴镇尖山村五队诸天湾岩壁凹，凿于明代，坐西向东。共24尊，规格相同，呈上下两排排列，分布在距地面2、长10、高1.5米的崖壁凹处，头部几乎损毁，通高 0.78、宽 0.25 米，崖壁长年积水，造像风化严重，为苔藓覆盖，形态模糊，难以辨认。

近现代重要史迹及代表性建筑

铁匠湾水库 位于长兴镇新庙村铁匠湾，建于 1968 年，属长江北岸沱江支流，是"文革"初期为解决当地农林灌溉、预防旱灾由村民以挣工分的形式动工修建。水库集雨面积 0.7 平方千米，总库容 50 万立方米，灌溉面积 1800 亩，是一座以灌溉为主，兼有种、养殖业的小（二）型水库。枢纽工程由大坝、溢洪道、涵卧管组成。大坝为均质土坝，高 12.59 米，坝顶长 76、宽 3.3 米；溢洪道位于大坝右端，为宽浅式无闸门控制溢，进口宽 5 米；涵卧管位于大坝左岸。

幸福水库 位于长兴镇东岩村，建于 1971 年，属沱江水系长兴河干流，是"文革"时期为解决当地农林灌溉、预防旱灾由村民以挣工分的形式动工修建。水库积雨面积 6.99 平方千米，总库容 322 万立方米，灌溉面积 7200 亩，是一座以灌溉为主，兼有种、养殖业和场镇供水的重点小（一）型水库。石质涵卧管分上、中、下 3 段；饮水电力提水站 1 座，灌溉站 2 座，即水口电灌站，象鼻嘴电灌站。枢纽工程由大坝、溢洪道、取放水设施组成。大坝为均质土坝，坝高 17.35 米，坝顶长 140 米，坝顶宽 4.5 米；溢洪道位于大坝左端，为开敞式正堰，进口宽 10 米，取放水设施共 6 处。

大树湾水渠 位于长兴镇东升村一社大树湾，建于 1972 年，是"文革"时期为解决当地农林灌溉、水利输送而修建的利民工程，东西走向。为石券拱桥梁式，七孔，长 57、宽 1.2、高 6.9 米，槽宽 0.6、深 0.3 米，拱跨 5、高 5.9 米；桥墩宽 1.2、厚 0.8 米。

鹅公洞水库 位于长兴镇新生村鹅公洞，建于 1974 年，属沱江水系长兴河支流，是"文革"时期为解决当地农林灌溉、预防旱灾由村民以挣工分的形式动工修建。水库集雨面积 3.1 平方千米，总库容 110 万立方米，灌溉面积 3200 亩，是一座以灌溉为主，兼有种、养殖业的小（一）型水库。枢纽工程由大坝、溢洪道、涵卧管组成。大坝为均质土坝，高 17.27 米，坝顶长 163、宽 4 米；溢洪道布于大坝左侧，为开放式正堰，进口宽 10.4 米；涵卧管设于大坝左、右岸。

薄鱼滩水库 位于长兴镇新民村，建于 1976 年，属沱江水系长兴河支流，是"文革"后为解决当地农林灌溉、预防旱灾由村民以挣工分的形式动工修建。水库集雨面积 30.49 平方千米，总库容 108 万立方米，灌溉面积 1800 亩，是一座以灌溉为主，兼有种、养殖业的小（一）型水库。枢纽工程由大坝、溢洪道、放水闸阀组成。大坝为石拱坝，高 11.2 米，弧顶长 74.3 米，坝顶宽 1.8 米，坝底宽 3 米；溢洪道位于大坝中部，为坝顶溢洪堰，溢洪宽度 32.6 米；放水闸位于大坝左端底部，系直径 0.4 米钢管闸阀；提水站位于左岸，装机 40 千瓦。

四合头桥 位于长兴镇东升村六队，建于 1986 年，2007 年桥面加宽并铺设水泥路面，东西走向。为石质单孔实腹式桥，桥下长兴河穿流而过，桥长 20.5、宽 9.5、高 6.1 米。孔高 4.5、跨径 16 米，桥面两侧施高 0.85 米石质护栏。

江南镇

古墓葬

门包石墓 位于江南镇红联村，建于汉代，坐西向东。墓室凿于大石包腹内，拱形顶，长 9、宽 2.8、高 2.3 米，南北壁凿有祭龛。室内凿石棺 6 具，呈"品"字形分布，拱形棺盖。其中 1 号棺长 2.12、宽 0.64、高 0.7 米，前挡浮雕女娲、伏羲，后挡浮雕单阙；2～6 号棺长 2.25、宽 0.83、高 0.9 米，棺体刻隶书文字。1、5 号棺盖为石质，2、3、4、6 号为拱形条砖。前有墓道，长 0.9、宽 1.4、高 1.1 米。

埃山墓群 位于江南镇红联村二队埃山，建于清代，坐北朝南。共有墓 3 座，呈"品"字形分布在长 20、宽 10 米的半山腰上。均为土冢墓，四周圈砌条石，前立长方形墓碑。其中 M1 碑高 1.58、宽 0.65、厚 0.15 米；M2 碑高 1.41、宽 0.58、厚 0.15 米；M3 碑高 1.55、宽 0.52、厚 0.16 米。三块碑刻风化严重。

王氏墓地 位于江南镇红联村五队王家大坟山，建于清代，坐南朝北。共有墓 4 座，上下错落分布在长 25、宽 12 米的平坝上。均为土冢墓，其中 M1 冢长 5、宽 3.5、高 1.3 米，前有长方形墓碑，高 1.5、宽 0.9、厚 0.3 米，碑刻"清故显考王公讳世虎大人墓，嘉庆□□□"；M2 碑刻已风化；M3 碑身为卷拱形，碑刻隐约可见"嘉庆二十五年"；M4 碑刻已毁。

张氏家族墓地 位于江南镇红丰村一队砖房子，建于清代，坐北朝南，分布面积 27 平方米。共有墓 2 座，呈"一"字形并排紧密相连。均为土冢墓，冢长 4.5、宽 3 米，墓碑规格一致，高 1.6、宽 0.8、厚 0.16 米。其中 M1 碑刻"清故显考张公正廷大人□，大清咸丰六年丙辰岁季秋月望八日"；M2 碑刻"旌表节张母胡老□□□，大清同治九年庚午岁小阳月望一日"。

郭氏墓地 位于江南镇红伟村四队双坟嘴，建于清代，坐南向北。共有墓 7 座，自上而下分布在长约 30、宽约 20 米的土坡上。其中：M1 四周条石围砌，冢直径 3.5 米，前有石质仿木结构庑殿顶墓碑，高 2.1、面阔 1.3、厚 0.35 米，碑刻"皇清例赠正八品显考郭公讳良荣人墓，同治元年壬戌岁仲冬月吉立"；M2 题记年代"同治十三年"；M3 题记年代"道光甲申岁"；M4 题记年代"光绪十六年"；M5 题记年代"光绪乙卯年"；

M6 题记年代"光绪甲申年"；M7 题记年代"光绪二十六年"。

郭氏家族墓地　位于江南镇红岭村七队郭家桥，建于清代，坐东向西。共有墓 2 座，分布在长 10、宽 5 米的平坝上。均为圆形土冢，其中 M1 冢直径 3.5 米，前立长方形墓碑，高 0.9、宽 1、厚 0.1 米，题记已风化；M2 冢直径 4.5 米，前立长方形墓碑，高 1.9、宽 0.7、厚 0.15 米，题记"清显考郭公讳天寿大人墓"。

大坟山墓地　位于江南镇红岭村六队大坟山，建于清代，坐南朝北，占地面积 45.6 平方米。圆形土冢墓，四周圈砌条石，直径 7.6 米。前立石质仿木结构庑殿顶墓碑，高 2.5、宽 1.15、厚 0.3 米，碑额浮雕"二龙戏珠"图案，墓碑碑文已毁。墓碑两侧砌石质月亮形前挡施抱鼓，前挡高 1.8、长 2.5 米；抱鼓石高 1.1、宽 0.7 米。

左氏家族墓地　位于江南镇红丰村二队水井坝，建于清代，坐南朝北。共有墓 2 座，并排分布在长 8、宽 4 米的平坝上。其中 M1 冢长 4、宽 2.5 米，前立长方形墓碑，高 1.6、宽 0.78、厚 0.15 米，碑刻题记"清待诰显妣左母王老孺人墓，道光五年□□"；M2 冢长 3.5、宽 2 米，前立长方形墓碑，高 1.4、宽 0.78、厚 0.15 米，碑刻题记"清待妣左母陈老孺人墓，大清光绪戊子年"。

韩氏墓地　位于江南镇红星村七队老坟山，建于清代，坐南朝北。共有墓 4 座，上下平行分布在长 15、宽 10 米的土坡上。其中 M1 冢长 4、宽 2.5 米，前有石质仿木结构庑殿顶墓碑，高 2.2、宽 1.2、厚 0.3 米，顶部置吻兽，碑刻题记"清待赠韩公讳大人墓，嘉庆庚午岁小阳月"；M2 碑刻为墓主后人于 2007 年立，原有年代为乾隆四十八年；M3 碑刻题记"清例授孺人韩母王太君墓，道光巳十三年夏四月吉立"；M4 碑刻题记"清例赠孺人韩母赵太君墓，道光丁酉十七年夏"。

何氏墓地　位于江南镇红星村五队土池塘，建于清代，坐南朝北。共有墓 4 座，呈菱形分布在长 20、宽 10 米的平坝上。其中 M1 冢长 5、宽 2.5、高 1.2 米，前有长方形墓碑，高 1.7、宽 0.15、厚 0.15 米，碑刻题记"皇清待诰何母徐老孺人墓，道光十五年九月二十一日"；M2 碑高 1.7、宽 0.8、厚 0.15 米，碑刻题记"皇清待诰何□□□，嘉庆八年□□□□"；M3 碑高 1.7、宽 0.8、厚 0.15 米，碑刻已风化；M4 碑高 1.6、宽 0.8、厚 0.2 米，碑刻题记"皇清待诰何母徐老孺人墓"。

弯子头陈氏墓地　位于江南镇底坝村二队弯子头，建于清代，坐西向东。共有墓 3 座，并排分布在长 15、宽 7 米的平坝上。均为土冢，砌月亮形墓圈。其中 M1 冢长 6、宽 4 米，前有长方形墓碑，高 2、宽 0.95、厚 0.15 米，碑刻题记"清故显（考妣）陈（赓贵母刘）老（大孺）人墓，同治三年"；M2 碑高 1.8、宽 0.8、厚 0.15 米，碑刻题记"故显考陈公赓方大人墓，道光二十年"；M3 碑高 1.7、宽 0.8、厚 0.15 米。

温氏墓地　位于江南镇天堂村四队拖泥号，建于清代，坐西向东。共有墓 3 座，呈"品"字形分布在长 20、宽 10 米的土坡上。其中 M1 冢直径 6 米，四周条石围砌，前有石质仿木结构四柱三间三楼庑殿顶墓碑，顶部置吻兽。明间通高3.7、宽1.4、厚0.3米，题记"大清处士温公讳□□，嘉庆壬戌岁（1802年）□□"；两侧次间通高3、宽1.1、厚0.3米，碑文已风化；M2长方形墓碑，高1.55、宽0.8、厚0.2米，题记"显妣温母李老孺人墓，大清光绪三十岁次甲辰十二月"；M3石质仿木结构庑殿顶墓碑，碑刻浮雕"二龙戏珠"图案，宽1.28、厚0.23米，碑刻题记"清例封孺人温母陈老孺人之墓，光绪甲申岁（1884年）秋月吉立"。

三座坟陈氏墓地 位于江南镇天堂村五队三座坟，建于清代，坐西向东。共有墓3座，呈"一"字形并排分布在长18、宽6米的平坝上。均为圆形土冢，四周围砌条石。其中M1冢高2、直径4.7米，前立长方形墓碑，高1.7、宽0.8、厚0.15米，碑刻题记"清故显妣陈母王孺人□，同治元年□冬月二十五日"；M2、M3碑文已风化。

宋家榜陈氏墓地 位于江南镇石牛村四队宋家榜，建于清代，坐南朝北。共有墓3座，呈"品"字形分布在长20、宽10米的土坡上。M1、M2四周条石圈砌，3座墓前均立长方形墓碑。其中M1冢长4、宽2.7米，碑高1.15、宽0.74、厚0.16米，碑刻题记"陈公永德之墓，大清光绪己丑年（1889年）七月"；M2冢直径4米，碑高1.6、宽0.8、厚0.14米，碑刻题记"陈公世怀之墓"；M3冢长3.5、宽2.5、碑高1.9、宽0.9、厚0.13米，碑刻题记"故显妣陈母简孺人墓"。

宋家榜宋氏墓地 位于江南镇石牛村四队宋家榜，建于清代，坐南朝北。共有墓4座，上下错落分布在长15、宽10米的土坡上。M1、M2四周条石圈砌，其中M1冢直径3.5米，前有长方形墓碑三通。题记年代均为咸丰四年（1854年），中间一通高1.6、宽0.9、厚0.16米，题记"宋母郭孺人墓"；右侧一通高1.21、宽0.8、厚0.16米，题记"宋母何母孺人墓"；左侧一通高1.05、宽0.74、厚0.08米，题记"宋母陈孺人墓"；M2碑刻题记"琪宋公之墓"；M3碑刻题记"显考陈公永堂老大人墓，大清光绪三十年"；M4碑刻题记"胞妹宋满姑□□□□"。

苏国仁夫妇墓 位于江南镇红伟村，建于清乾隆五十一年（1786年），坐南朝北，占地面积15.4平方米。圆形土冢，直径4.4米，前并排长方形墓碑二通，右侧一通高1.7、宽0.9、厚0.25米，碑刻题记"清待赠显考公讳国仁大人墓，清乾隆五十一年丙午岁"；左侧一通高1.5、宽0.8、厚0.2米，碑刻题记"清待诺孺人苏母□□□"。

韩在魁墓 位于江南镇红岭村，建于清嘉庆五年（1800年），坐东向西，占地面积15.4平方米。圆形土冢，直径4.4米，前立石质仿木结构庑殿顶墓碑，高1.25、宽1.15、厚0.36米，碑刻题记"清赠韩公字在魁□□□，嘉庆五年岁次庚申□□□"。

何钟龙墓 位于江南镇自由村，建于清嘉庆八年（1803年），坐东南向西北，占地面积18平方米。土冢，长6、宽3、高1.3米，前有长方形墓碑，高1.65、宽0.92、厚0.15米，碑刻题记"故显考何公讳钟龙老大人墓，大清嘉庆八年春二月望日"。

左登阁墓　位于江南镇红丰村，建于清嘉庆十六年（1811 年），坐东向西，占地面积 15.4 平方米。圆形土冢墓，直径 4.4 米，前有长方形墓碑，高 1.3、宽 0.7、厚 0.25 米，碑刻题记"清待赠左公讳登阁大人墓，嘉庆十六年辛未春三月"。

李氏夫妇墓　位于江南镇红联村，建于清嘉庆二十二年（1817 年），坐北朝南。土冢墓，长 4.2、宽 3、高 1.45 米，前有石质仿木结构庑殿顶墓碑，高 1.8、宽 1.2、厚 0.15 米，碑刻题记"清待赠故显（考妣）李（公母）（讳□□□）之墓，清嘉庆二十二年仲春月"。

何思礼墓　位于江南镇红星村，建于清道光十二年（1832 年），坐东向西，占地面积 12.5 平方米。土冢，呈圆形，直径 4 米，前有长方形墓碑，高 1.6、宽 1.1、厚 0.15 米，碑刻题记"皇清待赠何公讳思礼大人墓，道光十二年"。

杨文翰墓　位于江南镇底坝村，建于清道光二年（1822 年），坐西向东，占地面积 12.5 平方米。土冢，呈圆形，直径 4 米，前有石质仿木结构庑殿顶墓碑，高 2.65、宽 0.89、厚 0.2 米，碑刻题记"文翰杨公之墓，道光二年岁次壬午黄钟月廿有二日"。

任胡氏墓　位于江南镇自由村，建于清道光三年（1823 年），坐西向东，占地面积 9.6 平方米。土冢，呈圆形，直径 3.5 米，前有石质仿木结构庑殿顶墓碑，高 1.95、宽 1.15、厚 0.34 米，碑额浮雕花卉、人物图案，碑刻题记"任母胡□□，道光三年岁"。

陈王氏墓　位于江南镇底坝村，建于清道光十八年（1838 年），坐西向东，占地面积 38.5 平方米。土冢，呈圆形，四周圈砌条石，直径 7 米，前有长方形墓碑，高 1.7、宽 0.94、厚 0.2 米，碑刻题记"清待诰陈母王老孺人墓，道光戊戌年仲冬月"。

郭世煌墓　位于江南镇红伟村，建于清咸丰三年（1853 年），坐南朝北，占地面积 19.6 平方米。圆形土冢墓，四周圈砌条石，直径 5 米，前有石质仿木结构四柱三间三楼庑殿顶墓碑。明间通高 2、宽 1.1、厚 0.3 米，题记"故显考郭公世煌大人墓，咸丰三年十月十二吉日"；次间通高 1.4、宽 0.8、厚 0.3 米，左侧书"显考郭公讳文□大人墓"；右侧碑文已风化。

韩世桢墓　位于江南镇红卫村，建于清咸丰三年（1853 年），坐南向北，占地面积 12.5 平方米。圆形土冢，四周圈砌条石，直径 4 米，前有长方形墓碑，高 2、宽 0.8、厚 0.15 米，碑刻题记"清故显考韩公世桢大人墓，咸丰癸丑三年小阳月吉立"。

张吴氏墓　位于江南镇红丰村，建于清咸丰六年（1856 年），坐南朝北，占地面积 15.9 平方米。土冢墓，呈圆形，直径 4.5 米。前有长方形墓碑，高 1.4、宽 0.9、厚 0.16 米，碑刻题记"清显妣考张母吴老太君墓，咸丰六年新正月"。

马世楹墓　位于江南镇红岭村，建于清同治二年（1863 年），坐南朝北，占地面积 11.3 平方米。土冢，呈圆形，直径 3.8 米，前有长方形墓碑，高 2、宽 1、厚 0.15 米，碑刻题记"清显考马公讳世楹大人墓，同治癸亥岁仲春月中浣日"。

张刘氏墓 位于江南镇红丰村，建于清光绪元年（1875 年），坐北朝南。墓冢已毁，仅存碑刻一通，高 1.5、宽 0.8、厚 0.16 米，碑刻题记"清待诰赠张母刘老孺人之墓，光绪元年乙亥岁仲春月"。

郭文芳墓 位于江南镇红伟村，建于清光绪二年（1876 年），坐南朝北，占地面积 10 平方米。圆形土冢墓，四周圈砌条石，直径 3.5 米，前有长方形墓碑，高 1.4、宽 0.7、厚 0.15 米，碑刻题记"清显考郭公讳文芳大人墓，光绪二年丙子岁仲夏月"。

古建筑

镇南塔 位于江南镇红林村，俗称"老塔"，建于元、明年间，清代曾作过维修，坐东朝西。塔顶在"文革"中损毁严重，1986 年 9 月原南溪县政府予以维修，重修塔顶，改穹窿顶为攒尖顶。塔底素面八边形石质塔基，高 1.3 米，每边长 4.09 米，占地面积 78.5 平方米。塔身通高 24 米，为七级重檐八边攒尖式砖石塔，逐级上收，每级均开门窗；底部两级塔内系空心，顶部浮雕"双凤朝阳"、"二龙戏珠"图案。其余各级为实心柱，柱壁上开凿佛龛；94 级塔道绕实心柱盘旋至顶。四川省人民政府于 2012 年公布为文物保护单位。

映南塔 位于江南镇新塔村，俗称"新塔"，始建于明代，清初倒塌，清嘉庆三年予以修建，坐东南向西北。砖石结构，塔底为石质八边形，塔基高 0.78 米，每边长 3.3 米，占地面积 52.7 平方米，塔门额匾上"映南塔"三字已风化，整个塔身通高 26.5 米，为密檐式七级八边攒尖顶，逐级上收，每级均开拱券形门窗。除一、二级门窗向外不同外，其余各级门窗向南，多为假窗。塔檐用砖叠砌挑出。塔门内左有蹬道 38 级，四至七级为穿心式踏道 54 级，宝顶系熟铜制造。四川省人民政府于 2012 年公布为文物保护单位。

近现代重要史迹及代表性建筑

登高坪标语 位于江南镇登高村登高坪街村（原供销社）房墙上，书于 1966 年，坐西向东，分布在离地面 2.5、长 15 米的白灰竹泥墙上，为当时村小教师孙林军书。红油漆楷体字，每字长 0.6、宽 0.5 米，内容为"战无不胜的毛泽东思想万岁！"。

牛耳朵水库 位于江南镇红丰村牛耳朵，建于 1971 年，属长江南岸罗庭溪河水系，是"文革"时期为解决当地农林灌溉、预防旱灾由村民以挣工分的形式动工修建。水库集雨面积 3.53 平方千米，总库容 213 万立方米，灌溉面积 3700 亩，是一座以灌溉为主，兼有种、养殖业的小（一）型水库。枢纽工程由大坝、溢洪道、涵卧管组成。大坝为均质土坝，坝高 14.18 米，坝顶长 145、宽 3 米；溢洪道位于大坝左侧，为开敞式长堰，堰宽 10 米；涵卧管分居左右干渠。

桂花树水库 位于江南镇二郎村桂花树，建于 1979 年，属长江水系，是改革开放初期为解决当地农林灌溉、预防旱灾由村民以挣工分的形式动工修建。水库集雨面积 0.69 平方千米，总库容 38.4 万立方米，灌溉面积 8000 亩，是一座以灌溉为主，兼有种、养殖业的小（二）型水库。枢纽工程由大坝、溢洪道、涵卧管组成。大坝为均质土坝，坝高 8.34 米，坝顶长 90、宽 4.2 米；溢洪道位于大坝左侧，为开敞式长堰，进口净宽 5 米；涵卧管位于大坝左侧。

谢家桥水库 位于江南镇红卫村谢家桥，建于 1979 年，属长江水系上游支沟，是改革开放初期为解决当地农林灌溉、预防旱灾由村民以挣工分的形式动工修建。水库集雨面积 1.07 平方千米，总库容 18.4 万立方米，灌溉面积 800 亩，是一座以灌溉为主，兼有种、养殖业的小（一）型水库。枢纽工程由大坝、溢洪道组成。大坝为均质土坝，坝高 10.7 米，坝顶长 67、宽 2.5 米；溢洪道位于大坝右端，为宽浅式无闸门控制，进口宽 7 米。

马家乡

古墓葬

付家湾尹氏家族墓地 位于马家乡雄英村二社付家湾，建于清代，坐北向南。共有墓 2 座，并排分布在长 7、宽 5 米的小山丘上。均为土冢，条石圈砌，前立石质仿木结构庑殿顶墓碑。其中 M1 碑高 2.3、宽 1.14、厚 0.3 米；M2 高 2.3、宽 1.17、厚 0.28 米，题记分别为"皇清敕授孺人尹母余太君，乾隆五十一年"、"清故庠生尹崇僚，道光二十三年"。

三点水尹氏家族墓地 位于马家乡雄英村二社三点水，建于清代，坐北向南。共有墓 2 座，上下分布在长 14、宽 5 米的山坡上。均为土冢，条石圈砌，其中 M1 居上，外"八"字形石质仿木结构四柱三间庑殿墓碑，明间高 2.45、宽 1、厚 0.17 米；次间高 1.85、宽 0.85、厚 0.17 米，明间题刻"皇清处士尹公（妣）讳文瑞（白氏）老大（孺）人"；次间题刻"嘉庆四年"；M2 石质仿木结构庑殿顶墓碑，高 2.25、宽 1.13、厚 0.35 米，题记为"清故尹崇□大人墓"，碑柱刻楹联。

彭涂氏墓 位于马家乡大阳村，建于清乾隆六十年（1795 年），坐西向东。土冢，条石圈砌，直径 5.5 米，前立石质仿木结构庑殿顶墓碑，高 1.75、宽 0.82、厚 0.16 米，题刻"故显妣彭母涂□□□，大清乾隆六十年"。

陈文斌墓 位于马家乡平泉村，建于清乾隆六十年（1795 年），坐南向北。土冢，条石圈砌，长 12、宽 6 米，前立石质仿木结构庑殿顶墓碑，高 1.9、宽 0.9、厚 0.3 米，题记"清待赠显考陈文斌老大人墓，乾隆六十年"。

唐氏墓　位于马家乡社林村，建于清嘉庆十九年（1814年），坐南向北。土冢，条石圈砌，直径5.5米，前立石质仿木结构庑殿顶墓碑，高2.35、宽1.05、厚0.2米。上刻楹联，浮雕花卉、鸟兽图案，碑刻题记"大清显考唐□□□，嘉庆十九年"。

张家坟山张氏墓地　位于马家乡白塔村四社张家坟山，建于清嘉庆二十二年（1817年），坐北向南。共有墓3座，呈"一"字形分布在长15、宽6米的平坝上。均为土冢，条石圈砌，前立拱形墓碑。其中M1："张子珍墓"；M2："张公□□墓"；M3："张子介墓"。

彭世□夫妇墓　位于马家乡大阳村，建于清光绪五年（1879年），坐北向南。土冢，长5、宽3.5、高1.4米，条石圈砌，前立石质仿木结构庑殿顶墓碑，高2.5、宽0.79、厚0.20米，碑刻题记"清故例授正八品彭公（母）讳世□大（涂老孺）人墓，光绪五年"。

唐运宽夫妇墓　位于马家乡楠木村，建于清光绪六年（1880年），坐西向东。土冢，长7、宽3.8、高1.1米，条石圈砌，前立石质仿木结构庑殿顶墓碑施抱鼓，高1.9、宽2.4、厚0.32米，上刻楹联，浮雕狮子、麒麟、花卉等图案，碑刻题记"故显考（妣）唐公讳运宽（母游太君）老大（孺）人，光绪六年"。

樊耀乾墓　位于马家乡楠木村，建于清光绪十一年（1885年），坐南向北。土冢，条石圈砌，长7、宽3、高1.2米，前立云朵顶墓碑，高2.26、面阔2.34、厚0.37米，上刻楹联、浮雕动物、花卉，碑刻题记"故显考樊公讳跃乾老大人，光绪十一年"。

蛮洞湾墓地　位于马家乡楠木村四社蛮洞湾，建于清光绪十一年（1885年），坐南向北。土冢，呈圆形，直径4.5米，前立石质仿木结构单檐歇山顶墓碑，高2.1、宽1.1、厚0.3米，碑刻题记"光绪十一年"。

古建筑

游家大院位于马家乡社林村，为19世纪四五十年代一游姓财主所建，坐东向西，占地面积1600平方米，建筑面积1200平方米。双重山门，二台山门上方竹篾灰墙上可见八卦图案。高台建筑，复合式四合院布局，小青瓦屋面，板壁木结构，悬山顶穿斗式梁架，整个建筑东西长38、南北长39.3米，由门厅、中厅、后厅及前后厢房组成。

苏家桥清真寺　位于马家乡和平村，建于1789年，1995年维修，坐西向东，四合院布局，为伊斯兰教活动场所。木结构一进式高台建筑，悬山顶，穿斗抬梁式。正殿（礼拜殿）：穿斗抬梁二穿五柱，面阔三间9.7米，进深二间9.3米，通高6.5米，素面石质台基高1.2米，左右阶梯踏道各三级。厢房：前厅天井为石板地面，两侧为对称回廊、厢房，厢房面阔四间18.2米，进深一间4.3米。

近现代重要史迹及代表性建筑

七星桥 位于马家乡华林村三、四社桥头坡，建于清代，东西走向。为七孔石板桥，长15、宽0.78、高1.25、厚0.45米；桥墩为长方形条石砌筑，共六墩，长1.4、宽0.5、高0.8米，东西侧有引桥。桥头西10米立有石质仿木结构歇山顶建桥碑1通，碑文已风化。

桂花林水库 位于马家乡青年村，建于1957年，属长江南岸山坪塘溪流，是建国初期为解决当地农林灌溉、预防旱灾由村民以挣工分的形式动工修建。水库集雨面积0.57平方千米，总库容28万立方米，灌溉面积800亩，是一座以灌溉为主，兼有种、养殖业的小（二）型水库。枢纽工程由大坝、溢洪道、涵卧管组成。大坝为均质土坝，坝高9米，坝顶长52、宽2.4米；溢洪道位于库区中部，为开敞式正堰；涵卧管位于大坝右岸。

岩洞头标语 位于马家乡社林村二社岩头上离地表6米处的岩壁上，书于1966年，坐西向东。白石灰楷书体，内容为"毛主席万岁！"，每字高0.6、宽0.4、间距0.2米。

大坡水库 位于马家乡雄英村二队、新立村一队，建于1973年，属长江水系一条支沟，是"文革"时期为解决当地农林灌溉、预防旱灾由村民以挣工分的形式动工修建。水库集雨面积1.28平方千米，总库容24万立方米，灌溉面积200亩，是一座以灌溉为主的小（二）型水库。枢纽工程由大坝、溢洪道、涵卧管组成。大坝为均质土坝，高15.5米，坝顶长53、宽2.2米；溢洪道位于大坝右端，为宽浅式无闸门控制溢洪道，进口宽9米；涵卧管设于坝左岸。

利民桥 位于马家乡济民村三社新桥坡，建于1981年，南北走向，横跨新桥溪桥。为条石券拱单孔桥，长16、宽3.6、高4米；孔高2、宽2.5米。北拱刻"利民桥"。

积德桥 位于马家乡大明村六社，建于1982年，南北走向。为红砂石券拱二孔桥，长15、宽1.2、高1.7米；二孔规格不一，大孔高1.1、宽4.6米，小孔高1.1、宽2.3米；桥面平铺条石，桥下为二等坡溪沟。桥头北3米处立长方体石碑，高1、宽0.45、厚0.38米，正面刻繁体"积德碑"，左右刻捐资人姓名及"中共一九八二年建"等。

江安县

江安镇

古墓葬

睡佛寺崖墓　位于江安镇四社区睡佛寺东，建于汉代。该崖墓开凿在长江右岸石壁上，离地面 15 米，坐南向北，双层门楣。目测墓门高 1.8、宽 1.4 米。

华光菩萨山墓　位于江安镇五会村电厂湾组华光菩萨，建于宋代。该墓坐北向南，石室墓，一墓一室，早年被严重扰乱。墓长 3.9、宽 1.5、高 1.6 米，墓室长 3、宽 1.1、高 1.2 米。分布面积 6 平方米。

七里半大房子墓地　位于江安镇青苔坎村，建于宋代。该墓为石室墓，封土呈圆形，坐南向北，墓长 6、宽 4.7、高 2.3 米。墓室长 3、宽 2、高 2 米，墓道长 1 米。墓早年被扰乱，现存墓顶，顶盖石被毁，有两龙头相对，左龙头下口损坏。龙头下的条石为上小下大叠压呈"井"字形组合，构成"藻井"墓顶盖。墓室前为"八"字形双扇仿木石门，门上刻有花卉图案；墓室内左右两壁刻有乐俑两个，左右各有一块上刻联钱纹、下部刻莲花图案；后龛壁石雕为"妇人启门"图。墓室内图案雕刻精美，人物造型生动。分布面积 28 平方米。

牯牛坡墓地　位于江安镇黄泥村黄泥坝组牯牛坡，建于明代。该墓地为石室墓，坐南向北，封土为台地，一墓三室，早年被扰乱。墓门长 4.02、宽 4 米，其中墓柱宽 0.33 米，单室墓门宽 0.9 米。墓室长 3.36、宽 3、高 1.2 米。墓室的后龛与侧龛雕刻有人物花卉图案。分布面积 16 平方米。

竹院子曹氏夫妇墓　位于江安镇会龙村，建于清嘉庆三年（1798 年）。该墓坐东向西，为土冢墓，封土呈圆形，条石砌成。墓长 6.9、宽 6.8、高 1.5 米。碑高 1.8、宽 1.18 米，厚 0.28 米，为石质仿木结构，两柱一开间，单檐庑殿宝顶式，阴刻楷书碑文："清嘉庆三年（1798 年）立"。分布面积 48 平方米。

王欣然夫妇墓　位于江安镇灯杆山村，建于清光绪三年（1877 年）。该墓为夫妻双墓，均用条石砌成，封土呈圆形，分布在长 39、宽 17 米的台地上。两墓相距 14.2 米，均长 7、宽 5、高 3 米。女墓碑向东，为石质拱形碣碑，阴刻楷书碑文，上刻瑞兽、花草等图案。墓碑高 3.5、宽 1.34、厚 0.25 米，清光绪三年（1877 年）立。两墓后条石墓垣连在一起，呈两个半圆形。分布面积 663 平方米。

芦蒿田生基咀墓地　位于江安镇洋码头村芦蒿田组生基咀，建于清代。该墓地共 20 座墓，坐南向北，分布在长 50、宽 30 米的斜坡小山丘范围内。墓葬形制相同，均系土冢墓，封土呈圆形。M1 墓高 1.5、宽 4、长 5 米。碑高 2.13、宽 1.18、厚 0.32 米，石质仿木结构，二柱一开间，单檐庑殿宝顶式，阴刻楷书碑文。墓主：冯登弟，清道光十五年（1835 年）立。今查 M1 墓碑被毁，只存残碑顶倒于墓右前 2 米处，原墓碑处被新葬一现代墓占据。分布面积 150 平方米。

月亮台墓地　位于江安镇洋码头村，建于清代。该墓地共 4 座墓，坐西北向东南，分布在较平缓山坡的台地上，均为土冢墓，封土呈圆形。M1 为条石砌成，墓长 6、宽 5、高 2.2 米。碑高 1.8、宽 3.4、厚 0.18 米，石质仿木结构，四柱三开间，重庑殿宝顶式，左右施抱鼓，阴刻楷书碑文，上刻狮、麒麟、卷草等图案。墓主：蔡陈氏，清光绪五年（1879 年）立。墓后建有挡土墙，墓前建有月亮形拜台，但二者上部均被毁。其他三座墓位于 M1 之后 8 米处，呈"一"字形排列，均无碑；M2 为条石砌成。分布面积 200 平方米。

虫树山陶邓氏墓　位于江安镇洋码头村洋码头组虫树山，建于清代。该墓共 2 座墓，相距 4 米，东南向，朝向一致，均为土冢墓，封土呈圆形，占地 32 平方米。M1 乱石砌成，墓高 1.7、宽 5、长 7 米。碑高 1.9、宽 1.17、厚 0.3 米，石质仿木结构，单檐庑殿宝顶式，阴刻楷书碑文。墓主：□陶氏，清道光七年（1827 年）立。M2 右前距 M1 约 4 米，高 1.2、宽 3.5、长 5 米，无碑。分布面积 32 平方米。

天堂坝黄家墓地　位于江安镇同义村李家坡组天堂坝，建于清代。该墓地坐东北向西南，均为土冢墓，封土呈圆形，条石砌成，墓地宽 12、长 22.2 米。M1 墓长 4.8、宽 3.2、高 1.7 米。碑高 2.4、宽 1、厚 0.28 米，石质仿木结构，两柱一开间，单檐庑殿宝顶式，阴刻楷书碑文。墓主：黄俊珊，清道光十三年（1833 年）立。M2、M3 前距 M1 有 12.6 米。M2 墓长 5、宽 4、高 1.8 米。碑残高 2.3、宽 2、厚 0.3 米，石质仿木结构，两柱一开间，单檐庑殿宝顶式，左右施抱鼓，阴刻楷书碑文。墓主：黄光大，清咸丰七年（1857 年）立。M3 左距 M2 有 3 米，墓长 4.8、宽 4.8、高 2.1 米。碑残高 2.1、宽 1、厚 0.28 米，石质仿木结构，两柱一开间，单檐庑殿宝顶式，阴刻楷书碑文。墓主：黄母，清道光二十三年（1843 年）立。分布面积 267 平方米。

褡裢湾墓地　位于江安镇太阳村花园头组褡裢湾山，建于清代。该墓地分布在山脊梁上，长 20、宽 50 米范围内，均为土冢墓，封土呈圆形，墓碑均南向。M1 封土高 1.6、宽 5、长 7 米。碑高 2.2、宽 1.17、厚 0.3 米，石质仿木结构，二柱一开间，单檐庑殿宝顶式，阴刻楷书碑文。墓主：邹伯宗，清嘉庆十三年（1808 年）立。今查 M1 墓碑毁损，只存碑基。M3 墓长 6、宽 3.3、高 1.8 米。碑形制同 M1，碑高 1.7、宽 1.1 米，柱宽 0.2 米，墓主：邹陈氏。其余墓无碑。分布面积 100 平方米。

柏杨田墓地　位于江安镇太阳村团结组柏杨田，建于清代。该墓地共 20 座墓，均为土冢墓，东南向，分布在长 60、宽 25 米的斜面山坡范围内，封土呈圆形。M3 条石砌成，墓长 6、宽 4、高 1.6 米。墓碑石质仿木结构式顶，碑高 1.49、宽 0.99、厚 0.14 米，清乾隆五十四年（1789 年）立。今查墓碑毁损，其余墓均无墓碑。分布面积 150 平方米。

邹肃亭墓　位于江安镇双河村，建于清同治九年（1870 年）。该墓为土冢墓，条石砌成，封土呈圆形，西向，墓长 7、宽 5、高 2 米。碑高 3.5、宽 2.48、厚 0.23 米，石质仿木结构，四柱三开间，重檐庑殿式顶，上刻狮、花卉等图案，阴刻楷书碑文，清同治九年（1870 年）立。墓左、右、后三面建有条石砌成的椅子形挡土墓垣，墓垣前低后高（前高 1.2、后高 3 米），厚 0.5 米，顶上建仿瓦屋顶式帽檐脊干；墓垣内后壁刻有文字与吉祥图案。墓前建有半圆形拜台，拜台外围用条石砌成，拜台石坎高 0.4、宽 0.3 米。分布面积 160 平方米。

陈再第墓　位于江安镇红岩村，建于清光绪二十年（1894 年）。该墓坐东向西，为土冢墓，封土呈圆形，墓长 3.5、宽 2.2、高 1.4 米。碑高 1.54、宽 0.77、厚 0.2 米，石质拱形碣碑，阴刻楷书碑文，清光绪二十年（1894 年）立。分布面积 8 平方米。

古建筑

江安城墙　位于江安镇二至四社区。该城墙载入了嘉庆版《志》。据记载：宋嘉泰年间（1201～1204 年）筑土城，明成化初（1465 年）改土城为石城，明正德九年（1514 年）增筑加高城墙至二丈，阔一丈二尺。明崇祯五年（1632 年）补葺与增辟城门，历时八年告竣。清康熙年间相继补葺。20 世纪 50 年代"破四旧"时拆毁大部分城墙，现仅存淯江河、长江河岸边长约 1200、宽约 4 米的城墙。墙堞在 20 世纪 90 年代进行了修缮，现墙堞高 1.1、厚 0.26 米，其中堞缺口宽 0.8、高 0.3 米。

陡码头　位于江安镇三社区，始建于宋代，1923 年版《志》上有载。码头有小街巷与之相连，并建有永久性的码头设施，有标注长江河的水位线、标志牌、警示碑、警戒线、渡口守则等。码头面积 5000 平方米。码头大致呈"一"字形，是转运人流、货物的重要场所。

安济庙题榕阁　位于江安镇二社区，始建于南宋宝祐年间（1253～1258 年），清乾隆时期（1735～1795 年）重建，坐南朝北。现仅存题榕阁为条石基础，石作素面台基，木结构抬梁式梁架，三穿用四柱，重檐歇山式屋顶。面阔三间 9 米，进深三间 8.35 米，通高 12 米。总占地面积 90 平方米。江安县人民政府于 2010 年 7 月公布为县级文物保护单位。

西江口码头 位于江安镇一社区，始建于明代，1923 年版《志》上有载，河中坝与县城相连，是汛期停靠船只的重要码头。码头面积 2000 平方米。码头大致呈"一"字形，是转运人货的重要场所，虽然横渡停运，但还有货船停靠。

馆驿门码头 位于江安镇四社区，始建于明代，1923 年版《志》上有载，是县城重要码头之一。该码头建在长江右岸，北向。码头上有告示牌一块。码头大致呈"一"字形，是转运人货的重要场所。码头面积 20000 平方米。

临江园码头 位于江安镇四社区，始建于明代，1923 年版《志》上有载。该码头居长江右岸，面北。现江安长江公路大桥通车而减少了与对岸苗儿沱码头的横渡运输，但与其他地方的运输业务尚存。码头长宽各 100 米，面积 10000 平方米。立有一块双面凿刻的石碑，一面为码头名称，一面为安全警示。码头大致呈"一"字形，是转运人货的重要场所。

龙门口码头 位于江安镇五社区，始建于明代，1923 年版《志》上有载。该码头长 100、宽 80 米，面积 8000 平方米。码头大致呈"U"形，是转运人货的重要场所，也是连接长江河两岸，沟通南北交通的码头。

单公桥 位于江安镇大桥坝村，旧为往滇黔之要道，为县城通往泸州等处之桥梁。明万历元年（1572 年）知县单汝光始建得名，清光绪三十四年（1908 年）重建。石结构两墩三孔平板空腹式石拱桥，西南—东北向，保存完好。桥长 31、宽 5.12、高 8 米，三孔拱跨度均长 8.7 米，拱高 6.5 米。桥面呈平形用石板铺成。素面石作桥栏高 0.4 米，中间两个桥墩上均有石刻龙头。中间桥拱顶上有题刻"清光绪戊申年重建"。

引龙桥 位于江安镇灯杆山村，县志载此桥建于明代。该桥为六墩七孔平板石桥，呈南北走向，石桥长 14.9、宽 1.3、高 1.5、厚 0.35 米。桥墩高 1.5、宽 0.4、长 2.1 米，均为一整块大石作墩。该桥现仍在使用。

老城门码头 位于江安镇河中村团结组老城门，始建于明代，1923 年版《志》有载。该码头建在淯江河上，居于右岸，涨水期为长江河水域岸边，是县城连接河中村与小坝村的码头。码头大致呈"一"字形，是转运人货的重要场所。现其西北建有连接河中村的乡村公路桥，江安县人民政府行文：从 2009 年 1 月 16 日起，停止一切渡运活动。

龙门口酒坊窖池 位于江安镇四社区，始建于明清时期。该窖池东西向，在江安长江河之滨，东临长江右岸 200 米，窖池共 6 个，总长 12.6 米，宽 6.2 米。初所酿出的酒曰"安乐酒"，又称"皇宫液"，酿造沿袭至今。1987 年，酿造之酒获故宫博物院认证监制；1993 年，中国末代亲王爱新觉罗·傅杰题名为"故宫贡酒"；2002 年，故宫博物院代院长、国家考古专家组组长吕济明先生题写"故宫贡酒，皇家珍品"；2004 年，文化部文物司司长李文儒题"故宫御酒坊"；中国戏剧大师曹禺曾题"江飘万里香，安得太白尝"。宜宾市人民政府于 2011 年 2 月公布为市级文物保护单位。

江安城火神庙　位于江安镇三社区，清康熙年间（1735～1795 年）始建，现存戏楼是火神庙的一部分，坐东向西。该建筑条石作素面台基，高 0.33 米，垂带式踏道 2 级。木结构抬梁式梁架，三穿用四柱，单檐歇山式顶，后墙为砖墙。檐下撑弓和勾栏上饰有高浮雕人物、戏剧图案。戏楼面阔三间 18 米，进深四间 9.6 米，通高 10 米。总占地面积 172.8 平方米。

青苔坎川祖庙　位于江安镇青苔坎村，建于清乾隆三十五年（1770 年）。该建筑坐东南向西北，现存正殿，条石基础，素面石台基高 0.2 米，木结构抬梁式梁架，二架梁用四柱，单檐歇山式顶，面阔三间 7.48 米，进深三间 4.22 米，通高 6 米。建筑总面积 35 平方米。

节孝总坊　位于江安镇四社区，建于清同治五年（1866 年），坐西向东。该牌坊为石质仿木结构，四柱三开间，三楼庑殿排楼式顶。通高 7.92 米，面阔 7 米，明间高 3.56、宽 2.5 米，次间高 2.2、宽 1.33 米。方形石柱边长 0.54 米。明间门楣刻有行书"微显阐幽"四字，檐下刻"圣旨"和"节孝总坊"。柱上镌刻对联、铭文及题记。江安县人民政府于 2010 年 7 月公布为县级文物保护单位。

桂溪桥　位于江安镇青苔坎村，始建于清光绪三年（1877 年）。该石桥保存完好，呈东南—西北走向，石结构二墩三孔平板石桥。桥长 7.5、宽 1.21、高 4.5 米，桥墩高 4.2 米，桥面由石板铺成。东南端桥头 3 米处有一通建桥碑。该桥建在无名小溪上，是县城至长宁古道上的石桥。

吴氏民居　位于江安镇二社区，始建于清代。该民居坐东向西，大致呈正方形布局，南北长 39.2、东西宽 36.4 米，占地面积 1427 平方米。建有前厅、中厅、后厅、厢房、耳室、花园等，由六个四合院构成。四周的围墙条石基础，青砖墙外侧上部灰塑人物、花卉图案。素面台基高 0.2～0.3 米，鼓式柱础，圆形木柱，木结构抬梁式与穿斗式相结合的梁架结构，单檐硬山式与悬山式屋顶，小青瓦屋面。墙下施木槛间，上施木槛窗，油饰与白灰饰面，灰塑脊干。在前厅的正前建外朝门厅，门厅呈外八字形，屋檐下饰撑弓、雀替、卷棚。前厅：木结构穿斗式梁架，三穿七檩用五柱，面阔三间 18.6 米，进深 4.6 米，通高 7 米。中厅与左、右次间建在民居的第二进，正中为抬梁式的三架梁木结构，左、右次间为三穿九檩用七柱结构，面阔五间 26.4 米，进深 7.6 米，通高 7.6 米。其中厅为甬道，左、右次间下施木槛间，上施木槛窗。中厅与左、右次间的屋檐下饰撑弓、卷棚。后厅与左、右次间建在民居的第三进，其建筑风格与第二进相同，其进深为 9.2 米，屋檐饰件毁损。民居其余的厢房与耳室均为木结构穿斗式梁架，单檐硬山式或悬山式屋顶，小青瓦盖顶，下施木槛间，上施木槛窗，油饰与白灰饰面，灰塑脊干。宜宾市人民政府于 2011 年 2 月公布为市级文物保护单位。

毛溪口河沟桥　位于江安镇青苔坎村，始建于清代。该桥由毛溪口河沟桥、土地龛、修桥碑记、无名龛、阿弥陀佛碑 5 个单体文物类型组成。阿弥陀佛碑，碑座为泥土掩埋，灰色岩质。碑首为一圆雕阿弥陀佛头像，具螺髻，神情呆滞，比例失当，做工粗糙。碑身四棱柱形，横截面长方形，长 0.3、宽 0.26 米。正面有三行竖排阴刻碑文，中为"阿弥陀佛"，右为"民国十二年"，左为"冬至日"。无名龛，灰色砂岩质，卷棚顶，殿堂式，长方形底座。一侧山墙外壁有二身浅浮雕漫漶人物形象，龛内塑像已亡佚。通高 0.6、面阔 0.67、长 0.84 米。修桥碑记，灰色砂岩质，局部残损，四棱柱形，横截面正方形。三面镌刻行书阴刻，书序由右及左，正面上为横书"修桥"，碑边长 0.34、高 1 米。土地龛，灰色砂岩质，局部残损，重檐庑殿顶，楼阁式。通高 2.3、面阔 0.9、进深 0.8 米。土地龛、修桥碑记、无名龛、阿弥陀佛碑集中在一处，坐东向西，占地面积约 16 平方米，西南距毛溪口河沟桥约 30 米。毛溪口河沟桥坐西南向东北，位于淯江河右岸一级台阶地上，距阶地台缘 20 米，距淯江河约 30 米，高出江面约 15 米（以冬季枯水期水位线为准），横跨淯江一级支流毛溪口河沟。石砌平桥、单桥桩，桥面长 6.4、宽 1.3、距水面 5.3 米。近桥两端的河岸砌有约 8 米长的条石护堤，目的在于汛期提高桥体抗洪能力。

滩子口桥　位于江安镇加埝村，始建于清代。该石桥建在无名小溪上，呈东北—西南走向，为两墩三孔石板平桥，桥长 8.09、宽 0.97、高 2.5 米，其中桥板厚 0.46 米，桥墩高 2.04 米。桥墩为素面，长 1.57、宽 0.4 米，此桥是两岔路通往长宁境内大道上的石桥。

沙坝头拱桥　位于江安镇加埝村，始建于清代。该桥建在无名小溪上，呈南北走向，是两岔路到长宁境内大路上的石桥。该桥为单孔券拱石桥，桥长 4.8、宽 2.9、高 5.5 米。桥南端石梯共 5 梯，长 2 米，梯步长 2.18、宽 0.35、高 0.13 米，梯带宽 0.36、长 1.1 米；拱垮宽 3.7、高 3.8 米，拱顶厚 0.75 米，桥上无护栏。

石窟寺及石刻

临江园摩崖造像　位于江安镇四社区，建于明代。该造像龛开凿于一天然岩穴内，坐西南向东北，共 1 龛 2 尊造像。龛为长方形敞口平顶龛，高 2、宽 1.3、深 0.4 米，为一佛一弟子，佛像结跏趺坐于须弥座，像高 1.3、肩宽 0.9 米；弟子立于佛像右侧，其弟子造像高 0.4、肩宽 0.15 米。

"俯观星汉"摩崖石刻　位于江安镇四社区，刻于明崇祯六年。该石刻为 1 龛，位于距地表高 15 米的石壁上，面向东北。龛为长方形平顶敞口龛，长 3、宽 1.15、深

0.09 米。文字共 23 字，其中"俯观星汉"4 字为阳刻，字径 0.65、字距 0.2 米，其余文字为阴刻。江安县人民政府于 2010 年 7 月公布为县级文物保护单位。

南照寺摩崖造像　　位于江安镇灯杆山村，造像开凿于明代。该造像共 30 龛 37 尊造像，分布在两边山崖长 100、宽 50、距地表 1~8 米高的山沟岩壁。左边造像坐南向北，右边造像坐北朝南。龛有方形、长方形、拱形、屋顶形、牌楼形等；造像有结跏趺坐、立身等形式。因风化程度严重，难以辨考造像内容。江安县人民政府于 2010 年 7 月公布为县级文物保护单位。

庞仙洞摩崖造像　　位于江安镇青苔坎村，开凿于明万历三十四年（1606 年）。该造像共 1 龛 5 尊，坐西南向东北，分布于长 30、宽 5、距地表 100 米的崖壁上，为仰莲瓣敞口龛。龛高 1.7、宽 6.5、深 0.2 米。佛均为结跏趺坐于须弥座上，高 1.46、肩宽 0.81 米。

古龙洞摩崖石刻　　位于江安镇灯杆山村，刻于清乾隆二十二年（1757 年）。该石刻开凿于红佛寺右侧石壁上，坐东北向西南。龛高 1.1、宽 1.9 米。楷体阳刻，共 23 字，其中"古龙洞"三字字径 0.66、字距 0.04 米，为清邑庠生黄瑛撰文并书。

柴家渡摩崖石刻　　位于江安镇一社区，建于清光绪三十一年（1905 年）。该石刻凿刻在一巨石上，离街地面高 1.5 米，坐东北向西南。一通长方形直口平顶龛，龛长 1.72、高 0.77、深 0.15 米。阴刻行书，大字共 16 个，小字 6 个，字距 0.05 米，文字为"岁次清己巳年七月初九大水涨至此光绪三十年"。（以上内容为 1987 年文物普查资料）今查石刻被居民钟其超改建住房破坏，用混泥土将其覆盖，然后重新书写文字。

邑侯沈公惠政碑　　位于江安镇二社区，刻于清光绪二十年（1894 年）。该石碑坐东南向西北，为方形碣碑，阴刻楷书碑文，碑高 1.9、宽 1 米，厚 0.19 米。碑题七字"邑侯沈公惠政碑"。字径 0.1、字距 0.04 米；正文共 542 字，字径 0.04、字距 0.04、行距 0.03 米。此碑是士绅为离任的原知县沈秉坤所立，歌颂其政绩。江安县人民政府于 2010 年 7 月公布为县级文物保护单位。

馆驿门乙巳年石刻　　位于江安镇三社区，建于清光绪三十一年（1905 年）。该石刻刻于距离路面 0.5 米的石壁上，向北，面对大道与长江河。一长方形平顶直口龛，龛深 0.03、长 0.58 米，高 0.51 米。字均为阴刻行书，共 14 字，字径 0.07、字笔画粗 0.01、字距 0.01 米。文字横排，内容是"乙巳年七月初九洪水至止，县防办"，纪年为清光绪三十一年（1905 年）。龛中下部有一水平洪水位线，水位线为阴刻长 0.48、宽 0.02、深 0.01 米，水位线上左方阴刻一向下标志箭头。（注：石刻文字将"巳"字误刻为"己"）。

耶稣拯救罪人摩崖石刻　　位于江安镇三社区，刻于清代。该石刻面向北，凿刻于长 2、宽 1、离地高 1.8 米的岩石上，为一龛六字。龛为长方形平顶直口龛，长 1.8、宽

0.36、深 0.07 米。字为阴刻行书，字径 0.19、字距 0.15 米。内容为"耶稣拯救罪人"。无款识。据考证天主教在清咸丰初年传入江安，清光绪三十一年（1905 年）在县城修建天主堂，此龛石刻应为清光绪年间（1875～1908 年）所刻。

灯杆山摩崖石刻　位于江安镇灯杆山村，刻于清代。该石刻面向东北，共二龛三十七字，刻于相距 10 米的石壁与大石上。龛均为长方形，线刻龛楣。1 号龛高 1.2、宽 2.6 米，刻"眠云石"三字，字径 0.6、字距 0.2 米。2 号龛刻三十四字，均为阴刻楷体，基督教教义内容。今查 2 号龛被泥石流掩埋，复查困难。

西界碑　位于江安镇青苔坎村，立于清代。该石碑坐东向西，石质方形碣碑。碑座长 1.64、宽 0.78、高 0.3 米；碑身高 2.52、宽 1.2、厚 0.23 米。石碑上阴刻楷书"西界"，字径 0.4、字距 0.08、笔画宽 0.06 米。

近现代重要史迹及代表性建筑

江安天主堂　位于江安镇二社区，为清光绪年间天主教传入县境所建造。该建筑坐西向东，呈纵向排列，正中为教堂，右为厢房，中间置天井，后为后堂。均为条石基础与素面台基，踏道梯步共 2 梯。木结构悬山穿斗与抬梁式梁架，小青瓦屋顶，夹壁槛墙，上施格扇槛窗，白灰饰墙面。主经堂抬梁式，三穿用四柱，右厢房和后堂三穿用五柱。主经堂通高 12 米，面宽三间 8.8 米，进深 20.6 米。右厢房通高 11、面阔 5.4、进深 20.6 米。后堂面阔 4.8、进深 10.6 米。

国立戏剧专科学校旧址　位于江安镇二社区，建筑原是文庙的一部分，建于清代。该建筑坐北朝南，左右带厢房，条石基础，石作素面台基，穿斗式梁架砖木结构，硬山式屋顶，灰塑脊干，整体建筑布局呈长方形。主体建筑大成殿穿斗式梁架三穿用七柱，面阔七间 30.25 米，进深二间 6.2 米。左右带厢房，为硬山式屋顶，穿斗式梁架。总占地面积 1500 平方米，建筑占地面积 385 平方米。1939～1945 年，国立戏剧专科学校迁此办学，为培育中国戏剧人才和抗日救亡运动作出了重大的贡献。四川省人民政府于 1991 年公布为省级文物保护单位。

永华桥　位于江安镇青苔坎村，建于中华民国三年（1914 年）。该桥呈南北走向，石结构单孔空腹式拱桥。桥长 18.5、宽 4、高 5 米，拱高 4.5 米，跨度 5.2 米。桥面微呈弧形，用石板铺成，桥面两端均有垂带式踏道 6 级。桥南端有一通石碑为"中华民国三年立"。此桥系邑人武生王子华之子承父志募捐建造故名。该桥建在无名小溪上，是庞仙洞到城道上的桥梁。

高岩腔石刻　位于江安镇小坝村，凿于中华民国十三年（1924 年）。该石刻为一龛，开凿在白沙岩石壁，面向北。龛长 4.05、高 1.15 米。阴刻楷书 29 行，字径 0.1、字距 0.03 米。石刻原距地面 2 米多高，现被河沙淤积，下边沿基本与地面持平，石刻顶部离上土台面距离 1.5 米。石刻内容为："知事温刻勒石永禁事案本县属牛角坝双江中之鱼鳅石为中流之砥柱和两岸之屏障……" 县政府禁止采石料的安民告示。江安县人民政府于 2010 年 7 月公布为县级文物保护单位。

"还我河山"摩崖石刻　位于江安镇四社区，石刻凿于 1944 年，距地表 10 米高的山崖石壁上，面向东北，为冯玉祥题。阴刻隶体横书一龛四字"还我河山"。龛长 9.6、宽 1.2、字径 0.5、字距 1.1 米。宜宾市人民政府于 2011 年 2 月公布为市级文物保护单位。

斑竹塆标语　位于江安镇红岩村，建于 1957 年。该标语书写在斑竹塆民居蒋云明正房的竹泥夹壁墙上，向西北。标语用墨汁书写，楷书，横排左读，离屋地面高 1.42～1.47 米的位置上，总长 13.25 米，高 0.83～0.86 米。左起第 1 幅"大跃进万岁"高 0.83、宽 1.26、字径 0.4、字距 0.02 米；第 2 幅"英雄台、批评、表扬"专栏高 0.83、宽 1.27、字径 0.33、字距 0.06 米，左距第 1 幅 1.6 米；第 3 幅"比武园"专栏高 0.84、宽 1.29、字径 0.33、字距 0.08 米，左距第 2 幅 5 米；第 4 幅"人民公社万岁"高 0.86、宽 1.27、字径 0.38、字距 0.01 米，左距第 3 幅 1.56 米。"大跃进"运动是指 1958 年至 1960 年间，中国共产党在全国范围内开展的极"左"路线的运动，是在中共八届三中全会及其以后不断地错误批判 1956 年反冒进的基础上发动起来的，是"左"倾冒进的产物。

江安长江车渡码头　位于江安镇四社区，始建于 1958 年。该码头居长江右岸，是连接省道 307 与 308 公路江安境内的重要交通设施。码头公路为条石砌坝，混泥土水泥路面，伸入江边河中，长 100、宽 11 米，总面积 2200 平方米。

江安烈士陵园　位于江安镇四社区，建于 1966 年。该陵园坐东北向西南，墓园共葬革命烈士 64 名，其中有解放战争、征粮剿匪、对越自卫反击战中牺牲的革命烈士。墓园宽 37、长 16 米，其中间有 3 米宽人行道。纪念碑建在墓园与纪念馆之间，碑台呈方形，边宽 9 米，碑座呈方形，边宽 3.2、碑高 12 米。纪念馆前距纪念碑 14 米，一楼一底钢混结构建筑，面阔 30.1 米，进深一间 11 米。此陵园是为缅怀革命烈士的丰功伟绩和供人凭吊的教育活动场所。

大桥坝标语　位于江安镇大桥坝村，建于 1966 年。该标语用墨汁书写在周文清住宅的竹泥夹壁墙上，向南，共 5 幅，用行书字体书写。第 1 幅为左读横书，高 2.2、宽 1.24、字径 0.24、字距 0.12 米；第 2、3 幅高宽与文字大小相同，高 2.3、宽 1.36、字径 0.19、字距 0.1 米，其中第 2 幅横书左读，第 3 幅为竖排右读；第 4、5 幅高宽与文字大小相同，高 2.3、宽 1.3、字径 0.23、字距 0.02 米，均横排左读。书写人：李树坤，时间 1966 年。

睡佛寺水文标杆　位于江安镇四社区，建于 1998 年。该水文标杆为钢筋混泥土建造，建在长江右岸河边，是汛期作测量水位高度的告示标志。标杆呈四柱状菱形，通高11.5、面宽 0.56 米，用白色瓷砖贴边和标志高程，在 12 米处用红色油漆书写警戒水位，在 14 米处用红色油漆书写封航水位。此标杆因 1998 年 7 月 12 日江安特大沉船事故而建。

红桥镇

古遗址

堰江桥址　位于红桥镇红桥二社区，建于清代。该桥址在淯江河两岸，为石板平桥与拱桥相结合建筑，呈东西走向。桥总长 35.48、宽 3.4 米，桥板厚 0.4 米，桥高 1.5 米。其中西端一栋拱桥高 3 米，拱跨宽 5 米，拱顶厚 0.74 米。桥墩头长 0.8、宽 1.45、高 1.1 米。此桥是红桥场向东通行的主要桥梁，是到县城的要道，因泥沙淤积，河床抬高，以致于在 1978 年夏的涨水天，一截大约长 15 米的石桥被洪水冲毁，成为遗址。

铁炉湾铜矿遗址　位于红桥镇水和村，建于清代。该遗址分布在东西宽 100、南北长 300 米的范围内，可见遗弃矿洞 4 个，排列在 50 米范围内。矿洞口宽 1～3、高 1～2.78、深 300 米；洞内宽 2～5、宽 1～3 米。

古墓葬

生基湾墓地　位于红桥镇红色村芦村组生基湾，建于宋代。该墓地共 4 座墓，已扰乱，均向北，分布在东西长 20、南北宽 15 米的台地上。4 座墓均为石室墓，穿窿顶，后龛壁有三层门楣，呈石质仿木结构，斗拱雕刻，其中有高浮雕、墓主人造像等，左、右室壁有"青龙""白虎"高浮雕。龙为三爪，脚踏卷云。M1 墓室长 3.1 米，高、宽各 1.2 米。今查，M2～M4 墓被泥土淤埋。分布面积 300 平方米。

谢家坝墓地　位于红桥镇石岗村，年代为宋代至清代。该墓地共 5 座墓，由 2 座土冢墓和 3 座石室墓组成。土冢墓前距石室墓 180 米，均坐北向南。石室 M1～M3 局部扰乱，分布在长 10、宽 7 米的范围内。M1 长方形，墓室长 3、宽 1.6、高 2 米。墓的侧壁上雕有三爪龙，神像，卷草等高浮雕图案。M2 墓顶石被开启，M3 墓未被扰乱并被泥土掩埋。土冢墓 M4～M5，两墓并排而建，相距 0.5 米，封土呈圆形，用条石砌成。墓长8、宽 6、高 2 米。石质仿木结构墓碑，高 3、宽 2、厚 0.27 米，四柱三开间，重檐庑殿顶，上刻人物、瑞兽、花草等图案，阴刻楷书碑文。M4 墓主：杨平轩（正八品），清光绪十七年（1891 年）立；M5 墓主：杨母邹太老孺人，清同治八年（1869 年）立。分布面积 1880 平方米。

烧坛矶墓地 位于红桥镇石岗村六角冲组烧坛矶，建于明代。该墓地坐西北向东南，石室墓，一墓三室，严重扰乱。墓长 3.4、宽 2.6、高 1 米。其中柱宽 0.2～0.5 米。分布面积 9 平方米。

陈应沼墓 位于红桥镇公益村，建于清乾隆四十六年（1781 年）。该墓坐东向西，土冢墓，封土呈圆形，条石砌成。墓长 5、宽 3.2、高 1.5 米。碑高 1.6、宽 0.78、厚 0.2 米，为石质仿木结构，两柱一开间，单檐庑殿宝顶式，阴刻楷书碑文。分布面积 16 平方米。

狮子山李张氏墓 位于红桥镇红色村瓦房头组狮子山，建于清嘉庆十六年（1811 年）。该墓坐南向北，土冢墓，封土呈圆形，条石砌成。墓长 6、宽 4.2、高 1.6 米。石质仿木结构墓碑，两柱一开间，单檐庑殿宝顶式，阴刻楷书碑文。碑高 2、宽 1.1 米，其中柱宽 0.6 米。分布面积 26 平方米。

狮子坡林李氏墓 位于红桥镇石滩村，建于清嘉庆二十五年（1820 年）。该墓坐南向北，土冢墓，封土呈圆形，用条石砌成。墓长 5.2、宽 3、高 1.7 米。石质仿木结构墓碑，四柱三开间，三重檐庑殿宝顶式，上刻戏剧人物故事，阴刻楷书碑文。碑高 2.9、宽 2.6、厚 0.28 米，其中柱宽 0.25 米，左、右龛宽 0.46 米，中龛宽 0.89 米。分布面积 16 平方米。

李珍林墓 位于红桥镇石滩村，建于清嘉庆十四年（1809 年）。该墓为土冢墓，封土呈圆形，用条石砌成。墓长 7 米、宽 4、高 1.7。墓碑东向，石质仿木结构，两柱一开间，单檐庑殿宝顶式，阴刻楷书碑文。碑高 2.15、宽 1.5、厚 0.4 米。分布面积 28 平方米。

李瑞林墓 位于红桥镇两江村，建于清嘉庆二十四年（1819 年）。该墓为单座土冢墓，封土呈圆形，条石砌成。墓长 7 米、宽 4、高 1.7。墓碑向南，石质仿木结构，四柱三开间，重檐庑殿式顶，阴刻楷书碑文。碑高 3.3、宽 2.4、厚 0.28 米，上刻扑地狮子，两旁刻垂蔓花纹图案。其中中龛宽 0.8、柱宽 0.21 米，左、右龛宽 0.5 米。分布面积 28 平方米。

王世秀夫妇墓 位于红桥镇德禾村，建于清嘉庆二十五年（1820 年）。该墓为单座土冢墓，封土呈圆形，墓长 6 米、宽 3.5、高 1.5。墓碑向北，石质仿木结构，歇山式顶，阴刻楷书碑文。今查墓碑帽顶被毁，碑上半部断裂。碑残高 0.95、宽 0.69、厚 0.1 米。分布面积 21 平方米。

邓成德墓 位于红桥镇联盟村，建于清道光三年（1823 年）。该墓坐东向西，土冢墓，封土呈圆形，条石砌成。墓长 4、宽 3 米。石质仿木结构墓碑，两柱一开间，单檐庑殿宝顶式，阴刻楷书碑文。碑高 1.6、宽 0.77、厚 0.12 米。分布面积 12 平方米。

周戒顺夫妇墓 位于红桥镇义和村，建于清道光七年（1827 年）。该墓为土冢墓，封土呈圆形，条石砌成。墓长 7 米、宽 6、高 1.7。墓碑东向，石质仿木结构墓碑，两柱一开间，单檐庑殿宝顶式，阴刻楷书碑文。碑顶部被掀倾斜，残高 1.86、宽 0.9、厚 0.26 米。分布面积 42 平方米。

闵登墓 位于红桥镇联盟村，建于清道光九年（1829 年）。该墓为土冢墓，封土呈圆形，条石砌成。墓长 5 米、宽 4.8、高 1.5。墓碑东南向，石质仿木结构，两柱一开间，单檐庑殿宝顶式，阴刻楷书碑文。碑高 2、宽 0.82、厚 0.32 米。分布面积 35 平方米。

杨长夏墓 位于红桥镇均田村，建于清道光十一年（1831 年）。该墓为单座土冢墓，条石砌成，封土呈圆形。墓长 7 米、宽 5、高 2。墓碑东北向，石质拱形碣碑，左右置抱鼓，上刻卷草，花卉图案，阴刻楷书碑文。碑高 2.36、宽 1.11、厚 0.31 米，其中抱鼓宽 0.5 米，墓主：杨长夏。分布面积 35 平方米。

大地坝陈氏夫妇墓 位于红桥镇公益村杨柳湾组大地坝，建于清道光十四年（1834 年）。该墓坐西向东，土冢墓，封土呈圆形，用条石砌成。墓长 5.5、宽 4、高 1.9 米。石质仿木结构墓碑，两柱一开间，单檐庑殿宝顶式，阴刻楷书碑文。碑高 2.3、宽 1.1、厚 0.23 米。分布面积 22 平方米。

肖胜成夫妇墓 位于红桥镇水和村，建于清道光二十三年（1843 年）。该墓坐东北向西南，土冢墓，封土呈圆形，用条石砌成，墓长 5.2、宽 5、高 2 米，石质仿木结构墓碑，两柱一开间，左右施抱鼓。单檐庑殿宝顶式，阴刻楷书碑文，上刻花卉与吉祥图案。碑高 3、宽 2.5、厚 0.25 米，其中抱鼓宽 0.55 米。分布面积 26 平方米。

张启华夫妇墓 位于红桥镇义和村，建于清道光二十九年（1849 年）。该墓为土冢墓，封土呈圆形，条石砌成，墓长 6、宽 5 米、高 2。墓碑东南向，石质仿木结构，四柱三开间，重檐庑殿宝顶式，上刻卷草图案，阴刻楷书碑文。墓碑高 3、宽 2.22、厚 0.25 米。墓主：张启华与妻彭氏，清道光二十九年（1849 年）立。分布面积 30 平方米。

杨泰墓 位于红桥镇灰窑村，建于清咸丰七年（1857 年）。该墓坐南向北，土冢墓，条石砌成，墓长 6、宽 3.5、高 2.2 米。石质仿木结构墓碑，两柱一开间，左右施抱鼓，单檐庑殿宝顶式，阴刻楷书碑文。碑高 3.35、残宽 2.16、厚 0.33 米，其中抱鼓宽 0.58 米。该墓原为墓 2 座，因山洪暴发今复查仅存墓 1 座。分布面积 21 平方米。

蒯茂玘墓 位于红桥镇两江村，建于清同治八年（1869 年）。该墓为 2 座墓，坐南向北，均为土冢，封土呈圆形，条石砌成，大小相同，平行而建，相距 0.7 米，立碑时间相同：清同治八年（1869 年）。均为石质拱形碣碑，左右施抱鼓，阴刻楷书碑文。墓长 6、宽 3.6、高 2 米，碑高 1.75、宽 1.65、厚 0.18 米，其中抱宽 0.45 米。M1 墓主：蒯茂玘；M2 墓主：蒯杨氏。分布面积 38 平方米。

黄锡斗墓　位于红桥镇两江村，建于清同治十二年（1873 年）。该墓坐西北向东南，土冢墓，封土呈圆形，条石砌成。墓长 6、宽 2.4、高 2 米。石质仿木结构墓碑，两柱一开间，左右施抱鼓，单檐庑殿宝顶式，阴刻楷书碑文。碑高 2.65、宽 1.98、厚 0.24 米，其中抱鼓宽 0.53 米。分布面积 15 平方米。

张安智夫妇墓　位于红桥镇水和村铁炉湾组严村，建于清同治七年（1868 年）。该墓为土冢，封土呈圆形，条石围砌。墓长 10、宽 7、高 2.3 米。墓碑东南向，为石质仿木结构墓碑，四柱三开间，重檐庑殿宝顶式，阴刻楷书碑文，上刻人物、战场、动物、卷草等图案。碑高 3.5、宽 3、厚 0.31 米。其中柱宽 0.22 米，中龛宽 0.54 米，左、右龛宽 0.45 米。墓主：张安智及其妻彭氏、妾赵氏三人合墓。分布面积 70 平方米。

周茂秀墓　位于红桥镇均田村，建于清同治四年（1865 年）。该墓为土冢，条石砌成，封土呈圆形，墓长 8、宽 5、高 2.2 米。墓碑向北，石质仿木结构，四柱三开间，重檐庑殿式顶，阴刻楷书碑文，上刻卷草图案。碑高 3.8、宽 2.2、厚 0.32 米，其中柱宽 0.18 米，中龛宽 0.6 米，左、右龛宽 0.44 米。分布面积 40 平方米。

代信山墓　位于红桥镇石岗村，建于清光绪二十七年（1901 年）。该墓坐东南向西北，土冢墓，封土呈圆形，墓长 5、宽 1.72、高 1.8 米。石质拱形碣碑，左右施抱鼓，碑高 1.68、宽 1.72、厚 0.18 米，其中抱鼓宽 0.48 米。分布面积 14 平方米。

罗朱氏墓　位于红桥镇解村，建于清光绪二十六年（1900 年）。该墓坐东向西，土冢墓，封土呈圆形，条石砌成，墓长 5、宽 3、高 1.8 米。石质拱形碣碑，左右施抱鼓，上刻吉祥图案，阴刻楷书碑文。碑高 1.48、宽 1.82、厚 0.18 米，其中抱鼓宽 0.42 米。分布面积 15 平方米。

张安元墓　位于红桥镇红色村，建于清光绪十五年（1889 年）。该墓坐南向北，土冢墓，封土呈圆形，条石砌成，墓长 6、宽 4.7、高 2 米。石质拱形碣碑，左右施抱鼓，上刻花卉、瑞兽图案，阴刻楷书碑文。碑高 1.8、宽 1.8、厚 0.14 米，其中抱鼓 0.46 米。分布面积 29 平方米。

杨静泉墓　位于红桥镇对角村，建于清光绪三年（1877 年）。该墓坐南向北，土冢墓，用条石砌成，墓长 6、宽 3、高 1.7 米。石质仿木结构墓碑，四柱三开间，重檐庑殿宝顶式，阴刻楷书碑文。碑残高 3.1、宽 2.1、厚 0.18 米，其中柱宽 0.2 米，中龛宽 0.6 米，左、右龛宽 0.49 米。分布面积 18 平方米。

杨大臣墓　位于红桥镇对角村，建于清光绪七年（1881 年）。该墓坐北向南，土冢墓，用条石砌成，墓长 5.5、宽 3、高 1.8 米。石质仿木结构墓碑，两柱一开间，两边置抱鼓，单檐庑殿宝顶式，阴刻楷书碑文。碑残高 2.4、宽 2.1、厚 0.25 米，其中抱鼓宽 0.5 米。分布面积 20 平方米。

杨魏氏墓　位于红桥镇对角村，建于清光绪十五年（1889 年）。该墓为土冢，用条石砌成，墓长7、宽5、高1.8米。墓碑向南，为石质仿木结构墓碑，四柱三开间。重檐庑殿宝顶式，阴刻楷书碑文，上刻人物、战场、动物、花草图案。碑高2.85、宽2.25、厚0.33米。分布面积35平方米。

圆山子李氏墓　位于红桥镇龙君村，建于清光绪二十六年（1900年）。该墓为土冢，用条石砌成，墓长45、宽2.4、高1.8米。墓碑向东南，为石质仿木结构，重檐庑殿宝顶式，两柱一开间，左右施抱鼓，阴刻楷书碑文，上刻戏剧场面和卷草花卉等图案。碑残高2.5、宽2.1、厚0.3米，其中抱鼓宽0.5米。分布面积12平方米。

杨平五墓　位于红桥镇灰窑村，建于清光绪五年（1879年）。该墓为土冢，用条石砌成，墓长8、宽5、高1.8米。墓碑西北向，为石质仿木结构，四柱三开间，重檐庑殿宝顶式，上刻刻人物、戏剧、狮、花卉图案，阴刻楷书碑文。碑高3.62、宽2.48、厚0.3米。墓主：杨平五位居正七品人物，清光绪五年（1879年）立，县志上有记载。分布面积40平方米。江安县人民政府于2010年7月公布为县级文物保护单位。

白土地冲山墓地　位于红桥镇义和村红花组白土地冲山，建于清代。该墓地共3座墓，坐北向南，分布在白土地冲山的坡地上，均为土冢墓，封土呈圆形，条石砌成。石质仿木结构墓碑，两柱一开间，单檐庑殿宝顶式，阴刻楷书碑文。M1墓长5、宽3.6、高2.5米，墓碑倒塌于地。墓碑残高1.95、宽1.04、厚0.21米。M2与M1并排建，M2左距M1约1.1米。M2墓长5.5、宽3.2、高2米。墓碑高2.4、宽1.05、厚0.25米。墓主：陈应鹏，清嘉庆二十二年（1817年）立。M3在M2左前7米，墓长5、宽4、高1.8米；碑高2.5、宽1.04、厚0.2米。墓主：肖志善，清嘉庆二十一年（1816年）立。分布面积200平方米。

苦竹咀墓地　位于红桥镇石岗村石头山组苦竹咀，建于清代。该墓地共2座墓，均坐北向南，土冢墓，封土呈圆形，条石砌成。石质仿木结构墓碑，两柱一开间，单檐庑殿宝顶式，阴刻楷书碑文。M2前距M1约250米。M1墓长2.9、宽3.6、高1.9米；碑高2.1、宽0.82、厚0.24米。墓主：钱仁发，清同治四年（1865年）立。M2墓长5、宽3、高2米；碑高1.7、宽0.82、厚0.17米。墓主：芮思智，清道光二十五年（1845年）立。分布面积1040平方米。

朱村坝罗氏墓地　位于红桥镇红色村瓦房头组朱村坝，建于清代。该墓地共3座墓，均坐东向西，土冢墓，封土呈圆形。石质拱形碣碑，左右施抱鼓，阴刻楷书碑文，上刻花卉图案。M2左前距M1约80米，M2右距M3约20米。M1墓长6、宽4.2、高1.8米。碑高1.6、宽1.7、厚0.15米，其中抱鼓宽0.46米。墓主：罗学勋，清光绪三十年（1904年）立。M2墓长6、宽2.8、高1.7米。碑高1.6、宽1.5、厚0.15米，其中抱鼓宽0.4米。墓主：罗余氏，清光绪三十四年（1908年）立。M3墓长6、宽3.2、高2.02米。碑高2.06、宽2.04、厚0.22米，其中抱鼓宽0.5米。墓主：罗际云，官衔为正八品。分布面积 1310 平方米。

大鲁村曾家墓地　位于红桥镇两江村大鲁村，建于清代。该墓地共 2 座墓，均坐东北向西南，为土冢墓，封土呈圆形。M2 左前距 M1 有 200 米。M1 墓长 4、宽 2.8、高 1.5 米。石质仿木结构墓碑，两柱一开间，单檐庑殿宝顶式，左右施抱鼓，阴刻楷书碑文。碑高 1.85、宽 0.96、厚 0.16 米。墓主：曾李氏。M2 墓长 5、宽 4、高 1 米，石质方形碣碑，阴刻楷书碑文，碑残高 2.05、残宽 1.16、厚 0.23 米。墓主：曾友龙，清道光二十九年（1849 年）立。分布面积 720 平方米。

大黄山郝氏墓　位于红桥镇灰窑村大黄山组老房子，建于清代。该墓坐南向北，土冢墓，条石砌成，墓长 6、宽 3.1、高 1.3 米。石质仿木结构墓碑，四柱三开间，重檐庑殿宝顶式，阴刻楷书碑文。碑高 2.2、宽 2.1、厚 0.17 米，其中柱宽 0.16 米，左右龛宽 0.49 米，中龛宽 0.56 米，墓主：郝孔富。原为两座墓，因山洪暴发今复查仅存墓一座。分布面积 19 平方米。

古建筑

小龙井　位于红桥镇红桥一社区，始建于宋代。该井开凿具体年代不详，当地人讲红桥在宋代建场镇时就有井泉，以供人们生活用水。此井呈长方形，南北长 2.3、东西宽 1.6 米，下部四周用条石砌成，上部在 20 世纪 90 年代因场镇房屋改造改用砖与混泥土构筑。

火神院子井　位于红桥镇红桥一社区，始建于宋代。该井开凿具体年代不详，当地人讲红该井桥在宋代建场镇时就该有井泉，以供人们生活用水。此井呈长方形，东西长 2.6、南北宽 1.4 米，深 1 米，水井四周用条石砌成，是红桥场镇有名的三口井泉之一。

大龙井　位于红桥镇红桥一社区，始建于宋代。该井开凿具体年代不详，当地人讲红桥在宋代建场镇时就建有井泉，以供人们生活用水。此水井呈菱形，东面宽 3.4、西面宽 3.2 米，南、北面长 3.2 米，井深 6.5 米，水井四周用条石砌成，是红桥场镇有名的三口井泉之一。

红底石板路　位于红桥镇红桥二社区，始建于明代。该石板路东北起大井镇太平村长秧田组与红桥镇联盟村芦蒿田组的母猪岭山下的瓜子洞桥的乌鱼沟，西南至红桥场镇，总长 3000 米，道路宽 0.8～1.5 米。此石板路是城至兴文县城的古官道，始建年代不详，但在明代已经存在，保存的此段石板道是在 1941 年 10 月经整修后的道路。

土寨子　位于红桥镇公益村，始建于明代，为古代的梅岭堡。据县志记载："（梅岭堡）相传亦诸葛武侯屯兵处，明朝时其址上有驻军。"现存寨墙为中华民国时期办团练时所重建，其规模小于初期与明朝时期。寨墙为条石基础，用乱石砌成，呈不规则形，墙高 3～4、厚 0.5、周长 105 米，寨墙中有 2 座碉楼，面积约 900 平方米。

灰窑龙潭 位于红桥镇灰窑村，始建于明代。该水潭呈东西长，南北窄的不规则形状。相传明代就已经存在，但具体开凿年代不详。潭居于两山脉之中的开阔地中部的农田之中，潭壁为石灰岩。东西长 30、南北宽 14、深 20 米。在 1958 年大旱时都未抽干其潭中水，现为该村的农田灌水源。

承志桥 位于红桥镇灰窑村，始建于清道光十八年（1838 年）。该桥呈东西走向，为单孔石拱桥。桥宽 3.8、高 6.3 米，桥面长 3.85 米，东面引桥长 4.1 米，西面引桥长 2.6 米。桥拱跨宽 7.9、高 5.8 米，拱厚 0.5 米。桥拱顶南侧正中竖排阴刻"承志桥"，桥北边的小溪中遗弃一通建桥碑，碑高 1.7 米，呈四边柱形，边宽 0.34 米。碑三面阴刻文字，正面为"承志桥"，两侧面为铭文。碑文大字字径 0.1、字距 0.2 米；小字字径 0.03、字距 0.02 米。据碑文记载，此桥为苟氏家族出资建造。

福寿桥 位于红桥镇灰窑村，始建于清道光三十年（1850 年）。该石桥呈南北走向，两墩单孔石板平桥。桥长 3.3、宽 0.8、厚 0.4 米。桥墩长 2.1、宽 0.6、高 1.7 米。桥板东侧面刻有一通桥名与建桥时间题记，题记时间为清道光庚戌年（1850 年）建。

红桥文昌宫 位于红桥镇红桥一社区，始建于清光绪十七年（1891 年），现存正殿，坐北向南。该建筑条石基础，石作素面台基，石质鼓式柱础，泥夹壁墙，木结构，三穿用六柱，穿斗式梁架，单檐悬山式屋顶。面阔三间 11.02 米，进深三间 8.44 米，通高 7 米。有驼峰 4 朵，撑弓 4 根。建筑面积 120 平方米。

瓜子洞桥 位于红桥镇联盟村，始建于清代。该桥呈东西走向，为一墩两孔石板平桥。桥长 4.72、宽 1.18、厚 0.24 ~ 0.3 米，桥高 1.66 米。桥墩高 1.36 米，墩头宽 0.49、长 0.3 米。桥两岸建有条石护堤。

万寿桥 位于红桥镇石岗村，始建于清代。该石桥建在淯江河右侧无名小溪上，是红桥场通往元田道上的桥梁。为两墩三孔石板平桥，呈东西走向。桥长 8.1 米，宽 1.18、高 2 米；桥板厚 0.5 米，桥墩头长、宽各 0.55 米，桥两端建有条石护堤。东端桥头 2 米处有一通 0.5 米×0.5 米的"万寿桥"桥石碑。

犁渊井 位于红桥镇德禾村，始建于清代。该井开凿年代不详，但最迟在清代已经开凿成井。水井位于两小山脉之间的二级台地上，呈长方形，东西长 11.3、南北宽 3.8 ~ 4.7 米，井壁用条石砌成，深 5 米。此井是当地的名井，在大旱之年可供附近 4 ~ 5 千米范围的村子饮用。

石窟寺及石刻

香炉石摩崖石刻 位于红桥镇两江村，建于清同治七年（1868 年）。该石刻是修路功德碑，面向东南，开凿于距路面 2 米高的山崖石壁上，平顶敞口直龛拱形顶，龛高 0.78、宽 0.46、深 0.05 米。阴刻楷书，竖排，共十一行，字径 0.03、字距 0.02 米。

王家祠堂摩崖石刻　位于红桥镇德禾村，建于清光绪四年（1878年）。该石刻刻于原王家祠堂后山崖壁上，向西北，距地表高3.0米处，长方形平顶直口龛，约550字。龛高0.75、宽1.8、深0.02米。字均为阴刻楷体，竖排34行，字距0.02、字径0.03、行距0.03米。内容是有关王氏家族及建王家祠堂的记载，纪年为清光绪四年十月初八，保存完好。

巴壁灵官摩崖造像　位于红桥镇义和村，刻于清代，坐东北向西南。该造像共四龛四尊像，均敞口平顶龛，开凿在距地面0.74米的石壁上。左上为净瓶观音造像，龛高0.78、宽0.64、深0.1米，像高0.78米，肩宽0.3米。右上为灵官造像，为善跏趺坐，龛高0.86、宽0.6、深0.1米，像高0.86米，肩宽0.32米。左下为土地公、土地婆造像，龛高0.46、宽0.56、深0.13米。造像高0.44米与0.45米，肩宽均0.2米，两造像相距0.09米，右下为土地公造像，龛高0.5、宽0.42、深0.08米，像高0.48米，肩宽0.24米。

纸槽湾摩崖造像　位于红桥镇石岗村，建于清代。该造像为清代凿造，为一长方形敞口拱形龛，下部被泥土掩埋，灰色岩质。佛首为一深浮雕阿弥陀佛头像，具螺髻，神情呆滞，比例失当，做工粗糙，刻凿于山崖壁上，坐北向南。龛宽0.68、高1.1、深0.15米；造像高0.94米，肩宽0.49米。造像正面下部竖排阴刻"阿弥陀佛"四字。

天堂湾摩崖造像　位于红桥镇解村，建于清代。该造像开凿在溪边与水田之间的一大石上，距地面1米，坐北向南。两龛并排开凿，相距0.2米，造像均为坐姿，二龛三尊造像。左龛高0.96米，宽0.5、深0.21米，其观音菩萨造像高0.71米，肩宽0.28米；右龛高0.9、宽0.9、深0.2米，为土地公与土地婆造像。右龛左，土地公造像高0.7、肩宽0.28米，右龛右，土地婆造像高0.64、肩宽0.22米。

半岩观音摩崖造像　位于红桥镇石滩村，建于清代。该造像开凿于一天然崖壁上，坐北向南，距地面高0.8米。为2龛3尊造像，拱形敞口平顶龛，顶上凿人字形排水槽。上龛宽0.92、高1.05、深0.22米，下龛与上龛相连往下0.2米，连为一体。上龛左观音造像，像结跏趺坐，像高0.68、肩宽0.28米；上龛右灵官造像，像坐姿造型，像高0.7、肩宽0.3米。下龛土地造像，像坐姿造型，像高0.54、肩宽0.2米。

近现代重要史迹及代表性建筑

天心桥　位于红桥镇红桥一社区，该石桥始建于清道光二十五年（1845年），1964年改建。该桥建在无名小溪上，是连接小十字街与水巷子街的桥梁，保存完好，呈南北走向，石结构空腹式单孔拱桥。桥长8、宽5.2、高5米，拱跨度长4米，拱顶厚1米，跨度3米。原桥面微呈弧形，用条石铺成。

金钟山太平天国战场址　位于红桥镇均田村，是红桥镇的屏障，因如倒挂的金钟而得名，面积大约 60000 平方米。清同治元年（1862 年）太平天国翼王石达开，率军入川，与四川总督骆秉章下属提督唐友耕所率的五千兵丁在此山激战，太平天国军获胜，清军惨败。

坪子头堰渠　位于红桥镇水和村，建于 1926 年。该堰渠呈东北—西南走向，东北起花花岩，西南止于龙洞湾，全长 1000 米。此堰渠为石堰沟，宽 0.3、高 0.3、边宽 0.06 米；渠槽深 0.08、宽 0.17 米。

恢昌湾民居　位于红桥镇红桥二社区，建于 1927 年。该民居向东北，其石朝门呈长方形，其上门柱和门楣上刻有槛联、动物、人物戏剧，竹子等高浮雕图案。石门宽 2、高 2.8、厚 0.46 米，门洞宽 1.18 米。门联为阴刻隶体，联文是"得二水流有秦怀致；无万间厦愧少陵君"，中华民国十六年题刻。

江兴桥　位于红桥镇红桥二社区—玉屏乡街村，建于 1933 年。该桥建在清江河上，是红桥场大十字通往玉屏街上的桥梁，呈东西走向，石质三孔石砌平板拱桥。桥长 4.6、宽 8、高 9 米，三孔大小相同其跨度均 6.6 米，拱顶厚 0.8 米。桥墩厚 1 米，桥面用条石及碎石铺成，建有砖砌栏杆，栏杆高 1.48、厚 0.43 米，于近年对桥作了修缮。此桥反映了近现代以来江安地方的交通发展状况，对沟通边境上两个县的交通起到了十分重要的作用。

古佛台川南游击纵队战场址　位于红桥镇五阁村，古佛台是红桥场至梅硐古路上的一处险要，其东侧是深渊，西侧是高山，面积大约 6000 平方米。中华民国二十四年（1935 年）九月八日，中国工农红军川南游击纵队在政委余泽鸿的带领下，夜袭红桥镇获全胜。在撤出红桥后与川军达凤岗部及李品三保安团队在古佛台进行了一场激战，红军大获全胜，李品三部战败，李化妆逃窜。1934 年中央红军在扎西，周恩来亲自部署成立川南游击纵队，目的是发动群众在川南建立革命根据地。

红桥碗厂址　位于红桥镇红桥二社区，建于 1958 年。20 世纪 90 年代因经营不善倒闭，保存有炉窑烟囱 5 根，窑门洞 2 个。其中 3 号窑用条石砌成，窑道长 12 米，门洞高 2.18、宽 1.12 米，上部拱高 0.5、宽 1.12 米。

解村平堰渠　位于红桥镇解村，建于 1952 年。该堰渠建在仙寓洞与天宝寨山岩下，西起仙寓洞山下小溪，向东经天宝寨山岩下后再向南到大坝田，总长 2000 米。此堰渠为石槽堰渠，堰渠宽 0.33、高 0.25、边宽 0.08 米。渠槽内宽 0.18、深 0.18 米。

桐梓林堰渠　位于红桥镇水和村，建于 1951 年。该堰渠呈南北走向，北起万里岩的江南湾，南至大坟坝，全长 80 米。此堰渠为石堰沟，宽 0.3、高 0.3、边宽 0.06 米；渠槽深 0.08、宽 0.17 米。

翟家堰堤　位于红桥镇五阁村，建于 1964 年。该堰堤呈东南—西北走向，条石砌成，下宽上窄。总长 60、高 8、顶宽 2 米，导流沟宽 5 米，（为目测数据）。此堰堤是境内较早修建的拦水坝之一，是当地群众投工投劳和国家以工代赈建成的。

古佛台堰堤　位于红桥镇五阁村河湾组（东）—古佛组（西），距殷正江住宅 30 米，建于 1980 年。该堰堤呈东西走向，条石砌成，下宽上窄，总长 47、顶宽 3、高 8 米。导流沟宽 2 米。此堰堤是境内较早修建的拦水坝之一，是当地群众投工投劳和国家以工代赈建成的。

德禾提灌池　位于红桥镇德禾村桂花组，德禾提灌池南距古—高路 80 米，建于 1985 年。该提灌池呈正方形，因采石后留下的大石坑与有地泉涌出形成。池 50 米见方，深 15 米，此池目的是利用石坑储蓄雨水以解决村民人畜饮水和农业生产用水。

桐梓镇

古墓葬

苗儿沱崖墓　位于桐梓镇长江村，建于汉代。该墓地分布在长 15、高 4 米，凿于离地面 10 米的崖壁上。均西南向，双门楣，墓室内严重扰乱。从东起 M1 墓门宽 1.7、高 2 米；M2 墓门宽 1.1、高 1.26 米；M3 墓门宽 1.14、高 1.24 米；M4 墓门宽 1.75、高 1.7 米；M5 墓门宽 1.17、高 1.4 米，墓室长 1.62、宽 1.37、高 1.32 米，此墓曾经出土有泥质红陶片。墓地分布面积 60 平方米。

半边山崖墓　位于桐梓镇全乐村，建于汉代。墓地共 3 座墓，向西南，分布在山巅石壁上，距台地高 6 米，呈水平排列，各相距 2.5 米，已扰乱。M1、M2 单墓门，均高 1.6、宽 1.2 米，M3 墓三门楣呈拱形，高 1.5、宽 1.15、厚 0.75 米；其墓室为穹窿顶，长 6.4、宽 2.2、高 2.5 米；墓室右侧有一石函，宽 0.75、长 2.17、高 0.6 米，槽深 0.5、长 1.85、宽 0.4 米，边框厚 0.15 米，后有壁龛。墓地分布面积 150 平方米。

林长春墓　位于桐梓镇全乐村，建于清康熙六十年（1721 年）。该墓为土冢，封土呈圆形，坐北向南。封堆长 4、宽 3、高 1.3 米。原残碑石质仿木结构，二柱一开间，单檐庑殿宝顶式，阴刻楷书碑文。碑高 1.6、宽 1.17、厚 0.6 米。墓主：清怀远将军林长春。今查墓多次被盗，墓碑已毁。分布面积 12 平方米。

罗晋颜墓　位于桐梓镇姜庙村，建于清康熙五十年（1711 年）。该墓土冢，封土呈圆形，坐西向东。墓冢长 4、宽 3、残高 0.8 米。墓碑石质方形碣碑，阴刻楷书碑文，碑高 0.9、宽 0.48、厚 0.1 米。墓主：罗晋彦。分布面积 12 平方米。碑文记载罗晋彦拥有"清敕授儒林郎"头衔。

赵吴氏墓　位于桐梓镇桐梓村，建于清雍正二年（1724 年）。该墓坐西向东，土冢墓，封土呈平顶，墓长 5、宽 4、高 1.25 米。墓碑为石质拱形碣碑，阴刻楷书碑文，碑高 0.94、宽 0.55、厚 0.13 米。清雍正二年（1724 年）立。分布面积 20 平方米。

李子山何氏墓 位于桐梓镇姜庙村，建于清乾隆三十四年（1769 年）。该墓土冢，封土呈椭圆形，坐西北向东南。墓长 4、宽 2.2、高 1 米。墓碑石质拱形碣碑，阴刻楷书碑文，碑残高 1.1、宽 0.8、厚 0.2 米。墓主：何思□。分布面积 9 平方米。

刘绍康墓 位于桐梓镇云峰村，建于清嘉庆五年（1880 年）。该墓坐东向西，土冢墓，封土呈圆形，条石砌成。墓宽 4.8、高 1.9、长 5 米。石质仿木结构墓碑，四柱三开间，重檐庑殿宝顶式，阴刻楷书碑文。碑残高 2.8、宽 2.82、厚 0.35 米，其中柱宽 0.16 米，左、右龛宽 0.67 米，中龛宽 0.83 米。分布面积 25 平方米。

康瑞麟夫妇墓 位于桐梓镇金江村，建于清嘉庆十七年（1812 年）。该墓土冢，一墓双碑，坐东南向西北。墓长 7、宽 5、高 1.5 米。两碑相距 0.3 米，均石质仿木结构，两柱一开间，单檐庑殿式顶，阴刻楷书碑文。左碑高 2.2、宽 1、厚 0.27 米，其中柱宽 0.18 米。墓主：康闻氏，清嘉庆十七年（1812 年）立；右碑高 2.4、宽 1.1、厚 0.33 米，其中柱宽 0.16 米。分布面积 35 平方米。

兰家氏墓地 位于桐梓镇七星村，建于清嘉庆十五年（1810 年）。该墓地共 2 座墓，坐西向东，均土冢墓，封土呈圆形，为前后错落排列并相连。均石质仿木结构墓碑，仿两柱一开间，单檐庑殿宝顶式，阴刻楷书碑文。M1 墓长 3、宽 2.2、高 1 米；碑高 1.44、宽 0.85、厚 0.24 米，因碑面风化剥蚀，墓主名与立碑时间脱落无考。M2 墓长 4、宽 2、高 0.9 米；碑高 0.46、宽 0.84、厚 0.18 米，因碑面酥碱，墓主名无考。分布面积 35 平方米。

罗荃夫妇墓 位于桐梓镇桐梓村，建于清道光六年（1826 年）。该墓土冢，条石砌成，封土呈圆形，夫妇合葬墓，坐东南向西北。墓高 2.5、宽 6、长 7 米。墓碑石质方形碣碑，阴刻楷书碑文，碑高 2.2、宽 1.49、厚 0.2 米。墓主：罗公荃、罗王氏夫妇。分布面积 6 平方米。

罗大龙墓 位于桐梓镇临江村，建于清道光十一年（1831 年）。该墓坐东南向西北，土冢墓，封土呈圆形，冢呈方形，条石砌成。墓长 9、宽 6、高 1.6 米。石质仿木结构墓碑，仿四柱三开间，重檐庑殿宝顶式，阴刻楷书碑文，碑高 1.12、宽 1.82、厚 0.19 米。分布面积 54 平方米。

康定明墓 位于桐梓镇革新村，建于清道光二十五年（1845 年）。该墓为两座墓，坐东向西，均土冢墓，四周条石砌成，封土呈圆形，平行排列相距 8 米。两墓冢与碑形制相同，均石质仿木结构，两柱一开间，单檐庑殿式顶，阴刻楷书碑文。墓长 6、宽 5、高 1.5 米。墓碑高 1.8、宽 1.04、厚 0.22 米，其中柱宽 0.25 米。M1 墓主：康定明；M2 墓主：康文溥。分布面积 200 平方米。

观斗丘程氏墓 位于桐梓镇高石村，建于清道光四年（1824 年）。该墓土冢，四周用条石砌成，墓高 2、宽 4、长 5 米。墓碑西南向，为石质拱形碣碑，阴刻楷书碑文。碑高 1.72、宽 0.92、厚 0.22 米，墓主：程老大人。分布面积 30 平方米。

程邓氏墓　位于桐梓镇高石村，建于清道光二十年（1840 年）。该墓土冢，条石砌成，封土呈圆形，墓长 7.4、宽 4.9、高 1.2 米。墓碑坐东向西，石质仿木结构，两柱一开间，单檐庑殿式顶，左右施抱鼓（已毁），阴刻楷书碑文。碑高 1.94、残宽 1.17、厚 0.35 米。分布面积 40 平方米。

程卢氏墓　位于桐梓镇高石村，建于清道光三年（1823 年）。该墓土冢，条石砌成，封土呈圆形。封土长 6、宽 5、高 1.7 米。墓碑西向，石质拱形碣碑，阴刻楷书碑文。碑高 1.7、宽 0.9、厚 0.22 米，墓主：程卢氏。分布面积 30 平方米。

康文道墓　位于桐梓镇金江村，建于清道光三十年（1850 年）。该墓土冢，坐东向西，封土呈圆形。墓长 3.5、宽 2.2、高 1.2 米。墓碑石质仿木结构，两柱一开间，单檐庑殿宝顶式，阴刻楷书碑文，上雕刻有人物、花卉图案。碑宽 1.17、高 2、厚 0.21 米。墓主：康文道。墓碑刻对联"石龙玉带千；珍珠山水万"。分布面积 10 平方米。

乌龟山罗刘氏墓地　位于桐梓镇金冲村和平组乌龟山，建于清咸丰八年（1858 年）。该墓坐南向北，土冢墓，封土呈不规则圆形，墓宽 2.6、高 1.3、长 4.7 米。石质仿木结构墓碑，两柱一开间，单檐庑殿宝顶式，左右施抱鼓，上刻花卉、人物图案，阴刻楷书碑文。碑残宽 2.5、残高 2.16、厚 0.36 米，左抱鼓 0.6 米，右抱鼓残损。分布面积 15 平方米。

下大冲刘宋氏墓　位于桐梓镇姜庙村大冲头组下大冲，建于清同治九年（1870 年）。该墓土冢，条石砌成，封土呈圆形，坐西向东。墓长 6、宽 4、高 2 米；墓后残存条石挡土墙，石墙高 2.2、长 6、厚 0.18 米。墓碑石质仿木结构，两柱一开间，单檐庑殿宝顶式，两边置抱鼓，上雕刻祥云瑞龙和花草图案，阴刻楷书碑文。碑高 2.2、宽 2.3、厚 0.16 米，其中抱鼓宽 0.63、柱宽 0.2 米。墓主：刘宋氏。分布面积 36 平方米。

程大超夫妇墓　位于桐梓镇桐梓村，建于清同治六年（1867 年）。该墓共 2 座墓，均为土冢，条石砌成，坐西北向东南，土冢墓，为同期建造，两墓朝向一致，相距 0.8 米，封土呈圆形。墓园共长 8.6、宽 4.8 米。两墓形制大小相同，长 4.6、宽 3.3、高 1.4 米。两墓碑形制大小相当，石质仿木结构，两柱一开间，重檐庑殿式顶，阴刻楷书碑文，碑均宽 1.03、高 1.8、厚 0.13 米，其中柱宽 0.18 米。两墓为夫妻墓，左为男墓主：程大超；右为女墓主：程李氏。分布面积 42 平方米。

飞蛾池彭陈氏墓　位于桐梓镇石头村罗家河组飞蛾池，建于清光绪七年（1881 年）。该墓坐西向东，土冢墓，封堆呈长方形，墓长 3、宽 2、高 0.5 米。石质方形碣碑，阴刻楷书碑文，碑高 0.85、宽 0.75、厚 0.15 米。分布面积 6 平方米。

张悠超墓　位于桐梓镇大路村，建于清光绪三十三年（1907 年）。该墓坐西北向东南，土冢墓，封土呈圆形，墓长 5、宽 4.8、高 2 米。石质方形碣碑，阴刻楷书碑文，碑高 1.43、宽 0.78、厚 0.18 米。分布面积 24 平方米。

箭竹山墓地　位于桐梓镇革新村，建于清代。该墓地共 9 座墓，分布在箭竹山长 40、宽 20 米范围内，均为坐东向西，土冢墓，封土呈圆形，阴刻楷书碑文。其中 M5 墓长 7、宽 4、高 1.5 米。墓碑石质仿木结构，二柱一开间，单檐庑殿宝顶式，左右置抱鼓，碑高 1.85、宽 1.12、厚 0.3 米。墓主：康仕禄。M8 条石砌成。除 M6 墓碑已损外，其他墓碑尚存。分布面积 800 平方米。

雷打石康家墓地　位于桐梓镇金江村，建于清代。该墓地共 3 座墓，分布在长 15、宽 20 米的台地上，均为封土呈圆形、土冢合葬墓，西向，阴刻楷书碑文。M1 封土长 7.6、宽 5.1、高 1.5 米，为双墓碑合葬墓。墓碑均石质仿木结构，两柱一开间，单檐庑殿式顶，清乾隆五十八年（1793 年）立，左碑宽 1.1、高 1.5、厚 0.28 米，其中柱宽 0.14 米；右碑高 1.85、宽 0.91、厚 0.17 米，其中柱宽 0.14 米，碑帽顶倒塌。右碑墓主：康罗氏。M2 墓高 1.3、宽 3.4、长 5.3 米，为双碑合葬墓。左碑石质拱形碣碑，碑高 2.23、宽 1.24、厚 0.2 米；右碑石质方形碣碑，碑高 1.44、宽 0.94、厚 0.2 米，清道光十一年（1831 年）立。左碑墓主：康母聂氏。M3 墓长 4.8、宽 3.4、高 1.6 米。石质方形碣碑，碑高 2.25、宽 1.11、厚 0.2 米，为康文彪与妻赵氏合葬墓。分布面积 300 平方米。

大树子林家墓地　位于桐梓镇三元村红家坳组大树子，建于清代。该墓地共 2 座墓，坐东南向西北，土冢墓，封土呈圆形，纵向并错落排列，前后相连，M1 在 M2 左前。均石质仿木结构墓碑，两柱一开间，单檐庑殿宝顶式，阴刻楷书碑文。M1 墓长 4.5、宽 3.2、高 1.2 米；墓碑高 2.3、宽 1.12、厚 0.32 米。墓主：林贾氏。M2 墓长 8.5、宽 3.9、高 1.8 米；碑残高 2.2、宽 1.14、厚 0.35 米。墓主：林距琇。两碑前后间距 3.9 米。分布面积 15 平方米。

叶家墓地　位于桐梓镇安子寺村，建于清代。该墓地共 2 座墓，坐东向西，纵向排列，前后相距 4.3 米。两墓均土冢，封土呈圆形，均石质仿木结构墓碑，两柱一开间，单檐庑殿宝顶式。M1 为条石墓，M2 为一墓双碑。M1 墓长 4、宽 2.8、高 1.3 米，碑残高 1.49、宽 0.84、厚 0.17 米。墓主：叶赵氏，清道光十二年（1832 年）立。M2 墓长 7、宽 7、高 1.5 米，两碑相距 3.44 米。左碑：叶徐氏；右碑：叶祖选夫妻，叶为"皇清特授国学士"，清嘉庆三年（1798 年）立。分布面积 108 平方米。

半边山墓地　位于桐梓镇老王村槽房头组半边山，建于清代。墓地坐南向北，共 5 座墓，均土冢墓，封土呈圆形。墓碑石质仿木结构，单檐庑殿式顶，阴刻楷书碑文。多数碑残损，风化剥蚀严重，字迹不清。但 M1～M4 保存较完好，M5 墓冢被扰乱。M1 墓长 4、宽 3、高 1.2 米，碑高 1.6、宽 0.98、厚 0.22 米。清道光年间立，具体年代因文字脱落不详。M2 墓长 4、宽 3、高 1.5 米，墓碑高 1.6、宽 0.96、厚 0.17 米。清道光年间立，具体年代因文字脱落不详。M3 墓长 4、宽 3、高 1.2 米，墓碑高 1.8、宽 1.05、厚 0.22 米。清道光年间立，具体年代因文字脱落不详。M4 墓长 4、宽 3、高 1.6 米，墓碑高 1.8、宽 0.68、厚 0.15 米。清道光年间立，具体年代因文字脱落不详。M5 墓长 5、宽 4、高 1.18 米，墓碑高 1.8、宽 0.9、厚 0.23 米。墓主：陈中美、陈李氏夫妻，清乾隆四十八年（1783 年）十月立。分布面积 250 平方米。

　　老坟山墓地　位于桐梓镇老王村柏树湾组老坟山，建于清代。该墓地共 9 座墓，分布在东面山咀上，坐西南向东北，均土冢墓，封土呈圆形，阴刻楷书碑文。M5 封土高 1、宽 3、长 4.5 米。墓碑石质仿木结构，二柱一开间，单檐庑殿宝顶式，左右置抱鼓，阴刻楷书碑文，上刻有花、草、鸟、龙、鹿、鹤等图案。碑高 2.2、宽 2.4、厚 0.18 米。墓主"例赠登仕郎陈公讳□□大人"，清道光四年（1824 年）立。其他 8 座墓均有碑，其中 M7 墓碑倒塌于地。分布面积 1600 平方米。

　　小湾子墓　位于桐梓镇桐梓村，建于清代。该墓共 2 座土冢墓，南向。M1 为椭圆形，冢长 6、宽 4、高 1.3 米。墓碑为石质拱形碣碑，碑高 0.9、宽 0.62、厚 0.12 米。墓主：田朝聘，清乾隆十年（1745 年）建。今复查，碑已毁。M2 建在 M1 上面一台地上相距 5 米，一前一后呈纵向排列，封土呈圆形。墓长 4、宽 3、高 1.2 米，墓碑只残存下半截，碑残高 0.45、宽 0.85、厚 0.13 米，墓主人姓名缺失。分布面积 50 平方米。

　　田家坝墓地　位于桐梓镇石步村，建于清代。该墓地共 2 座墓，坐东南向西北，分布在田家坝山上，大致并行排列，相距 2 米。M1 为土冢墓居右，M2 为土冢条石砌成居左，均封土呈圆形。M1 墓长 4、宽 3.5、高 1.1 米。石质方形碣碑，高 1.37、宽 0.75、厚 0.2 米。墓主：黄应灵，清乾隆三十八年（1773 年）立。M2 墓长 6、宽 4、高 2 米。方形碣碑，宽 1.14、厚 0.2、高 2 米。墓主：田文俊，清道光二十年（1840 年）立。M2 后与左右建挡土石墓垣，墓垣高 2.5、厚 0.4、总长 22 米。分布面积 100 平方米。

　　大屋基墓地　位于桐梓镇姜庙村，建于清代。该墓地共 2 座墓，相距 100 米，均土冢墓，封土呈圆形。M1 条石砌成，封土长 7、宽 3、高 2 米。墓碑西向，石质仿木结构，二柱一开间，单檐庑殿宝顶式，阴刻楷书碑文。碑高 2.2、宽 1.05、厚 0.26 米。墓主：傅唐氏，清道光二年（1822 年）立。M2 封土长 6、宽 3、高 1.8 米，无碑，墓西向。分布面积 160 平方米。

　　南阿山墓地　位于桐梓镇姜庙村，建于清代。该墓地共 4 座墓，坐西向东。墓群长 30、宽 10 米。四座墓均土冢墓，封土呈圆形，阴刻楷书碑文。M1 条石砌成，墓高 1.5、宽 3、长 4 米。墓碑石质，仿木结构，两柱一开间，单檐庑殿式顶。碑高 2.2、宽 1.05、厚 0.28 米，其中柱宽 0.2 米。墓主：傅春达，清道光二年（1822 年）立。M4 土冢，石质拱形碣碑，碑高 1.8、宽 0.9、厚 0.12 米。墓主：傅备文，清嘉庆十八年（1813

年）立。M2~M3 无墓碑，建在同一台地上，并排排列。墓均长 4、宽 3、高 1.5 米。分布面积 300 平方米。

古建筑

安乐码头 位于桐梓镇桐梓社区长江支流的左岸，始建于明代，是县域内的古码头之一。1923 年版《志》上有载，面积 10000 平方米，码头大致呈"一"字形，是转运人流、货物的重要场所。现存码头设施有石梯、护堤堡坎、拴船桩、告示牌。因长江河床下切，现今在枯水天码头无船停靠。

苗儿沱码头 位于桐梓镇长江村长江左岸，始建于明代，是境内的重要码头之一，1923 年版《志》上有载。1949 年前属王姓私人所有，码头长 100、宽 50 米。码头大致呈"U"形，是转运人流、货物的重要场所。

金鸡尾码头 位于桐梓镇合江村长江左岸，对岸是河中坝与县城，始建于明代，是县境内重要的码头之一，志上有记载。该码头长 300、宽 100 米，大致呈"U"形，是转运人流、货物的重要场所，有青板小道与之相连。

安乐金钱井 位于桐梓镇中坝村长江河的左侧支流河床中，靠岸边 8 米，始建于明代。井呈圆形，用条石砌成，直径 2.5、深 0.5 米。汛期井被淹没于河水中，枯水天才露出□□。此井因在每年桃花盛开的阳春三月产桃花水母而闻名，又因桃花水母似金钱而□□水井东北角 8 米的河岸边岩石上阴刻"金钱井"三字，距河床 1 米，字径 0.□□□ 0.05 米。此井在县志上有记载。

□大庙 位于桐梓镇金江村，始建于清道光元年（1821 年）。该建筑坐东朝西，□式，为条石基础，素面台基，方形石柱，现存正殿、前殿及左右厢房。正殿□木□三穿用四柱，抬梁式梁架，重檐歇山式顶，面阔三间 10.1 米，进深三间 9.1 米，□□。前殿为木结构，三穿用四柱，抬梁式梁架，悬山式屋顶，面阔三间 10.1 米，□□间 6.3 米，通高 9 米。占地面积 150 平方米。

□□宫 位于桐梓镇桐梓社区，始建于清代。该建筑现存正殿，正殿坐东向西，素□，素面台基，明间垂带式踏道 2 级，石质圆形柱础，木结构三穿用五柱，抬梁式□□，单檐悬山式屋顶。面阔五间 16.9 米，进深五间 18.9 米，通高 9 米。建筑面积 32□平方□。

安□□ 位于桐梓镇桐梓社区，始建于清代。该建筑坐西北向东南，现存正殿。正殿□□素面台基，石质柱顶石与圆木柱，柱脚加铁箍，柱顶石直径 0.6、高 0.6 米，□□0.4 米。木结构三架梁用二柱，抬梁式梁架，单檐硬山式屋顶，左右封火墙上□灰塑脊干。面阔五间 19.2 米，进深 9.6 米，通高 7 米。建筑面积 185 平方米。

小石盘码头 位于桐梓镇革新村，始建于清代。该码头位于长江左岸，对岸为古贤坝，有乡村公路与之相连接，码头面积 10000 平方米。码头大致呈"U"形，是转运人流、货物的重要场所。该码头始建年代不详，但在清代已存在，1923 年版《志》上有载。

傅增湘宅 位于桐梓镇双江村，始建于清代。该建筑坐西向东，条石基础，石作素面台基，竹骨泥墙，三穿七柱九檩，穿斗式梁架，单檐悬山式屋顶。面阔三间 14.7 米，进深 9.6 米，通高 7.9 米，建筑面积 76 平方米。傅增湘（1872~1949 年），字润沅，又字沉步，别号双鉴楼主人，藏园老人。祖父名诚，曾任河北通判；父世榕，曾任河北藁城及怀安知县。傅与其兄和弟三人均中进士，傅与其兄两人入选翰林院庶吉士，成为一门三进士两翰林，世称"江安三傅"。傅氏共四弟兄，幺弟增淞，业儒未出仕。1949 年新中国成立时，此故居传给傅增湘幺弟增淞之子傅襄莫。傅襄莫被评为地主，此故居被分给李正友等三个村民所有，李正友分得明间，肖文虎与熊志华分别分得左次间与右次间。故居的左梢间与天井、花园被拆毁。故居被世人称为"翰林宅"。

金家滩桥 位于桐梓镇金家滩村金家滩组金家滩，始建于清代。该石桥呈东北—西南走向，九墩十孔平板石桥。桥长 27.7、宽 1.4、高 2.1 米，桥板厚 0.55 米。东北桥墩头长 0.6、宽 0.45 米，西南桥墩头长 0.1、宽 0.45 米。

石窟寺及石刻

仙佛寺摩崖造像 位于桐梓镇踏水桥村，开凿于明代。该造像凿于距地表 8~15 米高的石壁上，分布面积 300 平方米，坐北向南。该摩崖造像有 4 龛共计造像 4 尊，书刻大字 8 个。1 号龛书刻"云水钟声"4 字，竖排楷体阴阳凿刻，为明万历年间知县张文焕手迹；2 号龛拱形敞口；3 号龛拱形直口。造像分别为一佛、三佛，均结跏趺坐于须弥座上，其中 3 号龛的佛像高 0.6、肩宽 0.3 米；4 号龛为阴刻横书楷体"江城如画"4 字，为清代知县沈秉堃题。江安县人民政府于 2010 年 7 月公布为县级文物保护单位。

母猪石造像 位于桐梓镇合江村，建于清代。该造像坐北向南，石座被泥土掩埋，灰色岩质。首为一圆雕阿弥陀佛头像，具螺髻，神情呆滞，比例失当，做工粗糙。石像身呈四棱柱形，横截面长方形，正面阴刻"阿弥陀佛"，其余三面为素面，高 1.2、宽 0.4、肩宽 0.4 米，制成于清代，但具体时间无考。因石像前为长江，此处多次淹死人，当地民众捐资制此石像，用作驱鬼辟邪。

大岩坡摩崖造像 位于桐梓镇金江村坪上组大石梯，正前距长江 20 米，建于清代。该造像分布在长江河左岸长 150 米的石壁上，相距 146 米，坐东北向西南，共 2 龛 7 尊造像。分别为长方形平顶直口和长方形拱顶直口龛。造像均结跏趺坐于须弥座上，其中 2 号龛高 1.5、宽 1.8、深 0.05 米，为一佛二弟子二菩萨造像。佛像高 0.6、肩宽 0.3 米，在龛沿上有阴刻文字共 13 字。其楷书联文为"度众生苦难；显大士慈悲"，楣刻

"南海岸"。今复查 1 号龛于 2007 年因山洪暴发毁损。

小坟山造像 位于桐梓镇集中村，建于 1941 年。该造像坐东北向西南，石座被泥土掩埋，灰色岩质。首为一圆雕阿弥陀佛头像，神情呆滞，匠气十足，做工粗糙。石像身四棱柱形，横截面长方形，正面宽 0.34、侧面宽 0.22、石像通高 0.71 米，正面阴刻"泰山石"，中华民国三十年（1941 年）刻。谣传此处多次闹鬼，民众集资凿造，立于道旁驱鬼辟邪。

近现代重要史迹及代表性建筑

罗家河桥 位于桐梓镇石岗村，建于 1942 年。该石桥建在无名小溪上，是安乐至水清大道上的桥梁，呈东南—西北走向，条石砌成，空腹式单拱结构。桥宽 3.5、长 25、高 4.5 米，拱跨宽 10.5 米，拱顶厚 0.6 米。

苗儿沱车渡码头 位于桐梓镇长江村，建于 1958 年。该码头居长江左岸，是连接省道 307 与 308 公路江安境内的重要交通设施。码头宽 20、长 100 米，呈"一"字形布局，总面积 2000 平方米，其堡坎用条石砌成，混泥土路面。1958 年，码头以木质机动船渡运汽车；1969 年，改木质船为钢铁质车船，先后置 101 拖轮 160 马力和 302 拖轮 320 马力；1984 年，拖船两艘 480 马力，载车驳船 2 只，趸船 1 只。运送高峰期每天运送车辆达 500 辆左右。2007 年 5 月，由于江安长江大桥建成，沟通了南北交通，该码头改作战备码头。

井口镇

古遗址

董坝遗址 位于江安井口镇红花村，距江边 40 米，高出江面 5～10 米，南面临长江，东、北、西三面为浅丘山峦，被农耕地与房舍覆盖。该遗址东西长 1500、南北宽 200～400 米。遗址内，地势平坦，从断面可见文化层厚 2.5 米，离地表深 0.3 米，多发现于冲沟侧面及台地土坝，部分暴露于地表。当地村民打井时，发现离地表 1～2 米间有条石墙基、石墁天井以及石质生活用具等。遗址内保存的汉砖、汉瓦、红陶残片较多，20 世纪 60 年代出土了汉代铜釜一件，村民传为古代"洪州"的城址，普查初步判断为汉代古城池遗址。

古墓葬

包包土墓地 位于井口镇红花，建于汉代。该墓坐西向东，砖石砌成，封堆呈长方形，高 2、东西长 10、南北宽 3 米。东、西冢的两端部分受损，显露墓砖，砖有几何纹，楔子形，砖长 0.34、宽 0.22 米，大头厚 0.06 米，小头厚 0.05 米。西 2 米为民房，东、南、北三面为农田，分布面积 30 平方米。

草山上墓地　　位于井口镇武侯村，建于汉代，早年被盗开，未发现墓碑，分布面积 100 平方米。

瓦房头墓地　　位于井口镇凤凰村，建于明代。该墓地坐北向南，早年被严重扰乱，封土呈平行状，一墓二室，墓室内无雕饰。墓室长 2.9、宽 2.8、高 1.5 米，墓室隔梁厚 0.17 米。分布面积 9 平方米。

龙王角刘钟氏墓　　位于井口镇走马村兴隆组龙王角，建于清乾隆十七年（1752 年）。该墓坐东北向西南，土冢墓，封堆呈圆形，长 4.2、宽 3.8、高 1.6 米。石质仿木结构墓碑，单檐庑殿宝顶式，阴刻楷书碑文，碑残高 1.7、宽 0.88、厚 0.23 米。分布面积 16 平方米。

徐舒氏墓　　位于井口镇白坭村，建于清乾隆四十六年（1781 年）。该墓坐东向西，土冢墓，封土隆起部分不明显。墓长 3.9、宽 2.6、高 1.1 米。石质拱形碣碑，阴刻楷书碑文，碑高 0.39、宽 0.64、厚 0.22 米。分布面积 10 平方米。

小山头徐氏墓　　位于井口镇增产村，建于清嘉庆三年（1798 年）。该墓坐西向东，土冢墓，封堆呈圆形，长 5、宽 4.4、高 1.5 米。石质仿木结构墓碑，两柱一开间，单檐庑殿宝顶式，左右置抱鼓，上刻人物戏剧故事图案，阴刻楷书碑文。碑残高 1.72、宽 1.22、厚 0.23 米，其中抱鼓宽 0.6 米。因碑面风化，墓主人名无考。分布面积 22 平方米。

范家墓地　　位于井口镇卯埂村，建于清代。该墓地共 2 座墓 3 通碑，坐西向东，均为土冢，条石砌成，封土呈圆形，建有外圈挡土墓垣。M1 墓长 6、宽 4.2、高 1.6 米。仿木结构墓碑，两柱一开间，单檐庑殿宝顶式，左右施抱鼓，阴刻楷书碑文。碑高 3.1、宽 2.2、厚 0.3 米。墓主：范培宣，清道光二十七年（1847 年）立。墓外圈墓垣总长 16、高 2.4、厚 0.33 米，其中后龛高 2.2、宽 2.6 米，拜台宽 3.8、高 0.8 米，墓的左、右侧到外圈距离 2 米。M2 墓长 8、宽 6.6、高 1.7 米。两通碑，碑形制、尺寸、立碑时间与 M1 相同，所刻花草、鸟兽、人物图案有别。墓主：范培珍、范基凤。墓外圈墓垣总长 22、高 2.6、厚 0.33 米，其中后龛宽 3.35、高 3 米。墓的左、右侧到外圈墓垣距离 1.8 米，拜台宽 3.5 米。两墓前后相连，M2 拜台到 M1 的后龛墙距离 3.28 米。分布面积 270 平方米。

石头湾大坟坝墓地　　位于井口镇武侯村石头湾组大坟坝，建于清代。该墓地共 5 座墓，均为土冢，封土呈圆形，坐东北向西南。其中 3 座墓有碑，M1 为石质仿木结构墓碑，四柱三开间，重檐庑殿宝顶式，阴刻楷书碑文（其碑顶早年被掀倒于地）。碑高

1.7、宽2.4、厚0.2米。分布面积300平方米。

古建筑

井口码头 位于井口镇井口社区长江左岸，始建宋代，1923年版《志》上有载。该码头长200、宽100米，呈"U"形，转运人、货。码头现有乡村公路之相连接，岸边有街道石梯与之相接，是连接江安南、北二乡的重要码头之一，目前仍尚在使用。码头对岸为江渔沱码头。

井口毗庐寺 位于井口镇井口社区，始建于明洪武年间（1368～1398年），重建于清道光时期（1821～1850年）。该寺坐北朝南，前低后高，呈三进院落布局排列，山门（戏楼）、前殿、正殿分别建在同一纵轴线上。北面最高一台建筑为正殿，三柱九檩，单檐歇山抬梁式风格，面阔三间13米，进深12.6米，通高15米。正殿前下面台基上左右分别建钟楼与鼓楼，正中建前殿。前殿与山门（戏楼）之间为看戏的院坝，但在院坝中后加了一栋坐北向南的砖混小青瓦建筑。山门（戏楼）为寺院的第一进建筑，山门下为吊脚楼作通道，上为戏楼。三柱七檩，单檐歇山抬梁式风格，面阔五间17.4米，进深17米。整座建筑布局合理，主次分明，用料粗壮，做工考究。在20世纪50至80年代期间，曾一度作为镇政府办公地点。

井口武侯祠 位于井口镇武侯村，始建于清代。该建筑坐东向西，主体建筑为正殿，素面台基，明间左右各施12级踏道，双向而上，前带廊，青砖为柱。抬梁式砖木结构，三架梁，单檐歇山顶，施小青瓦，正脊灰塑吉祥图案，中间置如意宝顶，翼角上仰，灰塑草龙图案。明间施三关六扇门，左右次间施槛间槛墙，前檐撑弓圆雕人物故事图案。面阔三间17.2米，进深三间15.2米，通高15米。左右各配有厢房，厢房形制一致，均与正殿呈纵向排列，穿斗式砖木结构，小青瓦，硬山顶建筑，面阔三间14.9米，进深两间7米。总面积262平方米。江安县人民政府于2010年7月公布为县级文物保护单位。

和尚洞桥 位于井口镇复员村，始建于清代。该石桥呈东北—西南走向，残存两墩三孔，为石板平桥。桥残长6.6、宽1.3、高1.6米，桥板厚0.4米。西北桥墩头长0.4、宽0.2米，东南桥墩头长0.4、宽0.17米。

近现代重要史迹及代表性建筑

金鸡洞堰堤桥 位于井口镇碾子村，建于1965年。该堰堤桥建在南井小溪上，是井口通往走马道上的桥梁。呈东北至西南走向，条石砌成，下为拦水堰堤，堰堤长50.5、宽2.5、高1.2米；上为12墩13孔平桥，混泥土水泥桥板，上加石质护栏，两边建有引桥。桥长50.5、宽1.85、高2.7米，桥板厚0.25米；桥墩宽0.7、高2.4米，每孔宽 3.3 米。1965 年建堰堤桥，1968 年建桥面护栏，桥东北端立有一通捐资功德石碑。

怡乐镇

古墓葬

观音岩崖墓　位于怡乐镇青龙村林场观音台，建于汉代。该墓地 5 座，均双门楣，开凿在山岩石壁上距路面 0.5 ~ 7 米的地方，坐东南向西北，墓地宽 18.4、高 3 米。其中 M1 墓门高 1、宽 1.1 米；M2 墓门高 1.6、宽 1.8 米，左距 M1 有 1.4 米；M3 墓门高 1.6、宽 1.94 米，墓室长 3.6、宽 2.2、高 1.5 米，左距 M2 有 5.4 米；M4 墓门高 1.6、宽 1.6 米，墓室长 3.3、宽 2.1、高 1.4 米，左距 M3 有 2.4 米；M5 墓门高 1、宽 1.6 米，左距 M4 有 1.2 米。分布面积 56 平方米。

马道子崖墓　位于怡乐镇三岩村，建于汉代。该崖墓共 2 座，坐西南向东北，开凿在长江右岸的山崖石壁上，平行建造，相距 2 米，M1 墓门宽 0.85、高 1.2 米，M2 墓宽 1、高 1.2 米。分布面积 5 平方米。

回龙屋基崖墓　位于怡乐镇滥池村，建于汉代。该崖墓建在山崖石壁上，坐南向北，长 6、宽 2 米，面积 12 平方米。三座墓均双门楣，其中 M1 墓门高 1.4、宽 1.2 米；M2 墓门高 1.6、宽 1.5 米，左距 M1 有 0.9 米；M3 墓门高 1.4、宽 0.9 米，左距 M2 有 1.4 米。墓地分布面积 12 平方米。

杉木湾崖墓　位于怡乐镇长沙村大屋基组杉木湾，建于汉代。该崖墓共 2 座，建在山崖石壁上，距路面高 4 米，坐南向北。M1 墓双门楣，墓门宽 0.9、高 1.2 米，墓室长 2.5、宽 1.3、高 1.3 米；M2 墓单门楣，墓门宽 1.2、高 1.2 米，墓室内泥土淤塞，两墓相距 3.5 米。分布面积 10 平方米。

石门子崖墓　位于怡乐镇长沙村大屋基组石门子，建于汉代。该墓开凿在离路面 2 米高的山崖石壁上，坐西向东，三门楣。墓门宽 1.2、高 1.4 米，墓室长 3.1、宽 1.2、高 1 米。分布面积 2 平方米。

七角洞崖墓　位于江安县怡乐镇长沙村七角洞组七角洞，建于汉代。该崖墓开凿在距乡村公路路面 3 ~ 5 米高的山崖石壁上，长 15、宽 3 米的范围中，坐西向东。M1 墓门宽 1.2、高 1.2 米，右距 M2 有 1.4 米；M2 墓门宽 1.2、高 1.2 米；M3 墓门宽 1.2、高 1.1 米，左下距 M2 有 2.5 米；M4 墓门宽 1.4、高 1.2 米，左距 M3 有 1.3 米；M5 墓门长、宽各 1.2 米，左下距 M4 有 2.2 米；M6 墓门长宽各 1.2 米，左距 M5 有 0.7 米。分布面积 45 平方米。

庙子雷墓地　位于怡乐镇三岩村石龙井组庙子雷，建于明代。该墓地坐东向西，为石室墓，一墓四室。墓长 7、宽 3、高 1 米，均未被扰乱。分布面积 21 平方米。

石包田墓地　位于怡乐镇三岩村石龙井组石包田，建于明代。该墓地坐南向北，为石室墓，一墓二室，严重扰乱。墓长 3、宽 2.2、高 1 米。分布面积 7 平方米。

渣口石墓地　位于怡乐镇三岩村油房头组渣口石，建于明代。该墓地坐东南向西北，为石室墓，一墓四室，封土呈圆形，严重扰乱。墓室长 6、宽 4、高 2 米。墓门长 6、高 1.2 米，其中柱宽 0.26、墓门宽 0.98 米。分布面积 24 平方米。

坟山湾墓　位于怡乐镇同心村，建于明代。该墓地为石室墓，一墓三室，坐西向东。墓长 6、宽 3.8、高 2.2 米。墓室长 5、宽 3、高 1.5 米，后有龛壁，均为石质素面。此墓曾出土陶罐 1 个，陶片 1 件。分布面积 24 平方米。

滥田湾墓地　位于怡乐镇新屋基村，建于明代。均为石室墓，共 5 座，分布在长 17.5、宽 6 米的范围内，均为东向，由条石和石板砌成。M1～M2 墓被严重扰乱，墓长 3.2、宽 2.3、高 1.6 米；M3～M5 保存较完好，墓长 6.1、宽 4.8 米。墓地分布面积 105 平方米。

曹启文墓　位于怡乐镇东风村，建于清嘉庆二十三年（1818 年）。该墓为土冢墓，墓碑东向，条石砌成，封土呈圆形。墓长 3.7、宽 3、高 1.65 米。石质仿木结构墓碑，四柱三开间，重檐庑殿式顶，碑微呈八字形，阴刻楷书碑文，碑上刻有花卉图案。碑高 2.25、宽 2 米，其中柱宽 0.2 米，左、右龛宽 0.43 米，正龛宽 0.48 米。墓主：曹启文。分布面积 11 平方米。

沈朝举墓　位于怡乐镇青龙村，建于清道光元年（1821 年）。该墓坐南向北，土冢封土呈圆形，长 4.6、宽 3、高 1.6 米。石质仿木结构墓碑，两柱一开间，单檐庑殿宝顶式，阴刻楷书碑文，碑上刻有人物、瑞兽图案。碑高 2.1、宽 1.3、厚 0.3 米，其中柱宽 0.24 米。墓主：沈朝举（文字脱落，据村民讲为"举"字）。碑前一拜台，拜台宽 3.6 米。分布面积 14 平方米。

沈朝辅墓　位于怡乐镇青龙村，建于清道光九年（1829 年）。该墓坐西北向东南，土冢墓，封土呈圆形，条石砌成，长 4、宽 3、高 1.8 米。冢下施须弥座，上边沿着雕饰。石质仿木结构墓碑，两柱一开间，单檐庑殿宝顶式，阴刻楷书碑文，碑上刻花卉图案。碑高 1.68、宽 1.04、厚 0.2 米，碑联文为"龙飞凤舞人文焕；水秀山明旱地钟"。分布面积 12 平方米。

沈侯氏墓　位于怡乐镇青龙村，建于清道光十年（1830 年）。该墓土冢，封土呈圆形，条石砌成，长 6、宽 3.5、高 3 米。墓碑东向，石质仿木结构墓碑，两柱一开间，单檐庑殿宝顶式。碑高 3、宽 1.2、厚 0.28 米，上刻有"佳城万古"横额与对联。今查墓碑被毁，墓前 1.5 米处建有民房。分布面积 21 平方米。

沈朝翰墓 位于怡乐镇青龙村，建于清道光十九年（1839 年）。该墓坐东北向西南，土冡墓，封土呈圆形，条石砌成。后建有挡土石墙，墙长 7.5、高 1.2 米。墓长 4.8、宽 3.7、高 2.5 米。石质仿木结构墓碑，两柱一开间，单檐庑殿宝顶式，阴刻楷书碑文，碑上刻扑地狮子与花卉图案。碑高 2.9、宽 1.14、厚 0.25 米。墓主：沈朝翰。分布面积 38 平方米。

沈黄氏墓 位于怡乐镇青龙村，建于清道光十五年（1835 年）。该墓坐北向南，土冡墓封土呈圆形，条石砌成。墓长 6.6、宽 3.4、高 2.4 米。石质仿木结构墓碑，两柱一开间，单檐庑殿宝顶式，阴刻楷书碑文，左右施抱鼓，上刻花卉、龙、狮子图案。碑高 3.3、残宽 3、厚 0.32 米。墓主：沈黄氏。分布面积 24 平方米。

赵国橦墓 位于怡乐镇滥池村，建于清道光十五年（1835 年）。该墓为土冡墓，条石砌成，封土呈圆形。墓高 1.8、长 3.9、宽 3.8 米。墓碑东北向，石质仿木结构，两柱一开间，单檐庑殿式顶，阴刻楷书碑文。碑残高 1.8、宽 1.14、厚 0.2 米，其中柱宽 0.16 米。今查墓碑帽顶塌于地。分布面积 24 平方米。

沈刘氏墓 位于怡乐镇公平村，建于清光绪二十一年（1895 年）。该墓坐南向北，土冡墓，封土呈圆形，条石砌成。墓长 5、宽 3、高 1.7 米。石质仿木结构墓碑，四柱三开间，重檐庑殿宝顶式，阴刻楷书碑文，上刻花卉图案。碑高 3.2、宽 2.58、厚 0.35 米，其中柱宽 0.25 米。左、右龛宽 0.53 米，中龛宽 0.82 米。墓主：沈刘氏。分布面积 15 平方米。

李正朝墓 位于怡乐镇和平村，建于清道光二十三年（1843 年）。该墓坐东北向西南，土冡墓，封土呈圆形，墓长 3.7、宽 2.6、高 1 米。石质仿木结构墓碑，两柱一开间，单檐庑殿宝顶式，左右施抱鼓，上刻花卉、飞禽图案，阴刻楷书碑文。碑高 2.36、残宽 1.1、厚 0.29 米，其中抱鼓宽 0.52 米。分布面积 8 平方米。

林德福墓 位于怡乐镇三岩村，建于清道光三十年（1850 年）。该墓坐东南向西北，土冡墓用条石砌成，墓长 6、宽 5.4、高 2.1 米。石质仿木结构墓碑，两柱一开间。单檐庑殿宝顶式（顶倒塌于碑前），阴刻楷书碑文。碑残高 1.32、残宽 1.02、厚 0.28 米。分布面积 33 平方米。

曹济泉墓 位于怡乐镇东风村，建于清咸丰二年（1852 年）。该墓东南向，为土冡墓，封土呈圆形。墓长 4、宽 2.5、高 1.4 米。石质仿木结构墓碑，四柱三开间，重檐庑殿式顶，阴刻楷书碑文，上刻卷草图案。碑高 3.2、宽 2.9、厚 0.3 米。墓主：曹济泉。分布面积 10 平方米。

张翠鸣墓 位于怡乐镇丰产村，建于清咸丰十一年（1861 年）。该墓坐东南向西北，土冡墓，封土呈圆形，用条石砌成。墓长 4.1、宽 3.1、高 1.7 米。石质仿木结构墓碑，仿两柱一开间，单檐庑殿宝顶式，左右施抱鼓上刻人物、瑞兽、花卉图案，阴刻楷书碑文。碑残高 2.2、宽 1.74、厚 0.28 米，其中抱鼓宽 0.47 米。分布面积 12 平方米。

沈张氏墓　位于怡乐镇青龙村，建于清同治十二年（1873 年）。该墓为土冢墓，条石砌成，封土呈圆形。墓长 5.5、宽 5、高 2.8 米。墓碑西南向，石质仿木结构墓碑，两柱一开间，单檐庑殿宝顶式，阴刻楷书碑文，左右施抱鼓，上刻有狮、鱼、花草等图案。碑高 3.4、宽 2.5、厚 0.38 米，建有条石墓垣。分布面积 40 平方米。

沈牛氏墓　位于怡乐镇青龙村，建于清同治四年（1865 年）。该墓为土冢墓，封土呈圆形，条石砌成，坐北向南。墓长 4.7、宽 3、高 1.7 米，建一前一后排列双碑，均拱形碣碑，阴刻楷书碑文。前碑高 1.7、宽 0.85、厚 0.2 米，清道光二十九年（1849 年）立；后碑高 2.3、宽 1.2、厚 0.3 米，清同治四年（1865 年）立。两碑相距 0.6 米。分布面积 15 平方米。

邓良宁墓　位于怡乐镇合理村，建于清光绪四年（1878 年）。该墓坐东南向西北，土冢墓，封土呈圆形，墓长 4.3、宽 3.4、高 1.2 米。石质拱形碣碑，阴刻楷书碑文，碑高 1.52、宽 0.85、厚 0.22 米。分布面积 14 平方米。

李培本墓　位于怡乐镇天堂村，建于清光绪三十二年（1906 年）。该墓坐东北向西南，土冢墓，封土呈圆形，条石砌成。墓长 3.5、宽 3.3、高 2.7 米。石质拱形碣碑，上刻花卉、瑞兽图案，阴刻楷书碑文。碑高 2.1、宽 1.04、厚 0.29 米；碑座长 1.4、宽 0.7、高 0.38 米。墓后与左右置条石墓垣，墓垣高 2.8 米，总长 20.5 米。墓主：李培本。分布面积 50 平方米。

祖坟沟墓地　位于怡乐镇新民村四合头组祖坟沟，建于清代。该墓地分布在长 40、宽 20 米的山坡上，坐南向北，均为土冢墓，封土呈圆形。除 M4 墓碑为石质仿木结构墓碑，两柱一开间，单檐庑殿宝顶式，左右施抱鼓（碑顶倒塌）外，其他墓碑均为石质碣碑，阴刻楷书碑文。M1 为三人合葬墓，墓长 9.5、宽 7.5、高 1.8 米。左碑为石质拱形碣碑，碑宽 1.02、高 1.47、厚 0.26 米，墓主：李张氏，清嘉庆二十年（1815 年）立；中碑为石质拱形碣碑，碑宽 0.84、高 1.32、厚 0.2 米，墓主：李罗氏，清乾隆六十年（1795 年）立；右碑宽 0.83、高 1.32、厚 0.16 米，墓主：李代氏，清乾隆六十年（1795 年）立。M4 墓长 5.1、宽 2.5、高 1.6 米。碑残高 1.68、残宽 1.06、厚 0.2 米。墓主：李荣会，清咸丰三年（1853 年）立。分布面积 800 平方米。

九柱山王氏墓地　怡乐镇马龙村店子上组九柱山，建于清代。该墓地共 3 座墓，坐北向南，大致平行排列，M3 往后 1.8 米。M1 土冢墓，封土呈圆形，条石砌成；M2、M3 土冢墓，封土呈圆形，均为石质拱形碣碑，阴刻楷书碑文。M1 墓长 4.4、宽 3.6、高 1.9 米。碑高 1.74、宽 0.86、厚 0.26 米。墓主：王伍氏，清嘉庆二十五年（1820 年）立。M2 左距 M1 有 2.2 米，墓长 4.2、宽 3.2、高 1.6 米。碑高 1.7、宽 0.9、厚

0.19 米。墓主：王陈氏，清同治八年（1869 年）立。M3 左距 M2 有 3 米，墓长 3.6、宽 3.2、高 1.4 米。碑高 1.54、宽 0.84、厚 0.2 米。墓主：王萧氏，清咸丰七年（1857 年）立。分布面积 68 平方米。

观山湾墓　位于怡乐镇建设村长冲子组观山湾，建于清代。该墓共 2 座墓，坐西北向东南，建在宽 10 米，长 20 米的范围内，土冢墓，封土呈圆形。M1 墓长 4.1、宽 3、高 1.5 米。石质拱形碣碑，阴刻楷书碑文，碑高 1.57、宽 0.77、厚 0.2 米。墓主：贾元恩，清道光五年（1825 年）立。M2 墓长 4.5、宽 3、高 1.5 米，石质拱形碣碑。阴刻楷书碑文，字迹不清，只能识别贾□□，清道光□□。碑高 1.44、宽 0.7、厚 0.17 米。分布面积 200 平方米。

贾家墓地　位于怡乐镇建设村，建于清代。该墓地建在长 12、宽 5 米的范围内，坐西向东，为 3 墓 2 碑，均土冢墓，封土呈圆形。M2 墓长 4.5、宽 2.9、高 2.2 米，M1、M3 两墓形制、立碑时间相同，清道光九年（1829 年）立。均墓长 4、宽 3、高 2.2 米。墓碑石质仿木结构，四柱三开间，重檐庑殿式顶，阴刻楷书碑文，上刻瑞兽吉祥图案，阴刻楷书碑文。碑宽 2.47 米，残高 1.85 米（碑顶石垮塌），厚 0.14 米。其中左、右龛宽 0.6 米，中龛宽 0.6 米，柱宽 0.17 米。M1 墓主：贾卢左；M3 墓主：贾朱氏。两墓碑联文为清举人贾耀第题。分布面积 60 平方米。

长五间曹家墓地　位于怡乐镇东风村，建于清代。该墓地共 3 座墓，均坐西北向东南，土冢，封土呈圆形。M3 在 M2 左面 200 米，M1 正后距 M2 约 350 米。M3 墓长 3.7、宽 2.4、高 1 米。墓碑东南向，石质仿木结构，四柱三开间，重檐庑殿式顶，阴刻楷书碑文，上刻有花卉图案。碑高 2.6、宽 2.2、厚 0.33 米。墓主：曹刘氏，清道光二十一年（1841 年）立。M2 墓长 5、宽 3、高 1.3 米。石质方形碣碑，阴刻楷书碑文，碑高 1.8、宽 0.94、厚 0.2 米。墓主：曹周氏，清光绪三十二年（1906 年）立。M1 墓长 5.5、宽 3.2、高 1 米。石质方形碣碑，阴刻楷书碑文，碑高 1.8、宽 0.94、厚 0.2 米。墓主：曹廖氏，清光绪二十九年（1903 年）立。分布面积 3867 平方米。

芭蕉塝幸福墓地　位于怡乐镇滥池村，建于清代。该墓地共 10 座墓，长 15、宽 30 米，总占地面积 540 平方米，分布在芭蕉塝北面坡地上。M1 为土冢墓，条石砌成，封土呈圆形。墓长 3.9、宽 3.1、高 1.8 米。墓碑东北向，石质仿木结构，两柱一开间，单檐庑殿式顶，阴刻楷书碑文。碑高 2.8、宽 1.17、厚 0.29 米。墓主：陈德才。题记年代：清同治十一年（1872 年）。今复查 M1 墓碑被毁，其他墓均土冢墓，无墓碑。分布面积 540 平方米。

姜地湾墓　位于怡乐镇桥头村，建于清代。该墓共 2 座墓，土冢墓，封土呈圆形，坐西向东。M1 墓高 1.6、宽 3.4、长 6.8 米。石质仿木结构墓碑，二柱一开间，单檐庑殿式顶，两边置抱鼓，阴刻楷书碑文，上刻有人物、瑞兽等图案。碑高 1.24、宽 1.25、

厚 0.2 米。墓主：姚樊氏，清道光十九年（1839 年）立。M2 墓长 5、宽 4.3、高 1.8
米。石质拱形碣墓碑，阴刻楷书碑文，碑高 1.6、宽 1.5、厚 0.12 米。墓主：张钟氏，
清道光十五年（1835 年）立。分布面积 90 平方米。

闵家沟墓地 位于怡乐镇关口村，建于清代。该墓地共 4 座墓，分布在闵家沟民居
后山长 18、宽 10 米的范围内，均为土冢墓，封土呈圆形。M2～M4 墓用条石砌成，高
1.4、宽 2.5、长 5 米。M1 无条石，长 4.6、宽 2.8、高 2.2 米。M2、M3 有墓碑，东北
向，石质仿木结构，二柱一开间，单檐歇山式顶，阴刻楷书碑文。M2 碑高 1.88、宽
0.76、厚 0.11 米。墓主：王张氏，清乾隆四十五年（1780 年）立。M3 碑高 1.7、宽
0.76、厚 0.13 米。分布面积 180 平方米。

七角洞曾家墓地 位于怡乐镇长沙村，建于清代。该墓地长 18、宽 10.6 米，坐西
向东。共 3 座墓，均土冢墓，条石砌成，封土呈圆形。M1、M3 均石质仿木结构墓碑，
两柱一开间，单檐庑殿宝顶式，阴刻楷书碑文。M1 墓长 6、宽 4、高 1.7 米。墓碑宽
0.9、高 1.6、厚 0.14 米。墓主：曾陈氏，清道光十七年（1837 年）立。M2 墓左距 M1
2 米，墓长 6.1、宽 4、高 1.8 米。石质拱形碣碑，碑高 2.1、宽 1.1、厚 0.18 米。墓
主：曾绍孔，清嘉庆二十二年（1817 年）立。M3 距 M2 有 4.5 米，墓长 6、宽 4.2、高
1.8 米。墓碑残高 2.7、宽 1.3、厚 0.3 米。墓主：曾世美，清嘉庆十四年（1809）立。

古建筑

江渔沱码头 位于怡乐镇新民村江渔沱组江渔沱长江河右岸，始建于明代，1923
年版《志》有载。该码头长 100、宽 100 米，大致呈"U"形，是转运人流、货物的重
要场所，是连接江安南、北二乡的重要渡口码头之一。现有乡村公路与之相连接。

王爷庙码头 位于怡乐镇麻衣村长江河右岸，始建于明代，1923 年版《志》有载。
该码头长 100、宽 50 米，大致呈"U"形，是转运人流、货物的重要场所，有大道与之
相连，也是江安境内从东起的第一个渡口码头，是连接南、北二乡的重要码头之一。

水大田码头 位于怡乐镇公平村长江右岸，始建于明代，北向，1923 年版《志》
有载。该码头长 100、宽 500 米，大致呈"U"形，是转运人流、货物的重要场所，
有乡村公路与之相连接。河对岸为庆福码头，是连接江安南北二乡的重要渡口码头
之一。

二龙口码头 位于怡乐镇茨岩村，始建于明代。该码头位于长江河右岸二龙口，是
古老的码头之一，1923 年版《志》上有载，北向，河对面码头为草坝场码头。史料载
从明代起码头就纳入政府管理，至今尚在使用，是县境内连接南北两岸的重要码头之
一。码头范围：长 300 米、宽 100，面积 30000 平方米，大致呈"一"形，是转运人
流、货物的重要场所。

板板桥　位于怡乐镇龙兴村，始建于清代。该石桥建在无名小溪上，是金鱼滩至大渡口道上的桥梁，呈南北走向，四墩三孔石板平桥。桥长 5.8、宽 0.88、高 2.6 米，桥板厚 0.32 米。桥墩长 1.6、宽 0.38、高 2.28 米，其中石狮长 0.72、宽 0.34、高 0.78 米，狮高 0.58 米。

桥头桥　位于怡乐镇桥头村，始建于清代。该石桥建于清代，呈南北走向，是二龙口场镇通往泸州方向的桥梁，架在长江右岸支流的无名小溪上，为石结构空腹式单孔拱桥。桥长 7.6、宽 4.15、高 5 米，拱高 4 米，跨度宽 4.2 米。桥面呈平形，用石板铺成，两边无护栏。

响水桥　位于怡乐镇凉水村，建于 1922 年。该石桥建在无名小溪上，是二龙口至凉水村道上的桥梁，呈南北走向，为四墩三孔石板平桥。桥长 6、桥宽 0.75 米，桥板厚 0.3 米，桥高 1.2 米，桥墩长 1.05、宽 0.4、高 0.9 米。

石窟寺及石刻

太公寺摩崖造像　位于怡乐镇关口村，建于明代。该造像坐南向北，横向排列于长 600、宽 30 米，距地表高 2.5 米的崖壁上。共 18 龛 35 尊造像，均为长方形敞口拱顶龛。其中 1 号龛高 1.87、宽 4、深 0.75 米，因风化严重，均难考辨造像内容。今查现有造像为 20 世纪 90 年代人为塑像，将原佛像覆盖，但原佛龛尚存。

银台石水文石刻　位于怡乐镇麻衣村，刻于清乾隆五十三年（1748 年）。该石刻凿刻于距路面 3 米高的银台石山崖石壁上，坐南向北，面向长江河。一长方形平顶直口龛，龛深 0.03、高 0.75、宽 1.1 米。阴刻楷书文字，字径 0.06、字距 0.03 米。题刻人：孙成龙。

"别一洞天"摩崖石刻　位于怡乐镇天堂村，刻于清咸丰元年（1851 年）。该石刻刻于距地表 10 米的山崖石壁上，坐西向东。长方形平顶直口龛，龛长 3、宽 1.2、深 0.02 米。字均为阴刻楷体，其中从右至左楷书"别一洞天"四字，字径均 0.4、字距 0.15 米。小字共二十四字，为"咸丰元年仲冬吉旦，署事黔南张秉堃谨题"。小字题记均为竖排。江安县人民政府于 2010 年 7 月公布为县级文物保护单位。

"江天一览"与"荡寇勋高"摩崖石刻　均位于怡乐镇麻衣村。"江天一览"石刻凿刻于清嘉庆十年（1805 年），距路面 6 米、距河面 20 米的长江河右岸山崖石壁上，坐南向北。一平顶直口龛，长 11.8、高 2.4、深 0.1 米。阴刻楷体，字径 1.3、字距 0.5、笔画宽 0.2 米，为永宁道（叙永）观察使余延良题，县志上有载。"荡寇勋高"石刻开凿于清光绪二十四年（1898 年），距江面 22 米，离路面 10 米的山崖石壁上，坐南向北。一平顶直口龛，长 13.8、高 2.7、深 0.05 米。文字横排右读，阴阳刻楷书体，字径 1.5、字距 0.5 米。石刻是记载时任江安知县的杨吉，奏请朝廷剿灭古宋县人刘昆阳组织的起义军，并在当地（观音寺）捉住刘，交泸州处决的事件。宜宾市人民政府于 2011 年 2 月公布为市级文物保护单位。

银台石摩崖石刻群　位于怡乐镇麻衣村，凿刻于清代。该石刻群凿刻在距河面 15 米，离路面 1.4～1.6 米，总长 19 米的山崖石壁上，坐南向北，共 8 龛，龛深 0.01～0.03 米。阴刻楷书字体，文字竖排。时间最早一通题刻为清嘉庆六年（1801 年），最迟一通题刻为中华民国年间。其中 1 号龛高 0.7、宽 2.65 米；2 号龛高 0.57、宽 0.8 米，左距 1 号龛 0.1 米；3 号龛高 0.7、宽 0.36 米，左距 2 号龛 2.6 米；4 号龛高 0.77、宽 1.42 米，左距 3 号龛 0.7 米；5 号龛高 0.63、宽 0.57 米，左距 4 号龛 1 米；6 号龛拱形，高 0.63、宽 0.43 米，左距 5 号龛 0.8 米；7 号龛高 0.4、宽 0.65 米，左距六 6 号龛 0.06 米；8 号龛高 0.25、宽 0.39 米，左距 7 号龛 0.11 米。

磨子石摩崖造像　位于怡乐镇滥池村，建于清代。该造像开凿在山崖石壁上，距地面 100 米，坐北向南，平顶敞口龛。一龛一佛一弟子，佛为禅跏趺坐。龛高 1.2、宽 1、深 0.15 米，佛像高 1、肩宽 0.45 米。此尊造像周围群众称"白脸观音"。

近现代重要史迹及代表性建筑

马腿津护国战争战场址　位于怡乐镇丰产村，战场址是在 1916 年 1 月 31 日～2 月 2 日（1915 年农历腊月三十日），北洋军熊祥生部从宜宾被派往泸州攻打护国军，讨袁护国军田颂尧率部在此迎战的遗址。因马腿津地形险要，江面狭窄，水流湍急，便于阻击顺江而下的运兵船，护国军以少胜多地俘获了北洋军军官韩复榘等 20 余人，伤 10 余人，俘北洋兵 260 余人。护国军以少胜多地取得了胜利，成为中国近代战争史以少胜多的战例。被后来称作"马腿津"之战而被载入史册。江安县人民政府于 2010 年 7 月公布为县级文物保护单位。

樊桥　位于怡乐镇桥头村，建于中华民国三年（1914 年）。该桥呈东西走向，石结构十墩十一孔石板平桥。桥长 37.4、宽 2.9、高 10 米。最大跨度 4.5 米，最小跨度 3 米。桥面平直，用石板铺成。桥墩长 4.5、宽 0.8、高 10 米。其中桥墩头呈三角形造型，以减轻水对桥体的冲击力，长 0.8 米。桥为当地曹姓人始建，因曹姓人无财力竣工，后由樊姓乡绅独资与化缘建造，为江安到泸州古道上的桥梁。江安县人民政府于 2010 年 7 月公布为县级文物保护单位。

红马崖石刻　位于怡乐镇天堂村，建于中华民国七年（1918 年）。该石刻刻于距台地 2.5 米的山崖石壁上，坐西向东，长方形平顶直口龛。龛长 1.9、宽 1 米，龛深 0.08 米。文字均为阴刻楷体，其中"眠夏"二字右排右读，字径 0.55、字距 0.2 米，中华民国七年（1918 年）书，款识文字剥蚀无法辨别。该石刻对研究中华民国时期川南地区石刻文化发展具有一定的实物参考价值。

青峰寺剿匪战场址 位于怡乐镇滥池村，建于 1950 年。该战场址面积 0.25 平方千米，位于青峰寺主峰及四周。1950 年 5 月 29 日江安剿匪指挥部以 83 团 2 营 4、5 连兵力，分两路向青峰寺进攻。匪徒据险顽抗，战斗异常激烈。经解放军的猛攻后，解放军占领了青峰寺。匪徒跳岩摔死跌伤 80 余人，毙匪 50 余人，缴枪 30 多支，解放军共牺牲 12 人，伤 19 人。现建有纪念碑亭、纪念题刻亭、缅怀碑等纪念设施。江安县人民政府于 2010 年 7 月公布为县级文物保护单位。

埝塘溪水库 位于怡乐镇建设村，建于 1956 年。该水库库堤呈东南—西北走向，长 124、高 50、顶宽 10 米，其中排洪口长 37.4、宽 10、高 2 米，面积 2.85 平方千米。该水库蓄水量 132 万立方米，灌溉面积 0.09 万亩，工程土方 4.5 万立方米，石方 0.03 万立方米。此水库也叫念塘溪水库。

狮子山渡渠 位于怡乐镇青龙村，建于 1966 年。该渡渠为二墩三孔渡渠，长 89.1、宽 1.7、高 10.2 米，是大埝溪水库的配套工程，也是将水库之水引向青龙村、公平村、龙兴村等地的堰渠之一段石渡渠。此渡渠是农业学大寨的产物，是群众投工投劳，国家以工代赈的方式所建。

白石岩堰渠 位于怡乐镇新屋基村，建于 1975 年。该堰渠呈东西走向，东高西低，落差 55 米，顺山而建，总长 800 米。其中石堰渠 700 米，泥土堰渠 100 米，石堰宽 0.2、深 1 米，堰边厚 0.1 米；泥土堰宽 0.3、深 0.1 米。

张文湘旧居 位于怡乐镇茨岩村，建于 1975 年。该民居坐西南向东北，占地 138 平方米。条石基础素面台基，檐坎高 0.25、宽 1 米；土墙、砖墙、夹壁墙组合建造。正房正面为砖墙，上施单个槛窗；东北侧为砖结构，其他外墙为土墙结构，隔墙为夹壁墙，小青瓦盖顶。正房通高 4.2、长 16.5、进深 4.9 米。左侧厢房长 15、进深 4 米。张文湘为国内著名柑橘专家，有"中国夏橙之父"的殊荣。该民居 1975 年由张友树始建，因失火后张友树搬离，由张文湘之女张远芬重建，建好后张文湘在此一直居住到去世。江安县人民政府于 2010 年 7 月公布为县级文物保护单位。

二龙口货运码头 位于怡乐镇茨岩村，建于 1985 年。该码头因川南以及云南所产矿产品需进行船运而建，宽 100、长 500 米，面积 40000 平方米，大致呈"一"形，是转运货物的重要场所。

张文湘夫妇合葬墓 位于怡乐镇茨岩村，建于 1996 年。该墓坐西南向东北，前距张文湘旧居 10 米，土冢墓，用青砖垒封堆，表面贴白色瓷砖（15 厘米×15 厘米），封堆长 0.79、宽 0.49、高 0.49 米。墓后 0.4 米立石质拱形碣碑一通，碑高 1.26、宽 0.66、厚 0.1 米。立碑时间 1996 年（碑误刻为 1993 年），阴刻楷书碑文，分布面积 1 平方米。张文湘生于 1900 年 6 月，卒于 1996 年，祖籍四川省叙永县。江安县人民政府于 2010 年 7 月公布为县级文物保护单位。

留耕镇

古遗址

窑厂湾窑址　位于留耕镇黄土村，始于明、清。该窑址呈东北—西南走向，分布在宽 40、长 60 米的小山丘上。窑址遗存有大量的土陶黑釉残片，另有碗、缸、壶等生活器皿，初步判断为明、清时期器物。

滥碾子铜矿遗址　位于留耕镇银锭村。该铜矿遗址据传开采于清代，20 世纪 60 年代尚在开采，为南北走向，呈直线分布在长 200 米的山边，发现有洞口四个。遗存下的矿洞长达几十米，洞宽 1.2~1.5 米，洞高 0.8~1.1 米。

古墓葬

周家咀墓　位于留耕镇人民村，为汉代石室墓。该墓东南向，土冢墓，封土呈圆形，土质为黄色黏土，有明显的人工夯筑层。冢高 7、直径 30 米，当地村民称"孔明坟"。1994 年 11 月，墓冢被村民取作建房墙泥，将石室墓口打开。墓门是一巨石，墓道为素面条石穿窿顶，长 2.1、宽 1.65、高 1.6 米；墓室为素面条石穿窿顶，长 4.8、宽 2.5、高 2.4 米，后龛壁上有浮雕神树、汉阙、王母、九尾狐、鱼、龟、鸟、杂耍、裸俑等图案。墓室内有三具石棺（已被鉴定为国家一级文物），其中两具满雕百戏宴饮、杂耍、双阙、神树、弋射、六博、棋盘、狩猎等图案。分布面积 300 平方米。宜宾市人民政府于 2011 年 2 月公布为市级文物保护单位。

土地坡崖墓　位于留耕镇杨庙村小岩口组土地坡，建于汉代。该崖墓开凿在山崖石壁上，坐北向南，分布在长 15、宽 2 米的范围内。M1 双门楣宽 1.3、高 1.4 米；M2 双门楣宽 1.5、高 1.6 米，左距 M1 有 5 米；M3 双门楣宽 1.4、高 1.6 米，左距 M2 有 5.4 米。墓地分布面积 30 平方米。

马家坡崖墓　位于留耕镇杨庙村小岩口组马家坡，建于汉代。该崖墓共 10 座墓，坐北向南，开凿在山崖石壁上，分布在长 40、宽 3 米的山崖边。其东面起 M1 墓门高 1.9、宽 3 米。墓室长 5、宽 2.1、高 1.9 米；M2 墓门高 1.6、宽 1.4 米。墓室长 6.3、宽 1.4、高 1.6 米；M10 墓门高 1.6、宽 3.45 米。墓地分布面积 120 平方米。

插腊湾生基咀墓地　位于留耕镇中心村，建于宋代。该墓地坐东南向西北，石室墓，一墓三室，互通，中室雕龙石棺一具，右室素面石棺二具。墓室壁上雕刻有龙、虎、花卉、妇人启门、侍者等图案。墓门宽 4.6、高 1.89 米，其中柱宽 0.38 米。墓室长 3、高 1.7、宽 1.2 米。中室内石棺长 1.7、宽 1.2、高 0.6 米。分布面积 5 平方米。

天堂沟墓地　位于留耕镇黄土村黄榜组天堂沟，建于宋代。该墓地坐东向西，石室墓，一墓三室。墓室长4.8、宽2.8、高2.1米。墓门开启，严重扰乱。分布面积15平方米。

场榜墓地　位于留耕镇东胜村大地坳组场榜，建于宋代。该墓地坐北向南，石室墓，墓室上有封土呈圆形，早年被盗，后被填埋。封土长10、宽6、高2米。分布面积60平方米。

金黄湾墓　位于留耕镇银锭村，建于明代。该墓坐北向南，石室墓，封土呈圆形，一墓二室。墓冢长4.2、宽2.38、高1.8米。墓室长2.8、宽1.88、高1.3米，其中柱宽0.18米。分布面积12平方米。

大水沟墓地　位于留耕镇银锭村银锭咀组大水沟，建于明代。该墓地建在宽20米，长50米的斜坡地上，共有石室墓8座，坐北向南，均为一墓二室。大部分墓室被打开，墓室长2.5~3.2、宽2.1~2.6米不等。墓地分布面积1000平方米。

高山子墓　位于留耕镇银锭村高山子组高山子，建于明代。该墓坐北向南，石室墓，封土呈圆形，一墓二室。墓室长2.4、宽2.4、高1.4米，其中柱宽0.14米。分布面积7平方米。

屋基头墓地　位于留耕镇杨庙村小岩口组屋基头，建于明代。该墓地坐西南向东北，分布在长12、宽5米的山坡上，共3座墓，均为石室墓，一墓双室。M1长3.3、宽1.6米；墓门宽1.1、高1.3米。M2左距M1有1.9米，M2长3.2、宽2.8米；墓门宽2.5、高1.7米。M3左前距M2有3.9米，M3长3.2、宽2.8米；墓门宽2.4、高1.7米。墓地分布面积60平方米。

吴成名夫妇墓　位于留耕镇三块村，建于清嘉庆十三年（1808年）。该墓坐东北向西南，墓冢用条石砌成，封土呈圆形。墓长5.6、宽4、高1.7米。石质仿木结构墓碑，两柱一开间，庑殿宝顶式。碑高2、宽1.3、厚0.3米，其中柱宽0.2米。分布面积23平方米。

李登贵墓　位于留耕镇杨庙村，建于清嘉庆十九年（1814年）。该墓坐东向西，土冢墓，封土呈圆形，用条石砌成。墓长4.1、宽3.4、高1.3米。石质仿木结构墓碑，两柱一开间，重檐庑殿宝顶式，阴刻楷书碑文。碑高2、宽1、厚0.32米，其中柱宽0.2米。分布面积13平方米。

黄国常夫妇墓　位于留耕镇民权村，建于清嘉庆二十年（1815年）。该墓坐东向西，土冢墓，封土呈圆形，用条石砌成。墓长5.5、宽5.2、高1.9米。石质仿木结构墓碑，四柱三门，重檐庑殿宝顶式，阴刻楷书碑文，上刻龙凤、花卉图案。碑高2.9、宽2、厚0.23米，其中柱宽0.22米，左、右龛宽0.55米，中龛宽1.1米。墓主：黄国常与其妻张达为。分布面积28平方米。

胡奇秀墓 位于留耕镇银锭村，建于清嘉庆二十二年（1817年）。该墓坐西北向东南，土冢墓，封土呈圆形，用条石砌成。墓长5.9、宽3.04、高1.7米。石质仿木结构墓碑，两柱一开间，单檐庑殿宝顶式，阴刻楷书碑文。碑高2.2、宽1.02、厚0.23米。分布面积18平方米。

徐秦氏墓 位于留耕镇中心村，建于清嘉庆二十五年（1820年）。该墓坐西北向东南，土冢墓，封土呈圆形，用条石砌成，墓长4.8、宽2.2、高1.8米。石质仿木结构墓碑，两柱一开间，单檐庑殿宝顶式，上刻花卉图案，阴刻楷书碑文，碑高2.3、宽1.1、厚0.28米。分布面积11平方米。

魏运墓 位于留耕镇长征村，建于清嘉庆二十四年（1819年）。该墓坐西向东，土冢墓，封土呈圆形，用条石砌成。墓长4、宽3、高2.3米。石质仿木结构墓碑，两柱一开间，单檐庑殿宝顶，阴刻楷书碑文式。墓碑高2.27、宽1.18、厚0.2米。分布面积12平方米。

胡奇春墓 位于留耕镇四重村，建于清道光六年（1826年）。该墓坐东向西，土冢墓，封土呈圆形，用条石砌成，墓长4.4、宽2.8、高1.7米。石质仿木结构墓碑，两柱一开间，单檐庑殿宝顶式，阴刻楷书碑文，墓碑高1.98、宽0.86、厚0.25米，其中柱宽0.14米。墓主：胡奇春。分布面积15平方米。

胡王氏墓 位于留耕镇银锭村，建于清道光七年（1826年）。该墓坐北向南，土冢墓，封土呈圆形，条石砌成。墓长6、宽3.4、高1.6米。石质仿木结构墓碑，两柱一开间，单檐庑殿宝顶式，阴刻楷书碑文。碑高2.6、宽1.06、厚0.28米，其中柱宽0.18米。墓主：胡王氏。分布面积21平方米。

生基咀李氏墓地 位于留耕镇东胜村关昌坝组生基咀，建于清道光七年（1827年）。该墓地共2座墓，坐北向南，土冢墓，封土呈圆形，用条石砌成。两墓并排而建，相距1.4米。墓长4.8、宽4.4、高2.1米，冢的上沿条石上刻有花卉图案。石质仿木结构墓碑，两柱一开间，重檐庑殿式顶，阴刻楷书碑文。碑高2.86、宽1.03、厚0.26米。碑座正面刻有花卉人物图案，长1.6、宽0.9、高0.3米。M1墓主：李舒氏；M2墓主：李杨氏。M2墓碑左侧有巴县训导黄学海所题墓志铭一通，清道光七年（1827年）立。分布面积50平方米。

胡奇杰夫妇墓 位于留耕镇人民村，建于清道光十六年（1836年）。该墓为单座土冢墓，东南向，封土呈圆形，条石框边。墓长5.2、宽5、高2.2米。碑两通，石质仿木结构，单檐庑殿宝顶式，阴刻楷书碑文。左碑高2.1、宽1、厚0.23米；右碑残高1.58、宽0.96、厚0.24米，两碑相距0.5米。分布面积26平方米。

李杨氏墓 位于留耕镇东胜村，建于清道光十八年（1838年）。该墓坐西向东，土冢墓封土呈圆形，条石砌成，墓长4.4、宽3.2、高1.8米。石质仿木结构墓碑，两柱一开间，重檐庑殿宝顶式，阴刻楷书碑文，双楹联，碑座长 1.5、宽 0.9、高 0.28 米，碑高 2.4、宽 1.13、厚 0.31 米。分布面积 13 平方米。

圆山包李氏墓 位于留耕镇民权村凤凰咀组圆包山，建于清嘉庆十三年（1808 年）。该墓坐东南向西北冢用条石砌成，封土呈圆形。墓长 5、宽 3.6、高 1.55 米。石质仿木结构墓碑，两柱一开间，单檐庑殿宝顶式，阴刻楷书碑文。碑高 1.85、宽 0.85、厚 0.26 米，其中柱宽 0.2 米。墓碑上只有李字可辨，其名不能识。分布面积 18 平方米。

坟坝咀赵氏墓 位于留耕镇人民村，建于清嘉庆八年（1803 年）。该墓为单座土冢墓，封土呈圆形，用条石砌边，东南向。墓长 6、宽 3.2、高 1.8 米。石质方形碣碑，阴刻楷书碑文，高 2、宽 0.9、厚 0.24 米。分布面积 18 平方米。

胡国才墓 位于留耕镇人民村，建于清嘉庆二十二年（1817 年）。该墓为单座土冢墓，东南向，封土呈圆形，用条石砌边。墓长 4.4、宽 2.6、高 2 米。石质仿木结构墓碑，四柱三开间，重檐庑殿宝顶式，阴刻楷书碑文。碑高 3.6、宽 2.1、厚 0.25 米。分布面积 10 平方米。

李谢氏墓 位于留耕镇中心村，建于清咸丰八年（1858 年）。该墓为土冢墓，封土呈圆形，坐西向东。墓长 7.6、宽 3.5、高 1.45 米。石质仿木结构墓碑，四柱三开间，重檐庑殿宝顶式，阴刻楷书碑文。碑残高 1.15、宽 1.52、厚 0.14 米，左右建挡土条石墓垣与墓碑相连。条石墓垣左右各长 1.7、厚 0.25、高 0.85 米。分布面积 30 平方米。

刘谭氏墓 位于留耕镇人民村，建于清同治七年（1868 年）。该墓为土冢墓，封土呈圆形，条石砌成，墓外用条石砌成墓垣，东向。墓长 5.1、宽 4.2、高 2 米。墓碑仿木结构，两柱一开间，重檐庑殿宝顶式，左右施抱鼓，阴刻楷书碑文。碑高 2.9、宽 2.5、厚 0.34 米。后龛挡土条石墓垣高 4、长 11.2、厚 0.4 米，正中建有一匾额"芳型千古"，左、右龛墙分别长 5 米。分布面积 80 平方米。

任召麟夫妇墓 位于留耕镇八一村，建于清同治十年（1871 年）。该墓土冢墓，封土呈圆形，用条石砌成，外有条石墓垣，前有拜台，坐东北朝西南。墓长 5.4、宽 4.3、高 2.3 米。石质仿木结构墓碑，四柱三开门，重檐庑殿宝顶式，阴刻楷书碑文，上刻扑地狮子、花卉图案。碑高 4、宽 2、厚 0.3 米，其中左、右龛宽 0.39 米，中龛宽 0.7 米，柱宽 0.17 米。墓垣总长 26.4、高 1.96 米，拜台宽 5 米。今查原为二墓，仅存一墓，因山洪暴发危岩垮塌销毁。分布面积 100 平方米。

八角墓 位于留耕镇八一村，建于清同治十二年（1873 年）。该墓坐西北向东南，土冢墓，封土呈圆形，用条石砌成，封堆边呈等边八角形，八角形边长 1.76 米。冢的须弥座与上沿满雕刻有吉祥图案。墓长 4.6、宽 5.06、高 2.2 米。石质拱形碣碑，阴刻楷书碑文，上刻花卉等吉祥图案。碑座长 1.73、宽 0.8、高 0.3 米，碑高 2.3、宽 1.2、厚 0.28 米，墓主：李淮之。碑右侧面有进士蒲九成作的墓志铭。墓拜台面宽 13.2、长 13.1 米，呈长方形排列。墓台基高 0.8 米，墓台上满铺青石板，墓建在墓台正中。分布面积 173 平方米。

唐龙义墓　位于留耕镇银锭村，建于清光绪七年（1881 年）。该墓坐北向南，无封土，建有条石墓垣，墓垣呈半圆形，总长 25.8、高 2、厚 0.4 米。墓碑嵌于后龛正中，墓碑高 0.78、宽 1.6 米，阴刻楷书碑文。分布面积 268 平方米。

刘祚密墓　位于留耕镇民权村，建于清光绪五年（1879 年）。该墓为土冢墓，封土呈圆形，条石砌成，坐西南向东北。墓长 5、宽 3.6、高 2.15 米。墓前有石质仿木结构墓碑，四柱三开间，重檐庑殿宝顶式，阴刻楷书碑文，左右施抱鼓。墓碑上刻人物战场、戏剧场面、石狮、墓主人及侍者图案。墓外围建有条石墓垣，墓垣刻有护法神像及题刻等文字。墓主生前为正八品人物。分布面积 85 平方米。江安县人民政府于 2010 年 7 月公布为县级文物保护单位。

刘孙相夫妇墓　位于留耕镇民权村，建于清光绪十一年（1885 年）。该墓为土冢墓，条石砌成，封土呈圆形，坐西南向东北。墓外围建有条石墓垣，占地面积 102 平方米。墓长 6.3、宽 4、高 2.3 米。石质仿木结构墓碑，四柱三开间，重檐庑殿宝顶式，左右施抱鼓，阴刻楷书碑文，上刻人物戏剧故事、石狮、花卉图案。碑残高 2.3、宽 2.85、厚 0.22 米，其中抱鼓宽 0.48 米，柱宽 0.16 米，左、右龛宽 0.35 米，中龛宽 0.5 米。外围条石墓垣上刻有护法神及题刻与墓志铭。墓主：刘孙相与其妻莫氏。分布面积 102 平方米。

黄石氏墓　位于留耕镇黄土村，建于清宣统三年（1911 年）。该墓为土冢墓，封土呈圆形，用条石砌成，坐东向西。墓长 4.7、宽 3.8、高 1.8 米。石质仿木结构墓碑，两柱一开间，单檐庑殿宝顶式，左右施抱鼓，阴刻楷书碑文。墓碑高 2、宽 1.9、厚 0.22 米。其中柱宽 0.17 米，抱鼓宽 0.49 米。墓主：黄石氏。分布面积 28 平方米。

黑桃咀刘宋氏墓　位于留耕镇四重村，建于清代。该墓为土冢墓，封土呈圆形，条石砌成，坐东北向西南。墓长 4.5、宽 4.4、高 2.2 米。石质拱形碣碑，左右施抱鼓，上刻花卉图案，阴刻楷书碑文。碑高 2.88、残宽 1.5、厚 0.46 米，立碑时间：清咸丰年间，因碑面风化剥蚀其纪年无法辨认。分布面积 18 平方米。

肖天钟夫妇墓　位于留耕镇银锭村，建于清代。该墓共 2 座墓，为夫妻墓，坐东向西。两墓形制一样，墓碑尺寸相同，均为土冢墓，封土呈圆形，条石砌成。墓长 4.8、宽 3.2、高 1.8 米。石质拱形碣碑，阴刻楷书碑文，碑高 2.2、宽 1.1、厚 0.2 米。左 M1 墓主：肖李氏，清光绪元年（1875 年）立；右 M2 墓主：肖天钟，清同治七年（1868 年）立。两墓共同拥有一个条石墓垣。墓垣后龛为三重檐，上刻吉祥图案，阴刻楷书匾额与楹联。分布面积 120 平方米。

相徐氏墓 位于留耕镇银锭村，建于清代。该墓为土冢墓，封土呈圆形，条石砌成，坐北向南。墓长4.4、宽2.8、高1米。石质仿木结构墓碑，两柱一开间，单檐庑殿宝顶式，阴刻楷书碑文。墓碑高1.4、宽1.08、厚0.15米。墓主：相徐氏，大清□□年立。分布面积12平方米。

大坟坡墓地 位于留耕镇东胜村申湾组大坟坡，建于清代。该墓地共2座墓，封土呈圆形，坐北向南。M1土冢，墓长4.3、宽3.2、高1.5米。石质拱形碣碑，左右施抱鼓，阴刻隶书碑文。碑高1.67、宽1.78、厚0.24米。其中抱鼓宽0.48、柱宽0.24米。墓主：黄佳圣，立碑时间因墓碑风化不能识。M2在M1后4米处，土冢墓，条石砌成。墓长7.23、宽5.6、高3.3米。石质拱形碣碑，阴刻楷书碑文，碑座高0.35、宽1.2、长2.02米，碑高2.6、宽1.33、厚0.47米。墓外围建有挡土墓垣，条石砌成，厚0.4、高1~4.4米。前建拜台，宽15.4、长3.36米。墓主：任姜氏，清光绪二十六年（1900年）立。分布面积304平方米。

张家咀任氏墓地 位于留耕镇东胜村，建于清代。该墓地共2座墓，土冢，条石砌成，封土呈圆形，坐北向南。M1墓长4.6、宽3.6、高1.4米，墓后部与左右建有一条石挡土墙，石墙长1.1、宽0.4、高0.8米。石质拱形碣碑，两柱一开间，碑上刻有花鸟图纹，碑高2、宽1.1、厚0.37米。墓主：任绍继，清道光二十九年（1849年）立。M2在M1右前1米处，墓长4.5、高1.4、宽3.8米。单檐碑顶倒于地，残存两柱一开间碑身，残高1.49、宽0.92、厚0.35米。墓主：任天位与妻成氏，清嘉庆十二年（1807年）立。分布面积84平方米。

李黄氏墓 位于留耕镇东胜村，建于清代。该墓为土冢墓，条石砌成，封土呈圆形，坐南向北。墓长3.9、宽2.88、高1.9米。石质拱形碣碑，阴刻楷书碑文，碑高2.22、宽0.97、厚0.33米。墓主：李黄氏，由于碑面风化剥蚀，立碑时间无考。墓外围建有条石挡土墓垣，但大部分条石已坍塌。分布面积12平方米。

古建筑

天元寺遗址 位于留耕镇重兴村。该遗址的山门建于清乾隆年间，坐东向西，石结构，占地面积1平方米，高2.65、宽1.9、厚0.42米。阴刻行书楹联"露气春林月华秋水；曙光胜景芳草远山"，横额"天元古寺"。联高1.76、宽0.38、字径0.12、字距0.09米。左侧有清乾隆十九年碑刻一通。

留耕禹王宫 位于留耕镇留耕社区，建于清嘉庆年间（1796~1820年），清光绪十年（1884年）重建前殿。该建筑坐南向北，四合院式，条石基础，素面台基，阶梯式踏道17级，木结构抬梁式梁架，悬山式顶。正殿：三穿用四柱，进深16.6、面阔22.4、通高8米，素面台基高1.3米，垂带式踏道9级。左右厢房：三穿用五柱，进深

7.4、面阔 9、通高 6.5 米。前殿：三穿用四柱，进深 9.3 米，面阔三间 22.4 米，通高 6.5 米。建筑面积 1000 平方米。

大桥上桥　位于留耕镇牟家村，始建于清代。该石桥呈南北走向，五墩六孔石砌平桥。桥长 12.14、宽 1.62、高 2.5 米，桥板厚 0.46 米。桥墩头长 0.37、宽 0.42 米。该桥是金仙洞到留耕道上的桥梁。

油榨坪祠堂　位于留耕镇新场村，建于清代。该建筑坐西南向东北，占地面积 600 平方米。前建有戏楼，条石基础，木结构三穿用七柱，抬梁穿斗式，明间为通道，通道上为戏楼，面阔五间 28 米，进深两间 7.5 米，通高 8 米。后面正房为条石基础，素面台基，台基高 0.31 米，木结构三穿用九柱，抬梁穿斗式，前出廊一柱，悬山式屋顶，面阔三间 14.1 米，进深三间 12 米，通高 8 米。左右厢房与正房相连，面阔一间 19.3 米，进深一间 4.8 米，通高 8 米。四川省人民政府于 2002 年公布为省级文物保护单位。

黄龙庙桥　位于留耕镇黄龙村桥头组黄龙庙，始建于清代。该石桥呈东南—西北走向，为四墩五孔石砌平桥。桥长 10.97、宽 1.25、高 2.3 米，桥板厚 0.37 米，桥墩头长 0.47 米，宽 0.43 米。该桥是重兴到留耕道上的桥梁。

柏杨湾宅院　位于留耕镇留耕村，建于清代。该建筑坐东北向西南，为纵深三进四合院式，前低后高。横向左为一进厢房，右为二进厢房。条石基础，素面台基，垂带式石台阶，青石板院坝，悬山穿斗抬梁式，小青瓦屋顶，脊干上灰塑鳌角。正房五间，重带式踏道 3 梯，木板壁与夹壁结合，三穿十一柱十三檩，前出廊一柱，挑头置雀替，重吊木雕，面阔 36、进深 11.25 米。中房条石檐坎，重带式踏道 7 级，三穿五柱七檩，正中为抬梁式。中房五间面阔 36 米，进深 9.7 米；前房三穿三柱五檩，面阔五间 36 米，进深 2.5 米；外朝门外建一月亮台，踏道 7 梯；左右厢房各五间，均面阔 24.2、进深 4.5 米。前房外正面为砖石墙，上沿灰塑彩绘人物、戏剧故事、花卉图案。宅院总面阔 36、进深 35.45 米，占地面积 1276 米。

回龙庙　位于留耕镇中心村下坝组回龙庙，始建于清代。该建筑坐北向南，条石基础，素面台基高 0.2 米，四周下部墙身为条石槛墙，厚 0.3 米，上部为立柱夹壁墙。木结构三穿用四柱，抬梁式梁架，单檐歇山式顶，面阔五间 10.28 米，进深三间 8 米，通高 5.5 米，总建筑面积 82 平方米。明间后墙上正中镶嵌着一通阴刻楷书石碑。石碑高 1.45、宽 1.01、厚 0.4 米，字径 0.36、字距 0.13 米，右排右读"回龙庙"三字。

石窟寺及石刻

金仙洞摩崖造像　位于留耕镇方石村，开凿于明代。该造像分布在长 6.4、高 3 米，距地表 3 米高的山崖石壁上，坐北向南，均为长方形直口平顶龛。共 4 龛 10 尊造像，8 尊为结跏趺坐，2 尊为站姿。内容有一佛四菩萨、观音、木莲和尚、罗汉、接引佛等。

1号龛长6.4、高1.6、深0.2米，内有一佛四菩萨。佛像高1.5、肩宽0.4米。江安县人民政府于2010年7月公布为县级文物保护单位。

塌山寺石雕像　位于留耕镇大桥村，建于明代。该造像共4尊，均为石质圆雕，结跏趺坐，道家装束，散置于直径10米的坡地范围内。1号石像通高1.4、肩宽0.55、厚0.6米；2号石像残高0.8、肩宽0.4、厚0.2米；3号石像高1.4、肩宽0.7、厚0.6米；4号石像高1.2、肩宽0.6、厚0.6米。塌山寺毁于明末。

普济群生摩崖石刻　位于留耕镇牟家村，建于清同治元年（1862年）。该石刻开凿在山崖石壁上，坐西北向东南。平顶龛，龛宽1.2、高0.6、深0.08米，距地表1.3米。阴刻楷书字体，右排右读"普济群生"四字，字高0.24、字径0.2、字距0.08米。

三合山石刻　位于留耕镇杨庙村，建于清光绪六年（1880年）。该石刻刻于山顶石神龛背面，长1.98、宽0.9米的石板上，坐东北向西南。"三合山"三字为阴刻隶体，其余序文为小字，阴刻楷体竖行，约260个字。大字字距0.15、字径0.55米，小字字径0.02、行距0.05米，字迹保存基本完好。

黄角坡摩崖造像　位于留耕镇银锭村，刻于清光绪二十五年（1899年）。该造像凿于一天然岩石上，距离地面高0.65米，坐北向南，共3龛，其中2龛为佛像，1龛为题刻。左上第一龛捐资功德题刻，平顶直口，阴刻行楷字体。龛宽0.66、高0.4、深0.05米，字径0.03、行距0.04米，清光绪二十五年（1899年）刻。上右龛为结跏趺坐观音造像，龛宽0.86、高0.8、深0.4米，造像高0.5、肩宽0.16米。下龛为土地龛，造像二尊，龛宽0.7、高0.4、深0.2米，造像高0.3、肩宽0.12米。

观音岩摩崖造像　位于留耕镇牟家村，刻于清代。该造像开凿在距地表1.3米高的山崖石壁上，坐西北向东南，平顶龛，为3佛2弟子。3尊佛像均手持法器，结跏趺坐，2尊弟子为立身像。龛高1.75、宽3.4、深1.2米。3尊佛像均肩宽0.4米，中、右佛像高1.56米，左佛像高1.6米；2尊弟子的左弟子身高0.6米，肩宽0.2米；右弟子高0.73、肩宽0.2米。

禅佛洞造像　位于留耕镇长征村，建于清代。该造像坐西向东，在天然石洞里施佛台，佛台供奉石质圆雕造像2尊，一为结跏趺坐，造像高0.95、肩宽0.4米；一为坐姿像，造像高0.44、宽0.16米。石壁上刻有摩崖高浮雕石狮1个，石狮长0.2米。佛台正中有"一片凄心"四字，另有石香炉1个，清嘉庆二十三年（1818年）题记1通。今查高0.44、宽0.16的石质圆雕造像不知去向。

近现代重要史迹及代表性建筑

品山桥　位于留耕镇东胜村，建于20世纪20年代。该石桥呈东南—西北走向，三墩二孔石板平桥。桥长8.2、宽1.95、高2.6米，桥板厚0.5米，桥墩头长0.7米，宽

1.1、高 2.1 米。该桥是留耕到马桥道上的桥梁。

黄中美墓 位于留耕镇黄土村，建于 1922 年。该墓坐东北向西南，土冢墓，封土呈圆形，但墓脚有一层用条石砌作挡土，无墓碑。墓长 4、宽 3.6、高 2.1 米，分布面积 15 平方米。据知墓室内有一墓志碑。县志载黄中美为清光绪己丑年恩科举人，生于 1857 年，卒于 1922 年，曾任江安龙门书院山长（今江安中学校前身），有《医麈刍言》、《斯道必由》、《医案》三部医书传世。

金仙洞庙 位于留耕镇方石村，建于 1925 年。该建筑坐北向南，始建年代不详。条石基础，石作素面台基，抬梁式用二柱，穿斗式用三穿用五柱，悬山穿斗式屋顶，前殿为一面坡，面阔七间 31.2 米，进深三间 8.9 米；后殿三穿用二柱，面阔五间 18.6，进深三间 7.4 米。前殿房梁上墨书"中华民国乙丑蒲月端午日重建"。

黄家岭火炕楼 位于留耕镇黄土村，建于 1929 年。该建筑坐南向北，一楼一底式建筑，平面布局为一进一开间，条石基础素面台基，木结构三穿用五柱，歇山顶穿斗抬梁式，小青瓦。面阔一间 6.4 米，进深一间 4 米，高 10 米。

黄土寨庙 位于留耕镇黄土村，始建于清代，现存龙君殿，为中华民国三十六年（1947 年）年建，坐东向西。该建筑条石基础，素面台基，土筑台基高 0.5 米，阶梯式踏道 3 级，木结构三穿用四柱，抬梁式梁架，悬山式屋顶。面阔三间 9.8 米，进深三间 9.23 米，通高 5.3 米。占地面积 100 平方米。

任家坝水库 位于留耕镇人民村，建于 1958 年。该水库库堤呈南—北走向，库堤顶长 104.8、宽 4 米，坝高 2 米，土垒夯筑，临水面坝堤表面贴石板以防水渗漏。来水面积 2.8 平方千米，蓄水量 454 万立方米，灌溉面积 0.35 万亩，工程土方 8.3 万立方米，石方 0.05 万立方米。此库堤是最早修建的水库之一，是县内列为第二位的水库，是当地群众投工投劳和国家以工代赈建成，目的是解决群众人畜饮水与农业生产灌溉，建成后发挥了极大作用。

大桥村大桥 位于留耕镇大桥村，建于 1966 年。该桥呈东西走向，三孔拱形石平桥。桥长 25.9、宽 5.2 米，单个拱跨宽 3.4、高 5 米，单个桥墩头宽 0.8、长 0.8 米。该桥是三轮桥到留耕道上的桥梁。

大桥堰堤 位于留耕镇大桥村，建于 1968 年。该石堰堤呈南北走向，条石砌成。堰干总长 31.6、高 6 米，最大弧形拱跨 9.3 米，最大拱墩宽 3.3 米，放水闸宽 1.2 米，高 2.4 米。堰堤建有两个向上流凸起的弧形卷拱，中间建有两个拱墩，北边建有一个排水闸。

小岩口水库 位于留耕镇杨庙村小岩口组小岩口西距三合山 50 米，建于 1969 年。该水库库堤呈东西走向，长 57、顶宽 4.2、高 15 米，为土筑坝，内侧贴石板防漏水。来水面积 0.4 平方千米，蓄水量 50.4 万立方米，灌溉面积 0.16 万亩，工程土方 8.7 万立方米，石方 0.29 万立方米。

场境最新指示标语　位于留耕镇东胜村，建于 1970 年。该标语共 2 幅，楷体墨书在夹壁墙上，横排左读，总长 2.8、高 1.7、字径 0.1、字距 0.03 米，共 154 个字。墙面为石灰涂饰。

枇杷湾渡渠　位于留耕镇长征村，建于 1972 年。该渡渠呈南北走向，长 65、宽 1.5、高 3.15 米。渡渠沟宽 0.93、高 0.5 米，沟边条石厚 0.3 米。石墩用井字形条石砌成。此渡渠是较早修建的，是将任家坝水库的水引入中坝的渡渠，是当地群众投工投劳和国家以工代赈建成的，目的是解决中坝等地群众人畜饮水与农业生产灌溉，建成后发挥了极大作用。

何海云墓　位于留耕镇方石村，建于 1981 年。该墓坐北向南，为土冢墓，条石砌外围，封土呈圆形。墓长 3.4、宽 2.4、高 1.6 米。石质拱形碣碑，阴刻楷书碑文，碑高 1.18、宽 0.78、厚 0.17 米，碑刻"中国工农红军老战士何海云之墓，人民政府立，1981 年 11 月"。分布面积 9 平方米。何海云生于 1895 年，卒于 1981 年，1935 年参加红军，1957 年离休。江安县人民政府于 2010 年 7 月公布为县级文物保护单位。

底蓬镇

古墓葬

白虎山林家墓地　位于底蓬镇梅溪村，建于清嘉庆十二年（1807 年）至清光绪八年（1882 年）。该墓地共 5 座墓，西北向，分布在长 26.7、宽 10.2 米的范围内。均土冢墓，封土呈圆形，墓地外围建有挡土条石墓垣。M2 石质仿木结构墓碑，二柱一开间，单檐式顶，阴刻楷书碑文；M3 ~ M4 石质仿木结构墓碑，四柱三开间，重檐式顶，阴刻楷书碑文；M5 石质拱顶碣碑，阴刻楷书碑文。分布面积 270 平方米。

吴志粮墓　位于底蓬镇石龙村，建于清道光七年（1827 年）。该墓坐北向南，土冢墓，封堆呈圆形，条石砌成。墓长 6、宽 3.6、高 1.8 米。石质仿木结构墓碑，四柱三开间，重檐庑殿宝顶式，上刻花卉图案，阴刻楷书碑文。碑高 3.1、宽 2.2、厚 0.23 米，其中柱宽 0.2 米，左、右龛宽 0.5 米，中龛宽 0.6 米。分布面积 22 平方米。

林珏墓　位于底蓬镇下午村，建于清道光八年（1828 年）。该墓坐西北向东南，土冢墓，封土呈圆形，条石砌成。墓长 5、宽 2.8、高 1.7 米。石质仿木结构墓碑，两柱一开间，单檐庑殿宝顶式，阴刻楷书碑文，碑残高 2.7、宽 1.3、厚 0.35 米。分布面积 14 平方米。

吴琦孝墓　位于底蓬镇李塆村，建于清道光二十四年（1844 年）。该墓坐西北向东南，土冢墓，封土呈圆形，条石砌成。墓长 6.6、宽 3.2、高 1.8 米。石质仿木结构墓碑，两柱一开间，单檐庑殿宝顶式，阴刻楷书碑文，碑高 2.6、宽 1.08、厚 0.29 米。分布面积 21 平方米。

庙湾头赖氏墓群　位于底蓬镇金银村，建于清道光二十七年（1847 年）。该墓群共 3 座墓，分布在长 24.4、宽 18.7 米的范围内。均土冢墓，条石砌成，封土呈圆形，坐南向北。M1 墓长 5.3、宽 4、高 2 米。墓碑石质仿木结构，四柱三开间，重檐庑殿宝顶式，上刻花卉、动物、戏剧人物图案，阴刻楷书碑文，碑宽 2.53、高 2.94、厚 0.2 米。其中柱宽 0.15 米，左、右华板宽 0.47、高 1.42 米，中堂华板宽 0.7、高 1.73 米。墓主：赖建光夫妇，清同治四年（1865 年）立。M2 墓长 4.4、宽 2.6、高 1.9 米。墓碑石质拱形碣碑，碑宽 1、高 1.8、厚 0.2 米，楷书阴刻碑文。墓主：赖徐光，清道光二十七年（1847 年）立。M1、M2 建在同一平台上，相距 3.24 米，共同建有一个条石墓垣，墓垣帽檐为雕饰屋瓦顶，瓦当下雕刻有"二十四孝"与戏剧和花草、动物吉祥图案。条石墓垣高 1.9、厚 0.4、长 38 米。两冢基脚为纹饰须弥座。M3 建在 M1、M2 上一台地，在 M1 之后，墓碑距 M1 挡土条石墓垣 5 米。墓长 5、宽 3.6、高 2.5 米。墓碑为石质拱形碣碑，左、右施抱鼓，上刻花卉、动物、人物图案，楷书阴刻碑文，碑座上附带凿刻一石香炉。碑座长 2.7、宽 0.6、高 0.3 米；碑宽 2.3、高 2.6、厚 0.24 米，其中左、右抱鼓宽 0.6 米。墓主：赖文灿夫妻，清光绪二十一年（1895 年）立。分布面积 456 平方米。宜宾市人民政府于 2011 年 2 月公布为市级文物保护单位。

刘智元墓　位于底蓬镇白家村，建于清道光三十年（1850 年）。该墓坐东北向西南，土冢墓，封土呈圆形，条石砌成。墓长 4.2、宽 3.2、高 2.1 米。石质仿木结构墓碑，四柱三开间，重檐庑殿宝顶式，上刻花卉、瑞兽图案，阴刻楷书碑文，碑高 3.3、宽 2.85、厚 0.32 米。其中柱宽 0.2 米，左、右龛宽 0.64 米，中龛宽 0.85 米。拜台长 11.65、宽 4.1 米。分布面积 14 平方米。

赖邵氏墓　位于底蓬镇月台村，建于清同治二年（1863 年）。该墓坐北向南，土冢墓，封土呈圆形，条石砌成。墓长 5.2、宽 4、高 2.4 米。石质仿木结构墓碑，四柱三开间，重檐庑殿宝顶式，左右施抱鼓，上刻人物、花卉瑞兽图案，阴刻楷书碑文。碑残高 2.64、宽 3.8、厚 0.32 米，其中抱鼓宽 0.54、柱宽 0.23 米，左、右龛宽 0.48、中龛宽 0.66 米。拜台宽 3.1、长 6.4 米。分布面积 21 平方米。

莲花山张朱氏墓　位于底蓬镇吉庆村杨屋基组莲花山，建于清光绪二十年（1894 年）。该墓坐东南向西北，土冢墓，封土呈圆形。墓长 4.8、宽 3、高 1.5 米。石质拱形碣碑，左右施抱鼓，上刻花卉图案，阴刻楷书碑文，碑高 1.93、宽 2.4、厚 0.24 米，其中抱鼓宽 0.51 米。分布面积 15 平方米。

钟德亮夫妇墓　位于底蓬镇梅溪村大山咀上，建于清光绪五年（1879 年）。该墓共

2 座，为夫妻合葬墓，封土呈圆形，坐东南向西北，墓群长 12、宽 7.5 米。墓冢脚有雕饰须弥座，冢沿为雕饰屋瓦顶。挡土墙条石砌成，墓垣后龛壁上建有阴刻石匾额"富贵寿考"题刻。后龛匾额长 2.4、高 1.2、厚 0.18 米。均石质仿木结构墓碑，两柱一开间，单檐庑殿式顶，左右施抱鼓，阴刻楷书碑文。M1 居左，墓上刻丹凤朝阳高浮雕，墓长 3.5、宽 3.08、高 2.1 米。墓碑高 2.6、宽 2.23、厚 0.12 米，其中柱宽 0.17 米，抱鼓宽 0.63 米。墓主：钟陈氏。M2 居右，墓上刻二龙戏珠，墓高 2.1、长 3.6、宽 3.26 米。墓碑高 2.48、宽 2.21、厚 0.13 米，其中柱宽 0.17 米，抱鼓宽 0.64 米。墓主：钟德亮。分布面积 15 平方米。

杜元亨墓 位于底蓬镇底蓬村，建于清代。该墓共 2 座墓，坐北向南，平行建，相距 0.95 米，均土冢墓，封土呈圆形，条石砌成。两墓均为石质仿木结构墓碑，两柱一开间，单檐庑殿宝顶式，阴刻楷书碑文。M1 墓长 4.6、宽 3.2、高 1.5 米，墓碑高 2.4、宽 0.99、厚 0.35 米。墓主：杜元亨，清咸丰七年（1857 年）立。M2 墓长 4.6、宽 4.4、高 1.6 米，墓碑高 2.2、宽 0.9、厚 0.3 米。墓主：杜陈氏，清同治七年（1868 年）立。分布面积 40 平方米。

大山坡陈家墓地 位于底蓬镇文武村，建于清代。该墓地共 3 座墓，坐东北向西南，建在两个不同台地上，均土冢墓，封土呈圆形，条石砌成。石质仿木结构墓碑，两柱一开间，单檐庑殿宝顶式，阴刻楷书碑文。M1 墓长 4.2、宽 3.2、高 1.6 米，墓碑残高 2.2、宽 0.88、厚 0.28 米。墓主：陈玉元，清道光六年（1826 年）立。M2 墓长 3.3、宽 3、高 1.4 米，墓碑高 1.9、宽 0.86、厚 0.29 米。墓主：陈李氏，清道光元年（1821 年）立。M3 左距 M2 有 1.2 米，前距 M1 有 2.9 米。墓长 3.3、宽 4、高 1.4 米，墓碑高 1.9、宽 0.84、厚 0.27 米。墓主：陈扶麟，清嘉庆十九年（1814 年）立。分布面积 86 平方米，墓地前 2 米处建有乡村公路。

天堂坝赖家墓地 位于底蓬镇元通村老沃滩组天堂坝，建于清代。该墓地共 2 座墓，相距 200 米，均石砌土冢墓，封土呈圆形。墓冢石须弥座为素面，冢沿为雕花屋瓦式。石质仿木结构墓碑，四柱三开间，重檐庑殿宝顶式，上刻花草、器物图案与阴刻楷书联对。M1 为赖连任夫妇墓，坐南向北，墓长 11、宽 4.6、高 3 米。墓碑高 3.1、宽 2.8、厚 0.24 米。其中左、右华板宽 0.56、高 1.6 米，中堂华板宽 0.85、高 1.9 米，碑座宽 0.4、长 3.3、高 0.25 米。M2 为赖文周夫妇墓，坐西南向东北，为粤式墓冢形制。墓长 8.8、宽 5.56、高 3.44 米。墓碑宽 1.93、高 2.56、厚 0.24 米。其中柱宽 0.15 米，左、右华板宽 0.38、高 1.1 米，中堂华板高 1.36、宽 0.52 米，清光绪元年（1875 年）立。墓前建有拜台，拜台两边为石砌敞口形挡土墙，挡土石墙长 4.43、高 0.6～1 米，拜台最宽处 5.75 米。墓地分布面积 2744 平方米。

新瓦房吴家墓地 位于底蓬镇小阳村，建于清代。该墓地共 3 座墓，并排建，均土冢墓，封土呈圆形，条石砌成，坐东南向西北。M1 墓长 5、宽 2.2、高 1.9 米。石质拱形碣碑，左右施抱鼓，上刻人物故事，阴刻楷书碑文。碑高 2.22、宽 1.9、厚 0.22 米，其中抱鼓宽 0.47 米。墓主不明，清同治二年（1863 年）立。M2 左距 M1 有 0.4 米，墓长 5、宽 3.2、高 2 米。石质仿木结构墓碑，两柱一开间，单檐庑殿宝顶式，阴刻楷书碑文。碑高 3、宽 1.3、厚 0.28 米。墓主：吴周氏，清道光七年（1827 年）立。M3 左距 M2 约 1.3 米，墓长 5、宽 2.8、高 1.9 米。石质仿木结构墓碑，两柱一开间，单檐庑殿宝顶式，阴刻楷书碑文。碑高 3、宽 1.32、厚 0.23 米。墓主：吴胡氏，清咸丰七年（1857 年）立。分布面积 50 平方米。

湾头梁家墓地　位于底蓬镇水村，建于清代。该墓地共 2 座墓，并排建，相距 1 米，均石砌土冢墓，封土呈圆形，坐东向西。墓冢上沿为雕纹瓦屋顶，下无须弥座。M1 墓长 5、宽 3、高 1.8 米。墓碑石质仿木结构，四柱三开间，重檐庑殿宝顶式，阴刻楷书碑文，上刻花卉、动物图案。碑高 2.4、宽 1.73、厚 0.4 米，其中柱宽 0.18 米，左、右龛高 1.6、宽 0.56 米，中龛高 1.9、宽 0.72 米。墓主：梁登钱，清道光二十四年（1844 年）立。今复查墓碑左开间垮塌损毁。M2 墓长 4.6、宽 3、高 1.8 米。石质仿木结构墓碑，二柱一开间，单檐庑殿宝顶式，阴刻楷书碑文，上刻花卉、动物图案。碑高 3.2、宽 1.14、厚 0.18 米。墓主：梁正绅，清咸丰八年（1858 年）立。分布面积 35 平方米。

大坟山邵氏墓　位于底蓬镇邵塝村瓦窑咀组大坟山，建于清代。该墓共 2 座，大致平行建，坐西向东。M1 往前 1.9 米，与 M2 相距 1.8 米，均土冢墓，封土呈圆形，条石砌成。M1 墓长 8.7、宽 8、高 2.2 米。石质拱形碣碑，阴刻楷书碑文，碑高 2.6、宽 1.26、厚 0.25 米。墓主：邵龄昌与其妻周氏、妾胡氏三人合葬墓，立碑时间不可辨。M2 墓长 6.7、宽 3.8、高 1.5 米。石质仿木结构墓碑，四柱三门，重檐庑殿宝顶式，上刻瑞兽、祥云图案，阴刻楷书碑文。碑高 2.65、宽 2.25、厚 0.35 米，其中柱宽 0.16 米，左、右龛宽 0.5 米，中龛宽 0.65 米。墓主：邵贾氏。分布面积 115 平方米。

新庆寺和尚墓　位于底蓬镇元述村，建于清代。该处墓地二普时有 20 座墓，现仅存 2 座，墓碑两通，土冢墓，封土呈圆形，分布在山岩脚下长 100、宽 20 米范围内。1989 年山岩滑坡致 18 座墓毁。今查 M1 墓长 4.3、宽 1.6、高 1.6 米，前有北向石质拱形碣碑，阴刻楷书碑文，刻"圆寂恩师僧 康熙年间□□成粮僧如应和尚墓 乾隆十二年立"。M2 条石砌成，墓长 4.3、宽 2.3、高 1.8 米，为北向石质拱形碣碑，阴刻楷书碑文。碑高 1.68、宽 0.86、厚 0.2 米。清光绪二十七年（1901 年）立。M2 左距 M1 约 25 米，分布面积 32 平方米。

百岁墓　位于底蓬镇梅溪村，建于清代。该墓地共 2 座墓，为夫妻合葬墓，条石砌成，封土呈圆形，坐东南向西北，墓地长 12、宽 7.5 米。墓冢脚有雕饰须弥座，冢沿为雕饰屋瓦顶。挡土墙用条石砌成，其墓垣后龛壁上建有阴刻"富贵寿考"题刻。后龛匾额长 2.4、高 1.2、厚 0.18 米。立碑时间为清光绪五年（1879 年）。均石质仿木结构墓碑，两柱一开间，单檐庑殿式顶，左右施抱鼓，阴刻楷书碑文。M1 居左，墓上刻丹凤朝阳高浮雕，墓高 2.1、长 3.5、宽 3.08 米。墓碑高 2.6、宽 2.23、厚 0.12 米，其中柱宽 0.17、抱鼓宽 0.63 米。墓主：钟陈氏。M2 居右，墓上刻二龙戏珠，墓高 2.1 米，长 3.6、宽 3.26 米。墓碑高 2.48、宽 2.21、厚 0.13 米，其中柱宽 0.17、抱鼓宽 0.64 米。墓主：钟德亮。江安县人民政府于 2010 年 7 月公布为县级文物保护单位。

古建筑

新庆寺 位于底蓬镇元述村，建于清康熙年间。该建筑坐南向北，条石基础，素面台基，高 0.3 米。雕饰石柱础，柱础直径 0.6 米，其中前檐柱础为雕饰石狮，前出廊用一柱，二架梁用四柱，抬梁式梁架，木结构悬山式屋顶。面阔三间 12.1 米，进深四间 12.9 米，通高 5.3 米。总占地面积 194 平方米。清同治四年（1865 年）进行维修。

梅子坎拱桥 位于底蓬镇梅溪村，建于清乾隆十九年（1754 年）。该桥呈东南—西北走向，石结构单孔拱桥。桥长 10、宽 3.5、高 3.2 米，拱高 2.7、跨度 5 米。桥面呈弧形，用石板铺成，两边有垂带踏道五级，踏道长 2.4、宽 0.35 米，拱桥底部正中有阴刻楷书纪年题刻。

范桥 位于底蓬镇底蓬村，建于清代。该桥为石砌平桥，呈东北—西南走向，六礅七孔，长 20.5、宽 1.58 米，桥板厚 0.38 米。桥墩呈纺锤形，长 2.4、高 4.5 米，东桥墩头宽 0.57 米，西桥墩头宽 0.52 米，中间 4 个向东的桥墩头各刻饰一个石狮头，狮头长 0.52、宽 0.4、高 0.46 米。西南岸桥头，建有呈八字形石砌条石护堤，长 12.8 米。

石窟寺及石刻

佛灵寺摩崖造像 位于底蓬镇茶园村，造像开凿于明代。该造像坐西南向东北，共 11 龛 47 尊造像，分布在长 7、高 3、距地表 2 米的天然石壁上。有长方形敞口拱顶和平顶两种龛，造像有一佛、三佛、四佛、观音、十二阎君、飞天等，分结跏趺坐和立身造像两种。有题记多龛，因风化严重而字迹脱落，现存造像基本完好。江安县人民政府于 2010 年 7 月公布为县级文物保护单位。

云峰寺摩崖造像 位于底蓬镇元通村，刻于清代。该造像有 3 龛 3 尊造像、4 通石刻，均坐东南向西北，分布在长 25、高 9 米的山崖壁上。其中造像距地表 7 米，四通石刻距地表 0.5～8 米不等。三尊造像分别置于三个平行的石龛中，分长方形敞口拱顶和平顶两种龛。三龛长 2.5、高 1.6 米，相距 0.3 米。造像均为结跏趺坐，开凿年代字迹模糊，据培修题刻记载应为清道光元年以前所凿造。造像左侧凿刻题记 4 通，均阴刻楷书字体。其从左起第 1 通高 2.5、宽 1.3 米，清道光十三年（1833 年）刻，题为"重装佛像培补庙宇碑记"；第 2 通高 1.46、宽 2.2 米，清道光元年（1821 年）刻，题为"捐资人名单"；第 3 通高 1.1、宽 1.3 米，清同治十三年（1874 年）刻，其内容辨认困难；第 4 通高 2、宽 2.2 米，清道光十三年（1833 年）刻，题为"云峰寺重装满堂"。

小兰坝摩崖造像　位于底蓬镇茶园村，建于清道光十七年（1837 年）。该造像坐东北向西南，位于距地表高 2.7 米的崖石上。为一龛一尊灵官菩萨立身造像，龛为长方形直口平顶式，高 1.7、宽 1.1、深 0.25 米；造像右手持鞭，左脚上翘，高 0.9、肩宽 0.4 米。顶上有"灵官堂"及对联"威灵镇此境；显应济行人"等阴刻楷体文字。

石龙船碑刻　位于底蓬镇石龙村，刻于清光绪十四年（1888 年）。该石碑为红沙石质长方形碣碑，嵌于一榕树干中，坐东北向西南。碑高 1.2、宽 0.8、厚 0.1 米，字为阴刻楷体竖行，现存 67 字。内容是雷家沟众姓禁止捕鱼、保护风水的告示，纪年为：光绪戊子（十四）年（1888 年）二月。

诸椅门摩崖石刻　位于底蓬镇大田村，建于清代。该石刻分布在长 8、高 1、距路面 2 米的崖壁上，坐东向西。共有 3 龛，石刻约 250 字，均为长方形直口平顶龛，字为阴刻竖行楷体，字距 0.01、行距 0.02 米。1 号龛为修路碑记，清乾隆四十七年（1782 年）刻；2 号龛为天灯会碑记，中华民国十九年（1930 年）刻；3 号龛为修路捐资人功德。

近现代重要史迹及代表性建筑

底蓬场大桥　位于底蓬镇底蓬社区，建于 1966 年。该石桥呈南—北走向，条石砌成，单孔拱券敞肩式石平桥，桥面上加石栏杆。桥长 30.6、宽 7.5、高 6 米。大拱跨度长 18、拱顶高 1.4 米。大拱上左右各建两个小拱，其大小对称相同，均拱跨长 3.1 米，拱顶厚 0.9 米。桥护栏长 30.6、高 0.7、宽 0.25 米。

五矿镇

古墓葬

小桥墓地　位于五矿镇石桥村和平组小桥，建于宋代。该墓地共 3 座墓 5 室（M1 墓 2 室，M2 墓 1 室，M3 墓 2 室），坐西南向东北，均石室墓，严重扰乱。墓室内后龛中刻有人、龙、虎图案。M1 墓长 4、宽 3.8、高 1.8 米；M2 墓长 4、高 2、宽 2 米，与 M1 墓平行而建，相距 7 米；M3 墓长 2.8、宽 2.8、高 1.5 米，建在 M2 墓右前 8 米处。

分布面积 150 平方米。

莫子坡墓 位于五矿镇金星村，建于明代。该墓为石室墓，坐西向东，一墓二室，严重扰乱。墓长 4.2、宽 2.9、高 2 米，其中柱宽 0.3 米。分布面积 13 平方米。

龙洞湾墓地 位于五矿镇槐子塝村龙洞湾组龙洞湾，建于明代。该墓为石室墓，严重扰乱，坐东北向西南。墓长 3、宽 0.8、高 1 米。分布面积 4 平方米。

孙张氏墓 位于五矿镇槐子塝村，建于清乾隆六十年（1795 年）。该墓为单座土冢墓，封土呈圆形。墓长 6、宽 2.5、高 1.5 米。碑东南向，石质仿木结构，两柱一开间，单檐庑殿宝顶式，阴刻楷书碑文。碑残高 1、宽 0.66、厚 0.1 米。今查墓碑顶被毁。分布面积 15 平方米。

青冈咀陈氏墓 位于五矿镇盐井村中心组青冈咀，建于清道光二年（1822 年）。该墓土冢墓，封土呈圆形，条石砌成，坐西北向东南。墓长 5、宽 4.8、高 1.4 米。石质仿木结构墓碑，两柱一开间，单檐庑殿宝顶式，阴刻楷书碑文。碑高 1.8、宽 1.08、厚 0.3 米。

罗文榜墓 位于五矿镇盐井村，建于清道光十八年（1838 年）。该墓土冢墓，封土呈圆形，条石砌成。墓高 2、宽 4、长 5 米。碑东南向，石质拱形碣碑，阴刻楷书碑文，碑高 1.6、宽 0.9、厚 0.23 米。墓主：罗文榜。分布面积 20 平方米。

李陈宗谱夫妇墓 位于五矿镇金锣村，建于清道光十五年（1835 年）。该墓土冢墓，封土呈圆形，条石砌成。墓高 1.5、宽 3.6、长 8 米。碑南向，石质仿木结构，四柱三开间，重檐庑殿宝顶式，阴刻楷书碑文，上刻人物、卷草、花卉图案。碑残高 2.1、宽 2.6、厚 0.36 米。其中柱宽 0.2 米，左、右龛宽 0.58 米，中龛宽 0.56 米。墓主：陈宗普、妻任氏。分布面积 29 平方米。

林文祥墓 位于五矿镇高山村，建于清道光十年（1830 年）。该墓共 2 座墓，均土冢乱石墓，封土呈圆形，坐西向东。墓地长 6、宽 4 米，两墓平行而建，相距 0.9 米。均石质仿木结构墓碑，两柱一开间，单檐庑殿宝顶式，阴刻楷书碑文。M1 墓长 4、宽 0.2、高 1.4 米。碑高 1.7、宽 0.9、厚 0.2 米。墓主：林文祥。M2 墓长宽各 3 米，高 1.3 米。碑高 1.7、宽 0.8、厚 0.2 米。墓主：林胡氏。分布面积 24 平方米。

鹅桐坡陈王氏墓 位于五矿镇高山村岩湾组鹅桐坡，建于清道光五年（1825 年）。该墓土冢墓，封土呈圆形，条石砌成，坐西北向东南。墓长 4、宽 2.8、高 1.7 米。石质仿木结构墓碑，两柱一开间，单檐庑殿宝顶式，阴刻楷书碑文。碑高 2.1、宽 0.9、厚 0.2 米。分布面积 12 平方米。

陈林氏墓 位于五矿镇高山村，建于清道光十年（1830 年）。该墓土冢墓，封土呈圆形，乱石砌成。墓高 2、宽 4、长 6 米。碑向北，石质拱形碣碑，阴刻楷书碑文。碑高 2.1、宽 1、厚 0.3 米。墓主：陈母林太君墓。分布面积 24 平方米。

阴喔咀墓地 位于五矿镇友隆村，建于清咸丰九年（1859 年）。该墓土冢墓，封土不明显，坐北向南。墓长 4.6、宽 2、高 1.2 米。石质拱形碣碑，阴刻楷书碑文，上刻瑞兽图案。碑高 2.14、宽 1.04、厚 0.28 米。因碑面局部风化，不知墓主姓氏，只知名为"泽江"。分布面积 6 平方米。

维熏墓 位于五矿镇金锣村，建于清光绪元年（1875 年）。该墓土冢墓，封土呈圆形，条石砌成，坐东北向西南。墓长 5、宽 3.6、高 1.7 米。石质仿木结构墓碑，两柱一开间，单檐庑殿宝顶式，左右施抱鼓，阴刻楷书碑文。碑高 2.8、宽 1.9、厚 0.34 米，其中抱鼓宽 0.45 米。分布面积 19 平方米。

陈本葵墓 位于五矿镇盐井村，建于清光绪六年（1880 年）。该墓为单座土冢墓，条石砌成，封土呈圆形。墓长 5、宽 4、高 1.7 米。碑东南向，石质拱形碣碑，左右置抱鼓，阴刻楷书碑文。碑高 2、宽 2.3、厚 0.3 米，其中抱鼓 0.55 米。墓后残存石砌墓垣一段，其后龛中刻"髦髯广堂"四字，及人物、花草高浮雕。分布面积 96 平方米。

小埂子黄氏墓 位于五矿镇文峰村大水沟组小埂子，建于清代。该墓地共 2 座墓，一前一后排列，相距 7.4 米，均土冢墓，封堆呈圆形，条石砌成，坐南向北。石质拱形碣碑，阴刻楷书碑文。M1 墓长 4.7、宽 4.6、高 1.8 米。碑高 1.7、宽 0.83、厚 0.24 米。墓主：黄李氏，清咸丰七年（1857 年）立。M2 在 M1 正后，墓长 5.5、宽 4.3、高 1.8 米。碑残高 1.92、宽 1.02、厚 0.3 米。墓主：黄懋极，清道光七年（1827 年）立。分布面积 86 平方米。

古建筑

黄桷塝宅院 位于五矿镇友隆村，建于清代。该宅院始建于清咸丰年间，坐北向南。现存正房、厢房。均条石基础，石作素面台基，台基高 0.4 米，木板槛墙，上施木槛窗与竹泥夹板墙，穿斗式结构，小青瓦盖顶，灰塑脊，整体建筑呈长方形布局。正房：木结构四穿用九柱十一檩，穿斗式梁架，单檐悬山式屋顶，面阔七间 34.98 米，进深 9.6 米，通高 7 米。厢房左右对称，三穿用七柱九檩，面阔两间半 18.63 米，进深 6.4 米，通高 6.6 米。堂屋正面抽燕儿窝，其阶檐下施踏道 2 级，为后改建。

近现代重要史迹及代表性建筑

大胆沱堰堤 位于五矿镇石桥村，建于 1971 年。该堰堤西南至东北走向，呈弧形，条石砌成。堰堤长 45、顶宽 1、高 5 米。此堰堤是境内的拦水坝之一，并具有发电功能，是当地群众投工投劳和国家以工代赈建成的

莫猫儿咀堰堤 位于五矿镇楔子村，建于 1973 年。该堰堤呈东北—西南走向，条石砌成。堰堤长 53.3、底宽 7、顶宽 1.5、高 7 米。

子坡堰堤 位于五矿镇金星村，建于 1979 年。该堰堤呈东南—西北走向，条石砌成，呈弧形状。堰堤长 50.6、高 6、宽 1 米。

猫儿咀桥 位于五矿镇楔子村，建于 1977 年。该桥呈东北—西南走向，为单孔石拱敞肩平桥，石拱上两边各建一小拱洞。桥长 46.3、宽 3.1、高 7.1 米；拱跨长 29.8 米，拱顶厚 1 米，小拱跨度 4 米，空高 4 米，拱顶厚 0.8 米。

江柏桥 位于五矿镇金锣村，建于 1976 年。该桥呈东南—西北走向，为敞肩式单孔石拱平桥，石拱上两边各建一小拱洞，桥上加石护栏。桥长 40、宽 4.8、高 7.3 米；拱跨长 22 米，拱顶厚 1.3 米，左、右小拱跨长 3 米，拱洞高 2 米。石护栏杆为条石结构，高 0.6、宽 0.3 米。

迎安镇

古墓葬

塘坝头崖墓 位于迎安镇何家村，建于汉代。该崖墓共 2 座墓，严重扰乱，墓门开启，均为单门楣，大致呈平行开凿，相距 1.5 米，坐东北向西南。M2 比 M1 高 0.4 米，墓距台地高 0.3~0.6 米。M1 墓门高 1.3、宽 1.3 米，墓室长 1.3 米；M2 墓门高 1.1、宽 1.4 米，墓室长 2.2、宽 2.2、高 0.6 米。分布面积 5 平方米。

大山坡墓地 位于迎安镇凤鸣村楼房头组大山坡，建于宋代。该墓地共 7 座墓，均为石室墓，位于长 30、宽 8 米的大山坡上的山边台地上，坐北向南。M2~M7 被庄稼覆盖；M1 墓口暴露在外，墓室长 2.6、宽 1.54、高 1.3 米。墓室内刻有花卉图案，后壁刻有供养人造像，墓门两侧刻有武士神像。分布面积 400 平方米。

沱田湾生基山墓地 位于迎安镇先锋村沱田湾组生基山，建于明代。该墓为石室墓，一墓三室，严重扰乱，封土呈平顶，坐东北向西南。墓长 3.06、宽 3、高 1.1 米；墓室长 3.06、宽 2、高 1 米，其中柱宽 0.18 米。分布面积 9 平方米。

棕咀上墓地 位于迎安镇柏杨村黄桷坝组棕咀上，建于明代。该墓地共 2 座墓，为石室墓，早年严重扰乱，两墓前后相连，呈错落排列，坐北向南。M1 墓长 4.3、宽 2.1、高 1.7 米。M2 墓长 2.8、宽 1.5、高 1.6 米。分布面积 26 平方米。

官斗山黄朱氏墓 位于迎安镇天水村，建于清乾隆五十二年（1787 年）。该墓为土家墓，条石砌成，封土呈圆形，坐东北向西南。墓长 10.7、宽 7.7、高 1.8 米。石质仿木结构墓碑，两柱一开间，单檐庑殿宝顶式，阴刻楷书碑文。碑座长 1.12、高 0.33、宽 0.6 米，碑残高 1.52、宽 0.935、厚 0.22 米。其墓前 6.3 米处各建有一根素面石质望柱。石望柱柱础呈正方形，边宽 0.64、高 0.33 米。石望柱呈四边形，顶上为莲花宝顶式造型，高 2.94、边宽 0.46 米，其左望柱残高 2.7 米。分布面积 80 平方米。

杨登学墓　位于迎安镇迎安村，建于清嘉庆二十四年（1819 年）。该墓土冢墓，封土呈圆形，条石砌成，坐东北向西南。墓长 4.5、宽 3.4、高 2 米。石质仿木结构墓碑，两柱一开间，单檐庑殿宝顶式，左右施抱鼓，上刻花卉、瑞兽图案，阴刻楷书碑文，碑残高 2.6、残宽 1.26、厚 0.32 米。分布面积 16 平方米。

李保全墓　位于迎安镇竹林村，建于清道光四年（1824 年）。该墓土冢墓，略呈圆形，东南向。墓长 6.1、宽 3.4、高 1.3 米。石质仿木结构墓碑，四柱三开间，重檐庑殿式顶，阴刻楷书碑文。今查碑顶倒塌于地，其碑残高 1.7、宽 3.1 米，其中柱宽 0.24 米，左、右龛宽 0.83、高 1.5 米，正龛高 1.7、宽 0.93 米。分布面积 21 平方米。

黄巅塝黄丁氏墓　位于迎安镇天水村石塔坡组黄巅塝，建于清道光九年（1829 年）。该墓土冢墓，封土呈圆形，坐东南向西北。墓长 6、宽 2.6、高 1.6 米。石质仿木结构墓碑，两柱一开间，单檐庑殿宝顶式，左右施抱鼓，上刻花卉图案，阴刻楷书碑文。碑残高 3、残宽 1.18、厚 0.28 米。碑后正面阴刻"五服撮要"铭文。分布面积 16 平方米。

权白氏墓　位于迎安镇平阳村，建于清道光十四年（1834 年）。该墓土冢墓，封土呈圆形，坐东向西。墓长 5、宽 3.2、高 1.5 米。石质拱形碣碑，阴刻楷书碑文，碑高 1.67、宽 0.89、厚 0.18 米。分布面积 16 平方米。

韦廷第夫妇墓　位于迎安镇大岭村，建于清光绪四年（1878 年）。该墓土冢墓，封土呈圆形，坐南向北。墓长 10、宽 4、高 2.5 米。石质拱形碣碑，阴刻楷书碑文，碑高 1.68、宽 0.81、厚 0.2 米。分布面积 40 平方米。

吊板山刘氏墓　位于迎安镇玉皇村，建于清咸丰十年（1860 年）。该墓共 2 座墓，前后错落排列，M1 往前 1.75 米，两墓相距 1.2 米，坐东向西。两墓均为土冢墓，封土呈圆形，均石质方形碣碑，阴刻楷书碑文。M1 墓长 4.6、宽 2.7、高 1.7 米。墓碑高 1.7、宽 0.93、厚 0.18 米。墓主：刘吴氏，清咸丰十年（1860 年）立。M2 墓长 6.7、宽 2.8、高 1.7 米。墓碑高 1.76、宽 0.91、厚 0.14 米。墓主：刘元弼，清咸丰十年（1860 年）立。分布面积 58 平方米。

杨春龙墓　位于迎安镇凤鸣村，建于清代。该墓土冢墓，封土呈圆形，西向。墓长 5、宽 2.8、高 1.5 米。石质仿木结构墓碑，二柱一开间，单檐庑殿式顶，两边置抱鼓，阴刻楷书碑文，上刻八仙人物及卷草浮雕图案。碑高 2.8、宽 1.2、厚 0.35 米，其中柱宽 0.18 米。分布面积 14 平方米。

邱可为墓　位于迎安镇志诚村，建于清代。该墓土冢墓，封土呈圆形，四周条石砌成，坐西南向东北。墓长 8、宽 4.8、高 1.7 米。石质仿木结构墓碑，四柱三门，重檐庑殿宝顶式，阴刻楷书碑文。碑残高 1.82、宽 2.2、厚 0.2 米。立碑时间为清代，因碑面风化剥蚀，字迹脱落，其纪年时间无考。墓前建有上下两个拜台，第一拜台长5.6、宽2.3米；第二拜台长9.2、宽3.2米。拜台坎为素面，条石砌成。分布面积115平方米。

张家湾墓地　位于迎安镇幸福村打石山组张家湾，建于清代。该墓地共2座墓，均土冢墓，条石砌成，封土呈圆形，坐北向南，相距15米。其中M2为合葬墓，墓长5.7、宽5.3、高2.2米。墓前碑两通，形制大小相同，均石质仿木结构，二柱一开间，单檐庑殿式顶，阴刻楷书碑文。碑高2.3、宽0.98、厚0.32米，其中柱宽0.18米。分布面积42平方米。

古建筑

龙桥　位于迎安镇民主村，始建于清代。该桥呈东西走向，两墩三孔平桥。桥长6.75、宽1.48米，桥板厚0.44米，桥高2.17米，桥墩高1.73、长2.72、宽0.4米，其龙头比桥面高0.1米。该桥是三轮草至石峰场镇上的桥梁，其建桥碑早年被毁，具体建桥时间碑毁无考，桥的两端建有弧形护堤。此桥《志》有记载，它反映了清代以来江安地方的交通发展状况，具有较高的史料价值。

骡子坡桥　位于迎安镇下塆村粉匠湾组骡子坡，始建于清代。该桥呈东西走向，两墩三孔石板平桥。桥长5.7、宽1.05米，桥板厚0.28米，桥高2米，桥墩高1.72、长1.57、宽0.38米。此桥是竹林塆至石峰场镇上的桥梁，桥西端建有弧形护堤。

陆江河桥　位于迎安镇秦义村、英华村，建桥年代为清代。该桥东西走向，五墩六孔石质平桥。桥长15.5、宽1.99米，桥板厚0.6米，桥高2.88米。桥墩长3.09、宽0.67、高2.28米。桥的南侧桥墩头刻饰有两个龙头，分别建在东端第3号、4号桥墩上，面向南与上游，龙无龙尾。此桥是广福场镇通往迎安场镇上的桥梁，桥西端南侧建有条石护堤。

祠堂头桥　位于迎安镇石坎村祠堂头组祠堂头，始建于清代。该桥呈南北走向，六墩七孔石板平桥。桥长16.8、桥宽0.69米，桥板厚0.26、高3.74米。因小溪水位抬高，后加高了桥墩0.49米。此桥是石峰至迎安道上的桥梁。

石窟寺及石刻

母猪岩摩崖造像　位于迎安镇英华村，刻于清乾隆三十八年（1773年）。该造像共4龛3尊造像，坐东北向西南，分布在长6.7、高2米的山崖石壁上。均为帷幔屋形龛，造像均高浮雕，结跏趺坐于须弥座上，分别为药王观音、千手观音、牛王造像。其中：1号龛高1.4、宽0.8米，药王观音像高1、肩宽0.32米；3号龛高1.3、宽1米，牛王观音像高1.1、肩宽0.26米；4号龛高1.6、宽1.1米，千手观音像刻八只手臂，像高

1.18、肩宽 0.4 米，有乾隆三十八年（1773 年）题记。其 2 号龛内造像已毁。

马凼建桥功德碑　位于迎安镇三品村，建于清嘉庆二十五年（1820 年）。该石碑竖立在山岩壁边上，坐南向北，碑顶上为一元宝造型，下为四棱柱形。石碑平面呈长方形，整体呈方柱体形，碑三面阴刻楷书碑文，左侧竖排记叙建桥事件；正面上首横排右读刻"功德碑"三字，下方竖排镌刻出资人姓名；右侧竖排刻出资人名单与清嘉庆二十五年的纪年时间，碑通高 1.93、正面宽 0.37、侧面宽 0.31 米。

三合村观音龛　位于迎安镇安宁村，始建于清光绪九年（1883 年）。该观音龛坐南向北，灰色砂岩质，局部残损，单檐庑殿楼阁式，联文与题记为楷书阴刻。石龛通残高 2.02、面宽 0.75、侧宽 0.64、内龛深 0.54 米，其中柱宽 0.11 米。上龛供奉观音菩萨像，下龛供奉土地菩萨像。龛上右侧刻有题记与捐资人名。

夕佳山

古遗址

安远寨遗址　位于夕佳山镇安远村，始于宋代。该遗址平面微呈正方形，东西走向，占地面积 1 平方千米。城门残缺，宽 3、厚 1.5 米，保存城墙长 100、高 2.5 米，均由不规则的条石砌成。城内尚存残神像、石狮一对；城外尚存大营盘、二营盘、三营盘三个驻军营盘和存 36 个插旗杆的柱孔。

集庆寺遗址　位于夕佳山镇安远村，元代始建，毁于明末清初。该遗址面积 1200 平方米。现保留有山门、石柱础和 2 尊石狮。其石柱础均为圆形，青石制成，上部雕有莲花图案。2 尊石狮均为石质圆雕，置于原山门前两侧，坐式，其中左侧一尊完好，高 0.8、长 1.2 米；右侧一尊略小，左前腿被打断，高 0.7、长 1 米。

古墓葬

洪家湾墓　位于夕佳山镇坝上村祠堂头组红家湾，建于明代。该墓石室墓，一墓二室，墓室早年被扰乱，封土顶呈圆形，坐东南向西北。墓长 7、宽 5、高 3 米。墓门高 1.1、宽 2.2 米，其中柱宽 0.27 米。分布面积 35 平方米。

挖泥坝新房子墓地　位于夕佳山镇石冲村挖泥坝组新房子，建于明代。该墓地土冢石室墓，封土呈圆形，坐北向南。此墓早年被打开，后被填堵，分布面积 22 平方米。

狮子咀赵张氏墓　位于夕佳山镇铜盆村高二组狮子咀山，建于清嘉庆元年（1796 年）。该墓土冢墓，封土呈圆形，坐西向东。墓长 6、宽 3、高 2 米。石质仿木结构墓碑，仿两柱一开间，单檐庑殿式顶，阴刻楷书碑文。碑高 1.85、宽 0.95、厚 0.2 米。

墓主：赵张氏。分布面积 18 平方米。

蔡德佳墓　位于夕佳山镇坡上村，建于清道光五年（1825 年）。该墓土冢墓，封土呈圆形，坐北向南。墓长 6、宽 2.4、高 1.8 米，石质仿木结构墓碑，两柱一开间，单檐庑殿宝顶式，阴刻楷书碑文，墓主蔡德佳。据碑文载"蔡被诰封修职郎，□江县训导"。分布面积 15 平方米。

坟山咀杨李氏墓　位于夕佳山镇安远村莲花组坟山咀，建于清道光五年（1825 年）。该墓土冢墓，封土呈圆形，条石砌成，坐北向南。墓长 6、宽 3.7、高 1.46 米。石质仿木结构墓碑，四柱三开间，重檐庑殿宝顶式，阴刻楷书碑文。碑高 2.6、宽 2.74、厚 0.32 米，其中左、右龛宽 0.6 米，中龛宽 0.8 米，柱宽 0.21 米。分布面积 24 平方米。

水井坡李赵氏墓　位于夕佳山镇五里村沙滩坝组水井坡，建于清道光十六年（1836 年）。该墓土冢墓，封土呈圆形，条石砌成，坐东南向西北。墓长 4.2、宽 3.4、高 1.5 米。石质仿木结构墓碑，两柱一开间，单檐庑殿式顶，阴刻楷书碑文。碑高 2、宽 1.1、厚 0.3 米。墓主：李赵氏。分布面积 15 平方米。

鸭婆山魏周氏墓　位于夕佳山镇横石村河坎上组鸭婆山，建于清道光二十七年（1847 年）。该墓土冢墓，封土呈圆形，条石砌成，坐南向北。墓长 4、宽 3.6、高 1.67 米。石质仿木结构墓碑，两柱一开间，单檐庑殿式顶，上刻花草图案，阴刻楷书碑文。碑高 2.2、宽 1、厚 0.29 米。分布面积 15 平方米。

桥池塆魏聂氏墓　位于夕佳山镇沙子村寨子山组桥池塆，建于清咸丰五年（1855 年）。该墓土冢墓，封土呈圆形，坐东北向西南。墓长 3.4、宽 2.2、高 1.3 米。石质仿木结构墓碑，两柱一开间，单檐庑殿宝顶式，上刻花卉图案，阴刻楷书碑文。碑高 2.24、宽 0.98、厚 0.24 米。分布面积 7 平方米。

舒湾头程陈氏墓　位于夕佳山镇安远村，建于清咸丰五年（1855 年）。该墓坐北向南，土冢墓，封土呈圆形。墓长 4、宽 2.6、高 1.5 米。石质仿木结构墓碑，两柱一开间，单檐庑殿式顶，阴刻楷书碑文。碑高 2.5、宽 0.99、厚 0.24 米。墓主：程陈氏。分布面积 11 平方米。

程履域墓　位于夕佳山镇安远村，建于清咸丰元年（1851 年）。该墓土冢墓，条石砌成，封土呈圆形，坐北向南。墓长 6、宽 3.8、高 1.6 米。石质仿木结构墓碑，四柱三门，重檐庑殿宝顶式，阴刻楷书碑文，上刻吉祥器物图案。碑残高 1.55、宽 2.1、厚 0.23 米，其中柱宽 0.2 米，左、右龛宽 0.41 米，中龛宽 0.57 米。分布面积 24 平方米。

杨石奄墓　位于夕佳山镇安远村，建于清咸丰二年（1852 年）。该墓土冢墓，封土呈圆形，条石砌成，南向，冢沿刻有图案。墓长 5.8、宽 4、高 2.7 米。墓碑为石质仿木结构，四柱三开间，重檐庑殿式顶，阴刻楷书碑文，上刻有戏剧场面、花卉、动物等图案。碑高 3.22、宽 2.16、厚 0.23 米，其中柱宽 0.18 米，中龛宽 0.59 米，左、右龛宽 0.48 米。墓垣后有一龛，龛长 2、高 1 米，后龛内刻"美檀西崑"四个大字。墓主杨石奄为清进士文林郎，曾任国子监广业堂助教。分布面积 24 平方米。江安县人民政府于 2010 年 7 月公布为县级文物保护单位。

毛狗山李傅氏墓　位于夕佳山镇横石村，建于清咸丰二年（1852 年）。该墓土冢墓，封土呈圆形，条石砌成，坐西向东。墓长 5.6、宽 3.9、高 1.9 米。石质仿木结构墓碑，四柱三开间，重檐庑殿宝顶式，上刻鸟兽花卉图案，阴刻楷书碑文。碑高 2.74、宽 2.2、厚 0.27 米，其中柱宽 0.17 米，左、右龛宽 0.46 米，中龛宽 0.74 米。墓主：李傅氏。分布面积 22 平方米。

邓文煌墓　位于夕佳山镇五里村，建于清咸丰十年（1860 年）。该墓土冢墓，封土呈圆形，条石砌成，坐东北向西南。墓长 4.8、宽 4.6、高 2.1 米。石质仿木结构墓碑，四柱三门，重檐庑殿宝顶式顶，上刻天官赐福、扑地狮子图纹，阴刻楷书碑文。碑高 2.51、宽 2.23、厚 0.17 米，其中柱宽 0.2 米，左、右龛宽 0.46 米，中龛宽 0.67 米。分布面积 22 平方米。

白鹤咀熊氏墓　位于夕佳山镇铜盆村山坡台地上，建于清同治元年（1862 年）。该墓共 2 座墓，均土冢，封土呈圆形，条石砌外围，平行建，相距 2.6 米，坐西南向东北。墓长 10.6、宽 8 米。M1 长 4、宽 3.8、高 1.8 米。石质拱形碣碑，左右施抱鼓，阴刻楷书碑文，上刻花卉走兽图案。碑高 1.74、宽 1.7、厚 0.23 米，其中抱鼓宽 0.41 米。墓主：熊明珠。M2 长 7.3、宽 4.2、高 2.85 米。石质仿木结构墓碑，四柱三门，三重檐庑殿宝顶式，左右施抱鼓，阴刻楷书碑文，上刻花卉、人物、瑞兽图案。碑高 5、宽 4.72、厚 0.35 米，其中柱宽 0.26、抱鼓宽 0.64 米。左右龛宽 0.73 米，中龛宽 1 米。墓主：熊贤进夫妇，清同治元年（1862 年）立，其碑楹联为巴县训导黄学海题，墓志铭为黄希孟题。分布面积 99 平方米。江安县人民政府于 2010 年 7 月公布为县级文物保护单位。

横石滩熊万氏墓　位于夕佳山镇五里村，建于清同治三年（1864 年）。该墓土冢墓，条石砌成，封土呈圆形，坐东向西。墓长 7.5、宽 4.6、高 2.44 米。石质仿木结构墓碑，四柱三开间，重檐庑殿宝顶式，上刻瑞兽花草图案，阴刻楷书碑文。碑高 3.3、宽 2.48、厚 0.32 米。其中左、右龛宽 0.51 米，中龛宽 0.8 米，柱宽 0.21 米。分布面积 35 平方米。

何先龙墓　位于夕佳山镇石冲村，建于清同治四年（1865 年）。该墓土冢墓，用条石砌成，封土呈圆形，坐西北向东南。墓长 4.8、宽 4、高 2.3 米。石质仿木结构墓碑，两柱一开间，单檐庑殿式顶，阴刻楷书碑文。碑高 2.18、宽 0.9、厚 0.3 米。分布面积 18 平方米。

老屋基曾石氏墓 位于夕佳山镇中锋村龙塘组老屋基，建于清同治五年（1866年）。该墓土冢墓，条石砌成，封土呈圆形，坐东南向西北。墓长 5.2、宽 3.4、高 2 米。石质仿木结构墓碑，四柱三开间，重檐庑殿宝顶式，阴刻楷书碑文，上刻人物、花卉、扑地狮子图案。碑高 3.02、宽 2、厚 0.36 米，其中柱宽 0.2 米。左、右龛宽 0.36 米，中龛宽 0.56 米。分布面积 18 平方米。

徐喻氏墓 位于夕佳山镇铜盆村，建于清同治六年（1867 年）。该墓土冢墓，条石砌成，封土呈圆形，坐东向西。墓长 4.5、宽 3.3、高 1.3 米。石质仿木结构墓碑，四柱三门，重檐庑殿宝顶式，上刻人物、花卉、瑞兽图案，阴刻楷书碑文。碑基座长 2.84、宽 0.7、高 0.36 米。碑高 3.8、宽 2.5、厚 0.3 米，其中左、右龛宽 0.58 米，中龛宽 0.6 米，柱宽 0.2 米。墓主：徐喻氏。分布面积 15 平方米。徐喻氏是受同治皇帝旌表的妇女，县志与墓碑上有记载。

华忠墓 位于夕佳山镇安远村，建于清同治六年（1867 年）。该墓土冢墓，封土呈圆形，条石砌成，坐北向南。墓长 4.15、宽 2.9、高 1.5 米。石质拱形碣墓，阴刻楷书碑文，碑高 1.65、宽 0.86、厚 0.21 米。分布面积 12 平方米。

邓张氏墓 位于夕佳山镇五里村，建于清光绪五年（1879 年）。该墓土冢墓，封土呈圆形，条石砌成，坐东北向西南。墓长 4.7、宽 3、高 2.4 米。石质拱形碣碑，左右施抱鼓，上刻人物、瑞兽图案，阴刻楷书碑文。碑高 2、宽 1.75、厚 0.2 米。分布面积 15 平方米。

狮子山冯杨氏墓 位于夕佳山镇横石村大房子组狮子山，建于清光绪十年（1884 年）。该墓土冢墓，封土呈圆形，条石砌成，坐北向南。墓长 4.8、宽 3.1、高 2.1 米，拜台宽 3 米。石质仿木结构墓碑，两柱一开间，单檐庑殿宝顶式，两边置抱鼓，阴刻楷书碑文，上刻人物、戏剧故事、花卉等吉祥图案。碑高 3.2、宽 2.6、厚 0.4 米，其中柱宽 0.22、抱鼓宽 0.62 米。墓主：冯杨氏。分布面积 25 平方米。

邹致炳墓 位于夕佳山镇坡上村，建于清光绪三十四年（1908 年）。该墓土冢墓，条石砌成，封土呈圆形，坐西北向东南。墓长 4、宽 3.6、高 1.6 米。石质仿木结构墓碑，四柱三门，重檐庑殿宝顶式，上刻花草、瑞兽，阴刻楷书碑文。碑残高 2.2、宽 2、厚 0.3 米。其中柱宽 0.2 米，左、右龛宽 0.4 米，中龛宽 0.53 米。墓主：邹文炳，清光绪三十四年（1908 年）立。分布面积 15 平方米。

熊先益墓 位于夕佳山镇五里村，建于清宣统三年（1911 年）。该墓土冢墓，封土呈圆形，坐南向北。墓长 6.2、宽 4.2、高 1.6 米。石质拱形碣碑，上刻人物、动物、花卉图案，左右施抱鼓，阴刻楷书碑文。碑高 1.8、宽 1.67、厚 0.24 米，其中抱鼓宽 0.46 米。分布面积 26 平方米。

黄登先墓 位于夕佳山镇坝上村，建于清代。该墓共 2 座墓，并排建在同一台地上，均土冢墓，封土呈圆形，乱石砌成，坐南向北。两墓均仿木结构墓碑，两柱一开间，单檐庑殿式顶，阴刻楷书碑文。M1 墓长 4、宽 2.8、高 1.6 米。碑高 2.1、宽 1、厚 0.2 米。墓主：黄罗氏，清道光七年（1827 年）立。M2 左距 M1 有 7 米，墓长 4.5、宽 2.8、高 1.5 米。碑高 2、宽 0.96、厚 0.4 米。墓主：黄登先，清乾隆四十年（1775 年）立。分布面积 56 平方米。

坡上杨家墓地　　位于夕佳山镇坡上村坡上组坡上，建于清代。该墓地共 2 座墓，朝向一致，坐北向南。M2 左前距 M1300 米，均土冢墓，条石砌成，封土呈圆形。M1 墓长 6.4、宽 4.2、高 2.3 米。石质仿木结构墓碑，四柱三开间，重檐庑殿宝顶式，上刻花卉、瑞兽图案，阴刻楷书碑文。碑高 3.4、宽 2.1、厚 0.3 米。其中柱宽 0.17 米，左、右龛宽 0.46 米，中龛宽 0.56 米。墓主：杨光前，清同治六年（1867 年）立。M2 墓长 5、宽 3.9、高 1.7 米。石质拱形碣碑，左右置抱鼓，上刻人物、花卉图案，阴刻楷书碑文。碑高 2.2 米，宽 1.9、厚 0.3 米，其中抱鼓宽 0.5 米。墓主：杨明新，清同治六年（1867 年）立。分布面积 1200 平方米。

方耳湾墓地　　位于夕佳山镇坡上村碾子湾，建于清代。该墓地共 3 座墓，均土冢墓，条石砌成，封土呈圆形。M2 左距 M1 约 20 米，M2 右后距 M3 约 250 米。M1 坐北向南，墓长 5.2、宽 3.2、高 2.8 米。石质拱形碣碑，上刻花卉、瑞兽图案，阴刻楷书碑文。碑高 2.8、宽 2.44、厚 0.25 米，其中抱鼓宽 0.54 米。墓主：熊杨氏，清光绪七年（1881 年）立。冢外建条石墓垣，及后龛刻有人物图案与匾额，正中为"云蔚霞蒸"，左为"钟奇"，右为"毓秀"，前建有拜台。M2 坐东北向西南，墓长 6、宽 3.2、高 2.2 米。石质仿木结构墓碑，两柱一开间，单檐庑殿宝顶式，左右施抱鼓，上刻云纹、花草图案，阴刻楷书碑文。碑高 3.5、宽 2.4、厚 0.37 米，其中抱鼓宽 0.57 米。墓主：魏衡氏，清咸丰五年（1855 年）立。M3 坐北向南，墓长 5、宽 3.8、高 2.1 米，石质仿木结构墓碑，四柱三门，重檐庑殿宝顶式，左右施抱鼓，上刻云纹、花卉图案，阴刻楷书碑文。碑高 3.5、宽 4、厚 0.34 米。其中柱宽 0.24 米，抱鼓 0.64 米，左、右龛宽 0.6 米，中龛宽 0.83 米，清咸丰五年（1855 年）立。墓地分布面积 1680 平方米。

瓦窑山邹氏墓　　位于夕佳山镇坡上村塝上组瓦窑山，建于清代。该墓共 2 座墓，均土冢墓，条石砌成，封土呈圆形，坐北朝南。M2 建在 M1 右前，相距 8.8 米。墓碑均石质仿木结构，四柱三门，重檐庑殿宝顶式，上刻人物、花卉图案，阴刻楷书碑文。M1 墓长 6、宽 3.8、高 2.4 米。碑宽 2.4、高 2.8、厚 0.24 米。其中左、右龛宽 0.46 米，中龛宽 0.7 米，柱宽 0.18 米。墓主：邹中安，清光绪七年（1881 年）立。M2 墓长 4.4、宽 3.4、高 2.2 米。碑高 2.4、宽 2.8、厚 0.23 米。其中柱宽 0.2 米，左、右龛宽 0.64 米，中龛宽 0.71 米。墓主：邹文银，清光绪二十五年（1899 年）立。分布面积 167 平方米。

高二何家墓地　位于夕佳山镇铜盆村，建于清代。该墓地共 2 座墓，均土冢墓，条石砌成，封土呈圆形，坐西南向东北，两墓相距 4.6 米。M1 墓长 3.44、宽 2.8、高 1.44 米。石质仿木结构墓碑，仿两柱一开间，单檐庑殿式顶，阴刻楷书碑文。碑高 1.8、宽 1.06、厚 0.29 米。墓主：何效清。M2 墓长 6.6、宽 6、高 1.5 米。石质仿木结构墓碑，四柱三门，重檐庑殿宝顶式，阴刻楷书碑文。碑残高 1.7、宽 2.2、厚 0.3 米。其中左、右龛宽 0.5 米，中龛宽 0.7 米，柱宽 0.2 米。墓主：何汛诚与妻何刘氏。分布面积 140 平方米。

何先明墓　位于夕佳山镇铜盆村，建于清代。该墓土冢墓，条石砌成，封土呈圆形，坐南向北。墓长 6、宽 4、高 2 米。石质仿木结构墓碑，四柱三开间，重檐庑殿宝顶式，阴刻楷书碑文。碑高 2.84、宽 2.1、厚 0.26 米。其中左、右龛宽 0.4 米，中龛宽 0.6 米，柱宽 0.2 米。分布面积 24 平方米。

老沃咀唐黄氏墓　位于夕佳山镇安乐村，建于清代。该墓土冢墓，封土呈圆形，坐西向东。墓长 5、宽 3.8、高 1.8 米。石质仿木结构墓碑，两柱一开间，单檐庑殿式顶，阴刻楷书碑文。碑高 2.2、宽 0.9、厚 0.28 米，其中柱宽 0.16 米。墓主：唐黄氏，清嘉庆年间立，因字迹脱落具体时间无考。分布面积 20 平方米。

花坟墓地　位于夕佳山镇安乐村，建于清代。该墓地坐西北向东南，分布在长 13.8、宽 5 米的山坡台地上，共 3 墓 2 碑，均土冢墓封土呈圆形，条石砌外围。M1 长 4.4、宽 3.6、高 2.5 米。石质仿木结构墓碑，四柱三开间，重檐庑殿宝顶式，左右置抱鼓，阴刻楷书碑文，上刻人物、花卉、扑地狮子图案。碑高 3.5、宽 3.3、厚 0.37 米。其中抱鼓宽 0.4 米，柱宽 0.18 米。墓主：胡先逢，清光绪十四年（1888 年）立。M2 左距 M1 有 1.3 米，墓长 4.2、宽 4.2、高 2.2 米，墓碑毁于地。M3 左距 M2 有 1.35 米，墓长 4.2、宽 4.5、高 2.2 米。石质拱形碣碑，阴刻楷书碑文，碑高 1.43、宽 0.8、厚 0.14 米，清道光二十八年（1848 年）立。分布面积 69 平方米。

百合堰墓地　位于夕佳山镇安远村，建于清代。该墓地共 3 座墓，均土冢墓，封土呈圆形，坐东北向西南。墓碑均石质仿木结构，仿两柱一开间，单檐庑殿式顶，阴刻楷书碑文。M1 墓长 4.5、宽 3.3、高 1.5 米。碑高 2.37、宽 0.92、厚 0.31 米。墓主：何金第（正八品），清咸丰七年（1857 年）立。M2 与 M3 并排而建，前距 M1 有 3.6 米。M2 墓长 3、宽 2.45、高 1.2 米。碑高 1.97、宽 0.91、厚 0.21 米，清道光十二年（1832）立。M3 左距 M2 约 2.3 米，墓长 4.2、宽 2.7、高 1.1 米。碑高 1.8、宽 0.81 米，清嘉庆二十一年（1816 年）立。分布面积 75 平方米。

茶树榜程家墓地　位于夕佳山镇安远村，建于清代。该墓地共 3 座墓，并排而建，均土冢墓，条石砌成，封土呈圆形，坐北向南。三墓均为石质仿木结构墓碑，两柱一开间，单檐庑殿式顶，阴刻楷书碑文。M1 墓长 4.2、宽 2、高 1.4 米。碑高 1.9、宽 1.18、厚 0.13 米，其中柱宽 0.2 米。M2 左距 M1 约 3.7 米，墓长 4.5、宽 2.4、高 1.4 米。碑高 1.95、宽 1.2、厚 0.31 米，其中柱宽 0.2 米。墓主：程鹏里，清道光七年（1827年）立。M3 左距 M2 约 1.8 米，墓长 4.5、宽 2、高 1.5 米。碑高 1.1、宽 0.9、厚 0.33 米，其中柱宽 0.19 米。墓主：程母，清道光十五年（1835年）立。分布面积 54 平方米。

女儿山曾郑氏墓 位于夕佳山镇天会村新房子组女儿山，建于清代。该墓土冢墓，封堆呈圆形，条石砌成，坐南向北。墓长 4.7、宽 2.8、高 1.7 米。石质仿木结构墓碑，四柱三开间，重檐庑殿宝顶式，上刻花卉图案，阴刻楷书碑文。碑残高 2.6、宽 2.5、厚 0.3 米。其中柱宽 0.18 米，左、右龛宽 0.55 米，中龛宽 0.68 米。立碑时间为清代，但具体时间无考，因左开间墓碑上部损毁，其纪年无从知晓。分布面积 14 平方米。

黑桃坡胥氏墓地 位于夕佳山镇寨子村兴龙组黑桃坡，建于清代。该墓地共 3 座墓，均土冢墓，封土呈圆形，条石砌成，大致呈平行建造，M3 往后 1.3 米，坐西南向东北。三墓均为石质仿木结构墓碑，仿两柱一开间，重檐庑殿宝顶式，阴刻楷书碑文。M1 墓宽 3.5、高 1.8、长 4.5 米。碑高 2.3、宽 0.92、厚 0.24 米。墓主：胥罗氏，清道光三十年（1850年）立。M2 左距 M1 有 0.3 米，墓长 4、高 1.9、宽 2.6 米。碑高 2.9、宽 1.3、厚 0.4 米。墓主：胥志纲，清嘉庆二十五年（1820年）立。M3 左距 M2 约 0.1 米，墓长 3.8、高 1.7、宽 2.4 米。碑高 2.1、宽 0.84、厚 0.22 米。墓主：胥光荣，清嘉庆二十五年（1820年）立。分布面积 36 平方米。

鹅宝山邓家墓地 位于夕佳山镇五里村沙滩坝组鹅宝山，建于清代。该墓地共 2 座墓，两墓相距 14 米，均土冢墓，条石砌成，封土呈圆形，坐东北向西南。M1 墓长 5.2、宽 4、高 2.6 米。石质仿木结构墓碑，四柱三门，重檐庑殿宝顶式，上刻瑞兽、花卉、蜘蛛图案，阴刻楷书碑文。碑高 3、宽 2.18、厚 0.14 米，其中柱宽 0.2 米，左、右龛宽 0.46 米，中龛宽 0.67 米。墓主：邓张氏，清光绪十二年（1886年）立。M2 墓长 5、宽 3.8、高 1.9 米。石质拱形碣碑，两边施抱鼓，上刻人物、花卉图案，阴刻楷书碑文。碑高 2.1、宽 1.9、厚 0.2 米，其中抱鼓宽 0.14 米，其抱鼓为后加建筑。墓主：邓世益，清光绪十年（1884年）立。分布面积 114 平方米。

白果湾李家墓地 位于夕佳山镇横石村尖坡岭组白果湾，建于清代。该墓地均土冢墓，封土呈圆形，条石砌成，坐西向东。M1 墓长 4.5、宽 4、高 2.1 米，石质仿木结构墓碑，二柱一开间，单檐庑殿式顶，阴刻楷书碑文。碑残高 2.3、残宽 1.1、厚 0.35 米，其中柱宽 0.2 米。墓主：李尔芳，清同治八年（1869年）立。M2 左距 M1 约 10 米，墓长 3.9、宽 2.9、高 2.8 米。石质仿木结构墓碑，两柱一开间，单檐庑殿式顶，左右施抱鼓，阴刻楷书碑文。碑残高 1.25、宽 2.7、厚 0.27 米，其中抱鼓宽 0.52 米，柱宽 0.18 米。墓主：李迪前。M3 左距 M2 约 1.7 米，墓长 3.9、宽 3.2、高 1.8 米。石质仿木结构墓碑，两柱一开间，单檐庑殿式顶，左右施抱鼓，阴刻楷书碑文。碑高

2.4、宽 1.87、厚 0.26 米，其中抱鼓宽 0.43 米，柱宽 0.2 米。墓主：李马氏。M2、M3 前拜台宽 3.2 米。分布面积 109 平方米。

古建筑

狮子桥 位于夕佳山镇五里村，始建于宋代。该桥为石砌平桥，呈南北走向，桥上架桥，下桥史料记载建于宋代。因被水淹而建上桥，上桥建造年代不详，相传为清代，是因下游官桥建拦水堰堤后才建。上桥为空腹式单孔石砌平桥，长 32.1、宽 2.1、高 7 米，单拱高 6 米，拱顶厚 0.8 米。该桥是留耕到底蓬道上的桥梁。

安远街石板路 位于夕佳山镇安远村，始建于明代。该石板路始建年代不详，史料载石板路为明代修建。呈南北走向，保存长度 450 米左右，宽度 1.4～3.2 米，均用条石铺成。此路是通往兴文、叙永等县的古官道，因 1957 年建公路而被废弃。

夕佳山民居 位于夕佳山镇坝上村，始建于明代，坐南向北。该民居为复合四合院式布局，占地面积 10056 平方米，建筑面积 5217 平方米，天井 11 个，房屋 123 间。主体建筑为木结构，悬山式屋顶。前厅石作素面台基高 1.6 米，垂带式踏道 9 级，面阔五间 25.7 米，进深六间 7.6 米。民居内木刻、石雕内容丰富，庭院曲廊，风格别致。民居四周桢楠树林环抱。国务院于 1996 年公布为全国重点文物保护单位。

潘家庙 位于夕佳山镇沙塘村，建于清道光二十年（1840 年）。该建筑现存前殿、正殿、后殿，坐南向北，四合院布局。均条石基础，素面台基，木结构抬梁式梁架，悬山式屋顶。正殿为石作素面台基高 1.3 米，垂带式踏道 6 级，三穿用四柱，面阔三间 12.3 米，进深三间 6.2 米，通高 5.4 米，有清道光二十年（1840 年）七月题记，总占地面积 1100 平方米。

绿杨村宅院 位于夕佳山镇坝上村，始建于清咸丰年间（1851～1861 年）。该宅院坐南向北，呈三合院式布局，现存正房、左、右厢房。均条石基础，素面台基，穿斗式或抬梁式梁架，木结构悬山式屋顶。正房共七间，正面槛窗，下木槛间，石作素面台基高 1 米，重带式踏道 5 级，三穿用七柱，面阔 43 米，进深 13.6 米；左耳房三间，上开窗户与门洞，石作素面台基高 0.3 米，踏道 3 级，竹篾夹壁墙，七檩用五柱，抬梁式梁架，面阔 18、进深 9.6 米。总占地面积 1359 平方米。

回龙咀宅院 位于夕佳山镇五里村，建于清同治年间（1862～1874 年）。该宅院坐东北向西南，四合院式，条石基础，素面台基，穿斗式小青瓦结构。正房三穿用七柱，前出廊，面阔五间 32 米，进深 9 米；厢房三穿用七柱，面阔二间 13 米，进深 6 米；前房三穿用五柱，面阔五间 32 米，进深 6 米。

藕花池宅院 位于夕佳山镇安远村，建于清光绪二十六年（1900 年）。该建筑坐北朝南，建造在三层台基上，呈四合院式布局。前厅被拆除，存外朝门、正房、左右厢房，均条石基础，素面台基，悬山穿斗式建筑风格。正房面阔七间，台基高0.9米，檐坎宽1.27米，石梯垂带式，长1.05、宽2.1米，三穿用九柱，通高9米，明间宽5.6米，左、右次间宽4.93米，梢间宽4.9米，再梢间宽9.6米。左、右厢房面阔两间，三穿用九柱，长15米。外朝门后垂带式石梯共十一级，宽2.5米。外朝门一间，三柱用两穿悬山式，外呈八字形布局，面阔2.85、进深2.56米。朝门外建一月亮台，月亮台宽2.6米。

板冲宅院 位于夕佳山镇石冲村，建于清代。该宅院坐东北向西南，四合院式，条石基础，石作素面台基，脊干、鳌头灰塑吉祥图案。正房高台基，高0.65米，石作素面，三穿用九柱，前出廊，木槛窗与槛间，面阔五间28米，进深9.1米；厢房台基高0.45米，三穿用七柱，木槛窗与槛间，面阔三间8.6米，进深8.43米；前房台基高1.5米，三穿用五柱，夹壁墙，面阔三间10.46米，进深6米。

官桥堰堤 位于夕佳山镇五里村，建于清代。该石堰堤呈西北—东南走向，总长36.06米，宽0.6～4米，高1.7～4.4米。建有四个石墩，三个弧形挡水石堤。

油房头宅院 位于夕佳山镇五里村，建于清代。该宅院坐南向北，四合院式布局，条石基础素面台基，穿斗式木结构，单檐悬山式小青瓦屋顶。正面下施素面木板槛间，上施雕花槛窗，均为格菱窗，窗上有琴棋书画、福禄寿喜及花卉、瑞兽等吉祥图纹。竹夹壁墙，白灰作饰，小青瓦座脊。正房三穿用七柱，面阔九间45.2米，进深9.6米，通高7.2米，垂带式二级石梯；左右厢房三穿用七柱，面阔三间15.2米，进深17.65米，通高6.8米，二级踏道石梯；外朝门三穿用七柱，面阔一间6.5米，进深一间7米，通高5.8米，垂带式四级石梯。院坝为青石板铺成，外为农田，总占地面积1175平方米。

黄石滩桥 位于夕佳山镇横石村，建于清代中期。该桥东西走向，共十一墩十二孔，石结构平桥。长40.23、宽1.53、高2米；桥墩高2.3米，桥墩头长0.67、宽0.47米，4个桥墩有龙头雕塑，龙头长0.66、宽0.54、高0.32米。该桥是蟠龙到底蓬道上的桥梁。

石窟寺及石刻

曾家祠堂碑刻 位于夕佳山镇中锋村，建于清咸丰八年（1858年）。该碑刻坐东南向西北，原为曾家祠堂内的供奉物，因祠堂房屋毁损而弃于露天荒野。共有石质碑刻五通，均阴刻楷书碑文，可识纪年时间为清咸丰八年（1858年）。前第一通（左）《历代科甲榜》，碑高2、宽0.62、厚0.15米；前第二通（右）左距第一通2.4米，为《曾氏渊源》，碑高1.25、宽0.66、厚0.205米；后第三通距前两通碑1.15米，并排而立，相连接，均高1.85、宽1、厚0.15米。左起《曾氏字辈排序》、《曾氏字谱》等三通，其上部字迹因风化不能识其标题。

近现代重要史迹及代表性建筑

新屋基宅院　位于夕佳山镇五里村，建于 1948 年。该宅院坐东南向西北，条石基础，石作素面台基，檐坎高 0.3 米，双排槛窗。建三穿用九柱，穿斗式梁架，悬山式房顶，面阔五间 24.1 米，进深 9.8 米，通高 9.7 米，前后出檐各 1.25 米。总占地面积 180 平方米。

鲢鱼桥　位于夕佳山镇坝上村，建于 1957 年。该桥呈南北走向，为三孔石拱平桥，桥长 27、宽 6.8、高 9 米，无护栏。此桥是城至红桥镇公路上的重要公路桥，后因公路改道而废弃。

沙滩坝语录　位于夕佳山镇五里村，建于 1962 年。该标语向西北，共 16 通，总长 26.7 米，高 0.75~1.15 米，距地面高 2.4 米。大部分为白底楷体墨书，只有堂屋墙壁上的一通 "纪念白求恩" 为白底红色油漆书写。语录书写在沙滩坝民居正房与右厢房的墙壁上，最大一通 6 号，长 5、高 1.18 米；最小一通 2 号，宽高均 0.8 米。语录文字最大字径 0.5、最小字径 0.08 号；语录文字最大字距 0.2、最小字距 0.02 米，1967 年邓三友书写。毛主席语录是 "文革" 时期宣传毛泽东思想的一种形式，起到统一思想和教育人的目的。

白鹤滩堰堤　位于夕佳山镇安乐村，建于 1967 年。该堰堤呈东西走向，条石砌成，长 61、高 6.2 米，基础宽 5 米，顶宽 1.5 米。堰堤中间顶上建桥墩，其左右各建一个弧形堰堤。东边弧形堰堤长 15.6、宽 1.5 米，其中弧跨长 10.4 米；中间堰堤长 23.4 米，上架桥墩十一个，共十二孔，桥宽 1、高 1.55、厚 0.33、孔距 2.15 米；桥墩头长 0.5、宽 0.6 米。西桥端弧形堰堤长 22、宽 1.5 米，其中弧跨长 10 米。

其他

杨尚岭墓　位于夕佳山镇安远村，建于 1915 年。该墓土冢墓，封土呈圆形，坐西北向东南。墓长 5.5、宽 4.6、高 1.6 米。石质方形碣碑，阴刻楷书碑文，碑高 1.36、宽 0.76、厚 0.17 米。墓主：杨尚岭（清咸丰丙辰科进士），授国子监学正，中华民国四年（1915 年）立。分布面积 25 平方米。江安县人民政府于 2010 年 7 月公布为县级文物保护单位。

水清镇

古墓葬

刘继德墓　位于水清镇金山洞村，建于清乾隆四十七年（1782 年）。该墓土冢墓，封土呈圆形，坐东向西。墓长 4、宽 2.6、高 1.3 米。石质仿木结构墓碑，单檐庑殿宝顶式，阴刻楷书碑文。碑残高 1.6、宽 0.74、厚 0.27 米。分布面积 11 平方米。

俞氏墓　位于水清镇板栗山村，建于清乾隆六十年（1795 年）。该墓土冢墓，条石砌成，封土呈圆形。墓长 7、宽 4、高 1.6 米。墓碑东南向，石质仿木结构，两柱一开间，单檐庑殿式顶，阴刻楷书碑文。碑高 1.5、宽 0.95、厚 0.22 米，其中柱宽 0.13 米。墓主：俞氏。分布面积 28 平方米。

罗应举墓　位于水清镇团结村，建于清代。该墓土冢墓，封土呈圆形，坐西北向东南。墓长 8、宽 4、高 1.6 米。一墓双碑，碑纵向排列，两碑均阴刻楷书字体，相距 1.28 米。前碑为石质长方形碣碑，上刻花卉图案，碑高 2.2、宽 1.19、厚 0.25 米，清嘉庆十一年（1806 年）立；后碑为石质单檐庑殿宝顶式，高 1.9、宽 1.18、厚 0.28 米，清乾隆三十年（1765 年）立。分布面积 32 平方米。

黄汉祥墓　位于水清镇葛藤湾村，建于清嘉庆十九年（1814 年）。该墓土冢，条石砌成，封土呈圆形。墓长 7、宽 5.2、高 1.7 米。墓碑东向，石质仿木结构，四柱三开间，重檐庑殿宝顶式，阴刻楷书碑文，上刻对联和花卉瑞兽图案。碑高 4.3、宽 4.1、厚 0.32 米，其中柱宽 0.24 米，左、右龛宽 0.92 米，高 2.42 米，正中龛宽 1.2、高 2.6 米。分布面积 35 平方米。

张才元墓　位于水清镇板栗山村，建于清道光二十七年（1847 年）。该墓土冢墓，封土呈圆形，坐西北向东南。墓长 5.6、宽 3.3、高 2 米。墓碑石质仿木结构，两柱一开间，单檐庑殿宝顶式，阴刻楷书碑文，两边施抱鼓，上刻人物、动物与花卉图案。碑高 3.3、宽 2.4、厚 0.24 米，其中抱鼓宽 0.56、柱宽 0.18 米。墓主：张才元。分布面积 19 平方米。

高坎子张氏墓地　位于水清镇团结村高坎子组高坎子，建于清咸丰十年（1860 年）。该墓均土冢墓，封土呈圆形，坐西向东。M1 墓长 4.4、宽 4、高 1.2 米，墓碑石质仿木结构，四柱三开间，重檐庑殿式顶，两边施抱鼓，上刻花卉、人物、瑞兽图案，阴刻楷书碑文。碑残高 2.2、宽 3.8、厚 0.3 米。其中柱宽 0.2 米，左、右龛宽 0.6 米，高 1.3 米，中龛宽 0.9 米，高 1.9 米，左、右抱鼓宽 0.5 米。墓主：张蓝氏，清咸丰十年（1860 年）立。M2 建在 M1 左后 7.3 米处，墓长 3.6、宽 2.8、高 1.5 米。墓碑石质仿木结构，两柱一开间，重檐庑殿宝顶式，两边施抱鼓，上刻花卉、人物图案，阴刻楷书碑文。碑高 3.1、宽 2.4、厚 0.35 米。其中柱宽 0.2 米，左、右抱鼓宽 0.55 米。M2 建有条石墓垣，其上为瓦屋顶，内侧刻有匾额、文字与人物故事图案。墓主：张才灵，清同治二年（1863 年）立。分布面积 236 平方米。

周永璋墓　位于水清镇解放村，建于清咸丰七年（1857 年）。该墓土冢墓，封堆呈圆形，坐西北向东南。墓长 8、宽 4、高 1.7 米。石质方形碣碑，碑高 1.65、宽 0.89、厚 0.15 米。分布面积 32 平方米。

徐升阁夫妇墓　位于水清镇新窝头村，建于清光绪八年（1882 年）。该墓土冢墓，封土呈圆形，坐南向北。墓长 6、宽 5、高 1.5 米。墓碑石质仿木结构，四柱三开间，重檐庑殿式顶，阴刻楷书碑文。碑座长 3.3、宽 0.5、高 0.25 米；碑高 2.2、宽 2.95、厚 0.29 米。其中柱宽 0.16 米，左、右龛宽 0.44、高 0.84 米，中龛高 1.42、宽 0.65 米。墓主：徐升阁夫妇。分布面积 30 平方米。

新房子墓地　位于水清镇团结村，建于清代。该墓地共 3 座墓，均为土冢墓，封土呈圆形。墓碑东向，石质仿木结构，单檐庑殿宝顶式，阴刻楷书碑文。M1 墓高 2.2、长 7、宽 5 米。墓碑高 1.5、宽 0.76、厚 0.26 米。墓主：罗远召，清嘉庆元年（1796 年）立。墓尾与 M2 相距 3 米。M2 墓高 3、宽 6、长 8 米。墓碑高 1.9、宽 1.18、厚 0.26 米。墓主：罗袁氏，清乾隆三十年（1765 年）立。M3 墓长 5、宽 3、高 2.2 米。碑高 1.6、宽 0.85、厚 0.22 米。墓主：罗李氏，清嘉庆元年（1796 年）立，与 M2 相距 8 米。分布面积 43 平方米。

松林山罗氏墓地　位于水清镇团结村，建于清代。该墓地共 8 座墓，分布在松林山坡上，均土冢墓，封土呈圆形。M1 用条石砌成，其他为乱石墓，最早时间为清乾隆二十九年（1764 年），最晚时间为清嘉庆二十一年（1816 年）。墓碑均石质仿木结构，二柱一开间，歇山式顶，阴刻楷书碑文，坐西向东。M1 封土高 1.6、宽 3、长 4 米，墓碑高 1.65、宽 0.87、厚 0.17 米；M2 墓长 3、宽 3、高 1.8 米，碑高 1.7、宽 0.88、厚 0.19 米；M3 无碑，墓长 4.8、宽 4、高 1.7 米；M4 墓长 4、宽 2.8、高 1.6 米，碑高 1.7、宽 0.98、厚 0.29 米，墓主：罗包氏，清乾隆四十六年（1781 年）立，与 M2 相距 6 米；M5 墓长 4、宽 3、高 1.6 米，碑高 2、宽 0.98、厚 0.22 米，墓主：罗其聪；M6 墓长 5、宽 4.5、高 1.6 米。M6、M7、M8 并排建，与 M5 相距 6 米。M7 墓长 5、宽 3.5 米，碑高 1.9、宽 0.9、厚 0.23 米，墓主：罗母，清嘉庆二十一年（1816 年）立。M6 与 M7 相距 0.5 米，M7 与 M8 相距 0.3 米。M8 墓长 4、宽 3 米，碑高 1.8、宽 1、厚 0.24 米，墓主：罗斯洁，清乾隆四十年（1775 年）立。该墓地总长 60、宽 15 米，分布面积 900 平方米。

颜思贵墓　位于水清镇团结村，建于清代。该墓共 2 座墓，东南向，分布在长 8、宽 12.3 米的范围内，均土冢墓，封土呈圆形。M1 墓高 1.5、宽 2.8、长 5 米，墓碑损毁，与 M2 相距 5 米，M2 靠前 3 米。M2 墓长 7.4、宽 4.5、高 2 米。墓碑石质仿木结构，四柱三开间，重檐庑殿式顶，碑阴刻楷书碑文，上刻花卉、人物、瑞兽图案。碑高 2、宽 2.2、厚 0.25 米，其中柱宽 0.15 米，左、右龛高 1.14、宽 0.48 米，中龛高 1.58、宽 0.59 米。墓主：颜思贵，清嘉庆二十四年（1819 年）立。分布面积 95 平方米。

下达莲墓地　位于水清镇新窝头村，建于清代。该墓地呈一排布局排列，均土冢墓，封土呈圆形，坐东向西。M1 墓碑倒塌于地，M3 墓碑毁损。M1 墓长 6、宽 5、高1.8 米。倒塌的墓碑为石质仿木结构，两柱一开间，单檐庑殿宝顶式，左右施抱鼓，阴刻楷书碑文，碑残高 1.8、宽 2.2、厚 0.25 米，其中抱鼓宽 0.49 米。因墓碑倒地其碑文不能识，二普记录为：清乾隆二十年（1755 年）。M2 左距 M1 约 0.5 米，墓长 4.5、宽 4.4、高 1.7 米。石质拱形碣碑，阴刻楷书碑文，碑高 1.9、宽 0.89、厚 0.19 米。墓主：罗国享，清光绪十三年（1887 年）。M3 左距 M2 约 2 米，墓长 4.4、宽 4.2、高 1.6米。原石质墓碑立于清乾隆二十年（1755 年），今查已毁。墓地分布面积 85 平方米。

山南丘墓　位于水清镇新窝头村楼房头组山南丘，建于清代。该墓共 2 座墓，大致呈纵向排列，均土冢墓，封土呈圆形，坐北向南。石质仿木结构墓碑，两柱一开间，单檐庑殿宝顶式，阴刻楷书碑文。M1 墓长 4.4、宽 3.8、高 1 米。墓碑高 1.97、宽 0.94、厚 0.22 米。墓主：罗刘氏，清嘉庆二十三年（1818 年）立。M2 建在 M1 右后 8.7 米处，墓长 3.2、宽 2.4、高 1.3 米。碑高 1.9、宽 0.92、厚 0.24 米。墓主：罗邱氏，清嘉庆二年（1797 年）立。分布面积 62 平方米。

卢万氏墓　位于水清镇板栗山村，建于清代。该墓共 2 座墓，均土冢墓，封土呈圆形，呈纵向排列，坐北向南。M1 墓高 2、宽 4、长 5 米。碑石质仿木结构，四柱三开间，重檐庑殿式顶，阴刻楷书字体，碑高 2.4、宽 2.86、厚 0.3 米。其中柱宽 0.19 米，左、右龛高 1.34、宽 0.63 米，中龛高 1.9、宽 0.86 米。墓主：卢万氏，重建于清嘉庆二十四年（1819 年）。M2 墓长 5、宽 4.5、高 1.5 米。今复查 M2 原有四柱三开间，重檐庑殿式顶的仿木墓碑，及碑上题刻"大明广威将军卢安国之墓"、"乾隆五十八年八月十二日照古碑重建"等记载。现已损毁，仅存一座土冢墓。分布面积 65 平方米。

古建筑

土桥子石板桥　位于水清镇土桥村，始建于清代。该石桥呈东南—西北走向，为两墩三孔石板平桥。桥长 6.6、宽 1.45、高 2 米，桥板厚 0.28 米。东北两个桥墩头饰简易雕刻龙头，龙头长 0.6、宽 0.46 米；西南桥墩头长 0.43、宽 0.16 米。

近现代重要史迹及代表性建筑

李娃沱水库　位于水清镇代湾村，建于 1959 年。该水库库堤建于两山之间的小溪上，呈下大上小梯形状，土筑夯垒而成，为东西走向。库堤长 102 米，下底宽 40 米，顶宽 3.2 米，高 9 米。排洪口三面用条石砌成，宽 9.8、长 45.2、高 3.2 米。来水面积5.51 平方千米，蓄水量 50.7 万立方米，灌溉面积 0.02 万亩，工程土方 2.87 万立方米，石方 0.07 万立方米。1969 年再次将库堤加高，2009 年对库堤进行加固改造。

铁清镇

古墓葬

古佛洞崖墓 位于铁清镇三界村，建于汉代。该崖墓地共4座墓，坐西向东，开凿在山崖石壁上，早年严重扰乱，离台地高0.5~1米。M1双门楣，墓门宽3.1、高1.6米，墓室长4.2米，其中柱宽0.3米。M2左距M1约6.5米，墓门宽1.5、高1米，墓室长3.5米。M3左距M2约20米，墓单门檐，墓门宽1.2、高0.3米，墓室长4.5米。M4左距M3约5米，墓门宽1.2、高1.3米，墓室长4米。墓地分布面积50平方米。

方碑石墓地 位于铁清镇三合村，建于宋~明代。该墓地为石室墓群，共7座墓，严重扰乱。M1、M2为明代墓，其余为宋代墓。M3~M5墓室内有花卉、金瓜等图案，石刻保存基本完好，左、右刻有青龙、白虎及仕女图。M4、M5为双室墓，墓长3.2、宽2.8、高2.3米。M6、M7墓口被泥土掩埋。墓地向西北，长16、宽10米，分布面积330平方米。

大坟包墓地 位于铁清镇洞口村百花组大坟包，建于明代。该墓地共2座墓，坐东南向西北，早年严重扰乱，均无封土。墓室内无雕饰图案，并排建，相距8米。M1墓门高1.5、宽1.3米，墓室长2.4米。M2墓长2.2、宽1.3、高1米。分布面积25平方米。

斑竹林墓地 位于铁清镇玉泉村瓦房头组斑竹林，建于明代。该墓地为石室墓，一墓三室，封堆杂乱，早年扰乱，坐西北向东南。墓门高1.5米，墓室长3米，其中柱宽15米。分布面积15平方米。

胡湾墓地 位于铁清镇回龙村周家塆组胡湾，建于明代。该墓地为石室墓，一墓二室，早年严重扰乱，封堆不明显，坐南向北。墓室长5、宽2.2、高1.2米，其中立柱宽0.2米。分布面积11平方米。

大槽头墓地 位于铁清镇新柳村，建于明代。该墓地共6座墓，均为石室墓，严重扰乱，向西南。M1与M2、M3与M4为连二墓室。M1、M2双门楣，门钉横五纵九，墓门左右有持金瓜、斧钺武士，室内雕有琴棋书画图案，刻有供养人、侍女以及连钱纹等图纹。后龛雕刻图案较生动，共有浮雕图案18幅。墓长6.1、高1.5、宽2.5米。M3、M4扰乱较严重，只残存墓室中部与后龛，上阴刻隶书"玄武"二字题刻，之上有一组阴刻篆书文字待考。M5、M6为残存单墓室，扰乱较严重。墓地长33、宽10米，分布面积330平方米。

宋家塝墓 位于铁清镇道祝村解坝组宋家塝，建于明代。该墓为石室墓，坐东北向西南，位于台地上，用石板和条石砌成，严重扰乱。墓为一墓四室，墓长5、宽2.6米。墓室顶部开启，均长2.5、宽1.2、高1.4米，其中隔墙厚0.4米。原为10座墓，今复查仅存此1墓（1987年误将一室作为一墓）。分布面积13平方米。

月亮台墓　位于铁清镇道祝村解坝组月亮台，建于明代。该墓坐北向南，为石室墓，一墓三室，墓上有封土，严重扰乱，被泥土掩埋。墓室长6、宽5、高1米，现仅可见墓顶前沿条石。1987年二普数据为：共3座墓，M1、M2扰乱，M3保存较完好，穹隆顶，有耳室和后龛。墓长6、宽1.8、高1.8米（1987年误将一室作为一墓）。分布面积12平方米。

黄腾辉墓　位于铁清镇新柳村，建于清道光二十一年（1841年）。该墓坐东北向西南，土冢墓，封土呈圆形，条石砌成。墓长11、宽4、高1.8米。石质仿木结构墓碑，四柱三开间，三重檐庑殿宝顶式，阴刻楷书碑文，上刻人物、戏剧、花卉、动物等图案。今复查其砌墓石大部分被毁，仅有冢右侧尚存局部条石；墓碑被毁，仅存墓碑基座。分布面积44平方米。

黄石窝刘氏夫妇墓　位于铁清镇利水村黄石窝组黄石窝，建于清道光二十七年（1847年）。该墓坐西北向东南，土冢墓，封土呈圆形。墓长7、宽3.6、高2.2米。石质仿木结构墓碑，单檐庑殿宝顶式，左右施抱鼓，上刻花卉、瑞兽图案，阴刻楷书碑文。碑高2.48、残宽1.95、厚0.24米，其中抱鼓宽0.48米。分布面积26平方米。

九龙山唐氏墓　位于铁清镇七柱村门关丘组九龙山，建于清道光二十九年（1849年）。该墓坐西向东，土冢墓，封土呈圆形。墓长4.9、宽2.4、高2米。石质仿木结构墓碑，两柱一开间，单檐庑殿宝顶式，左右施抱鼓，上刻花卉图案，阴刻楷书碑文。碑残宽1.6、残高2.2、厚0.3米。分布面积11平方米。

新房子唐家墓地　铁清镇翻身村合口秋组新房子，建于清咸丰元年（1851年）。该墓地坐东北向西南，土冢墓，封土呈圆形，条石砌成。墓长9.6、宽6、高1.63米。冢前立双碑，相距2.12米，左碑往前0.57米，均石质仿木结构墓碑，两柱一开间，单檐庑殿宝顶式，阴刻楷书碑文。左碑宽0.84、残高1.65、厚0.25米。右碑宽0.93、残高2.24、厚0.23米。墓主：唐天□夫妇。分布面积58平方米。

柴山头罗氏墓　位于铁清镇土垒子村石牛田组柴山头，建于清同治七年（1868年）。该墓坐西向东，土冢墓，封土呈圆形。墓长11、宽7.6、高2.2米。石质仿木结构墓碑，四柱三开间，重檐庑殿宝顶式，上刻花卉图案，阴刻楷书碑文。碑宽2.3、残高2.25、厚0.2米，其中柱宽0.18米，中龛宽0.7米，左、右龛宽0.5米。此墓为一母二子合葬墓，分布面积84平方米。

白鹤山张袁氏墓　位于铁清镇杨狮村熊湾组白鹤山，建于清光绪十一年（1885坐）。该墓坐东南向西北，土冢墓，封土呈圆形。墓宽4.6、高2.1、长5米。石质仿木结构墓碑，四柱三门，重檐庑殿宝顶式，上刻花卉图案，阴刻楷书碑文。碑残高 2.1、残宽 2.2、厚 0.3 米，其中柱宽 0.18 米，左、右龛宽 0.48 米，中龛宽 0.68 米。分布面积 23 平方米。

陈显元墓　　位于铁清镇龙光村，建于清光绪十年（1884 年）。该墓坐西南向东北，土冢墓，封土呈圆形。墓宽 2.6、高 1.6、长 5 米。石质拱形碣碑，阴刻楷书碑文，碑高 1.64、宽 0.75、厚 0.1 米。分布面积 13 平方米。

滚水塘墓地　　位于铁清镇犀牛村，建于清代。该墓地共 35 座墓，墓群长 200、宽 250 米，东南向，均土冢墓，封土呈圆形。M2 四周砌的条石已毁，长 7、宽 4.5、高 3 米。碑为石质仿木结构，四柱三开间，重檐庑殿式顶，阴刻楷书碑文，上刻花卉、祥兽及"鱼、樵、耕、读"等人物故事。碑高 2.8、宽 3、厚 0.35 米，其中柱宽 0.23 米，左、右龛宽 0.6、高 1.5 米，中龛宽 0.86、高 2.2 米。墓主：刘悟静夫妇，清道光二十五年（1845 年）立。M7 在 M2 右 23 米，条石砌成，墓长 12、宽 5.6、高 5 米。石质拱形碣碑，阴刻楷书碑文，墓碑高 1.8、宽 0.9、厚 0.23 米。墓主：赵刘氏，清光绪十三年十月（1887 年）立。分布面积 5000 平方米。

望柱山黄氏墓　　位于铁清镇田坝村山，建于清代。该墓坐西向东，土冢墓，封土呈圆形。墓长 6、宽 3、高 1.5 米，墓碑已毁。墓前左右立有两根圆形石望柱，下为浮雕八角鼓形石柱础，柱尖为毛笔造型，柱身上刻阴刻楷书联文、花草、人物图案，两柱相距 8.8 米。柱础直径 1.1、高 0.4 米，望柱高 5.8、直径 0.4 米，其柱上楹联高 3.2、宽 0.4 米。楹联文字为"□义旋恢彰清节传冰雪古；精英默阴驰封绵延史书香"。据考证该墓主为当地黄姓的"上川"始祖。分布面积 18 平方米。

道祝山李家墓地　　位于铁清镇道祝村，建于清代。该墓地 M1 与 M2 相距 100 米，M2 与 M3 相距 10 米，均向南，土冢墓，封土呈圆形。M1 墓长 5、宽 4、高 1.5 米，墓主：李杨氏；M2 墓长 5、宽 3.5、高 1.2 米，墓主：李付；M3 墓长 6、宽 4、高 1.5 米，墓主：李母。三通墓碑形制相同，尺寸相当，均为石质仿木结构，四柱三开间，重檐庑殿式顶。碑均宽 3、高 3.2、厚 0.38 米，其中柱宽 0.23 米，左、右龛宽 0.56、高 1.3 米，中龛宽 0.68、高 1.88 米。阴刻楷书碑文，上刻花卉、人物、飞禽走兽等图案，但所刻图案有别。M1、M2 立碑时间相同，均清道光十年（1830 年）；M3 纪年风化剥蚀不可辨。分布面积 660 平方米。

古建筑

后溪拱桥　　位于铁清镇花朝村，建于清代。该桥呈东西走向，条石砌成，单拱石桥。桥拱垮长 6.3 米，拱顶厚 0.8 米；桥长 25、宽 4.6、高 6 米；东端梯带长 3 米，梯步宽 0.34、高 0.17 米。

父子桥 位于铁清镇五通村，始建于清代。该桥呈南北走向，为三墩四孔石板平桥。桥板厚0.4、宽1.1、高2.5米。东桥墩头长0.5、宽0.6米；西桥墩头长0.6、宽0.6米。此桥是龙门至广幅场镇上的桥梁。

石窟寺及石刻

石角头摩崖造像 位于铁清镇道祝村，建于宋代。该造像位于道祝山南坡山崖上，距台地4米，坐东北向西南。敞口拱形顶，一龛一佛，观音造像，结跏趺坐，造像面部丰满，双下巴，窄肩，端坐于单瓣仰莲须弥座上。龛高0.8、宽0.4、深0.3米，造像高0.5、肩宽0.2米。

近现代重要史迹及代表性建筑

广福乡公所碉楼 位于铁清镇铁清社区，建于1936年。该碉楼坐西向东，建于乡公所前房左右两侧，两碉楼相距23米，形制大小一样。房屋呈正方形，条石基础，土夯墙，三穿用五柱，单檐歇山式屋顶，共一楼一顶，墙上设射击孔与瞭望孔，墙面饰白灰。面阔与进深各一间，长宽均6、通高15、墙体厚0.4、门宽0.8米。

大田边新桥 位于铁清镇新庙村，建于1959年。该桥呈东北—西南走向，条石砌成，空腹式单拱石桥，建有条石护栏。桥长17.9、宽6.2、高6.5米。拱宽7.4米，拱顶厚1.3米。石栏杆长11.7、宽0.38、高1米。此桥原为铁清至迎安的原老公路桥，现已废弃。

龙门堰堤 位于铁清镇集体村，建于1969年。该堰堤呈东北—西南走向，条石砌成，为单弧形，两边建石堤垛。东北石堤垛长9.1、宽4.8、高5米；西南石堤垛高6、宽4.6、长7.4米。中间堰堤弧长36、宽2.3、高10米。其中西南泄洪道长4.6、宽1.8、高1.67米。

石道场堰渠 位于铁清镇石道村，建于1974年。该堰渠呈西北—东南走向，条石砌成，下部建为石拱桥形，共八墩九孔。拱高5.2米，跨度长4.1米，堰渠高7米。渠内高1.1米，沟宽0.5、深0.6米。堰渠全长85米。

高界桥碑 位于铁清镇高湾村，建于1978。该石碑坐西北向东南，为石质方形碣碑，阴刻楷书碑文，上部饰阳雕五角星一个。碑高0.95、宽0.44、厚0.18米，大字字径0.09、字距0.01米；小字字径0.03、字距0.01米。

江南富三县界桩 位于铁清镇白鹤村，建于1998年。该界桩坐西向东（江安面），混泥土预制件制成，呈三棱柱体形，分别在三面阴刻江安县、南溪县、富顺县，并用红油漆填涂。界桩高0.86、侧宽0.4米，立界桩时间1998年。此界桩是三个县交汇的标志。

四面山镇

古遗址

南井盐矿遗址　位于四面山镇四面山社区，始采于宋代。该遗址南北宽800、东西长1000米。遗址被房屋、街道、公路、农田、耕地所覆盖，在部分土坎中显露出遗弃的炭渣达4～5米厚。根据史料记载，现在的南井场，唐代称"可盛盐井"。宋熙宁八年（1075年）置南井监，初属泸州，元废军监制后改属江安。盐矿开采于宋代，传说有盐井48口。民国版《志》载："清康熙五十七年（1718年）仅存盐井三口（惜古、裕永、庙坎），20世纪50年代盐井全部被废弃。"1951年、1984年，在遗址内的南井街村西250米处相继发现南宋铁钱窖藏各一处，分别出土铁钱1吨左右，有"熙宁通宝"、"大观通宝"、"绍兴通宝"、"淳熙通宝"、"绍熙元宝"、"庆元通宝"、"大宋元宝"等。2008年，在遗址中发现宋元祐五年（1090年）记载开采盐井石碑一通。

古墓葬

寨子山崖墓　位于四面山镇平坝村大水沟组寨子山，建于汉代。该崖墓坐西向东，为双门楣，开凿于山顶崖壁之上，墓门距台地高0.5米，严重扰乱。墓门高1.13、宽1米，墓室长2.2、宽2、高1.2米。

三华岩崖墓群　位于四面山镇总旗村，汉代。该墓地共19座墓，现存16座，分布在长江左岩石壁上，分布面积3000平方米，均扰乱，向南。M1墓门高1.1、宽1.04米。M2单墓，门高1.7、宽1.5米，墓室长5.9、宽1.76、高1.6米。M2左距M1约1.4米。M3墓门高1.7、宽1.2米，M2、M3相距1米。M4墓门宽1.76、高1.8米，墓室长5.1、宽2.2、高1.7米，M3、M4相距20米。M5双墓门宽1.8、高2米，墓室长3、宽2.2、高1.8米，M4、M5相距150米。M6单墓门宽1.4、高1.44米，墓室长3、宽2.5米。M7单墓门宽1.3、高1.7米，墓室长4.7、宽3.5、高2.7米，M6、M7相距1.5米。M8单墓门宽1.3、高1.4米，M7、M8相距8米。M9单墓门高1.8、宽19米，墓室长3、宽2、高1.6米，M8、M9相距20米。M10双墓门宽1.6、高1.7米，M9、M10相距8米。M11墓门宽1.7、高1.8米，墓室长2、宽2、高2.1米，M10、M11相距1米。M12双墓门宽1.5、高1.6米，墓室长3、宽2.5、高2米，M11、M12相距2米。M13墓门宽1.2、高1.4米，墓室长1.5米、宽1.8、高1.2米，M12、M13相距1米。M14墓门宽1.8、高1.8米，墓室长2.2、宽2、高1.7米，M13、M14相距8米。M15双门宽1.6、高1.8米，墓室长3.1、宽2.7、高1.9米，M14、M15相距1.3

米。M16 双墓门宽 1.8、高 2.1 米，墓室长 7、宽 3.2、高 2.2 米，墓室内后龛壁上刻一个 0.5 米高的多檐汉阙，M15、M16 相距 1 米。

下山板墓地　位于四面山镇龙泉村龙泉组下山板，建于宋代。该墓坐西北向东南，严重扰乱，为砖石宋代墓，无封堆。墓室长 2.6、宽 1.5、高 1.1 米。分布面积 4 平方米。

大坟坝墓地　位于四面山镇兴利村，建于宋代。墓地坐西向东，石室墓，封土呈圆形，两墓相距 2 米，纵向建，均早年被盗。M1 宽 4 米，长 5.5、封土高 2 米；M2 长 7.5、宽 5、高 2.5 米。两墓均有盗洞，墓内有雕饰图案。分布面积 144 平方米。

鲢鱼塘墓地　位于四面山镇兴利村，建于宋代。该墓地共 5 座墓，均为石室墓，墓向西南。今复查仅存 M1，位于青木洞水库上方，早年扰乱。拱形墓顶，墓室内刻有青龙、白虎、朱雀、玄武、花草等图案，后龛是仿木斗拱构造，刻有一仕女像，作伸头出门外探望状。墓室长 2.5、宽 1.5、高 1.6 米。分布面积 300 平方米。

广锡塘墓地　位于四面山镇天泉村广锡塘，建于宋代。该墓坐东北向西南，已扰乱，条石砌成，石室墓，窟窿式墓顶，内有朱雀、玄武、青龙、白虎和后龛的墓主人像等。墓长 3.2、宽 2.8 米。今复查墓室被泥土与垃圾填塞，仅露墓顶。分布面积 9 平方米。

老坟山李氏夫妇墓　位于四面山镇石塔村梨子组老坟山，建于清乾隆五十一年（1786 年）。该墓为夫妇合葬墓，土冢墓，条石砌成，坐北向南。墓长 5、宽 4、高 1.2 米。前有石质仿木结构墓碑，四柱三开间，重檐庑殿宝顶式，阴刻楷书碑文。墓碑高 1.7、宽 2.9、厚 0.2 米。其中左、右龛宽 0.72、高 1.4 米，中龛宽 0.72、高 1.54 米。碑前新立一通修墓出资人名碑，墓主人名字迹因风化剥蚀不可辨。分布面积 20 平方米。

万士端夫妇墓　位于四面山镇新桥村，建于清嘉庆十一年（1806 年）。该墓土冢，封土呈圆形。墓长 8、宽 4、高 2.5 米，前有石质仿木结构墓碑，向南，四柱三开间，重檐庑殿宝顶式，阴刻楷书碑文，上刻有人物、花草等图案。墓碑高 3、宽 2.72、厚 0.3 米，其中左、右龛宽 0.6、高 1.4、中龛宽 0.76 米，高 2 米，柱宽 0.2 米。墓主：万士端夫妇。分布面积 32 平方米。

老坟山傅氏墓　位于四面山镇场坝村小屋基组老坟山，建于清嘉庆十九年（1814年）。该墓土冢墓，封土呈圆形，条石砌成，坐西向东。墓长 4.2、宽 4、高 1.6 米。石质仿木结构墓碑，两柱一开间，单檐庑殿宝顶式，上刻花卉图案，阴刻楷书碑文。碑残高 1.9、宽 0.9、厚 0.22 米。分布面积 17 平方米。

倪周情墓　位于四面山镇天佛村，建于清道光八年（1828 年）。该墓土冢墓，封土呈圆形，条石砌成，坐东南向西北。墓长 6、宽 3.4、高 2.2 米。石质仿木结构墓碑，两柱一开间，单檐庑殿宝顶式，上刻瑞兽、人物图案，阴刻楷书、行书碑文。墓碑座长

1.84、宽 0.7、高 0.36 米；碑高 3.05、宽 1.37、厚 0.38 米。对联"鹿逐文场得名三十载；鹤归华表发福数百年"。

刘立臣夫妇墓　位于四面山镇兴利村，建于清道光十二年（1832 年）。该墓土冢墓，封土呈圆形，向北。墓长 6.5、宽 3.5、高 1.5 米。石质仿木结构墓碑，四柱三开间，重檐庑殿宝顶式，阴刻楷书碑文，上刻有人物、花草等图案。碑高 2.3、宽 2.8、厚 0.32 米。其中柱宽 0.2 米，左、右龛宽 0.6 米，中宽 0.9 米。墓主：刘立臣、田融宝夫妇。分布面积 23 平方米。

老坟山张杨氏墓　位于四面山镇九台村，建于清同治七年（1868 年）。该墓土冢墓，封土呈圆形，坐东向西。墓长 5.2、宽 4、高 1.6 米。碑为石质仿木结构，四柱三开间，重檐庑殿宝顶式，左右施抱鼓，上刻人物、瑞兽、花卉图案，阴刻楷书碑文。碑座长 3.66、宽 0.5、高 0.3 米；碑高 3.33、宽 3.8、厚 0.3 米。分布面积 21 平方米。

李发惠墓　位于四面山镇前进村，建于清光绪十三年（1887 年）。该墓土冢墓，封土呈圆形，坐南向北。墓长 3、宽 2.2、高 1.5 米。石质拱形碣碑，阴刻楷书碑文，碑高 1.64、宽 0.78、厚 0.15 米。分布面积 7 平方米。

大田边袁氏墓　位于四面山镇山华村大田边，建于清咸丰七年（1857 年）。该墓共 2 座，建在同一台地上，相距 2.8 米，坐西向东。两墓均为土冢墓，封土呈圆形；均拱形碣碑，阴刻楷书碑文，立碑时间相同。M1 墓长 3.4、宽 2.6、高 1 米。碑高 1.5、宽 0.82、厚 0.19 米。墓主：袁成氏。M2 墓长 4、宽 3、高 1.2 米。碑高 1.6、宽 0.82、厚 0.17 米。墓主：袁贵祥。分布面积 29 平方米。

麻柳林徐家墓地　位于四面山镇普照村板栗组麻柳林，建于清代。该墓地共 3 座墓，均为土冢墓，封土呈圆形，条石砌成，大致平行排列，坐东北向西南。均石质仿木结构墓碑，两柱一开间，单檐庑殿宝顶式，左右施抱鼓，上刻花卉图案，阴刻楷书碑文。M1 墓长 5、宽 5、高 1.4 米。碑残高 2.68、宽 2.45、厚 0.3 米，其中抱鼓宽 0.58 米。墓主：徐文开，清光绪五年（1879 年）立。M2 左距 M1 有 0.3 米并往后 2 米，墓长 5、宽 4.4、高 2 米。碑残高 1.8、残宽 0.98、厚 0.27 米，抱鼓被毁。墓主：徐□□。M3 左距 M2 有 0.5 米，墓长 5、宽 4、高 2 米。碑残高 1.9、厚 0.38、宽 2.25 米。墓柱：徐孙氏，清道光十九年（1839 年）立。分布面积 61 平方米。

古建筑

马洞子桥　位于四面山镇玉屏村，始建于清代。该石桥呈东西走向，为八墩九孔石板平桥。桥长 13.34、宽 0.93、高 2 米，桥板厚 0.34 米，桥墩长 1.23、宽 0.34、高 1.66 米。

大屋基民居　位于四面山镇庙塆村，始建于清代。该民居外朝门坐东北向西南，石刻刻于朝门上，朝门左联书"还饮贤绩著三名"，右联书"敢谓诗才成七步"，联高2.83、字径0.15、字距0.05米；横额书"平阳世第"，字径0.12、字距0.24米。门洞高2.88、宽1.56米。

大土沟民居　位于四面山镇瓦窑村，始建于清代。该民居朝门与石刻西北向，为石质拱形门，上刻花卉图案，阴刻楷书铭文，横排右读。门高2.44、柱宽0.23米。书"豫章世第"四字横额，横额下边左、右刻"福"、"禄"二字。

斑竹山桥　位于四面山镇金龙村，始建于清代。该石桥呈东北—西南走向，为两墩三孔石板平桥。桥长5.18、宽0.88、高2米，桥板厚0.33米，桥墩长1.31米，桥墩宽0.38米。此桥是城至四面山古道上的桥梁。

香炉山范桥　位于四面山镇天泉村河坎上组香炉山，始建于清代。该桥呈南北走向，为三墩四孔石板平桥，南端第二、三墩墩头上雕塑有龙头。桥长7、宽0.45米，桥墩长1.25、宽0.3米。此桥是天泉通往铁清场镇上的桥梁。

石窟寺及石刻

大山上造像　位于四面山镇向阳村，建于清代。该造像坐西南向东北，石座被泥土掩埋，灰色岩质，首为一圆雕阿弥陀佛头像，具螺髻，神情呆滞，比例失当，做工粗糙。石像身呈四棱柱形，横截面长方形，正面宽0.33、侧面宽0.22、石像高0.7米。正面楷书阴刻"泰山石敢当"，另外三面为素面。

塘角上造像　位于四面山镇高洞村，建于清代。该石像坐北向南，石质圆雕，石座被泥土掩埋，灰色岩质，首为一圆雕吞口头像，神情呆滞，比例失当，做工粗糙。石像高1.02米，身呈四棱柱形，横截面长方形，宽0.3米，侧面宽0.19米。正面竖排阴刻楷书"名将李广"，其他三面为素面。

义安舍利子塔　位于四面山镇义安村，建于清代。该塔开凿于离台地高5米的山崖石壁上，保存基本完好，坐东北向西南。拱形敞口龛，龛高1、宽0.8、深0.3米。龛内刻喇嘛塔，重檐攒尖顶，塔高0.9、宽0.45米。

凤凰窝造像　位于四面山镇中桥村，建于清代。该石像坐东南向西北，为石质圆雕，石座被泥土掩埋，灰色岩质，东南面为素面，其余三面分别雕有不同造型的吞口像。石像身呈四边柱形，侧面边宽0.24米，正面边宽0.28米，石像头宽0.34米。

近现代重要史迹及代表性建筑

义安寨　位于四面山镇义安村，建于中华民国九年（1920年）。该寨坐东北向西南，四合院布局，条石基础，素面台基。正堂为木结构三穿用七柱，穿斗式梁架，悬山式屋顶，通高15米；前房为木结构三穿用五柱，穿斗式梁架，构悬山式屋顶通高14

米；附寨为木结构三穿用七柱，穿斗式梁架，悬山式屋顶；附寨耳房结构与附寨相同，同为三穿用五柱，通高 14 米。条石砌成石墙，并建有廊道，供向外射击使用并巡防，石墙上有瞭望台和射击孔，另外三面为土筑墙，墙上也建有瞭望孔和射击孔。总占地面积 2000 平方米。

大田边碉楼　位于四面山镇渔湾村，建于 1933 年。该碉楼坐东南向西北，一楼一底，平面呈长方形，条石基础，素面条石檐坎宽 1.2 米。土筑墙体，墙上设观察孔与射击孔，共七檩，前后出挑，重檐悬山式小青瓦房顶，白灰座脊干并出鳌尖，白灰饰墙面。面阔一间 4.6 米，进深一间 7.4 米，其墙上观察孔宽 0.4、高 0.6 米。

响滩子堰堤　位于四面山镇七里半村，建于 1965 年。该堰堤呈东南—西北走向，条石砌成，下宽上窄，呈梯形。堰堤顶部长 22.4、宽 1.8、高 4.4 米。底部长 22.4、宽 3.2 米。

翻身渠　位于四面山镇石坝村，建于 1977 年。该渠呈东北—西南走向，条石砌成，下面以多个券拱组成，渠长 115、宽 1.1 米，东北弯段长 24.1 米；渠宽 0.5、沟深 0.3 米。渠大拱高 5.5、宽 2.2 米，渠小拱宽 4 米。

青木洞水库　位于四面山镇新屋村、龙泉村，建于 1975 年。该水库库堤呈东西走向，下宽上窄，土筑夯垒而成，顶上加石护栏。库堤长 120、高 22 米，底宽 150 米，顶宽 3.5 米。蓄水量 1070 万立方米，灌溉面积 2 万亩，工程土石方 32.3 万立方米。库堤顶上护栏 2003 年建。此水库是当地群众投工投劳和国家以工代赈建成，目的是解决群众人畜饮水与农业生产灌溉，建成后发挥了极大作用。

渔塘垮堰渠　位于四面山镇新华村，建于 1975 年。该堰渠呈东南—西北走向，条石砌成，下由 8 个大券拱、19 个小券拱组成，上为堰渠，堰渠长 121、宽 1.3、高 7 米，其堰渠槽宽 0.7、深 0.6 米。

大井镇

古遗址

大里寨窑址　原位于大井镇新福村，是烧制陶器制品的民窑，始建于明代，鼎盛于清代与民国，因交通不便和进行公私合营改造后，于 1958 年原厂迁到红桥镇下沱继续生产。在废弃前有 5 条窑烧制产品，5 条窑分别为：海子湾 1 条，大岩窝 2 条，新瓦房 1 条，高坎子 1 条，其生产的陶器制品畅销云贵川等省。厂址内现存残次品较多，有杯、碗、缸、罐、壶、盏、盘等。

连天山寺遗址　位于大井镇丰收村，始建年代不详，重建于清光绪三十一年（1905

年），消毁于 1967 年。该遗址坐南向北，寺址存前山石板道、山门与石梯，前殿、中殿、上殿、左右厢房的石基础，以及多通残缺不全的石碑。寺址南北长 200、东西宽 150 米，面积 3000 平方米。

古墓葬

凤凰山崖墓　位于大井镇小井村杨湾组凤凰山，建于汉代。该崖墓共 2 座，平行开凿在一山崖石壁上，相距 4.3 米，均为双门楣，坐北向南。M1 距路面高 1.8 米，墓门高 1.3、宽 1 米，墓室长 2.4、宽 1.8、高 1.6 米；M2 距路面高 3.2 米，墓门高 1.3、宽 1.1 米，墓室长 1.4、宽 1、高 1.2 米。分布面积 36 平方米。

青冈咀墓地　位于大井镇新房村皂角咀组青冈咀，建于明代。该墓地共 2 座墓，均为典型的明代石室墓，一墓二室，严重扰乱，坐西向东。M1 墓长 3.2、宽 3、高 1 米，其中柱宽 0.18 米。M2 左前距 M1 约 350 米，墓长 3、宽 2.2、高 2 米，其中柱宽 0.34 米。分布面积 1421 平方米。

杨柳坪墓　位于大井镇新房村杨柳坪组杨柳坪，建于明代。该墓为石室墓，一室二墓，严重扰乱，坐南向北。墓长 3、宽 2.8、高 1.2 米，其中柱宽 0.17 米。分布面积 9 平方米。

毛冲山墓　位于大井镇小流村，建于明代。该墓为石室墓，一墓二室，上有封土，严重扰乱，坐西向东。墓长 2.7、宽 2、高 1.4 米，其中立柱宽 0.3 米。分布面积 6 平方米。

大坟坡墓地　位于大井镇铜锣村大房子组大坟坡，建于明代。该墓地均为石室墓，大致呈纵向排列，严重扰乱，坐南向北。M1 墓长 2.2、宽 2、高 2.4 米。M2 右前距 M1 有 1.5 米，墓长 2.3、宽 2、高 2.1 米。M3 右前距 M2 有 5 米，墓高 2.2、宽 2.1、长 2.5 米。分布面积 30 平方米。

碓窝田墓地　位于大井镇九龙村九龙滩组碓窝田，建于明代。该墓为石室墓，一墓三室，严重扰乱，坐西向东。墓门宽 3.2、高 1.8 米，墓室长 2.8、宽 0.86、高 1.16 米，其中石柱宽 0.23 米。分布面积 3 平方米。

团山包墓地　位于大井镇中坝村苏家湾组团山包，始建于明代。该墓地共 5 座墓，其中石室墓 1 座，土冢墓 4 座，均坐西北向东南，封土呈圆形，条石砌成。石质仿木结构墓碑，两柱一开间，单檐庑殿宝顶式，上刻花卉图案，阴刻楷书碑文。M1 严重扰乱，为一墓二室，坐西北向东南，墓长 3.1、宽 3、高 1.34 米，其中柱宽 0.4 米。M2 坐西向东，墓长 4、宽 3、高 1 米。碑高 1.8、宽 0.94、厚 0.24 米。墓主：程罗氏。M3 坐西向东，墓长 4、宽 3、高 1 米。碑高 1.8、宽 0.94、厚 0.22 米。墓主：程何氏。M4 坐西向东，墓长 4.2、宽 4、高 1.5 米。碑高 2.1、宽 0.9、厚 0.22 米。因墓碑下部风化，只知墓主为程母，清道光四年（1824 年）立。M5 坐北向南，墓长 4.2、宽 4、高 1.5 米。碑残高 2.4、宽 1.28、厚 0.3 米。墓主：程元勋夫妇，清道光十四年（1834 年）立。分布面积 2647 平方米。

汪连元墓　位于大井镇泥溪村，建于清康熙四十六年（1707 年）。该墓土冢墓，封土呈圆形，条石砌成，坐东南向西北。墓长 6、宽 4、高 2 米。石质仿木结构墓碑，两柱一开间，单檐庑殿宝顶式（顶倒于身碑后），阴刻楷书碑文。碑残高 1.5、宽 0.95、厚 0.28 米。分布面积 27 平方米。

黄角树王氏墓　位于大井镇友好村黄角树组黄角树，建于清康熙五十九年（1720 年）。该墓土冢墓，封土呈圆形，条石砌成，坐北向南。墓长 5、宽 4.8、高 1.3 米。石质仿木结构墓碑，单檐庑殿宝顶式，阴刻楷书碑文。碑残高 0.9、宽 0.7、厚 0.11 米。分布面积 24 平方米。

叶凤林墓　位于大井镇大井村，建于清乾隆十六年（1751 年）。该墓土冢墓，封土呈圆形，条石砌成，坐西南向东北。墓长 6、宽 2.4、高 1.5 米。石质仿木结构墓碑，两柱一开间，单檐庑殿宝顶式，阴刻楷书碑文。碑高 1.78、宽 0.78、厚 0.19 米。清乾隆十六年（1751 年）葬，清道光七年（1827 年）立碑。分布面积 15 平方米。

肖志高墓　位于大井镇集龙村，建于清乾隆三十五年（1770 年）。该墓土冢墓，封土呈圆形，条石砌成，坐东南向西北。墓长 5、宽 3.2、高 1.5 米。石质仿木结构墓碑，两柱一开间，单檐庑殿宝顶式，顶上刻二龙抱宝图，阴刻楷书碑文。碑高 1.6、宽 1、厚 0.08 米。分布面积 16 平方米。

坟山上杨氏墓　位于大井镇小流村，建于清乾隆四十七年（1782 年）。该墓土冢墓，封土呈圆形，条石砌成，坐东向西。墓长 4、宽 2.8、高 1.5 米。石质仿木结构墓碑，两柱一开间，单檐庑殿宝顶式，阴刻楷书碑文。碑高 2.5、宽 0.96、厚 0.26 米。现存墓碑心为后期更换。分布面积 12 平方米。

黄永珩墓　位于大井镇中坝村，建于清乾隆五十五年（1790 年）。该墓土冢墓，封土呈圆形，条石砌成，坐东向西。墓长 4、宽 2.8、高 1.2 米。石质仿木结构墓碑，两柱一开间，单檐庑殿宝顶式，阴刻楷书碑文。碑高 1.4、宽 0.78、厚 0.19 米。分布面积 11 平方米。

胡良浩夫妇墓　位于大井镇丰收村，建于清乾隆五十七年（1792 年）。该墓土冢墓，封土呈圆形，条石砌成，坐东向西。墓长 6、宽 3.8、高 1.2 米。石质仿木结构墓碑，两柱一开间，单檐庑殿宝顶式，阴刻楷书碑文。碑高 2.6、宽 1.17、厚 0.28 米。分布面积 23 平方米。

吴国陆墓　位于大井镇保家村，建于清嘉庆五年（1800 年）。该墓土冢墓，封土呈圆形，条石砌成，坐西南向东北。墓长 4、宽 2.6、高 1.7 米。石质仿木结构墓碑，墓碑呈外八字造型，四柱三开间，单檐庑殿宝顶式，阴刻楷书碑文。碑高 2.1、宽 1.4、厚 0.23 米。分布面积 11 平方米。

肖侣墓 位于大井镇龙坝村，建于清嘉庆五年（1800 年）。该墓土冢墓，封土呈圆形，条石砌成，坐东北向西南。墓长 6、宽 4、高 1.5 米。石质仿木结构墓碑，四柱三门，重檐庑殿宝顶式，上刻人物、花卉、鸟兽图案，阴刻楷书碑文。碑残高 2.5、宽 2.8、厚 0.3 米，其中柱宽 0.2 米，左、右龛宽 0.56 米，中龛宽 0.96 米。分布面积 24 平方米。

大房子墓 位于大井镇大房村新生组大房子，建于清嘉庆十年（1805 年）。该墓土冢墓，封土呈圆形，乱石砌成，坐南向北。墓长 4、宽 3、高 1.3 米。石质仿木结构墓碑，两柱一开间，单檐庑殿宝顶式，阴刻楷书碑文。碑残高 1.5、宽 0.83、厚 0.19 米。分布面积 12 平方米。

圆山坡墓地 位于大井镇九角村，建于清嘉庆十一年（1806 年）。该墓为单座土冢墓，封土呈圆形，乱石砌成。墓长 6、宽 4.2、高 1.6 米。墓碑坐西向东，石质仿木结构，仿两柱一开间，单檐庑殿宝顶式，阴刻楷书碑文。碑残高 1.5、宽 0.82、厚 0.23 米。墓主姓名因碑面风化剥蚀不可考。分布面积 26 平方米。

天堂头刘氏墓 位于大井镇小流村社昌组天堂头，建于清嘉庆十一年（1806 年）。该墓为单座土冢墓，封土呈圆形，乱石砌成。墓长 4、宽 3、高 1.5 米。墓碑南向，石质仿木结构墓碑，仿两柱一开间，单檐庑殿宝顶式，阴刻楷书碑文。碑残高 1.4、宽 0.95、厚 0.2 米，墓主：刘氏。今查墓碑帽顶损毁，碑面风化剥蚀严重，文字辨认困难。分布面积 12 平方米。

程荣墓 位于大井镇中坝村，建于清嘉庆十七年（1812 年）。该墓土冢墓，封土呈圆形，条石砌成，坐东北向西南。墓长 4.5、宽 3.6、高 1.5 米。石质仿木结构墓碑，两柱一开间，单檐庑殿宝顶式，上刻花卉图案，阴刻楷书碑文。碑高 2.6、宽 1.14、厚 0.2 米。分布面积 17 平方米。

黄永山墓 位于大井镇友好村，建于清嘉庆十七年（1812 年）。该墓土冢墓，封土呈圆形，条石砌成，坐西北向东南。墓长 5、宽 2.5、高 1.8 米。石质仿木结构墓碑，四柱三开间，重檐庑殿宝顶式，左右施抱鼓（已毁），上刻花卉图案，阴刻楷书碑文。碑高 2.26、残宽 2.3、厚 0.42 米，其中柱宽 0.2 米，左、右龛宽 0.52 米，中龛宽 0.73 米。分布面积 13 平方米。

万贞莲墓 位于大井镇劳动村，建于清嘉庆十八年（1813 年）。该墓土冢墓，封土呈圆形，条石砌成，坐北向南。墓长 5、宽 3、高 1.7 米。石质仿木结构墓碑，四柱三开间，单檐庑殿宝顶式，上刻花卉、瑞兽图案，阴刻楷书碑文。碑高 2.7、宽 2.6、厚 0.3 米，其中中龛宽 0.77 米，左、右龛宽 0.65 米，柱宽 0.2 米。分布面积 15 平方米。

龙君庙陈氏墓 位于大井镇龙坝村龙家冲组龙君庙，建于清嘉庆二十二年（1817年）。该墓土冢墓，封土呈圆形，条石砌成，坐北向南。墓长5、宽3.6、高2米。石质仿木结构墓碑，两柱一开间，单檐庑殿宝顶式，阴刻楷书碑文。碑残高1.75、宽1、厚0.2米。分布面积18平方米。

柏杨咀程氏墓 位于大井镇中坝村坝头组柏杨咀，建于清嘉庆二十四年（1819年）。该墓土冢墓，封土呈圆形，乱石砌成，坐北向南。墓长4.4、宽3、高1.7米。石质仿木结构墓碑，两柱一开间，单檐庑殿宝顶式，上刻人物、花卉、瑞兽图案，阴刻楷书碑文。碑高2.3、宽0.88、厚0.22米。分布面积16平方米。

桂花坟高氏墓 位于大井镇新福村，建于清嘉庆二十五年（1820年）。该墓土冢墓，封土呈圆形，坐东北向西南。墓长4、宽3、高1.5米。石质仿木结构墓碑，两柱一开间，单檐庑殿宝顶式，阴刻楷书碑文。碑残高1.6、宽0.92、厚0.17米。分布面积12平方米。

新房湾王氏夫妇墓 位于大井镇九龙村九龙滩组新房湾，建于清道光三年（1823年）。该墓土冢墓，封土呈圆形，条石砌成，坐南向北，墓长5、宽5米。石质仿木结构墓碑，两柱一开间，左右施抱鼓（已毁），单檐庑殿宝顶式，阴刻楷书碑文。碑高2.4、残宽1.35、厚0.28米。分布面积25平方米。

程天锡墓 位于大井镇中坝村，建于清道光十年（1830年）。该墓土冢墓，封土呈圆形，条石砌成，坐北向南。墓长4、宽3.2、高1.6米。石质仿木结构墓碑，两柱一开间，单檐庑殿宝顶式，阴刻楷书碑文。碑高2.2、宽0.9、厚0.22米。分布面积13平方米。

肖汉绚墓 位于大井镇龙坝村，建于清道光十年（1830年）。该墓土冢墓，封土呈圆形，条石砌成，坐东向西。墓长3.8、宽3.5、高1.6米。石质仿木结构墓碑，两柱一开间，单檐庑殿宝顶式，阴刻楷书碑文。碑高1.7、宽0.78、厚0.22米。分布面积14平方米。

新瓦房墓地 位于大井镇集龙村新瓦房组新瓦房，建于清道光十六年（1836年）。该墓地共2座墓，并排建，相距0.6米，均土冢墓，封土呈圆形，条石砌成，坐东南向西北。墓碑均为阴刻楷书碑文。M1墓长5、宽3.6、高1.7米。石质仿木结构墓碑，四柱三开间，重檐庑殿宝顶式。碑残高1.64、宽2.22、厚0.18米，其中柱宽0.18米，左、右龛宽0.53米，中龛宽0.58米。墓主：杨在举，清光绪三十年（1904年）立。M2墓长5、高3.2、宽1.7米。碑为石质仿木结构，两柱一开间，单檐庑殿宝顶式。碑高2.2、宽0.92、厚0.2米。墓主：杨周氏，清道光十六年（1836年）立。分布面积37平方米。

新阳坪杨罗氏墓 位于大井镇集龙村新瓦房组新阳坪，建于清道光十五年（1835

年）。该墓土冢墓，封土呈圆形，条石砌成，坐东南向西北。墓长 6、宽 4.4、高 1.6 米。石质仿木结构墓碑，两柱一开间，单檐庑殿宝顶式，阴刻楷书碑文。碑高 2.5、宽 0.92、厚 0.34 米。分布面积 27 平方米。

高石坎杨黄氏墓　位于大井镇集龙村高石坎组高石坎，建于清道光十六年（1836 年）。该墓土冢墓，封土呈圆形，条石砌成，坐东北向西南。墓长 4、宽 2.4、高 1.4 米。石质仿木结构墓碑，两柱一开间，单檐庑殿宝顶式，左右施抱鼓，上刻花卉图案，阴刻楷书碑文。碑高 2.4、宽 1.9、厚 0.25 米，其中抱鼓宽 0.5 米。分布面积 10 平方米。

老坟坝汪家墓地　位于大井镇泥溪村泥溪组老坟坝，建于清道光十七年（1837 年）。该墓地共 2 座墓，均向南，土冢墓，封土呈圆形，条石砌成。石质仿木结构墓碑，三重檐顶式，左右施抱鼓，阴刻楷书碑文。M1 墓长 7、宽 4、高 1.7 米。碑高 3.3、宽 2、厚 0.3 米，碑上刻二龙抢宝、瑞兽、印章、花草等图案。墓主：汪琇府，清道光十七年（1837 年）立。M2 左距 M1 约 5 米，墓长 5、宽 3.2、高 1.84 米。碑高 2.2、宽 0.9、厚 0.22 米。墓主：汪于江，清道光十七年（1837 年）立。分布面积 86 平方米。

石坝头杨袁氏墓　位于大井镇大井村石坝头，建于清道光十七年（1837 年）。该墓土冢墓，封土呈圆形，四周乱石砌成，坐西南向东北。墓长 4.5、宽 2.6、高 1.2 米。石质仿木结构墓碑，两柱一开间，单檐庑殿宝顶式，阴刻楷书碑文。碑高 2.35、宽 0.97、厚 0.22 米。分布面积 11 平方米。

大封山墓地　位于大井镇铜锣村踏水桥组大封山，建于清道光十八年（1838 年）。该墓地共 2 座墓，分布在大封山长 9、宽 6 米的范围内，为土冢墓，封土呈圆形，条石砌成。M1 墓长 5、宽 3、高 1.6 米。石质拱形碣碑，碑为东向，碑高 1.9、宽 0.9、厚 0.44 米。阴刻楷书碑文，墓主：黄贾氏，清道光十八年（1838 年）立。M2 墓长 4、宽 2.5、高 1.6 米，无墓碑。分布面积 33 平方米。

木鱼山罗吴氏墓　位于大井镇中和村牛老桥组木鱼山，建于清道光二十年（1840 年）。该墓土冢墓，封土呈圆形，条石砌成，坐南向北。墓长 4.5、宽 3、高 1.3 米。石质仿木结构墓碑，两柱一开间，单檐庑殿宝顶式，阴刻楷书碑文。碑高 1.9、宽 1.1、厚 0.28 米。分布面积 14 平方米。

杜邵氏墓　位于大井镇龙坝村宋村，建于清道光二十一年（1841 年）。该墓土冢墓，封土呈圆形，条石砌成，坐北向南。墓长 5、宽 3.4、高 2 米。石质仿木结构墓碑，两柱一开间，单檐庑殿宝顶式，阴刻楷书碑文。碑残高 2.4、宽 1.35、厚 0.36 米。分布面积 17 平方米。

社昌坟坝刘氏墓　位于大井镇小流村社昌组社昌，建于清道光二十一年（1841 年）。该墓土冢墓，封土呈圆形，条石砌成，坐西北向东南。墓长 5、宽 3、高 1.6 米。

石质仿木结构墓碑，两柱一开间，单檐庑殿宝顶式，阴刻楷书碑文。碑高 2.1、宽 2、厚 0.9 米，其中抱鼓宽 0.2 米。分布面积 15 平方米。

刘王氏墓　位于大井镇小流村，建于清道光二十一年（1841 年）。该墓土冢墓，封土呈圆形，条石砌成，坐西北向东南。墓长 5、宽 3.8、高 1.5 米。石质仿木结构墓碑，两柱一开间，单檐庑殿宝顶式，阴刻楷书碑文。碑残高 2.2、宽 1.02、厚 0.14 米。分布面积 19 平方米。

杜荣熏墓　位于大井镇龙坝村，建于清道光二十七年（1847 年）。该墓土冢墓，封土呈圆形，条石砌成，坐北向南。墓长 6、宽 2.8、高 1.9 米。石质仿木结构墓碑，两柱一开间，单檐庑殿宝顶式，阴刻楷书碑文。碑高 2.26、宽 1.22、厚 0.32 米。分布面积 17 平方米。

王家大坟山王氏墓　位于大井镇劳动村五角田组王家大坟山，建于清道光二十七年（1847 年）。该墓土冢墓，封土呈圆形，条石砌成，坐西南向东北。墓长 8、宽 7.2、高 2 米。两通石质拱形碣碑，上部刻卷云，阴刻楷书碑文，因左碑损毁不知其墓主人名。分布面积 58 平方米。

新房子罗张氏墓　位于大井镇新房村新房子组新房子，建于清道光二十八年（1848 年）。该墓土冢墓，封土呈圆形，条石砌成，坐西北向东南。墓长 5、宽 3、高 1.6 米。石质仿木结构墓碑，两柱一开间，单檐庑殿宝顶式，阴刻楷书碑文。碑高 2.5、宽 1、厚 0.25 米。分布面积 15 平方米。

蒋家湾吴王氏墓　位于大井镇小井村闵家沟组蒋家湾，建于清咸丰元年（1851 年）。该墓土冢墓，封土呈圆形，条石砌成，坐东北向西南。墓长 7、宽 2.9、高 2.1 米。石质拱形碣碑，左右施抱鼓，上刻人物故事、花卉图案，阴刻楷书碑文。碑高 2.99、宽 3、厚 0.3 米，其中抱鼓宽 0.74 米。分布面积 21 平方米。

杨在周墓　位于大井镇九龙村墓，建于清咸丰七年（1857 年）。该墓坐西南向东北，为土冢墓，封土呈圆形，条石砌外围，冢边沿上刻有瓦屋面造型，瓦屋面下雕饰有多幅吉祥图案。墓长 3.8、宽 3、高 2 米。石质拱形碣碑，上刻花卉图案，阴刻楷书碑文。碑高 1.8、宽 1、厚 0.33 米。墓后与左右建有挡土条石墓垣，后龛的挡土石墙上有雕饰图案。分布面积 50 平方米。江安县人民政府于 2010 年 7 月公布为县级文物保护单位。

严明伦墓　位于大井镇九龙村，建于清咸丰十年（1860 年）。该墓土冢墓，条石砌成，封土呈圆形。封土长 3.8、宽 2.4、高 1.45 米。墓碑东向，石质仿木结构墓碑，两柱一开间，单檐庑殿宝顶式，阴刻楷书碑文。碑残高 1.55、宽 0.9、厚 0.24 米。分布面积 8 平方米。

杨贵成夫妇墓　位于大井镇大井村，建于清同治二年（1863 年）。该墓土冢，条石砌成，封土呈半圆形，冢的条石边沿用瓦屋面作饰，下刻吉祥图案。墓长 8、宽 5、高 2 米。墓前有北向墓碑，石质仿木结构，两柱一开间，单檐庑殿宝顶式，左右施抱鼓，上刻人物故事图案，阴刻楷书碑文。碑残高 1.7、残宽 1.36、厚 0.24 米。墓主：杨贵成、杨龙氏。分布面积 16 平方米。

黄金玉墓　位于大井镇建国村，建于清同治五年（1866 年）。该墓坐西向东，土冢墓，封土呈圆形，条石砌成。墓长 6、宽 3.8、高 1.8 米。石质仿木结构墓碑，两柱一开间，单檐庑殿宝顶式，阴刻楷书碑文。碑高 2.7、宽 1.1、厚 0.32 米。分布面积 23 平方米。

李载仲夫妇墓　位于大井镇小井村，建于清同治七年（1868 年）。该墓坐东南向西北，土冢墓，封土呈圆形，条石砌成。墓长 5.6、宽 5.4、高 2.6 米。石质仿木结构墓碑，四柱三开间，重檐庑殿宝顶式，上刻人物故事与花卉图案，阴刻楷书碑文。碑高 3.9、宽 2.36、厚 0.31 米，其中左、右龛宽 0.5 米，中龛宽 0.6 米，柱宽 0.21 米。碑前建拜台，呈扇形，宽 10.2、半径 4.5 米。分布面积 31 平方米。

陈崇仁夫妇墓　位于大井镇新福村，建于清同治八年（1869 年）。该墓坐南向北，土冢墓，封土呈圆形，条石砌成。墓长 15、宽 7、高 1.9 米。石质方形碣碑，碑高 1.44、宽 0.74、厚 0.34 米。墓后建有条石墓垣，墓垣后龛为重檐庑殿宝顶式，上刻花卉、瑞兽图案，阴刻楷书碑文。其后龛残高 3.7、宽 3、厚 0.44 米。龛上部刻"奉旨皇恩宠幸"，中间刻横额"山高水长"。分布面积 110 平方米。

常张氏墓　位于大井镇中和村，建于清光绪三年（1877 年）。该墓坐西北向东南，土冢墓，封土呈圆形，条石砌成。墓长 4.5、宽 4.2、高 1.8 米。石质仿木结构墓碑，两柱一开间，单檐庑殿宝顶式，左右施抱鼓，上刻花卉图案，阴刻楷书碑文。碑高 2.3、宽 2.2、厚 0.2 米，其中抱鼓宽 0.5 米。分布面积 19 平方米。

刘明业墓　位于大井镇集龙村，建于清光绪四年（1878 年）。该墓坐南向北，土冢墓，封土呈圆形，条石砌成。墓长 4.5、宽 3.2、高 2 米。石质拱形碣碑，左右施抱鼓，上刻人物、花卉图，阴刻楷书碑文。碑高 2.3、宽 2.15、厚 0.2 米，其中抱鼓宽 0.55 米。建有条石墓垣，后龛高 5.1、宽 3.85、厚 0.3 米，楷书"佑启后人"与多幅石雕人物花卉、瑞兽图案。分布面积 15 平方米。

赵马氏墓　位于大井镇五丰村，建于清光绪五年（1879 年）。该墓坐东南向西北，土冢墓，封土呈圆形，条石砌成。墓长 5、宽 3.2、高 1.7 米。石质拱形碣碑，左右施抱鼓，上刻瑞兽与花卉图案，阴刻楷书碑文。碑高 1.95、宽 3.2、厚 0.32 米，其中抱鼓宽 0.5 米。分布面积 16 平方米。

官背上和尚墓　位于大井镇丰收村，建于清光绪五年（1879 年）。该墓坐南向北，土冢墓，封土呈圆形，条石砌成，冢边沿的条石边饰瓦屋面，瓦屋面下刻饰花卉图案。

墓长 5.2、宽 3.6、高 1.8 米。石质拱形碣碑，阳雕楷书碑文，碑上部阳刻回纹图案。碑高 1.74、宽 1.12、厚 0.14 米。墓主：临济（和尚）。建有条石挡土墓垣，墓垣呈半圆形，高 1.6、厚 0.4 米，顶上饰雕花脊干，瓦屋面与云纹瓦口，面一圈雕饰花卉、飞禽、瑞兽图案。分布面积 42 平方米。

胡崇位墓 位于大井镇九龙村，建于清光绪五年（1879 年）。该墓坐西南向东北，土冢墓，封土呈圆形，条石砌成。墓长 4、宽 3.2、高 1.8 米。石质仿木结构墓碑，两柱一开间，单檐庑殿宝顶式，左右施抱鼓，上刻花卉图案，阴刻楷书碑文。碑高 2.18、宽 1.6、厚 0.29 米，其中抱鼓宽 0.43 米。分布面积 13 平方米。

宋德洪夫妇墓 位于大井镇九角村，建于清光绪六年（1880 年）。该墓坐西向东，土冢墓，封土呈圆形，条石砌成。墓长 8、宽 5.4、高 2.9 米。石质拱形碣碑，左右施抱鼓，上刻人物花卉图案，阴刻楷书碑文。碑高 1.9、宽 2.18、厚 0.28 米。墓主：宋德洪、妻罗氏。分布面积 44 平方米。

肖朱氏墓 位于大井镇大房村，建于清光绪六年（1880 年）。该墓坐东向西，土冢墓，封土呈圆形，条石砌成。墓长 4、宽 3.2、高 1.55 米。石质拱形碣碑，左右施抱鼓，上刻花卉图案，阴刻楷书碑文。碑高 1.65、宽 1.8、厚 0.2 米，其中抱鼓宽 0.53 米。分布面积 13 平方米。

肖春元墓 位于大井镇来凤村，建于清光绪八年（1882 年）。该墓坐西北向东南，土冢墓，封土呈圆形，条石砌成。墓长 4、宽 3、高 1.8 米。石质仿木结构墓碑，四柱三开间，重檐庑殿宝顶式，上刻人物花卉图案，阴刻楷书碑文。碑残高 2.7、宽 1.9、厚 0.2 米，其中左、右龛宽 0.35 米，中龛宽 0.53 米，柱宽 0.17 米。分布面积 12 平方米。

王惠侯墓 位于大井镇友好村，建于清光绪八年（1882 年）。该墓坐西北向东南，土冢墓封土呈圆形，条石砌成。墓长 5、宽 3.6、高 1.6 米。石质拱形碣碑，左右施抱鼓，上刻花卉图案，阴刻楷书碑文。碑高 1.7、残宽 1.2、厚 0.27 米，清光绪八年（1882 年）立。墓碑右侧 3.4 米处，立有一通清光绪圣旨石碑，石碑青石制成，为拱形碣碑。碑高 1.34、宽 0.72、厚 0.2 米。碑正中为诏书全文，文字采用阴雕平底手法镌刻，竖排左读，共 123 个文字。大字径 0.04、字距 0.02 米；小字径 0.03、字距 0.01 米。诏书外以一长方形阳雕线框作饰，线框外边沿用吉祥图案作饰，上部边沿刻饰二龙抢宝图，左右边沿各雕饰一祥龙戏珠图，底部边沿饰水波纹图案。诏书全文为“奉天承运 皇帝制曰资父事君臣子笃鞠躬之谊作忠以孝国家宏锡类之恩尔王泽泮乃恩贡注选教谕加一级王世霖之父善积于身祥开厥后教子着义方之训佳家裕堂构之遗兹以覃恩赠尔为微仕郎锡之赐命于戏殊荣必建于所亲宠命用光乎有子钦兹优渥长庇忠勤 赐命 光绪捌年肆月贰拾壹日 之宝”。江安县人民政府于 2010 年 7 月公布为县级文物保护单位。

刘祚常墓　位于大井镇小井村，建于清光绪十一年（1885年）。该墓坐南向北，土冢墓，封土呈圆形。墓长7、宽5、高1.9米。石质拱形碣碑，左右施抱鼓，上刻花卉与吉祥图案，阴刻楷书碑文。碑高1.98、宽2.12、厚0.28米，其中抱鼓0.58米。分布面积35平方米。

青冈田墓　位于大井镇集龙村屋基塝组青冈坪，建于清光绪十七年（1891年）。该墓共2座，并排建，相距1.5米，均土冢墓，封土呈圆形，条石砌成，坐西南向东北。石质拱形碣碑，左右施抱鼓，上刻花卉图案，阴刻楷书碑文。M1墓长5、宽3.6、高2、碑高2.2、宽2米，厚0.3米，其中抱鼓宽0.54米。墓主：刘陈氏，清光绪十九年（1893年）立。M2墓长5、宽3.4、高1.7米，碑高1.9、残宽1.45、厚0.3米，其中抱鼓宽0.5米。分布面积43平方米。

涂忠友墓　位于大井镇太平村，建于清光绪三十三年（1907年）。该墓坐北向南，土冢墓，封土呈半圆形，条石砌成。墓长10、宽7.8、高2.6米。石质拱形碣碑，左右施抱鼓，上刻花卉图案，阴刻楷书碑文。碑座长2.2、宽0.37、高0.27米；碑高1.6、宽0.79、厚0.2米，其中抱鼓宽0.5米。冢左右建有条石挡土墙作墓垣，左、右分别长4.66米。分布面积80平方米。

任文应墓　位于大井镇小流村，建于清光绪三十四年（1908年）。该墓土冢墓，封土呈圆形，条石砌成，坐西向东。墓长5、宽2.8、高1.8米。石质仿木结构墓碑，两柱一开间，左右施抱鼓，单檐庑殿宝顶式，阴刻楷书碑文。碑高1.56、宽0.88、厚0.24米，其中抱鼓宽0.41米。建有条石墓垣，墓垣后龛为重檐宝顶式，宽3.12、高4.4、厚0.35米，上刻人物花卉图案。分布面积14平方米。

对鸡沟陈氏合墓　位于大井镇友好村大田咀组对鸡沟，建于清光绪三十四年（1908年）。该墓坐西北向东南，土冢合葬墓，封土呈圆形，条石砌成。墓长6、宽5.3、高1.9米。石质仿木结构墓碑，两柱一开间，单檐庑殿宝顶式，阴刻楷书碑文。一墓两碑，两碑相距0.75米，左碑高2.6、宽0.9、厚0.23米；右碑高2.8、宽0.9、厚0.23米。因面墓碑风化剥蚀严重，辨不清墓主人名与立碑纪年，只知其陈姓。分布面积32平方米。

彭周氏墓　位于大井镇太平村，建于清光绪三十四年（1908年）。该墓坐东北向西南，土冢墓，冢前部呈内半圆形，条石砌成。墓长6、宽4.6、高2.3米。石质拱形碣碑，阴刻楷书碑文，碑高1.5、宽0.83、厚0.22米。墓左右建有条石挡土墓垣，左、右各长4.3米。分布面积30平方米。

田坝头王邓氏墓　位于大井镇集龙村，建于清宣统二年（1910年）。该墓坐南向北，土冢墓，封土呈圆形。墓长5.2、宽3、高2米。石质拱形碣碑，左右施抱鼓，阴刻楷书碑文，碑高2.1、宽2、厚0.2米，其中抱鼓宽0.52米。分布面积16平方米。

袁师哲墓 位于大井镇大井村，建于清代。该墓共2座，呈一字形，相距0.35米，均土冢墓，封土呈圆形，条石砌成，坐南向北。石质仿木结构墓碑，两柱一开间，单檐庑殿宝顶式，阴刻楷书碑文。M1墓长6、宽3.1、高1.75米。碑残高1.8、宽1.07、厚0.23米。墓主：袁钱氏，清道光九年（1829年）立。M2墓长6、宽3.4、高1.8米。碑高2.5、宽1.07、厚0.25米。墓主：袁师哲，清道光九年（1829年）立。分布面积42平方米。

刘文宗墓 位于大井镇大井村，建于清代。该墓共2座，坐西向东，均土冢墓，封土呈圆形，乱石砌成，呈一字形排列，相距4.5米。石质仿木结构墓碑，两柱一开间，单檐庑殿宝顶式，阴刻楷书碑文。M1墓长5、宽4.4、高1.5米。碑高2.3、宽1.08、厚0.21米。墓主：刘文宗，清嘉庆十二年（1807年）立。M2墓长6、宽4.8、高1.5米。碑高1.7、宽0.95、厚0.22米。墓主：刘梁氏，清道光九年（1829年）立。分布面积24平方米。

李廷柱墓 位于大井镇大井村，建于清代。该墓共2座，坐南向北，均土冢墓，封土呈圆形，条石砌成，相距0.2米，呈一字形排列。石质仿木结构墓碑，两柱一开间，单檐庑殿宝顶式，上刻卷草、花卉图案，阴刻楷书碑文。M1墓长5、宽3.8、高1.6米。碑高2.35、宽0.87、厚0.22米。墓主：李廷柱，清道光三年（1823年）立。M2墓长5、宽4.6、高1.6米。碑高2.26、宽0.84、厚0.25米。墓主：李任氏，清道光九年（1829年）立。分布面积43平方米。

荒田榜叶氏墓地 位于大井镇大井村老房子组荒田榜，建于清代。该墓地共6座墓，朝向一致，坐西南向东北，均土冢墓，封土呈圆形，乱石砌成。M1为石质仿木结构墓碑，两柱一开间，单檐庑殿宝顶式；M4、M5为石质方形碣碑，左右施抱鼓，上刻花卉图案，阴刻楷书碑文。其中M1墓长3、宽2.8、高1.3米。碑残高1.36、宽0.82、厚0.19米。墓主：叶杨氏，清道光七年（1827年）立。分布面积186平方米。

苟家墓地 位于大井镇保家村，建于清代。该墓地共4座墓，朝向一致，坐南向北，并排建，均土冢墓，封土呈圆形，大多用乱石砌成。均为石质仿木结构墓碑，两柱一开间，单檐庑殿宝顶式，阴刻楷书碑文。M1墓长3、宽2.8、高1.3米。碑高2.1、宽0.92、厚0.16米，清嘉庆十九年（1814年）立。M2左前距M1有7米，墓长2.8、宽3、高1.4米。碑高1.9、宽0.96、厚0.26米。墓主：苟忠仁，清嘉庆二十五年（1820年）立。M3左距M2有4.2米，条石砌成，墓长4、宽2.8、高2.3米。碑高2、宽1、厚0.21米，清嘉庆十六年（1811年）立。M4左距M3有3米，条石砌成，墓长4、宽3、高1.3米。墓碑高1.9、宽0.96、厚0.21米。墓主：苟朝通，清嘉庆十四年（1809年）立。分布面积130平方米。

湾头杨氏夫妇墓 位于大井镇中坝村坝头组湾头，建于清代。该墓坐西北向东南，土冢墓，封土呈圆形，条石砌成。墓长 5、宽 2.4、高 1.5 米。石质仿木结构墓碑，两柱一开间，左右施抱鼓，三重檐庑殿宝顶式，上刻人物、花卉、瑞兽图案，阴刻楷书碑文。碑高 3.2、宽 2.04、厚 0.26 米，其中抱鼓宽 0.53 米。因碑面风化不知其纪年与男墓主名。分布面积 12 平方米。

黄牛地墓地　位于大井镇中和村小屋基组黄牛地，建于清代。该墓地共 8 座墓，分布在半山腰中，占地面积 450 平方米，均土冢墓，封土呈圆形，坐东北向西南。M1 条石砌成，墓长 5.1、宽 3、高 1.9 米，墓碑毁。M2 前距 M1 有 5.2 米，墓长 3、宽 3、高 1.5 米，墓碑毁。M3 左距 M2 有 6 米，墓长 4、宽 3.5、高 1.5 米。石质仿木结构墓碑，两柱一开间，单檐庑殿宝顶式（顶毁），阴刻楷书碑文，碑残高 1.5、宽 1、厚 0.27 米。墓主：王周氏，清光绪二年（1876 年）立。M4 左距 M3 有 3.5 米，墓长 4、宽 2、高 1.1 米。石质拱形碣碑，阴刻楷书碑文，碑残高 1.4、宽 0.7、厚 0.17 米，清同治二年（1863 年）立。M5 左上距 M4 有 14.5 米，条石砌成，墓长 6、宽 4、高 1.7 米。石质仿木结构墓碑，四柱三开间，重檐庑殿宝顶式，阴刻楷书碑文，上刻瑞兽、花卉等图案（碑顶损毁）。碑残高 1.9、宽 2.1、厚 0.23 米，其中柱宽 0.19 米，左、右龛宽 0.44 米，中龛宽 0.55 米。墓主：王周氏，清道光二十六年（1846 年）立。M6 左距 M5 有 0.5 米，墓长 4、宽 3、高 1.8 米，墓碑毁。M7 左距 M6 有 1.2 米，条石砌成，墓长 5、宽 3.8、高 1.6 米。石质拱形碣碑，阴刻楷书碑文，碑残高 2.4、宽 1.1、厚 0.23 米。墓主：王日贵，清光绪二年（1876 年）立。M8 左距 M7 有 10.6 米，条石砌成，墓长 4.5、宽 2.4、高 1.2 米。石质拱形碣碑，左右施抱鼓，阴刻楷书碑文，碑高 1.5 米，宽 1.9、厚 0.17 米，其中抱鼓宽 0.56 米。墓主：王杨氏，清同治二年（1863 年）立。分布面积 450 平方米。

狗坟山墓地　位于大井镇中和村小屋基组狗坟山，建于清代。该墓地共 28 座墓，均土冢墓，封土呈圆形，分布在 1000 平方米范围内。M2 条石砌成，墓高 1.6、宽 4、长 6 米；墓碑向南，石质仿木结构式顶，高 2.5、宽 1.2、厚 0.25 米，清道光十二年（1832 年）立。今查该墓地现有墓 9 座，碑 9 通。M1、M2、M3、M4、M6、M7、M8 碑帽顶损毁。

厂坝田墓地　位于大井镇中和村杨柳湾组厂坝田，建于清代。该墓地共 2 座墓，均坐北向南，土冢墓，封土呈圆形，条石砌成。M1 右前距 M2 约 180 米。M1 墓长 4、宽 4、高 1.9 米。石质仿木结构墓碑，两柱一开间，单檐庑殿宝顶式，阴刻楷书碑文。碑高 2.4、宽 0.9、厚 0.3 米。墓主：姊母易孺人，清道光十五年（1835 年）立。M2 墓长 5.5、宽 3.2、高 1.5 米。石质仿木结构墓碑，两柱一开间，单檐庑殿宝顶式，阴刻楷书碑文。碑高 2.2、宽 0.9、厚 0.2 米。墓主：蔡维臣，清嘉庆二十年（1815 年）立。

桥山上罗家墓地　位于大井镇中和村牛老桥组桥山上，建于清代。该墓地坐西北向东南，3 座墓并排建，均土冢墓，封土呈圆形，条石砌成。石质仿木结构墓碑，两柱一开间，单檐庑殿宝顶式，阴刻楷书碑文。M1、M2 为清嘉庆二十一年（1816 年）立，M3 为清道光十二年（1832 年）立。M1 墓长 5、宽 3.8、高 1.6 米，碑高 2.1、宽 0.9、厚 0.23 米，墓主：罗王氏。M2 左距 M1 约 0.6 米，墓长 5、宽 3.4、高 1.4 米，碑高 1.9、宽 0.94、厚 0.23 米，墓主：罗元伍。M3 左距 M2 约 0.8 米，墓长 5.5、宽 4、高 1.8 米，碑高 2.4、宽 1、厚 0.38 米，墓主：罗义先。分布面积 63 平方米。

学堂头墓地　　位于大井镇九角村学堂湾组学堂头，建于清代。该墓地共 2 座墓，均坐东北向西南，土冢墓，封土呈圆形，条石砌成。均为石质仿木结构墓碑，两柱一开间，左右施抱鼓，单檐庑殿宝顶式，阴刻楷书碑文。M2 左距 M1 约 80 米。M1 墓长 5.5、宽 5、高 1.9 米。碑高 2.6、宽 2.1、厚 0.24 米，其中抱鼓宽 0.54 米，因墓碑面风化剥蚀，其纪年文字脱落，墓主：肖万朝。M2 墓长 4、宽 3.4、高 1.6 米。碑残高 2.2、宽 0.96 米、厚 0.25 米。墓主：罗氏，清道光八年（1828 年）立。分布面积 486 平方米。

柏杨林墓地　　位于大井镇友好村沱田组柏杨林，建于清代。该墓地为家族墓地，共 3 座，均土冢墓，封土呈圆形，条石砌成，坐东北向西南。均为石质仿木结构墓碑，两柱一开间，单檐庑殿宝顶式，阴刻楷书碑文。M1 墓长 3、宽 2.4、高 1.6 米。碑残高 1.56、宽 0.86、厚 0.23 米。墓主：宗之举，清道光四年（1824 年）立。M2 左距 M1 约 3.6 米，墓长 3、宽 2.6、高 1.5 米。碑残高 1.58、宽 0.9、厚 0.21 米。墓主：宗曾氏，清道光十九年（1839 年）立。M3 左距 M2 约有 0.3 米，并退后 2 米，墓长 3、宽 3、高 1.2 米。碑残高 1.38、宽 0.84、厚 0.26 米。墓主：宗胡氏，清道光三十年（1850 年）立。分布面积 36 平方米。

大山坪罗家墓地　　位于大井镇新房村新房子组大山坪，建于清代。该墓地共 5 座墓，土冢墓，封土呈圆形，条石砌成。石质仿木结构墓碑，两柱一开间，单檐庑殿宝顶式，阴刻楷书碑文。M5 左前距 M4 约 300 米，M5 右前距 M3 约 280 米，M3 左前距 M1 约 200 米，M3 墓前左距 M2 约 250 米，M2 右前距 M1 约 150 米。M1 坐南向北，墓长 6、宽 3.2、高 2.6 米。碑残（碑顶倒于碑前）高 1.35、宽 0.9、厚 0.33 米。墓主：罗世臣，清光绪十六年（1890 年）立。M2 坐南向北，墓长 4.6、宽 3、高 2 米。碑高 2、宽 0.96、厚 0.2 米。墓主：罗廷梅，清道光十三年（1833 年）立。M3 坐西向东，墓长 7、宽 2.8、高 2.1 米。碑残高 1.9、宽 0.93、厚 0.3 米。墓主：罗献明，清同治十三年（1874 年）立。M4 坐西向东，墓长 5、宽 3.2、高 1.8 米。碑高 2.43、宽 0.93、厚 0.26 米。墓主：罗陈氏，清同治十三年（1874 年）立。M5 坐南向北，墓长 6、宽 4、高 1.8 米。碑高 1.7、宽 0.98、厚 0.2 米。墓主：罗廷檵，清道光九年（1829 年）立。

瓦厂咀罗家墓地　　位于大井镇新房村瓦厂咀组瓦厂咀，建于清代。该墓地共 4 座墓，均坐南向北，土冢墓，封土呈圆形，条石砌成。石质仿木结构墓碑（除 M1 外），两柱一开间，单檐庑殿宝顶式，阴刻楷书碑文。M2 左后 30 米距 M1 约 1.6 米，M2 右距 M3 约 100 米，M3 右距 M4 约 2 米。M1 墓长 3.6、宽 3.2、高 1.7 米。石质拱形碣碑，左右施抱鼓，上刻花卉图案，阴刻楷书碑文。碑高 1.7、宽 1.8、厚 0.24 米，其中抱鼓宽 0.45 米。墓主：罗杨氏，清同治十二（1873 年）立。M2 墓长 5、宽 3、高 1.9 米。碑高 2.1、宽 1.1、厚 0.3 米。墓主：罗献禹，清咸丰三年（1853 年）立。M3 墓长 7、宽 4、高 2 米。碑高 2.1、宽 1、厚 0.18 米。墓主：罗陈氏，清道光八年（1828 年）立。M4 墓长 6、宽 4、高 1.6 米。碑高 1.8、宽 1.9、厚 0.23 米，其中抱鼓宽 0.45 米。墓主：罗吴氏，清同治十二年（1873 年）立。

熊家坳墓地　位于大井镇来凤村，建于清代。该墓地共 14 座墓，分布在熊家坳坡地上，均土冢墓，封土呈圆形。墓碑西向，今查墓碑仅存 6 座，并排而建。M1 为乱石砌成，石质拱形碣碑；M2 墓主：刘黄氏；M3 墓主：刘模宽，同 M2 均为清嘉庆二十三年（1818 年）立；M4 墓主：刘定魁，清道光十四年（1834 年）立；M5 墓主：刘杨氏，清同治十三年（1874 年）立，碑为石质拱形碣碑，左右施抱鼓；M6 墓为石质拱形碣碑，因碑面风化剥蚀文字脱落。分布面积 87 平方米。

店子上墓地　位于大井镇来凤村，建于清代。该墓地共 9 座墓，分布在长 20、宽 10 米的范围内，均为土冢墓，封土呈圆形，条石砌外围，阴刻楷书碑文，墓碑西北向。M2 高 1.7、宽 4、长 7 米，石质仿木结构墓碑，四柱三开间，重檐庑殿式顶，刻有狮、龙、花草等图案。墓碑高 2.5、宽 2.6、厚 0.26 米，清道光四年（1824 年）立。今查墓群保存有碑墓五座，M1 墓主：陈李氏，清道光二十六年（1846 年）立；M2 墓主：陈王氏，清道光十二年（1832 年）立；M3 墓主：陈张氏，清道光四年（1824 年）立；M4 墓碑倒于地；M5 墓碑因风化剥蚀，文字不清。分布面积 274 平方米。

黄泥榜墓地　位于大井镇龙坝村宋村组黄泥榜，建于清代。该墓地共 2 座墓，平行而建，相距 13.6 米，均土冢墓，封土呈圆形，条石砌成。墓碑西南向，石质仿木结构，两柱一开间，单檐庑殿宝顶式，阴刻楷书碑文。M1 墓长 4、宽 3、高 1.5 米。碑残高 1.6、宽 0.89、厚 0.18 米。墓主：肖汉德，清嘉庆二十年（1815 年）立。M2 墓长 4、宽 1.4 米。碑高 1.65、宽 0.92、厚 0.2 米，因风化剥蚀墓主与立碑时间不可辨认。分布面积 40 平方米。

陈家墓地　位于大井镇龙坝村，建于清代。该墓地共 2 座墓，坐东北向西南，均土冢墓，封土呈圆形，条石砌成。石质仿木结构墓碑，两柱一开间，单檐庑殿宝顶式，阴刻楷书碑文。M1 墓长 6、宽 3.6、高 2 米。墓碑高 2.4、宽 1.12、厚 0.21 米。墓主：陈国宝、陈正凤父子，清道光十三年（1833 年）立。M2 建在 M1 右后侧 0.5 米处，墓长 6、宽 2.8、高 2 米。墓碑高 2.4、宽 1.3、厚 0.21 米。墓主：陈兴鳌、薛道真夫妻，清嘉庆二十二年（1817 年）立。分布面积 84 平方米。

撮箕山墓地　　位于大井镇龙坝村龙家冲组撮箕山，建于清代。该墓地共 2 座墓，坐北向南。M2 在 M1 右前 11 米处，均土冢墓，封土呈圆形，条石砌成。石质仿木结构墓碑，两柱一开间，单檐庑殿宝顶式，阴刻楷书碑文。M1 墓长 6、宽 4、高 1.6 米。墓碑高 1.75、宽 0.8、厚 0.25 米。墓主：□□昌，清嘉庆十四年（1809 年）立。M2 墓长 5、宽 2.5、高 1 米。墓碑残高 1.8、宽 0.9、厚 0.26 米。因碑面风化，墓主与纪年文字脱落。分布面积 88 平方米。

何文楷墓　　位于大井镇龙坝村，建于清代。该墓共 2 座墓，均土冢墓，封土呈圆形，条石砌成，坐北向南。M1 墓长 6、宽 3.4、高 1.6 米。石质仿木结构墓碑，四柱三开间，重檐庑殿宝顶式顶，上刻花卉图案，阴刻楷书碑文。碑残高 1.9、宽 2.25、厚 0.25 米，其中左、右龛宽 0.52 米，中龛宽 0.62 米，柱宽 0.2 米。墓主：何文楷，清道光十五年（1835 年）立。M2 建在 M1 右 0.4 米处，墓长 5、宽 2.6、高 1.7 米。石质仿木结构墓碑，两柱一开间，单檐庑殿宝顶式，阴刻楷书碑文。碑残高 1.9、宽 1、厚 0.28 米。墓主：何治士，清同治六年（1867 年）立。分布面积 32 平方米。

天堂坡墓地　　位于大井镇龙坝村胡村组天堂坡，建于清代。该墓地共 2 座墓，均土冢墓，封土呈圆形，乱石砌成，坐北朝南，平行而建，相距 0.5 米。石质仿木结构墓碑，两柱一开间，单檐庑殿宝顶式，阴刻楷书碑文。M1 墓长 5、宽 3、高 1.5 米；墓碑高 1.5、残宽 0.8、厚 0.11 米，清嘉庆二年（1797 年）立。M2 墓长 3、宽 2、高 1 米；碑残高 1.7、残宽 0.72、厚 0.15 米，清嘉庆八年（1803 年）立。因两墓碑风化剥蚀，其墓主姓名不能辨认。分布面积 28 平方米。

龙埂子墓地　　位于大井镇小流村鱼塘组龙埂子，建于清代。该墓地共 20 座墓，分布在长 20、宽 20 米的范围内。M1 用条石砌成，土冢墓，封土呈圆形，墓高 1.6、长 6、宽 4 米。墓碑向东，石质仿木结构，四柱三开间，庑殿宝顶式，阴刻楷书碑文，上刻卷草、花卉、人物图案。墓碑高 3、宽 2.8、厚 0.27 米。墓主：王传源，清嘉庆二十一年（1816 年）立。M2、M3 清嘉庆二十一年（1816 年）立，M3 墓主：王传源。分布面积 200 平方米。

彭熙业墓　　位于大井镇小流村，建于清代。该墓坐西北向东南，土冢墓，封土呈圆形。墓长 6、宽 3、高 2 米。石质拱形碣碑，左右施抱鼓（为后更换），阴刻楷书碑文。碑高 1.8、宽 2.05、厚 0.19 米，其中抱鼓宽 0.54 米。建有条石墓垣，墓垣后龛为重檐宝顶式，高 3.8、残宽 2.9、厚 0.34 米，上刻人物、花卉图案。分布面积 18 平方米。

彭传统夫妇墓　　位于大井镇太平村，建于清代。该墓在二普记录时有 5 座，M1 ～ M5 分布在大湾头山上，占地面积 600 平方米。今复查仅存 M1 有碑记。M1 为土冢墓，条石砌成，封土呈半圆形，墓长 5、宽 5、高 2.5 米。墓碑东向，为石质仿木结构，四柱三开间，重檐庑殿宝顶式，上刻人物、卷草、花卉图案，阴刻楷书碑文。碑高 3.23、厚 0.24、宽 2.08 米。墓主：彭传统、胡孺人，碑上刻有"宣统二年"纪年题刻。M2～M5 扰乱，今查无碑记，不可辨认。分布面积 23 平方米。

回龙坝汪家墓　位于大井镇泥溪村，建于清代。该墓共 2 座，呈"一"字形，相距 5.4 米，均土冢墓，封土呈圆形，条石砌成，坐西南向东北。石质仿木结构墓碑，两柱一开间，左右施抱鼓（M1 毁），单檐庑殿宝顶式，上刻花卉瑞兽图案，阴刻楷书碑文。M1 墓长 4、宽 3.2、高 2.2 米，碑残高 2.6、宽 1、厚 0.25 米。墓主：汪云清，清道光十七年（1837 年）立。M2 长 4.5、宽 3.3、高 1.5 米，碑残高 2.5、宽 2、厚 0.2 米，其中抱鼓宽 0.5 米。墓主：汪吴氏，清道光十八年（1838 年）立。M1 建有墓垣，及后龛为重檐式，上刻花卉、瑞兽图案与楹联，高 4.7、宽 4.2、厚 0.5 米。分布面积 60 平方米。

许家坳高氏墓　位于大井镇新福村中心组许家坳，建于清代。该墓共 2 座，并排建，相距 1.2 米，土冢墓，封土呈圆形，乱石砌成，坐南向北。石质仿木结构墓碑，两柱一开间，单檐庑殿宝顶式，阴刻楷书碑文。M1 墓长 4、宽 3、高 1.6 米，碑残高 2.2、宽 0.93、厚 0.19 米。墓主：高刘氏，清道光十六年（1836 年）立。M2 墓长 3.6、宽 3、高 1.6 米，碑残高 1.7、宽 0.89、厚 0.23 米。墓主：高文秀，清道光十三年（1833 年）立。分布面积 23 平方米。

转转田墓　位于大井镇新福村中心组转转田，建于清代。该墓共 2 座，均土冢墓，封土呈圆形，条石砌成，坐东南向西北，相距 3 米。M2 建在 M1 右后 3.5 米处，M2 无碑。M1 墓冢圆形，直径 5、高 1.7 米。石质仿木结构墓碑，两柱一开间，单檐庑殿宝顶式，阴刻楷书碑文，碑高 2.05、宽 1、厚 0.2 米。墓主：周汪氏，清嘉庆十七年（1812 年）立。M2 直径 6、高 1.8 米。分布面积 119 平方米。

肖家墓地　位于大井镇大房村，建于清代。该墓地坐东向西，均土冢墓，封土呈圆形，条石砌成，并排建。石质仿木结构墓碑，两柱一开间，单檐庑殿宝顶式，阴刻楷书碑文。M1 墓长 3.5、宽 3.3、高 1.8 米。碑残高 1.9、宽 1.08、厚 0.21 米。墓主：肖茂杰，清道光十五年（1835 年）立。M2 左距 M1 约 1.1 米，墓长 3.7、宽 3.6、高 2 米。碑高 1.8、宽 1、厚 0.21 米。墓主：肖张氏，清道光十四年（1834 年）立。M3 左距 M2 约 1 米，墓长 3.6、宽 3.2、高 1.9 米。碑高 2.3、宽 2.39、厚 0.46 米。墓主：肖刘氏，清道光十年（1830 年）立。M4 左距 M3 约 1 米，墓长 4、宽 3.4、高 1.8 米。碑高 2.4、宽 1.32、厚 0.45 米。墓主：肖杨氏，清嘉庆二十五年（1820 年）立。分布面积 68 平方米。

沙坝头王吴氏墓　位于大井镇五丰村红岩组沙坝头，建于清代。该墓土冢墓，封土呈圆形，乱石砌成，坐东南向西北。墓长 5、宽 3.2、高 1.17 米。石质仿木结构墓碑，两柱一开间，单檐庑殿宝顶式，阴刻楷书碑文，碑残高 1.85、宽 0.93、厚 0.17 米。分布面积 16 平方米。

瓦窑咀任家墓地 位于大井镇五丰村兴龙组瓦窑咀，建于清代。该墓地共 3 座墓，并排建，均土家墓，封土呈圆形，乱石砌成，坐东向西。石质仿木结构墓碑，两柱一开间，单檐庑殿宝顶式，阴刻楷书碑文。M1 墓长 5、宽 3、高 1.5 米。碑高 2、宽 0.9、厚 0.2 米。墓主：任罗氏，清道光十一年（1831 年）立。M2 左距 M1 有 0.4 米，墓长 4、宽 2.3、高 1.25 米。碑高 1.95、宽 0.85、厚 0.23 米，清道光七年（1827 年）立。M3 左距 M2 有 0.8 米，墓长 5、宽 3、高 1.5 米。碑高 2.05、宽 0.9、厚 0.18 米。墓主：任永涂，清道光九年（1829 年）立。分布面积 48 平方米。

任瑞墓 位于大井镇五丰村，建于清代。该墓共 2 座墓，呈一直线建，相距 0.55 米，均土家墓，封土呈圆形，条石砌成，坐东南向西北。石质仿木结构墓碑，两柱一开间，单檐庑殿宝顶式，阴刻楷书碑文。两墓大小相同，均长 4.5、宽 3.9、高 1.55 米；两碑大小相同，均高 1.65、宽 0.83、厚 0.19 米，立碑时间相同：清嘉庆五年（1800 年）。M1 墓主：任瑞；M2 墓主：任向氏。分布面积 33 平方米。

古佛洞墓地 位于大井镇丰收村，建于清代。该墓地为洞穴墓，开凿在山崖中，坐北向南。墓室深 3、宽 3.4、高 2.2 米，墓中间凿有一个圆雕密檐式石墓塔（倒于墓穴中），分布面积 11 平方米。

晒子坡墓 位于大井镇集龙村新瓦房组晒子坡，建于清代。该墓共 2 座，并排建，相距 2 米，均土家墓，封土呈圆形，条石砌成，坐东向西。阴刻楷书碑文，清道光十四年（1834 年）立。M1 墓长 6、宽 3.4、高 1.8 米。石质仿木结构墓碑，四柱三开间，重檐庑殿宝顶式，上刻花卉瑞兽图案。碑残高 2.7、宽 2.15、厚 0.23 米，其中柱宽 0.18 米，左、右龛宽 0.5 米，中龛宽 0.58 米，墓主：杨张氏。M2 墓长 3.5、宽 3.2、高 1.5 米。石质仿木结构墓碑，两柱一开间，单檐庑殿宝顶式。碑高 1.9、宽 1.05、厚 0.25 米，墓主：杨陈氏。分布面积 52 平方米。

桂花林墓地 位于大井镇集龙村高石坎组桂花林，建于清代。该墓地共 5 座墓，大致葬于一个轴线上，均土家墓，封土呈圆形，条石砌成，坐东南向西北。石质仿木结构墓碑，四柱三门，重檐庑殿宝顶式，阴刻楷书碑文。M1 墓长 6、宽 4.8、高 1.5 米，碑高 2.7、宽 2.3、厚 0.14 米，墓主姓名与纪年脱落。M2 后距 M1 有 3 米，墓长 4、宽 3、高 1.3 米，碑高 2.7、宽 2.1、厚 0.2 米，墓主姓名与纪年脱落。M3 后距 M2 有 3 米，墓长 6、宽 4.2、高 1.3 米，碑高 2.5、宽 2.4、厚 0.2 米。墓主：陈廷楷，清道光七年（1827 年）立。M4、M5 并排而建，后距 M3 有 10 米。M4 墓长 4、宽 2.5、高 1.4 米，碑残高 2.2、宽 2.5、厚 0.25 米。墓主：陈树周，清嘉庆二十年（1815 年）立。M5 左距 M4 有 1.6 米，墓长 4、宽 2.8、高 1.4 米，碑残高 2.6、宽 2.2、厚 0.25 米，墓主：陈□。分布面积 250 平方米。

猫尾巴墓地　　位于大井镇集龙村老瓦房组猫尾巴，建于清代。该墓地原有 30 座墓，因村民种植果树销毁，今查仅存 3 座，分布在长 25、宽 9 米的猫尾巴山上，均为土家墓，封土呈圆形，条石砌成，墓碑西北向。M1 墓高 1.4、宽 3.6、长 6.8 米，石质仿木结构墓碑，四柱三开间，重檐庑殿宝顶式，阴刻楷书碑文，上刻人物战场、花卉等图案。碑高 2.9、宽 2.4、厚 0.23 米。墓主：杨王氏，清道光十四年（1834 年）立。M2、M3 后距 M1 有 15 米。M2 墓长 4、高 1.35、宽 3.1 米，石质拱形碣碑，阴刻楷书碑文。碑高 2.2、宽 1.1、厚 0.42 米。墓主：杨朱氏，清道光十五年（1835 年）立。M3 左距 M1 有 1.5 米，墓长、宽 4 米，高 1.5 米，石质仿木结构墓碑，四柱三开间，重檐庑殿宝顶式，阴刻楷书碑文，上刻花卉等图案。碑高 2.8、宽 2.2、厚 0.23 米。墓主：杨庄楷，清道光十三年（1833 年）立。分布面积 225 平方米。

桐梓林刘王氏墓　　位于大井镇集龙村桐梓林组桐梓林，建于清代。该墓土家墓，封土呈圆形，条石砌成，坐西南向东北。墓长 6、宽 4、高 1.7 米。石质仿木结构墓碑，四柱三开间，重檐庑殿宝顶式，上刻花卉图案，阴刻楷书碑文。碑残高 2.6、宽 2、厚 0.2 米，其中柱宽 0.18 米，左、右龛宽 0.37 米，中龛宽 0.5 米，墓碑纪年脱落。分布面积 24 平方米。

草山坡墓地　　位于大井镇铜锣村踏水桥组草山坡，建于清代。该墓地共 4 座墓，土家墓，封土呈圆形，条石砌成，坐西向东。M2 左距 M1 约 300 米，M2 右距 M3 约 1.5 米。M1 为两兄弟合葬墓，墓长 5、宽 4、高 1.7 米。一墓三碑连在一起，均石质拱形碣碑，四柱三开间，左右施抱鼓，上刻花卉、瑞兽图案，阴刻楷书碑文。墓碑高 1.72、宽 3.2、厚 0.22 米，其中抱鼓宽 0.46 米。左碑宽 0.69 米，碑主：王定山；中碑宽 0.87 米，为墓志铭碑；右碑宽 0.6 米，碑主：王明生，中华民国十年（1921 年）立。M2 墓长 6、宽 3.8、高 1.9 米，碑高 2.6、宽 1.2、厚 0.37 米，因碑面风化剥蚀严重，不知其墓主人姓名与纪年时间。M3 墓长 6、宽 3.8、高 1.8 米，碑高 2.5、宽 1.2、厚 0.29 米。墓主为黄姓，清嘉庆十九年（1814 年）立。M4 右前距 M2 约 60 米，墓长 5、宽 3.8、高 1.6 米。石质仿木结构墓碑，两柱一开间，单檐庑殿宝顶式，阴刻楷书碑文。碑高 2.4、宽 1.2、厚 0.29 米。墓主：黄黎氏，清嘉庆十九年（1814 年）立。分布面积 1112 平方米。

老房子墓地　　位于大井镇九龙村关口组老房子，建于清代。该墓地共 2 座墓，均土家墓，封土呈圆形，条石砌成，坐西南向东北。M2 左前距 M1 约 300 米。M1 墓长 10、宽 7.4、高 1.8 米。石质仿木结构墓碑，四柱三开间，重檐庑殿宝顶式，上刻花卉图案，阴刻楷书碑文。碑高 2.8、宽 2、厚 0.26 米，其中柱宽 0.2 米，左、右龛宽 0.36 米，中龛宽 0.55 米。墓主：严子昌，清嘉庆十四年（1809 年）立。M2 长 6、宽 3.4、高 1.8 米，石质仿木结构墓碑，两柱一开间，单檐庑殿宝顶式，阴刻楷书碑文。碑高 1.68、宽 0.92 米。墓主：邓周氏此墓，清道光二十二年（1842 年）立。此墓地为广东地区墓冢形制，当地人称"广东坟"，分布面积 3108 平方米。

黄应照墓 位于大井镇九龙村，建于清代。该墓土冢墓，封土呈圆形，条石砌成，坐西南向东北。墓长 6、宽 4.6、高 2.2 米。石质仿木结构墓碑，两柱一开间，单檐庑殿宝顶式，阴刻楷书碑文。碑高 2.5、宽 1.09、厚 0.33 米，因碑面风化其纪年无法辨认。分布面积 28 平方米。

胡发荣夫妻合葬墓 位于大井镇九龙村，建于清代。该墓为土冢墓，封土呈圆形，条石砌成外围，坐南向北。墓长 6.5、宽 4、高 2 米，石质拱形碣碑，左右施抱鼓。碑高 2、宽 2、厚 0.3 米，其中抱鼓宽 0.5 米。墓后与左右一圈建有条石墓垣，墓垣上雕刻有吉祥图案与墓志铭，墓垣的正后龛为重檐式顶，龛长 5.3、高 5.2、厚 0.4 米。前置拜台宽 5.6 米，长 11.6 米。拜台内左右各置一张石桌与一套石凳。因墓碑风化剥蚀，其立碑时间不详。分布面积 130 平方米。江安县人民政府于 2010 年公布为县级文物保护单位。

古建筑

神仙桥 位于大井镇来凤村，始建于明代。该桥呈东西走向，为两墩三孔石板平桥。桥总长 10.88 米，其中：由东至西 1 号桥板长 3.2、宽 1.93、厚 0.4 米；2 号桥板长 4.58、宽 2.78、厚 0.28 米；3 号板桥由 5 块条石组成，长 3.1、宽 1.35、厚 0.33 米。桥墩长 3.28、宽 0.45、高 2 米。该桥原是城至板桥再到红桥官道上的桥梁。1974 年对 3 号桥面进行过维修，2004 年在桥的南边 1 米处新建了一座石拱公路桥。

岩门口石板路 位于大井镇龙坝村，始建于明代。该石板路呈南北走向，北起岩门口石牌坊，南至邓中武宅后，路长 500、宽 1～1.4 米。此石板路是城—底蓬—板桥道红桥与兴文县的官道，中华民国期间进行了修缮。

平桥 位于大井镇小井村，始建于清乾隆年间。该石桥呈东西走向，石质结构，一墩双孔平梁桥。桥长 6.66、宽 1.34 米，桥板厚 0.42、桥高 3.2 米。桥墩长 2.08、宽 0.62、高 2.78 米，桥两边建有条石护堤。桥东北 3.96 米处立有一通横截面呈正方形的石柱建桥碑记，碑上记载桥始建于清乾隆年间，重建于清道光年间。

小井文昌宫 位于大井镇小井村石厂坝组文昌宫，始建于清同治十年（1871 年）。该建筑坐西向东，占地面积 90 平方米。条石基础，石作素面台基高 0.9 米，木结构穿斗式，三穿用四柱，抬梁式梁架，单檐歇山式屋顶。面阔五间 14.84 米，进深三间 6 米，通高 4 米。周围檐柱均石质方形柱，用条石砌成墙，白灰饰墙面。房屋的右次间靠后，立有一通柱形，单檐庑殿宝顶式功德碑，碑高 2.5、边宽 0.365 米。

斜桥 位于大井镇小井村，始建于清代。该石桥呈西北—东南走向，为一栋平桥。

桥板长 3.27、宽 0.81、厚 0.26 米，桥高 3 米，小溪两岸建有条石护堤，桥板置于护堤上，无桥墩。此桥是大井至保家道上的桥梁，口碑传此桥为风水桥，是因风水而建造。

文村桥 位于大井镇中和村进龙组文村桥，始建于清代。该桥呈南北走向，为两墩三孔石板平桥，桥两端建条石护堤。桥长 10.2、宽 0.9、高 2.5 米，桥板厚 0.4 米，桥墩高 2.1 米，墩头长 0.4、宽 0.3 米。此桥是大井通往连天山道上的桥梁。

灵官桥 位于大井镇九角村，始建于清代。该石桥呈东西走向，为两墩三孔石板平桥，西桥头建有条石护堤。桥长 6.2、宽 1.2、高 1.6 米，桥板厚 0.23 米，桥墩头长 0.38、宽 0.45 米，桥墩高 1.37 米。此桥是城至大井再到红桥官道上的桥梁。

双凤桥 位于大井镇九角村，始建于清代。该石桥呈南北走向，为两墩三孔石板平桥。桥长 6.9、宽 1.27、桥高 1.3 米，桥板厚 0.36 米，桥墩头宽 0.4、长 0.45、高 0.94 米。桥南端建有条石护堤。此桥是城至大井再到红桥官道上的桥梁。

竹林湾石堰渠 位于大井镇友好村，始建于清代。该堰渠呈南北走向，为石堰渠，下用条石砌成，堰渠边宽 0.4、高 2.5 米；堰渠沟宽 0.24、深 0.18 米，堰渠边宽 0.1 米。北端堰渠呈 S 形，长 3.4～4.5 米。

象桥 位于大井镇来凤村，始建于清代。该石桥呈南北走向，为两墩三孔石板平梁桥。桥长 8.04、宽 1.4、桥板厚 0.32 米，桥高 3.95 米。东面两个桥墩头上雕饰有圆雕龙头，龙头长 0.71、宽 0.43、高 0.38 米。桥的东北与西南建有条石护堤，是城至板桥再到红桥官道上的桥梁。

青龙咀桥 位于大井镇新福村，始建于清代。该石桥呈南北走向，为一墩二孔石板平桥。桥长 5.97、宽 0.95 米，桥板厚 0.37 米，桥高 2.3 米，桥墩高 1.93、长 1.95、宽 0.5 米，北端桥头建有条石护堤。此桥是连天山至红桥道上的桥梁。

石窟寺及石刻

隆庆岩摩崖石刻 位于大井镇中坝村，刻于明隆庆元年（1567 年）。该石刻共 3 龛，均为长方形平顶龛，字体有楷书和隶书两种，均为竖行阴刻，向南。1 号龛与 2 号龛为培修隆庆岩大路碑记。1 号龛距路面高 0.77 米，龛宽 0.64、高 0.83、深 0.01 米，字径 0.02、字距 0.02 米。2 号龛右距 1 号龛 1.67 米，距路面高 1.2 米，龛宽 0.34、高 0.39、深 0.01 米，字径 0.03、字距 0.01 米，清嘉庆十四年（1809 年）刻。3 号龛右下距 2 号龛 11.9 米，距路面高 3.5 米，龛宽 1.2、高 0.7 米，文字为"隆庆元年二月开造"，字径 0.25 米，字距 0.1 米。江安县人民政府于 2010 年 7 月公布为县级文物保护单位。

古佛洞摩崖石刻 位于大井镇丰收村，刻于明代。该石刻开凿在山崖石洞中，坐北向南，共 5 龛。龛沿均为高浮雕，有坐式、卧式、立身等人物造像，另有鹿、花草、卷云等图案。龛壁上有"嘉靖年（1522～1566年）正月十五日开古佛硐"题记，"咸丰壬辰岁季夏月中浣日吉……"维修古佛硐碑记。今查"古佛硐碑记"已被毁消失，5龛佛龛中无佛像。

罗汉洞造像 位于大井镇新房村，建于清乾隆五年（1740年）。该处保存有清乾隆、清嘉庆、清道光、清同治以及中华民国时期的石碑。其中清嘉庆十九年（1814年）的碑高1、宽0.8、厚0.1米，阴刻楷体，字距0.1米，字径0.15米，肖金翠书。佛像有玉皇、王母、接引佛，其中玉皇高1.67、肩宽0.5米。今复查矗立的石碑仅两通，造像三尊。两通碑为坐北朝南，均石质方形碣碑：1号碑为"广种福地"，碑高1.35、宽0.82、厚0.08米；2号碑后距1号碑3.1米，为"罗汉硐府"，碑高1.48、宽0.88、厚0.85米。两碑边沿均饰有祥云图案，文字大小基本相同。其大字字径0.1、字距0.05米；小字字径0.03、字距0.01米。大字为横排右读，小字为竖排右读，阴刻楷书碑文。

铜锣山观音摩崖造像 位于大井镇铜锣村，建于清乾隆四十七年（1782年）。该造像坐北向南，为1龛1尊观音菩萨造像，造像结跏趺坐，手持净瓶。龛高0.7、宽0.58、深0.57米，造像高0.5、肩宽0.16米。造像左0.2米处与右1.6米处各阴刻有一通功德碑刻，左通碑刻宽0.41、高0.42米，右通碑刻宽0.25、高0.4米。

万里菁岩摩崖石刻 位于大井镇大井村，建于清嘉庆十四年（1809年）。该石刻向东，呈长方形龛，无龛边，距台地高7米，阴刻楷书，竖排右读，字径0.06、字距0.03、行距0.04米。此石刻记载了鉴刻三尊佛像与培修寺庙出资人的姓名与捐钱数目、匠工姓名，以及书写人陈光荣姓名，落款为清嘉庆十四年岁在己巳孟冬月。

石宝天菩萨龛 位于大井镇丰收村，始建于清乾隆五十八年（1793年）。该石龛坐西南向东北，为重檐殿堂式，红色砂岩质，歇山式顶，长方形底座。第二檐正面阴刻"天公金殿"四字。其龛高1.8、面宽0.97、侧宽0.2米，内有善跏趺坐神像两尊，神像高0.4、肩宽0.2米。前面有一通清乾隆五十八年（1793年）捐资碑，碑高1.34、宽0.84、厚0.16米。

立石观音摩崖造像 位于大井镇新房村，建于清嘉庆二十二年（1817年）。该处造像共2尊，开凿在一巨石上，呈上下排列，坐西北向东南。上龛为结跏趺坐观音造像，龛高1、宽0.73、深0.5米，造像高0.57、肩宽0.2米。下龛为善跏趺坐土地造像，龛高0.53、宽0.54、深0.5米，造像高0.53、肩宽0.25米。上龛右侧联文旁刻"嘉庆二十二年"。

灵坳灵官龛 位于大井镇小井村，始建于清光绪十二年（1886年）。该石龛建在一天然石头上，坐西向东，红色砂岩质，局部残损，单檐庑殿楼阁式。龛通高3.58、面宽0.86、侧宽0.76米，其中柱宽0.14、龛深0.56、距地面高1.7米。灵官造像结跏趺坐，造像高0.88、肩宽0.28米，龛右侧楷书阴刻捐资人名单与题记。

铜锣顶灵官龛　位于大井镇铜锣村，建于清光绪二十八年（1902年）。该石龛为灵官造像龛，坐西北向东南，红色砂岩质，局部残损，楼阁式，重檐庑殿顶。龛通高2.5、面宽0.7、侧宽0.7米，其中底层高1米，第二层高1.5米。灵官造像高0.78、肩宽0.3米，龛右侧立有一通功德碑，碑为石质方形碣碑，碑高0.95、宽0.55、厚0.15米。

连天寺石刻　位于大井镇丰收村，建于清光绪三十一年（1905年）。该石刻刻在山门上，向北，有楹联2副。山门总长8.3、高3.3米，门洞宽1.63、高2.93、厚0.46米，其中抱鼓宽0.66米。中门对联高2.36、宽0.23米；侧门对联高2.12、宽0.22米。门楣横额"连天山"；中门联为"突兀压神州云蒸雾霭；登临出世界狮吼象鸣"；侧门联句为"□剑引云霄电闪雷轰赫赫神光弥漫；诸云凌统鼎狮吼象鸣巍巍法力护群"。

观音沱摩崖造像　位于大井镇丰收村，建于清代。该造像有一平顶直口龛，坐东向西，开凿在距地面1米高的山石上。龛高1.2、宽1.3、深0.63米。造像为结跏趺坐观音像，像高0.74、肩宽0.3米。

近现代重要史迹及代表性建筑

陈超明墓　位于大井镇新福村，建于1916年。该墓为土冢墓，封土呈圆形，条石砌成。墓高2.56、长9.8、宽6米。墓碑北向，石质仿拱形碣碑，左右施抱鼓，碑顶为卷云形，阴刻楷书碑文。碑高2.6、宽2.5、厚0.28米。墓后及左右建条石墓垣，墓前施石栏杆，四周刻有戏剧人物、祥花、瑞草等图案。栏杆望柱上雕有海螺、金瓜等物，工艺精湛，保存完好。江安县人民政府于2010年7月公布为县级文物保护单位。

王凤岗夫妻合葬墓　位于大井镇劳动村，建于1918年。该墓土冢墓，封土呈圆形，条石砌成，坐东南向西北。墓长3.8、宽3.6、高2米。石质仿木结构墓碑，四柱三开间，左右置抱鼓，碑顶为卷云顶，上刻花卉、瑞兽图案，阴刻楷书碑文。碑高2.1、宽2.54、厚0.27米，其中抱鼓宽0.28米。该墓分布面积14平方米，墓主之一的王凤岗位居滇军陆军上校。江安县人民政府于2010年7月公布为县级文物保护单位。

岩门口摩崖石刻　位于大井镇龙坝村，刻于1935年。该石刻分布在东西长15、高3、距地2.5米高的石壁范围内，坐东北向西南。四通石刻共16字，另有款识计约50字，均为长方形敞口龛，阴刻楷体和双勾隶体。其中1号龛长2、高0.6、深0.03米。刻"崖门古迹 清嘉庆七年秋八月 杨仲美书 督二人老人杜永安罗世荣"。其大字字径0.4米，字距0.15米，竖行直读，为双钩隶体。2号龛长3、高2.7、深0.03米。2、3、4号龛为竖行楷体，分别是"敬恭桑梓""南吉之使""督率多方"，为恭颂李品三所刻，年代均为民国时期。今查1号龛被采石所毁，仅存2、3、4号龛，实为一龛三通题刻，龛宽2.55、高2.15米，大字行距0.6、字径0.35、字距0.06米，小字字径0.04、字距

0.03 米。现存石刻文字是国民党地方武装在 1935 年 12 月 15 日剿灭中国工农红军川南游击组队政委佘泽鸿后的"战绩"石刻。江安县人民政府于 2010 年 7 月公布为县级文物保护单位。

佘泽鸿牺牲地址　位于大井镇新福村，建于 1935 年。该地址是原中国工农红军川南游击纵队政委佘泽鸿革命烈士牺牲地。此地在一山湾中，向北，原是农户卓五婆的碾房，现为村民钱永华的猪房与空地。1935 年革命烈士佘泽鸿率部队与国民党地方反动势力做生死搏斗，在这牛厂坡的大坪上被国民党地方武装所杀害，英勇牺牲。江安县人民政府于 2010 年 7 月公布为县级文物保护单位。

岩门口水库　位于大井镇集龙村，建于 1955 年。该水库呈东北—西南走向，为土筑库堤，内坡于 2008 年贴水泥板防漏。长 70、高 15、顶宽 3.1 米。库堤上的内侧添建一砖石墙作安全设施。来水面积 1.8 平方千米，蓄水量 14.22 万立方米。灌溉面积 0.07 万亩，工程土方 4.5 万立方米，石方 0.1 万立方米。

大堰坝渠　位于大井镇新房村，建于 1957 年。该渠呈东北—西南走向，渠长 3000 米，东北起青龙湖，西南至大金山组。渠为条石砌成，宽 0.9~1.2、高 1 米，渠边厚 0.3 米。

庆林沟水库　位于大井镇五丰村，建于 1957 年。该水库呈东南—西北走向，库堤为土筑垒成。库堤长 51.5、高 12、顶宽 3.3 米。库堤内侧以青石板贴面，以防渗漏。该水库来水面积 1.9 平方千米，蓄水量 33.5 万立方米，灌溉面积 0.1 万亩，工程土方 4 万立方米，石方 0.12 万立方米。

九龙滩堰堤　位于大井镇九龙村，建于 1962 年。该堰堤呈东西走向，条石砌成，长 50、宽 1、高 1.5 米。此堰堤是境内的拦水坝之一，是当地群众投工投劳和国家以工代赈建成的。

背水沟堰渠　位于大井镇五丰村，建于 1966 年。该堰渠呈南北走向，为山湾渡槽，条石砌成，下部建弧形券拱 5 个，上部为水渠。长 80、高 4、宽 1.2 米。堰渠深 0.7、宽 0.6 米，堰渠边条石宽 0.3 米。

黄石滩渠堤　位于大井镇太平村，建于 1967 年。该渠堤呈南北走向，条石砌成，北端建有一单拱形排洪孔。堰堤总长 48.9、宽 2、高 2.5 米。其中排洪孔高 3.2 米，弧跨长 4.7 米，拱顶厚 0.75 米。

田坝头桥　位于大井镇集龙村，建于 1967 年。该石桥呈东南—西北走向，为五墩六孔石板平桥。桥长 14.4、宽 1.35、高 3 米，桥板厚 0.3 米，桥墩长 1.35、宽 1、高 2.7 米。此桥是大井通往连天山道上的桥梁。

柏杨湾堰堤　位于大井镇九龙村，建于 1970 年。该堰堤呈东南—西北走向，条石砌成，中间呈弧拱形。堰堤总长 32.7、宽 1.5、高 4.2 米。

响水滩堰堤 位于大井镇九龙村,建于1971年。该堰堤呈东北—西南走向,呈弧形,采用条石砌成,堰堤长50、宽1、高5米。

小山湾堰渠 位于大井镇中和村,建于1974年。该堰渠呈南北走向,是青龙湖至板桥堰渠的一段堰渠。堰渠用条石在山坳中砌成石墙,顶上建渠槽通水。堰渠长49、宽1.3、高5.8米;堰渠槽内宽0.7、高0.5米,边条石宽0.3米。从北端起13米处,留有一石门洞,门洞上为卷拱形,高3.1、宽1.6米。

社昌桥 位于大井镇小流村,建于1989年。该石桥呈南北走向,为空腹式单孔石拱平桥。桥长24、宽3.1、高6米,拱跨宽7.8米,拱顶厚0.6米。此桥是小流等地至大井道上的桥梁。

大妙乡

古遗址

军坝窑址 位于大妙乡军坝村,始于宋代。该遗址南高北低,距小溪130米,高出小溪10米,遗址范围呈一径约20米椭圆形状。文化堆积层暴露于地表及土坎,采集标本有灰红色夹砂泥质陶,釉色青中泛黄。器物有双耳罐、支筒、卷缘双唇、平底、圈脚等,纹饰为刻划纹和圈纹。文化层距地表0.5、厚0.5~1.5米。

坪子头铜矿遗址 位于大妙乡兰花村,始于清代。该遗址分布在东西长1000、南北宽100~300米的范围内。山岩大多为红色砂岩,在海拔500米上下的岩层中蕴藏着以含铜量为主的矿石。矿洞口因年代久远大多被堵塞,但尚可见外露的矿洞口40余个。矿洞的形制均为平行洞,多数矿洞口建在山岩壁上,洞口外小内大,外洞口高度一般在1~1.4米,宽度1~1.2米。洞内高度一般在1.5~2米,宽度1~5米,矿洞开采深度80~500米,矿洞内有垮塌并淤塞现象。矿渣是炼矿时留下的遗弃物。离洞口100米以外的平缓岩坡下遗弃有大量的铜矿渣,少数暴露于地表,有的则显露于土坎断面层中,高度有2米以上,山沟里堆集的铜矿渣更高。

古墓葬

铜鼓山崖墓 位于大妙乡互利村田坝头组铜鼓山,建于汉代。该崖墓共2座,M1坐东南向西北,M2坐南向北,相距60米,均为单层门楣,开凿在山崖石壁上,严重扰乱。M1墓门宽1.1、高0.6米,墓室长4.2、宽2.4、高1.6米;M2墓门宽2、高1.1米,墓室长5、宽2.2、高1.4米。分布面积20平方米。

罗塇墓地 位于大妙乡分水村罗塇组罗塇,建于明代。该墓为石室墓,一墓二室,严重扰乱，封土呈圆形，坐东南向西北。墓室长3、宽3、高2.5米。分布面积18平方米。

白云庵墓地 位于大妙乡白云村，建于明代。该墓地长70、宽70米，局部扰乱，向北。其中石室墓21座、土冢墓29座。石室墓呈长方形，墓顶有母子榫，用瓦作枕。M1～M6自然塌陷。双人墓室长5～6米，宽3～4米，高1.2～1.8米；土冢墓长3～5米，宽2～2.5米，高1～1.5米。另石砌土冢墓共3座，其中2座建有墓碑，墓碑为石质拱形碣碑，阴刻楷书碑文。分布面积490平方米。

陈国廷墓 位于大妙乡下马村，建于清道光十六年（1836年）。该墓土冢墓，封土呈圆形，条石砌成，坐东南向西北。墓长5.2、宽3.6、高2米。石质仿木结构墓碑，仿两柱一开间，单檐庑殿宝顶式，阴刻楷书碑文。碑座长1.6、宽0.77、高0.22米；碑高2.4、宽1.15、厚0.32米。分布面积18平方米。

梁全鼎夫妇墓 位于大妙乡胜利村，建于清同治六年（1867年）。该墓土冢墓，封土呈圆形，条石砌成，坐北向南。墓长11、宽6、高2.7米。墓碑石质仿木结构，两柱一开间，重檐庑殿宝顶式，上刻花卉、人物图案，阴刻楷书碑文。碑座长2.5、宽1.12、高0.4米；碑高4.2、宽1.7、厚0.5米，其中柱宽0.23米。墓主：夫梁全鼎、妻梁杨氏。分布面积66平方米。

李富岭墓 位于大妙乡召岩村，建于清光绪四年（1878年）。该墓土冢墓，封土呈圆形，条石砌成，坐南向北。墓长3.9、宽2.4、高1.6米。石质拱形碣碑，上刻花卉图案，阴刻楷书碑文，碑高1.58、宽0.86、厚0.31米。分布面积9平方米。

朱村坝罗家墓地 位于大妙乡建塘村朱村坝组朱村坝，建于清咸丰四年（1854年）。该墓地共2座墓，坐东向西，均为土冢墓，封土呈圆形，条石砌成，大致平行建，M1往前0.6米。均石质仿木结构墓碑，两柱一开间，单檐庑殿宝顶式，上刻花卉图案，阴刻楷书碑文。M1墓长4.3、高1.5、宽2.4米。碑高2.3、宽0.88、厚0.27米。墓主：罗怀玉，清咸丰四年（1854年）立。M2墓长3.4、高1.5、宽3米。碑残高2.2、宽0.85、厚0.28米。墓主：罗牟氏，清咸丰四年（1854年）立。分布面积24平方米。

青明山墓地 位于大妙乡三星村大树组青明山，建于清代。该墓地均土冢墓，封土呈圆形，坐西南向东北。墓群宽7.3、长13米，均石质仿木结构墓碑，两柱一开间，单檐庑殿宝顶式，阴刻楷书碑文，清嘉庆五年（1800年）立。M1墓长6、宽3、高1.4米；碑高2.2、宽0.9、厚0.32米，墓主：张□□。M2左距M1有0.5米。M2墓长6、宽3.8、高1.2米；碑残高2.1、宽0.88、厚0.32米，墓主：张□□。M3前距M1、M2有2米，建在两墓尾后之中间，比两墓高1.3米。M3墓长4.5、宽3、高1.5米；碑残高2、宽0.9、厚0.33米，墓主：张姚氏。分布面积95平方米。

来龙坝墓地 位于大妙乡互利村来龙坝，建于清代。该墓地共2座墓，分布建在长

8、宽7.3米的范围内，坐北向南，均土家墓，条石砌成，封土呈圆形。墓碑均为石质仿木结构，两柱一开间，单檐庑殿宝顶式，阴刻楷书碑文。M1墓长5、宽2.6、高2.5米。墓碑高1.7、宽1、厚0.24米。墓主：曾绍端，清乾隆六十年十二月（1795年）立。M2墓长5.6、宽3.2、高2.5米。墓碑高1.7、宽0.9、厚0.17米。墓主：曾万氏，清嘉庆四年九月（1799年）立。分布面积59平方米。

古建筑

白云寺　　位于大妙乡白云村白云安组，始建于明嘉庆八年（1529年）。该寺庙坐南向北，现存上、中、前殿，四合院布局，占地面积600平方米。均为条石基础，石作素面台基，垂带式踏道，抬梁式木结构梁架，单檐悬山式顶。其中，上殿和中殿均三穿用四柱，面阔三间12米，进深三间7米，通高6米。前殿建于中华民国期间，三穿用五柱，为穿斗式梁架，单檐悬山式屋顶。

大庙　　位于大妙乡大妙社区庙，建于清代。该建筑坐西北向东南，占地80平方米，现仅存戏楼。条石基础，石作素面台基高0.2米。木结构，三穿用四柱，抬梁式梁架，单檐歇山式屋顶，面阔三间7.1米，进深三间7.6米，通高8米。瓦当上有兽纹，滴水为水波纹。

大桥口桥　　位于大妙乡召岩村，建于清代。该石桥呈南北走向，石墩式平板桥，五墩六孔。桥长20、宽2.3米，桥板厚0.45米，桥墩高3、宽0.7、长3.8米。桥墩上石雕龙头四个，龙头长1、宽0.8米。

龙凤桥　　位于大妙乡分水村，建于清乾隆年间（1736～1795年）。该桥分为东、西两座桥，相距10米，现仍在使用。均为石结构单孔石砌拱桥，桥面用石板铺成。其西桥为"凤桥"呈南北走向，长15、宽4.1、高4米，跨度5.4米，拱高3.5米，桥面呈弧形，两端施垂带式踏道5级。桥下拱顶上有"大清乾隆"题记。东桥为"龙桥"，呈东北—西南走向，长17、宽2.8米，桥高3.5米，跨度5.5米，拱为弧形，桥面平直。在东桥的东北端桥头，与西桥的北端桥头分别建有一通建桥石碑。东桥碑石质仿木结构，两柱一开间，单檐庑殿宝顶式，阴刻楷书碑文（顶损坏）。碑残高3、宽1.3、厚0.4米，其中柱宽0.22米。西桥碑为石质方形碣碑，高2、宽0.85、厚0.21米。此桥是分水到中坝道上的桥梁。

金盘山祠堂　　位于大妙乡顺河村，始建于清乾隆六十年（1795年），清光绪十五年（1889年）维修，坐北向南。条石基础，石作素面台基，台基高0.5米，阶梯式踏道3级，四周墙体下部用条石砌成，石墙高2、厚0.35米。抬梁式梁架，二架梁用四柱，单檐悬山式屋顶，面阔五间13米，进深三间5.4米，通高4.6米。总占地面积100平方米。

蟠龙乡

古遗址

石马庙遗址 位于蟠龙乡石马村，该庙始建年代不详，毁于清代。该遗址占地面积3000 平方米，现庙遗址上竹木与杂草丛生，原上庙石板道上新添了建筑，尚保留有石马一个、石狮两个。其石马为圆雕石，立式，置于浅丘台地上，长3、高1.8、胸径0.7米，背上置鞍，口衔缰绳，右侧连石凿一立身武士像。在石马前10 米处有石质圆雕石狮一对，石狮均长1、宽0.5、高1.05 米。石马、石狮均造型敦厚，雕刻细致，但其石马局部损坏。江安县人民政府于2010 年7 月公布为县级文物保护单位。

古墓葬

苟家岩崖墓 位于蟠龙乡石马村苟家岩组天堂湾，建于汉代。该墓向东南，均扰乱，因山体滑坡，今查仅存3 座墓。其中M1 为双门楣，墓门宽1、高1.1 米，墓室长2.9、宽2.3、高1 米。M2 开凿在M1 右下方400 米处。M3 双门楣，宽1、高1 米，墓室长2.2、宽1.4、高1.1 米。M3 建在M2 的右下一巨石上，相距200 米。分布面积600平方米。

跳石坂崖墓地 位于蟠龙乡李岩村，建于汉代。该墓地开凿在长80 米的山岩上，共13 座墓，坐东向西。M1 墓门宽1.2、高1 米。M2 左距M1 有4.5 米，墓门宽1.7、高1.4 米。M3 左距M2 有10 米，墓门宽1.7、高1 米。M4 左下距M3 有0.7 米，为三门楣，墓门宽5、高1.1 米。M5 上距M4 有0.9 米，墓门宽1.6、高1 米。M6 下距M5有0.9 米，墓门为三门楣，宽1.1、高1 米。M7 左距M6 有30 米，墓门宽0.95、高1米。M8 左距M7 有2.5 米，墓门宽、高均为1.3 米。M9 左距M8 有1 米，墓门宽、高均为1.2 米。M10 左距M9 有2.5 米，墓门宽、高均1.2 米。M11 左距M10 有1.3 米，墓门宽1.3、高1 米。M12 左距M13 有8.5 米，墓门宽、高均1.3 米。M13 左距M12 有6.5 米，墓门宽、高均1.3 米。分布面积200 平方米。

坬口头崖墓地 位于蟠龙乡李岩村，建于汉代。该墓地共11 座墓，西南向，分布在70 米长的崖壁上，均扰乱，单门楣，平顶。其中M11 墓门宽6.1、高2.4、深0.4米。墓室长6.2、宽6、高3 米。分布面积210 平方米。

兴龙坝墓地 位于蟠龙乡马引村兴龙坝组黄泥咀，建于明代。该墓地向东，为石室墓，共7 座墓，分布在一台地上，均扰乱。其中M3 仿木结构，穹窿顶，墓室长2.55、宽 1.2、高 1.9 米，后龛有房屋与人物浮雕图案。分布面积 80 平方米。

拱桥山墓　位于蟠龙乡柏香村棉花池组拱桥山，建于明代。该墓坐西向东，为一墓二室，墓长 7、宽 4.8、高 1.5 米。分布面积 35 平方米。

庙湾头墓地　位于蟠龙乡石马村观音咀组庙湾头，建于明代。该墓地共 14 座石室墓，坐东南向西北，均有封土，墓室呈长方形。M1~M6 保存较完好，M7~M14 扰乱。M7 墓长 2.85、高 1.6、宽 1 米。穿窿顶，素面，门上有武士、花卉、斧钺图案。曾出土瓦枕，夹砂灰色，瓦枕长 0.26、宽 0.21、厚 0.015 米。分布面积 138 平方米。

藿麻口墓　位于蟠龙乡联合村，建于明代。该墓坐西南向东北，为石室墓，一墓三室，严重扰乱，墓门开启。墓门宽 3.32、高 1 米，墓室长 4.5、宽 4.2、高 1.5 米。分布面积 19 平方米。

乌龟山墓地　位于蟠龙乡马引村石板田组乌龟山，始建于明代。该墓地共 2 座墓，坐东向西。M2 前距 M1 有 1 米。M1 为石室墓，一墓三室，严重扰乱，墓门宽 4.5、高 1.5 米、柱宽 0.18 米；墓室长 4.5、宽 4、高 2 米。M2 土冢墓，封土呈圆形，用条石框冢边，墓长 6、宽 4.4、高 1.6 米。石质仿木结构墓碑，四柱三开间，重檐式顶，阴刻楷书碑文。碑高 2.2、宽 2.2、厚 0.25 米，其中柱宽 0.16 米，中龛宽 0.72 米，左、右龛宽 0.53 米，清代嘉庆十五年（1810 年）立。因碑面风化剥蚀石文无法辨认，只知墓主为刘氏。分布面积 50 平方米。

苟家岩夫妇墓　位于蟠龙乡石马村苟家岩组半坡头，建于清康熙三十六年（1697 年）。该墓为单座土冢墓，向东南，封土呈圆形。墓长 7、宽 3.5、高 1.5 米。墓碑石质拱形碣碑，高 0.65、宽 0.36、厚 0.19 米。题刻严重风化，今查仅能识别一个六字。分布面积 25 平方米。

大坟坝万氏墓　位于蟠龙乡共同村土地湾组大坟坝，建于清乾隆六十年（1795 年）。该墓土冢墓，封土呈圆形，条石砌成，坐北向南。墓长 6.5、宽 4.8、高 1.5 米。石质仿木结构墓碑，四柱三开间，重檐庑殿宝顶式，阴刻楷书碑文。碑残高 1.8、残宽 1.35、厚 0.2 米，其中左、右龛宽 0.58 米，中龛宽 0.9 米。分布面积 32 平方米。

滩滩上杨姜氏墓　位于蟠龙乡柏香村棉花池组滩滩上，建于清嘉庆四年（1799 年）。该墓坐西南向东北，土冢墓，封土呈圆形，条石砌成。墓长 5.5、宽 3、高 1.4 米。石质仿木结构墓碑，两柱一开间，单檐庑殿宝顶式，阴刻楷书碑文。碑高 2、宽 0.86、厚 0.16 米。分布面积 17 平方米。

王启祚夫妇墓　位于蟠龙乡泉塘村，建于清嘉庆四年（1799 年）。该墓坐东南向西北，土冢墓，封土呈圆形，条石砌成。墓长 5、宽 4.4、高 1.7 米。石质仿木结构墓碑，四柱三开间，重檐庑殿宝顶式，阴刻楷书碑文，上刻花卉图案。碑高 2.7、宽 2.4、厚 0.13 米，其中柱宽 0.17 米，中龛宽 0.78 米，左、右龛宽 0.48 米，墓主：王启祚与其妻庆惠。分布面积 88 平方米。

曾达善墓　位于蟠龙乡裕隆村，建于清嘉庆七年（1802 年）。该墓坐东向西，土冢墓，封土呈圆形，条石砌成。墓长 5.3、宽 4.1、高 1.8 米。石质仿木结构墓碑，四柱三开间，三重檐庑殿宝顶式，上刻花草、人物图案，阴刻楷书碑文。碑座高 0.32、宽 0.82、长 3.25 米；碑高 3、宽 2.4、厚 0.3。其中柱宽 0.17 米，中龛宽 0.88 米，左、右龛宽 0.58 米。左龛上墓志铭为清进士杨尚岭用草书字体题刻。拜台长 8.5、宽 5.5 米。分布面积 60 平方米。

松杆坝谢氏墓　位于蟠龙乡柏香村棉花池组松杆坝，建于清嘉庆九年（1804 年）。该墓坐西向东，土冢墓，封土呈圆形，条石砌成。墓长 5、宽 3、高 1.4 米。石质仿木结构墓碑，两柱一开间，单檐庑殿宝顶式，阴刻楷书碑文。墓碑高 1.9、宽 0.9、宽 0.21 米。分布面积 15 平方米。

生基咀徐氏墓地　位于蟠龙乡马引村雷家庙组生基咀，建于清嘉庆十年（1805 年）。该墓地共 3 座墓，均土冢墓，封土呈圆形，条石砌成，坐南向北。M1、M3 石质拱形碣碑，左右置抱鼓，阴刻楷书碑文。M2 石质仿木结构墓碑，两柱一开间，单檐庑殿宝顶式，左右施抱鼓，上刻人物故事、花卉、瑞兽图案，阴刻楷书碑文。M1 墓长 5、宽 2.8、高 1.4 米。碑高 1.64、宽 1.6、厚 0.24 米，其中左右抱鼓宽 0.44 米。墓主：徐林氏，清嘉庆十年（1805 年）立。M2 墓长 5、宽 3.4、高 1.8 米。碑高 2.3、宽 8.02、厚 0.25 米，其中左右抱鼓宽 0.47 米。墓主：徐登朝，清同治二年（1863 年）立，左距 M1 有 10 米。M3 墓长 3.4、宽 3.3、高 1.7 米。碑高 1.76、宽 1.72、厚 0.24 米，其中左右抱鼓宽 0.44 米。墓主：徐世祥，清光绪十一年（1885 年）立，左距 M2 有 6 米。分布面积 150 平方米。

二指拇万氏墓　位于蟠龙乡共同村万家岩组二指拇，建于清嘉庆十三年（1808 年）。该墓土冢墓，封土呈圆形，条石砌成，坐西北向东南。墓长 6.5、宽 4.1、高 1.7 米。石质仿木结构墓碑，四柱三开间，重檐庑殿宝顶式，上刻人物戏剧故事，阴刻楷书碑文。碑残高 2.1、宽 2.75、厚 0.24 米。其中左、右龛宽 0.64 米，柱宽 0.19 米。分布面积 27 平方米。

新田湾贺氏墓　位于蟠龙乡泉塘村蒲家屋基组新田湾，建于清道光元年（1821 年）。该墓土冢墓，封土呈圆形，条石砌成，坐南向北。墓长 4、宽 3.8、高 1.2 米。石质仿木结构墓碑，两柱一开间，单檐庑殿宝顶式，阴刻楷书碑文。碑高 1.1、宽 0.89、厚 0.18 米。分布面积 16 平方米。

金家桥李邓氏墓　位于蟠龙乡泉塘村滩上组金家桥，建于清道光四年（1824 年）。该墓土冢墓，封土呈圆形，条石砌成，坐西向东。墓长 5、宽 2.5、高 1.8 米。石质仿木结构墓碑，两柱一开间，单檐庑殿宝顶式，阴刻楷书碑文。碑高 2.4、宽 1.09、厚

0.3 米。分布面积 13 平方米。

乌鱼石墓地 位于蟠龙乡手巾村石塔子组乌鱼石，建于清道光六年（1826 年）。该墓地坐西向东，均土冢墓，封土呈圆形，条石砌成，并排而建。均石质仿木结构墓碑，两柱一开间，单檐庑殿宝顶式（M1、M2 无宝顶），阴刻楷书碑文，清道光六年（1826 年）立。M1 墓长 4.3、宽 3、高 1.8 米；碑高 2.4、宽 1.24、厚 0.38 米，墓主：杨周氏。M2 与 M1 相距 1.7 米，墓长 4.5、宽 3.7、高 1.8 米；碑高 3.1、宽 1.27、厚 0.35 米，墓主：蔡郑氏。M3 距 M2 有 2 米，墓长 4.5、宽 3.2、高 2 米；碑高 2.7、宽 1.2、厚 0.37 米，墓主：蔡徐氏。分布面积 62 平方米。

排楼湾陈氏墓 位于蟠龙乡共同村回龙湾组排楼湾，建于清道光八年（1828 年）。该墓土冢墓，封土呈圆形，条石砌成，坐西南向东北。墓长 4.8、宽 3.8、高 1.7 米。石质仿木结构墓碑，两柱一开间，单檐庑殿宝顶式，上刻联钱纹图案，阴刻楷书碑文。碑高 2.55、宽 1.01、厚 0.32 米。分布面积 19 平方米。

坟山儿陈氏墓 位于蟠龙乡共同村回龙湾组坟山儿，建于清道光八年（1828 年）。该墓土冢墓，封土呈圆形，条石砌成，坐东北向西南。墓长 4.4、宽 2.6、高 1.2 米。石质仿木结构墓碑，两柱一开间，单檐庑殿宝顶式，阴刻楷书碑文。碑高 2.1、宽 1.03、厚 0.31 米。分布面积 12 平方米。

古杨氏墓 位于蟠龙乡柏香村，建于清道光十年（1830 年）。该墓土冢墓，封土呈长方形，条石砌成，坐西北向东南。墓长 3.6、宽 3.1、高 1.6 米。石质仿木结构墓碑，两柱一开间，单檐庑殿宝顶式，阴刻楷书碑文。碑残高 1.53、宽 0.88、厚 0.2 米。分布面积 12 平方米。

王国良夫妇墓 位于蟠龙乡陈家村，建于清道光十一年（1831 年）。该墓坐东南向西北，土冢墓，封土呈圆形，条石砌成。墓长 4.5、宽 3.3、高 1.6 米。石质仿木结构墓碑，两柱一开间，单檐庑殿宝顶式，阴刻楷书碑文。碑高 2、宽 0.9、厚 0.25 米。分布面积 15 平方米。

郑汝才夫妇墓 位于蟠龙乡联合村，建于清道光十一年（1831 年）。该墓为单座土冢墓，向北，封土呈圆形，用条石框冢边。墓长 5、宽 4、高 2.5 米。石质仿木结构墓碑，碑高 4、宽 2.4、厚 0.25 米，四柱三开间，重檐庑殿宝顶式，阴刻楷书碑文。分布面积 20 平方米。

罗家银墓 位于蟠龙乡联合村，建于清道光十一年（1831 年）。该墓土冢墓，封土呈圆形，条石砌成，坐西向东。墓长 8、宽 7.35、高 2.1 米。石质拱形碣碑，左右施抱鼓，上刻人物、花卉、瑞兽图案，阴刻楷书碑文。碑高 3.1、宽 2.9、厚 0.3 米，其中抱鼓宽 0.7 米。墓前建石砌拜台，长 7.35、宽 2.35 米。分布面积 76 平方米。

杨学琏墓 位于蟠龙乡蟠龙村，建于清道光十二年（1832 年）。该墓土冢墓，封堆呈圆形，乱石砌成，坐东向西。墓长5、宽3、高1.5米。石质仿木结构墓碑，碑高2.1、宽0.9、厚0.2米，两柱一开间，单檐庑殿宝顶式，阴刻楷书碑文。分布面积13平方米。

罗仕墓　位于蟠龙乡联合村，建于清道光十三年（1833年）。该墓土冢墓，封土呈圆形，条石砌成，坐西向东。墓长4.9、宽4.5、高2.2米。石质仿木结构墓碑，四柱三开间，重檐庑殿宝顶式，左右施抱鼓，上刻人物戏剧故事、花卉、瑞兽图案，阴刻楷书碑文。碑高4.4、宽4.6、厚0.4米，其中柱宽0.25米，中龛宽0.87米，左、右龛宽0.7米，抱鼓宽0.64米。墓后与左、右建有挡土条石墓垣。江安县人民政府于2010年7月公布为县级文物保护单位。

银盘坡墓　位于蟠龙乡蟠龙村马尾桥组银盘坡，建于清道光十四年（1834年）。该墓土冢墓，封土呈圆形，条石砌成，坐东南向西北。墓长4、宽1.8、高1.2米。石质仿木结构墓碑，两柱一开间，单檐庑殿宝顶式，阴刻楷书碑文。碑残高1.3、宽0.82、厚0.18米。因碑石风化剥蚀，墓主姓名不能识别。分布面积8平方米。

马尾桥彭氏墓　位于蟠龙乡蟠龙村马尾桥组马尾桥，建于清道光十四年（1834年）。该墓共两座，坐东南向西北，并排而建，均土冢墓，封土呈圆形，条石砌成。石质仿木结构墓碑，单檐庑殿宝顶式，阴刻楷书碑文，相距6.2米。M1墓长5、宽4.2，高1.8米；碑高2.1、宽1.08、厚0.28米。M2墓长5、宽4、高1.8米；碑残高1.51、宽0.85、厚0.28米。两墓碑均清道光十四年（1834年）立。分布面积72平方米。

熊维臣墓　位于蟠龙乡马引村，建于清道光十四年（1834）。该墓土冢墓，封土呈圆形，条石砌成，坐东南向西北。墓长6、宽4.8、高2.5米。石质仿木结构墓碑，四柱三开间，重檐庑殿宝顶式，上刻花卉、瑞兽图案，阴刻楷书碑文。碑高3、宽2.8、厚0.22米，其中柱宽0.2米，左、右龛宽0.54米，中龛宽0.98米。碑正中书刻"正八品"。分布面积72平方米。

曾曾氏墓　位于蟠龙乡裕隆村，建于清道光十六年（1836年）。该墓土冢墓，封土呈圆形，条石砌成，坐东向西。墓长6.3、宽5.4、高2.5米。石质仿木结构墓碑，四柱三门，重檐庑殿宝顶式，上刻花卉、瑞兽图案，阴刻楷书碑文。碑座长3.06、宽0.65、高0.33米；碑高3.1、宽2.6、厚0.42米。其中柱宽0.2米，中龛宽0.8米，左、右龛宽0.65米。分布面积60平方米。

向显彬墓　位于蟠龙乡合口村，建于清道光十八年（1838年）。该墓土冢墓，封土呈圆形，条石砌成，坐东向西。墓长6、宽3、高1.6米。石质仿木结构墓碑，两柱一开间，单檐庑殿宝顶式，阴刻楷书碑文。碑高2、宽1.01、厚0.3米。分布面积18平方米。

陈一仕墓　位于蟠龙乡共同村，建于清道光十九年（1839年）。该墓土冢墓，封土呈圆形，条石砌成，坐东南向西北。墓长 4.2、宽 2.9、高 1.6 米。石质仿木结构墓碑，两柱一开间，单檐庑殿宝顶式，阴刻楷书碑文。碑高 2.4、宽 10.7、厚 0.28 米。分布面积 13 平方米。

冯汝恒墓　位于蟠龙乡骑龙村，建于清道光二十一年（1841 年）。该墓土冢墓，封土呈圆形，条石砌成，坐西南向东北。墓长 4、宽 2.8、高 1.9 米。石质仿木结构墓碑，两柱一开间，单檐庑殿式顶，阴刻楷书碑文。碑残高 1.5、残宽 0.6、厚 0.16 米，碑两柱与顶倒塌于冢前。分布面积 12 平方米。

陡石岩于氏夫妇墓　位于蟠龙乡蟠龙村马尾桥组陡石岩，建于清道光二十八年（1848 年）。该墓土冢墓，封土呈圆形，条石砌成，坐西北向东南。墓长 5、宽 2.6、高 1.6 米。石质仿木结构墓碑，两柱一开间，单檐庑殿宝顶式，阴刻楷书碑文。碑高 2.2、宽 0.98、厚 0.3 米。分布面积 13 平方米。

马尾滩万张氏墓　位于蟠龙乡李岩村兴窝头组马尾滩，建于清道光三十年（1850 年）。该墓土冢墓，封土呈圆形，条石砌成，坐东向西。墓长 5.5、宽 3.2、高 1.7 米。石质仿木结构墓碑，四柱三开间，重檐庑殿宝顶式，左右施抱鼓。上刻人物、瑞兽图案，阴刻楷书碑文。碑残高 2.3、残宽 1.56、厚 0.28 米，其中柱宽 0.18 米，中龛宽 0.58 米，左、右龛宽 0.46 米。分布面积 18 平方米。

王广夫妇墓　位于蟠龙乡铁坎村，建于清咸丰元年（1851 年）。该墓土冢墓，封土呈圆形，条石砌成，坐西北向东南。墓长 5、宽 4.5、高 1.8 米。石质仿木结构墓碑，四柱三开间，重檐庑殿宝顶式，上刻花卉、瑞兽图案，阴刻楷书碑文。碑高 2.8、宽 2.4、厚 0.32 米，其中柱宽 0.19 米，中龛宽 0.64 米，左、右龛宽 0.5。墓外建有条石墓垣，墓垣长 18、宽 0.4、高 1.6~2 米。分布面积 58 平方米。

大屋基刘氏墓　位于蟠龙乡新安村石塔上组大屋基，建于清咸丰元年（1851 年）。该墓土冢墓，封土呈圆形，条石砌成，坐北向南。墓长 5、宽 4.1、高 1.9 米。石质仿木结构墓碑，两柱一开间，单檐庑殿式顶，阴刻楷书碑文。碑高 2.7、宽 1.08、厚 0.33 米。分布面积 21 平方米。

马泰山墓　位于蟠龙乡蟠龙村，建于清咸丰八年（1858 年）。该墓土冢墓，封土呈圆形，条石砌成，坐南向北。墓长 10、宽 4.7、高 2.5 米。石质仿木结构墓碑，两柱一开间，单檐庑殿宝顶式，左右施抱鼓，上刻人物故事、花卉、瑞兽图案，阴刻楷书碑文。碑高 3、宽 2.2、厚 0.33 米，其中抱鼓宽 0.52 米。分布面积 47 平方米。

马昌固夫妇墓　位于蟠龙乡铁坎村，建于清咸丰十一年（1861 年）。该墓土冢墓，封土呈圆形，条石砌成，坐西向东。墓长 8、宽 4.6、高 2.1 米。石质仿木结构墓碑，两柱一开间，单檐庑殿宝顶式，左右施抱鼓，阴刻楷书碑文。碑高 2.7、残宽 1.7、厚 0.36 米，其中抱鼓宽 0.6 米。分布面积 37 平方米。

刘世才墓　位于蟠龙乡马引村，建于清同治四年（1865年）。该墓土冢墓，条石砌成，坐南向北。墓长6、宽3.4、高1.9米。石质仿木结构墓碑，四柱三开间，重檐庑殿宝顶式（顶毁），上刻瑞兽、花卉图案，阴刻楷书碑文。碑残高1.64、宽2.34、厚0.34米，其中柱宽0.17米，中龛宽0.65米，左、右龛宽0.48米。分布面积21平方米。

肖德孺墓　位于蟠龙乡石宝村，位于清同治六年（1867年）。该墓土冢墓，封土呈圆形，条石砌成，坐西南向东北。墓长5、宽3、高1.8米。石质拱形碣碑，左右施抱鼓，阴刻楷书碑文，上刻人物、花卉、瑞兽图案。碑高2.45、宽2.3、厚0.23米，其中抱鼓0.65米。墓主：肖德孺（清进士），因当地时属叙永县辖，故志上无记载。江安县人民政府于2010年7月公布为县级文物保护单位。

陶世镕墓　位于蟠龙乡李岩村，建于清同治九年（1870年）。该墓土冢墓，封土呈圆形，条石砌成，坐东向西。墓长6、宽4.2、高1.8米。石质仿木结构墓碑，两柱一开间，单檐庑殿宝顶式，左右施抱鼓，阴刻楷书碑文，上刻人物、瑞兽。碑高2.8、宽2.68、厚0.35米，其中抱鼓宽0.6米。分布面积25平方米。

许承芳墓　位于蟠龙乡手巾村，建于清同治十年（1871年）。该墓土冢墓，封土呈圆形，条石砌成，坐北向南。墓长6、宽3.5、高2.15米。石质拱形碣碑，仿两柱一开间，左右施抱鼓，碑背面刻有墓志铭，阴刻楷书碑文。碑高2.5、残宽1.13、厚0.36米，墓主：许承芳。分布面积21平方米。

刘世达墓　位于蟠龙乡合口村，建于清同治十一年（1872年）。该墓土冢墓，封土呈圆形，条石砌成，坐东南向西北。墓长5、宽3.6、高2米。石质仿木结构墓碑，两柱一开间，单檐庑殿宝顶式，左右施抱鼓（已毁），阴刻楷书碑文。碑高3.1、残宽1.08、厚0.33米，上刻"皇清赐授恩进士刘公讳世达老大人墓"。江安县人民政府于2010年7月公布为县级文物保护单位。

熊贤泮墓　位于蟠龙乡裕隆村，建于清同治十一年（1872年）。该墓土冢墓，封土呈圆形，条石砌成，坐东向西。墓长4.5、宽3.8、高2.3米。石质拱形碣碑，左右施抱鼓，上刻花卉、瑞兽、垂穗灯笼图案，阴刻楷书碑文。碑座高0.38、长2.46米，宽0.66米；碑高2.36、宽2.13、厚0.36米，左右抱鼓宽0.46米。墓后与左右建有条石挡土墓垣，墓垣长18.3、厚0.4、高2.5~4.2米。后龛正中建一石匾"厚德钟灵"，匾长1.57、高0.5米。分布面积50平方米。

陶鱼昭墓　位于蟠龙乡李岩村，建于清同治十二年（1873年）。该墓土冢墓，封土呈圆形，条石砌成，坐东北向西南。墓长5、宽2.4、高1.5米。石质拱形碣碑，左右施抱鼓，阴刻楷书碑文。碑高1.8、残宽0.93、厚0.21米。分布面积12平方米。

凤尾坝唐邓氏墓　位于蟠龙乡泉塘村大坟坝组凤尾坝，建于清光绪二年（1876

年）。该墓土冢墓，封土呈圆形，条石砌成，坐东南向西北。墓长 6、宽 4.4、高 1.4 米。石质仿木结构墓碑，四柱三开间，重檐庑殿宝顶式（檐顶被掀倒），阴刻楷书碑文。碑高 1.5、宽 3.08、厚 0.15 米。墓志铭是其进士儿子作，墓碑楹联为"三奇临禄马；四库书收藏"。分布面积 27 平方米。

张贤龙夫妇墓　位于蟠龙乡马引村，建于清光绪六年（1880 年）。该墓土冢墓，条石砌成，坐东北向西南。墓长 5.4、宽 3.6、高 1.7 米。石质仿木结构墓碑，两柱一开间，左右施抱鼓（已毁），单檐庑殿宝顶式，阴刻楷书碑文。碑高 2.2、残宽 0.9、厚 0.28 米。分布面积 15 平方米。

三奇屋基马王氏墓　位于蟠龙乡新安村石塔上组左前距三奇屋基，建于清光绪七年（1881 年）。该墓土冢墓，封土呈圆形，条石砌成，坐西北向东南。墓长 5、宽 2.8、高 1.8 米。石质仿木结构墓碑，两柱一开间，单檐庑殿式顶，左右施抱鼓，上刻花卉、瑞兽图案，阴刻楷书与行书碑文。碑高 3.13、宽 2.12、厚 0.33 米，其中抱鼓宽 0.54 米。分布面积 14 平方米。

斑竹咀万宋氏墓　位于蟠龙乡李岩村大麦地组斑竹咀，建于清光绪七年（1881 年）。该墓土冢墓，封土呈圆形，条石砌成，坐北向南。墓长 6、宽 2.5、高 1.5 米。石质仿木结构墓碑，单檐庑殿宝顶式，左右施抱鼓，阴刻楷书碑文。碑残高 1.38、宽 2、厚 0.15 米，其中抱鼓宽 0.5 米。分布面积 15 平方米。

徐世琳墓　位于蟠龙乡马引村，建于清光绪十年（1884 年）。该墓土冢墓，封土呈圆形，条石砌成，坐东北向西南。墓长 5、宽 3、高 1.8 米。石质拱形碣碑，左右施抱鼓（已毁），上刻瑞兽、花卉图案，阴刻楷书碑文。碑高 2、残宽 0.9、厚 0.24 米，碑上部刻"正八品"。分布面积 15 平方米。

圈沙湾蔡李氏墓　位于蟠龙乡骑龙村张边组圈沙湾，建于清光绪十三年（1887 年）。该墓土冢墓，封土呈圆形，条石砌成，坐西南向东北。墓长 5.1、宽 2.5、高 1.7 米。石质仿木结构墓碑，单檐庑殿式顶，两柱一开间，左右施抱鼓，阴刻楷书碑文，上刻人物、花卉图案。碑残高 1.63、残宽 2.5、厚 0.18 米，其中柱宽 0.2 米，抱鼓宽 0.55 米。分布面积 13 平方米。

刘黄氏墓　位于蟠龙乡共同村，建于清光绪十四年（1888 年）。该墓土冢墓，封土呈圆形，条石砌成，坐西北向东南。墓长 5、宽 3.4、高 1.8 米。石质方形碣碑，左右施抱鼓，上刻人物、植物图案，阴刻楷书碑文。碑高 1.5、宽 1.84、厚 0.2 米，其中抱鼓宽 0.54 米。分布面积 17 平方米。

罗文链墓　位于蟠龙乡联合村，建于清光绪十五年（1889 年）。该墓土冢墓，封土呈圆形，条石砌成，坐南向北。墓长 6、宽 4.3、高 2.2 米。石质拱形碣碑，左右施抱鼓，上刻花卉、瑞兽图案，镂空雕祥龙图纹，阴刻楷书碑文。碑高 2.7、宽 2.64、厚

0.22 米，其中抱鼓宽 0.76 米。分布面积 26 平方米。

万有墓 位于蟠龙乡李岩村，建于清光绪二十九年（1803 年）。该墓土冢墓，封土呈圆形，条石砌成，坐东北向西南。墓长 6、宽 3.4、高 1.7 米。石质拱形碣碑，左右施抱鼓，阴刻楷书碑文。碑高 2.5、残宽 1.66、厚 0.26 米。分布面积 21 平方米。

半边山魏氏墓 位于蟠龙乡骑龙村大地头组半边山，建于清代。该墓共 2 座，坐南向北，均土冢墓，封土呈圆形，条石砌成，相距 1.3 米，并排而建。石质仿木结构墓碑，单檐庑殿式顶，两柱一开间，阴刻楷书碑文。M1 墓长 5、宽 3、高 1.7 米；墓碑高 2.5、宽 0.95、厚 0.25 米。因风化剥蚀严重，无法辨认字迹。M2 墓长 5、宽 2.8、高 1.8 米；墓碑高 2.5、宽 1.03、厚 0.32 米。墓主：魏怀智，清道光十五年（1835 年）立。分布面积 35 平方米。

石坝头熊家墓地 位于蟠龙乡泉塘村石坝头组石坝头，建于清代。该墓地共 3 座墓，坐南向北，均土冢墓，封土呈圆形，条石砌成，并排而建。M1 石质仿木结构墓碑，两柱一开间，单檐庑殿式顶。M1、M2 为石质拱形碣碑，均阴刻楷书碑文。M1 墓长 5、宽 2.6、高 1.8 米。碑高 2.2、宽 0.97、厚 0.16 米。墓主：熊学恒，清同治四年（1865）立。M2 左距 M1 有 0.2 米，墓长 3.5、宽 2.3、高 1.6 米。碑高 1.6、宽 0.9、厚 0.23 米，墓主：熊曹氏。M3 左距 M2 有 1.5 米，墓长 5、宽 2.4、高 1.6 米。碑高 1.6、宽 0.91、厚 0.23 米。墓主：熊贤臣，清同治六年（1867 年）立。分布面积 45 平方米。

斗山坝墓地 位于蟠龙乡裕隆村文昌宫组斗山坝，建于清代。该墓地共 2 座墓，坐东向西，均土冢墓，封土呈圆形。M1 土冢，墓长 5.1、宽 3、高 1.5 米。石质拱形碣碑，左右施抱鼓，碑高 1.5、宽 1.75、厚 0.23 米，其中抱鼓宽 0.48 米。墓主：熊贤洪，清光绪十二年（1886 年）立。M2 左距 M1 约 9 米，土冢墓，条石砌成。墓长 7.7、宽 4、高 2.1 米。石质仿木结构墓碑，四柱三开间，重檐庑殿宝顶式，上刻花卉、瑞兽图案，阴刻楷书碑文。碑宽 2.75、高 3.35、厚 0.38 米，其中左、右龛宽 0.55 米，中龛宽 0.85 米，柱宽 0.2 米。墓主：曾学秀，清嘉庆十三年（1808 年）立。分布面积 130 平方米。

王滩曾氏墓 位于蟠龙乡裕隆村，建于清代。该墓共 2 座墓，坐东北向西南，均为土冢墓，封土呈圆形，条石砌成，相距 15.2 米，M2 墓碑垮塌。M1 墓长 5、宽 3.2、高 1.8 米。石质仿木结构墓碑，两柱一开间，单檐庑殿宝顶式，阴刻楷书碑文，碑高 2.2、宽 0.93、厚 0.28 米。墓主：曾□□，清道光十二年（1832 年）立。M2 建在 M1 左边，墓长 5、宽 4.5、高 2.2 米。分布面积 115 平方米。

腾岗田徐家墓地 位于蟠龙乡马引村石板田组腾岗田，建于清代。该墓地共 5 座墓，坐东向西，均土冢墓，封土呈圆形，除 M4 无条石外，其他墓均用条石砌成。M1

墓长6、宽4、高1.8米。石质仿木结构墓碑,四柱三开间,重檐庑殿宝顶式,上刻花卉、瑞兽图案,阴刻楷书碑文。碑高2.8、宽2.4、厚0.4米,其中柱宽0.2米,中龛宽0.66米,左、右龛宽0.48米。墓主:徐启贤,清道光十二年(1832年)立。M2墓主:徐张氏,清嘉庆十九年(1814年)立碑。M3墓主:徐端洪,清道光六年(1826年)立碑。M4墓主:徐清友,清道光三十年(1850年)立碑。M5墓主:徐李氏,清嘉庆十九年(1814年)立碑。分布面积300平方米。

桐梓坝墓地 位于蟠龙乡马引村兴龙坝组桐梓坝,建于清代。该墓地共3座墓,均土冢墓,封土呈圆形,坐东南向西北。M3前距M1有180米,M3左前距M2有150米。M1墓长3.4、宽3.2、高1.8米。石质仿木结构墓碑,两柱一开间,左右施抱鼓,单檐庑殿宝顶式,阴刻楷书碑文。碑高2、残宽1.5、厚0.25米,其中抱鼓宽0.5米。墓主:梁陈氏,清道光二十九年(1849年)立。M2墓长4、宽3.2、高1.4米。石质仿木结构墓碑,两柱一开间,单檐庑殿宝顶式,阴刻楷书碑文。碑高1.9、宽0.85、厚0.2米。墓主:张贵,清乾隆五十二年(1787年)立。M3墓长4、宽2.4、高1.1米。石质仿木结构墓碑,两柱一开间,单檐庑殿宝顶式,阴刻楷书碑文。碑高1.8、宽0.84、厚0.1米。墓主:张文辉,清乾隆五十四年(1789年)立。分布面积1463平方米。

刘继远墓 位于蟠龙乡马引村,建于清代。该墓共2座,坐东南向西北,纵向建,前后相距10米,均土冢墓,封土呈圆形,条石砌成。石质仿木结构墓碑,两柱一开间,左右施抱鼓,单檐庑殿宝顶式,上刻花卉、瑞兽图案,阴刻楷书碑文。M1墓长4.6、宽3.6、高2.1米。墓碑高2.9、残宽1.6、厚0.25米,其中抱鼓宽0.5米。墓主:刘继远,清光绪六年(1880年)立。M2墓长5、宽4、高2米。墓碑高2.8、宽2.8、厚0.34米,其中抱鼓宽0.5米。墓主:刘何氏,清咸丰七年(1857年)立。分布面积79平方米。

石场沟黄氏墓 位于蟠龙乡马引村毛安堂组石场沟,建于清代。该墓坐西向东,土冢墓,条石砌成。墓长4、宽3、高1.7米。石质仿木结构墓碑,两柱一开间,单檐庑殿宝顶式(顶毁),阴刻楷书碑文。碑残高1.95、宽1.05、厚0.33米。因碑面风化较严重,只能识"清例赠文林郎茂……",其纪年文字不能识别。分布面积14平方米。

黄桷坡墓 位于蟠龙乡合口村李家湾组黄桷坡,建于清代。该墓共两座墓,均土冢墓,封土呈圆形,条石砌成,坐东南向西北,平行而建,相距5米。石质仿木结构墓碑,两柱一开间,单庑殿宝顶式,阴刻楷书碑文。M1墓长4.1、宽3.2、高1.5米。碑高1.7、宽0.68、厚0.12米,墓主向氏,立碑记年不可辨。M2墓长6、宽4.4、高1.8米。碑高2、宽1.01、厚0.28米。墓主:林氏夫妻,清道光三年(1823年)立。分布面积76平方米。

肖三湘墓　位于蟠龙乡石宝村，建于清代。该墓土冢墓，封土呈圆形，条石砌成，坐西北向东南。墓长6、宽2.9、高2.5米。石质仿木结构墓碑，四柱三开间，重檐庑殿宝顶式，阴刻楷书碑文，上刻飞禽、花卉、金钱、人物、瑞兽图案，镂空雕饰绣球。碑高2.9、宽2.5、厚0.35米，其中柱宽0.23米，中龛宽0.8米。左、右龛宽0.46米。分布面积18平方米。江安县人民政府于2010年7月公布为县级文物保护单位。

螺蛳山倪氏墓　位于蟠龙乡石宝村贾湾组螺蛳山，建于清代。该墓共2座墓，并排建，相距1.2米，均为土冢墓，条石砌成，坐西南向东北。石质仿木结构墓碑，两柱一开间，单檐庑殿宝顶式，阴刻楷书碑文。M1墓长4.5、宽2.6、高1.6米。碑残高2.3、宽1.1、厚0.35米。墓主：倪□□，清道光二十五年（1845年）立。M2墓长4.5、宽2.8、高1.6米。碑残高2.5、宽1.15、厚0.35米。墓主：倪汝才，清道光三十六年（1856年）立。分布面积30平方米。

滩上郑氏墓　位于蟠龙乡泉塘村滩上组滩上，建于清代。该墓共2座墓，坐东北向西南，均土冢墓，封土呈圆形。石质拱形碣碑，左右置抱鼓，阴刻楷书碑文，上刻花卉、人物图案。M1墓长5、宽2.7、高1.3米；墓碑高2.4、残宽1.71、厚0.29米，其中抱鼓宽0.64米，墓主：郑邹氏，中华民国二十年（1931年）立。M2左距M1有1.5米，靠前6米。墓长5.3、宽3.8、高1.6米；墓碑长2.4、宽2.3、厚0.25米，其中抱鼓宽0.64米，碑背面阴刻墓志铭，墓主：郑维仁，清同治二年（1863年）立。分布面积88平方米。

火烧坡墓地　位于蟠龙乡泉塘村雷家咀组火烧坡，建于清代。该墓地共8座墓，均土冢墓，封土呈圆形，条石砌成，坐西南向东北。墓长23、宽17米，呈前后三排排列。均石质仿木结构墓碑，两柱一开间，单檐庑殿宝顶式，阴刻楷书碑文。其中M1、M2、M3墓碑顶尚存，其他墓碑顶损毁。M1墓长5、宽3.2、高1.8米；碑高2.1、宽1.13、厚0.25米，墓主：谢宏禄，清道光十年（1830年）立。M2左前距M1有8.2米，墓长3.5、宽2.3、高1.6米；碑高1.6、宽1.3、厚0.2米，其中抱鼓0.42米，清嘉庆二十年（1815年）立。M3左距M2有3.1米，墓长4.5、宽3.7、高1.6米；碑残高1.3、宽0.76、厚0.25米。M4左距M3有0.5米，墓长4.5、宽2.4、高1.4米；碑高1.6、宽0.76、厚0.14米，墓主：王姓，清嘉庆二十一年（1816年）立。M5左前距M4有12米，墓长5、宽2.9、高1.4米；碑残高1.28、宽0.79、厚0.15米，清嘉庆八年（1803年）立。M6左距M5有3米，墓长5、宽2.3、高1.32米；碑残高1.23、宽0.75、厚0.15米，清嘉庆十三年（1808年）立。M7左距M6有2.5米，墓长4.5、宽2.7、高1.3米；碑残高1.35、宽0.81、厚0.15米。M8左距M7有1.2米，墓长4、高1.35米；碑残高1.27、宽0.75、厚0.15米，墓主：王刘氏，清嘉庆十三年（1808年）立。分布面积544平方米。

大碑山熊氏墓 位于蟠龙乡泉塘村石坝头组大碑山，建于清代。该墓共2座墓，坐西南向东北，均为土冢墓，封土呈圆形，条石砌成。石质仿木结构墓碑，四柱三开间，重檐庑殿宝顶式，上刻人物、花卉、瑞兽图案，阴刻楷书碑文。两墓并排而建，大小一致，相距0.6米。墓长4.2、宽3.2、高2米；碑高3.8、宽2.23、厚0.3米，其中柱宽0.22米，中龛宽0.6米，左、右龛宽0.45米，均为清宣统二年（1910年）立。M1墓主：熊明钦；M2墓主：熊王氏、熊经大。分布面积30平方米。

碾子边冯氏墓 位于蟠龙乡手巾村学堂咀组碾子边，建于清代。该墓共2座墓，坐北向南，M2较M1靠前3米，均土冢墓，封土呈圆形，条石砌成。两墓分布在范围长9.3、宽9.2米范围内。M1墓长6.2、宽4.5、高1.6米。石质仿木结构墓碑，四柱三开间，重檐庑殿宝顶式，阴刻楷书碑文，上刻戏剧人物故事。碑高3、宽2.6、厚0.3米，其中柱宽0.2米，左、右龛宽0.58米，中龛宽0.75米，墓主：冯袁氏，清嘉庆二十四年（1819年）立。M2左距M1有3.5米，墓长5、宽3.3、高2.1米，墓主：冯姓，因墓碑倒塌于地，而不知其名字与立碑时间。分布面积86平方米。

普子山刘氏墓地 位于蟠龙乡铁坎村，建于清代。该墓地共3座墓，坐东向西，均为土冢墓，封土呈圆形，外围用条石砌成。M2左距M1约1.4米，两墓与碑形制大小相同，墓长4.6、宽3.4、高2米。石质仿木结构墓碑，四柱三开间，重檐庑殿宝顶式，上刻花卉、鸟兽吉祥图案，阴刻楷书碑文。碑高4、宽2.25、厚0.3米，其中柱宽0.17米。左、右龛宽0.5米，中龛宽0.6米。M1墓主：刘光凤；M2墓主：刘龚氏，均清同治元年（1862年）立。M3墓长4.6、宽3.4、高2米。石质仿木结构墓碑，单檐庑殿式顶，两柱一开间，左右施抱鼓，上刻鸟兽吉祥图，阴刻楷书碑文。碑高2.5、宽2、厚0.33米，抱鼓宽0.6米，柱宽0.18米，墓主：刘喻氏，清同治五年（1866年）立。分布面积60平方米。

方氏望柱墓 位于蟠龙乡新安村，建于清代。该墓土冢墓，封土呈圆形，条石砌成，坐西北向东南。墓长4.5、宽4、高1.5米。石质仿木结构墓碑，两柱一开间，单檐庑殿宝顶式，阴刻楷书碑文。碑高1.8、宽0.9、厚0.28米，因碑面风化剥蚀，不知具体的墓主人的姓名与立碑时间。1998年因雷击致使墓前两根望柱倒塌损毁。分布面积18平方米。

青冈山刘家墓地 位于蟠龙乡新安村青龙滩组青岗山，建于清代。该墓地共2座墓，并排建，相距0.6米，均土冢墓，封土呈圆形，条石砌成，坐西北向东南。石质仿木结构墓碑，两柱一开间，单檐庑殿宝顶式，左右施抱鼓，上刻花卉、瑞兽图案，阴刻楷书碑文，立碑时间相同，均清同治十年（1871年）。M1墓长5、宽3.8、高2.3；碑高3、宽2.2、厚0.33米，其中抱鼓宽0.5米，墓主：刘继善。M2墓长5、宽3.2、高1.9米；碑高2.7、宽2.15、厚0.3米，其中抱鼓宽0.5米，墓主：刘何氏。分布面积

38 平方米。

桥地山墓 位于蟠龙乡石马村观音咀组桥地山，建于清代。该墓土冢墓，封堆呈圆形，乱石砌成，坐西南向东北。墓长 5、宽 3、高 1.5 米。石质仿木结构墓碑，两柱一开间，单檐庑殿宝顶式，阴刻楷书碑文。碑残高 1.03、宽 0.87、厚 0.18 米，因墓碑上部损毁，无法确认其立碑时间。分布面积 15 平方米。

岩脚下罗家墓地 位于蟠龙乡联合村，建于清代。该墓地共 3 座墓，坐西向东，均为土冢墓，封土呈圆形，外围用条石砌成。M2 左前距 M1 有 4 米，M1 右前距 M3 有 100 米。M1 长 5、宽 3.2、高 1.6 米。石质拱形碣碑，左右施抱鼓，阴刻楷书碑文，上刻人物戏剧故事。碑高 2.6、残宽 1.95、厚 0.28 米，其中抱鼓宽 0.63 米。墓主：罗吴氏，因碑面风化剥蚀，其纪年文字脱落。M2 长 4.9、宽 4.5、高 2.2 米。石质仿木结构墓碑，四柱三开间，重檐庑殿宝顶式，左右施抱鼓，上刻人物戏剧故事、花卉、瑞兽图案，阴刻楷书碑文。碑高 4.4、宽 4.6、厚 0.4 米，其中柱宽 0.25 米，中龛宽 0.87 米，左右龛宽 0.7 米，抱鼓石宽 0.64 米。墓主：罗仕，清道光十三年（1833 年）立。墓后与左、右建有挡土条石墓垣。M3 长 5、宽 3、高 1.8 米。石质仿木结构墓碑，四柱三开间，重檐庑殿宝顶式，上刻花卉、瑞兽图，阴刻楷书碑文。碑高 3.2、宽 2.6、厚 0.32 米，其中柱宽 0.18 米，左、右龛宽 0.55 米，中龛宽 0.8 米。墓主：罗廷昶，清咸丰三年（1853 年）立。分布面积 215 平方米。

古建筑

踏水桥 位于蟠龙乡合口村，始建于明代。该桥呈东西走向，为"Z"字形 36 栋石板平桥。桥长 108.5、宽 0.85、高 1~1.5 米，其中桥板最长 3、最短 1.1 米。桥墩头长 0.3、宽 0.25 米。此桥是大湾坝到蟠龙场道上的桥梁，1977 年因大步跳建水电站后被水淹没而不能通行。

大新庙 位于蟠龙乡铁坎村，始建于明正德十一年（1516 年）。该庙坐西南向东北，现存正殿，条石基础，素面台基高 0.65 米，阶梯式踏道 5 级，木结构三穿九檩用四柱，抬梁式梁架，悬山式屋顶。面阔三间 6.5 米，进深三间 6.5 米，通高 6 米。占地面积 70 平方米。

璁珉宫 位于蟠龙乡联合村，始建于明代，清咸丰八年（1858 年）培修。该建筑四合院布局，坐东北向西南。正殿条石基础，素面台基二步道高 0.8 米，木结构三穿九檩用四柱，抬梁式梁架，悬山式屋顶。面阔三间 7.2 米，进深三间 5.5 米，通高 6 米。前殿与正殿结构相同，但无台基，面阔三间 7.2 米，进深三间 3.5 米，通高 5 米。天井宽 1.3 米，与前殿和正殿相连的是两堵墙。

滩上石拱桥 位于蟠龙乡泉塘村，建于清同治三年（1864 年）。该桥南北走向，单孔式拱形石砌平桥。桥长9、宽2.3、高3米。拱跨宽3米，拱顶厚0.42米。桥正中饰有一石雕龙首与龙尾，头尾高出桥面。龙头高0.87、宽0.29、厚0.4米；龙尾高0.35、宽0.35、厚0.32米。桥拱下正中楷书阴刻建桥题记，主建人继母郑杨氏与其子郑元环、郑元剑。此桥是老翁到蟠龙场道上的桥梁。

马引桥　位于蟠龙乡蟠龙村，始建于清代。该桥呈东北—西南走向，石结构十三墩十四孔平板石桥，长40.87、宽1.13、高3米。桥墩用条石砌成，桥墩头长0.45、宽0.5米，桥面由石板铺成。此桥是留耕场到蟠龙场道上的桥梁。

松杆坝桥　位于蟠龙乡柏香村，始建于清代。该桥呈南北走向，为空腹式单孔石拱平桥。桥长10、宽3.2、高4米。拱跨宽4、高3米，拱顶厚1米。此桥是大塆坝到蟠龙场道上的桥梁。

大村头桥　位于蟠龙乡柏香村，建于清代。该桥为空腹式单孔石拱桥，呈东西走向。桥长15、宽5.4、高6.6米，其中桥面长5.8米，斜坡高0.8米。拱跨宽8米，拱高5.8米，拱顶厚0.8米。桥正中雕饰龙头与龙尾，其龙头长0.65、宽0.25、高0.8米，龙尾长0.6、宽0.18、高0.8米。此桥是大塆坝到蟠龙场道上的桥梁。

双凤池宅院　位于蟠龙乡柏香村，始建于清代。该宅院坐东北向西南，条石基础，石作素面台基，立柱夹壁墙，三穿用七柱，悬山式顶。堂屋抽燕儿窝，正面下木板槛墙，上木板槛窗与白灰饰面。正房面阔五间长30.8米，进深9.6米，右耳房面阔一间4.1米，进深7.2米，建筑面积344平方米。相传为清代"唐二贡爷"建造。

观音滩桥　位于蟠龙乡泉塘村大坟坝组观音滩，始建于清代。该桥呈东西走向，为三墩四孔石板平桥。桥长9.78、宽0.88~0.9、厚0.3~0.36米，高0.68米。桥墩头长0.45、宽0.3米。此桥是老翁到蟠龙场道上的桥梁。

林家桥　位于蟠龙乡新安村、马引村，建于清代。该桥呈东西走向，是林氏家族所建，为七孔六墩石板平桥。桥长12.41、宽0.84、高1.3米，桥板厚0.26米，桥墩头长0.3、宽0.2米。东起第二个桥墩上刻有龙头。此桥是铁坎等处通往蟠龙场的桥梁。

李家桥　位于蟠龙乡、新安村，建于清代。该桥呈东南—西北走向，是李姓家族所建，为五孔四墩石板平桥。桥长9.75、宽0.84、高1.8米，桥板厚0.3米，桥墩头长0.38、宽0.34米，其西南端桥墩头原刻有龙头与狮头。此桥是铁坎等处通往蟠龙场的桥梁。

石窟寺及石刻

半边寺石窟　位于蟠龙乡李岩村，建于清嘉庆十五年（1810年）。该石窟为敞口崖穴，居于半山悬崖中，洞穴内建一面坡土木结构建筑共三个开间。条石基础，下施砖石槛墙，上施木栅槛窗，穿斗式单檐斜坡小青瓦屋顶，长35、宽5、高8米。建筑内共有三十尊石质圆雕造像，保存造像严重扰乱和损坏。最大高 1.1、肩宽 0.4 米，最小高 0.35、肩宽 0.24 米。

小拱桥灵官龛 位于蟠龙乡柏香村，始建于清宣统二年（1910 年）。该石龛坐西向东，灰色砂岩质，局部残损，楼阁式，重檐庑殿顶，上为灵官，下为土地神造像。通高 2.25、面阔 0.75、进深 0.8 米。龛高 0.83、面阔 0.75、进深 0.47 米；造像高 0.7、肩宽 0.28 米。下土地神龛高 0.5、面阔 0.75、进深 0.64 米；土地公造像高 0.35、肩宽 0.18 米；土地婆造像高 0.35、肩宽 0.14 米。三尊造像均为禅跏趺坐，上龛右侧内壁刻"大清宣统二年"题记。

陈家湾灵官龛 位于蟠龙乡陈家村，始建于清代。该龛坐东北向西南，灰色砂岩质，局部残损，楼阁式，重檐庑殿顶。通高 2.65、面阔 1.08、进深 1.08 米。阴刻楷书铭文"只为山深林密；待来归正扫邪"。龛内灵官造像为后重新塑造。

张口石灵官造像 位于蟠龙乡共同村，建于清代。该造像坐西北向东南，一龛一尊造像，刻在一大石上，距离路面 1.5 米。石龛高 0.96、宽 0.68、深 0.45 米。造像为禅跏趺坐，高 0.8、肩宽 0.2 米。

近现代重要史迹及代表性建筑

鱼子滩桥 位于蟠龙乡柏香村，建于 20 世纪初。该石桥呈南北走向，五孔四墩石板平桥。桥长 9.85、宽 0.85、厚 0.33、高 3.5 米。西面桥墩头长 0.38、宽 0.4 米；东面桥墩头长 0.35、宽 0.4 米。北起第 2～4 号桥墩头刻饰有龙头，桥两端的溪岸建有护桥石堤。此桥是大湾坝到蟠龙场道上的桥梁。

手巾古迹石刻 位于蟠龙乡手巾村，刻于中华民国十六年（1927 年）。该石刻坐西南向东北，一平顶敞口龛，下距台地高 3.4 米。龛宽 3.6、高 1.2、深 0.1 米。文字为阴刻楷体，大字四个，字径 0.5、字距 0.3 米，笔画宽 0.12、笔画深 0.08 米。小字竖排，共两排 15 个字，字径 0.06、字距 0.03 米，落款文字刻于大字的"巾"和"古"两字之间。

牛港口水库 位于蟠龙乡李岩村，建于 1956 年。该水库呈东西走向，泥土夯筑，库堤长 84、高 50 米，堰干顶宽 3.9 米。排洪口长 51、宽 3.5、高 2 米。水库来水面积 1 平方千米，蓄水量 31.1 万立方米，灌溉面积 0.1 万亩，工程土方 5.6 万立方米，石方 0.1 万立方米。此水库于 2008 年进行维修改造，现为蟠龙乡场镇的饮用水取水源。

天堂沟水库 位于蟠龙乡陈家村，建于 1956 年。该水库呈南北走向，泥土夯筑，库堤长 47 米，顶宽 8、高 10 米。排洪口条石砌成，长 30、深 1.8、宽 2.1 米。来水面积 0.1 平方千米，蓄水量 10.8 万立方米，灌溉面积 0.1 万亩，工程土方 1.5 万立方米，石方 0.02 万立方米。

马尾桥堰堤 位于蟠龙乡蟠龙村，建于1965年。该堰堤呈东北—西南走向，条石砌成，共五个卷拱，总长57、宽3、高5米。其中西南堰堤墩长3、宽1.2、高5米；东北堰堤墩长6、宽1.2、高5米。卷拱墩宽1.2、高2米。

洗衣滩堰堤 位于蟠龙乡柏香村，建于1966年。该堰堤呈东西走向，条石砌成，建有单个卷三个拱，四个堰堤墩，总长42、高4～5、宽0.38～1.2米。东起第一墩堤长2、宽1.2米，第一卷拱长11、宽0.38米；第二墩堤长2、宽1.2米，第二卷拱长11、宽0.38米；第三墩堤与第二墩相同，第三卷拱长8、宽0.38；第四墩堤长5、宽1.2米。

滥滩堰堤 位于蟠龙乡石宝村，建于1965年。该堰堤呈南北走向，条石砌成，为四墩五个弧形堰堤，总长44、高4.3～4.6米。石墩呈直角三角形，堰堤墩顶宽1.6～2.1、长1.6～1.7米，弧形堰堤拱背向上游，弧形堰堤半径均5米，厚0.3米。

猪儿石堰堤 位于蟠龙乡共同村，建于1966年。该堰堤呈南北走向，下为堰堤，上部建桥供通行，西边建排洪口供给水轮泵水源。堰堤长22.33、上宽1.6～2.7、高6米。其中中间石平桥为六孔五墩，桥长10.33、宽0.67、厚0.19米。桥墩高0.63米，墩头宽0.48、长0.35米。排洪口宽0.9米。

三奇屋基堰堤 位于蟠龙乡新安村，建于1968年。该堰堤呈东南—西北走向，条石砌成，为三卷拱四墩堰堤，总长41.9、宽0.5～1.1、高5米。卷拱长8、厚0.5米。

大步跳堰堤 位于蟠龙乡联合村，建于1977年。该堰堤呈东南—西北走向，条石砌成，总长44.7、高11米，堰堤顶宽1.8米。西北面排洪口宽3米。此堰堤是境内最大的拦水坝之一，也是县内最大的水力发电拦水坝。

大步跳桥 位于蟠龙乡联合村，建于1978年。该石桥呈东北—西南走向，空腹式双孔石拱平桥。桥长50、宽3.1、高7.2米。西南端拱跨宽9、高3.4米；东北端拱跨宽13.7、高6.4米，桥墩宽16.4米。此桥是南屏到蟠龙场道上的桥梁。

滥坝乡

古遗址

草坝场遗址 位于滥坝乡草坝村，建于汉代。该遗址位于长江北岸二级台地，距江边30米，高出江面5～10米，东西长1000、南北宽150米，总面积15万平方米。文化层距地表0.3米深，厚2.5米，在冲沟两侧及台坎，有板瓦、筒瓦及器物陶片，陶片纹饰为绳纹。今查原所见的器物，大部分被泥土所覆盖。

土红坳窑址 位于滥坝乡土红坳村，始建于明代，废弃于20世纪50年代。该窑址东距长江 2000 米，高出江面 40～50 米，周围是砂砾土质。共计有三个窑包，横向排列，东西长 80、南北宽 30 米。文化堆积层呈南北宽 100、东西长 200 米的范围，陶色为灰褐色、黄色。1 号窑包长 20、宽 13、深 1.5 米；2 号窑包长 27、宽 10、深 2 米；3 号窑包长 18、宽 10、深 1.2 米。

独角庙遗址　位于滥坝乡阳春村，始建年代不详。该遗址分布面积 600 平方米，坐东向西。原为简姓人氏的家族庙宇，后因庙内供奉有一尊犀牛石像被称为独角庙。寺庙毁于清代，现保留有石狮一尊。石狮为圆雕坐姿造形，通高 0.88 米，底座长 0.68、宽 0.3 米。

古墓葬

小顶上崖墓　位于滥坝乡大竹村学田头组小顶上，建于汉代。该墓坐东北向西南，开凿在离台地高 1 米的山崖石壁上，墓室早年被损严重扰乱。双门楣，墓门高 1.4、宽 1.1 米。墓室长 8、宽 1.6、高 1.8 米。分布面积 13 平方米。

盘龙山崖墓　位于滥坝乡聚宝村老房子组盘龙山，建于汉代。该崖墓向东，开凿于山崖石壁上，离台地高 1.5 米。墓门宽 2.1、高 1.2 米；墓室宽 2.3、高 1.8、长 7.2 米。分布面积 4 平方米。

岩扁上崖墓　位于滥坝乡平福村，建于汉代。该崖墓共 2 座墓，向北，基本上呈水平排列，相距 20 米。两墓已被扰乱，墓口大部分被泥土淤塞。M1 墓门高 2、宽 1.9 米；M2 墓门高 1.8、宽 1.5 米。分布面积 47 平方米。

古坟堆墓地　位于滥坝乡平福村，为汉代石室墓。该墓地坐西南向东北，封土呈圆形，高 4、直径 10 米，面积 32 平方米。该墓早年被扰乱，墓道口被打开。

铜盏湾崖墓　位于滥坝乡太平村鱼塘湾组铜盏湾，建于汉代。该墓开凿在离河面 20 米（洪水期）的长江左岸崖壁上，面向西南。双墓门，单门楣，墓室内严重扰乱，外墓门宽 1.3、高 1.8 米；墓道长 2 米，内墓门宽 1.2、高 1.2 米；墓室长 5、宽 4、高 2.8 米。墓室下部与后龛处有泥土淤积。分布面积 23 平方米。

曹枝玺墓　位于滥坝乡白塔村，建于清乾隆三十三年（1768 年）。该墓为土家墓，一墓两碑，条石砌成，上有封土，椭圆形，为父子合墓墓。墓长 4.7、宽 4.6、高 1.5 米。碑南向，两碑相距 1.67 米，石质仿木结构，两碑均两柱一开间，单檐庑殿式顶，阴刻楷书碑文。左碑高 1.5、宽 0.86、厚 0.18 米，墓主：曹枝玺；右碑高 1.5、宽 0.87、厚 0.2 米，因其碑面风化剥蚀严重，大部分字迹不清，不能辨别字迹。今查四周砌墓条石被毁。分布面积 22 平方米。

松毛山罗吴氏墓　位于滥坝乡厂坝村高石坎组松毛山，建于清咸丰二年（1852 年）。该墓坐西南向东北，土家墓，封土呈圆形。墓长 7、宽 2.8、高 1.6 米。石质仿木结构墓碑，两柱一开间，单檐庑殿宝顶式，阴刻楷书碑文。墓碑残高 1.74、宽 0.93、厚 0.17 米。分布面积 17 平方米。

罗显顺墓 位于滥坝乡平福村，建于清光绪四年（1878 年）。该墓土冢，封土呈圆形，坐西北向东南。墓长 5、宽 3.9、高 2 米。墓碑石质仿木结构，两柱一开间，单檐庑殿宝顶式，两边施抱鼓，阴刻楷书碑文，上刻花草图案。碑高 2.3、宽 2.3、厚 0.31 厘米。其中柱宽 0.16 厘米，抱鼓宽 0.58 米，墓主：罗显顺。碑联文为"寿高八斗八余春；五世同堂万代春"。分布面积 20 平方米。

杨国璠合墓 位于滥坝乡兴旺村，建于清光绪十五年（1889 年）。该墓土冢墓，封堆呈圆形，坐东南向西北。墓长 8、宽 4.8、高 2.05 米。墓前立双碑，均石质方形碣碑，阴刻楷书碑文，相距 0.74 米。左碑高 1.71、宽 0.89、厚 0.21 米。墓主：杨国蟠，立碑时间无考。右碑高 2.1、宽 1.04、厚 0.2 米，墓主：杨汪氏。分布面积 39 平方米。

曾明亮墓 位于滥坝乡平福村，建于清光绪二十九年（1903 年）。该墓土冢，封土呈圆形，坐西北向东南。墓长 8、宽 3.5、高 2 米。墓碑石质仿木结构，两柱一开间，单檐庑殿宝顶式，阴刻楷书碑文。碑高 2、宽 0.96、厚 0.17 米，墓主：曾明亮。分布面积 28 平方米。

凉水井墓 位于滥坝乡乱石村圆顶山组凉水井山，建于清代。该墓坐西北向东南，严重扰乱，石室墓，一墓一室，封土大致为平整的耕地。墓室长 1.7、宽 0.83、高 1.13 米。分布面积 2 平方米。

虱子坡墓 位于滥坝乡白塔村亢家桥组虱子坡，建于清代。该墓共 2 座墓，土家墓，封土呈圆形，墓碑南向。M1 墓高 2.5、宽 3、长 7 米。石质仿木结构墓碑，两柱一开间，单檐庑殿宝顶式。碑高 2.2、宽 1.07、厚 0.22 米。墓主：姜浩，清嘉庆二十五年（1820 年）立。M2 墓高 1.8、宽 2.5、长 4.5 米。石质拱形碣碑，高 1.5、宽 1、厚 0.08 米，清道光五年（1825 年）立。今查 M1 墓顶倒塌于碑右侧前一米处草丛中，尚完整。分布面积 329 平方米。

孙家湾墓 位于滥坝乡湾头村，建于清代。该墓共 2 座墓，均为土家墓，封土呈圆形，坐西北向东南，均被盗掘。M1 墓长 7.9、宽 4.1、高 2.5 米。墓碑石质仿木结构，四柱三开间，单檐庑殿重檐式顶，阴刻楷书碑文。碑高 2.7、宽 2.87、厚 0.22 米。其中柱宽 0.2 米，左、右龛宽 0.6、高 1.4 米，中龛高 2、宽 0.77 米。墓主：李鸿巡，清嘉庆十六年（1811 年）立。M2 墓碑石质仿木结构，两柱一开间，单檐庑殿式顶。碑高 0.98、高 1.8、厚 0.22 米。墓主：李曹氏，清嘉庆八年（1803 年）立。分布面积 120 平方米。

李元宏夫妇墓 位于滥坝乡太平村，建于清代。该墓为土冢墓，条石砌成，冢呈半圆形，封土呈球形，为夫妻合葬墓，坐北向南。墓面阔12.5、半径6.8、高3.8米，条石为素面。碑三通，三通碑均阴刻楷书碑文。左为李吴氏墓碑，清乾隆六十年（1795年）建，石质仿木结构，两柱一开间，单檐庑殿式顶。碑宽0.93、高2、厚0.2米，其中仿柱宽0.16米。中间墓碑为志铭碑，年代不能辨识，由三块石板组成，石质仿木结构，两柱一开间，重檐庑殿式顶。碑宽2.67、高2.9、厚0.2米。右为李元宏墓碑，清乾隆六十年（1795年）建，石质仿木结构，两柱一开间，单檐庑殿式顶。碑宽0.9、高2、厚0.17米。其中柱宽0.15米，其左、右墓碑距中间墓碑0.76米。分布面积85平方米。

古建筑

庆福码头　位于滥坝乡平福村长江左岸的庆福场，始建于明代。该码头范围宽200、长350米，面积70000米，大致呈"一"字形。1923年版《志》有载，距场镇500米，是古老的江边码头之一，至今尚在使用，是县境内连接长江南北的重要码头之一。码头在枯水天为河滩地，涨水天为河岸边台地。现有一小公路与之相连，岸边建有两栋原乡供销社的货物堆存库房。

草坝场码头　位于滥坝乡草坝村长江河左岸的草坝场，始建于明代。该码头呈南北走向，"一"字形，宽100、长300米，面积30000平方米。离岸上行20米处是草坝场街，今街市废弃，存有青石板街道。1923年版《志》有载，从明代起始作驿站码头，清后期驿站码头功能废弃，但至今码头尚在使用，是县境内连接南北两岸的交通码头之一。码头在枯水天为河滩坝，涨水天为河岸边台地，有一青石板道与之相连接。

白沙码头　位于滥坝乡白塔村，始建于明代。该码头是县境内连接长江南北的重要码头，大致呈"一"字形，居长江河左岸，宽200、长100米。现存青石板古道一条，水泥碑二通，清光绪三十三年（1907年）义渡定章石刻一幅。义渡定章石刻在河滩巨石上，呈碑龛状，宽0.8、高1.2、深0.1米。阴刻竖排楷书，大字8个，字径0.1、字距0.04米；小字径0.06、字距0.03、行距0.07米。1923年版《志》上有载。

九龙山庙　位于滥坝乡九龙村，清道光元年（1821年）始建，清光绪十五年（1889年）重建。该建筑为四合院式，坐西北向东南，条石基础，素面台基高1米。正殿木结构三穿用四柱，抬梁式梁架，单檐歇山式屋顶，面阔七间23.4米，进深三间12.22米，通高8米。厢房均面阔两间9.3米，进深两间7.3米。前殿三穿用四柱，抬梁式梁架，悬山式屋顶，面阔六间22.5米（损毁一间），进深三间8.52米，通高6.8米。

邓氏祠堂　位于滥坝乡上阳村，始建于清代。该祠堂外朝门坐东南向西北，祠堂朝门条石基础，石作素面台基，青砖墙体，立柱梁架，三穿用五柱七檩，小青瓦盖顶，灰塑脊干。正面朝门呈外"八"字形，左右砖墙上灰塑吉祥图案。内侧下为夹壁槛间，上为单槛窗。朝门框石质，条石建造，门高2.96、宽1.74、厚0.35米。大门上刻联文，为阴刻楷书字体，联宽0.25、字径0.13、字距0.08～0.1米，无横额。联文内容为"自粤来川肇基于此；寻源溯本流庆无疆"。

大地坝土桥子桥　位于滥坝乡林坎村大地坝组土桥子，始建于清代。该桥呈东南—西北走向，两墩三孔石板平桥。桥长6.66、宽1.46、高1.6米，桥板厚0.38米。东北面桥墩头长0.22、宽0.34米；西南桥墩头长、宽均0.34米。此桥是城通往滥坝乡镇古官道上的桥梁。

亢家桥　位于滥坝乡白塔村，始建于清代。该桥呈东西走向，四墩五孔石板平桥。桥长13.76、宽1.06、厚0.45米。桥墩长2、宽0.46、高1米。桥板与桥墩均素面，无雕饰，桥面有一定磨损。此桥是县城到县北古驿道上的桥梁。

木渔滩桥　位于滥坝乡湾头村，始建于清代。该桥呈南北走向，七墩八孔墩式石板平桥。桥长19.8、宽1、高1.42米，桥板厚0.42米，桥墩高1、宽0.5、长2.2米。由东到西第5～7号桥墩向西面桥墩头刻饰有龙头；由东到西的第五栋桥板损毁，更换为水泥预制板。桥的西上方2米处建有乡村公路。

三十二孔桥　位于滥坝乡高潮村桥，建于清代。该桥呈东西走向，桥面为石板，共六十四墩三十二孔，桥孔大部分被泥土堵塞。桥长76.8、宽0.7、厚0.25米，桥墩长0.9、宽0.38、高1.2米，两墩并列，墩间距离0.26米。此桥因有石桥板32块而得名，其桥板长短不等，最长的有2.38米。

石窟寺及石刻

苏家岩摩崖造像　位于滥坝乡长乐村，建于清嘉庆三年（1798年）。该造像坐西北向东南，一龛一佛观音造像，凿于一天然崖石壁上，拱形敞口平顶龛，龛高1、宽0.88、深0.3米。佛像结跏趺坐于莲花须弥座上，像高0.66米，肩宽0.22米。

太平湾炮垛子遗址　位于滥坝乡太平村，建于清代。该炮垛子开凿在长江左岸的天然岩石上，涨水期被河水淹没，枯水期则高于河面。此段河流呈"U"字形，炮垛子则建在其"U"字形的底部。整个炮垛子呈长方体形，长3、宽2～2.5、深1.8米。在炮垛子南面临河石埂的中上部凿有一直径为0.25米的炮孔，其炮孔正对上游河面，用来架设炮筒。据史料记载和口埠传说，此炮垛子建于清代，是水上劫匪所建。

仁和乡

古墓葬

鸡冠寨崖墓群 位于仁和乡佛耳村，建于汉代。该崖墓地共32座墓，均扰乱，分布于鸡冠寨西山梁上，开凿在距地1~3米的山崖石壁上，坐东向西。单门楣，素面，左右两侧及后壁有龛。M3墓室长2.1、宽1.5、高1.02米；墓道长3、宽0.4、高1.25米；墓门拱顶高0.9、宽0.55、厚0.9米。分布面积1000平方米。

蔡家咀崖墓群 位于仁和乡石仓村蔡家咀，建于汉代。该崖墓共9座墓，向南，位于岩壁上，均扰乱，多门楣，左右两侧及石壁均有龛。今复查尚存6座墓，墓群长29.1、宽6米。M1墓门宽1.6、高1米；墓道长1.4、宽1.2、高0.8米；墓室长1.6、宽1、高0.8米。M2左上距M1有6米，墓门宽1.6、高1.5米；墓室长2.5、宽2、高1.5米。M3左下距M2有1.6米，墓门宽1.8、高1.4米；墓室长3.3、宽1.9、高1.6米。M4左距M3有0.7米，墓门宽1.1、高1.5米；墓室长2.2、宽1.3、高1.3米。M5左上距M4有1.9米，墓门宽1.4、高1.8米；墓室长3、宽1.5、高1.7米。M6左上距M5有10米，墓门宽1.4、高2.1米；墓室长4.5、宽2.2、高1.9米。其中M5、M6墓室内左侧建有放置尸体的石函各一个。分布面积175平方米。

范谕墓 位于仁和乡会龙村，建于清咸丰九年（1859年）。该墓土冢，条石砌成，封土呈圆形，坐西南向东北。墓长4.6、宽3.6、高1.9米。墓碑石质，两柱一开间，重檐硬脊方形高浮雕宝顶式，左右施抱鼓，上刻浮雕图案和阴刻楷书铭文。石砌墓垣，墓垣与冢边施瓦当及各种浅浮雕图案数十幅，其中有二十四孝图与出行图等。前建有拜台，周围作石砌墓垣。墓主：范谕。碑柱对联"萦环水抱中种兰；平远山如蕴藉人"。分布面积137平方米。

三朱墓 位于仁和乡保证村，建于清咸丰十一年（1861年）。该墓土冢，封土呈圆形，条石框边，坐西北向东南。墓长7、宽5.2、高2.8米。石质仿木结构墓碑，四柱三开间，重檐庑殿宝顶式，四柱和华板上均阴刻有铭文和对联，其中一副刻"义尽一时名标千古；忠推三士诏下九重"。墓碑高2.8、宽2.7、厚0.38米，其中左、右龛宽0.58米，中龛宽0.67米，柱宽0.2米，清咸丰十一年（1861年）冬建。此墓是朱良才、朱鸿才、朱矩才因在留耕场镇压农民起义军战亡后的三人合葬墓，分布面积50平方米。

覃列典墓 位于仁和乡桂花村，建于清光绪十一年（1885年）。该墓坐东北向西南，土冢墓，封堆呈长方形。墓长4.8、宽2.7、高1.8米。石质方形碣碑，阴刻楷书碑文，碑高 1.7、宽 0.84、厚 0.21 米，墓主人：覃列典。分布面积 15 平方米。

王秀和墓　位于仁和乡鹿鸣村，建于清光绪二十二年（1896 年）。该墓坐东南向西北，土冢墓，条石砌成，封土呈圆形。封堆石沿作瓦当蝙蝠浅浮雕图纹。墓长 5.6、宽 3.3、高 2 米。石质仿木结构墓碑，四柱三开间，顶为重檐庑殿兽脊卷云式，左右施抱鼓，阴刻楷体碑文，上刻吉祥图案。碑高 4、宽 3.2、厚 0.28 米，其中柱宽 0.2 米，抱鼓宽 0.4 米。墓主：王秀和，清光绪二十二年（1896 年）岁次乙巳桂月中浣日立。墓前建有拜台，墓周围及后龛有条石墓垣，左右垣头有"福"、"善"阴刻文字作饰，阴刻楷书对联。墓碑的四柱上有对联两副。分布面积 112 平方米。

邓永芝墓　位于仁和乡伏龙村，建于清代。该墓坐西向东，土冢墓，封土呈圆形，墓前部呈半圆形，条石砌成。墓长 7.4、宽 6、高 1.8 米。石质仿木结构墓碑，四柱三门，重檐庑殿宝顶式，上刻花卉图案，阴刻楷书碑文。碑高 2.5、宽 2.28、厚 0.27 米。其中柱宽 0.15 米，左、右龛宽 0.57 米，中龛宽 0.6 米。因碑面风化剥蚀，不知其具体立碑时间。分布面积 45 平方米。

包国琛墓　位于仁和乡同太村，建于清代。该墓共 2 座墓，均土冢墓，封土呈圆形，用条石砌成，两墓相距 0.6 米，平行建，坐北向南。均石质墓碑，两柱一开间，单檐庑殿宝顶式，上刻花卉等吉祥图案，阴刻楷书碑文。两墓封堆大小相同，长 5、宽 2.9、高 1.8 米。M1 碑高 2.8、宽 1.06、厚 0.43 米。墓主：包国琛，清同治六年（1867）立。M2 碑高 3.3、宽 1、厚 0.35 米。墓主：包世福，清光绪十年（1884 年）立。分布面积 33 平方米。

大漂水范氏墓群　位于仁和乡会龙村，建于清代。该墓群共 4 座墓，建在山岩斜坡台地上，均为土冢墓，条石砌成，封土呈圆形，坐东向西。墓碑四通，为阴刻楷书铭文，年代为清道光二十四年（1844 年）、清光绪六年（1880 年）。墓群宽 15 米，长 31 米，总面积 465 平方米。其中 M4 长 4.7、宽 3.5、高 2 米。冢封堆完好，其底部为做工考究的纹饰须弥座，顶部为精美的一面坡瓦屋面造型，屋面下施一圈卷草浅浮雕。墓碑石质，四柱三开间，重檐庑殿宝顶式，均施高浮雕图案，内容有琴棋书画、终生吉祥、喜鹊闹梅、欢天喜地及仙翁童子下棋等。碑宽 3.2、厚 0.4、高 4 米，其中柱宽 0.2 米，左、右龛宽 0.76 米，中龛宽 2.6 米，龛高 0.8 米。墓主范心颜，清光绪六年（1880 年）立。左、右墓垣分别与冢相距 2 米，厚 0.3 米，墓后垣龛长 2.9、厚 0.5 米，为重檐歇山式顶，上施铭文。墓前有扇形石砌拜台，拜台宽 4.8、长 11.4 米，距 M2 有 4.3 米。周围有石砌墓垣，上施福寿浮雕图。M1～M3 比 M4 规模小，但墓冢也雕饰精美，保存完整。分布面积 465 平方米。江安县人民政府于 2010 年 7 月公布为县级文物保护单位。

邹正浦墓　位于仁和乡仁义村，建于清代。该墓共 2 座墓，坐东向西，均土冢墓，封土呈圆形，条石砌成。M1墓长3.95、宽3、高1.7米。石质仿木结构墓碑，两柱一开间，单檐庑殿宝顶式，上刻双凤朝阳图案，阴刻楷书碑文。碑高2.85、宽1.1、厚0.5米，墓主：邹邓氏，清咸丰四年（1854年）立。M2左距M1有4米，墓长4、宽2.6、高1.95米。石质拱形碣碑，左右施抱鼓，上刻瑞兽、花卉图案，阴刻楷书碑文。碑高1.8、宽1.65、厚0.2米，其中抱鼓宽0.43米。墓主：邹正浦，清光绪八年（1882年）立。分布面积39平方米。

古建筑

大干滩桥 位于仁和乡义合村大干滩小溪上，始建于清康熙三十年（1691年）。该桥呈东北—西南走向，石砌平板桥，六磴七孔。桥长23.6、宽1.43米，桥墩高1.65米，桥板厚0.7米。桥面共用七块石板铺成，桥墩上刻有龙头，龙头为高浮雕。桥东北头左侧有石刻题记"康熙三十年七月石匠李"。

大峰垭牌坊 位于仁和乡来龙村，始建于清同治六年（1867年）。该牌坊坐北向南，为石质仿木结构，二楼庑殿顶，二柱单门，保存基本完好。牌坊残高4.1、宽3.5、厚0.53米，其中门洞高2.55、宽2米。正面阴刻楷书竖写题刻，内容主要记录清咸丰辛酉冬朱氏三兄弟在留耕场与农民起义军交战阵亡，江（安）永（叙永）纳（溪）三邑为此而"建坊旌表"。清同治六年（1867年）夏立。江安县人民政府于2010年7月公布为县级文物保护单位。

三支桥 位于仁和乡石仓村桐子林组三支桥，始建于清代。该桥呈西南—东北走向，为三墩四孔石板平桥。桥长8.44、宽0.88、高3.2米。其中桥板厚0.48米，桥墩长1.55、宽0.54、高2.72米。其东南面的两个桥墩上刻饰有龙头，龙头长0.4、宽0.54米。此桥是连天山至仁和道上的石桥。

鹿鸣王家大院 位于仁和乡鹿鸣村，建于清代。该大院坐西向东，左右带厢房，条石基础素面台基，檐条石作水纹图案。穿斗式木结构，单檐悬山式小青瓦屋顶。正面下施木板槛间，其槛间华板浮雕有琴棋书画、福禄寿喜及花鸟虫鱼瑞兽等吉祥图纹；上施雕花槛窗，均为格棱窗，并有镂空雀替作饰；云纹瓦当和滴水，瓦为画纹，檐角施彩绘。水草图案座脊，脊上施捶蕙浮雕鸟、兽、花、草图案，脊干正中上部灰塑双凤朝阳图案，攒尖顶，翼角上仰。正房三穿用九柱，垂带式二级石梯，堂屋正面施三关六扇，堂屋内四壁均为木作墙，面阔八间长34.6米，进深8米；左右厢房三穿用七柱，二级踏道石梯，面阔两间9.6米，进深7.2米。大院总占地面积811平方米。院坝为青石板铺成，院坝前为农田。江安县人民政府于2010年7月公布为县级文物保护单位。

石窟寺及石刻

九莲洞摩崖造像 位于仁和乡月亮村，开凿于明嘉靖十二年（1533年）。该造像共

7 龛 64 尊，坐南向北，分布在长 50、高 3、距地表 2 米高的天然崖穴石壁。龛均为长方形敞口平顶龛；造像座式有单跏、结跏、善跏等，明嘉靖十二年题记。1 号龛：元始天尊、弥勒、玉皇，其中元始天尊居左，玉皇居右，普贤结跏趺坐，均手持法器。龛长 2.3、高 1.1、深 0.15 米；造像高 1.05、肩宽 0.4 米。2～7 号龛共六十一尊：有五智如来、十八罗汉、观音应化像、道教神像，均为立身造像。江安县人民政府于 2010 年 7 月公布为县级文物保护单位。

接引寺摩崖造像 位于仁和乡鹿鸣村，建于清乾隆五十八年（1793 年）。该造像分布在长 4、宽 4、距地表 2 米的天然石窟里，坐西向东。碑五通，均为重建造像碑记，其中 4 号碑有“乾隆五十八年”题记。有 3 龛 7 尊造像：1 号龛为长方形拱顶直口龛，高 0.6、长 2、深 0.25 米。内刻高浮雕佛、天公、天母、观音、蔡伦造像。其三生佛均结跏趺坐，头戴宝冠，分别为手持说法印，契印和法器即仰莲须弥座，坐向背壁立身，供养人造像 2 尊。2 号龛为长方形敞口平顶龛，高 0.35、宽 0.25、深 0.15 米。4 尊造像之正中造像为立身接引佛，手持法印，左手分别有两尊人像。其中 3 尊结跏趺坐，道家造像，左为观音，手持净瓶，单跏趺坐。（数据均为目测距）。

白云洞摩崖造像 位于仁和乡青年村，凿刻于清嘉庆二年（1797 年）。该造像位于距地表 1.5 米的石洞内的崖壁上，坐东向西。一长方形敞口开平顶龛，龛长 2.6 米，高 0.7 米，深 0.2 米。造像五尊，高浮雕，为一佛四菩萨，佛高 0.55、肩宽 0.27 米。

福善沟摩崖石刻 位于仁和乡来龙村，刻于清代。该石刻凿刻于一直径 3、距地表 2 米高的天然崖石上。两龛共 33 字，均为长方形直口平顶龛，字为阴刻楷体。1 号龛坐北向南刻“佛”字。2 号龛坐东向西刻“善”字，龛高 2、宽 1.7、深 0.05 米，字径 1.4 米，系清末进士朱玉伸，书于清咸丰十一年（1861 年）和清同治元年（1862 年）菊月间。现保存完好。

鸡冠寨摩崖造像 位于仁和乡佛耳村，刻于清代。该摩崖造像共 2 龛 12 尊造像，坐东向西，分布在长 4、高 1.5、距地表 2.5 米的石壁上。龛均为长方形敞口平顶龛，其中 2 号龛高 0.7、宽 3.5、深 0.25 米。1 号龛有 7 尊佛像，佛像高 0.25、肩宽 0.2 米；2 号龛为一佛四菩萨，佛像高 0.5、肩宽 0.3 米，均结跏趺坐于莲台上，保存较为完好。

六佛崖摩崖造像 位于仁和乡佛耳村，刻于清代。该造像坐东南向西北，分布在长 2.74、高 1.1 米的石壁范围内。龛为长方形敞口平顶龛，龛高 0.7、宽 0.9、深 0.3 米。造像均为高浮雕，结跏趺坐于莲台上，高 0.4、肩宽 0.25 米。可辨的有净瓶观音、比干像。

牛犏沟摩崖造像 位于仁和乡义合村，建于清代。该造像共 3 龛，分布在长 6、宽 1、距地表面 3 米的天然崖壁上，坐北向南。其中 1 号龛：雷神，善跏趺坐，龛高 1、宽 0.45 米，造像肩宽 0.38、高 0.9 米；2 号龛：文殊、普贤、观音及道家造像两尊。文殊、普贤分别座石狮、白象，均为结跏趺坐于莲台上，观音结跏趺坐于仰莲台上，手持净瓶，两尊道教神像均为结跏趺坐；3 号龛：牛王菩萨造像，龛高 1.05、宽 1.05 米，像高 1、肩宽 0.95 米，一道人结跏趺坐于牛背之上，手捧书卷，头戴宝冠。

北岩摩崖造像　位于仁和乡石仓村，建于清代。该造像坐北向南，开凿在距地面高 1.37 米处。一龛一像，龛高 0.8、宽 0.6、深 0.16 米。造像为善跏趺坐，着官服，造像高 0.67、肩宽 0.22 米。龛外楷书阴刻联文一副。

其他

荒山墝姚李氏墓　位于仁和乡水口村，建于中华民国八年（1919 年）。该墓土冢墓，封土呈圆形，条石砌成，坐东向西。墓长 5、宽 3.6、高 1.8 米。石质拱形碣碑，上刻花卉与吉祥图案，阴刻楷书碑文，碑高 3.1、宽 1.04、厚 0.29 米。

酒都文物

——宜宾市第三次全国文物普查成果集成

罗培红　主编

下　册

文物出版社

长宁县

长宁镇

古墓葬

沙溪沟崖墓群　位于长宁镇曙光村十一组沙溪沟，建于汉代。该墓群共3座墓，分布在淯江河边一个长400、宽6、高10米的石岩壁上，分布面积2400平方米。墓群形制相同，其中M1坐西南向东北，为长方形弧形顶，墓室长8、宽2.7、高1.4米，后壁和左壁开龛。

断井山崖墓群　位于长宁镇曙光村七组、九组交界处的断井山，建于汉代。该墓群共11座墓。M1~7分布在官山东北面，坐西南向东北；M8~11分布在对面圆山坡西南面，与前七墓相望。墓群形制相同，均为长方形弧形顶，其中M2为单门楣，长6.5、宽2.3、高1.3米。

坛鼓石崖墓群　位于长宁镇平上村二组坛鼓石，建于汉代。该墓群共2座墓，凿于离地1.3米高的大石中部，两墓相距20米。墓群形制相同，其中M1坐南向北，墓室为长方形平顶，长1.7、宽0.9、高0.7米。

大石包崖墓群　位于长宁镇平上村二组大石包，建于汉代。该墓群共4座墓，其中3墓共处于离地面高约1.5米的巨石中部，另1墓相距约100米。墓群形制基本相同，其中M1坐南向北，墓室为长方形平顶，长11.7、宽0.9、高0.7米。

大岩湾崖墓　位于长宁镇八一村八组大岩湾，建于汉代。该崖墓坐西向东，墓室宽1.1、高0.7、深0.95米。

石仓背崖墓群　位于长宁镇邶子村三组石仓背，建于汉代。该墓群共2座墓，形制相同，均坐东北向西南。其中M1墓室为长方形平顶，长2.2、宽1.48、高0.86米。

二斗岩崖墓群　位于长宁镇桂坪村，建于汉代。该墓群共18座墓，M1~M18分布在长260、宽6米的石岩上。墓群形制相同，西向。其中M4墓室为长方形，长6.1、宽4.4、高1.7米，侧壁及后壁开龛。

凉水岩崖墓　位于长宁镇新民村，建于汉代。该墓凿于离地高1米的岩壁上，坐南向北。墓室为长方形平顶，长2.1、宽1.88、高1.04米，左壁开龛。

灯杆坡崖墓　位于长宁镇和平村，建于汉代。该墓位于距地面高3米的石壁中部，坐西北向东南。墓室长2.6、宽1.7、高1.2米。

棺材荡墓　位于长宁镇曙光村十组棺材凼，建于宋代。该墓坐北向南，墓室为素面条石砌成，分左、右两室，并排相通。单室长2.45、宽1.1、高1.3米。墓顶呈藻井；墓左右侧壁有青龙、白虎雕刻；后壁开龛，内刻有半开门人物站像。

杜家滩墓　位于长宁镇石榴村，建于宋代。该墓坐东南向西北，双室并排相通，结构相同。单室宽1.7、长3.5米，石砌长方形藻井式顶，左右及后壁开龛。后龛内刻有人物图案，左右龛内刻人物图案。值得一提的是室门柱体侧面刻有道教文字字样，在四川西南地区比较罕见。

大坟包墓　位于长宁镇石桥村四组大坟包，建于明代。该墓坐西向东，7室并排相通。其中第4室为主室，长2.7、宽1、高1.4米，石砌长方形藻井式顶，后壁开龛。主室两旁各有3室，均为长方形。

桅杆坝墓　位于长宁镇曙光村十一组桅杆坝，建于明代。该墓坐南向北，双室并排相通，大小相同。单室长2.8、宽1.1、高1.5米，石砌长方形弧形顶墓室，后壁开龛。

余朝举坟坝墓　位于长宁镇北郊村，建于明代。该墓坐东北向西南，为石砌长方形平顶墓室。内有三室，并排相通，大小相同。单室长3.2、宽0.9、高1.3米。

花生坡墓群　位于长宁镇海水村，建于明代。该墓群两墓并排相邻，形制相同，均为石砌长方形墓室，坐西向东。其中M1长2.5、宽0.8、高0.8米，左右及后壁开龛。

龙颈子墓群　位于长宁镇先锋村五组龙颈子山，建于明代。该墓群共8座墓，分布在600平方米的范围。墓形制相同，其中M5坐南向北，为石砌长方形拱形顶，两室相通，大小一样，长3.4、宽1、高2米。室壁开龛，宽0.15、高0.9、深0.1米。

望山坡墓群　位于长宁镇农利村，建于明代。该墓群共六座墓，分布在长约30、宽约15米的坡地，形制基本相同，均坐西南向东北。M1为双室墓，素面条石砌成长方形弧形顶，宽2.35、深3.2、高1.3米，两侧和后壁均开龛。其余有单室墓4处，3室墓1处。

山湾潭墓群　位于长宁镇三村村八组山湾潭，建于清代。该墓群共4座墓，错落分布在石滩上，形制相似，为半圆形石砌封土墓。其中M2坐西向东，冢长5.5、宽4米碑为仿木石作二柱一间单檐庑殿顶，宽1.2、高2.8米，上刻对联、碑文及年代题记。M1、M3、M4墓冢已毁，M1无碑，M4为单碑，M3碑形制与M2相同。

李妙智墓　位于长宁镇三村，建于清代。该墓为石砌半圆形墓，坐东向西。墓冢长7、宽3.4、高1.6米。碑宽3.4、高3.2米，为石质仿木四柱三间三楼庑殿顶，上刻对联、兽、花卉图案。

白坟坝墓群 位于长宁镇海水村，建于清代。该墓群两墓形制相同，为石砌半圆形，上有封土。M1坐西南向东北，墓冢长6、宽3.1、高1.4米。碑宽2.2、高2米，为仿木石作二柱一间单檐庑殿顶，两侧抱鼓，两墓碑形制相同，上刻对联、碑文。M1有"道光四年"题记；M2为"道光二十五年"题记。

三块碑曾家墓地 位于长宁镇农利村七组三块碑，建于清代。该墓地两座墓一前一后分布在约60平方米的范围内，形制相同，均为石砌封土墓，坐东南向西北。曾文明墓墓冢长4.6、宽3.6米。碑宽3.6、高2.6米，为石质仿木四柱三间三楼庑殿顶，两侧有抱鼓。碑上刻有对联和碑记"道光十年仲春"。曾乃光墓碑形制相同，但风化严重，仅可见碑记"嘉庆五年岁次"。

狮子坡陈家墓地 位于长宁镇鱼龙村二组狮子坡，建于清代。该墓地共10座墓，分布在约800平方米的范围内，形制相同，均为石砌封土墓。M1坐东北向西南，墓冢长6、宽4.6米。碑宽4.6、高4.7米，为石质仿木四柱三间三楼庑殿顶，两侧抱鼓。碑上刻有人物、瑞兽、花纹、对联及碑记"道光十二年"，雕刻精美，保存完好。

高石坎墓群 位于长宁镇龙窝村四组高石坎，建于清代。该墓群共3座墓，形制相同，均为石砌半圆形封土墓。M2、M3平行分布在村通公路下方，M1距公路20米。M1坐西南向东北，墓冢宽5.2、高1.7米。碑宽2.9、高4.2米，为石作仿木四柱三间三楼庑殿顶，两侧抱鼓消失，上刻人物、花草、戏剧、对联、碑文及年代题记。M2、M3碑为二柱一间单檐庑殿顶，两侧施抱鼓。

三颗坟李家墓地 位于长宁镇三村八组三颗坟，建于清代。该墓地共3座墓，平行分布在山丘上，形制相同，均为石砌半圆形，上有封土。M1坐西北向东南，墓冢长5.4、宽3.2、高1.7米。碑宽3.8、高3.7米，为石作仿木四柱三间三楼庑殿顶，两侧抱鼓。上刻人物、花卉、对联、碑文及年代题记。M1为"道光三十年"，M2为"民国十八年"，M3为"同治十年"。

老木窝李家墓地 位于长宁镇三村八组老木窝，建于清代。该墓地共13座墓，错落分布在斜坡上，均为石砌封土墓。其中M2坐北向南170°，墓冢长5、宽3米。碑宽3、高3.7米。碑上均刻有对联、碑文及年代题记。

龙门山何家墓地 位于长宁镇龙柱村，建于清代。该墓地有2座墓，形制相同，均为半圆形石砌封土墓，坐东向西，保存完好。从左到右为M1、M2，M1冢长4.8、宽4.2、高1.8米，碑宽4.2、高4.2米，为石质仿木四柱三间三楼庑殿顶，两侧施抱鼓，上刻花纹、桌凳茶几、花瓶、花卉、龙等图案。M2碑为二柱一间单檐庑殿顶，两侧施抱鼓，上刻鸟兽、祥云、花卉图案。M1修有后墙，单檐庑殿顶，上刻双龙夺珠、花瓶、花草、狮子图案。

大懒坎何家墓地 位于长宁镇龙柱村，建于清代。该墓地共3座墓，上下排列于斜坡上。由上往下依次为 M1 ~ M3，均为半圆形石砌封土墓。M1 坐西向东，冢石砌而成，长 4.6、宽 3.2、高 2 米。碑宽 2.4、高 3.2 米，为单檐笔架顶，两侧抱鼓作柱，上刻高浮雕房屋、人物、鸟兽、花纹、花卉等图案及镂空雕装饰。碑前有一石质香炉及拜台，拜台呈半圆形，石砌台边，宽 8、进深 2.8 米。M1 左、右、后三面砌墙，石质仿木七楼庑殿顶，上刻人物、竹木、鸟兽、祥云等图案，雕刻精美。两侧墓墙对称开龛各 3 个，呈长方形，内刻碑文及花瓶、花卉图案。M2、M3 碑为石质仿木二柱一间单檐庑殿顶。

田心头赵家墓地　位于长宁镇建设村六组田心头，建于清代。该墓地共 4 座墓，分布在 100 平方米范围内，村通公路两侧。4 座墓形制相同，均为半圆形石砌封土墓，坐东南向西北 290°。M1 墓冢长 4.8、宽 2.8、高 1.2 米。M1 碑为石作仿木二柱一间单檐庑殿式顶，上刻对联、碑文及年代题记。M2 ~ M4 碑为石作仿木二柱一间单檐庑殿顶，两侧抱鼓，上刻花纹、对联、碑文及年代题记。

坟旮旯李家墓地　位于长宁镇三村村，建于清代。该墓地共 5 座墓，错乱分布在山坡的斜面上。M1、M2、M3、M5 形制相似，均为半圆形石砌封土墓，坐西北向东南 120°；M4 为石砌梯形，前部向内呈弧形。M1 墓冢长 4、宽 3、高 1.6 米。碑形制不一。M1 碑宽 3、高 2.8 米，为石质仿木四柱三间三楼庑殿顶，两侧施抱鼓；M5 碑同 M1；M2 碑为二柱一间单檐庑殿顶；M3 碑为圆镜形；M4 碑为单石碑，无顶盖，两侧施抱鼓。M1 碑刻较清晰，上刻花纹、花瓶、兽等图案。

严屋基严氏墓　位于长宁镇龙台村二组严屋基，建于清嘉庆十五年（1810 年）。该墓坐南向北，为石砌半圆形封土墓。墓冢长 4.6、宽 4.2 米。碑宽 1.4、高 2.4 米，为石作仿木二柱一间单檐庑殿顶，上刻对联、碑文及年代题记。

廖汝玉夫妇墓　位于长宁镇东风村，建于清嘉庆六年（1801 年）。该墓坐西南向东北，为石砌半圆形封土墓。墓冢长 6.2、宽 3 米。碑宽 2.4、高 2.1 米，为石质仿木四柱三间三楼庑殿顶。碑上刻有对联和碑记。

吴邓氏墓　位于长宁镇海水村，建于清嘉庆二十二年（1817 年）。该墓坐西南向东北，为石砌半圆形封土墓。墓冢长 4、宽 3.6、高 1.5 米。碑宽 4、高 3 米，为石作仿木四柱三间三楼庑殿顶，两侧抱鼓。间内为碑石，上刻碑文及年代题记。柱刻对联，抱鼓刻有花纹、图案。拜台为石砌夯土，呈半圆形，宽 7、进深 5.5、高 4.5 米。

大山坡何家墓地　位于长宁镇龙柱村五组大山坡，建于清嘉庆二十二年（1817 年）。M1 冢左侧有扰乱，留有盗洞，碑石有风化；M2 冢右侧有盗洞，碑顶有破损、风化；M3 冢完好，砌石风化，碑风化；M4 冢封土上有盗洞，砌石之间产生裂缝，碑顶掉落，有风化，冢封土上均长有竹木。

唐启鲲墓　位于长宁镇新民村，建于清嘉庆十一年（1806 年）。该墓为三棺合葬墓，石砌，上有封土，坐西南向东北。墓冢长 6.8、宽 6.5、高 1.3 米。碑高 3、宽 3.5

米，为石质仿木四柱三间三楼庑殿顶，碑上刻有文字、对联和碑记。

李校墓　位于长宁镇三村，建于清道光十六年（1836年）。该墓坐南向北，为石砌半圆形墓，长3.8、宽3.2米。碑宽1.2、高2米，为石质仿木二柱一间单檐庑殿顶，上刻对联、碑文及年代题记。

杨王氏墓　位于长宁镇石坝村，建于清道光十三年（1833年）。该墓坐西北向东南45°，为石砌半圆形墓。墓冢长4.6、宽3.2米。碑宽1.1、高2.1米，为石质长方形弧形顶。碑上开龛呈长方形弧形顶，内刻碑文和年代题记，两边有对联。碑座前沿刻有虎头。

刘应魁夫妇墓　位于长宁镇八一村，建于清道光二年（1822年），该墓墓冢为石砌呈六边形，上有封土，坐西南向东北。墓冢长6.8、宽6、高2.1米。碑宽3.2米（除残缺部分），高5米，为石质仿木四柱三间三楼庑殿顶。碑上刻有对联、墓志铭及碑记"清时原署福建直隶永春州盐法军务分州三级记录一次"等字样。墓碑背面也有文字、对联及碑记。

万侯氏墓　位于长宁镇白合村，建于清道光二十三年（1843年）。该墓坐西北向东南，为石砌半圆形墓。墓冢长4.2、宽3米。碑宽1.2、高2.3米，为石作仿木二柱一间单檐庑殿顶，上刻对联、碑文及年代题记。

权国荣夫妇墓　位于长宁镇柏坪村，建于清道光十五年（1835年）。该墓为石砌封土墓冢，坐南向北。墓冢长6、宽4.8、高1.6米。碑宽2.6、高3.6米，为石质仿木四柱三间三楼庑殿顶，碑上刻有花纹、对联及碑记。

严正华墓　位于长宁镇龙台村，建于清道光三年（1823年）。该墓为石砌半圆形封土墓，坐西北向东南。墓冢长5、宽3.4、高1.5米。碑宽1.2、高2.5米，为石作仿木二柱一间单檐庑殿顶，上刻对联、碑文及年代题记。拜台为石砌夯土，呈半圆形。

黄世宗墓　位于长宁镇龙窝村，建于清道光五年（1825年）。墓冢为石砌半圆形，上有封土，坐南向北。墓冢长6、宽4.8、高1.8米。碑宽4.8、高4.8米，为石质仿木四柱三间三楼庑殿顶，两侧施抱鼓，上刻戏剧人物、祥云、花卉、花瓶、桌案图案。

莆滚田墓　位于长宁镇龙窝村一组莆滚田，建于清道光十五年（1835年）。该墓坐西南向东北，墓冢呈半圆形，石砌，上有封土，长3.5、宽2米。碑宽0.8、高1.6米，为石作仿木二柱一间单檐庑殿顶，上刻对联、碑文和年代题记。

黄文祯夫妇墓　位于长宁镇龙窝村，建于清道光三十年（1850年）。该墓坐南向北，为半圆形石砌封土墓。墓冢长8、宽4.8米。碑宽3.2、高4.2米，为石作仿木四柱三间三楼庑殿顶，两侧抱鼓消失，上刻人物、房屋、花纹、碑记及年代题记。

何淳墓　位于长宁镇邾子村，建于清道光十五年（1835年）。该墓为石砌而成，上有封土，坐东南向西北。墓冢长7、宽5.2、高1.6米。碑高4.2、宽5米，为石质仿木四柱三间三楼庑殿式顶，两侧施抱鼓。碑上刻有高浮雕瑞兽、花纹、对联、墓志铭"长宁进士袁端题"及碑记。

李世海墓 位于长宁镇三村，建于清道光元年（1821 年）。该墓为石砌半圆形封土墓，坐东北向西南。墓冢长 8.1、宽 2.8 米。碑宽 3.1、高 3.7 米，为石质仿木两柱一间单檐庑殿顶，两侧抱鼓。上刻对联、花卉、戏剧、房屋、双凤朝阳等图案，碑背面刻有碑文、对联、人物、花卉、鸟兽等图案。

刘达桂墓 位于长宁镇群利村，建于清咸丰十年（1860 年）。该墓为石砌封土墓，坐东南向西北。墓冢长 4.6、宽 3.2 米。碑宽 3.7、高 3.3 米，为石质仿木四柱三间三楼庑殿顶，两侧有抱鼓。碑上刻有花纹、墓志铭、人物、对联和碑记。

坟坝头陈氏墓 位于长宁镇三村村十一组坟坝头，建于清同治十二年（1873 年）。该墓冢为石砌，形制特殊，前部呈倒梯形，两边向前凸出，坐西北向东南。墓冢长 9、前宽 6、后宽 7.7、高 2.2 米。碑宽 2、高 3.2 米，为两柱一间单檐笔架顶，两侧抱鼓。碑上依势开龛，内龛刻人物、花卉、房屋图案。墓冢前部两侧凸出部位各有一碑，单檐笔架顶，上刻碑文、人物图案。

李思俤夫妇墓 位于长宁镇白合村，建于清同治三年（1864 年）。该墓坐西北向东南 110°，为石砌半圆形墓。墓冢长 6.5、宽 4.8 米。碑宽 2.8、高 2.6 米，为石作仿木二柱一间单檐庑殿顶，两侧抱鼓，上刻对联、碑文及年代题记。抱鼓刻有花纹祥云图案。

胡仁圣墓 位于长宁镇和平村，建于清同治十二年（1873 年）。该墓为石砌封土墓，坐西北向东南。墓冢长 8、宽 5.4 米。碑宽 2.5、高 3.2 米，为石质仿木二柱一间单檐庑殿顶，两侧有抱鼓。碑上刻有对联、瑞兽、墓志铭、碑记。

陈登楷墓 位于长宁镇三村，建于清光绪二十六年（1900 年）。该墓为石砌梯形墓，前部向内呈弧形，坐西北向东南 160°。墓冢长 10、宽 8 米。碑宽 6、高 2.8 米，为石质仿木六柱五间单檐笔架顶，呈扇形，两侧抱鼓，上刻对联、碑文、人物、花纹。

宋燕氏墓 位于长宁镇先锋村，建于清光绪六年（1880 年）。该墓为石砌封土半圆形墓，坐东向西。墓冢长 4.6、宽 2.6 米。碑宽 2.2、高 3.4 米，为石质仿木二柱一间单檐庑殿顶，两侧抱鼓。碑上刻有人物、二龙戏珠、花纹、对联及碑记。

梁大贤墓 位于长宁镇农权村，建于清光绪二十七年（1901 年）。该墓坐东南向西北，为石砌半圆形墓。墓冢长 5.2、宽 4.2、高 2 米。碑宽 2.6、高 2 米，为石作仿木二柱一间单檐笔架顶，两侧抱鼓。上刻人物、祥云、花卉等图案。

张广一墓 位于长宁镇顺江村，建于清光绪九年（1883 年）。该墓坐东南向西北，为石砌梯形墓，前部呈向内弧形，上有封土。墓冢长 8、宽 4.5、高 2 米。碑宽 4.7、高 2.2 米，为石作仿木六柱五间单檐笔架顶，呈扇形，上刻碑文、对联、人物、兽、花卉图案。拜台为石砌半圆形，宽 10、进深 5.6、高 2.4 米。

刘朝乡墓 位于长宁镇建设村，建于清光绪三年（1877 年）。该墓为石砌成半圆形封土墓，坐东北向西南 200°。墓冢长 4.6、宽 2.8 米。碑宽 2.8、高 3 米，为石作仿木二柱一间单檐庑殿顶，两侧抱鼓。上刻对联、碑文及年代题记，并刻有花卉、祥云图案。

杨崧夫妇墓 位于长宁镇加林村，建于清光绪十九年（1893 年）。该墓为石砌封土墓，坐东北向西南。墓冢长 6.2、宽 4.2、高 2.3 米。碑宽 3.3、高 2.3 米，为石质仿木四柱三间三楼庑殿。碑上刻有对联及碑记。

何明述夫妇墓 位于长宁镇龙柱村，建于清宣统二年（1910 年）。该墓为石砌半圆形封土墓，坐东北向西南 250°。墓冢长 6.5、宽 4.8、高 1.9 米。碑宽 2.7、高 3.4 米，为石作仿木二柱一间单檐庑殿顶，两侧抱鼓。上刻对联、花卉、鸟兽、花瓶图案。

古建筑

新桥 位于长宁镇三村村九组新桥，建于清代。石桥东西走向，石质七墩八孔平梁桥，长 29、宽 1.1、高 1.4 米。桥墩宽 2、厚 0.6、高 1.4 米，东桥头桥台石砌呈 "Y" 形，桥北面下游 1.5 米处河谷石滩下顺桥走向凿有长方形石坑，用来稳固桥梁支撑条石，仅存东头第三墩北面一根支撑石柱，桥东第四孔下方人工凿成宽 1 米的河道。

上祠堂 位于长宁镇顺江村，建于清代。该祠堂坐东南向西北，共有 3 级台基。1 级台基垂带踏道 15 级上，石砌铺砖；2 级台基垂带踏道 6 级上，石砌夯土台基，上筑第一进房屋，面阔六柱五间 23 米，穿斗抬梁混合结构，两边山墙为穿斗结构，中间为抬梁结构进深三柱二间 8.8 米。第一进房屋后是天井，宽 13、深 6 米，天井往内是祠堂正殿，筑于第 3 级台基上。面阔六柱五间 23 米，穿斗抬梁混合结构，进深四柱三间 12 米，殿中有四柱，前四柱下有石质柱础，上刻花卉、鸟兽等图案，正殿前有石砌栏杆，共七柱六间，正殿通高约 7 米，单檐悬山顶，小青瓦屋面。祠堂曾为长宁镇中江小学校址。

王陵坝大院 位于长宁镇鱼龙村，建于清代。大院为三合院，坐东北向西南。院前有石砌门楼，院中为海墁石铺天井，宽 10.8、深 8、高 0.45 米。正屋及两侧厢房筑于三级台基上，地面由素面条石铺成。正屋面阔四柱三间 10.8 米，进深 15 米，穿斗结构十二柱减柱造。东厢房面阔三柱两间 8 米，进深八柱 13.7 米，穿斗式结构。西厢房面阔二柱一间 4.4 米，进深八柱 13.7 米，抬梁结构。顶为单檐悬山顶，小青瓦屋面。

水竹林井 位于长宁镇龙台村二组水竹林，建于清代。井呈长方形，石砌，长 1.6、宽 1.2、厚 0.15 米，深 1.2 米。西面井壁为天然大石，上有一块石板。井台为石板铺成，呈正方形，边长为 1.3 米，井西面大石上刻有 "乾隆" 字样。

白鹤林井　位于长宁镇盘村七组白鹤林，建于清代。该井井口呈长方形，长1.2、宽1、深约0.9米，为山壁渗水，至今仍有5户村民在使用。井沿由条石围成，井边有海墁石铺砌的平台。

望火山井　位于长宁镇盘村八组望火山，建于清代。古为正方形，井口、井壁由条石砌石，南北宽1、东西长1、深约1.1米。井沿北侧有石质半圆形石函，现仍有3户村民在此取用生活用水。

新房子井　位于长宁镇三村村八组新房子，建于清代。该井凿于石滩上，呈长方形，宽1.3、长2.1、深0.8米，面向东南方为井台，右侧有引水渠道入井内，井口右有条石搭于井上。

老房子大院　位于长宁镇三村村三组老房子，建于清代。该大院筑于石砌夯土台基上，石阶2级，坐西向东，面阔四柱三间12米，进深13.6米，木石穿斗结构，四穿十柱减柱造。两侧厢房对称相同，面阔四柱三间15米，进深10.6米，三穿用八柱减柱造，廊柱均为石质圆形柱。单檐悬山顶，小青瓦屋面。建筑前方17米有一石作牌门，仿木结构二柱一间，横梁上刻花纹图案。

新房子大院　位于长宁镇三村村，建于清代。大院坐西向东，筑于石砌夯土台基上，垂带踏道2级，正屋面阔四柱三间13米，穿斗结构，四穿九柱减柱造，进深13米，左右厢房面阔四柱三间7米，进深11米，抬梁穿斗混合结构。厢房内有天井各1个，顶为单檐悬山顶，小青瓦屋面。

古楼坝大院　位于长宁镇三村村，建于清代。大院为石木混合结构，筑于石砌夯土台基上，垂带踏道3级。正屋坐西北向东南，面阔四柱三间12米，穿斗结构，四穿十柱减柱造，进深13米。两侧厢房对称相同，面阔四柱三间11.6米，三穿九柱减柱造，进深11.3米，檐下柱体为石质，共计10柱，柱础为圆形，四周雕刻花纹、花卉，通高6.8米，单檐悬山顶，小青瓦屋面。

珍珠滩石桥　位于长宁镇洋鼓村，建于清乾隆五十四年（1789年）。该桥为石质平梁桥，共5孔，西南东北走向。桥长17.3、宽0.9、高1.3米。桥板厚0.45米，共由7块条石铺成，其中三孔由三块分别长为2.7、3.1、4.7米，宽0.9米，厚0.45米的条石铺成。另两孔由四块长3.3、3.2米，宽0.45米的条石铺成。西南端第二孔桥石下镌刻有"乾隆五十四年乙酉补修"字样。

鳌洞桥　位于长宁镇龙窝村，建于清道光十五年（1835年）。该桥为南北走向，石质平梁桥，四墩五孔，长17、宽1米，每孔间由三块大小相似的条石并排铺成。北头两墩有条石支撑于下游，桥梁下刻有"鳌洞桥一座，永垂万古，河南省洛阳县，分县吕薄男朝仁发心修"等字样，并刻有"道光十五年二月二十日"题记。

李家祠　位于长宁镇三村村四组祠堂头李家祠，建于清光绪二年（1876年）。原为四合院，现仅存正屋，坐北向南，筑于石砌夯土台基上，台阶3级。正屋面阔六柱五间18.6米，进深8.6米，穿斗结构，四穿八柱，通高5.3米，右侧厢房消失，左侧厢房仅存一间，顶为单檐悬山顶，小青瓦屋面。

石窟寺及石刻

柏坪观音岩石窟寺　位于长宁镇柏坪村，建于清代。该寺凿于离地高1.8、长6.8、宽5米的红砂石壁上，坐西北向东南。1号龛雕刻有精美的高浮雕观音坐像一尊，龛为长方形弧形顶，高1.2、宽1.1米。2号龛东北侧壁上刻有浅浮雕题记"玉屏胜景"四字。字宽0.3、高0.3米，楷书书写。地面有残断碑石一通，为重修庙宇的功德碑。

近现代重要史迹及代表性建筑

烈士陵园　位于长宁镇淯江社区，建于1957年。陵园为纪念在解放战争、剿匪战斗、抗美援朝、中印边境自卫反击战和中越边境自卫反击战战争中牺牲的革命烈士而建。现对外开放参观和作为爱国主义教育基地。烈士陵园坐西北向东南，共5级台基，均为石砌台边，混凝土铺台面，第2级台阶以下为绿化带。第3级正中建有烈士纪念碑，由台基、碑座、碑身三部分组成。台基为素面条石砌，分级呈正方形，边长为5.5米。碑座为石砌正方形，边长4、高1.5米，四周用大理石镶嵌，上刻中共长宁县委、长宁县人民政府于1999年10月1日题刻碑记及烈士英名录。台边刻有花纹图案，碑身为砖砌水泥糊裱，呈正方形，边长2.1米。东南面和西南面有"人民英雄永垂不朽"的红色字样，西北面书有"为人民而死虽死犹荣"。题字上方均有一五角星。第四级台阶上有烈士墓及碑，分为四处，每处合葬若干烈士，石砌长方形冢，长10、宽3米。碑刻烈士名字及遇难经过。第五级台阶上建有余泽鸿烈士纪念馆，砖混结构，呈长方形，宽4、进深15.7米，前部两侧各有一室，分别为"荣誉室"和"办公室"。外墙为红色。

梅硐镇

古墓葬

金鱼背墓群　位于梅硐镇石陇村六组金鱼背，建于明代。该墓群原有9座墓，现存6座墓。墓群形制相同，坐东向西，均为素面条石砌成长方形平顶墓室，均被扰乱。M1墓冢长3.2、宽0.9、高1.4米，室壁开龛。

生机田墓　位于梅硐镇红光村一组生机田，建于明代。该墓坐东南向西北，内有两室，由素面条石构成。墓室长2、宽0.9、高1.2米，室壁有龛。

杉木板墓 位于梅碉镇红光村二组杉木板，建于明代。该墓为双室墓，坐西南向东北，已被扰。墓冢长 2.6、宽 2.5、高 1.5 米，洞口高 1.2、宽 0.8 米。墓室左右相通，后壁及左、右开龛。

高简槽墓 位于梅碉镇高简村，建于明代。该墓坐西北向东南，冢宽 5.5 米，五室相通，大小相同，素面条石砌长方形平顶墓室。单室长 2.7、宽 1、高 1.5 米，后壁开龛，龛内刻有图案。

七家坂墓 位于梅碉镇两河村六组七家坂，建于明代。该墓为素面石砌长方形平顶墓室，坐西南向东北。三墓室并排相通，大小相同，单室长 3.2、宽 1、高 1.4 米，每室后壁均开龛，呈长方形。

炮通湾刘家墓地 位于梅碉镇天池村一组炮通湾，建于清代。该墓地共 3 座墓，平行分布，形制相同，均为半圆形石砌封土墓，坐东南向西北。M1 墓冢长 4.4、宽 3.8 米。碑为两柱一间单檐庑殿顶，柱刻对联，M1 碑高 2.4、宽 1 米。

陈文桂墓 位于梅碉镇天池村，建于清代。该墓坐东向西，为石砌封土半圆形墓，长 5、宽 3 米。碑宽 2、高 2.2 米，为单一圆石碑，两侧抱鼓，抱鼓刻有人物、鸟兽、花卉图案。墓后有后山，重檐庑殿顶。

钱泽夫妇墓 位于梅碉镇天文村，建于清代。该墓为椭圆形石砌封土墓，坐西向东。墓冢宽 3.6、长 4.4 米。碑为石质仿木四柱三间三楼庑殿顶，柱刻对联，梁刻花纹图案。

大场田墓 位于梅碉镇平桥村七组大场田，建于清代。该墓坐西向东，墓冢长 7.5、宽 5、高 1.8 米。碑为石质仿木二柱一间单檐庑殿顶，有抱鼓，风化严重，年代姓氏等文字全无。

蒋永钟墓 位于梅碉镇黄金村，建于清乾隆二十三年（1758 年）。该墓为石砌半圆形封土墓，坐西南向东北。墓冢长 5.2、宽 3.8、高 1.4 米。碑宽 2.6、高 2.4 米，为仿木石质单檐庑殿顶，顶已脱落，碑前另立有 1996 年新立小石碑一块。

蒋世康墓 位于梅碉镇镇坪村，建于清道光十七年（1837 年）。该墓为石砌封土单墓，呈半圆形，坐西南向东北。墓冢长 5.2、宽 3.2、高 1.4 米。碑宽 1.8、高 2.4 米，为石质仿木二柱一间单檐庑殿式顶，有抱鼓，碑上刻有对联和碑记"道光十七年"。

余杨氏墓 位于梅碉镇六角村，建于清乾隆三十五年（1770 年）。该墓为半圆形石砌封土墓，坐西南向东北。墓冢长 6.6、宽 4.6、高 1.8 米。碑宽 3、高 2.8 米，为单檐笔架顶，两侧抱鼓，柱刻对联"黄壤崇封期化鹤；青螺环拱双来龙"。顶刻有戏剧人物、兽等图案。抱鼓高浮雕人物、花草、楼宇、几何图案。后山及院墙均为石砌。

钱正銮夫妇墓 位于梅碉镇天文村，建于清乾隆十六年（1751 年）。该墓被杂草覆盖，前方砌石有裂缝，刻有文字、人物、兽图案，均用红油漆描红。碑较完整，上刻有文字，均描红，有轻微风化。

王文训墓 位于梅硐镇东河村，建于清嘉庆九年（1804 年）。该墓对称各有一碑，形制相同，均为王公墓志铭。左边碑铭为"原任教谕后补松州教授年愚弟赵□□书"。

王定邦夫妇墓 位于梅硐镇高简村，建于清嘉庆八年（1803 年）。该墓为半圆形石砌封土墓，坐西南向东北。墓冢长 5.2、宽 4 米。碑宽 2.1、高 2.1 米，为石质仿木四柱三间三楼庑殿顶，呈扇形，柱刻对联，梁刻横联，有院墙，呈扇形，直径 16 米。

昝国瑶墓 位于梅硐镇龙尾村，建于清嘉庆十五年（1810 年）。该墓为石砌封土墓，坐东南向西北。墓冢长 5.7、宽 2.2、高 1.3 米。碑宽 1.1、高 1.7 米，为仿木石质二柱一间单檐庑殿顶。碑上刻有对联及碑记"嘉庆十五年"和墓志铭。

蔡叶湾车氏墓 位于梅硐镇马坪村，建于清道光十三年（1833 年）。该墓为半圆形石砌封土墓，坐西向东。墓冢长 6.5、宽 4 米。碑宽 3.6、高 2.9 米，为两柱一间单檐庑殿顶，柱刻对联。

古家显墓 位于梅硐镇马安村，建于清道光十七年（!837 年）。该墓为石砌封土墓，坐北向南，已被扰乱。墓冢长 3.9、宽 3.2、高 1.64 米。碑为石质仿木单檐庑殿顶。碑上刻有对联和碑记"道光十七年"。

刘德崇夫妇墓 位于梅硐镇星光村，建于清咸丰八年（1858 年）。该墓为半圆形石砌封土墓，坐东南向西北。墓冢长 5.2、宽 4.3、高 1.6 米。碑宽 2.2、高 3.4 米，为石质仿木四柱三间五楼庑殿顶，碑上刻有对联及花草纹饰。碑记"咸丰八年"。

蒋李氏墓 位于梅硐镇镇坪村，建于清咸丰九年（1859 年）。该墓为半圆形石砌封土墓，坐西向东，未扰。墓冢长 5.2、宽 3.4、高 1.8 米。碑宽 2.6、高 3 米，为石质仿木两柱一间单檐庑殿顶，两侧抱鼓，刻有对联、花纹、人物、几何图案。

龙志武夫妇墓 位于梅硐镇龙尾村，建于清代。该墓为石砌封土，坐东南向西北。墓冢长 6、宽 4、高 1.9 米。碑宽 2.3、高 2.38 米，为圆顶碑。碑两侧各雕刻有浮雕人物、动物、几何图案，两龛，中刻有碑记"光绪年间"。

赵镐夫妇墓 位于梅硐镇星光村，建于清同治十年（1871 年）。该墓为素面条石封土夫妻合葬墓，坐东南向西北。墓冢长 5.5、宽 4.8、高 1.8 米。墓地用石砌围成，前面有拜台，宽 12.5、深 10.5 米。碑为石质仿木结构二柱一间笔架顶，碑上刻有花鸟、对联及碑记"同治十年"。

傅廷训墓 位于梅硐镇清江村，建于清光绪二年（1876 年）。该墓为石砌封土墓，坐东北向西南，已被扰乱。墓冢长 5.5、宽 2.8、高 1.6 米。碑为石质仿木二柱一间单檐庑殿顶，有抱鼓。碑上刻有花纹、对联及碑记"光绪二年"。

周朝昌墓 位于梅硐镇中坪村，建于清光绪二十年（1898 年）。该墓为半圆形石砌封土墓，坐东南向西北。墓冢长 6.2、宽 3.9 米。碑宽 3.9、高 4.5 米，为石质仿木四柱三间三楼庑殿顶，上刻有高浮雕人物、戏剧、图案及对联。碑记"皇清例授正八品"及"光绪二十年"等文字。

唐兴柱墓 位于梅硐镇高简村，建于清光绪十年（1884年）。该墓坐西北向东南，为半圆形石砌封土墓。墓冢长6、宽3米。碑宽1.8、高2米，为两柱一间单檐笔架顶，两侧抱鼓，上刻花纹图案。后山为五檐庑殿顶，刻有文字。

唐龙氏墓 位于梅硐镇高简村，建于清光绪五年（1879年）。该墓为半圆形石砌封土墓，坐北向南。墓冢长6、宽4.5米。碑宽4.5、高4米，为石质仿木四柱三间三楼庑殿顶，两侧抱鼓。柱刻对联，梁刻横联，并刻有人物、花瓶、花草等图案。

吴在守墓 位于梅硐镇两河村，建于清光绪二十二年（1896年）。该墓为半圆形石砌封土墓，坐西南向东北。墓冢宽3.4、长5米。碑宽1.8、高3.4米，为石质仿木两柱一间单檐庑殿顶。柱刻对联，并刻有花纹、几何、房屋等图案。两侧施抱鼓，上刻戏剧人物图案。

古建筑

刘云业宅 位于梅硐镇天池村，建于清代。该民宅筑于一级台基上，素面条石砌夯土台基，坐东向西。面阔六柱五间，宽18、进深12米，穿斗抬梁混合结构，四穿九柱减柱造，面五柱下方有高0.4米的石质柱础，上刻花纹图案。墙体、柱下方均有条石基石，左侧厢房面阔二柱一间，进深七柱11米，单檐悬山顶，小青瓦屋面。

余绍宣宅 位于梅硐镇天池村，建于清代。该民居坐东向西，筑于一级台基上，素面条石砌夯土台基，柱下均有石质基石，前五柱下均有形状各异的基石，雕刻花纹、鸟兽图案。左厢房受火灾被毁，右厢房被损后重建为砖混结构，仅存正屋，面阔五柱四间，宽21、进深13米，九柱减柱造，云凳四个，用花纹图案雕刻成"福、禄、寿、喜"四字，单檐悬山顶，小青瓦屋面。

回龙民居群 位于梅硐镇回龙社区，建于清代。该民居群依山势而建，筑于街道两旁，街道为南北走势，形制基本相同，穿斗抬梁混合结构。1号楼位于街道最南端，坐东向西，面阔五柱四间15米，进深七柱。1号楼往北上依次为2~12号，均为单檐悬山顶，小青瓦屋面。

近现代重要史迹及代表性建筑

梅泉洞石刻 位于梅硐镇回龙社区，建于中华民国时期。石刻位于梅泉洞口石壁，距水面2米，洞口朝南。上刻"梅泉洞"三个篆体字，旁刻书写者"梁叔子"等字。梁叔子为民国时期著名乡绅，民主人士，主持创办第一所初级中学——培风中学。"梅泉洞"字旁另有佛龛1窟，供奉有观音像1尊。

余泽鸿故居 位于梅硐镇泽鸿村。余泽鸿出生于1903年，15岁时参加革命，曾任中共中央秘书长、红军川南游击纵队政委等职，1935年在江安县碗厂坡战斗牺牲。余泽鸿故居坐南向北，筑于三级台基上，均为素面石砌夯土台基。面阔四柱三间14米，进深三间15米，为四穿九柱减柱造，木结构穿斗式梁架。两侧双耳房，面阔20、进深7米。悬山顶，小青瓦屋面。

袁敦厚烈士墓 位于梅硐镇高简村，建于1930年。袁敦厚祖籍太平乡（现井江乡），系川南工农革命军独立团游击队政委，1930年6月在兴文凌霄城对敌战斗牺牲。墓冢为砖砌封土墓，呈长方形，坐东南向西北，墓冢长3.8、宽2.5米。碑建于1984年3月30日，石质单碑，碑宽0.75、高1.3米。

殿子上一号红军标语 位于梅硐镇黄金村，年代为1935年。该标语用黑行楷书竖写于长4、高1米的民居房壁上。左侧内容为"屠杀四川工农劳苦民众的魔鬼！"。右侧用线条勾画旗幅一面，标语竖写在旗帜上，内容为"农民起来，实行抗租、抗粮、抗税、抗债！组织抗租军"。字径0.15、字距0.18米。

红军川南游击纵队军事会议会址 位于梅硐镇镇坪村，建于1935年。该建筑原为余家祠堂，1935年5月14日，余泽鸿带领川南游击纵队住此并召开军事会议。余家祠坐西南向东北，为四合院。木结构单檐悬山顶，穿斗式梁架，三穿用七柱减柱造。正屋分前、中、后三室，均为面阔五间23.16米，进深三间7.5米，左右厢房三穿用五柱，面阔十一间42.15米，深5.05米，素面台基垂带踏道造3级，通高5.3米，正殿已拆重修，小青瓦屋面。

邓楷烈士墓 位于梅硐镇黄金村，建于1938年。邓楷，革命烈士，原籍湖南。1934年任梅硐区地下党领导。1938年在现青山乡不幸被捕牺牲。此墓封土呈圆形，坐西南向东北，墓冢长2.7、宽2.2、高1.3米。

双河镇

古墓葬

店子湾崖墓群 位于长宁县双河镇荷叶村二社店子湾，建于汉代。该墓群共2座墓，凿于距离地面高6米的石壁上，坐西北向东南。两墓形制相似，为双门层门楣，门宽1.1米，高1.25米。室为长方形平顶，墓冢长6、宽2.1、高2米，室内左壁开龛，后壁凿一石台，长2、宽1.5、高0.45米，因修公路有损毁。

白钱树墓 位于长宁县双河镇珍珠村二社白钱树，建于明代。该墓为双室石室墓，坐东南向西北，石砌长方形平顶墓室。墓深2.5米，两室宽2.4、高1.1米。

石马湾周韩氏墓　位于长宁县双河镇大水村,建于明代。该墓为单墓,石砌封土,坐东南向西北。墓冢长5、宽5、高2.5米。1993年由周氏后裔重新立碑,上书"周母韩太恭人"。据长宁县志记载该墓是明代长宁名人周洪漠的母亲之墓。

李永通墓　位于长宁县双河镇大旗村,建于明代。该墓为不规则块石砌成梯形,上有封土,坐西南向东北。墓冢长7、宽6、高3米。原石碑为石作长方形,高1.2、宽0.5米,碑记"大明学士李永通墓"。另有新石碑宽0.9、高1.5米。碑记:"李永通之墓,一三八零年进川三世祖,永通公十七代孙赴日本女士李发琼资助,公元二〇〇三"等字。据明史及县志记载,李永通为明代进士,榜眼。

大菜园万家墓地　位于长宁县双河镇珍珠村五组大菜园,建于清代。该墓地共4座墓,形制相同,均为石砌封土墓,坐西北向东南。M1墓冢长5.2、宽3.2米。M1碑为石质仿木二柱一间单檐庑殿顶,有抱鼓,碑宽2.7、高2.7米。碑上刻有花草纹及对联,碑记"同治四年";M4碑为四柱三间。M1、M2紧邻,M3、M4紧邻,两墓间相距1.8米。M1、M2与M3M4相隔50米。

老坟山张家墓地　位于长宁县双河镇伏头村五组老坟山,建于清代。该墓地共3座墓,形制相同,均为石砌封土墓,坐东北向西南。墓冢长6、宽15米。M1碑宽0.9、高2.5米,为仿木石质二柱一间单檐庑殿顶;M2碑宽3.3、高3.4米,为石质仿木四柱三间三楼庑殿顶;M3碑宽3.1、高3.1米,为石质仿木四柱三间三楼庑殿顶。

沙子坎张家墓地　位于长宁县双河镇伏头村二组沙子坎,建于清代。该墓地共3座墓,形制相同,均为石砌封土墓,坐西向东。墓地宽20、深8米。M1、M2碑为石质仿木四柱三间三楼庑殿顶;M3碑为单檐庑殿顶。

桃子坡杜家墓地　位于长宁县双河镇伏头村三社桃子坡,建于清代。该墓地共2座墓,均为石砌封土墓,坐西北向东南。M1墓冢长4.5、宽2.9米,碑宽2、高2.2米,为石质仿木四柱三间三楼庑殿顶,碑上刻有对联及碑记"咸丰年"。M2墓冢长3.3、宽2.3米,碑宽2.3、高2.3米,为石质仿木二柱一间单檐庑殿式顶。碑上刻有对联及人物,花纹及碑记"恩授正八品杜公启武之墓,光绪二十二年"。

苦竹林郑家墓地　位于长宁县双河镇燕子村三社苦竹林,建于清代。该墓地共2座墓,均为石砌封土,呈椅子状,坐西南向东北。M1墓冢长6、宽3.5米。碑宽2.1、高1.8米,为石质仿木四柱三间三楼庑殿顶。

小朝湾胡家墓地　位于长宁县双河镇金鱼村六社小朝湾,建于清代。该墓地共2座墓,形制相同,相距3米并排分布,均为乱石砌成封土墓,坐南向北。M1墓冢长6、宽5米。碑高2.3、宽2.1米。两碑均为两柱一间石质仿木单檐庑殿顶。

龙颈子墓地　位于长宁县双河镇荷叶村四社龙颈子,建于清代。该墓地共2座墓,相距5米,分布在60平方米范围内,形制相似,均为封土墓,坐西南向东北。M2墓冢长 4.5、宽 4 米。M1 碑高 1.5、宽 0.8 米，为两柱一间单檐庑殿顶。

大坟山周家墓地 位于长宁县双河镇铜锣村五组大坟山，建于清道光二十八年（1848 年）。该墓地共 3 座墓，形制相同，均为石砌封土墓。M1 与 M2、M3 相距 30 米，M2、M3 紧邻。M1 坐西南向东北，墓冢长 6、宽 3.2 米。碑宽 2.2、高 3.1 米，为石质仿木四柱三间三楼庑殿顶。碑上刻有人物、对联及碑记"道光二十八年"。

蒯文斗墓 位于长宁县双河镇金鱼村，建于清乾隆四十八年（1783 年）。该墓为石砌封土墓，坐西南向东北。墓冢长 4.3、宽 2、高 2 米。碑宽 1、高 0.6 米，为石质仿木两柱一间单檐庑殿顶，刻有"乾隆四十八年"。

李宏业夫妇墓 位于长宁县双河镇九龙村，建于清道光二十二年（1842 年）。该墓坐东南向西北，石砌封土。墓冢长 4.6、宽 4.2 米。碑宽 2.2、高 2.2 米，为石质仿木二柱一间单檐庑殿式顶，有抱鼓。碑上有对联及文字。

杜怀贤墓 位于长宁县双河镇凤凰村，建于清道光十年（1830 年）。该墓呈半圆形石砌封土墓，坐东向西。墓冢长 10、宽 9、高 2 米。碑高 3.5、宽 3 米，为石质仿木四柱三间三楼庑殿顶，上刻对联和碑文及题记"大清道光十年"。

程克明墓 位于长宁县双河镇鱼池村，建于清道光十二年（1832 年）。该墓为半圆形石砌封土墓，乱石块砌成，坐东向西。墓冢长 3.4、宽 3.2 米。碑宽 0.9、高 1.5 米，为石质仿木两柱一间单檐庑殿顶，上刻对联及年代题记。

文登贵墓 位于长宁县双河镇杨柳村，建于清咸丰五年（1855 年）。该墓坐东南向西北，石砌封土。墓冢长 4.6、宽 3.9、高 1.6 米。碑宽 1、高 2 米，为石质仿木二柱一间单檐庑殿顶。碑上刻有对联及花纹，碑记"皇清恩赐八品显考文公讳登贵老大人"及"咸丰五年"。

大坟山龙氏墓 位于长宁县双河镇杨柳村二组大坟山，建于清咸丰七年（1857 年）。该墓为石砌封土半圆形墓，坐东南向西北。墓冢长 4.8、宽 3.5 米。碑宽 1 米，高 1.8 米，为石质仿木二柱一间单檐庑殿式顶。碑上刻有对联及碑记"咸丰七年"。

罗时清墓 位于长宁县双河镇桂花村，建于清代。该墓为半圆形石砌三合土墓，上有封土，坐西南向东北。墓冢长 6、宽 3.3 米。碑宽 2.4、高 2.6 米，为仿木石作二柱一间单檐庑殿顶，两侧施抱鼓，上刻对联、人物、花纹等图案。

张罗氏墓 位于长宁县双河镇犁头村，建于清咸丰二年（1852 年）。该墓半圆形石砌封土墓，坐西向东。墓冢长 5.5、宽 3.4、高 2 米。碑宽 1.8、高 2.2 米，为单檐笔架顶，两侧施抱鼓，上刻花纹、碑文、年代题记。

葡萄井义烈墓地 位于长宁县双河镇葡萄村，建于清同治元年（1862 年）。该墓地共两座墓，形制相同，西南向，为乱块石砌成半圆形，上有封土，M1 墓冢长 5.3、宽 4、高 1.7 米。碑为半圆形"令牌碑"，M1 碑高 1.65、宽 0.8 米，有碑文。该墓地是清朝政府为清同治元年太平天国攻打长宁县城（今双河镇）战死的官绅兵民而设立。

张鸿普夫妇墓 位于长宁县双河镇葡萄村，建于清同治六年（1867年）。该墓为半圆形石砌封土墓，坐北向南。墓冢长6、宽4.2米。碑宽4.2、高3.2米，为石质仿木四柱三间三楼庑殿顶，两侧施抱鼓。上刻对联及"同治六年"题记。

冯熙铠墓 位于长宁县双河镇笔架村，建于清同治十年（1871年）。该墓为石砌封土椅子状，墓地由条石铺成，共三台，坐西北向东南。墓冢宽14.5、深9米。碑宽2、高2.6米，为石质仿木四柱三间三楼庑殿顶。碑上刻有对联、人物、戏剧及墓志铭。

秦蒯氏墓 位于长宁县双河镇金鸡村，建于清光绪四年（1878年）。该墓为石砌封土墓，坐东南向西北。墓冢长4、宽2.7、高1.8米。碑宽2.3、高2.7米，为石质仿木二柱一间单檐庑殿式顶，有抱鼓。碑上刻有花纹及对联，碑记"光绪四年"字样。

谢汝金墓 位于长宁县双河镇铜锣村，建于清光绪十年（1884年）。该墓为石砌封土墓，坐东向西。墓冢长4.1、宽2.8米。碑宽2.3、高3.1米，为石质仿木二柱一间单檐庑殿顶，有抱鼓。碑上刻有鸟兽、花纹及对联，碑记"皇清恩赐正八品耆士谢公汝金老大人之墓"及"光绪十年"字样。

杜文芳墓 位于长宁县双河镇凤凰村，建于清宣统元年（1909年）。该墓呈圆形石砌封土墓，西北向，墓冢长3.5、宽2.5、高1.5米。碑宽3.2、高3.2米，为石质仿木二柱一间三楼庑殿顶，两侧施抱鼓。一檐正中有"奉政大夫"四字，碑上刻有人物、戏剧、花卉等图案，所有图案均属彩绘。人物、对联、"奉政大夫"字样属用碎瓷片粘贴而成，有石刻"特授正六品云骑杜公讳文芳"及题记"宣统元年"字样。

古建筑

风洞湾石桥 位于长宁县双河镇风洞村，建于清代。该桥为东西走向，石质单拱桥，长9、宽2.75、高5米，拱高4米，跨度6.5米，桥头阶梯为13级踏道。

侯永龙宅 位于长宁县双河镇前进村一组大地湾，建于清代。该民居坐南向北，筑于2级台基，7级垂带踏道上，台基为石砌夯土台基，正屋为面阔四柱三间13米，进深为12米，四穿九柱减柱造，通高7.3米，穿斗结构。左厢房面阔三柱二间进深10米，九柱，右厢房进深10.4米，八柱偏柱造。顶为单檐悬山顶，小青瓦屋面。

李学勤宅 位于长宁县双河镇大伏村，建于清代。该民居筑于一级台基上，台基为石砌夯土台基。房屋坐东向西，正屋面阔四柱三间11.6米，穿斗结构，四穿九柱减柱造，进深11米。两侧厢房进深9米，七柱减柱造，面阔四柱三间12.2米，转角属穿抬混合结构。正屋中间两侧墙壁上写有"团结、紧张"和"严肃、活泼"字样，系20世纪50年代大跃进时期作食堂时书写。屋顶系单檐悬山顶，小青瓦屋面。

北门桥 位于长宁县双河镇双河社区，建于清代。该桥为南北走向，石质结构单券拱平梁桥，长18.63、宽6、高8.55米，跨度10.86、拱高7.45米，石质桥栏高0.45

米，现仍为龙头镇至双河镇交通要道。

双河城墙　位于长宁县双河镇双河社区，建于清代。双河镇原为长宁县县治所在地，双河城墙沿东西方向而建，土石砌成。中部有断裂，西部长 22、东部长 60、通高 3.8、底部宽 4、顶部宽 3.5 米。

桂花金鱼桥　位于长宁县双河镇桂花村，建于清道光九年（1829 年）。该桥东北—西南走向，东北端为金鱼村，西南端为桂花村。石质拱券桥，长 26.6、宽 5.5、拱高 7.5、跨度 14 米，桥两端分别垂带踏道 30 级至桥梁顶。离桥西头 3 米有石质建桥碑，记述了修建年代和经过，为陈姓进士主持修建。宜宾市人民政府于 2011 年 2 月公布其为文物保护单位。

文庙大殿　位于长宁县双河镇双河社区，建于清咸丰元年（1851 年）。该文庙仅存大殿，坐西北向东南，素面石台基，面阔五间 22 米，进深 15.8 米，通高 6.7 米，抬梁结构，木结构重檐庑殿顶，黄琉璃绿剪边瓦，正脊檩题记"清咸丰元年辛亥三月初十日辰时重建"字样。大殿驼峰、柱础等木雕石雕精美。四川省人民政府 2012 年 7 月公布其为文物保护单位。

葡萄井　位于长宁县双河镇葡萄村，建于清光绪二年（1876 年）。古井井口长 5.4、宽 5、深 2 米，井壁系条石砌成，井栏高 0.5 米，井水终年不枯，冬暖夏凉，因井底不断向上射出一串串葡萄般的水泡，故名葡萄井，井原在龙神祠天井中，现龙神祠已拆建为酒楼。宜宾市人民政府于 2011 年 2 月公布其为文物保护单位。

近现代重要史迹及代表性建筑

淯水天主堂　位于长宁县双河镇双河社区，建于中华民国时期。该天主堂为中西建筑风格，砖、石、木混合结构，坐西北向东南，单檐硬山顶。北头房顶上有单檐六角攒尖顶楼，面阔三间 8.7 米，进深 16 米，两侧开窗 8 扇，壁上绘画 24 幅。室内西北底部呈向外弧形，墙上开龛，呈长方形弧形顶，为供奉天主耶稣所用，正面墙体正中书"天主堂"，下边写有"玫瑰花雨"等字样。

大地湾标语　位于长宁县双河镇前进村一组大地湾，写于 1968 年。该标语第一幅为横幅，红色黑体字书写"中国共产党万岁"。横幅长 4 米，字长 0.6、宽 0.4 米，在横幅下方为第二幅："毛主席语录：下定决心，不怕牺牲，排除万难，去争取胜利。"落款"愚公移山"。字体均为红色，书写在居民墙壁上。该标语能反映"文革"期间的政治宣传工作情况，具有一定的史料价值。

李仲耘墓　位于长宁县双河镇九龙村，建于 1933 年。李仲耘据查曾任民国时期国民党长宁县党部书记长，为人正直，因得罪地方势力而被害，后被国民政府追认为烈士。墓为单墓，石砌封土，坐西北向东南。墓冢长 4.9、宽 2.6 米。墓碑为石质圆碑，碑宽 1.3、高 1.8 米。碑上刻有"烈士李公讳钿字仲耘墓"，碑记"民国二十三年"。

鱼池湾大院　位于长宁县双河镇笔架村，建于 1942 年。大院为三合院布局，坐西南向东北。正屋面阔四柱三间 13.7 米，抬梁穿斗式混合结构，三穿九柱进深 9.7 米，单檐悬山顶，小青瓦屋面。右侧厢房面阔五柱四间 18 米，进深八柱 8.5 米。左侧厢房面阔四柱三间 13.5 米，进深八柱 8.5 米。廊柱下有石质柱础，为圆形，上刻花纹等图案。

抗战胜利纪功碑　位于长宁县双河镇葡萄村，建于 1946 年。该碑为 1946 年为纪念抗战胜利所建。碑由台基、碑座、碑身三部分组成，通高 6.6 米。台基为素面石砌呈六边形，高 1.7、边长 1.42 米。碑座呈四边形，高 0.9、宽 1.17 米，碑身由砖、水泥混合结构而成，为四方形，宽 1.65、高 4 米，东、西两面书有"抗战胜利纪功碑"。

硐底镇

古墓葬

察耳岩墓　位于硐底镇民元村，建于宋至清代。该墓共 7 座墓，均坐东向西，M2 为清墓，其他为石室墓，除 M2 外均被盗。M2 为半圆形石砌封土墓冢，碑为石质仿木二柱一间单檐庑殿顶，两侧施抱鼓。M3、M4 形制相同，仿木结构长方形藻井式顶，长 3.2、高 2.5、宽 2.1 米。石壁开有龛，在墓室的顶部和壁上刻有人物、龙虎、花卉、草木及斗拱图案。M1、M5、M6、M7 均为长方形平顶墓室，双室并排相通，大小相同，后壁开龛。

梭坡溪墓　位于硐底镇七坝村，建于明代。该墓墓室为砖砌长方形弧形顶，坐西南向东北，三室并排，大小相同且相通。单室宽 1.4、高 1.5 米，进深 3.5 米，后壁开龛。

黑屋基王家墓地　位于硐底镇民元村八组黑屋基，建于清代。该墓形制相同，为石砌半圆形封土墓，坐东北向西南，两墓并排。M1 冢长 4、宽 2.5、高 1.6 米。碑宽 2、高 2.8 米，为二柱一间单檐庑殿顶，两侧抱鼓。柱刻对联，抱鼓刻有花纹、花卉图案，碑刻碑文及年代题记。

坪上旷家墓地　位于硐底镇新堡村五组坪上，相隔 1.5 米，建于清代。该墓地共 2 座墓，形制相同，均为石砌封土墓，坐南向北。碑均为石质仿木二柱一间单檐庑殿顶，有抱鼓。其中 M1 冢长 5.2、宽 4 米，碑宽 3、高 3 米。碑上刻有花草、对联及碑记"皇清例赠文林郎旷公名大人墓"和"光绪五年"等文字。

生机包赵家墓地　位于硐底镇五一村二组生机包，建于清代。该墓地共五座墓，形制相同，均为半圆形石砌封土墓，坐南向北。五墓并排，以左到右依次为 M1～M5。M2 冢长 5、宽 2.4 米。碑均为二柱一间单檐庑殿顶，M2、M3 碑两侧有抱鼓，M2 碑宽 2.4、高 2.2 米，柱刻对联，碑刻碑文及年代题记，抱鼓刻有花草图案。

石岗坪梁家墓地 位于硐底镇龙溪村二组石岗坪，建于清代。该墓地各墓错落分布，坐东南向西北，从左到右依次为 M1～M3。M1 为石砌半圆形封土墓，墓冢长 4、宽 2.4 米。M2、M3 均为长方形土堆墓。M1 碑宽 2.2、高 3 米，为二柱一间单檐庑殿顶，两侧抱鼓；M2、M3 碑为六柱五间五楼庑殿顶，两侧施抱鼓，呈扇形，均刻有对联、花纹图案。M3 梁刻人物图案，抱鼓刻兽。

牛背上韩家墓地 位于硐底镇三桥村四组牛背上，建于清代。该墓地为双墓，墓冢形制相似，为三合土砌成半圆形墓。M1 坐东向西，墓冢长 7、宽 5.2 米。碑宽 2、高 2.7 米，为仿木石作二柱一间单檐庑殿顶，两侧施抱鼓，上刻对联、花纹及"咸丰四年"题记。M1 两侧各有一块长方形圆顶石碑，上刻碑文。

张应旺夫妇墓 位于硐底镇红旗村，建于清康熙二十六年（1687 年）。该墓为石砌封土墓，坐东向西。墓冢长 4、宽 4、高 1.3 米。碑宽 2.4、高 2.1 米，为石质仿木四柱三间三楼庑殿顶，碑上刻有对联及墓志铭。另有一小碑立于大碑侧，碑宽 0.48、高 1 米，碑记"康熙二十六年"、"乾隆五十七年立"等字样。主碑为张氏后人重立。

茶林坡张家墓地 位于硐底镇民元村七组茶林坡，建于清嘉庆二十五年（1820 年）。该墓地共 2 座墓，上下分布，形制相同，均为半圆形石砌封土墓，坐西南向东北。M1 墓冢长 5、宽 3.4 米。碑宽 1.2、高 2.4 米，石质仿木为二柱一间单檐庑殿顶。柱刻对联、花纹、碑文及年代题记。

尹匡时墓 位于硐底镇水潮村，建于清嘉庆九年（1804 年）。该墓为石砌半圆形封土墓，坐西南向东北。墓冢长 4、宽 3.2、高 1.2 米。碑宽 0.9、高 1.7 米，为石质仿木二柱一间单檐庑殿顶，柱刻对联，并刻有碑文及年代题记。

吴达诚墓 位于硐底镇五一村，建于清道光二十六年（1846 年）。该墓为半圆形石砌封土墓，坐东南向西北。墓冢长 5、宽 3.4、高 1.4 米。碑宽 3.4、高 3.2 米，为石质仿木四柱三间三楼庑殿顶，两侧施抱鼓，柱刻对联，正中刻有"炉山拱秀"，并刻有花卉、桌案瓶几、祥云等图案。

旷怀猷夫妇墓 位于硐底镇新堡村，建于清咸丰十年（1860 年）。该墓为石砌六边形封土墓，坐南向北。墓长 5.4、宽 3.8、高 1.9 米。碑宽 3.5、高 3.3 米，为石质仿木四柱三间三楼庑殿顶，两侧施抱鼓。碑上刻有对联、墓志铭等。

旷世师墓 位于硐底镇新堡村，建于清咸丰十年（1860 年）。该墓为石砌封土墓，坐东向西。墓冢长 4.5、宽 2.9、高 1.6 米。碑宽 1、高 2.5 米，为石质仿木二柱一间单檐庑殿顶。碑上刻有对联及碑记。

黄真莲墓 位于硐底镇五一村，建于清咸丰九年（1859 年）。该墓为六边形石砌封土墓，坐南向北。墓冢长 6、宽 3.6 米。碑宽 3、高 2.6 米，为石质仿木四柱三间三楼庑殿顶，两侧施抱鼓，柱刻对联，碑刻花纹、花卉图案。碑正前 0.2 米有一石质香炉。

陈金山墓　位于硐底镇七坝村，建于清同治十一年（1872 年）。该墓为半圆形石砌封土墓，坐东北向西南。墓冢长 4、宽 3 米。碑宽 2.4、高 3 米，为石质仿木二柱一间单檐庑殿顶，两侧施抱鼓，上刻对联、碑文、年代题记及花纹图案。

张有贤夫妇墓　位于硐底镇新堡村，建于清同治六年（1867 年）。该墓为半圆形石砌封土墓，坐西北向东南。墓冢长 6.2、宽 3.1 米。碑宽 2、高 2.9 米，为仿木石作二柱一间单檐庑殿顶，两侧抱鼓，上刻对联、碑文、花卉、花纹等图案。

韩氏墓　位于硐底镇三桥村，建于清同治九年（1870 年）。该墓为乱块石砌成半圆形封土墓，坐东北向西南。墓冢长 3.5、宽 2.4 米。碑宽 2、高 2.6 米，为仿木石作二柱一间单檐庑殿顶，两侧抱鼓，柱刻对联，梁刻花卉及横额，抱鼓刻有祥云、鸟兽图案。

周真恒墓　位于硐底镇民元村，建于清光绪十年（1884 年）。该墓为半圆形，三合土砌成，上有封土，坐南向北。墓冢长 4.5、宽 1.8 米，三面围墙，围墙用三合土砌成，彩绘沿边。后山有彩绘书简、祥云、花纹图案。墓前砌石中嵌有石质长方形弧顶碑，上写碑文及年代题记。

郑源清墓　位于硐底镇民元村，建于清光绪二十七年（1901 年）。该墓为半圆形石砌封土墓，坐西向东。墓冢长 5.5、宽 3 米。碑宽 2、高 2.8 米，为石质仿木二柱一间单檐庑殿顶，两侧抱鼓，上刻对联、人物、花纹、双凤朝阳等图案。

杨瑞镕墓　位于硐底镇民元村，建于清光绪二十七年（1901 年）。该墓筑于 2 级台基上，为半圆形石砌封土墓，坐西南向东北 20°。墓冢长 4.5、宽 3.2 米。碑宽 3.2、高 3.8 米，为石质仿木四柱三间三楼庑殿顶，两侧抱鼓，柱刻对联，碑刻人物、花纹、双凤朝阳图案。

谭何氏墓　位于硐底镇石垭村，建于清光绪二年（1876 年）。该墓呈六边形，石砌，上有封土，坐东北向西南 250°。墓冢长 4.6、宽 3.5、高 1.8 米。碑宽 3.5、高 3.6米，为石质仿木四柱三间三楼庑殿顶，两侧施抱鼓，柱刻对联，碑刻"天宝地灵"字样、人物、马匹、几何、花纹、戏剧等图案，碑顶镂空雕刻鱼兽图案。

旷胥氏墓　位于硐底镇五一村，建于清光绪二十一年（1895 年）。该墓为六边形石砌封土墓，坐西南向东北。墓冢长 4.6、宽 3.8、高 1.7 米。碑宽 2.6、高 3 米，为石质仿木二柱一间单檐庑殿顶，两侧施抱鼓。上刻对联"此地有崇山峻岭；他年卜起凤腾蛟"。并刻有花草、鼎、几何、兽、祥云、蝠等图案。后山墙上书"恬神"。

郭聘翁墓　位于硐底镇新堡村，建于清光绪十九年（1893 年）。该墓呈半圆形，石砌，上有封土，坐西南向东北。墓冢长 6.1、宽 3.4 米。碑宽 3.6、高 4.7 米，为石质仿木四柱三间三楼庑殿顶，两侧施抱鼓，柱刻对联，碑刻二龙抢宝、鱼、兽、屋宇、花纹、花卉等图案。

旷陈氏墓 位于硐底镇新堡村，建于清光绪十九年（1893 年）。该墓为石砌封土墓，坐南向北。墓冢长 4.5、宽 3.3、高 1.8 米。碑宽 2.5、高 3.4 米，为石质仿木二柱一间单檐庑殿顶，有抱鼓，碑上刻有花鸟、动物图案及对联、碑记。

陈有光墓 位于硐底镇五一村，建于清光绪十六年（1890 年）。该墓为六边形石砌封土墓，坐东向西。墓冢长 4、宽 3 米，三面围墙，系石土砌成。碑宽 2.2、高 2.4 米，为石质仿木二柱一间单檐庑殿顶，两侧抱鼓。柱刻对联，碑刻高浮雕人物、花纹图案，抱鼓刻人物、房宇、几何、花纹图案，抱鼓顶部有圆雕狮子造像。后山为三重檐庑殿顶，上刻文字、花纹图案。

彭赐龄夫妇墓 位于硐底镇治平村，建于清光绪二十三年（1897 年）。该墓为石砌封土墓，坐西北向东南。墓冢长 6.5、宽 4.5、高 2.2 米。碑宽 3.6、高 3.8 米，为石质仿木四柱三间三楼庑殿顶，两侧施抱鼓。碑上刻有人物、花鸟及对联、墓志铭。碑记"皇清敕授徵仕郎"。墓地两侧有墓墙。

古建筑

黑屋基大院 位于硐底镇民元村八组黑屋基，建于清代。民居坐东北向西南，筑于石砌夯土台基上，正屋面阔四柱三间 14 米，穿斗结构，四穿十一柱减柱造，进深 13 米。左右厢房面阔 14 米，右厢房进深 12 米，九柱减柱造，三柱二间。左厢房二柱一间，进深 9 米，七柱。顶为重檐悬山顶，小青瓦屋面。

陈友明宅 位于硐底镇石垭村，建于清代。该民宅坐东北向西南，筑于 2 级台基上，石砌夯土台基，垂带踏道 7 级台阶上。正屋面阔四柱三间 9 米，穿斗结构，四穿用九柱造，进深 13 米，两侧厢房进深 7、宽 7 米，顶为单檐悬山顶，小青瓦屋面。正屋前方台基沿有围墙，筑于朝门两侧，三合土砌成。

龙潭寺石桥 位于硐底镇翡翠社区，建于清代。该桥为石质单卷拱桥，南北走向，长 22、宽 4.5、高 7.05 米，拱高 6.05、跨度 10.6 米。原桥头各有阶梯踏道 16 级，现两头已填平至桥面作为村通公路桥梁，桥栏已消失。

近现代重要史迹及代表性建筑

龙湾师范旧址 位于硐底镇红旗村，建于 1958 年。此旧址原为三合院建筑，坐北向南，为解放初期（1958～1960 年）培养高级小学教师所在地，几年后撤销。后于 70 年代作为珙县一中分校办学，数年后又撤除。现为私人住宅，仅存两侧厢房为原有房屋。该房屋为四柱三间，八列减柱造。占地约 700 平方米。房屋左侧墙壁上现仍保存有"文革"期间学生所书标语 8 处。

花滩镇

古墓葬

大湾头崖墓 位于花滩镇宁春村六组大湾头，建于汉代。该墓凿于离地面高0.5米的岩石下，坐西向东。墓为单门楣，墓口宽0.9、高0.29米。墓室为长方形弧形顶，长1.92、宽1.6、高0.9米。

石牌坊墓 位于花滩镇宁春村二组石牌坊，建于明代。该墓坐西北向东南，三室相通，大小相同，素面条石砌成长方形平顶墓室。墓宽3.4、进深3.2米，单室宽1.2、高1.6米，后壁开龛。

团结村生机坡墓群 位于花滩镇团结村一组生机坡，建于明清时期。该墓群共3座墓。M1、M2并排，石砌封土呈半圆形，坐东北向西南250°。M2墓冢长4.5、宽3、高1.4米。碑宽1.2、高2.7米，为仿木石作二柱一间庑殿顶，柱刻对联，顶刻"福"字，梁刻楹联，并刻有"道光三十年"题记。M3为石室墓，位于M1、M2后方20米山腰处，两室并排相通，大小相同，后壁开龛，为长方形平顶墓室。

滩子口王家墓地 位于花滩镇丰顶村二组滩子口，建于清代。该墓地各墓形制相同，均为半圆形石砌封土墓，坐北向南。M4墓冢长5、宽3.4米。碑为二柱一间单檐庑殿顶，M2～M4碑两侧有抱鼓，M4碑宽2.2、高2.6米，上刻对联、花纹、鸟兽等图案。M1、M2在M3、M4后方山坡100米位置。

大坟包周家墓地 位于花滩镇高滩村一组大坟包，建于清代。该墓地共3座墓，均为石砌封土墓，坐东南向西北。三墓头尾相接，相距2～5米。M1、M2碑的形制相同，均为石质仿木四柱三间三楼庑殿顶，有抱鼓。M3碑为石质仿木二柱一间单檐庑殿顶。M1墓冢长5.1、宽3.7米；碑宽3.7、高3.8米。碑上刻有人物、花鸟、对联及墓志铭和碑记"光绪十八年"字样。

生机湾张家墓地 位于花滩镇中心村八组生机湾，建于清代。该墓地共3座墓，形制基本相同，均为石砌封土墓，坐北向南。M2墓冢长6、宽5.4、高2米。M1、M3碑均为石质仿木二柱一间单檐庑殿顶，其中M3碑石风化严重，M2碑宽3.7、高3.8米，为石质仿木四柱三间三楼庑殿顶，两侧有抱鼓，呈扇形。碑上刻有人物、鸟兽及对联。四柱之间放置石碑三块，碑上有墓志铭和碑记"咸丰四年仲夏日"。

天堂湾墓群 位于花滩镇丰顶村二组天堂湾，建于清代。该墓群共5座墓，错落分布，形制相似。M3为梯形，前部呈向内半圆，其余均为石砌半圆形封土墓，坐东北向西南。碑为二柱一间单檐庑殿顶，M5碑两侧有抱鼓。M5冢长4.5、宽2.5米，碑宽

2.5、高3米，上刻对联、花纹图案。

白鹤林傅家墓地　位于花滩镇联心村八组白鹤林，建于清代。该墓地共4座墓，均为石砌封土墓，坐西北向东南，四墓相互紧邻。其中M1家长6.2、宽4.8米，高1.9米。碑宽2.9米，高3.4米，碑上刻有文字、对联，清道光二十三年（1843年）立碑。M1、M4碑为二柱一间石质仿木单檐庑殿顶；M2为椅子状碑；M3为石质仿木四柱三间三楼庑殿顶。

鱼池湾黄家墓地　位于花滩镇石梁村八组鱼池湾，建于清代。该墓地共5座墓，形制相同，均为石砌封土墓，坐西向东。碑均为石质仿木二柱一间单檐庑殿顶，有抱鼓。其中M1墓家长3.8、宽2.7、高1.7米。碑宽2.2、高2.3米，碑上刻有人物、花纹及对联等。M1与M2、M3和M4、M5呈三级分布，相隔2~8米，均被扰乱。

周谏夫妇墓　位于花滩镇高滩村，建于清道光四年（1824年）。该墓为石砌封土墓，坐南向北。墓家长5.8、宽4.5、高1.9米。碑宽1.2、高2.8米，为石质仿木二柱一间单檐庑殿顶，碑上刻有动物、对联及碑记"道光四年"字样。

斑竹林陈氏墓　位于花滩镇团结村二组斑竹林，建于清道光十三年（1833年）。该墓为石砌半圆形封土墓，坐东北向西南。墓家长4.5、宽2.6、高1.4米。碑宽1、高1.8米，为石作仿木二柱一间单檐庑殿顶，柱刻对联，碑刻碑文及年代题记。

陈尔良墓　位于花滩镇邓村，建于清道光十三年（1833年）。该墓为石砌封土墓，坐东向西。墓家长3.8、宽2.8米。碑宽1.1、高2.3米，为石质仿木二柱一间单檐庑殿顶，碑上刻有对联及碑记"道光十三年"。

黄欧氏墓　位于花滩镇三八村，建于清咸丰六年（1856年）。该墓为六边形石砌封土墓，坐西向东。墓家长4.2、宽3.2、高1.6米。碑宽3.2、高2.8米，为石作仿木四柱三间三楼庑殿顶，两侧抱鼓。柱刻对联，梁刻花纹、鸟兽图案，正檐下刻有"泽荫云初"字样，抱鼓刻有花纹、几何图案。

黄大喜墓　位于花滩镇宁春村，建于清同治十二年（1873年）。该墓为六边形石砌封土墓，坐西北向东南。墓家长5.5、宽4.6、高1.6米。碑宽2.7、高3.6米，为仿木石作四柱三间三楼庑殿顶，柱刻对联，碑刻人物、花卉、禽兽图案。

张润先墓　位于花滩镇中心村，建于清同治二年（1863年）。该墓为石砌成六边形封土墓，坐西北向东南。墓家长3.8、宽3、高1.6米。碑宽4、高3.4米，为仿木石作四柱三间三楼庑殿顶，两侧施抱鼓，柱刻对联，正沿下刻横联，梁刻花卉图案，抱鼓刻有荷花等花卉图案。

刘应龙墓　位于花滩镇大坡村，建于清同治十三年（1874年）。该墓为半圆形石砌封土墓，坐西向东。墓家长4.2、宽2.8、高1.6米。碑宽2.4、高3.2米，为仿木石作二柱一间单檐庑殿顶，两侧施抱鼓，上刻对联、人物、花卉图案。墓三面围墙，后山作重檐庑殿顶。

柑子林黄氏墓　位于花滩镇新光村，建于清同治元年（1862 年）。该墓为石砌，上有封土，坐南向北。墓冢长 5.3、宽 3.8、高 1.7 米。碑宽 3.4、高 3.7 米，为石质仿木四柱三间三楼庑殿顶，两侧施抱鼓，碑上刻有花草器物及对联。碑记"修职郎黄□□"。

黄国器夫妇墓　位于花滩镇大冲村，建于清光绪二十九年（1903）。该墓为石砌六边形封土墓，坐西南向东北。墓冢长 7、宽 5.8、高 2.4 米。碑宽 4.2、高 4 米，为仿木石作四柱三间三楼庑殿顶，两侧抱鼓，柱刻对联，正沿下刻花纹及"克昌厥后"字样。梁刻花瓶、花卉、兽等图案。抱鼓刻龛，龛内刻花卉、树木、花纹等图案。碑座为素面条石。

张隆氏墓　位于花滩镇风平村，建于清光绪五年（1879 年）。该墓为石砌封土墓，坐北向南。墓冢长 3.8、宽 3.4 米。碑宽 3.4、高 4 米，为石质仿木四柱三间三楼庑殿顶。碑上刻有花草及对联、墓志铭。墓志铭为"弟子张罗澄明园甫拜撰，淯水郭高涵书"。碑记"光绪五年"。

王真福墓　位于花滩镇大坡村，建于清光绪三十年（1904 年）。该墓为石砌六边形，上有封土，坐东北向西南 260°，长 6、宽 4.4、高 1.9 米。碑宽 3.6、高 5.7 米，为石质仿木四柱三间五楼庑殿顶，两侧施抱鼓，上刻对联、人物、花卉、花瓶、几何、桌案、房屋、鸟兽、凤、蝠等图案，图案均为高浮雕，抱鼓上刻有圆雕兽，第一正檐下立书"旌表节孝"，第二檐正中刻字"大完人"。碑正前有一石质香炉。墓三面围墙，后墓墙为三楼悬山顶。

陈泽宽夫妇墓　位于花滩镇保平村，建于清光绪十七年（1891 年）。该墓为石砌六边形，上有封土，坐东南向西北。墓冢长 5.1、宽 4.7、高 1.8 米，碑宽 3.5、高 4.3 米，为石质仿木四柱三间三楼庑殿顶，两侧施抱鼓。碑上刻有高浮雕人物、鸟兽、对联及墓志铭。碑记"光绪十七年"。

古建筑

花滩桥　位于花滩镇林园社区，建于清代。该桥东北西—南走向，为三券拱桥，长 23.5、宽 6.4、高 3.5 米，拱高 2.7 米。跨度两头孔 2.2 米，中孔 2.35 米，桥栏由素面条石构成，高 0.5 米。

花滩文昌宫　位于花滩镇邓村二组文昌宫，建于清光绪三十三年（1907 年）。文昌宫坐东南向西北，木结构单檐悬山顶，穿斗式梁架，三穿用七柱减柱造。面阔五间 15 米，进深 8.5 米。素面石作台基，庙内有石碑三通，内容为记叙修庙经过。据村民介绍，上世纪 70 年代曾住过自贡下乡知青。

近现代重要史迹及代表性建筑

宁春水库　位于花滩镇宁春村，建于 1975 年。该水库属长江水系长宁河一级支流。坝址控制流域面积 4.6 平方千米，主河道长 3410 千米，流域地形属深丘，海拔高程在 378～626 米（黄海系），植被良好。工程于 1975 年 11 月动工，1978 年 12 月完成主体工程，建成坝高 25、坝顶长度 115、坝顶宽 6 米的匀质土坝 1 座。水库总库容 668 万立方米，为年调节水库。设计灌溉花滩镇、井江乡、铜锣乡 11 个村 100 余个社 10200 亩田土面积。本工程是一个以灌溉为主，兼有防洪、养殖的小（一）型水库。2008 年 10 月，因存在隐患，重新进行大坝加固维修，于 2009 年 4 月 2 日完工。水库灌溉面积 2.5 万亩，集雨蓄水面积 4.6 平方千米。

竹海镇

古遗址

晏州夷酋卜漏练兵遗址　位于竹海镇龙庆村，建于宋代正和年间。该遗址为晏州夷酋卜漏练兵遗址，分为大、中、小三个营盘山，自西向东由高至低依次排列于三个山顶之上，其中大营盘临崖壁一边修筑有战壕。

南天门　位于竹海镇集贤村，建于清代。该建筑坐西南向东北，是当地居民进出江安、长宁的主要通道。通往该处有 3 道寨门，从第一道门至下有约长 500 米的石板路，此路通向江安县红桥镇。第一道门已毁，第二、三道门保存一般，用红条石砌成；第二道门高 2.8、宽 1.3 米，旁有一清代碑刻；第三道门高 2.45、宽 1.38 米。该遗址对研究蜀南竹海古道及交通状况提供了实物依据。

天皇寺　位于竹海镇集贤村，建于清代。该寺庙坐西南向东北，占地 1330 平方米，海拔 1000.2 米，是竹海最高峰。现整个寺庙已毁，残存庙基 1 处，庙门 1 个。

通屋基古道遗址　位于竹海镇楠木村，建于清同治四年（1865 年）。该遗址现存部分全长 500、路宽 1.5～2 米，石板铺成。古道主体东西走向，有石寨门。遗址的岩石上有石刻题记，其中主要一块记载了石达开在竹海的碑文，并题有时间"大清同治四年五月"，另岩石上有培修碑文，并题有时间"大清光绪"。

古墓葬

白洋坪崖墓　位于竹海镇白羊村一组白洋坪，建于宋代。该墓坐北向南，占地面积 1.2 平方米。墓门为单门楣，高 0.73、宽 0.45、深 0.24 米。墓室为长方形弧形顶，长

1.3、宽 0.9、高 0.89 米。墓门上方刻有人字坡形的风雨槽。

和尚坟墓群 位于竹海镇楠木村，建于明代。该墓群坐南向北，占地面积 150 平方米。从上至下编号为 M1、M2，两墓分布在长 15、宽 10 米的范围，形制相同。其中 M1 三室并排，大小一样，单室长 1.59、宽 0.57、高 0.71 米，室内有壁龛无纹饰。M2 只有一室，长 1.3、宽 0.9 米。

红石埂墓 位于竹海镇红益村一组红石埂，建于明代。该墓坐东北向西南，双室并排相通，大小相同。单室宽 1.1 米，进深 2.4 米，高 0.9 米。后壁及两侧开龛，均为长方形。后壁处龛长 0.48 米、高 0.44、深 0.16 米。墓门处条石上刻有人物浮雕。

生机湾墓 位于竹海镇联山村二组生机湾，建于明代。该墓坐西向东，墓室由素面条石砌成长方形平顶，四室并排相通，大小相同，单室长 2.3、宽 0.92、高 1.68 米。

谢家湾墓 位于竹海镇双凤村三组谢家湾，建于明代。该墓为单墓，素面条石砌长方形平顶墓室，坐东北向西南。内有两室，双室并排相通，大小相同，单室宽 0.8、深 2.6、高 1.5 米，后壁开龛呈长方形。

杨永开墓 位于竹海镇龙庆村，建于清代。该墓坐北向南，占地 122 平方米。墓冢为红条石围砌垒筑，上有封土。碑高 2.8、宽 1.95 米，两柱一间三楼庑殿顶，碑文为"大地钟灵绵世泽；群峰呵护起人文"。拜台为半圆形，外围可见红条石垒砌。

刘祥麟墓 位于竹海镇集贤村，建于清代。该墓坐北向南，占地 58 平方米。墓冢为红条石围砌垒筑，上有封土。碑为仿木石质两柱一间笔架顶，高 2.7、宽 2.1 米，碑文"刘公祥麟大人之墓，清光绪三十六立"。柱上对联为"三十六度彭城郡；二十八宿汉家风"。拜台为半圆形红条石砌成。

熊洞湾陈家墓地 位于竹海镇集贤村顺河组熊洞湾，建于清代。该墓地坐西向东，占地面积 168 平方米，从左至右编号为 M1、M2、M3。墓冢均为红条石围砌垒筑，呈梯形，上有封土。墓碑高 1.9、宽 1.3 米，笔架顶。M1 碑文为"清故□妣陈太君墓"；M2 碑文为"清故考陈德现铭墓"；M3 碑文为"清故慈妣会太君墓"。三碑皆系清代咸丰十年（1860 年）立。

熊洞湾李家墓地 位于竹海镇集贤村顺河组熊洞湾，建于清代。该墓地共 3 座墓，坐向相同，均为坐西向东，占地面积 215 平方米。从左至右编号为 M1、M2、M3，其中 M1、M2 为红条石围砌垒筑，呈梯形，上有封土；M3 为泥土垒筑，呈圆行。三墓碑高 1.4、宽 0.76、厚 0.12 米，呈方形，均有碑文。M1 碑文为"李母王太君墓"；M2 碑文为"李母李孺人墓"。

陈泽沛墓 位于竹海镇农林村，建于清代。该墓坐北向南，占地面积 21.5 平方米。墓冢为红条石围砌垒筑，上有封土。碑高 2.7、宽 2.1 米，仿木石质四柱三间三楼庑殿顶，额枋上雕有花鸟图纹，四柱三开间，柱上刻有对联。碑文为"显考陈泽沛墓光绪二十五年立"拜台为半圆形，外围可见红条石垒砌。

老厂湾沈家墓地 位于竹海镇塔沙村五组老厂湾，建于清代。该墓地为半圆形石砌封土墓，坐西向东，两墓并排，从左到右依次为 M1、M2。M2 墓冢长 4.8、宽 2.6、高 1.5 米。碑形制不同，M1 为石作仿木二柱一间单檐庑殿顶，上刻对联、碑文及题记"道光丙戌年"；M2 碑为六边形单石碑，宽 0.9、高 1.7 米，沿边刻有花纹图案，并刻有碑文及题记"道光戊子年"。

大坟坝范家墓地 位于竹海镇龙潭村三组大坟坝，建于清代。该墓地为双墓，形制相同，为石砌封土墓，坐南向北。M1 墓冢长 4.2、宽 2.9、高 1.6 米。碑宽 2.9、高 2.9 米，为石质仿木二柱一间单檐庑殿顶，碑上刻有人物、花鸟及对联，碑记"光绪二十一年"。

三所坟李家墓地 位于竹海镇新生村二组三所坟，建于清代。该墓地共三座墓，形制相同，均为石砌封土墓，坐北向南。其中 M2 墓冢长 4.2、宽 2.8、高 1.6 米。碑的形制相同，均为石质仿木二柱一间单檐庑殿顶。M2 碑宽 1.2、高 2.4 米，碑上刻有花纹、对联及碑记"嘉庆十五年，李公讳之墓"。

伍凤脩墓 位于竹海镇水清村，建于清代。该墓坐南向北，为半圆形石砌封土墓。墓冢长 5、宽 4.2、高 1.8 米。碑宽 4.2、高 4.2 米。为石质仿木四柱三间三楼庑殿顶，两侧施抱鼓，间内有碑石，上刻碑文及年代题记。檐下刻有花纹、花卉、鸟兽图案，抱鼓刻有花卉、几何图案。

大屋基刘家墓地 位于竹海镇利民村二组大屋基，建于清代。该墓地共 3 座墓，形制相同，均为石砌封土墓，坐东北向西南。M1、M2、M3 相距 10 米。M1 墓冢长 4.2、宽 2.6 米。碑的形制不一，M2 为石质长方形弧形顶；M3 为石质仿木二柱一间单檐庑殿顶；M1 为石质仿木二柱一间单檐庑殿顶，两侧抱鼓，宽 2.6、高 3.4 米。碑上刻有花纹、对联及碑记。

新房子罗家墓地 位于竹海镇双凤村三组新房子，建于清代。该墓地共 3 座墓，坐向相同，均为坐东向西，形制相同，均为半圆形石砌封土墓。M1 墓冢长 4.6、宽 3.2、高 1.5 米。碑均为石作仿木二柱一间单檐庑殿顶。M1、M2 碑两侧有抱鼓。M1 碑宽 2、高 3 米。柱刻对联，间内为石碑，上刻碑文及题记。抱鼓刻有花纹图案。

刘贵先墓 位于竹海镇水清村，建于清嘉庆十三年（1808 年）。该墓为圆形石砌封土墓，坐东北向西南。墓冢长 5、宽 3.6 米。碑宽 0.8、高 1.8 米，为石作仿木二柱一间单檐庑殿顶，间有碑石，上刻碑文及年代题记，柱刻对联。

秦鳌玉墓 位于竹海镇永江村，建于清道光十八年（1838 年）。该墓为六边形石砌封土墓，坐东向西。墓冢长 3.8、宽 3.6、高 1.4 米。碑宽 2.2、高 2.6 米，为石作仿木二柱一间单檐庑殿顶，两侧抱鼓，柱刻对联，抱鼓刻有花纹。

陈珠墓　位于竹海镇利民村，清道光六年（1826年）。该墓为石砌封土墓，坐东北向西南。墓冢长4.6、宽2.7米。碑宽3.4、高2.6米，为石质仿木四柱三间三楼庑殿顶，两侧抱鼓。碑上刻有对联、花纹及碑记"皇清例赠太国□陈公珠大人墓"和"道光丙戌年"。

方卓然夫妇墓　位于竹海镇新加村，建于清道光七年（1827年）。该墓为半圆形石砌封土墓，坐北向南。墓冢长10、宽6、高2米。碑宽3.8、高4米，为石作仿木结构四柱三间，顶盖及两侧抱鼓遗失。柱刻对联，中间两柱前施抱鼓，上刻花纹图案，间内为石碑，上刻碑文及年代题记。

徐德成墓　位于竹海镇龙庆村，建于清咸丰九年（1859年）。该墓坐西南向东北，为石砌封土墓。墓冢长8、宽6、高2米。碑为石质长方形拱顶，高2.5、宽1.1、厚0.27米，上刻有石狮、人物图案，题刻为"清故徐公德成之墓"。

郭丁氏墓　位于竹海镇龙山村，建于清咸丰三年（1853年）。该墓为梯形石砌封土墓，坐南向北，长4.3、宽4.2、高1.7米，三面围墙。碑宽4.2、高4米，为石质仿木四柱三间三楼庑殿顶，两侧施抱鼓，柱刻对联，梁刻文字，抱鼓刻花纹。墓两侧各有石桌一张，呈圆形，直径0.75、高0.35米，每桌周围素面条石作凳6根。墓冢后方50米处崖壁上书有"气聚峰环"四个大字，每字字径约为1.44米。

刘泰顺墓　位于竹海镇高坝村，建于清咸丰六年（1856年）。该墓为半圆形石砌封土墓，坐西北向东南。墓冢长6、宽4.4、高1.7米，三面围墙。碑宽2.8米，高2.8米，为石作仿木二柱一间单檐庑殿顶，两侧施抱鼓。柱刻对联，碑刻花纹，抱鼓对称开龛，呈正方形，龛内刻有花卉图案。后山为重檐庑殿顶，刻有文字、动物、花草图案。

陈王氏墓　位于竹海镇集贤村，建于清同治三年（1864年）。该墓坐南向北，占地39.9平方米。墓冢前为八字形，红石砌成，刻有花纹图案，左右为红条石围砌垒筑，上有封土。碑高2.1、宽2米，两柱一间笔架顶，有抱鼓。碑联为"内则茗□光百代；坤维有要焕千秋"。拜台为半圆形，外围可见红条石垒砌。

黄悟明墓　位于竹海镇红益村，建于清同治十二年（1873年）。该墓坐东北向西南，为半圆形石砌封土墓。墓冢长4.6、宽3.5、高1.9米。碑宽2、高3米，为石质仿木四柱三间三楼庑殿顶，呈扇形，柱刻对联，梁刻楹联，碑刻碑文及年代题记。

杜智墓　位于竹海镇永江村，建于清同治元年（1862年）。该墓为石砌封土墓，呈半圆形，坐北向南。墓冢长6、宽4米。碑宽4、高2米，为石质仿木四柱三间三楼庑殿顶，有抱鼓，碑顶已脱落。碑上刻有人物、花纹、花草等图案，刻有对联、墓志铭，碑记"壬戌年"。

杨秀进墓　位于竹海镇龙庆村，建于清光绪二年（1876年）。该墓坐东北向西南，占地206.4平方米。墓冢为红条石围砌筑成，上有封土，长5.8、宽4.4米。碑高

1.81、宽 0.97、厚 0.27 米，碑文为"杨公秀进之墓"。墓碑前左右各有 2.38 米的石凳两条。

大坟山杨家墓地　位于竹海镇楠木村三组大坟山，建于清光绪五年（1879 年）。该墓地坐北向南，占地面积 400 平方米。从下至上编号为 M1、M2、M3、M4，形制一样，前带圆弧形墓冢，均为红条石围砌垒筑，上有封土。M1、M2 墓后有牌楼，牌楼刻有人物、花草等图案，栩栩如生，形象逼真。M1 为方形碑，碑文为"职员杨开署墓"，年代为"大清光绪五年"；M2 是 2 柱 1 开间，两边施抱鼓，碑文"皇清待诰杨母秦悟□之墓"，碑形是牌楼式，刻有人物、花草，墓有后壁一层，墓有外围，红条石砌成；M3 是四柱三开间施抱鼓，三楼庑殿顶；M4 是四柱三开间三楼庑殿顶。

孙炳然夫妇墓　位于竹海镇联山村，建于清光绪五年（1879 年）。该墓为长方形石砌封土墓，坐北向南。墓冢长 4.3、宽 3.2、高 1.6 米。碑宽 2.2、高 3.3 米，为石质仿木四柱三间三楼庑殿顶，刻有花纹、对联及碑记"大清光绪五年"字样，有墓志铭。对联为"人杰地灵昌万代；沙明水秀集山多"。

李官贤墓　位于竹海镇秀村，建于清光绪三十三年（1907 年）。该墓坐东南向西北，为半圆形石砌封土墓。墓冢长 5、宽 3.2、高 1.7 米，三面围墙。碑宽 1.7、高 2.6 米，为石作如意顶，两侧抱鼓，间内为石碑，上刻碑文和年代题记。抱鼓及顶依势开龛，龛内高浮雕人物、桌案、花卉、亭楼等图案。柱体刻有对联。

陈世芳夫妇墓　位于竹海镇大房村，建于清光绪二十四年（1898 年）。该墓为半圆形石砌封土墓，坐北向南。墓冢长 5.6、宽 2.8 米。碑宽 2.8、高 3.4 米，为石质仿木四柱三间三楼庑殿顶，两侧抱鼓。间内有石碑，上刻碑文及年代题记，梁刻花纹、人物图案。抱鼓刻有花纹。

沙地咀刘家墓地　位于竹海镇利民村三组沙地咀，清光绪十五年（1889 年）。该墓地共 3 座墓，形制相同，均为石砌封土墓，坐西北向东南。其中 M1 墓冢长 4、宽 3.3米。碑的形制基本相同，为二柱一间单檐庑殿顶，M1 碑高 2.4、宽 3.1 米。碑上刻有对联及碑记"道光戊戌年"。

向富龙墓　位于竹海镇益心村，建于清光绪三十二年（1906 年）。该墓呈长方形封土墓，坐西北向东南。墓冢长 11、宽 3.6 米。碑宽 2.1、高 2 米，为石作令牌碑，两侧抱鼓。碑刻碑文及年代题记，抱鼓顶部为圆雕狮兽，尾部上翘，作向前扑状。抱鼓依势开龛，龛内高浮雕人物、戏剧、花卉、兽等图案。

李悟乾墓　位于竹海镇白羊村，建于清光绪二年（1876 年）。该墓朝向西南向东北292°，占地面积 33 平方米。墓冢呈梯形，条石垒砌而成，上有封土。冢长 6.6、宽4.96、高 1.8 米。碑为石质仿木结构单檐庑殿顶，二柱一开间，红砂石质。碑高 2.2、宽 1.16 米。碑上刻有人物、对联、花卉等图案。碑刻"王母李悟乾戒名孺人墓，大清光绪二年"。

古建筑

营山寨 位于竹海镇龙庆村,建于宋代。古寨寨门坐西南向东北,总长5.94、宽3.315、高2.6米,条石垒砌而成。古寨自宋代以来作为军事关卡,现是龙庆村村民进出白家到桃坪的主要通道。

天宝寨 位于竹海镇农林村,建于清代。该寨依山而建,曾建有十三道寨门、房屋一幢,现在寨门部分已毁,部分已改建,现总长1500米。该处现已成为旅游景点。

石简槽陈家大院 位于竹海镇农林村,建于清道光二十六年(1846年)。该院为四合院布局,现仅存正房及耳房各一间。正房是木结构单檐悬山式,穿斗式梁架,面阔三间12.4米,进深二间6.4米,通高5.3米。耳房面阔3.7、进深4.4米。素面石作台基,小青瓦屋顶,窗和墙体部分改建,木装板门,门上题有匾额,内容为"品重经纶"及"道光二十六年"。

曾家大院 位于竹海镇楠木村,建于清代。该大院坐北向南,为三合院式布局,现存正房一间。正房面阔三间9米,进深二间9.2米。正房是木结构单檐悬山式,小青瓦屋面,穿逗式梁架,素土地面,花格窗。厢房面阔10.6、进深4.6米,形制与正房一致。

喻家溪桥 位于竹海镇新桥村,建于清代。该桥为单拱券式平梁桥,南北走向。桥面长25、原宽3米,现经修缮改良宽7、通高7米(至水面),拱高5.5米,跨度10米,连接竹(海)龙(头)公路。桥面两侧有石栏,素面条石砌成。

风村大院 位于竹海镇秀村,建于清代。该大院筑于石砌夯土台基,垂带踏道三级上,坐东北向西南。因1959年成立"大跃进"食堂,发生大火将其正屋左侧全部焚毁,现仅存正屋右侧。面阔四柱三间14.3米,穿斗结构,五穿用十柱造,进深12.5米,通高6.6米。重檐悬山顶,小青瓦屋面。该建筑是川南民居典型,其历史意义较为深远,同时该建筑也为"大跃进"时期食堂用房,亦为特定历史时期的有力佐证,具有较高的史料价值。

翼王桥 位于竹海镇白羊村,建于清代。该桥南北走向,横跨墨溪河之上,为石质平梁桥,桥总长9米,现距水面高4米。桥面长5、宽1.1、厚0.6米,桥头有一圆鼓形望柱。此桥为双石板桥,桥北面的一石板已掉入河中,桥墩上有清楚可见的痕迹。

接龙桥 位于竹海镇高峰村,建于清代。该桥为石砌单孔拱桥,东西走向,桥面石板铺成,长3.5、宽1.2、跨度3、拱高1.7米,现距水面高度2.6米。桥两端垂带踏道六级。该桥为清同治年间(1862～1874年)修建,拱上刻有"接龙桥"三个字,在西面的桥墩上刻有"清同治年"四个字。

陈华九宅 位于竹海镇高峰村，建于清代。该建筑坐西向东，原为三合院布局，现仅存正房两间，泥木结构，穿斗式梁架，面阔10、进深9米。悬山式顶盖小青瓦。该建筑其余部分已改建。

竹海山门彩楼 位于竹海镇相岭社区，建于清嘉庆二十年（1815年）。文武宫现仅存戏楼，戏楼为木结构单檐歇山顶，坐北向南，面阔四柱三间8.6米，进深8.6米，穿斗结构，三穿用五柱减柱造。门为砖石结构牌坊1座，重檐歇山顶，四柱三间，通高7.8、宽9.1米，正沿下有立书"文武宫"及"嘉庆乙亥年"题记。人民政府于1997年12月公布其为文物保护单位。

相岭节孝坊 位于竹海镇相岭社区，建于清嘉庆二十二年（1817年）。该牌坊坐东向西，石质仿木四柱三间三楼庑殿顶，通高9、宽6.8米，正沿下刻有"节孝坊"及"嘉庆丁丑年"题记。

三圣宫 位于竹海镇龙山村五组三圣宫，建于清道光十四年（1834年）。三圣宫仅存石狮两个，石象两个，碑记一通。其中石狮身长0.67、高0.61米；石象身长0.73、高0.66米，均为圆雕，呈卧式，作建筑柱础之用。石刻碑为长方形，高1.26、宽0.63米，刻有"永垂万古、三圣宫庙叙"和"道光十四年"字样。现该遗址上建有房屋，有村民居住。

官盘山灵官堂 位于竹海镇水清村，建于清道光三十年（1850年）。灵官堂坐南朝北，分前后2座。前座由三层石质雕刻四方体（中间供佛像）堆砌而成，通高3.4米，顶层为仿木结构庑殿顶，两边浮雕精美人物、楼阁、云朵等，二层两侧刻有题记；后座为仿木结构攒尖顶，分三层，外观似塔，通高3.3米，每层均雕刻有精美图案、文字等，二层外侧两壁刻题记。该处文物点供奉佛像10尊，为当地村民供奉菩萨所用，俗称"灵官堂"。

长寿桥 位于竹海镇高峰村，建于清咸丰元年（1851年）。该桥为南北走向，石结构平梁桥，桥面石板铺成。桥长3.5、宽0.85、高2.5米。该桥现已被水淹没。

石窟寺及石刻

仙寓洞 位于竹海镇农林村，建于宋至清代。仙寓洞坐北向南，其石刻造像位于擦耳岩长约400、高20米的天然岩壁内，有石刻圆雕佛像40尊、摩崖造像9龛、舍利塔1座、摩崖石刻12处、碑刻10通和犀牛望月等。造像属于高浮雕，其他圆雕塑像分布在仙寓洞大佛殿、二佛殿内。现为旅游景点。四川省人民政府于1991年4月公布其为文物保护单位。

刘氏碑 位于竹海镇龙潭村，建于清代。该碑刻宽2.8、高1.8米，刻在溪边一巨石上，坐北向南。碑刻共有1000余字，据当地村民介绍为程氏墓志铭，因字迹风化，不能完全辨别其所述内容。

观音岩摩崖石刻造像 位于竹海镇联山村，建于清代。该寺凿于离公路高 10 米的红岩壁上，坐东北向西南。有摩崖造像 2 龛，1 龛为观音造像，2 龛为土地像。3 处石刻共 10 字，最高处为"佛光普照"，另两处为"新龙山"、"水帘岩"。其中观音造像高 1.7、宽 1 米。宜宾市人民政府于 2011 年 2 月公布其为文物保护单位。

佛爷殿摩崖石刻 位于竹海镇联山村，建于清乾隆六年（1741 年）。该石刻共有分布在长 8、高 3 米的石壁上的五个龛，龛内有佛像二十四尊，碑记一块。1、3、4 号龛为长方形弧形顶，2、5 号龛为长方形平顶，3 号龛正中为高浮雕观世音像，跏趺坐于莲台，高 0.6、肩宽 0.27 米，左右是十八罗汉像。1 号龛造像已毁损；4 号龛为后塑佛像石碑，碑记"大清乾隆六年重修"。

普陀岩摩崖石刻造像 位于竹海镇双凤村，建于清道光三十年（1850 年）。该寺凿于离山下台地高 200 米的红岩壁上，有石板小路通往。从西南至东北依次为 1～3 号龛，坐向各有不同。1 号龛呈长方形，宽 0.6、高 0.9、进深 0.2 米。龛内凿有高浮雕观音站立像，通高 0.78、胸宽 0.33 米，赤足站立于莲台上，右手执柳枝。造像为彩绘，龛前有石砌门框及供台。2 号龛为长方形，宽 0.8、高 1.5、深 0.25 米。龛内有高浮雕关公坐像，全身彩绘，右手抚须，左手握书，坐于虎头椅上，通高 1.5、膝宽 0.5 米。龛前有石砌门框和供台，顶为单檐庑殿顶，两侧有对联及修建碑记。3 号龛为长方形弧形顶，宽 0.5、高 0.6、深 0.12 米，龛内刻有接引佛坐像，全身彩绘，双手怀抱，坐于莲台上，造像通高 0.6、肘宽 0.26 米。1 号龛右侧有碑记一幅，2 号龛两侧各有碑记一幅，3 号龛左边有碑记一幅，后下方 20 米有碑刻一幅。宜宾市人民政府于 2011 年 2 月公布其为文物保护单位。

挂膀岩石窟寺 位于竹海镇农林村，建于清道光十二年（1832 年）。该寺坐北向南，共 3 龛，为天然洞穴。蛟龙洞为上层，留有古寨墙的残迹，有大石门三扇，其岩壁上有石刻题记，落款时间为"道光十二年"。另外两层分别为朝阳洞、桃园洞。一龛内造像已毁，另外两龛内各刻有造像一尊。

万安溪石刻 位于竹海镇双凤村，建于清道光二年（1822 年）。该石刻凿于万安溪河谷中大石上及岸边巨石上，坐向不同，岸边三龛，分别为 1～3 号龛，坐西北向东南；河谷中有一龛为 4 号龛，坐东南向西北，字幅面向东南。1～3 号龛形制相同，为长方形弧形顶。1 号龛宽 0.4、高 0.48、深 0.08 米，龛内有土地造像，呈坐式，右手抚膝，左手握腰带，通高 0.43、肩宽 0.2 米；2 号龛为观音坐像，双手怀抱净瓶，坐于莲台上；3 号龛为平底，上刻碑记及"道光二年"题记，无造像；4 号龛为长方形平顶，内刻半坐式佛像一尊，颈戴佛珠，上刻字为"万安溪"三个字，每字宽 0.5、高 0.7 米。

龙吟寺石刻造像 位于竹海镇农林村，建于明代。龙吟寺原为川南著名佛教寺院，建于明代万历年间（1573～1620年），清嘉庆年间（1706～1820年）重建，原有大雄宝殿、观音殿、太阳殿、老君殿、蔡神殿，以及接引殿和睡佛寺等，但因数次遭受火灾及破坏等人为因素，到20世纪七、八十年代，原庙宇已全部损毁。现寺庙旧址内仅存明清两代石雕数尊和部分碑记。近年，为发展旅游事业，竹海管理局引进外资重新修缮了龙吟寺，庙宇建筑均为新建。

龙吟寺石刻造像　位于竹海镇九龙山，建于明代。主要有三世佛、十八罗汉、观音、文殊、普贤等。三世佛置于原大雄宝殿中部，结跏趺坐于须弥台上，均为头饰螺髻，身着乙形袈裟通肩，面容端正，微挺胸，衣纹刻线深而流畅，中佛双手已残，通高2.13、身高1.34、肩宽0.59米；左像保存较好，双手施禅定印于腹，通高2.12、身高1.37、肩宽0.57米；右像右手呈上举状，已残，左手放于左膝，掌心向上，通高2.1、身高1.4、肩宽0.57米。三世佛两侧，排列十八罗汉群像，通高约0.6米，单跏趺坐和结跏趺坐，形态各异，生动活泼，风格同三世佛。观音、文殊、普贤置于原观音殿同一佛台上，背靠三世佛。观音居中，结跏趺坐，双手合十于胸，着菩萨装，胸饰璎珞，面瘦削稍长，慈祥端庄，通高1.58、座高0.84、肩宽0.37米；文殊、普贤分别在观音左右，坐于"青狮"、"白象"上，两像均有不同程度的残损。四川省人民政府于1996年9月公布其为文物保护单位。

其他

韦登相墓　位于竹海镇农林村，建于1927年。该墓坐南向北，占地9.5平方米，用红条石围砌垒筑，上有封土。墓长5、宽1.9、高2.5米。碑高3.5、宽1.9米，为仿木石质两柱一间单檐庑殿顶，两边施抱鼓。上刻有人物、吻兽、对联。碑文为"韦公登相之墓，民国十六年"。

老翁镇

古墓葬

小埂子崖墓　位于长宁县老翁镇胜利村，建于汉代。该墓为单墓，凿于离地0.5米高的石壁上，坐西北向东南，单门楣。墓室为长方形弧形顶，并分为前、后室。前室长3、宽3.7、高1.7米；后室长2.9、宽2.2、高1.9米。

翠枝湾崖墓群　位于长宁县老翁镇大堰村二社翠枝湾，建于东汉。该墓群共5座墓，形制相似，凿于石壁，坐西向东，分布在长3、宽2，离地1.5米的半山腰竹林中。其中M1墓室是长方形弧形顶，长2.6、宽2.24、高1.47米。

岩洞坂崖墓群 位于长宁县老翁镇盐井村一社岩洞坂，建于汉代。该墓群共 4 座墓，形制相似，坐西向东，分布在长 12、宽 4、离地 1.8 米的石壁上。M1 为二层门楣，门宽 0.76、高 0.8 米。墓室为长方形弧形顶，长 2.4、宽 2.05、高 0.8 米。

新龙湾崖墓群 位于长宁县老翁镇胜利村六组新龙湾，建于汉代。该墓群共 3 座墓，分布在长 15、宽 4、高 0.8 米的石壁上，形制相同，长方形平顶墓室，坐西北向东南。M2 二层门楣，门宽 0.9、高 1 米，墓室左右有龛，宽 0.54、高 0.32、深 0.2 米。墓室长 3.2、宽 1.2、高 1.2 米。石壁上刻有龙虎、朱雀、花卉等图案。

岩洞坂墓 位于长宁县老翁镇盐井村一社岩洞坂，建于明代。该墓为单墓，为石砌长方形平顶墓室，坐西向东。墓深 2.6 米，门宽 0.9 米，高 1.2 米，后壁有龛，龛内刻有侍女图案。

燕子山易家墓地 位于长宁县老翁镇大堰村，建于清代。该墓地共 2 座墓，均为半圆形石砌封土墓，坐西北向东南。其中 M1 冢宽 2.7、高 3 米，碑高 5.3、宽 4.5 米，为石质仿木四柱三间三楼庑殿顶，两侧有抱鼓，刻有人物、对联、戏剧故事、花卉、鸟兽等高浮雕图案。拜台宽 18、进深 12 米，有石质香炉一个。

易明照夫妇墓 位于长宁县老翁镇大堰村，建于清代。该墓为石砌封土半圆形墓，坐南向北。墓冢长 8、宽 4.8 米。碑宽 2.4、高 2.6 米，石质仿木两柱一间笔架顶，上刻花草、人物、祥云等图案。

袁缙宇墓 位于长宁县老翁镇黎明村，建于清代。该墓为圆形石砌封土墓，坐北朝南。墓冢长 4、宽 4 米。碑宽 1、高 2 米，为石质仿木两柱一间单檐庑殿顶，柱刻对联"钟灵毓秀光前烈；世德清芬裕后昌"。横联"克昌厥后"，并刻有兽图案。

郑光九墓 位于长宁县老翁镇黎明村，建于清代。该墓为半圆形石砌封土墓，坐西北向东南。墓冢长 7、宽 3.2 米。碑宽 2.3、高 2.4 米，为石质仿木两柱一间笔架顶，上刻"裕后昆"，两侧有镂空雕花脚。

石道场墓群 位于长宁县老翁镇平原村三组石道场，建于清代。该墓群共 2 座墓，上下分布，形制相同，为半圆形石砌封土墓，坐西向东。M1 长 4、宽 3.6 米，碑高 1.5、宽 1.6 米，为石质仿木单檐庑殿顶。M2 碑宽 4.1、高 5 米，为石质仿木四柱三间三楼庑殿顶，两侧抱鼓。柱刻对联，梁刻横联、花纹、房屋、人物、鸟兽等图案。院墙上刻有人物、花卉等图案。

杉木湾袁家墓地 位于长宁县老翁镇平原村四队杉木湾，建于清代。该墓地共 2 座墓，上下排列，形制相同，均为半圆形石砌封土墓，坐东南向西北。M1 冢长 6、宽 3.6 米。碑宽 2.3、高 3 米，为石质仿木四柱三间三楼庑殿顶，柱刻对联，梁刻楹联。M2 冢长 5.4、宽 3.2 米。碑宽 2.1、高 2 米，为石质仿木四柱三间三楼庑殿顶。

坟湾头袁家墓地 位于长宁县老翁镇平原村四组坟湾头，建于清代。该墓地共 5 座墓，错落分布，形制相同，均为半圆形石砌封土墓，坐南向北。M1 碑为石质仿木两柱一间单檐庑殿顶，两侧抱鼓，上刻对联、花纹图案，题记"同治十二年"；M2 碑为石质仿木两柱一间笔架顶，上刻花纹、祥云等图案，有题记；M3 碑为两柱一间单檐庑殿顶，柱刻对联，上有题记"乾隆五十四年"；M4 碑为圆形单碑，右侧另有一碑记；M5 碑为两柱一间单檐庑殿顶。

燕文华墓　位于长宁县老翁镇长河村，建于清代。该墓为石砌半圆封土墓，坐北向南。墓冢长 4.8、前宽 2.7、后宽 2.1 米。碑宽 2.3、高 2.9 米，石质仿木笔架顶，上刻人物、戏剧等。

罗氏夫妇墓　位于长宁县老翁镇柳村，建于清代。该墓为半圆石砌封土墓，坐西向东。墓冢前宽 3.8、后宽 3、长 6 米。碑宽 2.8、高 2.6 米，为石质仿木四柱三间三楼庑殿顶，碑顶被损。

长腰山罗家墓地　位于长宁县老翁镇柳村八社长腰山，建于清代。该墓地共 3 座墓，为半圆石砌封土墓，坐西南向东北。M1 在下，后面两侧各有一墓，形制大体相似，碑为石质仿木结构四柱三间三楼庑殿顶，两侧抱鼓，刻有花纹。M2、M3 较次。M1、M2 有拜台，M3 在村民屋后。

谷花山燕家墓地　位于长宁县老翁镇大堰村八组谷花山，建于清代。该墓地共 2 座墓，形制相同，均为半圆形石砌封土墓，坐东南向西北。M1 墓冢长 4.6、宽 3.2 米。碑 2.75、宽 2.05 米，为石质仿木笔架顶，刻有人物、戏剧、花纹、龙、楼房、树木等图案。拜台宽 11、进深 7.15 米。

黄明德夫妇墓　位于长宁县老翁镇长翁村，建于清代。该墓为石砌封土墓，坐东向西。前部为向内半圆形，墓冢长 4.5、宽 4.1 米。碑为石质仿木两柱一间单檐庑殿顶，柱刻对联，宽 1.4、高 1.6 米。

黄泥湾墓群　位于长宁县老翁镇金光村，建于清代。该墓群共 3 座墓，分布在 200 平方米范围内，坐东北向西南。M1 为石质仿木二柱三楼庑殿顶碑；M2、M3 碑石已损坏。

大山湾丁家墓地　位于长宁县老翁镇太平村六组大山湾，建于清代。该墓地共 2 座墓，形制相同，均坐西北向东南。M1 冢长 6、宽 3.3、高 1.7 米，碑宽 2、高 2.6 米，为石质仿木单檐庑殿顶；M2 长 5、宽 3.1、高 1.9 米，碑宽 2、高 2.8 米，为石质仿木单檐庑殿顶。

南木林墓　位于长宁县老翁镇金光村八组楠木林，建于清嘉庆二十三年（1818 年）。该墓为石砌封土墓，坐东南向西北。墓冢长 4.5、宽 2.9、高 1.5 米。碑宽 2.3、高 2.8 米，为石质仿木单檐庑殿顶，上刻有对联及题记。墓前有石质望柱一根。

周尚卿夫妇墓　位于长宁县老翁镇金光村，建于清道光七年（1827 年）。该墓为石砌封土墓，坐东北向西南。墓冢长 5.8、宽 5 米。碑宽 3.2、高 3.1 米，为石质仿木四柱三间三楼庑殿顶，碑上刻有二龙戏珠及人物、戏剧图案。题记为"皇清敕赠文林郎周府君讳尚卿字良相大人暨配郑孺人之寿宫"。

土地上戴家墓地　位于长宁县老翁镇俄池村三社土地山，建于清道光十四年（1834年）。该墓地为双墓，均为半圆形石砌封土墓，坐东向西，形制相同。M1 冢长 4、宽 2.8 米。M2 为女墓，较小。碑均为石质仿木四柱三间三楼庑殿顶，M1 碑宽 2.4、高 2.6 米。

白象山赵家墓地　位于长宁县老翁镇俄池村六社白象山，建于清道光二十三年（1843年）。该墓地共 2 座墓，均为圆形石砌封土墓，坐西北向东南。M1 为赵国卫墓；M2 是其母宋太君墓。两墓形制相似，母亲坟墓在右，坟较小。M1 碑为石质仿木四柱三间三楼庑殿顶，两侧施抱鼓。M2 墓碑为石质仿木两柱一间庑殿顶，两侧有抱鼓。

易屋基燕家墓地　位于长宁县老翁镇黎明村八组易屋基，建于清咸丰元年（1851年）。该墓地为双墓，形制相同，均为半圆形石砌封土墓，坐西北向东南。M1 碑为石质仿木两柱一间单檐庑殿顶，柱刻对联；M2 碑为石质仿木四柱三间三楼庑殿顶，柱刻对联、花纹等图案。

刘泽溥夫妇墓　位于长宁县老翁镇金光村，建于清咸丰七年（1857年）。该墓为石砌封土墓，坐北向南。墓冢长 4.2、宽 3.8 米。碑宽 3.5、高 2.6 米，为石质仿木四柱三间三楼庑殿顶，有抱鼓，刻有花纹图案及文字。

李廷荣墓　位于长宁县老翁镇天井村，建于清同治十三年（1874年）。该墓为半圆形石砌封土墓，坐东南向西北。墓冢长 7、宽 4.8、高 2.2 米。碑宽 4.8、高 5 米，石质仿木四柱三间三楼庑殿顶，两边施抱鼓。刻有人物、戏剧及对联、碑记。

黄立卿墓　位于长宁县老翁镇盐井村，建于清同治元年（1862年）。该墓为半圆形石砌封土墓，坐东北向西南。墓冢长 5.2、前宽 4.4、后宽 3.9 米。碑宽 4.7、高 4.6 米，石质仿木四柱三间三楼庑殿顶，两侧施抱鼓，刻有花卉、鸟兽、家具图案。拜台为石砌，呈半圆形。墓墙有五重檐，宽 15 米，后墓墙上刻有文字、人物高浮雕图案。

苏永熙夫妇墓　位于长宁县老翁镇天井村，建于清光绪二十四年（1898年）。该墓为石砌封土墓，坐东南向西北。墓冢长 5.9、宽 4.1、高 2.1 米，碑为石质笔架顶，刻有十三龛人物、花鸟、戏剧等高浮雕图案，较完好。据村民介绍为苏济川的伯父之墓。

正村张家墓地　位于长宁县老翁镇公里村一组正村，建于清光绪三年（1877年）。该墓地为双墓，坐南向北，形制相同，均为石砌封土墓。M1 墓冢长 6.1、宽 4.6、高 1.8 米。碑宽 1.5、高 2.3 米为石质仿木单檐庑殿顶，碑记有"皇清修职郎张罗□"和"光绪三年"。

牟清德夫妇墓　位于长宁县老翁镇盐井村，建于清光绪十九年（1893年）。该墓为半圆形石砌封土墓，坐北向南，墓冢长 5.8、宽 4.7 米。碑为石质仿木四柱三间三楼庑殿顶，两侧有抱鼓，宽 4.7、高 5.3 米，有人物、花卉、亭阁、戏剧等高浮雕图案，字迹清晰。有拜台，前宽 5.8、后宽 4.5 米。

何定祥夫妇墓　位于长宁县老翁镇金光村，建于清光绪十八年（1892 年）。该墓为石砌封土墓，坐东北向西南。墓冢长 7、宽 6.1 米。碑宽 2.2、高 2.7 米，为石质仿木笔架顶，上开有 13 龛，刻有戏剧、花鸟等高浮雕图案。

牟钊德墓　位于长宁县老翁镇金光村，建于清光绪十八年（1892 年）。该墓为半圆形石砌封土墓，坐东北向西南。墓冢长 6、宽 3.5 米。碑宽 2.8、高 3.2 米，为石质笔架顶，上依势开有 13 龛，内刻有人物、花草、题记等。两侧墓墙上雕刻精美。

罗应发墓　位于长宁县老翁镇太平村，建于清光绪二十五年（1899 年）。该墓为石砌封土墓，坐东南向西北。墓冢长 6.2、宽 4.5、高 1.8 米。碑为石质仿木笔架顶，开有七龛，刻有花鸟、人物、对联等。另两侧各有圆碑一块，分别刻有"罗母石孺人墓"和"罗母孙孺人墓"字样。

古建筑

罗赶庙　位于长宁县老翁镇松林村。据庙内碑刻记载，该庙始建于元代，后因战火而毁，重建于明崇祯十四年（1641 年）。现存文昌宫正殿，坐西北向东南，抬梁穿斗混合结构，面阔四柱四列，宽 11 米，深 9.5 米，小青瓦屋面；两侧有厢房，穿斗结构，宽 4.2、深 3.5 米，小青瓦屋面。庙内存有明崇祯至清光绪年间的碑刻 108 块。正山门有大石狮一对，庙内殿前两对小石狮。

老翁石板街　位于长宁县老翁镇新华社区，建于清代。该街名为新华街，街道长 240、宽 5 米，东北至西南走向。街道为素面条石铺成，条石多为不规则长方形。

正冲大院　位于长宁县老翁镇正冲村，建于清代。该民居建于清代晚期，三合院布局，坐南向北，海墁石铺天井，两侧各有 2 个小天井。穿斗抬梁混合式结构，正房六柱五间，面阔 19 米，进深 13 米，小青瓦屋面；厢房面阔 9 米，进深四柱三间 20 米，小青瓦屋面。正屋门额上匾有"宣统元年"等字样。

赵氏旌表孝坊　位于长宁县老翁镇大堰村，建于清同治十二年（1873 年）。该牌坊高 8.9、宽 6.8 米，坐南向北，为石质仿木结构，四柱三间五楼庑殿顶，柱前后施抱鼓。牌坊正面、背面均刻有人物、花卉、草木、鸟兽等图案，另有诗文、对联及题记。

老翁忠烈丕著牌坊　位于长宁县老翁镇金光村，建于清同治二年（1863 年）。该牌坊宽 11、高 14.3 米，坐东北向西南，为石质仿木结构，四柱三间五楼庑殿顶，柱前后施抱鼓。坊身刻有人物、鸟兽、草木、花纹、对联和匾额。正中刻有"忠烈丕著"和"绩昭押卫"大字。长宁县人民政府于 1997 年 12 月公布其为文物保护单位。

石窟寺及石刻

老翁岩石窟寺 位于长宁县老翁镇长翁村，建于清咸丰五年（1855 年）。该寺凿于长 7、宽 3.5、离地高 3.6 米的岩壁上，共两龛。1 号龛为长方形拱形顶，龛内凿观音像 1 尊，手执净瓶，坐于莲台上，通高 1.3、肩宽 0.4 米；2 号龛内有高浮雕老翁像，坐式，右手执拐，左手抚须，碑文内容为老翁叙事。龛侧有石刻对联。

古河镇

古墓葬

和乐村崖墓群 位于古河镇和乐村，建于汉代。该墓群凿于与地面相平的红石壁上，四墓并排，形制相同，东向。M1 为三层门楣，门宽 0.85、高 0.9 米，长方形弧形顶墓室，宽 0.9、高 1.2、进深 3.8 米，后壁开龛，为长方形弧形顶，宽 1.1、高 0.8、进深 0.65 米，龛内又开二龛，并排正方形，宽 0.25、进深 0.05 米。墓室左右壁对称开龛，呈长方形平顶，宽 1.86、高 0.5、进深 0.55 米。

平滩板崖墓群 位于古河镇保民村，建于汉代。该墓群在半山腰石壁上一字排开，大小形制相似，坐向相同，均为坐西北向东南。其中 M1 长 2.3、宽 1.2、高 1.1 米。

七个洞崖墓群 位于古河镇保民村，建于东汉延光元年（122 年）。该墓群分布面积约 4000 平方米，共 28 座墓，其中 7 座墓较集中，其余 21 座墓分散错落分布。集中的 7 座墓即"七个洞"，形制相似，均为长方形弧形顶墓室。坐南向北，面临岷溪河，其壁上有天然岩厦。7 座墓从上至下排作四列，分别为 M1～M7。7 墓均为单室，无墓道，墓门呈方形，并凿三层门楣，由外到内逐层缩小，门额及两侧都凿有整齐平行斜线或错向三角斜线，有的还饰有浮雕图案。M4、M7 内依壁凿有双石棺，M2 为单石棺，M1、M3、M5 为空墓室。七个洞保存了内容丰富的石刻画像和题记，可分为两大部分：一为墓室（包括石棺外壁和墓门）石刻画像；二为墓外壁石刻画像（包括纪年题记）。内容主要是神话传说、祥禽瑞兽、传统礼仪、舞乐百戏等。

墓室石刻画像。如 M4 第一层门楣左立颊上刻绘一个人物，第三层门楣左立颊刻绘一个人物，面呈方形，着长袍，为阴刻。墓内石棺端面刻绘门阙一座，五脊顶，带腰檐，阙身刻交叉斜线，为剔地浅浮雕。出土石棺也有舞乐、武士等画像。M6 第一层门楣左右颊和额上刻绘伏羲、女娲和巨鸟啄鱼图，为剔地凸起浅浮雕，衣纹用线勾勒。墓内一石棺刻绘双阙，右阙上刻"石门氏"。另一棺端面刻绘伏羲、女娲像，皆为人首蛇身，两尾相交，各以一手牵连，另一手分别托举日月，两像外侧下有两个小人像。侧壁刻绘一朱雀在前飞翔，其后紧随一鱼，鼓鳍疾游，昂首欲衔朱雀尾。墓室后壁正中刻绘两人，戴进贤冠，宽袖长袍，束腰带，为压地浅浮雕。

墓外石壁画像。岩壁石刻画像多集中分布在墓周围，内容繁杂。尤其是 M1 有"喜平元年（172）十月廿四（五）＊（日），作此冢宜子孙"题记，M3、M4 之间有"延光□年（122—125）□月十一日作□用宜子孙万世恩"等。国务院于 2013 年 3 月公布其为全国重点文物保护单位。

泡桐村崖墓群 位于古河镇泡桐村，建于汉代。该墓群共 7 座墓，分布在长 500、高 10 米的石壁上。墓群形制相似，坐东北向西南。M5 有二层门楣，门宽 1、高 1.3 米。室为长方形弧形顶，长 3、高 2 米。两侧有石台，大小一致，长 2.1、宽 0.7、高 0.5米。后壁开龛，长 0.7、高 0.9、深 0.7 米。

群益崖墓 位于古河镇群益村，建于东汉。该墓凿于离地 1.5 米高的石壁上，坐东向西。墓为单门楣，墓宽 2.35、高 1.1 米。室为长方形弧顶，墓室长 2.35、宽 2.1、高1.1 米。石室左壁上凿有一洞，洞长 2.1、宽 1.87、深 0.65 米。

泡桐村七个洞崖墓群 位于古河镇泡桐村四社七个洞，建于汉代。该崖墓群与泡桐村岩墓相邻，形式相似，大小方向不一，均为长方形平顶墓室。

生机嘴墓 位于古河镇红色村一组生机嘴，建于明代。该墓为长方形平顶墓室，坐西向东。内分左右两室，两室相通，大小相同。墓室宽 1.2、高 1.4、深 3.2 米，后壁、右壁开龛，龛内雕刻图案。

星五村墓群 位于古河镇星五村，建于明代。该墓群坐东南向西北，共 3 座墓，形制相似，大小不一，均为石砌长方形平顶墓室。墓长 2、宽 1、高 1.3 米。

官冒沱墓群 位于古河镇绣球村三组官冒沱，建于明代。该墓群共 17 座墓，错落分布在山丘斜坡面，坐向基本相同，为坐西北向东南。M1、M3、M5、M6、M9、M10、M12、M14、M15 为砖砌长方形弧顶墓室。M1 六室并排相通，大小相同，单室宽 0.9、高 1.2、进深 2.6 米。除 M5 外均被盗掘。M2、M4、M7、M8、M11、M13、M16、M17为石砌长方形平顶墓室。M2 两室并排相通，有墓门，单室宽 1.8、高 1.3、长 2.8 米，后壁开龛。

望屋山雷家墓地 位于古河镇长丰村四社望屋山，建于清代。该墓地共 4 座墓，形制相同，均为半圆石砌封土墓，并排分布，坐西南向东北。墓冢总宽 21、高 2.1 米。M3 无碑，M1、M2、M4 为单碑，碑上字迹不清。

廖萧氏墓 位于古河镇茶林村，建于清代。该墓为半圆形石砌封土墓，坐东向西。墓冢长 5.6、宽 4.4 米。碑为三楼庑殿顶，四柱三间，宽 2.9、高 3 米，柱刻对联，梁刻花纹图案。

陈广朝墓 位于古河镇群益村，建于清代。该墓坐东北向西南，建于清代。墓冢长

6、宽 4.8 米，前有小拜台。碑为圆形仿木石质笔架顶，两柱大抱鼓，碑宽 4.8、高 2.6 米。陈广朝为该家族入四川第四代，对修桥建路有捐助贡献。

罗成庸夫妇墓　位于古河镇绣球村，建于清代。该墓为半圆形石砌封土墓，坐东北向西南。墓冢长 7.2、宽 4.8、后宽 4.1 米。碑为石质仿木，单檐庑殿顶，两柱抱鼓，左抱鼓脱落。碑宽 2.4 米，高 3 米。

陶世第墓　位于古河镇绣球村，建于清代。该墓坐西北向东南，建于清代。墓冢长 6.4、宽 4.4、后宽 3.8 米。碑为石质仿木庑殿顶，两柱一间，宽 1.1、高 2.1 米，碑上刻有鸟兽图案。

龚玉椿墓　位于古河镇绣球村，建于清代。该墓坐西北向东南，墓冢长 3.5、宽 3 米。碑为石质仿木两柱一间，单檐庑殿顶，宽 1.1、高 2.2 米。

上月亮墓　位于古河镇泡桐村五社上月亮，建于清嘉庆十九年（1814 年）。该墓为石砌封土墓，坐西南向东北。墓冢长 3.4、宽 2.4、高 2 米，碑被扰乱。

雷丁氏墓　位于古河镇红色村，建于清道光三年（1823 年）。该墓为半圆形石砌封土墓，坐西北向东南。墓冢长 4.6、宽 3.4 米。碑为单檐庑殿顶两柱一间，两侧抱鼓，宽 2.4、高 2.8 米。柱刻对联，并刻有人物、花纹图案。

曾任氏墓　位于古河镇长丰村，建于清道光八年（1828 年）。该墓为石砌封土半圆形墓，坐西北向东南。墓冢长 5.2、宽 4 米。碑为石质仿木结构，四柱之间三楼庑殿顶，高 3.5、宽 3.3 米，抱鼓一边脱落，碑顶损坏，刻有花草、鸟兽图案。

廖大竹墓　位于古河镇茶林村，建于清道光三年（1823 年）。该墓为半圆形石砌封土墓，坐南向北。墓冢长 5、宽 3.6 米。碑为三楼庑殿顶，四柱三间，宽 2.8、高 3 米。柱刻外联"子山绵福泽；午向兆文旺"。内联为"丞营直并山河永；姓氏堪同金石长"。

曾元佐墓　位于古河镇兴隆村，建于清道光四年（1824 年）。该墓为石砌封土半圆墓，坐西南向东北。墓冢长 4.8、宽 3 米，双拜台。碑为重檐仿木四柱三间三楼庑殿顶，有人物图案。墓碑高 2.7、宽 2.4 米。上拜台宽 11、半径为 5 米；下拜台宽 13、半径 5 米，均为石砌。

星五易氏墓　位于古河镇星五村，建于清道光十五年（1835 年）。该墓为封土半圆形石砌墓，坐南向北。墓冢长 4.3、宽 4、高 1.8 米。碑为仿木单檐庑殿顶，高 3.5、宽 1.38 米，上刻有人物、对联。

茅厮咀李家墓地　位于古河镇泡桐村六社茅厮咀，建于清光绪二年（1876 年）。该墓地共 3 座墓，坐东南向西北，并排相连，石砌封土。墓冢宽 8.5 米，M1 和 M2 高 2.8 米，M3 高 2 米，各有一碑为单檐笔架顶。后碑共用为九重檐庑殿式顶，上刻有人物，戏剧，花草图案及"耕田好"的字样。

付光朝夫妇墓　位于古河镇白马村，建于清光绪十九年（1893 年）。该墓为半圆石砌封土墓，坐东北向西南。墓冢长7、宽5米。碑为石质仿木三楼庑殿顶，四柱三间有抱鼓，墓碑高3.2、宽4.2米，有人物、花纹、竹木图案。

陈登上墓 位于古河镇白马村，建于清宣统二年（1910年）。该墓为石砌封土椅子状，坐西向东。墓冢长9、宽4.4米。碑为石质方形，另有抱鼓，宽2.7、高1.8米。墓两边有花纹卷彩。

古建筑

泡桐村寨墙 位于古河镇泡桐村，建于明代。该寨墙为土夯而成，宽0.5~0.9米，最高处1.3米，总长度为464.4米，古寨墙位于杂竹林中山上，从北山脚往山顶延伸到东南山脚下。

黑皮滩杨家大院 位于古河镇保民村，建于清代。该大院坐东北向西南，四合院布局，穿斗式梁柱。正门阔四柱七间进深8.8米，左右两侧三柱六列进深7米。中有天井宽16、深7.2米。堂屋六柱五间九列，进深9、阔24米，大门上有对联"勤俭家风悠远；读耕世业长春"。另有匾四块，年号为清道光年。

牛栏洞大院 位于古河镇茶林村一组牛栏洞，建于清代。该民居坐西南向东北，建于石砌夯土台基上，三进院落，两天井，部分房屋改建。穿斗抬梁混合结构，宽45、进深43米，面阔六柱五间，进深九柱造。两侧为阁楼，悬山顶，小青瓦屋面。

古河码头 位于古河镇兴河社区，建于清代。该码头呈东南—西北走向，东南码头用素面石砌11级平台，向河道呈半圆形，宽17、进深3.5米，码头延伸至岸上台阶垂带踏道48级，长21、宽4.2米。西北岸码头冲毁，阶梯为51级，长21、宽4.2米，西北河道中有石墩，原为连接两岸通行，现多数冲毁。

飞泉寺 位于古河镇幸福村，建于清道光三年（1823年）。该寺占地1844平方米，坐北向南，四合院布局，共3级石砌台基。正殿面阔六柱五间24米，木结构穿斗式梁架，五穿用十一柱减柱造，进深三间15米。门庭面阔六柱五间22米，进深三间8米。左右厢房各八间，面阔32、进深5米。顶为木结构单檐悬山顶，小青瓦屋面。正殿面墙有石碑。此地1992年前是原飞泉乡政府驻地，后因撤区并乡建镇归属古河镇，现该建筑闲置。长宁县人民政府于1997年12月公布其为文物保护单位。

近现代重要史迹及代表性建筑

征粮剿匪烈士纪念碑 位于古河镇星五村，建于1950年。该纪念碑为纪念叶枝彩、吴绍玉、涂开敏三位女性在1950年剿匪征粮战争中牺牲而立。碑为石质，筑于4级台基上，坐东向西，共3块石碑，中有两柱，两侧施抱鼓。纪念碑宽3.7、高2.7米，碑上对联局部风化，下联为"光烈洁气与世长存"。台阶有石对联。

下场镇

古墓葬

淯江崖墓群 位于下场镇淯江村，建于汉代。该墓群原有 9 座墓，现存 7 座墓，其余部分据村民反映被农地掩埋。墓群形制相同，坐东向西。M1～M7 均为单门楣，长方形弧形顶墓室。墓门宽 1.1、高 0.9 米，墓室宽 2.8、高 2.2、深 4.6 米，后壁有石台一个，左壁有龛。

石包山崖墓群 位于下场镇新宁村四组石包山，建于汉代。该墓群共三座墓，平行分布在 40 平方米范围内，凿于大石上，均为坐东南向西北。M1、M2 相距 8 米，M2、M3 相距 13 米。M1 和 M2 为平顶墓室，后壁开龛。M3 墓室未完工。M1 宽 2、高 1、深 2.4 米。M2 宽 2.2、高 1、深 1.7 米。

蛮洞山崖墓 位于下场镇新宁村四组蛮洞山，建于汉代。该崖墓凿于离地 1 米高的岩石壁上，坐西向东。墓门宽 1.7、高 1.5、室长 2.7 米，为长方形弧形顶。墓室两侧及后壁开龛。

大同崖墓群 位于下场镇大同村，建于汉代。该墓群共 4 座墓，M1～M3 平行分布在临江岩壁上。M4 位于现大同村提灌站右侧 20 米路边岩壁上。M1～M3 坐西北向东南，M4 坐南向北。M4 与 M1～M3 遥遥相望，相距 300 米。M1～M3 为四层门楣，M1 门宽 1.25、高 1.6 米；墓室宽 3.9、高 2.1、深 7 米，拱形顶，底部有石床。石床长 2.1、宽 1.4 米，右侧有石作灶头一个。M2 为长方形弧形顶，宽 2、深 7.3、高 2 米，右壁开龛，龛内有一石函。M3 被土掩埋。

苦竹砣崖墓群 位于下场镇新宁村十五组苦竹砣，建于汉代。该墓群共 2 座墓，分布在 10 平方米的岩壁上，形制相同，为长方形弧形顶墓室，坐南向北。M1 冢宽 1.6、高 1、深 4.5 米。M2 被土沙掩埋，只露出少许墓门。

狮子村蛮洞山崖墓群 位于下场镇狮子村，建于汉代。该墓群共 5 座墓，错落分布在山壁上，坐向相同，均为坐西向东。M1 为四层门楣，门宽 1.1、高 1.6 米。长方形平顶墓室，宽 2、高 2.2、深 6 米。M1、M2 墓室相通，两侧壁对称开龛。

九龙寺崖墓 位于下场镇淯江村十组九龙寺，建于汉代。该墓凿于离地高 7 米的岩壁上，坐西向东。双门楣，门宽 1.1、高 1 米，墓室为长方形弧形顶，长 3.1、宽 2.3、高 1.5 米，室内右壁、后壁开龛。

陡石梯崖墓群 位于下场镇民权村八组陡石梯，建于东汉。该墓群凿于长 40、宽 10、离地 3 米的岩石上，形制相同，坐东向西。M2 门宽 1.3、高 1.5 米，室为长方形弧形顶，进深 5.4、宽 3、高 2.2 米，左壁开龛，有两个石函，大小相同，长 2.15、宽 0.8、高 0.78 米。后凿一石台，长 2、宽 0.85、高 0.35 米。

白土地崖墓群　位于下场镇复兴村十组白土地，建于汉代。该墓群共 2 座墓，形制相同，凿于平行地面的岩石壁上，呈锥形平顶墓室，坐北向南。单门楣，宽 1.2、高 1、深 2.2 米。

凤凰嘴墓群　位于下场镇狮子村七组凤凰嘴，建于宋至明代。该墓群共 4 座墓，形制相同，均为砖砌长方形弧形顶，坐东南向西北。每墓均为二室，大小相同、相通。两侧及后壁均开龛。M1 后龛有彩绘房屋图案。

石柱山墓　位于下场镇新宁村十组石柱山，建于明代。该墓为砖砌长方形卷拱墓室，坐西南向东北。墓长 2.9、宽 1.3、高 1 米。砖长 0.4、宽 0.2、厚 0.08 米。

梨子林墓群　位于下场镇长江村三组梨子林，建于明代。该墓群共 13 座墓，错落分布在 500 平方米范围，坐向相同，均为坐东南向西北。M1 为长方形平顶墓室。M2 为双室平顶，两室相通，两侧及后壁开龛。后壁龛内刻有花纹。M3 与 M2 形制相同，墓室宽 1.3、高 1.3、长 2.6 米。M4 为四室墓，不相通，其余均为双室墓。

枞树坡墓群　位于下场镇长江村三组枞树坡，建于明代。该墓群共 5 座墓，分布在一片种植地壁上，均为长方形平顶墓室。M1～M2 坐东南向西北。M3～M5 坐南向北。M1－M3 为单室墓，其中 M3 宽 0.9、高 0.8、深 2 米。M4 为双室墓，两室相通。M5 为三室墓，三室相通。

黄金山墓　位于下场镇淯江村十组黄金山，建于明代。该墓室为石砌长方形弧形顶，坐东向西。三室相通，后壁、左壁均开龛，单室宽 1.1、进深 2.2 米，高 1.5 米。

水井湾墓群　位于下场镇天平村三组水井湾，建于明代。该墓群共 5 座墓，分布在一片竹林中，形制相同，均为长方形平顶墓室，坐东南向西北。M2 共四室，二、三室墓门尚存，M3 共三室，有墓门，底部开龛，龛为正方形，M3 长 3.6、宽 3.2、高 1.5 米。

大地头墓群　位于下场镇天平村八组大地头，建于明代。该墓群共 6 座墓，错落分布在 100 平方米范围，形制相同，坐东向西。其中 M1 为长方形平顶墓室，二室并排相通，左右对称开龛，后壁开龛，龛内刻有花纹图案，宽 1.2、高 1.1、深 3 米。

四合头詹家墓地　位于下场镇新宁村八组四合头，建于清代。该墓地共 2 座墓，并排分布在农地中，两墓相距 2 米。墓冢形制相同，均为半圆形石砌封土墓，坐东南向西北。M1 冢前宽 4.8、后宽 3.2、长 7 米。碑为仿木石质三楼庑殿顶，四柱三间，两侧抱鼓，宽 3.8、高 3 米。柱刻对联"合称慈父母；应有好儿孙"；内联"桐剪东周延国祚；椒繁西蜀永家声"；横批"地脉钟灵"。梁刻花纹、兽、蝙蝠图案。M2 冢前宽 4、后宽 2.5 米。碑为仿木石质三楼庑殿顶，四柱三间，两侧抱鼓。碑宽 3.6、高 3 米。柱刻对联"人到券台合下马；地联蒿里应眠牛"；横批为"德垂后裔"。

黄桷山墓群 位于下场镇新宁村十组黄桷山，建于清代。该墓群共2座墓，错落分布在黄桷山南面，形制均为半圆形石砌封土墓。M1坐北向南，M2坐西北向东南。M1墓冢长6、宽4.5米。碑为石质仿木单檐庑殿顶，两柱一间，宽1.1、高1.8米。上刻对联、碑文及"嘉庆年"题记。M2无墓碑。

樊刘氏墓 位于下场镇新宁村，建于清代。该墓为不规则梯形土堆墓，坐西北向东南。墓冢长8、前宽2.3、后宽1.7米。碑为素面长方形石碑，碑宽0.75、高1.7米。题记"皇清西宁总镇樊公字君爱配刘老夫人之墓"。

牛儿塘罗家墓地 位于下场镇狮子村九组牛儿塘，建于清代。该墓地形制相同，坐向相同，均为半圆形石砌封土墓，坐东向西。M1碑为石质仿木结构单檐庑殿顶，两柱一间，宽3、高2.8米。柱刻对联"穴结卯山气钟灵秀；茔当酉向兆启科名"；横批为"双寿佳城"。梁刻花瓶、书剑、梳钗图案。抱鼓刻有喜鹊登梅、犀牛望月图案。M2~4碑均损毁垮塌。

福寿溪蔡家墓地 位于下场镇永利村五组福寿溪，建于清代。该墓地共4座墓，均为圆形墓。M1、M3形制相同，为石砌封土墓，M2、M4形制相同，为土冢墓。M1、M2坐西北向东南，M3、M4坐南向北。墓碑形制相同，均为仿木石质单檐庑殿顶，两柱一间，柱刻对联，碑记均有"乾隆□□年"字样。

赖吕氏墓 位于下场镇大田村，建于清代。该墓坐西北向东南，呈梯形，上有封土。墓冢长9、前宽6、后宽4米。

王祥性墓 位于下场镇益家村，建于清代。该墓为不规则半圆形土冢墓，坐西北向东南。墓冢前宽3、后宽2、长5.5米。碑为石质仿木结构单檐庑殿顶，两柱一间，两侧抱鼓，宽2.1、高1.7米。柱刻对联"讫事千秋昭日月；蒸尝万古培乾坤"。

古韩氏墓 位于下场镇益家村，建于清代。该墓为半圆形石砌封土墓，坐西向东。墓冢前宽4、后宽3、长5.4米。碑为石质仿木结构单檐庑殿顶，两柱一间，两侧抱鼓，宽2.5、高3米。柱刻对联，顶刻人物、花草图案，抱鼓刻有人物图案。

官木山罗氏墓 位于下场镇益家村三组官木山，建于清代。该墓位半圆形石砌封土墓，坐西北向东南。墓冢长5、前宽3.4、后宽2.5米。碑为仿木石质三楼庑殿顶，四柱三间，两侧抱鼓，宽3.6、高2.5米。柱刻对联，字迹模糊不清，梁刻横批"万古佳城"。有人物、花卉、鸟兽图案。

楼房头罗家墓地 位于下场镇民主村三社楼房头，建于清代。该墓地共2座墓，错落分布在山坡斜面，墓冢形制相似，均为半圆形石砌封土墓。M1坐南向北，墓冢长7、前宽6、后宽5米。碑宽4、高2.6米，为三楼庑殿顶，四柱三间，两侧抱鼓，内联为"好籍青山同座骨；欣看彩风共和声"；外联"午山昭骏业；子向沛□□"；横批"灵□

式□"。M2 坐东南向西北，墓冢长 7、前宽 5、后宽 4.5 米。碑为石作仿木结构重檐庑殿顶，四柱三间，两侧抱鼓，柱刻对联，外联为"突兀峥嵘生长之千尺；轩昂磊落产灵芝而九□"；内联为"坤道遐昌卜子孙千镒；乾元巩固为金玉万年"；横批为"山辉川楣，佑启后人"。碑刻有人物，花草等图案。

油榨湾罗家墓地　位于下场镇共兴村五组油榨湾，建于清代。该墓地共 2 座墓。M1 为石砌封土墓，半圆形，M2 为土堆墓，坐向相同，均为东西向。墓碑均为石质仿木单檐庑殿顶，两柱一间，柱刻对联。

大坟坝墓　位于下场镇年丰村八组大坟坝，建于清代。该墓为梯形石砌封土墓，坐西北向东南。墓前部呈向内半圆，墓冢长 4.6、前宽 4.8、后宽 4 米。碑嵌于墓前部砌石中，四柱三间笔架顶，柱刻对联、花纹等图案。

桂竹窝罗家墓地　位于下场镇年丰村八组桂竹窝，建于清代。该墓地共 3 座墓，平行分布在半山坡一块平地，均为半圆形石砌封土墓，坐东南向西北。M1 墓冢长 5、宽 3.4 米。碑形制相同，均为石质仿木两柱一间单檐庑殿顶，柱刻对联，梁刻横联，M1 碑宽 1.2、高 2.6 米。

殷学锡夫妇墓　位于下场镇新华村，建于清代。该墓为梯形石砌封土墓，坐西北向东南。墓冢长 5.5、前宽 4.6、后宽 3.5 米，碑宽 1.5、高 2.1 米，为石质笔架顶，嵌于墓身前部砌石中，柱刻对联，顶刻横联、花纹图案。

邓世和墓　位于下场镇民主村，建于清乾隆五十一年（1786 年）。该墓为石砌封土墓，坐西北向东南。墓长 6.5、宽 5.5、高 2 米。碑高 1.35、宽 0.8 米，为石质仿木单檐庑殿顶。碑上刻有对联、碑文及题记"大清乾隆五十一年"。

樊庆昭墓　位于下场镇新宁村，建于清乾隆四十六年（1781 年）。该墓为一座形状不规则的土冢墓，坐西北向东南。墓冢长 5、宽 3 米。碑为仿木石作三楼庑殿顶，四柱三间，宽 3、高 1.9 米。

徐俸祖墓　位于下场镇新华村，建于清乾隆五十七年（1792 年）。该墓为半圆形石砌封土墓，坐西向东。墓冢长 7、前宽 4、后宽 3.2 米。碑宽 3.2、高 2 米，为三楼庑殿顶，四柱三间，柱刻对联，正中刻有"渭水鼻宗"字样。

应戴氏墓　位于下场镇新宁村，建于清嘉庆十二年（1807 年）。该墓为半圆形石砌封土墓，坐西北向东南。墓冢长 6.5、前宽 4.2、后宽 3.5 米。碑宽 2.4、高 1.7 米，为仿木石质三楼庑殿顶，四柱三间，顶部脱落，柱刻对联已风化。墓前两侧各有一望柱，高 4.6 米。

苟封君墓　位于下场镇狮子村，建于清嘉庆十二年（1807 年）。该墓为半圆形石砌封土墓，坐东南向西北。前呈半圆，直径为 4.6、后宽 2.6、长 9 米。碑宽 2.4、高 2.2 米，为仿木石质三楼庑殿顶，四柱三间，碑文对联已风化。

陈世榜墓 位于下场镇狮子村，建于清嘉庆十二年（1807 年）。该墓为不规则土冢墓，坐东南向西北。墓冢长 5.4、前宽 3、后宽 2 米。碑为石质仿木结构单檐庑殿顶，两柱一间，宽 1.4、高 2.5 米。柱刻对联，碑有题记。

陈万诗墓 位于下场镇狮子村，建于清道光二年（1822 年）。该墓为不规则土冢墓，坐东南向西北，前宽 3.4、后宽 2 米。碑为石质仿木结构单檐庑殿顶，两柱一间，宽 1.2、高 2.2 米。柱刻对联，梁刻题额及人物图案。

詹文肃墓 位于下场镇民主村，建于清道光二十三年（1843 年）。该墓为半圆形石砌封土墓，坐东南向西北。墓冢长 6、前宽 4、后宽 3 米。碑为三楼庑殿顶，四柱三间，宽 3.1、高 3 米，两侧抱鼓已损，内联为"宅兆偕青山不改；形骸并石碣长存"，外联为"登如临陡诂；拜扫若超庭"，横批为"封之若堂"。

胡孔昭墓 位于下场镇天平村，建于清道光三年（1823 年）。该墓为半圆形石砌封土墓，坐东南向西北。墓冢前宽 4.5、后宽 3.5、长 7 米。碑宽 4.5、高 4.4 米，为石质仿木结构四柱三间三楼庑殿顶，柱刻外联"虎踞昭山封马鬣；龙蟠□水□牛眠"，内联为"北边南承光世祖脉；生启没顺开后嗣宗支"，横批为"奕叶流芳"，并刻有动物图案。

樊胡氏墓 位于下场镇新宁村，建于清咸丰元年（1851 年）。该墓为半圆形石砌封土墓，坐北向南。墓冢前宽 2.6、后宽 4.6、长 5.7 米。碑宽 2、高 2.8 米，为石质仿木单檐庑殿顶，两柱一开间，两侧抱鼓。柱刻对联"人到便将金马下；地形恰似玉钩斜"，横批为"德垂后裔"。梁刻花纹图案。

罗天贵墓 位于下场镇长江村，建于清咸丰四年（1854 年）。该墓为半圆形石砌封土墓，坐东南向西北。前部呈半圆，直径为 5.6、后宽 4.6、长 8 米。碑宽 2.8、高 3.4 米，为石质仿木结构单檐庑殿顶，两柱一间，两侧抱鼓。柱刻对联"秀水潆洄绵后泽；佳山拱照妥先灵"，横批为"克昌厥后"。梁刻双凤朝阳图；碑刻龙纹图案；抱鼓刻有人物、花、鸟图案。拜台两边分别有一长方形石桌。

丁希伦夫妇墓 位于下场镇共兴村，建于清咸丰八年（1858 年）。该墓呈半圆形石砌封土墓，坐西北向东南。墓冢前宽 4.5、后宽 4、长 7 米。碑宽 2.6、高 3.2 米，为仿木石作三楼庑殿顶，四柱三间。柱刻外联"山明开甲第；水秀启人为"，内联为"当年既卜牛眠地；今朝敬成马□封"，梁刻花纹图案及"克昌厥后"字样。

赖李氏墓 位于下场镇涓江村，建于清同治七年（1868 年）。该墓为不规则梯形墓，前部向内呈弧形，坐西向东。墓冢长 9、前宽 6.6、后宽 2.2 米。碑嵌于墓前弧形砌石中，上有对联和"同治七年"题记。

徐安宗墓 位于下场镇骑龙村，建于清光绪四年（1878 年）。该墓为石砌封土墓，呈梯形，坐东向西。墓冢长 6、前宽 9、后宽 6 米。碑宽 4、高 3 米，为仿木石质三楼庑殿顶，四柱三间，两侧抱鼓。柱刻外联"山水清音子孙□吉；人文秀起富贵□□"，内联为"水秀砂明环吉地；龙翔凤□拥佳城"。梁刻人物；柱刻花纹；抱鼓刻花草图案。

罗胡氏墓 位于下场镇大田村，建于清光绪三十年（1904 年）。该墓为半圆形石砌封土墓，坐西南向东北。前呈半圆，直径为 4、后宽 3、长 6 米。碑宽 4.2、高 4.6 米，为仿木石质四柱三间三楼庑殿顶，两侧抱鼓。柱刻外联"五尺崇封马□；千秋永兆牛眠"，内联为"水抱山环三仙□吉；龙盘虎踞万古凝祥"，横批为"天造地设"。

童子玉墓 位于下场镇大田村，建于清光绪九年（1883 年）。该墓石砌呈梯形，上有封土，坐北向南。墓冢前长 8.5、宽 11、后宽 8 米。碑为单檐笔架顶，两柱一间，两侧抱鼓，宽 2.3、高 2.2 米。碑顶刻有梅花，鸟兽图案，柱刻对联"地得牛眠馨俎□；坟崇马□佑儿孙"。碑下有两级基石，有一个石质香炉。

叶吴氏墓 位于下场镇共兴村，建于清光绪十三年（1887 年）。该墓为圆形土堆墓，坐东北向西南。墓冢长 7、前宽 3.4、后宽 2 米。碑为三楼庑殿顶，四柱三间，两侧抱鼓，宽 3.4、高 3.2 米，柱刻对联，梁刻人物、图案、书剑图案及花纹，抱鼓刻有动物、梅花、竹等图案。

易光杨墓 位于下场镇共兴村，建于清光绪十年（1884 年）。该墓位梯形石砌封土墓，坐西向东。墓冢长 7、前宽 6、后宽 2.5 米，俗称"椅子坟"。碑嵌于墓前砌石中，两柱一间笔架顶，柱刻对联"西山垂万石；卯向登千秋"，横批为"光前列"。

贺文柱夫妇墓 位于下场镇复兴村，建于清光绪五年（1879 年）。该墓为梯形石砌封土墓，坐北向南。墓冢前部呈内半圆，长 5、前宽 9.3、后宽 6 米，碑为石质双碑，形制相同，单檐笔架顶，左碑为贺文柱，右碑为赖氏，刻有对联"山川发秀千载盛；地脉升腾百代荣"，"水秀山照开甲第；龙盘虎踞启人文"。碑顶刻有动物、花草等图案，碑高 2、宽 1 米。

古建筑

蒲草田井 位于下场镇狮子村，建于清代。该井井口用条石垒砌，呈正方形，边长 0.9、井深 2.9 米。现仍为周边村民提供生活用水及灌溉用水。

赵家山井 位于下场镇新宁村，建于清代。该水井井口为石质圆形，井内下部为石砌方形，上部为石砌藻井式，深 5 米，井口直径 0.62 米。

苟村井 位于下场镇狮子村，建于清代。该井井口为圆形，直径 0.6 米，井壁为条石砌呈方形，深 2.2 米。井泉充足，为周围住户提供生活用水。

灵官堂 位于下场镇长江村，建于清代。灵官堂坐西向东，为正方体塔形建筑，攒尖顶。共分三层，底层边长 1.4、通高 4.5 米，底部为纸库，中层内有灵官像。灵官为石质雕刻彩绘，头部受损，门柱两边均刻有对联。

龙君庙 位于下场镇渭江村，建于清代。该庙坐东南向西北，筑于石砌夯土台基上，垂道踏道6级台阶上，面阔四柱三间11.6米，穿斗抬梁混合结构，进深十一柱11米。中间有天井，长2.7、宽2.6米。单檐悬山顶，小青瓦屋面。大殿供三尊佛像，后壁上有彩绘图案。

鱼塘塝井 位于下场镇新华村二组鱼塘塝，建于清代。该水井井台为边长2米的正方形石块，中间有一圆形井口，直径为0.45米，井内条石砌成正方形井身，边长为1米。该井现为新华村村民取水所用。

石窟寺及石刻

平滩石窟寺 位于下场镇益家村，建于清代。该寺分布于长18、高3.8米的石壁上，坐东北向西南。龛有长方形平顶，长方形敞平顶，长方形敞口拱顶等形制。龛内有阿弥陀佛、灵官、观音、土地等造像，有的为后塑。石刻文字"塑圣修路碑记"。

大沟头灵官造像 位于下场镇骑龙村，建于清代。该造像凿于距公路路面10米高的岩壁上，俗称灵官，坐西向东。条石作门，门宽0.45、高1米。造像高1、宽0.4米。石壁开龛，宽1.5、高1.4、深0.9米，龛边刻有对联。

天平石窟寺 位于下场镇天平村，建于清代。该寺共有11龛，造像13尊，坐西北向东南，从左到右除4号龛为长方形平顶龛外，其余均属长方形拱顶龛，造像依次为灵官、土地、观音、天公、送子、药王、寿星等。其中有44尊造像被村民从龛内移到石壁下方天然窟内，所有造像均为彩绘，4号龛内灵官菩萨身高2.3、宽1.5米，有太岁丁卯题记。

近现代重要史迹及代表性建筑

豪猪洞水库 位于下场镇骑龙村，建于1971年。该水库属长江水系长宁河一级支流。坝址控制流域面积1.3平方千米。水库总库容116万平方米，为年调节水库。设计灌溉新华村、骑龙村、长江村3个村20个社，是一个灌溉为主，兼有防洪、养殖的小型水库。

龙头镇

古遗址

后江河码头遗址 位于龙头镇江河村，原码头系清代以来渭江河上游通往长宁、江安等地的水陆交通要道。码头宽4、水深5米，近20年因陆路交通的改善，该码头逐渐废弃。

古墓葬

千秋坡墓群　位于龙头镇石马村四组千秋坡，建于宋代。该墓群为双墓，两墓紧邻，坐南向北。M1 宽 0.9、深 2.2、高 1.2 米，两侧壁有龛，后壁浮雕有人物像。M2仅露一小口，墓口宽 0.73、高 0.4 米。

小碾湾墓　位于龙头镇北村，建于明代。该墓坐东南向西北，内有两室，两室并排相通，大小相同。单室长 2.6、宽 1 米，素面条石砌成长方形平顶墓室，后壁开龛。

吴泽凤墓　位于龙头镇昆仑村，建于清代。该墓为石砌封土墓，坐东南向西北。墓冢长 4、宽 3.9 米。碑宽 2.6、高 3.5 米，为石质仿木二柱一间三楼庑殿顶，有抱鼓。碑上刻有人物、花纹及对联。碑记"壬午天中节立"。

苟周氏墓　位于龙头镇竹洞村，建于清代。该墓为石砌封土墓，坐西南向东北。墓冢长 6、宽 3.8 米。碑宽 1.5、高 2.6 米，为石质仿木四柱三间三楼庑殿顶，碑上刻有对联、人物等。

生机坡陈家墓地　位于龙头镇从兴村四组生机坡，建于清代。该墓群共 6 座墓，列为三排，均为石砌封土墓，形制相同，坐东北向西南。其中 M1 长 4.6、宽 3.3、高 1.8米。碑宽 3.3、高 3.7 米，为石质仿木四柱三间三楼庑殿顶，有抱鼓。碑上刻有人物、花纹及对联。

大弯头周家墓地　位于龙头镇富裕村四组大弯头，建于清代。该墓地共 2 座墓，坐东南向西北，平行分布，形制相同，均为半圆形，乱石块砌成，上有封土。M2 长 5、宽 3.4 米。M2 碑宽 1、高 1.8 米，为石质仿木两柱一间单檐庑殿顶，上刻对联、碑文及年代题记。

泡桐湾张家墓地　位于龙头镇龙头村，建于清代。该墓地共 2 座墓，均为坐西向东，乱石砌成，形制相似。碑同为仿木石质两柱一间单檐庑殿顶。

郭自成夫妇墓　位于龙头镇两江村，建于清代。该墓为半圆形石砌封土墓，坐南向北，三面围墙。墓冢长 6、宽 5.5、高 1.8 米。墓碑宽 4.4、高 2.9 米，为石质仿木四柱三间三楼庑殿顶，两侧施抱鼓。上刻对联、花纹、日月、兽等图案及碑文。距墓前方50 米有一石碑，上书"郭杨坟"三个大字，两侧有对联。

李尚伦墓　位于龙头镇石笋村，建于清乾隆五十四年（1789 年）。该墓为半圆形，乱石块砌成，上有封土，坐西南向东北。墓长 4.6、宽 4.6 米。碑宽 0.9、高 1.7 米，为两柱一间单檐庑殿顶，嵌于墓身中。

周自祥墓　位于龙头镇昆仑村，建于清嘉庆二十一年（1816 年）。该墓为石砌封土墓，坐南向北。墓冢长 4.3、宽 2.5、高 1.4 米。碑宽 1、高 1.5 米，为石质仿木二柱一间庑殿式顶。碑上刻有对联及碑记。墓左侧 2 米外有"九族人伦碑"一通，记述族人入川经历及字辈排行诗序，为民国二十三年立。

吴有朋墓　位于龙头镇石马村，建于清道光十三年（1833 年）。该墓为石砌封土墓，坐东南向西北。墓冢宽 3.4、高 1.5 米。碑宽 2.4、高 3.1 米，为石质仿木四柱三间三楼庑殿顶，抱鼓已脱落。碑上刻有对联和花纹、碑记。

苟成元墓　位于龙头镇小坪村，建于清咸丰二年（1852 年）。该墓为石砌封土墓，坐东南向西北。墓冢长 6、宽 2.8、高 1.6 米。碑宽 2.4、高 3.1 米，为石质仿木四柱三间三楼庑殿顶，碑上刻有人物、对联、墓志铭及碑记。

鲁君元夫妇墓　位于龙头镇竹洞村，建于清光绪六年（1880 年）。该墓为石砌封土墓，坐南向北，墓冢长 8、宽 6 米。碑高 1.25、宽 0.73 米，为石质单碑。

古建筑

龙头井　位于龙头镇巨龙社区，建于清代。该井呈正方形，素面条石砌成，边长1.8、深 0.9 米。井壁有地下泉水不断涌出。

近现代重要史迹及代表性建筑

碾湾沟大院　位于龙头镇龙华村十一组碾湾沟，建于 1942 年。该民居坐南向北，正屋四间，东、西各三间厢房。正屋通宽 18.6、进深 13 米。两边厢房均宽 25、进深15.6 米。院坝长 20、宽 8.5 米。石砌朝门上题有了"礼庐"二字。

坊村人民公社第一食堂旧址　位于龙头镇方村，建于 1958 年。该食堂坐西向东，在"大跃进"时期被生产队作为食堂用房，其右耳房门上方的墙壁上书有"坊村第一食堂"字样，字体为红色，黑线勾边。房屋筑于石砌夯土台基上，正屋面阔六柱五间14.6 米，穿斗结构，进深 11.5 米。小青瓦屋面，单檐悬山顶。门窗镂空雕刻花纹、鸟等图案。

铜锣乡

古墓葬

观斗岩崖墓　位于铜锣乡大坝村，建于清代。该墓坐东南向西北。单门楣，墓门长宽高均为 0.6 米。墓室为长方形弧形顶，深 1.77、宽 1 米，室内左右壁上成对称开龛，大小相同。

阴阳坟崖墓　位于铜锣乡大坝村阴阳坟，建于汉代。该墓开凿于离地 2 米高的巨石上，坐西南向东北。单门楣墓口，墓室为长方形弧形顶。洞口宽0.5、高0.6米，墓深2.7、宽1.16米，墓室左右各开有一龛。

桂花坪刘家墓地 位于铜锣乡百花村四组桂花坪，建于清代。该墓地为双墓，形制相同，均为石砌封土墓，为坐西北向东南。其中M1墓长4.9、宽2.9米。M1碑为石质仿木二柱一间笔架顶，两侧抱鼓，顶上刻有鸟兽、花草、对联及碑记："光绪十九年"。M2碑宽2.4、高2.6米，为石质仿木二柱一间单檐庑殿顶，有抱鼓，碑上刻有花纹及对联。

大埂上陈家墓地 位于铜锣乡爱国村二组大埂上，建于清代。该墓地共7座墓，错落分布，形制相似，均为半圆形石砌封土墓，坐西向东。M5墓冢长4.6、宽3.6、高1.6米。碑形制不一，M1、M6、M7碑为仿木石作二柱一间单檐庑殿顶，两侧有抱鼓。M2碑为仿木石作四柱三间三楼庑殿顶。M3、M4、M5碑为仿木石作四柱三间三楼庑殿顶，两侧抱鼓。M5碑宽3.6、高4米，上刻对联、花纹、花卉、几何图案。M5右前1米处有一塔形石质惜字库，二层，平面为四方形，攒尖顶，正方形石质基座，通高2.1、宽0.7米。M3、M4、M5四面围墙。

坟嘴胡家墓地 位于铜锣乡高潮村七组坟嘴，建于清代。该墓地共4座墓，坐东北向西南呈菱形分布，形制相同，均为半圆形石砌封土墓。M4冢长5、宽3.2、高1.7米。碑为四柱三间三楼庑殿顶，两侧抱鼓。M1~M3碑为仿木石作二柱一间单檐庑殿顶。碑上均刻有对联、花纹、年代题记。

李培光夫妇墓 位于铜锣乡中联村，建于清代。该墓冢为圆形土冢墓，坐东南向西北。墓冢长6、宽5米。碑宽3.8、高3.7米，为二柱一间单檐笔架顶。柱刻对联，顶及抱鼓依势凿龛，共17龛，龛内高浮雕人物、楼宇、花卉、戏剧等图案。

张思怀夫妇墓 位于铜锣乡龙峰村，建于清道光十二年（1832年）。该墓为半圆形石砌封土墓，坐西向东。墓冢长6、宽4.6、高1.5米。碑宽1.4、高2.4米，为石作仿木二柱一间单檐庑殿顶，上刻对联、碑文及年代题记。墓左前1.5米有一惜字库，通高1.7米，石质塔形重檐，顶檐为四角，重檐为八角，素面石质基座。

曾罗氏墓 位于铜锣乡红林村，建于道光三年（1823年）。该墓为半圆形石砌封土墓，坐东北向西南。墓冢长5、宽4.4、高1.7米。碑宽5、高4.2米，为仿木石作四柱三间三楼庑殿顶，两侧施抱鼓，柱刻对联，梁刻人物、楼宇、桌案图案。

范马氏墓 位于铜锣乡龙峰村，建于清咸丰六年（1856年）。该墓为半圆形石砌封土墓，坐西北向东南。墓冢长4、宽3.2、高1.5米。碑宽2.2、高2.8米，石作仿木二柱一间单檐庑殿顶，两侧施抱鼓，上刻对联、花纹、花卉图案及年代题记。

刘利根墓 位于铜锣乡红林村，建于清咸丰四年（1854米）。该墓为圆形石砌封土墓，坐西北向东南。墓冢长8、宽5.5米。碑宽6.8、高3米，为石作仿木六柱五间三楼庑殿顶，两侧抱鼓，呈扇形建筑。柱刻对联，碑刻人物、花卉、鸟兽、房宇等图案。

古建筑

龙湖民居　位于铜锣乡龙湖社区，建于清代。该民居坐西南向东北，筑于石砌夯土台基上。穿斗结构，面阔四柱三间 14.5 米，进深 13 米，通高 7 米，单檐悬山顶，小青瓦屋面。

近现代重要史迹及代表性建筑

铜锣供销社　位于铜锣乡龙湖社区，建于 1961 年。在计划经济时期，用于销售日常生活用品，现为私人住宅。建筑坐东北向西南，一楼一底，木石结构，面阔九间四门40 米，进深 12 米，通高 8 米，外墙用块石砌成（俗称干打垒），内墙为砖砌，楼板为木质，单檐悬山顶，小青瓦屋面。

桃坪乡

古墓葬

烂包湾墓群　位于桃坪乡永和村三组烂包湾，始建于宋代。该墓群共 4 座墓，分布在长 50、宽 10 米的山坡脚，均坐西向东。M1 为双室墓，M2、M3 为单室墓，其中 M1的一室已损毁严重，M2、M3 仅存墓底立石，M4 渗水严重，M1 一室长 2.7、宽 2.8、高 1.1 米，顶部保存完好。

王小二郎墓　位于桃坪乡新坪村，建于宋代。该墓为坐南向北，素面条石砌长方形墓室，室内刻有人物、花卉、斗拱浮雕，室长 3.65、宽 1.96、高 2.6 米，左右壁开龛，龛内有浮雕。

土地咀姚家墓地　位于桃坪乡永和村三组土地咀，建于清代。该墓地共 2 座墓，均为石砌封土墓，墓前端砌石为圆形，均坐北朝南。M1 墓长 5、宽 3.1、高 1.7 米，两墓均为石质仿木单檐庑殿顶，两柱一间，M1 碑宽 1.2、高 2.8 米，无抱鼓，M2 有抱鼓，但碑顶顶石已脱落。

刘华伟墓　位于桃坪乡新坪村，建于清嘉庆六年（1801 年）。该墓为半圆形石砌封土墓，坐西北向东南。墓冢前宽 3.8、后宽 2.6、高 2 米。碑宽 3.8、高 2.9 米，为石质仿木四柱三间三楼庑殿顶，柱刻对联，梁刻横额。

刘世璋墓　位于桃坪乡新坪村，建于清嘉庆六年（1801 年）。该墓为椭圆形石砌封土墓，坐南向北。墓冢前宽 3.36、后宽 2.4、长 5.2 米。碑宽 3.36、高 3.6 米，为仿木石作四柱三间三楼庑殿顶，柱刻对联，外联为"吉穴三仙示；佳城万载留"，内联为

"牛眠应有业生策；马□宁无呵护灯"，正中梁刻"佳城永固"。

罗仕式夫妇墓 位于桃坪乡大林村，建于清道光九年（1829年），该墓为石砌封土墓，坐南向北。墓长5.7、宽4.6、高1.7米。碑宽2.6、高2.9米，为石质仿木四柱三间三楼庑殿顶，刻有花纹、对联。

蒲张氏墓 位于桃坪乡联盟村，建于清咸丰十年（1860年）。该墓为半圆形石砌封土，坐南向北。墓冢长6、前宽3.3、后宽2.8、高1.7米。碑宽1.2、高3.2米，为两柱一间单檐庑殿顶，柱刻对联，梁刻横联，并刻有花纹图案。

点灯坡姚家墓地 位于桃坪乡永和村四组点灯坡，建于清光绪十年（1884年）。该墓地为双墓，均为石砌封土墓，坐西南向东北。墓前方为圆形，M1冢长3.6、宽1.8、高1.4米。两碑形制相同，均为石质仿木单檐庑殿顶。M1为男墓，碑宽1.1、高2.9米。有石砌拜台，宽15.2、深4.1米。

殷正连夫妇墓 位于桃坪乡永和村，建于清光绪二年（1876年）。该墓坐西北向东南，为石砌封土墓。墓冢宽4.6米，砌石高1.6、长6米。碑为石质仿木二柱一间单檐庑殿顶，两侧施抱鼓，碑上刻有花鸟图案及殷氏族人字辈排行。

余何氏墓 位于桃坪乡中坝村，建于清光绪元年（1875年）。该墓为半圆形石砌封土墓，坐北向南。墓冢长4.4、前宽3.2、后宽2.8、高1.6米。碑宽2.1、高为2.5米，为单檐笔架碑，对称呈莲花状，上刻花草、人物、鸟兽等图案，正中顶刻"昌厥后"字样。

陈明朝墓 位于桃坪乡民治村，建于清光绪十四年（1888年）。该墓为半圆形石砌封土墓，坐西向东。墓冢长4.6、宽3.8、高1.9米。碑宽2.7、高3.1米，为石质仿木四柱三间三楼庑殿顶，柱刻对联，梁刻横联，并刻有吻兽、花纹图案。院墙为五重檐，两侧内壁下各有一石质条凳。

尹祚德墓 位于桃坪乡什字村，建于清光绪十四年（1888年）。该墓为半圆形石砌封土墓，坐北向南，长3.8、宽3.5、高1.8米。碑宽4.5、高4.6米，为石质仿木四柱三间三楼庑殿顶，两侧施抱鼓。柱刻对联，梁刻"皇恩宠赐"和"正八品□英"字样，并刻有高浮雕彩绘人物、屋宇、戏剧、花草、鸟兽图案。

古建筑

玉皇楼 位于桃坪乡桃源社区玉皇楼，建于清代。该建筑为过街楼，坐东北向西南。重檐歇山顶，小青瓦屋面。面阔四柱三间，13.5米，进深四柱14.5米，穿斗抬梁混合结构。素面石作台基高1.1米。

坝头井 位于桃坪乡大桥村，建于清代。井呈长方形，长1.27、宽1.06米，井口深1.5米，素面条石砌成，井口处有后期修补痕迹。

刘大凤宅　位于桃坪乡新坪村，建于清代。该民居坐东向西，石砌夯土台基，台基高 0.2 米。正屋面阔四柱三间，中间宽 5.5 米，侧间对称宽 4.5 米，进深 14.5 米，九柱造，穿斗结构；两侧偏房对称布局，均为面阔四柱三间，进深 10.5 米，七柱造。悬山顶，小青瓦屋面，正房顶正中有镂空花纹宝顶。

寿昌寺　位于桃坪乡什字村，建于清乾隆五十八年（1793 年）。该寺坐北向南，建于四级台基上。台基为石砌，高 0.6 米，有垂带踏道 3 级。大殿面阔四柱三间 11.5 米，四柱为石质八边形柱体，进深九柱 12.5 米，穿斗抬梁混合结构，顶为重檐悬山顶，小青瓦屋面。二级台基有五块碑记，分别为"乾隆五十八年"、"道光六年"、"嘉庆二十三年"、"光绪三十年"、"咸丰癸丑年"等题记。

天章庵　位于桃坪乡联盟村三组天章庵，建于清同治十三年（1874 年）。天章庵建在高 0.3 米的台基上，台基为素面石砌夯土台基，坐东南向西北。大殿面阔四柱三间，宽 12.2 米，进深 11.3 米，穿斗抬梁混合结构。偏殿有左右 2 殿，左殿为穿斗结构，外有山墙，右殿面阔五柱四间 16.7 米，进深七柱 12.2 米。悬山顶，小青瓦屋面。大殿内左侧有一字库碑，上有"天章庵"及"同治十三年"等题记，殿内供奉佛像。

铜鼓乡

古墓葬

柏果崖墓　位于铜鼓乡柏果村，建于汉代。该墓凿于离地 3 米的岩壁上，为长方形平顶墓室，坐西向东。单门楣，门宽 1、高 1.1 米，墓室长 2.1、宽 1.4 米，高 1 米，左右侧壁开龛。

杨家嘴崖墓　位于铜鼓乡水库村一社杨家嘴，建于汉代。该墓凿于石壁上，距地面 1.6 米，坐东南向西北，进深 1.9、宽 0.9、高 0.8 米。

五星马儿坡墓　位于铜鼓乡五星村四组马儿坡，建于宋代。该墓为长方形藻井顶，坐东向西。单室，门宽 1.2、进深 2、高 1.4 米，后壁开龛，两侧壁有人物图案。

新田塝墓群　位于铜鼓乡民星村，建于明代。该墓群共 4 座墓，形制相同，均为长方形平顶墓室，坐东南向西北。M1 三室相通，大小相同，单室宽 1.1、高 1.5、深 2.4 米，底部和左右壁开龛。M2 有两室相通。M3 有四室相通。M4 为三室，位于李亭华老屋基右侧，仅存墓室底部，刻有人物造像。

坟坝头墓群　位于铜鼓乡长五村三组坟坝头，建于明代。该墓群形制相同，为长方形平顶墓室，坐东南向西北。两室相通，大小相同，墓门宽 1.1、高 1.5、深 3.5 米，左右壁及后壁开龛。

马儿坡墓 位于铜鼓乡五星村四组马儿坡，建于明代。该墓为长方形平顶墓室，坐东向西，三室并排相通，大小相同。墓冢宽3.4、高1.2、深2.8米，后壁及左右侧壁开龛。

黄桷坝墓群 位于铜鼓乡黄桷村，建于明代。该墓群共9座墓，形制相同，坐东北向西南。其中M2单室宽1.1、深3.5、高1.5米，左右两侧均开龛。

泡桐岭墓群 位于铜鼓乡星金村四组泡桐岭，建于明代，该墓群共2座墓，平行分布，坐西北向东南。M1为单室，宽1.1、高1.4、深3米，左右壁及后壁开龛，M2为四室相通，左右壁及后壁开龛，龛内有图案。

王其亨墓 位于铜鼓乡龙群村，建于清代。该墓为半圆形石砌封土墓，坐东向西。墓冢宽3、长5.2米。碑宽2.4、高2.8米，为两柱一间石质仿木庑殿顶，两侧有抱鼓。刻有横联"裕后人"，对联为"虎距龙蟠开甲方；山明水秀蔚迟人"。

欧显德墓 位于铜鼓乡红星村，建于清代。该墓为半圆形石砌封土墓，坐东向西。墓冢长5、前宽为3、后宽2.2米。碑为两柱一间，宽0.8、高1.5米，柱刻对联，顶刻楹联。

四合头范家墓地 位于铜鼓乡柏果村二组四合头，建于清代。该墓地共7座墓，形制相同，均为半圆形石砌封土墓，坐东北向西南。M1~M5有碑，其中M1、M2、M5墓碑为单石碑，M3、M4碑为三楼庑殿顶，四柱三间。墓碑较完好，柱刻对联。

福灵嘴张家墓地 位于铜鼓乡水库村三队福灵嘴，建于清代。该墓地共5座墓，M1为半圆形石砌封土墓，M2~M5为六边形石砌封土墓，均为坐东南向西北。M3碑为石作仿木结构三楼庑殿顶，两柱一间，两侧抱鼓，柱刻对联，梁刻横联、花纹、鸟兽图案。其余墓碑均为石作仿木结构单檐庑殿顶，两柱一间，上刻对联及花纹图案。

官山坡李家墓地 位于铜鼓乡星火村五组官山坡，建于清代。该墓地共3座墓，M1~M3平行分布，均为半圆形石砌封土墓，坐西北向东南。碑形制相同，均为圆顶单碑，柱刻对联，顶刻横联及花纹图案。

鸦雀坡黄家墓地 位于铜鼓乡星火村二组鸦雀坡，建于清代。该墓地共2座墓，形制相同，均为六边形石砌封土墓，坐西南向东北，墓砌石角有翘角。碑形制相同，仿木石质四柱三间三楼庑殿顶，两侧抱鼓，柱刻对联，梁刻横联、戏剧人物。

周国显墓 位于铜鼓乡长五村，建于清代。该墓为六边形石砌封土墓，坐东南向西北。墓冢长5.5、前宽3.2、后宽3米。碑为石质仿木结构三楼庑殿顶，四柱三间，两侧抱鼓，宽3.2、高3.4米。柱刻对联，梁刻横联、人物、花纹、双凤朝阳等图案，抱鼓刻有花纹、几何图案。

周维瑞墓 位于铜鼓乡长五村，建于清代。该墓为半圆形石砌封土墓，坐东南向西北，墓冢前宽3.8、后宽3.6米。碑为石质仿木四柱三间三楼庑殿顶，两侧施抱鼓，柱刻对联"身骑箕尾归天上；气壮山河毓象贤"。内联为"木本水流开吉地；龙争穴的焕人文"，梁刻"钟灵毓秀"，并刻有花纹、祥云图案。

王行仁墓 位于铜鼓乡五星村，建于清代。该墓为半圆形石砌封土墓，坐东向西。墓冢长4.1、前宽3.7、后宽2.5米。碑为石质仿木单檐庑殿顶，两柱一间，宽0.9、高1.4米，柱刻对联。

坟湾头李家墓地 位于铜鼓乡五星村四组坟湾头，建于清代，该墓地共4座墓，错落分布在山坡台地，形制相同，均为半圆形石砌封土墓，坐东南向西北。碑均为单檐庑殿顶，两柱一间，柱刻对联，梁刻横批。

李普相墓 位于铜鼓乡红星村，建于清代。该墓为梯形石砌封土墓，坐南向北。墓冢长7、前宽8、后宽6米，碑为圆顶，两柱一间，宽1.2、高2米，柱刻对联，顶刻花纹图案。

王李氏墓 位于铜鼓乡黄桷村，建于清代。该墓为石砌圆形堆土墓，坐北向南。墓冢宽2、长3.6米。碑为石质仿木单檐庑殿顶，二柱一间，两边有抱鼓。

秦何氏墓 位于铜鼓乡星金村，建于清代。该墓为梯形石砌封土墓，坐东北向西南。墓冢长5.5、前宽3.6、后宽3.5米，碑为单石碑，宽0.8、高1.2米，上有题记但字迹不清。

张元继墓 位于铜鼓乡水库村，建于清代。该墓为石砌封土墓，呈半圆形，坐西北向东南。墓冢长4、宽2.4米。碑为石质仿木单檐庑殿顶二柱一间，碑宽2.4、高2.6米，两边抱鼓，字迹已模糊。

廖国珠墓 位于铜鼓乡柏果村，建于清道光二十三年（1843年）。该墓为半圆形石砌封土墓，坐东向西。墓冢长4、前宽2.5、后宽2.5米。碑为石质仿木单檐庑殿顶，两柱一间，宽1.1、高2.7米，柱刻对联"吉地兆后裔祥；佳城应儿孙荣"。

邓妙莲墓 位于铜鼓乡马桥村，建于清道光六年（1826年）。该墓为半圆形石砌封土墓，坐东向西。墓冢长5、前宽2.8、后宽2米。碑为三楼庑殿顶，四柱三间，两侧抱鼓，宽2.7米，柱刻对联，碑身刻有图案。

陈国柱墓 位于铜鼓乡五星村，建于清咸丰十年（1860年）。该墓为六边形石砌封土墓，坐东南向西北。墓冢长7、前宽4、后宽3米，碑为石质仿木三楼庑殿顶，四柱三间两侧抱鼓。宽4、高3.8米，柱刻对联、花纹、鸟、兽图案及"富有基"字样。

王怀孟墓 位于铜鼓乡五星村，建于清咸丰十年（1860年），该墓为半圆形石砌封土墓，坐北向南。墓冢长5.4、前宽3、后宽4米。碑为单檐庑殿顶，两柱一间，两侧抱鼓，宽2、高2.2米，柱刻对联，梁刻横批，并刻有花纹图案。

陈语符墓 位于铜鼓乡星金村七组，建于清咸丰五年（1855年）。该墓为半圆形石砌封土墓，坐东向西。墓冢长5、宽3米。碑为三楼庑殿顶，四柱三间，宽2.3、高2.5

米，柱刻对联，梁刻横批，并刻有花纹图案。

邵真福墓 位于铜鼓乡龙群村，建于清咸丰十六年（1856 年）。该墓为半圆形石砌封土墓，坐东向西。墓冢长 4、宽 3.4 米。碑高 2.8、宽 2.5 米，为石质仿木两柱一间单檐庑殿顶，有抱鼓。碑上刻有人物、花草、鸟兽图案及对联"离入震宫倡甲山吉穴；坎乘□□全庚向宏图"。

王其剖墓 位于铜鼓乡龙群村，建于清代。该墓为半圆形石砌封土墓，坐东向西。碑为石质单檐庑殿顶，两柱一间，两侧抱鼓。刻有对联"山水龙河□千秋盛气；熊黑虎豹人万代雄风"，横联为"桂芳□"，另刻高浮雕人物花草图案。

杨贵荣墓 位于铜鼓乡和睦村，建于清同治十年（1871 年）。该墓为六边形石砌封土墓，坐东向西。墓冢长 6、前宽 3.4、后宽 3 米。碑为三楼庑殿顶，石质仿木四柱三间，两侧抱鼓。碑宽 3.4、高 3.3 米。柱刻对联，梁刻横联，并刻有花草、鸟兽、祥云等图案。

周朝华墓 位于铜鼓乡长五村，建于同治七年（1868 年）。该墓为半圆形石砌封土墓，坐东南向西北。墓冢前宽 3、后宽 2.5 米。碑为单檐庑殿顶，两柱一间，宽 2、高 2.7 米，柱刻对联"虎踞龙盘丕扬先祖；云蒸霞慰佑启后人"，横联为"芳流奕意"。

杨源真墓 位于铜鼓乡五星村，建于清同治元年（1862 年）。该墓为半圆形石砌封土墓，坐东北向西南。墓冢长 4.5、前宽 3.2、后宽 2.5 米。碑宽 2、高 2.8 米，为石质仿木单檐庑殿顶，两柱一间，两侧抱鼓。柱刻对联，梁刻书卷文字、花纹图案，抱鼓刻有花纹、鸟兽图案。

周占先墓 位于铜鼓乡长五村，建于清光绪十六年（1890 年）。该墓为半圆形石砌封土墓，坐东南向西北。墓冢前长 5、宽 2.8、后宽 2.4 米。碑为三楼庑殿顶，四柱三间，两侧抱鼓，宽 2.2、高 3.6 米，柱刻对联，梁刻横联、鸟兽等图案。

火石埂张氏墓 位于铜鼓乡马桥村二组火石埂，建于清光绪十三年（1887 年）。该墓为六边形石砌封土墓，坐西南向东北。墓冢长 6、前宽 4、后宽 3 米。碑为两柱一间笔架顶，两侧抱鼓，宽 2.5、高 2.6 米。柱刻对联"江水流清长垂玉叶；淯山耸翠大启人文"，横梁刻"封之若堂"。顶刻祥云、双凤朝阳、山水花草图案，抱鼓刻有蝙蝠、祥云图案。

许璧光夫妇墓 位于铜鼓乡星金村，建于清光绪三十四年（1908 年）。该墓为石砌封土墓，坐东北向西南。墓冢整体长 6、前宽 3.9、后宽 3.4 米，前方向内呈半圆形。碑宽 1.3、高 2.1 米，为石作仿木两柱一间，两侧施抱鼓。

刘朝真墓 位于铜鼓乡水库村，建于清光绪十八年（1892 年）。该墓为六边形石砌封土墓，坐东北向西南。墓冢长 4.5、前宽 3.2、后宽 2.6 米。碑宽 2.3、高为 2.9 米，为石质仿木单檐庑殿顶结构，有抱鼓，两侧对联为"泉台合照长明□；基本常留不老春"。碑后刻有花草、人物图案。

王罗氏墓　位于铜鼓乡柏果村，建于清宣统元年（1909年）。该墓为六边形石砌封土墓，坐北向南。墓冢前宽3、后宽2、高2.5米。碑宽2、高2.5米，为石质仿木两柱一间单檐庑殿顶，两侧抱鼓，柱刻对联。

古建筑

水井湾井　位于铜鼓乡马桥村六组水井湾，建于清代。该井井口凿于5平方米石板中间，呈圆形，直径为0.55米，井内用条石砌成正方形，深2米。井内泉水充足，现当地村民仍在使用。

马桥井　位于铜鼓乡马桥村，建于清代。该井井台为正方形，井口为直径0.55米的圆形，井内为石砌正方形，深2.5米。

狮子山道林寺　位于铜鼓乡星火村，建于清咸丰八年（1858年）。该寺现仅存天王殿。天王殿坐东南向西北，坐落于2.3米高台基上，垂带踏道13级上。山墙为砖砌，抬梁穿斗混合结构，面阔六柱五间21米，正殿中六柱为方形石柱，高4.22米，柱围1.6米。为悬山顶，盖小青瓦。

铜鼓寺　位于铜鼓乡长五村，建于清同治十一年（1872年）。该寺坐东北向西南，顶为悬山顶小青瓦屋面，穿斗抬梁混合结构，垂带踏道9级，坐石砌夯土台基上，占地宽30米。

井江乡

古墓葬

下寨墓　位于井江乡下寨村，建于明代。该墓因周边住户扩大种植地将原来墓石移用，现仅存1墓。墓为长方形平顶，宽2.2、高1.4、深2.8米，有两室相通，大小相同，后壁及左右两边开龛。

莲花寺墓群　位于井江乡莲花村六社莲花寺，建于明代。该墓群共11座墓，坐东北向西南，分布在莲花寺下。M1两室并排相通，大小相同，宽1.1、高1、进深2.4米，两侧对称有龛。

三块石墓　位于井江乡三块村四组三块石，建于明代。该墓坐西南向东北，为长方向弧顶，长3、宽2、深1.5米，两室相通，大小相同，两侧开龛。

王家坟墓群　位于井江乡水利村三组王家坟，建于明代。该墓群共2座墓，坐西向东，平行分布，均为长方形平顶墓室。M1两室相通，大小相同，宽2.2、深2.4、高

1.4 米，两侧及后壁开龛。

鱼池湾墓群 位于井江乡三块村鱼池湾，建于清代。该墓群共 6 座墓，坐西南向东北，均为半圆形石砌封土墓，形制相同。M1、M2、M5 碑为单檐庑殿顶，两柱一间，M3、M4、M6 碑为三楼庑殿顶，四柱三间。M3、M4 两侧各有一根望柱，六边形柱体，通高 5 米。

下寨雷家墓地 位于井江乡下寨村，建于清代。该墓地共 4 座墓，平行分布在一级台地中，均为坐西北向东南。M1 呈六边形石砌封土墓，墓冢长 4.5、前宽 3.8、后宽 3.2 米，碑为三楼庑殿顶，四柱三间，两侧抱鼓，宽 3.8、高 3.5 米，柱刻对联，梁刻楹联及花纹图案。M2 呈半圆形石砌封土墓，墓冢长 5.4、前宽 3.5、后宽 3 米，碑为单檐庑殿顶，两柱一间，两侧抱鼓，宽 2.4、高 3 米，柱刻对联，梁刻楹联，并刻有花纹图案。M3 为半圆形石砌封土墓，墓冢长 6、前宽 5、后宽 4 米，碑为石质仿木单檐庑殿顶，两柱一间，柱刻对联，宽 1.1、高 2.2 米。M4 为半圆形石砌封土墓，墓冢前宽长 4、2.6、后宽 2.2 米。碑为单檐庑殿顶，两柱一间，宽 2.6、高 3 米，两侧抱鼓，柱刻对联，梁刻楹联，并刻有花纹图案。

王家桥雷家墓地 位于井江乡下寨村七组王家桥，建于清代。该墓地共 2 座墓，平行分布，均为半圆形石砌封土墓，坐东北向西南。M1 为雷氏超墓，M2 为国子监太学士墓，形制相同。碑均为单檐庑殿顶，二柱一间，刻有对联，两侧抱鼓。

桐梓梗胡家墓地 位于井江乡新田村一社桐梓梗，建于清代。该墓地共 3 座墓，均为半圆石砌封土墓，坐东南向西北。M1 墓冢长 4.5、宽 2.6 米，碑宽 2.4、高 3.2 米，均为单檐仿木石质庑殿顶，两柱抱鼓刻花纹、人物花草。M1 对联为"荫子孙荣华万代；□后人富贵千秋"。

喻明礼墓 位于井江乡新田村，建于清代。该墓为半圆形石砌封土墓，坐西北向东南。墓冢长 4.5、宽 3.2 米。碑为单檐庑殿顶，两柱一间，宽 2、高 2.5 米，柱刻对联，梁刻横批。

龙洞湾王家墓地 位于井江乡长龙村二社龙洞湾，建于清代。该墓地共 8 座墓，均为石砌堆土半圆形，坐北向南。M1 墓冢长 4.6、宽 2.6 米。碑为石质仿木单檐庑殿顶，高 1.6、宽 1.1 米。

王家坟罗家墓地 位于井江乡水利村三组王家坟，建于清代。该墓地共 4 座墓，形制相同，均为半圆形石砌封土墓，坐西北向东南，错落分布。M3 墓冢前宽 4.4、后宽 3.5、长 6.5 米。碑均为单檐庑殿顶，两柱一间，柱刻对联，梁刻横批。M3 碑宽 3、高 3.8 米。

岩头上江家墓地 位于井江乡高洞村，建于清代。该墓地共 2 座墓，均为石砌六边形封土墓，坐东北向西南。M1 墓冢长 5、宽 3.8 米。碑宽 3.1、高 3.8 米，石质仿木两柱一间单檐庑殿顶，两侧施抱鼓，刻有花纹、人物高浮雕。M2 为民国时期的墓葬。

水利村罗氏墓　位于井江乡水利村，建于清嘉庆十五年（1810 年）。该墓为圆形石砌封土墓，坐西向东。碑宽 2、高 2.3 米，为单檐庑殿顶，两柱一间，柱刻对联"虎状龙蟠培地脉；山环水绕起人文"。横联为"佳城毓秀"。

杨昌源墓　位于井江乡马达村，建于清道光十七年（1837 年）。该墓坐北向南，为半圆形石砌封土墓。墓冢前宽 4、后宽 3.6、长 6.5 米。碑宽 4、高 2.8 米，为三楼庑殿顶，四柱三间，两侧抱鼓。柱刻对联，梁刻横联，并刻有人物、戏剧、摇钱树、地室瓶、花纹、兽等图案。

郑紫卿夫妇墓　位于井江乡高洞村，建于清道光二十七年（1847 年）。该墓为半圆形石砌堆土墓，坐东北向西南。墓冢长 6、宽 5.5 米。碑高 3.3、宽 2.6 米，为仿木石质三楼庑殿顶，四柱三间，上刻花草等图案。墓前有石砌拜台，呈半圆形，宽 13、半径 7 米。

李氏墓　位于井江乡莲花村，建于清道光六年（1826 年）。该墓为石砌堆土半圆形，坐东南向西北。墓冢长 5、宽 2.5 米。碑宽 1.4、高 1.9 米，为石质仿木庑殿顶，两柱一间，字迹不清。

周叚氏墓　位于井江乡三块村，建于清道光二年（1822 年）。该墓为半圆形石砌封土墓，坐西向东。墓冢长 6、前宽 3.4、后宽 3.2 米。碑宽 3.4、高 3.7 米，为三楼庑殿顶，四柱三间，柱刻对联，梁刻楹联，并刻花纹图案。

邵天桂墓　位于井江乡民政村，建于清咸丰四年（1854 年）。该墓为半圆形石砌封土墓，坐西南向东北。墓冢长 6、前宽 3.2、后宽 3 米。碑宽 2.8、高 3 米，为单檐庑殿顶，两柱一间，两侧抱鼓。柱刻对联"万水朝堂高丰甲向；千里来龙穴结庚山"，横联为"双合月"，并刻有花纹、祥云、兽等图案。

曹真惠墓　位于井江乡三块村，建于清咸丰十一年（1861 年）。该墓为半圆形石砌封土墓，坐西北向东南。墓冢前宽 2.6、后宽 2.4、长 4.5 米。碑宽 2.4、高 2.9 米，为单檐庑殿顶，两柱一间，两侧抱鼓。柱刻对联"吉地钟灵裔振起；佳城永固荫垂缊"，横联为"蔚超书香"，前刻有花纹、兽图案。

碾子坎周家墓地　位于井江乡高洞村三社碾子坝，建于清咸丰元年（1851）。该墓地共 3 座墓，均为半圆形石砌堆土墓，坐北向南。M1 墓冢长 4.8、宽 2.4 米。碑宽 1.2、高 2.4 米，为仿木石质单檐庑殿顶，两柱一间。

薛温墓　位于井江乡下寨村，建于清同治十三年（1874 年）。该墓为半圆形石砌封土墓，坐东北向西南。墓冢长 7.5、前宽 4.4、后宽 4 米。碑宽 3.8、高 3.2 米，为石质仿木三楼庑殿顶，四柱三间，两侧抱鼓。柱刻对联，梁刻横批、人物、花纹图案。

罗玉龙墓　位于井江乡三块村，建于清同治八年（1869 年）。该墓为半圆形石砌封土墓，坐西向东。墓冢长 5.2、前宽 2.1、后宽 1.9 米。碑宽 1.1、高 2.3 米，为单檐庑殿顶，两柱一间。柱刻对联"岭上梅花香千里；墓前明月照三更"，横批为"启人文"，前刻有花纹图案。

曾周泰墓　位于井江乡佛应村，建于清光绪二十三年（1897 年）。该墓为半圆形石砌封土墓，坐南向北。墓冢前宽 2.6、后宽 2、长 5.2 米。碑宽 2.4、高 3.2 米，为单檐庑殿顶，两柱一间，两侧抱鼓。柱刻对联"水秀山明光百代；龙蟠虎踞壮千秋"，横批为"安贞吉"，并刻有花纹、祥云、鸟兽图案。

老虎岩谭家墓地　位于井江乡佛应村一组老虎岩，建于清光绪七年（1881）。该墓地共 2 座墓，均为半圆形石砌封土墓，坐东南向西北，平行分布。墓冢前宽 3.2、后宽 2.5、长 5 米。碑均为单檐庑殿顶，两柱一间，宽 2.2、高 3.2 米，两侧抱鼓。柱刻对联，梁刻横联，并刻有花瓶、鸟兽等图案。

李悟诚墓　位于井江乡莲花村，建于清光绪二年（1876）。该墓为半圆形石砌堆土墓，坐东南向西北。墓冢长 4.2、前宽 2.6、后宽 2 米。碑宽 2、高 2.5 米，为石质笔架顶，碑上刻有花纹、草、人等图案。

任喜祥墓　位于井江乡莲花村，建于清光绪十年（1884 年）。该墓为半圆形石砌堆土墓，坐东向西。墓冢长 4、宽 2.2 米，碑高 3、宽 2 米，为单檐仿木庑殿顶，两柱一间，两边有抱鼓。刻有横联"钟灵毓秀"，对联为"水秀山明钟甲地；龙真穴吉殿人文"，以及花纹图案。

胡世聪墓　位于井江乡新田村，建于清光绪六年（1880 年）。该墓为石砌封土六边形，坐东南向西北，墓冢长 6.6、宽 3.8、高 2.1 米。碑为石质仿木两柱一间三楼庑殿顶，两侧施抱鼓，刻人物高浮雕，柱刻对联，碑宽 3、高 3.8 米，有一半圆形拜台，直径 4.2、宽 15 米。

牟文氏墓　位于井江乡民政村，建于清光绪二十六年（1900 年）。该墓为半圆形石砌封土墓，坐西北向东南。墓冢长 4、前宽 2.6、后宽 2 米。碑宽 2.4、高 2.4 米，为单檐庑殿顶，两柱一间，两侧抱鼓。柱刻对联，梁刻楹联，并刻有花纹图案。

周氏墓　位于井江乡下寨村，建于清光绪二十五年（1899 年）。该墓为半圆形石砌封土墓，坐东北向西南。墓冢前长 6、宽 3.4、后宽 3、后山宽 7 米。碑宽 5、高 5 米，为三楼庑殿顶，两柱一间，两侧抱鼓。柱刻对联，有抱鼓，刻有人物花纹图案。

段有德墓　位于井江乡长龙村，建于清光绪三年（1877 年）。该墓为半圆形石砌封土墓，坐北向南。墓冢长 5、宽 3.4 米。碑宽 3.4、高 4.2 米，为石质仿木四柱三间三楼庑殿顶，施抱鼓。上刻花纹、人物高浮雕及对联"何必一径退后术；且叨八吕慰前程"，横批为"绵瓜瓞"。

黄段氏墓　位于井江乡长龙村，建于清光绪十二年（1886 年）。该墓为半圆形石砌封土墓，坐西北向东南。墓冢长 4.2、宽 2.8 米。碑宽 1.7、高 2.4 米，为石质仿木笔架顶，两柱一间，施有抱鼓。上刻有花纹、对联"岑上□花香十里；墓前烁月照三更"，横批为"裕后昆"。

古建筑

法坛寺　位于井江乡新政村，建于清同治七年（1868）。山门处于 24 级垂带踏道之上，门前左右各有石狮一个。石狮狮身为石作圆雕，高 1.3 米；底座长 1.3、宽 0.8、高 1.1 米。进而是水池，三面围栏，长 11.6、宽 8、深 2.7 米。正面池壁有"池水禅心"和"明心禅师题"题记。大殿坐东北向西南，素面石作台基，垂带踏道二级，穿斗抬梁混合结构，单檐悬山顶，面阔六间 27 米，进深 13 米，小青瓦屋面。殿内供台有"大清同治七年"题记。

三块节孝坊　位于井江乡三块村，建于清光绪二十二年（1896 年）。该牌坊通高 8、宽 7.4 米，坐西向东，素面石台基，石作仿木四柱三门五楼庑殿顶，四柱前后施抱鼓。正檐下刻有"圣旨"二字。二檐下镂空雕花瓣图案，坊身正反面均刻有人物、龙头、戏剧、花卉、鸟兽及对联、题记。

三元乡

古墓葬

大石母崖墓　位于三元乡双龙村十组大石姆，建于汉代。该崖墓坐东北向西南，凿于大石壁上。墓室呈梯形平顶，上窄下宽，上宽 1.3、下宽 1.5、深 2.3、高 0.8 米。左右侧壁及后壁开龛。

岩石口墓群　位于三元乡大沟村，建于明代。该墓群共 8 座墓，分布在 200 平方米的范围内，形制相同，均为素面条石砌成长方形平顶墓室，坐南向北。其中，M8 四室相通，大小相通，单室长 2.5、宽 1.25、高 1.5 米。后壁开龛，内刻圆门形和几何纹图案。

牛王山墓　位于三元乡大村，建于明代。该墓坐东南向西北，石砌梁柱，梁刻几何图形，墓后龛刻有花卉图案。

黄桷坪墓群　位于三元乡大村村八社黄角坪，建于明代。该墓群共 11 座墓，错落分布在 2000 平方米范围内，形制相同，坐向均为坐东南向西北。M1 为双室墓，并排相通，石砌长方形弧形顶墓室，左右及后壁开龛，单室墓宽 1、进深 3、高 2 米。

石坝子罗家墓地　位于三元乡大沟村四组石坝子，建于清代。该墓地共 2 座墓，均为半圆形石砌封土墓，坐南向北，两墓相距 50 米。M1 冢长 4.5、宽 3 米。碑宽 3、高 3.4 米，为石质仿木结构三楼庑殿顶，四柱三间，两侧有抱鼓，上刻碑文，对联为"封成马□完男志；秀接龙泉裕后昆"，并刻有人物、鸟兽、花纹图案。后山高 4.9、宽 8 米，为四重庑殿顶，上刻文字"气聚"和"崇封安吉"，后山左下开龛，两边刻对联"敬惜龙蛇迹；潜藏□□文"。拜台为半圆形，直径为 6.7、深 3.9 米。M2 墓冢长 4.6、宽 3.4 米，碑宽 2.6、高 3.3 米，仿木石质三楼庑殿顶，上刻"气聚"字样，对联为"马□崇寿兆大□；龙泉富孙裕家人"，并刻有人物、花纹图案。后山为素面条石砌成，宽 7、高 2.6 米，左下方开龛，龛两边刻有对联"百世冥财贮；千年鸟迹藏"。拜台为半圆形，石砌台边，直径为 9.2、深 3.7 米。

洋江岩张家墓地　位于长宁三元乡新星村，建于清代。该墓地共 15 座墓，错落分布在 1000 平方米的范围。墓形制均为半圆形石砌封土墓，坐南向北。大部分碑为三楼庑殿顶，其中有 6 墓无碑记。M1 墓冢长 6.2、宽 3.55 米，碑为石质仿木结构三楼庑殿顶，宽 3.4、高 4 米，上刻人物、龙头、鸟兽、花纹等图案，横批为"昌庆后"，对联为"牛眠预卜人文启；马□高封甲第开"。系光绪十一年张母罗真福墓。

张奕轩墓　位于三元乡大明村，建于清代。该墓为石砌六边形封土墓，坐东北向西南。墓冢宽 6、长 7 米。碑宽 5、高 3.7 米，为仿木结构石作三楼庑殿顶，四柱三间两侧施抱鼓。柱刻对联，正檐下刻有横批，梁刻花纹、人物图案，抱鼓刻有花纹。

院山田王家墓地　位于三元乡新星村五组院山田，建于清代。该墓地共 5 座墓，均为石砌封土墓，呈半圆形。M1～M5 形制相同，M1 坐北朝南，M2、M5 坐西北向东南，错落分布在 500 平方米范围。墓碑均为单檐庑殿顶，两柱一间，柱上刻有对联，顶脱落。

黄屋基张家墓地　位于三元乡新星村九组黄屋基，建于清代。该墓地共 4 座墓，M1～M4 形制相同，均为半圆形石砌封土墓，四墓平行分布在 80 平方米范围，坐南向北。M1～M3 有后山，后山顶为悬山顶。碑形制相同，均为石作仿木单檐庑殿顶，两柱一间，上刻碑文、对联及年代题记。

伍丘田张家墓地　位于三元乡新星村，建于清代。该墓地共 4 座墓，M1～M4 分布在 200 平方米范围，坐向相同，均为坐西北向东南，M1、M2、M4 形制相同，为半圆形石砌封土墓，碑为石质仿木四柱三间三楼庑殿顶，两侧施抱鼓。柱刻对联，并刻有楹联及人物、花草、吉祥图案。M3 为六边形石砌封土墓，前边两角有石作翘角。碑为石质仿木两柱一间笔架顶，两侧施抱鼓。碑刻对联、人物、狮头图案。M4 左侧有一惜字库，为两层塔形攒尖顶，上刻花纹图案。

胡文亮墓　位于三元乡大池村，建于清代。该墓为六边形石砌封土墓，坐东北向西南。墓冢前宽 3、后宽 2.6、长 8 米。碑高 3.5、宽 3 米，为仿木石作两柱一间单檐庑殿顶，两侧有抱鼓。刻有对联"水绕风□拱吉地；龙盘虎踞耀人文"。为"垂裕长昆"。

谭真明墓 位于三元乡大池村，建于清代。该墓为半圆形石砌封土墓，坐东北向西南。墓冢前宽2.8、后宽2.4、长4米。碑宽2.8、高3.2米，为仿木石作两柱一间单檐庑殿顶，两侧抱鼓。柱刻对联"青山叠叠生富贵；绿水茫茫启人文"，横批为"世代荣昌"。抱鼓刻有人物、花纹图案。

张怀昭墓 位于三元乡大池村，建于清代。该墓为长方形石砌封土墓，坐东北向西南。墓冢长8、宽5米。碑为石质仿木三楼庑殿顶，四柱三间，两侧抱鼓，碑宽5、高4.2米，碑刻八仙图，双龙戏珠图，柱刻外联"马□崇对嘉徽冥福；牛眠吉兆佑启人文"。内联为"气聚凤藏钟灵毓秀；山环水绕发福呈祥"。横批为"封若堂"。拜台为石砌台边。

双湾子刘家墓地 位于三元乡大村村十二组双湾子，建于清代。该墓地共6座墓，平行分布在500平方米范围。M1~M6形制相同，均为半圆形石砌封土墓，坐东南向西北。M1碑为仿木石作单檐笔架顶，两柱一间，两侧抱鼓。M2碑为三楼庑殿顶，四柱三间，两侧抱鼓。M3~M5碑形制相同，均为单檐庑殿顶。M6碑已塌。

桅杆树胡家墓地 位于三元乡佛岩村四组桅杆树，建于清代。该墓地共6座墓，错落分布在500平方米范围内，形制相同，均为半圆形石砌封土墓，坐西南向东北。M1碑为仿木石质两柱一间单檐庑殿顶，两侧抱鼓。M2碑为三楼庑殿顶，四柱三间，顶脱落。M3碑为单檐庑殿顶，两柱一间。M4~M6碑为单檐庑殿顶，两柱一间，顶脱落。碑上均刻有对联及花纹图案。

汪家滩李家墓地 位于三元乡大村村六社汪家滩，建于清代。该墓共3座墓，M1~M3均为六边形石砌封土墓，坐南向北，墓冢前部两侧均有翘角。碑均为仿木石质两柱一间单檐庑殿顶，两侧有抱鼓。上刻对联、花纹、花卉等图案。

罗应祥墓 位于三元乡新星村，建于清嘉庆八年（1803年）。该墓为石砌封土墓，坐北向南。墓冢长6.4、宽3.6米。碑高1.7、宽3.6米，为仿木石作三楼庑殿顶，四柱三间，两侧抱鼓，碑顶已损毁，碑文局部风化，碑上隐约可见外联为"水木来龙钟瑞气；□钳作穴焕文章"。内联为"三世仙公宏远泽；五房孙子庆遐昌"。

温源福墓 位于三元乡大池村，建于清嘉庆十二年（1807年）。该墓为半圆形石砌封土墓，坐北向南。墓冢前呈半圆直径为2.8、后宽2.6、长6米。碑为仿木石质单檐庑殿顶，两柱一间，宽1.4、高2.3米。柱刻对联"山川聚秀拱吉地；日月腾辉照佳城"，横批为"克昌厥后"。

坝头村罗氏墓 位于三元乡坝头村，建于清道光四年（1824年）。该墓为石砌封土墓，呈长方形，坐西北向东南。墓冢长11.6、宽5.2米。碑为石作仿木结构四柱三间三楼庑殿顶，高2.6、宽2.6米。碑文已部分风化，隐约可见碑上外联"后脉升腾荣万

代；前山高拱蔚人文"；内联为"山清水秀千秋胜；龙蟠虎踞百世昌"；横批为"世代
璠昌"。碑体刻有花纹图案。

王四端墓 位于三元乡新星村，建于清道光二十年（1840 年）。该墓为半圆形石砌
封土墓，坐西向东。墓冢长 5.3、宽 2.8 米。碑高 1.3、宽 2.5 米，为石质仿木结构单
檐庑殿顶，二柱一间，刻横批为"山川锺灵"，对联为"培石墫砂环水；安□□虎距
龙"。

雷泽涵墓 位于三元乡天堂村，建于清道光十三年（1833 年）。该墓为半圆形石砌
封土墓，坐西南向东北。墓冢前宽为 4、后宽 3 米。碑为石作仿木三楼庑殿顶，四柱三
间，左边有抱鼓，顶脱落，正中书"世代荣昌"。柱刻外联"牛眠马□维吉地；山青水
秀映佳城"。内联为"德自心生龙应穴；孝从吉地凤翻腾"，并刻有花草图案。拜台为
半圆形，宽 13、进深 5.5 米，石砌台边。

坟山头雷家墓地 位于三元乡天堂村五社坟山头，建于清道光五年（1825 年）。该
墓地共 4 座墓，形制相同，均为半圆形石砌封土墓。M1 ~ M3 坐向相同，坐北向南，M4
坐西北向东南。M1 碑为石质仿木三楼庑殿顶，四柱三间，上刻碑文对联花草图案。
M2、M3 的碑与 M1 形制相同，M4 碑为单檐庑殿顶，两柱一间。

吴王氏墓 位于三元乡大池村，建于清道光七年（1827 年）。该墓为半圆形石砌封
土墓，坐东北向西南。墓冢前部呈半圆形，直径为 3.4、后宽 2.4、长 12 米。碑为仿木
石作三楼庑殿顶，四柱三间，宽 2.4、高 3.2 米。柱刻对联"皓月萌芽为穴地；芙蓉吐
景作前峰"；横批为"坤道彪炳"，内联已风化。

张应宽墓 位于三元乡大池村，建于清道光十七年（1837 年）。该墓为六边形石砌
封土墓，坐东北向西南。墓冢长 8、前宽 5.6、后宽 4 米。碑为仿木石作三楼庑殿顶，
四柱三间，宽 2.8、高 3.6 米。柱刻对联，并刻有花纹图案。

刘邓氏墓 位于三元乡胡村，建于清道光二十七年（1847 年）。该墓为六边形石砌
封土墓，坐东北向西南。墓冢宽 2.6、长 6、高 1.4 米。碑为石作仿木结构单檐庑殿顶，
二柱一间，两侧抱鼓，上刻对联、花纹、云纹图案及年代题记，碑宽 1.8、高 2 米。

张启先墓 位于三元乡麒麟村，建于清咸丰六年（1856 年）。该墓为石砌六边形封
土墓，坐西北向东南，前宽后窄，前宽 4.6、后宽 4.3、长 6.3 米。碑为石质仿木结构
五楼庑殿顶，四柱三间，两侧施抱鼓，碑宽 4.3、高 5 米，碑刻"皇恩宠锡"。柱刻外
联"一脉蜿蜒钟吉穴；数峰旋绕叶臣城"；内联为"母子前迎陈俎豆；龙泉后拥启人
文"。刻有 300 字左右墓志铭，横梁刻有浮雕人物、五蝠双凤朝阳图案，顶盖宝塔。前
有半圆形拜台，宽 22、进深 6.3 米，石砌台边。

张李氏墓 位于三元乡熊家村，建于清咸丰十一年（1861 年）。该墓为六边形石砌
封土墓，坐东北向西南。墓冢前宽 2.8、后宽 2.5 米。碑为仿木石作单檐庑殿顶，两柱

一间，两侧抱鼓，宽2.2、高2.1米，碑上刻有碑文、对联、年代题记。

王悟恩墓　位于三元乡熊家村，建于清咸丰八年（1858年）。该墓为六边形石砌封土墓，坐东南向西北。墓冢长4.6、宽2.5米。碑宽3、高2.8米，为石质仿木单檐庑殿顶，两柱一间，两侧有抱鼓。对联为"水秀砂还人永茂；山青穴地富长绵"。横批为"百代荣昌"。

张凤楼墓　位于三元乡熊家村，建于清同治十三年（1874年）。该墓为六边形石砌封土墓，坐西向东。墓冢长4.4、宽2.3米。碑为仿木石作单檐庑殿顶，两柱一间，两侧抱鼓。宽2.3、高2.6米。柱刻对联"近水回环主致富；远峰耸秀兆生贤"。横批为"佑启人文"。碑上刻有花纹图案。

胡兴相墓　位于三元乡大池村，建于清同治三年（1864年）。该墓为半圆形石砌封土墓，坐北朝南。墓冢长4.8、宽2.8米。碑宽2.8、高3米，为仿木石质单檐庑殿顶，两柱一间两侧抱鼓，柱刻对联"癸水浮烟生富贵；丁山点翠召荣华"，横批为"克昌厥后"。抱鼓刻花纹。

马祯富墓　位于三元乡新星村，建于清同治六年（1867年）。该墓为半圆形石砌封土墓，坐南向北。墓冢长6.3、宽4米。碑为石质仿木结构三楼庑殿顶，四柱三间，两侧施抱鼓，宽4.3、高3.6米。柱刻对联"后耸午山金凤起；前来子向玉龙飞"，横批为"九芝亭"。梁刻人物、花纹，中柱刻花纹、莲台座纹。有后山和拜台。

胡张氏墓　位于三元乡佛岩村，建于清同治七年（1868年）。该墓为六边形石砌封土墓，坐东南向西北。墓冢长8、前宽2.5、后宽3.8米。碑宽2.5、高3.2米，为素面仿木石作单檐庑殿顶，两柱一间，两侧抱鼓消失。柱刻对联"龙泉叠叠长眠地；虎视眈眈作佳城"。

涂正贵墓　位于三元乡大池村，建于清同治十二年（1873年）。该墓为半圆形石砌封土墓，坐北向南。墓冢前部呈半圆，直径为2.2、后宽1.8、长4米。碑为仿木石作单檐庑殿顶，两柱一间，宽1.2、高2.3米。柱刻对联"座汉脉千年宗贵；向寨顶万载荣华"。横批为"德垂后裔"。

蔡妙源墓　位于三元乡新星村，建于清光绪七年（1881年）。该墓为半圆形石砌封土墓，坐南向北。墓冢长5.4、后宽2.8、前宽3.2米。碑为仿木石质单檐庑殿顶，两柱一间，碑宽1.6、高2.7米。柱刻对联"封至若堂祥符毓秀；卜云其吉瑞叶钟灵"，横批为"垂裕后昆"。梁刻花纹图案。

胡玉宗墓　位于三元乡大池村，建于清光绪六年（1880年）。该墓为半圆形石砌封土墓，坐东北向西南。墓冢长6、前宽2.6、后宽2.4米。碑为仿木石质单檐庑殿顶，两柱一间两侧抱鼓，碑宽2.6、高3米，柱刻对联"福地钟灵封成马□；佳城毓秀兆卜牛眠"，横批为"杖朝达尊"，并刻有花草图案。

谢崇墓 位于三元乡胡村，建于清光绪三十四年（1908年）。该墓为石砌封土六边形墓，坐东北向西南。墓冢长6、宽3.6、高1.8米。碑宽2、高2.8米，为石作仿木结构单檐庑殿顶，二柱一间，两侧抱鼓，上刻对联、花纹、人物、房宇、云纹图案及年代题记。

刘永位墓 位于三元乡大沟村，建于清宣统三年（1911年）。该墓为长方形石砌封土墓，坐南向北。墓冢长6.1、宽3.3米。碑宽2.9、高3.7米，为石质仿木结构单檐庑殿顶，二柱一间两侧有抱鼓，上刻碑文、花草、鱼、吉祥图案。对联为"不□风波于世上；别有天地□人间"。拜台为长方形，长5.1、宽1.9米，石砌台边。

古建筑

苦竹寺 位于三元乡大沟村，建于清代。该寺原名龙泉寺，后更名苦竹寺。始建于元朝，因清朝年间发生两次火灾后重建，多处佛像和建筑被损，现仅存大佛殿保存较为完好。大佛殿坐南向北，台基为素面石质，垂带踏道5级，占地面积180平方米。面阔三间10.5米，进深9.5米，穿逗抬梁混合式结构，用九柱减柱造，单檐悬山式顶，小青瓦屋面。大殿周围有石刻碑记12通、石狮1对。

天堂村大院 位于三元乡天堂村，建于清代。天堂村大院坐西南向东北，为三合院民居，石砌夯土台基。正堂屋面阔六柱五间21.4米，穿斗式结构，进深为九柱8米，廊柱为石质，高4.4、周长0.92米；右厢房面阔五柱四间17米，进深为九柱11.4米；左厢房进深8、面阔4.7米，均为小青瓦屋面，据考证为雷氏先人建造并居住。

大村子大院 位于三元乡大村村二社大村子，建于清代。该大院坐西向东，穿斗抬梁混合式结构。正屋面阔六柱五间，进深九柱，宽50米，深12.5米，通高9.5米；两侧厢房面阔五柱四间11米，进深9.6米。原为木板作墙，门窗均有花纹，后用砖砌，廊柱下有柱础8个，形状、大小各异，花纹不同。

马宝滩石桥 位于三元乡新星村，建于清代。桥总长14.5、宽2米，为四墩五孔平梁桥，西南—东北走向，西南方为新星村六组、东北方为新星五组。桥面为条石铺成，每孔并排三块条石，厚度为0.4米。墩为石砌，高1.4、宽2.6米。

胡家门楼 位于三元乡新星村，建于清代。门楼坐西北向东南，宽2.2、高4.3米。门楼为石作，上方雕刻人物、花、鸟图案及"爱吾庐"、"□史家风"字样。门柱刻对联"幽居得花竹林塘趣；妙墨为溪山风雨图"。门帘雕刻花鸟图案和镂空雕花纹图案。

近现代重要史迹及代表性建筑

胡柏松宅 位于三元乡三元社区，建于1942年。该民居为典型川南民居风格建筑，建筑面积面积170平方米，坐南向北。面阔四柱三间14米，穿斗式结构，进深12米，临街部分门窗保存完好。据当地居民介绍,解放后至 80 年代为乡供销社门市。

河湾石河堰　位于三元乡熊家村,建于 1968 年。河径 40、拱径 13、拱高 3 米,为 7 层石砌半圆,东面坝宽 4.5、西面坝宽 4.3 米,有闸门。河水由南向北流,从沙河流入南广河,下游 100 米西岸为机房,有水渠连接。

开佛乡

古墓葬

凉姜山崖墓群　位于开佛乡顺河村湾头社凉姜山,建于汉代。该墓群共 4 座墓,形制相同,均为坐东北向西南,分布在长 16、宽 3 米的山坡上。因修公路,被沙石掩埋。

雷公滩崖墓群　位于开佛乡龙门村雷公社雷公滩,建于汉代。该墓群共 22 座墓,形制相同,均为坐西向东,分布在长 150、离地 3～5 米的山腰上。M1 为长方形弧顶,长 7.6、宽 1.67、高 1.6 米。墓室左侧开有龛,长 2.2、高 1.3、深 1.05 米。

郑一贯墓群　位于开佛乡顺河村湾头,建于明代。该墓群共 8 座墓,形制相似,均为坐东南向西北,分布在 600 平方米范围。M1 为石砌长方形平顶墓室,三室并排相通,大小一样,长 3.25、宽 0.87、高 1.13 米。

后圹墓群　位于开佛乡马村后圹社后圹,建于明代。该墓群共 3 座墓,形制相同,大小一样,均坐北向南。其中 M1 为双室并排相通,单室长 3.56、宽 0.9、高 1.4 米。

大坟坝罗家墓地　位于开佛乡龙君村渔圹社大坟坝,建于清代。该墓地共 5 座墓,形制相似,均为半圆形石砌封土墓,坐西向东,分布范围约 120 平方米。M2 冢长 4.4、宽 3.15、高 2.8 米。M2 碑为石质仿木结构,四柱三间三楼庑殿顶,两侧抱鼓。

杉木林余家墓地　位于开佛乡顺河村老房子杉木林,建于清代。该墓地共 3 座墓,均为石砌半圆形封土墓,坐东南向西北。碑为仿木石作单檐庑殿顶。

罗悟聪墓　位于开佛乡马村,建于清代。该墓为石砌封土墓,坐西北向东南。墓冢长 7、前宽 4.9、后宽 4.4 米。碑为石质仿木两柱一间笔架顶,宽 1.5、高 1.9 米,有人物高浮雕。

张杨氏墓　位于开佛乡马村,建于清代。该墓坐西北向东南,冢前宽 4.8、后宽 3.2、长 6 米。碑为两柱一间笔架顶,宽 1.2、高 1.8 米,刻有人物、鸟兽图。

张钟氏墓　位于开佛乡龙门村,建于清代。该墓为梯形石砌封土墓,坐西南向东北。墓冢长 6、前宽 4.4、后宽 3.8 米。碑宽 2.2、高 2.2 米,为两柱一间笔架顶,两侧抱鼓。

郑龙咀周家墓地　位于开佛乡大土村新房社郑龙咀,建于清代。该墓地共 4 座墓,坐南向北。M1～M3 为六边形石砌封土墓，M4 呈梯形。M1 碑为石质仿木两柱一间单檐，有抱鼓；M2 碑为石质仿木三楼庑殿顶，刻有碑文、高浮雕图案。

学堂塆罗家墓地　位于开佛乡星月村滩子社学堂塆，建于清代。该墓地共 9 座墓，均为半圆形石砌封土墓，坐西南向东北。墓碑形制相似，均为石质仿木庑殿顶结构，刻有花纹高浮雕，部分有抱鼓。M1 碑宽 4.2、高 4 米，题记为"道光十七年"。

猪石塔罗家墓地　位于开佛乡龙君村朱家社朱石塔，建于清代。该墓地共 2 座墓，均为半圆形石砌封土墓，坐西南向东北。M1 碑宽 4、高 3.6 米，为石质仿木四柱三间三楼庑殿顶，有抱鼓，刻有人物、花草高浮雕，字迹清晰。M2 碑为石质仿木单檐庑殿顶。

傅显荣墓　位于开佛乡两合村，建于清嘉庆二十五年（1820 年）。该墓坐东北向西南，为椭圆形石砌封土墓。墓冢长 4.6、宽 3.6、高 1.4 米。碑宽 3.1、高 3 米，为石作仿木结构三楼庑殿顶，四柱三间，上刻对联、飞禽、花卉、花瓶图案及年代题记。拜台为半圆形，宽 7、进深 5、高 1.5 米。

罗相奇夫妇墓　位于开佛乡龙君村，建于清道光十六年（1836 年）。该墓为石砌封土墓，坐西向东。墓冢长 6、前宽 4.6、后宽 3.4 米。碑为石质仿木结构三楼庑殿顶，四柱三间两抱鼓，宽 3.7、高 3.4 米。

陈源夫妇墓　位于开佛乡顺河村，建于清道光十六年（1836 年）。该墓为圆形石砌封土墓，坐东南向西北，直径 3.1 米。碑为石质仿木单檐庑殿顶，宽 1.3、高 2.1 米，刻有对联和碑记。

余永沛墓　位于开佛乡顺河村，建于清道光十二年（1832 年）。该墓为石砌封土墓，坐东南向西北。墓冢长 4.5、宽 3.6、高 2.4 米。碑为仿木石质单檐庑殿顶，宽 2.2、高 2.6 米，上刻有对联、碑文和题记。

喻守先墓　位于开佛乡羊五村，建于清道光十七年（1837 年）。该墓为半圆形石砌封土墓，坐西北向东南。墓冢长 4.4、前宽 2.2、后宽 1.6 米。碑宽 2、高 2.4 米，为石质仿木单檐庑殿顶，两柱施抱鼓，刻有花纹图案。

石真性母子墓　位于开佛乡大土村，建于清道光二十九年（1849 年）。该墓为石砌封土半圆形墓，坐南向北。墓冢长 6、前宽 3.8、后宽 3.6 米，两侧弧形部位各开一龛，内刻花草图案。碑宽 3.6、高 3.8 米，为石质仿木三楼庑殿顶，四柱三间，两侧施抱鼓，上刻有花纹高浮雕图案。石真性是周姓母亲，与儿子儿媳合葬一墓。

大坟咀罗氏墓　位于开佛乡星月村石板田社大坟咀，建于清道光十六年（1836 年）。该墓为石砌封土半圆形墓，坐西向东。墓冢长 6、前宽 3.5、后宽 3.1 米。碑宽 3.5、高 2.7 米，石质仿木三楼庑殿顶，四柱三间，有抱鼓，刻有高浮雕。

戴儒林墓　位于开佛乡佛梨村，建于清咸丰七年（1857 年）。该墓为半圆形石砌封土墓，坐南向北。墓冢长 4.5、前宽 4.5、后宽 3.3 米。碑碑宽 4.5、高 4.6 米，为仿木石质三楼庑殿顶，四柱三间，两侧有抱鼓。墓右侧有字库呈六边形塔幢，共三层，攒尖顶，边长 0.55、高 3.7 米。

王家学夫妇墓　位于开佛乡龙君村，建于清同治五年（1866 年）。该墓为半圆形石砌封土墓，坐西向东。墓冢长 6、前宽 4.4、后宽 3.3 米。碑宽 4.2、高 3.5 米，为石质仿木三楼庑殿顶，四柱三间两侧施抱鼓，有花纹浮雕。

碑地头余家墓地　位于开佛乡顺河村，建于清同治六年（1867 年）。该墓地共 2 座墓，为石砌封土墓，坐南向北。碑的形制相同，均为石质仿木二柱一间，单檐庑殿顶。

胡开圣夫妇墓　位于开佛乡羊五村，建于清光绪二十一年（1895 年）。该墓为石砌堆土六边形，坐西北向东南。墓冢长 7、前宽 4.7、后宽 4.2 米。碑宽 4.3、高 2.5 米，为石质仿木四柱三间三楼庑殿顶，刻有人物高浮雕图案。

李关氏墓　位于开佛乡新活村，建于清光绪七年（1881 年）。该墓坐南向北，为半圆形石砌封土墓。墓冢长 4.4、前宽 2.6、后宽 2.3 米。碑宽 2.3、高 2.3 米，为仿木石质单檐庑殿顶，两柱抱鼓，碑上刻有花纹、人物浮雕。

古建筑

谢家桥　位于开佛乡新活村，建于清代。该桥长 33、宽 1.3 米，为石质平梁桥，东西走向，六墩七孔，水向南流。每孔间两条石并排铺成桥面，桥板厚 0.3 米。桥墩高 2.3 米，每墩下游均有一支撑条石。

富兴乡

古墓葬

窝塘头墓群　位于富兴乡石林村三组窝塘头，建于明代。该墓群共 3 座墓，错乱分布，坐西南向东北，形制相同。M2 为长方形平顶墓室，双室并排相通，大小一样，墓室进深 2、宽 1.05、高 1 米。

生机坪墓　位于富兴乡石林村三组生机坪，建于明代。该墓坐西向东，三室并排相通，大小相同，素面石砌长方形弧形顶墓室。单室宽 1、高 1.4、长 4 米，每室后壁开龛。

牛心山墓　位于富兴乡伏龙村三组牛心山，建于明代。该墓坐东南向西北，素面条石砌成长方形平顶墓室。三室并列，大小相同，墓室长 2.54、宽 1.7、高 1.1 米。

灯杆坪墓群　位于富兴乡合家村二组灯杆坪，建于明代。该墓群共 2 座墓，形制相同，素面石砌长方形平顶墓室，坐东南向西北。M1 为三室，M2 为三室，单室宽 1.4、高 1.2、深 3.2 米，后壁及两侧开龛。

长田坡墓群 位于富兴乡宝联村六组长田坡，建于清代。该墓群共 2 座墓，分布在 100 平方米范围，坐东向西。M1 素面石砌成长方形平顶墓室，二室并排，单室宽 1.1、高 1.5、进深 3.2 米。M2 为三室，位于 M1 南面 15 米。

保峰墓群 位于富兴乡宝联村，建于明至清代。该墓群共 3 座墓，形制相同，乱块石砌椭圆形，上有封土，坐南向北。M1 墓冢长 4.3、宽 3.2、高 1.7 米，内室为条石砌长方形弧形顶，长 4.1、宽 1.4、高 1.8 米。碑为塔形，三檐八角，碑高 3.5、宽 0.45 米，平面呈八方形，上刻"嘉庆十六年"题记。该墓俗称"和尚坟"，为古时宝峰寺僧人墓葬。

喳口石罗家墓地 位于富兴乡向阳村三组喳口石，建于清代。该墓地为双墓，形制相同，均为石砌封土墓，坐东南向西北。墓碑形制相同，均为石质仿木二柱一间单檐庑殿式顶，碑上刻有对联及文字。其中 M1 墓冢长 4.6 米、宽 2.7；碑宽 1.1、高 2 米。墓地拜台长 16、宽 10 米。

花坟山墓群 位于富兴乡合龙村八组花坟山，建于清代。该墓群共 4 座墓，M1、M2 上下分布，M3、M4 上下分布，M1、M2 与 M3、M4 相距 100 米。M1 为梯形，是石砌墓，前部呈向内半圆形，其余 3 墓均为半圆形石砌封土墓，坐西南向东北。M1 碑为石质仿木四柱三间三楼庑殿顶，柱刻对联，并刻有花纹图案，其余均为两柱一间单檐庑殿顶。

大合墓 位于富兴乡大合村，建于清代。该墓为长方形土堆墓，坐西南向东北。墓冢长 5、宽 3.8 米。碑宽 2、高 2.4 米，为石质仿木四柱三间三楼庑殿顶，柱刻对联，碑刻碑文。

茅桃嘴杨家墓地 位于富兴乡金星村一组茅桃嘴，建于清代。该墓地共 5 座墓，形制基本相同，均为石砌封土墓，坐西向东。墓地宽 20、深 15 米。M1 碑宽 3.3、高 3.2 米，为石质仿木四柱三间三楼庑殿顶。碑记"咸丰七年"。

南盆嘴李家墓地 位于富兴乡金星村二组南盆嘴，建于清代。该墓地共 8 座墓，形制相同，均为半圆形石砌封土墓，坐西向东。M1、M2、M6、M7 为乱石块砌冢，其余均为规则素面石砌。M4 墓冢长 5.2、宽 3.6 米。M2、M3、M4、M5 碑为石质仿木三楼庑殿顶，M7 无碑，M8 位于其余 7 墓背后 100 米竹林中。M1、M6、M8 为单檐庑殿顶，大小不同，M4 碑宽 3.6、高 3.1 米，柱刻对联，碑刻年代题记。

碾湾头李家墓地 位于富兴乡金星村，建于清代。该墓地共 2 座墓，坐北向南，形制相同，为半圆形石砌封土墓。M1 墓冢长 4.9、宽 4、高 1.6 米，三面围墙。碑宽 4、高 3.5 米，为石质仿木结构四柱三间三楼歇庑殿顶，两侧施抱鼓，上刻人物、花卉、鸟兽、花纹等图案。墓前各有一石桌。

刘宽华墓　位于富兴乡茶坪村，建于清代。该墓为半圆形石砌封土墓，坐西北向东南。墓冢长 5、宽 3、高 1.5 米，砌石顶沿刻瓦形，冢沿刻有人物、花纹、兽等图案。碑宽 3、高 4 米，为石质仿木结构四柱三间五楼庑殿顶，两侧抱鼓，柱刻对联，并刻有人物、花卉、几何图案。

大坟山林家墓地　位于富兴乡桂兰村二组大坟山，建于清代。该墓地共 3 座墓，形制相同，均为石砌封土墓，坐东南向西北。M1 墓冢长 4、宽 2.6 米。M1 碑宽 1.2、高 2.6 米。M1、M3 碑形制相同，均为石质仿木二柱一间庑殿顶。M2 碑为 1999 年新立。

黄土坎觞家墓地　位于富兴乡宝联村，建于清代。该墓地共 3 座墓，形制相同，均为半圆形石砌封土墓，坐西南向东北。M1 墓冢长 6.2、宽 4.6、高 2 米；M3 为乱块石砌成。M1、M2 为两柱一间三楼庑殿顶，两侧施抱鼓；M3 为两柱一间单檐庑殿顶。M1 碑宽 2.6、高 3.6 米，上刻对联、花卉、人物、鸟兽、祥云等图案。

大坟坝墓群　位于富兴乡营盘村五组大坟坝，建于清乾隆三十九年（1774 年）。该墓群共 3 座墓，形制相同，均为半圆形石砌封土墓，坐西南向东北。M2 墓冢长 3.9、宽 2.6、高 1.3 米。碑为石质仿木两柱一间单檐庑殿顶，柱刻对联，并刻年代题记。

青杆林墓　位于富兴乡营盘村二组青杆林，建于清嘉庆十六年（1811 年）。该墓为半圆形石砌封土墓，坐西向东。墓冢长 5.8、宽 3.8、高 2 米。碑宽 1.3、高 2.1 米，为石质仿木二柱一间单檐庑殿顶，柱刻对联，并刻有花纹、碑文及题记。

吴熊墓　位于富兴乡十里村，建于道光十九年（1839）。该墓由乱块石砌成，呈半圆形，坐西北向东南。墓冢长 4.4、宽 2.7 米。碑宽 1.3、高 2 米，为两柱一间单檐庑殿顶，柱刻对联。

许家墓地　位于富兴乡金星村，建于清道光五年（1825 年）。该墓地共 2 座墓，为半圆形石砌封土墓，坐西南向东北。M1 墓冢长 6、宽 3 米。碑宽 2、高 2.3 米，为石质仿木四柱三间三楼庑殿顶，上刻对联、花纹、碑文题记。

林罗氏墓　位于富兴乡桂兰村，建于清咸丰七年（1857 年）。该墓为石砌封土墓，坐南向北。墓冢长 4、宽 2.8 米。碑为石质仿木二柱一间单檐庑殿顶，有抱鼓。碑宽 2、高 2.6 米，碑上刻有对联、碑记。

庙坂上曾家墓地　位于富兴乡合龙村二组庙坂，建于清咸丰十年（1860 年）。该墓地共 2 座墓，三面围墙，形制大小相同，均为半圆形石砌封土墓，坐西南向东北。M1 墓冢长 6、宽 3、高 1.6 米。碑宽 2、高 3 米，为石质仿木两柱一间单檐庑殿顶，两侧抱鼓，柱刻对联，并刻有花纹图案。

钱珍国墓　位于富兴乡营盘村，建于清咸丰六年（1856 年）。该墓为半圆形石砌封土墓，坐南向北。墓冢长 4.2、宽 3 米。碑宽 1.3、高 2.6 米，为石质仿木两柱一间单檐庑殿顶，上刻对联、碑文及年代题记。

唐家湾墓　位于富兴乡营盘村，建于清咸丰五年（1855 年）。该墓为半圆形石砌封土墓，三面围墙，坐南向北。墓冢长 6.5、宽 3、高 2.1 米。碑高 2.5、宽 2.2 米，为石质仿木四柱三间三楼庑殿顶，上刻对联，碑文及"咸丰五年"题记。墓尾院墙刻房屋、鸟兽、花草、竹木图案。

蒯茂墓　位于富兴乡石林村，建于清咸丰十一年（1861 年）。该墓为半圆形，乱块石砌成，上有封土，坐西向东。墓冢长 5、宽 3.3 米。碑宽 0.9、高 2.5 米，为二柱一间单檐庑殿顶，柱刻对联，并刻有花纹，碑文及年代题记。

余文光夫妇墓　位于富兴乡金星村，建于清光绪六年（1880 年）。该墓为半圆形石砌封土墓，坐西向东。墓冢长 5.2、宽 4.5、高 1.9 米。碑为素面石作长方形圆顶，两侧有抱鼓，碑上刻有鸟兽、花纹等图案及文字。碑记"正八品余文光"、"光绪庚辰年"。

石龙山蒯家墓地　位于富兴乡大云村二组石龙山，建于清宣统三年（1911 年）。该墓地共 2 座墓，均为石砌封土墓，坐西南向东北。其中 M1 墓冢长 4.9、宽 2.6 米。碑为圆顶，有抱鼓。碑宽 2.6、高 3.1 米，碑上刻有鸟兽花纹及碑文，碑记"宣统三年"、"蒯母张孺人"等字样。M2 位于 M1 右后侧 5 米。

近现代重要史迹及代表性建筑

富兴乡政府旧址　位于富兴乡青龙社区，建于 1972 年。该旧址原为地主房，坐西北向东南。砖木土混合结构，筑于石砌夯土台基上，面阔六间 25 米，进深 11 米，一楼一底，楼板为木质，通高 9 米。面墙为砖结构，开门窗 8 扇，山墙及内墙均为泥石夯成，顶为单檐悬山顶，小青瓦屋面。

梅白乡

古遗址

普贤寺遗址　位于梅白乡会贤村，建于清代。该寺庙原有建筑已损毁，现存有字库一座，字库坐北向南，高 5.5、边宽 0.8 米，石质仿木结构，重檐六边形攒尖式顶。复檐开龛，龛内刻高浮雕人物、树木、花草图案。

古墓葬

大坡崖墓　位于梅白乡光明村，建于汉代，坐东南向西北。该墓墓门高 0.7、宽 0.7 米。墓室深 2.3、宽 1.2 米。

黄桷滩崖墓群 位于梅白乡旭光村五组黄桷滩，建于汉代。该墓群共3座墓，坐西向东，形制相同。M1为长方形弧顶墓室，长1.35、宽0.9、高0.8米。

大坝墓 位于梅白乡旭光村二组大坝，建于明代。该墓为正方形弧形顶墓室，坐东北向西南，内有两室，形制相同。墓室通边长3、高1.2米。

洞湾崖墓群 位于梅白乡庆丰村四组大坡地硐湾，建于汉代。该墓群共3座墓，坐西向东，错落分布。M1已毁；M2因地势险要无法测量；M3所处因开采石料，墓室毁坏严重，仅存后半部分。

下木湾崖墓 位于梅白乡庆丰村三组下木湾，建于汉代。该墓坐东向西，为长方形弧顶墓室。墓室宽2、高1.2、进深2.8米，后壁开龛。

河湾坡崖墓 位于梅白乡同心村河湾坡，建于汉代。该崖墓坐东向西，为长方形平顶墓室。门楣高0.75、宽0.6米。墓室深2.9、宽3米。

罗家湾崖墓 位于梅白乡新益村一组罗家湾，建于汉代。该墓坐东北向西南，为长方形平顶墓室。墓门宽1、高0.9米。墓室进深2、高1、宽1.5米。

樊石滩崖墓群 位于梅白乡庆丰村，建于宋代。该墓群共4座墓，M3~M4分布在长80、宽8米，东西走向的大石坡上，墓群形制相同。其中M1墓道长2、宽1.3、高1.2米。室为正方形平顶，边长2.84、高0.95米。室内左右壁上开龛，大小一样，宽0.54、深0.25、高0.24米。1981年四川大学考古队对此墓进行了调查清理，出土宋代陶执壶、瓷执壶、陶碗、瓷碗各一个。

滩子上墓群 位于梅白乡旭光村六组滩子上，建于宋代。该墓群共3座墓，均为长方形平顶墓室，坐南向北。M1已消失，M2、M3仅存底部，底部开龛，龛内有人物、花纹图案。

长腰坡崖墓 位于梅白乡同心村，建于宋代。该崖墓原有5座墓，现仅存1座。墓坐西南向东北，深3.2米，宽3米。

下鱼潭崖墓群 位于梅白乡庆丰村四组下鱼潭，建于宋代。该墓群共3座墓，平行分布在山壁上，坐东北向西南，均为长方形平顶墓室。M3门宽0.9、高1.1米。室内进深2、宽3米，左右壁开龛。

陈家嘴崖墓 位于梅白乡新益村二组陈家嘴，建于宋代。该墓坐北朝南，墓室呈长方形弧形顶。墓室长3.6、宽1.05、高0.95米，两侧开龛。侧龛均长1.68、宽0.75米；后壁龛长1.6、宽0.64米。

酒谷田崖墓 位于梅白乡会龙村酒谷田，建于汉代。该墓坐西北向东南，为长方形弧顶墓室。墓室深2.2、宽2.3、高1.2米。

柏香埂崖墓群 位于梅白乡会龙村一社柏香埂，建于宋代。该墓地共2座墓，均为石砌长方形弧形顶墓室，M1坐西南向东，墓室长2.2、宽1、高1.4米。

白虎村崖墓群 位于梅白乡白虎村，建于宋代。该墓群共 2 座墓，坐西北向东南，形制相同。M1 墓室为长方形平顶，长 3.2、宽 2.9、高 0.9 米。

古坟坝墓 位于梅白乡文化村，建于明代。该墓坐西南向东北，内有四室，为石砌长方形平顶墓室，长 5.2、宽 4、高 1.6 米。

土地垮墓群 位于梅白乡柏香村，建于明代。该墓群共 6 座墓，分布面积为 100 平方米，坐北向南，形制相同，均为石砌长方形平顶墓室。M1 墓室长 3.1、宽 1.8、深 1.5 米。

古坟山胡家墓地 位于梅白乡会贤村三社祖坟山（原古坟山），建于清代。该墓地共 4 座墓，分布面积 750 平方米，形制相同，坐西北向东南。M1 为土墓，墓冢长 8、宽 7.5、高 2.6 米。碑为石质三楼庑殿式顶，高 4.8、宽 4.7 米，刻有人物、花草、飞禽、对联和"道光二十年"字。后有 1 对望柱，两边对称。

三河口梅家墓地 位于梅白乡旭光村十社三河口，建于清代。该墓地共 3 座墓，均为夫妻合葬墓。M1、M2 为长方形石砌封土墓，M3 为半圆形石砌封土墓，坐向相同，均为坐东向西。M1 墓冢长 6.6、宽 5.9 米；M2 墓冢宽 7 米；M3 墓冢宽 5.8 米。碑均为仿木石质单檐庑殿顶，两柱一间，其中 M1 碑宽 1.4、高 2.4 米。

猪头山熊家墓地 位于梅白乡同心村六组猪头山，建于清代。该墓地共 4 座墓，均为石砌封土墓，坐东南向西北，碑形制不一。

宋朝纲墓 位于梅白乡会龙村，建于清代。该墓坐南向北，为梯形石砌封土墓。墓冢长 11、宽 10.6 米。碑为石质仿木单檐笔架顶，两柱一间，宽 1.5、高 2.5 米。上刻对联"牛眼开甲第；马繁焕人文"。横联为"裕后昆"。拜台呈半圆形。

胡天贵父子墓 位于梅白乡永兴村，建于清嘉庆十九年（1814 年）。该墓为半圆形石砌封土墓，坐东南向西北。墓冢长 5、宽 3 米。碑宽 3、高 2.6 米，为三楼庑殿顶，四柱三间，柱刻对联，梁刻横联。

干杉树周氏墓 位于梅白乡永兴村，建于清嘉庆九年（1804 年）。该墓为半圆形石砌封土墓，坐东南向西北。系周新一、周新二、周新三兄弟合葬墓。墓冢长 6.2、宽 6 米。碑为石质仿木四柱三间三楼庑殿顶，柱刻外联"木本水源绵世泽；乾旋坤转蔚人文"；内联为"水始涓流终于部若为河海；禾先甲拆后连枪壮乾坤"。

廖朝柱墓 位于梅白乡旭光村，建于清道光十六年（1836 年）。该墓为半圆形石砌封土墓，坐西向东。墓冢长 6.5、宽 2.9、高 2 米。碑为单檐庑殿顶，两柱一间，两侧抱鼓，宽 3、高 2.75 米。上刻对联、花瓶图案。

徐国盛夫妇墓 位于梅白乡文化村，建于清道光二十二年（1842 年）。该墓为半圆形石砌封土墓，坐南向北。墓冢长 6、宽 4.6 米。碑为仿木石质四柱三间三楼庑殿顶，有抱鼓，宽 3.8、高 3.2 米。上刻有花草、人物图案。

徐宾夫妇墓　位于梅白乡文化村，建于清道光十九年（1839 年）。该墓为半圆形石砌封土墓，坐南向北。墓冢长 4.2、宽 3.5 米。碑为石质仿木，四柱三间三楼庑殿式顶，两侧有抱鼓，宽 3.5、高 3 米，上刻人物、花草高浮雕。横联"桂秀"；内联为"巍峨永宛千年固；兹兹佳城万古苗"；外联为"娌豆馨香永；儿孙根口长"。

张德峻夫妇墓　位于梅白乡庆丰村，建于清咸丰七年（1857 年）。该墓为半圆形石砌封土墓，坐东南向西北。墓冢长 6.5、宽 5 米。碑为单檐庑殿顶，两柱一间，两侧抱鼓，宽 2.4、高 2.8 米。柱刻对联，梁刻楣联，抱鼓刻有花纹图案。

周逢亨墓　位于梅白乡光明村，建于清咸丰四年（1854 年）。该墓为半圆形石砌封土墓，坐东北向西南。墓冢宽 4.5、长 5.5 米。碑为石质仿木石作四柱三间三楼庑殿顶，两侧施抱鼓。碑宽 4.5、高 4.7 米，上刻有人物、鸟兽、花草，均为高浮雕。

张家湾墓群　位于梅白乡永恒村六组张家湾，建于清同治四年（1865 年）。该墓群共 2 座墓，形制相同，均为半圆形石砌封土墓，坐西南向东北，因修公路仅存墓冢后半部分。

罗胥氏墓　位于梅白乡旭光村，建于清光绪十五年（1889 年）。该墓为半圆形石砌封土墓，坐东南向西北。墓冢宽 4、长 5.6 米。碑为单檐庑殿顶，两柱一间，两侧抱鼓，柱前施抱鼓，宽 2、高 2.2 米。柱刻对联"自卜高岗为宅兆；长乘生气荫云初"；横联为"淑德流芳"。并刻有花瓶、祥云等图案。

樊国品夫妇墓　位于梅白乡同心村，建于清光绪九年（1883 年）。该墓为石砌封土墓，坐东南向西北。墓冢长 5.8、宽 4.6 米。碑为仿木石质，四柱三楼庑殿顶，有抱鼓，碑宽 4.6、高 4.1 米。碑上刻有人物、花草图案。四柱上有对联，墓前为拜台。

屋基头陈家墓地　位于梅白乡会龙村一社屋基头，建于清光绪十三年（1887 年）。该墓地共两座墓。M1 为石砌墓，M2 是堆土墓，坐向相同，均为坐南向北。M1 墓冢宽 6.2、长 7 米，碑为笔架顶，高 2.4、宽 1.4 米。上刻对联"丁山开甲地；实向起人文"。横联为"裕后昆"。

古建筑

梅白石板街　位于梅白乡梅白社区，建于清代。该石板街分为文昌街和海潮街，文昌街为东西走向，海潮街为南北走向，与文昌街中段偏西相接，均为石板铺成。文昌街长 180、宽 2.5 米；海潮街长 40、宽 4 米。

会贤石板桥　位于梅白乡会贤村，建于清嘉庆十二年（1807 年）。该桥为石质四墩五孔平梁桥，南北走向。长 22.7、宽 1.18、高 3 米。桥南头有一石刻圆雕阿弥陀佛像，高 1.5、肩宽 0.5 米，龛内刻有"嘉庆十二年"。桥南是开佛乡，桥东有石柱斜顶桥墩 3 处，桥墩有锁相扣，十分稳固。

节孝牌坊　位于梅白乡会贤村，建于清嘉庆六年（1801 年）。该牌坊建于清嘉庆六年，坐西北向东南。为石质仿木四柱三间三楼庑殿式顶，高 5.58、宽 7.75 米。上刻有人物、戏剧、花卉图案和对联、诗文及题记"胡君聘之妻叶氏主"。长宁县人民政府于1997 年 12 月公布其为文物保护单位。

近现代重要史迹及代表性建筑

方四滩水库　位于梅白乡新益村，建于 1958 年。水库属长江水系长宁河一级支流。坝址控制流域面积为 15.34 平方公里，流域地形属深丘和浅丘交界处。水库总库容 352万立方米，为年调节水库。设计灌溉梅白乡、古河镇、下场镇 20 余个村，150 余个社，12400 亩田土面积。该水库是一个以灌溉为主，兼有防洪、养殖的小型水库。水库枢纽由石砌夯土坝、溢洪道、放水隧洞闸阀组成。坝顶长 185 米，坝高 17 米，坝顶宽 6 米。放水设备于 1979 年改建为闸阀放水。溢洪道为开敞式，位于大坝左岸山坳口，进口宽31.2 米，陡坡段为 12.5 米。

高 县

文江镇

古墓葬

楠木嘴墓　位于文江镇楠木村，建于明代。该墓为石室墓，以青条石砌筑而成，墓向西北，两室，墓长 2、进深 2.2、高 1.2 米。

坟坝头王氏墓　位于文江镇白果村，建于清嘉庆元年（1796 年）。该墓为石缘土冢墓，坐东向西，墓边长 5、宽 3.5、封土高 1.8 米。墓碑为两柱一开间庑殿顶石质仿木结构，高 2、宽 1.1、厚 0.2 米，浮雕动物、花草等纹样，顶龛刻"意望斯年"四字。

杨氏墓　位于文江镇桂花村，建于清嘉庆三年（1798 年）。该墓为石缘土冢墓，坐东向西，墓长 5、宽 5、封土高 1.2 米。墓碑为两柱一开间庑殿顶石质仿木结构，宽 1、高 1.6、厚 0.2 米，墓文已漫漶不清。

邱氏夫妇墓　位于文江镇仁爱村南华组茶园花花坟山包半坡处，建于清嘉庆八年（1803 年）。该墓为石缘土冢墓，坐东北向西南，长 6、宽 5.8、封土高 5 米，有两级条石砌成的拜台。墓碑为四柱三开间庑殿顶石质仿木结构，碑边刻有动物、花草等纹样，顶龛刻"佳城永固"四字。

周元士墓　位于文江镇云山村，建于清嘉庆年十三年（1808 年）。该墓为石缘土冢墓，长 4.5、宽 2.9、封土高 1.55 米。墓碑为两柱一开间庑殿顶石质仿木结构，高 1.8、宽 0.95、厚 0.3 米，碑边有浮雕动物、花草等纹样碑，正书"皇清例赠侯进登仕郎故显考周公讳元士"。

刘何氏墓　位于文江镇仁爱片区花庄村，建于清嘉庆十六年（1811 年）。该墓为石缘土冢墓，坐东北向西南，长 4.1、宽 2.6、封土高 1.4 米。墓碑为四柱三开间庑殿顶石质仿木结构，高 2.6、宽 2.4、厚 0.23 米，顶龛刻"长发其祥"四字，碑边浮雕花草、动物等纹样。

宋清福墓　位于文江镇新马村，建于清嘉庆二十二年（1817 年）。该墓为石缘土冢墓，坐北向南，长 5.2、宽 2.7、封土高 1.6 米。墓碑为四柱三开间庑殿顶石质仿木结构，宽2.7、高3、厚0.35米，饰有浮雕动物、花草等图案，顶龛刻四字。

何氏墓群　位于文江镇芙蓉村，建于清代晚期。该墓群共4座墓，平行分布，从左往右依次编号为M1、M2、M3、M4。均为石缘土冢墓，坐东北向西南，其中M1宽3.2、高1.8、长6米。墓前均有庑殿顶式石质仿木结构碑，其中M1墓碑宽3.2、高4、厚0.3米。M1、M3、M4为四柱三间，M2为两柱一间。

吕金元墓　位于文江镇东山村，建于清道光二十九年（1849年）。该墓为石缘土冢墓，坐北向南，墓长4、宽2.2、封土高1.6米。墓碑为两柱一开间庑殿顶石质仿木结构，宽1.2、高1.8、厚0.25米。

天兴墓　位于文江镇石龙村，建于清道光二十六年（1846年）。该墓为石缘土冢墓，坐西北向东南，墓长6、宽4.2、高1.6米。墓碑为两柱一间庑殿顶石质仿木结构，宽1、高1.8、厚0.3米。

明家嘴墓群　位于文江镇凉村，建于清代。墓群由6座坟组成，墓群平行分布在长40、宽12米的土台上，从左至右编号为M1～M6。墓群坐东南向西北，均为石缘土冢墓，其中M1长6、宽4、高1.4米。M1、M2前有碑，均为四柱三开间庑殿顶石质仿木结构，其中M1碑高5.2、宽3.6、厚0.35米，顶上一龛刻有"恩赐九重"四字，边线刻有27个戏剧人物图和二龙戏珠图，碑脚两侧立有抱鼓石，抱鼓石上有镇兽，正书"皇清旌表节孝陈门张戒讳性慧老孺人之墓"，题记年代为道光二十六年（1846年）。另五座坟较简陋。

姚嵩乾墓　位于文江镇仁爱片区花庄村，建于清代。该墓石缘土冢墓，坐东北向西南，墓长4.1、宽2、封土高1.4米。墓碑为四柱三开间庑殿顶石质仿木结构，碑边有浮雕的花草、动物等纹样，顶龛刻"龙吟虎啸"四字，碑高2.6、宽2.4、厚0.23米。正书"皇清待口故显考姚公讳嵩乾老大人之墓"，题记年代为"大清咸丰□□年"。

陈氏墓　位于文江镇棕树村，建于清同治元年（1862年）。该墓为石缘土冢墓，坐南向北，墓长6、宽4、高1.6米。墓碑为四柱三开间庑殿顶石质仿木结构，碑高3.2、宽3、厚0.3米。碑边刻有动物、花草等纹样，顶龛刻有四字。

周秦氏墓　位于文江镇白果村，建于清同治元年（1862年）。该墓为石缘土冢墓，坐东南向西北，墓长6、宽3、封土高1.8米。墓碑为四柱三开间庑殿顶石质仿木结构，碑宽3.6、高2.6、厚0.32米，饰有浮雕动物、花草等纹样，顶龛刻有四字。

杨在泰墓　位于文江镇得狼村，建于清同治八年（1869年）。该墓为石缘土冢墓，坐西北向东南，墓长7.8、宽4.5、封土高2米。墓碑，为四柱三开间庑殿顶石质仿木结构，碑宽4.5、高3.3、厚0.25米，浮雕动物、花草等纹样。

罗周氏墓　位于文江镇新马村，建于清光绪元年（1875年）。该墓为石缘土冢墓，坐北向南，墓长6、宽3、封土高1.6米。墓碑为两柱一间庑殿顶石质仿木结构，宽

1.2、高 2.5、厚 0.3 米，饰有花草，顶龛刻"佑启后人"四字。

李程氏墓 位于文江镇自治村，建于清光绪元年（1875 年）。该墓为石缘土冢墓，坐北向南，墓长 6、宽 4.5、封土高 1.7 米。墓碑为四柱三开间庑殿顶石质仿木结构，宽 3、高 3.5、厚 0.4 米，饰有动物、花草等纹样，顶龛刻有四字。

王罗氏墓 位于文江镇白云村，建于清光绪三年（1877 年）。该墓为石缘土冢墓，坐东北向西南，墓长 6.5、宽 3、封土高 1.7 米。墓碑为四柱三开间庑殿顶石质仿木结构，宽 4、高 3.5、厚 0.4 米，饰人物、花草等，顶龛刻有四字。

单氏墓 位于文江镇石塔村，建于清光绪十年（1884 年）。该墓为石缘土冢墓，坐东南向西北，墓长 5、宽 3、高 1.6 米。墓碑为四柱三开间庑殿顶石质仿木结构，墓碑宽 3、高 2.5、厚 0.3 米，两翼附抱鼓石。

观木岩墓群 位于文江镇蔬菜村，建于清代。墓群分布在半山腰一平地，从左至右依次编号为 M1 ~ M3。M1、M2 建造风格相同，M3 相对简易。三墓均为石缘土冢墓，坐东向西，其中 M1 长 6.2、宽 3.5 米。该处有 2 座碑，均为两柱一开间庑殿顶石质仿木结构，其中 M1 碑高 2.7、宽 2、厚 0.22 米，正书"显考黄公讳树椿志大人之墓"，题记"光绪十三年（1887 年）九月下浣"，饰二龙戏珠、双凤朝阳、鹿子含花等图案。

周远钊墓 位于文江镇云山村，建于清光绪十七年（1891 年）。该墓为石缘土冢墓，坐东北向西南，长 5、宽 2.3、封土高 2.6 米。墓碑为二柱一开间庑殿顶石质仿木结构，正书"皇清待赠故显考周公远钊□□□"，饰人物、花卉等。

周之左墓 位于文江镇赖笋村，建于清光绪二十四年（1898 年）。该墓为乱石土冢墓，坐东向西，墓长 3.6、宽 2.6、封土高 1.2 米。墓前有弧形碑两通。

惠家墓群 位于文江镇凉风村，建于清代。该墓群共有 4 座墓，平行分布，从左往右依次编号为 M1 ~ M4。均为石缘土冢墓，坐东北向西南，其中 M1 长 4.8、宽 2、封土高 1.6 米。墓前均有庑殿顶石质仿木结构碑，其中 M1，M4 为四柱三开间，M2、M3 为两柱一开间。其中 M1 墓碑宽 2、高 3、厚 0.2 米，饰动物、花草等，顶龛刻有字。

郑杨氏墓 位于文江镇同心村，建于清代。该墓为石缘土冢墓，坐西向东，墓长 4、宽 1.6、封土高 1.2 米。墓碑为两柱一间庑殿顶石质仿木结构，宽 0.8、高 1.8、厚 0.12 米。

廖郑氏墓 位于文江镇高合村，建于清代。该墓为石缘土冢墓，坐南向北，墓长 6、宽 4、封土高 1.6 米。墓碑为六柱五开间庑殿顶石质仿木结构，墓碑宽 4、高 2、厚 0.3 米，饰动物、花草等，顶龛刻有字。题记年代不详。

解元辅墓 位于文江镇大桥村，建于清代。该墓为石缘土冢墓，坐东北向西南，墓长 5.65、宽 3.7、封土高 1.5 米。墓碑为四柱三开间庑殿顶石质仿木结构，宽 3.7、高 3.2、厚 0.26 米，正书"清赠大人解公讳元辅之墓"，顶龛刻"富贵长寿"四字，饰动物、花草等。

张玉嵩墓　位于文江镇长田村，建于清代。该墓为石缘土冢墓，墓长5.8、宽3.6、封土高1.5米。墓碑为两柱一开间庑殿顶石质仿木结构，高2、宽1.6、厚0.3米，正书"皇清待赠故显考张公讳玉嵩老大人之墓"。

花生包墓　位于文江镇黄泥村，建于清代。两墓均为石缘土冢墓，坐东向西，从上至下编号M1、M2。M1长6、宽4.5、封土高1.6米；墓碑为两柱一开间庑殿顶石质仿木结构，宽1.2、高2.5、厚0.45米，饰动物、花草、人物等，顶龛刻有四字，题记年代不详。

古建筑

文峰塔　位于文江镇怀远七宝村，该塔又名高县白塔，建于清道光元年（1821年）。坐北向南，七重檐六角攒尖式，砖石结构，每边3.4、通高32米。塔门横额刻"层垒而上"，两侧楹联"塔气灵霄人旧植；人情振地榜新开"。1级外壁饰有浮雕泥塑图案，2～5级的6面，辟有拱形窗门，即可通风透光，又可使游人凭窗眺望。塔基青砂石砌，高1.1米，塔心柱为实体，塔身壁与塔心柱之间砌有青砖踏道，宽0.8米，游人从第一级塔门进入，可沿蹬道羊角盘旋而上，登至5级。从不同方位凭窗远眺，原高县县城和周围数十里的山川风貌尽收眼底，俯视塔下，苍松翠柏，郁郁葱葱。文峰塔是高县点缀江山，培植文风的"风水塔"。高县"革委会"于1978年公布为文物保护单位。

黄水口大桥　位于文江镇剑南村。该桥始建于清同治年间，东西走向，为石结构三孔券拱平桥，桥长52、宽7.35、高11米，跨度30.15米，三孔拱高一致，拱高6.5米。该桥分两层，1976年在原桥基础上加高，设7孔，长57、宽8、高15米，每孔跨度为5.2米，拱高4.3米。该桥为原川云公路要道桥。高县人民政府于1989年9月公布为文物保护单位。

石窟寺及石刻

割股救母记事碑　位于文江镇先锋村，立于清咸丰五年（1855年）。该碑为何钟贞割股救母记事碑，呈长方形，坐西北向东南，宽0.76、高1.5、厚0.15米，碑正文"皇清载入县志孝子何钟贞割股救母"。

文昌宫记事碑　位于文江镇腾龙村，立于清代。该碑为重修文昌宫记事碑，弧形顶，坐西南向东北，宽0.5、高1.9、厚0.5米，饰有浮雕动物、花草等纹样。

周雨生德教碑　位于文江镇柳湖社区，原碑立于1950年，坐北向南，弧形顶，高2.8、宽1.15、厚0.15米。1997年为了纪念本县著名教育家周雨生捐资所修建纪念亭，并立碑于亭中，记述周雨生生平。亭西南方立捐资碑。

近现代重要史迹及代表性建筑

抗战阵亡将士纪念碑　位于文江镇柳湖社区，建于 1938 年。纪念碑为砖石结构，四角攒尖塔式，碑身呈四边形，上小下大，碑高 15 米，为实心素面台基。正面碑文"抗战阵亡将士纪念碑"；碑右文"成仁取义声播全球"；碑左文"舍身救国抗战到底"。碑后题记"民国二十七年、县长萧天柱立"。碑始建于民国二十七年，1985 年维修，碑文字由高县书法家喻培书写，1999 再次维修。高县人民政府于 1978 年公布为文物保护单位。

高县铁索桥　位于文江镇滨河社区，建于 1978 年。该桥为双索道链接，钢铁板桥桥面，横跨于南广河上，东西走向，全长 48 米，距离河面高约 30 余米，无桥墩。

油灌口水电站　位于文江镇新胜村，建于 1987 年。该站为坝干式水电站，由拦河大坝及发电厂房组成。大坝为土石结构，面部水泥摸面，全长 200、高 80 米。厂房为砖混结构五层楼房，面部作绿白瓷砖面。电站为坝后式水电站，采用三台涡轮发电机发电，总装机容量为 15 万千瓦，拦河大坝设泄洪孔七个，一个引水冲沙渠，该电站是高县 20 世纪 80 年代自主修建的第一座较大规模的水力发电站。

庆符镇

古墓葬

水洞蛮洞湾崖墓　位于庆符镇水洞村，建于明代。墓葬建在水洞村一组蛮洞湾半山腰岩石上，单门直穴，坐西南向东北，墓门上方凿"人"字形风雨槽，墓口高 0.8、宽 0.9、厚 0.18 米。墓室内顶呈人字顶，进深 2.2、宽 1.6、高 1 米。

清溪墓　位于庆符镇清溪村，建于明代。该墓为石室墓，采用青条石砌筑而成，坐东南向西北，一墓五室，墓长 7.5、进深 2.5、高 1 米。

深基硬墓群　位于庆符镇白岩村，建于明代。该墓群共五座墓，分布在长 10、宽 10 米的山坡上，坐南向北，均为石室墓，其中四座为两室，一座为三室。

麻汤凹墓　位于庆符镇普陀村，建于清乾隆四十二年（1777 年）。该墓为石缘土冢墓，坐东北向西南，墓长 4.5、宽 3.2、封土高 1.8 米。弧形碑，高 1.6、宽 1、厚 0.25 米。碑文漫漶不清。据高县第二次全国文物普查档案查知题记年代为乾隆四十二年。

单友俊墓　位于庆符镇红岩村，建于清乾隆四十三年（1778 年）。该墓为石缘土冢墓，坐西南向东北，墓长 4、宽 2、封土高 1.1 米。墓碑为两柱一开间庑殿顶石质仿木结构，墓碑宽 1、高 1.3、厚 0.2 米，碑文漫漶不清。

河心梁氏墓　位于庆符镇河心村，建于清嘉庆元年（1796 年）。该墓为石缘土冢墓，坐西向东，墓长 4、宽 2.6、封土高 1.2 米。墓碑为两柱一开间庑殿顶石质仿木结构，宽 1.2、高 2、厚 0.2 米。

下坝严氏墓　位于庆符镇百通村，建于清嘉庆八年（1803 年）。该墓为石缘土冢墓，坐东南向西北，一墓双碑，为父子合葬墓，墓长 4.5、宽 3.5、封土高 1.5 米。碑两通，均为石质方碑，左碑高 1.6、宽 0.8、厚 0.16 米，正文"清赠严公讳□□□□□"。另一碑严重风化，字迹不清。

周建义夫妇墓　位于庆符镇瓜芦村，建于清嘉庆十五年（1810 年）。该墓为石缘土冢墓，坐东北向西南，墓长 9、宽 7.8、封土高 2.3 米。墓碑为两柱一开间庑殿顶石质仿木结构，高 1.7、宽 0.85、厚 0.15 米，正书"周公讳建义（张法讳普德）之墓"。

廖王氏墓　位于庆符镇骆家村，建于清嘉庆二十二年（1817 年）。该墓为石缘土冢墓，坐西北向东南，墓长 7.8、宽 4.5、封土高 1.5 米。墓碑为两柱一开间庑殿顶石质仿木结构，高 1.9、宽 0.85、厚 0.12 米，正书"皇清例诰显妣廖母王老太君墓"。

大坟林墓群　位于庆符镇骆家村，建于清代。该墓群为清道光至咸丰年间墓群，均为石缘土冢墓，坐东南向西北，平行分布，从左至右依次编号为 M1 ~ M5。其中 M2、M3、M5 上有封土，M2 长 6.3、宽 4.3、封土高 2 米。墓前均有墓碑，M2、M3、M5 墓碑两柱一开间庑殿顶石质仿木结构，碑边有动物、云、纹等浮雕图案。其余为单碑平顶。其中 M5 碑刻有"地发千祥"四字，题记年代为清道光二年（1822 年）。

严裕安墓　位于庆符镇水鸭村，建于清道光十二年（1832 年）。该墓为石缘土冢墓，坐西向东，封土呈圆形，直径 5.2 米。墓碑为四柱三开间庑殿顶石质仿木结构，碑边有浮雕人物、动物、花草等图案，顶龛刻有"富春遗老"四字，碑高 4.2、宽 4、厚 0.28 米，正书"清故显考严公裕安大人之墓"，题记年代为"清道光十二年重建"。左、右有碑文，字迹风化严重。

严王氏墓　位于庆符镇水鸭村，建于清道光十二年（1832 年）。该墓为石缘土冢墓，坐东南向西北，墓长 8、宽 3.8、封土高 2 米。墓碑为四柱三开间庑殿顶石质仿木结构，高 4、宽 3.8、厚 0.25 米，有浮雕的人物、动物、花草等图案，两翼附抱鼓石圆雕石狮一对，正书"皇清例诰安人显妣严母王老太君之墓"，顶龛刻"春辉启后"四字。

周温其夫妇墓　位于庆符镇瓜芦村，建于清道光二十年（1840 年）。该墓地处坟山坡小丘上，坐东北向西南，石缘土冢，上有封土。墓长 8.8、宽 7.5、封土高 3.2 米，外石砌墓圈，现已残。墓碑 1 座，庑殿顶，碑高 2.1、宽 0.9、厚 0.16 米，正书"清故显考周容字温其（徐戒讳悟清）之墓"。据碑文记载为夫妻合葬墓。

杨乃宪墓　位于庆符镇小靖村，建于清道光二十九年（1849 年）。该墓为石缘土冢墓，坐西北向东南，墓长 5.2、宽 3.2、封土高 1.8 米。碑为两柱一开间庑殿顶石质仿木结构，高 1.9、宽 0.81、厚 0.16 米，正书"清赠受职郎杨公字乃宪墓"。

周玉茂夫妇墓　位于庆符镇普陀村，建于清同治二年（1863 年）。该墓为土冢墓，坐西北向东南，墓长 7.1、宽 5.6、封土高 2 米，为双人合葬墓。碑为两柱一开间庑殿顶石质仿木结构，高 2.1、宽 2.3、厚 0.27 米。碑边有浮雕花草、动物等图案，正书"十六世祖周公讳玉茂（母张孺人）之墓"。

赵亿智墓　位于庆符镇葛藤村，建于清同治二年（1863 年）。该墓为石缘土冢墓，坐北向南，墓长 7.6、宽 6.7、封土高 2.2 米。墓碑为四柱三开间庑殿顶石质仿木结构，宽 3.5、高 4.2、厚 0.2 米，饰有浮雕动物、花草等图案，顶龛刻"万古佳城"四字。

仙人山黄氏墓　位于庆符镇将军村，建于清代。该墓为同茔异穴合葬墓，两墓均为石缘土冢墓，坐西北向东南。其中 M1 长 5、宽 3.5、封土高 1.7 米，墓碑为两柱一开间庑殿顶石质仿木结构，墓碑宽 2.6、高 3、厚 0.2 米，饰有浮雕动物、花草等图案，顶龛刻"佑启后人"四字，墓碑左上角题记年代为同治五年（1866 年）。

和尚坡罗氏墓　位于庆符镇鹅卵村，建于清同治七年（1868 年）。该墓为石缘土冢墓，坐东南向西北，墓长 5.8、宽 3.8、封土高 2.3 米。碑为四柱三开间庑殿顶石质仿木结构，碑边有浮雕的动物、花草、云纹等图案。碑高 3.9、宽 3.8、厚 0.31 米。正书"显考罗公讳□□老大人之墓"。

岩湾头墓群　位于庆符镇黄荆村，建于清代。墓群共 3 座墓，坐东向西，均为石缘土冢墓。其中 M1 长 5.1、宽 3.1、封土高 1.7 米。3 通碑形制相同，均为二柱一开间庑殿顶石质仿木结构，墓碑两侧均有护足。其中 M1 碑高 2.2、宽 1.1、厚 0.3 米。M1，正书"清待诰显妣何母□□□"，题记年代为同治七年（1868 年）。

张刘氏墓　位于庆符镇仰天村，建于清同治九年（1870 年）。该墓为石缘土冢墓，坐东北向西南，墓长 4.5、宽 3、封土高 1.2 米。墓碑为两柱一开间庑殿顶石质仿木结构，宽 1、高 2、厚 0.2 米，饰有浮雕动物、花草等图案，顶龛刻有四字。

罗秦源墓　位于庆符镇永联村，建于清同治九年（1870 年）。该墓为石缘土冢墓，坐南向北，墓长 5、宽 3.5、封土高 1.6 米。墓碑为两柱一间庑殿顶石质仿木结构，宽 3、高 3、厚 0.2 米，饰有浮雕动物、花草等图案，顶龛刻有四字，正书"罗母秦氏墓"。

罗元贵墓　位于庆符镇瓜芦村，建于清同治十一年（1872 年）。该墓为石缘土冢墓，坐东向西。墓长 7.5、宽 4.1、封土高 2.1 米。墓碑为二柱一开间庑殿顶石质仿木结构，高 3、宽 2.7、厚 0.27 米，碑两侧有护足，正书"显考罗元贵之墓"。碑额、龛及护足饰人物、动物、花草等浮雕。

甘氏墓 位于庆符镇三清村,建于清光绪五年(1879年)。该墓为石缘土冢墓,坐东北向西南,墓长5、宽3、封土高1.6米。墓碑为两柱一开间庑殿顶石质仿木结构,宽1.2、高2、厚0.2米,饰有浮雕动物、花草等,顶龛刻"荣昌百世"四字。

水洞青杠湾墓群 位于庆符镇水洞村,建于清代。该墓群共有三墓,平行分布在青杠湾山半湾长16、宽6米的一平地上,从左至右依次编号为M1~M3。该墓为石缘土冢墓,坐东南向西北,其中M1长5.2、宽2.8、封土高2.1米。M1、M2有碑,M1碑为二柱一开间庑殿顶石质仿木结构,碑边有浮雕的动物、花草图案,碑高3.1、宽2.8、厚0.27米,M2为平碑,题记年代为清光绪八年(1882年)。

刘鸿才墓 位于庆符镇白家村,建于清光绪十二年(1886年)。该墓为石缘土冢墓,坐西北向东南,墓为圆形,直径6米。方形墓碑,宽1.2、高2、厚0.2米,饰有浮雕动物、花草等图案。

水井庙严氏夫妇墓 位于庆符镇普陀村,建于清光绪十三年(1887年)。该墓为三人合葬墓,石缘土冢墓,坐西北向东南。墓长8.1、宽5.4、封土高2.5米。碑为四柱三开间庑殿顶石质仿木结构,高2.7、宽4.1、厚0.33米,两侧有抱鼓护足,碑边有浮雕动物、人物、花草等图案,正书"皇清待诰王孺人□□登仕郎严公□□旌表烈节黄□□"。

堰沟偏墓群 位于庆符镇金鱼村,建于清代。墓群分布于堰沟偏80平方米的坡地上,从左至右编号为M1~M3。均为石缘土冢墓,坐西南向东北,其中M1长4.5、宽2.9、封土高2米。墓前均有墓碑,其中M1碑为四柱三开间庑殿顶石质仿木结构,碑边线刻有浮雕动物、花草等图案,其余两墓碑为平碑。三墓碑碑文均严重风化,字迹不清,一碑可见题记年代为清代光绪二十五年(1899年)。

枷担湾墓 位于庆符镇普陀村,建于清光绪二十六年(1900年)。该墓为双人合葬墓,石缘土冢,坐西南向东北,墓长5.6、宽4.8、封土高2.1米。碑为二柱一开间庑殿顶石质仿木结构,高4.1、宽2.7、厚0.3米,正书"皇清诰封修职郎(孺人)故显考(妣)邹公(母)登□□□",顶龛刻"世代发祥"四字,碑两侧有护足,刻有人物、动物、花草等图案。

黄田氏墓 位于庆符镇西江村,建于清光绪二十七年(1901年)。该墓为石缘土冢墓,坐西北向东南,墓长6、宽3、封土高1.6米。墓碑为两柱一开间庑殿顶石质仿木结构,宽1.1、高2、厚0.2米,饰有浮雕动物、花草等图案,墓碑正书"黄母田儒人墓"。

罗登荣墓 位于庆符镇五公村,建于清光绪甲辰年(1904年)。该墓为石缘土冢墓,坐东北向西南,长5、宽3、封土高1.8米。弧形墓碑,宽1、高2、厚0.15米。

严人和墓 位于庆符镇小靖村,建于清宣统元年(1909年)。该墓石缘土冢墓,坐西北向东南。石缘顶边沿为单檐式仿木结构，有浮雕花草、铜钱等图案，墓长5.5、宽3.6、封土高2.2米。墓碑为二柱一开间庑殿顶石质仿木结构，两侧有护足，刻戏剧人物、动物、花草等图案。碑高3、宽2.3、厚0.24米，正书"严公人和之墓"。

张正举墓　位于庆符镇泡桐村，建于清宣统二年（1910年）。该墓为石缘土冢墓，坐西向东，墓长6、宽4、封土高2.2米。墓碑为两柱一间庑殿顶石质仿木结构，宽2.6、高3、厚0.25米，饰有浮雕动物、花草等图案，顶龛刻四字。

周任章墓　位于庆符镇二龙村，建于清代。该墓为石缘土冢墓，坐东北向西南，墓长5、宽4.5、封土高1.6米。墓碑为四柱三间庑殿顶石质仿木结构，宽4.5、高2.6、厚0.3米，饰浮雕动物、花草等图案，顶龛刻四字，正文漫漶不清。

古建筑

回龙寺　位于庆符镇黄桷村，始建于明万历元年（1573年）。回龙寺坐东向西，两进制，沿中轴分布，由门厅、正殿及东西厢房组成。寺内原建筑均为石木结构悬山式"人"字顶，抬梁式和穿斗式混合梁架。现门厅及两侧厢房局部原建筑拆除，后以砖木结构新建，仅正殿保存较完整。正殿明次间立柱采用整石凿成，为石、木结构，檐下施斗拱6朵，五铺作昂尾直挑平，六架椽前后乳栿搭牵，减柱造，面阔五间17.3米，进深四间10.5米。素面台基高1.5米，七级阶梯式踏道。明间左侧金柱石柱上刻"万历元年六月庚申日完"。据宜宾文物志记载，清乾隆二十七年、道光七年对回龙寺进行了两次维修。四川省人民政府2012年7月公布为文物保护单位。

旌表节孝总坊　位于庆符镇庆山社区，建于清咸丰元年（1851年）。该牌坊为石质仿木结构，四柱三开间三楼，庑殿顶，坐东向西。通高8.5、宽7.2、厚0.5米，正门高2.78、宽2.65米，左右侧耳门高2.28、宽1.05米，前后护足高1.59、宽0.72、厚0.2米，正门顶上正书"旌表节孝总坊"六字，顶端四角有盘龙圆雕。高县人民政府于1982年11月公布为文物保护单位。

川主庙　位于庆符镇庆山社区，建于清同治三年（1864年）。庙坐北向南，四合院布局，占地面积约150平方米。由正殿、东西厢房及门厅组成，现仅存正殿。正殿为木结构悬山式顶，穿斗式梁架，三穿七柱。面阔三间12.4米，进深六间8.6米，通高7米，素面台基，高1.1米，垂带式踏五级。东西厢房被扰乱，后重修建。

庆符镇碉楼　位于庆符镇骆家村，建于清代。该建筑为重檐歇山式土木结构建筑，单体平面呈正方形，边长7.3米，通高18米。墙体采用泥土夹筋夯筑而成。顶层为观望台，四面均设双开四抹窗扇。

较场街迎祥桥　位于庆符镇兴符社区，建于清代。该桥为东西走向，横跨于南广河支流无名小溪上，石质单拱平桥，桥长21、高4.6、宽3.3米，跨度4米，拱高3.3米，桥面采用石板铺成，略呈半弧，无桥栏。桥两头布条石石梯，桥头西面石梯分三段平行展布延伸，有梯形踏道52级，东面4级。

百通村迎祥桥　位于庆符镇百通村，建于清代。桥为石质单拱平桥，东南至西北走向。桥长23、宽3.5、高5.5米，跨度为7米，拱高2.5米，无桥栏。原为单孔，1977年在老桥上加高2.7米，新桥为双孔，每孔跨度3米，拱高2米。据高县全国第二次文物普查档案查知，该桥西北侧桥头原有石碑一通。

石窟寺及石刻

石门石刻　位于庆符镇丛木村，开凿于明清时期。石门石刻分布在长10、宽2.5、距地面高4米的石壁上，从左至右横向排列，共12龛，总字数约1200字。现可辨者多系明清文人咏颂石门之险的佳句。石门之北壁距地面约3米，凿壁题刻"勒愧燕然"四个大字，字径约0.68米，笔力雄浑，赫然入目，并刻跋云："蜀乱纷纭石逆来而益剧予统军自楚赴援先后攻克长宁高县及沙河驿双龙场等巢转战于叙南为多留戍亦于叙南为久今幸边患稍息部将数请记其事予免从之非示功也亦以寄鸿不云尔同治二年岁癸亥孟夏月总翼长统领楚蜀水陆兵勇布政使司鼓勇巴图鲁刘岳昭书并跋"。

前刻之左，有无名氏五言诗一首云："江石悠然在，三才镇世间。道德长春古，名利不如闲"。剥蚀较重，几难辨认，次刻当是石门较早的题刻。

继之，是一字迹清晰工整的五言排律："世路荆榛迷，当道豺狼吼。满目干戈横，壮士牛马走。叙南石门关，似擘巨灵手。层山塞其前，湍流绕其右。云根动地开，日脚射泉纽。征夫苦经过，行行重回首。西蜀天下险，此险复何有。不有大将才，谁作长城守。我从亚夫营，剑气冲牛斗。恨不乘天风，顷刻扫尘垢。一剪荆榛平，再造干戈后。还从赤松游，放歌时纵酒。粤人林肇元题壁"。林肇元系刘岳昭之下属，同治年间，其随刘追剿太平军路过石门时题诗于此壁。高县人民政府于1982年11月公布为文物保护单位。

梧桐书院记事碑　位于庆符镇庆山社区，立于清道光十六年（1836年）。碑呈长方形，长1.6、宽1.1、厚0.1米。碑文楷书"我邑卷结规费每套给钱贰佰四拾文由朱久矣，近因卷价太昂县□□□□□□"。

近现代重要史迹及代表性建筑

李硕勋故居　位于庆符镇庆山社区，始建于1903年。故居是革命烈士李硕勋同志生前的住所，建筑系清末典型的川南民居，坐南向北，占地面积464.6平方米，建筑面积为238.5平方米。故居为中式串架木结构的小青瓦平房，有烈士生前的居室、书房及赵君陶、李鹏母子住过的卧室等共11间。2003年，为隆重纪念李硕勋同志诞辰100周年，高县民政局对故居进行了修缮。四川省人民政府于 1996 年 9 月公布为文物保护单位。

李硕勋烈士 1903 年 2 月 23 日出生于高县庆符镇，1924 年加入中国共产党，曾率部参加北伐战争和南昌起义，是中国共产党早期领导人，学运领袖和卓越的军事家。1931年 9 月 5 日因叛徒出卖于琼岛东校场英勇就义。

李硕勋墓　位于庆符镇游鱼村，建于 1931。该墓为衣冠冢，坐西北向东南，宽1.9、长 3.5、封土高约 1.2 米。原墓由青砖砌拱而成，拱上覆盖夯土，墓前立有令牌形石碑 1 通。李硕勋烈士牺牲后，其亲属将其遗留的衣物葬在庆符镇永年村团山包，后由其兄长李伯涛将墓迁至现在墓地。高县人民政府于 1989 年 9 月公布为文物保护单位。

沙河镇

古遗址

川洞遗址　位于沙河镇牟加村，建于明代。该遗址位于一天然洞穴内，设双进出洞口，洞口高 3、宽 4.8、洞穴进深 19 米，内有人工修造长 12 米的石梯踏道及水池、火灶等生活设施。

古墓葬

蛮洞子崖墓群　位于沙河镇白庙村，建于汉代。墓群共有 3 座墓，三墓平行分布，坐西北向东南，均由甬道、墓室两部分组成，其中 M1 墓口高 0.8、宽 1.2、进深 2.9米；M2 为一墓两室，主墓室左侧有一侧室，高 1.2、宽 2.8、进深 1.2 米。

石岗咀崖墓　位于沙河镇上古村，建于明代。墓口呈矩形，直穴式，宽 1.1、高0.8 米，甬道长 0.6 米，墓室进深 2 米，平顶。根据高县第二次全国文物普查档案查知该墓为明代所建。

芋荷蛮洞子崖墓　位于沙河镇芋荷村，建于明代。该墓凿于天然岩壁之上，墓口呈长方形，两层门楣，墓口高 1.2、宽 0.9 米，墓室为长方形横穴式，宽 2、进深 1.6、高1.4 米，平顶。

大山上墓　位于沙河镇三八村，建于明代。该墓为石室墓，采用条石砌筑而成，一墓两室，长 3.2、进深 4、高 1.5 米。

大屋基墓群　位于沙河镇新堰村，建于明代。墓群错落分布在大屋基山丘上，分布面积约 800 平方米，约 30 座，均为石室墓。墓葬形制不一，一墓一室，一墓两室，一墓三室均有存在，其中 M1 为一墓两室，长 4、进深 3、高 1.4 米。

桂花树墓　位于沙河镇石岗村，建于明代。该墓为砖室墓，仿石室墓形制而建，采用青砖及石灰夹泥垒砌而成，一墓两室，平行合为一墓，进深3.4、宽3.6、高1.4米，券顶。

院子头后山墓群　位于沙河镇上古村，建于明代。该墓群共有3座墓，均为石室墓。三墓平行分布，坐西南向东北，墓制相同，其中M3墓为一墓四室，长4.8、进深3、高1.2米，室内壁设有龛，局部浮雕花草等图案。

郭严氏墓　位于沙河镇麻柳村，建于清乾隆五十九年（1794年）。该墓为石缘土冢墓，墓长6.8、宽4.6、封土高1.5米。墓碑欠入石缘内，为四柱三间庑殿顶石质仿木结构，高1.6、宽3.2、厚0.3米，正书"皇清待诰郭母严太君曾祖妣老孺人之墓"。

曾旅贤夫妇墓　位于沙河镇上古村，建于清清乾隆六十年（1795年）。该墓为石缘土冢墓，坐南向北，墓长5.1、宽2.3、封土高1.95米。弧形碑，高1.85、宽1.1、厚0.2米，顶上刻有"克昌厥后"四字，正书"皇清待赠（诰）故显考（妣）曾公旅贤（门李太君）之墓"。

王福映夫妇墓　位于沙河镇直属村，建于清嘉庆六年（1801年）。该墓为石缘土冢墓，坐西北向东南，墓长7.1、宽2、封土高1.1米。墓碑为四柱三开间庑殿顶仿木结构，顶上刻有"克昌厥后"四字，碑高1.8、宽2.3、厚0.2米。

龙井坝墓群　位于沙河镇上龙村，建于清代。三墓均为石缘土冢墓，错落分布，坐西北向东南，从下至上依次编号为M1~M3。其中M1长5.6、宽6、封土高1.7米。M1为一墓双碑，题记略见"嘉庆"二字。M2墓碑为两柱一开间庑殿顶石质仿木结构。M3为青石弧形碑。

杨辅成墓　位于沙河镇马道村，建于清道光七年（1827年）。该墓为石缘土冢墓，坐东北向西南，墓长7.1、宽4、封土高1.2米。墓碑为四柱三开间庑殿顶仿木结构，碑边雕有花卉等，高2.5、宽5.7、厚0.28米，顶龛刻"癸山丁"三字，正书"先朝敕赠宗备公杨大人讳辅成太祖之墓"。

孙远亮墓　位于沙河镇二七村，建于清道光十年（1830年）。该墓为石缘土冢墓，坐北向南，墓长5.2、宽2.1、封土高1.2米。方形碑，顶上一龛刻有"丞堂前左"四字。碑高1.6、宽0.8、厚0.12米。正书"皇清例诰兹母孙远亮老孺人之墓"。

喻俊德墓　位于沙河镇上龙村，建于清道光二十二年（1842年）。该墓为石缘土冢墓，坐东向西，墓长4、宽3.2、封土高1.8米。墓碑为二柱一开间庑殿顶石质仿木结构，碑高1、宽0.8、高0.2米。

金家墓　位于沙河镇竹林村，建于清道光二十六年（1846年）。共两座，错位分布，从下至上编号为M1~M2。均为石缘土冢墓，坐南向北。M1长5.2、宽2、封土高1.3米，墓碑为二柱一开间庑殿顶仿木结构，碑边刻有花草、动物等图案，高1.7、宽1.95、厚0.3米。正书"金彭悟荣之墓"。

小明坳李氏墓 位于沙河镇竹林村，建于清道光二十二年（1842 年）。两墓均为石缘土冢墓，错落分布，从上至下依次编号为 M1～M2。其中 M1 长 5.8、宽 3.6、封土高 1.5 米。前均有弧形墓碑，其中 M1 碑高 1.6、宽 1、厚 0.2 米，正书"皇清待诰李母高老口口"。

沙田埂严氏墓 位于沙河镇上龙村，建于清道光十五年（1835 年）。该墓为石缘土冢墓，墓长 6.8、宽 3.6、封土高 1.6 米。墓碑为两柱一间庑殿顶石质仿木结构，高 2.1、宽 1、厚 0.4 米，正书"皇清待赠严公口老大人正□之墓"，楹联"山青口秀千年□；水转回龙万代□"。

林家包墓群 位于沙河镇上龙村，建于清代。该墓群共有三座墓，分布在老坟山咀上，坐西向东，形制基本相同，均为石缘土冢墓，从左至右依次编号为 M1～M3。其中 M1 长 5.8、宽 3.6、封土高 1.6 米。M1、M2 前有碑。M2 石碑为二柱一开间庑殿顶仿木结构，高 3.2、宽 1.8、厚 0.25 米，题记年代为"咸丰二年"（1852 年）。

石望河周氏墓群 位于沙河镇革新村，建于清咸丰二年（1852 年）。该处共有 2 座墓，坐北向南，形制基本相同。其中 M1 为条石砌成，上有封土，长 7、宽 4.5、封土高 2.1 米，为双人合葬墓，墓碑为四柱三开间庑殿顶石质仿木结构，碑边线刻有戏剧人物和花卉等图案，碑高 5.7、宽 5.1、厚 0.4 米。题记年代为"咸丰二年孟冬月"。顶龛刻"奉旨旗惠节孝"字样。高县人民政府于 1989 年 9 月公布为文物保护单位。

余悟德墓 位于沙河镇直属村，建于清咸丰七年（1857）年。该墓为石缘土冢墓，坐西北向东南，墓长 7.8、宽 4.2、封土高 1.6 米。碑为二柱一开间庑殿顶仿木结构，葫芦形抱鼓护足饰卷草纹，碑高 4、宽 2.2、厚 0.4 米。正书"慈妣罗母余悟德老孺人墓"。

天堂坝小湾子墓 位于沙河镇直属村，建于清咸丰七年（1857 年）。两墓均为石缘土冢墓，坐东南向西北，梯级分布，从下至上编号为 M1～M2。M1 长为 5.2、宽 3.2、封土高 1.5 米，墓碑为二柱一开间庑殿顶仿木结构，高 3、宽 2、厚 0.2 米，刻"医兴流芳"四字。

岩窝头罗氏墓群 位于沙河镇直属村，建于清代。该墓群共有三座墓，平行分布，从左至右编号为 M1～M3，其中 M1 为土冢墓，M2、M3 为石缘土冢墓。M1 长 5.35、宽 2.4、封土高 1 米，墓碑为二柱一开间庑殿顶仿木结构，高 1.4、宽 3、厚 0.32 米，碑边刻有浮雕花卉等图案。顶上刻"世代荣昌"四字。题记年代为咸丰七年（1857 年）。

土地坝墓 位于沙河镇凤兴村，建于清咸丰十年（1860 年）。该墓为石缘土冢墓，长 6.4、宽 4、封土高 1.5 米。弧形碑碑高 1.8、宽 1、厚 0.1 米。

曾有相墓 位于沙河镇二七村，建于清同治元年（1862 年）。该墓为石缘土冢墓，墓长 7.1、宽 3.2、封土高 1.4 米。墓碑为四柱三开间庑殿顶石质仿木结构，两侧有抱鼓护足，正书"显考曾公讳有相老大人墓"，顶龛刻"佑后昆"三字，碑高1.8、宽2.3、厚0.2米。

周元昌夫妇墓　位于沙河镇上古村，建于清同治四年（1865年）。该墓为石缘土冢墓，坐西向东，墓长8.2、宽4.6、封土高2.1米。墓碑为四柱三开间庑殿顶石质仿木结构，高4.2、宽4.6、厚0.6米，通体饰卷草纹，正书"皇清待赠（诰）故显考（妣）周公讳元昌（母徐远聪）老大（孺）人墓"。

土地坳曾氏墓　位于沙河镇上龙村，建于清同治四年（1865年）。该墓为石缘土冢墓，坐东向西，墓长6.2、宽4、封土高1.8米。墓碑为两柱一开间庑殿顶仿木结构，碑高3、宽1.2、厚0.3米，碑边刻有花卉等。

张陛模墓　位于沙河镇石河村，建于清同治六年（1867年）。该墓为石缘土冢墓，坐北向南，墓长4.5、宽3.2、封土高1.4米。墓碑，碑为四柱三开间庑殿顶仿木结构，高2.8、宽3.2、厚0.3米，顶龛刻"恩荣比厥"四字。正书"清故张陛模墓"。

坟坝湾墓　位于沙河镇跳蹬村，建于清同治年间。共两座墓葬，平行分布，均为石缘土冢墓，从左至右编号M1～M2。其中M1长5.7、宽3.2、封土高1.6米。M2长4.8、宽3、封土高1.6米。均有墓碑且为两柱一开间庑殿顶石质仿木结构，其中M1墓碑嵌于石缘中，M2两侧有护足。M1碑文正书"郑公朝鼎墓"，题记年代为同治五年（1866年），M2碑文正书"宋公远祺墓"，题记年代同治九年（1870年）。

小湾子罗氏墓　位于沙河镇直属村，建于清同治十年（1871年）。该墓为石缘土冢墓，坐西北向东南，墓长6、宽3.2、封土高1.2米。墓碑为二柱一开间庑殿顶仿木结构，碑边线刻有戏剧人物和花草等图案，碑高2.2、宽1、厚0.3米，正书"故显考罗讳□□老大人之墓"。

欧阳悟源墓　位于沙河镇杨柳村，建于清同治十一年（1872年）。该墓为石缘土冢墓，墓长7.2、宽5、封土高1.9米。墓碑为两柱一开间庑殿顶仿木结构，高3.2、宽1.5、厚0.3米，两侧有抱鼓护足，饰龙凤花草等图案，正文"郑母欧阳悟源太府君墓"。

赵家坝墓　位于沙河镇革新村，建于清代。2座墓缘均为石缘土冢墓，2座碑形制基本相同。其中M1，坐东向西，上有封土，墓高1.6、宽4.3、长7米，碑为四柱三开间庑殿顶石质仿木结构，碑边线刻有浮雕人物、动物、花卉等图案。M2碑高4.2、宽3.2、厚0.4米，正书"显妣谢母罗老孺人之墓"，题记年代为光绪四年（1878年）。

新坟山墓　位于沙河镇上古村，建于清代。该处共有2座墓，坐西南向东北，均为石缘土冢墓，从下至上编号为M1～M2。M2墓碑为四柱三开间庑殿顶石质仿木结构，碑高3、宽2.65、厚0.3米，顶龛刻"万代其昌"四字，碑边有浮雕花卉图案，题记年代为光绪十一年（1885年）十月"，正书"故显考妣蔡母亲珍老孺人之墓"。

姚氏墓群 位于沙河镇二七村，建于清代。该墓群共有 3 座墓，均为土冢墓，有墓碑，从左至右编号 M1～M3。M1，M3 为弧形墓碑，M2 为方形墓碑。M2 碑高 2、宽 1.2、厚 0.6 米，正书"旨授姚门杨太君墓"，M3 题记年代为光绪十七年（1891 年）。

斑竹林颜氏墓 位于沙河镇上古村，建于清代。该处共有两座墓，为坐北向南，均为石缘土冢墓。其中 M1 长 10.8、宽 4.8、封土高 1.8 米，碑为四柱三间弧顶，立柱上方有望兽四个，局部饰戏剧人物、花草、动物等浮雕图案，正书"恩赐正八品颜公讳其潮大人墓"，题记年代为光绪二十四年（1898 年）。

陈子文夫妇墓 位于沙河镇跳蹬村，建于清光绪三十三年（1907 年）。该墓为石缘土冢墓，坐西向东，墓长 5、宽 3.9、封土高 1.4 米。墓碑为四柱三开间庑殿顶仿木结构，浮雕人物、动物、花卉等图案，顶龛刻"光前裕后"四字，正书"显考陈公讳母郑衔明孺孜老大人之墓"。

老房子李氏墓 位于沙河镇新阳村，建于清代。两墓均为石缘土冢墓，坐西北向东南，其中 M1，长 9、宽 3.8、封土高 1.2 米。墓碑为两柱一间庑殿顶石质仿木结构，高 2.6、宽 2.4、厚 0.3 米，碑边两侧有葫芦形卷草纹抱鼓护足。顶龛刻"朱策业生"四字，正书"故显考李公讳□□□□□"，题记年代不详。

李英宽墓 位于沙河镇大里村，建于清代。该墓为石缘土冢墓，墓长 9.6、宽 5.2、封土高 1 米。墓碑为四柱三间庑殿顶石质仿木结构，两侧有抱鼓护足，顶龛饰透雕铜钱图案，碑高 3.1、宽 4.6、厚 0.4 米，正书"旨钦赐恩荣正八品显考李英宽墓"，楹联"紫气东来微五端；庚星西照兆三多"，额书"克昌厥后"。

湾头曾氏墓 位于沙河镇二七村，建于清代。该墓为石缘土冢墓，坐东北向西南，墓长 8.4、宽 4.2、封土高 1.65 米。墓碑为四柱三开间庑殿顶石质仿木结构，高 3.4、宽 3.6、厚 0.6 米，正书"故显妣曾母□□□老太君之墓"，题记年代不详。

周如松墓 位于沙河镇上古村，建于清代。该墓为石缘土冢墓，坐东北向西南，墓长 18、宽 9、封土高 3 米。墓碑弧顶四柱三开间，高 2、宽 4、厚 0.5 米，正书"清赠周公字如松老大人墓"，楹联"上古牛眠口秀；于今马尾呈祥"，题记年代不详。

古建筑

锁江桥牌坊 位于沙河镇高屋村，建于清同治四年（1865 年）。牌坊为石质仿木结构，两柱一间三楼，通高 3.8、宽 2.4、厚 0.6 米，柱正面楹联为"劈石补天工未云何能气吐；衷皇馆地脉看乘风叱声宣"，"长虹吞万里；驷马雍千人"。高县人民政府于 1989 年 9 月公布为文物保护单位。

斗石梯石桥 位于沙河镇牟加村，建于清代。该桥为青石砌筑平板石桥，南北走向，双孔一墩，长 7.2、宽 0.8、距离水面高 1.2、单孔跨度 3 米。

大桥石桥 位于沙河镇高屋村，建于清代。该桥为五墩六孔平梁式平石桥，西北—东南走向横跨于青溪河之上，桥面用青石板铺成，宽3、全长34米，桥面距离常年水面高3米。

高石坎石桥 位于沙河镇杨柳村，建于清代。该桥为青条石砌筑而成，石板平桥，南北走向，一墩，架于小河沟之上，依天然石壁与两岸相接，长6、宽1.2、单孔跨距3、距离水面高0.8米。

同善桥码头 位于沙河镇白庙村，建于清代。码头用青条石砌筑而成，用青石板铺做路面，码头长5、宽4、距离水面高4米，梯道长19、宽1.5米，桥墩用青条石砌筑而成，宽5米。

烂坝山水井 位于沙河镇上古村，建于清代。该古井井缘用青条石砌筑而成，口径0.8米，井台呈正方形，长2.8、宽2.5、高0.42米，井深约3米。

谢家宅 位于沙河镇高屋村，建于清代。该建筑呈四合院院落形式，穿斗串架木结构，由正房，东西厢房，朝门组成。正房为悬山式顶，面阔五间，长30米，东西厢房面阔三间，长13米，房屋用青条石砌筑台基，高0.8米，朝门外侧有牌坊式大门两道。

石窟寺及石刻

沙河驿道建设记事碑 位于沙河镇大里村，建于清代。该碑由青石凿成，两柱一开间，弧顶，两侧各有一抱鼓护足，护足饰有卷草纹浮雕花草图案，中间青石正楷书沙河驿道修建始因及事记，题记仅能识"光绪"字样，具体内容不详，青石两侧立柱楹联"旧路改为新路；泥途更作石途"，碑通高1.65、宽3.4、厚0.5米。

万寿无疆碑 位于沙河镇石河村，建于1970年。该碑由1块主青松碑及9个字碑组成，青松碑为青石浮雕青松图案，代表万年长青，字碑共9块，采用仿宋体在青石板上浮雕，分别为"敬祝毛主席万寿无疆"9个大字，最后一标点符号碑，为一叹号，字径约0.5米。

近现代重要史迹及代表性建筑古墓葬

沙河大桥 位于沙河镇元田村，建于1958年。大桥是以条石砌筑的三拱平桥，南北走向，桥面平整，为水泥地面，两侧用方形石垛制石栏杆，桥全长24.6、宽5.5米，三桥拱直径6米。

石坝子大桥 位于沙河镇二七村，建于1972年。桥为单拱平石桥，用青条石砌筑而成，南北走向，桥长30、桥面宽5、跨度20、距离河面高10余米，桥面两侧设有条石护栏，两端分别有望柱，望柱上分别凿有"工业学大庆"、"农业学大寨"、"抓革命"、"保生产"等字样及五角星、八一、毛主席语录字样图案。

钟观音桥　位于沙河镇革新村，建于清代。六孔平桥，总长 38、宽 4 米，桥墩宽 5 米，距离水面高 4 米，桥面用水泥板铺砌而成。

四烈乡

古墓葬

桐子湾崖墓群　位于四烈乡金星村，建于明代。该墓群墓口均向西南，从左至右编号为 M1～M7。其中 M4、M5 为横穴式，口高 1、宽 0.9 米。其他为直穴式，口高 0.9、宽 0.8、高 1.1 米。

马家坳崖墓群　位于四烈乡金星村，建于明代。从左至右编号为 M1～M3，略呈品字形分布。均为直穴式，墓口向西北，其中 M1 口高 2.9、宽 0.7 米，墓室进深 1.9、宽 1.7 米，墓口两侧有雕刻人像。

祠堂榜墓群　位于四烈乡下华村，建于清代。该墓群共有 7 座墓，坐西南向东北，从下至上，从左至右编号依次为 M1～M7。7 墓均为石缘土冢墓，其中 M1 长 4.6、宽 3.3、封土高 1.6 米。M1～M3 前有墓碑，其中 M1 墓碑为两柱一间庑殿顶石质仿木结构，碑高 2.5、宽 2.3、厚 0.2 米，碑上饰人物、动物、花草等图案，顶龛刻"佳城永固"四字，题记年代为大清嘉庆十三年（1808 年）。

程何氏墓　位于四烈乡店子村，建于清嘉庆十七年（1812 年）。该墓为石缘土冢墓，坐西南向东北，墓长 3.5、宽 3、封土高 1.5 米。弧形墓碑，宽 1.1、高 1.6、厚 0.2 米，顶龛刻有四字，墓文漫漶不清。

走马田墓　位于四烈乡四烈村，建于清嘉庆二十四年（1819 年）。该墓为石缘土冢墓，坐西北向东南，墓长 5.2、宽 3.5、封土高 2 米。墓碑为四柱三开间庑殿顶石质仿木结构，宽 3.6、高 3.3、厚 0.3 米，饰有浮雕人物、动物、花草等图案。

陈在贵墓　位于四烈乡大华村，建于清道光十五年（1835 年）。该墓为石缘土冢墓，坐西北向东南，墓长 6、宽 3、封土高 1.2 米。墓碑为两柱一开间庑殿顶石质仿木结构，宽 2.6、高 3.2、厚 0.3 米，饰有浮雕动物、花草等图案，顶龛刻四字。

桥沟上罗氏墓　位于四烈乡四烈村，建于清代。两墓平行分布，从左至右编号为 M1～M2。坐西北向东南，两墓均为石缘土冢墓。M1 墓长 6、宽 2.8、封土高 1.6 米。M2 墓长 6、宽 3、封土高 1.8 米。墓碑均为四柱三开间庑殿顶石质仿木结构。M1 墓碑宽 2.8、高 2.8、厚 0.3 米，正书"故显妣罗讳荣福明老孺人之墓"，题记年代为清咸丰二年（1852 年）；M2 墓碑宽 3、高 2.9、厚 0.35 米，题记年代为清道光壬寅年（1842 年）。

刘志忠墓　位于四烈乡金星村，建于清道光二十五年（1845 年）。该墓为土冢墓，坐东北向西南，长7、宽6.5、封土高1.6米。墓碑为四柱三开间庑殿顶石质仿木结构，两侧有立柱石狮，墓碑宽4.3、高2.3、厚0.3米，饰有浮雕人物、动物、花草等图案。

石头寨墓　位于四烈乡四烈村，建于清代。此处共二座墓，从左至右编号为M1～M2，均为石缘土冢墓，坐东北向西南。其中M2墓长6、宽3.4、封土高2.1米。墓碑为两柱一开间庑殿顶石质仿木结构，碑宽2.3、高2.5、厚0.35米，饰有浮雕人物、动物、花草等图案，题记年代为清道光三十年（1850年）。

何元品墓　位于四烈乡龙塘村，建于清咸丰元年（1851年）。该墓为石缘土冢墓，坐西向东，墓长4.2、宽2.1、封土高1.1米。墓碑为两柱一开间庑殿顶石质仿木结构，顶龛刻有"墓志铭"三字，碑文正书"清故婶妣严母何元品之墓"，碑宽1.1、高1.8、厚0.15米。

楠木林张氏墓　位于四烈乡水井村，建于清代。此处共有两座墓，从右往左依次编号M1、M2，均为石缘土冢墓，坐西北向东南。其中M1长4、宽3、封土高1.6米。墓碑为四柱三开间庑殿顶石质仿木结构，宽2.2、高3、厚0.2米，饰有浮雕动物、花草等，顶龛刻四字，正文剥蚀不清。题记年代为清咸丰元年（1851年）。

王普智墓　位于四烈乡苗儿村，建于清咸丰七年（1857年）。该墓为石缘土冢墓，坐南向北，墓长5、宽3、封土高1.6米。墓碑为两柱一开间庑殿顶石质仿木结构，宽1.2、高2.4、厚0.2米，饰有浮雕动物、花草等图案，顶龛刻"永世佳城"四字，墓碑正书"故显妣翟母王普智墓"。

坳田坡王氏墓　位于四烈乡四烈村，建于清清咸丰八年（1858年）。该墓为石缘土冢墓，坐西北向东南，墓长3.7、宽3、封土高2米。墓碑为两柱一开间庑殿顶石质仿木结构，两侧有护足，碑宽3.2、高2.6、厚0.3米，饰有浮雕人物、动物、花草等图案，正书"皇清待赠故显考王公讳朝□□□"。

杜福明墓　位于四烈乡星光村，建于清光绪元年（1875年）。该墓为石缘土冢墓，坐东南向西北，长5、宽3.5、封土高2米。墓碑为四柱三开间庑殿顶石质仿木结构，墓碑宽3、高3.6、厚0.33米，饰有浮雕花草、动物等图案，正书"皇清待诰周母杜法讳福明老孺人之墓"。

周青泰墓　位于四烈乡星光村，建于清大清光绪四年（1878年）。该墓为石缘土冢墓，坐北向南，墓长7、宽3.4、封土高1.8米。墓碑为四柱三开间庑殿顶石质仿木结构，两侧有抱鼓护足，墓碑宽3.4、高3.8、厚0.3米，正书"皇清待诰故显妣卢母周青泰老孺人墓"，共雕刻有三组戏剧人物及龙凤呈祥图案。

坟坝头墓群　位于四烈乡金星村，建于清清光绪五年（1879年）。此处共3座墓，从右至左依次编号为M1～M3。3墓均为土冢墓，墓制大致相同，为坐南北向东西。其中M1长6.3、宽5.8、封土高1.8米。M1、M2有墓碑，其中M1为四柱三开间庑殿顶石质仿木结构，两侧有护足石狮，墓碑宽 3.3、高 2.5、厚 0.3 米，饰有浮雕人物、动物、花草等图案。

何子坎山墓　位于四烈乡水塘村，建于清光绪八年（1882 年）。该墓为石缘土冢墓，坐西向东，长 6.2、宽 5.3、封土高 2.3 米。墓碑为四柱三开间庑殿顶石质仿木结构，宽 4.5、高 5、厚 0.38 米，饰有浮雕人物、动物、花草等图案，两侧分别有抱鼓护足石狮对，顶龛刻"垂善后昆"四字。

桥湾周氏墓　位于四烈乡星光村，建于清光绪十一年（1885 年）。该墓为石缘土冢墓，坐西向东，墓宽 3.8、高 1.5 米，长不明。墓碑为柱一开间庑殿顶石质仿木结构，两侧有抱鼓护足，宽 2、高 3.2、厚 0.3 米，碑文正书"皇清例赠修职郎帮显考周公讳□□□"，额书"旗祥局启"。

周光文夫妇墓　位于四烈乡星光村，建于清光绪十三年（1887 年）。该墓为双人合葬石缘土冢墓，坐东南向西北，墓长 5、宽 5.6、封土高 2.3 米。墓碑为四柱三开间庑殿顶石质仿木结构，宽 4.4、高 5.8、厚 0.25 米，有浮雕人物、动物、花草等图案共 29 幅，两侧护足圆雕石狮一对，碑文正书"皇清例赠正六品职员周时田□□□"。高县人民政府 1989 年 9 月公布为文物保护单位。

大田口陈家墓　位于四烈乡下华村，建于清光绪十五年（1889 年）。该墓为石缘土冢墓，坐东南向西北，长 5.4、宽 4.1、封土高 2 米，墓碑为四柱三开间庑殿顶石质仿木结构，高 4、宽 3.1、厚 0.3 米，碑上饰石狮、人物、动物、花草等图案，顶龛有"佑启后人"四字。

灯杆坡严氏墓　位于四烈乡龙塘村，建于清代。该墓为石缘土冢墓，坐东南向西北，墓长 4.7、宽 3、封土高 1.8 米。根据高县第二次全国文物普查档案，墓碑为两柱一开间单檐歇山式石质仿木结构，宽 2.1、高 3.6、厚 0.28 米，饰有浮雕人物、动物、花草等图案，顶龛刻"千古佳城"四个字，题记年代为大清光绪十五年（1889 年）。现碑已不存。

青刚坝陈氏墓　位于四烈乡金星村，建于清代。该墓为石缘土冢墓，长 5、宽 2、封土高 1.2 米。墓碑为两柱一开间庑殿顶石质仿木结构，碑宽 1、高 1.5、厚 0.3 米，石基高 0.4 米，碑文不详，仅见一"陈"字，额书"发祥"，两柱楹联为"山青照临后；水香吐□英"。

白坟上墓　位于四烈乡星光村，建于清代。该墓为石缘土冢墓，坐东南向西北，长 4.8、宽 3.4、封土高 1.9 米。墓碑为四柱三开间卷拱顶石质仿木结构，宽 3.1、高 4.1、厚 0.21 米，饰有浮雕动物、花草等，顶龛刻"富贵长寿"四个字，题记年代不详。

解元辅墓　位于四烈乡顺利村，建于清代。该墓为石缘土冢墓，坐东南向西北，长 4.8、宽 3.4、封土高 1.9 米。墓碑为四柱三开间庑殿顶石质仿木结构，宽 3.1、高 4.1、厚 0.21 米，饰有浮雕动物、花草等图案，顶龛刻"富贵长寿"四个字，正书"清赠大人解公讳元辅之墓"，题记年代不详。

嘉乐镇

古墓葬

刘文敏墓　位于嘉乐镇卢湾村，建于清乾隆五十一年（1786 年）。该墓为石缘土冢墓，坐北向南，长 6、宽 3、封土高 1.74 米。墓碑为两柱一开间庑殿顶石质仿木结构，宽 1、高 1.7、厚 0.4 米，饰有浮雕动物、花草等图案，碑文剥蚀不清。

张赵墓　位于嘉乐镇云鹤村，建于清咸丰六年（1856 年）。该墓为石缘土冢墓，坐东向西，长 6、宽 4、封土高 1.5 米。墓碑为两柱一开间庑殿顶石质仿木结构，宽 1、高 2、厚 0.3 米，饰有浮雕动物、花草等图案，顶龛刻四字，碑文漫漶不清。

鸭池墓　位于嘉乐镇人民村，建于清同治二年（1863 年）。该墓为石缘土冢墓，坐西南向东北，长 5.7、宽 3、封土高 1.68 米。墓碑为两柱一开间庑殿顶石质仿木结构，高 2.8、宽 1.1、厚 0.29 米，饰有浮雕人物、花草等图案，顶龛有"金玉云精"四字。

陈仙墓　位于嘉乐镇渔舟村，建于清同治八年（1869 年）。该墓为石缘土冢墓，坐西南向东北，长 5、宽 3、封土高 1.6 米。墓碑为两柱一开间庑殿顶石质仿木结构，宽 2.6、高 2.8、厚 0.3 米，饰有浮雕动物、花草等图案，顶龛刻有四字，碑文漫漶不清。

卢氏墓　位于嘉乐镇两河村，建于清光绪四年（1878 年）。此处共有 2 座墓，均为石缘土冢墓，坐西北向东南，其中 M1 长 7、宽 4、封土高 2 米。墓碑均为四柱三开间庑殿顶石质仿木结构。其中 M1 墓碑宽 4、高 3.5、厚 0.4 米，饰有浮雕动物、花草等图案，顶龛刻"佑启后人"四字，碑文漫漶不清。

吴智云墓　位于嘉乐镇骑马村，建于清光绪十年（1884 年）。该墓为石缘土冢墓，坐东北向西南，长 5、宽 3、封土高 1.2 米。墓碑为四柱三开间庑殿顶石质仿木结构，宽 3、高 2.8、厚 0.3 米，饰有浮雕动物、花草等图案，顶龛刻"一卜千古"四个字，碑文漫漶不清。

王修德墓　位于嘉乐镇同意村，建于清光绪十四年（1888 年）。该墓为石缘土冢墓，坐东北向西南，长 5、宽 3、封土高 1.6 米。墓碑为两柱一开间庑殿顶石质仿木结构，宽 1.2、高 2.6、厚 0.2 米，饰有浮雕动物、花草等图案，顶龛刻"龙吟虎啸"四个字，碑文漫漶不清。

大窝镇

古遗址

硝洞遗址 该遗址为新石器时代洞穴遗址，位于大窝镇太原村。该洞穴距地面约5、洞口高约 1.5 米，朝向东北，洞穴内部较宽阔，进深约 11、宽约 10 米，总面积约110 平方米，左右两侧各有一小穴。洞穴内早期曾采集到磨制石器等文化遗物，由于后世扰乱严重，现文化堆积情况较差，洞穴内侧堆积稍好。

古墓葬

蛮子洞崖墓 位于大窝镇太原村，建于明代。该墓开凿于一巨石中部，一墓两穴，直穴式墓穴，内呈长方形，墓口高 1.2、宽 0.9 米，两墓口上均凿有风雨槽。

赖儿坡崖墓 位于大窝镇太原村，建于明代。该墓为一墓一穴，直穴式，墓口呈长方形，高 1.1、宽 0.8 米，墓口上部有"人"字形风雨槽。

石狮子墓群 位于大窝镇燕子村，建于明代。该墓群共有 3 座墓，呈品字形分布，均为单室石室墓。其中 M1 长 1.2、进深 2.6、高 0.6 米。

杨永柱墓 位于大窝镇德印村，建于清康熙七年（1668 年）。该墓为石缘土家墓，长 7.4、宽 4.2、封土高 1.8 米。墓碑为四柱三开间庑殿顶石质仿木结构，高 3.2、宽3.8、厚 0.3 米，正书"皇清例赠故显祖考杨公永柱老大人之墓"。

高兰墓 位于大窝镇太原村，建于清道光五年（1825 年）。该墓为石缘土家墓，长6.8、宽 4、封土高 1.6 米。墓碑为两柱一开间庑殿顶仿木结构，高 2、宽 1.5、厚 0.3米，碑文阴刻"清赠故严考高公讳兰老大为之墓"。

刘元智墓 位于大窝镇石坝村，建于清道光五年（1825 年）。该墓为石缘土家墓，长 6.8、宽 3、封土高 1.4 米。方形墓碑，高 1.7、宽 1.1、厚 0.3 米，碑文阴刻"清故显考刘公元智大人之墓"。

冉金龄墓 位于大窝镇大滩村，建于清道光五年（1825 年）。该墓为土家墓，长约6、宽约 3、封土高约 1.6 米。弧形墓碑，高 1.65、宽 1.2、厚 0.1 米，碑文阴刻"皇清待赠显考冉金龄公墓"。

梁达仙墓 位于大窝镇陈坳村，建于清道光十四年（1834 年）。该墓为石缘土家墓，长 7.8、宽 4.2、封土高 1.68 米。墓碑为四柱三开间庑殿顶石质仿木结构，高 2.4、宽 4.6、厚 0.4 米，两翼附抱鼓护足，正书"清例诰孺人杨母梁达仙墓"。

杜家坟墓群 位于大窝镇大滩村，建于清代。此处共有 3 座墓，从高至低编号

M1～M3。M1、M2 为石缘土冢墓，M3 为土冢墓，其中 M2 长 6、宽 2.55、封土高 1.2 米。M2、M3 前有石碑，M2 墓碑为两柱一开间庑殿顶石质仿木结构，高 2.35、0.9、厚 0.17 米。题记年代为清道光十六年（1836 年）。

后山包墓群　位于大窝镇龙咀村，建于清代。此处共有 3 座墓，均为石缘土冢墓，从上至下，从左至右编号 M1～M3。其中 M1 冢长 5.4、宽 3.85、封土高 1.5 米，前有墓碑，为四柱三间庑殿顶石质仿木结构，高 3.2、宽 2.24、厚 0.24 米，题记年代为道光二十六年（1846 年）。

马福寿墓　位于大窝镇白花村，建于清代。该墓为石缘土冢墓，长 8、宽 4.6、封土高 1.7 米。墓碑为两柱一开间庑殿顶石质仿木结构，高 2.6、宽 3、厚 0.2 米，碑文阴刻"蒋母马福寿墓"，题记年代只可见"道光"二字。

李荣潘墓　位于大窝镇德印村，建于清咸丰三年（1853 年）。该墓为石缘土冢墓，长 5.8、宽 4.2、封土高 1.65 米。墓碑为两柱一开间庑殿顶石质仿木结构，高 2.8、宽 3、厚 0.3 米，两侧有抱鼓护足，正书"清故显考李讳荣潘老大人之墓"。

桃子坪墓　位于大窝镇白花村，建于清咸丰十年（1860 年）。此处共两墓，平行分布，从左至右编号 M1、M2，两墓均为石缘土坑墓。其中 M1 长 4.7、宽 3.35、封土高 1.6 米，墓碑为四柱三开间庑殿顶石质仿木结构，高 2.5、宽 2.25、厚 0.19 米，饰花草等图案。

牛角田墓　位于大窝镇新南村，建于清咸丰八年（1858 年）。该墓为石缘土冢墓，长 6.4、宽 3.2、封土高 1.5 米。墓碑为两柱一开间庑殿顶仿木结构，高 1.6、宽 1、厚 0.3 米，碑文漫漶不清。

德印李氏墓　位于大窝镇德印村，建于清同治四年（1865 年）。此处共有 2 墓，平行分布，从左至右编号 M1、M2，2 座墓均为石缘土冢墓。其中 M1 长 8.2、宽 5.2、封土高 2 米，墓碑为四柱三开间庑殿顶石质仿木结构，高 4.6、宽 4.8、厚 0.4 米，正书"清故显考李公讳子灯大（妣谢悟荣孺）人墓"。

邵荣华墓　位于大窝镇向阳村，建于清同治四年（1865 年）。该墓为石缘土冢墓，长 6.8、宽 3.8、封土高 1.5 米。墓碑为两柱一开间庑殿顶仿木结构，高 1.85、宽 1.1、厚 0.3 米，正书"故考邵荣华墓"。

杨宗珍夫妇墓　位于大窝镇新南村，建于清同治十一年（1872 年）。该墓为石缘土冢墓，长 9、宽 5.8、封土高 1.65 米。弧形墓碑，高 2、宽 1.2、厚 0.3 米，碑文阴刻"故显考（妣）杨公讳宗珍大（母李福寿孺）人墓"。

碾子湾墓　位于大窝镇龙咀村，建于清同治五年（1866 年）。该墓为双人合葬石缘土冢墓，长 6.25、封土高 1.8 米。墓室前有长方形石质祭台，长 2.55、高 2.4、厚 0.16 米。碑为四柱三间庑殿顶石质仿木结构，高 3.6、宽 2.7、厚 0.31 米，刻有浮雕人物、动物、花草等图案。

大地坝墓　位于大窝镇石坝村，建于清代。该墓为石缘土冢墓，长 5.2、宽 3.6、封土高 1.7 米。方形墓碑，高 2.2、宽 1.1、厚 0.3 米，题记年代只可见"大清光绪"等字样，具体不详。

二等坡墓　位于大窝镇白花村，建于清光绪五年（1879 年）。该墓为石缘土冢墓，长 4.5、宽 3.2、封土高 1.53 米。墓碑为两柱一开间庑殿顶石质仿木结构，高 2.7、宽 1.8、厚 0.38 米，浮雕龙凤、鹿、人物等图案。

高氏墓群　位于大窝镇德印村，建于清代。该墓群共有 5 座墓，均为石缘土冢墓，从下至上，从左至右依次编号 M1～M5。其中 M1 长 7.4、宽 4.2、封土高 1.9 米，墓碑为两柱一开间庑殿顶仿木结构，高 2.4、宽 1.5、厚 0.3 米，两侧有抱鼓护足，正书"清故显考高公时玉大人墓"，题记年为清光绪六年（1880 年）。

天社溪墓　位于大窝镇白花村，建于清光绪七年（1881 年）。该墓为土冢墓，长约 6、宽 3.4、封土高 1.9 米。墓碑为两柱一开间庑殿顶仿木结构，两侧有抱鼓护足，高 2.4、宽 3.2、厚 0.3 米．碑文阴刻"清故修职郎李公讳元□□□□□"。

大坟坡何氏墓　位于大窝镇太原村，建于清光绪十年（1884 年）。该墓为石缘土冢墓，长 7.6、宽 4、封土高 1.75 米。墓碑弧首，高 2、宽 1.1、厚 0.2 米，碑文阴刻"皇清待诰故祖妣何诚讳□□□□□"。

罗泮修墓　位于大窝镇太原村，建于清光绪十二年（1886 年）。该墓为石缘土冢墓，长 6.8、宽 3.2、封土高 1.4 米。墓碑弧首，高 1.75、宽 1.1、厚 0.2 米，碑文阴刻"罗公讳泮修墓"。

胡金伦墓　位于大窝镇德印村，建于清光绪十七年（1891 年）。该墓为石缘土冢墓，长 6.4、宽 4、封土高 2 米。墓碑为两柱一开间庑殿顶仿木结构，碑高 3.2、宽 1.5、厚 0.3 米，正书"李母胡金伦墓"。

新南楠木湾墓　位于大窝镇新南村，建于清光绪二十七年（1901 年）。该墓为石缘土冢墓，长 7.6、宽 4.6、封土高 1.5 米。墓碑弧首，高 2.2、宽 1.2、厚 0.3 米，碑文不详。

石牯牛墓　位于大窝镇龙洞村，建于清代。该墓为石缘土冢墓，长 5.6、宽 4.4、封土高 1.5 米。墓碑为四柱三开间庑殿顶仿木结构，高 3.8、宽 4.6、厚 0.3 米，碑文阴刻"秦母严悟贵墓"。

老屋基吴氏墓　位于大窝镇三块村，建于清代。此处共有 2 座墓，均为石缘土冢墓。其中 M1 长 7、宽 4、封土高 2 米，墓碑为两柱一开间庑殿顶仿木结构，两侧有抱鼓护足，高 2.6、宽 4、厚 0.3 米，碑文阴刻"吴母杨普真墓"，题记年代只可辨"光绪"字样，具体年代不详。

张心慧墓 位于大窝镇三块村，建于清光绪二十三年（1897年）。该墓为石缘土冢墓，长7.4、宽4.2、封土高2米。墓碑为两柱一开间庑殿顶仿木结构，两侧有抱鼓护足，高3.8、宽4.2、厚0.4米，碑文阴刻"显妣吴母张心慧墓"。

沙田头杨氏墓 位于大窝镇新南村，建于清代。此处共有2墓，两墓均为石缘土冢墓，从左至右编号M1、M2。其中M1长7.2、宽4、封土高1.5米。墓前均有碑，为庑殿顶石质仿木结构。其中M2碑高2.4、宽1.1、厚0.3米。M1碑文阴刻"故显考杨母法讳刘福□□□□□□"，题记年代为清光绪二十六年（1900年）。

杨复喜墓 位于大窝镇新南村，建于清光绪三十一年（1905年）。该墓为石缘土冢墓，长6.8、宽3.6、封土高1.75米。墓碑弧首，高1.9、宽1.1、厚0.3米，碑文阴刻"杨公复喜之墓"。

李思宣墓 位于大窝镇德印村，建于清光绪三十二年（1906年）。该墓为石缘土冢墓，长6.2、宽3.8、封土高1.8米。墓碑为两柱一开间庑殿顶仿木结构，碑高4.4、宽1.5、厚0.3米，正书"皇清例授正八品（修职郎）李公大人之墓"。

石坝碾子湾墓 位于大窝镇石坝村，建于清代。该墓为石缘土冢墓，长7.2、宽4.2、封土高1.8米。墓碑为两柱一间庑殿顶石质仿木结构，两侧有抱鼓护足，碑高2.2、宽3.2、厚0.3米。碑文漫漶不清，根据墓葬形制特征判定为清代墓葬。

刘辉祖墓 位于大窝镇龙咀村，建于清代。该墓为石缘土冢墓，长6.2、宽4.5、封土高1.6米。墓碑为四柱三开间庑殿顶石质仿木结构，高2.6、宽4.5、厚0.3米，碑文阴刻"□□□刘公讳辉祖大人之墓"，题记年代不详。

大水井墓 位于大窝镇先娱村，建于清代。该墓为土冢墓，由于后世扰乱严重，墓葬规模不详。墓碑弧首，已残。

古建筑

大窝文昌宫 位于大窝镇川洞村，建于清咸丰二年（1852年）。大窝文昌宫为二进四合院式会馆类型建筑，主体平面呈长方形，坐北向南，占地面积约3435平方米，建筑面积约2480平方米。由山门、石牌坊、奎星楼（戏楼）、厢楼、正殿、过厅、廊道、后殿构成。大窝文昌宫后殿正梁墨书纪年"大清咸丰丙子年仲冬月吉旦"，注明了文昌宫的修造年代，清光绪八年补修山门及石牌坊。四川省人民政府2012年7月公布为文物保护单位。

油房街 位于大窝镇天台社区，建于清代。该街道曾为古南方丝绸之路上重要商贸集市，街道用青条石错缝铺作而成，通长约530、街道宽4米。街道两侧原多为穿斗串架古民居，现多已改建，现街道路面仍保持清代条石街面的原貌。

太原村提梁桥 位于大窝镇太原村，建于清代。该跳墩桥横跨南广河支流小溪上，共采用十个方形整石块作为桥墩，全长 22.4 米，墩与墩之间无连接物。

石窟寺及石刻

杉木湾摩崖造像　位于大窝镇太原村，开凿于清嘉庆十二年（1807 年）。三龛凿于一约 50 平方米的巨石上，三龛平行分布，正中一龛高浮雕刻观音造像，结跏趺坐，双手合于腹前，净瓶立于掌心。龛高 0.8、宽 0.6 米，造像高 0.7、宽 0.45 米。左边一龛为记事龛，字迹风化不清，仅辨识题记年代为道光十四年，右边一龛也为记事龛，题记年代为嘉庆十二年。

御制封碑　位于大窝镇白花村，建于 1930 年。该碑为青条石凿成，弧形顶，高1.8、宽 1.5、厚 0.2 米，阴刻碑文为清乾隆五十五年所赐圣旨全文："奉天承运，皇帝制曰，闻仪济美既……。"

近现代重要史迹及代表性建筑古墓葬

五星水库　位于大坝大窝镇龙咀村，该水库为 1958 年农业学大寨时期所建，举原大窝乡全集群众之力而建成，为块石夹泥夯筑，大坝南北向，坝干通长 70、坝宽 5、高约 25 米，其设施完整，现仍使用。

罗场镇

古墓葬

金塘墓　位于罗场镇金塘村，建于明代。该墓为石室墓，用青条石砌筑而成，坐北向南，一墓两室，墓长 2、进深 2、高 2 米。

咀咀墓　位于罗场镇解放村，建于清代。该墓为石缘土冢墓，长 53.6、宽 8.2、封土高 1.7 米。墓碑弧首，碑高 2、宽 1.1、厚 0.3 米，题记"乾隆五十五年（1790 年）春王月原建"。

濛祖嘴墓群　位于罗场镇解放村，建于清代。此处共有 3 座墓，三墓平行分布，从左至右依次编号 M1～M3，三墓均为石缘土冢墓。其中 M1 长 3.8、宽 2.8、封土高 1.5米，墓碑为两柱一开间庑殿顶仿木结构，碑高 2.5、宽 1.2、厚 0.25 米，正书"皇清待诰享年七年岁李门□□□"，题记年代为清嘉庆元年（1796 年）。

木林大坟坝墓　位于罗场镇明星村，建于清代。此处共有 2 座墓，均为石缘土冢墓，从左至右编号 M1、M2。其中 M2 长 6.58、宽 3.6、封土高 1.6 米。前均有墓碑，碑石为两柱一开间庑殿顶仿木结构，其中 M2 碑高 1.6、宽 1.1、厚 0.2 米，题记年代为嘉庆五年（1800年）。

何氏夫妇墓　位于罗场镇明星村，建于清道光二年（1822年）。该墓为石缘土冢墓，长6.2、宽3.4、封土高1.7米。墓碑为两柱一开间庑殿顶仿木结构，高2.1、宽1.2、厚0.3米，正书"皇明待赠（诰）十世祖考（妣）何公□□□□□"。

辕门墓　位于罗场镇明星村，建于清道光十二年（1832年）。此处共有2座墓，均为石缘土冢墓，从左至右编号M1、M2。其中M1长5.8、宽4.8、封土高3.2米。前均有墓碑，M1墓碑为四柱三开间庑殿顶仿木结构，碑高3.6、宽3.8、厚0.4米。

大坪王氏墓　位于罗场镇林湖村，建于清道光十二年（1832年）。该墓为石缘土坑墓，坐西南向东北，长4、宽2.6、封土高1.4米。墓碑为两柱一开间庑殿顶石质仿木结构，墓碑宽0.8、高1.2、厚0.25米，碑文已漫漶不清。

山埂前墓　位于罗场镇田村，建于清代。该墓为石缘土冢墓，长7、宽5.2、封土高3.2米。前有墓碑，碑石为仿木结构，庑殿顶，两柱一开间，碑高3.8、宽4.1、厚0.4米，正文不详，题记年代为道光二十九年（1849年）岁次己酉□□。

坟嘴上场杨氏墓　位于罗场镇解放村，建于清道光十九年（1839年）。为石缘土冢墓，墓向105度。冢长7.1、宽4.5、高1.8米。墓碑为四柱三开间庑殿顶仿木结构，高1.65、宽4.5、厚0.3米，正书"皇清待诰故显妣杨门甘氏老孺人之墓"。

寨子顶墓群　位于罗场镇马店村，建于清代。此处共有2座墓，从下至上编号M1、M2，均为石缘土冢墓。其中M1长5、宽3.2、封土高1.5米。前均有墓碑，为两柱一开间庑殿顶仿木结构，其中M1碑高2.5、宽1.4、厚0.25米，正书"皇清待赠故显考刘公讳荣贵老大人之墓"，题记年代为清咸丰元年（1851年）。

刘氏墓　位于罗场镇解放村，建于清代。此处共有2座墓，从左至右编号M1、M2，均为石缘土冢墓。其中M1长7.8、宽4.2、封土高1.7米。墓前有均墓碑，为两柱一开间庑殿顶仿木结构，其中M1碑高2.2、宽1.1、厚0.3米，正书"皇清待诰故显妣刘母法讳萧深泰墓"，题记年代为清咸丰二年（1852年）。

黄桷树墓群　位于罗场镇新集村，建于清代。此处共有3座墓，从左至右编号M1～M3，均为石缘土冢墓。其中M1长5.5、宽4.2、封土高2.5米。前均有墓碑，为两柱一开间庑殿顶仿木结构，其中M1碑高3.6、宽2.2、厚0.25米，正书"皇清恩赐正八品陈公讳虎槐老大人之墓"，题记年代为同治四年（1865年）。

张家坝墓　位于罗场镇解放村，建于清代。此处共有2座墓，从左至右编号M1、M2，均为石缘土冢墓。其中M1长5.8、宽3.6、封土高1.5米。前有墓碑，为两柱一开间庑殿顶仿木结构，碑高2、宽1.6、厚0.3米，碑文漫漶不清，题记年代为同治十三年（1874年）。

上寨子墓　位于罗场镇明星村，建于清代。此处共有2座墓，从前至后编号M1、

M2，均为石缘土冢墓。其中 M1 长 5.8、宽 3.6、封土高 1.5 米。前有墓碑，为两柱一开间庑殿顶仿木结构，M1 碑高 2、宽 1.6、厚 0.3 米，碑文漫漶不清，M2 题记年代为大清同治十二年（1873 年）。

苏家坡墓　位于罗场镇解放村，建于清同治七年（1868 年）。该墓为石缘土冢墓，长 6.4、宽 4.5、封土高 2.3 米。墓碑为两柱一开间庑殿顶仿木结构，高 3.2、宽 1.2、厚 0.3 米，正书"皇清恩赐正八品故显考（妣）闵公讳占佩（母吕读处）老大（孺）人之墓"。

何秉拙墓　位于罗场镇明星村，建于清同治十二年（1873 年）。该墓为石缘土冢墓，长 6.9、宽 3.6、封土高 1.6 米。墓碑为两柱一开间庑殿顶仿木结构，高 2.8、宽 1、厚 0.3 米，正书"清故显考增生何公秉拙□□□"。

张家坝墓群　位于罗场镇解放村，建于清代。此处共有 5 座墓，从左至右编号 M1~M5，均为石缘土冢墓。其中 M1 长 7、宽 5、封土高 3.4 米。前均有墓碑，M1 碑为四柱三开庑殿顶仿木结构，碑高 4.6、宽 4.7、厚 0.4 米，正书"皇清例授六品修职郎故显考（妣）徐公讳朝口（邹明善）老大（孺）人之墓"，题记年代为光绪八年（1882 年）。

三埝前刘氏墓　位于罗场镇兴场村，建于清光绪八年（1882 年）。此处共有 3 座墓，均为石缘土冢墓，坐北向南。其中 M1 长 5、宽 2.55、封土高 1.7 米。墓前均有碑，为庑殿顶石质仿木结构，其中 M1、M3 为两柱一间，M2 为四柱三间，M1 墓碑宽 2.42、高 3、厚 0.35 米，饰有浮雕动物、花草等图案，顶龛刻四字，墓碑正文不清。题记年代为光绪八年。

王隆福墓　位于罗场镇新集村，建于清光绪二十年（1894 年）。该墓为石缘土冢墓，长 6.5、宽 4.2、封土高 2.1 米。墓碑弧首，高 2.3、宽 1.4、厚 0.25 米，正书"显妣六品安人何氏王隆福之墓"。

萧万益墓　位于罗场镇走马村，建于清光绪二十七年（1901 年）。该墓为石缘土冢墓，长 7.2、宽 3.8、高 1.6 米。墓碑为两柱一开间庑殿顶仿木结构，高 2.4、宽 1.1、厚 0.3 米，正书"清故显考萧公万益老大人墓"。

走马大坟坝墓　位于罗场镇走马村，建于清代。此处共有 2 座墓，从左至右编号 M1、M2，均为石缘土冢墓。其中 M1 长 7、宽 3.6、封土高 2.5 米。墓前均有墓碑，两柱一开间庑殿顶为仿木结构，其中 M1 碑高 3.5、宽 1.5、厚 0.4 米，正文书"皇清例赠太学生罗公讳朝□□□"，题记年代为光绪四年（1878 年）。

袁忠和墓　位于罗场镇新塘村该墓，建于清光绪十四年（1888 年）。该墓为石缘土冢墓，坐东南向西北，长 5、宽 2.8、封土高 1.7 米。墓碑为两柱一开间庑殿顶石质仿木结构，宽 0.85、高 2.6、厚 0.3 米，顶龛刻"百世其昌"四字，墓碑正文漫漶不清。

瓦厂湾墓 位于罗场镇马店村，建于清光绪二十四年（1898 年）。该墓为石缘土冢墓，长 6.2、宽 2.8、封土高 1.5 米。墓碑弧首，为碑高 1.6、宽 0.9、厚 0.15 米，正书"皇清待诰故显妣项□□□□□□"。

杜氏夫妇墓 位于罗场镇走马村，建于清光绪二十六年（1900 年）。该墓为石缘土冢墓，长 7.4、宽 4、封土高 1.7 米。墓碑为两柱一开间庑殿顶仿木结构，碑高 1.9、宽 1、厚 0.3 米，正书"清故显考（妣）杜公子顺大（母王才老孺）人墓"。

田氏夫妇墓 位于罗场镇红旗村，建于清光绪十三年（1887 年）。该墓为石缘土冢墓，长 8.6、宽 4.2、封土高 1.68 米。墓碑弧首，四柱三开间，碑高 2、宽 4.2、厚 0.3 米，正书"清例赠（诰）故显考（妣）田公讳□□（母邓普明）老大（孺）人墓"。

田家坝墓 位于罗场镇红旗村，建于清代。此处共有 2 座墓，从左至右编号 M1、M2，均为石缘土冢墓。其中 M1 长 5.7、宽 4.2、封土高 2.4 米，墓碑为两柱一开间庑殿顶仿木结构，碑高 2、宽 1.6、厚 0.3 米，题记年代为宣统二年（1910 年）。

新房子墓 位于罗场镇顺江村均，建于清代。此处共有 2 座墓，从左至右编号 M1、M2，为石缘土冢墓。M1 长 6、宽 2.7、封土高 2.5 米。前均有墓碑，碑石为四柱三开间庑殿顶仿木结构。其中 M1 碑高 4.2、宽 3.5、厚 0.4 米，题记年代不详。

古建筑

罗场禹王宫 位于罗场镇南华社区，始建于清乾隆三十三年（1768 年）。该建筑由正殿、东西耳房及书楼组成，呈三合院布局，占地面积约 1800 平方米。正殿为砖木悬山顶穿斗结构，面阔五间 15 米，进深五间 14 米，通高 8 米，素面台基高 1.2 米；耳房面阔两间 8 米，进深一间 14 米，通高 6 米，素面台基高 0.3 米；书楼面阔两间 6 米，进深六间 4 米，通高 6 米，素面台基高 0.3 米；正殿脊梁墨书"大清乾隆三十三年"等字样。高县人民政府于 1989 年 9 月公布为文物保护单位。

罗场白塔 位于罗场镇永兴村，始建于清道光十三年（1833 年）。该建筑为砖石结构，坐北向南，七重檐六角攒尖式，通高 23.2 米，素面台基，高 0.9、边长 3.25 米，正门向南，门高 2、宽 1.1 米，正门额书"文治光华"，塔内多彩绘历史故事图案，塔第五层向西窗口处题记"始建于清道光十年，竣工时间为清道光十八年"。高县人民政府于 1978 年公布为文物保护单位。

葵花井 位于罗场镇南华社区，建于清代。该井缘用条石砌筑而成，六角形，口缘直径 2.2、井深约 10 米。

龙凤桥 位于罗场镇团结村，该桥为条石砌筑而成，三墩四孔平梁桥，南北走向，桥面长 15.8、宽 1.88、距离水面高 1.8、墩高 1.25、跨度 14.3 米，桥北侧有碑刻"龙凤桥"三个字。根据建筑形制判定为清代所建。

白云寺牌坊　位于罗场镇三台村，建于清代。该牌坊为石质仿木结构，重檐庑殿顶，四柱三间三楼，通高4.3、宽2.9、厚0.45米，额匾正书"莲花山"三个字，背面书"白云寺禅院"。

石窟寺及石刻

煸岩子摩崖造像　位于罗场镇天堂村，开凿于明代。该石刻为煸岩子石刻，坐东向西，有两尊石刻像，分布在长1.9、深2.3、高1米的石壁上。根据造像风格判定为明代所凿。

近现代重要史迹及代表性建筑

阳翰笙故居　位于高县罗场镇南华街，建于清乾隆年间，迄今已有200余年历史。故居呈三合院院落形式，坐北向南，总体由正房、院坝、后花园组成，占地面积约1163平方米，建筑面积约319平方米。正房为悬山顶覆瓦穿斗结构建筑，面阔三间12.5米，进深两间7.3米，中间为堂屋，左右次间为四间寝室（有阁楼），大门为双开四抹隔扇门，属典型川南民居。故居内完整地保留了当年阳翰笙生前的居室、堂屋、书房等共11间。四川省人民政府于2002年12月公布为文物保护单位。

阳翰笙（1902～1993年），著名编剧、戏剧家、作家，中国新文化运动的先驱者之一，原名欧阳本义，字继修，笔名阳翰笙，四川高县人。1927年年底参加创造社。1928年初起陆续发表小说，并撰写宣传马克思主义和革命文艺理论的文章。1933年起创作电影剧本《铁板红泪录》、《中国海的怒潮》、《逃亡》、《生之哀歌》、《生死同心》、《夜奔》、《草莽英雄》等。抗日战争期间曾任国民政府军事委员会政治部第三厅主任秘书、文化工作委员会副主任、中国电影制片厂编导委员会主任等职。

蕉村镇

古遗址

移甫县遗址　位于蕉村镇龙政村，始建于明代。遗址由众多石室墓及清代石缘土坑墓组成。高县人民政府于1989年9月公布为县级文物保护单位。

古墓葬

联民墓　位于蕉村镇联民村，建于明代。该墓为石室墓，采用青条石砌筑而成，坐南向北，一墓三室，墓总长2.9、进深2、高1.2米。

凤凰包墓　位于蕉村镇青坪村，建于清嘉庆二年（1797年）。该墓为石缘土冢墓，长5.8、宽3.6、封土高2.1米。墓碑为四柱三开间庑殿顶石质仿木结构，碑高4.2、宽3.9、厚0.35米，碑上刻有浮雕人物、花草、动物等图案，正书"清赠处士秉仁仲子正阳徐公大人墓"，顶上龛刻"天高地远"四个字。拜台周围刻有人物、战场20余幅浮雕图案。

黄泥湾墓群　位于蕉村镇文治村，建于清代。此处共有2墓，平行分布，从左至右编号M1、M2。两墓形制相同，均为石缘土冢墓。其中M1长4.5、宽3.2、封土高1.4米，墓碑为四柱三开间庑殿顶石质仿木结构，顶龛刻"腾蛟起凤"四个字，碑高2.1、厚0.35米，题记年代为清嘉庆二十五年（1820年）。

大坟头墓　位于蕉村镇万古村，建于清道光七年（1827年）。该墓为石缘土冢墓，为双人合葬墓，长5.8、宽2.6、封土高1.8米。墓碑为二柱一开间庑殿顶石质仿木结构，碑高3.5、宽1.4、厚0.3米。

罗光维墓　位于蕉村镇文治村，建于清道光十年（1830年）。该墓为石缘土冢墓，长6.8、宽4、封土高1.65米。墓碑为四柱三开间庑殿顶仿木结构，呈"八"字形，饰有文武、吉祥图案，碑高2.8、宽3.6、厚0.4米，正书"皇清待赠显考罗讳光维公老大人之墓"。

余氏墓　位于蕉村镇联合村，建于清道光十三年（1833年）。该墓为石缘土冢墓，坐东北向西南，长5、宽3、封土高1.5米。墓碑为两柱一开间庑殿顶石质仿木结构，墓碑宽1、高2.8、厚0.3米，饰有浮雕动物、花草等图案，顶龛刻"佑启后人"四个字，墓碑正文不清。

黑桃坪墓　位于蕉村镇青云村，建于清代。该墓为石缘土冢墓，长5.1、宽3、封土高2.1米。墓碑弧首，高2.3、宽2.6、厚0.3米，题记年代为"道光戊戌年"（1838年）。

燕子岩墓　位于蕉村镇万古村，建于清咸丰六年（1856年）。该墓为石缘土冢墓，长4.8、宽3.1、封土高2.3米。墓碑为四柱三开间庑殿顶石质仿木结构，刻有浮雕人物、花草等图案，顶上龛刻"光前裕后"四个字。碑高3.5、宽3、厚0.35米。

兴隆墓　位于蕉村镇龙潭村，建于清代。该墓为石缘土冢墓，长6.4、宽3.4、高1.2米。墓碑为两柱一开间庑殿顶仿木结构，高2.2、宽1.2、厚0.3米，碑文不详，仅见"咸丰八年（1858年）"字样。

易长贵墓　位于蕉村镇巩固村，建于清代。该墓为石缘土冢墓，坐北向南，长5、宽3、封土高1.6米。墓碑为两柱一间庑殿顶石质仿木结构，宽1、高2.2、厚0.4米，饰有浮雕动物、花草等图案，顶龛刻"佑启后人"四个字，墓碑正书"故显考易公长贵老大人墓"。题记年代只可见"咸丰"字样，具体年代不详。

板栗咀墓　位于蕉村镇青坪村，建于清同治八年（1869 年）。该墓为石缘土冢墓，长 4.7、宽 3.6、封土高 2.3 米。墓碑为四柱三开间庑殿顶石质仿木结构，高 3.2、宽 4.4、厚 0.35 米，碑上刻有花草、龙凤、麒麟、鹿子含花等图案。正书"故显考邹公园吉志大人墓"。

冷氏墓　位于蕉村镇仁和村，建于清代。此处共有 2 座墓，均为石缘土冢墓，坐东南向西北。其中 M1 长 7、宽 3.5、封土高 1.8 米。墓前均有碑，均为四柱三开间庑殿顶石质仿木结构。其中 M1 墓碑宽 3.5、高 3.5、厚 0.3 米，饰有浮雕动物、花草等图案，顶龛刻有"佑启后人"四个字，墓碑正文"清故显考冷公天柏大人之墓"。题记年代为同治九年（1870 年）。

狮子口墓　位于蕉村镇吉兴村，建于清代。此处共有 2 座墓，平行分布，从左至右编号 M1、M2，均为石缘土冢墓。其中 M1 长 6.2、宽 3 米，墓碑为四柱三开间庑殿顶石质仿木结构，M1 碑高 2.9、宽 2.8、厚 0.35 米，边上刻有花草等图案，题记年代为同治庚午年（1870 年）。正书"皇清登仕左郎黄公（母）字光宇（喻林芳）志大人墓"。

王普智墓　位于蕉村镇文治村，建于清同治十二年（1873 年）。该墓为石缘土冢墓，墓长不详，宽 4.8、封土高 1.6 米。墓碑为四柱三开间庑殿顶仿木结构，碑高 2.4、宽 4.5、厚 0.3 米，正书"皇清待诰慈妣王母闫法名普智老太君正性墓位"。

黄永兆墓　位于蕉村镇吉兴村，建于清光绪七年（1881 年）。该墓为石缘土冢墓，长 6.2、宽 3.2、封土高 1.5 米。墓碑为两柱一开间庑殿顶仿木结构，碑高 2.4、宽 1.2、厚 0.3 米，正书"皇清待赠太祖黄公讳永兆老大人墓"。

黄汝一墓　位于蕉村镇文治村，建于清光绪十一年（1885 年）。该墓为石缘土冢墓，长 6、宽 3.4、封土高 1.8 米。墓碑为两柱一开间庑殿顶仿木结构，碑高 2.6、宽 1.2、厚 0.3 米，正书"皇清待赠修职郎邑庠生黄公字汝一府君之墓"。

马鞍山黄氏墓　位于蕉村镇青云村，建于清代。该墓为石缘土冢墓，长 6.5、宽 4.2、封土高 2.7 米，为双人合葬。墓碑为四柱三开间庑殿顶仿木结构高 3.5、宽 3.2、厚 0.25 米，边线刻有花草、兵器等图案。顶龛刻"气象万千"四字。题记年代只可见"光绪"字样。

瓦贤坝墓群　位于蕉村镇石盘村，建于清代。此次原共有 3 座墓，分布在瓦贤坝半山腰，形制基本相同，均为石缘土冢墓。现已被淹没于惠泽水库之下。

庙搞寺和尚墓　位于蕉村镇青云村，建于清代。该墓为石缘土冢墓，长 4、宽 3.2、封土高 2.4 米。墓碑为四柱三开间庑殿顶石质仿木结构，碑高 3.1、宽 3.6、厚 0.35 米，碑上刻有人物、花草、兵器、龙等 15 幅图案，顶龛刻"寿芷千秋"四字，题记年代只可见"光绪"字样，正书"圆寂恩师上纯下兴字海翠和尚之灵"。

刘光海墓　位于蕉村镇德坪村，建于清代。该墓为石缘土冢墓，坐东向西，长

4.5、宽 2.6、封土高 1.6 米。墓碑弧首，宽 0.8、高 1.6、厚 0.15 米，墓碑正文不清。题记年代为光绪二十三年（1897 年）。

黄氏墓 位于蕉村镇联乐村，建于清代。该墓为石缘土冢墓，为双人合葬墓，长 8、宽 4.2、封土高 1.5 米。墓碑为四柱三开间庑殿顶石质仿木结构，碑边有浮雕人物、动物、花草等图案，碑高 2.4、宽 2.8、厚 0.4 米。题记年代为"清宣统元年（1909 年）"。

麟觉和尚墓 位于蕉村镇青云村，建于清代。该墓为石缘土冢墓，呈圆形，墓直径约 4 米。墓碑为柱一开间庑殿顶石质仿木结构，高 2、宽 1.2、厚 0.3 米，碑文阴刻"圆寂恩师□如下麟觉灵塔"。

生基埂墓 位于蕉村镇青坪村，建于清代。此处共有 2 墓，形制相同，均为为石缘土冢墓，平行分布，从左至右编号 M1、M2。其中 M1 长 3.8、宽 2.7、封土高 2.3 米，墓碑北向，为四柱三开间庑殿顶石质仿木结构，高 2.9、宽 3.4、厚 0.3 米，碑上有龙凤、人物、花草等浮雕图案，顶龛刻"万古传城"四个字。

石盘墓 位于蕉村镇石盘村，建于清代。该墓为石缘土冢墓，墓葬现已完全淹没于水中，墓制不详，墓碑为两柱一开间庑殿顶仿木结构。

黄律通墓 位于蕉村镇吉兴村，建于清代。该墓为为石缘土冢墓，长 6.2、宽 3.8、封土高 1.6 米。墓碑为两柱一开间庑殿顶仿木结构，碑高 1.8、宽 1、厚 0.3 米，正书"皇清待赠黄讳律通大人墓"，题记年代不详。

古建筑

凌云关 位于蕉村镇裕峰村，建于清代。凌云关采用土石建造关隘外墙，通高 8.3、宽 7.3、墙体厚 1.7 米。凌云关共有三道门洞，均呈卷拱顶，正立面设门洞一道，高 3.4、宽 1.95 米，背立面设门洞两道，高 3.2、宽 1.58 米。据建筑痕迹，凌云关原应为悬山式建筑，共分三层，底层为通关道口；二层为居住层，系木结构，采用七根楼欠铺作楼板；三层为杂物层，主要用于储存粮食等物品。凌云关历史上属筠连县所辖，现所在位置属高县管辖。四川省人民政府 2012 年 7 月公布为文物保护单位。

石窟寺及石刻

万佛寺石敢当 位于蕉村镇万古村，制于清光绪八年（1882 年）。石敢当呈方形立柱，顶部雕刻人形头状，正书"南无阿弥陀佛"。

近现代重要史迹及代表性建筑

川南六县保路同志会活动地 位于蕉村镇文治村，建于清代。川南六县保路同志会活动地又名"草莽英雄洞",为天然石灰岩洞穴,是清末保路同志会领袖人物罗选清起义的旧址。该遗址坐南向北,占地面积约2000平方米,洞口高4.3米,宽5.9米,在洞内保留有当时的点将台,水缸等设施,目前已开辟成为当地一旅游景点。

其他

甘正发墓　位于蕉村镇青云村,建于1919年。该墓为石缘土冢墓,长6.2、宽3.6、封土高1.5米。墓碑为四柱三开间庑殿顶仿木结构,碑高2.8、宽3.4、厚0.3米,正书"显考甘公讳正发老大人墓"。

可久镇

古墓葬

南广河流域崖墓群及石刻　主要分布在可久镇、罗场镇、嘉乐镇、四烈乡等地的南广河两岸峭壁及巨石上。墓葬时代为明代,形制基本相同,皆为直穴单室,部分墓门上方凿梯形凹槽,墓门或墓室内有多种浮雕,阴刻人物图像及卷草图案等,风格粗犷简练,具有民族特色,内容十分丰富,形式多样,有较高考古价值。国务院于2013年3月公布为全国重点文物保护单位。现就崖墓的情况分述如下。

龙塘湾崖墓群　位于嘉乐镇长丰村,建于明代。墓群形制基本相同,其中M1为横穴式,长2.3、宽1.5、高0.8米,墓口右侧有一浮雕人物和花草图案;M4为直穴式,长2.5、宽1、高1.2米,内壁有一动物浮雕图案,浮雕旁边题记"永乐八年"四个字。

犀牛沱崖墓群　位于罗场镇明星村,建于明代。墓群形制均为横穴式,墓口呈长方形,其中M3为三层门楣,右下角有题记"洪武十四年辛酉年七月初七日",M6为单门楣,墓长2.25、宽0.85、高1.42米,顶部饰有二龙戏鱼图案。

河南洞崖墓群　位于罗场镇顺江村,建于明代。在一段长约50、宽约15米的岩壁处,分布有4个横穴式岩墓葬,其中M1为三层门楣,长2.35、宽1、进深1.2米,墓口浮雕执钺人。

寨子顶崖墓群　位于罗场镇解放村,建于明代。墓穴均为直穴式,墓口呈长方形,其中M2长2.4、宽1.2、高1.5米,墓室内壁两侧浮雕有"龙"、"虎"图案。

岩洞口崖墓群　位于罗场镇红旗村,建于明代。墓群位于宋江河东岸岩壁上,均为横穴式,墓口呈长方形,从左至右编号为M1~M6,墓口顶部均有风雨槽。其中M3为三层门楣,长2.3、宽1.2、高1.5米,墓口左侧浮雕莲花图案。2002年修建村基耕道取石破坏。

中寨崖墓群　位于可久镇中寨村，建于明代。墓群西北向，分横穴式和直穴式两种，其中 M7 横穴式墓上刻有"∧"形槽，长 1.8、宽 0.9、高 1 米。M2 为三层门楣，直穴式，墓口高 1、宽 1 米，墓室进深 2.6、宽 2、高 1.4 米，M6~14 墓室内壁刻有武士、动物、双鱼戏珠、花卉等图案。

亮火坳崖墓　位于可久镇清潭村，建于明代。该墓为直穴式，东南向，三层门楣，墓长 2.4、宽 1.8、高 1.2 米，弧形顶。墓口略为正方形，边长 1 米，周围刻有"飞龙图"及鹿、鱼、禽、龟、鸟、正纹和沁草等图案。

蛮洞田崖墓群　位于可久镇清潭村，建于明代。墓群东向，M1 为三层门楣，门楣下边刻有"龙云图"；M2 为双层门楣，上刻"∧"形槽，为双室墓，墓室为弧形顶，前室长 4.6、宽 2.3、高 1.4 米，墓口上方刻有一朵莲花图案。

堰塘湾崖墓　位于可久镇清潭村，建于明代。该墓为单门楣直穴式双室墓，坐南向北，弧形顶。墓口高 1.12、宽 2.13 米，墓室长 2.6、宽 2.55、高 1.05 米。墓口上方刻有浮雕花卉和二龙戏珠图案。

叫化沱崖墓群　位于羊田乡华丰村，建于明代。墓群西北向，共有 5 座，分布在叫化沱长 100、宽 20 米的岩壁上。其中 M1 为横穴式，长 2.2、宽 1.5、高 1.2 米；M2 为三层门楣双室墓，弧形顶，长 4.2、宽 2.5、高 1.8 米，墓口略为正方形，边长 1.5 米。

蛮洞湾崖墓群　位于四烈乡金星村，建于明代。墓葬均为直穴式，墓口向东南，墓制大制相同，其中 M5 墓口高 0.9、宽 0.7，墓室进深 2、宽 1.8、高 1.15 米，M3~M6 墓口有桩孔。

芭蕉湾崖墓　位于可久镇屋基村，建于明代。为直穴式崖墓，墓口有风雨槽，墓口高 0.9、宽 0.6 米。墓室内呈长方形，弧形顶，高 1.1、宽 3.1、进深 2.6 米。

冷水湾崖墓　位于可久镇屋基村，建于明代，在一巨石上平行分布 2 个墓穴，墓口有风雨槽，穴内呈不规则四边形，顶为屋脊顶，墓高口 0.8、宽 0.6、进深 1.2 米。

神仙岩崖墓　位于可久镇双凤村，建于明代。该墓凿于距地面高 4 米的崖壁上，为直穴式，平顶，墓口高 1、宽 0.6、进深 1.7 米。

小坳湾崖墓　位于可久镇双凤村，建于明代。该墓为直穴式墓，墓口高 1.1、宽 0.8、进深约 2.6 米。

新岗岭咀崖墓群　位于可久镇双凤村，建于明代。此处共两座墓，平行分布于一巨石上，均为横穴式，其中一墓口高 1、宽 3.2 米，两墓墓室内有局部贯通。

姚田咀崖墓　位于可久镇双凤村，建于明代。该墓为直穴式，室内呈长方形，平顶。墓口高 1.2、宽 0.8、进深 2.8 米。

永安蛮洞子崖墓　位于可久镇永安村，建于明代。该墓室内呈长方形，平顶，墓口高 1.2、宽 1.6、进深 2 米。

胜利蛮洞山崖墓　位于可久镇永安村，建于明代。该墓墓室内呈长方形，平顶直穴式。墓口高 1.4、宽 1.8、进深 2 米。

菊花蛮洞山崖墓　位于可久镇菊花村，建于明代。此处共 2 座墓，平行分布，从左至右编号为 M1、M2，均为直穴式。其中 M1 墓口高 0.8、宽 0.6 米，墓口处均有风雨槽。

星山崖墓　位于可久镇星山村，建于明代。此处共有 2 座墓，坐西南向东北，其中 M1 高 1.3、宽 1.8、深 1.6 米，M2 高 1、宽 1、深 1.5 米。

红意村崖墓　位于可久镇红意村，建于明代。该崖墓坐西南向东北，长 2、宽 2、高 1.2 米。

灵棺岩悬棺　位于可久镇龙口村，建于明代，在一约 550 平方米的陡峭山崖上，错乱分布约有三十多组悬棺葬栈桩桩孔，最近一处距离地面高约 6 米。

方基石悬棺　位于可久镇清潭村，建于明代。悬棺位于距离地面高约 13 米的崖壁，错杂分布在约 300 平方米的崖壁上，现仅存悬棺桩孔。

岩洞口悬棺　位于可久镇清潭村，建于明代。在一面积约 1000 平方米，距离地面高约 40 米的陡峭山崖壁上，分布着约 30 组悬棺的桩孔，坐西南向东北，棺木已无存。

古坟坝墓　位于可久镇金龙村，建于明代。该墓为石室墓，坐东向西，墓长 3.15、宽 1.9、高 1.43 米。内有石棺一具，现已残毁。

进步村墓　位于可久镇进步村，建于明代。该墓为石室墓，一墓两室，坐西向东。墓长 2、进深 2、高 1.5 米。

圈山田墓　位于可久镇高岭村，建于明代。该墓为石室墓，一墓三室，石质仿木结构。长 4.7、宽 3.9、高 1.37 米。墓室前有甬道，甬道长 2.5、宽 0.96、高 1.4 米。墓门上刻有花卉、龙、鹿、器皿等图案。

罗铨墓　位于可久镇中寨村，建于清嘉庆十三年（1808 年）。该墓为石缘土冢墓，长 4.6、宽 3.2、封土高 1.5 米。墓碑为两柱一开间庑殿顶仿木结构，碑高 1.7、宽 1、厚 0.3 米，正书"皇清待赠罗公讳铨大人之墓"。

大兴田王氏墓群　位于可久镇民主村，建于清代。此处共有 3 座墓，平行分布，从左至右编号为 M1～M3，均为石缘土冢墓。其中 M1 长 5.2、宽 3、封土高 1.5 米，墓碑两柱一开间庑殿顶仿木结构，高 1.9、宽 1.1、厚 0.4 米，正书"皇清待赠故显考王公讳国栋老大人之墓"，题记年代为清嘉庆十九年（1814 年）。

白桃屋基墓　位于可久镇双凤村，建于清嘉庆二十年（1815 年）。该墓为土冢墓，坐北向南，墓长 4.6、宽 2.5、封土高 1.1 米。墓碑为四柱三开间庑殿顶仿木结构，碑高 3.2、宽 2.6、厚 0.3 米。

核桃傍赵彭氏墓　位于可久镇菊花村，建于清道光三年（1823 年）。该墓为土冢墓，坐西北向东南。墓碑为两柱一开间庑殿顶仿木结构，碑高1.8、宽1.2、厚0.4米，正书"清文口诰故显妣赵母彭讳富荣老太君墓"。

王德清墓　位于可久镇高坡村，建于清道光十一年（1831年）。该墓为石缘土冢墓，坐西北向东南，长3.6、宽2、封土高1.1米。墓碑为两柱一开间庑殿顶仿木结构，碑高1.8、宽1.1、厚0.1米，正书"清故显考王公讳德清老大人之正□"。

田友贵墓　位于可久镇永和村该墓，建于清道光二十三年（1843年）。该墓为石缘土冢墓，坐东南向西北，长5、宽3、封土高1.5米。墓碑为四柱三间庑殿顶石质仿木结构，墓碑宽2.2、高2.6、厚0.25米，饰有浮雕动物、花草等图案，墓碑正文不清。

杨有恒墓　位于可久镇屋基村，建于清道光二十七年（1847年）。该墓为石缘土冢墓，长5.8、宽3.2、封土高1.5米。墓碑为两柱一开间庑殿顶仿木结构，碑高2.1、宽1.2、厚0.3米，正书"清故杨公有恒大（母费福荣孺）人之墓"。

石氏墓　位于可久镇民治村，建于清代。此处共有2座墓，均为石缘土冢墓，坐东北向西南，平行分布，从左至右编号为M1、M2。其中M1长5、宽3、封土高1.5米。墓碑均为两柱一间庑殿顶石质仿木结构，其中M1墓碑宽1、高2.6、厚0.25米，饰有浮雕动物、花草等图案，顶龛刻有文字，墓碑正文不清，题记年代为道光三十年（1850年）。

大坟山李氏墓　位于可久镇华加村，建于清代。此处共有2座墓，均为石缘土冢墓，坐东向西，平行分布，从左至右编号M1、M2。其中M1长5、宽3、封土高1.1米。墓前均有碑，为两柱一间庑殿顶石质仿木结构。其中M1墓碑宽1、高2.5、厚0.15米，饰有浮雕动物、花草等图案，顶龛刻"人文蔚起"四个字，墓碑正文不清，题记年代为同治二年（1863年）。

新寨墓　位于可久镇高坡村，建于清代。此处共有2座墓，均为石缘土冢墓，平行分布，从左至右编号为M1、M2。M1长为5、宽3.2、封土高2.4米。墓前筑有祭台，长宽各20米，墓碑为四柱三开间庑殿顶石质仿木结构，碑边有浮雕的人物、花草等图案。顶龛刻"百卉其昌"四个字，碑高4.2、宽3.8、厚0.32米，题记年代为清同治六年（1867年）。

大寺上墓　位于可久镇屋基村，建于清代。此处共有2座墓，均为石缘土冢墓，平行分布，从左至右编号为M1、M2。其中M2长6.3、宽2.7、封土高2.5米，M2墓碑四柱三开间庑殿顶为石质仿木结构，碑边有浮雕的动物、花草等图案，顶龛刻"洞里有天"四个字，碑高2.65、宽2.4、厚0.21米，题记年代为清同治六年（1867年）。

梨子坪周李氏墓　位于可久镇高坡村，建于清同治九年（1870年）。该墓为石缘土冢墓，坐南向北，长6.8、宽3.6、封土高1.8米。墓碑为四柱三开间庑殿顶仿木结构，碑高2.2、宽3.6、厚0.3米，正书"清登显妣周母李讳□□□□□□"。

青岗湾周氏墓　位于可久镇高坡村，建于清同治十年（1871 年）。该墓为石缘土冢墓，双人合葬，坐东南向西北，长 6.4、宽 3.6、封土高 1.6 米。墓碑为四柱三开间庑殿顶仿木结构，碑高 3.1、宽 3.8、厚 0.3 米。

困龙坝李氏墓　位于可久镇高坡村，建于清代。此处共 2 座墓，均为土冢墓，坐东向西，墓制相同。其中 M1 长 5.6、宽 3.6、封土高 1.5 米。前均有墓碑，碑石为仿木结构，其中 M1 墓碑为两柱一开间庑殿顶，碑高 2.6、宽 1.8、厚 0.3 米，正书"清登极乐显考李公讳天华大人之墓"，题记年代为同治十一年（1872 年）。

烂屋基墓　位于可久镇高坡村，建于清代。此处共 2 座墓，均为为石缘土冢墓，墓制相同，坐西南向东北，平行分布，从左至右编号为 M1、M2。其中 M1 长 5.6、宽 3.2、封土高 1.6 米。前有墓碑，碑石为仿木结构，其中 M1 为四柱三开间庑殿顶，顶龛刻"山高水长"四字，碑高 2.4、宽 4、厚 0.3 米，正书"清故显周公讳文昭大人墓"，题记年代为同治十二年（1873 年）。

大坟咀墓群　位于可久镇高坡村，建于清代。此处共 3 座墓，均为土冢墓，坐北向南，平行分布，从左至右编号 M1～M3。前均有墓碑，碑石为仿木结构。题记年代只有 M2 可见"同治"二字。

堰塘湾墓群　位于可久镇清潭村，建于清代。此处共 3 座墓，形制基本相同，均坐南向北，平行分布，从左至右编号为 M1～M3。其中 M1 长 5、宽 3、封土高 2.3 米。M1 墓碑为两柱一开间庑殿顶石质仿木结构，高 3.4、宽 1.2、厚 0.29 米，碑上刻有二龙戏珠、双凤朝阳等图案，题记年代为同治八年（1869 年）。

大坟咀杨黄氏墓　位于可久镇团包村，建于清同治九年（1870 年）。该墓为石缘土冢墓，冢长 5.4、宽 3.6、封土高 1.6 米。墓碑为四柱三开间庑殿顶石质仿木结构，高 3.2、宽 3.4、厚 0.3 米，正书"皇清例赠慈妣杨母黄开顺老孺人墓"。

闫普智墓　位于可久镇屋基村，建于清同治十二年（1873 年）。该墓为石缘土冢墓，长 5.8、宽 3.6、封土高 1.5 米。墓碑为两柱一开间庑殿顶仿木结构，高 2、宽 1.6、厚 0.3 米，正书"皇清待诰慈妣王母闫法名普智老太君正性墓位"。

黄刘氏墓　位于可久镇红花村该墓，建于清光绪二年（1876 年）。该墓为石缘土冢墓，坐西北向东南，长 5、宽 3、封土高 1.4 米。墓碑为两柱一开间庑殿顶石质仿木结构，宽 1、高 3、厚 0.2 米，饰有浮雕动物、花草等图案，顶龛刻有四个字，墓碑正文不清。

李德贵墓　位于可久镇屋基村，建于清光绪三年（1877 年）。该墓为石缘土冢墓，长 6.5、宽 3.4、封土高 1.6 米。墓碑为两柱一开间庑殿顶仿木结构，两侧有护足，碑高 2.6、宽 1.2、厚 0.3 米，正书"故显妣刘母李名德贵之墓"。

上坟包林墓　位于可久镇高岭村，建于清光绪五年（1879 年）。该墓为石缘土冢墓，冢长8.2、宽4.5、封土高1.8米。墓碑为四柱三开间庑殿顶石质仿木结构，高4.2、宽4.5、厚0.4米。高县人民政府于1989年9月公布为文物保护单位。

清潭楠木湾墓　位于可久镇清潭村，建于清代。清潭楠木湾墓分布在楠木湾半山腰一土台上，共有2座墓，形制基本相同，南北向，平行分布，从左至右编号为M1、M2。其中M1长7、宽3.5、封土高1.75米，墓碑为两柱一开间庑殿顶石质仿木结构，碑长3.35、宽1.15、厚0.3米，刻有3幅人物、花草图案，题记年代为清光绪七年（1881年）。

楠木埂王氏墓群　位于可久镇清潭村，建于清代。此处共6座墓，呈梯级分布，从下至上，从左至右编号为M1～M6，形制基本相同，南北向。其中M1长7、宽3.5、封土高1.75米，墓碑为两柱一开间庑殿顶石质仿木结构，碑长3.35、宽1.15、厚0.3米，刻有3幅人物、花草图案。题记年代为光绪九年（1883年）。

青岗岭墓　位于可久镇永安村，建于清光绪十年（1884年）。该墓为石缘土冢墓，长6.8、宽4.2、封土高1.75米。墓碑为两柱一开间庑殿顶仿木结构，高2.6、宽1.8、厚0.3米。

罗玉锅墓　位于可久镇中寨村，建于清光绪十三年（1887年）。该墓为石缘土冢墓，长6.2、宽3.4、封土高2米。墓碑为两柱一开间庑殿顶仿木结构，高3.2、宽1.2、厚0.3米，正书"待赠罗公讳玉锅老大人之墓"。

小寨口墓　位于可久镇龙口村，建于清光绪十三年（1887年）。该墓为石缘土冢墓，长5.2、宽3.4、封土高1.4米。墓碑为两柱一开间庑殿顶仿木结构，高1.7、宽1.1、厚0.3米，正书"清故显妣□母梁老孺人之墓"。

大房子墓　位于可久镇团包村，建于清光绪十七年（1891年）。该墓为石缘土冢墓，长6.2、宽4、封土高1.6米。墓碑为两柱一开间庑殿顶仿木结构，高2.8、宽1.6、厚0.3米。

周光孝夫妇墓　位于可久镇高坡村，建于清光绪十九年（1893年）。该墓为石缘土冢墓，坐西北向东南，长6、宽4.2、封土高2.1米，该墓为双人合葬墓。碑为四柱三开间庑殿顶石质仿木结构，刻有人物、动物、花草等浮雕图案。顶龛刻"长发其祥"四个字，碑高4、宽3.3、厚0.27米，正书"皇清待赠（诰）显考（妣）周公讳光孝（母彭道真）老太府（君）之墓"。

桃大傍墓　位于可久镇清潭村，建于清光绪二十年（1894年）。该墓为石缘土冢墓，长6、宽2.6、封土高1.9米，前有祭台。墓碑为两柱一开间庑殿顶石质仿木结构，高2.8、宽1、厚0.3米，刻有4幅人物、花草等图案。

吴妙莲墓　位于可久镇大坝村，建于清光绪二十年（1894年）。该墓为石缘土冢墓，坐北向南，长5、宽3.5、封土高1.2米。墓碑弧首，宽1、高1.3、厚0.1米，墓碑正文不清。

杨法先墓　位于可久镇中寨村，建于清光绪二十一年（1895年）。该墓为石缘土冢墓，长5.4、宽3.6、封土高1.7米。墓碑弧首，碑高1.8、宽1.1、厚0.3米，正"显妣罗母杨法先孺人墓"。

后大屋基墓　位于可久镇高岭村，建于清代。此处共有2座墓，分布在后大屋半山腰一平台，形制基本相同，坐西南向东北，平行分布，从左至右编号为M1、M2。其中M1长7、宽2.95、封土高2米，墓碑为两柱一开间庑殿顶石质仿木结构，刻有3幅花草、动物图案，题记年代为清光绪二十四年（1898年）。

下坟包王氏墓群　位于可久镇高岭村，建于清代。此处共有4座墓，呈梯形分布，形制相同，均为石缘土冢墓。其中M1长9、宽4.8、封土高2米。前有墓碑，M1、M4碑为四柱三开间庑殿顶石质仿木结构，M2、M3为弧形顶，M1碑高3、宽3.4、厚0.3米，题记年代为光绪二十七年。

古建筑

高岭王氏宅院　位于可久镇高岭村，建于清代。该建筑占地面积约2000平方米，为穿斗式串架木结构，呈四合院布局，建筑外墙均由条石砌筑而成。主体由门楼、正房、东西厢房组成。门楼正立面采用砖石砌筑，两层建筑，底层明间为通道踏道，二层为戏楼；正房为七架梁结构，整体保存较为完整。

王氏庄园　位于可久镇高岭村，建于清代。该建筑占地面积约1200平方米，为穿斗串架木结构建筑，呈三合院布局，主体由山门、正房、东西耳房组成，耳房为两层建筑，山门、建筑外墙均由条石砌筑而成，保存较完整。

高岭民居　位于可久镇高岭村，建于清代。该建筑为穿斗串架木结构，呈四合院布局，主体由山门、前花园、门厅、正房、东西耳房、后花园等部分组成，占地面积约3800平方米。建筑小木作制作精细，具有当时期装饰典型风格，山门石砌而成，卷拱顶，两侧设防御枪孔，正房面阔三间，进深两间，整个建筑依山而建，梯级非中轴布局，以垂带式台阶相接，自然浑成。宜宾市人民政府于2011年2月公布为文物保护单位。

朝门城墙　位于可久镇高岭村，建于清代。城墙用条石砌筑而成，西南向东北走向，全长23、宽8米，中部有一卷拱顶城门，城门1.9、宽1.5米。

济美桥　位于可久镇龙口村，建于清代。该桥为青石所筑单拱平桥，横跨于一无名小溪之上，南岸与山崖连为一体，桥高16、跨度为18米，桥全长26、桥面宽7米。桥上无护栏，桥中部两侧石雕饰有龙头龙尾，桥拱中部铸造悬挂一铁剑。高县人民政府于1989年9月公布为文物保护单位。

石窟寺及石刻

可久半边寺摩崖造像　位于可久镇中寨村，建于清代。造像共有 5 龛，平行分布，从左至右编号为 K1 ~ K5，共雕刻佛像 17 尊。其中 3 号龛长 12、高 2.4 米，有佛像 5 尊，佛像均结跏趺坐，曲腿盘坐于莲台须弥座上，佛像高 1.7、宽 2 米，佛像均施彩绘。宜宾市人民政府于 2011 年 2 月公布为市级文物保护单位。

近现代重要史迹及代表性建筑

红旗公社办公楼　位于可久镇屋基村，建于 1960 年。该建筑为一砖木结构建筑，两面坡小青瓦屋顶，坐东向西，面阔十八间长 72 米，进深两间，长 8 米，建筑通高 13 米。有台基，为青条石砌筑而成，台基高 1.6 米，设两组垂带式踏步。

来复镇

古墓葬

杨梅墓　位于来复镇杨梅村，建于明代。该墓为石室墓，采用青条石砌筑而成，坐西南向东北，一墓两室，墓长 2、进深 2、高 1 米。

风水树墓　位于来复镇小河村，建于清嘉庆二年（1797 年）。该墓为石缘土冢墓，长 5.8、宽 3.6、封土高 1.5 米。墓碑为两柱一开间庑殿顶仿木结构，高 2、宽 1.6、厚 0.3 米，正书"皇清待诰慈妣王母闫法名普智老太君正性墓位"。

邓正纲墓　位于来复镇运动村，建于清道光五年（1825 年）。该墓为石缘土冢墓，长 6.8、宽 4.2、封土高 1.6 米。墓碑为两柱一开间庑殿顶仿木结构，高 2.8、宽 1.5、厚 0.3 米，正书"清赠国学邓正纲墓"。

柏香青杠湾墓群　位于来复镇柏香村，建于清代。此处共 3 座墓，均为石缘土冢墓，呈品字形分布，从左至右编号 M1 ~ M3。其中 M1 长 6.2、宽 3.8、封土高 1.6 米。墓前均有碑，为两柱一开间庑殿顶石质仿木结构，其中 M1 碑高 2.1、宽 1、厚 0.3 米，题记年代为清道光七年（1827 年）。

何多铭墓　位于来复镇桥头村，建于清道光十年（1830 年）。该墓为石缘土冢墓，坐东南向西北，长 4、宽 2、封土高 0.6 米。墓碑为两柱一开间庑殿顶石质仿木结构，宽 1、高 1.5、厚 0.15 米，顶龛刻"万古佳城"四字。

办公树墓　位于来复镇小河村，建于清道光十三年（1833 年）。该墓为石缘土冢墓，方形墓碑，碑高 1.8、宽 1.2、厚 0.15 米。

油立坡墓 位于来复镇小河村，建于清道光十三年（1833 年）。该墓为石缘土冢墓，长 5.8、宽 3.4、封土高 1.5 米。墓碑为两柱一开间庑殿顶仿木结构，高 2.2、宽 1、厚 0.2 米。

王心福墓 位于来复镇明朗村，建于清道光二十三年（1843 年）。该墓为石缘土冢墓，坐南向北，长 5、宽 3、封土高 1.5 米。墓碑为两柱一开间庑殿顶石质仿木结构，宽 1、高 2.6、厚 0.2 米，饰有浮雕花草等，顶龛刻有四个字。

徐俸墓 位于来复镇小河村，建于清道光二十四年（1844 年）。该墓为石缘土冢墓，长不详，宽 4.2、封土高 0.9 米。墓碑为两柱一开间庑殿顶仿木结构，高 1.8、宽 1、厚 0.2 米，正书"清显考徐公讳俸老大人墓"。

杨启攻墓 位于来复镇小河村，建于清道光二十六年（1846 年）。该墓为石缘土冢墓，长 5.4、宽 3、封土高 1.4 米。墓碑弧首，高 1.7、宽 1、厚 0.1 米，正文书"显考杨公讳启政□□□□"，题记年代为道光二十六年（1846 年）三月十八日立。

烂瓦房墓 位于来复镇小河村，建于清道光二十九年（1849 年）。该墓为石缘土冢墓，长 6.4、宽 4、封土高 1.2 米。墓碑为两柱一开间庑殿顶仿木结构，高 2.1、宽 0.8、厚 0 米，正书"显考李公讳谟及老大人墓"。

天井湾邓家墓群 位于来复镇运动村，建于清代。此处共 3 座墓，均为石缘土冢墓，平行分布，从左至右编号 M1～M3。其中 M1 长 6.2、宽 3.8、封土高 1.6 米。墓前均有碑，其中 M1 碑高 2.1、宽 1、厚 0.2 米，题记年代为清道光三十年（1850 年）。

邓国良墓 位于来复镇运动村，建于清道光三十年（1850 年）。该墓为石缘土冢墓，长 6.8、宽 4.2、封土高 1.5 米。方形墓碑，高 1.6、宽 1.1、厚 0 米，正文书"祖考邓公讳国良墓"。

梁明富墓 位于来复镇高凤村，建于清咸丰七年（1857 年）。该墓为石缘土冢墓，坐东北向西南，长 5、宽 4、封土高 2 米。墓碑为两柱一开间庑殿顶石质仿木结构，宽 1、高 2.6、厚 0.2 米，顶龛刻"佑启后人"四个字，墓碑正书"何母梁明富墓"。

文刘氏墓 位于来复镇高凤村，建于清咸丰十一年（1861 年）。该墓为石缘土冢墓，坐南向北，长 6、宽 3、封土高 1.6 米。墓碑为两柱一开间庑殿顶石质仿木结构，宽 2.2、高 3、厚 0.2 米，饰有浮雕动物、花草等图案，顶龛刻"佳城万古"四字，墓碑正文"故文母刘氏墓"。

干坝子李氏墓 位于来复镇天凤村，建于清同治六年（1867 年）。该墓为石缘土冢墓，长 6.8、宽 4、封土高 1.6 米。墓碑为两柱一开间庑殿顶仿木结构，高 3.2、宽 1.1、厚 0.3 米，正文"显考（妣）李公讳国臣（母陈心田）老大（孺）人墓"。

姚纯堂夫妇墓 位于来复镇小河村，建于清同治十二年（1873 年）。该墓为石缘土冢墓，长 5.8、宽 3.6、封土高 1.5 米。墓碑为两柱一开间庑殿顶仿木结构，碑高 2、宽

1.6、厚 0.3 米，正书"皇清待诰慈妣王母闫法名普智老太君正性墓位"。

肖必祉夫妇墓 位于来复镇九缸村，建于清同治十三年（1874 年）。该墓为石缘土冢墓，坐东北向西南，长 8、宽 6、封土高 1.3 米。墓碑为两柱一开间庑殿顶仿木结构，宽 1、高 2.6、厚 0.15 米，饰有浮雕花草，顶龛刻"人杰地灵"四个字。

干坝子黄氏墓 位于来复镇天凤村，建于清光绪四年（1878 年）。该墓为石缘土冢墓，长 10.5、宽 5、封土高 2.2 米。墓碑为四柱三开间庑殿顶仿木结构，碑高 4.22、宽 4、厚 0.3 米，正书"黄母谢福莲墓"。

大坟坝王氏墓 位于来复镇金安村，建于清光绪五年（1879 年）。该墓为石缘土冢墓，长 7.2、宽 4.2、封土高 1.8 米。墓碑为四柱三开间庑殿顶仿木结构，碑高 3.2、宽 2.8、厚 0.2 米。

李恒彰夫妇墓 位于来复镇响石村，建于清光绪六年（1880 年）。该墓为石缘土冢墓，坐西北向东南，长 7、宽 4.5、封土高 1.8 米。墓碑为两柱一开间庑殿顶仿木结构，宽 3、高 3.6、厚 0.25 米，饰有浮雕动物、花草等图案，顶龛刻"本支百世"四个字。

黄天才夫妇墓 位于来复镇天凤村，建于清光绪十四年（1888 年）。该墓为石缘土冢墓，长 7.8、宽 4.8、封土高 2 米。墓碑为四柱三开间庑殿顶仿木结构，饰有人物、花草等图案，碑高 4.5、宽 4.2、厚 0.3 米，正书"黄公天才（母龙真忠）□□□□□□"。

李为型夫妇墓 位于来复镇小河村，建于清光绪二十一年（1895 年）。该墓为石缘土冢墓，长 8.6、宽 5、封土高 2 米。墓碑为两柱一开间庑殿顶仿木结构，高 3.4、宽 1.8、厚 0.3 米，正书"显考（妣）李公讳为型（母陈真显）老太（孺）人墓"。

四宝山墓 位于来复镇柏香村，建于清光绪二十九年（1903 年）。该墓为石缘土冢墓，长 4.6、宽 3.5、封土高 1.85 米。墓碑为四柱三开间庑殿顶仿木结构，高 4、宽 2、厚 0.3 米。

王正旭夫妇墓 位于来复镇太平村，建于清代。该墓为石缘土冢墓，坐东南向西北，长 6、宽 5、封土高 1.3 米。墓碑弧首，宽 1、高 1.6、厚 0.1 米，题记年代不详。

古建筑

同心戏楼 位于来复镇同心社区，建于清代。该建筑为清代会馆类建筑，现存戏楼只是建筑整体中的一部分。戏楼呈正方形，两层歇山式顶，面阔三间 7.8 米，进深三间 8 米，后侧有方形院坝。

石窟寺及石刻

通水坝水口庙石刻 位于来复镇通书村，开凿于清代。石刻刻于一天然巨石上，左边四个大字为"协心捕盗",右侧一龛为叙事龛,讲述了协心捕盗的来由。

大鱼池石刻 位于来复镇天凤村,开凿于清代。该鱼池始建于清光绪年间,占地面积约 2600 平方米,鱼池边一天然巨石上凿有一龛,刻建塘事序。

月江镇

古遗址

下南关遗址 位于月江镇安全村,建于明天启二年(1622 年)。该遗址位于寨子山山顶,现存长约 1 千米的古城墙,城墙用青条石砌筑而成,高约 3、宽约 1.5 米,遗址中部为聚落区。据清光绪《庆符县志》记载:"庆符县东一百六十里,与南邑交界,依峻岭高,下通长宁,上通叙郡。明天启二年,永宁都掌蛮者崇明据重庆石柱女土司秦良玉率兵解围,遣弟屏抓贼归路设此关以击之。上有寨子山,下有军田坝,皆为固守屯粮之地"。

清真寺遗址 位于月江镇磨顶村,建于清代。该清真寺为回式清真寺院建筑,三合院串架结构,占地面积约 345 平方米,主体由山门、院坝、正殿、东、西厢房五个部分组成。建筑现存山门、正殿及厢房的青条石台基,台基高 0.4 米、错缝铺作青条石漫地院坝。正殿及厢房明间处各有三组垂带式台阶。

古墓葬

旺中蛮洞湾崖墓 位于月江镇旺中村,建于明代。该墓凿于距离地面约 4.5 米高的崖壁上,为直穴式墓,墓口呈长方形,高 1.2、宽 0.8 米,墓室内呈长方形,平顶,左侧有长方形壁龛。

崖口上崖墓 位于月江镇三角村,建于明代。该崖墓凿于距离地面约 1.5 米高的崖壁上,为直穴式墓。墓口坐东向西,长 2.1、高 0.85 米。墓室长 3.2、宽 2.33、高 1.15 米,墓室顶部呈弧形,刻有仿木构建筑屋顶梁架图案,墓室内左右各有棺台,棺台长 2.1、宽 0.7、高 0.5 米。

大坟坝严氏墓 位于月江镇上阳村,建于清嘉庆十八年(1813 年)。该墓为石缘土冢墓,长 7.4、宽 4.2、封土高 1.8 米。墓碑为两柱一开间庑殿顶仿木结构,高 2.8、宽 1.8、厚 0.3 米,正书"皇清待赠会祖考严公讳元弼老大人之墓"。

马鞍山墓 位于月江镇安全村,建于清代。此处共有两座墓,均为土冢墓,坐西北向东南,两墓梯级分布,从下至上编号为 M1、M2。其中 M1 长 7.5、宽 3、封土高 1.6 米,墓碑为四柱三间庑殿顶石质仿木结构,饰有浮雕动物、花纹图案,碑高 3.2、宽

3.8、厚 0.3 米，题记年代为光绪三年（1877 年），碑文正书"清故显妣邓母周太君之墓"，两侧楹联"穴坐乾山作千秋之吉；墓朝巽向为万代之化"。M2 为石缘土冢墓，方形墓碑，题记年代为嘉庆二十一年（1816 年）。

大坟坡墓 位于月江镇安全村，建于清嘉庆二十一年（1816 年）。该墓为石缘土冢墓，坐西南向东北，长 3.7、宽 3.2、封土高 1.4 米。墓碑为两柱一开间庑殿顶仿木结构，饰有浮雕莲花等图案，碑高 1.4、宽 1.2、厚 0.2 米，正书"清例授正八品显考伍公□□□□□□"。

陈照元墓 位于月江镇棉花村，建于清道光三年（1823 年）。该墓为石缘土冢墓，长 8.4、宽 5.6、封土高 1.6 米。墓碑弧首，高 2.1、宽 1.6、厚 0.2 米，正书"刘母陈照元墓"。

杨源慧墓 位于月江镇新韩村，建于清道光四年（1824 年）。该墓为石缘土冢墓，墓碑为两柱一开间庑殿顶仿木结构，碑高 2.4、宽 1.8、厚 0.3 米，墓碑两侧有抱鼓护足，正书"清故显妣高母杨源慧之墓"。

杀骨溪墓 位于月江镇石桥村，建于清代。此处共有 2 座墓，均为石缘土冢墓，坐东北向西南，平行分布，从左至右编号为 M1、M2。其中 M1 长 3.75、宽 3.35、封土高 1.4 米，墓碑为四柱三开间庑殿顶石质仿木结构，饰有浮雕有人物、动物、花草等图案，碑高 1.85、宽 1.3、厚 0.15 米，题记年代为清道光十七年（1837 年）。

袁文贵夫妇墓 位于月江镇板栗村，建于清道光二十二年（1842 年）。该墓为石缘土冢墓，坐东南向西北，长 8、宽 5.1、封土高 1.8 米。墓碑为两柱一开间庑殿顶仿木结构，两侧有护足，高 2.57、宽 1.2、厚 0.25 米，正书"清故祖考（妣）袁公讳文贵（母姚正仙）老大人之墓"。

石塔坡墓群 位于月江镇石桥村，建于清代。此处共有 3 座墓，均为石缘土冢墓，坐西北向东南，平行分布，从左至右编号 M1～M3。其中 M2 长 5.5、宽 3.8、封土高 1.8 米，仅 M2 有墓碑，墓碑为四柱三开间庑殿顶石质仿木结构，饰有浮雕花草图案，碑高 2.4、宽 3.2、厚 0.3 米，题记年代为道光二十三年（1843 年）。

五显庙墓群 位于月江镇川新村，建于清代。此处共有 3 座墓，坐北向南，均为石缘土冢墓，平行分布，从左至右编号为 M1～M3。其中 M2 墓长 6.1、宽 4.3、封土高 2 米。M1、M2 墓碑为两柱一开间庑殿顶仿木结构，均饰有浮雕人物、动物、花草等图案。其中 M2 碑高 2.4、宽 1.4、厚 0.3 米，题记年代为大清咸丰六年（1856 年）。

刘国仁墓 位于月江镇双坝村，建于清咸丰十年（1860 年）。该墓为土冢墓，墓碑弧首，碑高 2.2、宽 1.2、厚 0.2 米，正书"显考刘公讳国仁老大人之墓"。

桃子岩墓 位于月江镇三角村，建于清代。该墓为石缘土冢墓，双人合葬，坐东南向西北。墓碑为四柱三开间庑殿顶石质仿木结构，两侧有护足，碑上饰有浮雕人物、动物、花草等图案，顶龛刻"艮山坤向"四个字。碑高2.4、宽2.6、厚0.25米，题记年代只可见"咸丰"二个字。

磨顶山墓群 位于月江镇磨顶村，建于清代。此处共有3座墓，坐北向南，均为石缘土冢墓，梯形分布，从下至上编号为M1～M3。其中M1长6.1、宽4.3、封土高2米。墓群墓碑为两柱一开间庑殿顶仿木结构，均饰有浮雕人物、动物、花草等图案。其中M1碑高2.4、宽1.4、厚0.3米，题记年代只可见"同治"二个字。

唐坡上墓 位于月江镇川新村，建于清代。此处共有2座墓，均为石缘土冢墓，坐西北向东南，平行分布，从左至右编号为M1、M2。其中M1长7、宽3.2、封土高1.7米，墓碑为两柱一开间庑殿顶仿木结构，两侧有护足，碑高3、宽1.7、厚0.2米，饰有浮雕花草图案，题记年代为光绪六年（1880年）。

坟山湾墓群 位于月江镇安全村，建于清代。此处共有5座墓，均为土冢墓，坐东北向西南，平行分布，从左至右编号为M1～M5。其中M1长5、宽3.1、封土高1.5米。墓群中M1，M3，M4，M5墓碑均为两柱一开间庑殿顶仿木结构，饰有浮雕花纹图案，其中M4碑高2.7、宽1、厚0.3米，题记年代为清嘉庆四年（1799年）；M2墓碑为四柱三开间庑殿顶石质仿木结构，题记年代只可见"光绪"二个字。

闵明高夫妇墓 位于月江镇川新村，建于清光绪十四年（1888年）。该墓为石缘土冢墓，双人合葬，坐西南向东北，石缘顶饰有筒瓦屋面图案，长7、宽4.8、封土高2.1米。墓碑弧首，高2.4、宽1.5、厚0.25米，碑文正书"清故显考闵公讳明高（妣廖戒名达真）二老之坟墓"。

南木沟墓 位于月江镇安全村，建于清光绪十九年（1893年）。该墓为石缘土冢墓，坐东向西，长6.3、宽3.9、封土高1.86米。墓墓碑为四柱三开间庑殿顶石质仿木结构，饰有浮雕的人物、动物、花草等图案，碑高3.7、宽2.4、厚0.3米。墓前有拜台，占地面积约150平方米，用条石砌筑而成，拜台有石栏杆，高0.8米。

小湾子墓群 位于月江镇磨顶村，建于清代。此处共有4座墓，为四族家族墓葬群，梯级分布，从下至上编号为M1～M4。均为石缘土冢墓，坐东南向西北，其中M1长5、宽3.5、封土高2米，墓碑为两柱一间庑殿顶石质仿木结构，饰有浮雕花草图案，碑高2.5、宽1、厚0.3米，题记年代为咸丰五年（1855年）。M2、M3墓碑弧首，M3正书"皇清诰命一品苏太夫人千古佳城"，题记年代光绪三十四年（1908年）。

大湾头墓 位于月江镇三胜村，建于清代。该墓为石缘土冢，墓长6.8、宽4、封土高1.6米。墓碑为两柱一间庑殿顶石质仿木结构，高2.6、宽1.1、厚0.3米，两侧有抱鼓护足，题记年代不详。

石窟寺及石刻

江心月白石刻 位于月江镇三角村，开凿于清代。该石刻刻于一巨石上，只一龛，龛长 2.76、宽 0.85 米，为长方形。龛内正文隶书"江心月白"四个字，行字由右向左行，字径 0.38、字距 0.21 米，题记年代为"同治□□听重九日"。原登记名为"月亮石石刻"。因月江水电站建设，石刻填埋于护堤内。高县人民政府于 1989 年 9 月公布为文物保护单位。

安全半边寺摩崖造像　位于月江镇安全村，开凿于清代。造像分布在长 8、宽 6、距离地表高 6 米的崖壁上，竖式排列，共 4 龛，造像 9 尊。1 号龛顶为仿屋顶状，高 2.5、宽 3、进深 1.5 米；2 号龛为方形平顶，高 2、宽 2.2、进深 0.5 米。1 号龛佛像高 1 米，龛内壁有浮雕人物、动物图案。2 号龛造像 6 尊，佛高 1 米，龛内两侧有浮雕图案各一幅，下有题记，但字迹已风化不清。该处原应为半边寺，依山凿桩建寺，现寺庙建筑无存，仅见佛龛及造像。

胜天镇

古墓葬

下桥石室墓　位于胜天镇世和村，建于宋代。该墓为石室墓，坐西向东，一墓三室，三室横向并行，宽 5.4、进深 3.45、高 2 米，每室均有壁龛，壁龛宽 0.9、深 0.2、高 0.7 米。三室壁上共刻有画像 50 余龛，内容包括文官武将、老翁、虎、凤、花卉、太阳纹、书裱画轴等图案。高县人民政府于 1989 年 9 月公布为县级文物保护单位。

封顶寺崖墓群　位于胜天镇新福村，建于明代。该墓群暴露在外的有 10 座，多数被填埋。墓葬墓穴大小不一，M1 墓室较小，仅容一人曲身其中，长 1.8、宽 1.5 米，墓口高 1.2、宽 1.1 米，有墓道，顺山势呈梯形，长 2 米。M4 墓室窄小，长仅 1.2 米，且内有三级台阶。在暴露的墓葬中，均无发现有棺木及人骨，墓室内外均无其他雕刻或彩画。

渔塘湾崖墓　位于胜天镇世和村，建于明代。该墓位于一个长 10 米、高 2 米的坡坎上，坐西向东，于岩体中开凿墓室，墓口呈方形，口宽 0.8 米，墓室宽 2、进深 1.53、高 1.48 米。

马安村墓　位于胜天镇马鞍村，建于明代。该墓为石室墓，采用青条石砌筑而成，坐北向南，一墓两室，墓长 2.6、进深 0.5、高 0.8 米。

汪家村墓　位于胜天镇汪家村，建于明代。该墓为石室墓，采用青条石砌筑而成，坐东南向西北，一墓三室，墓长 3.5、进深 2.5、高 1.5 米。

耗儿湾墓群　位于胜天镇康乐村，建于明代。此处共有 10 座墓，墓室分布在康乐一组大丛林耗儿湾处一个坟山上。错位分布，从上至下，从左至右编号为 M1 ~ M10。

墓制相同，墓室均被扰乱。M3 墓室前有甬道，后有三室，四柱三开间，甬道长 3.45、宽 0.93、高 1.3 米。1 号墓室长 2.9、宽 0.93、高 0.93 米，墓室后壁有一长方形石龛。M1～M3 墓室之间有八棱角形石柱两根，在横例的一石条上可见有少数花纹，M2～M3 墓室皆与 M1 同。多数墓室被埋。

关田坝墓 位于胜天镇康乐村，建于清嘉庆二年（1797 年）。该墓为石缘土冢墓，坐西南向东北，呈半圆形，冢直径 5.8 米。共两碑，分别立于墓前和墓尾，形制相同，为两柱一开间庑殿顶石质仿木结构，前碑高 1.75、宽 2.17、厚 0.16 米，字迹风化不清。

牛鼻寺灵塔 位于胜天镇流米村，建于清嘉庆二十三年（1818 年）。此处共有 3 座墓，塔为和尚墓，六边形石质结构，五节层层上收，通高 2.6 米，底座边长 0.36 米，塔身刻有花纹、人物等图案。塔前有一碑，为两柱一开间庑殿顶石质仿木结构，通高 2.7、宽 1.35、厚 0.19 米，正书"圆寂恩师比丘（上）续（下）铭光公老和尚灵塔"。另两墓为石缘土冢，均有墓碑，形制相同。

上古坟咀墓 位于胜天镇康乐村，建于清代。此处原有 4 座墓，现存 2 座，分布在长 22、宽 11 米的古坟嘴上。两墓平行分布，从左至右编号为 M1、M2。其中 M1 为双人合葬墓，石缘土冢，长 8.7、宽 8.4、封土高 1.96 米。墓碑均为四柱三间庑殿顶石质仿木结构，其中 M1 碑高 3.9、宽 3.4、厚 0.34 米，有人物、龙、狮子等浮雕图案。正书"皇清例赠文林郎严考（诰老孺人慈妣）袁公讳维圣（蒲氏）墓"，题记年代为道光五年（1825 年）。

下古坟咀墓群 位于胜天镇康乐村，建于明清时期。此处共有 4 座墓，M1、M2、M4 为石缘土冢墓，形制相同，M3 为石室墓，均坐西北向东南。其中 M1 长 6.5、宽 4.7、封土高 1.62 米，前为素面台基，长 8、宽 1.5、高 1 米。M1、M2、M3 前有墓碑，均为四柱三开间庑殿顶石质仿木结构，其中 M1 碑顶龛刻"宝梦新"三字，刻有人物 14 幅，碑高 3.76、高 2.83、厚 0.39 米，题记年代为清道光五年（1825 年）。

臭豆腐墓群 位于胜天镇世和村，建于清代。此处共有 3 座墓，错位分布在长 18、宽 20 米的土台上，从左至右编号为 M1～M3。墓群形制基本相同，坐北向南。其中 M1 为双人合葬墓，土石缘土冢，长 4.8、宽 6.35、封土高 1.55 米，墓前有拜台，长 6.9、宽 2.7 米，拜台下有垂带式踏道 6 级。三墓均有碑，其中 M1 碑为四柱三开间庑殿顶石质仿木结构，碑上一龛刻"剑气流光"四个字，碑高 2.7、宽 2.65、厚 0.27 米，题记年代为清道光八年（1828 年）。

下桥墓 位于胜天镇世和村，建于清代。此处共有 2 座墓，均为石缘土冢墓，坐东北向西南，平行分布，从左至右编号为 M1、M2。M1 长 6.6、宽 4.45、封土高 1.9 米。墓前均有碑，为四柱三开间庑殿顶石质仿木结构，其中 M1 碑宽 3.6、高 1.8、厚 0.3

米，题记年代为清道光八年（1828年）秋。

龚尚利墓　位于胜天镇凤鸣村，建于清道光十年（1830年）。该墓为石缘土冢墓，呈八角形，坐东向西，长8、宽4.8、封土高1.6米。墓碑为四柱三开间庑殿顶石质仿木结构，高3.2、宽2.9、厚0.35米，正书"皇清例诰业儒元祖龚公讳尚利老大人佳城"。墓前有条石砌筑祭台。

段启荣墓　位于胜天镇五马村，建于清代。由主墓及前方两侧各一墓组成，主墓位于正中。主墓为石缘土冢墓，呈圆形，直径约4米，墓葬封土高2.5米，石缘高1.6米。该墓墓碑为两柱一开间庑殿顶石质仿木结构，宽约1.5、高约2.4、碑厚0.4米，正书："皇明大武侯段讳启荣公之铭□□"，墓碑右侧小字楷书记文："且夫万物本乎天人本祖吾家始祖段公大人篆启荣其无明……末世□偕教子来川叙州居高邑长子段成文娶庆邑罗公……遂改罗姓更名罗成文是成文公即吾家祖也而启荣公实吾家……与系氏不可不详也是为序"。题记年代为清道光十五年（1835年）。

姚家湾张氏墓群　位于胜天镇三河村，建于清代。该墓群坐北向南，均为石缘土冢墓，墓制大致相同，呈八角形，分两行平行排列，其中M1长6、宽3、封土高1.6米。墓前均有碑，形制也相同，其中M1碑为四柱三开间庑殿顶石质仿木结构，刻有4组戏剧人物共计28尊，题记年代为光绪二十六年（1900年）。墓群年代较早的为M5，墓碑雕刻简单，题记年代为清道光十六年（1836年）。

罗氏墓　位于胜天镇新民村，建于清道光二十二年（1842年）。该墓为石缘土冢墓，坐西向东，长4、宽3、封土高1.6米。墓碑为两柱一开间庑殿顶石质仿木结构，宽1.2、高2.3、厚0.3米，顶龛刻有四个字，墓碑正文不清。

蔡玟墓　位于胜天镇世和村，建于清道光二十三年（1843年）。该墓为石缘土冢墓，双人合葬，坐东南向西北，长5.95、宽4.7、封土高1.4米。墓碑为两柱一开间庑殿顶石质仿木结构，顶龛刻"处士坟"三字，碑高2.1、宽0.92、厚0.3米。正文书"皇清例赠文林郎显考蔡公讳玟老大人之墓"。

龚苏氏墓　位于胜天镇凤鸣村，建于清道光二十五年（1845年）。该墓为石缘土冢墓，坐北向南，长6、宽3.2、封土高1.5米。墓碑为两柱一开间庑殿顶石质仿木结构，高2.2、宽1.45、厚0.35米，碑文正书"皇清例诰龚门曾祖妣苏孺人佳城"，两侧楹联"内山外河山河同巩固；左龙右虎龙虎衍祖辈"。

天灵庵墓　位于胜天镇加嘉禾村，建于清咸丰五年（1855年）。该墓为石缘土冢墓，长5.1、宽2.7、封土高1.2米。墓碑为两柱一开间庑殿顶石质仿木结构，碑边有浮雕花纹图案，高1.6、宽1、厚0.32米。正书"清故太祖妣金戒悟□之墓"。

罗昌贵墓　位于胜天镇英鼓村，建于清同治二年（1863年）。该墓为石缘土冢墓，坐西北向东南，长6、宽3.2、封土高2米。墓碑为四柱三开间庑殿顶石质仿木结构，宽 3.2、高 3、厚 0.3 米，饰有浮雕动物、花草等，顶龛刻"毓秀钟灵"四字。

陈性果墓 位于胜天镇凤鸣村，建于清同治七年（1868 年）。该墓为石缘土冢墓，坐西北向东南，长 6.7、宽 4.8、封土高 1.7 米。墓碑为四柱三开间庑殿顶石质仿木结构，碑边刻有动物、花草等图案。顶龛刻"裕后昆"三个字。碑高 3.7、宽 2.5、厚 0.32 米。正书"皇清例诰故显妣陈戒名性果老孺人之墓"。

寨子山墓 位于胜天镇世和村，建于清光绪五年（1879 年）。该墓坐东南向西北，长 7.15、宽 3.8、封土高 1.92 米。墓碑为四柱三开间庑殿顶石质仿木结构，碑高 3.55、宽 2.8、厚 0.32 米，碑边刻有人物、花草等图案，顶龛刻"封若堂"三个字，正书"清故显考□公讳在庶老大人之墓"。

大漕张氏墓 位于胜天镇三河村，建于清代。该墓群坐西南向东北，均为石缘土冢墓，其中 M1 石缘呈八角形，长 7.8 米、宽 5、封土高 1.8。M1 碑为四柱三开间庑殿顶石质仿木结构，碑高 4、宽 2.6、厚 0.3 米，题记年代为光绪六年（1880 年）。M2 为碑为两柱一开间庑殿顶石质仿木结构，高 3、宽 2.4、厚 0.35 米。

李氏夫妇墓 位于胜天镇世和村，建于清光绪七年（1881 年）。该墓为石缘土冢墓，坐西向东，长 7、宽 4.2、封土高 1.8 米。墓碑为两柱一开间庑殿顶石质仿木结构，高 2.6、宽 1.3、厚 0.3 米。

周德隆夫妇墓 位于胜天镇新和村，建于清光绪七年（1881 年）。该墓为石缘土冢墓，坐西北向东南，长 5、宽 3.5、封土高 1.6 米。墓碑四柱三开间庑殿顶石质仿木结构，宽 2.78、高 3.5、厚 0.3 米，饰有浮雕动物、花草等图案，顶龛刻有四个字，墓碑正文风化不清。

园山包张氏墓 位于胜天镇迎祥村，建于清代。此处共有两座墓，平行分布，从左往右依次编号 M1、M2。均为石缘土冢墓，坐东北向西南，其中 M1 长 4、宽 3、封土高 1.6 米。墓前均有方形墓碑，其中 M1 墓碑宽 1、高 1.8、厚 0.15 米，墓碑正文风化不清，题记年代为光绪庚寅年（1890 年）。

周国隆墓 位于胜天镇五马村，建于清光绪二十六年（1900 年）。该墓为石缘土冢墓，坐西南向东北，长 6、宽 3、封土高 1.6 米。墓碑为两柱一开间庑殿顶石质仿木结构，两侧有护足，饰狮、虎瑞兽等图案。碑文正书"显考周公国隆之墓"，碑高 2.6、宽 2.5、厚 0.3 米。

卢广清墓 位于胜天镇铜鼓村，建于清光绪三十四（1908 年）。该墓为石缘土冢墓，坐西南向东北，长 4、宽 2.6、封土高 1.2 米。方形墓碑，宽 1、高 1.8、厚 0.1 米，墓碑正文"清故显比田母卢广清老孺人之墓"。

葡萄嘴罗氏墓 位于胜天镇安和村，建于清代。该墓为石缘土冢墓，坐西北向东南，长 5、宽 3、封土高 1.5 米。墓碑为两柱一开间庑殿顶石质仿木结构，宽 1.8、高

2.6、厚0.2米，饰有浮雕动物、花草等图案，顶龛刻有四个字，墓碑正文风化不清。

古建筑

馒头寺　位于胜天镇新福村，建于明正德十二年（1517年）。该寺坐东向西，四合院布局，西厢房已毁。正殿砖木结构，抬梁式架构硬山顶，檐下施斗拱3朵，面阔五间16.8米，进深五间7.9米，通高7米，台基高0.36米。脊檩正书"大明正德十二年岁次丁丑丙子二十日己未"。前殿穿斗式单檐硬山式屋顶，三穿四柱，面阔五间14.5米，进深三间11米，通高7米，垂带式九级台阶。高县人民政府于1989年9月公布为文物保护单位。

大宝寺　位于胜天镇共和村，建于明代。寺庙坐南向北，原为四合院布局，占地面积约1200平方米。现基础还存，正面为观音殿，两侧为药师殿、药王殿。寺始建于明成化中叶，清乾隆四十二年加建观音殿，1996年升高大雄宝殿，1997年对外开放，2001年拆除原址扩大重建。

佛真寺　位于胜天镇世和村，建于清乾隆四十四年（1779年）。该寺坐西向东，四合院布局，总占地面积800平方米。左厢房已毁，仅存山门、正殿、右厢房。正殿为木结构单檐悬山式屋顶，穿斗式梁架，四架椽屋前搭牵用四柱，面阔三间9.6米，进深三间9.3米，通高6米，素面台基高0.7米，垂带式踏道五级。正殿抬梁上书"乾隆四十四年孟六月朔十日吉旦"。右厢房为木结构悬山式屋顶穿斗式梁架。面阔四间7.3米，进深四间4.3米，通高5.8米。山门为后期新建，2002年改名为佛真寺。

罗家祠堂　位于胜天镇五马村，建于清道光十六年（1836年）。该建筑坐东北向西南，为三合院建筑形式，占地面积约2000平方米，为穿斗串架式木结构建筑。正殿面阔五间20米，进深两间13柱14.8米，红砂石台基高0.9米，屋面为小青瓦屋面，饰砖胎灰塑脊（现改为小青叠瓦脊），脊正中饰莲花宝顶，两头作吻兽。建筑内装均为木板装，明间前檐大门为千子栏配双开五抹步锦格心隔扇门，东西次间为下裙板上方格心花窗，东西梢间接东西厢房，檐口为竹编夹泥走马板；明间太师壁上部为书匾装，下部设石质案台。后檐屋面尽毁，东西厢房建筑多有改动，面阔三间9.5米，进深三间11.4米，明间设双开板门。

石窟寺及石刻

红岩湾半边寺摩崖造像　位于胜天镇农民村，开凿于明代。该造像应为原红岩湾半边寺内重要佛教造像，现寺庙建筑无存。造像开凿于距离地面约180米高的悬崖上，坐南向北共6龛，约40尊佛像。主龛3尊佛像较大，高约1.8、宽1.1米，均结跏趺坐，设不同式样莲花须弥座，龛两侧刻莲花灯台，左侧一支略残。佛龛崖壁各处分布有大小不一，但排列规律的桩孔，应为原寺庙建筑遗迹。佛龛崖壁边有红砂石围墙，现多已残，现存有青条石石山门两处，一处位于佛龛正中部，高 2.6、内空 1.2、厚 0.8 米，内侧两边有对称分布两行四个门栓孔；一处位于佛龛右侧，高 1.85、宽 2.2 米，内侧两边有一行两个门栓孔。

馒头石石窟 位于胜天镇新福村，开凿于明代。石窟位于一人工开凿而成的洞穴内，洞穴呈长方形，卷拱顶，造像沿洞内石壁一周雕刻分布二十四尊佛像，正中三佛跌坐，二佛站立，右侧九个，后两个起腿，右手掌脸，其余四个站立，右十人，前四人盘腿，其多为坐式，好似武士。

大兴岩摩崖造像 位于胜天镇五马村，明清两代均有开凿。从左至右编号 K1～K3，共有人物造像三尊。1 号龛略大，弧形顶，造像一尊，结跏跌坐于莲花须弥座上，造像高 0.9、宽 0.6 米。二号龛略小，造像似一号龛，同坐式于须弥座上，佛高 0.3、宽 0.15 米。三号龛平顶，楷书"大兴岩"三字，无造像。

牛鼻洞石窟 位于胜天镇流米村，开凿于清乾隆三十三年（1768 年）。造像位于牛鼻洞内，长 18、宽 3、高 5 米，距地表约高 25 米，总面积约 144 平方米。洞内共有 18 龛，造像形式多样，现有 43 尊。造像分布于流米洞石窟内壁上，其中 8 号龛系椭圆形，弧形顶，高 1.6、宽 2.25 米，龛内有佛 3 尊，佛像每尊高约 1.3 米，身着法袍，结跏跌坐于莲台上，正中一佛为释迦牟尼佛，左为阿难，右为迦什。洞门内北壁分上下两层，上层有"过去"、"来生"、"未来"三佛坐像，下层有"观音"、"牛王"等造像若干尊。东壁分为三层，各有"罗汉"、"玉皇"等。北窟壁有一天然裂缝（此即系传说中流米出来之处），但现已立一"观音"像堵塞，其左右"弥勒佛"、"天王"等坐立造像数尊，石窟西南部壁龛上各有"关羽"等坐立像十余尊。高县人民政府于 1982 年 11 月公布为文物保护单位。

复兴镇

古墓葬

马显恒墓 位于复兴镇仁共村，建于清嘉庆五年（1800 年）。该墓为石缘土冢墓，坐东向西，长 5、宽 3.2、封土高 1.4 米。墓碑为两柱一开间庑殿顶石质仿木结构，高 2、宽 1.1、厚 0.16 米，碑文正书"皇清待诰显妣马显恒老孺人之墓"。

桂花咀墓 位于复兴镇治安村，建于清嘉庆五年（1800 年）。该墓为石缘土冢墓，坐东向西，长 5、宽 3.2、封土高 1.4 米。墓碑为两柱一开间庑殿顶石质仿木结构，高 2、宽 1.1、厚 0.16 米，碑文正书"皇清例诰兹始祖罗□□□□之墓"。

郑远明墓　位于复兴镇群乐村，建于清嘉庆二十年（1815 年）。该墓为石缘土冢墓，长 6.2、宽 3.2、封土高 1.65 米。墓碑为两柱一开间庑殿顶石质仿木结构，碑高1.8、宽 1、厚 0.1 米，正书"清例诰雷母郑远明老孺人之墓前位"。

罗家湾罗氏墓　位于复兴镇白鹤村，建于清道光四年（1824 年）。该墓为石缘土冢墓，长 5.2、宽 3.4、封土高 1.5 米。墓碑为两柱一开间庑殿顶石质仿木结构，碑高1.8、宽 1、厚 0.2 米，正书"清故慈妣罗母詹悟圆老太君之墓"。

包顶上何氏墓　位于复兴镇大鹅村，建于清道光七年（1827 年）。该墓为土冢墓，坐西向东，长 5、宽 2.8、封土高 1.8 米。墓碑为两柱一开间庑殿顶石质仿木结构，碑高 2.8、宽 1.2、厚 0.35 米，碑文正书"皇清待诰何母严老□□□□□□"，楹联为"长留慈惠庇孙曾；不坠精魂游造化"。

何鼎禹墓　位于复兴镇大鹅村，建于清道光八年（1828 年）。该墓为石缘土冢墓，坐西南向东北，长 8、宽 5.1、封土高 2.5 米。墓碑为两柱一开间庑殿顶石质仿木结构，碑高 2.8、宽 1.5、厚 0.4 米，碑文正书"皇清待赠显考何公讳鼎禹老大人之墓"，楹联为"瑞映三台开甲弟；祥业万代蔚人文"。

何映潭墓　位于复兴镇娱乐村，建于清代。该墓为土冢墓，坐西南向东北，冢长4.5、宽 2.4、封土高 1.5 米。墓碑为两柱一开间庑殿顶石质仿木结构，碑高 2.4、宽1.1、厚 0.2 米，碑文正书"何公映潭之墓"，额书"世代营昌"，楹联为"韩国宗支隆万古；庆阳基业振千秋"。题记年代只可见"道光"字样。

雷万德墓　位于复兴镇群乐村，建于清道光十三年（1833 年）。该墓为石缘土冢墓，长 5.8、宽 3.4、封土高 1.5 米。墓碑为两柱一开间庑殿顶石质仿木结构，碑高1.8、宽 1.5、厚 0.3 米，正书"皇清例赠显考雷讳万德大人之墓"。

詹思道墓　位于复兴镇陈正村，建于清道光十七年（1837 年）。该墓为土冢墓，坐西南向东北，长 4、宽 2.6、封土高 1.6 米。墓碑为两柱一开间庑殿顶石质仿木结构，碑高 2.3、宽 1.2、厚 0.3 米，碑文正书"皇清待赠故显考詹公讳思道老大人之墓"。

红须湾张氏墓　位于复兴镇仁共村，建于清道光二十三年（1843 年）。该墓为石缘土冢墓，坐西南向东北，长 9.3、宽 6、封土高 1.8 米。方形墓碑，高 1.2、宽 2.4、厚0.35 米，额书"□无疆"，楹联为"营成虎穴千秋□；脉卜牛眠百世昌"。

炮房头戴氏墓　位于复兴镇群乐村，建于清咸丰三年（1853 年）。该墓为石缘土冢墓，长 6.8、宽 3.8、封土高 1.6 米。墓碑为两柱一开间庑殿顶石质仿木结构，碑高2.4、宽 1.1、厚 0.2 米，正书"故显考戴公讳天□老大人之墓"。

胡悟园墓　位于复兴镇群乐村，建于清咸丰九年（1859 年）。该墓为石缘土冢墓，长 7、宽 3.4、封土高 1.5 米。墓碑为两柱一开间庑殿顶石质仿木结构，碑高 1.7、宽1.1、厚 0.2 米，正书"清故萧母胡悟园之墓"。

李步福墓 位于复兴镇群乐村，建于清同治十三年（1874 年）。该墓为石缘土冢墓，长 6.8、宽 4.6、高 1.65 米。墓碑为四柱三开间庑殿顶仿木结构，碑高 1.8、宽 3.8、厚 0.3 米，正书"清故显考李公讳步福之墓"。

张士品墓 位于复兴镇仁共村，建于清代。此处共 2 座墓，平行分布，从左至右编号为 M1、M2，均为石缘土冢墓，坐北向南。M1 长 6.2、宽 4、封土高 1.45 米，墓碑为四柱三开间庑殿顶仿木结构，饰有浮雕人物、动物、花草等图案，额书"佳城永固"四字，碑高 3、宽 3.4、厚 0.16 米，题记年代只可见"光绪"字样，具体年代不详。

罗世禄墓 位于复兴镇群乐村，建于清光绪三年（1877 年）。该墓为石缘土冢墓，长 6.4、宽 3.4、封土高 1.5 米。墓碑弧首，高 1.6、宽 1.1、厚 0.1 米，正书"清故显考罗世禄□□□□□"。

罗其俸墓 位于复兴镇白鹤村，建于清光绪五年（1879 年）。该墓为石缘土冢墓，长 6.4、宽 4、封土高 1.7 米。墓碑为两柱一开间庑殿顶石质仿木结构，碑高 3.1、宽 3、厚 0.3 米，墓碑两侧有护足抱鼓石，正书"清故显考罗公讳其俸老大人墓"。

张普慧墓 位于复兴镇群乐村，建于清光绪五年（1879 年）。该墓为石缘土冢墓，长 6.5、宽 3.2、封土高 1.6 米。墓碑为两柱一开间庑殿顶石质仿木结构，碑高 1.8、宽 1.6、厚 0.3 米，正书"清故显妣李母张法讳普慧孺人之墓"。

周福亮墓 位于复兴镇白鹤村，建于清光绪五年（1879 年）。该墓为石缘土冢墓，长 6.4、宽 4、封土高 1.6 米。墓碑为两柱一开间庑殿顶石质仿木结构，碑高 3、宽 2.6、厚 0.3 米，正书"清故慈妣罗母周福亮老孺人墓"。

圆水井赵氏墓 位于复兴镇娱乐村，建于清光绪二十四年（1898 年）。该墓为石缘土冢墓，长 6.2、宽 4、封土高 1.6 米。墓碑为两柱一开间庑殿顶石质仿木结构，碑高 3、宽 1.8、厚 0.3 米，正书"故赵母张老孺人墓"。

苗子坳雷氏墓 位于复兴镇群乐村，建于清代。该墓为石缘土冢墓，长 5.8、宽 3.6、封土高 1.5 米。墓碑为两柱一开间庑殿顶石质仿木结构，碑高 1.7、宽 1、厚 0.4 米，正书"清故显考修职郎雷公讳□□□□□"，题记年代不详。

石窟寺及石刻

一口钟石刻 位于复兴镇上坝村，开凿于 1965 年。该石刻凿于郝家村水库一口钟引水渠桥上，龛长 12、宽 1.2、深 0.2 米，阴刻宋体"伟大的中国共产党万岁，伟大的领袖毛主席万岁"。

近现代重要史迹及代表性建筑

七仙湖水库 位于复兴镇白鹤村，建于 1958 年。该水库始建于 1958 年"大跃进"

时期，由龙洞、沙河、复兴、黄沙等乡群众共同修建，水库面积24.11平方千米，总库容1835.2万立方、坝高27.5米，坝顶长130米，枢纽由拦水大坝、溢洪道、放空、取水建筑物等组成，是一座以农业灌溉为主，有防洪排涝、生产生活供水等综合效能的中型水利工程。

趱滩乡

古墓葬

旧屋基墓　位于趱滩乡天星村，建于明代。该墓为石室墓，采用条石砌筑而成，一墓九室，长15.7、进深3.2、高1.7米，该墓为高县迄今为止发现的规模最大的石室墓。

深基湾墓　位于趱滩乡龙旺村，建于明代。该墓为石室墓，采用条石砌筑而成，一墓四室，长7.2、进深3.8、高1.3米。

徐刘氏墓　位于趱滩乡光明村，建于清道光十一年（1831年）。该墓为石缘土家墓，长5.2、宽3、封土高0.5米。墓碑为两柱一开间庑殿顶石质仿木结构，碑高2.6、宽1.8、厚0.3米，正书"徐母刘太君墓"。

桥坎上杨氏墓　位于趱滩乡光明村，建于清代。此处共2座墓，从右至左编号M1、M2。均为石缘土家墓，其中M1长8.2、宽4、封土高1.6米，墓碑为两柱一开间庑殿顶石质仿木结构，碑高1.9、宽1.2、厚0.4米，正书"皇清待赠帮显考杨公讳在嵩孝大人之墓"，题记年代为道光十五年（1835年）。

刘青山夫妇墓　位于趱滩乡光明村，建于清道光十七年（1837年）。该墓为土家墓，墓前缘用条石砌筑呈"八"字形边缘，边缘长8米。墓碑为两柱一开间庑殿顶石质仿木结构，宽3.6、高2.4、厚0.3米，碑文阴刻"皇清恩赐正八品刘公讳青山（母江惠明）老府君（孺人）之墓"。

徐儒尊夫妇墓　位于趱滩乡光明村，建于清咸丰二年（1852年）。该墓为石缘土家墓，长7、宽5.2、封土高1.5米。墓碑为四柱三开间庑殿顶仿木结构，高3.4、宽4.2、厚0.4米，正书"显考（妣）徐公讳儒尊（母严海源）老府（太）君墓"。

柏香林刘氏墓　位于趱滩乡光明村，建于清代。该处共有2座石缘土家墓，其中M1长6.4、宽3.8、封土高1.4米。墓碑为四柱三开间庑殿顶仿木结构，高4、宽3.2、厚0.4米，正书"皇清待赠帮显考刘公讳忠玉大人之墓"，题记年代为同治三年（1864年），局部饰浮雕花草图案。

坟湾头墓　位于趱滩乡新油村，建于清代。该墓现情况不明，仅从石马推定墓葬，墓碑已缺，墓前石马一对，高0.8、长1.2米，雕刻精细，栩栩如生。

古建筑

王爷庙码头 位于趲滩乡民乐社区，建于明清时期。该码头用条石砌筑而成，由码头和垂带式台阶组成。从条石垒砌方式可以将码头分为两个时期建筑物，码头上方与街道临接处条石砌筑方式属明代建筑，码头及下方梯带，因长年水浸，由清代加以维修，有清代风格特点。

节烈一门坊 位于趲滩乡民乐社区，建于清光绪二十七年（1901年）。牌坊为石质仿木结构，四柱三开间三檐歇山顶，顶上二龛刻有"圣旨"和"节烈一门"以及戏剧人物、花草等图案。通高8.2、宽6.2米。

趲滩老街 位于趲滩乡民乐社区，建于清代。老街用青石板错缝铺作而成，曲折蜿蜒，道宽4.5、长约200余米，道路两侧均为穿斗式串架木结构老房，古拙典雅，是清代区域性商贸集市。

羊田乡

古墓葬

大岩洞崖墓群 位于羊田乡羊田村，建于明代。该崖墓群坐东向西，共4个墓穴，平行分布，从左至右编号为M1～M4。墓群分布在高10、宽20米的大岩洞崖壁上，墓群距离地面高约3米。均为横穴式，墓口呈长方形。其中M1墓口长2.8、高1、进深1.3米。墓室内呈长方形。

山谷地墓群 位于羊田乡大坪村，建于清代。该墓群坐西南向东北，分布在一长20、宽30米的山丘上，墓冢形制基本相同，四周用条石砌成，土冢。其中M1长6.4、宽4.5米，封土高1.9米，碑为四柱三开间庑殿顶石质仿木结构，碑宽2.8、高4米，厚0.35米，顶上龛"根深叶茂"四字，下面有一对浅浮雕凤凰图，题记年代为道光十一年（1831年）。

大黄田王氏墓 位于羊田乡羊田村，建于清同治五年（1866年）。该墓为石缘土冢墓，坐西向东，长6.3、宽3.6、封土高1.8米。墓碑为两柱一开间庑殿顶石质仿木结构，宽1、高2.5、厚0.35米。

马鞍山萧氏墓 位于羊田乡羊田村，建于清光绪二年（1876年）。该墓为石缘土冢墓，坐西南向东北，长8、宽4、封土高1.5米。方形墓碑，高1.8、宽0.7、厚0.2米。

龙家坝墓群 位于羊田乡合理村，建于清代。该墓群坐西南向东北，共20座，编号 M1～M20，墓葬分布在宋江河两岸二级台地上，其形制基本相同。M1 为石缘土冢墓，双人合葬，长 6.5、宽 6.2、封土高 2.3 米。此处共有 5 座墓有碑，M1 碑为两柱一开间庑殿顶石质仿木结构，高 2.8、宽 2.4、厚 0.28 米，刻有龙凤、花草等图案，题记年代为光绪八年（1880 年）。

火烧榜墓群　位于羊田乡前哨村，建于清代。该墓群坐西向东，共 40 座，M1～M40 分布在火烧榜二级台阶 1500 米范围内。形制基本相同，其中 M3 为石缘土冢墓，双人合葬，长 7.1、宽 4.1、高 1.8 米。此处共有 8 座墓有碑，M3 碑为四柱三开间庑殿顶石质仿木结构，高 3.7、宽 3.6、厚 0.38 米，碑边刻有花草、人物、龙凤图案，题记年代为光绪甲申年（1884 年）。

龙井湾墓群　位于羊田乡大坪村，建于清代。该墓群坐西南向东北，分别在一小坟山坡上，共 6 座，分三级排列，墓群总面积 180 平方米。M1～M6 形制基本相同，均为石缘土冢墓，其中 M2 为双人合葬墓，长 7.1、宽 5.5、封土高 2.5 米，墓碑为两柱一开间庑殿顶石质仿木结构，碑边刻有动物、花草等图案，碑高 2.7、宽 1.1、厚 0.2 米，题记年代为清光绪十年（1884 年）。

郑家湾石氏墓　位于羊田乡光辉村，建于清代。此处共 2 座墓，均为石缘土冢墓，坐西向东。其中 M1 长 5.6、宽 2.6、高 1.7 米。碑宽 1.1、高 2.6、厚 0.5 米，题记年代不详。M2 与 M1 形制基本相同，题记年代为光绪甲申年（1884 年）。

杨惠源墓　位于羊田乡羊田村，建于清光绪十九年（1893 年）。该墓为石缘土冢墓，坐西南向东北，长 5.7、宽 3、封土高 2 米。墓碑为两柱一开间庑殿顶石质仿木结构，刻有龙、人物、花草、动物等图案，顶龛刻"瓜瓞绵绵"四字。

段普智墓　位于羊田乡羊田村，建于清代。该墓坐西南向东北，长 4.2、宽 3.1、封土高 1.9 米。墓碑为两柱一开间庑殿顶石质仿木结构，高 2、宽 1.2、厚 0.35 米，碑上刻有花草、人物等图案，顶龛刻"克昌厥后"四字，正书"皇清故显妣陈母段普智老孺人之墓"。

普明墓　位于羊田乡羊田村，建于清代。该墓为石缘土冢墓，坐东北向西南，长 4.8、宽 3.2、封土高 2.2 米。墓碑为四柱三开间庑殿顶石质仿木结构，碑上刻有花草、动物图案，碑文风化不清。

狮子桥墓　位于羊田乡羊田村，建于清代。此处共有 2 座墓，平行分布，从左至右编号为 M1、M2。两墓形制相同，均为石缘土冢墓，均坐西向东，墓群长 7.4、宽 6.8。每个墓宽 2.7 米，长 6.8、高 1.8 米。墓碑均为弧首单碑，碑宽 0.75、高 1.5、厚 0.1 米。

沙河咀刘氏墓　位于羊田乡羊田村，建于清代。此处共有 2 座墓，平行分布，从左至右编号为 M1、M2。两墓形制相同，均为石缘土冢墓，长 5.7、宽 4、封土高 1.6 米。

墓碑形制不一，M1 碑为弧首单碑，M2 碑为方形单碑，其中 M2 墓碑宽 0.7、高 1.4、厚 1.5 米。

廖氏墓　位于羊田乡中心村，建于清代。该墓为石缘土冢墓，坐东向西，长 5.4、宽 3、封土高 2 米。墓碑为两柱一开间庑殿顶石质仿木结构，宽 1.2、高 2.2、厚 0.4 米。

刘福德墓　位于羊田乡中心村，建于清代。该墓坐西南向东北，长 6.2、宽 2.5、封土高 1.8 米。墓碑为两柱一开间庑殿顶石质仿木结构，高 2.4、宽 1.8、厚 0.4 米，碑上刻有花草、人物图案。

王家村墓　位于羊田乡羊田村，建于清代。此处共有 2 座墓，坐西向东，平行分布，从左至右编号为 M1、M2。两墓均为石缘土冢墓，其中 M1 长 4.6、宽 3.2、封土高 2.2 米。两墓均有墓碑，墓碑弧首，嵌入石缘内，宽 0.7、高 1.3 米，碑面用泥塑，碑上刻有花草、楹联等图案，大部分已损毁。

落仲墓群　位于羊田乡大坪村，建于清代。该墓群坐西北向东南，墓葬形制基本相同。其中 M1 长 6.2、宽 5.1、封土高 1.8 米，墓碑为两柱一开间庑殿顶石质仿木结构，高 2.2、宽 2、厚 0.35 米，刻有花草图案。M2 长 5.3、宽 2.6、封土高 1.6 米，墓碑宽 2.2、高 2.4、厚 0.45 米，刻有花草图案。

天堂坝墓群　位于羊田乡华丰村，建于清代。该墓群坐南向北，共 8 座。M1 为条石砌成，墓长 7、宽 4、封土高 2.2 米。该墓群共有 4 座碑，其中 M1 碑为四柱三开间庑殿顶石质仿木结构，高 4.5、宽 3.7、厚 0.38 米，碑上刻有龙凤、兵器、花草等图案，顶龛刻"即炳千秋"四个字。

磨盘田陈氏墓　位于羊田乡前哨村，建于清代。该墓群坐西南向东北，位于一小山丘中部一平台，其中 M1 长 7.6、宽 4、封土高 2.2 米。碑为四柱三开间庑殿顶仿木结构，碑宽 4、高 3.2、厚 0.4 米，碑上刻有花草、人物等图案，碑柱两边分别刻有"福"、"寿"二字。

石盛麟墓　位于羊田乡光辉村，建于清代。该墓为石缘土冢墓，坐西向东，长 4.5、宽 3、封土高 2.2 米。墓碑为两柱一开间庑殿顶石质仿木结构，碑边刻有龙、人物、花草等图案，顶上龛有"万在其昌"四个字。

仁家安墓群　位于羊田乡光辉村，建于清代。此处共有 3 座墓，分布在一坡地约 200 平方米范围内。其中 M2 为条石砌成，坐南向北，长 3.5、宽 2.5、封土高 2 米。该墓群有 2 座墓碑，M2 为二柱一开间庑殿顶石质仿木结构，碑边刻有花草和二龙戏珠图，顶龛刻"万古佳城"四字。

古建筑

花单桥　位于羊田乡大坪村，建于清代。该桥为西南—东北走向，为单拱石桥，长 19.3、宽 5.1、高 5.9、拱高 5.2 米，桥面微呈弧形，两端踏步各 5 级，用条石铺成，无栏杆。

黑旺溪桥　位于羊田乡华丰村，建于清代。该桥为单拱石桥，南北走向，无栏杆，长 21、宽 5.4、高 6、跨度 10.35、拱高 5.1 米，桥面微呈弧形，用条石铺成。桥拱边刻有鸟、花草、月和三尾鱼等图案。桥南有碑一通，但字迹已漫漶不清。

甲子上碉楼　位于羊田乡合理村，建于清代。该碉楼坐东北向西南，长 5.4、宽 6.7、高 5 米。原为一楼一底，下为储存财物，上为应对土匪作战用。

石窟寺及石刻

李家坳功德碑　位于羊田乡华丰村，立于清光绪二十二年（1896 年）。该碑坐西向东，宽 0.7、高 1.5、厚 0.1 米，位于李家庙二级坡一平台上，碑文内容主记捐款修庙事记。

近现代重要史迹及代表性建筑

羊田大桥　位于羊田乡大坪村，建于 1972 年。该桥为石质结构，共 6 拱，桥长 108、宽 5.4、高 12 米。桥用条石作栏杆，栏杆上两边分别有 10 块毛主席语录牌，每块长 1.2、高 0.75、厚 0.15 米。桥上栏杆两边 10 块语录牌背面刻有"伟大的中国共产党万岁，伟大的领袖毛主席万岁"字样。桥面现已改为水泥桥面。

落润乡

古墓葬

寒耳洞崖墓　位于落润乡五星村，建于明代。该墓凿于天然崖壁上，单室横穴。墓口距离地面高约 5.8 米，呈长方形，宽 2.6、高 1 米，墓口上部有"八"字形风雨槽。

新鱼池坡崖墓　位于落润乡五星村，建于明代。该墓凿于天然崖壁上，墓室平顶，长 2.38、宽 1、高 0.9 米。墓口距离地面高约 8 米，呈长方形，墓口高 0.95、宽 0.7 米。

疯子岩崖墓　位于落润乡高兴村，建于明代。该崖墓现存 10 多个桩点，分布在长 20、高 10 米的岩石上。

阳红墓　位于落润乡阳红村，建于明代。该墓为石室墓，采用青条石砌筑而成，该墓坐西北向东南，一墓五室，长 6、深 2.5、高 1.3 米。

黄桷坎李氏墓　位于落润乡阳红村，建于清乾隆五十四年（1789 年）。该墓为石缘土冢墓，坐西向东。墓碑为两柱一开间庑殿顶石质仿木结构，宽 0.8、高 1.2、厚 0.2 米。

老塘湾王氏墓　位于落润乡国安村，建于清嘉庆二十五年（1820 年）。该墓为石缘土冢墓，坐北向南，长 5、宽 3.5、封土高 1.6 米。墓碑为四柱三开间庑殿顶石质仿木结构，宽 3、高 2.5、厚 0.2 米，饰有浮雕动物、花草等图案，顶龛刻有四个字。

田黄氏墓　位于落润乡前锋村，建于清代。该墓为石缘土冢墓，坐西北向东南，长 5、宽 3、封土高 1.5 米。墓碑为四柱三开间庑殿顶石质仿木结构，宽 2.8、高 3.4、厚 0.4 米，饰有浮雕动物、花草等图案，顶龛刻有四个字。题记年代只可见"道光"字样。

点灯包周氏墓　位于落润乡五星村，建于清道光十七年（1837 年）。该墓为土冢墓，长 6、宽 2.6、封土高 1.5 米。墓碑为两柱一开间庑殿顶石质仿木结构，高 2.2、宽 1.1、厚 0.3 米，正书"皇清待诰故显妣周门心德老孺人墓"。

张见高墓　位于落润乡华光村，建于清道光二十九年（1849 年）。该墓为土冢墓，墓碑为四柱三开间庑殿顶石质仿木结构，碑高 2.6、宽 4.6、厚 0.3 米，正书"皇明例授高州儒学正堂正八品故始祖张讳见高□□□□□□"。

杨悟莲墓　位于落润乡五星村，建于清同治十年（1871 年）。该墓为石缘土冢墓，长 6.4、宽 3.6、封土高 1.4 米。墓碑为两柱一开间庑殿顶石质仿木结构，高 2、宽 1、厚 0.3 米，正书"皇清待诰显妣周母法名杨悟莲老孺人墓"。

周天开墓　位于落润乡花红村，建于清光绪二年（1876 年）。该墓为石缘土冢墓，坐西向北，长 5、宽 2.8、封土高 1.2 米。墓碑为两柱一开间庑殿顶石质仿木结构，宽 2、高 3、厚 0.3 米，饰有浮雕动物、花草等图案，顶龛刻有四个字。

袁登琅墓　位于落润乡振武村，建于清光绪四年（1878 年）。该墓为石缘土冢墓，坐南向北，长 5、宽 3、封土高 1.8 米。墓碑为两柱一开间庑殿顶石质仿木结构，宽 1、高 1.8、厚 0.3 米。

侯品先墓　位于落润乡榜上村，建于清光绪四年（1878 年）。该墓为石缘土冢墓，坐东北向西南，长 5、宽 2.6、高 1.6 米。墓碑为两柱一开间庑殿顶石质仿木结构，宽 2、高 2.5、厚 0.3 米，饰有浮雕动物、花草等图案，顶龛刻有四个字。

犁子坪陈氏墓　位于落润乡普照村，建于清光绪五年（1879 年）。该墓为石缘土冢墓，长 7.2、宽 3.8、封土高 1.6 米。墓碑为两柱一开间庑殿顶石质仿木结构，高 3.4、宽 1.1、厚 0.3 米，墓碑正文不详。

黄楠寨周氏墓　位于落润乡五星村，建于清光绪五年（1879 年）。该墓为石缘土冢墓，墓制不详。前有墓碑，墓碑为两柱一开间庑殿顶石质仿木结构，高 2.4、宽 1.1、厚 0.3 米，正书"皇清待赠故显考周公□□□□□□"。

寨子上墓　位于落润乡红星村，建于清代。此处共有 2 座墓，平行分布，从左至右编号 M1、M2，分布在东南长 100、上下宽为 50 米的坡地上，均用条石砌成，墓向西南。其中 M1 长 2.3、宽 1.5、封土高 1.8 米，题记为光绪六年（1880 年）。

黄泥傍韦氏墓　位于落润乡大楠村，建于清代。此处共有 2 座墓，平行分布，从左至右编号 M1、M2，均为石缘土冢墓。其中 M1 长 7.2、宽 3.6、封土高 1.8 米。墓碑均为弧首单碑，其中 M1 碑高 2、宽 1.1、厚 0.3 米，正书"皇清钦赐正八品故显考韦公讳大俸老大人之墓"，题记年代为光绪十年（1884 年）。

侯乃先墓　位于落润乡大楠村，建于清光绪二十年（1894 年）。该墓为石缘土冢墓，长 7.2、宽 4、封土高 2 米。墓碑为四柱三开间庑殿顶仿木结构，高 1.4、宽 3.6、厚 0.3 米，正书"清待赠故显考侯公讳乃先老大人之墓"。

河坝头袁氏墓　位于落润乡湾滩村，建于清光绪二十五年（1899 年）。该墓为石缘土冢墓，长 6.2、宽 3.6、封土高 1.5 米。墓碑为两柱一开间庑殿顶石质仿木结构，高 1.6、宽 0.9、厚 0.25 米。

大傍上墓群　位于落润乡大楠村，建于清代。该墓群共 3 座，品字形分布，从左至右编号 M1～M3。均为石缘土冢墓，长 5.7、宽 2.6、高 2 米。M1 碑为四柱三开间庑殿顶仿木结构，高 3.7、宽 2.1、厚 0.2 米，碑上刻有 26 幅人物、花草等图案，题记年代为清光绪三十年（1904 年）。M2、M3 碑为弧首单碑。

侯敬仁墓　位于落润乡榜上村，建于清光绪三十年（1904 年）。该墓为石缘土冢墓，坐东北向西南，长 5、宽 2.6、封土高 1.6 米。墓碑为两柱一开间庑殿顶石质仿木结构，宽 2、高 4、厚 0.3 米，饰有浮雕人物、动物、花草等图案，顶龛刻有字。

周正惠墓　位于落润乡大楠村，建于清宣统元年（1909 年）。该墓为石缘土冢墓，长 6.8、宽 4、封土高 1.7 米。墓碑为两柱一开间庑殿顶石质仿木结构，高 3.6、宽 1.2、厚 0.3 米，正书"皇故显考周公讳正惠大人墓"。

竹林坳墓　位于落润乡普照村，建于清代。此处共有 2 座墓，平行分布，从左至右编号 M1、M2，均为石缘土冢墓。其中 M1 长 6.4、宽 3.4、封土高 1.5 米。墓碑为两柱一开间庑殿顶石质仿木结构，其中 M1 碑高 2.6、宽 1、厚 0.3 米，碑文不详。

街上墓　位于落润乡红星村，建于清代。该墓为石缘土冢墓，墓葬规模不详。墓碑为四柱三开间庑殿顶仿木结构，高 3.2、宽 4、厚 0.3 米，碑文风化不清。

响水洞墓　位于落润乡华光村，建于清代。该墓为石缘土冢墓，长 8、宽 4.2、封土高 1.5 米。墓碑为两柱一开间庑殿顶石质仿木结构。

古建筑

天星桥石板道　位于落润乡普照村，建于清代。该古道为青石板铺作而成的山道，路面宽0.5米，保存尚完整道路长约1.2千米，沿山路盘曲至山顶。此古道为清代高洲（今高县）到天星桥的主干道，系高洲（今高县）至云南马山的必经之路。

石窟寺及石刻

山王石虎画像 位于落润乡普照村，凿于清光绪四年（1878年）。该石刻画像是在石壁上线刻"虎"形画像，长3.7、高1.35、腰直径0.92、前足长0.75、后足长0.65、尾长1.5米。

漾溪乡

古墓葬

蛮洞岩崖墓 位于漾溪乡二河村，建于明代。该墓单门楣直穴式崖墓，为东南向，墓口高0.85、宽0.79、厚0.23米，墓室平顶，长2.5、宽1.6、高0.9米，有阴刻花纹，该墓葬形制与南广河流域崖墓群形制相同，故断代为明代。

深基坡墓群 位于漾溪乡二河村，建于明代。该墓群为石室墓群，共4座，错位分布，从左至右编号为M1～M4。分布在一坡地上，墓葬形制相同，其中M1为一墓两室，长4、高1.2、深3米，室内后壁有龛。

屋基匾墓 位于漾溪乡金村，建于明代。该墓为石室墓，坐南向北。一墓两室，用条石砌筑而成，平面呈长方形，长3.2、进深3、高1.2米。

石梯墓 位于漾溪乡石梯村，建于明代。该墓为石室墓，采用青条石砌筑而成，墓坐北向南，一墓五室，墓长3、进深1.8、高1.2米。

上水竹林墓 位于漾溪乡二河村，建于清嘉庆十七年（1812年）。该墓为石缘土冢墓，长5.75、宽4.3、封土高1.3米。墓碑为四柱三开间庑殿顶石质仿木结构，高2.75、宽2.4、厚0.24米，刻有动物、花草等图案，顶龛刻"回龙照穴"四字。

上长坡墓 位于漾溪乡大山村，建于清嘉庆二十年（1815年）。该墓为石缘土冢墓，长4.75、宽1.65米，墓葬周围有单檐砌围墙，墙壁有16龛，龛上刻有人物、动物、花草等图案，表面台基高1、长10米，垂带式踏道4级。墓碑为四柱三开间庑殿顶石质仿木结构，刻有人物、动物、花草等图案，顶龛刻有"崇封峙立"四字，碑高3.6、宽3、厚0.36米。

开口路墓 位于漾溪乡青冈村，建于清代。此处共2座墓，一字形排开，从右至左编号M1、M2，均为石缘土冢墓。其中M1长5.6、宽3.8、封土高1.6米，墓碑为两柱一开间庑殿顶石质仿木结构，碑文阴刻"萧母刘孺人墓"，墓碑枋上饰有花草、动物等浮雕图案。M2 墓碑为弧首单碑，题记年代为为道光六年（1826 年）。

黑色庄墓　位于漤溪乡青冈村，建于清道光七年（1827 年）。该墓为石缘土冢墓，长 9、宽 5.2、封土高 1.5 米。墓碑为两柱一开间庑殿顶石质仿木结构，高 1.9、宽 1.2、厚 0.2 米，碑文风化不清。

老房子王氏墓群　位于漤溪乡青冈村，建于清代。此处共有 4 座墓，从右至左编号分别为 M1～M4。均为石缘土冢墓，其中 M1 长 6.2、宽 3.2、封土高 1.5 米，墓碑为庑殿顶两柱一间石质枋木结构，高 2.4、宽 1.2、厚 0.2 米，题记年代为道光十二年（1832 年）。

刘李氏墓　位于漤溪乡新房村，建于清道光十二年（1832 年）。该墓为石缘土冢墓，坐东北向西南，长 5、宽 3.5、封土高 1.5 米。墓碑为四柱三开间庑殿顶石质仿木结构，宽 2.8、高 2.2、厚 0.3 米，饰有浮雕动物、花草等图案，顶龛刻"永言孝思"四个字，墓碑正文"刘母李太君墓"。

雷打石墓　位于漤溪乡青冈村，建于清代。此处共 2 座墓，从左至右编号 M1、M2。均为石缘土冢墓，其中 M1 长 6.2、宽 3、封土高 1.5 米。墓前均有碑，为两柱一开间庑殿顶仿木结构，其中 M1 高 2.8、宽 1.2、厚 0.3 米，题记年代为道光十四年（1834 年）。

刘红秀夫妇墓　位于漤溪乡金村，建于清道光十七年（1837 年）。该墓为石缘土冢墓，坐北向南，长 6.8、宽 4、封土高 1.6 米。方形墓碑，高 1.5、宽 1、厚 0.15 米，正书"显考刘仁秀（姒罗妮莲）墓"。

谢妙惠墓　位于漤溪乡大山村，建于清道光十八年（1838 年）。该墓为石缘土冢墓，长 5.4、宽 3.6、封土高 1.9 米。墓碑为两柱一开间庑殿顶石质仿木结构，高 2.1、宽 1.2、厚 0.3 米，正书"清彭母谢妙惠墓"。

龙花厂墓　位于漤溪乡大山村，建于清道光十九年（1839 年）。该墓为石缘土冢墓，墓长 6.2、宽 3.4、封土高 1.2 米。墓碑为两柱一开间庑殿顶石质仿木结构，碑高 2、宽 2.6、厚 0.3 米。

曹普怀墓　位于漤溪乡金村，建于清道光十九年（1839 年）。该墓为石缘土冢墓，坐南向北，长 6.6、宽 4.2、封土高 1.5 米。墓碑为两柱一开间歇山顶石质仿木结构，高 2、宽 1.2、厚 0.3 米，正书"孙母曹普怀墓"。

彭荣兴墓　位于漤溪乡大山村，建于清道光二十年（1840 年）。该墓为石缘土冢墓，长不详，宽 3.8、封土高 1.2 米。墓碑为两柱一开间庑殿顶石质仿木结构，高 2、宽 1.1、厚 0.3 米，正书"清彭公荣兴墓"。

罗明泰墓　位于漤溪乡新华村，建于清咸丰三年（1853 年）。该墓为石缘土冢墓，坐东南向西北，长 4、宽 2.6、封土高 1 米。墓碑为两柱一开间庑殿顶石质仿木结构，宽 1.2、高 2.2、厚 0.15 米，顶龛刻有四个字。

下水竹林墓 位于漤溪乡二河村，建于清代。墓葬分布在下水竹林长 20、宽 17 米范围内，形制基本相同。其中一墓为双人合葬，土冢条石砌成，长 9.4、宽 4、封土高 2 米，墓碑为两柱一开间歇山顶石质仿木结构，碑高 3、宽 1.6、厚 0.24 米，刻有花草及双凤朝阳等。题记年代为光绪十年（1884 年）。

刘顺魁墓 位于漤溪乡大山村，建于清光绪十年（1884 年）。该墓为石缘土冢墓，长 7、宽 4、封土高 2 米。墓碑为两柱一开间庑殿顶石质仿木结构，碑高 3.2、宽 1.4、厚 0.3 米，正书"显考刘顺魁墓"。墓左前方 2 米处有一石厥。

严仲锦墓 位于漤溪乡青冈村，建于清光绪三十四年（1908 年）。该墓为石缘土冢墓，长 6.8、宽 4、封土高 1.5 米。墓碑为两柱一开间庑殿顶石质仿木结构，碑文阴刻"显考严公讳仲锦□□□□□"。

李正兴墓 位于漤溪乡金村，建于清代。该墓为石缘土冢墓，长 7.2、宽 3.4、封土高 1.7 米。墓碑为两柱一开间庑殿顶石质仿木结构，高 2.8、宽 2.4、厚 0.3 米，正书"显考李正兴墓"，题记年代不详，两翼有抱鼓护足，饰动物、花草等图案。

山脚下何氏墓 位于漤溪乡高石村，建于清代。该墓为石缘土冢墓，坐西南向东北，长 3、宽 2.6、封土高 1.5 米。墓碑为四柱三开间庑殿顶石质仿木结构，宽 2.6、高 1.6、厚 0.2 米，饰有浮雕动物、花草等图案，顶龛刻有四个字。题记年代不详。

古建筑

碟子坳民居 位于漤溪乡大山村，建于清嘉庆十一年（1806 年）。该建筑为一进四合院形制，穿斗串架式木结构建筑，悬山层顶。主体由大门、正房、东西厢房组成。正房面阔三间 28 米，进深两间 12 米；厢房面阔三间 16 米，进深一间 6 米，正房明间脊檩正书"大清嘉庆十一年□□□□□□"，院坝保存原有青条石基，青石板漫地。

凤凰坝碉楼 位于漤溪乡金村，该建筑为清末民初建筑，为穿斗串架式结构，由条石砌筑基脚，墙体采用黄泥夹草筋夯筑而成，悬山式小青瓦屋顶。该建筑共三层，底层为储粮仓，二层为生活居住场所，三层为眺望楼，建筑通体设多处"口"型眺望窗，以防止当地土匪所用。

云溪河石桥 位于漤溪乡大山村，建于清代。该桥为长条石平板桥，东西走向。桥长 16.2、宽 1.27、高 2.6、跨度 7.6、墩高 1.3 米，桥面用平条石铺成，为双行平铺，下列二墩，桥东西两端有垂带式踏道 11 级，桥两端台基上有浮雕人物、铜钱等图案。

大桥青石桥 位于漤溪乡二河村，建于清代。该桥以青条石板砌筑而成，平桥，长 11、宽 1.1、高 2 米，中间共两墩，墩高 2、宽 0.6 米，单拱跨度 4 米。

近现代重要史迹及代表性建筑

方秉恒宅 位于漤溪乡水洞坎社区，建于 1927 年。方秉恒为原国民党区委团总，又称方司令。建筑为穿斗串架式砖木建筑，一进深。主体建筑由大门、正房、东西阁楼组成，现仅存大门，即门楼，门楼为悬山式两层建筑，正中为条石砌筑大门框，面阔三间长 18 米，进深两间 10 米，通高 15 米，垂带式台阶宽 6、高 8 米。

庆岭乡

古墓葬

何秦氏墓 位于庆岭乡文武村，建于清嘉庆八年（1803 年）。该墓为石缘土冢墓，长 5.8、宽 3.4、封土高 1 米。方形墓碑，高 1.5、宽 1、厚 0.1 米，正书"何母秦孺人墓"。

单氏墓群 位于庆岭乡凤凰村，建于清代。此处共 4 座墓，平行分布，从左至右编号为 M1～M4。两墓为石缘土冢墓，坐东向西，其中 M1 长 5.8、宽 3.2、封土高 1.5 米，墓碑为两柱一开间庑殿顶石质仿木结构，墓碑宽 1.1、高 2.6、厚 0.3 米，正书"清赠显妣单母解源福之墓"，题记年代为咸丰元年（1851 年）。M3、M4 为土坑墓，其中 M3 墓宽 3、封土高 1.5 米，两柱一开间庑殿顶石质仿木结构，宽 1、高 1.8、厚 0.3 米，正书"皇清待诰单母严老太君之墓铭"，题记年代为嘉庆二十五年（1820 年）。

杨庆祥夫妇墓 位于庆岭乡劳动村，建于清道光三十年（1850 年）。该墓为石缘土冢墓，长 5.8、宽 5、封土高 1.65 米。墓碑为四柱三开间庑殿顶仿木结构，碑高 4、宽 4.6、厚 0.3 米，正书"清赠正八品杨公庆祥（罗姚源悟）之墓"。

杨俊德墓 位于庆岭乡劳动村，建于清咸丰三年（1853 年）。该墓为石缘土冢墓，长 6.8、宽 4、封土高 1.7 米。墓碑为两柱一开间庑殿顶石质仿木结构，高 2、宽 1、厚 0.15 米，正书"清故杨公讳俊德之墓"。

马塔林墓 位于庆岭乡凤凰村，建于清代。此处共 2 座墓，平行分布，从左至右编号为 M1、M2。两墓均为石缘土冢墓，坐西南向东北，其中 M1 长 5.2、宽 3.5、封土高 1.6 米，墓碑为两柱一开间庑殿顶石质仿木结构，碑宽 1.1、高 2.3、厚 0.3 米，饰有浮雕、动物花纹等图案，题记年代为咸丰十一年（1861 年）。

杨源楷墓 位于庆岭乡凤凰村，建于清咸丰十一年（1861 年）。该墓为石缘土冢墓，长 6、宽 3、封土高 1.5 米。墓碑为两柱一开间庑殿顶石质仿木结构，高 2.4、宽 1.1、厚 0.3 米，正书"单母杨戒讳源楷孺人之墓"。

沙地头墓　位于庆岭乡莲花村，建于清代。此处共 2 座墓，平行分布，从左至右编号 M1、M2，均为石缘土冢墓，坐西向东。其中 M1 长 8.5、宽 4、封土高 1.8 米，为双人合葬墓，墓碑为四柱三开间庑殿顶仿木结构，碑宽 2.5、高 2、厚 0.25 米，饰有浮雕人物花纹等，题记年代为同治二年（1863 年）。M2 碑正文书"杨母陈源龙墓"。

桂花咀廖氏墓群　位于庆岭乡莲花村，建于清代。此处共 4 座墓，梯级分布，从下至上编号 M1～M4，均为石缘土冢墓，坐西南向东北。其中 M1 长 4.1、宽 2.3、封土高 1.8 米；M2 长 5.7、宽 4.1、封土高 1.8 米。M1、M2 墓碑均毁无存，M3 墓碑为弧首单碑，宽 0.8、高 1.7、厚 0.2 米，正文"廖祖传达之墓"，题记年代为光绪八年（1882 年），M4 墓碑亦为弧首单碑，墓碑宽 0.8、高 1.8、厚 0.2 米，正文"廖母李孺人墓"，两侧楹联"真龙真的真沙水；发科发甲发子孙"，题记年代为清光绪壬午年（1882 年）。

杨德荣墓　位于庆岭乡凤凰村，建于清光绪九年（1883 年）。该墓为石缘土冢墓，坐东向西，长 3.5、宽 2.6、封土高 1.5 米。方形墓碑，宽 0.8、高 1.5、厚 0.2 米，碑文正书"单母杨德荣之墓"，两侧楹联为"永念慈衷常默□；难将薄物报深恩"，额书"万载佳城"。

何元泰墓　位于庆岭乡莲花村，建于清光绪二十五年（1899 年）。该墓为石缘土冢墓，长 5.4、宽 3.2、封土高 1.5 米。方形墓碑，高 1.5、宽 0.8、厚 0.1 米，正书"陈母何元泰墓"。

张泽高墓　位于庆岭乡莲花村，建于清光绪二十九年（1903 年）。该墓为石缘土冢墓，长 5.4、宽 3.2、封土高 1.1 米。墓碑为弧首单碑，高 1.7、宽 1.1、厚 0.2 米，正书"显考张公讳泽高墓"。

李元祖墓　位于庆岭乡劳动村，建于清代。该墓为石缘土冢墓，长 5.8、宽 3.4、封土高 1.6 米。墓碑为两柱一开间庑殿顶石质仿木结构，高 2.4、宽 1.2、厚 0.3 米，正书"清故显考李公讳元祖之墓"，题记年代不详。

古建筑

杜家林院墙　位于庆岭乡红庙村，建于清代。该墙体用青条石作墙基，墙体以泥夹碎石砌筑而成，南北走向，长约 120、宽约 5 米。原为陈世国花园外墙，筑有碉楼等建筑，为防御九道拐山上土匪所建。

陈树元宅　位于庆岭乡劳动村，建于清代。建筑呈三合院院落布局，穿斗串架式木结构。由正房、东西耳房组成，正房面阔三间长 23 米，进深两间 12 米，耳房面阔三间 16 米，进深两间 10 米。均有素面台基，高 0.4 米。

文昌宫戏楼　位于庆岭乡同庆社区，建于清代。该建筑为抬梁歇山顶木结构建筑，为两层建筑，下层为原文昌宫大门通道，二层为戏台，通长 15、进深 10 米，戏台明间后檐走马板上写有"敬祝毛主席万寿无疆"字样,两侧立柱楹联为"天翻地覆慨而慷;霓踞新习今腾□"。

石窟寺及石刻

金鸡寺石刻 位于庆岭乡马桥村,凿于清嘉庆元年(1796年)。该石刻凿于一天然巨石上,龛长2、高0.8米。

近现代重要史迹及代表性建筑

曾修华宅 位于庆岭乡桥坎村,建于1921年。曾修华为原国民党川军旅长。建筑为穿斗串架式木结构,呈四合院布局形制。由正房、门厅、东西厢房组成,正房面阔三间18米,进深两间16米,门厅面阔14米,进深6米,厢房面阔三间14米,进深两间5米。在西厢房明间大门上书有"忠"、"公"二个字。

其他

彭道林墓 位于庆岭乡莲花村,建于20世纪20年代,该墓为石缘土冢墓,长5.8、宽3、封土高1.5米。墓碑为两柱一开间庑殿顶仿木结构,高1.8、宽2.1、厚0.3米,正书"彭公讳道林墓",题记年代只可见"民国"字样,具体年代不详。

双河乡

古墓葬

回龙蛮洞子崖墓 位于双河乡回龙村,建于明代。该墓为横穴式崖墓,开凿于一天然巨石上,离地面高约8米。墓口呈长方形,长2.3、高1米,墓室内平顶,长方形。

巴豆湾头崖墓 位于双河乡崇新村,建于明代。开凿于一天然巨石中部,墓口呈方形,高0.8、宽1米,墓口上方有"人"字形风雨槽,墓室内平顶,长方形。

竹林坡墓 位于双河乡千秋村,建于明代。此处共有2座墓,均为石室墓,平行分布,从左至右编号M1、M2,其中M1长1.8、进深2.4、高1.2米。

槽地头墓 位于双河乡文和村,建于明代。该墓为石室墓,一墓两室,采条石砌筑而成,长3、进深3.5、高1.2米。

茶林头墓 位于双河乡千秋村,建于清乾隆三十九年(1774年)。该墓为土冢墓,长4.6、宽2.8、封土高1.5米。墓碑为弧首单碑,高1.5、宽1、厚0.1米,正书"故上寿祖妣钟门彭氏老孺人墓前"。

吴应祥夫妇墓　位于双河乡回龙村，建于清乾隆六十年（1795 年）。该墓为石缘土冢墓，长不详，宽 3.6、封土高 1.5 米。墓碑为弧首单碑，高 1.7、宽 1.2、厚 0.1 米，正书"明故一世祖吴应祥大（罗氏孺）人墓"。

赵鼎夫妇墓　位于双河乡新农村，建于清嘉庆十六年（1811 年）。该墓为石缘土冢墓，长 7.8、宽 4、封土高 1.6 米。墓碑为两柱一开间庑殿顶石质仿木结构，高 2.2、宽 1.5、厚 0.2 米，正书"皇清待赠故曾祖考赵公讳鼎（妣赵门王氏）□□□□"。

碑坝上墓　位于双河乡回龙村，建于清嘉庆十九年（1814 年）。该墓为石缘土冢墓，长 5.4、宽 3.2、封土高 1.5 米。墓碑为两柱一开间庑殿顶石质仿木结构，高 2.6、宽 1.2、厚 0.3 米。

何多观墓　位于双河乡双河村，建于清道光十三年（1833 年）。该墓为石缘土冢墓，长 6.4、宽 3.8、封土高 1.2 米。墓碑为弧首单碑，高 1.7、宽 1、厚 0.2 米，正书"故显考何公讳多观大人墓"。

徐廷扬夫妇墓　位于双河乡新农村，建于清道光二十一年（1841 年）。该墓为石缘土冢墓，墓葬规模不详。墓碑为弧首单碑，高 1.65、宽 1、厚 0.1 米，正书"故曾祖考徐廷杨（妣魏妙□）老大（孺）人墓"。

袁氏墓群　位于双河乡千秋村，建于清代。此处共有 4 座墓，平行分布，从左至右编号 M1～M4，均为石缘土冢墓。其中 M1 长 6.8、宽 3.4、封土高 1.5 米。前均有墓碑，M2 为弧首单碑，其余碑石为两柱一开间庑殿顶仿木结构，M1 碑高 2.2、宽 1.8、厚 0.3 米，正书"清待诰显妣袁母黄妙伦墓"，题记年代为道光二十七年（1847 年）。

罗氏墓　位于双河乡崇新村，建于清代。此处共有 2 座墓，平行分布，从左至右编号 M1、M2。两墓均为石缘土冢墓，其中 M1 长 5.8、宽 3.4、封土高 1.2 米。墓碑均为两柱一开间庑殿顶仿木结构，其中 M1 碑高 2.4、宽 1.2、厚 0.2 米，正书"皇清故显考罗公讳钟美之墓"，题记年代为清道光三十年（1850 年）。

何有堂墓　双河乡双河村，建于清光绪三年（1877 年）。该墓为石缘土冢墓，长 7.2、宽 3.4、封土高 1.8 米。墓碑为弧首单碑，高 1.6、宽 0.8、厚 0.1 米。

张天位墓　位于双河乡文和村，建于清光绪二十年（1894 年）。该墓为石缘土冢墓，长 6.2、宽 3.8、封土高 1.5 米。墓碑为两柱一开间庑殿顶仿木结构，高 2.4、宽 1、厚 0.3 米，正书"显考张天位墓"。

瓦嘴墓　位于双河乡双河村，建于清代。该墓为石缘土冢墓，墓葬规模不详。墓碑为两柱一开间庑殿顶仿木结构，高 2.8、宽 3.6、厚 0.3 米，碑文不详，饰人物、草等图案。题记年代不详。

珙 县

珙泉镇

古墓葬

金山生基坪墓　位于珙泉镇金山村，建于明代。该墓坐北向南，占地面积约 10 平方米。墓室 1 座，用条石垒砌，长 2.8、宽 1.6、高 1.2 米，内壁无雕饰。

老坟山墓群　位于珙泉镇永安村，建于明至清代。该墓群坐西南向东北，有墓 7 座，其中明代石室墓有 4 棺，清墓 3 座，占地 200 平方米，自西北向东南分别编号为 M1～M4。墓门均已被打开，石室墓大小形制相同，皆用青石条扣砌，长 2.9、宽 0.9、高 1.36 米，后壁及侧壁皆凿有龛。M5 长 3.6、宽 2.4、高 1.2 米，墓碑为石质仿木结构，两柱一间，庑殿式顶，高 2.4、宽 0.96 米，墓碑中刻"皇清待诰故显妣齐母文戒讳海福老孺人之墓"，题记年代"光绪十一年"。

坟包头周家墓地　位于珙泉镇永福村，建于明至清代。该墓地坐南向北，有墓 5 座，占地 500 平方米，自南向北分别编号为 M1～M5。其中 M1 长 6.4、宽 4.3、高 1.6 米，墓碑为石质仿木结构，两柱一间，庑殿式顶，高 1.8、宽 0.72 米，墓碑中刻"祖籍许宅移珙合为周姓随母适名人□□□"，右刻"故叔考周汝学（李氏）之墓"，左题"皇明万历贰拾柒年贰月初三"。

周文举墓　位于珙泉镇高罗村，建于清嘉庆八年（1803 年）。该墓坐东南向西北，占地 15 平方米，用米粉条石垒砌，长 4.2、宽 2.4、高 1.1 米。墓碑为石质仿木结构，四柱三间，庑殿式顶，重檐，高 2.1、宽 2.4 米。墓碑中刻"皇清待赠故显考周公讳文举老大人之墓"，题记年代"嘉庆八年"。

赵智墓　位于珙泉镇永安村，建于清嘉庆十三年（1808 年）。该墓西南向东北，占地 10 平方米，用乱石垒砌，长 3.8、宽 2.8、高 1.4 米。墓碑为石质仿木结构，两柱一间，庑殿式顶，宽 1.02、高 1.9 米。墓碑中刻"清故儒林郎祖考赵公讳智老大人之墓"，题记年代"嘉庆十三年"。

赵杨氏墓　位于珙泉镇永安村，建于清嘉庆十三年（1808 年）。该墓坐西南向东北，占地 10 平方米，用乱石垒砌，长 3.4、宽 2.2、高 1 米。墓碑为石质仿木结构，两柱一间，庑殿式顶，高 1.7、宽 0.96 米。墓碑中刻"清待诰故继祖妣杨太君老孺人墓"，题记年代"嘉庆十三年"。

齐何氏墓 位于珙泉镇洛旺村，建于清嘉庆十八年（1813 年）。该墓坐西北向东南，占地 10 平方米，用青砂石条垒砌，长 3.8、宽 1.8、高 1.1 米。墓碑为石质仿木结构，四柱三间，庑殿式顶，重檐，高 1.6、宽 1.8 米。墓碑中刻"皇清待诰孺人显妣齐母何氏老太君之墓"，题记年代"嘉庆十八年"。

郭普慧墓 位于珙泉镇文家村，建于清嘉庆二十四年（1819 年）。该墓坐西北向东南，占地 10 平方米，用米粉条石垒砌，长 4.6、宽 2.4、高 1.3 米。墓碑为石质仿木结构，两柱一间，庑殿式顶，高 1.8、宽 1.2 米。墓碑中刻"皇清待诰故显妣郭法讳普慧老孺人之墓"，题记年代"嘉庆二十四年"。

熊福相墓 位于珙泉镇永安村，建于清道光六年（1826 年）。该墓坐西北向东南，占地 15 平方米，用青砂石条垒砌，长 3.6、宽 2.4、高 1.4 米。墓碑为石质仿木结构，两柱一间，庑殿式顶，宽 1、高 1.7 米。墓碑中刻"清故显妣赵母法讳熊福相老孺人之墓"，题记年代"道光六年"。

梁樟墓 位于珙泉镇洛旺村，建于清道光七年（1827 年）。该墓坐西向东，占地 10 平方米，用青条石垒砌，长 4.2、宽 2.4、高 1.3 米。墓碑为石质仿木结构，两柱一间，庑殿式顶，高 1.6、宽 1.06 米。墓碑中刻"皇清待赠故显考梁公讳樟老大人之墓"，题记年代"大清道光七年"。

何良相墓 位于珙泉镇中心村，建于清道光九年（1829 年）。该墓坐西向东，占地 15 平方米，长 3.9、宽 3.4、高 1.5 米。墓碑为石质仿木结构，四柱三间，庑殿式顶，重檐，高 2.4、宽 2.6 米，碑身雕饰花卉等图案。墓碑中刻"皇清待赠故显考何公讳良相老大人之墓"，题记年代"道光九年"。

罗敌勇墓 位于珙泉镇文家村，建于清道光十年（1830 年）。该墓坐南向北，占地 30 平方米，用青砂石条垒砌，长 6.3、宽 4.1、高 1.7 米。墓碑为石质仿木结构，两柱一间，庑殿式顶，高 2.9、宽 1.1 米。墓碑中刻"故显考罗公讳敌勇府君大人墓"，题记年代"道光十年十二月二十二日"，碑联为"青山峻峭依丙午；碧涧回环漾北辰"。

张真成墓 位于珙泉镇洛旺村，建于清道光十一年（1831 年）。该墓坐南向北，占地 10 平方米，用乱石垒砌，长 3.4、宽 1.8、高 0.8 米。墓碑为石质仿木结构，两柱一间，庑殿式顶，高 1.6、宽 0.96 米。墓碑中刻"皇清待诰故慈妣周母张法戒真成老孺人坟墓"，题记年代"大清道光十一年"。

康照宁墓 位于珙泉镇洛旺村，建于清道光十六年（1836 年）。该墓坐西北向东南，占地 15 平方米，用青条石垒砌，长 4.6、宽 3、高 1.04 米。墓碑为石质仿木结构，两柱一间，庑殿式顶，高2、宽1.02米。墓碑中刻"皇清待诰显妣杨母康戒讳照宁老太君之墓"，题记年代"道光十六年"，碑联为"龙来亥山荣万代；穴向己水发千祥"。

桐子湾周家墓地 位于珙泉镇永福村，建于清道光十七年（1837年）。该墓地坐南向北，有墓7座，占地2000平方米，根据姓名分别编号为M1～M7。其中M1长3.4、宽2.2、高0.6米，墓碑为石质仿木结构，两柱一间，庑殿式顶，高1.9、宽1.1米，墓碑中刻"清故待赠周公讳启贵老大人之墓"，题记年代"道光十七年"。M2～M6形制相同，分别立于道光及光绪年间。

周时新夫妇墓 位于珙泉镇永福村，建于清道光二十一年（1841年）。该墓坐西向东，占地25平方米，用青条石垒砌，长5.4、宽4.2、高1.5米。墓碑为石质仿木结构，两柱一间，庑殿式顶，高2.3、宽1.3米。墓碑中刻"清故显考周公时新（母何太君）老大人之墓"，题记年代"道光二十一年"。

巫法隆墓 位于珙泉镇中心村，建于清道光二十三年（1843年）。该墓坐南向北，占地15平方米，用青条石垒砌，长4.2、宽2.6、高1米。墓碑为石质仿木结构，四柱三间，庑殿式顶，高2.2、宽2.1米。墓碑中刻"皇清待诰显妣胡母巫法讳法隆孺人之墓"，题记年代"龙飞道光二十三年"。

周生槐墓 位于珙泉镇永安村，建于清道光二十六年（1846年）。该墓坐西北向东南，占地15平方米，用青砂石条垒砌，长3.6、宽2.6、高1.3米。墓碑为石质仿木结构，两柱一间，庑殿式顶，高2.4、宽0.98米。墓碑中刻"皇清待诰故显妣周法讳生槐老孺人之墓"，题记年代"道光丙午年"，碑联为"刀岭遥护脉长灵；华山远朝墓永固"。

袁普文墓 位于珙泉镇永安村，建于清咸丰六年（1856年）。该墓坐西北向东南，占地15平方米，用青砂石条垒砌，长3.8、宽2.2、高1.3米。墓碑为石质仿木结构，两柱一间，庑殿式顶，高2.3、宽1.2米。墓碑中刻"清故显妣赵母袁法讳普文老孺人之墓"，题记年代"咸丰六年"。

李殿用墓 位于珙泉镇下坝村，建于清咸丰七年（1857年）。该墓坐西向东，占地25平方米，用青条石垒砌，长3.8、宽3.2、高1.4米。墓碑为石质仿木结构，四柱三间，庑殿式顶，重檐，两侧施抱鼓，高3.1、宽3.7米，碑缘雕刻人物、花卉、鸟兽等纹饰。墓碑中碑刻"皇清恩赐修戢郎李公讳殿用老大人之墓"，题记年代"咸丰七年"。

袁东亭墓 位于珙泉镇鱼池村，建于清咸丰八年（1858年）。该墓坐东南向西北，占地15平方米，用青条石垒砌，长4.2、宽3、高1.5米。墓碑为石质仿木结构，四柱三间，庑殿式顶，重檐，两侧施抱鼓，高3、宽3米，碑缘雕刻人物、花卉、鸟兽等纹饰。墓碑刻"皇清敕授修戢郎峨眉县训导显考袁公东亭府君墓"，题记年代"咸丰八年"，碑联为"行著风徽名留月旦；春生露感秋动霜悽"，碑额"燕翼凝庥"。

王德慧墓　位于珙泉镇洛旺村，建于清咸丰十年（1860 年）。该墓坐西向东，占地 15 平方米，用乱石垒砌，长 3.8、宽 2、高 1.1 米。墓碑为石质仿木结构，两柱一间，庑殿式顶，高 2.2 米、宽 1.14。墓碑中刻"皇清待诰故显妣何母王德慧老孺人之坟墓"，题记年代"咸丰十年"，碑联为"龙吟虎啸世世绵远；水秀山青代代流长"。

赵国元墓　位于珙泉镇永安村，建于清咸丰十年（1860 年）。该墓坐西北向东南，占地 15 平方米，用青砂石条垒砌，长 5.1、宽 3.1、高 1.4 米。墓碑为石质仿木结构，四柱三间，庑殿式顶，重檐，高 3、宽 2.3 米，碑缘雕刻花卉等纹饰。墓碑刻"皇清待赠故显考赵公讳国元老大人之墓"，题记年代"咸丰十年十二月"，碑联为"龙蟠虎踞培后代；脉秀地灵毓后裔"，碑额"流放百世"。

胡殿南墓　位于珙泉镇中心村，建于清咸丰十一年（1861 年）。该墓坐西向东，占地 15 平方米，用青砂石条垒砌。该墓长 5.4、宽 3.6、高 1.3 米。墓碑为石质仿木结构，四柱三间，庑殿式顶，重檐，两侧施抱鼓，高 3.3、宽 3.3 米，雕刻人物、花卉、鸟兽等纹饰。墓碑刻"皇清逸处士胡公讳殿南老大人之墓"，题记年代"咸丰十一年"。

罗镜心夫妇墓　位于珙泉镇文家村，建于清同治三年（1864 年）。该墓坐北向南，占地 20 平方米，用青条石垒砌，长 6.6、宽 2.9、高 1.9 米。墓碑为石质仿木结构，四柱三间，庑殿式顶，重檐，高 3.9、宽 2.8 米，碑缘雕刻花卉、鸟兽等纹饰。墓碑中刻"皇清待赠故显考罗公字镜心老大人（母何德真）之墓"，题记年代为"大清同治甲子年"，碑联为"闲对夕阳追往事；卧看明月想前身"，两侧碑撰刻墓志铭。

袁魏氏墓　位于珙泉镇鱼池村，建于清同治四年（1865 年）。该墓坐东南向西北，占地 15 平方米，用乱石垒砌，石灰抹面，长 4.6、宽 3.2、高 1.4 米。墓碑为石质仿木结构，四柱三间，庑殿式顶，重檐，两侧施抱鼓，高 3.2、宽 3 米，碑缘雕刻花卉、鸟兽等纹饰。墓碑刻"皇清敕封正八品袁母魏老孺人之墓"，题记年代"同治四年六月初十日吉立"。

何黄氏墓　位于珙泉镇荷花村，建于清同治五年（1866 年）。该墓坐南向北，占地 50 平方米。该墓长 4.5、宽 2.6、高 1.75 米，墓碑为石质仿木结构，庑殿式顶，两柱一间，高 1.03、宽 2.8 米。墓碑中刻"明授安人貤赠淑人何母黄氏老太君之墓"，题记年代"大清同治五年"。

赵李氏墓　位于珙泉镇文家村，建于清同治六年（1867 年）。该墓坐西北向东南，占地 10 平方米，用米粉条石垒砌，长 4.6、宽 2.6、高 1.3 米。墓碑为石质仿木结构，两柱一间，庑殿式顶，高 1.8、宽 1.2 米。墓碑中刻"皇清待诰显妣赵母李太君老孺人之墓"，题记年代"同治六年"。

张国泰墓　位于珙泉镇杨柳村，建于清同治八年（1869 年）。该墓坐西向东，占地 15 平方米，用青条石垒砌，长 4.6、宽 3、高 1.6 米。墓碑为石质仿木结构，四柱三间，庑殿式顶，重檐，两侧施抱鼓石，高2.8、宽3米，碑缘雕刻花卉、鸟兽等纹饰。墓碑刻"清故显考张公讳国泰大人之墓"，题记年代"大清同治八年十一月二十九日"，碑联为"齐聚于兹生秀丽；魂依此处著光辉"，碑额"死不朽"。

王周氏墓　　位于珙泉镇下坝村，建于清同治十一年（1872年）。该墓坐西向东，占地10平方米，用乱石垒砌，长2.6、宽2、高1米。墓碑为石质仿木结构，两柱一间，庑殿式顶，两侧施抱鼓，高3.1、宽2.2米，碑缘雕刻花卉、鸟兽等纹饰。墓碑刻"皇清待诰孺人显妣王母周太君墓"，题记年代"同治十一年壬申岁"，碑联为"容貌端庄阃中懿范；言词浑厚坤内芳型"。

赵罗氏墓　　位于珙泉镇永安村，建于清同治十二年（1873年）。该墓坐北向南，占地15平方米，用青条石垒砌，长4.8、宽2.4、高1.4米。墓碑为石质仿木结构，两柱一间，庑殿式顶，两侧施抱鼓，高3.2、宽2.4米，碑缘雕刻花卉等纹饰。墓碑刻"皇清待诰故显妣赵母罗太君老孺人之墓"，题记年代"大清同治拾贰年"，碑联为"龙蟠杰地钟灵秀；虎踞宝莲启后人"。

胡占元墓　　位于珙泉镇永安村，建于清光绪九年（1883年）。该墓坐南向北，占地10平方米，用青条石垒砌，长3.4、宽1.8、高1.2米。墓碑为石质仿木结构，两柱一间，庑殿式顶，两侧施抱鼓，高2、宽1.8米。墓碑刻"皇清例赠正七品修戠郎故显考胡公占元大人之墓"，题记年代"光绪九年"。

周万美墓　　位于珙泉镇永福村，建于清光绪十七年（1891年）。该墓坐南向北，占地10平方米，用乱石垒砌，长3.8、宽2.2、高1.2米。墓碑为石质仿木结构，两柱一间，庑殿式顶，高2.5、宽1.16米，中刻"皇清待赠故显考周公讳万美老大人之墓"，题记年代"大清光绪十七年"。该墓四周用乱石垒砌护墙。

苍榜上罗氏墓　　位于珙泉镇文家村，建于清光绪十八年（1892年）。该墓西北向东南，占地10平方米，用米粉石条垒砌，长4.6、宽2.8、高1.5米。墓碑为石质仿木结构，两柱一间，庑殿式顶，两侧施抱鼓，高3、宽2.4米。墓碑中刻"清故显考（妣）罗□□□"，题记年代"大清光绪十八年"。

周相毓墓　　位于珙泉镇永福村，建于清光绪十九年（1893年）。该墓坐西南向东北，占地15平方米，用黄砂石条垒砌，长5.2、宽2、高1.45米。墓碑为石质仿木结构，四柱三间，庑殿式顶，重檐，高3.1、宽2.2米，碑缘雕刻人物、花卉、鸟兽等纹饰。墓碑中刻"皇清逸处士显考周公讳相毓老大人之墓"，题记年代"光绪十九年"。

黄海京墓　　位于珙泉镇永福村，建于清光绪二十年（1894年）。该墓坐西向东，占地15平方米，用青石条垒砌，外用乱石包砌，长4.2、宽3、高1.6米。墓碑为石质仿木结构，两柱一间，庑殿式顶，重檐，两侧施抱鼓，高2.9、宽2米，碑缘雕刻人物、花卉、鸟兽等纹饰。墓碑中刻"皇清待诰孺人显妣吴母黄法名海京老孺人之墓"，题记年代"光绪甲午年五月"。

赵普诚墓　位于珙泉镇永安村，建于清光绪二十一年（1895 年）。该墓坐南向北，占地 15 平方米，用青条石垒砌，长 3.8、宽 2.3、高 1.5 米。墓碑为石质仿木结构，两柱一间，庑殿式顶，两侧施抱鼓，高 3.1、宽 2.3 米，墓碑雕刻人物、花卉、鸟兽等纹饰。墓碑刻"皇清待赠享年六十四寿故显妣董母赵戒名普诚老孺人之墓"，题记年代"光绪二十一年"，碑联为"千里来龙钟福地；一湾秀水绕明堂"。

罗德真墓　位于珙泉镇张永村，建于清光绪三十一年（1905 年）。该墓坐西向东，占地 10 平方米，长 4.5、宽 2.3 米。墓碑为石质仿木结构，庑殿式顶，两柱一间，高 2.6、宽 1.1 米，碑缘雕饰有人物等图案。墓碑中刻"皇清待诰故显妣罗德真老孺人正魂之墓"，题记年代"大清光绪三十一年"。

赵国荣墓　位于珙泉镇文家村，建于清光绪三十一年（1905 年）。该墓坐西北向东南，占地 15 平方米，用米粉条石垒砌，长 4.2、宽 2.8、高 1.3 米。墓碑为石质仿木结构，两柱一间，庑殿式顶，两侧施抱鼓，高 2.9、宽 2.8 米。墓碑中刻"清故显考赵公讳国荣老大人之墓"，题记年代"光绪三十一年"。

袁清诚墓　位于珙泉镇文家村，建于清光绪三十二年（1906 年）。该墓坐东北向西南，占地 15 平方米，用米粉条石垒砌，长 3.2、宽 2.2、高 1.2 米。墓碑为石质仿木结构，两柱一间，庑殿式顶，两侧施抱鼓，高 2.5、宽 2.2 米，碑缘雕刻人物、花卉、鸟兽等。墓碑中刻"皇清待诰显妣韦母戒讳袁清诚老孺人之墓"，题记年代"龙飞光绪三十二年"。

王润芳墓　位于珙泉镇林茶村，建于清光绪三十四年（1908 年）。该墓坐南向北，占地 10 平方米，长 4.8、宽 2.2、高 1.5 米，墓碑为石质仿木结构，单碑高 1.3、宽 0.76 米。墓碑中刻"皇清待诰故显考王公讳润芳老大人之墓"，题记年代"大清光绪三十四年"。

袁寂照墓　位于珙泉镇文家村，建于清宣统三年（1911 年）。该墓坐东北向西南，占地 10 平方米，用青砂石条垒砌，长 4.2、宽 1.9、高 1.5 米。墓碑为石质仿木结构，两柱一间，庑殿式顶，两侧施抱鼓，高 2.24、宽 0.94 米。墓碑中刻"清故显妣罗母袁寂照老孺人之墓"，碑联为"论此地风藏气聚；顾他年子贵孙荣"，题记年代"大清宣统三年"。

花坟胡家墓地　位于珙泉镇中心村，建于清代。该墓地坐南向北，有墓 3 座，占地 300 平方米，形制相同。其中 M1 用青砂石条垒砌，长 4.8、宽 3.9、高 1.1 米，墓碑为石质仿木结构，四柱三间，庑殿式顶，重檐，两侧施抱鼓，高 3.9、宽 3.7 米，碑缘雕刻人物、花卉、鸟兽等纹饰，墓碑刻"皇清例诰孺人胡母何寂寿之坟墓"，题记年代"咸丰十一年"，碑联为"懿范徽音倾读吾姊祖；钟灵毓秀启佑我后人"，碑额为"卜云其吉"。

石埂子墓群　位于珙泉镇永福村，建于清代。该墓群坐西南向东北，有墓 5 座，占地 500 平方米，形制大致相同。其中 M1 用青条石垒砌，长 4.2、宽 2.2、高 1.4 米，墓碑为石质仿木结构，两柱一间，歇山顶，高 2.7、宽 1.1 米，墓碑中刻"故显考陈公讳学珍老大人之坟墓"，题记年代"中华民国五年"，碑联为"山青拱向千年盛；水秀来朝万代荣"，碑额为"佳城永固"。

龙洞湾胡家墓地　位于珙泉镇中心村，建于清代。该墓地坐南向北，有墓 4 座，占地 200 平方米，自东向西编号为 M1～M4，形制相同。其中 M1 长 3.2、宽 2.6、高 1.1 米，墓碑为石质仿木结构，两柱一间，庑殿式顶，高 2、宽 1.4 米，中刻："皇清待赠故显考胡公讳承宗字子廉老大人之墓"，题记年代"大清同治九年"。

圈子坪董家墓地　位于珙泉镇永安村，建于清代。该墓地坐南向北，有墓 2 座，占地 100 平方米，形制相同。其中 M1 用青条石垒砌，长 5.1、宽 2.5、高 1.4 米，墓碑为石质仿木结构，两柱一间，庑殿式顶，高 1.96、宽 1.1 米，墓碑中刻"故显考董公讳世杰老大人正魂之灵墓"，题记年代"光绪十二年三月二十一日吉旦立"，碑联为"穴坐午山垂巩固；碑向子峰兆繁昌"，碑额"荣昌百世"。

杨家埂何家墓地　位于珙泉镇中心村，建于清代。该墓地坐东南向西北，有墓 3 座，占地 200 平方米，用条石垒砌，自西南向东北编号为 M1～M3。其中 M1 长 3.2、宽 2、高 1.1 米，墓碑为两柱一间，高 1.9、宽 1.8 米，墓碑中刻"皇清待诰显妣何母于太君孺人之墓"，题记年代"龙飞咸丰七年"。

坟山头赵家墓地　位于珙泉镇永安村，建于清代。该墓地坐西北向东南，有墓 8 座，占地 2000 平方米，根据姓名分别编号为 M1～M8，形制相同。其中 M1 长 3.6、宽 2.4、高 1.3 米，墓碑为石质仿木结构，两柱一间，庑殿式顶，高 1.9、宽 1 米，墓碑中刻"皇清待诰故祖妣谢太君老孺人之墓"，题记年代"嘉庆三年九月十五日"，碑联为"龙旋虎抱培先冢；水秀山青裕后裔"。M2 长 3.4、宽 2.6、高 1.2 米，墓碑为石质仿木结构，四柱三间，歇山顶，高 1.7、宽 1.9 米，墓碑刻"皇清待赠处士故显考妣赵公讳昇老大人（母何氏）之墓"，题记年代"乾隆五十九年"。

磨盘田墓群　位于珙泉镇文家村，建于清代。该墓群坐西向东，有墓 3 座，占地 200 平方米，形制相同。其中 M1 用乱石垒砌，长 3.2、宽 2.8、高 0.6 米，墓碑为石质仿木结构，两柱一间，歇山顶，两侧施抱鼓，高 2.6、宽 2.5 米，碑缘雕刻人物、花卉、鸟兽等纹饰，墓碑中刻"前清己酉科拔进士职甘肃省直隶州州判故显考胡公字效周老大人之墓"，题记年代"民国甲戌年季秋月"，碑联为"我有小穴藏首；惟凭元运荫孙"，碑额为"长发其祥"。

永福村墓群　位于珙泉镇永福村，建于清代。该墓群坐南向北，有墓 4 座，占地

400 平方米，形制相同。其中 M1 用米粉石条垒砌，长 4.2、宽 2、高 1.4 米，墓碑为石质仿木结构，两柱一间，庑殿式顶，高 1.9、宽 0.96 米，中刻"□□□显妣周□□□罗显亮老孺人之墓"，题记年代"道光十六年"。

杨朱氏墓 位于珙泉镇洛旺村，建于清代。该墓坐北向南，占地约 15 平方米，用乱石垒砌，长 3.8、宽 2.4、高 1.1 米。墓碑为石质仿木结构，两柱一间，庑殿式顶，高 2.5、宽 1.2 米，中刻"□□□诰杨母朱老太君万古佳墓"，题记年代"□□□清□□□"。

下坝王家墓地 位于珙泉镇下坝村，建于清代。该墓地坐西南向东北，有墓 2 座，占地 50 平方米，用青条石或乱石垒砌，自东南向西北编号为 M1～M2。其中 M1 该墓长 4.2、宽 2.2、高 1.4 米，墓碑为石质仿木结构，两柱一间，庑殿式顶，两侧施抱鼓，高 3.1、宽 2.4 米，碑缘雕刻花卉、鸟兽等纹饰，墓碑刻"皇清待赠儒林郎故显考王公讳国栋字鸣阜府君大人正魂之墓"，题记年代"光绪拾年"，碑联为"水秀沙明堪吉壤；龙吟虎啸作佳城"。M2 用乱石垒砌，石灰抹面，长 4.4、宽 3、高 1.3 米，墓碑为石质仿木结构，四柱三间，歇山顶，重檐，两侧抱鼓，高 2.8、宽 3.5 米，墓碑刻"皇清待赠故显考王公讳仲章老大人之墓志"，题记年代"咸丰十年八月九日立"。

李殿魁夫妇墓 位于珙泉镇下坝村，建于清代。该墓坐西南向东北，占地 15 平方米，用乱石垒砌，石灰抹面，长 4.9、宽 3.2、高 1.6 米。墓碑为石质仿木结构，四柱三间，庑殿式顶，重檐，两侧施抱鼓，高 3、宽 3.2 米，碑缘雕刻花卉、鸟兽等纹饰。墓碑刻"皇清诰封修戢郎故显考李公讳殿魁老大人（八品孺人母陈震炼老孺人）之墓"，题记年代"□□□月□□□"。

竹家村熊家墓地 位于珙泉镇竹家村，建于清代。该墓地坐东向西，有墓 2 座，占地 50 平方米，用青条石垒砌，自北向南编号为 M1～M2。其中 M1 长 5.3、宽 3.2、高 1.4 米，墓碑为石质仿木结构，四柱三间，庑殿式顶，重檐，两侧施抱鼓，高 3.6、宽 3.2 米，墓碑刻"皇清例诰九品孺人显妣熊母李达慧之墓"，题记年代"大清道光十八年"，碑联为"活曜钟灵龙来甲脉坤维固；黄罗毓秀墓向庚山姆范长"。M2 长 5.6、宽 3.6、高 1.6 米，墓碑为石质仿木结构，四柱三间，歇山顶，重檐，两侧抱鼓，高 4.2、宽 3.6 米，碑缘雕刻人物、花卉、鸟兽等纹饰，墓碑刻"皇清应授儒林郎故显考熊公讳维新大人之墓"，题记年代"大清咸丰玖年"，碑联为"桂植蘭荣祥符燕翼；山环水拱吉是牛眠"，碑额为"百代荣昌"。

三江村李家墓地 位于珙泉镇三江村，建于清代。该墓地坐西北向东南，占地 100 平方米。其中 M1 用乱石垒砌，石灰抹面，高 1.7、长 7.3、宽 5.5 米，墓碑为石质仿木结构，四柱三间，庑殿式顶，重檐，高 2.6、宽 2.1 米，中刻"皇明敕赐恩进士李公讳世臣（母曾太君青莲氏老孺人）老大人之墓"，题记年代"大清道光二十三年癸卯仲冬"。

洛旺村梁家墓地　位于珙泉镇洛旺村，建于清代。该墓地坐西南向东北，有墓 7 座，占地 500 平方米，根据姓名分别编号为 M1～M7，用乱石或青条石垒砌，形制相同。其中 M1 长 3.8、宽 2.2、高 1.3 米，墓碑为石质仿木结构，两柱一间，庑殿式顶，两侧施抱鼓，高 1.6、宽 1.45 米，碑缘雕刻花卉、鸟兽等纹饰，墓碑中刻"皇清待赠显考梁公天镒府君之墓"，题记年代"光绪十四年"，碑面篆刻碑赞。

下坟山李家墓地　位于珙泉镇三江村，建于清代。该墓地坐西北向东南，有墓 7 座，占地 500 平方米。自西南向东北编号为 M1～M3，形制相同。M1 用乱石垒砌，高 2.1、长 5.6、宽 4.8 米，墓碑为石质仿木结构，两柱一间，庑殿式顶，抱鼓，高 2.6、宽 2.4 米，中刻"国学李步櫶并庶室戴真惠之墓"，题记年代"光绪六年"，碑联为"源远流长异室同穴；地灵人杰老安少杰"。

赵怀宗墓　位于珙泉镇文家村，建于清代。该墓坐西北向东南，占地 10 平方米，用米粉石条垒砌，长 4.6、宽 2.4、高 1.4 米。墓碑为石质仿木结构，两柱一间，庑殿式顶，高 1.5、宽 1.2 米，中刻"皇清待赠故显考赵公讳怀宗老大人之墓"，题记年代"大清同治十三年"。

文家山墓群　位于珙泉镇文家村一社，建于清代。该墓群坐西南向东北，有墓 4 座，占地 500 平方米，形制相同。其中 M1 用米粉石条垒砌，长 3.8、宽 2.4、高 1.4 米，墓碑为石质仿木结构，两柱一间，庑殿式顶，两侧施抱鼓，高 2.7、宽 2.4 米，碑缘雕刻人物、花卉、鸟兽等纹饰，墓碑中刻"皇清待诰故显妣赵母戴法讳普聪老孺人墓"，题记年代"大清光绪十三年四月"。

新庙嘴齐家墓地　位于珙泉镇高罗村，建于清代。该墓地坐西北向东南，有墓 5 座，占地 200 平方米，用米粉条石或乱石垒砌，自东北向西南分别编号为 M1～M5。其中 M1 长 4.2、高 1.3、宽 2 米，墓碑为石质仿木结构，两柱一间，庑殿式顶，两侧施抱鼓，高 2.3、宽 2.2 米，碑缘雕刻人物、花卉和鸟兽等纹饰，墓碑中刻"皇清应授登仕郎祖考齐公讳仲元大人之墓"，题记年代"光绪七年"，碑联为"佳气敢希同白水；慈魂惟恋此青山"，碑额为"源远流长"。

羊儿湾罗家墓地　位于珙泉镇文家村，建于清代。该墓地坐北向南，有墓 4 座，占地 100 平方米，自东向西编号为 M1～M4，形制相同。其中 M1 长 4.6、宽 2.2、高 1.5 米，墓碑为石质仿木结构，两柱一间，庑殿式顶，两侧施抱鼓，高 2.9、宽 1.7 米，中刻"清故显考罗公讳文绚（母梁志祺）老大人之墓"，题记年代"龙飞大清光绪拾六年"，碑联为"青山脉聚藏考妣；绿水潮迎发甲科"。M2 长 5.1、宽 3.2、高 1.5 米，墓碑为石质仿木结构，两柱一间，歇山顶，抱鼓，高 2.7、宽 2.6 米，中刻"清故显考罗公士品（墓齐普先老孺人）老大人之墓"，题记年代"光绪二十六年"。M3 长 3.6、宽

2.2、高1.2米，墓碑为石质仿木结构，两柱一间，歇山顶，两侧抱鼓，高2.5、宽2.2米，中刻"皇清例赠儒林郎显考罗公讳国滨老大人之墓"，题记年代"大清光绪己丑十五年"。M4长3.1、宽2.5、高1.2米，墓碑为石质仿木结构，两柱一间，歇山顶，两侧抱鼓，高2.7、宽2.5米，碑缘雕刻花卉、鸟兽等纹饰，墓碑刻"清故显妣罗母龚法堂老孺人之墓"，题记年代"大清同治十三年"。

古建筑

珙泉珙县城墙　位于珙泉镇西城、南城和北城社区，该城墙东靠原珙县公检法办公场所，西邻西河街民房，北起原珙泉镇派出所，南抵原珙县印刷厂厂址，平均高度约5米、东西全长235米。该城墙始筑于明洪武四年（1371年），第二次修筑于明天顺八年（1464年），第三次修筑于清乾隆三十四年（1769年），城墙全部采用砖石和石灰浆筑墙，由城墙和城垛组成。城墙基础用八层条石筑成，高1.87米。城墙顶用砖石平铺，墙头尚余少数城垛。

永安桥　位于珙泉镇永安村，建于清道光十二年（1832年）。该桥呈东西向，占地20平方米，为石质平桥，横跨在无名小溪上，用一块整青石条搭建，桥长4.4、宽0.96、厚0.4米。桥东距桥3米处有建桥碑一通，碑为石质仿木结构，四柱三间，歇山顶，重檐，高3.3、宽2.5米，碑缘雕刻人物、花卉、鸟兽等纹饰。建桥碑刻录了建桥始末和捐资建桥名单，题记年代"道光十二年闰九月二十二日立"，碑联为"怨惟曰寒预戒清风通野渡；水不可狎刚逢晚岁跨危桥"。

罗选林宅　位于珙泉镇凤天村八社学堂头，建于清代。该建筑坐东向西，占地500平方米，由正房和厢房构成。正房四间通面阔11.6米、通进深10.5米，穿斗木构架，小青瓦悬山顶，出檐较长。正房板壁上有用红色颜料书写的"为革命读书"五个大字。厢房三间通面阔11米，通进深9.2米，穿斗木构架，小青瓦悬山顶。

石窟寺及石刻

大岩洞题记　位于珙泉镇坝底村，建于清嘉庆十五年（1810年）。该题记坐南向北，用毛笔蘸黑色颜料书写在峭壁上，距地面约2米。内容为"嘉庆十五年岁次庚午六月初三日子时山崩地裂珙县太爷夏梦鲤于七月初八日出票设僧道做平安祀天答地道场初十日午后告散□□□"，竖写，行书，共130余字。

官沱石刻　位于珙泉镇官沱村，建于清同治元年（1862年）。该石刻呈匾额形，"放生沱"三字刻于长7.5米，距地面3米的岩壁上，题记年代"大清同治元年"。石刻为楷书，阴刻，横写，字径0.9、字距0.08米。

棺材岩石刻　位于珙泉镇大云村，建于清代。该石刻坐西向东，占地30平方米，凿于长 8、宽 4 米的岩壁上，为阴刻竖写，共为两处。一处刻"棠印山川"，为行书，字距 0.34 米，字径 0.48 米，题记年代"乾隆癸丑五月八日"；另一处刻"秀抱山庚"，楷书，题记"道光癸□年仲夏；直棣州候补知事杨良栋题"。

近现代重要史迹及代表性建筑

珙县烈士陵园　位于珙泉镇西胜社区，建于 1955 年。该陵园坐西向东，占地 6000 平方米，由纪念碑、烈士墓、烈士纪念亭、革命烈士事迹陈列室组成。纪念碑高 10 余米，正面镌刻"英明千古；浩气长存"，题记年代"1955 年"。烈士墓共有 29 座，全长 32、宽 3 米。墓碑为黑色大理石，庄重而肃穆，长 0.61、宽 0.46 米，上刻烈士姓名、籍贯、职务等。纪念碑左右约 25 米的小山丘上各建有凉亭一个。纪念碑左侧邻街面为陵园服务部，右前侧为革命烈士事迹陈列室，为琉璃瓦砖混结构仿古建筑，展出面积 150 平方米，共展出早期地方党组织、解放战争、抗美援朝、对越自卫反击战等资料。烈士陵园先后被命名为"革命烈士纪念建筑物县级重点保护单位"、"青少年革命传统教育基地"、宜宾市和珙县"爱国主义教育基地"和"国防教育基地"。该陵园对研究珙县革命史具有重要参考价值。

巡场镇

古遗址

观音庙遗址　位于巡场镇新林村，建于清代。该遗址坐东向西，分布在长约 40 米、高约 20 米的岩壁上。从岩脚至遗址中心皆凿有可供攀援的石孔和石阶梯，在石阶梯左岩壁上凿有"募修阶级碑记"，题记年代"清嘉庆十三年"，右为悬崖，阶梯边缘残留护墙石基。遗址碑刻主要在一天然洞穴中，洞穴长 12、宽 6 米。洞口有灯杆夹片一对，上书"笙歌吹遍长春苑；灯月交辉不夜城"。洞穴石壁上有方形石孔数个，四壁上分别凿有明嘉靖和清乾隆、嘉庆、道光等年间修庙记事和香客姓名捐资等碑刻 14 通。洞顶雕刻"南海遗风"四个大字，字体饱满、端正。

古墓葬

坟嘴上墓　位于巡场镇余家村，建于明代。该墓坐西南向东北，墓室为 2 座，大小形制相同，长 1、宽 0.6、高 0.8 米，墓门均已被打开，墓室后壁凿有一龛，墓室内壁上刻有花卉、鹿等图案。

岳黄氏墓　位于巡场镇箐林村，建于清嘉庆二年（1797 年）。该墓坐东南向西北，占地 20 平方米，长 7.2、宽 3.4 米。墓碑为石质仿木结构，庑殿式顶，两柱一间，高 1.42、宽 1.12 米。碑刻"故曾祖妣岳母黄□□□"，题记年代"□□□庆二年"。

麻柳湾萧家墓地 位于巡场镇田坝村，建于清嘉庆二年（1797 年）。该墓地坐西向东，有墓 2 座，占地 100 平方米，自西北向东南分别编号为 M1～M2，形制相同，墓碑为石质仿木结构，庑殿式顶，两柱一间。其中 M1 长 3.6、宽 2.4、高 1.42 米，墓碑高 1.6、宽 1 米，碑刻"清待赠故显考萧公文翁行一府君老大人墓"，题记年代"嘉庆二年"。M2 长 5、宽 2.6 米，墓碑高 1.8、宽 1.08 米，碑刻"皇清例赠儒林郎显考萧公讳衡翁老大人之墓"，题记年代"道光元年"，墓前左右各有石墩一个，墓前拜台用石板铺成，长 4.54、宽 8.8 米。

刘钊墓 位于巡场镇白家村，建于清嘉庆十二年（1807 年），该墓坐西向东，占地 20 平方米，该墓用石条砌成，长 5.6、宽 4.4、高 1.8 米。墓碑为石质仿木结构，四柱三间，庑殿式顶，高 2.45、宽 4 米。墓碑中刻"皇清敕授明经刘公号远振翁大人之墓"，左右两边为其妻妾姓氏，两侧碑为墓志铭，题记年代"大清嘉庆十二年"。该墓前有残毁的石质牌坊一座。

许成名墓 位于巡场镇田坝村，建于清嘉庆十八年（1813 年）。该墓坐南向北，占地 15 平方米，长 4.8、宽 3.6、高 1.48 米。墓碑为石质仿木结构，两柱一间，庑殿式顶，高 2、宽 1.06 米。墓碑中刻"皇清待赠食帛曾祖考许公成名老大人之墓，乾隆庚午科举人侄孙许有龄立"，题记年代"嘉庆十八年"，碑联为"在昔墓成乾运盛；于今碑建嘉祥增"，碑额"百世流芳"。

李圣祚墓 位于巡场镇芙蓉村，建于清道光元年（1821 年）。该墓坐南向北，占地 10 平方米，长 4.8、宽 2.1、高 1.4 米。墓碑为石质仿木结构，两柱一间，庑殿式顶，高 1.74、宽 0.84 米。墓碑中刻"皇清例授从九品职员显考李公圣祚老大人之墓"，题记年代"大清道光元年"。

李贤墓 位于巡场镇芙蓉村，建于清道光元年（1821 年）。该墓坐南向北，占地 15 平方米，长 5.1、宽 3.1、高 1.48 米，墓碑为石质仿木结构，两柱一间，庑殿式顶，高 1.7、宽 0.84 米。墓碑中刻"皇清待赠显考李公贤老大人之墓"，题记年代"道光元年"。该墓四周左右及后用乱石和石灰砌成坟围。

肖良礼墓 位于巡场镇田坝村，建于清道光三年（1823 年）。该墓坐南向北，占地 50 平方米，长 6.4、宽 4.6、高 1.6 米。墓碑为石质仿木结构，四柱三间，庑殿式顶，重檐，高 4.2、宽 3.6 米，碑缘雕刻人物和花卉。正碑中刻"皇清待赠故显考（妣）肖公（母）讳良礼（易太君）老大人（孺人）之墓"，题记年代"大清道光三年"。两侧碑分别为墓志铭和后世子孙姓名。拜台台基用条石砌成，南北长 12、东西宽 9、高 1.4 米。该墓后及左右用条石砌成护墙。

赵箴墓　位于巡场镇塘坎村，建于清道光四年（1824 年）。该墓坐东南向西北，占地 15 平方米，长 6.4、宽 2.6、高 1.4 米。墓碑为石质仿木结构，四柱三间，庑殿式顶，重檐，高 2.8、宽 2.6 米。墓碑中刻"奉旨皇恩钦赐正八品耆士逍遥公赵箴翁老大人之墓"，镌刻墓主人生卒年，题记年代"道光四年"。左右两碑为墓志铭，正联"乙辛卯酉荣忠孝；虎踞龙盘益嗣裔"，碑额"覃恩宠赐"。侧联"刚毅傲秋霜正气光辉八秩；恩伦来帝眷警心涤垢终身"。

坟山上熊家墓地　位于巡场镇白家村，建于清道光十二年（1832 年）。该墓地坐东向西，有墓 2 座，占地为 200 平方米，自西向东编为 M1～M2，用青石条砌成，庑殿式顶，两柱一间，两侧施抱鼓。其中 M1 长 3.40、宽 4 米，墓碑高 3.34、宽 2.14 米，中刻"皇清待赠显考熊公讳昶□□□"，题记年代"道光十二年"。M2 长 4.8、宽 4.4 米，墓碑高 1.7、宽 1.2 米，碑刻"皇清待赠显考熊公讳劻府君老大人之墓"，题记年代"乾隆三十一年"。

李作材墓　位于巡场镇芙蓉村，建于清道光十九年（1839 年）。该墓坐南向北，占地 10 平方米，长 4.6、宽 2.3、高 1.42 米。墓碑为石质仿木结构，两柱一间，庑殿式顶，高 1.68、宽 0.84 米。墓碑中刻"皇清待赠十世祖李公讳作材老祖人之坟墓"，题记年代"道光十九年"。

李玉堂墓　位于巡场镇中坝村，建于清道光二十六年（1846 年）。该墓坐北向南，占地 20 平方米，长 4.7、宽 4.5、高 1.5 米。墓碑为石质仿木结构，单碑，高 1.82、宽 1 米，碑缘雕刻简单纹饰。墓碑中刻"皇清待赠显考庠生李公玉堂老大人之墓"，题记年代"道光二十六年七月"。

罗崇齐夫妇墓　位于巡场镇白家村，建于清道光二十八年（1848 年）。该墓坐西向东，占地 30 平方米，用石条砌成，长 3.5、宽 3、高 1.52 米。墓碑为石质仿木结构，四柱三间，两侧施抱鼓，高 2.75、宽 2.8 米。碑缘刻人物、花卉等图案，雕刻精美。墓碑中刻"皇清例赠德佐郎显考（妣）罗公（母）字崇齐府君（陈太孺人）之墓"，题记年代"道光二十八年"。

沈达修墓　位于巡场镇余家村，建于清道光二十九年（1849 年）。该墓坐西向东，占地 15 平方米，用砂石垒砌而成，长 4.3、宽 3.4、高 1.45 米。墓碑为石质仿木结构，两柱一间，庑殿式顶，两侧施抱鼓，高 2.6、宽 1.5 米，碑缘及抱鼓雕刻较为简单的卷云纹。墓碑中刻"皇清萧母沈达修□□□"，题记年代"道光二十九年"。

生基背罗家墓地　位于巡场镇双河村，清道光三十年（1850 年）。该墓地坐南向北，有墓 2 座，占地 200 平方米，用石条砌成，自北向南编号为 M1～M2，墓碑为庑殿式顶。其中 M1 长 4.8、宽 3.2、高 1.5 米，墓碑为两柱一间，两侧施抱鼓，高 2.5、宽 2.2 米，碑刻"皇清故显考罗公讳文贵老大人之墓"，题记年代"道光三十年"，碑缘及抱鼓雕饰缠枝花纹。M2 距 M1 约 50 米，长 5、宽 2.5 米，墓碑为两柱一间，高 2.26 米、宽 1.14 米，碑刻"清故罗母汪戒名□□□"，题记年代"咸丰二年"。

李新才墓　位于巡场镇双河村，建于清咸丰四年（1854 年）。该墓坐东向西，占地 10 平方米，用石条砌成，表面风化，长 4.4、宽 3.6、高 1.6 米。墓碑为单碑，高 1.7、宽 1.3 米，石质仿木结构，庑殿式顶。墓碑中刻"清故显考李公讳新才大人之墓"，题记年代"咸丰四年"。

王锦溙墓　位于巡场镇箐林村，建于清咸丰五年（1855 年）。该墓坐西向东，占地 20 平方米，长 5.6、宽 4、高 1.53 米。墓碑为石质仿木结构，四柱三间，庑殿式顶，两侧施抱鼓，重檐，高 4、宽 3.8 米。碑缘及抱鼓饰满缠枝花纹及花瓶等纹饰。墓碑中刻"清故显考王公讳锦溙老大人之墓"，题记年代"咸丰五年"。

胡心诚墓　位于巡场镇三合村，建于清咸丰九年（1859 年）。该墓坐南向北，占地 10 平方米，长 4、宽 2.2、高 1.42 米。墓碑为石质仿木结构，庑殿式顶，重檐，四柱三间，高 2.4、宽 3.4 米，碑缘雕饰人物、花卉、鸟兽等图案。墓碑中刻"例诰孺人孙母胡法讳心诚"，题记年代"咸丰九年"，左右两碑为墓志铭，并镌刻墓主人生卒年。

杨黎氏墓　位于巡场镇茨梨村，建于清光绪二十四年（1898 年）。该墓坐东向西，占地 10 平方米，长 3.7、宽 1.9、高 1.4 米。墓碑为石质仿木结构，单碑，高 1.92、宽 1.1 米，中刻"皇清旌表节孝故显妣杨裕中之妻黎氏墓"，题记年代"光绪二十四年"。

史成福墓　位于巡场镇金沙村，建于清宣统二年（1910 年）。该墓坐西向东，占地 20 平方米，用青砂石条砌成，长 4、宽 2.84、高 1.46 米，护墙用砖石垒砌，石灰抹面。墓碑为石质仿木结构，两柱一间，庑殿式顶，筒瓦屋面，两侧施抱鼓，高 2.8、宽 2.14 米。墓碑刻"清故显妣陈母史成福墓"，题记年代"宣统二年"。碑缘雕刻二龙抢宝及人物、花卉等。该墓后有石质仿木结构牌坊一座，三重檐，坊身用镂空雕、浮雕等手法雕饰人物、花卉等。

赶场坡墓群　位于巡场镇白家村，建于清代。该墓群坐东向西，有墓 3 座，占地 150 平方米，形制相同。其中 M1 用青石条砌成，长 5.2、宽 2.2、高 1.4 米，墓碑为两柱一间，石质仿木结构，高 1.8、宽 2.2 米，庑殿式顶，两侧施抱鼓，碑刻"清故显考冯公讳仕荣老大人之墓"，题记年代"咸丰四年六月"。

青岗林杨家墓地　位于巡场镇溪尾村，建于清代。该墓地坐西北向东南，有墓 2 座，占地 20 平方米，自东北向西南编号为 M1～M2，均用乱石垒砌，外用水泥包砌。M1～M2 形制、大小均一致。其中 M1 长 2.4、宽 2.4、高 1.8 米，墓碑为两柱一间，石质仿木结构，庑殿式顶，高 1.8、宽 0.9 米，碑缘雕刻简单花卉等纹饰，墓碑中刻"清待赠故显考杨公讳世龙老大人之墓"，题记年代"光绪六年"。M2 中刻"清待诰显妣杨母程法讳心修老孺人墓"，题记年代"光绪六年"。

　　酸枣坝李家墓地　　位于巡场镇田坝村，建于清代。该墓地坐东北向西南，有墓 2 座，占地 30 平方米，自西北向东南编号为 M1 ~ M2，墓碑为石质仿木结构，庑殿式顶，两柱一间。其中 M1 长 6、宽 3.1 米，墓碑高 1.88、宽 1 米，碑刻"皇清待赠故祖考李公行二府君老大人神墓"，题记年代"清乾隆六十年"。M2 长 6、宽 2.8 米，墓碑高 1.6、宽 1.05 米，碑刻"皇清待赠故显考李公法戒普福老善人神墓"，题记年代"大清嘉庆十五年"。

　　坟沿子李家墓地　　位于巡场镇芙蓉村，建于清代。该墓地坐南向北，有墓 2 座，占地 150 平方米，形制相同。其中 M1 长 3.6、宽 2.2、高 1.3 米，墓碑为石质仿木结构，两柱一间，庑殿式顶，高 1.7、宽 1.8 米，墓碑刻"皇清待诰故显妣陈戒名震祥老孺人墓前位"，题记年代"道光十六年"。

　　核桃坝黄家墓地　　位于巡场镇白岩村，建于清代。该墓地坐南向北，有墓 2 座，占地 150 平方米，形制相同。其中 M1 长 5.1、宽 2.4、高 1.8 米，墓碑为石质仿木结构，四柱三间，庑殿式顶，两侧抱鼓，重檐，高 6.7、宽 2.38 米，碑缘及抱鼓雕刻花卉及花瓶等纹饰，墓碑中刻"皇清例诰孺人黄母陈戒名真福老孺人之墓"，题记年代"大清同治二年"，左、右两碑为墓志铭，记叙了墓主人生平轶事。

　　石笋坪许家墓地　　位于巡场镇兴太村，建于清代。该墓地坐南向北，有墓 3 座，占地 100 平方米，自东向西编为 M1 ~ M3，墓碑均为石质仿木结构，两柱一间，庑殿式顶。其中 M1 长 3.8、宽 2.6 米，墓碑高 2.6、宽 1.4 米，墓碑中刻"皇清待赠故显考许公讳志周老大人之墓"，题记年代"道光十一年"。M2 长 5.2、宽 3.4 米，墓碑高 2.4、宽 1.24 米，墓碑中刻"皇清待赠故显考许公讳国俊老大人之墓"，题记年代"咸丰九年"。M3 长 5.4、宽 3.6 米，墓碑高 2.4、宽 1.3 米，墓碑中刻"皇清待赠诰故显妣许母毛戒讳显德老孺人之墓"，题记年代"咸丰元年"。

　　罗家沟罗家墓地　　位于巡场镇汾洞村，建于清代。该墓地坐西南向东北，由 5 座墓组成，占地 500 平方米，自东南向西北编号为 M1 ~ M5，用乱石垒砌，外用石灰包面。墓碑为石质仿木结构，两柱一间，庑殿式顶，墓碑中间题记墓主人姓名，墓碑右侧题记年代。其中 M1 长 4.2、宽 2.8、高 1.6 米，墓碑高 1.9、宽 1 米，中刻"显考罗公讳元昌大人之墓"，题记年代"光绪四年"。M2 长 4、宽 2.8、高 1.6 米，墓碑高 1.7、宽 1 米，中刻"罗母□□□"，题记年代风化。M3 ~ M5 无墓碑。

　　王锦焜墓　　位于巡场镇箐林村，建于清代。该墓坐南向北，占地 20 平方米，用石条砌成，长 4.6、宽 2.6 米。墓碑为石质仿木结构，两柱一间，庑殿式顶，两侧施抱鼓，高 3、宽 2.2 米。墓碑中刻"清故显考王公讳锦焜字正邦老大人之墓"，题记年代"道光二十八年"。

　　凉厅子肖家墓　　位于巡场镇余家村，建于清代。该墓坐西向东，占地 15 平方米，用石块垒砌，石灰抹面，长5.4、宽3.1、高1.5米。墓碑为石质仿木结构，四柱三间，两侧施抱鼓，庑殿式顶，重檐，高3.2、宽2.6米。碑缘及抱鼓饰满人物、花卉等。石碑中刻"皇恩宠赐正八品□□□"，题记年代"大清光绪二十八年"。

余家村肖家墓 位于巡场镇余家村，建于清代。该墓坐东北向西南，占地20平方米，用青条石砌成，长4、宽2、高1.5米。墓前有石质墓碑一通，两柱一间，高2.3、宽2.2米，庑殿式顶，两侧施抱鼓，碑文及雕刻多数皆已风化、脱落，碑柱上仅存"皇"、"风"两字。

溪尾槽墓群 位于巡场镇金龙村，建于清代。该墓群坐东北向西南，有墓18座，占地2000平方米，形制相同。其中M1用乱石垒砌，外用石灰抹面，长4.8、宽2.62、高1.58米。墓碑为两柱一间，镶嵌在该墓前，高1.36、宽0.68米，中刻"故显考李公讳国樑大人墓"，题记年代"道光二十三年仲春月"。

余家村墓群 位于巡场镇余家村，建于清代。该墓群坐东向西，有墓2座，占地面积为150平方米，形制相同。其中M1已毁，仅存石质墓碑一通，墓碑为单碑，高2.2、宽1.1米，碑中刻"皇清敕授儒林郎黎公号静山老大人之墓"，题记年代"道光三十年八月"，碑联为"刚强不屈想英姿；弓矢相传多教术"，碑额"山高水长"，书写刚劲有力，字迹分明。

石梯坡黎家墓地 位于巡场镇余家村，建于清代。该墓地坐东向西，有墓2座，占地面积150平方米，自东向西编号为M1~M2，形制相同。其中M1长5.8、宽2.5米，墓碑高1.80、宽0.90米，碑刻"皇恩敕授正七品黎公讳明远九十二立"，题记年代"嘉庆六年辛酉岁孟冬月"，墓前有已毁石狮和望柱各一对。M2长7、宽3.2、高1.6米，墓前有石质墓碑一通，单碑，高1.75、宽0.96米，碑刻"皇清敕授登仕郎故显考黎□□□"，题记年代"道光七年"。

老猴嘴黎家墓地 位于巡场镇中坝村，建于清代。该墓地由3座乱石垒砌的墓组成，坐西北向东南，呈点状分布在200平方米的范围内，形制相同。其中M1长4.8、宽2.5、高1.6米，墓碑为单碑，高1.8、宽0.9米，中刻"黎公讳学滇老大人之墓"，题记年代"同治十一年"。

鞍子村墓群 位于巡场镇鞍子村，建于清代。该墓群坐东南向西北，有墓2座，占地100平方米，形制相同。其中M1长4.3、宽1.6、高1.4米，墓碑为石质仿木结构，两柱一间，庑殿式顶，高1.75、宽0.92米，中刻"清故显妣李母文真莲老孺人之墓"，题记年代"咸丰六年"。

河口高家墓地 位于巡场镇河口村，建于清代。该墓地坐西南向东北，有墓2座，占地100平方米，自西南向东北编号为M1~M2，形制相同。其中M1长4.5、宽2.4、高1.5米，墓碑为单碑，高1.6、宽1米，中刻"皇清待赠故慈妣张老太君墓"，题记年代风化。M2 长 2、宽 2、高 1.2 米，墓碑高 1.4、宽 1 米，已基本坍塌。

宝耳山梁家墓地　位于巡场镇河口村，建于清代。该墓地坐东向西，有墓 2 座，占地 50 平方米，自南向北编号为 M1 ~ M2，均为乱石垒砌，形制相同。其中 M1 长 3.2、宽 2.4、高 1.7 米，墓碑为单碑，镶嵌在该墓中，高 1、宽 0.65 米，中刻"□□□治国老大人之墓"，题记年代"□□□伍年□□□"。M2 长 3、宽 2.2、高 1.4 米，碑高 1、宽 0.6 米，碑文已风化。

坡上张家墓地　位于巡场镇龙塘村，建于清代。该墓地坐北向南，有墓 2 座，占地 200 平方米，用青石条垒砌，自东向西编号为 M1 ~ M2。该墓地长 6.3、宽 4、高 1.65 米，墓碑高 1.9、宽 1.1 米，大小形制相同。该墓地巧妙利用天然岩体和人口垒石为护墙，护墙上有石刻雕像一尊。墓园内有石狮、石桌、石椅、石碑和石条。M1 墓碑中刻"护墙待赠显考张公有勳大人之墓"，题记年代"光绪十三年"，墓碑西侧有石狮一尊。M2 墓碑中刻"皇清待诰故显妣张母李心诚之墓"，墓碑两侧抱鼓。两座墓前 1 米有石桌、石椅各一张，前 5 米有石碑一通，石碑阳面刻"皇清待赠（诰）故显考张公有勳老大人（母李心诚老孺人）之墓"，阴面刻两童手持铜钱像。

马道子张家墓地　位于巡场镇龙塘村，建于清代。该墓地坐东北向西南，占地 2000 平方米，由 8 座墓和石桌、石凳等构成，根据姓名编号为 M1 ~ M8，均用条石垒砌。墓碑为石质仿木结构，庑殿式顶，两柱一间，上刻墓主人姓氏，并题记立碑年代和子孙姓名。其中 M1 墓碑中刻"清故显考张公讳有蛟老大人之墓"，题记年代"光绪十三年"。M2 墓碑中刻"皇清例赠儒林郎显考张公讳怀彪大人之墓"，题记年代"咸丰十一年"。M3 墓碑中刻"皇清例赠故显考张公讳文义老大人之墓"，题记年代"道光二十七年"。M4 墓碑中刻"清故显妣张母武悟荣之墓"，题记年代"同治十三年"。M5 ~ M7 并排在一起，墓前有石桌、石凳和桅杆。M5 墓碑中刻"旨覃恩赐八品顶戴张凤翊之坟墓"，题记年代已风化。M6 墓碑中刻"清故极乐享七十二寿故继妣解寂智之墓"，题记年代"嘉庆元年"。M7 碑文已基本风化，无法辨识。M8 墓碑中刻"□□□张老孺人之墓"，题记年代"大清咸丰十年"。

桂花包张家墓地　位于巡场镇龙塘村，建于清代。该墓地坐北向南，占地 200 平方米，由 3 座并排的墓构成，自西向东编号为 M1 ~ M3，形制相同。墓长 6、宽 3.4、高 1.6 米不等，墓碑为两柱一间，石质仿木结构，庑殿式顶，高 2.6、宽 1 米不等。墓碑上刻墓主人姓氏，并题记年代和子孙姓名。碑缘雕刻简单纹饰。其中 M1 墓碑中刻"皇清敕诰孺人张母熊法讳真明老太君墓"，题记年代"光绪十七年"。M2 ~ M3 碑文均已风化，辨识不清。

村子头孙家墓地　位于巡场镇三合村，建于清代。该墓地坐南向北，有墓 3 座，占地 200 平方米，自西向东编号为 M1 ~ M3，均用青砂石条垒砌，形制形同。其中 M1 长

4.6、宽 2、高 1.3 米，墓碑为石质仿木结构，庑殿式顶，四柱三间，高 3.1、宽 2 米，碑缘雕刻人物、花卉等纹饰，墓碑中刻"例诰孺人孙母□□□"，题记年代"咸丰□□□"。

孙文德墓　位于巡场镇三合村，建于清代。该墓坐东南向西北，占地 10 平方米，长 3.8、宽 2.5 米。墓碑为石质仿木结构，两柱一间，庑殿式顶，两侧抱鼓，高 2.3、宽 1.4 米，碑缘及抱鼓雕饰花卉等图案。墓碑中刻"皇清例赠儒林郎孙公讳文德老大人之墓"，题记年代"咸丰六年"。碑联为"山水钟灵光为谱；子孙蔚起福千香"。

古建筑

袁家祠　位于巡场镇兴太村，建于清代。该祠堂坐西向东，占地面积为 700 平方米，由正房和东西厢房构成，为三合院布局。正屋通面阔三间 14 米，通进深 10 米，穿斗木构架，小青瓦悬山顶。东西厢房布局一致，通面阔四间 10.7 米，进深 4.5 米，穿斗木构架，硬山式封火墙。建筑大部分皆装有板壁，门、窗皆雕刻各种图案。

熊朝成宅　位于巡场镇塘坝村，建于清代。该建筑坐南向北，占地 500 平方米，由正房、东西厢房和槽门构成。正方和厢房形制相同，为穿斗木构架，小青瓦悬山顶，弯挑。正屋三间面阔 18 米，进深五间 12 米。东西厢房布局一致，面阔三间 10 米，进深 9 米。正方前有素面台阶八级，长 1.6、宽 1.2 米，台阶前有槽门一座，宽 5 米，进深 2.6 米。槽门前有台阶 16 级，台阶长 4.4 米，每级台阶宽 1.2 米。

饶学中宅　位于巡场镇塘坎村，建于清代。该建筑坐东向西，占地 600 平方米，由正房和东西厢房及正房两侧的耳房各一间构成三合院布局。正屋五间面阔 20 米，进深 9 米，穿斗木构架，小青瓦悬山顶。东西厢房布局一致，面阔三间 16 米，进深 6.6 米，穿斗木构架，小青瓦悬山顶。耳房面宽 3、进深 9 米。正房和厢房大部分装有板壁，门、窗皆雕刻各种图案。

石窟寺及石刻

碑湾碑刻　位于巡场镇云盘村，建于清代。该碑刻为修路功德碑，刻凿在一块高 3、宽 1.5 米的天然岩体上，石刻距地 2.5 米。石刻为阴刻、楷书竖写，字径 0.3、字距 0.02 米。碑刻内容为修建道路事宜，碑文被苔藓覆盖，局部风化，仅现"道光三年冬月二十三日立"等字样。

近现代

胡书云宅　位于巡场镇天池村，建于 1940 年。该建筑坐西向东，由正房、厢房和院墙构成，占地约 200 平方米。正房为小青瓦屋面，悬山顶，穿斗式木构架，通面阔四间 11 米，通进深 8 米。厢房为小青瓦屋面，悬山顶，穿斗式木构架，通面阔三间 4 米，通进深 6 米。院墙长 13、高 3.8 米，墙面泥塑花卉等纹饰。

汾洞红卫煤矿 位于巡场镇桂花坳社区，建于 1965 年。该煤矿占地 2 万平方米，由矿井、煤仓、办公楼、职工宿舍楼、食堂等众附属设施构成。红卫煤业有限责任公司是原芙蓉矿务局巡场煤矿破产后，由芙蓉集团控股的重组企业。红卫矿井位于汾洞村和桂花坳社区，开拓方式为平硐加暗斜井，煤种为无烟煤，为高瓦斯突出矿井，采高 1～1.6 米，可采煤层有四层，煤层平均倾角 47 度，采煤工艺为炮采，采煤方法为俯伪斜分段密集采煤法和俯伪斜掩护支柱采煤法，全部陷落法管理顶板，矿井设计、核定生产能力均为年 30 万吨，现实际年生产能力为 20 万吨。该煤矿有力地促进了地方经济发展，很好地解决地方就业压力。

杉木树煤矿 位于巡场镇杉木树社区，建于 1965 年。该煤矿占地 50000 平方米，是川南最大的电煤生产基地，主要由矿井、煤仓、专用铁路、办公楼、宿舍楼、食堂、学校、医院、瓦斯供气设施等附属设施构成。杉木树煤矿于 1965 年开工建设，1972 年建成投产，原设计每年生产能力为 90 万吨。现有职工 2069 人，有 9 个业务科室、4 个采煤队、6 个掘进队、7 个辅助队。2001 年 6 月实施政策性破产，2002 年 4 月改制为芙蓉集团杉木树矿业公司，核定年生产能力为 90 吨。该煤矿建于 20 世纪 60 年代，有力地促进了地方经济发展，很好地解决地方就业压力。

白皎煤矿 位于巡场镇丰村，建于 1970 年。该煤矿属国有重点煤矿，始建于 1965 年，1970 年正式投产，设计年生产能力为 120 万吨，现核定生产能力 100 万吨。现有职工 3128 人，23 个基层单位，11 个机关部门。矿井主采的 K1、K3 煤层平均厚度分别为 1.4 米和 1.9 米，主要品种为低磷、低硫、中灰优质煤种。矿井走向长 7.898、南北宽 4.82 千米，矿井采用中央平硐加暗斜井开拓方式。煤矿主要从事原煤生产，有加工产品和有规模的三产产业，是全国闻名的重灾矿井。煤矿内建有低压湿式螺旋储瓦斯气罐、煤矸石发电厂、医院、学校等附属设施。该矿诞生于我国三线建设的特殊时期，时任三线建设副总指挥的彭德怀元帅曾亲自视察了白皎煤矿的建设。

孝儿镇

古墓葬

大叶滩崖墓群 位于孝儿镇龙窝村，建于汉代。该崖墓群坐东向西，共 8 座，分布在长约 80、宽约 10 米的南广河畔岩脚下，自南向北编号为 M1～M8，形制相同。M1 墓道长 2.7、宽 1.37、高 2.4 米，墓室长 5.9、宽 2.3、高 2 米。

闵徐氏墓　位于孝儿镇桐梓村，建于清道光十五年（1835 年）。该墓坐西北向东南，占地 50 平方米，条石垒砌。墓碑为石质仿木结构，四柱三间，重檐，庑殿式顶，碑间及碑顶有人物、鸟兽和草木纹饰。碑高 3.9、宽 3.1 米，墓长 4.3、宽 4.3、高 1.5 米。碑文"皇清例待诰候补州正六品安人显妣闵母徐法讳妙真老太君之墓"，题款年代"大清道光十五年夹钟月望八日"，碑联为"三甲纲乾昭凤上；六辛藏巽兆璘泽"。碑额为"吉协仙圃"。两侧碑间有墓志铭和立碑子孙名录。

生基埂符家墓地　位于孝儿镇李复村，建于清道光二十八年（1848 年）。该墓地坐西向东，有墓 6 座，占地 150 平方米，自北向南编号依次为 M1～M6，用石条垒砌，形制相同，其中仅有 4 座墓有墓碑。墓碑为石质仿木结构，庑殿式顶，为两柱一间，无抱鼓，墓碑题刻墓主人及后裔姓名和年代。其中 M3 墓碑高 2.5、宽 1.07 米，墓长 3.8、宽 3.0、高 1.3 米，碑文刻"清故显妣符罗法讳照泰老太君正魂之墓"，题记年代"道光二十八年仲冬月"。

罗枝兰夫妇墓　位于孝儿镇通木村，建于清同治六年（1867 年）。该墓坐东北向西南，占地 20 平方米，条石垒砌。墓碑为石质仿木结构，四柱三间，重檐，庑殿式顶，碑间、抱鼓两侧、帽檐皆有人物、草木等纹饰。墓碑高 2.7、宽 2.6 米，墓长 5、宽 3.4、高 1.2 米。碑文刻"皇清待赠故（诰）显考（妣）罗公讳枝兰老大人（黄海乾老孺人）之墓"。次碑间右侧为墓志铭记载其生平，左侧为立碑子孙名录。题刻年代"大清同治六年"。

毛罗氏墓　位于孝儿镇双田村，建于清同治七年（1868 年）。该墓坐西南向东北，占地 20 平方米，用青条石垒砌，长 6、宽 2.5、高 1.52 米，墓碑为石质仿木结构，四柱三间，庑殿式顶，重檐，两侧施抱鼓，高 2.91、宽 3.2 米，碑缘雕刻人物、花卉、鸟兽等纹饰。墓碑中刻"皇清故显妣毛母罗氏老孺人之墓"，题记年代"同治七年三月十二日吉日立"。

大山包杨家墓地　位于孝儿镇通河村，建于清光绪六年（1880 年）。该墓地坐东北向西南，有墓两座，占地 50 平方米，自西北向东南编号为 M1～M2。其中 M1 碑高 3.3、宽 2.3 米，墓长 5.4、宽 2.7 米、高 1.4 米，碑文刻"清故显考杨公讳茂开老大人之墓"，碑联为"席踞龙蟠千秋吉穴；山青水秀万载佳城"，碑间刻有墓志铭，记载了其生平及祖辈传承。M2 碑文为"清故显妣赵戒讳明福老孺人之墓"，题刻年款皆为"大清光绪六年十一月十八日"。

陈占魁夫妇墓　位于孝儿镇燕萍村，建于清光绪十二年（1886 年）。该墓坐东向西，占地 45 平方米，条石垒砌。墓碑为石质仿木结构，庑殿式顶，两柱一间，两侧施抱鼓石，重檐，碑帽间有草木纹饰。碑高 3.65、宽 2.3 米，墓长 5.8、宽 4.7、高 1.6 米。碑文为"皇清待赠（诰）故显考（妣）陈公讳占魁（严法讳晋福）老大（孺）人之墓"，题款年代"大清光绪十二年七月二十一日"。

中峰庵和尚墓 位于孝儿镇中安村，建于清光绪十六年（1890年）。该墓坐南向北，占地10平方米，长3.2、宽2.4、高1.3米。墓碑为石质仿木结构，两柱一间，庑殿式顶，两侧施抱鼓，高3.2、宽2.6米，中刻"圆寂师爷上圣下鹏月□□□"，题记年代"光绪十六年"。墓碑上雕刻"深山藏寺"、"双龙抢宝"等图案。

王大全夫妇墓 位于孝儿镇宝兴村，建于清光绪二十七年（1901年）。该墓坐北向南，占地45平方米，条石垒砌。墓碑为石质仿木结构，四柱三间，两侧施抱鼓，重檐，庑殿式顶，碑间、两侧抱鼓边缘及碑顶有人物、鸟兽和草木纹饰。墓碑涂有鲜艳的颜色，故名花花坟，此地地名也得名于此。碑高4.3、宽3.9米，墓长6.5、宽4.9、高1.7米。墓前有长约10、宽5米的青石板铺地的坟台。碑文为"皇清待赠（诰）故显考（妣）王公讳大全（母杨海真）老大（孺）人之墓"，题记年代"大清光绪二十七年四月二十日"。

李芳仲夫妇墓 位于孝儿镇黄连村，建于清光绪三十一年（1905年）。该墓坐西南向东北，占地50平方米，条石垒砌，单碑，碑高3.9、宽1.1米，墓长4.3、宽4.3、高1.5米。碑文为"皇清待赠（诰）故显祖考（妣）李公讳芳仲（张法名登魁）老大（孺）人之墓"，题记年代"光绪三十一年仲春月"。碑联为"沙明水秀祥龙地；月白风清影月台"，碑额为"佑启后裔"。

沙湾头赵杨氏墓 位于孝儿镇溪沟村，建于清宣统元年（1909年）。该墓坐北向南，占地50平方米，石条垒砌。墓碑为石质仿木结构，四柱三间，重檐，庑殿式顶，碑间及碑顶有人物、鸟兽和草木纹饰。墓前有长6、宽4米的青石板墓台。碑高5、宽4米，墓长4.4、宽3、高1.6米。碑文为"皇清待诰故显妣赵母杨法名海寿老孺人之墓"，题记年代"大清宣统元年小阳月"。两侧碑间有墓志铭和立碑子孙名录。

郭家山闵氏墓群 位于孝儿镇洪顺村，建于清代。该墓群坐北向南，共3座，并排在长20、宽15米的山垇上，自西向东编号为M1～M3，形制大致相同，借用条石垒砌。其中M2长5.2、宽3.9、高1.5米，墓碑为石质仿木结构，两柱一间，庑殿式顶，高1.9、宽1米，碑刻"武骑尉五品闵修成之墓"，墓前有石牌坊一座，重檐歇山顶，四柱三间，通高4.6、宽4.15米，两侧皆有抱鼓，坊身南北两面雕刻图案28幅、狮子4个、满文碑1通，该墓和牌坊前皆有垂带式踏道，牌坊前为坟坝，立有石柱和石人、石马等。

观斗山杨家墓地 位于孝儿镇张家村，建于清代。该墓地坐北向南，有墓16座，占地300平方米，自西向东编号为M1～M16。其中M1墓碑为两柱一间，高1.45、宽1.07米，墓长4.2、宽3.25、高1.16米，碑文下半部风化严重，仅可辨认出"皇清待赠逸处士祖考杨□□□"，题刻年代"大清乾隆六十年"。

大埝上张家墓地　位于孝儿镇石龙村，建于清代。该墓地坐南向北，有墓3座，占地150平方米，自东向西编号为M1～M3，大小形制相同，皆用灰砂石条垒砌。其中M1长3.9、宽2.4、高1.5米，墓碑为石质仿木结构，两柱一间，庑殿式顶，高2.75、宽2.4米，碑缘雕刻人物、花草、鸟兽等纹饰，墓碑中刻"皇清待赠故显考讳张书万之墓"，题记年代"光绪二十七年三月立"。M2墓碑中刻"皇清故显妣张母邱氏老孺人之墓"，题记年代"光绪三十四年"。M3墓碑中刻"皇清故显考母王□□□之墓"，题记年代"光绪三十四年"。

村上袁家墓地　位于孝儿镇双田村，建于清代。该墓地坐东向西，有墓10座，占地1000平方米，根据姓名编号为M1～M10，形制大致相同。其中M1长4.11、宽3.25、高1.46米，墓碑为石质仿木结构，四柱三间，庑殿式顶，重檐，两侧施抱鼓，高3.77、宽3.55米，碑缘雕刻人物、花卉、鸟兽等纹饰。墓碑中刻"皇清待授国学士故显考袁公天佑老大人（妣母文氏孺人）之墓"，题记年代"清同治五年十月二十二日吉旦"。M2为袁国萃墓，M3为袁亭枝墓，M4为袁李氏墓，M5为袁梅氏墓，M6为袁启华墓，M7为袁黄氏墓，M8～M10为土冢，无碑。

老瓦房黄氏墓　位于孝儿镇新胜村，建于清代。该墓坐南向北，占地20平方米，用条石垒砌，长3.9、宽3.1、高1.21米，墓碑为石质仿木结构，单碑，高1.85、宽1.1米，中刻"皇清待赠故显考黄□□□"，题记年代"大清光绪二十□□□"。

黄金湾黄家墓地　位于孝儿镇正平村，建于清代。该墓地坐南向北，由3座墓组成，占地120平方米，自东向西编号为M1～M3，形制形同。其中M1长4.4、宽2.2、高1.4米，墓碑为石质仿木结构，两柱一间，庑殿式顶，两侧抱鼓，高2.28、宽2.2米，碑缘雕刻花卉等纹饰，墓碑中刻"黄母曹氏性寿老孺人正魂佳城"，题记年代"光绪甲申十年"，碑联"看此番砂明水净；知将来桂秀兰芳"。M2墓长4.8、宽3.2、高1.46米，墓碑为四柱三间，高2、宽3.1米，中刻"清故黄公讳登榜老大人（戴氏妙德老孺人）名下正魂之佳城"，题记年代"光绪五年"。M3长4.6、宽3.1、高1.5米，墓碑为四柱三间，高3、宽3.4米，中刻"清故黄公讳维纲老大人（陈友慧老孺人）正魂佳城"，题记年代"光绪八年"。

古建筑

珙县北京寺　位于孝儿镇波浪村，始建于明，殿于清嘉庆、清道光十六年（1836年）重建。北京寺坐北向南，占地1300平方米，砖木结构，穿斗式硬山顶，三穿四柱，三面砌有砖墙，脊梁上有"二龙抢宝"字样。全寺通高9.6米，正殿三间11.5米，进深9.5米，素面台基，垂带式踏道三级。正殿存壁画六幅，分布绘制于正殿左右及后墙壁上。正殿前有碑刻六通，刻记庙产详情。寺内尚存铁钟1口，铁磬1个，正殿山墙撕裂，正殿壁画局部被涂料涂抹。厢房基础下沉，梁柱糟朽。中殿梁柱糟朽，瓦构件脱落，屋面局部坍塌，2006 年曾对正殿屋面进行过抢救性修缮。四川省人民政府于 2002 年 12 月公布为文物保护单位。

中和村东皇殿　位于孝儿镇中和村，建于清代。该建筑坐南向北，占地 300 平方米，由正殿和地藏殿、观音殿构成，建筑形制相同，同为木结构，穿斗式，歇山顶，小青瓦屋面。正殿通面阔 18.6、通进深 9.7 米。正殿门坊竖写"东皇殿"，两旁双龙缠绕。正殿左右为地藏殿和观音殿。房脊上为彩塑人物和龙凤纹饰。

（三）石窟寺及石刻

观音岩石窟寺　位于孝儿镇大平村，建于清乾隆三十年（1765）。该寺为三龛三像，纵向排列在长 3.3、高 2 米，距地 2.06 米的砂岩壁上，造像根据雕刻人物编号为龛 1、龛 2 和龛 3。龛呈长方形，其中龛 1 高 0.43、宽 0.37、深 0.06 米，内供送子观音像，像高 0.37、肩宽 0.24 米。龛 2 高 0.55、宽 0.47、深 0.13 米，内供净水观音像，像高 0.47、肩宽 0.25 米。龛 3 高 0.55、宽 0.47、深 0.1 米，内供土地菩萨，像高 0.5、肩宽 0.26 米。龛 2 下有纪年题刻"清乾隆三十年"。

莲花石窟寺　位于孝儿镇莲花村，建于清代。该寺为一龛一像，龛为长方形，敞口平顶，高 1.3、宽 0.8、深 0.35 米，龛内为观音像，通高 0.9、肩宽 0.28 米，两侧刻"道岸能登皆南海；岩窝无处不普陀"，题刻年代"清乾隆五十六年二月二十六日"。

底洞镇

古墓葬

甘龙窝悬棺　位于珙县底洞镇周家村，建于宋至明代，该悬棺坐南向北，为人工凿穴式，横龛。悬棺置棺高度约为 50 米，悬棺长约 2.5、宽约 0.88、高约 0.65 米。在悬棺东侧还有横龛一个，周围现存大量桩孔和少数棺桩。僰人悬棺是珙县僰文化的独特标志，对研究僰人文化、习俗、历史等具有重要的价值。

槽房头杨家墓地　位于底洞镇白合村，建于道光十四年（1834 年）。该墓地坐南向北，有墓 6 座，占地 200 平方米，自西向东编号为 M1～M6，用石条垒砌，形制相同，其中仅有两座该墓有墓碑。M2 墓碑高 2.4、宽 2 米，为四柱三间，庑殿式顶，重檐，中刻"清故显考杨公讳大□老大人之墓"，题记年代"光绪甲午年"。M6 墓碑高 2.2、宽 1.2 米，为两柱一间，歇山顶，中刻"皇清待赠故显考杨公天元（母彭氏孺人）大人墓"，题记年代"道光十四年"。

怀绍贤墓　位于底洞镇盐井村，建于清咸丰三年（1853 年）。该墓坐西向东，占地

20 平方米，用青条石垒砌，墓长 3.6、宽 3.2、高 1.5 米。墓碑为石质仿木结构，四柱三间，庑殿式顶，重檐，两侧施抱鼓，高 2.8、宽 4.4 米，碑缘雕刻人物、花卉、鸟兽等纹饰。墓碑刻"皇清待赠逸处士怀公讳绍贤老大人之佳城"，题记年代"咸丰三年"，碑联为"玄武山高龙虎顾；罗星水荫子孙荣"。

张九禾墓　位于珙县底洞镇利民村，清光绪三年（1877 年）。该墓坐北向南，占地 10 平方米，用乱石垒砌，墓长 4.6、宽 2.2、高 1.1 米，墓碑为石质仿木结构，两柱一间，两侧施抱鼓，高 1.7、宽 1.5 米，中刻"皇清待赠故始祖考张公讳九禾老大人之墓"，题记年代"清光绪三年"。

牟廷成墓　位于底洞镇景阳村，建于清光绪九年（1883 年）。该墓坐西向东，占地 15 平方米，用青条石垒砌，长 4.9、宽 3.4、高 1.52 米。墓碑为石质仿木结构，四柱三间，庑殿式顶，高 1.9、宽 2.3 米，碑缘雕刻人物、花卉、鸟兽等纹饰。墓碑中刻"皇清赠封六品牟公讳廷成之墓"，题记年代"光绪九年菊月"，碑联为"凤羽藏青冢；龙光锡紫泥"。

罗永山墓　位于珙县底洞镇周家村，建于清光绪三十三年（1907 年）。该墓坐东北向西南，占地 25 平方米，用青条石垒砌，长 4.2、宽 3.2、高 1.7 米。墓碑为石质仿木结构，四柱三间，庑殿式顶，重檐，两侧施抱鼓，高 3.95、宽 3.2 米，碑缘雕刻人物、花卉、鸟兽等纹饰。墓碑刻"清故显考罗公讳永山大人之寿藏"，题记年代"大清光绪三十三年孟夏月"，碑联为"穴映保平光前代；脉临八仙启后贤"，碑额为"克昌厥后"。

许朝兴墓　位于珙县底洞镇德利村，建于清光绪三十四年（1908 年）。该墓坐西向东，占地 20 平方米，用乱石垒砌，外用石灰抹面，长 4.4、宽 2.2、高 1.45 米，墓碑为石质仿木结构，两柱一间，庑殿式顶，两侧施抱鼓，高 2.7、宽 2 米，碑缘雕刻花卉等纹饰，中刻"皇清待诰故显妣罗母许朝兴享年柒拾肆寿老孺人正魂之墓"，题记年代"光绪三十四年"。

麻沱何家墓地　位于珙县底洞镇大地村，建于清宣统三年（1911 年）。该墓地坐南向北，有墓 2 座，占地 100 平方米，用青条石垒砌，自东向西编号为 M1 ~ M2，形制相同。其中 M1 长 4.3、宽 1.8、高 1.75 米，墓碑为石质仿木结构，庑殿式顶，高 1.8、宽 1.6 米，两柱一间，重檐，两侧施抱鼓，碑缘雕饰简单纹饰，墓碑中刻"皇清待诰显妣何母周戒讳照圆老太君之墓"，题记年代"宣统三年"。M2 形制与 M1 相同，墓碑中刻"皇清待赠显考何公讳府君大人之墓"，题记年代"宣统三年"。

大沙田罗胡氏墓　位于底洞镇石红村，建于清光绪三十三年（1907 年）。该墓坐北向南，占地 20 平方米，用石条垒砌，长 4.4、宽 2、高 1.5 米，墓碑为石质仿木结构，高 1.65、宽 0.7 米，两柱一间，庑殿式顶，两侧施抱鼓，碑缘雕刻花卉等纹饰，两柱一间，中刻"皇清待诰故显妣罗母胡太君老孺人之墓"，题记年代"光绪三十三年"。

王家村王家墓　位于地底洞镇罗通村，建于清代。该墓坐东向西，有墓15座，占地1000平方米，根据姓名编号为M1～M15，形制基本相同。其中M1长5.9、宽3.43、高1.55米，墓碑为石质仿木结构，两柱一间，庑殿式顶，高2.71、宽1.1米，墓碑中刻"皇清应授登仕郎王开宇（王母岳太君）之墓"，题记年代"乾隆庚戌年"。

半河罗家墓地　位于底洞镇半河村，建于清代。该墓地坐东向西，有墓2座，占地50平方米，自北向南编号为M1～M2，形制相同。其中M1墓长5.2、宽2.9、高1.6米，墓碑为石质仿木结构，两柱一间，庑殿式顶，高1.73、宽1.4米，墓碑中刻"皇清逸处士罗公讳应举老大人墓"，题记年代"嘉庆庚午立"。墓地四周用砖石垒砌墓园，墓园长9.76、宽5.6米。该墓地为研究当地人文历史提供了资料。

坟坝头墓群　位于底洞镇盐井村，建于清代。该墓群坐西向东，有墓15座，占地面积约为500平方米，根据姓名编号为M1～M15，M1～M2用条石垒砌，有碑，其他墓为土堆，无碑。其中M1长5.3、宽3.6、高1.4米，墓碑为石质仿木结构，四柱三间，庑殿式顶，重檐，高2.8、宽2.7米，中刻"皇清待赠显考蔡公讳起鹏（母胡氏太君老孺人）老大人之墓"，题记年代"嘉庆十七年"。

瑞民村王家墓　位于地底洞镇瑞民村，建于清代。该墓坐西向东，有墓2座，占地100平方米，自南向北编号为M1～M2，用青条石垒砌。其中M1长4.5、宽1.8、高1.8米，墓碑为石质仿木结构，高2.2、宽0.98米，两柱一间，庑殿式顶，重檐，碑缘雕刻人物、花卉、鸟兽等纹饰，墓碑中刻"皇清诰授恭人故显妣王母张普明安人寿藏"，题记年代"宣统三年五月"。M2形制与M1相同，墓碑中刻"皇清西逝故庶妣王母罗□□□"，题记年代"宣统二年岁次"。

顶古陈家墓地　位于底洞镇顶古村，建于清代。该墓地坐西向东，有墓5座，占地100平方米，自南向北编号为M1～M5，形制相同。其中M1长5、宽2、高1.85米，墓碑为石质仿木结构，高1.76、宽1.55米，两柱一间，庑殿式顶，两侧施抱鼓，碑缘雕刻花卉等纹饰，墓碑中刻"清故显考监生陈公讳国栋老大人之寿墓"，题记年代"宣统三年阳月"。

傅家墓地　位于底洞镇顶古村，建于清代。该墓地坐南向北，有墓3座，占地50平方米，自东向西编号为M1～M3，用乱石垒砌，石灰抹面，形制相同。其中M1墓长7.98、宽2.2、高1.6米，墓碑为石质仿木结构，四柱三间，庑殿式顶，重檐，高3.1、宽2.74米，碑缘雕刻花卉、鸟兽等纹饰，墓碑中刻"故显考（妣）□□□品寿宫傅讳傅□□（母讳罗清□）"，题记年代风化，墓群四周用砖石包砌护墙，护墙长7.4、宽7.1米。

杨照玉墓　位于底洞镇板栗村，建于清代。该墓坐北向南，占地30平方米，用青条石垒砌，长6、宽2.9、高1.65米。墓碑为石质仿木结构，四柱三间，庑殿式顶，重檐，两侧施抱鼓，高4.1、宽3.9米，碑缘雕刻人物、花卉、鸟兽等纹饰。墓碑刻"皇清待赠显妣何母杨法讳照玉老孺人之墓"，题记年代"清□"，碑联为"洛水回环长留母范；营山巩固永振家声"，碑额为"慈灵永荫"。该墓左前侧为纸库，高2、宽0.8米，共两层。

雷打坡墓群　位于底洞镇普新村，建于清代。该墓群坐北向南，有墓2座，占地150平方米，自西向东编号为M1～M2，形制相同。其中M1长5.3、宽2、高1.7米，墓碑为石质仿木结构，高2.75、宽3米，两柱一间，庑殿式顶，两侧施抱鼓，碑缘雕刻花卉、鸟兽等纹饰，墓碑中刻"圆寂恩师上圆下安广公顺老和尚之茔兆"，题记年代"咸丰七岁次"。M2长4.6、宽2.6、高1.5米，墓碑为石质仿木结构，两柱一间，高1.78、宽1.5米，墓碑中刻"圆寂恩师上续下伦祥公聪老和尚之茔兆"，题记年代"光绪五年"。

何显烈墓　位于底洞镇普新村，建于清代。该墓坐南向北，占地20平方米，用青条石垒砌，长4.8、宽1.6、高1.4米。墓碑为石质仿木结构，两柱一间，庑殿式顶，重檐，两侧施抱鼓，高2.33、宽1.8米，碑缘雕刻人物、花卉等纹饰。墓碑中刻"皇清待赠故显考何公讳曦字显烈老大人墓"，题记年代"大清光绪元年岁次乙亥季冬月"。

何敏作墓　位于底洞镇同义村，建于清代。该墓坐南向北，占地15平方米、长4.2、宽2.2、高1.5米。墓碑为石质仿木结构，四柱三间，庑殿式顶，重檐，两侧施抱鼓，高1.8、宽2.2米，碑缘雕刻人物、花卉等纹饰。墓碑刻"清故显考儒林何公讳敏作老大人之墓"，题记年代"大清乾隆五十三年"。

孙茂龄墓　位于底洞镇两河村，建于清代。该墓坐西向东，占地50平方米，用青条石垒砌，墓长4、宽2.5、高2.25米，墓碑为石质仿木结构，单碑，高2.45、宽0.45米，墓碑中刻"皇清待赠故显考孙公茂龄老大人之墓"，题记年代"大清道光□□□年仲春月"。

梨子榜何家墓地　位于底洞镇木梯村，建于清代。该墓地坐西南向东北，有墓5座，占地200平方米，形制相同，根据姓名编号为M1～M5。其中M1墓长6.2、宽2.4、高1.5米，墓碑高2.7、宽2.4米，为石质仿木结构，庑殿式顶，四柱三间，重檐，碑缘雕刻花卉等纹饰，中刻"皇清正九品显考何公讳相延老大人之墓"，题记年代"光绪十年"。M2～M4为中华民国时墓。M5墓碑断裂坍塌。

陈朝经墓　位于底洞镇陈泗村，建于清代。该墓坐东南向西北，占地20平方米，墓长4.2、宽2.5、高1.3米，墓碑为石质仿木结构，庑殿式顶，两柱一间，高1.9、宽1.1米，碑缘雕刻简单纹饰，中刻"皇清待赠故第二世祖陈公讳朝经老大人之墓"，题记年代"大清嘉庆十六年"。

陈钧夫妇墓　位于底洞镇郭斯村，建于清代。该墓坐南向北，占地 20 平方米，墓长 5.6、宽 4、高 1.6 米，墓碑高 2.2、宽 1.2 米，为石质仿木结构，两柱一间，庑殿式顶，中刻"皇清待赠故显考陈公讳钧老大人（母刘氏老孺人）之墓"，题记年代"道光丁未（己亥）年八月"。

陈世瑃夫妇墓　位于底洞镇郭斯村，建于清代。该墓坐东向西，占地 30 平方米，墓长 5.6、宽 3.9、高 1.4 米，墓碑高 3.5、宽 3.9 米，为石质仿木结构，四柱三间，庑殿式顶，重檐，两侧施抱鼓，碑缘雕刻人物、花卉、鸟兽等纹饰，中刻"皇清待赠高年八拾八寿终故显考陈公世瑃老大人（诰妣母唐惠贤老孺人）之墓"，题记年代"大清光绪十三年"。

蒯家墓地　位于底洞镇大田村，建于清代。该墓地坐南向北，共 5 座，分布在周长 40 米的范围内，根据姓名编号为 M1~M5，皆用青石条垒砌，墓碑为石质仿木结构，形制相同。其中 M1 为青石条垒砌，长 4.4、宽 2.7、高 1.65 米，墓碑为石质仿木结构，两柱一间，庑殿式顶，重檐，两侧施抱鼓，高 4.1、宽 2.9 米，碑缘雕刻人物、花卉、鸟兽等纹饰。墓碑中刻"清逸处士显考蒯公之辅老大人之墓"，题记年代"大清光绪天子远轮戊戌二十四年"，碑联为"不护湖灯白羊瑞兆将军第；既成石椁青鸟祥开相国才"，碑额为"克昌厥后"。

王家坝何家墓　位于地底洞镇小河村，建于清代。该墓坐北向南，有墓 2 座，占地 120 平方米，自东向西编号为 M1~M2，形制大致相同。其中 M1 长 5.15、宽 2.08、高 1.91 米，墓碑为石质仿木结构，两柱一间，庑殿式顶，重檐，两侧施抱鼓，高 2.9、跨 1.98 米，碑缘雕刻人物、花卉、鸟兽等纹饰，墓碑中刻"清故祖考何公讳□友老大人之墓"，题记年代"清光绪二年季春月上旬日"，两座墓之间有一座三层多边形纸钱库，该墓前有石狮两尊，垂带式踏道八级。M2 墓碑中刻"清故祖妣何母□□□老太君之墓"。

李家沟车家墓地　位于底洞镇文化村，建于清代。该墓地坐东向西，有墓 3 座，占地 200 平方米，形制相同，自南向北编号为 M1~M3。其中 M1 长 4.2、宽 2.4、高 1.4 米，墓碑高 3.6、宽 2.4 米，两柱一间，庑殿式顶，中刻"皇清待赠故显考车公讳永宁老大人之墓"，题记年代"大清同治八年"。M2 长 3.8、宽 2.4、高 1.5 米，墓碑为单碑，高 1.8、宽 0.84 米，碑文风化。M3 长 5.4、宽 3.4、高 1.5 米，墓碑高 3.8、宽 3.4 米，为石质仿木结构，歇山顶，重檐，碑缘雕刻花卉等纹饰，碑文多数风化。

茶林坡车家墓地　位于底洞镇文化村，建于清代。该墓地坐东向西，有墓 2 座，占地 100 平方米，自北向南编号为 M1~M2，形制相同，用条石垒砌，长 4.8、宽 2.5、高 1.5 米。墓碑形制相同，为石质仿木结构，四柱三间，庑殿式顶，重檐，高 2.8、宽 2.5 米。碑缘雕刻花卉等纹饰。其中 M1 墓碑中刻"皇清故慈妣车母李戒讳圆善老孺人之墓"。M2 墓碑中刻"皇清待赠故曾祖考车公讳瑶老大人（母胡太君）之墓"，两墓题记年代皆为"同治九年"。

车启华夫妇墓　位于底洞镇大地村，建于清代。该墓坐东向西，占地 20 平方米，上有封土，用青条石垒砌，长 3.7、宽 3.2、高 1.95 米。墓碑为石质仿木结构，四柱三间，庑殿式顶，重檐，两侧施抱鼓，高 3.05、宽 3 米，碑缘雕刻人物、花卉、鸟兽等纹饰。墓碑中刻"皇清故二世祖靠车公启华（妣梁太君）老大（孺）人合殡之墓"，题记年代"大清同治四年十月二十九日立"。

车怀氏墓　位于底洞镇大地村，建于清代。该墓坐南向北，占地 30 平方米，上有封土，用青条石垒砌，长 3.2、宽 2.2、高 2 米。墓碑为石质仿木结构，四柱三间，庑殿式顶，重檐，两侧施抱鼓，高 3.2、宽 2.4 米，碑缘雕刻人物、花卉、鸟兽等纹饰。墓碑中刻"□□□诰祖妣车母怀戒讳性聪老孺人之墓"，题记年代"光绪乙酉岁中和月朔八日"。

古建筑

贺家坝大院　位于底洞镇德惠村，建于清代。该大院坐北向南，占地 500 平方米，三合院布局，由正房和东西厢房构成。正房四间通面阔 15 米，通进深 8.4 米，穿斗木构架，小青瓦悬山顶，直挑，出檐较长，东西厢房形制相同，厢房三间通面阔 10 米，通进深 8 米，穿斗木构架，小青瓦悬山顶。正房堂屋内有"文化大革命"时期标语三条。

盐井石拱桥　位于底洞镇盐井村，建于清代。该桥为乱石人字路石砌的单孔拱桥，东西走向，横跨在无名小溪上，桥长 12.2、宽 2.56、高 5.65 米，拱高 5 米，跨度 5.6 米，桥身中部各有三级踏道，桥顶南侧有栏杆，长 2.57、高 0.25 米。

近现代重要史迹及代表性建筑

店子头标语　位于底洞镇楠桥村，制于 1960 年。店子头"大跃进"标语坐南向北，共 3 幅，标语用红色或黑色颜料书写在竹篱笆墙上，内容皆为毛主席语录，标语一号为 0.74×0.6 米，白底红格书写："毛主席语录，人类总得不断地总结经验，有所发现，有所发明，有所创新，有所前进，停止的论点，悲观的论点，无所作为和骄傲自满的论点，都是错误的。"二号标语为 0.53×0.58 米，白底红格书写："毛主席语录，下定决心，不怕牺牲，排除□□，□□□胜利。"三号标语为白底黑字书写："毛主席语录□□□。"

珙县党校旧址　位于底洞镇芭蕉村，建于 1962 年。该旧址坐西北向东南，占地 500 平方米，由办公楼和教学楼构成。办公楼为一楼一底，砖木结构，小青瓦屋面，通面阔

24、通进深 9.5 米，外墙上有黑色颜料书写的标语两条。教学楼为砖木结构，小青瓦屋面。

上罗镇

古遗址

隐居洞　位于上罗镇河沿村，启用于明代。该洞为天然洞穴，坐西向东，洞口狭窄，洞内宽敞、干燥。洞口石壁上楷书题刻"隐居洞"三字，题刻下刻录隐居洞主人李如金其人其事，旁边附刻了李如金诗一首。洞内石壁上残留题诗 10 余首。

李如金，珙县北门口人氏，明朝崇祯年间恩贡，甲申之变后厌恶朝廷腐败无求，坚持民族气节行为，回乡珙县隐居上罗半边寺，终日清闲垂钓。明朝覆亡后，他对隐居生活的悠闲有断绝尘缘"色相皆空"的消极思想，题半边寺隐居石洞一诗，诵读不仕，终老洞中。李如金诗一首："紫气生辉日正东，星移斗转月明中。崖前江水滔滔见，石窍烟霞幕幕通。缘岸苔痕随意绿，满林花雨任情红。此时暂寄云根窟，会际相逢兜率宫。"

古墓葬

双洞子崖墓群　位于上罗镇田家村，建于东汉。该墓群坐东向西，占地 120 平方米，自北向南编号为 M1~M8。墓群位于上罗镇和罗渡乡交界处，共 8 座，分布在南广河东岸二三级台阶上，其中 M5 墓室长 5.4、宽 2.62、高 1.7 米，墓道长 3.6、宽 1.25 米。

僰人岩悬棺　位于上罗镇汪家村，建于宋至明代。该悬棺坐西向东，共四具，置于高 30~50 米的峭壁上，其中三具为洞穴式，一具为木桩式。悬棺用整木挖掘而成，呈漆黑色。悬棺四周残存桩孔和棺桩数个。僰人悬棺是珙县僰文化的独特标志，对研究僰人文化、习俗、历史等具有重要的价值。

郭嘉隆墓　位于上罗镇石竹村，建于清嘉庆二十年（1815 年）。该墓坐东向西，占地 30 平方米，长 5、宽 2.8、高 1.4 米。墓前有石质单碑两通，一碑刻"明皇钦赐荣禄大夫郭公（诰命夫人阳氏）神墓"，题记年代"甲戌岁十二月，子正乾（德）宝山（成）"。一碑刻"明故始祖钦赐荣禄大夫郭公谥嘉隆之墓"，题记年代"大清嘉庆二十年乙亥"。墓前两侧 4 米左右各有石柱一根。

大田坝蒋家墓地　位于上罗镇胜利村，建于清代。该墓地坐南向北，占地 300 平方米，皆用条石垒砌，形制大致相同，由东向西编号为 M1~M2。M1 为蒋万春墓，用条石垒砌墓，长 8.2、宽 4.2、高 1.6 米，墓碑为石质仿木结构，碑高 4、宽 3.2 米，墓碑为四柱三间，重檐，两侧抱鼓，庑殿式顶，碑间及碑顶有人物、鸟兽和草木纹饰，碑文为"皇清待赠故显考蒋公讳万春老大人之墓"，题记年代"大清光绪二年"。M2 为蒋母廖真福墓，墓长 6.2、宽 4.2、高 1.6 米，墓碑为石质仿木结构，高 3.35、宽 2.8 米，四柱三间，重檐，两侧抱鼓，歇山顶，碑间及碑顶有人物、鸟兽和草木纹饰，碑文为"皇清待诰故显妣蒋母廖真福老太君之墓"，题记年代"大清光绪二年"。

刘金万夫妇墓　位于上罗镇石竹村，建于清代。该墓坐北向南，占地 20 平方米，用青条石垒砌，长 4.6、宽 4、高 1.2 米。墓碑为石质仿木结构，四柱三间，庑殿式顶，重檐，两侧施抱鼓，高 2.9、宽 2.8 米，碑刻"皇清待赠故显考刘公金万翁（母熊氏老孺人）府君大人之墓"，题记年代"大清道光二十一年"。

周延广墓　位于上罗镇金钟村，建于清代。该墓坐南向北，占地 20 平方米，用青条石垒砌，长 3.2、宽 2.8、高 1.2 米。墓碑为石质仿木结构，两柱一间，庑殿式顶，两侧施抱鼓，高 3.2、宽 2.5 米，碑刻"皇清待赠故显考周公讳延广老大人之墓"，题记年代"大清光绪十七年"。

周忻墓　位于上罗镇金钟村，建于清代。该墓坐南向北，占地 50 平方米，用青条石垒砌，长 9、宽 5.8、高 2.2 米。墓碑为石质仿木结构，四柱三间，庑殿式顶，重檐，两侧施抱鼓，高 4.6、宽 5.4 米，碑缘雕刻花卉等纹饰。碑刻"皇清待赠故显考周公讳忻翁（母徐明德、易明星老孺人）老大人之墓"，题记年代"大清同治拾叁年岁次甲戌季冬月"，碑联为"源远自流长深灏千秋生马鬣；根深斯叶茂栽培万代蔚龙章"。墓前有垂带式踏道两级。

孙汝英夫妇墓　位于上罗镇韩家村，建于清代。该墓坐东向西，占地 30 平方米，墓长 6.8、宽 3.96、高 1.75 米。墓碑为石质仿木结构，四柱三间，庑殿式顶，重檐，两侧施抱鼓，碑缘雕刻人物、花卉、鸟兽等纹饰，高 5.32、宽 4.56 米。墓碑中刻"皇清例授国子监荣身显考孙公讳汝英（妣母周国明老孺人）老大人之墓"，题记年代"大清光绪壬午春端月"。

尹李氏墓　位于上罗镇代家村，建于清代。该墓坐东北向西南，占地 20 平方米，用青条石垒砌，长 5.1、宽 3、高 1.36 米。墓碑为石质仿木结构，高 2.4、宽 3 米，四柱三间，庑殿式顶，重檐，两侧施抱鼓，碑缘雕刻人物、花卉、鸟兽等纹饰。墓碑中刻"皇清例授八品孺人故显妣尹母李法讳圆亮老太君孺人之墓"，题记年代"光绪十九年十二月二十三日立"。

史郑氏墓　位于上罗镇代家村，建于清代。该墓坐东向西，占地 30 平方米，用青条石垒砌，长 5.8、宽 2.2、高 1.62 米。墓碑为石质仿木结构，四柱三间，庑殿式顶，重檐，两侧施抱鼓，碑缘雕刻人物、花卉、鸟兽等纹饰，高 4.85、宽 4.06 米。墓碑中

刻"皇清例授八品孺人享年捌拾捌寿终故显妣史母郑法讳崇明老孺人之墓",题记年代
"大清光绪戊戌年孟冬月"。

冯家墓地 位于上罗镇代家村,建于清代。该墓地坐南向北,有墓2座,占地120
平方米,自东向西编号为M1~M2,用青石条垒砌,形制相同。其中M1长4、宽2.1、
高1.2米,墓碑为石质仿木结构,两柱一间,庑殿式顶,高1.73、宽1.2米,中刻"皇
清待赠故显考冯公讳汝轩老大人之墓",题记年代"大清嘉庆十三年"。M2墓碑中刻
"皇清待赠故显考冯公讳朝翰(母孙太君清诚)老大人之墓",题记年代"大清道光八
年"。

竹林湾周家墓地 位于上罗镇代家村,建于清代。该墓地坐东北向西南,有墓4
座,占地500平方米,自东南向西北编号为M1~M4。其中M1长5.1、宽2.7、高1.62
米,墓碑为石质仿木结构,高2.5、宽2.8米,四柱三间,庑殿式顶,重檐,两侧抱鼓,
碑缘雕刻精美的人物、花卉、鸟兽等纹饰,墓碑中刻"皇清待赠显考周公讳最翁(母
张氏法名寂明老孺人)老大人之墓",题记年代"大清咸丰拾年"。M2~M4形制相同,
长4、宽2.3、高1.4米,墓碑为两柱一间,高1.65、宽0.9米。M2墓碑中刻"皇清待
诰故显妣周母李氏法名寂诚老孺人之墓"。M3墓碑中刻"皇清待赠故显考周公讳□元
字宝奇老大人之墓",题记年代"大清咸丰拾年"。M4碑文已风化。

麻柳黄氏墓 位于上罗镇麻柳村,建于清代。该墓坐东南向西北,占地50平方米,
用青条石垒砌。墓长7.2、宽5.3、高2.06米,墓碑共两通,形制相同,为石质仿木结
构,单碑,高1.4、宽0.8米。其中M1碑刻"皇清待诰黄太君老孺人之墓",题记年代
"光绪三十四年"。M2碑刻"皇清待诰显妣黄□□□老孺人之墓",题记年代"光绪戊
申年"。

坳口李家墓地 位于上罗镇大坪村,建于清代。该墓地坐东向西,有墓2座,占地
100平方米,自北向南编号为M1~M2。其中M1长4.8、宽2.2、高1.6米,墓碑为石
质仿木结构,庑殿式顶,两柱一间,重檐,两侧抱鼓,碑缘雕刻人物、花卉、鸟兽等纹
饰,高3.9、宽2.5米,墓碑中刻"皇清待赠故显考李公讳友义俭勤府君老大人正魂之
墓",题记年代"大清光绪三十二年",M2形制与M1相同,墓碑中刻"皇清待诰故慈
妣李母史戒讳清明老孺人正性之墓"。

宋归容墓 位于上罗镇民主村,建于清代。该墓坐北向南,占地15平方米,为天
然墓穴,墓口用条石封砌。墓碑为石质仿木结构,四柱三间,庑殿式顶,重檐,两侧施
抱鼓,高2.4、宽3.4米,碑缘刻花卉、鸟兽等纹饰。墓碑刻"故始祖考宋归容老大人
(陈太君老孺人)之墓",题记年代"大清道光十七年季夏月"。

棺材岩悬棺 位于上罗镇民主村,建于清代。该悬棺坐北向南,共一具,为洞穴
式,悬棺置于高约30米的峭壁上,为东西向,周围有棺桩数根,桩孔数个,在邻近的

岩洞中还残留有已经残朽的棺木。

孙惠恭夫妇墓 位于上罗镇民主村，建于清代。该墓坐南向北，占地 25 平方米，墓长 5.8、宽 4.5、高 1.5 米。墓碑为石质仿木结构，四柱三间，庑殿式顶，重檐，高 3.5、宽 3 米，碑刻"皇清例授修职郎显考孙公讳惠恭（母何德贞）府君之墓"，题记年代"大清道光十五年"。

吕崇忠夫妇墓 位于上罗镇黄腊村，建于清代。该墓坐东向西，占地 30 平方米，墓用青条石垒砌，长 4.9、宽 3.54、高 1.65 米。墓碑高 3.55、宽 3.9 米，为石质仿木结构，四柱三间，庑殿式顶，两侧抱鼓，碑缘雕刻人物、花卉、鸟兽等纹饰。墓碑中刻"皇清例授国学士故显考吕公讳崇忠（母熊氏）老大人之墓"，题记年代"龙飞道光九年"。

谭家墓地 位于上罗镇新泉村，建于清代。该墓地坐西向东，有墓 2 座，占地 50 平方米，自南向北编号为 M1～M2，形制相同。其中 M1 长 5.2、宽 2.66、高 1.52 米，墓碑为石质仿木结构，两柱一间，庑殿式顶，重檐，两侧抱鼓，碑缘雕刻人物、花卉、鸟兽等纹饰，高 3.72、宽 2.4 米，墓碑中刻"皇清待赠显考谭公恩诰老大人正魂坟墓"，题记年代"大清光绪丁丑年仲冬月"。

何如练夫妇墓 位于上罗镇穆家湾村，建于清代。该墓坐北向南，占地 20 平方米，用青条石垒砌，长 4、宽 4.9、高 1.2 米。墓碑为石质仿木结构，四柱三间，庑殿式顶，重檐，两侧施抱鼓，高 1.9、宽 3 米，碑缘刻花卉、鸟兽等纹饰。墓碑中刻"皇清待赠故显考何公讳如练（姚何门牟太君老孺人）老大人之墓"，题记年代"大清道光十八年"。

何士龙墓 位于上罗镇穆家湾村，建于清代。该墓坐北向南，占地 20 平方米，用青条石垒砌，长 5.6、宽 3、高 1.4 米。墓碑为石质仿木结构，四柱三间，庑殿式顶，重檐，两侧施抱鼓，高 3.2、宽 3.1 米，碑缘刻人物、花卉、鸟兽等纹饰。墓碑刻"皇清例赠故祖考何公讳士龙老大人之墓"，题记年代"大清道光二十六年"。

傅普荣墓 位于上罗镇后营村，建于清代。该墓坐东南向西北，占地 20 平方米，用乱石垒砌，长 5.8、宽 3.2、高 1.5 米。墓碑为石质仿木结构，两柱一间，庑殿式顶，高 3.4、宽 2.2 米，碑缘雕刻人物、花卉、鸟兽等纹饰，碑刻"皇清例诰正八品显妣龚母傅太君普荣佳城"，题记年代"宣统三年辛亥夏六月二十四日"，碑联为"开荃业六房创自慈母；卜寿城千载蔚起贤孙"。

龚仕堂墓 位于上罗镇后营村，建于清代。该墓坐东北向西南，占地 20 平方米，用青石条垒砌，长 5、宽 2.8、高 1.7 米。墓碑为石质仿木结构，单碑，两柱一间，高 2.4、宽 2.14 米，碑缘雕刻人物、花卉、鸟兽等纹饰。碑刻"皇清例赠正八品显考龚公讳仕堂大人佳城"，题记年代"宣统二年"。

和尚坟墓地 位于上罗镇汉村，建于清代。该墓地坐西北向东南，共 3 座，分布在长约 100、宽约 80 米的斜坡上，自西南向东北编号为 M1～M3。M2 用青条石垒砌，M1、M3 为土堆。其中 M1 长 7.2、宽 3.4、高 1.6 米，墓碑为石质仿木结构，四柱三间，庑殿式顶，重檐，两侧抱鼓，高 2.2、宽 3.7 米，碑缘雕刻人物、花卉和佛教图案，碑刻"圆寂正宗大禅师上如下意号月恒和尚之墓"，题记年代"大清道光二十一年"。

大坟山孙家墓地 位于上罗镇七星村，建于清代。该墓地坐东北向西南，有墓 2 座，占地 80 平方米，自西北向东南编号为 M1～M2，用石条垒砌，形制相同。长 4.2、宽 2.5、高 1.42 米，墓碑为石质仿木结构，庑殿式顶，为两柱一间，高 1.2、宽 0.84 米，无抱鼓，墓碑题刻墓主人及后裔姓名和年代。

王都荣夫妇墓 位于上罗镇龙洞村，建于清代。该墓坐西北向东南，占地 20 平方米，用青条石垒砌，长 5.6、宽 3.7、高 1.5 米。墓碑为石质仿木结构，四柱三间，庑殿式顶，重檐，两侧施抱鼓，高 4.1、宽 3.7 米，碑缘雕刻铜钱纹等纹饰。墓碑刻"皇清待赠故显考王公讳都荣（李太君）大人之墓"，题记年代"大清光绪十五年"。

王都渭夫妇墓 位于上罗镇龙洞村，建于清代。该墓坐北向南，占地 20 平方米，用青条石垒砌，长 6.2、宽 3.6、高 1.5 米。墓碑为石质仿木结构，四柱三间，庑殿式顶，重檐，两侧施抱鼓，高 4、宽 3.2 米，碑缘雕刻人物、花卉、鸟兽等纹饰。墓碑刻"皇清待赠故显考王公讳都渭（母冯真德老孺人）老大人之墓"，题记年代"光绪二十七年六月十一日吉立"，碑联为"净砂明昭甲第；真脉正启人文"。

张明亮墓 位于上罗镇龙洞村，建于清代。该墓坐北向南，占地 20 平方米，用青条石垒砌，长 5.6、宽 3、高 1.2 米。墓碑为石质仿木结构，四柱三间，庑殿式顶，重檐，两侧施抱鼓，高 4.2、宽 4 米，碑缘刻花卉、鸟兽等纹饰。墓碑刻"皇清待诰故显妣王母张明亮老孺人之坟墓"，题记年代"大清同治十二年"，碑联为"卜地牛眠人文蔚起；封成马鬣富贵昌荣"，碑额为"沐灯长眠"。

王元夫妇墓 位于上罗镇龙洞村，建于清代。该墓坐西北向东南，占地 60 平方米，用青条石垒砌，长 4.5、宽 4.2、高 1.6 米。墓碑为石质仿木结构，四柱三间，庑殿式顶，重檐，两侧施抱鼓，高 4.1、宽 3.6 米，碑缘雕刻人物、花卉、鸟兽等纹饰。墓碑刻"皇清待赠故显考王公讳元翁（母何清亮）老大人之墓"，题记年代"光绪二十九年"。碑联为"椿萱得地灵将安将乐；兰桂承先泽乃武乃文"。该墓周围为护墙，护墙用条石垒砌，高 2.4、厚 0.28 米，护墙上雕刻人物、花卉、鸟兽等。

王金夫妇墓 位于上罗镇龙洞村，建于清代。该墓坐北向南，占地 15 平方米，用青条石垒砌，长 6.5、宽 2.6、高 1.5 米。墓碑为石质仿木结构，两柱一间，庑殿式顶，两侧施抱鼓，高 4.5、宽 2.5 米，碑缘雕刻人物、花草、鸟兽等纹饰。墓碑中刻"皇清例封正八品显考王公讳金翁老大人之墓"，题记年代"光绪二十三年"。该墓周围为护墙，用青条石垒砌，墙上雕刻人物、花草、鸟兽及工匠姓名等。

高家村黄家墓地 位于上罗镇龙洞村，建于清代。该墓地坐东南向西北，有墓 9 座，占地 500 平方米，用青条石或乱石垒砌，自东北向西南编号为 M1 ~ M9，五座墓有墓碑。其中 M1 长 3.55、宽 3.6、高 1.7 米，墓碑为石质仿木结构，单碑，高 2.7、宽 1.54 米，中刻"皇清待赠故显考黄公讳森翁老大人之墓"，题记年代"大清道光十一年"。M2 中刻"皇清待诰故显考黄公讳璘老大人之墓"，题记年代"嘉庆伍年岁次"。M3 ~ M5 碑文已风化，辨识不清。

山跟前黄家墓地 位于上罗镇新联村，建于清代。该墓地坐北向南，有墓 4 座，占地 200 平方米，自西向东编号为 M1 ~ M4，形制相同。其中 M1 为黄学广墓，用条石垒砌，长 4.2、宽 4.2、高 1.6 米，墓碑为石质仿木结构，高 2.75、宽 1.75 米，两柱一间，重檐，两侧抱鼓，庑殿式顶，碑间、碑顶有人物、鸟兽和草木纹饰，碑文"皇清待赠故显考黄公讳学广老大人之墓"，题记年代"大清宣统元年"。M2 形制与 M1 大致相同但墓碑风化严重。

海子坪李家墓地 位于上罗镇二龙村，建于清代。该墓地坐东南向西北，有墓 4 座，占地 200 平方米，自东北向西南编号为 M1 ~ M4，形制相同。其中 M1 长 7.6、宽 3、高 1.7 米，墓碑为四柱三间，高 4、宽 3.6 米，庑殿式顶，重檐，两侧抱鼓，碑缘雕刻人物、花卉、鸟兽等纹饰，中刻"皇清例授国学士故显考李公讳宗扬（母蒋氏圆慧）老大人之墓"，题记年代"光绪十四年"。M2 中刻"皇清待赠故显考李公讳贵翁（母陈清顺）老大人之墓"，题记年代"咸丰元年"。M3 中刻"皇清恩赐国学士故显考李公讳宗富（母张明善）老大人之墓"，题记年代"同治四年"。M4 碑文风化。

圆海子冯氏墓 位于上罗镇二龙村，建于清代。该墓坐东南向西北，占地 20 平方米，用乱石垒砌。墓长 2.65、宽 2.61、高 1.2 米。墓碑为石质仿木结构，庑殿式顶，两侧抱鼓，高 0.65、宽 0.96 米，中刻"皇清待诰故显妣冯氏老孺人之墓"，题记年代"大清嘉庆九年甲子岁"。

龙洞湾牟家墓地 位于上罗镇星光村，建于清代。该墓地坐南向北，有墓 3 座，占地 1000 平方米，自西向东编号为 M1 ~ M3，用青条石或乱石垒砌。其中 M1 长 4.8、宽 3.2、高 0.6 米，墓碑为石质仿木结构，两柱一间，庑殿式顶，高 2.2、宽 1.06 米，碑刻"皇清敕授正五品显考牟公连启老大人之墓"，题记年代"清□□□"。M2 长 4.4、宽 2.4、高 1.4 米，墓碑为石质仿木结构，两柱一间，歇山顶，两侧抱鼓，高 2.6、宽 2.2 米，碑缘雕刻人物、花卉、鸟兽等纹饰，墓碑中刻"民国待诰故显妣牟门戒名袁□□□"，题记年代"民国丙寅年八月"。M3 长 4.8、宽 3.2、高 1.5 米，墓碑为石质仿木结构，四柱三间，歇山顶，重檐，两侧抱鼓，高 4.1、宽 3.4 米，碑缘雕刻人物、花卉、鸟兽等纹饰，碑刻"皇清诰授六品孺人故显妣牟母范太君之墓"，题记年代"光绪己卯仲冬月"，碑联为"龙真自是牛眠卜；气旺何殊马鬣封"，碑额为"人文蔚起"。

牟美玉夫妇墓 位于上罗镇星光村，建于清代。该墓坐南向北，占地30平方米，用青条石垒砌，长6、宽3.4、高1.1米。墓碑为石质仿木结构，四柱三间，庑殿式顶，重檐，高1.5、宽2.7米，碑刻"牟美玉罗氏之墓"，题记年代"大清道光十三年"。

古坟包墓群 位于上罗镇庄稼村，建于清代。该墓群坐东南向西北，有墓4座，占地320平方米，自东北向西南编号为M1～M4。M1为程母陈氏墓，长5.2、宽4.2、高1.6米，墓碑为石质仿木结构，高3.6、宽3.2米，四柱三间，重檐，两侧抱鼓，庑殿式顶，碑间、碑顶有人物、鸟兽和草木纹饰，碑文"皇清故显妣程母陈明生老孺人之墓"，题记年代"大清光绪三十三年"。M2为照全和尚墓，长5.2、宽4.2、高1.6米，墓碑为石质仿木结构，高3.6、宽3.2米，四柱三间，重檐，两侧抱鼓，歇山顶，碑间及碑顶有人物、鸟兽和草木纹饰，碑文"圆寂恩师僧上照下全老和尚之墓"，题记年代"大清光绪三十三年"。M3、M4无墓碑，长约4、宽2.5、高1.5米，年代不详且损毁严。

古建筑

鼎新桥 位于上罗镇穆家湾村，建于清道光十三年（1833年）。该桥为单孔平桥，占地30平方米，东西走向，横跨在无名小溪上，桥长6.4、宽4、高3.8米，拱高5.6、跨度3.2米。桥西有碑刻两通，碑刻自西向北编号为1号碑和2号碑。碑刻皆为石质仿木结构，两柱一间，庑殿顶，碑1为建桥碑，题记年代为"乾隆五十二年"，碑2为功德碑，题记年代为"道光十三年"。

蒋定纯宅 位于上罗镇胜利村，建于清代。该建筑坐南向北，占地400平方米，由正房和左厢房构成。正房通面阔四间18.5米，通进深21.4米，穿斗木构架，小青瓦悬山顶，弯刀挑，出檐较长。厢房通面阔三间9.2米，通进深7.6米，穿斗木构架，小青瓦悬山顶。堂屋内现存有黑漆描金抱柱对联一对，保存完好。

半边寺 位于上罗镇河沿村，建于清代。该寺坐西向东，占地200平方米，沿山而建，临水而居，房檩为木构架，房柱为砖混结构，通面阔25米，通进深3～5米，寺中供奉有观音等菩萨像和"僰乡三圣"。寺前有石水缸一个，题刻"乾隆十八年"。碑刻3通，刻录了捐资修庙功德姓氏等内容。该寺对研究当地宗教文化和石刻艺术提高了资料。

洛表镇

古墓葬

僰人悬棺葬（墓） 位于洛表镇红岩村、麻塘村，建于宋至明代。该墓葬现存悬棺 265 具，包括红岩悬棺、九宝田悬棺、棺材铺悬棺、狮子岩悬棺、白马洞悬棺、付大田悬棺、九盏灯悬棺、龙洞沟悬棺、倒洞悬棺、磨盘山悬棺、大洞口悬棺、龚家沟悬棺、邓家岩悬棺、老鹰岩悬棺、狮马岩悬棺、癞子洞悬棺、地宫庙悬棺、九颗印悬棺、珍珠伞悬棺、玛瑙包悬棺、三仙洞悬棺、苏麻湾悬棺共 22 处。置棺高度一般离地 10 ~ 50 米，最高可达 110 米左右。置棺方式有三种：一是木桩式，即在峭壁上凿孔，插入木桩，架棺于上；二是洞穴式，即在岩壁上凿穴，将棺木嵌入穴内；三是岩墩式，即利用岩壁天然缝隙或洞穴，置放棺材。珙县悬棺葬是国内已知悬棺保存数量最多、最为集中的地方，部分悬棺曾出土有丝麻织品、钱币、竹器、漆木碗等。在这些悬棺周围，保存着 200 多幅岩画，绘有太阳芒、人物、鸟兽及各种符号，画面用赤色或褐色矿物颜料绘成，色彩鲜艳。它们在我国民族学、民族史和文物教研研究等方面，均具有极其重要的价值。国务院于 1998 年 1 月公布为文物保护单位。

红岩悬棺 位于洛表镇红岩村，建于宋代。该悬棺坐西北向东南，有悬棺 5 具，自西南向东北编号为 M1 ~ M5。其中 3 具为洞穴式，2 具为木桩式。悬棺呈漆黑色和灰白色，周围布满桩孔和残余棺桩。

九宝田悬棺 位于洛表镇红岩村，建于宋至明代。该悬棺坐西向东，占地 15 平方米，由两具悬棺组成，自南向北编号为 M1 ~ M2。悬棺为木桩式，距地约 50 ~ 100 米，棺身呈漆黑色，周围有桩孔及棺桩数个。

棺材铺悬棺 位于洛表镇红岩村，建于宋至明代。该悬棺坐东向西，置于高 10 ~ 40 米不等的峭壁上，29 具为天然洞穴式，5 具为木桩式，其中 13 具为堆码棺，棺身皆呈漆黑色或漆黑色与灰白色相间。悬棺周围岩壁上绘有红色岩画 14 幅，内容为人物、鸟兽和各种符号。

狮子岩悬棺 位于洛表镇红岩村，建于宋至明代。该悬棺坐东南向西北，共 27 具，分布在高 60、长 100 米的岩体上，自东北向西南编号为 M1 ~ M27，悬棺形制相同，置棺高度为 40 ~ 60 米，其中 12 具为木桩式，14 具为洞穴式，1 具为岩墩式，棺身漆黑色与灰白色相间，周围布满桩孔和棺桩。在悬棺周围岩壁上绘有人物、鸟兽及各种符号的红色岩画 20 幅。

白马洞悬棺 位于洛表镇红岩村，建于宋至明代。该悬棺坐西向东，有悬棺 4 具，置于高约 40 ~ 60 米的岩壁上，自上而下编号为 M1 ~ M4。M1 为木桩式，M2 ~ M3 为天然洞穴式，棺身呈漆黑色。其中两具重叠在一起，呈东西向，置于洞穴口。另 1 具呈南北向，横亘在洞穴中。在悬棺四周的岩壁上布满桩孔和棺桩。悬棺侧壁上绘有骑马人物和车轮状等红色岩画 11 幅。

付大田悬棺　位于洛表镇红岩村，建于宋至明代。该悬棺坐西向东，置于高约 10 米的岩壁上，悬棺自上而下编号为 M1 ~ M3。M1 ~ M2 为木桩式，M3 为洞穴式。悬棺棺身为漆黑色与灰白色相间，周围布满方形桩孔。棺身侧壁上绘有舞蹈人物像红色岩画 1 幅。

九盏灯悬棺　位于洛表镇红岩村，建于宋至明代。该悬棺坐东向西，分布在高10 ~ 50 米的峭壁上，大小形制相仿，其中 19 具为木桩式，5 具为洞穴式，棺身呈漆黑色与灰白色相间，悬棺四周布满桩孔和棺桩。悬棺周围绘有太阳芒、人物、鸟兽及各种符号的红色岩画 33 幅。

龙洞沟悬棺　位于洛表镇红岩村，建于宋至明代。该悬棺坐南向北，置于高 20 米的人工凿穴之中，棺体呈漆黑色和灰白色，四周残留桩孔数个。在悬棺附近绘有红色人物岩画 1 幅。

倒洞悬棺　位于洛表镇红岩村，建于宋至明代。该悬棺坐西向东，木桩式，置于高约 20 米的天然洞穴之中，悬棺自南向北编号为 M1 ~ M2。棺身呈漆黑色，周围有桩孔及棺桩数个。在悬棺四周岩壁上绘有骑马人像、野猪及各种红色岩画 5 幅。

磨盘山悬棺　位于洛表镇红岩村，建于宋至明代。该悬棺坐东向西，置于高约 30 米的岩墩上，为天然洞穴式，棺身呈漆黑色和灰白色。悬棺周围绘有人物及各种符号的红色岩画 7 幅。

大洞口悬棺　位于洛表镇红岩村，建于宋至明代。该悬棺坐东南向西北，置于长 100、高 60 米的峭壁上。M1 ~ M4 为洞穴式，M5 ~ M10 为木桩式，棺体呈漆黑色和灰白色。在悬棺侧绘有人物及各种符号的红色岩画 4 幅。

龚家沟悬棺　位于洛表镇红岩村，建于宋至明代。该悬棺坐东向西，置于高 10 ~ 20 米的岩窟之中，悬棺自北向南编号为 M1 ~ M6。悬棺形制相同，其中 M1 ~ M2 为洞穴式，M3 ~ M6 为木桩式，棺身呈漆黑色和灰白色，四周尚残存桩孔和棺桩。悬棺周围岩壁上绘有人物、马及其他符号的红色岩画 7 幅。

邓家岩悬棺　位于洛表镇红岩村，建于宋至明代。该悬棺坐东向西，分布在长 300、高 15 ~ 60 米的岩壁上，悬棺自北向南编号为 M1 ~ M17。悬棺形制相同，其中 6 具为木桩式，11 具为洞穴式，棺身呈漆黑色和灰白色，四周残余桩孔和棺桩数个。悬棺附近岩壁上绘有人物、鸟兽及各种符号的红色岩画 24 幅。

老鹰岩悬棺　位于洛表镇麻塘村，建于宋至明代。该悬棺坐北向南，置于高 100、宽 80 米的岩体上，悬棺自东向西编号为 M1 ~ M15。悬棺用整木挖掘而成，棺身呈黑色，其中 11 具为木桩式，4 具为洞穴式，悬棺周围布满桩孔。

狮马岩悬棺 位于洛表镇麻塘村，建于宋至明代。该悬棺坐南向北，置于高 50 米的岩石上，为岩墩式。悬棺用整木挖掘而成，棺身呈黑色。

癞子洞悬棺 位于洛表镇麻塘村，建于宋至明代。该悬棺坐西北向东南，有悬棺一具，为洞穴式，棺身呈漆黑色，仅露出局部。

地宫庙悬棺 位于洛表镇麻塘村，建于宋至明代。该悬棺坐西向东，并排置于高 30 米的天然洞穴中，悬棺自南向北编号为 M1 ~ M9。棺身为黑色，四周布满桩孔。悬棺下石壁上绘有人物、鸟兽及各种符号的红色岩画 5 幅。

九颗印悬棺 位于洛表镇麻塘村，建于宋至明代。该悬棺坐西向东，置于高 40 米的岩缝中，悬棺自南向北编号为 M1 ~ M3。棺身呈黑灰色，其中 M1 保存较为完好，M2、M3 竖立在岩缝中，已朽坏仅剩残破棺板。悬棺南侧绘有马及各种符号等红色岩画 5 幅。

珍珠伞悬棺 位于洛表镇麻塘村，建于宋至明代。该悬棺坐西北向东南，置于高 10 ~ 60、长 120 米的峭壁上，悬棺自西南向东北编号为 M1 ~ M22。其中 12 具为洞穴式，10 具为木桩式，四周布满桩孔和棺桩。悬棺周围岩壁上绘有野猪、太阳芒及各种符号的红色岩画 10 幅。

玛瑙包悬棺 位于洛表镇麻塘村，建于宋至明代。该悬棺坐东向西，置于高 10 ~ 20 米不等的峭壁山，悬棺为木桩式，自北向南编号为 M1 ~ M4。悬棺周围桩有孔及棺桩数个，在桩孔四周绘有各种符号的红色岩画 10 幅。

三仙洞悬棺 位于洛表镇麻塘村，建于宋至明代。该悬棺坐东北向西南，分别置于高约 15 ~ 80 米的峭壁上，悬棺自东南向西北编号为 M1 ~ M42。棺木为整木挖掘，棺身呈黑色和灰白色。其中 34 具为洞穴式，8 具为木桩式。在悬棺四周绘有鸟兽、太阳芒等各种红色岩画 19 幅。

苏麻湾悬棺 位于曹营乡海棠村，建于宋至明代。该悬棺坐北向南，位于河畔高 20 ~ 100 米的悬崖峭壁之上，共 55 具悬棺，为木桩式、洞穴式和岩墩式，悬棺自北向南编号为 M1 ~ M55。悬棺形制相同，皆用整木凿成，长 2 ~ 2.5 米不等，宽 0.6、高 0.4 米，棺身呈漆黑色。僰人悬棺是珙县僰文化的独特标志，对研究僰人文化、习俗、历史等具有重要的价值，属全国重点文物保护单位"僰人悬棺葬"。1987 年第二次文物普查时登记为 42 具，2006 年维修时新发现 13 具，实为 55 具。

水车坝悬棺 位于洛表镇红星村，建于宋至明代。该悬棺坐西向东，占地 30 平方米，置于高 15 米的岩穴中，一头靠在洞穴中，一头靠在棺桩上，为整木挖掘，棺身黑色和灰白色相间，四周布满桩孔。僰人悬棺是珙县僰文化的独特标志，对研究僰人文化、习俗、历史等具有重要的价值。

挂岩子悬棺 位于洛表镇麻塘村，建于宋至明代。该悬棺坐北向南，置于高约100米的峭壁缝隙中，为洞穴式，棺身为灰黑色，周围布满桩孔。

生基坪墓群 位于洛表镇靛塘村，建于明代。该墓群坐东向西，分布在纵横约600米的耕地中，其中裸露地面仅1座，其余墓口用泥土封闭，保存较好。墓群形制相同，其中M1墓室长3.35、宽0.45、高1.2米。双扇石门，上刻花卉等图案，高1.35、宽0.43米。墓室后壁有石龛。

唐熙墓 位于洛表镇茂林村，建于清代。该墓坐西北向东南，占地10平方米，用乱石垒砌，长3.6、宽2.4、高1.1米。墓碑为石质仿木结构，两柱一间，庑殿式顶，高1.4、宽1.2米，中刻"皇清待诰国学士显考唐公熙翁老大人之墓"，题记年代"大清乾隆五十一年"。

袁左氏墓 位于洛表镇茂林村，建于清代。该墓坐西南向东北，占地20平方米，用乱石垒砌，长4.2、宽2.8、高1.1米。墓碑为单碑，高1.23、宽0.77米，中刻"皇清待诰高祖姚袁婆左太君老孺人之墓"，题记年代"乾隆十五年季春月朔日创立"。

唐孟氏墓 位于洛表镇茂林村，建于清代。该墓坐西北向东南，占地15平方米，用乱石垒砌，长3.1、宽2.1、高1.2米。墓碑为石质仿木结构，两柱一间，庑殿式顶，高2.1、宽1.1米，中刻"皇清待诰故显姚唐母孟氏太君老孺人之墓"，题记年代为"大清光绪癸未年"。碑联为"长存懿范型千古；自有就章报九泉"，碑额为"蔚启人文"。

陈骏富墓 位于洛表镇茂林村，建于清代。该墓坐西向东，占地20平方米，用乱石垒砌，长3.2、宽2.4、高1.2米。墓碑为石质仿木结构，两柱一间，庑殿式顶，高2.7、宽1.06米，碑缘雕刻花卉等纹饰。墓碑中刻"皇恩宠赐八品耆英显考陈公讳骏富老大人之墓"，题记年代"大清光绪甲申年"，碑联为"吉穴千秋垂不朽；佳城八世卜其昌"。

生基嘴墓群 位于洛表镇金光村，建于清代。该墓群坐南向北，占地50平方米，共有墓室11座，该墓自西向东编号为M1～M11。墓形制相同，均为石质仿木结构。其中M1长3.7、宽0.92、高1.84米。墓室后壁雕有石龛。墓门为石质仿木结构，石门上雕刻铜钱纹等纹饰。

段道奎墓 位于洛表镇红星村，建于清代。该墓坐西北向东南，占地15平方米，用青条石垒砌，长5.1、宽2.5、高1.6米。墓碑为石质仿木结构，四柱三间，庑殿式顶，重檐，两侧施抱鼓，高3.9、宽3.5米，碑缘及抱鼓雕刻花卉、人物、鸟兽等纹饰。墓碑中刻"皇清敕赠捌品顶戴故显考段公讳道奎大人之坟墓"，题记年代为"龙飞光绪二拾五年清和月中浣谷旦监立"。

赖王氏墓　位于洛表镇红星村，建于清代。该墓坐南向北，占地 15 平方米，用青条石垒砌，长 4.4、宽 2.4、高 1.1 米。墓碑为石质仿木结构，两柱一间，庑殿式顶，高 1.2、宽 0.97 米。墓碑中刻"皇清待诰孺人显妣赖母王太君之墓"，题记年代为"大清道光九年"。碑联为"明月山头思古道；清风江山想芳型"。

丁家屋基杨家墓地　位于洛表镇红星村，建于清代。该墓地坐东向西，有墓 3 座，占地 100 平方米，形制大致相同，自北向南编号为 M1～M3。其中 M1 长 4、宽 4、高 1.3 米，墓碑为石质仿木结构，四柱三间，庑殿式顶，重檐，两侧抱鼓，高 3.4、宽 4.1 米，雕刻花卉等纹饰，墓碑中刻"皇清待赠故显考杨公锭钰翁老大人（诰显妣母李金真老孺人）之坟墓"，题记年代"大清光绪甲午岁二十年"，碑联为"拜别九族离国土；喜爱三代大团圆"，碑额为"善恶分三"。M2 长 4.6、宽 2.3、高 1.4 米，墓碑为石质仿木结构，四柱三间，歇山顶，重檐，两侧抱鼓，高 1.8、宽 2.3 米，碑缘雕刻花卉等纹饰。墓碑中刻"皇清待赠故显考杨公锭银翁老大人（诰显妣母陈太君老孺人）之墓"，题记年代"大清光绪贰拾年"。M3 长 4.5、宽 2.8、高 1.2 米，墓碑为石质仿木结构，四柱三间，歇山顶，重檐，两侧抱鼓，高 2.9、宽 3.8 米，碑缘雕刻花卉、鸟兽等纹饰，墓碑中刻"皇清待诰故显妣张母法讳舒登云老孺人之墓"，题记年代为"大清光绪二十年"，碑联为"脉至云龙生羽翼；气来天马荫孙贤"，碑额"水源木本"。

红星村牟家墓地　位于洛表镇红星村，建于清代。该墓地坐南向北，有墓 2 座，占地 20 平方米，自东向西编号为 M1～M2，均用乱石垒砌，形制相同。其中 M1 长 3.5、宽 2.7、高 1.1 米，墓碑为单碑，高 1.5、宽 0.84 米，中刻"皇清待诰故显考牟公敏忠府君老大人之墓"，题记年代"道光丙戌岁之仲春月"。M2 该墓长 3.2、宽 2.1、高 1 米，墓碑为单碑，高 1.32、宽 0.77 米，中刻"皇清待诰故显妣牟母陈太君老孺人之墓"，题记年代"嘉庆二十四年"。

毛家凹墓群　位于洛表镇红卫村，建于清代。该墓群坐西向东，有墓 5 座，占地 500 平方米，形制相同。其中 M1 用乱石垒砌，石灰抹面，长 3.8、宽 3.1、高 1.4 米，墓碑为石质仿木结构，两柱一间，歇山顶，高 1.5、宽 0.8 米，中刻"清故显考范公铨翁府君（妣母龚老太君）之墓"，题记年代"光绪六年清和月"。

抱儿山范氏夫妇墓　位于洛表镇红卫村，建于清代。该墓坐西向东，占地 10 平方米，用乱石垒砌，石灰抹面，长 4.2、宽 2.6、高 1.2 米。墓碑为单碑，高 1.46、宽 1 米，中刻"皇清敕授文林郎（七品孺人）显考（妣）范公（母）□□□"。

大山包刘黄氏墓　位于洛表镇新庄村，建于清代。该墓坐东北向西南，占地 25 平方米，用条石垒砌。墓碑为石质仿木结构，四柱三间，重檐，两侧施抱鼓，庑殿式顶，碑间及碑顶有人物、鸟兽和草木纹饰。碑高 3.6、宽 3.2 米，墓长 6.2、宽 4.2、高 1.6

米。碑文大部分风化，只隐约可见墓主人为刘母黄净美老孺人之墓。题记年代为大清宣统。

刘宗墓　位于洛表镇红岩村，建于清代。该墓坐南向北，占地 15 平方米，用青条石垒砌，长 3.2、宽 2.5、高 1.2 米。墓碑为石质仿木结构，两柱一间，庑殿式顶，高 1.7、宽 0.83 米，中刻"皇清逸处士显考刘公宗翁老大人之墓"，题记年代"大清道光七年"。

大坟山刘陈氏墓　位于洛表镇红岩村，建于清代。该墓坐南向北，占地 20 平方米，用青条石垒砌，长 4.2、宽 3、高 1.56 米。墓碑为石质仿木结构，两柱一间，庑殿式顶，高 1.6、宽 0.83 米，中刻"皇清待诰故显妣刘母陈太君老孺人之墓"，题记年代为"大清嘉庆十六年"。

赵家湾范氏墓　位于洛表镇合作村，建于清代。该墓坐西北向东南，占地 20 平方米，条石垒砌。墓碑为石质仿木结构，四柱三间，重檐，两侧施抱鼓，庑殿式顶，碑间及碑顶有人物、鸟兽和草木纹饰。该墓多半被泥土掩盖从而碑高度无法考证，宽 3.2 米，墓高度无法考证，长 5、宽 4.2 米。碑文仅现"士林夺锦"和题记年代"大清嘉庆元年"的字样。

坟包上程家墓地　位于洛表镇民权村，建于清代。该墓地坐西南向东北，有墓 2 座，占地 100 平方米，自西北向东南编号为 M1～M2，皆用乱石垒砌，形制相同。M1 长 4.6、宽 2.8、高 1.3 米，墓碑为石质仿木结构，两柱一间，庑殿式顶，两侧施抱鼓，高 2.8、宽 1.8 米，中刻"皇清待赠显考程公源翁府君老大人之墓"，题记年代"大清咸丰元年"，碑联为"翼日形骸归石柳；他年德泽及云初"，碑额为"乐哉斯邱"。M2 长 4.2、宽 2.5、高 1.2 米，墓碑为石质仿木结构，四柱三间，歇山顶，重檐，高 1.5、宽 2.5 米，墓碑中刻"皇清应授府庠生显祖妣程公飏翁老大人之墓"，题记年代为"大清咸丰三年"。

范陈氏墓　位于洛表镇飞跃村，建于清代。该墓坐东南向西北，占地 15 平方米，用条石垒砌。墓碑为石质仿木结构，两柱一间，重檐，两侧施抱鼓，庑殿式顶，碑间、碑顶有人物、鸟兽和草木纹饰。碑高 2.3、宽 1.8 米，墓长 5、宽 2.5、高 1.6 米。碑文为"皇清故显妣范母陈氏老孺人之墓"，题记年代为"大清宣统二年"。

老坟山何家墓地　位于洛表镇麻塘村，建于清代。该墓地坐北向南，有墓 3 座，占地 120 平方米，自西向东编号为 M1～M3，皆用青条石垒砌，形制相同。其中 M1 长 5、宽 2.4、高 1.3 米，墓碑为石质仿木结构，两柱一间，庑殿式顶，重檐，两侧施抱鼓，高 3.6、宽 2 米，碑缘雕刻人物、花卉、鸟兽等，墓碑中刻"皇清待诰显妣何母杨道明孺人墓"，题记年代"光绪三十一年"，碑联为"水秀沙明钟地脉；风藏气聚焕人文"。M2 长 5、宽 2、高 1.2 米，墓碑为石质仿木结构，两柱一间，歇山顶，重檐，两侧抱鼓，高3.8、宽2米，碑缘雕刻人物、花卉、鸟兽等，墓碑中刻"皇清待赠显考何公讳虎翁大人之墓"，题记年代为"光绪三十一年"。M3长5、宽2、高1米，墓碑为石质仿木结构，两柱一间，歇山顶，重檐，两侧抱鼓，高3.8、宽2米，碑缘雕刻人物、花卉、鸟兽等，墓碑中刻"清故显考何公讳崇一府君大人之墓"，题记年代为"光绪三十一年"，碑联为"桂秀蘭芳贻燕翼；山环水抱卜牛眠"。

何李氏墓 位于洛表镇麻塘村，建于清代。该墓坐西北向东南，占地15平方米，用青条石垒砌，长5.6、宽2.4、高1.2米。墓碑为石质仿木结构，两柱一间，庑殿式顶，两侧施抱鼓，高3.1、宽2.3米，碑缘雕刻人物、花卉等。墓碑中刻"皇清待诰显妣何母李老孺人之墓"，题记年代为"大清光绪十年"。

何高氏墓 位于洛表镇麻塘村，建于清代。该墓坐北向南，占地10平方米，用乱石垒砌，长3.8、宽2.6、高1.3米。墓碑为石质仿木结构，两柱一间，庑殿式顶，高1.8、宽1米，中刻"皇清待诰八品孺人祖妣何婆高太君之墓"，题记年代为"同治十二年"。

李九如墓 位于洛表镇麻塘村，建于清代。该墓坐西向东，占地20平方米，用青条石垒砌，长3.9、宽3.1、高1.2米。墓碑为石质仿木结构，两柱一间，庑殿式顶，高2.5、宽0.88米，碑缘雕刻花卉等纹饰。墓碑中刻"皇清待诰逸士显考李公九如翁大人之墓"，题记年代为"大清咸丰十年仲春月"，碑联为"不计束脩成后进；常思孝友慰先灵"，碑额为"佳城万古"。

何以煊墓 位于洛表镇麻塘村，建于清代。该墓坐西向东，占地15平方米，用青条石垒砌，长5.2、宽2.5、高1.6米。墓碑为石质仿木结构，两柱一间，庑殿式顶，重檐，两侧施抱鼓，高4.7、宽2.7米，碑缘雕刻人物、花卉、鸟兽等。墓碑中刻"皇清待赠阵亡显考何公讳以煊大人之墓碑"，题记年代"光绪三十三年"。碑联为"不料元首党昭义士；谁知远子力匀完人"，碑额："雄才永固"。

刘王氏墓 位于洛表镇先锋村，建于清代。该墓坐西南向东北，占地15平方米，用条石垒砌。墓碑为石质仿木结构，单碑，无檐无帽（俗称令牌碑），碑高1.6、宽1.2米，墓长4.2、宽3.6、高1.6米。碑文"皇清待诰故显妣刘母王老孺人之墓"，题记年代为"大清道光二十八年"。

胜景村杨家墓地 位于洛表镇胜景村，建于清代。该墓地坐西南向东北，有墓2座，占地50平方米，自东南向西北编号为M1~M2，形制一样，用乱石垒砌。其中M1长3.8、宽2.7、高1.6米，墓碑为石质仿木结构，两柱一间，庑殿式顶，高1.6、宽1米，中刻"皇清待诰显妣杨母周老太君之墓"，题记年代"同治七年"。M2长3.9、宽2.6、高1.6米，墓碑为石质仿木结构，两柱一间，歇山顶，高2.4、宽1米，碑缘雕刻花卉等纹饰，墓碑中刻"皇清待赠显考杨公祖建老大人之墓"，题记年代为"同治七年"，碑联为"一生勤俭能裕后；百代诗书亘光前"，碑额为"清白传家"。

大地口陈家墓地　位于洛表镇光荣村，建于清代。该墓地坐南向北，有墓2座，占地80平方米，自东向西编号为M1～M2。M1为陈天予墓，墓碑为石质仿木结构，两柱一间，重檐，两侧施抱鼓，庑殿式顶，碑间及碑顶有人物、鸟兽和草木纹饰。碑高2.6、宽2米，墓长4.2、宽3.2、高1.6米。M2为李太君墓，墓碑为石质仿木结构，两柱一间，重檐，两侧抱鼓，歇山顶，碑间及碑顶有人物、鸟兽和草木纹饰。碑高2、宽2.4米，墓长4.2、宽3、高1.6米。

李马氏墓　位于洛表镇互助村，建于清代。该墓坐西向东，占地15平方米，用青条石垒砌，长3.4、宽2.6、高1.2米。墓碑为石质仿木结构，两柱一间，庑殿式顶，高1.4、宽0.8米。墓碑中刻"皇清待诰慈惠孺人显妣李母马□□□"，题记年代为"道光十三年"。

倒骑龙王家墓地　位于洛表镇翻身村，建于清代。该墓地坐南向北，有墓4座，占地100平方米，自东向西编号为M1～M4，均用青条石砌成，形制相同，长4、宽3、高1.7米。墓碑为石质仿木结构，庑殿式宝顶，两柱一间，墓碑两侧施抱鼓，墓碑通高2.5、宽1.1米。碑顶为镂空雕"福"、"禄"、"寿"等字，墓碑中刻墓主人姓氏，左侧题刻年代。两侧抱鼓，碑缘雕饰人物、花草、鸟兽等纹饰。

袁顺墓　位于洛表镇茂林村，建于清代。该墓坐西南向东北，占地15平方米，用青条石垒砌，长4.9、宽3.1、高1.04米。墓碑为石质仿木结构，两柱一间，庑殿式顶，高2.4、宽1米，碑缘雕刻花卉等纹饰。墓碑中刻"皇清逸处士袁公顺翁老大人之墓"，题记年代为"大清咸丰十年"。碑联为"平生厚道留天地；前代遗书教子孙"，碑额为"慷慨高风"。

林荣禄夫妇墓　位于洛表镇茂林村，建于清代。该墓坐西北向东南，占地10平方米，用乱石垒砌，石灰抹面，长3.2、宽2.6、高1.4米。墓碑为单碑，高0.65、宽1.4米，中刻"皇清待赠故胞叔林公荣禄老大人（母钟氏老孺人）正魂之墓"，题记年代为"大清同治十二年"。

袁相墓　位于洛表镇茂林村，建于清代。该墓坐西南向东北，占地10平方米，用乱石垒砌，石灰抹面，长3.8、宽2.3、高1.5米。墓碑为单碑，高1.3、宽0.62米，中刻"皇清待赠故显考袁公相翁老大人之墓"，题记年代为"光绪十四年"。

袁任氏墓　位于洛表镇茂林村，建于清代。该墓坐西北向东南，占地10平方米，用乱石垒砌，长2.8、宽2.4、高0.8米。墓碑为单碑，高1.03、宽0.7米，中刻"清故高祖袁母任老太君之墓"，题记年代为"光绪二年"。

铁炉沟袁氏墓　位于洛表镇茂林村，建于清代。该墓坐西向东，占地约8平方米，用条石垒砌，长4、宽2.8、高1.45米，墓碑为石质仿木结构，两柱一间，庑殿式顶，高 0.6、宽 1.6 米，中刻"皇清待赠显妣袁母□□□"，题记年代为"咸丰四年"。

茂林三字岩悬棺 位于洛表镇茂林村，建于宋至明代。该悬棺坐西向东，在高 20、长 10 米的岩石顶端人工凿有 3 个石龛，石龛长约 1～3 米不等，形似"三"字。石龛四周布满棺桩。

张袁氏墓 位于洛表镇茂林村，建于清代。该墓坐西向东，占地 10 平方米，用乱石垒砌，长 2.8、宽 1.8、高 1 米。墓碑为石质仿木结构，两柱一间，庑殿式顶，两侧抱鼓，高 1.9、宽 1.4 米，中刻"清故胞姊张门袁氏老孺人之墓"，题记年代为"光绪七年"。

彭宗泰夫妇墓 位于洛表镇茂林村，建于清代。该墓坐西北向东南，占地 30 平方米，用青条石垒砌，长 5.4、宽 2.8、高 1.7 米。墓碑为石质仿木结构，四柱三间，庑殿式顶，重檐，两侧施抱鼓，高 4.7、宽 3.8 米，碑缘雕刻人物、花卉、鸟兽等纹饰。墓碑刻"皇清例授正八品彭公宗泰老大人（母范氏老孺人）之坟墓"，题记年代为"光绪九年"。碑联为"阅尽风尘劳一世；思凭地脉幸三生"，碑额为"自地有耀"。

李王氏墓 位于洛表镇茂林村，建于清代。该墓坐西北向东南，占地 20 平方米，用青条石垒砌，长 4.6、宽 2.8、高 1.5 米。墓碑为石质仿木结构，两柱一间，庑殿式顶，重檐，两侧施抱鼓，高 2.8、宽 2.6 米，碑缘雕刻花卉、鸟兽等纹饰。墓碑刻"皇清待诰故胞姊李母王氏老孺人之坟墓"，题记年代为"大清光绪十年"。碑联为"马鬣风尘山水秀；牛眠地卜子孙兴"，碑额为"万古佳城"。

古建筑

洛表街头牌坊 位于洛表镇南园社区，建于清光绪三十一年（1905 年）。该牌坊坐北向南，占地 20 平方米，为五楼庑殿顶，通高 8.15、宽 6.5 米。牌坊四柱三间，檐下刻如意斗拱，坊明间北面顶层檐下中书"圣旨"二字，上端浮雕飞凤及香炉，"圣旨"四周以卷草纹相绕，下匾额刻"节烈总坊"四字，左右饰山水人物浮雕 15 幅。"节烈总坊"四字以上坊身用青花瓷片镶嵌成规则的几何图案。左右次间匾额刻题记。明间楹联为"震旦几须眉谁得千秋馨俎豆；坤维多气节全凭一念励冰霜"，"大清光绪二十一年乙巳孟秋中浣"，"知珙县事楚柏夏相华题"。次间楹联"至性至情至大至刚联一气；如纶如经如金如玉总千秋"，"赐进士出身工部主政兴文何肇勋"。坊南面明间匾额"皇清旌表"四字。明间楹联为"黑水注千山万壑而东巾帼于斯最饶劲气；红颜垂百代群伦之范表坊从此小树芳型"，"赐进士出身叙州府事文焕题"。次间楹联为"算来得失穷远闺阁中咸知尽情；除却忠存节烈坊楼上谁许树名"，"岁贡注选训导邑人范国辅题书"。石坊南、北面有卷草抱鼓护座 8 个，中柱两护座刻麒麟并饰宝刀绶带。珙县人民政府于 1983 年 6 月公布为文物保护单位。

桃子湾段家大院　位于洛表镇翻身村，建于清光绪十六年（1890 年）。该大院坐东向西，占地 420 平方米，由正房和厢房构成，三合院布局。正屋通面阔四间 20 米，通进深 9 米，小青瓦屋面，穿斗木构架，歇山顶，弯刀挑。左右厢房布局一致，通面阔四间 13 米，通进深 7 米，小青瓦屋面，穿斗木结构，歇山顶。房屋大部分装有板壁，门窗雕有各种图案，细致精美。屋内有神柜 1 件，春凳 2 件，圆桌 1 件，宫灯 5 件，匾 1 件。

岩上碉楼　位于洛表镇麻塘村，建于 1933 年。该碉楼坐西向东，占地 80 平方米，用青条石垒砌而成。碉楼通长 9.6、宽 6.3、高 16 米。碉楼共分为四层，各层之间用木板搭建。楼顶为木构架，穿斗式，歇山式顶。碉楼各层之间墙体上有供观察或射击的孔。

茂林谷王庙　位于洛表镇茂林村，建于清代。该庙坐北向南，占地 150 平方米，主要为正殿。正殿为小青瓦屋面，穿斗木结构，悬山顶，通面阔 15.2、通进深 9 米。庙前有碑刻 4 通，灯杆 2 根。石碑刻录修庙记事和募捐人姓名，其中一碑题记"道光二十八年"，另外三通碑为现代捐资修庙人姓氏。庙正前方约 15 米有砖砌牌坊 1 座，牌坊为仿木结构，高 6、宽 12 米，歇山顶，重檐。坊身用石灰和泥涂抹，泥塑佛教人物及花卉等，并用彩色颜料涂绘。山门为石质，仿木结构，高 1.8、宽 1.2 米，左联为"粒食予燕民万邦作□"，右联为"来禳教天下百□□□"。牌坊泥塑和彩绘具有较高文化、艺术价值，是研究当地宗教文化和泥塑文化的重要参考资料。

何家大院　位于洛表镇麻塘村，建于清代。该大院坐北向南，占地 200 平方米，由正房、厢房和碉楼构成，四合院布局，三面屋脊均泥塑云纹宝顶。正房为小青瓦屋面，悬山顶，穿斗木构架，通面阔三间 12 米，通进深 7.5 米。厢房形制相同，为小青瓦屋面，悬山顶，穿斗木构架，通面阔三间 9.5 米，通进深 6.5 米。正房西侧屋角有碉楼 1 栋，碉楼用青条石垒砌，长 9.5、宽 6、高 15 米，为两楼一底，屋顶为木构架歇山式顶，碉楼内为串木构架，共四层，墙体四侧有窗及观察孔。

康和有宅　位于洛表镇永胜村，建于清代。该建筑坐南向北，占地面积 550 平方米，由正房和厢房构成，呈三合院布局，正房四间通面阔 11 米，通进深七间 10.5 米。穿斗木构架，小青瓦悬山顶，弯刀挑，出檐较长。厢房通面阔三间 6 米，通进深五间 4.5 米，穿斗木构架，小青瓦悬山顶。

李厚方宅　位于洛表镇大方村，建于清代。该建筑坐西南向东北，占地 500 平方米，由正房和厢房构成，呈三合院布局，正房通面阔三间 12 米，通进深 7 米，穿斗木构架，小青瓦悬山顶，弯刀挑，出檐较长。右厢房通面阔三间 8 米，通进深 4.5 米，穿斗木构架，小青瓦悬山顶。左厢房仅存一间，其余已烧毁。

洛亥镇

古墓葬

岩湾头悬棺　位于洛亥镇火石村，建于宋至明代。该悬棺坐西向东，分布在高约20、宽约10米的峭壁上。石龛长约2、高约0.6、深约0.5米。石龛周围分布桩孔数个。

孔花悬棺　位于洛亥镇孔花村，建于宋至明代。该悬棺坐东向西，置于高约100米的悬崖上，为洞穴式，整木雕成，棺身漆黑色和灰白色相间，长约2米。悬棺周围现存桩孔数个。

狗脚湾悬棺　位于洛亥镇凤碉村，建于宋至明代。该悬棺坐东向西，置于高约15米的岩壁中，为洞穴式，一头置于洞穴中，一头置于棺桩上，悬棺为整木雕成，棺身为漆黑色和灰白色相间，周围有桩孔数个。

凤碉悬棺　位于洛亥镇凤碉村，建于宋至明代。该悬棺坐西向东，悬棺已坠落，仅存石龛一个。悬棺石龛坐落在高约20、宽10米的峭壁上，石龛长约2、宽约0.5米。石龛周围有桩孔数个。

观音阁墓　位于洛亥镇火石村，建于明代。该墓坐西南向东北，共3座，占地50平方米，自东南向西北编号为M1~M3，形制相同，砖石墓用青砖拱成。其中M1墓道长3.4、宽1、高1.5米。

次桑坪墓　位于洛亥镇孔花村，建于明代。该墓坐南向北，共两棺，占地10平方米，自东向西编号为M1~M2，墓室用条石镶砌，形制相同，石质仿木结构。M1墓道长2.8、宽0.9、高1.7米。两座墓室相通，墓室后壁均凿有龛。

水打棒湾墓群　位于洛亥镇火石村，建于明至清代。该墓群坐南向北，有墓2座，占地100平方米。其中M1为石室墓，用青条石仿木式搭建，墓道长2.6、宽1.5、高1.1米。M2该墓坐南向北，用青条石垒砌，长4.8、宽2.1、高1.3米，墓碑为石质仿木结构，庑殿式顶，两柱一间，两侧施抱鼓，高2.3、宽2.1米，碑缘雕刻花卉、鸟兽等，墓碑中刻"故显妣杨母法讳心魁张老孺人之墓"，题记年代为"光绪十年"，碑联为"沙明吉穴光前代；水绕佳城佑后人"，四周用乱石垒砌护墙。

下厂王家墓地　位于洛亥镇高峰村，建于清代。该墓地坐西南向东北，有墓2座，占地200平方米，自东北向西南编号为M1~M2。其中M1为王贵芳夫妇墓，条石垒砌，墓碑为石质仿木结构，四柱三间，庑殿式顶，重檐，两侧施抱鼓，碑间及碑顶有人物、鸟兽和草木纹饰，墓碑高3.2、宽2.3米，墓长4.2、宽4.2、高1.6米，碑文为"皇清待赠（诰）故显考（妣）王贵芳（罗氏）老大（孺）人之墓"，题记年代为"大清光绪二十八年"。M2为王贵芳母亲墓，形制与王贵芳夫妇墓大致相同，墓碑为两柱一间，高1.8、宽1.6米。

袁雨亭夫妇墓　位于洛亥镇群益村，建于清代。该墓坐北向南，占地20平方米，条石垒砌。墓碑为石质仿木结构，四柱三间，重檐，两侧施抱鼓，庑殿式顶，碑间及碑顶有人物、鸟兽和草木纹饰。碑高4.2、宽4.2米，墓长6.2、宽4.2、高1.6米。碑文为"皇清正八品故显考袁公讳雨亭老大人之墓"，题记年代"大清光绪二十八年"。

毛家沟袁家墓地　位于洛亥镇干坝村，建于清代。墓地坐北向南，由3座墓组成，占地100平方米，自东向西编号为M1～M3。其中M1墓长4.8、宽2.6、高1.2米，墓碑为石质仿木结构，两柱一间，庑殿式顶，高1.4、宽1米，墓碑中刻"皇清待诰显妣袁母成氏太君之墓"，题记年代为"乾隆五十七年"。M2墓长5.2、宽1.8、高1.3米，墓碑为石质仿木结构，四柱三间，歇山顶，重檐，高1.6、宽1.8米，墓碑中刻"清故袁母尹太君之墓"，题记年代为"道光五年"，碑联为"悠悠南山穴孔之固；绵绵瓜瓞长癸其祥"。M3长4.4、宽2.7、高1.4米，墓碑为石质仿木结构，两柱一间，庑殿式顶，高1.4、宽1.1米，墓碑中刻"清故显妣袁母欧太君之墓"，题记年代为"道光乙未年"。碑联为"碧水丹砂祥钟地；春桃秋桂瑞后人"。

大坟坝袁氏墓　位于洛亥镇上榜村，建于清代。该墓坐北向南，占地10平方米，用青条石垒砌，长4.8、宽2.2、高1.4米。墓碑为石质仿木结构，两柱一间，庑殿式顶，重檐，两侧施抱鼓，高2.6、宽1.8米，碑缘雕刻花卉、鸟兽等。墓碑中刻"皇清例授八品显妣袁母□□□"，题记年代为"光绪戊子"。

毛坝袁氏墓　位于洛亥镇俄塘村，建于清代。该墓坐西北向东南，占地20平方米，用青条石垒砌，长4.6、高0.8米。墓碑为石质仿木结构，庑殿式顶，重檐，两侧施抱鼓，高0.8、宽0.6米，碑缘雕刻花卉等。墓碑刻"清故显妣袁母□□□"，题记年代为"光绪三十三年"。

袁采五夫妇墓　位于洛亥镇俄塘村，建于清代。该墓坐北向南，占地20平方米，用青条石垒砌，长4.6、宽4.4、高1.4米。墓碑为石质仿木结构，四柱三间，重檐，两侧施抱鼓，庑殿式顶，高2.2、宽4.4米，碑缘雕刻人物、花卉、鸟兽等。墓碑中刻"皇清例授国学士显考（妣）袁公采五（母李太君）老大（孺）人之墓"，题记年代为"大清光绪拾四年"。

杨邓氏墓　位于洛亥镇俄塘村，建于清代。该墓坐北向南，占地15平方米，用青条石垒砌，长3.4、宽2.8、高1.3米。墓碑为石质仿木结构，两柱一间，庑殿式顶，两侧施抱鼓，高2.4、宽1.6米，碑缘雕刻花卉等。墓碑中刻"皇清待诰显妣杨母法讳心荣邓老孺人之墓"，题记年代为"光绪十一年"。

张梁氏墓　位于洛亥镇俄塘村，建于清代。该墓坐北向南，占地 15 平方米，用乱石垒砌，长 4.2、宽 2.4、高 1.2 米。墓碑石质仿木结构，两柱一间，庑殿式顶，高 1.8、宽 1.2 米。墓碑中刻"皇清待授八品孺人高祖妣张母梁太君之墓"，题记年代为"龙飞大清道光贰拾陆年"。碑联为"地道安贞千载固；坤维淑慎台丘绵"。

周凤歧墓　位于洛亥镇俄塘村，建于清代。该墓坐东向西，占地 30 平方米，长 7、宽 4.2、高 1.65 米。墓碑为石质仿木结构，四柱三间，庑殿式顶，重檐，高 3.6、宽 3.2 米，碑缘雕饰戏文场景人物、花卉等图案。墓碑中刻"皇清敕授武信骑尉显考周公讳岐翁大人之墓"。左右两碑为墓志铭。

任璜墓　位于洛亥镇火石村，建于清代。该墓坐东向西，占地 20 平方米，用青条石垒砌，长 4.6、宽 2.4、高 1.4 米。墓碑为石质仿木结构，四柱三间，庑殿式顶，重檐，高 2.3、宽 2.7 米，碑缘雕刻人物、花卉等。墓碑中刻"皇清待赠显考任公璜大人之墓"，题记年代为"光绪六年"。

二河牌任家墓地　位于洛亥镇火石村，建于清代。该墓地坐南向北，有墓 2 座，占地 50 平方米，自东向西编号为 M1～M2。其中 M1 用青条石垒砌，长 5.6、宽 2.2、高 1.5 米，墓碑为石质仿木结构，庑殿式顶，两柱一间，重檐，两侧施抱鼓，高 2.1、宽 3.1 米，碑缘雕刻花卉、鸟兽等。墓碑中刻"皇清待赠故显考任公天聪翁老大人之墓"，题记年代为"光绪五年十一月中浣吉日"，碑联为"白虎朝堂人文蔚起；青龙绕穴科甲联芳"。M2 用乱石垒砌，石灰抹面，长 4.4、宽 2.5、高 1.5 米，墓碑为石质仿木结构，两柱一间，歇山顶，两侧施抱鼓，高 2.5、宽 2.2 米，碑缘雕刻花卉等图案，墓碑中刻"皇清待诰故显妣任母杨太君老孺人之墓"，题记年代为"大清光绪三年"，碑联为"地脉钟祥昌百世；天光蔼瑞旺千秋"。

土黄坡墓群　位于洛亥镇火石村，建于清代。该墓群坐东南向西北，有墓 2 座，占地 150 平方米。其中 M1 用乱石垒砌，长 3.8、宽 3、高 1.2 米。墓碑石质仿木结构，庑殿式顶，两柱一间，高 2、宽 1.1 米，中刻"清应诰修职佐郎六世祖考游公讳冈翁府君（八品孺人妣母张氏太君）之墓"，题记年代为"嘉庆七年"。

竹林坳任家墓地　位于洛亥镇火石村，建于清代。该墓地坐东向西，有墓 3 座，占地 200 平方米，根据姓名编号为 M1～M3。其中 M1 长 4.2、宽 2.4、高 1.2 米，墓碑为石质仿木结构，庑殿式顶，两柱一间，高 1.4、宽 0.8 米，中刻："清故高祖考任公讳守望老大人之墓"，题记年代为"光绪十三年"。M2 长 3、宽 2.4、高 1 米，墓碑为单碑，高 0.8、宽 0.6 米，中刻"清故胞兄任公天福之墓"，题记年代为"道光二十一年"。M3 用乱石垒砌，长 3.4、宽 2.2、高 0.8 米，墓碑为石质仿木结构，两柱一间，高 1.6、宽 1.1 米，中刻"皇清待赠故显考任公理老大人（母唐氏老孺人）之墓"，题记年代为"光绪十三年"。

任天荣墓　位于洛亥镇火石村，建于清代。该墓坐西南向东北，占地15平方米，用青条石垒砌，长4.2、宽3.2、高1.3米。墓碑为石质仿木结构，庑殿式顶，两柱一间，两侧施抱鼓，高1.6、宽0.8米。墓碑中刻"清故显考任公讳天荣老大人之墓"，题记年代为"大清光绪捌年"。

任王氏墓　位于洛亥镇火石村，建于清代。该墓坐西南向东北，占地20平方米，用青条石垒砌，长5.6、宽3.2、高1.4米。墓碑为石质仿木结构，庑殿式顶，两柱一间，两侧施抱鼓，高1.4、宽1.2米。墓碑中刻"皇清待诰显妣任母王老孺人之墓"，题记年代为"大清光绪八年"。

观音阁任家墓地　位于洛亥镇火石村，建于清代。该墓地坐西南向东北，有墓2座，占地40平方米，该墓自西北向东南编号为M1～M2，皆用乱石垒砌，石灰抹面。其中M1长4.8、宽2、高1.4米，墓碑为单碑，高1.4、宽0.7米，中刻"清故显妣任母唐老孺人之墓"，题记年代为"大清光绪贰拾陆年"。M2长4.6、宽2、高1.57米，墓碑为石质单碑，高1.35、宽0.67米，中刻"清故显考任公琼翁老大人之墓"，题记年代为"大清光绪贰拾陆年"，墓地三面用乱石垒砌坟围。

画眉井墓群　位于洛亥镇火石村，建于清代。该墓群坐南向北，有墓2座，占地100平方米，形制相同。其中M1用乱石垒砌，石灰抹面，长4.6、宽2.2、高1.1米，墓碑石质仿木结构，庑殿式顶，两柱一间，两侧施抱鼓，高2.4、宽2.2米，碑缘雕刻花卉、鸟兽等，墓碑中刻"皇清例授国子监显考杨公大任老大人之墓"，题记年代为"光绪三十三年"。M2长5.2、宽3.2、高1.5米，墓碑为石质仿木结构，两柱一间，歇山顶，两侧施抱鼓，高2.1、宽2.2米，墓碑中刻"显考刘公金臣老大人之墓"，题记年代为"中华民国拾陆年"。

范佐丞墓　位于洛亥镇白沙村，建于清代。该墓坐北向南，占地15平方米，用青条石砌成，长6、宽2.6、高1.4米。墓碑为石质仿木结构，庑殿式顶，两柱一间，两侧施抱鼓，高2.3、宽1.6米。碑缘及抱鼓雕饰花卉、鸟兽等图案。墓碑中刻"清贡生范佐丞府君墓"，题记年代为"宣统元年"。碑联为"品学兼优绳祖□；山水环绕起人文"，碑额为"承先启后"。

核桃湾杨家墓地　位于洛亥镇泰和村，建于清代。该墓地坐东北向西南，有墓3座，占地200平方米，自东南向西北编号为M1～M3，均用青条石垒砌，形制相同。其中M1长5.2、宽2.4、高1.4米，墓碑为石质仿木结构，庑殿式顶，两柱一间，两侧施抱鼓，碑高3.1、宽2.4米，碑缘及抱鼓雕刻花卉、鸟兽等纹饰，墓碑中刻"皇清待赠诰孺人显妣杨母何太君墓"，题记年代为"道光二十九年"。M2长5.2、宽2.8、高1.3米，墓碑为石质仿木结构，两柱一间，歇山顶，两侧抱鼓，碑高3.5、宽2.8米，碑缘及抱鼓雕刻人物、花卉、鸟兽等，墓碑中刻"皇清待赠（诰）显考（妣）杨公正春

（母真飞）老大（孺）人之墓"，题记年代为"咸丰八年"。M3 长 5.2、宽 2.4、高 1.3 米，墓碑为两柱一间，石质仿木结构，歇山顶，两侧抱鼓，碑高 3.2、宽 2.4 米，碑缘及抱鼓雕饰人物、花卉、鸟兽等，墓碑中刻"皇清待诰节孝孺人显妣杨母何孺人之墓"，题记年代为"咸丰八年"。

孟获村唐家墓地 位于洛亥镇孟获村，建于清代。该墓地坐东南向西北，有墓 7 座，占地 200 平方米。其中 M1 ~ M5 皆用乱石垒砌，自东向西编号为 M1 ~ M5，仅有两座有墓碑。其中 M1 为唐锡墓，土冢，用乱石垒砌，长 3.8、宽 3.2、高 1.1 米，墓碑为石质仿木结构，两柱一间，高 1.38、宽 0.73 米，中刻"皇清待诰授邑庠生故显考唐公锡翁府君大人之墓"，题记年代为"道光十六年"。

袁刘氏墓 位于洛亥镇油岭村，建于清代。该墓坐西南向东北，占地 10 平方米，用青条石垒砌，长 4.2、宽 2.4、高 0.4 米。墓碑为石质仿木结构，庑殿式顶，两柱一间，两侧施抱鼓，碑高 1.6、宽 2.4 米，碑缘雕刻人物、花卉、鸟兽等。墓碑中刻"皇清待诰故显妣袁母刘孺人之墓"，题记年代为"宣统三年"。

游方吉墓 位于洛亥镇三槽村，建于清代。该墓坐东南向西北，占地 20 平方米，条石垒砌。墓碑为石质仿木结构，庑殿式顶，重檐，两柱一间，碑间及碑顶有人物、鸟兽和草木纹饰。碑高 1.8、宽 0.96 米，墓长 3.5、宽 3、高 1.6 米。碑文为"清故亡子七儿游方吉之墓"，题记年代为"大清嘉庆二十四年"。

芭蕉沟袁家墓地 位于洛亥镇孔花村，建于清代。该墓地坐南向北，有墓 4 座，占地 200 平方米，根据墓主人姓名编号为 M1 ~ M4，用青条石或乱石垒砌。其中 M1 长 3.6、宽 2、高 1.46 米，墓碑为单碑，镶嵌在该墓中，高 0.9、宽 0.7 米，墓碑中刻"皇清待赠故显考袁公赞武府君老大人之墓"，题记年代为"光绪七年"。M2 长 4.3、宽 1.9、高 1.5 米，墓碑为单碑，镶嵌在该墓中，高 0.96、宽 0.66 米，墓碑中刻"皇清待诰故显妣袁母向明寿太君孺人之墓"，题记年代为"光绪七年"。M3 用乱石垒砌，长 3.8、宽 2.8、高 1.3 米，墓碑为单碑，镶嵌在该墓之中，高 0.6、宽 0.4 米，墓碑中刻"故胞叔考袁公符武老大人之墓"，题记年代为"光绪七年"。M4 用青条石砌成，长 3.8、宽 2.3、高 1.1 米，墓碑为两柱一间，石质仿木结构，歇山顶，重檐，两侧抱鼓，高 3.7、宽 2 米，碑缘及抱鼓雕刻人物、花卉、鸟兽等纹饰，墓碑中刻"皇清□□□"，题记年代为"光绪□□□"，碑联为"荫地全凭心地卜；吉人自有达人生"，碑额为"地灵人杰"。

袁畏之墓 位于洛亥镇孔花村，建于清代。该墓坐南向北，占地 15 平方米，用青条石垒砌，长 4.3、宽 2.4、高 1.3 米。墓碑为石质仿木结构，两柱一间，两侧施抱鼓，高 2.6、宽 2.2 米，碑缘及抱鼓雕饰花卉、鸟兽等。墓碑中刻"皇清例储封故显考袁公畏之老大人之墓"，题记年代为"宣统三年季春月"，碑联为"群山堆石□□蕃衍；双狮把水科甲绵延"，碑额为"德垂后裔"。

风硐村袁家墓地　位于洛亥镇风硐村，建于清代。该墓地坐东向西，有墓3座，占地100平方米，自北向南编号为 M1～M3。其中 M1 长6.8、宽3.2、高1.5米，墓碑为石质仿木式，重檐，四柱三间，庑殿式顶，两侧施抱鼓，高2.6、宽3.8米，碑缘雕饰人物、花卉、鸟兽等图案，墓碑中刻"皇清例赠登仕郎显考袁公有光老大人之墓"，题记年代为"同治四年"，两侧碑为墓志铭，题记"知珙县事愚弟邵作霖幼樵氏题赠"，"文生堂外甥左臣范国辅顿书"等，碑联为"惟凭阴德留馀荫；自有贻谋裕后昆"。M2长6、宽2.6、高1.52米，墓碑为石质仿木结构，歇山顶，两侧抱鼓，重檐，四柱三间，高3.3、宽3.4米，碑缘及抱鼓上雕饰人物、花卉、鸟兽等图案，墓碑中刻"皇清待赠故显考袁公讳茂亭府君老大人之墓"，题记年代为"同治四年"。M3长6.8、宽2.6、高1.8米，墓碑为石质仿木结构，歇山顶，两侧抱鼓，重檐，四柱三间，高2.8、宽3.6米，碑缘及抱鼓雕饰人物、花卉、兽鸟等图案，墓碑中刻"皇清待诰袁母高孺人之墓"，题记年代为"道光二十八年"。

袁银墓　位于洛亥镇风硐村，建于清代。该墓坐东向西，占地50平方米，用青条石砌成，长6.3、宽8.2、高1.6米。墓碑为石质仿木结构，四柱三间，庑殿式顶，高2.46、宽2.6米。墓碑正碑中刻"明故始祖袁公银翁老大人之墓"，题记年代为"道光九年"。碑联为"游官入川以来百年典型宛在；自明迄清而后万世手泽犹新"。

风硐湾袁家墓地　位于洛亥镇风硐村，建于清代。该墓地坐南向北，有墓2座，占地120平方米，自西向东编号为 M1～M2，均用青条石砌成。其中 M1 长6、宽3.5、高1.7米，墓碑为石质仿木结构，四柱三间，庑殿式顶，重檐，两侧施抱鼓，碑高4.7、宽3.5米，呈扇状分布，碑缘雕刻人物、花卉、鸟兽等，墓碑中刻"皇清例赠登仕郎显考袁公绍芜老大人之墓"，题记年代为"同治四年"，碑联为"家声丕振光先代；地脉洪开启后人"。M2长4.7、宽2.3、高0.62米，墓碑为两柱一间，石质仿木结构，歇山顶，两侧抱鼓，碑高2.5、宽2.3米，碑缘及抱鼓雕饰人物、花卉、鸟兽等，墓碑中刻"显考袁公绍文□□□"，题记年代为"光绪拾年"。

坟坝头袁家墓地　位于洛亥镇风硐村，建于清代。该墓地坐南向北，有墓2座，占地50平方米。其中 M1 用青条石砌成，长4.9、宽3、高1.4米。墓碑为两柱一间，石质仿木结构，庑殿顶，高2.1、宽0.86米。墓碑中刻"清故显考袁公莖翁府君大人之墓"，题记年代为"道光元年"。

王家坪袁张氏墓　位于洛亥镇风硐村，建于清代。该墓坐东向西，占地20平方米，用乱石垒砌，长3、宽1.8、高1.1米。墓碑为两柱一间，石质仿木结构，庑殿式顶，高1.4、宽1.2米。墓碑中刻"明故五世祖婆袁门张氏孺人之墓"，题记年代为"道光十二年"。

袁庚平墓 位于洛亥镇上榜村，建于清代。该墓坐北向南，占地 20 平方米，用青条石垒砌，长 4.8、宽 3.4、高 1.2 米。墓碑为石质仿木结构，四柱三间，庑殿式顶，重檐，两侧施抱鼓，高 3.4、宽 3.4 米，碑缘雕刻人物、花卉、鸟兽等。墓碑中刻"皇清待赠显考袁公庚平府君之墓"，题记年代为"光绪三十二年"，碑联为"地卜牛眠佳城永固；封崇马鬣秀气常钟"，碑额为"山清水秀"。

古建筑

风硐桥 位于洛亥镇风硐村，建于清咸丰三年（1853 年）。该桥为石质单拱平桥，横跨在洛亥河南岸的小溪上，东西走向，桥长 6.9、宽 4.1、高 4.5 米，拱高 3.9 米。桥东西两端各有垂带式踏道多级，石桥两侧用条石镶嵌栏杆，高 0.34 米、厚 0.32 米，南北两侧各雕一龙头和龙尾。桥西 5 米有碑刻一通，刻录了修桥缘由。石碑为石质仿木结构，歇山顶，抱鼓，高 2.4、宽 2 米，左侧题刻"珙邑职员袁纬武同缘高氏率子□□□"，题记年代为"咸丰三年癸丑嘉平月七日吉旦"。石碑右 0.5 米有土地庙一座，石质仿木结构，庑殿式顶，高 1.9、宽 0.7 米。

毛坝桥 位于洛亥镇仁和社区，建于清代。该桥为石质单拱平桥，东南向西北走向，横跨在无名小溪上，桥长 4.6、宽 3、高 4.2 米，拱高 3.4 米。拱桥两侧各雕刻龙头和龙尾。西北端有垂带式踏道两级。

马鞍寺 位于洛亥镇俄塘村，建于清代。该寺坐西向东，占地 300 平方米，为木结构悬山式顶，穿斗式梁架，小青瓦悬山顶，通面阔 22 米，通进深 7.2 米。寺前有碑刻 5 通，其中两通碑上分别题记"大明嘉靖十二年癸巳冬月十七日供"，"龙飞大明洪武七年岁次甲寅上巳月朔一日阿里撰"，碑载内容皆为修庙记事及香客捐资名单，寺内现供奉菩萨 10 尊。

杨宗权宅 位于洛亥镇火石村，建于清代。该建筑坐西北向东南，占地 500 平方米，由正房和厢房构成，形制相同，为穿斗式木构架，歇山顶，小青瓦屋面，弯刀挑。正房通面阔三间 14 米，通进深 14.5 米，厢房通面阔三间 5.6 米，通进深 8 米。碉楼外墙用石条垒砌，石灰抹面，内为木结构，穿斗式，歇山顶，面阔 6、进深 8.5 米，共两层，墙体三面有观察孔。

柳光武宅 位于洛亥镇上榜村，建于清代。该建筑坐北向南，占地 2000 平方米，由正房和厢房构成，正房和厢房形制一样，皆为穿斗式木结构，悬山式小青瓦屋顶，弯刀挑。正房通面阔四间 20 米，通进深 9 米。左右厢房布局一致，通面阔三间 15 米，通进深 6 米，大部分装有板壁。

石窟寺及石刻

腊平修路自叙碑 位于洛亥镇腊坪村，建于清光绪十一年（1885 年）。该碑刻坐西向东，占地 2 平方米，为修路自叙碑，高 1.18、宽 0.95 米、厚 0.24 米。碑刻为小楷，竖写，共 400 余字。题记为"大清光绪十一年全月上浣日信人张祚礼敬立"。

近现代重要史迹及代表性建筑

青山大堰 位于洛亥镇花园村，建于 1961 年。该大堰引水工程始建于 20 世纪 60 年代，1975 年建成使用，引王家河水灌溉洛表镇、洛亥镇和罗渡苗族乡 24 个行政村。大堰主干渠长 23.8 米，有支渠 2 条，渠系主要建筑物有隧洞 8 个，总长 1190 米，渡槽 13 座，总长 313.5 米，倒洪管 1 根，长 1140 米，灌区面积 53.4 平方千米，灌溉面积 3.05 万亩耕地，其中灌溉面积 1.34 万亩，土地面积 1.71 万亩。青山大堰以灌溉为主，兼有人畜饮水、防洪排涝、发电和工业用水等综合功能。

王家镇

古遗址

王家五尺道遗址 位于王家镇柏杨村、百花村、花田社区，主要位于王家镇境内。该遗址修建于秦朝，全长约 25 千米，在崇山密林中穿梭而过，由青石板或块石铺成，宽约 1~1.5 米不等。该道从珙县境内的宝山乡入境，沿南广河而上经孝儿、沐滩、下罗、上罗、罗渡、洛表等地进入王家镇，翻越四里坡、钻天坡等，通过云南威信、镇雄、昭通出海。现今石板上仍残留有马蹄印和拐锥孔，沿途保存有较为完好的古街房等众多相关文物古迹。

古墓葬

盘家村墓群 位于王家镇青山村，建于明嘉靖十年（1531 年）。该墓群坐西南向东北，共 17 座，分布在长 1000、高 1.5 米的泥坎中，自东南向西北编号为 M1~M17，其中 12 座被覆盖在泥埂中，墓室均用仿木式石条扣砌，形制相同。其中 M1 由五室组成，各室大小一样，墓室长 3.3、宽 1.42、高 1.25 米，墓室内壁雕刻花卉等图案，并楷书竖写阴刻"明嘉靖十年岁次乙丑"。

铁锣湾墓 位于王家镇白玉村，建于明代。该墓坐西向东，共两棺，占地 10 平方米，石室墓自南向北编号为 M1~M2。墓用石条垒砌，形制相同。其中 M1 长 2.6、宽 1.1、高 1.4 米。墓壁上三面皆凿有石龛，内壁无雕饰。

四林坡墓 位于王家镇鱼田村，建于明代。该墓坐北向南，占地 5 平方米，用石条垒砌，长 1.5、宽 1.1、高 0.6 米，内壁无雕饰。

穿山洞墓 位于王家镇麻元村，建于明代。该墓坐西南向东北，有墓3座，占地10平方米，墓室自东南向西北编号为 M1～M3。石室墓用石条垒砌，长2.4、宽2.8、高0.8米，墓室侧及后壁皆凿有石龛。

茶园头墓 位于王家镇和平村，建于明代。该墓坐西南向东北，占地5平方米，用石条垒砌，长2.4、宽2.8、高0.8米，内壁无雕饰。

桑林头墓 位于王家镇四合村，建于明代。该墓坐西南向东北，占地5平方米，用石条垒砌，长1.9、宽1、高0.9米，内壁无雕饰。

曹戴立夫妇墓 位于王家镇麻窖村，建于清代。该墓坐东向西，占地30平方米，条石垒砌，长4.2、宽3、高1.5米。墓碑为石质仿木结构，庑殿式顶，重檐，两侧施抱鼓，碑缘雕刻花卉等纹饰，高3.5、宽3米，中刻"皇清待赠乡谥处士故显考曹戴立（妣朱通福老孺人）老大人之墓"，题记年代为"大清光绪甲辰年"。

黄文绍墓 位于王家镇百花村，建于清代。该墓坐东北向西南，占地20平方米，长4.25、宽3、高2米。墓碑为两柱一间，两侧施抱鼓，石质仿木结构，庑殿式顶，高3.77、宽2.2米，碑缘刻人物、花卉等。墓碑中刻"皇清待赠故严父黄文起慈母杨太君老大（孺）人正魂"，题记年代为"大清宣统元年"。

李国榜墓 位于王家镇百花村，建于清代。该墓坐东向西，占地30平方米，用青条石砌成，长4.4、宽2.8、高2.1米。墓碑为四柱三间，石质仿木结构庑殿式顶，重檐，两侧施抱鼓。墓碑高4、宽3.5米，碑缘雕刻"刘备托孤"等图案，有人物、花卉等纹饰60余个，碑文200余字。墓碑中刻"皇清待赠故显考李公讳国榜大人之墓"，题记年代为"大清光绪三十二年小阳月"。该墓周围有半圆形围栏，围栏用青条石镶嵌，高1.14、长11米，用透雕和浅浮雕等手法雕刻梅兰菊竹及人物。墓前有垂带式踏道三级。

漕子邹家墓地 位于王家镇花树村，建于清代。该墓地坐西向东，有墓4座，占地100平方米，形制相同，用石条垒砌，长4.6、宽2.3、高1.4米。墓碑为单碑，高1.1、宽0.6米，上刻墓主人及后裔姓氏和年代。其中 M1 墓碑中刻"皇清待诰胞叔邹公世家（婶袁氏老孺人）老大人之墓"，题记年代为"光绪十二年"。M2 墓碑中刻"清故庶母邹妣王孺人墓"，题记年代为"光绪十二年"。M3 碑文已风化。M4 题记年代为中华民国二十年。

大坟湾邹氏墓 位于王家镇团聚村，建于清代。该墓坐西南向东北，占地20平方米，长4.1、宽3、高1.4米。墓碑为石质仿木结构，四柱三间，庑殿式顶，重檐，两侧抱鼓，碑缘雕刻花卉等纹饰，高3.3、宽3米，碑文基本已风化，仅见"皇"、"邹"等字。

王世祥墓 位于王家镇长埂村，建于清代。该墓坐东北向西南，占地30平方米，用条石垒砌，长 5.6、宽 4.8、高 1.6 米。墓碑为四柱三间，石质仿木结构，庑殿式顶，重檐，高 3.5、宽 3.5 米，碑缘雕刻花、鸟等纹饰。墓碑中刻"皇清待赠始祖考王公讳世祥老大人之坟墓前"，题记年代为"大清咸丰十年季冬月"。碑联为"木本水源荣昌百世；春霜秋露发达千祥"，碑额为"本支百世"。

团包墓群　位于王家镇柏杨村，建于清代。该墓群坐北向南，有墓 3 座，占地 20 平方米，形制相同。其中 M1 用条石垒砌，长 4.5、宽 2.3、高 1.4 米，墓碑为石质仿木结构，两柱一间，庑殿顶，重檐，两侧施抱鼓，碑缘雕刻花卉等纹饰，高 3、宽 2.2 米，中刻"皇清待赠故显考王公讳世修（门游太君老孺人）老大人之墓前香位"，题记年代为"大清光绪二年"。

古建筑

南桥　位于王家镇花田社区，建于清道光二十四年（1844 年）。该桥为石质单拱拱桥，南北向，占地约 60 平方米，横跨在王家河上。桥长 12、桥面宽 4.3、全高 6.5、拱高 6.1 米。桥面东西两侧各有一石栏杆，长 11.85 米。东侧雕刻龙头 1 个，西侧雕刻龙尾一条。石桥北端和东南向各有垂带式踏道十级。桥北端有建桥碑一通，高 1.83、宽 0.9、厚 0.19 米，碑文均已风化。

何定银宅　位于王家镇花树村，建于清代。该建筑坐西南向东北，占地面积约 150 平方米，由正房和厢房构成。正房通面阔四间 14 米，通进深 13 米，穿斗木构架，小青瓦歇山顶，弯刀挑，出檐较长。厢房通面阔三间 8 米，通进深 8.2 米，穿斗木构架，小青瓦歇山顶。

红庙子　位于王家镇徐家村，建于清代。该庙坐南向北，占地 200 平方米，由正殿和耳房构成。正殿通面阔 15 米，通进深 7 米，抬梁式，小青瓦悬山顶。左右耳房布局一致，通面阔 1.8 米，通进深 4 米，穿斗木构架，小青瓦悬山顶。

长埂文昌宫　位于王家镇长埂村，建于清代。该建筑坐东向西，占地 1200 平方米，由正殿和耳房构成，形制相同，为木构架，穿斗式，小青瓦悬山顶。正殿通面阔 12 米，通进深 9.5 米。耳房通面阔 6 米，通进深 10 米。宫内现供奉菩萨 41 尊，碑刻 1 通，记载了光绪二十五年修缮庙宇的经过。前有垂带式踏道九级。前院坝中矗立功德碑 6 通。

邓玉伯宅　位于王家镇长埂村，建于清代。该建筑坐南向北，占地 600 平方米，由正房、厢房和碉楼构成。正房为穿斗式木构架，小青瓦歇山顶，弯刀挑，通面阔三间 15 米，通进深 7.2 米。厢房通面阔三间 12 米，通进深 6.2 米。左厢房侧为一碉楼，用块石垒砌而成，共五层，长 8.8、宽 7.5、高约 15 米。碉楼屋顶和各层之间楼板已拆除，仅余框架。墙体四面开辟供射击和观察用的方孔。

槽门头碉楼　位于王家镇长埂村，建于清代。该碉楼坐南向北，占地 70 平方米，用石块垒砌而成，墙体外用石灰涂抹。碉楼通高 18、宽 8.3 米，呈正方形。碉楼共分为五层，各层之间用木板搭建。楼顶为木构架，穿斗式，歇山式顶。碉楼各层之间墙体上有供观察或射击的孔。

王绍科宅　位于王家镇福胜村，建于清代。该建筑坐西向东，占地 500 平方米，由正房和厢房构成。正房四间通面阔 16 米，通进深 5 米，穿斗木构架，小青瓦悬山顶，弯刀挑，出檐较长。厢房三间通面阔 11 米，通进深 4.5 米，穿斗木构架，小青瓦悬山顶，弯刀挑。

恒丰乡

古墓葬

胡占魁墓　位于恒丰乡黄柏村，建于清代。该墓坐西向东，占地 15 平方米，用青条石垒砌，长 5.4、宽 3、高 1.4 米。墓碑为石质仿木结构，四柱三间，庑殿式顶，重檐，两侧施抱鼓，高 2、宽 3 米，碑缘雕刻花卉等纹饰。墓碑刻"皇清显考武生胡公讳占魁老大人之墓"，题记年代为"光绪拾年"。

赵何氏墓　位于恒丰乡农群村，建于清代。该墓坐北向南，占地 20 平方米，用青条石垒砌，长 5.1、宽 2、高 1.6 米。墓碑为石质仿木结构，四柱三间，庑殿式顶，重檐，高 2.3、宽 2.3 米，碑缘雕刻花卉等纹饰。墓碑刻"皇清诰授故显妣赵母何老太君之神墓"，题记年代为"大清嘉庆二十四年"。

断景山墓群　位于恒丰乡农群村，建于清代。该墓群坐东北向西南，共 25 座，错落分布在 1000 平方米范围内，根据姓名编号为 M1～M25，皆用青条石垒砌，形制相同，有墓碑六通。其中 M1 长 4.5、宽 2.8、高 1.6 米，墓碑为石质仿木结构，四柱三间，歇山顶，重檐，高 2.6、宽 2.3 米，墓碑刻"皇清待赠故显考赵公讳庆龄老大人之墓"，题记年代为"道光二十九年"。

赵郭氏墓　位于恒丰乡农群村，建于清代。该墓坐东北向西南，占地约 15 平方米，用青石条垒砌，长 4、宽 2.4、高 1.3 米。墓碑为石质仿木结构，四柱三间，庑殿式顶，重檐，高 2.4、宽 2.4 米，碑刻"皇清例赠孺人赵母郭太君之墓"，题记年代为"咸丰六年"。

农群村墓群　位于恒丰乡农群村，建于清代。该墓群坐南向北，有墓 5 座，占地 500 平方米，该墓自东向西编号为 M1～M5，形制相同。其中 M1 用青条石垒砌，长 8、宽 2.4、高 1.8 米。墓碑为石质仿木结构，四柱三间，庑殿式顶，重檐，两侧施抱鼓，高 2.9、宽 2.23 米，碑缘上雕刻人物、花卉、鸟兽等纹饰。墓碑明间刻"皇清待赠逸处士显考赵公讳怀先（母姚本真老孺人）老大人之墓"，题记年代为"大清道光八年"。

杨家埂墓群　位于恒丰乡丰田村，建于清代。该墓群坐北向南，有墓3座，占地200平方米，形制相同。其中M1用青条石垒砌，长5.3、宽2.5、高1.55米。墓碑为石质仿木结构，两柱一间，庑殿顶，两侧施抱鼓，高2.4、宽3.5米，碑缘雕刻人物、花卉、鸟兽等纹饰。墓碑中刻"皇清故显考杨公讳鹤林（母张法名寂安老孺人）老大人之神墓"，题记年代为"光绪丁亥年"，碑联为"山真穴正卜吉牛眠；虎踞龙蟠高封马鬣"。

漆树湾王家墓群　位于恒丰乡丰田村，建于清代。该墓群坐北向南，有墓3座，占地300平方米，形制相同。M1用青条石垒砌，长7、宽3.6、高1.7米。墓碑为石质仿木结构，四柱三间，庑殿顶，重檐，两侧抱鼓，高3.5、宽3.6米，碑缘雕刻人物、花卉、鸟兽等纹饰。墓碑刻"皇清例赠九品王公讳聪桂（母周真净老孺人）老大人之墓"，题记年代为"光绪十二年"。

林鸿芝墓　位于恒丰乡武林村，建于清代。该墓坐北向南，占地45平方米，条石垒砌。墓碑为石质仿木结构，四柱三间，重檐，庑殿式顶，碑间及碑顶有人物、鸟兽和草木纹饰。墓前有长10、宽6米的青石板坟台。碑高3.35、宽3.2米，墓长4.2、宽4.2、高1.6米。碑文为"清故显考林公讳林芝老大人之墓"，题记年代为"大清光绪十三年十二月"。

青冈湾墓群　位于恒丰乡林里村，建于清代。该墓群坐东北向西南，占地50平方米，用青条石垒砌，墓长7.4、宽5.6、高2.6米，坟沿上雕刻花卉等纹饰。墓碑为石质仿木结构，四柱三间，庑殿式顶，重檐，两侧施抱鼓，碑高5.7、宽3.2米，碑缘雕刻人物、花卉、鸟兽等纹饰。墓碑中刻"逸处士九品吴文品王寂凤之墓"，题记年代为"大清同治四年"，左侧墓志为"钦点翰林院庶吉士黄湘题赠"。墓碑前案式香炉一个，炉身雕刻人物、花卉等。墓前有两个垂带式踏道十六级。该墓四周用青条石垒砌护墙，墙上雕刻"八仙过海"等图案。

吴质齐墓　位于恒丰乡上洛村，建于清代。该墓坐东北向西南，占地15平方米，用青砂石条垒砌，长5.1、宽2.7、高1.3米。墓碑为石质仿木结构，两柱一间，庑殿式顶，高2.7、宽1.1米，中刻"清故显考吴公字质齐老大人之墓"，题记年代为"大清同治癸亥之秋"。

打秋埂罗氏墓群　位于恒丰乡中洛村，建于清代。该墓群坐北向南，有墓5座，占地约100平方米，根据姓名编号为M1～M5，皆用青砂石条垒砌，形制相同。其中M1长4.2、宽2.2、高1.15米，墓碑为石质仿木结构，两柱一间，庑殿式顶，高1.9、宽0.75米，中刻"皇清待赠故显考罗公天义□□□"，题记年代为"大清道光四年"。

何家坝墓群　位于恒丰乡下洛村，建于清代。该墓群坐西北向东南，有墓46座，占地 2000 平方米，墓群根据姓名编号为 M1 ~ M46，多数用青条石垒砌。其中 M1 该墓长 6、宽 4.8、高 2.1 米，墓碑为石质仿木结构，四柱三间，庑殿式顶，重檐，高 1.5、宽 2.75 米，碑缘雕刻人物、花卉、鸟兽等纹饰，墓碑刻"皇清待赠故显考吴公□□□墓"，题记年代为"大清嘉庆二十五年"。M2 碑刻"皇清待赠故显考吴公讳文相（母余性堂）老大人之墓"，题记年代为"咸丰岁丁巳年"。

冯世珉墓　位于恒丰乡瓦厂村，建于清代。该墓坐北向南，占地 40 平方米，条石垒砌。墓碑为石质仿木结构，两柱一间，庑殿式顶，两侧施抱鼓，重檐，有人物、草木纹饰。碑高 2.5、宽 1.5 米，墓长 5、宽 2.9、高 1.5 米。碑文为"皇清例赠故显考冯□□□之墓"，题记年代为"大清光绪十三年冬月"。

胡达川夫妇墓　位于恒丰乡杨义村，建于清代。该墓坐东北向西南，占地 50 平方米，用青条石垒砌，长 9、宽 4.5、高 1.9 米。墓碑为石质仿木结构，四柱三间，庑殿式顶，重檐，两侧施抱鼓，高 4.9、宽 4.48 米，碑缘雕刻人物、花卉、鸟兽等纹饰。墓碑明间刻"恩赐正八品显考胡公讳达川（姚罗氏悟泰老孺人）老大人之墓"，题记年代为"大清同治元年又八月"，次间为墓志铭。碑联为"最有家传千秋不朽；尤昭闺范百世流芳"。该墓左侧有石桌一张。

胡元魁墓　位于恒丰乡农群村，建于清代。该墓坐西北向东南，占地 25 平方米，用青石条垒砌，长 5.4、宽 3.6、高 1.5 米。墓碑为石质仿木结构，四柱三间，庑殿式顶，重檐，高 3.2、宽 3.1 米，碑缘雕刻人物、花卉、鸟兽等纹饰。墓碑明间刻"皇清敕授国学士显考胡公讳元魁老大人之墓"，题记年代为"大清嘉庆□□□"，碑联为"龙环虎抱隆千古；桂馥兰香巩万年"，碑额为"本支百世"。

杨廷模墓　位于恒丰乡农群村，建于清代。该墓坐北向南，占地 20 平方米，用青石条垒砌，长 4.2、宽 2、高 1.4 米。墓碑为石质仿木结构，四柱三间，庑殿式顶，重檐，高 1.7、宽 2.9 米，碑缘雕刻人物、花卉、鸟兽等纹饰。墓碑中刻"皇清待赠逸处士杨公讳廷模老大人之墓"，题记年代为"道光十年"。

榜榜上墓　位于恒丰乡上洛村，建于清代。该墓坐东北向西南，占地 20 平方米，用青石条垒砌，墓长 5.8、宽 4.2、高 1.94 米。墓碑为石质仿木结构，四柱三间，庑殿式顶，重檐，两侧施抱鼓，碑高 4.7、宽 4.3 米，碑缘雕刻人物、花卉、鸟兽等纹饰。墓碑刻"皇清旌表节孝妇显妣吴母金老孺人之墓"，题记年代为"大清光绪十七年岁次辛卯三月十二日"，碑联为"母子同茔犹是左右就养；婆媳共墓依然朝夕同欢"。墓碑左间刻"皇清应授儒林郎显考吴公瑞堂老大人之墓"，右间刻"皇清应授孺人故显妣吴母金氏老孺人之墓"。该墓为母、子、媳同穴，墓碑雕刻精美，内容丰富，是研究当地石雕艺术和人文历史的实物资料。

沐滩乡

古遗址

付家坝遗址　位于沐滩乡新民村，修建于汉代，该遗址东起付玉兵房后，西至茧站，南抵油房湾，北靠干井沟，东西长约 400、南北宽约 500 米，总面积约为 2 万平方米。文化层距地表 0.5 ~ 0.99 米，1971 年四川省文管会曾在此清理发掘出陶片、汉砖、汉瓦等文物，出土文物多保存在四川省博物院和珙县文管所。

古墓葬

晏子岩崖墓群　位于沐滩乡沐滩村，建于东汉。该墓群坐东北向西南，占地 50 平方米，共 3 座，排列在长约 1.5 千米的岩脚下，自西北向东南编号为 M1 ~ M3，墓形制相同，由墓道、墓室和耳室组成。其中 M1 墓道长 3.6、宽 2.3 米，墓室长 3、宽 2.3、高 0.8 米，耳室长 4、宽 0.9、高 0.6 米。1971 年四川省文管会曾在此一座汉墓中清理出土五铢钱、汉釜、铁剑等文物，出土文物现保存在四川省博物院。

蛮子寨墓　位于沐滩乡同乐村，建于明代。该墓坐东北向西南，占地 30 平方米，用青石条垒砌，共 12 棺，排列在长约 15 米的坎壁上，墓群自西北向东南编号为 M1 ~ M12。石室墓大小形制相同，其中 M1 墓室长 2.4、宽 0.8、高 1.2 米，内壁无龛。

瓦窑湾黄家墓地　位于沐滩乡天桥村，建于清代。该墓地坐东北向西南，有墓 6 座，占地 300 平方米，根据姓名分别编号为 M1 ~ M6，用石条或石块垒砌，仅有 2 座墓有墓碑。墓碑为石质仿木结构，庑殿式顶，两柱一间，无抱鼓，墓碑题刻墓主人及后裔姓名和年代。其中 M1 墓碑文为"皇清待赠享年六十岁故显考黄□□□老大人之墓"，题刻年代"咸丰五年乙卯岁季冬月"，碑联为"门前一带文星水；后拥千重五曲山"，碑额为"万代流芳"。M2 墓碑文为"皇清待诰故显妣黄□□□老孺人之墓"，题刻年代"大清光绪□□年"，碑联为"吉卜牛眠三芝挺秀；祥徽古穴万代流芳"，碑额为"福地祇穴"。碑间及帽檐间有彩绘鸟兽纹饰，碑帽上部破损，碑下部风化严重。

狮子山熊家墓地　位于沐滩乡新建村，建于清代。该墓地坐北向南，占地 50 平方米，墓地从东向西编号为 M1 ~ M2，皆用石条垒砌。M1 墓碑为石质仿木结构，四柱三间，重檐，庑殿式顶，碑间及碑顶有人物、鸟兽和草木纹饰。碑高 2.85、宽 3.5 米，墓长 5、宽 4.5、高 1.4 米。碑文为"皇清待赠待（诰）故显考（妣）熊公讳兆祥（母梅氏）老大（孺）人之墓"，题记年代为"大清同治六年"，碑联为"巩固偕河山普寿；灵长与日月争光"，碑额为"垂裕后昆"。M2 墓长 4.4、宽 2.2、高 1.2 米，墓碑为单碑，高 1.4、宽 1.1 米，碑风化严重，碑文漫漶不清，仅能辨认题记年代为"大清光绪三十年"。

张祖元夫妇墓 位于沐滩乡中山村，建于清代。该墓坐北向南，占地 50 平方米，长 5.1、宽 3.2、高 1.6 米。墓碑为石质仿木结构，四柱三间，庑殿式顶，两侧施抱鼓，高 4.1、宽 2.2 米，碑缘雕刻人物、花卉、鸟兽等纹饰。墓碑刻"皇清例赠张祖元（六品孺人罗氏老孺人）老大人之墓"，题记年代为"大清咸丰十一年"。墓前 3 米处有一石坊，两柱一间，高 1.68、宽 2.4 米，歇山顶，两侧施抱鼓，坊身雕刻人物、花卉等。

老鸭崖张家墓地 位于沐滩乡共和村，建于清代。该墓地坐西向东，有墓 3 座，占地 200 平方米，从北向南编号为 M1～M3，用石条垒砌，形制相同。其中 M1 墓碑高 1.1、宽 0.79 米，墓长 4.9、宽 2.7、高 0.7 米，碑文为"皇清待赠故祖考张公讳祈义老大人之墓"，题刻年代为"大清嘉庆二十四年岁次乙卯"。

余登瀛墓 位于沐滩乡犀牛村，建于清代。该墓坐北向南，占地 25 平方米，石条垒砌。墓碑为石质仿木结构，两柱一间，碑高 1.5、宽 0.8 米，墓长 3.4、宽 2.2、高 0.95 米。碑文为"皇清待赠显考余公讳登瀛老大人之墓前位"，题记年代为"大清嘉庆"。

古建筑

黄天柱宅 位于沐滩乡建华村，建于清代。该建筑坐西南向东北，占地 300 平方米，由正房和厢房构成。正房通面阔四间 17 米，通进深 6 米，为小青瓦屋面，穿斗木结构，悬山式屋顶。两侧厢房对称，左右厢房布局一致，为小青瓦屋面，穿斗木构架，悬山顶，通面阔三间 5.6 米，通进深 9 米。正堂内挂有漆木牌匾，上书"宜春启季"四个大字，落款年代为"光绪十二年大吕月上浣吉旦立"。

郑家大院 位于沐滩乡新民村，建于清代。该大院又名郑家寨，坐东北向西南，占地 1500 平方米，由正房、厢房、寨墙和炮楼构成。城墙用条石和乱石垒砌，高 5.85、厚 2.55、周长 287 米，寨门为仿木结构，平顶，门柱高 3、门檐长 2 米。炮楼用乱石垒砌，共四层，高约 15 米。正房为穿斗式木构架，悬山顶，面阔五间 27.4 米，进深十一间 13.9 米。厢房面阔三间 12.2 米，进深九间 6.25 米。

妹妹窝桥 位于沐滩乡黄泥村，建于清代。该桥为石质单孔平桥，南北走向，占地 180 平方米，横跨在无名小溪上，桥长 34、宽 5.7、高 6.45 米，桥底宽 5.4、跨度 11.8、矢高 5 米，迎水面拱券上方圆刻一龙头，逆水面拱券上圆刻一龙尾。

石窟寺及石刻

闪湾石窟寺 位于沐滩乡沐滩村，建于清道光五年（1825 年）。该石窟寺坐东向西，两龛四像，占地 5 平方米，纵向排列在长 2.1、宽 1.1 米，距地 0.35～1.15 米的岩石上。龛 1 为屋形龛，高 0.8、宽 1.06 米，底宽 1.1、深 0.27 米，龛中为观音菩萨造像，造像高 0.75、肩宽 0.38 米，两侧为金童玉女像。龛 2 为长方形平顶龛，高 0.55、宽 0.4、深 0.05 米，龛中为土地菩萨造像，造像通高 0.45、肩宽 0.16 米。造像两侧刻有文字，题记年代为"大清道光五年"。

老鸦沱义渡碑　位于沐滩乡中山村，建于清光绪二十一年（1895 年）。该碑刻坐西南向东北，占地 5 平方米，石质仿木结构，歇山顶，三重檐，高 3.5、宽 2.55 米，楷书阴刻，主碑横顶书刻"独善群沾"，下刻竖写"义渡"，字径 0.15、字距 0.03 米，左刻募款人姓名，右题"光绪二十一年十月二十八日"。碑联为"独造河船而济；同垂碑碣以标"。

仁义乡

古墓葬

老屋基郭家墓地　位于仁义乡罗家村，建于清代。该墓地坐东南向西北，有墓 3 座，占地 200 平方米，自西南向东北编号为 M1～M2，皆用青条石垒砌。M1 长 4.6、宽 2.5、高 1.5 米，墓碑为石质仿木结构，两柱一间，庑殿式顶，重檐，两侧施抱鼓，高 2.43、宽 2.5 米，碑缘雕刻人物、花卉、鸟兽等纹饰，墓碑刻"赠八品显考郭公讳星魁老大人之墓"，题记年代为"清同治八年"，碑联为"侍卫先君龙蟠虎踞；昌荣后裔凤翥凰翔"，碑额为"汾阳福祉"。M2 长 6、宽 3、高 1.8 米，墓碑为石质仿木结构，四柱三间，歇山顶，重檐，两侧抱鼓，高 4.3、宽 4 米，雕刻人物、花卉、鸟兽等纹饰，墓碑刻"清故显考郭公字香轮老大人之墓"，题记年代为"同治八年"。

罗家村郭家墓地　位于仁义乡罗家村，建于清代。该墓地坐西北向东南，有墓 4 座，占地 200 平方米，自东北向西南编号为 M1～M4，墓葬制相同，皆用青砂石条垒砌，并排在长 20、宽 10 米的平坝中。其中 M1 长 4.5、宽 3.2、高 1.5 米。墓碑为石质仿木结构，四柱三间，庑殿式顶，重檐，两侧施抱鼓，高 4.1、宽 3.7 米，碑缘雕刻人物、花卉、鸟兽等纹饰。墓碑刻"清故国学士郭公讳星明大人之墓"，题记年代"大清光绪十七年春"。

李乾翁夫妇墓　位于仁义乡尖峰村，建于清代。该墓坐东南向西北，占地 30 平方米，石条垒砌。墓碑为石质仿木结构，四柱三间，庑殿式顶，重檐，两侧施抱鼓。碑间、抱鼓两侧及碑帽皆有镂空人物纹饰。碑高 4.1、宽 3.6 米，墓长 5.8、宽 4、高 1.74 米。墓前坟台青石板铺成，坟台长 6、宽 5 米。碑文为"皇清待赠（诰）故显考（妣）

李公（母）讳乾翁（罗寂诚）老大（孺）人之佳城"，碑联为"承继前宗椿萱佳墓；默垂后裔兰桂腾芳"，碑额为"太白风高"，落款年代为"大清光绪九年"。

张泉乾夫妇墓　位于仁义乡新街村，建于清代。该墓坐东北向西南，占地25平方米，长5.3、宽4.3、高1.3米。墓碑为石质仿木结构，四柱三间，庑殿式顶，重檐，两侧施抱鼓，高3.2、宽3.9米，碑缘雕刻花卉、鸟兽等纹饰。墓碑刻"显考张公讳泉乾（母罗太君老孺人）老大人之墓"，题记年代为"道光丙戌年"。该墓右前侧有一六边形石砌纸库，库身雕刻简单纹饰及文字。

黄蜡田袁家墓地　位于仁义乡新街村，建于清代。该墓地坐北向南，占地150平方米，自西向东编号为M1~M2，用青条石垒砌，并列排在长15、宽10米的平地上，墓葬形制相同。其中M1墓长4.7、宽3.8、高1.6米，墓碑为石质仿木结构，四柱三间，庑殿式顶，重檐，两侧施抱鼓，高5.1、宽4.1米，碑缘雕刻人物、花卉、鸟兽等纹饰，墓碑刻"清故显考袁公讳思恭老大人之墓"，题记年代为"清光绪十三年"，碑联为"开天辟地定乾坤千秋孔固；坐癸向丁兼丑未百世其昌"，碑额为"日升月恒"，墓前三米处有石质屏风一座，高1.68、长2.6、厚0.25米，内刻浮雕神像6尊。

吴怀恩夫妇墓　位于仁义乡洪家村，建于清代。该墓坐东向西，占地25平方米，墓碑为石质仿木结构，四柱三间，庑殿式顶，重檐，两侧施抱鼓。碑高3.3、宽3.6米，墓长5.9、宽4、高1.6米。碑间、抱鼓两侧和碑顶皆有人物、草木等纹饰。碑文为"皇清故吴公（母）讳怀恩（李太君）老大（孺）人之墓"，题款年代为"大清光绪三十三年丁未十二月"。

陈圆照墓　位于仁义乡桂香村，建于清代。该墓坐东南向西北，占地35平方米。墓碑为石质仿木结构，两柱一间，两侧施抱鼓，重檐，碑帽间有草木纹饰。墓前有长4、宽2.5米的青石板铺地墓台。碑高2.35、宽2.6米，墓长5.5、宽4、高1.26米。碑文"皇清待诰故显妣吴母陈圆照老孺人之墓"，题款年代为"大清光绪十五年岁次乙丑四月"。碑联为"长山脱出金鸡爪；远水抱成玉带形"。碑额为"百世其昌"。

古建筑

斯栗川主庙　位于仁义乡斯栗村，建于清道光二十年（1840年）。该庙坐东向西，占地100平方米，为青砖木结构，小青瓦屋面，歇山顶，通面阔7.3、通进深5米。正门门匾横写"川宫穹所"。寺庙右侧墙壁刻有重修川主庙的功德碑，落款时间为"公元1993年冬月19日"。庙门口有碑刻两通，记载了修庙时间和捐资修庙的情况。庙前有长约9、宽6米的水泥平台。庙门前6米处有站立的哼哈二将，其中左侧的丢失。

石窟寺及石刻

玉峰寺造像　位于仁义乡玉峰村，凿于清代。该造像坐北向南，共3尊，占地10

平方米，自西向东编号为 M1～M3。佛像用圆雕手法雕刻，大小相同，通高 1.25、肩宽 0.65 米，结跏趺坐在长 4.05、宽 1.3、高 0.84 米的石砌佛台上，坐台上雕刻人物、花卉、凤鸟等。造像所在庙宇为近代修建。

近现代重要史迹及代表性建筑

袁海扬烈士墓　位于仁义乡新街村，建于中华人民共和国时期。该墓坐东向西，占地 40 平方米，长 5.3、宽 3.8、高 1.65 米。墓碑为单碑，高 1.85、宽 0.9、厚 0.18 米。墓碑中刻"袁海扬烈士墓"，碑顶雕刻一个五角星，并撰刻墓主生平轶事，题记年代为"一九五五年三月十三日"。袁海扬出生于一个生活比较富裕的家庭，幼年受私塾教育，在学生时期，受到新文化新思想的影响，积极投身于学生运动，后一直从事地下党工作，参加保卫武汉的纸坊之战，参加了党内秘密学习班，回到珙县，发展了一批党团员。在孝儿莲花村成立了中共珙县支部，任支部书记。1928 年春，建立了中共特别支部，任特支书记。在他的领导下，人民群众抗捐抗税斗争纷纷涌起，农民运动风起云涌，农协会会员增加到数千人，不断向贪官污吏、土豪劣绅展开斗争。为进一步推进革命工作向纵深发展，1928 年 4 月成立中共珙兴支部，他兼任支部书记，负责组建了珙县、兴文县边缘山区的农民武装，后因叛徒出卖在珙县英勇就义。珙县人民政府于 1983 年 6 月公布为文物保护单位。

玉和苗族乡

古墓葬

王言义夫妇墓　位于玉和苗族乡凤凰村，建于清代。该墓坐南向北，占地 15 平方米，用乱石垒砌，石灰抹面，长 4.6、宽 1.8、高 1.4 米。墓碑为石质仿木结构，四柱三间，庑殿式顶，重檐，两侧施抱鼓，高 2.5、宽 2.8 米，碑缘雕刻人物、花草、鸟兽等纹饰。墓碑刻"皇清待赠王公言义（母杨老太君老孺人）老大人之墓"，题记年代为"咸丰拾年"。

王氏夫妇墓　位于玉和苗族乡凤凰村，建于清代。该墓坐南向北，占地 15 平方米，用青砂石条垒砌，长 4.8、宽 2.5、高 1.5 米。墓碑为石质仿木结构，四柱三间，庑殿式顶，重檐，两侧施抱鼓，高 4.2、宽 3.5 米，碑缘雕刻花草、鸟兽等纹饰。墓碑刻"皇清故显考王公王□□□（万太君老孺人）老大人之佳城"，题记年代为"大清□□□"。碑联为"地卜牛眠万古佳城昭明□；崇封马鬣千年盛绩壮山河"，碑额为"事宛如生"。

坟湾牟家墓地 位于玉和苗族乡凤凰村，建于清代。该墓地坐西向东，有墓 4 座，占地 500 平方米，均用青条石垒砌，形制大致相同吗，根据姓名编号为 M1 ~ M4。其中 M1 长 5.6、宽 3.6、高 1.4 米，墓碑为石质仿木结构，四柱三间，庑殿式顶，重檐，两侧施抱鼓，高 2.8、宽 3.4 米，碑缘雕刻人物、花草、鸟兽等纹饰，墓碑刻"皇清待诰故显妣牟母何氏戒讳慧亮老孺人正性之墓"，题记年代为"大清道光二十二年"，碑联为"龙飞凤舞千秋永茂；水秀山清万代遐昌"。M2 长 5.2、宽 2.6、高 1.5 米，墓碑为石质仿木结构，四柱三间，歇山顶，重檐，两侧抱鼓，高 3.6、宽 3.2 米，碑缘雕刻人物、花草、鸟兽等纹饰，墓碑刻"皇清待赠显考牟公讳湘翁大人之墓"，题记年代为"大清光绪十八年"。M3 长 4.6、宽 2、高 1.5 米，墓碑为石质仿木结构，两柱一间，歇山顶，重檐，两侧抱鼓，高 2.8、宽 2.2 米，碑缘雕刻人物、花卉、鸟兽等纹饰，墓碑刻"皇清例赠显考牟公升衢大人之墓"，题记年代为"同治三年"。M4 长 5.8、宽 2.8、高 1.7 米，墓碑为石质仿木结构，两柱一间，歇山顶，重檐，两侧抱鼓，高 4、宽 2.7 米，碑缘雕刻人物、花卉、鸟兽等纹饰，墓碑中刻"皇清应授武德骑尉显考牟公德孚老大人之墓"，题记年代为"光绪六年五月十九日谷旦"。

谢刘氏墓 位于玉和苗族乡杨家村，建于清代。该墓坐东南向西北，占地 15 平方米，用青条石垒砌，长 5.8、宽 2.8、高 1.5 米。墓碑为石质仿木结构，四柱三间，庑殿式顶，重檐，两侧施抱鼓，高 1.9、宽 3.7 米，碑缘雕刻花草、鸟兽等纹饰，墓碑刻"皇清待赠八品孺人显祖妣谢母刘太君之墓"，题记年代为"道光十七年丁酉月"。

青岗林墓群 位于玉和苗族乡杨家村，建于清代。该墓群有 3 座墓穴组成，坐南向北，占地 20 平方米，自西向东编号为 M1 ~ M3。该墓用青条石垒砌，大小形制相同，其中 M1 长 2.8、宽 1.2、高 1.4 米，内壁后凿有石龛。

王与善夫妇墓 位于玉和苗族乡青龙村，建于清代。该墓坐西南向东北，占地 15 平方米，用青条石垒砌，长 5.6、宽 2.8、高 1.5 米。墓碑为石质仿木结构，四柱三间，庑殿式顶，重檐，两侧施抱鼓，高 2、宽 2.9 米，碑缘雕刻花卉、鸟兽等纹饰。墓碑刻"皇清应授邑庠显考王公讳与善（待诰孺人母法名广真李太君）老大人之墓"，题记年代为"嘉庆乙丑年"。

王仲和墓 位于玉和苗族乡青龙村，建于清代。该墓坐西南向东北，占地 15 平方米，用青条石垒砌，长 5.4、宽 2.8、高 1.5 米。墓碑为石质仿木结构，四柱三间，庑殿式顶，重檐，两侧施抱鼓，高 3.6、宽 3.9 米，碑缘雕刻人物、花卉等纹饰。墓碑刻"皇清待赠故显考王公讳仲和老大人之碑墓"，题记年代为"咸丰八年"。碑联为"脉正龙真聚千重盛气；山明水秀兴百代文人"，碑额为"万古佳城"。

王廷棘夫妇墓 位于玉和苗族乡隘口村，建于清代。该墓坐西向东，占地 30 平方米，用青条石垒砌，长 5.3、宽 3.2、高 1.3 米。墓碑为石质仿木结构，四柱三间，庑殿式顶，重檐，两侧施抱鼓，高 3.7、宽 4.3 米，碑缘雕刻人物、花卉、鸟兽等纹饰。墓碑刻"皇清待赠故显考庠生王公讳廷棘（慈母胡戒讳明川老孺人）老大人之墓"，题记年代为"大清同治七年"。

王时中墓　位于玉和苗族乡隘口村，建于清代。该墓坐东向西，占地 20 平方米，用青条石垒砌，长 3.2、宽 2.4、高 0.4 米。墓碑为石质仿木结构，两柱一间，庑殿式顶，高 2.6、宽 2.4 米，碑缘雕刻花卉、鸟兽等纹饰。墓碑刻"皇清待赠故显考王公讳时中老大人之墓"，题记年代为"大清同治五年菊月"。

谢彦墓　位于玉和苗族乡杨家村，建于清代。该墓坐西南向东北，占地 10 平方米，用青条石垒砌，长 4、宽 2.8、高 1.4 米。墓碑为石质仿木结构，两柱一间，庑殿式顶，高 1.6、宽 0.96 米，中刻"皇清待赠国学士显考谢公彦翁老大人之墓"，题记年代为"嘉庆拾年仲冬月"。

古建筑

石牌坊　位于玉和苗族乡隘口村，建于清道光二十九年（1849 年）。该牌坊坐北向南，占地 80 平方米，石质仿木结构五楼庑殿歇山式顶，通高 17 米，四柱三间，宽 11.33 米，坊顶脊正中塑龙饰。三檐十二鳌尖由下往上层层内收，每檐下均刻如意斗拱。坊南面第三层檐下置龛，中刻"圣旨"，周围浮雕云纹、牡丹。明间横额浮雕二十四孝图，下置匾，刻"不负所天"。左右次间横额各刻有戏剧故事两幅。明间、次间柱上刻楹联。坊北面与南面相同。坊四柱均有莲花抱鼓护座 8 个，上雕麒麟、青狮、白象等。坊西北存有碑刻一通，高 2.7、宽 1.4 米，单檐庑殿式顶，上刻诗文四章，题记年代"大清道光二十九年孟夏上浣六日"。国务院于 2006 年 5 月公布为文物保护单位。

下罗乡

古墓葬

斯栗湾崖墓群　位于下罗乡梧桐村，建于东汉。该墓群坐北向南，共 6 座，占地 200 平方米，自东向西编号为 M1～M6，形制相同。其中 M1 墓室长 5.19、宽 1.53、高 1.57 米。

三皇沟墓地　位于下罗乡保平村，建于明崇祯二年（1629 年）。该墓地坐东向西，占地 50 平方米，自北向南编号为 M1～M4。M1～M3 为石室墓，形制相同。其中 M1 为三室组成，墓室大小相同，长 3.5、宽 0.97、高 1.33 米。M4 为土冢，用乱石垒砌，墓碑为石质仿木结构，单碑，高 0.72、宽 0.52 米，中刻"明故显考忠义将军王公讳维容大人之墓"，题记年代为"明崇祯二年"。

余济川夫妇墓 位于下罗乡活龙村，建于清代。该墓坐南向北，占地 60 平方米，条石垒砌。墓碑为石质仿木结构，四柱三间，重檐，庑殿式顶，碑间及碑顶有人物、鸟兽和草木纹。碑顶有两条跳跃的鲤鱼。墓前左右两侧各有一小石狮，制作较为精美。碑高 4、宽 5.5 米，墓长 5.9、宽 5.2、高 1.5 米，碑文为"皇清应授儒林郎故显考余公济川老大人之墓前位；皇清应诰八品孺人故显妣余母张老太君之墓前香位"，题刻年代为"大清道光十五年乙酉岁蒲月望八日仲春日"。

熊正棋夫妇墓 位于下罗乡活龙村，建于清代。该墓坐东南向西北，占地 45 平方米，条石垒砌。墓碑为石质仿木结构，两柱一间，重檐，庑殿式顶，碑间及碑顶有草木纹饰。碑高 4、宽 2.6 米，墓长 6.2、宽 5.5、高 1.8 米。碑文为"清登极乐故显考（妣）熊讳正棋正魂（门杨氏正性）之坟墓"，题记年代为"大清戊申年□□□"。

方家山李家墓地 位于下罗乡农利村，建于清代。该墓地坐南向北，有墓 4 座，占地 100 平方米，自东向西编号为 M1～M4，用石块垒砌，形制相同，仅有 1 座墓有墓碑。其中 M1 墓碑高 1.33、宽 0.87 米，墓长 4.4、宽 2.67、高 1.6 米，碑文为"清故显考李公讳光仲老大人之墓"，题刻年代为"光绪七年仲春月"，碑联为"秋歇彼乐；百世阴其昌"，碑额为"山水人文"。

椅子湾墓 位于下罗乡下罗村，建于清代。该墓坐东向西，占地 30 平方米，用青条石垒砌，长 4.4、宽 6、高 1.5 米，素面台基。墓碑为石质仿木结构，四柱三间，庑殿式顶，高 2.16、宽 4.3 米，碑刻佛教符咒、死者姓氏及成仙事迹等，碑联为"五会龙华佛果收圆遍世上；双修性命梅花开放满园中"，碑额为"同登极乐"。该墓前两侧各有石柱一根，石柱呈方形，柱上刻满文字，题记年代为"光绪三十四年"。

王添讱墓 位于下罗乡梧桐村，建于清代。该墓坐东向西，占地 65 平方米，用乱石垒砌，长 11.4、宽 6.2、高 1.4 米。墓碑为石质仿木结构，两柱一间，庑殿式顶，高 1.83、宽 2.95 米，碑缘雕刻人物、花卉等纹饰。墓碑刻"皇清待赠故显考王公讳添讱老大人之墓"，题记年代为"嘉庆二十一年"。

潘屋基贾氏墓 位于下罗乡秧田村，建于清代。该墓坐南向北，占地 45 平方米，条石垒砌。墓碑为石质仿木结构，四柱三间，重檐，庑殿式顶，碑间及碑顶有人物、鸟兽和草木纹饰。碑高 2.35、宽 2.65 米，墓长 4.27、宽 2.25、高 1.45 米，碑文为"皇清应诰显妣贾老孺人之墓前碑"，题刻年代为"大清道光五年乙酉岁蒲月望八日"。

山包上墓群 位于下罗乡五星村，建于清代。该墓群坐西向东，占地 25 平方米，用青条石垒砌，长 5.4、宽 4.3、高 1.5 米。墓碑为石质仿木结构，四柱三间，庑殿式顶，重檐，两侧施抱鼓，高 3、宽 2.8 米，碑缘雕刻花卉、鸟兽等纹饰。墓碑刻"皇清应赠逸士余公耀祖表字纯宗（母丁氏）之寿藏千秋永固"，题记年代为"道光二十四年甲辰秋九月吉日"，碑联为"气聚风藏上环水绕；地灵人杰桂秀兰芳"，碑额为"百世其昌"。

王明富墓 位于下罗乡五星村，建于清代。该墓坐北向南，占地30平方米，用青条石垒砌，长5.6、宽3.4、高1.4米。墓碑为石质仿木结构，四柱三间，庑殿式顶，重檐，两侧施抱鼓，高3.4、宽3.7米，碑缘雕刻人物、花卉、鸟兽等纹饰。墓碑刻"皇清待诰故显妣尹母王法讳明富老孺人之墓"，题记年代为"大清同治三年"，碑联为"淑德光昭同日月；佳城翠固并山河"。墓前有垂带式踏道十三级。

尹占楚墓 位于下罗乡五星村，建于清代。该墓坐北向南，占地50平方米，用青条石垒砌，长5.8、宽3.6、高1.5米。墓碑为石质仿木结构，四柱三间，庑殿式顶，重檐，两侧施抱鼓，高3.2、宽3.7米，碑缘雕刻花卉、鸟兽等纹饰。墓碑刻"皇清逸处士故显考尹公讳占楚老大人之墓"，题记年代为"大清同治三年"，碑联为"迹发金陵贻燕翼；辉流晏水启鸿模"。墓前有垂带式踏道十三级。

余光前墓 位于下罗乡建新村，建于清代。该墓坐东北向西南，占地15平方米，用青条石垒砌，长3.4、宽3、高1.3米。墓碑为石质仿木结构，两柱一间，庑殿式顶，两侧施抱鼓，高3.06、宽0.98米，碑座为"余光前之墓"，题记年代为"大清道光四年"。

余承尧夫妇墓 位于下罗乡建新村，建于清代。该墓坐东南向西北，占地20平方米，用乱石垒砌，长4.4、宽4.1、高1.4米。墓碑为石质仿木结构，两柱一间，庑殿式顶，两侧施抱鼓，高3.26、宽2.2米，碑缘雕刻花卉等纹饰。墓碑刻"皇清待赠故显考余公讳承尧（母赵达莲老孺人）老大人之墓"，题记年代为"大清光绪二年菊月"，碑联为"山环水绕千载盛；地灵人杰万年兴"，碑额为"克昌厥后"。

花坟尹家墓地 位于下罗乡建新村，建于清代。该墓地坐北向南，有墓3座，占地120平方米，自西向东编号为M1～M3。M1长6.5、宽3.8、高1.8米，墓碑为石质仿木结构，四柱三间，庑殿式顶，重檐，两侧施抱鼓，高4.9、宽3.6米，碑缘雕刻人物、花卉、鸟兽等纹饰，墓碑刻"民国故显考尹公讳步岗（母卢贵贞老孺人）老大人之共墓"，题记年代为"民国二十一年"，碑联为"马鬣重封穴结灞陵山水秀；鹤楼连理魂依星斗桂兰芳"，碑额为"德垂后裔"。M2长5.3、宽2.6、高1.46米，墓碑为石质仿木结构，四柱三间，歇山顶，重檐，两侧抱鼓，高4.26、宽2.6米，碑缘雕刻人物、花卉、鸟兽等纹饰，墓碑刻"故显妣尹母陈文通老孺人之墓"，题记年代为"民国十六年"，碑联为"华表巍然赚得诸山秀拱；丰碑屹立妆来一水潆回"，碑额为"百事荣丰"。M3长4.8、宽2.1、高1.5米，墓碑为石质仿木结构，两柱一间，歇山顶，两侧抱鼓，高3.2、宽2.1米，碑缘雕刻花卉等纹饰，墓碑刻"皇清待赠故显考尹公世庆聊得正魂寿茔"，题记年代为"光绪十九年十月二十三日立"。

坟坝头尹家墓地　位于下罗乡建新村，建于清代。该墓地坐北向南，有墓4座，占地500平方米，墓形制相同，根据姓名编号为M1～M4。其中M1长5.4、宽3.6、高1.6米，墓碑为石质仿木结构，四柱三间，庑殿式顶，重檐，两侧施抱鼓，高3.7、宽4.62米，碑缘雕刻人物、花卉、鸟兽等纹饰，墓碑刻"前清钦赐正八品尹公讳登位字在金谥温王老大人墓"，题记年代为"民国十四年乙丑"，碑联为"福地蔚人文湖灯朗耀；清风培祖泽瓜瓞长绵"，碑额为"德垂后裔"。M2坐东北向西南，长4.4、宽2.4、高1.5米，墓碑为石质仿木结构，四柱三间，歇山顶，重檐，两侧施抱鼓，高2.3、宽2.4米，碑缘雕刻人物、花卉、鸟兽等纹饰，墓碑刻"皇清例赠逸处士故显考尹公讳学显翁老大人之墓"，题记年代为"大清道光岁次丙申"。

曾家坝彭家墓地　位于下罗乡育贤村，建于清代。该墓地坐东北向西南，有墓3座，占地100平方米，西北向东南编号为M1～M3，形制相同，仅有M3有墓碑。M3墓长4.7、宽4.3、高1.57米，碑高2.96、宽3.2米，碑缘雕有人物、花木等纹饰，着红漆，漆已大部分脱落，碑文为"皇清待赠（诰）故显考（妣）彭公（母）讳怀珍（赵圆明）老大（孺）人之墓前位"，题款年代为"同治九年孟夏月朔七日"，碑联为"山青水秀昌百世；地脉兴隆启人文"，碑额为"百世其祥"。

余可富墓　位于下罗乡合理村，建于清代。该墓坐西向东，占地10平方米，用乱石垒砌，长4.2、宽2.5、高0.95米。墓碑为石质单碑，高0.8、宽0.4米，中刻"皇清待赠故始祖余公讳可富老大人之墓"，题记年代为"大清道光八年"。

古建筑

金锁桥　位于下罗乡梧桐村，建于1914年。该桥为石质单孔拱桥，东西走向，占地60平方米，长6.8、宽5、高7米，拱高13.8、跨度9.5米，东有踏道九级，西有踏道是十级，桥南北两侧各雕一龙头、龙尾。

尹家祠　位于下罗乡建新村，建于清代。该祠堂坐南向北，占地400平方米，由正房和厢房构成，建筑形制相同，为小青瓦屋面，悬山式屋顶，穿斗式木结构，直挑。正屋通面阔四间17米，通进深6.4米。右厢通面阔三间5.7米，通进深5.8米。门、窗及云凳皆雕刻花卉、鸟兽等图案。

尹廷扬宅　位于下罗乡建新村，建于清代。该建筑坐西北向东南，占地800平方米，由正房和厢房构成，形制相同，为三合院布局，小青瓦屋面，悬山式屋顶，弯刀挑，穿斗式木构架。正屋三间通面阔15米，通进深7.2米。左右厢房布局一致，三间通面阔7.5米，通进深8.5米。门、窗及云凳皆雕刻花卉、鸟兽等图案。

罗渡苗族乡

古遗址

僰人石寨古堡　位于罗渡苗族乡武营村，始建于宋代，沿用至明。该遗址坐北向南，占地20000平方米，与全国重点文物保护单位——苏麻湾悬棺隔河相望。寨群总体分为三片，天堂坝南为"大寨"，东为"彭家寨"（内含8个分寨），西为"方岩寨群"（内含方岩寨、躬背寨、尖岩寨、马鞍寨、小寨），三片互为犄角，中间有小道互通。石寨古堡建造奇特，地势险要，各寨根据山形、峰面宽窄而大小不一。寨顶平坦，寨墙均用石灰石垒砌，高2、厚0.6米，距地面100～200米，墙体上开辟有供射击、观察用的垛口。寨门均用石料仿木结构镶卯而成，经多年风雨侵蚀，寨墙、寨门均已风蚀、坍塌。1995年四川省人民政府在公布苏麻湾悬棺时将其纳入保护范围，2002年12月省政府正式将其并入"僰人悬棺"，实行合并统一管理。四川省人民政府于2002年12月公布为文物保护单位。

古墓葬

猫咡沟墓群　位于罗渡苗族乡武营村，建于秦至汉代。该墓群占地面积约为2000平方米，北至上罗镇双洞子东汉岩墓群，南抵罗渡乡水文站，西邻宜宾至云南省威信县公路。20世纪80年代，当地村民在此取土烧制砖瓦时，曾挖掘出壁薄如纸的铜釜、陶罐、铜剑、铁刀、铜片、陶片等，从残存的出土物来看，具有典型的巴蜀文化标志。巴蜀战国古墓群对研究珙县乃至于川南地区文化、历史、政治、军事具有重要的考古研究价值。

骡子岩悬棺　位于罗渡苗族乡武营村，建于宋至明代。该悬棺坐东向西，7具悬棺分别置于高约50～150米的峭壁之上，棺身呈漆黑色，长2米左右，形制相同。其中5具为木桩式，另2具分别置于两具悬棺背上。悬棺周围有桩孔数个，糟朽的棺桩数根。

楠木村墓　位于罗渡苗族乡楠木村，建于明代。该墓坐西向东，占地20平方米，自北向南编号为M1～M4。该墓皆用条石扣砌而成，3座墓门已打开，1座埋于泥埂之中。墓室长2.45、宽1.2、高1.3米。墓室左右及后壁皆凿有龛，墓门雕刻圆形纹饰。

大岗上墓　位于罗渡苗族乡新桥村，建于明代。该墓坐西南向东北，占地500平方米，自东南向西北编号为M1～M10。石室墓用石条垒砌，内壁无雕饰。其中M1～M8规模大致相同，高1.1、宽1.2米，M9高3.2、宽1.6米，M10高1.6、宽1.5米。

周世德夫妇墓 位于罗渡苗族乡龙坪村，建于清代。该墓坐南向北，占地 20 平方米，用条石垒砌。墓碑为石质仿木结构，四柱三间，两侧施抱鼓，重檐，庑殿式顶，碑间及碑顶有人物、鸟兽和草木纹饰。碑高 2.5、宽 2.2 米，墓长 4.2、宽 3.8、高 1.6 米。碑文为"皇清例授九品故显考周公（门）世德（陈真福）老大（孺）人之墓"，题记年代为"大清道光三十年"。

冯传惠墓 位于罗渡苗族乡槽门村，建于清代。该墓坐西南向东北，占地 20 平方米，用条石垒砌，长 5、宽 2.8、高 1.6 米。墓碑高 2.1、宽 1.8 米，为石质仿木结构，两柱一间，重檐，两侧施抱鼓，庑殿式顶，碑间及碑顶有人物、鸟兽和草木纹饰。碑文模糊不清。

桃儿田张家墓地 位于罗渡苗族乡寨子村，建于清代。该墓地坐东向西，有墓 8 座，占地 500 平方米，皆用条石垒砌，形制相同，自北向南编号为 M1～M8，仅有 2 座墓有墓碑。其中 M1 为张玉林墓，墓碑为石质仿木结构，两柱一间，重檐，庑殿式顶，碑间及碑顶有人物、鸟兽和草木纹饰，碑高 2.2、宽 1.6 米，墓长 4.2、宽 3.8、高 1.6 米，碑文"皇清待赠张公讳玉林老大人之墓"，题记年代为"大清光绪二年"。M2 为张母王太君墓，墓碑为石质仿木结构，两柱一间，重檐，歇山顶，碑间及碑顶有人物、鸟兽和草木纹饰，碑高 3.2、宽 1.6 米，墓长 4.2、宽 3.6、高 1.6 米，碑文为"皇清待诰张母王太君老孺人之墓"，题记年代为"大清光绪二年冬月初八"。

蒋国珍墓 位于罗渡苗族乡武营村，建于清代。该墓坐东向西，占地 25 平方米，用青条石垒砌，长 5.4、宽 2.1、高 1.4 米。墓碑为石质仿木结构，两柱一间，庑殿式顶，两侧施抱鼓，高 2.4、宽 2.1 米，碑缘雕刻花卉、鸟兽等纹饰。墓碑中刻"皇清待诰故显妣廖母蒋国珍老安人之坟墓"，题记年代为"龙飞光绪二十一年前五月"。

庙屋基范家墓地 位于罗渡苗族乡黄桷村，建于清代。该墓群坐西向东，占地 60 平方米，自南向北编号为 M1～M2，形制相同。其中 M1 为范兴义墓，长 4、宽 3.6、高 1.6 米，墓碑高 2.8、宽 1.4 米，为石质仿木结构，两柱一间，重檐，庑殿式顶，碑间及碑顶有人物、鸟兽和草木纹饰，碑文"皇清待赠故显考范公讳兴义府君老大人之墓"，题记年代"大清光绪十六年冬月"。M2 长 4.2、宽 3.6、高 1.6 米，墓碑高 2.8、宽 1.4 米，为石质仿木结构，两柱一间，重檐，歇山顶，碑间及碑顶有人物、鸟兽和草木纹饰，碑文为"皇清故范母何老太君墓"，题记年代为"大清光绪庚寅年正月"。

土包田范家墓地 位于罗渡苗族乡杨叉村，建于清代。该墓地坐东南向西北，有墓 2 座，占地约 50 平方米，自东北向西南编号为 M1～M2，形制相同。其中 M1 长 3.6、宽 2.5、高 1.3 米，墓碑为石质仿木结构，两柱一间，庑殿式顶，高 2.4、宽 1.2 米，墓碑刻"皇清待诰显妣范母□□□老孺人之墓"，题记年代为"大清同治壬申年季冬月"。M2 长 3.8、宽 2.6、高 1.3 米，墓碑为石质仿木结构，两柱一间，歇山顶，高 1.8、宽 1.1 米，墓碑刻"□□□范公□□□"，碑联为"生前未遂光前志；殁后还期主后人"，碑额为"佳城永固"。

何呈龙墓　位于罗渡苗族乡杨叉村，建于清代。该墓坐西南向东北，庑殿式顶，占地 30 平方米，用青条石垒砌，长 5.7、宽 3.8、高 1.4 米。墓碑为石质仿木结构，四柱三间，重檐，庑殿式顶，两侧施抱鼓，高 3.9、宽 3.8 米，碑缘雕刻人物、花卉、鸟兽等纹饰。墓碑刻"皇清例赠修戢郎何公呈龙大人墓"，题记年代为"大清光绪十年"。碑联为"此处来龙钟吉地；他年拜虎受荣封"，碑额为"佑启后人"。

古建筑

王仿钦宅　位于罗渡苗族乡楠木村，建于清代。该建筑坐西南向东北，占地面积 800 平方米，由正房和厢房组成，木构架，悬山式屋顶，穿斗式。正屋三间面阔 16 米，进深五间 10 米。左右厢房布局一致，面阔四间 13 米，进深六间 8 米。门、窗及云凳皆雕刻花卉、鸟兽等图案。该建筑具有典型的传统民居建筑风格，为罗渡苗族乡早期教育场所，是研究珙县地区地方建筑的实物资料，同时也为研究珙县少数民族地区早期教育提供了资料。

曹营乡

古墓葬

流水沟悬棺　位于曹营乡海棠村，建于宋至明代。该悬棺坐北向南，有悬棺 2 具，位于罗渡乡与曹营乡交界处小地名流水沟处，邓家河畔。悬棺置于高约 200 米的峭壁上，为木桩式，悬棺周围有木桩数根，桩孔数个。

叫花湾悬棺　位于曹营乡雨花村，建于宋至清代。该悬棺遗存坐南向北。岩体上有悬棺桩孔无数，人工凿龛 2 个。僰人悬棺是珙县僰文化的独特标志，对研究僰人文化、习俗、历史等具有重要的价值。叫花湾僰人悬棺的发现为进一步研究南广河流域僰人文化提供了物证。

新村生基湾墓　位于曹营乡新村，建于明代。该墓为双室墓，坐东向西，占地 10 平方米。石室墓用石条垒砌，形制相同，墓室长 1.9、宽 1、高 0.9 米，内壁无雕饰。

万定洪墓　位于曹营乡鹿鸣村，建于清代。该墓坐西向东，占地 20 平方米，长 4、宽 3.2、高 2.5 米。墓碑为石质仿木结构，两柱一间，庑殿式顶，两侧施抱鼓，高

3.77、宽 2.2 米，碑缘刻动物、花卉等图案。墓碑中刻"皇清例授五品蓝羽；尽先副府故显考万公定洪老大人之墓"，墓联为"四围拥翠归新域；一脉流长裕后昆"，横批为"百世流芳"，题记年代为"宣统元年乙酉岁"。

何廷墓　位于曹营乡龙圣村，建于清代。该墓坐南向北，占地 25 平方米，用乱石垒砌，长 3.6、宽 2.2、高 1.1 米。墓碑为石质仿木结构，两柱一间，庑殿式顶，高 0.8、宽 0.6 米，中刻为"皇清辛酉副榜待赠文林郎显考何公廷翁府君之墓"，题记年代为"康熙五十六年丁酉季冬月毂旦"，"五十八年孟冬月毂旦迁葬"。墓前有桅杆两根，分列在墓前左右两侧，桅杆呈方形，高 4.74、周长 1.4 米，桅杆顶各有石狮一个。

袁泽铠夫妇墓　位于曹营乡云新村，建于清代。该墓坐北向南，占地 30 平方米，墓碑为石质仿木结构，四柱三间，重檐，庑殿式顶，两侧施抱鼓，碑间及碑顶有人物、鸟兽和草木纹饰。碑高 5.3、宽 3.4 米，墓长 5.2、宽 4.6、高 1.6 米。碑文除墓主人名字外其余模糊不清。

古建筑

万友华宅　位于曹营乡鹿鸣村，建于清代。该建筑坐西向东，占地 500 平方米，由正房和厢房构成，三合院布局。正房通面阔三间 18.5 米，通进深 9.8 米，穿斗木构架，小青瓦悬山顶，弯刀挑，出檐较长。厢房通面阔三间 10.7 米，通进深 7.6 米，穿斗木构架，小青瓦悬山顶。

石窟寺及石刻

赵士元神道碑　位于曹营乡凤鸣村，建于清乾隆五十三年（1788 年）。该碑刻坐东向西，占地 4 平方米，呈长方形，高 2.45、宽 0.97 米、厚 0.185 米。碑座高 0.58、长 1.47、宽 0.88 米。碑刻"皇清敕授文林郎直隶正定府知赞皇县事赵公士元神道"，"钦赐缎疋三次，荷包一次"，题记年代为"大清乾隆五十三年季春月毂旦立"。

石碑乡

古墓葬

康凤山夫妇墓　位于石碑乡曙光村，建于明代。该墓坐南向北，占地 10 平方米，用乱石垒砌，长 4.5、宽 2.8、高 1.1 米。墓碑为石质仿木结构，两柱一间，歇山顶，高 1.2、宽 0.6 米，中刻"诏首明威将军大恭人康公凤山（王氏）大人之墓"，题记年代为"万历年己酉孟春月六日"。

郝俸洛夫妇墓 位于石碑乡红卫村，建于清代。该墓坐南向北，占地 50 平方米，条石垒砌。墓碑为石质仿木结构，两柱一间，重檐，两侧施抱鼓，歇山顶，碑间及碑顶有人物、鸟兽和草木纹饰。墓前有长 10、宽 6 米的青石板坟台。碑高 4.2、宽 1.8 米，墓长 6、宽 4.5、高 1.6 米。碑文为"皇清待赠故显考郝公讳俸洛老大人之墓"，题记年代为"大清光绪二十九年"，碑联为"脉接珠山绵甲第；祥微都寨启人文。"，碑额为"昌百世"。

袁玠墓 位于石碑乡红光村，建于清代。该墓坐北向南，占地 25 平方米，条石垒砌。墓碑为石质仿木结构，两柱一间，重檐，庑殿式顶，碑间及碑顶有人物、鸟兽和草木纹饰。碑高 2.5、宽 1.2 米，墓长 4.2、宽 4.2、高 1.6 米。碑文为"皇清待赠显考袁公玠老大人之墓"，题记年代为"大清嘉庆十七年"，碑联为"佳城永固千年盛；秀墓长安百代隆"。

竹林湾和尚墓 位于石碑乡红沙村，建于清代。该墓呈五级楼阁式，坐东向西，占地 5 平方米，石质结构，逐层上收，底层高 0.68、宽 0.62 米，顶层高 0.26、宽 0.23 米，顶层四面刻有"南无南海观世音"、"南无南海释迦牟尼"、"拱刻司海亮"及众多和尚名，题记年代为"大清乾隆元年"。

张刘氏墓 位于石碑乡飞龙村，建于清代。该墓坐东向西，占地 10 平方米，石条垒砌。墓碑为石质仿木结构，两柱一间，重檐，庑殿式顶，碑间及碑顶有人物、鸟兽和草木纹饰。碑高 2.1、宽 1.6 米，长 4.2、宽 3、高 1 米。碑文为"皇清例授安人待诰宜人张母刘老太君之墓"，题记年代为"龙飞乾隆四十五年岁次庚子下月望三日吉重立"。

贾永秀墓 位于石碑乡司堡村，建于清代。该墓坐北向南，占地 15 平方米，条石垒砌。墓碑为石质仿木结构，四柱三间，重檐，庑殿式顶，无抱鼓，碑间及碑顶有人物、鸟兽和草木纹饰。碑高 3.5、宽 4 米，墓长 4.2、宽 3.2、高 1.6 米。碑文为"皇清待赠故显考贾公永秀老大人之墓"，题记年代为"大清同治十年"。

郭世全夫妇墓 位于石碑乡光明村，建于清代。该墓坐东北向西南，占地 35 平方米，条石垒砌。墓碑为石质仿木结构，两柱一间，重檐，庑殿式顶，碑间及碑顶有人物、鸟兽和草木纹饰。碑高 3、宽 1 米，墓长 6、宽 4.2、高 1.6 米。碑文为"皇清待赠故显考郭府世全老大人之墓"，题记年代为"大清宣统元年"。

石窟寺及石刻

祝家湾福字岩石刻 位于石碑乡司堡村，刻于清代。该石刻坐东南向西北，占地 10 平方米，上面有阴刻"福"字一个，宽约 1.5、高约 2 米。另有阴刻铭文 150 余字位于"福"字左侧，所占版面宽 1.5、高 0.8 米，铭文下方 0.3 米处有神龛一孔，宽 0.3、高 0.45、深 0.2 米。铭文字迹模糊不清。

其他

石碑恐龙化石群　位于石碑乡红沙村，距今约 1.99 亿年。该化石群坐东南向西北，产于侏罗纪自流井组东岳庙段中上部暗紫红色泥砂岩中，为侏罗纪早期恐龙化石。化石分三层分布在厚约 1.9 米泥砂岩中，呈纵向阶梯状排列，化石坑面积共约 250 平方米。已出土的化石共刻拼成六个个体，其中三个蜥脚类，三个兽脚类，其代表成员体长达 5 米。伴随出土的有其他动植物碎片。该化石群是研究珙县地区古生物繁衍发展的重要地。宜宾市人民政府于 1999 年 5 月公布为文物保护单位。

观斗苗族乡

古墓葬

跃进村生基坪墓　位于观斗苗族乡跃进村，建于明代。该墓坐南向北，占地 10 平方米。石室墓用石条垒砌，长 1.9、宽 1.2、高 1 米，内壁无雕饰。

袁杨氏墓　位于珙县观斗苗族乡幸福村，建于清光绪十一年（1885 年）。该墓坐北向南，占地 15 平方米，用青条石砌成，长 3.8、宽 3.4、高 1.42 米。墓碑为石质仿木结构，庑殿式顶，两侧施抱鼓，重檐，四柱三间，高 3.4、宽 3.4 米，碑缘及抱鼓雕饰人物、花卉、鹤、鹿等。墓碑中刻"待诰八品袁母杨老孺人墓"，题记年代为"大清光绪十一年"。

龚家坝秦家墓地　位于观斗苗族乡幸福村，建于清代。该墓地坐西北向东南，有墓 2 座，占地 50 平方米，自北向南编号为 M1 ~ M2，形制相同。其中 M1 用乱石垒砌，高 1.2、宽 3.3、长 4.4 米，墓碑为两柱一间，石质仿木结构，庑殿式顶，高 2、宽 1.3 米，墓碑中刻"皇清待诰故显考秦公讳瑄（妣刘氏太君）老大人之墓"，题记年代为"嘉庆□□□"。

袱子山包刘家墓地　位于观斗苗族乡白仁村，建于清代。该墓地坐东南向西北，有墓 3 座，占地 200 平方米，自西南向东北编号为 M1 ~ M3，形制相同。其中 M1 长 3.9、宽 2.4、高 1.4 米，墓碑为石质仿木结构，庑殿式顶，两柱一间，重檐，两侧施抱鼓，高 3、宽 2.4 米，碑缘及抱鼓雕刻花卉、鸟兽等纹饰，墓碑中刻"皇清例赠八品孺人显妣刘母李太君之墓"，题记年代为"光绪八年"，碑联为"淑德光前崇封四尺；徽音裕后永振千秋"，碑额为"钟灵毓秀"。

武世甲墓　观斗苗族乡前进村，建于清代。该墓坐东南向西北，占地 25 平方米，用青条石砌成，长 5.2、宽 2.3、高 1.6 米，墓碑为两柱一间，石质仿木结构，庑殿式顶，两侧施抱鼓，高 2.6、宽 2.1 米，碑缘雕刻人物、花卉、鸟兽等纹饰。墓碑中刻"清故显考武公讳世甲老大人之墓"，题记年代为"光午年"。碑联为"龙盘吉地钟灵秀；积德昌后世泽□"，碑额为"垂裕后昆"。

董秦氏墓　位于观斗苗族乡幸福村，建于清代。该墓坐西北向东南，占地 25 平方米，长 4.3、宽 2.6、高 1.4 米。墓碑为石质仿木结构，单碑，碑高 1.4、宽 0.63 米。墓碑中刻"皇清旌表节孝董母秦高孺人之墓"，题记年代为"光绪三十三年"。

古建筑

中心场民居群　位于观斗苗族乡前进村，建于清代。该建筑群呈南北向，全长 57、宽 5.8 米，共居住 12 户居民，房屋形制大致相同，为小青瓦屋面，弯挑，木构架，穿斗式，歇山式顶。

王应才宅　位于观斗苗族乡前进村，建于清代。该建筑坐西向东，占地 150 平方米，仅存正房一栋。正房为小青瓦屋面，穿斗木构架，歇山式顶，通面阔 13.5 米、通进深 9 米。门窗及板壁上雕刻花卉等简单纹饰。

秦贵胜宅　位于观斗苗族乡幸福村，建于清代。该建筑坐西北向东南，由正房和厢房构成，占地 1000 平方米。正房为小青瓦屋面，穿斗木构架，歇山式顶，通面阔四柱三间 15.4 米、通进深 13 米。左右厢房形制相同，为小青瓦屋面，穿斗木结构，通面阔三间 13 米、通进深 11 米。门窗雕刻花卉、鸟兽等简单纹饰。

秦家祠　位于观斗苗族乡幸福村，建于清代。该祠堂坐西向东，占地 300 平方米，仅正房一栋。正房为小青瓦屋面，穿斗木构架，歇山顶，通面阔 20、通进深 9.8 米。门窗及板壁雕刻花卉、鸟兽等纹饰。

秦贵峰宅　位于观斗苗族乡幸福村，建于清代。该建筑坐西北向东南，占地 200 平方米。正房为小青瓦屋面，穿斗木构架，歇山式顶，通面阔 12、通进深 9 米。门窗及板壁雕刻花卉等纹饰。建筑具有典型的地方民居建筑风格，是研究川滇乡土建筑和木雕艺术的实物资料。

秦贵志宅　位于观斗苗族乡幸福村，建于清代。该建筑坐西北向东南，占地 500 平方米，由正房和厢房构成。正房为小青瓦屋面，穿斗木结构，歇山式顶，通面阔三间 15.7 米，通进深 11 米。左右厢房形制相同，为小青瓦屋面，穿斗木构架，歇山顶，通面阔三间 7 米、通进深 10 米。门窗及板壁雕刻花卉、鸟兽等纹饰。

石窟寺及石刻

白仁石窟寺　位于观斗苗族乡白仁村，建于清光绪十年（1884 年）。该石窟寺坐西向东，占地40平方米。石窟寺有龛1个，石龛距地3米、高1.1米、宽0.98米、进深0.65米，龛顶呈弧形，龛内供奉观音菩萨一尊，菩萨为坐像，手持净水瓶，高0.6米、宽0.3米。石龛下竖放石佛一尊，高1米、宽0.2米，上刻菩萨头像一尊，石柱上刻"阿弥陀佛"，题记年代为"光绪十年"。

近现代重要史迹及代表性建筑

中心磺厂旧址　位于观斗苗族乡幸福村，建于1963年。该旧址占地面积约3000平方米，坐东向西，共有炉窑50口，矿井1口，排烟设施1条。炉窑呈拱形，用条石砌成，大小形制相同，由外往内逐渐内收，外大内小，高1.7、宽1.6、进深3米，每口炉窑间距2.3米。矿井宽3、高3.4米，深数米。烟道长150米。

筠连县

筠连镇

古遗址

筠连县五尺道 五尺道是公元前 3 世纪秦王朝为开疆拓土，开发西南夷地区而修建的中国历史上西南地区的官道，历朝历代又在此基础上进行了维修或扩建。五尺道起建于四川宜宾，经南广河、关河而下，经宜宾、高县、筠连，至云南盐津、昭通、曲靖而止，在筠连县境内现存两段，分为犀牛村五尺道和筠连镇至巡司镇五尺道，四川省人民政府于 2012 年 7 月公布为文物保护单位。

犀牛村五尺道位于筠连镇犀牛村，建于明代，占地面积约 1950 平方米，南北走向，全长 1300、道宽约 1~2.5 米，原为高县蕉村到筠连县城的必经之道，从凌云关沿山而下，道上铺筑石灰岩石板，沿途经犀牛村进入莲花坝大道。

筠连镇至巡司镇五尺道位于筠连镇柏杨村和巡司村，建于明代，分布面积约 6120 平方米，大体呈西北—东南走向，清咸丰年间进行过局部维修，为宜宾至云南的一段古代商贸之道。从柏杨村水塘组山坡下穿卡子至巡司村水泥厂，顺山而建，蜿蜒曲折，长约 3600、宽约 1.5~1.9 米，由石板或鹅卵石铺成，至今完整保存长约 400、宽约 0.3 米的排水沟。

落水洞碉堡 位于筠连镇五陵村，建于清咸丰九年（1859 年），坐东向西，占地面积 33.95 平方米。碉堡在落水洞洞口，下方有一水溪流入洞内，碉长 7、宽 4.85、高 10 米，内有二层，向外两方共有大小枪洞 20 个，下层有一门，宽 0.85、高 1.86、墙体厚 1 米。

大梁子兵营遗址 位于筠连镇燎原村，建于清同治五年（1866 年），坐东北向西南，占地面积 58449.9 平方米。其以土、砖、石筑成椭圆形城堡，东西径 267.5、南北径 473.21 米，当年属湖南清兵在此驻守，分驻东、南、西、北四门，建有垣围、垛口，现城堡已毁，东西门残损还存有原痕，南北门已无存，垣垛上留有多处枪痕可见。

东炮台 位于筠连镇红权村，坐东向西，占地面积 42.25 平方米，实为一炮楼，是

100 年前守卫县城的四大炮台之一。建筑呈正方形，边长 6.5 米，穿斗结构，小青瓦屋面，高 6 米；墙用土和石块砌成，厚 0.3 米，四方现仅剩炮眼 7 个，每个炮眼宽 0.8、高 0.3 米；前有宽 1.2、高 2.2 米的双扇门，后有宽 0.6、高 1.2 米的小门。建筑原是一楼一底，现住村民拆了楼，盖了屋顶。

真武山城堡遗址 位于筠连镇真武村，建于清末，坐北向南，占地面积 6639.96 平方米。城堡在真武山上，地处险要隘口，是由地方修建的防匪患兵灾驻扎民团的城堡，现仅存部分残垣，里面已另建庙宇；南面所存残垣长 11、高 4、厚 0.4 米，东面残垣长 18、高 4 米，厚 0.4 米，南面残垣上方还残存城堡。

古墓葬

三圣岩悬棺 位于筠连镇垫泥村，建于明代，占地面积 80 平方米，坐东向西，下临定水河上游。在距河面约 50 米的岩上，距岩顶约 40 米的山岩中，曾可见有打桩式悬棺二具，相传为明时僰人所葬。至 2000 年左右，两具悬棺均垮落至岩下乱石中，今打桩洞眼尚在，悬棺现已不存。

苏辽夫妇墓 位于筠连镇水源村，建于明代，坐东南向西北，占地面积 36 平方米。冢呈前圆弧后梯形，条石垒砌而成，长 7.5、宽 7、高 1.4 米。碑为石质仿木结构，四柱三开间，重楼庑殿顶，高 3.8、宽 3.4 米；檐下刻有"载经六百"楷书大字和书简宝剑、四环吉祥花卉等浮雕图案，碑刻"皇明赐赠中宪大夫故始祖考苏公讳及老府君之墓"；此人系筠连苏姓三始祖。

唐家山田家墓地 位于筠连镇金星村，建于清代，占地面积约 42 平方米，由两所墓一字排开组成，均坐东南向西北，形式相同。其中 1 号墓居左，土冢，呈前圆弧后梯形，长 5、宽 3、高 1.6 米；碑为石质仿木结构四柱三间，庑殿顶，顶已毁，两侧有抱鼓，通高约 3、通宽 3.5 米；檐下饰以动物花卉及古代人物战场浮雕图案，碑方刻"皇清待诰故妣田母吴德福老孺人之墓"及"大清光绪二十九年立"字样，尽间两碑刻其祭祀子孙人名。2 号墓居右，碑为石质仿木结构，二柱一间，垂檐歇山顶，两侧有抱鼓，惜石碑风化严重，仅余"皇清待诰故庶"几字。

王朝梁墓 位于筠连镇荆花村，建于清代，坐西向东，占地面积约 19.8 平方米。冢呈前圆弧后梯形，条石垒砌而成，长 6.6、宽 3、高 1.4 米；碑为石质仿木结构，二柱一间，两侧施有抱鼓石，碑高 4.5、宽 2.42 米；檐下刻"百世其昌"文字及"二龙抢宝"、浮云和蝙蝠，浮雕碑刻"皇清故显考王公讳朝梁墓"。

苏家湾邓家墓群 位于筠连镇水源村，建于清代，均坐东向西，占地面积约 200 平方米。冢呈前圆弧后梯形，条石垒砌而成，长 6、宽 3、高 1.4 米；碑均为石质仿木结构，二柱一间，庑殿顶，高 3、宽 0.8 米，檐下分别刻有行、楷书，横额及刻有花卉浮雕图案。5 座墓均是当地邓家祖坟，M1 是光绪十一年邓颐墓，M2 是同治十一年邓熹墓，M3 是咸丰元年邓袍墓，M4 是同治十一年邓母吴寂福墓，M5 是光绪九年的邓望墓。

赵朝墓 位于筠连镇金凤村，建于清道光十一年（1831 年），坐东南向西北，占地面积 62.25 平方米。冢呈前圆弧后梯形，条石垒砌而成，长 8.3、宽 7.5、高 2.1 米；碑为石质仿木结构，四柱三开间，重檐庑殿顶，高 3、宽 2.9 米；碑柱上刻有对联，碑文刻"皇清待赠显考赵公朝翁府君老大人墓"。

王相夫妇墓 位于筠连镇白花村，建于清道光十三年（1833 年），坐东南向西北，占地面积 56 平方米。冢前圆弧后梯形，条石垒砌而成，长 8、宽 7、高 1.6 米；碑为石质仿木结构，四柱三开间，上施宝顶，通高 3.3、宽 3.34 米；檐下施浮雕飞剑、书帘图案，碑刻楷书墓主人夫妇姓名祭祀子孙名及建墓年月。

大坟坝刘家墓地 位于筠连镇白花村，均建于清道光十五年（1835 年），坐东向西，占地面积 54.35 平方米。冢呈前圆弧后梯形，条石垒砌而成，长均为 7 米，右冢宽为 3.8 米，左冢宽为 2.3、高 1.6 米；碑为石质仿木结构，四柱三开间，庑殿顶，上修宝顶，通高 3.1、宽 3.8；其中冢右檐下施简幅花草图案，碑刻楷书"皇清例授登仕郎"墓主人姓名、祭祀子孙姓名。

李王氏墓 位于筠连镇五丰村，建于清道光二十年（1840 年），坐西向东，占地面积 20.16 平方米。冢呈前圆弧后梯形，条石垒砌而成，长 3.8、宽 3.2、高 1.20 米；碑为石质仿木结构，二柱一间，庑殿顶，通高 1.3、宽 0.7 米，两方有扩手弧形伸向墓前左、右两方，各长 1.08 米；碑刻"皇清待赠孺人显妣李母王老太君之墓"；墓前有拜台。

王泽阔墓 位于筠连镇白花村，建于清咸丰四年（1854 年），坐东南向西北，占地面积 17.8 平方米。冢呈前圆弧后梯形，条石垒砌而成，长 6、宽 5.5、高 1.4 米；碑为石质仿木结构，四柱三开间，重檐庑殿顶，高 2.8、宽 2.7 米；檐下刻有飞剑、帛书及"佳城永奠"，"日孝日和"文字，碑刻"皇清故显考王公讳泽阔老大人墓"。

周荣夫妇墓 位于筠连镇白花村，建于清咸丰六年（1856 年），坐东向西，占地面积 30.58 平方米。冢呈前圆弧后梯形，条石垒砌而成，长 6.8、宽 5.3、高 1.4 米。碑为长方形石质仿木结构，四柱三开间，庑殿顶。檐下刻有"双寿佳城"文字及花卉、飞剑、书帛等浮雕，碑文刻"皇清故显考周公讳荣翁墓"。

罗苏氏墓 位于筠连镇顶峰村，建于咸丰八年（1858 年），坐西南向东北，占地面积 13.95 平方米。冢呈前圆弧后梯形，以条石砌成，长 4.5、宽 3.1、高 1.6 米；碑为石质仿木结构，四柱三开间，庑殿顶，高 3.3、宽 2.5 米；碑刻"皇清待诰故显妣罗母苏老孺人之墓"，檐下刻有人物战场等浮雕。

刘吴氏墓 位于筠连镇垫泥村，建于清咸丰八年（1858 年），坐东向西，占地面积

14.4 平方米。冢呈前圆弧后梯形，条石垒砌而成，长 4.8、宽 3、高 1.4 米；碑为石质仿木结构，二柱一间，庑殿顶，两侧施有抱鼓石，高 3.2、宽 1.76 米；檐下刻有花卉图案浮雕和"钟毓灵秀"四个正楷大字，碑刻"皇清故显妣刘吴氏太君墓"。

詹吉翁夫妇墓　位于筠连镇垫泥村，建于清咸丰十年（1860 年），占地面积 24 平方米，坐东向西。冢呈前圆弧后梯形，条石垒砌而成，长 5、宽 4.8、高 1.6 米；碑为石质仿木结构，四柱三开间，上施宝顶，通高 3.2、通宽 2.43 米；檐下横额刻"佳城永固"，碑刻"皇清待赠故显考詹公吉翁老大人之墓"及其祭祀子孙名，尽间额楷书"山青"、"水秀"，柱联风化，文字不清。

母嗣纪夫妇墓　位于筠连镇金凤村，建于同治四年（1865 年），坐南向北，占地面积为 29.24 平方米。冢呈前圆弧后梯形，条石垒砌而成，长 6.8、宽 4.3、高 2.1 米；碑为石质仿木结构，二柱一间，庑殿笔架形顶，通高 3、宽 1.4 米；碑刻"皇清待赠故显考/妣　母　公讳嗣纪/母李本忠　老府/太　君墓"。

母茂江夫妇墓　位于筠连镇金凤村，建于清同治四年（1865 年），坐南向北，占地面积为 21.5 平方米。冢呈前圆弧后梯形，条石垒砌而成，长 5、宽 4.3、高 1.9 米；碑为石质仿木结构，二柱一间，庑殿顶，嵌在墓石中，高 3.2、宽 1.4 米；碑刻"皇清待赠故显考/妣母公讳茂江/母张寿莲老府/太君墓"。

桑树坝墓　位于筠连镇红江村，建于清同治六年（1867 年），坐南向北，总占地面积 24.3 平方米。墓冢为六层条石垒砌而成，上有封土，呈前斜拐后半椭圆形，总长 5.4、宽 4.5 米，冢前正中嵌一碑，碑为青沙石质仿木结构，庑殿顶，上施圆宝顶，两柱一开间，高 3、宽 0.8 米；檐下施花卉纹饰，碑刻"皇清待赠显考蔡公蔡兴府/妣泰法□□/李法口老大人之墓，同治六年七月立"。

田仁寿墓　位于筠连镇金星村，建于清同治九年（1870 年），坐南向北，占地面积 22.55 平方米。冢呈前圆弧后梯形，条石垒砌而成，长 5.5、宽 4.1、高 1.35 米；碑为石质仿木结构，四柱三开间，庑殿顶，两侧施有抱鼓石，高 4.8、宽 1.94 米；檐下刻有"双龙抢宝"及人物战场浮雕，碑文刻"皇清故显考田公讳仁寿老大人墓"。

应新墓　位于筠连镇莲花村，建于清同治十年（1871 年），坐东南向西北，占地面积为 15.5 平方米。冢呈前圆弧后梯形，以条石砌成，长 5、宽 3.1、高 1.5 米；碑为石质仿木结构，四柱三开间，重檐庑殿顶，高 3.1、宽 2.07 米；碑刻"皇清例授登仕郎显考应公新翁府君墓"。

毕履翁墓　位于筠连镇石门村，建于清光绪四年（1878 年），坐北向南，占地面积为 27.6 平方米。冢呈前圆弧后梯形，条石垒砌而成，长 5.8、宽 4.7、高 1.7 米；碑为石质仿木结构，四柱三开间，上修宝顶，通高 3.5、宽 2.06 米；檐下施浮雕"二龙抢宝"、"繁花大卉"等图案，碑文楷书刻墓主人名及繁祀子孙姓名，碑柱上刻有对联。

母茂伦墓 位于筠连镇武陵村，建于光绪五年（1879 年），坐北向南，占地面积为 7.7 平方米。冢呈前圆弧后梯形，条石垒砌而成，长 3.5、宽 2.2、高 1.8 米；碑为石质仿木结构，二柱一间，庑殿顶，高为 1.3、宽 0.68 米；碑文刻"皇清待赠显考母公讳茂伦老大人墓"。

詹唐氏墓 位于筠连镇垫泥村，建于清光绪五年（1879 年），坐东向西，占地面积 10.272 平方米。冢呈前圆弧后梯形，条石垒砌而成，长 4.8、宽 2.14、高 1.4 米；碑为石质仿木结构，四柱三开间，庑殿顶，高 3.2、宽 2.14 米；檐下刻有"佑启后人"及花卉浮雕图案，碑刻"故显妣詹母唐氏墓"。

母荣丰夫妇墓 位于筠连镇金凤村，建于光绪九年（1883 年），坐南向北，占地面积 18 平方米。冢呈前圆弧后梯形，条石垒砌而成，长 5、宽 3.6、高 1.8 米；碑为石质仿木结构，二柱一间，庑殿顶，高 3、宽 1.4 米，两侧施有抱鼓石；碑文刻"皇清邑廷士显考/妣 母 公荣丰/母陈氏 老府/太 君之墓"，檐下刻有古代人物及花卉图案浮雕。

母隆清墓 位于筠连镇海丰村，建于清光绪十年（1884 年），坐北向南，占地面积约 11 平方米。冢呈前圆弧后梯形，条石垒砌而成，长 5、宽 2.2、高 1.3 米；碑为石质仿木结构，二柱一间，庑殿顶，通高 3.5、宽 1 米，两侧有抱鼓石；檐下刻有"二龙抢宝"、"八仙过海"图案浮雕，并刻有"垂裕后昆"四个楷书大字。

赵振濂墓 位于筠连镇海丰村，建于清光绪十一年（1885 年），坐北向南，占地面积约 11.5 平方米。冢呈前圆弧后梯形，条石垒砌而成，长 5、宽 2.3、高 1.3 米；碑为石质仿木结构，二柱一间，庑殿顶，通高 2.7、宽 1.04 米，两侧施有抱鼓石；檐下刻有"佑启后人"正楷大字及"二龙抢宝"浮雕。

贾沣夫妇墓 位于筠连镇金凤村，建于清光绪十三年（1887 年），坐北向南，占地面积为 21 平方米。冢呈前圆弧后梯形，条石垒砌而成，长 6、宽 3.5、高 1.5 米；碑为石质仿木结构，两柱一开间，上施宝顶，通高为 3.5、宽 2.27 米，两侧施有抱鼓石；碑顶上对称施有二龙抢宝、花卉图案，主碑刻墓主人姓名及祭祀子孙和建墓年月。

李锡墓 位于筠连镇水塘村，建于光绪十四年（1888 年），坐北向南，占地面积为 11.52 平方米。冢呈前圆弧后梯形，以泥土筑体，长 4.8、宽 2.4、高 1.8 米；碑为石质仿木结构，四柱三开间，庑殿顶，上修宝顶，通高 2.6、宽 1 米；碑文刻楷书墓主人名及祭祀子孙姓名。

李妙墓 位于筠连镇五凤村，建于光绪十四年（1888 年），坐东南向西北，占地面积 13.02 平方米。冢呈前圆弧后梯形，条石垒砌而成，长 6.2、高 2.1、高 1.3 米；碑为石质仿木结构，二柱一间，上施宝顶，两侧施有抱鼓石，高 2.4、宽 2.4 米；碑刻"皇清显妣赵母李法讳妙老太君之墓"。

张天良墓 位于筠连镇莲花村，建于清光绪十五年（1889 年），坐西向东，占地面积 10.8 平方米。冢呈前圆弧后梯形，条石垒砌而成，长 4.5、宽 3.6、高 1.3 米；碑为石质仿木结构，二柱一间，庑殿顶，两侧施有抱鼓石，高 3.1、宽 2.4 米；檐下刻有"佑启后昆"正楷大字以及有花卉浮雕，碑刻"皇清故显考张公讳天良老大人墓"。

落跃坪墓　位于筠连镇五丰村，建于清光绪十五年（1889 年），坐西向东，占地面积 9.5 米。冢呈前圆弧后梯形，条石垒砌而成，长 3.8、宽 2.5、高 1.8 米；碑为石质仿木结构，二柱一间，上施宝顶，通高 2.4、宽 1 米；碑文刻"皇清待诰故显妣李母老太君墓"，檐下刻有古代人物、花卉图案的浮雕。

田洪光墓　位于筠连镇金星村，建于清光绪十六年（1890 年），坐南向北，占地面积约 25.3 平方米。冢呈前圆弧后梯形，条石垒砌而成，长 5.5、宽 4.6、高 1.45 米；碑为石质仿木结构，四柱三开间，庑殿顶，两侧施有抱鼓石，高 4.2、宽 2.82 米；檐下刻有"百世昌"三个正楷大字，并有古代人物战场、祥云、花卉等浮雕图案，碑刻"皇清故显考田公讳洪光老大人墓"。

苏朝坤墓　位于筠连县五凤村，建于光绪十六年（1890 年），坐北向南，占地面积 25.125 平方米。冢呈前圆弧后梯形，条石垒砌而成，长 6、宽 3.65、高 1.5 米；碑为石质仿木结构，四柱三开间，重楼庑殿顶，两侧施有抱鼓，高 3、宽 3.65 米；顶上施有宝瓶、龙头，碑柱上刻有对联，檐个刻有古代人物、花卉浮雕图案，抱鼓石上刻有精美图案，碑文刻"皇清敕授修职郎显考苏公讳朝坤老府君墓"；墓前有一块 0.75 × 4.3 米的拜台。

赵思成夫妇墓　位于筠连镇海丰村，建于清光绪十八年（1892 年），坐南向北，占地面积约 27.5 平方米。冢呈前圆弧后梯形，条石垒砌而成，长 5.5、高 1.3、宽 5 米；碑为石质仿木结构，二柱一间，上施宝顶，通高 3.5、宽 1.2 米；檐下刻有"水秀山明"正楷大字及 13 个古代人物浮雕，碑刻"皇清待赠显考赵公讳思成老大人之墓"。

赵宗荣墓　位于筠连镇海丰村，建于清光绪二十二年（1896 年），坐北向南，占地 11.5 平方米。冢呈前圆弧后梯形，以条石砌成，长 5、宽 2.3、高 1.25 米；碑为石质仿木结构，二柱一间，庑殿顶，高 3.2、宽 1 米；檐下刻有"长发其祥"正楷大字及花卉图案，碑刻"皇 清故显考赵公讳宗荣老大人墓"。

苏海夫妇墓　位于筠连镇联洛村，建于光绪二十三年（1897 年），坐北向南，占地约 28.8 平方米，为苏海与其妻妾三人合葬墓。冢呈前圆弧后梯形，以条石砌成，长 6、宽 4.8、高 3 米；碑为石质仿木结构，四柱三开间，庑殿顶，高 3.5、宽 2.9 米；檐下刻有人物、戏场、花卉等浮雕，碑刻"皇清例赠修职郎七世祖考/妣 苏公海翁/赵氏/陈氏 先老府/太 君之墓"。

詹会瑄墓　位于筠连镇垫泥村，建于清光绪二十三年（1897 年），占地面积 14.56 平方米，坐东向西。冢呈前圆弧后梯形，条石垒砌而成，上施封土；碑为石质仿木结构，二柱一间，庑殿顶，两侧施抱鼓石，通高3.3、通宽2.1米；碑顶上施宝顶，檐下饰以牡丹大花浮雕图案，横额"光前裕后"，碑刻"皇清待赠故显考詹公讳会瑄老大人之墓"及"大清光绪二十三年仲冬立"字样。

李范氏墓　位于筼连镇水塘村，建于清光绪二十三年（1897年），坐北向南，占地面积11.04平方米。冢呈前圆弧后梯形，石灰墙墓体，长4.8、宽2.3、高1.8米；碑为石质仿木结构，二柱一间，庑殿顶，通高2.6、宽1米；碑刻楷书墓主人姓名及墓祭祀子孙姓名。

陈廷录墓　位于筼连镇金凤村，建于清光绪二十六年（1900年），坐北向南，占地面积15.12平方米。冢呈前圆弧后梯形，条石垒砌而成，长4.2、宽3.6、高1.2米；碑为石质仿木结构，二柱一间，庑殿顶，嵌在墓石中，通高2.6、宽1.1米；碑顶上施有龙头、宝瓶，碑柱上刻有对联，碑文刻"皇清待赠显考陈公讳廷录老府君墓"。

李廷升墓　位于筼连镇五丰村，建于清光绪二十八年（1902年），坐西向东，占地面积14.35平方米。冢呈前圆弧后梯形，条石垒砌而成，长4.1、宽3.5、高1.8米；碑为石质仿木结构，二柱一间，庑殿顶，两侧有抱鼓，通高2.7、宽1.8米，两方呈弧形，伸向墓前左右两方，各长1.08米；碑顶上施有宝瓶、龙头，碑柱上刻有对联，碑文刻"清故显考李公廷升府君墓"。

贾舒氏墓　位于筼连镇金凤村，建于光绪二十九年（1903年），坐北向南，占地面积15平方米。冢呈前圆弧后梯形，条石垒砌而成，长5、宽3、高1.5米；碑为石质仿木结构，二柱一间，上施宝顶，碑高2.8、宽1米；碑文刻"皇清待诰显妣贾母舒氏老孺人之墓"，檐下刻有古代人物、花卉鸟兽浮雕。

詹冉氏墓　位于筼连镇水塘村，建于清光绪三十年（1904年），坐西南向东北，占地面积16.12平方米。冢呈前圆弧后梯形，以砖头砌成，长5.2、宽3.1、高1.32米；碑为石质仿木结构，四柱三开间，上施宝顶，高3.2、宽1.75米，两侧施有抱鼓石；檐下刻有"竹策丛生"及花卉图案浮雕，碑刻"皇清故显妣詹母冉氏老太君墓"。

母荣隆夫妇墓　位于筼连镇金凤村，建于光绪年间，坐南向北，占地约1.5平方米。冢呈前圆弧后梯形，条石垒砌而成，长5、宽3.6、高1.7米；碑为石质仿木结构，二柱一间，庑殿顶，通高3.4、宽1.08米；碑刻"皇沮邑庠生显考/妣　母公讳荣隆/母石德明老府/太君墓"，檐下刻有古代戏文人物、花卉浮雕。

陈罗氏墓　位于筼连镇莲花村，建于清宣统元年（1909年），坐北向南，占地面积20平方米。冢呈前圆弧后梯形，条石垒砌而成，长5、宽4、高1.6米；碑为石质仿木结构，四柱三开间，庑殿顶，碑高3、宽1.98米，两侧施有抱鼓石；檐下刻有"佑启后人"楷书和"安安卤米"、"王孝喂母"、"二龙抢宝"、"双凤朝阳"等浮雕。

刘诚芝墓　位于筼连镇金凤村，建于清宣统元年（1909年），坐北向南，占地面积

11.28 平方米。冢呈前圆弧后梯形，条石垒砌而成，长 4.7、宽 2.4、高 1.2 米；碑为石质仿木结构，二柱一间，庑殿顶，通高 2.4、宽 0.85 米；碑文刻"皇清待赠故显考刘公讳诚芝老大人墓"。

刘李氏墓 位于筠连镇白花村，建于清末，坐东向西，占地面积 34.98 平方米。冢呈前圆弧后梯形，条石垒砌而成，长 9.8、宽 6.6、高 1.8 米；碑为石质仿木结构，二柱一间，庑殿顶，高 3、宽 2.4 米，两侧施有抱鼓石；檐下刻有吉兽、祥鸟、花纹图案，碑刻"皇清故显妣刘母李氏墓"。

古建筑

大坳上民居 位于筠连镇五丰村，建于清光绪十五年（1889 年），坐北向南，占地面积 531.11 平方米。建筑原为一个四合院，现仅存正房与右厢房，为穿斗式木结构，小青瓦屋面，正房面阔四柱三间 30.7 米，进深 8.4 米，两侧厢房面阔一间 5.6 米，进深 8.2 米，木门板壁，三合土地面，屋前有回廊，檐柱 8 根；左厢房与门厅已改建为现代建筑，院内现为水泥地面。

禹王宫后殿 位于筠连镇玉壶社区，始建于清嘉庆初年，原有前殿、正殿、后殿，现仅存后殿，占地面积 301.22 平方米。建筑为木结构，抬梁式，十二架橼，屋前后搭牵用四柱，重檐歇山顶，面阔三间 14.8 米，进深 11.5 米，通高 18.8 米；有素面台基高 0.5 米，边长 21 米，各边有垂带踏道四级高 1 米；山、金柱的掌拱上分别浮雕有"龙"、"凤"等图案，雀替、驼峰齐全，旋子彩画完整，木雕花卉等图案较多；该殿曾于清光绪年间、民国时期及建国后的 1978 年均进行过维修，2005 年 9 月上旬东角因风灾垮塌。宜宾市人民政府于 2002 年 5 月公布为文物保护单位。

筠连万寿桥 位于筠连镇中城社区，始建于明代，占地面积 53 平方米，东西走向，跨于筠连镇定水河上。桥为石板二十二分（孔）水平板桥，长 58、宽 1 米，水面跨度 53.5、高 1.5 米，礅高 1.3 米，礅距 2.1 米；桥面用石板石礅作子母楔"丁字扣"，以坚固整体；20 世纪 70 年代曾对桥面以水泥礅、水泥板加宽，今加宽部分已被冲毁，老桥尚在。宜宾市人民政府于 2011 年 2 月公布为文物保护单位。

凌云关 位于筠连镇犀牛村，又名御风亭，建于清代，坐西南向东北，占地面积 120 平方米。建筑墙体用石块砌成，长方形，外长 17、外宽 7.1 米，内长 14.5、内宽 3.8 米；南北有三道门框，均用条石砌成，券拱形，门已毁坏，现存门栓孔。此关横座于高县到筠连交界处的一个山坳上，是进出筠连的四大关口之一，也是清代筠连所设的官方税卡之一，关口北面为高县蕉村乡，南面为筠连犀牛村。四川省人民政府于 2012 年 7 月公布为文物保护单位。

黑水溪沟民居 位于筠连镇真武村，建于清代，坐西北向东南，占地面积约 66.24

平方米。建筑原为四合院，后被多次改建，现仅存朝门右房；房屋为穿斗式木结构，面阔三柱两间 9.6 米，进深七柱六间 7.2 米；壁装有浮雕活动窗，高 4.8 米，有一道双扇门，前壁均改为砖块砌墙。

望溪桥　位于筹连镇前丰村，建于清代，南北走向，占地面积约 66 平方米。桥为单孔拱券式石平桥，长 12、宽 5.5 米，拱跨宽 11 米，拱高 4.6 米，桥面厚 0.7 米，桥面无护栏。桥面于 2004 年铺上水泥，有汽车通行，是高县华丰村到筹连的必经之道。

赵家村民居　位于筹连镇白花村，建于清代，坐东向西，占地面积约 628.97 平方米。建筑为悬山穿斗式木结构，小青瓦屋面，由正房、左右厢房组成三合院；正房面阔四柱三间 17.6 米，进深九柱八间 8 米；左右厢房对称，面阔三柱二间 13.6 米，进深七柱六间 6.2 米；建筑用材粗壮匀直，磉磴为圆鼓形，正八面体。

西河岸民居　位于筹连镇河西社区，建于清代，坐西向东，占地面积 630 平方米，为当时廖姓士绅所修建的生活住房和马帮客栈。建筑为悬山穿斗式木结构建筑，小青瓦屋面四合大院；槽门面阔六柱五间 22.5 米，进深四柱三间 6 米；两侧厢房对称，面阔四柱三间 12 米，进深 5 米；正房面阔四柱三间，进深 10 米；其中槽门处建石砌小屋，大院以板壁装，四周有走廊楼阁，楼阁骑瓜有雕花，正房右侧面壁有改建，其中有天井院坝一个。

星星村民居　位于筹连镇星星村，建于乾隆三十一年（1766 年），记载于廖氏族谱中，占地面积 887 平方米，坐北向南。建筑为悬山穿斗式结构，小青瓦屋面，下厅槽门四柱三间，右侧改建，左厢房西壁改建；厢房分别面阔四柱三间 13 米，进深六柱五间 6.3 米；正房面阔四柱三间 14.2 米，进深九柱八间 5.7 米，均为板壁装制，牛肋笆窗；大院通高 9 米。

熊家湾川主庙　位于筹连镇联络村，建于嘉庆元年（1796 年），坐西向东，占地面积约 380 平方米。建筑由正殿，走楼和下厅组成四合院；下厅面阔八柱七间 16 米，进深四柱 6.5 米，走两侧楼，长 7、宽 3.2 米，将下厅与正殿相连接；正殿面阔六柱五间 16 米，进深七柱 8 米；下厅正中进庙门一间的楼上有一向正殿的戏楼，高 2.5、长 5.5、深 5 米；庙门是双扇门，高 2.2、宽 1.6 米；庙中间有一个长 10.7、进深 4.6 米的天井。

犀牛村川主庙　位于筹连镇犀牛村，建于清嘉庆二十年（1815 年），坐东南向西北，占地面积 40.67 平方米。建筑为穿斗结构，小青瓦屋面；正殿面阔 4.9 米，进深五柱 7.1 米，外有檐坎 1.2 米，房高 6.5 米，檐高 2.5 米；原庙较大，多年前已毁坏，仅存正殿，殿内菩萨也被毁，现里面新塑了大小 21 个菩萨、佛像；正殿外近年新一个四合院式的配房；正殿门外挑上挂了一口老铜钟。庙正门外 10 米处原有一老碑刻，记述修庙之由及捐资功德，现已拆毁。

桂花文昌宫　位于筹连镇桂花村，建于清道光二年（1822 年），坐北向南，占地面积 65 平方米，由当地士绅江世清、朱川贵等人集资捐工修造。建筑为悬山穿斗抬梁混合木结构，小青瓦屋面，面阔四柱三间 9.2 米，进深 6.2 米，中为四大柱抬梁；梁柱粗大，直径约 0.3 米，木门板壁，三合土地面；庙内有碑刻记修庙之事，惜已水泥覆盖，今尚有主持居住。

登瀛塔　位于筠连镇红权村，始建于清道光三年（1823 年），坐东向西，占地面积 120 平方米，由当时邑侯邵保槎倡导，知县梁如纲组织营造，历时六年竣工。塔为八边七级密檐式空心砖石混砌塔，通高 27.4、塔身高 25.9、边长 2.5～4 米；用堆砌法建造，多为条石垒砌，条石重达一吨以上；有素面须弥座台基，边长 4.5、高 1.45 米；塔身各级叠出井然有序，逐层内收，内有石阶绕石心柱，旋转而上至顶，每层每边均有开窗，塔顶为八角圆攒尖顶。塔正面向西，西南遥对"十八学士"，西北为定水河中的"歌诗船"。塔名登瀛，取学士登瀛之意，塔上题匾额"共登云路"、"榜花满城"，两侧对联为"塔影映冰壶馨此日户给家丰人文鹊起；文光射牛斗慕他年云蒸霞蔚科甲蝉联"。宜宾市人民政府于 2002 年 5 月公布为文物保护单位。

十字路桥　位于筠连镇五陵村，建于清咸丰九年（1859 年），东西走向，占地面积约 2.752 平方米。桥为平板石桥，两桥头用石块砌成，两块长 2.8、宽 0.43 米的大石头架在两方的桥头上，全长 3.2、宽 0.86、高 2.8、跨度为 2.2 米，是原海瀛方向到云南的便民桥，现少有人走过。

苏家榜民居　位于筠连镇海丰村，建于清光绪十九年（1893 年），坐北向南，占地 1041.92 平方米，为赵宗璋早年修建的生活住房。建筑由门厅、厢房、堂屋组成四合院，现门厅部分改建为现代建筑，厢房及堂屋相对保持原貌较好，院内现为水泥地面；房屋为穿斗式结构人字顶，小青瓦屋面，屋前有四廊，檐柱 12 根；两侧厢房左右对称，面阔四柱三间 13.1 米，进深三间 8.5 米；正房面阔九柱八间 35.2 米，进深 10 米；双扇门窗雕田字格饰。

陈光友宅　位于筠连镇普高村，修建年代据传说为清乾隆年间，现房屋已拆毁，仅存原客厅的一壁花墙，占地面积约 3.54 平方米，坐西向东。花墙通高 1、长 3.5 米，仅存一壁，共七幅浮雕画面，画幅高度 0.4 米，陶土烧料材制，画面分别有凤穿牡丹、凤凰麒麟、银瓶插花、鼹鼠望月等画面，图案精美。

田塝上民居　位于筠连镇白花村，建于道光初年，占地面积 455.36 平方米，坐东向西，为当时当地人刘姓所修的住宅。建筑由对称的左、右厢房和正房组成三合院布局，穿斗悬山式木结构，小青瓦屋面；正房四柱三间 17.6 米，进深 8 米，通高 6.6 米；厢房面阔四柱三间 11.2 米，进深 6.2 米；木门板壁，三合土地面，有晒坝，磉礅刻花，用材讲究。

母盛宣宅　位于筠连镇果木村，建于清嘉庆年间，坐西向东，占地面积约 715.86

平方米，为当地士绅母盛宣修建的生活住房。建筑由门厅、厢房、后厅组成四合院，穿斗式木结构，小青瓦屋面；门厅面阔六柱五间 24.6 米，进深六柱 5.4 米；厢房四柱三间 12.1 米，进深七柱 5.4 米，堂屋六柱五间 24.6 米，进深九柱 11 米；院中有一长 11、宽 8.6 米的天井；朝门有高 2.7、宽 2.1 米的双扇门；原大厅两侧各有书楼一个，现已拆毁。

七里半黄家民居 位于筚连镇星星村，建于清末，占地面积 638.9 平方米，坐北向南，为当时当地人黄氏的居住房，解放后部分被征作廉溪乡政府的办公用地。建筑由左右对称的厢房和一正房构成的三合院，木结构悬山穿斗式，小青瓦屋面；正房面阔四柱三间 14.9 米，进深 11 米，通高 6.5 米；厢房面阔四柱三间，通宽 17、进深 8.35 米；木门板壁，三合地面。

林家祠堂 位于筚连镇瓦店村，建于清末，占地面积 214.4 平方米，坐北向南，为当时古楼林氏宗族集资修建的宗族祠堂，解放前曾发生过一次火灾，现仅存三间正房。建筑为悬山穿斗式木结构，小青瓦屋面，面阔四柱三间 13.4 米，进深八柱七间 16 米，木门板壁，三合土地面，有一院坝。

蒲坛地民居 位于筚连镇红权村，建于清嘉庆年间，坐西向东，占地面积 674.79 平方米。建筑由门厅、厢房、堂屋围成四合院，穿斗式木结构，小青瓦屋面，屋前有四廊，檐柱 12 根，进深四间 6 米，檩 9 根；双扇门，门、窗用板壁装饰，现基本保持原貌；院内现为水泥地面，院中有一个长 13、宽 11 米的天井。

燎原村民居 位于筚连镇燎原村，建于清代中期，坐东南向西北，占地面积 126 平方米，由叶姓人家转让给詹方毕所有，土改时没收转为集体所有。建筑原为三合院，现两厢房已改建，仅存正房，而正房面墙已改为砖砌；正房为悬山穿斗式木结构，小青瓦屋面，面阔四柱三间 12.6 米，进深九柱八间 10 米。

黄文光宅 位于筚连镇星星村，建于清末，坐北向南，占地面积 440.96 平方米。建筑由厢房和堂屋围成三合院，穿斗式木结构，人字顶，小青瓦屋面；厢房面阔四柱三间 11 米，进深七柱六间 3.3 米；堂屋面阔四柱三间 21.2 米，进深七柱六间 9.8 米；双扇门，壁上用板壁装饰，两侧有阁楼向外突出，堂屋外壁已被涂上黄色油漆，厢房有外山墙；右厢房已改建为现代建筑，左厢房及堂屋相对保持原貌较好，院内有水泥地面。

石窟寺及石刻

莲花石佛 位于筚连镇果木村，建于唐代，坐南向北，占地 299.2 平方米。原址原为报恩寺，寺长 34、进深 8.8 米，岩高 12、进深 8.8 米，现寺已毁，仅存 25 尊圆雕佛像，内容是阿弥陀佛、大势主菩萨、观音菩萨、十六罗汉等；唐代风格，大者高 1.4、宽 0.9 米，小者高 0.7、宽 0.35 米不等。莲花石佛原有房屋遮盖，1957 年被拆毁，大小佛像均被打断头、手等部位，1990 年人们才捐款重塑佛像，并绘上彩色；在寺壁上有两通刻在岩壁上的碑刻，高 2.2、宽 1.2 米，刻于清嘉庆十九年（1814 年），都是重修此寺时的碑序。筠连县人民政府于 1991 年 8 月公布为文物保护单位。

僰人洞摩崖石刻　位于筠连镇水源村，又名"白人洞"，分布面积约 200 平方米。洞口坐南向北，形成年代无考，为石灰岩溶洞，溶洞在一石灰岩半壁上，洞外被人为堆砌一土平台，入洞的口被人为砌成一边长为 0.6 米的正方形洞口，仅容一人进出；洞口离地面高约 7 米的东壁上，人为凿成匾形，刻有字经约 0.4 米见方的行书"酒楼"二字，书法古雅方硬；入内别有洞天，有灶台、阁楼等；相传旧时地方士绅借此洞以夏日避暑饮酒，地方大户更借洞以储粮躲匪。

黄龙山石刻　位于筠连镇前丰村，立于清咸丰九年（1859 年），坐东向西，占地面积 1.28 平方米。石刻高 1.6、宽 0.8 米，楷书"问渠那得清如许；自有源头活水来。望溪主人题"，刻于一块圆形巨石之上。据传：此地一直饮水混浊，后有一道士路过此地，村民向其诉苦，道士说："我在你石缸旁的石头上写几个字，请人刻起，再烧香敬拜即可。"村民照此办理，果然泉水清澈透亮。

红庙子碑　位于联络村红庙子，开立于清代中期，始坐西北向东南，占地面积约 12 平方米，分布在靠公路的树前方 21×3 米的面积内。当地有种迷信说法：凡家中小孩有病，经道域巫医指点在大黄柏杨树下安一块刻有方向的指路碑，便可使孩子病愈。因此，在 150 年前，便有人在红庙子旁约 600 年树龄的老黄桷树下，开始安放指路碑，至今已有 13 块，上面刻有上到云南撮荃口，下到羊田，左到落凤山，由于年久，树根已将多数碑包到里面，成了树包碑，指路碑每块长 0.4、宽 0.25、厚 0.05 米。此树胸围 12 米，可覆盖直径 25 米，根部被人塑了两个菩萨。

近现代重要史迹及代表性建筑

卡子段龙碗大堰　位于筠连镇柏杨村，建于 1925 年，占地约 1050 平方米，自西向东流向，为当时筠连县为解决全县饮水灌溉所修造的大型水利工程，引水源于大乐乡，止于筠连镇。大堰为水泥石砌引水沟，自西从巡司村流经卡子，向东流入柏杨村，长约 500、宽 2.1、深 1.7 米，蜿蜒曲折，如龙盘绕。

堡合楼　位于筠连镇堡合村，建于民国二十年（1931 年），坐南向北，占地面积 653.14 平方米。建筑原为一四合院，由门厅、厢房、堂屋组成，门厅和右方的两间厢房已改建为现代建筑，左厢房及堂屋相对保持原貌较好；房屋为穿斗式木结构，小青瓦屋面，厢房面阔四间 14.7 米，进深一间 4.1 米，堂屋面阔六柱五间 9.2 米，进深 7.2 米；双扇门，门与窗均有精美雕花装饰，房柱下有 4 个雕花柱础，院内现为水泥地面。

瀛江城门　位于筠连镇瀛江村，建于 1933 年，坐南向北，占地 17.81 平方米，原是老街入口处的进口，是高县到筠连的必经之路，原有进口出口两个城门，出口城门多年前已拆除，现存进口城门。城门为当年海瀛乡公所修建的治安防护门，门宽 9、高 4、厚 1.8 米；中间的门洞高 2.2、宽 2.2 米，原有栅门，门守只要把栅门一关，便进不了老街，现栅门已拆；城墙由鹅卵石和石灰砌成，上面有 9 个城垛子，每个宽 0.7、厚 0.4、高 0.7 米，相距 0.65 米；城门北有一条小路是到高县的老路，城墙后面有一上城墙的斜坡，有九级石梯。

凤凰川主庙　位于筠连镇银江村，建于民国二十三年（1934 年），原名海四寺，后改名川主庙，以前有几大殿，还有面向正殿的戏楼，现早已拆毁，仅存正殿。正殿坐东向西，占地面积 158.62 平方米，穿斗式木结构，人字顶小青瓦屋面，面阔四柱三间 15.4 米，进深 9.3、高 8 米。上方有驼峰。

筠连县抗战阵亡将士纪念碑　位于筠连镇玉壶社区，建于 1947 年，坐西北向东南，占地面积 67.2 平方米。碑原为土质碑，正六边形，边长 1.35 米，石砌素面台基高 0.9、边长 2.55、通高 6.9 米，红灰装饰碑身，每面均作开窗，宽 0.8、高 4 米，上塑"抗战阵亡将士纪念碑"楷书朱文。2000 年，外出经商者们捐款在原地上改建为新纪念碑，新纪念碑为正六边形，大理石质碑体，两级碑座，攒尖顶，通高 12 米，主体碑边长 1.6 米，六边开窗，前后两面均刻隶体"抗战阵亡将士纪念碑"。

白花水库　位于筠连镇白花村，建于 1953 年，占地约 21250 平方米，上坝面东北，下坝向西，上小下大中部略宽，依地势而建，略呈不规则狭长梯形，坝长 30、下坝长 45、中部最宽处约 50 米，曾是白花村村民饮水灌溉的水利工程，坝已废弃而专门养鱼。其地原名鹅池，传说曾为王羲之后人洗笔之处。

黄泥坡水库　位于筠连镇桂花村，建于 20 世纪 50 年代，坐南向北，占地面积 7000 平方米，为当时古楼公社出资组织社员投工投劳修建的饮水灌溉水利工程之一，90 年代后有维修。水库依山而建，呈哑铃形，长 100、最宽处为约 70、窄处约 60 米，下为坝干，长 50、上宽 2.5、斜高约 10 米，为石砌面施水泥，可蓄水约 7 万立方米。

真武大队保管房旧址　位于筠连镇真武村，建于 1964 年，为当时真武大队投工投劳修建的集体保管房，占地面积 204 平方米，坐西向东。建筑为土木结构，小青瓦房面，四墙三间，现阔 24、进深 11 米，有院坝一个。

灵官桥　位于筠连镇青龙村，建于 1968 年，当时是为河对面修建青龙小学便于学生过河而集体投资投工建成的便民桥。该桥接南坳口与村道，横跨干河沟，东西走向，为单孔券拱石砌平桥，无护栏，长 2、宽 2.5、拱高 2.7、通高 3.3 米。

百合大队知青房　位于筠连镇百合村，建于 1972 年，坐南向北，占地面积 80.4 平方米，当时由县上拨款，原百合大队投工投劳修建，重庆知青王补生、王忠良等居住，现无人居住。建筑为石灰混泥土，人字顶，泥瓦顶，四方为土墙，四墙三间，每间有单门，面阔 12、进深 6.7 米。

旗隆大队知青房 位于筠连镇旗隆村，建于 1974 年，占地面积 76.26 平方米，坐西向东，为当时旗隆大队为下放的筠连知青李兴容等人所修的生活住房。建筑为四列三间泥墙木椽檩悬山式，小青瓦屋顶，面阔 12.3、进深 6.2 米，有晒坝及小偏角（厕所）各 1 个；90 年代卖与当地村民，因长期无人居住，今已门窗朽坏，泥墙欲垮。

龙碗大堰管理房 位于筠连镇柏杨村，建于 1975 年，坐南向北，占地约 120 平方米，当时县龙碗大堰指挥部为管理此段大堰水沟而建。建筑为砖、石、木混四列三间，悬山式，小青瓦屋面，三合土地面；在管理房内外墙壁上写有"文革"标语，红油漆仿宋体，外四条为"坚持无产阶级专政、坚持社会主义道路、坚持共产党的领导、坚持马列主义毛泽东思想"，内墙两条为改革开放初期所写"深入贯彻党的十一届三中全会精神，坚决执行调整、改革、整顿、提高的方针"。

筠连烈士陵园 位于筠连镇玉壶社区，建于 1975 年，占地面积约 1200 平方米，坐南向北，为当时筠连县政府为纪念解放筠连牺牲的解放军烈士而修建的纪念陵园。陵园由 18 位烈士墓群、英烈纪念馆、六角凉亭、烈士陵园大门四大主体组成，西北面砌以石护围栏，大门门柱上有名家题写行书"烈士陵园"四字；陵园内水泥地面，砌围有小花台花圃，水泥桌凳、大树参天，树阴浓郁，供人瞻仰之余休闲；陵墓右侧修建有英烈纪念馆（2006 年竣工），存有英烈生平事迹档案。

玉壶井碑刻 位于筠连镇玉壶社区，占地面积 8 平方米，由曾省斋先生纪念碑、曾省斋先生钓鱼处及陈宪民父子纪念碑三部分组成。曾省斋先生纪念碑建于民国三十一年（1942），为石质六边形，通高 6、边长 1 米，每边底座分在层成梯形叠置，有于右任等六人不同手迹分别刻于六面开窗内（"文革"中用水泥糊平）；在此碑北方 2 米有一通专为曾省斋当年钓鱼处的石刻，草书刻"曾省斋先生钓鱼处"八个大字。曾省斋先生早年参加反清革命，参加了武昌起义，为蜀军政府主席，后离职回筠休养，后人为纪念他，故建此纪念碑。陈宪民父子纪念碑距曾省斋先生纪念碑东南方 120 米，呈六边形，高约 4 米，上有于右任题字；纪念碑下有一通高 2 米的方碑，记叙陈宪民父子与蔡锷将军共同商讨讨袁护国事迹。四川省人民政府于 2007 年 6 月公布为文物保护单位。

其他

大龙潭 位于筠连镇红权村，占地面积 5756 平方米，倚北面南，形成年代无考，据传为明代寺庙自然沉陷后形成的一个天然水潭。该潭呈不规则椭圆形，长径约 115、短径约 50.6 米，深不知几许，过去曾在潭面浮现门板大鱼，人们把此作为游泳、钓鱼之所，今为自来水公司抽水处，四周围以高墙。该龙潭为筠连的旅游点之一，对研究筠连供水发展史有一定研究价值。

腾达镇

古遗址

芭茅坡窑址 位于腾达镇利坪村，据史载，明代嘉靖三十七年（1558年），南北走向。窑长约22.7、宽约3米，共有9处窑床，呈梯形；窑门呈圆拱形，宽约0.9、高约1.2米；窑墙及底均为烧土，内有匣体等窑具及器物；主要生产陶类，器形有碗、缸、罐等；离窑口西约10米处为作坊、画坊，为悬山顶，穿斗木结构建筑。据调查考证得知该窑址始建于明嘉靖年间，20世纪60年代曾达到鼎盛时期，工人达100多人，产品远销周边几个县及云南、贵州等省，现由于社会经济发展及人民生活水平提高，已衰败而停产多年。

腾达仙人洞 位于腾达镇建设村，建于清代，分布约2000平方米，洞口坐南向北，传说为古代仙人居所，解放后引水工程需要曾对其外洞入口进行过改造，改革开放后旅游需要曾对其外洞进行过人工修建。其分上下两洞，上为干洞，下为水洞，有地下河水从洞中流出；洞口外径约20米，入口处有一约600平方米的水池；上下两河在进入后约50米处交汇，有石梯田状溶层岩，内有活汽流水，有钟乳，石笋较多，洞内有许多通连岔洞，有地下河。

古墓葬

红岩悬棺 位于腾达镇建设村，建于明代，共5具，分布于一整壁石灰岩上，岩高约120米，距地面约35米处，东向。其中有一道窄坎处分布有4具洞穴式悬棺，每具长约2.5米，黑色，上面1具较完整，下面4具仅有影子可见。

腾蛇岩悬棺 位于腾达镇五合村，建于明代，占地面积约200米，分布于通高约50、距地面35米处，坐南向北。据说原有竖穴式悬棺3具，东头西尾，棺长约2.5米，色黑，隐藏于杂树丛中，外形完整。

棺木岩悬棺 位于腾达镇海灯村，建于明代，占地面积约1000平方米，坐南向北。原有木质悬棺约30具，由于人为破坏，现仅存1具打桩式悬棺，长约2.5米，东头西尾，远处可见，保存完好，藏于树阴之间，极不易发现。

李正先墓 位于腾达镇龙井村，建于清嘉庆五年（1800年），占地面积51.76平方米，坐西北向东南。墓为土冢，呈前外八字后梯形，长8、宽6.47、高1.6米，乱石垒砌而成；内嵌碑，为石质仿木构，二柱一间，庑殿顶，通高2.2、通宽1.07米；碑文楷书"皇清赠诰故显考李公讳正先老大人墓"及祭祀子孙名，"大清嘉庆五年吉立"；墓前有拜台、坟坝。

王熊氏墓 位于腾达镇昌水村，建于清嘉庆二十年（1815 年），占地面积约 43.5 平方米，坐北向南。墓冢为条石垒砌，呈长方形前带八字形半围墙，冢长 6.4、宽 3.4、高 1.8 米；碑为青砂石质仿木结构，重檐庑殿顶，四柱三开间，两侧施抱鼓，上饰牡丹花卉及篆书"寿"字；明间檐下浮雕二龙抢宝，横额"阴袭繁昌"，碑文刻"故显妣王门熊老孺人之墓"对联为"罗列名山朝吉地；清流水秀绕佳城"，字体均为阴刻，行楷体；左次间刻祭祀孝男姓名，右次间为祭文；碑下基雕刻更为精美，共三幅浮雕图案，内容分别为麒麟、凤凰、松鹤祥云、三鹿含花及花鹤闹梅；碑前有香炉、祭台，现祭台已毁。

詹云景夫妇墓 位于腾达镇春风村，建于清道光四年（1824 年），占地面积 22.3 平方米，坐西北向东南。墓为土冢，呈前方后梯形，长 6.5、宽 3.4、高 1.7 米，以糯米浆乱石三合土砌成；碑为石质仿木结构，四柱三开间，双屏单檐庑殿顶，上施宝顶，通高 3、通宽 3.5 米；檐下楷书"克昌厥后"，明间碑文楷刻"皇清勒授贝也文林郎赠修职郎显考詹公讳云景老大人之墓／妣刘氏老孺人之墓"及"康熙乙西科解元住湖北云梦县男乾龄"，"截进士住宁元府盐源县儒学训导男恒龄"及"清道光四年季春月立"等，次间碑已毁，用水泥重补。右屏风化不清，左屏楷刻一嘉奖刘氏的圣旨，部分文字风化不清。

张周氏墓 位于腾达镇小溪村，建于清道光十一年（1831 年），坐南向北，占地面积为 24.42 平方米。冢呈前圆弧后梯形，条石垒砌而成，长 6.6、宽 3.7、高 1.7 米；碑为石质仿木结构，四柱三开间，重檐庑殿顶，上修宝顶，通高 2.8 米；檐下施浮雕祥云图案，两侧施有抱鼓。

黄希先夫妇墓 位于腾达镇小溪村，建于清咸丰十一年（1861 年），坐南向北，占地面积约 43.52 平方米，为黄希先夫妇三人合葬墓。墓冢呈前后圆弧中方形，条石已被拆毁，仅存封土，长 6.8、宽 6.4、高 1.5 米；碑为石质仿木结构，四柱三开间，重檐庑殿顶，两侧施有抱鼓石，通高 2.4 米，通宽 3.68 米，碑顶上施宝顶；明间檐下饰以"二龙抢宝"浮雕图案，横额为"佳城巩固"，碑刻"皇清待赠故显考黄公讳希光老大人之墓"及"咸丰十一年立"字样；次间檐下各饰以"双凤朝阳"浮雕图案，碑文刻其祭祀子孙名。

鄢朝珍夫妇墓 位于腾达镇千秋村，建于清同治元年（1862 年），占地面积 66 平方米，坐西北向东南。墓为土冢，呈前圆弧后梯形，长 6.3、宽 3.9、高 1.6 米，以五层石条围成；碑为石质仿木结构，两柱一开间，庑殿顶（已毁）；檐下额楷书"地脉钟贤"，碑刻楷体"清故显考鄢朝珍／妣卢寂富老大孺人墓，同治元年壬戌岁孟春月吉日立"字样；前有墓圆、拜台及两香炉。

汤斌夫妇墓　位于腾达镇水茨村，建于清光绪十二年（1886 年），坐东南向西北，占地面积约 40 平方米，为汤斌夫妇三人合葬墓。冢呈前圆弧后梯形，条石垒砌而成，上施封土，长 8、宽 5、高 1.8 米；碑为石质仿木结构，四柱三开间，重檐庑殿顶，通高 3.8、通宽 3.74 米，上施宝顶，两侧有抱鼓，施以吉祥鸟兽浮雕图案；檐下饰以"二龙抢宝"及孝道人物故事浮雕图案，明间碑刻楷书"皇清授正八品故显考汤公讳斌老大人之墓"，次间檐下饰以梅兰竹菊图案，碑文刻墓主人生平及祭祀子孙名，施抱鼓。

古建筑

中腹寺　位于腾达镇新合村，始建于明嘉靖八年（1529 年），占地面积 385 平方米，坐西北向东南。建筑由前、中、后三殿组成，左侧有僧众饮食起居厢房，为开山和尚宗然等人募资修建，为石柱木梁，穿斗抬梁混合式，悬山顶，小青瓦屋面；殿间有通道石梯相连，青石板地面；三殿均在"文革"、"破四旧"中毁坏，现仅存左侧转角厢房，中殿尚有 16 根直径约 0.39、高 4~6 米的正方形石柱；在第二柱上对称阳刻楷书对联"碧云山前庙貌巍巍成鹫岭；中腹寺内神功郝郝即祗园"，柱间嵌有一永垂万古功德碑和一开山古记碑。

牌坊桥　位于腾达镇昌水村，建于清代，东西走向，横跨昌水牌坊河。桥为一整石搭建而成的平板桥，长 10.5、宽 1.45、高 2.8 米；桥两头各有两龙头状石雕，垫压于石板之下；桥旁原有一牌坊，牌坊立于清初，桥因此得名"牌坊桥"。

文峰塔　位于腾达镇官井村，建于清代，占地面积约 28 平方米，坐西北向东南。塔为六棱角塔基，七级一顶石砌塔，上二、三、四层各面施有浮雕古人物战场、戏剧故事，阴刻修塔捐资人名及造塔原因。该塔为当地风水重镇标志之一，取名文峰，义即文化登峰，也是当地的文化发展的见证。宜宾市人民政府于 2011 年 2 月公布为文物保护单位。

黄家义宅　位于腾达镇西南 1 千米处，建于清初，依山而建，坐南向北，城堡占地约 1500 平方米，相传清同治年间石达开曾于此屯兵、题诗。建筑为穿斗悬山式木结构，外为泥石圆形围墙，高 6~8 米，内房几乎不存，只留有天井和两间右厢房；石梯进门，共有四道门分别用四条石条框成，高 3.4、宽 2 米，厚 2.5 米；第二阶梯为石砌山门照壁，山门尚存"三芝挺秀"及对联"义路礼门花香鸟语；仁山智水鱼耀□飞"。照壁残垣上还有依稀彩绘影子。

平寨王爷庙　位于腾达镇平寨社区，建于清道光元年（1821 年），占地面积约 115 平方米，坐东向西，为祭奠高王而建。建筑外侧山墙为砖石混砌，长约 9.8 米，上砌一方形大门和两上圆弧下长形门；大门横额作仿匾石刻"南川巨镇"，门石柱刻"光照符黑水；垂拱照犀山"，主体为穿斗抬梁混构垂檐，悬山顶，小青瓦顶，三合土地面，面阔四柱三间，长 9.8 米，进深三柱两间 6.5 米，后延伸为戏楼，用材粗壮，今由老协会和川剧协会使用。筠连县人民政府于 2010 年 5 月公布为文物保护单位。

罗氏宗祠 位于腾达镇冒水村，建于清道光年间，坐南向北，占地面积约 440 平方米。建筑为穿斗式抬梁结构，小青瓦屋面，东、西厢房对称，四柱三间面阔 14 米，进深两柱一间 3 米已拆毁；正堂四柱三间面阔 14 米，进深七柱六间 8 米；四周为封闭式泥石混砌硬山围墙，山门石柱木门；祠内神壁上供奉皇唐一品三诰封始祖罗公及罗氏祖宗神位。

拱桥湾桥 位于腾达镇向阳村，建于清光绪六年（1880 年），占地面积约 16 平方米，南北走向。桥为单孔券拱式石桥，以条石砌成，跨度 5.8、宽 2.7、桥高 3.1、拱高 2.4 米，横跨白阳村、槽房河沟，并有石碑记载建桥之事，但字迹风化不清。该桥历经 100 多年，是当地槽房河沟两岸交通必经之桥。

陈家宅 位于腾达镇泉水村，建于清光绪年间，坐西北向东南，占地面积约 5500 平方米。建筑为三合院式，外以围墙环绕，墙口有多处垛口，内有房屋数间，原貌几乎损毁，现仅存穿斗式木结构房一栋，外墙北部毁垮严重。

石窟寺及石刻

高佛寺摩崖造像 位于腾达镇新民村，又名陈家洞摩崖造像，建于唐代李世民大兴佛教时期，坐南向北，面积约 32 平方米，由上下两洞及摩崖造像组成。上洞为石窟，下洞为消水洞，上洞石窟内原有佛殿，洞口右侧平台供奉佛陀，现仅存一窟二摩崖造像；石刻像均坐莲台，下有四力士相托，石刻通高 2.4、宽 1.2、厚 0.6 米，造型生动，佛态庄严。

猴子岩摩崖造像 位于腾达镇丝栗村，始建于清道光十四年（1834 年），占地面积约 2 平方米。龛长 2、高 1.2 米，台基高 0.5、宽 0.5 米，龛内原供奉药王、观音、灵官 3 尊石雕佛像，龛旁原有修龛主佛记事碑。在"文革"、"破四旧"中被毁，仅存佛龛，2004 年，当地善人捐资重修今猴子岩庙时原记事碑掩砌于泥墙中，现庙内供奉有川主、牛王等泥塑佛像 20 尊，水泥柱子，已非原貌。

巡司镇

古遗址

仙人岩遗址 位于巡司镇盐井村，坐东向西，占地面积 10000 平方米，属新石器时期，是一自然石灰岩洞，距山脚 156.2 米，有两个洞口，相距 40 米，分别高 20、25

米、宽4米、2.1米、深37.5、11.5米，洞内有两个分洞，受条件限制，无法测量。1981年川大考古队曾在后洞中发掘出少量石化的动物骨骼和牙齿及新石器时代陶片等，被扰乱的文化层超过0.8米深，证明了该遗址中曾有古代人类在此生活过。

阴兵梁子兵营遗址 位于巡司镇德面村，坐南向北，占地面积1789.82平方米，处于一小山半腰上一块长143.23、宽46.37米的平地。清同治六年（1867年），朝廷派名叫湖南羊子的人率清兵部队追剿以何金龙为首的土匪，在阴兵梁子对面的肖家冲开仗，谁知官兵把驻守在阴兵梁子的清军营地误当成土匪窝，用土炮将阴兵梁子军营轰平，死伤100多官兵，为此，在兵营埋葬了官兵，并立下一石碑，石碑上刻有死去的官员及此一战事；现此处仅剩一块宽0.9、高1.6、厚0.18米的石碑和一百多个坟堆。

隐豹关 位于巡司镇巡司村，筹连镇柏杨村水塘坡与巡司镇巡司村平桥湾交界的山坳处，建于明代，占地面积35平方米，坐东向西，为古代宜宾至云南茶马古道的必经收税关卡。关卡依山而建，石砌，长约40、高4米，墙体厚约2.5米，正中砌一宽3.4、高2.8米的上圆弧下方形门洞，据传大清咸丰年间进行过维护修补。筹连县人民政府于2010年5月公布为文物保护单位。

古墓葬

两堂洞悬棺墓 位于巡司镇巡司村，建于明代，岩壁坐西南向东北，岩壁高52、宽80米，岩顶突出，岩壁内凹上有桩孔130多个，现存插入岩壁桩孔的腐朽木6根，最高距地面22、最低距地面10米。在20世纪60年代末，岩壁上还有横放的悬棺遗木，岩下洞口及洞内建有庙堂，供人们在此休息乘凉，参观游览，并进行祭祀活动。

印子头墓群 位于巡司镇四方村，建于清代，共6座墓，交错安葬成4排，均坐西南向东北，占地面积约444平方米。冢为前圆弧后梯形，条石垒砌而成，碑均为石质仿木结构，四柱三开间，庑殿顶，两侧施抱鼓石，上刻有精美图案，其中M2墓长7.5、宽4.3、高2米，碑高4.4、宽3.9米；6通碑上均刻有"走马上任"或"二龙抢宝"或吉兽祥鸟及花卉图案浮雕，碑柱上均刻有对联。

胡霖墓 位于巡司镇新街村，建于清代，坐北向南，占地面积约18.6平方米。冢呈前圆弧后梯形，以石块砌成，长6、宽3.1、高1.4米；碑为石质仿木结构，四柱三开间双抱鼓石，庑殿顶，高3、宽3.1米；檐下刻有3个古代人物像与"佑启后人"四个字，碑刻"皇清待赠帮故八世祖胡霖老大人墓"。

张学义墓 位于巡司镇红星村，建于清嘉庆十八年（1813年），坐东北向西南，占地面积约31平方米。墓冢呈前圆弧后梯形，用土石堆砌，长7.5、宽3.6、高1.8米；碑为石质仿木结构，四柱三开间，庑殿顶，高3、宽2.4米；碑顶上刻有龙头、宝瓶，檐下刻有古代人物、戏文故事等浮雕，碑柱上刻有对联，碑文刻"皇清待赠张公学义老大人之墓"。

张彭氏墓　位于巡司镇红星村,建于清嘉庆十八年(1813),占地面积约 28 平方米,坐东北向西南。墓冢呈前圆弧后梯形,条石垒砌而成,长 7、宽 3.8、高 2.1 米;碑为石质仿木结构,四柱三开间,庑殿顶,高 3.3、宽 1.8 米;碑文刻"皇清待诰慈妣张母彭氏之墓",檐下刻有古代戏文人物、吉兽、祥鸟、花卉等浮雕。

饶登贤墓　位于巡司镇红星村,建于清道光十一年(1831 年),坐东北向西南,占地面积 25.2 平方米。墓冢呈前圆弧后梯形,条石垒砌而成,长 6、宽 4.2、高 2.8 米;碑为石质仿木结构,四柱三开间,庑殿顶,高 3.6、宽 2.5 米;檐下刻有花卉等浮雕图案,碑柱上刻有对联,碑文刻"皇清待赠故显考饶公讳登贤大人墓"。

赵三元墓　位于巡司镇西牛村,建于清道光十五年(1835),坐东北向西南,占地 19.73 平方米。冢呈前圆弧后梯形,用石灰和泥石糊围,墓长 5.8、宽 3.4、高 1.5 米;碑为石质仿木结构,二柱一间,双抱鼓石,庑殿顶,高 2.6、宽 2.15 米;檐下刻有双凤朝阳,碑刻"皇清待赠国学士赵公讳三元老大人墓"。

张金魁墓　位于巡同镇红星村,建于清道光二十一年(1841 年),坐西北向东南,占地面积约 30.6 平方米。墓冢为土石堆砌而成弧形圆包,长 6.8、宽 4.5、高 2.2 米;碑为石质仿木结构,四柱三开间,庑殿顶,高 4.4、宽 2.7 米;碑顶上施有龙头、宝瓶,檐下刻有龙凤戏珠,人物、花卉等浮雕图案,碑柱上刻有对联,碑文刻"皇清待赠故显考张公讳金魁老大人墓"。

张鸣墓　位于巡司镇红星村,建于清咸丰三年(1853 年),坐东北向西南,占地面积约 27.6 平方米。墓冢呈前圆弧后梯形,条石垒砌而成,长 6、宽 4.6、高 3.9 米;碑为石质仿木结构,四柱三开间,庑殿顶,高 3.5、宽 3.7 米,两侧施抱鼓石,抱鼓石上刻有花纹;碑顶施龙头、宝瓶,檐下刻有"双龙戏珠"图案和"山高水长"文字,碑柱上刻有对联,碑文刻"皇清待赠显考张公讳鸣翁墓"。

砂锅厂廖氏墓　位于巡司镇土房村,建于清咸丰十年(1860 年),坐南向北,占地 20 平方米。冢为前圆弧后梯形,用石灰和泥石糊围,长 5、宽 4、高 1.5 米;碑为两柱一间,嵌在坟的前方,石质仿木结构,庑殿顶,长 1.8、宽 0.85 米;碑刻"皇清待诰□□廖老太君墓"。

郝寿翁墓　位于巡司镇黄荆村,建于清同治二年(1863 年),坐西北向东南,占地面积 25.2 平方米。冢呈前圆弧后梯形,用三合土糊围,长 6、宽 4.2、高 1.8 米,庑殿顶;仅有一单碑并嵌个墓前,高 1.3、宽 0.6 米;碑刻"皇清郝公寿翁老大人之墓"。

文张氏墓　位于巡司镇银星村,建于清同治八年(1869 年),坐南向北,占地面积 24.32 平方米。墓冢呈前圆弧后梯形,条石垒砌而成,长 6.4、宽 3.8、高 1.6 米;碑为石质仿木结构,四柱三开间,庑殿顶,高 3.7、宽 3.8 米,两侧施抱鼓石,抱鼓石上刻有精美图案；碑顶上施有龙头、宝瓶，檐下刻有古代人物、吉兽及花卉图案，碑柱上刻有对联，碑文刻"皇清待诰显考妣文母张老孺人之墓"。

郝光夫妇墓 位于巡司镇梧桐村，建于清同治八年（1869 年），坐北向南，占地面积 27.5 平方米，为夫妻双人墓。冢为前圆弧后梯形，用条石砌成，并糊围有石灰，长5.5、宽5、高5米；碑为石质仿木结构，两柱一开间，庑殿顶，嵌在坟石里，高2.5、宽0.9米；檐上刻有"德寿后裔"四个大字，碑刻"皇清待赠邑处士显考郝公光翁老大人之墓，皇清待赠孺人显妣郝母张太君之墓"。

张书维夫妇墓 位于巡司镇西泉村，建于清同治九年（1870 年），坐南向北，占地面积63.6平方米。墓冢呈前圆弧后梯形，条石垒砌而成，长8、宽4.2、高1.9米；碑为石质仿木结构，四柱三开间，庑殿顶，高4.2、宽4.16米，两侧施抱鼓石，上刻有花纹；碑顶上施龙头，碑柱上刻有对联，碑文刻"皇清待赠/诰 张书维/胡氏墓"；墓前有一块30平方米的拜台。

张凤飏夫妇墓 位于巡司镇小河村，建于清光绪三年（1877 年），坐北向南，占地面积约30.75平方米。冢呈前圆弧后梯形，条石垒砌而成，长7.5、宽4.1、高3.5米；碑为石质仿木结构，四柱三开间，重檐庑殿顶，高4.7、宽4.3米，两侧施抱鼓石，抱鼓石上刻有图案；檐下刻有古代人物、吉兽祥花图案浮雕，碑柱上刻有对联，碑文刻"皇清例赠进士张凤飏张吴氏之墓"等字样。

郝彭氏墓 位于巡司镇黄荆村，建于清光绪十年（1884 年），坐西向东，占地面积145.8平方米。墓冢呈前圆弧后梯形，条石垒砌而成，长5.5、宽3.5、高2米；碑为石质仿木结构，两柱一开间，庑殿顶，高3.2、宽2米，两侧施有抱鼓石；碑顶上施有龙头、宝瓶，檐下刻有人物战场、古戏人物等浮雕，碑文刻"皇清郝母彭老太君之墓"；墓左、右、后三方建有墓围墙，长8.8、宽2.6米。

胡登书墓 位于巡司镇庆高村，建于清光绪十四年（1888 年），坐东向西，占地19.8平方米。冢为前圆弧后梯形，以条石砌成，长5.5、宽3.6、高1.4米，碑为石质仿木结构，四柱三开间双抱鼓石，庑殿顶，高3.4、宽3.8米；檐下刻有8个古代人物像、二龙抢宝和"书后云凳"4个大字，碑刻"皇清待赠邑外士显考胡公讳凳书老大人墓，恩荣正八品修职郎"。

谢富墓 位于巡司镇上游村，建于清光绪十六年（1890 年），坐东向西，占地24.7平方米。冢为前圆弧后梯形，用石灰土石糊围，长6.5、宽3.8、高3.2米；碑为石质仿木结构，四柱三开间三楼庑殿顶，双抱鼓石，高2、宽3.8米；檐下刻有4个古代人物像、二龙抢宝及"天造地设"4个大字，碑刻"皇清例赠登仕郎显考谢公富翁老大人墓"；前有一香台，长0.9、宽0.45米。

张华夫妇墓 位于巡司镇红星村，建于清光绪十八年（1892 年），坐东北向西南，占地面积 37.6 平方米。墓冢呈前圆弧后梯形，三合土糊围，长 7、宽 4.8、高 2 米；碑为石质仿木结构，四柱三开间，庑殿顶，高 3、宽 3.1 米，两侧施抱鼓石，抱鼓石上刻有花纹；碑顶上均施有龙头、宝瓶，檐下刻有吉兽祥花图案，碑柱上刻有对联，碑文刻"皇清待赠 张华老大人／李氏老太君 之墓"。

范乾修夫妇墓　位于巡司镇沙林村，建于清光绪二十二年（1896 年），坐南向北，占地 18.15 平方米。冢呈前圆弧后梯形，以条石砌成，长 5.5、宽 3.3、高 1.9 米；碑为石质仿木结构，两柱一开间双抱鼓石，庑殿顶，高 3、宽 2.45 米；檐下刻有戏文故事、花卉及"福寿佳城"四个大字，碑刻"皇清待赠（诰）故显考（妣）范公讳乾修（母郭元静）老大（孺）人墓"等字样。

张廷辉夫妇墓　位于巡司镇黄坪村，建于清光绪二十四年（1898 年），坐西向东，占地 25.2 平方米。冢为前圆弧后梯形，石块砌成，长 6、宽 4.2、高 2 米；碑为石质仿木结构，四柱三开间双抱鼓石，庑殿顶，高 5.5、宽 3.85 米；檐下刻有多个神话故事、二龙戏珠戏文故事及"佳城千古"4 个大字，碑刻"皇清例赠八品显考／妣张公讳廷辉／母胡元诚老大／孺人墓"。

蒋杨氏墓　位于巡司镇经星村，建于清光绪三十三年（1907 年），坐东北向西南，占地面积 16 平方米。墓冢呈前圆弧后梯形，条石垒砌而成，长 5.6、宽 2.5、高 1.8 米；碑为石质仿木结构，二柱一间，庑殿顶，高 3、宽 1.85 米，双侧施抱鼓石，上刻有精美图案；碑顶上施有龙头、宝瓶、人物图案，檐下刻有古代人物等浮雕，碑柱上刻有对联，碑文刻"皇清待诰蒋母杨老孺人之墓"。

杨柳墓群　位于巡司镇杨柳村，建于清同治、光绪年间，有 3 座墓，均坐西南向东北，占地面积 271.6 平方米。冢呈前圆弧后梯形，条石垒砌而成，其中 M3 长 6.4、宽 4、高 1.9 米；碑为石质仿木结构，四柱三开间，庑殿顶，高 4.8、宽 3.9 米；檐下雕有人物、花卉浮雕，碑刻"皇清恩宠敕赠正八品修职郎胡登训老大人之墓，光绪二十八年"。M1 ~ M2 分别为胡母曹氏墓和胡母任氏墓，二墓均为同治年墓。

钟氏墓群　位于巡司镇四方村，建于清咸丰、同治年间，由 3 座墓组成，均坐西南向东北，占地面积 63.5 平方米。墓冢呈前圆弧后梯形，条石垒砌而成，其中 M3 长 4.3、宽 4.39、高 3.3 米；碑为石质仿木结构，四柱三开间，庑殿顶，高 3.5、宽 2.4 米，两侧施抱鼓；檐下刻有龙凤戏珠等浮雕图案，碑文刻"皇清等赠钟公讳玉彩老大人墓，咸丰二十六年"。M1 为同治甲子年钟连邦墓，M2 为民国三十六年钟盛钦墓。

黄潓墓　位于巡司镇荷花村，建于清宣统二年（1910 年），坐南向北，占地 13.5 平方米。冢为前圆弧后梯形，石块砌成，长 4.5、宽 3、高 1.5 米；碑为石质仿木结构，两柱一开间双抱鼓石，庑殿顶，高 2.5、宽 1.65 米；檐下刻有二龙抢宝及四个不清楚的字，碑刻"清故显考黄公讳潓翁老大人墓"；墓前有一长 7.3、宽 3.8 米的水泥地拜台，前有 4 个水泥小方桌。

古建筑

华光庙 位于巡司镇七星社区，原名王显庙，建于清康熙四十七年（1708 年），坐西南向东北，占地 208 平方米，正东北方 10 米为川云公路。建筑为穿斗结构，小青瓦屋面，两面均有封到屋顶的砖墙，每块砖上均刻有"华光庙"字样，现仅剩一间，面阔 13、进深 16、高 8 米。

干坳田字库 位于巡司镇黄坪村，建于清光绪二十四年（1898 年），坐西向东，占地 0.7225 平方米。字库外形像 1 座小塔，下正方，上为四角攒尖顶，边长 0.85、高 2.6 米；下面是两层，底层封闭；四角有石柱，四方用石板相扣，上层比下层略小，前面有圆拱形门，四角有石柱，四方用石板相扣；正前方门上刻有一个文官像。

花滩子井 位于巡司镇芦丰村，建于清光绪二十六年（1900 年），坐南向北，占地面积 6.525 平方米，为光绪年间当地村民集资修建的共用饮水井。井四周用石块垒成井壁，井沿呈葫芦形，通长 4.5、最宽处 1.7、最窄处 1.2、井深 3 米，前有 9 级石梯到井下；石梯长 1.2、宽 0.2、高 0.2 米；此常年有水，供芦丰六组约 200 多人生活用水，沿用至今，井水清澈，凉爽宜人。

石窟寺及石刻

光明寺碑刻 位于巡司镇光明社区，立于道光二十年（1840 年），坐西向东，占地面积 2.59 平方米。碑为上圆下长方形，由 3 块碑组成，并排立于寺庙大殿前 10 米处；碑高 1.3~1.76、宽 0.78~1、厚 0.12~0.2 米，三碑相距 6.64~3.63 米；三碑中一块为培修碑证，两块为捐款碑记，文字较多，但因风化字迹大多不清。

近现代重要史迹及代表性建筑

和平水库 位于巡司镇和平村，建于 1958 年，1965 年培修，占地 23 亩，东西走向。水库坝高 20、长 55、宽 7.3 米，可蓄水 32010 立方米，可使土房村、上游村、巡司村等 16 个组得到用水，灌溉面积为 6000 亩。水库修建由县上拨款，水利局设计、施工，当地受益村组投工投劳修建，至今仍在蓄水使用。

杨柳水库 位于巡司镇杨柳村，建于 1958 年，倚北面南，由当时礼义乡政府出资组织民工修建的饮水、灌溉两用水库。水库依山地而建，总长约 280、下坝宽 26、中腹宽约 50 米，占地约 10000 平方米，中腹略宽，现承包与村民作养鱼之用。

道溪大队粮点旧址 位于巡司镇道溪村，建于 1964 年，坐东向西，占地约 36.43 平方米。粮站由两仓和一间办公房组成，成三合院状，均为土石砌成，混泥土石墙，人字抬梁，小青瓦屋面；左仓为面阔两间 20.8 米，进深 10 米，中间仓面阔三间 21.9 米，进深 12.5 米，右为办公房，面阔 14.4、进深 7.2 米；中间有一个长 27、宽 17 米的晒坝，四周围墙，正前有一个大铁门。此粮站为巡司粮站设在该处的分站，专门用于收购农户粮食，1998 年停收粮，1998 年村民买下右侧办公居住房并开了商店，两仓无人使用。

徐洪刚英雄纪念碑　位于巡司镇光明社区，立于 1995 年，坐西向东，占地面积约 17.64 平方米。碑背靠光明寺，碑座高 1.9、碑体高 11 米，碑成长方体，碑体边长 3 米 ×2.15 米，用石块与水泥砌成，正面有江泽民题词："向徐洪刚同志学习。"碑后面有李鹏题词："向见义勇为不畏强暴的英雄战士徐洪刚同志学习。"两侧为徐洪刚见义勇为英雄群体纪念碑；此碑为当地学校和人民进行英雄主义教育的场所。

双腾镇

古墓葬

刘定银夫妇墓　位于双腾镇德胜村，建于清代，坐西向东，占地面积 22.4 平方米。冢呈前圆弧后梯形，以五层条石砌成，长 5.6、宽 4、高 1.6 米；碑为石质仿木结构，四柱三开间，庑殿顶，通高 3.3、通宽 2.5 米，两侧有抱鼓；檐下饰以"二龙抢宝"浮雕图案，碑文楷刻"皇清故显考/妣公刘定银老府君/妣母王氏老太君/之墓"，修造年月已风化不清。

桐榜墓群　位于双腾镇桐塝村，建于清代，占地面积约 220 平方米，均坐西向东，6 座墓按前三后三平行排列，有围墙。M1 ～ M5 均为乱石垒砌冢，无碑，大小形制相同；M6 为条石围砌墓，有碑，上可见两柱明间上部分及重檐庑殿顶，檐间有浮雕图案，碑文上可见"皇清待诰"等字样，其余尽皆埋于土中不可辨认。

何宾夫妇墓　位于双腾镇走马村，建于清代，坐东北向西南，占地面积约 19.8 平方米。冢呈前圆弧后梯形，条石垒砌而成，长 4.5、宽 4.4、高 1.4 米；碑为石质仿木结构，四柱三开间，五楼庑殿顶，通高 2.5、通宽 3.94 米，两侧施有抱鼓石，上刻有精美图案；碑顶上施有龙头、宝瓶，檐下有精细雕刻的 14 个孝道人物及二龙抢宝等图案，碑柱上刻有对联，碑文刻"皇清故显考何公讳宾翁老大人墓"。

陈宪衡墓　位于双腾镇苔草村，建于清嘉庆十五年（1810 年），坐西向东，占地面积约 18 平方米。墓冢呈前圆弧后梯形，条石垒砌而成，长 6、宽 3、高 1.6 米；碑为石质仿木结构，两柱一开间，庑殿顶，通宽 3.2、通高 3.8 米，上施宝顶，两侧有仪墙；檐下饰以"二龙抢宝"精细浮雕图案，额为杨申佑所题赞诗，明间碑刻"皇清待赠显考陈公讳宪衡老大人之墓　嘉庆十五年立"。次间檐下饰以"鹤鹿祥花"浮雕图案，碑刻小楷书墓志记其生平，该墓修造精致，书法刻工堪称筠连之最。

廖世宾墓　位于双腾镇沙坝村，葬于道光四年（1824年），民国三年重修，坐东向西，占地面积11.52平方米。冢呈前圆弧后梯形，条石垒砌而成，长4.8、宽2.4、高1.2米；碑为石质仿木结构，四柱三开间，重檐庑殿顶，通高2.8、宽1.8米，两侧施有抱鼓石；碑文楷书墓主人名及留宗字辈诗书碑人姓名。

赵和墓　位于双腾镇走马村，建于清道光十一年（1831年），坐东向西，占地面积约31.36平方米。冢呈前圆弧后梯形，条石垒砌而成，长6.4、宽4.8、高4米；碑为石质仿木结构，四柱三开间，庑殿顶，高7.2、宽4.72米；檐下刻有吉祥花卉及多处文字，对联气势雄伟，简单而不简略，碑刻"皇清例授登仕郎显考赵和翁大人墓"。

母淮墓　位于双腾镇大兴村，建于清咸丰五年（1855年），坐西向东，占地面积约13.5平方米。墓呈前圆弧后梯形，长4.5、宽2.7、高1.4米；碑为石质仿木结构，两柱一开间，庑殿顶，高1.4、宽0.73米；碑刻"皇清待赠故考母公讳淮老大人之墓，咸丰五年二月"。

张凤翔墓　位于双腾镇大山村，建于清同治七年（1868年），占地面积12.5平方米，坐西北向东南。冢呈前圆弧后梯形，条石垒砌而成，长5、宽2.5、高1.6米；碑为石质仿木结构，四柱三开间，重檐庑殿顶，通高2.2、宽2.5米；碑刻楷书"皇明进士来筠"、墓主人姓名及其后人造墓之由，檐下图案已风化。

陈世洪夫妇墓　位于双腾镇苔草村，建于清同治十三年（1874年），坐东南向西北，占地面积约27.6平方米。冢呈前圆弧后梯形，条石垒砌而成，长6、宽4.6、高1.38米；碑为石质仿木结构，四柱三开间，庑殿顶，高3.8、宽3.6米，两侧施有抱鼓石；檐下刻有浮雕吉兽祥花图案，碑刻"皇清故显考陈公讳世洪老大人之墓"。

新屋基墓　位于双腾镇柏胜村，建于清光绪二年（1876年），占地面积105平方米，由错开的一前一后两陈家墓组成，均坐东南向西北。二墓形制相同，其中M1在前，土冢，呈前圆弧的梯形，以七层条石围砌而成，长4.6、宽2.6、高1.6米；碑为石质仿木结构，二柱一间，庑殿顶，通高3.9、通宽2.6米，两侧有抱鼓石，上施以"梅兰竹菊"浮雕图案；檐下饰以精细镂空浮雕戏剧人物故事，竖额为"懿范宛然"，碑文楷刻"显妣陈母毋氏孺人之墓"及"皇清光绪二年季夏上浣谷旦立"。M2在后，土冢，呈前圆弧的梯形，以七层条石围砌而成，长4.6、宽3.4、高1.65米；碑为石质仿木结构，二柱一间，重檐庑殿顶，通高3.9、通宽3.4米，两侧有抱鼓石，上施以镂空双狮、深山藏古寺等古代戏剧故事；檐下饰以镂空戏剧浮雕图案，额题"佑启后人"，碑文楷刻"显妣陈母毋氏孺人之墓"及"皇清光绪二年孟冬月立"。

胡瀛夫妇墓　位于双腾镇新田村，建于清光绪七年（1881年），坐西向东，占地面积 39.039 平方米。冢呈前圆弧后梯形，以五层条石砌成，长 6.8、宽 3.9、高 2 米；碑为石质仿木构，四柱三间，庑殿顶，通高 4.5、通宽 3.9 米，檐下饰以"双凤朝阳"、"八仙及寿翁"图案浮雕，有古代戏剧、人物战场故事浮雕，明间碑文刻"清故显考/妣胡公瀛/母李老大/孺人之墓"，左次间碑刻文。

何林墓　位于双腾镇沙坝村，建于清光绪十年（1884 年），坐西向东，占地面积约 20 平方米。冢呈前圆弧后梯形，条石垒砌而成，长 5、宽 4、高 2.1 米；碑为石质仿木结构，两柱一开间，庑殿顶，高 1.6、通宽 2.1 米，两侧有抱鼓；檐下刻有"地灵人生"文字及牵藤富贵花图案，碑刻"皇清思革正八品故显考何公林翁之墓"。

张顺夫妇墓　位于双腾镇酸草村，建于清光绪二十八年（1902 年），坐西南向东北，占地面积约 15.496 平方米。冢呈前圆弧后梯形，条石垒砌而成，长 5.2、宽 2.98、高 1.4 米；碑为石质仿木结构，二柱一间，庑殿顶，高 3、宽 2.1 米；檐下刻有吉祥人物、孝道故事及花鸟图案浮雕，碑刻"皇清故显考张公讳顺老大人墓"。

石窟寺及石刻

惠元洞摩崖造像　位于双腾镇苔草村，建于清代，坐南向北，占地面积 286 平方米，由洞 1 个、造像 1 尊组成。洞深 26、高 20、宽 14 米，洞左、右两侧及正前台均供奉菩萨，计 12 尊，惜已毁坏；洞口西壁上刻惠元菩萨像，宝像庄严，面带微笑，两眼有神，刻工粗犷，赤足，右手探出，左手平垂于胸前握住不知名宝物，右手褊袒，高 2.5、身宽 1 米，着蓝、绿、灰、白、黑五色。

近现代重要史迹及代表性建筑

双河民居　位于双腾镇黄桷社区，建于 1966 年，坐西南向东北，占地面积约 280 平方米，为当时双腾公社出资，抽调各队社员投工投劳修建的地方性国营餐馆，原有 6 间，现右侧 3 间已改建为现代商业房，仅左边 3 间保存原貌。建筑为穿斗悬山式，小青瓦屋面，水泥地面，右 3 间面阔四柱三间长 13.2 米，进深九柱八间 10.5 米，第 3 间正面二楼板壁上有"文革"时期书写的黑体"世界革命"标语，今已全作门面用商铺房和居民居住房。

沐爱镇

古遗址

碾盘嘴碾房遗址　位于沐爱镇骑龙村，始建于明代，原为明代此地凤凰嘴一高姓官宦人家所修的碾房，碾房已毁多年，现仅存一付石碾和石碾盘。碾盘坐北向南，是在一块长6.2、宽3.6米，厚0.98米的多边形的大石头上面，整石雕凿而成，并配有一直径为0.8、厚0.4米的碾滚；碾盘直径2.44、深0.12米，磨心成正方形，直径0.18米，碾滚呈圆柱体，中间有碾孔，碾孔呈四方形，边长0.2米。明朝末年，此地凤凰嘴一高姓人家的儿子在朝做到天官，人称高天官，其家人经神人指点在此地开设碾房，在巨石上雕凿一付石碾，以保其官通家昌旺，谁知碾房开设以后，高家落败，碾房遂毁。

古墓葬

李清禄墓　位于沐爱镇金龙村，建于清代，坐东北向西南，占地面积11.88平方米。墓冢呈前圆弧后梯形，长条石垒砌而成，长5.4、宽2.2、高3.2米；碑为石质仿木结构，二柱一间，庑殿顶，高4.2、宽3.25米，两侧施抱鼓，抱鼓石上刻有花纹；顶上施有龙头、宝瓶，檐下刻有"佑启后人"四字，并有吉祥花卉等浮雕图案；碑柱上刻有对联，碑文刻"前清待诰谢母李清禄老孺人墓"。

兔儿包墓　位于沐爱镇棬坪村，建于清代，坐东向西，占地面积9.79平方米。墓冢呈前圆弧后梯形，长条石垒砌而成，上有封土，长4.1、宽2.1、高1.3米；碑为石质仿木结构，四柱三开间，庑殿顶，高3、宽2.95米，碑石厚0.4米，两侧施抱鼓石；檐下刻有"快马报喜"人物故事浮雕，碑文风化严重，字迹脱落。该墓传说为清代挑盐人死后所埋之地，清末其后人发达后所修。

桂花树郑家墓　位于沐爱镇峨坪村，建于清代，坐西向东，占地面积185.17平方米。墓冢呈前圆弧后梯形，长条石垒砌而成，上有封土，长8、宽7、高3.6米；碑为石质仿木结构，四柱三开间，三楼庑殿顶，两侧施抱鼓，碑高为4.3、宽3.75米，碑顶上均施有龙头、宝瓶，檐下刻有"克昌厥后"正楷大字及花卉、祥鸟浮雕，碑柱对联及碑文因腐蚀，现字迹脱落，已无字迹可认。

万其彬墓　位于沐爱镇团结村，建于清代，坐西向东，占地面积11.4平方米。墓冢呈前圆弧后梯形，长条石垒砌而成，宽3、高1.4米；碑为石质仿木结构，四柱三开间，重楼庑殿顶，高4.2、宽4米，两侧施抱鼓，上刻有人物、花纹等图案；碑顶上施龙头、宝瓶，檐下刻"诰锡重泉"四字及唐宋神话故事浮雕图案，碑柱上刻有对联，碑文刻"显考万公讳其彬府君之墓"。

饶正龙夫妇墓　位于沐爱镇大坪村，建于清道光二年（1822年），坐东北向西南，占地面积12平方米。墓冢呈前圆弧后梯形，长条石垒砌而成，长5、宽2.4、高1.35米；碑为石质仿木结构，四柱三开间，重楼庑殿顶，两侧施抱鼓石，高1.7、宽2.4米；碑刻"皇清待赠显考国学士饶公讳正龙老府君老大人之墓"，附碑为其侄、婿题诗作铭，格调清新风雅。

郑家湾墓　位于沐爱镇沿河村，建于清道光二年（1822 年），坐西向东，占地面积 64.6 平方米。墓冢呈前圆弧后方形，长条石垒砌而成，长 9.5、宽 6.8、高 4 米；碑为石质仿木结构，四柱三开间，庑殿顶，高 5.1、宽 3.9 米；碑顶上均施有龙头、宝瓶，檐下刻有连绵四环花纹及"福禄寿"篆书和"岳渎钟灵"四字，碑柱上刻有对联。该墓为郑克成、郑克新兄弟及妯娌四人合冢，此种葬法较少见。

唐享墓　位于沐爱镇尧坝村，建于清道光十二年（1832 年），坐西北向东南，占地面积 22.5 平方米。墓冢呈前圆弧后梯形，长条石垒砌而成，上有封土，长 7.5、宽 3、高 3.2 米；碑为石质仿木结构，二柱一间，庑殿顶，高 4.1、宽 2.9 米；檐下刻有"翁仲簪花"阴刻楷书，并刻有三羊一鸟一花浮雕图案，碑柱上刻有对联，题刻"皇清故显考唐公享翁大人之墓，道光十二年春三月吉旦"。

水竹林墓　位于沐爱镇沿河村，建于清道光十五年（1835 年），坐北向南，占地面积 22.75 平方米，当地人称刘陈二姓坟。墓冢呈前圆弧后梯形，长条石垒砌而成，长 6.5、宽 3.5、高 1.3 米；碑为石质仿木结构，四柱三开间，庑殿顶，通高 3.8、通宽 2.88 米；顶上均施有龙头、宝瓶，檐下施浮雕"吉祥花卉"、"祥云彩带"图案，碑柱上刻有对联，碑文风化严重，大部分字迹不清，唯见"道光十五年立"。

万黄氏墓　位于沐爱镇南坪村，建于清同治八年（1869 年），坐北向南，占地面积 25.56 平方米。墓冢前圆弧后梯形，长条石垒砌而成，上有封土，长 6、宽 5.3、高 1.5 米。碑为石质仿木结构，二柱一间，庑殿顶，两侧施抱鼓，碑高 1.8、宽 0.96 米，檐下阴刻有"王山拱秀"四字并刻浮雕花卉图案，碑柱上刻有对联，碑文刻"万母黄老孺人墓"。

胡伟瑛墓　位于沐爱镇南坪村，建于清同治九年（1870 年），坐西南向东北，占地面积 13.53 平方米。冢为前圆弧后梯形，长条石砌成，长 5.5、宽 2.06、高 1.6 米；碑为石质仿木结构，二柱一开间，庑殿顶，高 3、宽 2.46 米，两侧施有抱鼓；檐下刻有"犀山拱秀"、阴刻楷书和"二龙戏珠"浮雕，碑刻"皇清显考胡公伟瑛之墓"。

万廷高墓　位于沐爱镇石林村，建于清同治十二年（1873 年），坐北向南，占地面积 20.90 平方米。冢呈前圆弧后梯形，以条石砌成，长 5.5、宽 3.8、高 1.5 米；碑为石质仿木结构，四柱三开间，庑殿顶，高 2.9、宽 3.8 米，双抱鼓石；檐下刻有戏文故事、双龙抢宝及"龙蟠凤逸"4 个大字，并雕有 14 个古代人物像，碑刻"宣威将军御万公廷商学/名国泰老府君墓"。

李吉先夫妇墓　位于沐爱镇金鱼村，建于清光绪二年（1876 年），坐西向东，占地面积约 18 平方米。冢为前圆弧后梯形，以条石砌成，长 4.5、宽 4、高 1.3 米；碑为石质仿木结构，四柱三开间，双抱鼓石，庑殿顶，高 3、宽 2.7 米；檐下刻有 6 个古代人物、花纹图案及"垂口后昆"4 个大字，碑刻"皇清待赠故显考李公讳吉先老大人之墓，皇清待诰故显妣李母王氏老孺人之墓"。

胡家夫妇墓　位于沐爱镇南坪村，建于清光绪六年（1880 年），坐西南向东北，占地面积 23.4 平方米。墓冢呈前圆弧后梯形，长条石垒砌而成，长 5.2、宽 3.7、高 2.18 米；碑为石质仿木结构，四柱三开间，庑殿顶，高 4.5、宽 3.6 米，两侧施抱鼓石，上刻有花纹；檐下刻有"祥开后世"四字及吉祥花鸟人物浮雕图案，碑柱上刻有对联。

周春政墓　位于沐爱镇金坪村，建于清光绪六年（1880 年），坐西向东，占地面积 12.5 平方米。冢为前圆弧后梯形，以条石砌成，长 5、宽 2.5、高 1.4 米；碑为石质仿木结构，两柱一开间双抱鼓石，庑殿顶，高 2.7、宽 2.3 米；檐下刻有 5 个古代人物像、二龙抢宝图案及"祥钟百代"4 个大字，碑刻"皇清待赠故显考周公讳春政老大人墓，恩荣正八品修职郎"。

万家墓地　位于沐爱镇南坪村，建于清光绪七年（1881 年），共有墓 2 座，相距 3.2 米，均坐北向南，占地面积 103.2 平方米。其中 M2 为万母黄氏墓，保存较好，墓冢呈前圆弧后梯形，长条石垒砌而成，上有封土，长 6、宽 3、高 1.4 米；碑为石质木仿结构，二柱一间，庑殿顶，高 2.6、宽 2.36 米，两侧施抱鼓，上刻有花纹、动物等图案；碑顶上施龙头、宝瓶，檐下刻孝悌、勤俭人物故事等浮雕，碑柱上刻有对联，碑文为"万母黄老孺人墓"。

童钟氏墓　位于沐爱镇金坪村，建于清光绪九年（1883 年），坐西向东，占地面积 11.25 平方米。冢呈前圆弧后梯形，以条石砌成，长 4.5、宽 2.5、高 1.5 米；碑为石质仿木结构，两柱一开间双抱鼓石，庑殿顶，高 2.28、宽 2 米；檐下刻有花瓶 2 个、花纹及"坤淮永茗"4 个大字，碑刻"皇清待诰故显妣童母钟老孺人墓"。

黄沛墓　位于沐爱镇团结村，建于清光绪十年（1884 年），坐东向西，占地面积 14.8 平方米。墓冢呈前圆弧后梯形，长条石垒砌而成，上有封土，长 4.5、宽 2.7、高 1.2 米；碑为石质仿木结构，四柱三开间，重楼庑殿顶，高 3.2、宽 3.29 米，两侧施抱鼓，上刻有花纹；檐上施有龙头、宝瓶，檐下刻有"德星朗耀"四字，碑柱上刻有对联，碑刻"皇清待赠故显考黄公沛翁大人之墓"。

陈铠夫妇墓　位于沐爱镇尧坝村，建于清光绪十二年（1886 年），坐西南向东北，占地面积 21 平方米。墓冢呈前圆弧后梯形，长条石垒砌而成，上有封土，长 5、宽 4.2、高 4.1 米；碑为石质仿木结构，四柱三开间，重楼庑殿顶，高 5.2、宽 4.23 米，两侧施抱鼓石；檐下刻有"双凤朝贺"祥云图案及明代状元孝悌人物故事，碑刻"皇清例赠五品故显考陈铠翁老大人之墓"，明间、次间柱上均刻有对联，抱鼓石上刻有人物图案。

赵李氏墓　位于沐爱镇金堂村，建于清光绪十四年（1888 年），坐东南向西北，占地面积 24.75 平方米。墓冢呈前圆弧后梯形，长条石垒砌而成，长 5.5、宽 3.8、高 4.4

米；碑为石质仿木结构，四柱三开间，庑殿顶，高 5.4、宽 4.5 米，两侧施抱鼓石，上刻有麒麟、花纹等图案；碑顶上施有龙头、宝瓶，檐下刻有"佳城永固"四字并有"双凤朝阳"、"二龙抢宝"、"八仙寿星"浮雕，碑柱上刻有对联，碑文刻"皇清故显妣赵母李太君墓"。

韦思义夫妇墓　位于沐爱镇沿河村，建于清光绪十八年（1892 年），坐北向南，占地面积为 23.42 平方米。墓冢呈梯形，长条石垒砌而成，长 6、宽 4、高 2 米；碑为石质长方形，高 0.8、宽 1 米，横额阴刻"世代遐昌"四字，碑文刻"皇清待赠故显考韦公思义老大人/诰故显妣胡氏老孺人之墓，清光绪壬辰年五月立"。

余廖氏墓　位于沐爱镇尧坝村，建于清光绪二十八年（1902 年），坐南向北，占地面积为 14.4 平方米。墓冢呈前圆弧后梯形，长条石垒砌而成，长 4.8、宽 3、高 1.3 米；碑为石质仿木结构，二柱一间，庑殿顶，高 2.65、宽 3 米，两侧施抱鼓；檐下刻有"万古佳城"四字，碑文刻"皇清故显妣余母唐老孺人之墓"。

牟书明夫妇墓　位于沐爱镇大坪村，建于清嘉庆年间，坐南向北，占地面积为 33.64 平方米。墓冢呈前圆弧后梯形，长条石垒砌而成，长 5.8、宽 5.8、高 1.3 米；碑为石质仿木结构，四柱三开间，碑顶已毁；碑上刻有万古佳城四字，碑刻"皇清待赠牟公讳饶书明老大人之墓前位"等字样。

花坟坝刘氏墓　位于沐爱镇大坪村，建于清同治年间，共有墓 2 座，均坐西向东，占地面积为 49.5 平方米，为父子墓。其中 M2 保存较好，墓冢呈前圆弧后梯形，长条石垒砌而成，长 5、宽 3、高 1.8 米；碑为石质仿木结构，四柱三开间，庑殿顶，高 2.1、宽 3 米，两侧施抱鼓石；碑顶上施有龙头、宝瓶，檐下刻有人物、花鸟图案，栩栩如生，颇具价值，碑柱上刻有图案，抱鼓石上刻有龙、花等图案，碑文刻"皇清故显考刘公讳琦老大人墓"。

胡家墓地　位于沐爱镇南坪村，建于清道光、光绪年间，共有墓 3 座，均坐西南向东北，占地面积约为 276.12 平方米。其中 M1 保存较好，墓冢呈前圆弧后梯形，长条石垒砌而成，长 6、宽 2.7、高 1.78 米；碑为石质仿木结构，二柱一间，庑殿顶，高 1.7、宽 2.16 米，两侧施抱鼓石；檐下刻有鹤、鹿、羊、凤及二龙戏珠等浮雕图案，碑刻"皇清胡公讳洁翁老大人墓"。

潘朝先夫妇墓　位于沐爱镇大坪村，建于清光绪年间，坐南向北，占地面积为 13.8 平方米。墓冢呈前圆弧后梯形，长条石垒砌而成，长 4.6、宽 3、高 2.5 米；碑为石质仿木结构，二柱一间，庑殿顶，高 3.5、宽 2.4 米，两侧施抱鼓石；碑顶上刻有龙头、宝瓶，碑正额刻"千秋永固"四字、祥云图案和宋明状元人物故事浮雕，碑文刻"皇清故显考潘朝公讳先老大人墓"。

何贞元夫妇墓　位于沐爱镇兴隆村，建于清光绪年间，坐西向东，占地面积 26.5

平方米。墓冢呈前圆弧后梯形，长条石垒砌而成，长 7.8、宽 4.4、高 2.1 米；碑为石质仿木结构，四柱三开间，庑殿顶，高 3.5、宽 4.4 米，两侧施抱鼓石，上刻有人物禽兽、树木等图案；檐下刻有吉祥花鸟、兽图案，左戟右笔，龙凤吉祥等浮雕，碑柱上刻有对联，碑文刻"皇清例授国学士何贞元老大人墓"。

石家湾平氏墓　位于沐爱镇尧坝村，建于清光绪年间，由平怀坤父子 2 座墓组成，二墓相距 5 米，形制基本相同，均坐东北向西南，占地面积约 42.25 平方米。其中 M1 为平怀坤墓，保存较好，冢呈前圆弧后梯形，长条石砌成，上施封土，长 5、宽 3.8、高 1.5 米；碑为石质仿木结构，四柱三开间，重楼庑殿顶，高 4.3、宽 4.46 米，两侧施抱鼓石，上刻有人物、树木、动物等图案；檐下刻"半城生气"及拜佛求仙、神化人物浮雕图案，碑刻"皇清待赠平公讳怀坤老大人墓"，明间、次间柱上均刻有对联。

赵新德墓　位于沐爱镇金銮村，建于清宣统元年（1909 年），坐东北向西南，占地面积 27.82 平方米。墓冢呈前圆弧后梯形，长条石垒砌而成，长 5.7、宽 3.6、高 6 米；碑为石质仿木结构，四柱三开间，重楼庑殿顶，通高 3.2、通宽 4.98 米，两侧施抱鼓石，上刻有精美图案；碑顶上施有龙头、宝瓶，檐下刻有"诰受骑都尉"及赵子龙单骑救主故事等浮雕人物共 38 幅，碑柱上刻有对联，碑文刻"皇清故显考赵公讳新德大人墓"。

古建筑

魏祥清宅　位于沐爱镇荷花社区，建于明代，据调查得知已有 500 多年（成化年间），坐东向西，占地面积 90 平方米。建筑为悬山穿斗式结构，小青瓦屋面，面阔四柱三间 9 米，进深九柱八间 10 米，通高 7 米，右侧一间面墙有所改建，并与周围邻居老宅形成一条街。

张永军宅　位于沐爱镇兴隆村，建于清代，坐西南向东北，占地面积 130 平方米。建筑为三合院，两侧厢房现已改为砖木结构，正房为穿斗式木结构，小青瓦屋面，面阔四柱三间 13 米，进深七柱六间 10 米；木柱、房梁用材粗壮，均为桢楠，正屋高门坎外设 2 块叫化子石凳，传为开生荒开出。

潘玉发宅　位于沐爱镇兴隆村，建于清代，坐西向东，占地面积 102.93 平方米，据传有 300 年历史。建筑原为三合院，两厢房已拆毁，仅存堂屋，为穿斗式木结构，小青瓦屋面，正房前施回廊，檐柱四根，面阔四柱三间 14 米，进深八柱七间 8.4 米；双扇门，柱、梁为粗大桢楠木，堂屋侧外楼装小阁楼，窗雕 5 组四鱼争食及 16 朵四季迎春花图案。

斑竹林民居　位于沐爱镇大坪村，建于清代，坐东向西，占地面积 106.6 平方米，建筑为悬山穿斗式木结构，小青瓦屋面，面阔四柱三间 13 米，进深八柱七间 8.2 米，有右厢房一；现正房右部已垮塌倾斜，木柱及梁、檐损毁。

胡书铭宅 于沐爱镇荷花社区，始建于清代，坐南向北，占地面积 241.92 平方米。建筑为悬山穿斗式木结构，小青瓦屋面，面阔五柱四间 11.2 米，进深分三重，第一重五柱四间 6 米，第二重五柱四间 4.2 米，第三重十一柱十间 11.5 米，通高 7 米；右两间楼壁改建为通窗，四周邻居老宅形成一条街。

荷花池 位于沐爱镇荷花社区，始建于清代，占地面积 4739 平方米，倚东面西，分为大小两个荷花池，中以石桥隔开。该地原为烂海子田，明清时期池中就有天然荷花，1947 年外地人冯玉林曾对烂海子拔除杂草，砌坎整修，惜未完工，解放后亦无人管理；1988 年，在当地善人韦光兰的组织带领下，捐款集物对荷花池进行了"砌堤、加栏、除杂、引水"整治，使大小荷花池依其天然不规则外形，围以栏杆，中修亭榭二座，大小荷花池连以桥栏，池中引植新荷，池畔标名勒碑；今夏秋之季荷花盛开，成了沐爱公园内一道远近闻名的风景。

刘翰祥宅 位于沐爱镇沿河村，建于清代，坐西向东，占地面积 866.45 平方米，为当时刘翰祥祖上设计修建。建筑由正房、左右厢房组成三合院布局，悬山穿斗式构造，小青瓦屋面；正房面阔四柱三间 13 米，进深 13 米；左右厢房形制相同，面阔四柱三间 13 米，进深 8.5 米；正、厢连接，有两转角，右厢房有改建，典型的清末川南民居。

金溪村万氏宅 位于沐爱镇金溪村，建于清嘉庆十五年（1810 年），坐西北向东南，占地面积 222.72 平方米。建筑为穿斗结构，人字顶，小青瓦屋面，屋前有走廊，檐柱 5 根，面阔五柱四间 19.2 米，进深八柱 11.6 米，通高 7 米；房右修有一现代建筑。

韦光兰宅 位于沐爱镇荷花社区，建于道光元年（1821 年），坐西向东，占地面积为 60.84 平方米。建筑为穿斗式木结构，小青瓦屋面，面阔两柱一间 5.2 米，进深七柱 11.7 米，通高 7 米，板壁墙。该建筑属余家祖业遗留至今，据说相传几代人，建造人余国泰。

张崇芝宅 位于沐爱镇荷花社区，建于清道光二十六年（1846 年），坐西北向东南，占地面积为 97.73 平方米，为沐爱士绅张学芝所修住宅，解放后被征收作邮电局办公房。建筑为悬山穿斗结构，小青瓦屋面，面阔四柱三间 9.1 米，进深 10.3 米，内有一个小天井，三合土地面，木门板壁。

黄少华宅 位于沐爱镇街村，建于清末，坐西向东，占地面积为 59.04 平方米。建筑为穿斗式木结构，小青瓦屋面，面阔三柱两间 8.2 米，进深六柱五间 7.2 米，板壁门窗，周围民居密集。

荷花池禹王宫 位于沐爱镇荷花社区，建于清末，坐东北向西南，占地面积 56.25

平方米。建筑为穿斗结构，小青瓦屋面，面阔四柱三间 7.5 米，进深 7.5 米，重檐歇山顶，明坎间抬梁架构，用材硕大，气宇恢宏，为禹王宫正殿，已被拆毁仅存木柱、檐顶、梁架、屋顶瓦件及戏台。

周家宅 位于沐爱镇荷花社区，建于清末，坐南向北，占地面积为 194.25 平方米。建筑为穿斗结构，小青瓦屋面，分两重，第一重面阔四柱三间 11 米，进深六柱五间 6 米，第二重七柱六间 12.5 米，内有天井和花园。

毛志宅 位于沐爱镇荷花社区，建于清末，坐东向西，占地面积为 189 平方米。建筑为穿斗结构，小青瓦屋面，面阔三柱两间 9 米，进深分两重，第一重八柱七间 8 米，第二重十柱九间 9.2 米，通高 7 米；主体向左倾歪严重，屋内已改建装修。

叶老五宅 位于沐爱镇荷花社区，建于清末，坐东向西，占地面积为 90 平方米。建筑为穿斗式木结构，小青瓦屋面，面阔三柱两间 9 米，进深九柱八间 10 米，通高 9 米；门面有改建，四周民居密集，门前街道。

石窟寺及石刻

中坪摩崖造像 位于沐爱镇中坪村，建于清咸丰元年（1851 年），坐北向南，占地面积 12 平方米，由一楷书摩崖碑刻和一灵官菩萨摩崖造像组成。碑高 1.8、宽 1.15 米，楷书刻造像之由；灵官造像高 0.75、宽 0.7 米，手执钢鞭，形态凶恶，旁有楷书对联"途通上马步；威镇望天坡"。

近现代重要史迹及代表性建筑

徐明海宅 位于沐爱镇荷花社区，建于民国初年（1912 年），坐西向东，占地面积为 114.4 平方米。建筑为穿斗式木结构，小青瓦屋面，面阔四柱三间 11 米，进深九柱八间 10.4 米，通高 7 米，面壁改建为铝金卷帘门。

胡敏宅 位于沐爱镇荷花社区，建于民国三年（1914 年），坐北向南，占地面积为 107.7 平方米。建筑为穿斗式木结构，小青瓦屋面，面阔四柱三间 13.5 米，进深 10.8、高 9 米，木门板壁、三合土地面。

黄成众宅 位于沐爱镇荷花社区，建于民国八年（1919 年），坐西南向东北，占地面积为 185.37 平方米。建筑为穿斗式木结构，小青瓦屋面，面阔三柱两间 11.1 米，进深十二柱 16.7 米，通高 7 米；建筑左面有一个宽 1.6、长 1.6 米的天井，右边有一条宽一米的巷道，天井旁有一道封上房顶的封火墙。

万氏宅 位于沐爱镇荷花社区，建于民国十二年（1923 年），坐西北向东南，占地面积为 504.8 平方米。建筑为三进二天井，穿斗抬梁混合式木结构，人字顶，小青瓦屋面，面阔四柱三间 13.8 米，一进五柱四间 13.8 米，进深 7.8 米，中为天井，二进面阔十二柱 13.8 米，二进进深 6.4 米；前为廊房客榭阁楼，后为天井二，三进面阔四柱三间 13.8 米，进深十一柱 11 米；木椽泥瓦，用材粗壮，风格独特，为万姓地主修建。

余国华宅 位于沐爱镇荷花社区，建于民国十四年（1925 年），坐西北向东南，占地面积为 90 平方米。建筑为穿斗式木结构，人字顶，小青瓦屋面，面阔两柱一间 6.5 米，进深七柱 7.3 米，通高 7 米。

南坪民居 位于沐爱镇南坪村，建于民国十五年（1926 年），坐西北向东南，占地面积 766.08 平方米。建筑由下厅、堂屋及厢房组成四合院，左侧连外厢房，天井等现已不存，房屋为穿斗结构，小青瓦屋面；下厅为四柱三间通面阔 26.7 米，进深 6.4 米，两侧厢房面阔七柱三间 12.6 米，进深 6.6 米；堂屋面阔八柱三间 26.7 米，进深 8.7 米；下厅中间为一走廊，堂屋窗户上刻方格嵌花图案。

黄发均宅 位于沐爱镇荷花社区，始建于民国十八年（1929 年），坐西北向东南，占地面积 135 平方米。建筑为穿斗式木结构，小青瓦屋面，面阔四柱三间 9 米，进深十二柱 15 米，通高 7 米，为一楼一底。

万作申宅 位于沐爱镇荷花社区，建于民国二十年（1931 年），坐西向东，占地面积为 130.9 平方米，为当时万作申父辈修的住房。建筑为悬山穿斗式木结构，人字顶，小青瓦屋面，外面阔两柱一间 4.7 米，进深 7 米，内面阔四柱三间 12 米，进深 7 米，内有一小天井；三合土地面，木门板壁。

张龙忠宅 位于沐爱镇荷花社区，建于民国二十年（1931 年），坐东向西，占地面积 233.64 平方米。建筑为穿斗式木结构，小青瓦屋面，面阔五柱四间 17.3 米，进深十四柱十三间 13.2 米，通高 6 米；解放后收归国有并长期用于沐爱区供销社，为沐爱区人民购买生产生活物资和出售土特产的场所，门面已为铝合金卷帘门，周围邻居老宅形成一条街。

张朝秋宅 位于沐爱镇荷花社区，建于民国二十年（1931 年），坐西向东，占地面积 49.22 平方米。建筑为穿斗式木结构，小青瓦屋面，面阔二柱一间 4.6 米，进深九柱八间 10.7、高 8 米，现有厅堂，内设茶馆经营。

李万春宅 位于沐爱镇荷花社区，建于民国二十二年（1933 年），坐东向西，占地面积 120 平方米，为李万春祖上所修的生活住房。建筑为悬山穿斗式木结构，小青瓦屋面，面阔三柱二间加转角 11.4 米，进深 10.6 米，通高 7 米，木门板壁，三合土地面。

肖业宏宅 位于沐爱镇荷花社区，建于民国二十二年（1933 年），坐西向东，占地面积 300 平方米。建筑为穿斗式木结构，小青瓦屋面，面阔六柱五间 20 米，进深 19 米，内有一天井，后排房面阔四柱三间 20 米，前房门面上方二楼外和里面后排房二楼外均有走廊并施栏杆。

荷花池民居 位于沐爱镇荷花社区，建于民国二十五年（1936 年），坐西北向东南,占地面积为 127 平方米。建筑为悬山穿斗式木结构,小青瓦屋面,面阔五柱四间 12.3 米,进深 10.3 米,三合土地面,木门板壁。

饶敏宅 位于沐爱镇荷花社区,建于民国三十五年(1946 年),坐北向南,占地面积为 150 平方米。建筑为穿斗式木结构,人字顶,小青瓦屋面,面阔四柱三间 14 米,进深十柱三间 15 米,通高 8 米,内有一长 2.4、宽 2.2 米的天井。

徐光国宅 位于沐爱镇荷花社区,建于民国三十九年(1940 年),坐西向东,占地面积为 80 平方米。建筑为穿斗式木结构,小青瓦屋面,面阔三柱二间 8 米,进深九柱八间 10 米,通高 6 米,全是门面,有可开可拆的门,门面由原住房改建为经商。

饶春林宅 位于沐爱镇荷花社区,建于民国三十九年(1940 年),坐东向西,占地面积为 85.32 平方米。建筑为穿斗式木结构,小青瓦屋面,面阔三柱两间 7.9 米,进深十柱九间 10.8 米,通高 6.5 米,门面有改建,周围邻居密集。

刘成全宅 位于沐爱镇荷花社区,建于民国三十九年(1940 年),坐西向东,占地面积为 111.36 平方米。建筑为穿斗式木结构,小青瓦屋面,面阔四柱三间 11.6 米,进深九柱八间 9.6 米;右间改建为铝合金卷帘门,左、右居民密集,门前街道。

李宗于宅 位于沐爱镇荷花社区,建于民国四十年(1941 年),坐西向东,占地面积 92 平方米。建筑为穿斗式木结构,小青瓦屋面,面阔三柱两间 9.2 米,进深七柱两间 10 米,通高 8 米,解放后曾作过沐爱医院。

贾氏宅 位于沐爱镇荷花社区,建于解放前夕,坐东向西,占地面积 142.3 平方米。建筑为穿斗悬山木结构,小青瓦屋面,面阔两柱一间 6.2 米,进深两重,中有天井,通高 9 米;板壁装,有楼楼架壁,该房当年为贾姓修造,解放后用于联诊所至今,周围邻居老宅形成一条街。

沐爱县衙旧址 位于沐爱镇荷花社区,坐西南向东北,占地面积 5380 平方米。1941 年,由于高县对博爱镇(现沐爱镇)增加钱粮赋税,激起该镇与高县分治,经国民政府行政院批准,该镇于 1945 年设治并动工修建县衙署,1948 年完工,同年,该镇与高县分治成立中华民国沐爱县政府并于该处办公。建筑为木结构穿斗悬山式,小青瓦屋面,由前堂、正堂、后堂、厢房、廊房、厨厕杂物间、围墙和大门组成四合院;正、后堂形制相同,相距 6 米,由廊房四柱搭牵,面阔八柱七间 27 米,进深各为 12.5 米,通高 6.5 米;有台基高 1 米,四级阶梯,内有凉亭、天井等附属建筑,三合土地面,木门板壁。四川省人民政府于 2012 年 7 月公布为文物保护单位。

贾家宅 位于沐爱镇荷花社区,建于 1949 年,坐西向东,占地面积 154.8 平方米。建筑为穿斗悬山式木结构,小青瓦屋面,面阔五柱四间 18 米,进深十一柱十间 8.6 米,通高 8 米,门面改建经商,周围邻居老宅形成一条街。

李友香宅 位于沐爱镇荷花社区,建于 1952 年,坐北向南,建筑面积为 33.6 米。

建筑为悬山穿斗式木结构，小青瓦屋面，面阔二柱一间 4 米，进深 8.4 米，属典型川南民居。

赵宗全宅　位于沐爱镇荷花社区，建于 1953 年，坐南向北，占地面积为 371.8 平方米，为赵宗全祖辈修建的生活住房。建筑为悬山式木结构，小青瓦屋面，面阔四柱三间一巷，面阔 14.3、进深 26、通高 7 米，木门板壁。

沐爱区供销社旧址　位于沐爱镇荷花社区，建于 1957 年，坐西向东，占地为 225.75 平方米，是原沐爱区供销社原址，为计划经济时代沐爱区民众购买生产生活物资和销售土产品的专门机构。建筑为砖混结构，上下两层，悬山式泥瓦顶，面阔六柱五间 21.5 米，进深 10.5 米，通高 9 米，正中门面壁上方留有"文革"期间字迹"为人民服务"，字迹清晰可见。

沐爱烈士陵园　位于沐爱镇荷花社区，建于 1958 年，坐南向北，占地面积为 800 平方米，是纪念 1937 年经过沐爱牺牲的红军和解放沐爱牺牲的解放军而建，由烈士墓碑、纪念碑、门组成。纪念碑下方为六方形，边长 2、碑高 14、宽 1.2 米，碑西面有毛体"人民英雄永垂不朽"红字，碑顶为手持冲锋枪的解放军战士塑像；碑后横排长 14.2、宽 2.6 米，共 21 座烈士墓，每座前有一通小碑；陵园进口处有左右两根门柱，边长 1.25、高 4.8、相距 3.2 米。

维新镇

古墓葬

应鸣龙夫妇墓　位于维新镇落箭村，建于清道光二十八年（1848 年），坐东向西，占地面积 46.75 平方米。冢呈前圆弧后梯形，条石垒砌而成，长 8.5、宽 3.5、高 1.7 米；碑为石质仿木结构，六柱五开间，重楼庑殿顶，高 5.6 米，通宽 5.38 米，两侧施有抱鼓石，上饰以狮子滚乡球图案；檐下饰以"富贵牡丹、吉祥丹鹿"浮雕图案及人物战场，明间碑文"皇清例授正八品应公讳鸣龙老大人之墓"等，次间分别刻其祭祀子孙名、修建年月等。

埂子上韦家墓　位于维新镇公平村，建于咸丰元年（1851 年），由两座墓组成，均坐南向北，总占地面积约 182 平方米。其中 M1 冢前部左右圆形鼓出，后呈梯形，条石垒砌，上有封土，冢长 7、宽 5 米，前嵌一碑；碑为红沙石质仿木结构，庑殿顶，四柱三间呈"八"字形；碑檐下均有戏剧人物故事，上饰圆雕图案，明间碑刻"皇清待赠诰故显考（妣）韦公讳德让（门郑氏）之墓，咸丰元年六月吉日"等字样，次间分别刻有祭文及祭祀者名讳。M2 冢呈前圆弧后梯形，条石垒砌，上有封土，冢长 7、宽 5

米；碑为红沙石质仿木结构，垂檐庑殿顶，两柱一间，两侧施抱鼓呈"八"字形；碑刻"皇清待赠故显考韦公讳怀邦老大人之墓，光绪二年中秋月上浣朔二日吉日立"；两墓共一祭台，祭台呈半椭圆形，为石板铺成。

应罗氏墓　位于维新镇落箭村，建于清咸丰二年（1852年），坐南向北，占地面积约13.5平方米。冢呈前圆弧后梯形，条石垒砌而成，长4.5、宽3、高2.4米，碑为石质仿木结构，二柱一间，庑殿顶，两侧施抱鼓石。碑高2.3、宽1.1米，檐下刻有人物战场、吉祥大花图案浮雕，碑文刻"皇清故妣应母罗老孺人墓"。

宋开昭夫妇墓　位于维新镇平等村，建于清咸丰四年（1854年），占地约40.7平方米，坐北向南。冢呈前圆弧后梯形，条石砌成，长7、宽5.5米，墓左人为损坏迹象；碑为石质仿木结构，四柱三开间，重檐庑殿顶，宽2.9、高1.5米，两侧有抱鼓；檐下刻有八仙过海、二龙抢宝、双凤朝阳图案，顶部人为损坏。

罗文国夫妇墓　位于维新镇顺阳村，建于咸丰十一年（1861年），坐北向南，占地面积约6平方米。墓冢为土垒而成，呈不规则长方形，长3、宽2、高1.6米；碑为清沙石质单碑，呈上圆弧下方形，宽1.2、高1.3米；碑刻"罗公文国/母税氏，咸丰十一年"等字样，后一块碑刻"清明会"等罗氏祭奠碑文。

大地头墓　位于维新镇菜坪村，建于清同治年间，坐南向北，占地面积40.20平方米，由M1、M2组成，二墓形制基本相同。其中M1保存较好，冢呈前圆弧后梯形，条石垒砌而成，长5.7、宽2.6、高1.5米；碑为石质仿木结构，两柱一开间，重檐庑殿顶，通高2.4、宽1.8米；檐下施龙麟、风火轮、蝙蝠、丹鹿衔花、喜鹊等图案，碑刻为楷书墓主人名及修墓年月和祭祀子孙姓名。

郑体乾墓　位于维新镇菜坪村，建于光绪十七年（1891年），坐北向南，占地面积约12.15平方米。冢呈前圆弧后梯形，条石垒砌而成，长4.5、宽2.7、高3米；碑为石质仿木结构，四柱三开间，庑殿顶，高3.1、宽1.62米，两侧施抱鼓石；檐下刻有花鸟图案浮雕，碑刻"皇清故显考郑公讳体乾老大人墓"。

郑金台夫妇墓　位于维新镇菜坪村，建于光绪十七年（1891年），坐北向南，占地面积20.91平方米。冢呈前圆弧后梯形，条石垒砌而成，长5.1、宽4.1、高1.87米；碑为石质仿木结构，四柱三开间，庑殿顶，通高3.5米，两侧施有抱鼓石；檐下刻有"双凤朝阳"、"吉祥花卉"，额刻"仍一公风"及人物战场图案。

张占魁夫妇墓　位于维新镇自由村，建于清光绪十八年（1892年），坐南向北，占地面积23.97平方米。冢呈前圆弧后梯形，条石垒砌而成，长5.1、宽4.7、高1.6米；碑为石质仿木结构，四柱三开间，庑殿顶，高3.8、通宽3.4米，两侧施有抱鼓石，上饰以人浮图案；檐下饰以人物战场浮雕图案，碑文为"思荣显考（妣）墓"，次间碑左刻"张母应悟裨之墓"，右刻"张公占魁之墓"。

罗子纥夫妇墓 位于维新镇田坝村，建于光绪二十六年（1900年），坐西北向东南，占地面积约45.5平方米。冢呈前圆弧后梯形，条石垒砌而成，长9、宽4.5、高1.4米；碑为石质仿木结构，四柱三开间，庑殿顶，高4.5、宽2.8米，两侧施有抱鼓石；碑刻"皇清故显考罗公讳子纥老大人墓"。

汪家沟墓地 位于维新镇清泉村，建于清光绪年间，共由5座墓组成，均坐东向西，M2位于M1以西16.2米，M3位于M1东北9米，M4位于M1东南10米，M5位于M1东南16米。其中M1为陈致美夫妇三人合葬墓，建于清光绪八年（1882年），占地面积约24.38平方米；冢呈前圆弧后梯形，条石垒砌而成，长5.3、宽4.6、高1.6米；碑为石质仿木结构，四柱三开间，庑殿顶（已毁），通高3.8、通宽3米，两侧施有抱鼓石，上刻人物及花卉图案；檐下饰以"二龙抢宝"、"双凤朝阳"、"羊羔跪乳"及人物孝道故事精细浮雕图案，横额刻楷书"毓秀钟灵"。

陈家墓 位于维新镇周坪村，建于清代，坐东北向西南，占地面积约200平方米。墓冢呈前圆弧的梯形，条石垒砌，上有封土，长5、宽4米，碑前嵌一碑；碑为清沙石质仿木结构，两柱一开间，庑殿顶，高2.4米；上饰宝瓶，碑刻大多字迹漫灭不清，据周围陈姓人介绍：此坟为陈家湖广填四川第三代，刻文可见"清道光年"几字。

郑建成夫妇墓 位于维新镇菜坪村，建于清代，坐北向南，占地面积107平方米。冢呈前圆弧后梯形，以条石砌成，长7、宽6.9、高1.5米；碑为石质仿木结构，四柱三开间，通高4.1、宽2.6米，两侧施有抱鼓石，上修宝顶；檐下施浮雕人物故事、二龙抢宝、双凤朝阳及吉兽祥花图案，碑刻欧柳体楷书刻墓主人名及祭祀子孙姓名及其生平。

近现代重要史迹及代表性建筑

乌龟田民居 位于维新镇新华村，建于1928年，坐西向东，占地面积约336平方米，为当地地主刘富和修建。建筑由正房、两侧厢房组成三合院布局，为穿斗悬山式木结构，小青瓦屋面，正房面阔四柱三间14米，进深八柱七间6米。

沙星头民居 位于维新镇落箭村，建于1942年，坐北向南，占地面积约720平方米，为当地地主应华栋兄弟所修的民家住房，解放后被政府征为粮站仓库，2001年经维修后作为维新镇政府办公用房。建筑由两侧厢房、正房组成三合院布局，为悬山穿斗式木结构，小青瓦屋面；正房面阔四柱三间长14.2米，进深8米；木门板壁，三合土地面（水泥地面）；左、右厢房形制对称相同，面阔三柱两间9.1米，进深9.6米，右厢适伸为二进18.9米，中有一个小天井开光。

镇舟镇

古遗址

灯杆洞 位于镇舟镇前进村，占地面积约 30 平方米。洞为自然茅口组灰基崖溶洞，洞宽 3.5 ~ 7、长 55、高 5 米。1961 年和 1990 年，成都地质博物馆两次对其进行发掘，在洞内发掘出包括扫尾豪猪、虎、大熊猫巴氏种、中国犀、野猪等 20 余种哺乳动物化石，并在下层发现人类活动遗物，甚至有更早的人类化石的可能性。筠连县人民政府于 1990 年 6 月公布为文物保护单位。

金钟村寨子遗址 位于镇舟镇金钟村，建于清道光年间，后倚西高岩，面向东方，占地面积约 500 平方米，为当地罗姓地主为躲避兵灾、土匪而修的防御性碉堡寨子。寨子由围墙、内二道墙和中心小碉楼组成，墙体为石砌，外墙高 8 ~ 10、内墙高约 15、小碉楼高约 20 米，内、外墙及碉楼上均有枪炮眼和射击垛口，今已废弃。

古墓葬

棺木岩悬棺 位于镇舟镇前进村，建于明代，坐东向西，占地面积约 100 平方米。岩通高 50 米左右，岩上有木桩及木桩眼孔 30 多个，仅存棺木一个；棺木置放天石岩中断岩洞中，有树荫隐藏，可见北头南尾。

李鈗夫妇墓 位于镇舟镇前进村，建于道光五年（1825 年），坐北向南，占地面积约 27.645 平方米。冢呈前圆弧后梯形，条石垒砌而成，长 9.7、宽 2.85、高 1.5 米；碑为石质仿木结构，四柱三开间，庑殿顶，两侧施有抱鼓石；檐下刻有人物战场、八仙过海、二龙抢宝等浮雕，碑刻"皇清例授国学士李公鈗墓"。

舒克让墓 位于镇舟镇政兴村，建于清道光十五年（1835 年），坐南向北，占地面积 16.8 平方米。冢呈前圆弧后梯形，条石垒砌而成，长 6.5、宽 2.2、高 1.4 米；碑为石质仿木结构，四柱三开间，庑殿顶，高 3.2、宽 4.8 米，两侧施有抱鼓石；碑上楷书阴刻"皇清故显考舒讳克让老大人之墓"。

毛荣辉墓 位于镇舟镇金钟村，建于清道光二十三年（1843 年），坐北向南，占地面积 18.43 平方米。墓冢呈前圆弧后梯形，条石垒砌而成，上加封土，长 4、宽 2.04、高 1.6 米；碑为石质仿木结构，四柱三开间，庑殿顶，通高 2.6、通宽 1.72 米，两侧施有抱鼓石；碑顶上施宝顶，檐下饰"凤穿牡丹"浮雕图案，额刻"珠月膏灯"，明间碑文"皇清例授登仕郎故考毛公荣辉老大人之墓，清道光二十三年立"，次间额刻"兰芳"、"桂秀"，碑文记其生平及祭祀子孙名。

罗柄翁墓　位于镇舟镇金钟村，建于道光二十五年（1845 年），坐北向南，占地面积约 13.72 平方米。冢呈前圆弧后梯形，条石垒砌而成，长 4.9、宽 2.8、高 1.5 米；碑为石质仿木结构，四柱三开间，庑殿顶；碑刻"皇清待赠故显考罗公讳柄翁老大人墓位"。

李凤翮夫妇墓　位于镇舟镇前进村，建于清同治五年（1866 年），坐西向东，占地44.37 平方米。墓冢呈前圆弧后梯形，条石垒砌而成，长 8.7、宽 5.1、高 1.4 米；碑为石质仿木结构，四柱三开间，顶已毁，两侧施有抱鼓石；檐下刻有"双龙戏珠"、"八仙过海"及人物战场浮雕，碑西侧附碑及碑帽已倒塌，仅存明间，碑刻"皇清国学士显考李公讳凤翮老大人之墓"。

梁寅亮墓　位于镇舟镇景阳村，建于清光绪三年（1877 年），坐东西向，占地面积12 平方米。冢呈前圆弧后梯形，条石垒砌而成，长 4、宽 3、高 1.6 米；碑为石质仿木结构，四柱三开间，庑殿顶，通高 3.9、面阔 2.98 米，两侧施有抱鼓石，顶上修宝顶；檐下施浮雕古人物故事、凤霸牡丹、福禄寿三星图案，碑文楷书刻墓主人名及祭祀子孙姓名造基年月。

何兆翼墓　位于镇舟镇景阳村，建于清光绪十一年（1885 年），坐南向北，占地面积16.8 平方米。冢呈前圆弧后梯形，条石垒砌而成，上加封土，长 4.6、宽 3.7、高 1.7 米；碑为石质仿木结构，四柱三开间，庑殿顶，通高 4.6、通宽 3 米，两侧施有抱鼓石，上饰大花卉；碑顶上均施有龙头、宝瓶，檐下饰以书简、宝剑、花卉、人物故事浮雕图案，竖额篆书"祭如在"；明间碑刻"敕授都阃府御何兆翼老大人墓"及祭祀子孙名、造墓年月，左右尽间檐下刻左龙右凤浮雕图案，额书"山青水秀"，碑文刻其生平。

师李氏墓　位于镇舟镇尖峰村，建于清光绪三十二年（1906 年），坐东北向西南，占地 11.52 平方米。冢呈前圆弧后梯形，以五层条石砌成，长 4.8、宽 2.4、高 1.6 米；碑为石质仿木构成，二柱一开间，庑殿顶，通高 2.9、通宽 2 米，两侧施以抱鼓，上施以大叶花；檐下施以浮雕人物及"二龙抢宝"图案，碑文为"清故师母讳静士李朝孺人之墓，大清光绪三十二年立"字样，阳刻行书左"福"右"禄"。

狮包墓　位于镇舟镇政兴村，建于清代，坐西向东。据传内有三间墓室，壁上有彩绘，墓室前有碑碣两通，阴刻花鸟篆书，记有三男四女的名字，内容不详，盗墓贼曾破土揭石入内，今外部杂草丛生，仅可见一边长约 0.8 米的方形孔。

古建筑

柳公庙　位于镇舟镇前进村，建于明代末期，坐西向东，占地面积约 107 平方米，为祭奠收服孽龙的神仙柳公而建。建筑为悬山穿斗抬梁混合式木结构，小青瓦屋面，三合土地面；面阔四柱三间 11.2 米，进深 8.5 米；木门板壁，主殿后有园廊；殿内供奉柳公等 29 尊佛像。

张学贵宅　位于镇舟镇马家村，建于清道光年间，坐南向北，占地面积 395.92 平方米，为今张学贵祖上张孝禄所修建的生活居住房。建筑由正房及左右厢房组成三合院格局，为穿斗悬山式，小青瓦屋面；正房面阔四柱三间 13.6 米，进深 10 米；左厢房已拆除，右厢房四柱三间 9.2 米，进深 4.7 米；木板门壁、窗格雕花，圆鼓状柱基，三合土地面。

罗友街宅　位于镇舟镇金钟村，据传建于清光绪年间，坐西向东，为当地罗姓地主的居住房。建筑由堂屋、厢房组成三合院，悬山穿斗式木结构，泥瓦顶屋面；正房面阔四柱三间，进深八柱七间；左右厢房对称，均为四柱三间，进深九柱八间，内隐两转角；檐柱下有雕龙、人物故事柱础，门楣书饰以四字图案，九窗雕饰人物花卉，衬子饰以浮雕大花卉。

柏杨埂民居　位于镇舟镇云岭村，建于清光绪年间，坐北向南，占地面积 838.8 平方米，原为当地杨姓地主所修的生活住房。建筑由正房及两侧厢房组成三合院，为穿斗悬山式木结构，小青瓦屋面；正房面阔四柱三间 17.5 米，进深八柱七间 6.5 米；两侧厢房对称，面阔三柱两间 12.5 米，进深六柱五间 12.5 米，内含两转角；门窗简略雕饰，木门板壁三合土地面。

马路街酒厂　位于镇舟镇兴徙社区，建于清末，坐西向东，占地面积约 307.5 平方米，为当时罗国良所修的酒厂作坊，主要生产白酒，供应镇舟、沐爱、民主三个场镇，影响颇大。建筑为穿斗悬式二层，小青瓦屋面，面阔五柱四间 20.5 米，进深十一柱 15 米；木板门窗，二楼竹篾墙壁，三合土地面。解放后酒厂废弃不用，20 世纪 80 年代开过旅馆，后期被县电力公司作为供电站办公地点至今。

石窟寺及石刻

写字岩石刻　位于镇舟镇金钟村，刻于清光绪元年（1875 年），倚南向北，分布约 60 平方米，为邑贡生毛以仁书丹、毛国璋勒石、国土天明摹刻的"积德昌后"四字。该石刻在距地面 6 米的岩上凿壁，长约 4、宽约 1 米，仿牌匾，勒刻字径约 0.8 米，下有许多跋款，因远看不清，书法略存鲁公遗意，大气雄强。

近现代重要史迹及代表性建筑

竹麻沟水库　位于镇舟镇政兴村，建于 1956 年，坝干坐西向东，占地面积约 21250 平方米，由当时政治公社出资组织政兴村工农投工投劳修建的饮水灌溉两用蓄水水库。水库依山而建，呈不规则长方条形，长约 250、均宽约 85 米；拦水坝干呈梯形，上宽 1.8、下宽约 10 米，斜高 9 米，可蓄水 20 多万立方米；现由于上游建煤厂，水质已被污染，今已废弃。

三鸠田水库　位于镇舟镇景阳村，建于 1956 年，倚东面西，占地面积约 11135 平方米。由当时政治公社出资，组织景阳村民投工投劳修建的饮水灌溉工程。水库依山而建，呈不规狭长形，长约 166、宽 67 米；坝干为梯形，上宽 5.4、斜高约 9 米、下底宽约 10 米，可蓄水约 8 万立方米；现因煤厂影响，水质污染，水量日减，几乎废弃。

洞口电站　位于镇舟镇前进村，建于 1964 年至 1974 年，坐南向北，占地面积约 503.5 平方米。电厂内共三台机组，由省上设计，地区提头，县上拨款，向各公社抽调劳工，为解决用电而修建；第 1 台机组于 1974 年发电，第 2 台机组于 1976 年发电，第 3 台机组于 1991 年发电，总发电量为 2630 千瓦；为方便电厂职工工作，1974 年还在厂房和机房之间建了一条长 40 米的铁索桥。

蒿坝镇

古墓葬

黄凤翮夫妇墓　位于蒿坝镇齐心村，建于清乾隆四十三年（1778 年），坐西北向东南，占地面积约 96 平方米。墓呈梯形，条石垒砌而成，长 8、宽 4.1、高 1.6 米；碑为石质仿木结构，两柱一开间，笔架顶，高 2、宽 1.1 米；碑文刻"皇清待赠故显考黄公凤翮老大人之墓，大清乾隆四十三年"；碑前有 1 个小香炉，长 0.6、宽 0.4 米，上雕精美花卉图案。

黄峄夫妇墓　位于蒿坝镇齐心村，建于清嘉庆十七年（1812 年），坐西向东，占地面积约 39.80 平方米。冢为前圆后方形，条石垒砌，长 5.5、宽 4.5、高 4.7 米；碑为石质仿木结构，四柱三开间，庑殿顶，两侧施抱鼓石；碑刻外横额"毓秀钟灵"，内横额刻"通明启后"，碑文"故显孝妣黄峄夫妇墓"。宜宾市人民政府于 2011 年 2 月公布为文物保护单位。

高永伦墓　位于蒿坝镇齐心村，建于清光绪十年（1884 年），坐东北向西南，占地面积约 18.2 平方米。墓由条石垒砌而成，长 6.5、宽 2.8、高 1.4 米；碑为石质仿木结构，四柱三开间，庑殿顶，通高 3.6、通宽 2.6 米，两侧施有抱鼓石，上饰花卉浮雕图案；檐间饰以"二龙抢宝"及人物战场浮雕图案，横额"佑启发祥"，碑刻"皇清待赠故显考高公讳永伦老大人之墓，大清光绪十年"字样。

王士吉墓　位于蒿坝镇高坪村，建于清光绪二十年（1894 年），坐西北向东南，占地面积约 16.5 平方米。冢呈前圆弧后梯形，以条石砌成，长 5.5、宽 3、高 1.6 米；碑为石质仿木结构，四柱三开间，庑殿顶，高 3.6、宽 2.5 米，两侧施有抱鼓石，碑顶上修宝顶；檐下施以人物故事及花卉图案，碑刻墓主人姓名及其生平年月和祭祀子孙姓名。

王何氏墓 位于蒿坝镇高坪村，建于清光绪二十年（1894 年），坐西北向东南，占地面积 21.28 平方米。冢呈前圆弧后梯形，条石垒砌而成，长 5.6、宽 2.7、高 1.7 米；碑为石质仿木结构，四柱三开间，庑殿顶，高 2.7 米，两侧施有抱鼓石；檐下施以人物故事及花卉图案等，碑刻墓主人姓名及祭祀子孙名。

张友文墓 位于蒿坝镇中山村，建于光绪二十六年（1900 年），坐北向南，占地面积 16.74 平方米。墓冢呈前圆弧后梯形，条石垒砌而成，长 3.8、宽 2.3、高 1.8 米；碑为石质仿木结构，二柱一间，庑殿顶，高 3.8、宽 2.3 米，两侧施有抱鼓；碑刻"皇清待赠故显考张公讳友文老大人墓"；墓前有一长为 4、宽为 2 米的拜台。

大院子坟山蔡家墓 位于蒿坝镇水平村，建于清光绪二十七年（1901 年），由 2 座墓组成，均坐西南向东北，占地面积 33.6 米。墓冢呈前圆弧后梯形，条石垒砌而成，上有封土，长 4.2、宽 2.2、高 1.6 米；碑为红砂石质仿木结构，两柱一开间，庑殿顶，两侧均施抱鼓，上刻花卉图案，上施镂雕花卉，中间夹带宝瓶；檐下雕刻动物、花卉图案。M1 碑刻"皇清待诰显妣蔡母张老太君之墓位"，M2 碑刻"皇清待赠故显考蔡公"。

蜂子岩吴家墓群 位于蒿坝镇高原村，建于清光绪年间，3 座墓从北至南并排，形制相同，均坐西向东，总占地面积约 90 平方米。其中 M2 保存较好，墓冢呈前圆弧后梯形，条石垒砌而成，上有封土，墓长 3.5、宽 2.5 米；碑为青沙石质仿木结构，两柱一开间，单檐庑殿顶，高 3、宽 2 米，两侧施以抱鼓石，上雕刻花卉纹饰；上施镂雕祥支云相吻，中带宝瓶，檐下有戏剧人物、花卉，碑刻"皇清待诰显妣吴母田老大人之墓，光绪二十二年仲冬月中浣日"。

黄元发墓 位于蒿坝镇齐心村，建于清宣统二年（1910 年），坐西北向东南。墓呈前圆弧后梯形，条石垒砌而成，长 4.2、宽 2.8、高 4.6 米；碑呈长方形，为石质仿木结构，四柱三开间，庑殿顶，高 3.8、通宽 3.4 米，两侧施有抱鼓石，上刻有图案；顶上施葫芦、宝顶，檐下施精美戏剧人物及枝花饰图案，碑柱上刻有对联，碑刻"皇清待赠显考黄公讳元发老大人墓，大清宣统二年"。

古建筑

蜂桶岩民居 位于蒿坝镇高龙村，始建于清同治元年（1862 年），20 世纪 60 年代后又相继修建了左右厢房，构成了三合院格局。正房为悬山顶，穿斗式木构架，小青瓦屋面，面阔八柱七间 10.8 米，进深八柱七间 3.8 米，木板壁内墙竹编壁；分上、下两层，上层主要用于储存农产品、粮食及杂物，下层为日常生活居住。

新屋基字库 位于蒿坝镇齐心村，建于清代，坐北向南，占地面积约 3 平方米，为当地黄姓家族尊文重教所修。塔为方形，二级条石砌成，石质仿木结构，二柱一间，单檐歇山攒顶，宽1.6、进深1.9、通高2.7米。

刘昌奇宅　位于蒿坝镇高桥村，建于清代，坐北向南，总占地面积302.5平方米。屋房由正房、厢房围合成三合院，为悬山顶穿斗式木结构，小青瓦屋面，板壁墙；正房面阔四柱三间13米，进深五柱四间6.5米；左右厢房均为面阔三柱两间8.2米，进深5.2米。

槐子树民居　位于蒿坝镇高兴村，建于清末，坐西向东，占地面积360平方米，为田家祖辈所建。建筑由正房两厢房组成三合院，为悬山顶穿斗式木构架，小青瓦屋面；正房面阔四柱三间11.3米，进深8米，厢房面阔4.2、进深4.1米；木板壁及门窗、楼板为竹子铺成，三合土地面；分上、下两层，上层为堆放农产品及杂物之用，下层为日常生活居住之用。

何家田井　位于蒿坝镇高石村，建于清末，坐北向南，分布面积2.55平方米，一直以来供应该村七组村民生活用水，水质清澈干净，冬暖夏凉，冬冒水汽，有泉水水质特点。井为不规则碎石围砌成，呈半椭圆形，长1.7、宽1.5、深2.05米，井底有两大石板铺成，井沿边也为石板砌成，石井保存较久。

黄永卓宅　位于蒿坝镇水龙村，建于清末，坐西北向东南，占地面积约87.88平方米，为当地地主黄永卓修建，后转卖周家。建筑由正房、厢房组成，为悬山顶穿斗式木结构，小青瓦屋面；正房前檐出挑较长，面阔四柱三间12.9米，进深五柱四间5.2米，左厢房面阔三柱两间5.2米，进深4米；板壁墙，三合土地，左右侧房有木板楼面，上层放农产品。

近现代重要史迹及代表性建筑

王泽华宅　位于蒿坝镇河里村，建于民国十八年（1929年），坐西北向东南，占地面积116.8平方米。建筑由正房，左右两偏房组成，正房为悬山穿斗式木结构，小青瓦屋面，面阔四柱三间16.4米，进深七柱六间7米，木板壁，水泥地面；正房两边房间均为楼板，西南间为木板铺成，东南间为竹排铺成，土墙，小青瓦屋面；西南偏房为饲养猪、鸡场所，东南间房屋为厨房。

杨成华宅　位于蒿坝镇青花村，为本地苗族杨成华于1941年修建，坐东南向西北，总占地面积189.2平方米。建筑依山而建，由正房、厢房、牲畜房（当地人俗称"袖桶子"）组成，正房为悬山穿斗式木结构，小青瓦屋面，面阔四柱三间18米，进深六柱五间6米，板壁墙，上有竹夹泥壁，后壁为石墙；厢房面阔六柱五间10米，进深六柱五间6米，竹夹泥墙，茅草顶；牲畜房面阔10、进深6米，石砌墙，茅草顶，内关牛、猪、鸡等家畜。

平安村上桥　位于蒿坝镇平安村，建于1966年，当地人称之为"乡村立交桥"，桥下川云公路，由东侧盘旋向上通过桥面。桥为单孔拱券式石平桥，桥面长 15、宽 7、高 12 米；水泥填隙，拱沿南北两侧正中均嵌有五角星，分别有标语大字"自力更生"、"建设祖国"。该桥是武德通往蒿坝镇的必经之桥，也是四川筠连通往云南街的必经之桥。

金珂村下石桥　位于蒿坝镇金珂村，建于 1966 年，当地人称为"乡村立交桥"，桥下川云公路，由东侧盘旋向上通过桥面，桥为单孔拱券式石平桥，桥面长约 12、宽约 4.7、高约 7 米，水泥填隙。该桥是武德通往蒿坝镇的必经之桥，也是四川筠连通往云南街的必经之桥。

大雪山镇

古墓葬

墨石坎悬棺　位于大雪山镇两江村，建于明代，坐西南向东北，占地面积约 100 平方米。其岩上分布若干木桩石洞，在距地面约 50 米处仅存棺木 1 具，头南尾北，置放于岩中洞穴内。

海湾毛家墓群　位于大雪山镇海湾村，建于明、清时期，坐南向北，占地面积为 144 平方米。墓群由 6 座土冢墓堆形成，均为小块单石碑，其中 M1 碑文可见"皇明增生毛而玠之墓"，其余碑文模糊不清，墓地有拜台、侧墙。

张鸣凤墓　位于大雪山镇槐坪村，建于清代，坐东向西，占地面积约为 7.4 平方米。冢呈前圆弧后梯形，条石垒砌而成，长 3.7、宽 2、高 1.5 米；碑为石质仿木结构，四柱三开间，通高 3.25、宽 2 米，两侧施有抱鼓石，上修宝顶；檐下施以浮雕人物战场故事及祥云图案，碑刻皇清钦赐墓主人名及祭祀子孙姓名。

李而思玉夫妇墓　位于大雪山镇雪山村，建于清道光十七年（1837 年），坐南向北，占地面积约 26.4 平方米。墓冢呈前圆弧后梯形，条石垒砌而成，上施封土，长 5.6、宽 5、高 1.6 米；碑为石质仿木结构，两柱一开间，庑殿顶，通高 3、通宽 2.3 米，两侧施有抱鼓石；檐下施以回环纹，额雕楷书阴刻"万古佳城"，碑文刻"皇清待赠故考李而思玉老大人之墓，大清道光十七年立"。

李中琳夫妇墓　位于大雪山大塝村，建于清同治九年（1870 年），坐西向东，占地面积 22.1 平方米。冢呈前圆弧后梯形，长 6.5、宽 3.4、高 1.6 米，以五层条石围砌而成，上施封土；碑为石质仿木结构，两柱一开间，单檐庑殿顶，通高 3.6、通宽 2.18 米，两侧有抱鼓，上施以花卉浮雕图案；檐下饰以"梅兰竹菊"四君子浮雕图案，额书"兰桂腾芳"，碑文为"皇清待赠（诰）故显考（妣）李公讳中琳（王付贵）老大

（孺）人之墓，大清同治九年吕月望日吉立"。

登海志和尚墓 位于大雪山镇高峰村，建于清光绪三年（1877年），坐东北向西南，占地面积为11.2平方米。墓呈前圆弧后梯形，以条石砌成，长4、宽2.8、高1.2米；碑为长方形整石圆弧顶，通高1.5米；额刻"极乐世界"，碑文楷书"芙蓉山万佛堂，上临齐岔脉，第二十五世比丘僧，上深下洪，号登海志和尚三寿塔"。

翁李氏墓 位于大雪山镇东红村，建于清光绪七年（1881年），坐南向北，占地面积约9.6平方米。冢呈前圆弧后梯形，条石垒砌而成，长4、宽2.4、高1.5米；碑为石质仿木结构，四柱三开间，庑殿顶，通高2.7、宽2.4米；檐下楷书刻额"堃垂悠远"，碑刻皇清待诰墓主人名及祭祀子孙姓名。

翁多福墓 位于大雪山镇东红村，建于清光绪七年（1881年），坐西南向东北，占地面积约9.6平方米。墓冢呈前凹后梯形，条石垒砌而成，上施封土，长4、宽2.4、高1.28米；碑为石质仿木结构，四柱三开间，庑殿顶，通高2.7、通宽2米，两侧施有抱鼓，上饰以大花卉浮雕图案；檐下饰以图形纹，横额楷书刻"佳城万古"，明间碑文为"皇清待赠逸处士故显考翁公多福老大人之墓，大清光绪七年立"，次间碑文刻其生平及祭祀子孙名。

李隆氏墓 位于大雪山镇两江村，建于清光绪十一年（1885年），坐东向西，占地面积为7.44平方米。墓冢呈前圆弧后梯形，条石垒砌而成，长4、宽1.86、高1.6米；碑为石质仿木结构，两柱一开间，庑殿顶，通高3.5、宽1.86米，两侧施有抱鼓石，上施宝顶；檐下施浮雕人物战场故事，碑文刻皇清待诰墓主人名及建墓年月及祭祀子孙姓名。

张金良夫妇墓 位于大雪山镇夏泉村，建于清光绪二十三年（1897年），坐南向北，占地面积19.21平方米。冢呈前圆弧后梯形，以条石围成，长6、宽3.2、高1.7米；碑为石质仿木结构，四柱三开间，通高3.5、通宽3.2米，两侧有抱鼓石，上施宝顶；檐下施以人物故事浮雕，碑文刻"皇清待赠（诰）显考（妣）张金良（李昭）老大人（孺）人之墓前香位"，左次间碑刻墓志歌颂主人生平，右次间碑刻"大清光绪二十三年立"。

郭俊臣墓 位于大雪山镇海湾村，建于光绪二十四年（1898年），坐西向东，占地面积为16.88平方米。冢为前圆弧后梯形，以条石砌成，长4.6、宽2.8米；碑为石质仿木结构，四柱三开间，重檐庑殿顶，通高4.3、宽2.8米，两侧施有抱鼓石，上修宝顶；檐下施浮雕人物故事、双狮望月、彩云飘带等图案，碑文楷书刻皇清例授奉直大夫墓主人名及建基年月祭祀子孙姓名。

郭镜波墓 位于大雪山镇高峰村，建于清宣统元年（1909年），坐东北向西南，占地面积为19.2平方米。冢呈前圆后方，条石垒砌，长6、宽3.2、高3米；碑为石质单碑圆弧顶，通高5、宽2.8米，两侧施有抱鼓石，下端施有双凤朝阳；碑上有浮雕人物故事17幅，形成围边图案，底座雕有二龙抢宝，碑文刻"皇清例授府知事"。

古建筑

郭朗观宅 位于大雪山镇海湾村，建于清代，坐北向南，占地面积1166平方米，为当地士绅郭朗观所建住宅。建筑由左右厢房及正房组成三合院，穿斗式木结构，小青瓦屋面，三合土地面；正房面阔四柱三间15.4米，进深12米，正房与厢房接以两转角；左右厢房形制相同，面阔四柱三间11米，进深16米；木门板壁，檐柱及门窗雕"金鸡报晓"、"龙凤呈祥"、"喜鹊闹梅"、"丹鹿衔花"等图案，并刷以金漆，正房板壁漆面光亮，梁柱用材粗壮，院坝砌石均一，呈古色古香，具有典型的清代川南民居特色。

鱼井坝民居 位于大雪山镇石龙村，建于清代，坐东向西，占地面积462.5平方米，为启前祖上修建的住房。建筑由正房与厢房组成三合院，悬山穿斗木结构，正房于厢房连以两转角，右厢房已拆除改建，小青瓦屋面；正房面阔四柱三间15米，进深8.5米；木质门窗板壁，三合土地面，大门前有两石墩，柱有柱础，外有晒坝。

思栗树民居 位于大雪山镇乐园村，建于清代，坐北向南，占地面积488.84平方米，由当时范家祖上修建的生活住房。建筑由正房、左右厢房组成三合院，悬山穿斗木结构，小青瓦屋面，现左厢房已拆除；正房面阔四柱三间13.8米，进深13.2米；厢房面阔四柱三间13.2米，进深6.4米；木制门窗，板壁夹以竹片泥墙，三合土地面。

田湾头民居 位于大雪山镇安乐村，建于清代，坐西北向东南，占地面积45.76平方米，为当时何家修的居住房。建筑为悬山穿斗木结构，小青瓦屋面，正房右侧已改建为现代建筑，左侧厢房已拆除，现仅存正房以及左侧转角；正房面阔四柱三间13.4米，进深12.2米；木门，板壁，竹篾壁，三合土地面。

磁竹塘民居 位于大雪山镇龙会村，建于清末，坐东南向西北，占地面积87.42平方米。建筑由正房及左、右厢房组成三合院，悬山穿斗木结构，小青瓦屋面，木质门窗板壁，三合土地面，今仅剩正房两间，面阔三柱两间9.2米，进深八柱七间9.3米，右厢房改建，左厢房拆除。

马蹄坝民居 位于大雪山镇马蹄村，建于清末，坐西向东，占地面积419.4平方米，为清末李光伟祖上所建住房。建筑由正房、左右厢房组成三合院，穿斗悬山木结构，小青瓦屋面，正房面阔五柱四间17.5米，进深8米；左右厢房对称，面阔两柱一间4.6米，进深5.8米；木质门窗，板壁夹以竹片泥墙，三合土地面，外有院坝。

竹林头民居 位于大雪山镇春井村，建于清末，坐西北向东南，占地面积约706.5平方米，为当时秀才张廷香所修建的生活住房，解放后被收归集体所有，后分与当地农民居住，"文革"中做过知青住房。建筑由正房及两侧厢房组成三合院，穿斗悬山木结构，小青瓦屋面；正房面阔四柱三间 15.6 米，进深九柱八间 11 米，有两转角；厢房形制相同，面阔三柱两间 9.8 米，进深 5.8 米，右侧厢房拆除，左厢外间改建；木质门窗，骑瓜雕花，三合土地面，有晒坝。

棉布埂民居 位于大雪山镇秋鹰村，建于清末，坐北向南，占地面积 242 平方米。建筑为一单横房，穿斗式悬山顶，小青瓦屋面，面阔五柱四间 19.2 米，进深九柱八间 12 米，木门窗，板壁夹以竹片泥壁，水泥地面。

落梁坝民居 位于大雪山镇顺景村，建于清末，坐东向西，占地面积 534.6 平方米，为旧时孙姓地主修建的居住房，解放后被地方政府没收作为办公用房，20 世纪 60 年代分与当地居民居住至今。建筑由正房和两侧厢房组成三合院，穿斗悬山式木结构，小青瓦屋面；正房面阔四柱三间 13.6 米，进深 11 米；厢房面阔三柱两间 9 米，进深 6.5 米；右厢房已拆除，木板门窗，三合土地面。

大麻地民居 位于大雪山镇民主社区，建于清末，坐东向西，占地面积 210.2 平方米，新中国成立后归国有，50 年代划归民主卫生所，1987 年改为落木柔区卫生院，2006 年改为今大雪山中心卫生院。建筑由下厅、正房及左右厢房组成四合院，因医院需要原正房，左右厢房今已拆除重建，仅剩下厅门面，为悬山顶穿斗式，小青瓦屋面，面阔六柱五间 20 米，进深 10.6 米；木板壁门窗，三合土地面。

近现代重要史迹及代表性建筑

何兴贵宅 位于大雪山镇寨子村，建于民国二十一年（1932 年）坐南向北，占地面积 300 平方米，为村民何兴贵爷爷所修的生活住房。建筑为悬山顶穿斗式，小青瓦屋面，面阔四柱三间 25 米，进深七柱六间 12 米，有两转角，木门、木板壁，三合土地面。

筠连县红军墓 位于大雪山镇雪山村，冢埋于民国二十四年（1935 年），碑立于 80 年代，坐西向东，占地面积 6.6 平方米。墓由两座并排相邻的土冢单碑坟组成，形制相同，呈圆弧形，外堆乱石，长 2、宽 1、高 0.7 米；碑为石质上圆弧下方形单碑，高 1、宽 0.6 米；红油漆楷书刻"中国工农红军烈士墓"及"一九三六年立"字样。据记载，该两名红军烈士为 1936 年为保护扎西会议的顺利召开，随红军总队途经此地时，遇土匪周汉光部，被伏击而牺牲。

石梁槽民居 位于大雪山镇长远村，建于民国三十二年（1943 年），占地面积 364.5 平方米，坐南向北。由正房、左右厢房组成三合院，有两转角。形制为木构穿斗悬山式，小青瓦屋面，正房面阔四柱三间 12.4 米，进深 6.5 米。左右厢房形制相同，均为面阔三柱二间 8.4 米，进深 6 米。木质窗、板壁，三合土地面，外有晒坝。

白岩头民居　位于大雪山镇天堂村，建于民国三十四年（1945 年），占地面积 273 平方米，坐南向北。由单一横房组成，形制为悬山顶穿斗式，小青瓦屋面，面阔六柱五间长 21 米，进深八柱七间 7 米，三合土地面，木门窗、板壁夹以竹片泥壁，外有晒坝。

回水沱大桥　位于大雪山镇五河村，建于 1971 年，占地面积 136.5 平方米，呈西北—东南走向，南北跨于柑子沟河与回水沱相接处，东南桥头为新民组，西北桥头为鱼井组，为当时解放公社出资，五河大队投工投劳修建的交通便民桥。桥为条石扣砌石拱桥，长 19.5、宽 7、高 7 米，跨度 19.5、拱高 5.4 米，水泥平桥面，有护栏。

白龙庙石桥　位于大雪山镇冬燕村，建于 1976 年，占地面积 11.4 平方米，呈西北—东南走向，横跨于青山沟河，东南端桥头为石龙组，西北端桥头为板桥组，为当时冬燕大队出资修建的便民交通石桥。桥以石堆扣砌成，长 19、宽 6、高 6 米，跨度 11、拱高 4.8 米，泥、碎石平桥面，桥侧无护栏。

武德乡

古墓葬

石板坳墓　位于武德乡中华村，建于明代，坐东向西，占地面积 41.25 平方米。石室墓为长方形，用石条石板垒砌而成，仿木构造，面阔七柱六间 7.54 米，进深五柱四间 4、高 1.5 米。据当地老百姓讲，是 1958 年挖出，当时有瓦片、人骨等物，后被毁坏，现墓内已空，无文字记载。

潘家湾墓　位于武德乡共和村，建于清代，坐北向南，占地面积为 5.46 平方米。墓为长方形，以条石砌成，仿木结构，面阔五柱四间 4.2、高 1.3 米。据当地老百姓讲，该墓属隐姓埋名类墓穴，具有石室墓的代表性，反映了当时的历史背景和民族习俗。

田惠周墓　位于武德乡民主村，建于清代，坐北向南，占地面积为 34 平方米。墓冢为前圆弧后梯形，条石垒砌而成，长 8、宽 4 米；碑为石质仿木结构，四柱三开间，高 2、宽 0.83 米，两侧施有抱鼓石，现仅存左方主碑，右抱鼓石已毁；碑文刻 "田公惠周之墓"，左次间刻有田惠周墓志铭。

榜上田家墓群　位于武德乡长征村，建于清代，由 4 座墓组成，均坐西向，占地面积 65 平方米。M1 与 M3 均为前圆弧后梯形，长 7.2、宽 4.1、高 1.7 米；碑为石质仿木结构，四柱三开间，上施宝顶，檐下施精美图案。两侧有抱鼓石；M1 通宽 2.4、通高 3.2 米，碑刻 "皇清故显考田公讳廷秀老大人之墓"；M3 通宽 2.2、通高 2.8 米，碑刻 "皇清故显妣田母李老孺人墓"。M2 与 M4 墓碑均为两柱一间，歇山顶上施宝顶，檐下施精美图案，碑文风化不清。

任恒翁墓 位于武德乡胜利村，建于清代，坐西南向东北，占地面积 13.68 平方米，冢呈前圆弧后梯形，长 5.7、宽 2.4、高 1.6 米，以七层条石围砌而成；碑为石质仿木结构，四柱三开间，庑殿顶，通高 3.4、通宽 2.2 米；檐下饰以人物浮雕，额书"□豆维新"、"绥天之□"，帽施以"书"、"棋"浮雕图案，明间碑刻"皇清待赠故显考任公讳恒翁老大人之墓"，柱刻佳联"长发其祥昌开百世；永言配命庆衍三多"。

肖吴氏墓 位于武德乡东升村，建于清代嘉庆六年（1801 年），坐北向南，占地面积 13.2 平方米。墓冢呈前圆弧后梯形，条石垒砌而成，长 4.4、宽 3、高 1.6 米；碑为石质仿木结构，四柱三开间，高 2.6、宽 3 米，两侧施抱鼓石，上刻有人物、动物等精美图案；碑顶上均施有龙头、宝瓶，檐下刻有二龙抢宝、人物、禽鸟等图案，碑柱上刻有对联，碑文刻"肖门吴氏墓"。

阎詹氏墓 位于武德乡解放村，建于道光六年（1826 年），坐西向东，占地面积 16.8 平方米。冢呈前圆弧后梯形，长 6.3、宽 3.7、高 1.6 米；碑为石质仿木结构，四柱三开间，重楼庑殿顶，通高 4、通宽 3.3 米，碑两侧施抱鼓石，抱鼓石上施大花卉纹饰；檐下施以浮雕"王墙喂母"等孝道人物故事，碑阴刻楷书"皇清待诰故显考阎母詹氏老孺人墓"。

潘朝佐墓 位于武德乡共和村，建于清道光十六年（1836 年），坐北向南，占地面积 19.2 平方米。冢呈前圆弧后梯形，条石垒砌而成，长 6、宽 3.2、高 1.6 米；碑为石质仿木结构，四柱三开间，重楼庑殿顶，高 3.5、面阔 2.7 米，两侧施有抱鼓石；檐下浮雕鲤鱼跳龙门等图案，碑刻楷书墓主人名及孝男孝婿名。

肖文亮夫妇墓 位于武德乡东升村，建于清同治二年（1863 年），坐西向东，占地面积 42.9 平方米。墓冢前圆弧后梯形，条石垒砌而成，长 7.8、宽 5.5、高 1.8 米；碑为石质仿木结构，四柱三开间，重楼庑殿顶，高 2.8、宽 2.52 米，两侧施抱鼓石，上刻有人物图案；碑顶上施有龙头、宝瓶，碑柱上刻有对联，碑文刻"肖文亮夫妇墓"等字样。

田廷举墓 位于武德乡新顺村，建于清同治三年（1864 年），坐西向东，占地面积约 13.2 平方米。冢呈前圆弧形后梯形，用条石砌成，长 4.4、宽 3、高 3.2 米；碑为石质仿木结构，四柱三开间，庑殿顶，高 3.2、宽 3.25 米，两侧施抱鼓石，上刻有精美图案；碑顶上是有龙头、宝瓶，碑柱上刻有对联，碑文刻"故显考田公讳廷举老大人墓，清同治三年"。

肖瑶墓 位于武德乡东升村，建于清光绪四年（1878 年），坐西向东，占地面积 145 平方米。墓冢呈方形带四角不等弧，条石垒砌成，长 4.4、宽 3.3、高 3.2 米，冢前内嵌 1 碑；碑为青砂石质仿木结构，笔架顶，二柱一间；碑刻"皇清待赠"及墓主人名及祭祀子孙名字和立碑年月，对联为"华表长关双曲水；佳城永固万年基"，字体均为楷书，阴刻。

潘方氏墓　位于武德乡共和村，建于清光绪六年（1880 年），坐北向南，占地面积为 25.08 平方米。冢呈前圆弧后梯形，条石垒砌而成，长 6.6、宽 3.8、高 1.6 米；碑为石质仿木结构，四柱三开间，庑殿顶，两侧施抱鼓石，上塑雕双狮望月；檐下施以浮雕二龙抢宝、人物故事、凤鹿麒麟、梦中哭竹、大顺耕田及鸟兽花草，碑刻"皇清待诰"及墓主人名及其生平。

钟刘氏墓　位于武德乡新顺村，建于光绪七年（1881 年），坐西向东，占地面积约 20.4 平方米。墓冢呈前圆弧后梯形，条石垒砌而成，长 6、宽 4、高 1.5 米；碑为石质仿木结构，四柱三开间，庑殿顶，高 2.8、宽 3.4 米，两侧施抱鼓石，上刻有花纹；碑顶上施龙头、宝瓶，碑柱上刻有对联，现大部分风化不清，碑文刻"皇清故显妣钟母刘老太君墓"。

阎度昭夫妇墓　位于武德乡解放村，建于清光绪十年（1884 年），坐西向东，占地 18.4 平方米。冢为前圆后梯形，长 6.8、宽 3.3、高 1.68 米；碑为石质仿木结构，四柱三开间，重楼庑殿顶，通高 3.5、通宽 3.2 米，两侧施抱鼓石，上刻有饰以花卉及仕女人物浮雕；碑顶上施有龙头、宝瓶，檐下饰以文读武功人物及书剑纹饰，碑柱上刻有对联，碑文刻楷书"皇清待赠故显考妣阎度昭老大人（门詹氏老孺人）之墓，清光绪十五年立"。

刘叶氏墓　位于武德乡中华村，建于清光绪十三年（1887 年），坐北向南，占地面积约 18 平方米。墓冢呈前弧后梯形，条石垒砌而成，长 5.6、宽 3.3、高 1.35 米；碑为石质仿木结构，四柱三开间，两侧有抱鼓石；碑檐上雕刻精美人物故事七幅，分别有抽烟顶、骑牛、看书、钓鱼等生活场景，并有缠枝花卉，横匾刻"人文蔚启"，碑文刻"皇清例赠"，两次间碑檐分别浮雕有鸳鸯戏水、丹凤朝阳、喜鹊闹春、荷花瑶池、神位故事图案，以及墓主人生平事迹祭文和家训遗示后人。

刘开鸿墓　位于武德乡中华村，建于光绪十五年（1889 年），坐北向南，占地面积 19.76 平方米。冢呈前圆弧形后梯形，条石垒砌而成，长 5.2、宽 3.8 米；碑为石质仿木结构，四柱三开间，重楼庑殿顶，通高 1.7、宽 3.4 米，两侧施抱鼓石；碑顶上修宝顶，檐下施二龙戏珠、人物故事、器乐音符浮雕，碑柱上刻有对联，抱鼓石上刻有精美图案，碑文刻"皇清例授修职郎"及墓主人名。

雷刘氏墓　位于武德乡半坡村，建于清光绪二十六年（1900 年），坐西向东，占地面积 18.7 平方米。墓冢呈前圆弧形后梯形，长 5.5、宽 2.7、高 1.36 米；碑为石质仿木结构，呈长方形，四柱三间，重楼庑殿顶，通高 3.5、通宽 2.7 米，两侧施有抱鼓石，上施蝙蝠等浮雕图案；顶上施葫芦宝顶，檐下施"二龙戏珠"、"双凤朝阳"、"丹鹿含花"等浮雕图案，碑柱上刻有对联，碑文楷刻"皇清待诰故显妣雷母刘氏老孺人墓，光绪二十六年立"。

文万全墓　位于武德乡童家村，建于清光绪二十七年（1901 年），坐东向西，占地面积 12.7 平方米。冢呈前圆弧形后梯形，用条石砌成，长 4.7、宽 1.3 米；碑为石质仿木结构，两柱一开间，庑殿顶，碑高 3、宽 1.5 米，两侧施抱鼓石；碑柱上刻有对联，碑文刻"皇清待赠文公讳万全老大人之墓"。

李明贵夫妇墓　位于武德乡长征村，建于清光绪三十二年（1906 年），由李明贵及其妻李黄氏 2 座单墓组成，均坐北向南，占地面积 64.2 平方米。二墓形制大小相同，呈前圆弧后梯形，长 6.2、宽 2.5、高 1.6 米，以五层条石围砌而成；碑为石质仿木结构，两柱一单间，庑殿顶，两侧有双屏，屏上均饰以古代人物战场、繁花大卉，通高 3.2 米，通宽 1.86 米，檐下饰以古代人物故事浮雕图案；其中 M1 额书"烟祀堂"，碑文楷刻"皇清待赠故显考李公讳明贵老大人之墓"、祭祀子孙名及"大清光绪三十二岁次甲季秋立"；M2 额楷书"启后昆"，碑文楷刻"皇清待赠故显妣李母黄老孺人正性之墓"、其祭祀子孙名及"大清光绪三十二年立"。

古建筑

斑竹林桥　位于武德乡共和村，建于明代末期，占地面积 32 平方米，南北横跨斑竹林小河。桥为单孔拱券式石桥，长 12.5、宽 2.55、拱高 2.1、跨度 5.7 米，无护栏，古为武德到沐爱的交通小桥，至今依然沿用。

中华村五尺道　位于武德乡中华村，建于明代，占地面积约 3000 平方米，为川滇之间的商贸交通古道，叙府（今宜宾）至昭通的途中一小段。道路呈南北走向，从羊店子至武德乡街村，长约 2 千米，宽约 1.7 米，由大小不等的青石板（石灰岩）和鹅卵石铺砌而成，道路崎岖蜿蜒。如今石板多处被挖毁，旧貌不存。

共和大石桥　位于武德乡共和村，建于明末，占地面积 27.36 平方米，南北跨于武德乡清溪河上，贯通共和村店子上和田湾头，古为南丝绸之路骡马古道交通桥，今为村民便利道。桥为八墩七孔平板桥，长 19、宽 1.44、高 1.6 米，两侧无护栏，桥面铺以长 2.2、宽 0.7 米的 14 块青石板，桥墩均由四块长 1.4 米，厚 0.4 米的石条砌成。

横街子民居　位于武德乡中华村，建于清代，依山势高低，分列在横街子两侧，形成一条古街风格，街道为东西走向，民居建在南北两方，南房从东到西依编为 1、2、3，北房为 4、5、6 号，占地面积 3898 平方米。建筑均为穿斗式木结构，小青瓦屋面，前檐施驼峰出挑，南北房通面阔 52 米，通进深 8.8 ~ 11.3 米不等，第 3 栋与第 6 栋的二楼带楼台构造，梁柱雕刻精美花卉图案，极富传统民居特色。

麻田平桥　位于武德乡共和村，建于清代，呈东南至西北走向，连接小溪两岸稻田，依两边田埂搭建。桥为石质平板桥，长 4、宽 1.2、高 3.2 米，板厚 0.4 米，用途主要用于农耕通道。

黄德均宅　位于武德乡共和村，建于清代，坐东向西，占地面积 516.6 平方米，建筑为三合院布局，现北厢房已拆除，悬山穿斗式木结构，小青瓦屋面；正房面阔四柱三间 13.5 米，进深九柱八间 9.4 米，南厢房面阔五柱四间 15.8 米，进深六柱五间 7 米；板壁雕窗，正大门顶有门攒一对及雕花梁柱，有一大院坝。

桥边上石桥　位于武德乡童家村，建于清代，占地面积 21.29 平方米，南北跨于鄢家山流下的一条小山沟上，是原蒿坝到武德至县城的便民交通桥。桥为双桥墩平板石桥，长 13.3、宽 1.3、高 3.3 米，两侧无护栏；桥下有两个高 2.94 米，用石条砌成的桥墩，跨度为 2.7 米；原桥走的人多，长年累月在桥面的石板上磨出了深 3 厘米的槽。

南华宫　位于武德乡中华村，建于清道光十九年（1839 年），坐北向南，占地面积 415.2 平方米。建筑为悬山穿斗抬梁式结构，小青瓦屋面，面阔六柱五间 24 米，进深九柱八间 15 米；东侧有砖砌围墙并有小圆门，内堂设有戏台，正堂摆设 13 尊泥塑菩萨，有二龙抱柱两根，龙柱有刻字但模糊不清，正门前有香炉一个；门前石碑立于道光二十五年（1845 年），碑文记载有捐资人刘荣贤 38 两、朱李氏 40 两，主要内容为修初捐资功德；曾为广东会馆，见证了当地的商贸繁荣。

曾树莪宅　位于武德乡中华村，建于道光二十九年（1849 年），坐南向北，占地面积 216.6 平方米。建筑为穿斗结构，小青瓦屋面，面阔三间 11.4 米，进深五间 19 米；双扇门，西侧各有一窗，均用板壁装饰，属典型川南民居风格。

邱家宅　位于武德乡半坡村，建于清咸丰九年（1860 年），坐西向东，占地面积 296.05 平方米，是当时本地富豪邱家建造。建筑为三合院布局，惜现两厢房已拆除，仅存正房；正房为悬山式穿斗结构，小青瓦屋面，面阔四柱三间 15.1 米，进深七柱六间 10 米，用材粗壮，窗雕人物、花鸟横隔，浮雕鹤鹿、麒麟、喜鹊等图案。

保安桥　位于武德乡解放村，建于清光绪三年（1877 年），占地面积 16.8 平方米，南北跨观音沟，为当地土人闫游二姓共同捐资修建的便民石拱桥。桥全为石墩扣砌，长 6.7、宽 2.4、跨度 3.5、拱高 2.15 米，桥面铺以碎石，无护栏，桥北 20 米处立有保安桥碑记其修造之由及捐资功德人姓名。

胡国莲宅　位于武德乡中华村，建于清光绪十五年（1889 年），坐东向西，占地约 150.88 平方米。建筑为穿斗结构，小青瓦屋面，面阔四间 16.4 米，进深两间 9.2 米，双扇门 4 道，四方原用板壁装饰，现南面壁上已损坏不少，改为竹块夹壁。

赵元强宅　位于武德乡中华村，建于清光绪十五年（1889 年），坐东向西，占地面积 71.2 平方米，为赵元强祖上修建。建筑为悬山穿斗式结构，小青瓦屋面，面阔三柱两间 8.9、进深 8 米，属典型清末川南民居特色。

闫香莲宅　位于中华村老街，建于清末，坐南向北，占地面积约 85.54 平方米。建筑为悬山穿斗式木结构，面阔三柱两间 9.1 米，进深八柱两间 9.2 米，板壁、编壁墙体，小青瓦屋面，灰褐色板壁门窗，属典型的川南民居。

郭坤宅 位于武德乡水涝村，建于清末，坐西向东，总占地面积 60.76 平方米。建筑为悬山穿斗式木结构，小青瓦屋面，面阔四柱三间 9.8 米，进深七柱六间 6.2 米，木板壁墙，窗雕格子纹饰，三合土地面；分上、下两层。上层为堆放农产品及杂物之用，下层为日常生活居住。

赵中仁宅 位于武德乡中华村，建于清末，坐南向北，占地面积 78.85 平方米。建筑为穿斗式木结构，小青瓦屋面，面阔三柱二间 8.3 米，进深九柱八开间 9.5 米，三合土地面。

胡正常宅 位于武德乡中华村，建于清末，坐南向北，占地面积为 152.32 平方米。建筑为悬山穿斗式木结构，小青瓦屋面，面阔四柱三间 11.2 米，进深九柱八间 13.6 米，通高 7 米；东间已改建为砖砌墙面，装有檐顶，但破损严重，整房向右歪斜。

肖明全宅 位于武德乡中华村，建于清末，坐南向北，占地面积约 435 平方米。建筑为穿斗式木构架，小青瓦屋面，面阔五柱四间 15 米，进深七柱六间 8.2 米，房屋通高七米；分上、下两层，为下店上舍式构造，板壁门窗。

石窟寺及石刻

观音洞 位于武德乡半坡村，建于清道光十二年（1832 年），依天然石洞加以修葺而成。洞内平面梯形，内宽 1.3、外宽 2.1、长 2.3 米；洞门为石条砌成方形，宽 0.92、高 1.85 米，洞门顶刻有横批"慈航普度"，对联"杨柳枝头施法雨；莲花座下拥慈云"。主龛依山而凿为形顶，坐西向东，宽 0.3、高 0.45 米，龛内造像 1 尊，已被涂彩，前摆有香烛台；石碑位于右上角，长方形，高 1.8、宽 0.5 米，有诗一首及捐资修观音洞功德名录，署期为清道光十二年。

石板坳石窟 位于武德乡中华村，建于清道光二十年（1840 年），由两个石龛组成，均坐西向东，占地 12 平方米。龛 1 供奉孔明，灵官菩萨，龛 2 供奉观音，龛 2 的观音石雕像封于一石块混泥土砌造龛中，外设一方孔，龛上依稀见当年彩绘；两龛均高 1.7、长 2.7、厚 1.4 米，柱刻楷书"普天沾对泽；遍地显神威"；龛下今人新修 9 级水泥阶梯。

川主庙碑刻 位于武德乡解放村，是道光二十二年（1843 年）解放村土人阎俊德和光绪二十七年（1892 年）业儒阎全三等人捐集款修川主庙所立记事碑和功德碑，坐西向东，占地约 20 平方米。其原由十多块高 2、宽 1.1 米的石灰石碑组成，现存七通，尚带碑座的 3 块，分别为"万古维昭"、"千秋不朽"、"补修碑记"3 通，字体均为阴刻楷书；其余碑倒陷土中，具体碑文不详，见证了当地修建川主庙的历史文化。

近现代重要史迹及代表性建筑

张文久宅 位于武德乡龙井社区，建于 20 世纪 30 年代，坐东向西，占地面积为

184 平方米，为解放前当地人张文久修建，作为私人油坊，解放后作为武德油厂，1982 年作为政治学习，培训农技知识之用，1986 年转卖于作为私人住宅至今。建筑为穿斗悬山式木结构，小青瓦屋面，木门板壁，三合土地面，面阔五间 18.4 米，进深七间 10 米，呈"一"字形排列，分上下两层，木楼板相隔。

石门子民居 位于武德乡津门村，建于民国三十年（1941 年），坐西向东，占地面积 114.48 平方米。建筑为穿斗悬山式木结构，小青瓦屋面，面阔四柱三间 13.2 米，进深七柱六间 8.7 米，木板门、壁，三合土地面，有晒坝。

饶仁华宅 位于武德乡中华村，建于 1947 年，坐南向北，占地面积 164 平方米。建筑为悬山穿斗式木结构，小青瓦屋面，板壁、竹编夹泥墙体，面阔五柱四开间 16.4 米，进深七柱六开间 10 米。

李永富宅 位于武德乡中华村，建于 1947 年，坐东向西，占地面积约 80 平方米。建筑为穿斗结构，人字顶，小青瓦屋面，面阔二间 80 米，进深八间 10 米，分上下两层，右侧有通道小巷。

武德公社供销社旧址 位于武德乡中华村，坐南向北，占地面积约 2222 平方米，原系本地富豪范中良于 1948 年修建的生活居住房，1952 年政府征收作为武德公社供销社，为计划经济年代武德公社人民购买生产生活物资和出售土特产的专门场所。建筑为穿斗式式木结构，小青瓦屋面，面阔六柱五开间 18.5 米，进深九柱八间 12 米。

刘成刚宅 位于武德乡中华村，建于 1948 年，坐南向北，占地面积约 144 平方米。建筑为穿斗式结构，小青瓦屋面，面阔四间 14.4 米，进深两间 10 米，7 道双扇门，上下两层，用板壁装饰。

李启贵宅 位于武德乡中华村，建于 1949 年，坐南向北，占地面积约 240 平方米。建筑为穿斗结构，小青瓦屋面，面阔两间 12 米，进深两间 20 米，有双扇门 5 道，房右后改为砖墙，全用板壁装饰。

罗兴斌宅 位于武德乡中华村，建于 1962 年，坐北向南，占地面积 142 平方米。建筑为穿斗式木结构，小青瓦屋面，面阔六柱五间 20.3 米，进深七柱六间 7 米，清一色的土褐色的板壁门窗，古朴典雅。

小寨粮仓 位于武德乡小寨村，建于 1967 年，坐东向西，占地 685.49 平方米。建筑为土石结构，人字形抬梁结构，由南北 2 座仓库和中间一座办公室兼宿舍组成；南仓库长 19.4、进深 8.4、高 8 米；办公室长 13.3、进深 5.6 米，中间有一 16 米长、12 米宽的晒坝。

胡世刚宅 位于武德乡关津村，建于 1968 年，坐东向西，占地面积 136 平方米。建筑由正房、两侧厢房组成，穿斗木构架悬山顶，小青瓦屋面，面阔三间 12 米，进深七间 8 米木板壁，格子窗，三合土地面；两侧厢房为石砌墙，小青瓦屋面。

柏林石桥 位于武德乡新顺村，建于1976年，占地面积112平方米，东西跨于龙碗河上，贯通柏林村到新街，为步行便民桥。桥为三孔拱券式石平桥，桥面长32、宽3.5米，两侧有宽0.3、高0.45米的石栏杆，大孔跨度14、小孔跨度2.5米；桥北侧从西向东有一条引水渠道，两方桥头桩上各刻有标语、口号。

大乐公社供销社旧址 位于武德乡鱼池村，建于1978年，坐南向北，占地面积377.6平方米，由当时大乐公社出资、鱼池生产队投工投劳修建的大乐公社供销社，作为当地农用物资供应和收购土特产的专门场所。建筑为砖柱石墙木檩椽混构悬山式，小青瓦屋面，面阔九柱八间32米，进深11.8、均宽4米。于2004年应供销社系统改制，该房卖与当地村民作商贸和居住地，其见证了计划经济年代的历史。

塘坝乡

古遗址

税收关卡遗址 位于塘坝乡川丰村，建于清代，坐南向北，占地面积约7.2平方米，长9、宽0.8米，是清代南丝绸之路上四川到云南的一个收税关卡，在"文革"时期被破坏拆除，仅剩其地基。

川丰村桥头遗址 位于塘坝乡川丰村，建于清代，南北走向，占地60平方米，原是南丝绸路的必经桥梁，四川通往云南的主要干道，南接云南，北连四川；今桥已冲毁，仅剩两岸2个桥墩。

古墓葬

官正邦墓 位于塘坝乡双田村，建于嘉庆元年（1796年），坐东向西，占地面积约106.25平方米。冢呈前圆弧后梯形，条石垒砌而成，长8、宽7.3、高1.8米；碑为石质仿木结构，四柱三开间，庑殿顶，高2.4、宽2.36米，两侧施有抱鼓石，上刻有精美图案；碑顶上施龙头、宝瓶，碑柱上刻有对联，碑文刻"旨数赐选授从九品职御注部侯陛官正邦大人墓"；前有长8.5、宽5.02米的拜台。

罗董氏墓 位于塘坝乡川丰村，建于清道光九年（1829年），坐东向西，占地面积约36.8平方米。墓为土冢，呈前圆弧后梯形，长8、宽4.6、高2.8米；碑为石质仿木结构，四柱三开间，庑殿顶，通长3.4、通高3.8米，上施宝顶，两侧有抱鼓，上饰以浮雕吉祥花卉；明间檐下阳刻横额"世代遐昌"，碑文阴刻"皇清待诰故显妣罗母董老太君之墓"，左右次间檐下横额刻"山明"、"水秀"字样，左右次间碑文刻其祭祀子孙名，书法大气雄强，刻工精细。

王官氏墓 位于塘坝乡双田村，建于清光绪二十七年（1902年），坐东向西，占地面积9.1平方米。冢呈前圆弧后梯形，条石垒砌而成，长3.5、宽2.6、高1.2米；碑为石质仿木结构，两柱一开间，庑殿顶，带碑座高2.5、宽0.7米；碑顶上施有龙头、宝瓶，碑柱上刻有对联，碑文刻"皇清享年五十四寿故显妣王母官老孺人墓"。

孙家墓地 位于塘坝乡坪阳村，建于清代光绪年间，由3座墓组成，均坐西向东，占地面积139.84平方米。其中M1保存较好，冢为前圆弧后梯形，以条石砌成，长3.6、宽3、高1.4米；碑为石质仿木结构，四柱三开间，庑殿顶，高3.2、宽2.54米，两侧施抱鼓石，上刻有精美图案；碑顶上施有龙头、宝瓶，碑柱上刻有对联，碑文刻"皇清待赠诰九品孙大祁/周氏之墓"。

韦家墓地 位于塘坝乡柑子村，建于清代光绪、宣统年间，共4座墓，全为韦家母葬，坐西向东，总占地面积为297.6平方米。冢均为前圆弧后梯形，石条垒砌而成；其中M4特为壮观，碑为石质仿木结构，四柱三开间，庑殿顶，两侧施有抱鼓；碑顶上施有龙头、宝瓶，檐下施浮雕二龙抢宝、双凤朝阳、人物故事等，碑柱上刻有对联，抱鼓石上刻有精美图案，碑文刻"皇恩宠赐，恩荣耆寿公"等字样。

古建筑

白子岩民居 位于塘坝乡川丰村，建于清代，坐南向北，占地面积337平方米。建筑由正房、左右厢房组成三合院，正房条石围砌台基，穿斗式结构，悬山顶，通面阔24、进深9米，板壁、偏壁墙体，门为三关六扇，扇窗上雕刻有精美动物、花卉图案；左右厢房均为两间，面阔6.35、进深8.46米；院坝长8.5、宽7.2米，为土坝。

大曹民居 位于塘坝乡川丰村，建于清代初期，坐南向北，占地面积358.1平方米，为本地（尹姓）士绅所建。建筑由正房，左右厢房组成三合院，悬山穿斗式结构，小青瓦屋面，正房面阔四柱三间长12.3米，进深8.3米；左右厢房形制相同，面阔三柱两间8.5米，进深7米，正房厢房间连以两转角；檐下有木板卷棚，门窗雕花，用材粗壮，全为桢楠，颇具有特色。

川丰村驮马古道 位于塘坝乡川丰村，建于清代，南北走向，占地面积为38.5平方米，是叙昆驮马古道途经塘坝的一段。路面石板铺就，长35、宽1.1米，路基本完好，是当时标准路段之一，曾在抗战时期起到了往前线运送抗战物资不可磨灭的作用。

长寿桥 位于塘坝乡双田村，建于清嘉庆十四年（1809年），南北跨两山相夹的一条无名小沟上，占地面积2.42平方米。桥为两墩单孔平板石桥，长2.42、宽1米，两侧无护栏，高2.2米，是原贯通孔雀乡至塘坝的便民桥；桥北桥头2米处有石碑两块，一块上书"长寿桥"，一块仅剩高0.2米的断碑，是修桥捐款碑。

石窟寺及石刻

磨盘地川主庙碑刻 位于塘坝乡幸福村，立于清同治六年（1867 年），坐西北向东南占地面积为 0.964 平方米。碑为青沙石质长方形，碑顶稍呈圆弧形，通高 2.1 米，碑高 1.8、宽 0.83、厚 0.4 米；碑座宽 1.14 米；碑额刻"万古准职"，碑文刻捐资修川主庙之由。

近现代重要史迹及代表性建筑

塘坝公社供销社旧址 位于塘坝乡川丰村，坐南向北，占地 123.6 平方米，为 1930 年塘南人尹生民新建的洋式房子。建筑为悬山穿斗式二层木结构，面阔四柱三间 15.2 米，进深七柱六间 8 米，二层铺木板阁楼；解放后由政府没收并用作供销社门市，是塘坝乡人民购买生产生活物资和出售土特产的商贸场所，见证了"文革"时期的经济发展和商贸历史，至今二楼北壁尚存仿宋美术体的"文革"语录："读毛主席的书，听毛主席的话。"

川云界桥 位于塘坝乡川丰村，建于 1974 年，南北跨于定水河上，占地约 70 平方米，是四川与云南的交界桥。桥为孔券拱式石平桥，石头扣砌，桥面铺以水泥面，长 17.5、宽 4、拱高 6.4、跨度 15 米，桥东南、东北为四川界，桥西南为云南界，现用于两省人民生产生活与交通运输用。

猕猴桃酒窖 位于塘坝乡川丰村，建于 1980 年，坐南向北，占地面积 8.57 平方米。地窖为斧头形，长 3.5、宽 1.3 米，窖口加盖，窖中现有酿酒坛 12 个，分 6 大 6 小，年产量 1 吨左右，销于朋友熟人。该酒口感纯正，配方以纯天然猕猴桃与纯粮食酒勾兑酿造而成，下窖时间越长，酒味越浓香，同时也可酿造（无色）桂花酒、折耳根酒等。

龙镇乡

古墓葬

杉木塝黄公墓 位于龙镇乡东坪村，建于清嘉庆十年（1805 年），坐南向北，占地 9 平方米。冢为前圆弧后梯形，用石块砌成，长 3.6、宽 2.5、高 1.1 米；碑为整石雕戳而成，仿木结构，两柱一间，高 1.4、宽 0.7 米；碑刻"皇清待赠享年六十五寿黄公（不清）墓"。

廖定墓 位于龙镇乡卜好村，建于清道光五年（1825 年），坐东向西，占地 13.25 平方米。冢呈前圆弧后梯形，条石垒砌而成，长 5.3、宽 2.5、高 1.32 米；碑为石质仿木结构，四柱三开间，庑殿顶，两侧施有抱鼓石，碑刻"皇清待赠故显考廖公定翁老大人墓"。

罗书锦夫妇墓 位于龙镇乡联合村，建于清同治七年（1868年），坐西向东，占地面积19.2平方米。冢呈前圆弧后梯形，以条石砌成，长6、宽3.2、高2米；碑为石质仿木结构，四柱三开间，重檐庑殿顶，高3.5、宽3米，两侧施有抱鼓石；碑文刻"皇清待赠故显考罗书锦老大/孺人墓，清同治七年立"字样。

田张氏墓 位于龙镇乡兴胜村，建于清同治九年（1870年），坐西向东，占地面积18.9平方米。冢呈前圆弧后梯形，条石垒砌而成，长为4.5、宽4.2、高1.8米；碑为石质仿木结构，四柱三开间，重楼庑殿顶，高4.5、宽4.2米，两侧施有抱鼓石，碑刻"皇清例赠孺人显妣田母张老孺人之墓"。

谭田氏墓 位于龙镇乡后溪村，建于清光绪四年（1878年），坐北向南，占地14.1平方米。冢为前圆弧后梯形，以石条砌成，长4.7、宽3、高3.2米；碑为石质仿木结构，四柱三开间双抱鼓，重楼庑殿顶，高3、宽3米；檐下刻有八仙过海、二龙抢宝图案及"荣华富贵"4个大字，碑刻"皇清待诰故县妣谭母田老孺人之墓"。

罗杜氏墓 位于龙镇乡龙塘村，建于清光绪六年（1880年），坐西向东，占地17.16平方米。冢呈前圆弧后梯形，条石垒砌而成，长5.4、宽2.1、高1.4米；碑为石质仿木结构，二柱一间，高2.5、宽1.15米，两侧施有抱鼓石，碑刻"显妣罗母杜氏老孺人之墓"。碑前有一0.5米×3米的拜台。

李元义夫妇墓 位于龙镇乡白果村，建于光绪七年（1881年），坐南向北，占地面积20平方米。冢呈前圆弧后梯形，条石垒砌而成，长5、宽4米；碑为石质仿木结构，四柱三开间，庑殿顶，两侧施有抱鼓石，高3.6、宽3.6米，碑刻"清故显考/妣李公/母元义/王氏老大人/孺人 之墓"。

侯元斌夫妇墓 位于龙镇乡金狮村，建于清光绪七年（1881年），坐东向西，占地面积约19.04平方米。冢呈前圆弧后梯形，条石垒砌而成，长5.6、宽3.4、高1.3米；碑为石质仿木结构，二柱一间，庑殿顶，高3.9、宽2.3米，两侧施有抱鼓石，碑刻"皇清待赠显考侯公元斌老大人/妣侯母熊老孺人之坟墓"。

罗珍墓 位于龙镇乡联合村，建于清光绪二十九年（1903年），坐南向北，占地面积17.2平方米。冢呈前圆弧后梯形，条石垒砌而成，长5.2、宽3.3、高2米；碑为石质仿木结构，四柱三开间，庑殿顶，碑刻"皇清待赠故显考罗珍翁老大人墓，清光绪二十九年立"。

古建筑

回龙桥 位于龙镇乡龙塘村，是当地义豪于清乾隆三年（1738年）修建的，东西跨西龙塘向河上，贯通乡政府和老街到东面街村。桥为单孔拱券式石平桥，桥面长8、宽4米，桥北有石护栏，跨度7、拱券高5米，原桥北壁刻有一龙头，桥南壁有龙尾。筠连县人民政府于1988年5月公布为县级保护单位。

近现代重要史迹及代表性建筑

罗申国宅　位于龙镇乡龙塘村，建于1939年，坐东向西，占地104.8平方米。建筑为悬山穿斗结构，泥瓦顶，面阔四柱三间13.1米，进深8米，通高6米，各有从厢房楼上从里向外伸出的门和窗，以及长4米的书楼，别有风格。

何兴平宅　位于龙镇乡龙塘村，建于1939年，坐东向西，占地144平方米。建筑为悬山穿斗式木结构，泥瓦顶，面阔四柱三间14.4米，进深10米，通高6米，各有从厢房楼上从里向外伸出的门和窗，以及长4.6米的书楼，别有风格。

龙塘大队政治学习室旧址　位于龙镇乡龙塘村，建于1945年，坐东向西，占地42.77平方米。建筑为悬山穿斗式木结构，泥瓦顶，面阔二柱一间4.7米，进深9.1米，1968年至1973年（"文革"期间）是龙塘大队的政治学习室，大门的板壁上刻有一直径0.4米的大红五角星，门檐上用红漆写有"政治学习室"五个大字，室内四壁有15条标语及毛泽东语录。

孔雀乡

古遗址

万历洞战场遗址　位于孔雀乡中心村，明万历二十八年（1600年），坐东向西，占地15000平方米，为古时当地人与彝人战斗的遗址。洞口高1.2、宽2米，洞内深约3000米，最高10多米，低的0.3米，洞内岔洞较多，洞口有栏杆及门，现已毁，洞口洞前有一小平台。据传明万历年间彝族人来到当地，百姓们害怕便藏入洞中，准备与彝人一战，后彝人将山上一人家住房拆掉，堆放在洞口，加上辣椒一并点燃，将洞内几百人熏死；又一说万历年间有人在此造钱，1982年有人进洞发现里面有很多铜钱及人骨，还有灶具及煮酒工具。

古墓葬

李正奇夫妇墓　位于孔雀乡龙泉村，建于清道光八年（1828年），坐南向北，占地25.2平方米。冢为前圆弧的梯形，以条石砌成，长7、宽3.6、高2.4米；碑为石质仿木结构，四柱三开间，庑殿顶，高2.6、宽2.4米；檐下刻有"佳城永固"四个正楷大字，并有仙鹤与神鹿雕像和花卉图案，碑刻"皇清待赠祖考李公正奇府/母罗氏太/君老大人/孺人墓"，右方刻有"例授登仕佐郎奉祀男通源"。

王文蠹墓 位于孔雀乡集中村，建于清道光十二年（1832年），坐西南向东北，占地面积约35.38平方米。冢呈前圆弧后梯形，条石垒砌而成，长6.1、宽5.8、高1.6米；碑为石质仿木结构，四柱三开间，庑殿顶，高3.6、宽3米，碑刻"清政显考王公讳文蠹老大人墓"。

李源夫妇墓 位于孔雀乡中心村，建于道光二十三年（1843年），坐北向南，占地面积约82.5平方米。冢呈前圆弧后梯形，条石垒砌而成，长9、宽6.5、高1.2米；碑为石质仿木结构，二柱一间，庑殿顶，高3.8、宽1.4米，碑刻"皇清例授登仕郎显妣考李公源翁/母陈孺人老府/太君墓"；前有一长6、宽4米拜台。

廖名墓 位于孔雀乡幸福村，建于清咸丰七年（1857年），坐西向东，占地7.8平方米。冢为前圆弧的梯形，以条石砌成，长3、宽2.6、高1.4米；碑为无柱单间嵌在坟石里面，庑殿顶，高1.4、宽0.8米，碑刻"显考廖公名翁老大人之墓"。

柳吴氏墓 位于孔雀乡帅家村，建于清光绪七年（1881年），坐西北向东南，占地9.66平方米。冢为前圆弧的梯形，以条石砌成，长4.6、宽2.1、高1.2米；碑为石质仿木结构，两柱一开间，庑殿顶，高1.9、宽0.86米，碑刻"皇清显妣柳母吴老太君之墓"。

郑朝抡墓 位于孔雀乡黄泥村，建于光绪三十一年（1905年），坐北向南，占地10.56平方米。冢为前圆弧的梯形，以条石砌成，长4.8、宽2.2、高1.5米；碑为石质仿木结构，二柱一间双抱鼓石，庑殿顶，高2.1、宽2米；檐下刻有"毓贵生贤"四个大字及花卉图案，碑刻"皇清例授修职郎郑公讳朝抡老府君之墓"。

古建筑

观音堂遗址 位于孔雀乡鹿井村，建于清代，坐东北向西南，占地面积约200平方米。原有观音庙一座，"文革"中已毁坏，现仅存一对石狮子；石狮子为雌雄一对，分别长0.7、宽0.4、高0.6米，石狮子原摆放在观音庙口，经多次破坏，现安在1997年新修的1座土庙前的柱头下。

石窟寺及石刻

罗坝口摩崖石刻 位于孔雀乡集中村，刻于清嘉庆六年（1801年），坐北向南，占地面积2.3平方米。孔雀河罗坝口段崖下石面阴刻"月白风清"4个大字，全长4、高0.85米，每字宽0.75、间距0.2米，4个字紧靠水面，浪花溅起会打湿字面。据说在清朝时有一李姓书生赴京考试落榜四乡路过此地，大概是对科场考试的不公不满，提笔在岩壁上写下这 4 个字，由后人雕刻上；另外，此段还有几处也有字，右方有三字被石泥没埋，据说是"紫气东来"，左方上游 100 米也有多字，一共应有 18 个字，但除四字之外，均被沙石埋没或石质风化，不见其字。

棺山上义地碑刻　位于孔雀乡集中村，立于清道光十三年（1833 年），坐西向东，占地面积约 0.1 平方米。碑是长方体，高 1.03、四方齐宽 0.32 米，碑东面刻有"義地碑"三个正楷大字，左上方有四个篆书字不清；北方刻有李门陈氏及名为立碑人的三子、四孙，西方及南方刻有几百说明立此碑的文字，大意是：当地秀才李光芝之母在世时曾交待后辈人买下一块地作为穷人死后埋葬的义地，后李光芝之妻陈氏在李光芝死后买下了堂兄李灼光的一块地作为义地，特立下此碑。李光芝是秀才，其子二人是儒生，一人是庠生，均有一定功名。

近现代重要史迹及代表性建筑

白石岩民居　位于孔雀乡兴坪村，建于民国三十二年（1943 年），坐东北向西南，占地 364.78 平方米。建筑由堂屋和两厢房围成三合院，穿斗木结构，人字顶，小青瓦屋面，堂屋为面阔五柱四间 15 米，进深六柱 6 米；两侧厢房面阔五柱四间 10.1 米，进深四柱 7.2 米，堂屋及厢房各有一道双扇门；两耳房尽头皆修有现代房屋，院内现有一晒坝，长 11.8、宽 8.8 米，水泥地面，檐坎长 15、宽 1.7 米。

其他

徐大钊墓　位于孔雀乡新沟村，建于民国十五年（1926 年），坐南向北，占地面积 11.2 平方米。冢为前圆弧的梯形，以条石砌成，长 4、宽 2.8、高 1.3 米；碑为石质仿木结构，四柱三开间两侧抱鼓石，庑殿顶，碑高 3.4、宽 2.8 米；檐下刻有"东海源流" 4 个大字、"龙在正中" 4 个稍小的字及二龙戏珠图案，碑刻"皇清故显考徐公讳大钊老大人之墓"。

乐义乡

古遗址

花园村悬棺遗址　位于乐义乡中坝村，建于明代，倚东北向西南，分布于前后相隔约 50 米的两面岩壁上，分布面积约 1000 平方米。在相距地面约 50 米的高岩上，今尚见无数托棺桩孔，据传 20 世纪曾有二三十具棺木高悬岩上，后由于风吹及小孩攀爬而掉落，现仅剩悬棺桩孔。

中坝村悬棺遗址　位于乐义乡中坝村，建于明代，倚南面北，分布面积为 720 平方米。该址为古代僰人悬棺葬（打桩式），整壁岩高约 120 米，在离地面约 80 米的岩面，今尚见约 200 多个桩孔，桩孔分布面积约 60 平方米，据传 20 世纪 80 年代还存有多具悬棺，后由小孩攀爬掀动，悬棺已全部掉落。

古墓葬

大坟山墓群　位于乐义乡黄金村，建于明、清时期，均坐西向东，占地约 2600 平方米。墓群共有 42 座墓，但大多只有冢，仅剩 2 座有碑，其中 M1 建于道光九年（1829 年），呈前圆弧后梯形，以条石块砌成，长 4、高 1.7 米；碑为石质仿木结构，两柱一开间，庑殿顶，高 2.9、宽 1.2 米；碑刻"皇清侍赠高祖考李公讳应魁翁老大人之墓"。M2 建于道光二十一年（1841 年），为李安泰夫妇合葬墓。

斑竹林墓群　位于乐义乡黄金村，建于明、清时期，均坐东南向西北，占地约 650 平方米。墓群共有冢 25 座，但仅 3 座有字迹不清的碑，其中 M1 建于道光年间，呈前圆弧后梯形，以条石砌成，长 5、宽 2.8、高 1.6 米；碑为石质仿木结构，两柱一开间，庑殿顶，高 1.3、宽 0.63 米；碑刻"□□□建刚老大人之墓"；其余 2 通碑因风化严重字迹不清。据乐义乡退休老书记杨代芹讲，此系杨家祖坟，有明代石室墓和清代中期至晚期墓葬。

黄金墓群　位于乐义乡黄金村，建于清代，均坐北向南，由 3 座墓成品字布局。其中 M1 修造最好，冢呈前圆弧后梯形，以条石围成，长 5、宽 3.2、高 1.5 米；碑为石质仿木结构，四柱三开间，庑殿顶，顶已毁，通高 2.2、通高 0.91 米；柱枋施以祥云浮雕图案，碑文为"显考聂公讳士琨老大人之墓，大清道光十九年仲秋立"。M2 为鹅卵石糯米泥混砌，内嵌碑，长 5、高 1.3、宽 2.7 米，建于光绪七年，其余碑文风化不清。M3 与 M1 形制相似，冢长 5、宽 3.8、高 1.5 米；碑为两柱一间圆拱形宝顶，通高 1.8、通宽 1.32 米，顶上祥云龙鳞浮雕，碑文楷刻："聂公讳士玮大人之墓，清道光十九年立"。

斑竹沟墓群　位于乐义乡黄金村，建于道光六年（1826 年），坐北向南，占地约 150 平方米。墓群原为 5 座墓，现仅剩 1 墓，呈前圆弧后梯形，以条石砌成（条石已被拆下），长 3、宽 2、高 1.6 米；碑为石质仿木结构，两柱一开间，庑殿顶，高 2.8 米；檐下刻有"万古佳城"四个大字，碑刻已风化不清。据其后人李俊明老人讲，此墓系李母聂氏墓。

聂居莘夫妇墓　位于乐义乡黄金村，建于清道光十六年（1836 年），坐北向南，占地面积为 34.5 平方米。冢前圆弧后梯形，条石砌而成，长 6.9、宽 5、高 3 米，碑为石质仿木结构，二柱一间，庑殿顶，碑高 2.1、宽 1.8 米，碑刻"应授修职郎聂公讳居莘大人墓"。

聂如暘夫妇墓 位于乐义乡黄金村，建于清道光十八年（1838 年），坐东向西，占地面积 17.5 平方米。冢呈前圆弧后梯形，以条石围成，长 5、宽 3.5、高 1.4 米；碑为石质仿木结构，四柱三间，重檐庑殿顶，通高 2.8、通宽 3.42 米，上施双龙抢宝顶，两侧施有抱鼓石；檐下枋上饰以回形线浮雕，明间嵌文刻其生平及其碑，楷书刻"勒授修职郎聂公讳如暘老大人墓"及修造年月等，左、右次间为铭祭祀子孙名。

聂张氏墓 位于乐交乡中坝村，建于同治元年（1862 年），坐南向北，占地面积 15.4 平方米。冢呈前圆弧后梯形，条石垒砌而成，长 4.4、宽 3.5、高 1.5 米；碑为石质仿木结构，两柱一开间，碑顶已毁，两侧施有抱鼓石，高 1.9 米，碑刻"皇清待诰聂母老孺人墓"。

刘宗武夫妇墓 位于乐义乡河坝村，建于清同治十年（1871 年），坐东南向西北，占地面积为 21 平方米。冢呈前圆弧后梯形，条石垒砌而成，长 5、宽 4.2、高 1.5 米；碑为石质仿木结构，四柱三开间，庑殿顶，高 4、宽 3.4 米，两侧施有抱鼓石，碑刻"皇清待赠故显考刘公讳宗武/妣王贞善老大人/孺人墓"。

刘正辅墓 位于乐交乡花园村，建于清光绪四年（1878 年），占地面积为 22.2 平方米，坐西向东。冢呈前圆弧后梯形，条石垒砌而成，长 6、宽 3.7 米；碑为石质仿木结构，四柱三开间，庑殿顶，高 3.7 米，两侧施有抱鼓石，檐下刻有花卉图案及人物战场。

刘天祐墓 位于乐义乡花园村，建于清光绪十年（1884 年），坐西向东，占地面积为 36.56 平方米。冢呈前圆弧后梯形，条石垒砌而成，长 5、宽 3.1、高 1.3 米；碑为石质仿木结构，四柱三开间，庑殿顶，高 4、宽 3.1 米，两侧施抱鼓石；檐下刻有古代人物 11 个，并有兵器、花卉浮雕，雕刻精细，碑刻"清故太学生显考刘公天祐厚巷老大人墓"；前有一 3.9 米 × 5.4 米的拜台。

聂元通墓 位于乐义乡陶坪村，建于清光绪十四年（1888 年），坐西南向东北，占地面积为 16.2 平方米。冢呈前圆弧后梯形，条石垒砌而成，长 5.4、宽 3、高 1.6 米；碑为石质仿木结构，四柱三开间，重檐庑殿顶，高 4.6、宽 3.6 米，两侧施有抱鼓石，碑刻"皇清待赠故显考聂公讳元通大人墓"。

李昌友墓 位于乐义乡花园村，建于光绪三十三年（1907 年），坐西向东，占地面积为 22.8 平方米。冢呈前圆弧后梯形，条石垒砌而成，长 7.6、宽 3、高 1.7 米；碑为石质仿木结构，四柱三开间，笔架顶，高 2.8、宽 4.24 米，两侧施有抱鼓石，檐下刻有人物战场及"彤箴克守"四个大字，碑刻"皇清故显妣刘母李昌友老孺人墓"。

刘相朝夫妇墓 位于乐义乡花园村，建于清光绪三十三年（1907 年），坐东向西，占地面积为 22.94 平方米。冢呈前圆弧后梯形，条石垒砌而成，长 6.2、宽 3.7、高 1.5

米；碑为石质仿木结构，四柱三开间，重檐庑殿顶，高 4.6、宽 3.7 米，两侧施有抱鼓石；檐下刻有"佑启后人"四个大字及人物战场、卉图案浮雕，碑刻"皇清故显老刘公相朝大人墓"。

彭以昌夫妇墓　位于乐义乡宝胜村，建于清宣统三年（1911 年），坐西北向东南，占地面积为 33 平方米。冢呈前圆弧后梯形，条石垒砌而成，长 6、宽 5.5、高 1.7 米；碑为石质仿木结构，四柱三开间，重楼庑殿顶，通高 5.5、宽 4 米，两侧施抱鼓石，碑顶上修宝瓶；檐下施双龙拱宝瓶，并刻有中国古代二十四孝故事浮雕，下为雄狮，左右为花鼓，刻工精细，碑文楷书刻墓主人、其二妻张氏、聂氏姓名和祭祀子孙姓名，附碑刻墓志铭及造墓事由。

石窟寺及石刻

郭家祠堂碑刻　位于乐义乡宝胜村，立于民国二十年（1931 年），坐西向东，占地面积 2 平方米，为郭家民国时期建宗祠的记事功德碑。碑为长方形石灰材质，高 1.9、宽 1.08 米，厚 0.13 米；碑顶额刻楷书"永垂万古"，碑文记述云南、宜宾、兴文等地郭氏宗族人员捐资修建洞底坝郭家宗祠的事要，分序文和功德两部分，书带北朝味，书法颇佳，今祠已毁，仅余碑。

近现代重要史迹及代表性建筑

狮子包碉堡　位于乐义乡中坝村，建于民国二十二年（1933 年），坐西向东，占地 29.8025 平方米。碉成四方形，用石块和石灰砌成，外宽 4.45、高 3、墙厚 0.7、内宽 3.05 米，上无顶，仅剩四方碉墙；东面有石门，高 1.9 米，无木门，碉内四方共有 12 个枪眼；碉堡可俯瞰全村，用于防土匪保村用。

高坎乡

古墓葬

邓九显墓　位于高坎乡红旗村，建于清代，再次立碑于民国三年（1914 年），坐东北向西南，占地面积为 12.04 平方米。冢呈前圆弧后梯形，条石垒砌而成，长 4.3、宽 2.8 米；碑为上圆下长方形单碑，高 2.26、宽 1 米，碑刻"皇明赐封忠烈远祖邓九显墓"。

关田湾墓　位于高坎乡花山村，建于清同治年间，共 2 座墓，均坐东南向西北，占地面积为 88.4 平方米。其中 M2 冢呈前圆弧后梯形，长 6、宽 3.5、高 3.2 米；碑为石质仿木结构，四柱三开间，庑殿顶，两侧施有抱鼓石，高 4.6、宽 3.8 米，碑刻"皇清待诰邓门宋老太君墓"。

李刘氏墓 位于高坎乡红旗村，建于清同治十一年（1872 年），坐东南向西北，占地面积为 29.4 平方米。冢呈前圆弧后梯形，条石垒砌而成，长 6、宽 4.9、高 1.4 米；碑为石质仿木结构，四柱三开间，高 5.7、宽 5.5 米，碑刻"□□□□李母刘氏墓"。

李世宗夫妇墓 位于高坎乡红旗村，建于光绪十年（1884 年），坐东南向西北，占地面积为 15 平方米。冢呈前圆弧后梯形，条石垒砌而成，长 5、宽 3、高 1.8 米；碑为石质仿木结构，四柱三开间，庑殿顶，高 3.9、宽 3.1 米，两侧施有抱鼓石，上刻有精美图案；碑顶上施龙头、宝瓶，碑柱上刻有对联，碑文刻"皇朝待赠李世宗/诰杨太君墓"。

姚王氏墓 位于高坎乡大地村，建于清宣统元年（1909 年），坐西向东，占地面积 28 平方米。冢呈前圆弧后梯形，以多层长方形条石砌成，长 7、宽 4、高 1.6 米；碑为石质仿木结构，两柱一开间，通高 3、通宽 0.6 米，两侧对称抱鼓石，上刻有浮雕花卉图案，墓前左右两石礅宽 0.3、高 0.7 米；檐下包饰以戏剧人物浮雕图案等，碑文楷书刻"皇清侍诰溢慈惠故显妣姚门王太君墓"。

古建筑

郭元先宅 位于高坎乡顺河村，建于清嘉庆十五年（1810 年），坐东向西，占地面积约 414 平方米，为当时当地郭将军修建的生产生活住房，1980 年重新维护修建。建筑由正房、左转角厢房组成，穿斗悬山式木结构，小青瓦屋面，单转角，中建楼亭房；正房面阔六柱五间 22.5 米，进深 9.4 米，左厢房面阔三柱两间 4.8 米，进深 6 米；木门板壁，原为三合土地面，现为水泥地面，门外有晒坝。

邓国端宅 位于高坎乡顺利村，建于清道光三十年（1850 年），坐东向西，占地面积 190 平方米，是由当地邓家老祖人（上 6 代）邓古高修建，为当地名人生活住宿房。建筑由正房、左右厢房组成，右厢房已改为现代建筑，穿斗悬山式木结构，小青瓦屋面；正房面阔四柱三间 22 米，进深 4.5 米，左厢房面阔两柱一间 4 米，进深 7.2 米；木门板壁，水泥地面，门前晒面宽，檐坎以条石砌成。

陶玉亭宅 位于高坎乡凤凰村，建于清光绪十六年（1890 年），坐南向北，占地面积 455 平方米，为当地地主陶玉亭始建。建筑由正房、左右厢房围成三全院，穿斗悬山式木结构，小青瓦屋面；正房面阔四柱三间 13 米，进深七柱六间 7.5 米；厢房面阔三柱两间 10 米，进深六柱五开间 7 米；木板壁，并有竹架泥墙，门窗施有田字格雕饰，地面为水泥铺成。

近现代重要史迹及代表性建筑

红旗大队知青房 位于高坎乡红旗村，建于 1969 年，坐东南向西北，占地面积为

134.4 平方米。建筑为悬山穿斗式木结构瓦房，面阔五柱四间 8.4 米，进深 16、高 7 米，是 1969 年"文革"期间专为下乡知识青年建造，由县上拨钱，大队出力建造，知青回城后，卖给当地村民使用。

团林乡

古建筑

青杠林民居 位于团林乡杉新村，建于清末，坐西向东，占地面积 274 平方米，为何家祖上所修的生活居住房。建筑为穿斗悬山式木结构，小青瓦屋面，单一横房；面阔四柱三间 13.7 米，进深 9.4 米；木板门窗、神壁，夹以竹片泥墙，三合土地面，外有晒坝。

岩头上民居 位于团林乡张岭村，建于清末，坐东向西，占地面积 228.75 平方米，由王在林祖上所修建的住房。建筑由单一横房和右侧一转角组成，穿斗悬山式木结构，小青瓦屋面；面阔四柱三间 12.5 米，进深 10.5 米；木质门窗、板壁，三合土地面，檐柱有四个雕花柱础，三合土晒坝。

老团林民居 位于团林乡华新村，建于清末，坐南向北，占地面积 206.6 平方米，为郑宗良祖上所修的住房。建筑由单一横房和右侧一转角组成，穿斗悬山式木结构，小青瓦屋面；面阔四柱三间 11.3 米，进深九柱八间 16.3 米；木质门窗，夹以竹片泥墙，外有晒坝。

彭正泰宅 位于团林乡新中村，建于清末，坐东向西，总占地面积 311 平方米。建筑原有正房、两厢房围合成一个三合院，现仅正房保存完好，南面仅存一间厢房，其他已毁改建；悬山穿斗式木结构，小青瓦屋面；正房面阔四柱三间 12.5 米，进深七柱六间 11.2 米；木板壁墙及门窗，三合土地面。

近现代重要史迹及代表性建筑

湾秋山民居 位于团林乡大埂村，建于民国十四年（1915 年），坐西向东，占地面积 120.96 平方米。建筑为穿斗悬山式结构，横房右侧有一转角，小青瓦屋面；面阔四柱三间 12.6 米；进深 9.6 米；木质门、板壁，夹以竹片泥糊壁，三合土地面。

熊大友宅 位于团林乡火花村，建于民国二十年（1931 年），最初建时为茅草房，70 年代时改建为瓦房，坐南向北，占地面积 540 平方米。建筑由正房、左右厢房围合成三合院，悬山穿斗式木结构，小青瓦屋面；正房面阔四柱三间 16 米，进深七柱六间 7 米。厢房面阔四柱三间 11 米，进深六柱五间 6 米；木板壁墙及门窗，后围青光石砌墙。该房主为苗族人，石砌围墙有民族特点。

唐丙章宅 位于团林乡香樟村，建于民国二十年（1931年），坐西向东，占地面积86.4平方米。建筑现仅存正房一栋，穿斗式悬山木结构，面阔四柱三间12米，进深六柱五间7.2米，木板壁，三合土地面。

其他

黄顺思夫妇墓 位于团林乡新阳村，建于民国十七年（1928年），坐东向西，占地面积22.68平方米。冢呈前圆弧后梯形，条石垒砌而成，长5.4、宽4.2、高1.5米；碑为石质仿木结构，二柱一间，庑殿顶，通高3.5、通宽2.3米，上施宝顶，两侧施有抱鼓石，上饰花卉浮雕；檐下饰以大花浮雕图案，横额"佳城永固"，碑文为"故显考黄公讳顺思老大人之墓"。

联合乡

古遗址

诸葛亮屯兵遗址 位于联合乡茶园村，坐东北向西南，占地面积约95000平方米，传说为三国时诸葛亮在此屯兵营盘。遗址呈东西走向规则狭长形，东阔西狭，长约1500米，宽处约80米，遗址东面、南面均下临峭壁，唯有一途可进，旧有十八道石砌保坎墙，今余三道。解放前当地人借此以避兵乱躲土匪，至今遗址荒草蔓蔓，但不长大树。

古墓葬

郭廷玺夫妇墓 位于联合乡联兴村，建于清嘉庆九年（1805年），坐西向东，占地面积约44平方米。墓冢方形前开八字，两角像眼睛鼓出，石条垒砌而成，上有封土，长8.5、宽5.2米；碑为青沙石质仿木结构，四柱三开间，庑殿顶；明间碑刻"皇清待诰太学生显考郭公／母廷玺／唐氏老大人之墓，嘉庆九年甲子孟秋月"，次间镌刻子孙姓名及有圆形篆书"福"、"寿"。据调查了解得知，本地人称该墓为"广东墓"，墓葬形制独特。

大坟坝郑氏墓 位于联合乡革新村，建于清嘉庆十五年（1810年），坐北向南，占地约35平方米。冢为前圆弧的梯形，以条石砌成，长7、宽5、高1.8米；碑为石质仿木结构，四柱三开间，庑殿顶，向前呈弧形，高1.5、宽2.3米；檐下刻有"节孝圣贤"四个楷字，碑刻"皇清节孝显妣郑孺人之墓"。

郭寅翁夫妇墓 位于联合乡田竹村，建于道光七年（1827年），坐北向南，占地面积30平方米。墓冢为条石垒砌而成，呈长方形四角带拐角，上有封土，长5.6、宽4.1米；碑为青沙石质仿木结构，四柱三开间，庑殿顶，上饰寿星人物，两侧施抱鼓，上雕刻双狮望天；明间檐下雕刻精美戏剧人物及二龙戏珠图案，碑文刻皇清处士显考/妣郭公/母寅翁/魏氏老大人之墓，横额"克昌厥后"，左右次间檐下均雕有人物及缠枝花卉，碑文为墓志铭及祭祀子孙姓名；碑前摆放有香炉。

石窟寺及石刻

阴山岩庙碑刻　位于联合乡红春村，立于清光绪二十六年（1900 年），坐北向南，占地约0.12 平方米。碑为长方形，高1.2、宽0.92、厚0.13 米，上有一木顶碑顶，碑上刻有"永结善缘"四字，是原小山上的阴山岩庙的捐款碑及修建庙的记事碑，后庙被毁，仅剩此碑。

近现代重要史迹及代表性建筑

苏端文宅　位于联合乡红竹村，建于民国三十五年（1946 年），坐东向西，占地约52.65 平方米。建筑为穿斗木结构，人字顶，小青瓦屋面，原房为面阔五柱四间，现右方两间已拆，仅剩左方两间8.1 米，进深六柱五间6.5、高5 米。此房由苏端义参加了抗日战争后回到家乡修建，建国初剿匪时曾有一个解放军连队在此屋住过，房右两间已拆并修了现代楼房。

其他

郭人龄墓　位于联合乡联兴村，建于民国十四年（1925 年），坐东向西，占地面积为9.9 平方米。墓冢呈前圆弧后梯形，条石垒砌而成，长4.5、宽2.2、高1.5 米；碑为长方形单碑，高2.6 米，顶上刻有楷书"龙凤呈祥"和蝴蝶花、"二龙戏珠"图案，浮雕双狮望月，碑文楷书墓主人名及祭祀子孙姓名。

高坪乡

古墓葬

大榜墓　位于高坪乡东风村，建于明代，坐西向东，总占地面积14.7 平方米。墓室为石条砌成，双室，中间有方孔相通，墓室呈长方形，长3.5、宽0.9 米，墓门有大石板封口，墓室后壁有凤鹊图案。

何家湾墓　位于高坪乡麻园村，建于清代，由 2 座墓组成，均坐西北向东南，占地面积48.24 平方米。其中 M2 最为壮观，墓冢呈前圆弧后梯形，条石垒砌而成，长6.7、宽3.2、高1.7 米；碑石质仿木结构，四柱三开间，庑殿顶，通高4.5、宽4.2 米，两侧施有抱鼓石，上刻有人物、禽兽等图案；碑顶上均施有龙头、宝瓶，檐下施以浮雕双凤朝阳，孝悌人物故事等图案，碑柱上刻有对联，碑文刻"皇清勒赠修职郎人尽先都府吴国泰老人墓"。

吴文氏墓 位于高坪乡麻园村，建于清光绪八年（1882 年），坐西向东南，占地面积 13.9 平方米。墓冢呈前圆后弧梯形，条石垒砌而成，长 4.8、宽 2.9、高 1.6 米；碑为石质仿木结构，四柱三开间，庑殿顶，通高 4.2、通宽 3.4 米，两侧施有抱鼓，上饰人物战场浮雕；明间檐下饰以"八仙过海"、"二龙戏珠"及孝道人物故事浮雕，枋刻"峻岭崇山"，碑刻"皇清勤吴母文氏老孺人之墓，清光绪八年立"，次间檐下饰以"双凤朝阳"浮雕，碑刻墓主人祭祀子孙人名。

吴应朝夫妇墓 位于高坪乡麻园村，建于清光绪十一年（1885 年），坐西北向东南，占地面积 13.75 平方米。墓冢呈前圆弧后长方形，长 4.5、宽 3.32、高 1.63 米；碑为石质仿木结构，四柱三开间，上施宝顶，两侧施有抱鼓石，上饰以铜钱纹；檐下饰以彩带书剑、花卉浮雕图案，顶额为"佳城"，横额为"文峯耸翠"，碑文刻"皇清待赠故显考吴公应朝老大人墓"等字样及修建年月，左、右次间额刻"佑启"、"后人"，碑文刻其祭祀子孙名。

古建筑

郭仕海宅 位于高坪苗族乡先锋村，建于清末，中华民国时期对其进行了维修，20 世纪 60 年代对其厢房进行改建，坐东北向西南，占地面积 223.6 平方米。建筑为悬山穿斗式木结构，小青瓦屋面，面阔四柱三间 11.2 米，进深七柱六间 11.5 米，木板门壁，三合土地面。

近现代重要史迹及代表性建筑

英雄大队知青房 位于高坪乡英雄村，建于 1964 年，坐东北向西南，占地面积 60.84 平方米，为当时高坪公社出资组织英雄大队投工投劳为"文革"前的第一批"老知青"所建住房。建筑为穿斗悬山式，小青瓦屋面，三合土地面，面阔四柱三间 11.7 米，进深 5.2 米，木板门壁。

上游大队保管房旧址 位于高坪乡麻园村，建于 1964 年，坐北向南，总占地面积约 148 平方米，上游大队集体投工投劳修建的大队保管房。建筑为悬山穿斗式木结构，面阔四柱三间 13.2 米，进深九柱八间 7.2 米；檐坎为石条砌成，明间内墙壁上现有老账目公示榜，清晰可见当年的账目管理要求、制度；木板壁，木门窗，后墙为石砌围墙，房前晒坝，坝中建有消防池，有消防和生活之用。

兴文县

古宋镇

古遗址

古宋城遗址　位于古宋镇后街头社区，坐西向东，建于清光绪三十四年（1908年），原唐时羁縻宋州之名改设古宋县。现存城门1座，城墙1段，城门、城墙用乱石砌成，城门圆弧用小青砖券拱。城高2.4、宽1.25、厚0.574米，城墙长4.92、高4.28、厚0.58米。

古墓葬

石坟湾墓　位于古宋镇大田湾村，建于清代，坐南向北，分布在长10、宽50米的坡地边，占地面积500平方米，由M1何达道墓、M2何母陈老孺人墓组成。墓冢均由条石砌成，冢前端呈圆弧形。M1冢高1.5、宽2.9、长4.1米。冢前石碑为仿木结构，四柱三开间，重檐庑殿顶，碑高3.1、宽2.24、厚0.15米，碑明间镌刻楷书"皇清待诰显考何达道墓，大清道光十年"，碑上雕刻有动物、花卉图案。M2墓冢形制与M1相同，冢前碑为石质仿木结构，二柱一开间，单檐歇山顶。

支家山墓　位于古宋镇永平村，建于清代，坐西南向东北（60°），占地面积150平方米，由M1支思舜黄氏墓、M2□□□墓组成。M1土冢墓，冢由条石砌成，前端呈圆弧形，高1.6、宽3.9、长5.6米。冢前有清代石碑1通，为石质仿木结构，二柱一开间，单檐庑殿顶，碑高3、宽1.23、厚0.33米，碑刻楷书"皇清待诰故显考支公讳思舜大人，显妣支门黄氏老孺人墓，道光七年"，碑上雕有花卉装饰图案。M2与M1墓形制相同，冢高2.2、宽4.6、长5.6米，碑为石质仿木结构，二柱一开间，单檐歇山顶，碑高3.3、宽1.17、厚0.32米，碑镌刻楷书"皇清待赠诰八十寿先□□□，咸丰五年"。碑宝顶为双龙、双狮戏珠，碑上雕有花卉装饰图案。

湾子头墓　位于古宋镇友谊村，建于清代，坐西南向东北（60°），分布在长20、宽8米的坡地中，占地面积160平方米，由M1黄永陛墓、M2崔侯氏墓组成。M1土冢墓，冢由条石砌成，冢前端呈圆弧形，冢高 1.5、宽 3.4、长 4.9 米。冢前有清代石碑 1 通，为石质仿木结构，二柱一开间，单檐庑殿顶，碑高 3.15、宽 1.05、厚 0.28 米，碑刻楷书"显考黄永陞墓，龙飞光绪六年"，碑施护碑石，高 1.69、宽 0.71、厚 0.21 米，碑宝顶为镂空雕二龙戏珠图案，碑上刻有双凤朝阳图案。M2 形制与 M1 形制相同，M2 题记年代为"光绪十六年"。

高厂坝墓　位于古宋镇范家村，建于清代，坐北向南（200°），分布在长 10、宽 20 米的杂树林中，占地面积 200 平方米，由 M1 范母杨太君墓、M2 丁廖氏墓组成。M1 墓冢用条石砌成，冢前端呈圆弧形，冢长 3.8、宽 2.8、高 1.6 米。冢前 1 座清代石碑为仿木结构，四柱三开间，三檐庑殿顶，碑高 3.9、宽 2.5、厚 0.26 米，碑镌刻楷书"范母杨太君墓"，次间为楷书墓志，题记年代"大清咸丰丁未年"。碑宝顶为二龙抢宝图案，明间额枋上有喜鹊闹梅等动物图案。墓有拜台一级，宽 8.2、深 3.7 米。M2 墓冢形制相同，碑为单檐歇山顶，碑体下段风化严重，有明显的脱落。

新房子高家墓　位于古宋镇民主村，建于清代，坐北向南（175°），分布在长 12、宽 5 米的杂树林中，占地面积 60 平方米，由 M1 高华墓、M2 高门胡太君组成。M1 土冢墓，冢由泥土堆成，冢长 3.5、宽 2.2、高 1 米。冢前有清代石碑 1 通，为长方形，碑高 1.1、宽 0.62、厚 0.2 米，碑刻楷书"高考华大人墓，道光己丑年三月初四日立"。

坟山上张家墓　位于古宋镇石灰窑村，建于清代，坐西向东，占地面积 142.5 平方米，由 M1 张母宋氏墓、M2 张世隆墓组成。M1 土冢墓，冢由条石砌成，冢前端呈圆弧形，长 5.8、宽 3.6、高 1.3 米。冢前有清代石碑 1 通，为长方形圆弧形顶碑，碑高 2、宽 0.96、厚 0.23 米，碑镌刻楷书"张母宋氏之墓，咸丰辛酉年"。M2 墓形制与 M1 相同，M2 碑上被草藤植物缠绕，M1、M2 共置在一墓院内，墓院呈长方形，长 12.5、宽 11.4 米，院墙由条石砌成，墙高 2.4 米，墓院有石质台基一级，高 1.2 米，素面。

白岩寨吴家墓　位于古宋镇金凤村，建于清代，坐西向东（80°），分布在长 20、宽 8 米的香苦林冢，占地面积 160 平方米，由 M1 吴相臣墓、M2 吴母郑达成墓组成。M1 土冢墓，冢用条石筑砌呈椭圆形，冢长 4、宽 3.8、高 1.15 米。冢前有清代石碑 1 通，为石质仿木结构，二柱一开间，单檐庑殿顶，碑高 2.3、宽 0.9、厚 0.18 米，碑刻楷书"皇清待赠享九九上寿显考吴公讳相臣之墓，道光四年仲冬月"，碑宝顶为二龙抢宝图案。M2 与 M1 墓形制相同，但 M2 碑宝顶已损毁，墓冢已被扰乱，冢右侧中后段条石损毁严重。

大坟山罗家墓地　位于古宋镇万顺村，建于清代，坐南向北，分布在长 20、宽 15 米的坡地中，占地面积 300 平方米，由 M1 罗母刘孺人墓、M2 罗志兴雷氏合墓、M3 罗良璜墓、M4 罗良宣墓组成。M2 土冢墓，冢由条石砌成，冢前端呈圆弧形，冢长 6.2、宽 4.45、高 1.2 米。冢前有清代石碑 1 通，为石质仿木结构，二柱一开间，重檐歇山顶，碑高3.4、宽0.94、厚0.17米，碑刻楷书"罗（公）母（志兴）氏雷合墓，光绪四年岁官戊寅"，碑施护碑石，高1.29、宽0.5、厚0.15米。碑上刻有人物故事及花卉图案，护碑石上刻有动物图案，M1、M3、M4形制与M2完全相同，M1、M3、M4墓碑为石质仿木结构，二柱一开间，单檐庑殿顶。

陈世泽墓　位于古宋镇友谊村，建于清乾隆五十六年（1791年），坐西北向东南（145°），占地面积20平方米。土冢墓，冢用条石筑砌呈椭圆形，俗称："鸡蛋坟"，冢高1.15、宽3.4、长4.7米。冢前有清代石碑1通，为石质仿木结构，二柱一开间，单檐庑殿顶，碑高2、宽0.86、厚0.13米，碑刻楷书"皇清待赠故显考陈公讳世泽大人之墓，乾隆五十六年"。

大石盘范氏墓　位于古宋镇友谊村，建于清乾隆五十四年（1789年），坐西向东，占地面积9.2平方米。土冢墓，冢用条石砌成，前端呈圆弧形，冢高1.3、宽2.3、长4米。冢前有清代石碑1通，为石质仿木结构，二柱一开间，单檐庑殿顶，碑高1.9、宽0.855、厚0.16米，碑刻楷书"皇清待诰故祖妣陈门范氏老孺人墓，乾隆伍拾肆季岁官己酉"。

洪范氏墓　位于古宋镇万顺村，建于清乾隆五十四年（1789年），坐西南向东北，占地面积6平方米。土冢墓，冢由条石砌成，冢前端成圆弧形，冢高0.9、宽2、长3米。冢前有清代石碑1通，为石质仿木结构，二柱一开间，单檐庑殿顶，碑高1.5、宽1、厚0.275米，碑刻楷书"皇清待诰享年三十八寿洪门范孺人墓，乾隆五十四年"，碑宝顶已损毁，碑柱上的对联已脱落，冢条石风化严重。

坟嘴李家墓　位于古宋镇土红坳村，建于清乾隆六十年（1795年），坐西北向东南，占地面积8.96平方米。土冢墓，冢用条石砌成，冢前端呈圆弧形，冢高1.2、长3.2米。冢前有清代石碑1通，为石质仿木结构，二柱一开间，单檐庑殿顶，碑高1.9、宽0.82、厚0.17米，碑刻楷书"皇清待诰显妣李太□□，大清乾隆六十年乙卯岁"。

彭英尧墓　位于古宋镇永平村，建于清嘉庆二十四年（1819年），坐西南向东北，占地面积8.58平方米。土冢墓，冢用条石砌成，冢前端成圆弧形，冢高1.26、宽2.6、长3.3米。冢前有清代石碑1通，为石质仿木结构，单檐庑殿顶，碑高2.9、宽0.97、厚0.18米，碑刻楷书"皇清待赠显考彭公讳英尧老大人之□□，大清嘉庆二十四年"，碑上刻有花卉图案。

黄刘氏墓　位于古宋镇友谊村，建于清嘉庆二十一年（1816年），坐东北向西南（230°），占地面积11.84平方米。土冢墓，冢用条石筑砌呈椭圆形，冢高1.25、宽3.2、长3.7米。冢前有清代石碑1通，为石质仿木结构，二柱一开间，单檐庑殿顶，碑高2.4、宽0.96、厚0.18米，碑刻楷书"清故享年八十寿慈妣黄老孺人墓，黄清嘉庆而是闰六月吉旦"，碑上刻有花卉图案。

吴伯贵墓 位于古宋镇文化村，建于清嘉庆八年（1803 年），坐北向南（190°），占地面积 94.5 平方米。土冢墓，冢用条石砌成，冢前端呈圆弧形，冢高 1.7、宽 2.8、长 4 米。冢前有清代石碑 1 通，为石质仿木结构，四柱三开间，三重檐庑殿顶，碑高 3、宽 2.2、厚 0.16 米，碑镌楷书"皇清待赠七十寿显考吴公讳伯贵□□□，大清嘉庆八年癸亥岁"。碑上雕有二龙抢宝、花卉、葫芦等图案。有墓院，院前端呈外"八"字形，院长 8、宽 6 米，院墙用条石砌成，墙高 1.6 米，院外有拜台，二级，一级长 9、宽 2.5、高 0.9 米，有垂带踏道 5 级，长 1.4、高 1.5 米；二级长 9、宽 2.5、高 0.9 米，拜台台基为石质，素面。

刘荣辉夫妇墓 位于古宋镇建设村，建于清嘉庆十八年（1813 年），坐东北向西南，占地面积 15.84 平方米。土冢墓，冢用条石砌成，冢前端呈圆弧形，冢高 1.5、宽 3.6、长 4.4 米。冢前有清代石碑 1 通，为石质仿木结构，二柱一开间，单檐庑殿顶，碑高 2.95、宽 0.98、厚 0.19 米，碑刻楷书"皇清待诰（赠）刘母慈壁吕（公讳荣辉）老孺人（大人）墓前，嘉庆癸酉年九月望四日吉旦"，碑上有叶状装饰图案。

刘罗氏墓 位于古宋镇建设村，建于清嘉庆二十一年（1816 年），坐北向南（195°），占地面积 16.92 平方米。土冢墓，冢用条石砌成，冢前端呈圆弧形，冢高 1.52、宽 3.6、长 4.7 米。冢前有清代石碑 1 通，为石质仿木结构，二柱一开间，单檐庑殿顶，碑高 3.05、宽 1.04 米，碑刻楷书"皇清待诰显妣刘母罗老孺人之墓，大清嘉庆二十一年十月二十一日"，碑上刻有花卉图案。

邹赵氏墓 位于古宋镇阳光村，建于清嘉庆五年（1800 年），坐西南向东北，占地面积 12 平方米。土冢墓，冢用条石砌成，冢前端呈圆弧形，冢高 1.3、宽 3、长 4 米。冢前有清代石碑 1 通，碑为长方形（原有碑帽已损毁），高 1.71、宽 0.85、厚 0.15 米，碑刻楷书"皇清例赠显妣邹赵孺人墓，大清嘉庆五年"。

干田湾成家墓 位于古宋镇阳光村，建于清嘉庆十五年（1810 年），坐东南向西北（325°），占地面积 19 平方米。土冢墓，冢用条石砌成，冢前端呈圆弧形，冢高 1.3、宽 3.8、长 5 米。冢前有清代石碑 1 通，为石质仿木结构，二柱一开间，单檐庑殿顶，碑高 1.93、宽 0.92、厚 0.2 米，碑镌楷书"皇清待赠享九十寿显考成公□□大人之墓，嘉庆十五年"，碑上刻有花卉图案。

彭袁氏墓 位于古宋镇阳光村，建于清嘉庆十五年（1810 年），坐西北向东南，占地面积 24.8 平方米。土冢墓，冢用条石砌成，冢前端呈圆弧形，冢高 1.3、宽 4、长 6.2 米。冢前有清代石碑 1 通，为石质仿木结构，单檐庑殿顶，碑高 2.95、宽 0.96、厚 0.16 米，碑刻楷书"皇清待诰享八十三寿彭母袁老□□之□，大清嘉庆二十一年"，碑上刻有花卉图案。

魏中华墓 位于古宋镇双凤村，建于清道光六年（1826 年），坐北向南，占地面积为 13.5 平方米。土冢墓,冢由条石砌成,前端呈圆弧形,长 4.5、宽 3、高 1.6 米。冢前有清代石碑 1 通,为石质仿木结构,二柱一开间,单檐庑殿顶,高 2.5、宽 0.88、厚 0.2 米,碑镌楷书"皇清待赠显考魏公讳中华字章老大人墓,道光六年",碑两侧有护碑石,高 1.52、宽 0.43、厚 0.13 米。

蒲治墓 位于古宋镇双凤村,建于清道光十二年(1832 年),坐南向北,占地面积为 110.5 平方米。土冢墓,冢由条石筑砌,前端呈圆弧形,长 4.5、宽 2.9、高 1.6 米。冢前有清代石碑 1 通,为石质仿木结构,单檐庑殿顶,高 3.2、宽 0.9、厚 0.22 米,碑镌楷书"清赠显考蒲公讳治大人之墓,道光十二年"。有墓院,长 13、宽 8.5 米,院墙由条石筑砌,墙上雕刻动物图案和镌刻楷书对联。

蒲毕氏墓 位于古宋镇双凤村,建于清道光二十七年(1847 年),坐西向东,占地面积为 9.6 平方米。土冢墓,冢由条石筑砌,前端呈圆弧形,长 4、宽 2.4、高 1.5 米。冢前有清代石碑 1 通,为石质仿木结构,单檐庑殿顶,高 2.2、宽 0.83、厚 0.19 米,碑镌楷书"蒲母毕太□君墓,道光二十七年"。

碑岭埂简氏墓 位于古宋镇大田湾村,建于清道光七年(1827 年),坐东南向西北,占地面积 102.7 平方米。土冢墓,冢用条石砌成,前端呈圆弧形,冢高 1.5、宽 2.8、长 4.9 米。冢前有清代石碑 1 通,为石质仿木结构,二柱一开间,重檐庑殿顶,碑高 2.65、宽 1.2、厚 0.3 米,碑镌楷书"□□待诰陈母简氏太君墓,大清道光七年",碑施护碑石,高 1.2、宽 0.48、厚 0.13 米,碑上有多个人物图案,但风化明显,面部已模糊,护碑石上雕有花卉图案。墓有弧形拜台一级,长 13、宽 7.9、台基高 1.1 米。

殷胡氏墓 位于古宋镇桃子坪村,建于清道光十一年(1831 年),坐南向北(350°),占地面积 11.4 米。土冢墓,冢用条石砌成,冢前端呈圆弧形,冢高 1.4、宽 3、长 3.8 米。冢前有清代石碑 1 通,为石质仿木结构,二柱一开间,单檐庑殿顶,碑高 1.8、宽 0.8、厚 0.14 米,碑刻楷书"享年八十二寿殷母胡氏墓,道光辛卯年"。

胡泽墓 位于古宋镇人民村,建于清道光二十四年(1844 年),坐西南向东北(70°),占地面积 88 平方米。土冢墓,冢用条石砌成,冢前端呈圆弧形,冢高 1.6、宽 3.8、长 4.2 米。冢前有清代石碑 1 通,为石质仿木结构,四柱三开间,三重檐庑殿顶,碑高 3.25、宽 2.05、厚 0.13 米,碑镌楷书"清故享八十五寿胡泽之墓"。碑上雕有花卉、人物、姜太公钓鱼、武将等图案,墓冢上沿石上刻有花卉图案。有墓院,院前端呈外八字形,院长 11、宽 8 米,院墙用条石砌成,墙高 1.3 米。

丁傅氏墓 位于古宋镇曙光村,建于清道光三年(1823 年),坐西北向东南(130°),占地面积 11.48 平方米。土冢墓,冢用条石砌成,冢前端呈圆弧形,冢高 1.33、宽 2.8、长 4.1 米。冢前有清代石碑 1 通,为石质仿木结构,单檐庑殿顶,碑高 2.55、宽 0.83、厚 0.16 米,碑镌楷书"皇清待诰丁母傅老太□□,道光三年岁次癸未冬月"。

方行制墓 位于古宋镇都良村，建于清道光十一年（1813 年），坐东向西，占地面积 11.02 平方米。土冢墓，冢由条石砌成，冢前端呈圆弧形，高 1.3、宽 2.9、长 3.8 米。冢前有清代石碑 1 通，为石质仿木结构，二柱一开间，单檐庑殿顶，高 2.2、宽 0.75、厚 0.195 米，碑刻楷书"登仕郎显考方行制大人墓，道光十一年"。

蒲文英墓 位于古宋镇双凤村，建于清咸丰二年（1852 年），坐北向南，占地面积为 14 平方米。土冢墓，冢由条石砌成。冢前端呈圆弧形，长 4、宽 3.5、高 1.85 米，冢前有清代石碑 1 通，为石质仿木结构，四柱三开间，重檐歇山顶，高 3.7、宽 1.27、厚 0.32 米，碑刻楷书"清登仕郎蒲公文英大人墓，咸丰二年"。

黄世荣墓 位于古宋镇友谊村，建于清咸丰八年（1858 年），坐东向西，占地面积 77 平方米。土冢墓，冢用条石砌成，冢前端呈圆弧形，冢长 5.4、宽 3.2、高 1.8 米。冢前有清代石碑 1 通，为石质仿木结构，四柱三开间，重檐庑殿顶，碑高 3.2、宽 2.3、厚 0.26 米，碑镌刻楷书"显考黄公讳世荣大人之墓、咸丰八年"。碑上刻有人物故事，凤穿牡丹及花卉图案。有墓院，院长 10、宽 7.7 米，院墙用条石砌成，院墙高 1.25 米，院前端两侧及院后屏风上雕有花卉图案。

高屋基高氏墓 位于古宋镇石滚坝村，建于清咸丰六年（1856 年），坐西南向东北（60°），占地面积 120 平方米。土冢墓，冢用条石砌成，冢前端呈圆弧形，冢高 1.7、宽 3.6、长 4.5 米。冢前有清代石碑 1 通，碑帽已损毁，现碑为长方形，碑高 2.5、宽 1.07、厚 0.3 米，碑刻楷书"故显考高公墓，大清咸丰六年"，碑施护碑石，高 1.56、宽 0.58、厚 0.24 米，碑、护碑石上雕有动物、器物、花卉、人物故事图案。碑座为须弥座，长 2.7、宽 0.53、高 0.26 米，座台上刻有装饰图案，冢上沿石上刻有花卉图案。有墓院，院长 12、宽 10 米，院墙用条石砌成，墙高 1.54 米，院两侧前端镌有对联及生动的人物战场图案。墓前有一石质香炉，长 0.52、宽 0.26、高 0.22 米。

林萧氏墓 位于古宋镇石滚坝村，建于清咸丰九年（1859 年），坐南向北（350°），占地面积 88.2 平方米。土冢墓，冢用条石砌成，冢前端呈圆弧形，冢高 1.6、宽 3.6、长 4.5 米。冢前有清代石碑 1 通，为石质仿木结构，二柱一开间，单檐庑殿顶，碑高 3、宽 1.04、厚 0.23 米，碑刻楷书"故显妣林母萧老孺人之墓，咸丰乙未岁"。碑上刻有花卉、凤穿牡丹等图案，碑座为须弥座台，长 1.68、宽 0.67、高 0.28 米，墓冢上沿石上刻有花卉图案。有墓院，院长 7 米，院墙用条石砌成，墙高 1.7 米，院两侧各有一金猴图案。院外有拜台，一级，拜台用条石砌成，呈弧形，长 9、深 3.1、台基高 0.9 米，素面。

黄郭氏墓 位于古宋镇万顺村，建于清咸丰八年（1858 年），坐西南向东北，占地面积 13.5 平方米。土冢墓，冢用条石砌成，冢前端呈圆弧形，冢高 1.65、宽 2.7 米。

冢前有清代石碑 1 通，为石质仿木结构，二柱一开间，重檐庑殿顶，碑高 3.1、宽 1.1、厚 0.21 米，碑刻楷书"皇清待赠孺人黄母郭老太君墓，成半八年岁官戊午菊月下□旦立"，碑施护碑石，高 1.71、宽 0.57、厚 0.2 米，碑上刻有双凤朝阳、人物故事图案，护碑石上刻有花卉及龙纹图案。

李国杨墓 位于古宋镇星火村，建于清咸丰四年（1854 年），坐北向南，占地面积 11.2 平方米。土冢墓，用条石砌成，冢前端呈圆弧形，冢高 1.3、宽 2.8、长 4 米。冢前有清代石碑 1 通，为石质仿木结构，二柱一开间，单檐庑殿顶，碑高 2.8、宽 0.97、厚 0.21 米，碑刻楷书"侍郎李国杨墓，咸丰四年"，碑上雕刻有花卉图案。

李邦林夫妇墓 位于古宋镇同心村，建于清同治二年（1863 年），坐南向北，占地面积 20.4 平方米。土冢墓，冢用条石筑砌圆弧形，长 6、宽 3.4、高 1.9 米。冢前有清代石碑 1 通，为石质仿木结构，四柱三开间，重檐庑殿顶，碑高 4.5、宽 2.5、厚 0.28 米，碑镌刻楷书"李邦林夫妇墓，清同治二年"。

朱李氏墓 位于古宋镇大礼村，建于清同治八年（1869 年），坐东北向西南，占地面积为 14.26 平方米。土冢墓，冢由条石筑砌呈椭圆形，长 4.1、宽 3.1、高 1.25 米。冢前有清代石碑 1 通，为石质仿木结构，二柱一开间，单檐庑殿顶，高 2.9、宽 0.98、厚 0.26 米，碑上雕刻有水拦桥等人物故事图案。

林光彬墓 位于古宋镇石滚坝村，建于清同治九年（1870 年），坐南向北（345°），占地面积 60 平方米。土冢墓，冢用条石砌成，冢前端呈圆弧形，冢高 1.65、宽 2.6、长 4.5 米。冢前有清代石碑 1 通，为石质仿木结构，二柱一开间，重檐庑殿顶，碑高 3.85、宽 1.25、厚 0.36 米，碑刻楷书"故显考林公讳光彬老大人之墓，大清同治九年"，碑施护碑石，高 1.53、宽 0.62、厚 0.24 米，碑宝顶为二龙抢宝及花瓶，碑上刻有姜太公钓鱼、张果老骑驴等人物故事图案，冢上沿刻有如意、书卷、宝剑、马、花卉等图案。有墓院，前端呈外"八"字形，院长 8、宽 7.5 米，院墙用条石砌成，墙高 1.3 米，院前端两侧各有一幅人物战场故事图案，院墓屏风呈梯形，上刻有花卉图案。

李天桂墓 位于古宋镇正南村，建于清同治十一年（1872 年），坐南向北，占地面积 16.2 平方米。土冢墓，冢由条石砌成，冢前端呈圆弧形，高 1.1、宽 3.6、长 4.5 米。冢前有清代石碑 1 通，为长方形圆弧顶，高 1.55、宽 0.75、厚 0.14 米，碑镌刻楷书"故显考李公讳天桂大人之墓，大清同治壬申年"。

大坟山陈家墓 位于古宋镇友谊村，建于清光绪十年（1884 年），坐东北向西南，分布在长 10、深 8 米的坡地中，占地面积 80 平方米，由 M1 陈文彬许氏墓、M2 陈必高郭氏墓组成。M1 墓冢由条石砌成，冢前端呈圆弧形，冢长 5.5、宽 3.6、高 2 米。冢前有清代石碑一通，为石质仿木结构，二柱一开间，单檐庑殿顶，碑高 4.1、宽 1.15、厚 0.28 米，碑刻楷书："显（考）妣陈（文）许（彬）氏墓，大清光绪拾年"，碑施护碑石，高 2.24、宽 0.73、厚 0.235 米，碑宝顶为镂空雕仙鹤、鹿、蝙蝠、花卉图案，碑上刻有凤穿牡丹、石狮、花卉图案。护碑石上刻有老鼠吃葡萄、二猫吃鱼、祥云、花卉、花瓶等图案，墓冢上沿有花卉图案。M2 形制与 M1 完全相同，M2 碑为石质仿木结构，二柱一开间，重檐庑殿顶，题记年代为"龙飞光绪辛巳柒年"。

何启舜墓　位于古宋镇金鸡山村，建于清光绪二十八年（1902 年），坐西北向东南（130°），占地面积 64 平方米。墓冢用条石砌成，冢前端呈圆弧形，冢高 1.8、宽 3、长 4 米。冢前一清代石碑为仿木结构，四柱三开间，重檐庑殿顶，碑高 4、宽 2、厚 0.22 米，碑明间镌刻楷书"显考何启舜墓，光绪二十八年"，两次间为小楷墓志。碑宝顶施二龙抢宝装饰，上檐额枋上有花卉、麒麟、蝙蝠等动物图案，下檐额及额枋上有花卉、唐僧师徒取经、姜太公钓鱼及动物故事图案，次间上有兵器及花卉装饰图案。有墓院，院用条石砌成，院宽 8、深 8、院墙高 1.6 米，院左前端有鲤鱼跳龙门图案，前端有雨及龙图案。

三块地何家墓　位于古宋镇金鸡山村，建于清代，坐北向南，占地面积 84 平方米，由 M1 何国重墓与 M2 何母范氏墓组成。墓冢均由条石砌成，冢前端呈圆弧形，M1 冢高 1.5、宽 3、长 3.5 米。冢前一清代石碑为仿木结构，二柱一开间，重檐庑殿顶，碑高 3.6、宽 1.1、厚 0.31 米，碑刻楷书"皇清例授正八品何国重，大清光绪己丑年"，碑施护碑石，高 1.3、宽 0.56、厚 0.16 米，碑上有人物故事、花卉及动物图案，护碑石上有龙及"福""寿"装饰图案。M2 墓冢形制与 M1 相同，碑石为长方形弧形状，题记年代为"同治八年"。墓有院，院用条石砌成，院宽 12、深 7、院墙高 1.8 米，院墙条石部分损毁。

张易氏墓　位于古宋镇黄金山，建于清光绪二十八年（1902 年），坐西南向东北，占地面积 13.05 平方米。墓冢用泥土堆成，呈长方形，冢高 1.35、宽 2.4、长 4 米。冢前石碑为长方形荷叶形顶，碑高 2.5、宽 0.87、厚 0.28 米，碑刻楷书"张母易孺人墓，光绪二十八年"，碑上雕刻有花卉图案，墓前为石质弧形坟堂向外延伸，坟堂宽 2.3、深 1.5、高 0.9 米，末端有装饰八瓜墩，高 0.19、直径 0.29 米，有弧形石门槛连接两末端，门槛长 2、宽 0.18、高 0.1 米。

洪马氏墓　位于古宋镇打渔村，建于清光绪三十四年（1908 年），坐东向西，占地面积为 15.5 平方米。土冢墓，冢由条石筑砌，前端呈圆弧形，长 4.2、宽 3.6、高 1.9 米。冢前有清代石碑 1 通，为石质仿木结构，四柱三开间，重檐庑殿顶，宽 1.13、高 3.8、厚 0.22 米，碑镌楷书"洪母马孺人墓，光绪三十四年"。

陈何氏墓　位于古宋镇老龙湾村，建于清光绪十六年（1890 年），坐东北向西南，占地面积 10.92 平方米。土冢墓，冢用条石砌成，冢前端呈圆弧形，冢高 1.75、宽 2.8、长 3.9 米。冢前有清代石碑 1 通，为石质仿木结构，二柱一开间，单檐庑殿顶，碑高 3、宽 0.98、厚 0.25 米，碑刻楷书"显妣陈母何孺人墓，光绪十六年庚寅岁春三月二十六吉立"，碑宝顶为二龙抢宝图案，碑上刻有花卉图案。

钟陈氏墓 位于古宋镇久庆村，建于清宣统三年（1911 年），坐北向南（190°），占地面积为 9.2 平方米。土冢墓，冢用泥土堆筑呈长方形，冢高 1.3、宽 2.3、长 4 米。冢前有清代石碑 1 通，为长方形荷叶形顶，碑高 2.6、宽 0.9、厚 0.24 米，碑刻楷书"慈妣母陈孺人墓，宣统辛亥三月十四日立"，碑施护碑石，高 0.9、宽 0.55、厚 0.26 米，碑上雕有二龙抢宝及花卉图案，护碑石上刻有龙、鹿、花卉图案。

古建筑

龙洞口井 位于古宋镇西门上社区，建于清代，坐东北向西南，占地面积为 2.83 平方米。水井呈矩形，长 2.02、宽 1.4、深 1.1 米，井壁由乱石筑砌，井底为岩石，井口前端由石板铺作，井口由水泥预制板作盖，盖长 2.9、宽 0.95、厚 0.15 米，盖距井口面 1.03 米。该井曾为卢家大院内人家生活用水，现为西门上社区龙洞头周围居民生活用水。

水井湾井 位于古宋镇民主村，建于清代，坐北向南（160°），占地面积 12 平方米。井四周用条石砌成，井口呈长方形，长 0.9、宽 0.8、深 0.25 米，井上方用条石盖顶。据当地村民任继刚介绍，八、九十岁的老军人在孩提时代就记得有这个井。井水主要提供附近村民饮用及灌溉周边的农田，但近年来水流量明显减小。

弯刀田井 位于古宋镇青龙村，建于清代，坐东南向西北（310°），占地面积 91 平方米。井四周条石砌成，井口呈长方形，长 1.2、宽 0.9、深 1.45 米。井前有一水泥坝，长 3、宽 2.5 米，从龙神社区老街通向井口处左右均有石梯步，左侧七级，长 3、宽 2.2、高 0.8 米，右侧三级，长 1.7、宽 1.2、高 0.4 米。井水主要满足附近村民饮用及灌溉周边农田。

长房子井 位于古宋镇撑腰岩村，建于清代，坐北朝南，占地面积 14 平方米。井四周用条石砌成，井口呈长方形，长 1.6、宽 1.35、深 1.7 米，井上方用水泥瓦小屋遮盖，屋长 3、宽 1.7、高 1.8 米。井水主要满足附近村民饮用及灌溉周边农田。

盐井坝井 位于古宋镇东大街社区，建于清代，坐南向北，占地面积 6.72 平方米。水井用条石砌成，井口呈长方形，长 2.4、宽 0.63、深 0.5 米。井水原主要灌溉周边农田，现主要满足附近居民生活饮用。

任氏宅 位于古宋镇梧桐村，建于清代，坐西朝东，占地面积 250 平方米。四合院布局，正屋为木结构单檐悬山式屋顶，穿斗梁架，三穿用七柱，面阔五间 17.5 米，进深六间 7 米，通高 6.5 米，有石质素面台基 0.2 米。前屋为仿木结构单檐悬山式屋顶，穿斗梁架，二穿用五柱，面阔三间 10.5 米，进深四间 5.3 米，通高 5.5 米，有石质素面台基高 0.5 米。左右厢房面阔四间 12 米，进深四间 4.5 米，左厢房部分已被改建，正堂大门两侧夹壁及右厢房夹壁已被砂砖及水泥墙所取代，民居内原雕刻已破坏。

大水井 位于古宋镇柏香湾村，建于清代，坐南朝北，占地面积 2.556 平方米。水井四周用条石砌成，井口呈长方形，长 1.8、宽 1.42、井深 1.5 米，井水主要满足附近村民生活饮用及灌溉周边农田、耕地。

回龙寺桥 位于古宋镇金龙村，建于清道光元年（1821 年），南北走向，占地面积 48.18 平方米，跨落郎漕河。桥用条石砌成，单拱，桥长 13.2、宽 3.65、高 6 米，拱跨度 9、拱高 5 米，桥西端有踏道 19 级，桥两端外侧及桥基部分条石已被洪水冲毁，桥面上简易栏杆仅存部分。

古宋万寿桥 位于古宋镇万寿场社区，建于清光绪元年（1875 年），现保存完整。桥为东南—西北走向，跨万寿溪，为石质结构单拱券式拱桥，长 35.5、宽 6、高 11 米，跨度 21.5、拱券高 9.4 米，桥身为弧形，桥面呈阶梯形，桥的两端分别由垂带踏道 29 级通向桥顶。桥栏为石质素面，高、宽均为 0.4 米，该桥现仍在使用。宜宾市人民政府于 2011 年 2 月公布为文物保护单位。

永清桥 位于古宋镇永平村，建于清光绪二十九年（1903 年），现保存基本完整。桥为东西走向，跨万寿河，为石质五孔拱券式平桥，长 36、高 10、宽 6.6 米，桥中孔跨度 4、拱券高 6 米，两侧孔跨度均为 3、拱券高 4.5 米，中拱券顶有一圆雕龙，头朝北，尾向南，局部残缺，原桥面所铺的石板现已改铺成水泥路面，原桥栏杆已毁，今已重新安上新的石栏杆。桥现仍在使用，在古叙公路的主干线上，现桥的东西各有一孔拱券被泥土掩埋。

和山书院 位于古宋镇南门桥社区，原为五开间，1998 年兴文二中修建教学大楼时，将书院右边 2 列拆除。书院建于清光绪十一年（1885 年），由当地刘启英捐资所建，建筑坐北向南，整体呈矩形，为木结构单檐悬山式小青瓦屋面，抬梁穿斗混合梁架，面阔三开间 12.8、进深 8.8、高 6.5 米，有台基，素面，现为兴文二中校史存列室及工会俱乐部用房。宜宾市人民政府于 2011 年 2 月公布为文物保护单位。

近现代重要史迹及代表性建筑

芙蓉寺 位于古宋镇小河村，建于民国初年，坐南向北，占地面积 86.14 平方米。芙蓉寺多次维修，正殿为木结构，单檐悬山式小青瓦屋面，抬梁穿斗混合梁架，面阔二间 8.8、进深 7.3、高 6 米，右厢房为木结构小青瓦屋面，南北长 7.3、东西宽 3 米。

小河子桥 位于古宋镇温水溪村，建于 1958 年，现保存基本完整，桥为东西走向，跨小河子溪，为石质结构单孔拱券式平桥，桥长 10.1、宽 5.9、高 2.9、跨度 5、拱券高 1.5 米，桥面铺碎石路面，原有条石栏杆，今已全部损毁，桥现在仍在使用。

古宋大桥 位于古宋镇宝山号社区，建于 1968 年，东西走向，占地面积 1155 平方米，跨宋江河。桥用条石筑成，为单孔拱券敞肩式平桥，长 55、宽 21、高 8 米，单孔跨度 41.8、拱券高 7 米，桥面为水泥路面。桥面有石质栏杆，长 55、宽 0.11、高 1.1 米，栏杆内外皆雕刻有蝴蝶图案，末端均雕刻有铜鼓图案。

漏风垭渡水槽 位于古宋镇土地坎村，建于 1969 年，南北走向，跨古叙公路。渡水槽及槽墩用条石砌成，渡水槽长 30、宽 0.9、深 0.23 米，槽底用水泥镗底，渡水槽下呈弧形，高 7、拱跨度 8、拱高 6.4 米，两端槽坝高 3.8、宽 1.4、深 4.2 米。

五星乡

古墓葬

干路溪墓 位于五星乡赶场坝村，建于清代，坐东南向西北，分布在长 12、宽 10 米的柑橘林中，占地面积 120 平方米，由 M1 罗国顺墓、M2 罗应祥墓组成。M1 土冢墓，冢由条石筑砌，前端呈圆弧形，冢长 4.5、宽 3、高 1.6 米。冢前有清代石碑 1 通，为长方形弧形顶，碑高 1.34、宽 0.72、厚 0.19 米，碑镌楷书"显考罗国顺墓，光绪十二年"，墓冢上沿刻人物故事、动物及花草图案，雕刻精美。M2 土冢墓，冢由条石筑砌，前端呈圆弧形，碑为石质仿木结构，二柱一开间，单檐庑殿顶，碑镌刻楷书"罗公应祥之墓，民国三年"。

长春墓群 位于五星乡长兴村，建于清代，坐北向南，分布在长 20、宽 8 米的耕地边，占地面积 160 平方米，由 M1 曾老孺人墓、M2 邓母许太君墓、M3 儒林郎联升墓组成。M3 土冢墓，冢由泥土堆筑呈长方形，冢长 5.4、宽 3、高 1.3 米。冢前有清代石碑 1 通，为石质长方形荷叶形顶，高 1.8、宽 0.74、厚 0.09 米，碑刻楷书"儒林郎联升墓，光绪八年"，墓碑前有坟堂，损毁严重。M1、M2 与 M3 形制相同，冢保存完整，碑帽均有不同程度的损坏。

沙埂子墓 位于五星乡长兴村，建于清代，坐北向南，分布在长 20、宽 8 米的竹林中，占地面积 160 平方米，由 M1 邓母薛孺人墓、M2 邓母薛老孺人墓组成。M1 土冢墓，冢由乱石砌成，前端呈圆弧形，冢长 4、宽 2.7、高 1.2 米。冢前有清代石碑 1 通，为石质仿木结构，二柱一开间，单檐庑殿顶，碑高 1.65、宽 0.78、厚 0.18 米，碑刻楷书"清待诰别八上寿慈妣邓母薛孺人墓位，乾隆五十四年"。M2 土冢墓，冢用乱石砌成，冢高 1、宽 2.8、长 4 米，碑为长方形弧形顶，碑高 1.66、宽 0.88、厚 0.17 米。

长房子墓 位于五星乡民心村，建于清道光十七年（1837 年），坐东北向西南，占地面积 11 平方米。土冢墓，冢用条石砌成，前端呈圆弧形，冢长 4.4、宽 2.5、高 1.4

米。冢前有清代石碑 1 通，为石质仿木结构，四柱三开间，重檐庑殿顶，碑高 3.05、宽 2.8、厚 0.17 米，碑镌楷书"皇清诰黄母杨孺人之墓，道光丁酉年"，碑前有一石质门框，高 2、宽 0.98 米。

土地坡墓 位于五星乡龙凤村，建于清代，坐西向东，分布在长 20、宽 8 米的耕地边，占地面积 160 平方米，由 M1 吴钟义墓、M2 吴桢之墓组成。M1 土冢墓，冢由条石砌成，前端呈圆弧形，高 1.4、宽 2.3、长 3.5 米。冢前有清代石碑 1 通，为石质仿木结构，四柱三开间，重檐歇山顶，高 3、宽 2.13、厚 0.19 米，碑镌楷书"吴公讳钟义墓，道光十八年"。M2 土冢墓，冢由条石砌成，前端呈圆弧形，高 1.4、宽 3、长 3.5 米。冢前有清代石碑 1 通，高 3.8、宽 1.05、厚 0.38 米，碑镌刻楷书"吴公桢之墓，同治九年"，碑施护碑石，高 1.62、宽 0.62、厚 0.23 米。

院子头墓 位于五星乡龙凤村，建于清代，坐北向南，分布在长 15、宽 8 米的耕地边，占地面积 120 平方米，由 M1 吴母姚太君墓，M2 吴仕清墓组成。M1 土冢墓，冢由条石砌成，前端呈圆弧形，长 3.5、宽 2.6、高 1.4 米。冢前有清代石碑 1 通，为石质仿木结构，四柱三开间，重檐庑殿顶，高 2.65、宽 2、厚 0.21 米，碑镌楷书"吴母姚太君墓，咸丰五年"，碑上均有人物故事图案。M2 与 M1 形制相同，但碑体风化严重，柱石风化尤为明显，其上对联大部分已脱落。

何萧氏墓 位于五星乡长兴村，坐北向南，占地面积 11.25 平方米。土冢墓，冢用泥土堆筑呈长方形，冢长 5、宽 2.25、高 1.1 米。墓前有清代石碑 1 通，为长方形，碑高 0.65、宽 0.62、厚 0.13 米，碑刻楷书"皇清待诰慈妣何母萧老□□扣，乾隆乙巳年"。

雁塘墓 位于五星乡长兴村，建于清乾隆四十年（1775 年），坐东向西，占地面积 11.2 平方米。土冢墓，冢由条石筑砌呈圆弧形，冢长 4、宽 2.8、高 1.2 米。冢前有清代石碑 1 通，为石质仿木结构，二柱一开间，单檐庑殿顶，碑高 1.34、宽 0.74、厚 0.16 米，碑文大部分已脱落，题记年代已模糊，依稀可辨"乾隆四十年"。

周范氏墓 位于五星乡胜果村，建于清嘉庆十六年（1811 年），坐东南向西北。土冢墓，冢用乱石砌成，冢长 3.5、宽 2.6、高 1.2 米。冢前有清代石碑 1 通，为石质仿木结构，二柱一开间，单檐庑殿顶，碑高 1.45、宽 0.83、厚 0.18 米，碑刻楷书"清故孺人周母范太君之墓，嘉庆十六年"。

白家祠墓 位于五星乡民心村，建于清嘉庆二十年（1815 年），坐西南向东北，占地面积 16 平方米。土冢墓，冢用条石砌成，呈圆弧形，冢长 4、宽 4、高 1.3 米。冢前有清代石碑 1 通，为石质仿木结构，四柱三开间，重檐庑殿顶，碑高 2.45、宽 1.8、厚 0.2 米，碑镌楷书"皇清待赠□□□墓，清嘉庆二十年"，碑上刻有动物、花卉图案，但碑体风化严重，大部分碑文已脱落。

陈大叁墓 位于五星乡连心村，建于清道光十八年（1838 年），坐东向西，占地面积为 19.5 平方米。土冢墓，冢由条石筑砌，前端呈圆弧形，长 5、宽 3.9、高 1.8 米。冢前有清代石碑 1 通，为石质仿木结构，四柱三开间，重檐庑殿顶，高 2.8、宽 3.1、厚 0.33 米，碑镌刻楷书"陈公讳大叁墓，道光十八年"。

邓家坟邓氏墓 位于五星乡麻园村，建于清道光元年（1821 年），坐北向南，占地面积为 10.5 平方米。土冢墓，冢由条石砌成，前端呈圆弧形，长 3.5、宽 3、高 1.5 米。冢前有清代石碑 1 通，为石质仿木结构，二柱一开间，单檐庑殿顶，高 2.2、宽 1.13、厚 0.2 米，碑镌刻楷书"邓公讳□□□□，道光元年"。

汪承白墓 位于五星乡大同村，建于清道光十七年（1837 年），坐西北向东南，占地面积 11.76 平方米。土冢墓，冢用条石砌成，冢前端呈圆弧形，冢高 1.5、宽 2.8、长 4.2 米。冢前有清代石碑 1 通，为石质仿木结构，二柱一开间，重檐庑殿顶，碑高 3.6、宽 1.12、厚 0.28 米，碑刻楷书"皇清待赠显考汪公讳承白府君墓，道光十七年"，碑施护碑石，高 1.8、宽 1.54、厚 0.18 米。碑宝顶为二龙抢宝装饰，护碑石上刻有花卉及装饰图案，冢上沿刻有花卉图案。

李冠荣夫妇墓 位于五星乡长久村，建于清咸丰五年（1855 年），坐北向南，占地面积为 17.1 平方米。土冢墓，冢由条石砌成，冢前端呈圆弧形，长 4.5、宽 3.8、高 1.9 米。冢前有清代石碑 1 通，为石质仿木结构，四柱三开间，重檐庑殿顶，高 3.25、宽 2.78、厚 0.25 米，碑镌刻楷书"李母刘氏之□，咸丰乙卯年"，碑有护碑石高 1.5、宽 0.6、厚 0.25 米，护碑石上雕刻精美的动物、花草图案。

范张氏墓 位于五星乡连心村，建于清同治六年（1867 年），坐北向南，占地面积为 14 平方米。土冢墓，冢由条石筑砌，前端呈圆弧形，长 5、宽 2.8、高 1.5 米。冢前有清代石碑 1 通，为石质仿木结构，四柱三开间，重檐庑殿顶，高 3.9、宽 2.25、厚 0.25 米，碑镌刻楷书"范母张孺人墓，同治六年"。

李吴氏墓 位于五星乡龙凤村，建于清同治十年（1871 年），坐北向南，占地面积为 9.1 平方米。土冢墓，冢用条石筑砌，前端成圆弧形，长 3.5、宽 2.6、高 1.4 米。冢前有清代石碑 1 通，为长方形弧形顶，高 2.4、宽 1.35、厚 0.37 米，碑镌刻楷书"李母吴老孺人之墓，同治辛未年"。

黄明舜夫妇墓 位于五星乡白玉村，建于清同治十年（1871 年），坐东北向西南，占地面积 19.604 平方米。土冢墓，冢用泥土堆筑呈长方形，冢长 4、宽 2.7、高 1.4 米。冢前有清代石碑 1 通，为石质仿木结构，二柱一开间，单檐庑殿顶，碑高 2.14、宽 0.91、厚 0.22 米，碑刻楷书"清故黄明舜冯氏陈氏墓，大清同治十年"。碑前有坟堂，坟堂长 3.1、宽 2.84 米，坟堂两侧末端各饰有 1 个八瓜墩。

李周氏墓 位于五星乡踏水桥村，建于清光绪十年（1884 年），坐东北向西南，占地面积 35.5 平方米。土冢墓，冢用泥土堆成，冢长 4、宽 3.6、高 1.1 米。冢前有清代石碑 1 通，为书卷状，碑高 1.4、宽 2.12、厚 0.16 米，碑刻楷书"李母周孺人墓，大清光绪十年"，碑上有花瓶、花卉图案，碑施护碑石，高 0.92、宽 0.43、厚 0.14 米，上有花瓶、花卉、蝙蝠、仙鹤等图案。碑两侧有石质圆弧形坟堂向外延伸，坟堂宽 5、深 3.1、高 0.5 米。

刘上攀夫妇墓　位于五星乡马岩村，建于清光绪五年（1879 年），坐西北向东南，占地面积 156 平方米。墓冢用条石砌成，冢前端呈圆弧形，冢长 8、宽 5.8、高 1.97 米。冢前有清代石碑 1 通，为石质仿木结构，四柱三开间，重檐庑殿顶，碑高 3.54、宽 2.44、厚 0.33 米，碑镌刻楷书"显考刘上攀显妣张氏高氏墓，龙飞光绪五年"，碑施护碑石，高 1.5、宽 0.62、厚 0.23 米。碑上刻有花卉、人物、动物图案，护碑石上刻有花瓶、花卉、动物、人物图案，墓冢上沿刻有花卉、人物图案。有墓院，前端呈对"八"字形，院长 13、宽 12 米，院墙用条石砌成，墙高 1.35 米，院后有屏风。

古建筑

长房子民居　位于五星乡民心村，建于清嘉庆十八年（1813 年），坐北朝南，"囗"形建筑，面积为 150 平方米。木结构，单檐悬山式屋顶，穿斗梁架结构，四穿用九柱，面阔三间 15 米，进深八间 10 米，通高 6 米，石质台基，高 0.25 米。上刻有花卉等装饰图案，有垂带踏道二级。窗上有雕刻图案。

近现代重要史迹及代表性建筑

瓦窑沟井　位于五星乡新场子村，始建于民国初年，后历经维修，最近一次是 2007 年，占地面积 13.2 平方米。井四周用条石砌成，井口呈长方形，长 0.88、宽 0.62 米，井深 0.9、高 0.57 米，井旁有一护井堤，长 6、宽 0.4、高 0.9 米。

僰王山镇

古遗址

凌霄城遗址　位于僰王山镇凌霄村，海拔 1001 米，占地面积 112500 平方米，平面呈不规则长方形，南北长 450、东西宽 250 米，三面悬崖绝壁，南面与五斗坝接壤。宋理宗宝祐五年（1257 年），朝廷四川刺史蒲泽之建筑城寨，取名"凌霄城"，作为屯兵积粮之地，防御蒙古族侵略，在四十八道拐上，有宋建城记事石刻可查。

明代都掌人（僰人）哈大王的部下阿苟驻扎凌霄城，长期与明朝官兵对抗，明万历元年（1572年），四川巡抚曾省吾奏请朝廷，诏刘显大将征讨，不久，凌霄城失陷。民国十九年（1930年），红四军在团长王泽嘉、党代表敦厚领导下，率战士180余人，于同年二月一月进驻凌霄城。

该战场遗址现存寨门一道，坐东向西，门宽0.98、高2.95、通道长3.78米。在寨门的左侧上方，有1个战壕和石灶头，有荤、素井各1口。凌霄城由于地势险要，为历代兵家必争之地。

纶缚大屯遗址　位于僰王山镇博望村，分布面积129平方千米，北宋时为僰人军事据点，纶缚大囤地势险要，易守难攻。宋徽宗政和五年（1115年），僰酋卜漏于上元节袭梅岭寨（今江安红桥镇），虏公老妻（帝宗女）。诏发万峡西军由梓州路转运使赵遹统领。赵诡计多端，以昔日单之"火牛阵"作鉴，令士兵在山上捕捉猴子几十只，用热蜡浇麻，捆绑在野猴身上，猴着火乱窜，将僰人的纶缚大囤尽数烧毁，趁僰人慌乱间，赵遹大军掩杀上山，擒斩卜漏灭掉僰兵。今尚存残垣城墙约500米，及大小寨门遗迹各一处。大寨门遗迹位于博望山村八组，保存较完整，寨门宽2.5、高2.52米，门道深2.8、宽1、高2.08米。小寨门遗迹位于博望村，损毁严重，只能依稀可辨。

古墓葬

杉木嘴墓　位于僰王山镇多岗槽村，建于明代，分布在长5、宽4米的楠竹林边，坐西北向东南，墓由4个单室组成，室门宽0.82米，门楣高1.4米，单室宽0.8、高0.56、长2.55米。

磨盘田墓群　位于僰王山镇多岗槽村，建于明代，坐东北向西南（220°），由M1、M2、M3组成，均为双室墓。M3保存较为完整，墓长4、宽2米，单室宽0.96、高0.8米，墓宽1米，门楣高0.95米，墓道长3.1米，墓室内有石块及泥沙，残余墓门有人物及花卉图案。M1、M2扰乱严重。

顺山墓群　位于僰王山镇群会村，建于清代，坐东南向西北（300°），占地面积120平方米，由M1刘母钟老孺人墓和M2刘母钟孺人墓组成。M1土冢墓，冢由泥土堆筑呈长方形，冢长4、宽3.7、高1.4米。冢前有清代石碑1通，为石质仿木结构，二柱一开间，单檐庑殿顶，碑高1.8、宽0.94米，碑镌刻楷书"皇清待诰高祖妣刘母钟老孺人墓"，碑前有坟堂。M2与M1形制相同。

瓦窑垮墓　位于僰王山镇水泸坝村，建于清代，坐东南向西北，分布在东西长20、南北宽15米的耕地边，占地面积300平方米，由M1陈盛鳌墓、M2陈母周孺人墓组成。M1土冢墓，冢由条石砌成，冢前端呈圆弧形，长4.5、宽2.95、高1.58米。冢前有清代石碑1通，为石质仿木结构，四柱三开间，重檐庑殿顶，高4、宽2.25、厚0.32米，碑镌楷书"清故显考陈公讳盛鳌老大人之墓、同治三年"，碑上雕刻有动物、花卉图案。M2 与 M1 形制相同，碑为石质仿木结构，四柱三开间，重檐歇山顶，碑上花卉图案雕刻精美，宝顶已损毁。

团山包墓　位于爨王山镇共和村，建于清代，分布在南北长 20、东南宽 8 米的耕地边，坐西向东，占地面积 160 平方米，由 M1 石文澂墓、M2 石母王孺人墓组成。M1 土冢墓，冢由条石砌成，前端呈圆弧形，高 1.45、宽 3.3 米。冢前有清代石碑 1 通，为石质仿木结构，二柱一开间，单檐庑殿顶，高 2.38、宽 0.63、厚 0.16 米，碑刻楷书"石公讳文澂墓，大清光绪二十一年"，碑上雕刻有人物、动物图案。M2 形制与 M1 相同，碑上有花卉及"中国结"图案，碑风化严重，下段"墓"字已脱落，冢条石已有裂缝。

三铁炮墓　位于爨王山镇共和村，建于清代，坐西南向东北，分布在长 20、宽 6 米的耕地中，占地面积为 120 平方米，由 M1 石仕运墓、M2 石钎墓组成。M1 土冢墓，冢由条石砌成，前端呈圆弧形，长 4.3、宽 3.2、高 1.8 米。冢前有清代石碑 1 通，为长方形弧形顶，碑高 1.75、宽 0.77、厚 0.18 米，碑刻楷书"寿士是石公讳仕运大人墓，光绪八年"，碑施护碑石，高 1.1、宽 0.51、厚 0.15 米，碑上雕刻有花卉图案，冢上沿为石质仿木结构筒瓦屋面。M2 墓碑为石质仿木结构，二柱一开间，单檐歇山顶，左护碑石上雕有花卉及回纹图案，右护碑石上雕有花卉及鲤鱼跳龙门图案，碑体风化严重，碑文有部分已脱落。

碾子坎熊家墓地　位于爨王山镇团结村，建于清代，坐西南向东北（30°），占地面积 224 平方米，由 M1 熊母宋太君老孺人墓、M2 熊天明墓、M3 熊母胡太君老孺人墓组成。M1 土冢墓，冢由条石砌成，冢前端呈圆弧形，冢长 4.5、宽 2.8、高 1.6 米。冢前有清代石碑 1 通，为石质仿木结构，二柱一开间，单檐庑殿顶，碑高 2.95、宽 0.87、厚 0.3 米，碑镌楷书"皇清待诰熊母胡太君老孺人墓，咸丰五年"，碑施护碑石，高 1.37、宽 0.55、厚 0.16 米，碑上有花卉图案，护碑石上雕有鹿含花及龙纹图案，宝顶为镂空雕饰。有墓院，长 16、宽 9.5 米，院墙由条石砌成，高 2 米，但右院墙前端损毁严重，左院墙前端部分损毁，有石质拜台一级，长 18、宽 4 米。M2、M3 与 M1 形制相同，M2、M3 碑体及护碑石风化都严重，碑宝顶均已损毁。

庞世玖母子墓　位于爨王山镇新河村，建于清代，坐西南向东北（50°），由 M1 庞世玖墓、M2 庞母戴太君墓组成。M1 土冢墓，冢由条石砌成，前端成圆弧形，冢高 1.4、宽 2.4、长 3 米。冢前有清代石碑 1 通，为石质仿木结构，四柱三开间，重檐庑殿顶，碑高 2.8、宽 2.6、厚 0.18 米，碑镌楷书"皇清待赠显考庞公讳世玖大人墓，嘉庆十九年"，碑上雕刻有寿桃、双鹤祥云、双鹿含花及青狮、白象图案。M2 与 M1 形制相同，M1、M2 碑上镌刻的书法俊秀飘逸，雕刻的图案形象生动，姿态优美。

道班夏家墓　位于爨王山镇亲民村，建于清代，坐东南向西北（310°），分布在长 15、宽 8 米的杂树林边，占地面积 120 平方米，由 M1 夏母杨太君墓、M2 夏粱墓组成。

M1 土冢墓，冢由条石砌成，冢前端成圆弧形，长 5、宽 2.8、高 1.5 米。冢前有清代石碑 1 通，为石质仿木结构，二柱一开间，重檐庑殿顶，碑高 2.6、宽 1.26、厚 0.3 米，碑镌楷书"皇清待诰夏母杨太君墓，道光十八年"，碑施护碑石，高 1.15、宽 0.55、厚 0.15 米，碑上雕有花卉图案。M2 与 M1 形制相同，冢高 1.51、宽 2.2、长 5 米，碑为石质仿木结构，四柱三开间，重檐歇山顶，碑高 2.36、宽 2.2、厚 0.3 米，碑明间镌刻楷书"皇清例赠庠彦显考夏公讳梁老大人之墓，嘉庆十五年"，碑上雕有花卉图案。

祠堂吴家墓　位于僰王山镇联合村，建于清代，坐西南向东北（35°），占地面积 40 平方米，由 M1 吴文元墓、M2□□□墓组成。M1 土冢墓，冢由乱石砌成，冢前端呈圆弧形，长 4.1、宽 2.6、高 1.5 米。冢前有清代石碑 1 通，为石质仿木结构，二柱一开间，单檐庑殿顶，碑高 2.72、宽 1、厚 0.25 米，碑刻楷书"皇清待赠祖考吴公讳文元老□□之墓，龙飞嘉庆二十三年岁丁丑"。M2 与 M1 形制相同，冢高 1.4、宽 2.5、长 4.1 米，碑为石质仿木结构，二柱一开间，单檐歇山顶，碑高 2.5、宽 1、厚 0.25 米，碑刻楷书："皇清待诰祖□□□□□□"，题记年代已风化脱落。

庞夏氏墓　位于僰王山镇联合村，建于清乾隆五十七年（1792 年），坐东北向西南（250°），占地面积 13.76 平方米。土冢墓，冢用条石筑砌呈椭圆形，冢高 1.5、宽 3.2、长 4.3 米。冢前有清代石碑 1 通，为石质仿木结构，二柱一开间，单檐庑殿顶，碑高 2、宽 0.82、厚 0.18 米，碑刻楷书"皇清待诰孺人庞母夏太君之墓，乾隆五十七年"。

许胡氏墓　位于僰王山镇三新村，建于清乾隆三十五年（1770 年），坐西向东，占地面积 8.4 平方米。土冢墓，冢用乱石堆砌呈长方形，冢长 3.5、宽 2.4、高 1 米。冢前有清代石碑 1 通，为石质仿木结构，单檐庑殿顶，碑高 1.25、宽 0.77、厚 0.16 米，碑刻楷书"皇清应诰慈姚许母胡太君孺人墓，乾隆三十五年岁在庚寅季春月立"。

刘文墓　位于僰王山镇群会村，建于清嘉庆十七年（1812 年），坐西北向东南，占地面积 13.2 平方米。土冢墓，冢用条石围砌呈椭圆形，冢长 4、宽 3.3、高 1.28 米。冢前有清代石碑 1 通，为长方形弧形顶，碑高 1.66、宽 0.66、厚 0.22 米，碑文已模糊不清，题记年代为"清嘉庆十七年"。

猪槽田杨氏墓　位于僰王山镇同心村，建于清嘉庆二十四年（1819 年），坐西南向东北（50°），占地面积 7.2 平方米。土冢墓，冢用乱石砌成，冢长 3.1、宽 2、高 1.2 米。冢前有清代石碑 1 通，为石质仿木结构，二柱一开间，重檐庑殿顶，碑高 2.6、宽 0.94、厚 0.12 米，碑镌刻楷书"皇清例赠正八品修职郎显考杨公大人之墓，嘉庆二十四年"，碑上雕有动物、花卉图案。

龙重安墓　位于僰王山镇城郊村，建于清道光四年（1824 年），坐西北向东南（130°），占地面积为 24 平方米。土冢墓，冢用条石砌筑呈椭圆形，冢高 1.1、宽 4、长 6 米。冢前有清代石碑 1 通，为石质仿木结构，二柱一开间，单檐庑殿顶，碑高 1.5、宽 0.84、厚 0.16 米，碑镌刻楷书"皇清待诰显妣龙□□□，清道光四年"。

马幺榜墓 位于燊王山镇城郊村，建于清道光十九年（1839 年），坐西南向东北。土冢墓，冢由条石围砌呈椭圆形，冢长 4、宽 3.1、高 1.47 米。冢前有清代石碑 1 通，为长方形圆弧顶，碑高 1.93、宽 1.05、厚 0.2 米，碑文已脱落，题记年代为"清道光十九年"。碑施护碑石，高 1.12、宽 0.51、厚 0.2 米，护碑石上刻有人物故事、花卉图案。

姚业泰墓 位于燊王山镇大塘村，建于清道光九年（1829 年），坐西南向东北，占地面积为 14.6 平方米。土冢墓，冢由条石砌成，前端呈圆弧形，长 4、宽 3.4、高 1.48 米。冢前有清代石碑 1 通，为石质仿木结构，四柱三开间，重檐庑殿顶，高 2.45、宽 2.3、厚 0.19 米，碑镌刻楷书"古公姚业泰墓"，左右两侧次碑为小楷墓志及题记年代"道光九年"。

李美基墓 位于燊王山镇群会村，建于清道光二十年（1840 年），坐西南向东北（20°），占地面积 14.2 平方米。土冢墓，冢用乱石砌成，冢高 1.2、宽 3.8、长 4 米，冢前碑高 1.1、宽 0.67、厚 0.18 米，碑正中镌刻楷书"李公讳美基墓"，题记年代"道光二十年"。

陈光照墓 位于燊王山镇群会村，建于清道光十年（1830 年），坐东南向西北，占地面积 20.52 平方米。土冢墓，冢用条石砌成，冢前端呈圆弧形，冢高 1.65、宽 3.8、长 5.4 米。冢前有清代石碑 1 通，为长方形弧形顶，碑高 1.75、宽 0.91、厚 0.2 米，碑文风化脱落，墓为二普复查点。墓冢扰乱严重。

陈盛武墓 位于燊王山镇水泸坝村，建于清道光二十三年（1843 年），坐东南向西北（330°），占地面积 16 平方米。土冢墓，冢用条石砌成，冢前端成圆弧形，冢高 1.5、宽 3.2、长 5 米。冢前有清代石碑 1 通，为石质仿木结构，二柱一开间，单檐庑殿顶，碑高 2.2、宽 1.12、厚 0.18 米，碑刻楷书"陈公讳盛武墓，道光二十三年"，碑施护碑石，高 1.37、宽 0.61、厚 0.21 米，碑、护碑石及冢上沿雕有花卉等装饰图案。

狮子山万家墓 位于燊王山镇水泸坝村，建于清道光三年（1823 年），坐北向南，占地面积 18.4 平方米。土冢墓，冢由条石砌筑呈椭圆形，冢长 4.6、宽 4、高 1.4 米。冢前碑为石质仿木结构，二柱一开间，单檐庑殿顶，碑高 2.2、宽 1.35、厚 0.3 米，碑镌刻楷书"皇清待赠故显考万公讳世□墓"，题记年代"道光三年"。

庞嵲夫妇墓 位于燊王山镇团结村，建于清道光二年（1822 年），坐东南向西北，占地面积 13.76 平方米。土冢墓，冢用条石砌成，冢前端呈圆弧形，高 1.4、宽 3.2、长 4.3 米。冢前有清代石碑 1 通，为石质仿木结构，四柱三开间，重檐庑殿顶，碑高 2.03、宽 2.1、厚 0.14 米，碑镌刻楷书"皇清例赠修职郎显考庞公嵲老大人显妣聂氏老孺人之墓，大清道光二年"。

袁环墓　位于僰王山镇教场村，建于清道光二十三年（1843年），坐西北向东南（150°），占地面积16.56平方米。土冢墓，冢用条石砌成，冢前端成圆弧形，冢高1.6、宽3.6、长4.6米。冢前有清代石碑1通，为石质仿木结构，二柱一开间，单檐庑殿顶，碑高2.05、宽0.93、厚0.18米，碑镌刻楷书"清故显考袁公讳环老大人之墓，道光二十三年"。

王赵氏墓　位于僰王山镇永寿村，建于清道光十一年（1831年），坐北向南，占地面积9.8平方米。土冢墓，冢用条石砌成，冢前端呈圆弧形，长3.5、宽2.8、高1.45米。冢前有清代石碑1通，为石质仿木结构，四柱三开间，重檐庑殿顶，碑高1.8、宽2.3、厚0.2米，碑镌楷书"皇清待诰故慈妣王母赵氏老祖人坟墓"。

郭仕举夫妇墓　位于僰王山镇同心村，建于清同治四年（1865年），坐西向东，占地面积9.99平方米。土冢墓，冢用条石砌成，冢前端成圆弧形，冢高1.6、宽2.7、长3.7米。冢前有清代石碑1通，为石质仿木结构，二柱一开间，单檐庑殿顶，碑高3、宽0.93、厚0.16米，碑刻楷书"皇清例赠诰正八品显考郭讳仕举妣母龙氏老大孺人之墓，同治四年"，碑施护碑石，高1.55、宽0.6、厚0.2米，碑、护碑石上有花卉装饰图案。

刘襄琏墓　位于僰王山镇胜合村，建于清同治七年（1868年），坐西南向东北（50°），占地面积77.4平方米。土冢墓，冢用条石砌成，冢前端呈圆弧形，冢高1.5、宽2.8、厚4.4米。冢前有清代石碑1通，为长方形弧形顶，碑高2.12、宽1.05、厚0.26米，碑镌刻楷书"皇清例赠登仕郎刘公讳襄琏之墓，同治七年孟夏"，碑上雕有人物及花卉图案。有墓院，院宽8.6、深9、院墙高1.5米，素面，台基高1.5米，垂带踏道六级。

姚薛氏墓　位于僰王山镇金竹村，建于清光绪七年（1881年），坐东向西，占地面积19.4平方米。土冢墓，冢由条石砌成，前端为圆弧形，长4.45、宽4.3、高1.94米。冢前有清代石碑1通，为石质仿木结构，四柱三开间，重檐庑殿顶，高3.6、宽2.1、厚0.26米，碑镌楷书"皇清表节考故显姚母薛老孺人之墓，龙飞光绪七年"，碑上雕刻人物故事、花卉图案。

王惠君墓　位于僰王山镇两江村，建于清光绪十二年（1886年），坐西向东，占地面积为13.6平方米。土冢墓，冢由条石砌筑，前端呈圆弧形，高1.45、宽3.4、长4米。冢前有清代石碑1通，为石质仿木结构，二柱一开间，单檐庑殿顶，碑高2.4、宽1.1、厚0.2米，碑镌楷书"文林郎王公字惠君之墓，大清光绪十二年"，碑两侧有护碑石，高1.4、宽0.52、厚0.18米，护碑石上雕刻有人物、花卉图案。

乐邹氏墓　位于僰王山镇同良村，建于清光绪二十三年（1897年），坐东南向西北，占地面积81.2平方米。土冢墓，冢用条石砌成，冢前端呈圆弧形，冢高2.15、宽

4.2、长 5 米。冢前有清代石碑 1 通，为长方形弧形顶，碑高 3.08、宽 0.92、厚 0.3 米，碑刻楷书"乐钟远大人母邹孺人墓，光绪丁酉二十三年"，碑施护碑石，高 1.55、宽 0.62、厚 0.3 米，碑及护碑石上雕刻有人物故事、动物、花瓶、花卉图案。有墓院，一级，院长 11.6、宽 7 米，院壁用条石砌成，高 2.1 米，院前端有石刻对联及人物、花卉图案。

田吴氏墓　位于夔王山镇太安村，建于清光绪十年（1884 年），坐西北向东南（125°），占地面积 15.5 平方米。土冢墓，冢用条石砌成，冢前端呈圆弧形，冢高 1.52、宽 3.1、长 5 米。冢前有清代石碑 1 通，为长方形荷叶形顶，碑高 1.9、宽 0.97、厚 0.3 米，碑刻楷书"田母吴太君墓，光绪十年丙申岁"。碑上雕刻有人物图案，墓冢檐石下雕刻有人物故事及动物图案。

李光贤墓　位于夔王山镇太安村，建于清光绪十三年（1887 年），坐南向北，占地面积 72.2 平方米。土冢墓，冢由条石砌成，前端呈圆弧形，冢高 1.59、宽 3.2、长 5.6 米。冢前有清代石碑 1 通，为石质仿木结构，二柱一开间，单檐庑殿顶，高 1.59、宽 0.64、厚 0.24 米，碑镌楷书"显考李光贤墓，光绪十三年"，碑施护碑石，碑、护碑石及墓冢上沿石上雕有人物故事及花卉图案。有墓院，院由条石砌成，院长 8.8、宽 8.2、院墙高 1.26 米，院有石门框一道，为重檐歇山顶，宝顶及下檐正吻已损毁，石门已损毁，仅剩门框，石门宽 1.61、高 3.4 米，门空宽 1.1、高 1.7 米。

彭李氏墓　位于夔王山镇共和村，建于清光绪二十三年（1897 年），坐西南向东北（50°），占地面积 22.9 平方米。土冢墓，冢用条石砌成，冢前端呈圆弧形，冢高 1.9、宽 4.4、长 5.2 米。冢前有清代石碑 1 通，为石质仿木结构，四柱三开间，重檐庑殿顶，碑高 3.16、宽 2.43、厚 0.18 米，碑镌楷书"皇清敕封孺人显妣彭母李孺人墓，光绪二十三年"。碑上雕刻有人物、牛、虎、花卉、丹鹿衔花、鸳鸯戏水等图案。

蓝彭氏墓　位于夔王山镇新凤村，建于清光绪二十八年（1902 年），坐西南向东北（30°），占地面积 13.4 平方米。土冢墓，冢用条石砌成，冢前端呈圆弧形，冢高 1.6、宽 3.2、长 4.2 米。冢前有清代石碑 1 通，为长方形圆弧顶，碑高 1.74、宽 0.84、厚 0.2 米，碑刻楷书"蓝母彭孺人墓，大清光绪二十八年"。

碾子埂龙家墓　位于夔王山镇楠星村，建于清光绪十年（1884 年），坐西南向东北（30°），占地面积 8 平方米。土冢墓，冢用条石砌成，冢前端呈圆弧形，冢高 1.4、宽 2、长 4 米。冢前有清代石碑 1 通，为石质仿木结构，二柱一开间，单檐庑殿顶，碑高 2、宽 0.88、厚 0.19 米，碑刻楷书"龙□□墓，光绪十年"。

王谢氏墓　位于夔王山镇金竹林村，建于清光绪十二年（1886 年），坐东南向西北，占地面积为 16.7 平方米。土冢墓，冢由条石砌筑，前端呈圆弧形，冢高 1.57、宽

3.7、长4.5米。冢前有清代石碑1通，为长方形圆弧顶，碑高1.9、宽1.05、厚0.25米，碑镌楷书"王母谢孺人墓，光绪十二年"。

古建筑

枷担洞哨所　位于僰王山镇凌霄村，分布面积39.6平方米。在明代，僰人占据凌霄城后，随即在枷担洞建哨所，历经万历之役后，哨所仅存门框及部分墙体，其余设施悉数被毁。哨所墙体长8.8、宽4.5、高2米，门道长2、宽0.94、高1.56米。该哨所见证了明代的"万历之役"。

双水井　位于僰王山镇正南桥社区，建于清代，坐西南向东北，占地面积4平方米。水井呈长方形，长2、宽2、深1.7米，井壁、井底均由条石筑砌，井口四周由石板铺作，现水井四周砌1米砖墙，墙上盖水泥预制板，仅在水井左边角留出一取水孔，取水孔由水泥砖筑砌，长0.96、宽0.83、距水井水面2.1米。现为正南桥社区双水井周围居民生活用水。

莲花桥　位于僰王山镇城郊村，建于清乾隆二十九年（1764年），保存完整。桥为东西走向，跨无名小溪，为石质单孔拱券式平桥，长12、高5、宽4米，拱跨度6.6米，拱券高3.5米。桥面平直，原为石板，今铺成碎石路面，拱券顶端有一圆雕龙，局部已残缺，头朝北，尾向南，桥现仍在使用。

天干桥　位于僰王山镇两江村，建于清嘉庆十六年（1811年），保存完整。桥为东西走向，跨山河沟，为石质单孔拱券式平桥，长6.2、高1.9、宽2.6米，跨度3米，拱券高1.6米，桥面原为石板铺作，今石板桥面上已铺成水泥路面，桥现仍在使用。

水车坝桥　位于僰王山镇天堂村，建于清光绪十九年（1893年），保存完整。桥为东北—西南走向，跨兴文河，为石质单孔拱券式拱桥，长26、宽6.3、高11.6米，跨度17米，拱券高10米。桥面呈阶梯形，桥的两端分别由垂带踏道23级通向桥顶，桥栏为石质素面，高0.4、宽0.35米，桥现仍在使用。

文昌宫桥　位于僰王山镇天堂村，建于清光绪十九年（1893年），保存完整。桥为东南—西北走向，跨绿浪溪，为石质单孔拱券式拱桥，长23、宽6.1、高7.8米，跨度11.3米，拱券高6.9米，桥身为弧形，桥面呈阶梯形，桥的两端分别由垂带踏道24级通向桥顶，桥栏为石质素面，高0.4、宽0.34米，桥现仍使用。

石窟寺及石刻

凌霄山石刻　位于僰王山镇凌霄村，建于宋代，现保存完整。凌霄山石刻呈长方形，南北向，占地面积2.508平方米，高1.32、宽1.9米，石刻距地表1.5米，石刻竖排行书字径0.15、字距0.04、行距0.03米，阴刻共85字。内容为："宋宝祐己卯，鞑贼自云南斡腹。越明年，制臣蒲泽之，以天子命，命帅臣朱异孙措置泸叙，长宁边面。又明年，城凌霄，为屯兵峙粮，出攻入守据依之地。闰四月经始，冬月告成。长宁守臣易士英任责，潼川路总管朱文政董工。"石刻记述了宋朝为了抗击元军攻打四川在凌霄山修筑城池的经过。宜宾市人民政府于 2002 年 5 月公布为文物保护单位。

菩萨田石刻造像 位于僰王山镇共和村，老地名叫"菩萨田"，即明代时戎州的古城址，造像石系青砂石雕刻，共 26 尊，属于明代，将圆雕造像编为 MDZ1～MDZ26，MDZ18 造像高 0.61、肩宽 0.23 米，为弥勒佛，半跏趺坐于长方形台上，头饰螺纹，双耳垂肩，面部丰满，神态安祥，嘴角带笑意，穿通肩大衫，左手放膝上，右手上举齐肩，风蚀轻微。菩萨田明代石刻圆雕造像形象丰满生动，比例匀称，反映了明代雕刻造像的特点，造像雕刻精湛。石刻造像现陈列于古戎州历史文物陈列馆，宜宾市人民政府于 2002 年 5 月公布为文物保护单位。

近现代重要史迹及代表性建筑

兴文县委旧址 位于僰王山镇北门上社区，建于 1952 年，占地面积 413.448 平方米，建筑坐西南向东北，整体呈"凹"字形，两层楼砖木结构，小青瓦屋面，建筑外观似"太师椅"。面阔七间 31.15、纵深 17.3、高 12 米，楼梯及二楼地板均为木制结构。该处旧址是兴文县政治、经济、文化中心，80 年代兴文县迁建古宋，办公楼改为镇政府办公楼，现保存完好，见证了兴文县从新中国至改革开放年代的发展与变迁。四川省人民政府于 2012 年 7 月公布为文物保护单位。

共乐镇

古墓葬

海螺湾墓 位于共乐镇东方红村，建于清代，坐东北向西南（220°），占地面积 240 平方米，由 M1 高从祖墓，M2 高寿元文孺人墓组成。M1 为土冢墓，冢由条石筑砌，前端呈圆弧形，M1 冢长 4.6、宽 3.8、高 1.43 米。冢前有清代石碑 1 通，为石质仿木结构，二柱一开间，单檐庑殿顶，碑高 3.28、宽 0.97、厚 0.26 米，碑刻楷书"高公从祖之墓，大清咸丰乙未年"。碑上有如意、拂尘雕饰，碑施护碑石，高 1.43、宽 0.6、厚 0.22 米，雕有人物及龙纹饰。M2 土冢墓，冢由条石筑砌，前端呈圆弧形，冢高 1.64、宽 3.8、长 7.2 米，碑为石质仿木结构，二柱一开间，单檐歇山顶，碑高 3.13、宽 1、厚 0.28 米。碑上有花卉雕饰，碑施护碑石，高 1.58、宽 0.57 米，雕有花盆及花卉。

观音坳墓　位于共乐镇新阳村，建于清代，坐东向西，分布在长12、宽8米的杂竹林边，占地面积96平方米，由M1李启鹏墓、M2李启鳌戴氏墓组成。M1土冢墓，冢由条石砌成，前端呈圆弧形，冢长4.4、宽3.6、高1.3米。冢前有清代石碑1通，为石质仿木结构，四柱三开间，重檐庑殿顶，碑高3.52、宽2.16、厚0.3米，碑明间镌楷书"皇恩赐赠正八品李公讳启鹏墓、光绪二年丙子"，碑上雕刻有人物故事及花卉图案。M2土冢墓，碑为长方形弧形顶，碑上雕刻有人物、花瓶及花卉装饰图案，墓冢上沿有人物故事及动物雕饰，内容为"二十四孝"。

桂花树罗氏墓　位于共乐镇毛村，建于清嘉庆十二年（1807年），坐西南向东北（60°），占地面积12平方米。土冢墓，冢用条石砌成，冢前端呈圆弧形，冢高1.1、宽3、长4米。冢前有清代石碑1通，为石质仿木结构，二柱一开间，单檐庑殿顶，碑高1.75、宽0.79、厚0.14米，碑刻楷书"清故慈罗老太君之墓，嘉庆丁卯年"。

沙湾头李家墓　位于共乐镇鹤盘山村，建于清道光二年（1822年），坐东向西，占地面积10.7平方米。土冢墓，冢由乱石筑砌，前端呈圆弧形，长4.1、宽2.6、高0.9米。冢前有清代石碑1通，为石质仿木结构，二柱一开间，单檐庑殿顶，碑高1.6、宽0.8、厚0.18米，碑镌刻楷书"清代李母□□□"，"道光二年"。

古建筑

姚家嘴箍井　位于共乐镇东阳湖社区，始建于明代，后历代维修，占地面积11.22平方米。井用简易条石砌成，井口呈圆形，外直径0.9、内直径0.72、井深2.7米。井四周为水泥地面，呈菱形，边长2.8米。从井上方公路到井口有水泥梯步12级，呈"之"字形，长3.4、宽1.64、高1.9米。

龙水井　位于共乐镇自由村，建于清代，占地面积12平方米。井用乱石砌成，井口呈长方形，井长1.8、宽1.6、深0.8米。井外有一墙用乱石砌成，墙长1.35、宽0.37、高0.92米，井口上方有一条石，长2.14、宽0.33、厚0.1米。

流水沟井　位于共乐镇莲花村，建于清代，占地面积11.55平方米。井用水泥筑成，井口呈圆形内径0.67、外径1.3、井深6米，井处有一水泥地面小坝，长3.5、宽3.3米，井水主要用于村民洗衣服，洗车等。

鱼塘井　位于共乐镇八角村，建于清代，占地面积5.4平方米。井用条石砌成，井口呈梯形，上底0.25米，下底0.4、高0.57、深0.96米，井外有水泥梯步八级，长1.5、宽0.4、高0.8米，井水现主要用于灌溉附近农田。

河坝头井　位于共乐镇冷水垭村，建于清代，占地面积15.12平方米。井四周用条石砌成，井口呈长方形，长1.56、宽1.15、深0.65米，井上方有一水泥板遮住井口三分之一部分，水泥板长1.4、宽0.92、厚0.06米，通向井口处有水泥梯步五级，长2、宽 1.4、高 0.7 米，井东侧有一简易石墙，长 4.2、宽 0.5、高 1.2 米，井水主要用于附近村民生活饮用及灌溉周边农田。

龙洞上井 位于共乐镇东兴寺村，建于清代，占地面积 12.075 平方米。井四周用简易条石砌成，井口呈长方形，长 1、宽 0.86、深 0.9 米。井主要满足附近村民的生活饮用及灌溉周边大鱼塘及农田。

婆娘井 位于共乐镇拖船村，建于清代，坐东南向西北，占地面积 18 平方米。井四周用条石砌成，井口呈长方形，长 3、宽 2.8、深 2.5 米，井上方用水泥板盖顶，长 4、宽 3.5、厚 0.05 米，通向井口处有一水泥地面小坝，长 3、宽 2.3 米，现井水为村民饮用水，主要用来洗衣服、浇地等。

染房头井 位于共乐镇福寿村，建于清末，坐西北向东南，占地面积 8.12 平方米。井长 2.5、宽 1.7、深 2.6 米，取水处已于 1998 年政府出资用水泥板盖成一长方形井口，长 0.8、宽 0.55 米。

山海政井 位于共乐镇大沙坝村，建于清代，坐东向西，占地面积 13.8 平方米。井用条石砌成，内井口成圆形，直径 1.1 米，外井口成长方形，长 1.7、宽 1.35、深 2.7 米。外井口用水泥板铺盖，水泥板长 1.47、宽 0.72、厚 0.05 米，在井西面有通向井口处水泥梯步四级，长 1.85、宽 0.94、高 0.8 米，近处有乱石墙，高 0.7、宽 0.4 米，现主要满足附近村民生活用水及灌溉周边农田。

倒桥子桥 位于共乐镇双河村，建于清代，东西走向，跨陈家溪，占地面积 8 平方米。为双孔墩平梁式平桥，桥墩用条石砌成，首座条石为狮状装饰，桥面由二条石构成，桥长 7.3、宽 0.96、高 1.4 米，单孔跨度 2.68、孔高 1 米，现仅存桥面条石长 4.6、宽 1、厚 0.4 米。西端一孔条石及桥墩已被洪水冲毁，现用一水泥板作为桥面，水泥板长 2.5、宽 0.96、厚 0.1 米。

黄泥田井 位于共乐镇共乐村，建于清代，坐西北向东南，占地面积 3.458 平方米。井用水泥筑成，井口呈圆形，内径 1.5、外径 1.88、井深 7 米。井口用一条石遮盖，条石长 1.86、宽 0.74、厚 0.16 米，取水处呈长方形，长 1.5、宽 0.4 米，现井水主要用于清洗卫生用具及灌溉周边农田。

石窟寺及石刻

杉木沟修路碑 位于共乐镇东方红村，建于清乾隆五十四年（1879 年），坐东向西。碑为长方形，为石质仿木结构，单檐歇山顶，碑高 1.6、宽 0.32、厚 0.42 米，碑镌刻楷书"修路碑记"，字径 0.06、字距 0.04、行距 0.02 米，有题记年代"乾隆五十四年"。

毓秀苗族乡

古遗址

毓周古道 始起于毓秀苗族乡鲵源村，止于周家镇瓢匠岩，建于清代光绪六年（1880 年），东西走向，现保存完整。古道全长 7000、宽 0.9 米，路面用青石板铺成，至今仍为当地村民所用。

古墓葬

生田塝徐家墓 位于毓秀苗族乡惠源村，建于清代，坐西向北东南（130°），分布在宽 8、深 5 米的耕地中，占地面积 40 平方米，由 M1 徐级章墓、M2 徐母张氏墓组成。M1 土冢墓，冢由条石砌成，冢前端呈圆弧形，冢长 3.7、宽 2.45、高 1.4 米。冢前有清代石碑 1 通，为石质仿木结构，四柱三开间，三重檐庑殿顶，碑高 3.3、宽 1.98、厚 0.22 米，碑明间镌刻楷书"徐公级章之墓，光绪二十六年"，碑施护碑石，高 1.1、宽 0.48、厚 0.19 米，碑上有花卉图案，护碑石上有花卉及动物图案。M2 碑为四柱三开间，重檐歇山顶，其余形制均与 M1 相同。

石坎子徐家墓 位于毓秀苗族乡惠源村，建于清代，坐西北向东南（100°），占地面积 80 平方米，由 M1 徐思明墓、M2 徐母张氏墓组成。M1 土冢墓，冢由条石砌成，冢前端呈圆弧形，冢高 1.73、宽 3.26 米。冢前有清代石碑 1 通，为石质仿木结构，四柱三开间，重檐庑殿顶，碑高 3.5、宽 2.3、厚 0.24 米，碑镌刻楷书"清故显考徐公讳思明老大人之墓，光绪十四年"，碑施护碑石，高 1.31、宽 0.5、厚 0.18 米。碑宝顶有镂空花瓶，花卉图案，碑上雕刻有花卉、桥梁船只、房屋、凤穿牡丹、越踏三省、动物等图案，左右护碑石上有花卉及鹿衔花图案。墓冢上沿有花卉及动物图案。M2 与 M1 形制相同。

打滚田陈家墓地 位于毓秀苗族乡迎春村，建于清代，坐北向南（190°），分布在宽 50、深 6 米的坡地中，占地面积 300 平方米，由 M1 何母陈太君墓、M2 何国雄墓、M3 何母陈太君墓、M4 何国屿墓、M5 何母□□墓、M6 何□□墓、M7 何母吴太君墓、M8 何选翁墓组成。M1 土冢墓，冢由条石砌成，冢前端呈圆弧形，冢高 1.48、宽 3.4、长 4.55 米。冢前有清代石碑 1 通，为石质仿木结构，四柱三开间，三重檐庑殿顶，碑高 4.35、宽 2.5、厚 0.32 米，碑镌刻楷书"皇清例赠□授诰封孺人显妣何母陈太君老孺人之寿域，光绪十五年"，碑施护碑石，高 1.5、宽 0.64、厚 0.14 米，碑上雕有人物故事及寿桃、花卉图案，护碑石上有龙及兵器图案。M2、M3、M4、M5、M6、M7、M8

墓与 M1 形制相同。

孙湛鳌墓　位于毓秀苗族乡胜利村，建于清光绪三十二年（1906 年），坐东向西，占地面积 120 平方米。土冢墓，冢用条石砌成，冢前端呈圆弧形，冢高 1.8、宽 3.5、长 4.6 米。冢前有清代石碑 1 通，为长方形，碑高 2.2、宽 1、厚 0.18 米，碑刻楷书："皇清例授国学太学生孙公湛鳌老大人之墓，大清光绪三十二年"，碑施护碑石，高 1.8、宽 0.77、厚 0.19 米，护碑石上有狮子滚绣球及动物、花卉装饰图案，图案下均为小楷墓志，侧下方有花瓶、花卉图案，碑台基石上有小楷墓志。墓有院，院用条石砌成，长 12、宽 10 米。

石窟寺及石刻

石坎子修路碑　位于毓秀苗族乡惠源村，立于清光绪五年（1879 年），坐西北向东南（130°）。碑呈长方形，高 0.85、宽 0.52、厚 0.15 米，有"修路碑记"四个大字，字径 0.08、字距 0.06 米，大字下为小楷碑记"初闻积善之家，必有余庆……大清光绪五年望日匠士徐永顺立"，字径 0.03、字距 0.01 米。

近现代重要史迹及代表性建筑

黑凼子前进大桥　位于毓秀苗族乡和新村，建于 1974 年，东西走向，跨毓秀河，占地面积 154 平方米。桥为石结构单孔拱券式平桥，桥长 28、宽 5.5、高 8 米，拱跨度 12 米，拱券高 6 米，桥面有石质栏杆，长 26.5、宽 0.29、高 0.73 米。

玉屏乡

古墓葬

高岭坝岩墓群　位于玉屏乡玉联村，建于汉代，分布在长 20、宽 10 米的山腰上，共 3 座，从左到右编为 M1～M3，墓群横排，门皆西南向，M1～M3 墓均被扰乱。M1 单室，单层门楣，素面，高 0.4、宽 1.3 米，墓室长 4、宽 2.5、高 0.4 米。M1、M2 墓室内填满泥土，墓门口大部分已被泥土封堵。M3 墓室口大部分被泥土封堵，墓室内有许多乱石块。据现三仙庙居士曾仁才介绍，在 2003 年修建三仙庙时，已损毁三个墓室。

玉屏山杨家墓　位于玉屏乡望江村，建于清乾隆五十八年（1793 年），坐东北向西南（235°）。土冢墓，冢用条石砌成，冢前端呈圆弧形，冢高 1.2、宽 4.72、长 4.6 米。冢前有清代石碑 1 通，为石质仿木质结构，二柱一开间，单檐庑殿顶，碑高 2.54、宽 1.13、厚 0.49 米，碑刻楷书"浩封奉政大夫杨公讳翰鹏五品宜人杨母薛宜人之墓，公元一九九一年辛未岁清明重建"。

郑子荣夫妇墓　位于玉屏乡九角村，建于清同治四年（1865 年），坐西北向东南（130°），占地面积为 132.25 平方米。土冢墓，冢用条石砌成，冢前端呈圆弧形，冢高 1.8、宽 4.6、长 6.2 米。冢前有清代石碑 1 通，为石质仿木结构，四柱三开间，重檐庑殿顶，碑高 3.5、宽 1.93、厚 0.25 米，碑镌刻楷书"清故吏员郑公（母）讳子荣（赵太君）大（孺）人之墓，同治四年"。碑施护脚碑石，高 1.2、宽 0.4、厚 0.26 米。碑上雕有花卉、盆景及"喜鹊闹梅"图案，护碑石上刻有叶状及盆景、花卉图案。墓有院，院长 11.5、宽 6.5 米，院墙用条石砌成，墙高 1.5 米，院墙两侧前端镌有"福"、"寿"隶篆图案。院外有拜台，一级，长 11.5、宽 5 米，台基为石质，高 1.2 米。

古建筑

水井湾井　位于玉屏乡河畔村，建于清代，坐北朝南（160°），占地面积 5.75 平方米。井四周用条石砌成，井口呈长方形，长 2.5、宽 2.3、井深 0.6 米，通向井口处有石踏道六级，长 1.9、宽 0.54、高 1.3 米。井水主要满足附近村民饮用和灌溉周边耕地。

石板田井　位于玉屏乡中棉村，建于清代。坐西南向东北，占地面积 112 平方米。井用简易条石砌成，井口呈长方形，长 2、宽 1.7、井深 0.9 米，井水主要满足附近村民生活饮用及灌溉周边农田，井壁生长有苔藓。

水井坎井　位于玉屏乡同尧村，坐东南向西北（330°），占地面积为 9.2 平方米。水井用条石砌成，井口呈不规则四边形，长 1.9、宽 1.3、井深 0.5 米。通向取水处有水泥梯步九级，长 2.7、宽 1.2、高 1.4 米，井水主要满足附近村民生活饮用及灌溉周边农田。

洞口湾井　位于玉屏乡中心村，建于清代，坐西北向东南（140°），占地面积为 3.3 平方米。井四周用条石砌成，井口呈长方形，长 3、宽 1.1、井深 1.1 米，井上方用一水泥板盖顶，水泥板长 4、宽 1.4、厚 0.1 米。取水处有一正方形孔，边长 0.52 米，通向井口处有石质踏道三级，长 1.6、宽 0.8、高 1.2 米。井水主要满足附近村民饮用及灌溉周边农田。

杨家祠堂　位于玉屏乡望江社区，建于清乾隆四十八年（1783 年），坐东北向西南，由正堂、前堂、厢房组成回字形布局，占地面积 400 平方米。正堂为木结构，悬山式小青瓦屋顶，穿斗梁架，二穿用四柱，面阔四间 14 米，进深三间 7 米，通高 6.5 米，石质素面台基高 0.2 米。前堂为木结构，单檐悬山式小青瓦屋顶，穿斗梁架，二穿用四柱，面阔六间 20 米，进深三间 6 米，通高 6 米，石质素面台基高 0.6 米，垂带踏道四级。左右厢房面阔四间 14 米，进深四间 4 米。

近现代重要史迹及代表性建筑

炭房头大桥　位于玉屏乡鱼池村，建于 1969 年，占地面积 92 平方米。桥为东北—西南走向，跨博泸河，为石质单孔拱券式平桥，桥长 23、宽 4、高 8 米，拱跨度 2 米，拱券高 7 米，桥面平直，为碎石路面，桥面两侧有条石素面栏杆，栏杆长 25、宽 0.3、高 0.55 米。

沟口上大桥　位于玉屏乡新阳村，建于 1970 年，占地面积 189 平方米。桥为南北走向，跨兴文河，为石质双孔拱券式平桥，桥长 45.2、宽 4.2、高 6 米，单孔跨度 20 米，拱券高 5 米，桥面平直，为碎石路面，桥面两侧有条石素面栏杆，栏杆长 20、宽 0.3、高 0.5 米。

大河苗族乡

古墓葬

马道子墓群　位于大河苗族乡半边山村，建于汉代，共有墓 6 座，编号 M1～M6，均坐北向南，东西长 200 米，南北宽 20 米。其中 M1 被扰乱，M2～M6 保存完整。墓用天然石块砌成，墓室上面用大石封顶。其中 M1 墓长 3、宽 1、高 0.9 米，封顶石长 4、宽 2、厚 0.3 米。

罗纬夫妇墓　位于大河苗族乡落白亮村，建于清代，坐西南向东北，占地面积 17 平方米。土冢墓，冢由条石砌成，前端呈圆弧形，长 5、宽 3.4、高 1.5 米。冢前有清代石碑 1 通，为石质仿木结构，四柱三开间，重檐庑殿顶，高 2.4、宽 2.7、厚 0.15 米，碑篆刻楷书"□□□□寿终显考妣罗公讳纬老大人（张氏老孺人寿□），嘉庆□年"。

厂坝头朱家墓地　位于大河苗族乡兴旺村，建于清代，坐东南向西北，占地面积 150 平方米。由 M1 朱光前墓、M2 朱国梁墓、M3 朱宗贤墓组成。M1 墓冢由条石筑砌，前端呈圆弧形，高 1.5、宽 2、长 4 米。冢前有清代石碑一通，为石质仿木结构，二柱一开间，单檐庑殿顶，高 3.1、宽 0.95、厚 0.24 米，碑镌刻楷书"故显考朱光前之墓，大清光绪二十年"。M2 墓冢由条石筑砌呈椭圆形，高 1.7、宽 3、长 4.4 米，碑高 3.5、宽 0.98、厚 0.23 米，碑镌刻楷书"故显考八十寿朱公讳国梁大人墓、大清道光三十年"。M3 冢长 4.4、宽 3、高 1.74 米，碑高 3.3、宽 1.1、厚 0.24 米，碑镌刻楷书"故显考朱公讳宗贤大人墓，大清同治六年"。M1、M2 及 M3 墓碑上均雕刻有精美人物故事、动物、花草图案。

三所坟墓群　位于大河苗族乡兴旺村，建于清代，分布在南北长15、宽6米的耕地边，坐西向东，占地面积90平方米。墓群由M1李德清墓、M2李母老孺人墓、M3刘氏墓组成。M1土冢墓，冢由条石砌成，前端呈圆弧形，高1.5、宽2.4、长3米。冢前有清代石碑1通，为石质仿木结构，二柱一开间，重檐庑殿顶，高2.9、宽0.92米，厚0.28米，碑刻楷书"皇清显考李德清墓，同治十年"。碑两侧施护碑石，高1.43、宽0.48、厚0.14米，碑及护脚石上有人物故事、动物、花卉图案。M2、M3与M1形制相同，但墓碑下段风化严重，M3尤为突出，碑正中碑文有部分已脱落。M2碑下檐左右正吻有损毁。

窝坑头朱家墓地　位于大河苗族乡兴旺村，建于清代，坐东南向西北（320°），占地面积320平方米。由M1朱母唐老孺人墓、M2朱母刘老孺人墓、M3朱母钟老孺人墓、M4朱母□□□墓、M5朱母吴老孺人墓、M6朱光远墓组成。M3土冢墓，冢由条石砌成，前端呈圆弧形，长3.6、宽2.8、高1.6米。冢前有清代石碑1通，为石质仿木结构，二柱一开间，单檐庑殿顶，高2.9、宽0.93、厚0.25米，碑刻楷书"故慈妣朱母钟老孺人墓，大清咸丰二年"。碑两侧施护碑石，高1.53、宽0.65、厚0.17米，左右护碑石上雕刻有"寿"、"福"字。M1、M2、M4、M5、M6与M3的形制相同，M5冢条石裂缝非常明显。

桐籽林李家墓地　位于大河苗族乡兴旺村，建于清代，坐东南向西北，分布在长20、宽20米的坡地中，由M1李德贤杨氏墓、M2李母覃老太君墓、M3李母吴老孺人墓、M4李母刘孺人墓组成。墓冢均由条石砌成，冢前端呈圆弧形，M1冢高1.74、宽4.72、长6米，冢前碑为石质仿木结构，四柱三开间，重檐庑殿顶，碑高3.4、宽2.3、厚0.23米，碑明间镌刻楷书"显考李德贤大人墓（妣杨氏孺人墓），光绪四年"，次间为小楷墓志，施护碑石，高1.34、宽0.56、厚0.2米。碑上雕刻有花卉、人物、"双凤朝阳"、"二龙抢宝"图案，护碑石上雕刻有"狮子滚绣球"、人物故事图案。M2、M3、M4形制完全相同。

桐籽坡墓群　位于大河苗族乡兴旺村，建于清代，坐东南向西北（300°），分布在长30、宽150米的坡地中，占地面积4500平方米，由M1吴秉忠墓、M2李世启母阮氏墓、M3朱母侯氏孺人墓、M4朱母王氏儒人墓孺、M5李廷璋墓组成。墓冢均由条石砌成，冢前端呈圆弧形。M2冢长6.5、宽3.8、高1.7米，冢前碑为石质仿木结构，二柱一开间，单檐庑殿顶，碑高4.2、宽1.08、厚0.28米，碑刻楷书"显考李世启母（妣阮氏）墓，民国二十三年"，碑施护碑石，高2.2、宽0.63、厚0.28米。碑上雕刻有二龙抢宝，耕农牵象、房屋、花卉、十一个人物、"双凤朝阳"图案，护碑石上雕刻有"狮子滚绣球"图案，墓后壁有对联三副。M2～M5形制完全相同。

芭蕉树湾李家墓地　位于大河苗族乡兴旺村，建于清代，坐西南向东北，分布在长

20、宽 6 米的坡地中,占地面积 120 平方米,由 M1 李世浩墓、M2 李德辅母黄氏墓、M3 李母周孺人墓组成。墓冢均用条石砌成,冢前端呈圆弧形,M1 冢高 1.9、宽 4.4、长 5.8 米,冢前碑为仿木结构,二柱一开间,单檐庑殿顶,碑高 2.5、宽 1.2、厚 0.32 米,碑刻楷书"李公世浩之墓,光绪元年",碑施护碑石,高 1.9、宽 0.77、厚 0.28 米。碑上雕刻有人物、动物、花卉图案,护碑石上雕刻有人物、房屋、动物、花卉图案。M2、M3 墓冢与 M1 形制完全相同,M2 冢前碑为石质仿木结构,四柱三开间,重檐歇山顶,M3 冢前石碑为长方形弧形顶。

擂房头墓 位于大河苗族乡东龙泉村,建于清代,坐东向西,分布在长 12、宽 7 米,占地面积 84 平方米,由 M1 钟有伦母刘氏墓、M2 钟母曾老孺人墓组成。M1 墓冢由条石砌成,前端呈圆弧形,高 1.7、宽 3.6、长 6 米。冢前有清代石碑一通,为石质仿木结构,四柱三开间,重檐庑殿顶,碑高 3.6、宽 2.4、厚 0.28 米,碑上雕刻有人物故事、鸟、鹿等动物及花草图案。碑镌楷书"皇清例赠钟公有伦(母氏刘)老大(孺)人之墓,光绪甲申年"。M2 与 M1 形制相同,冢保存完整,M2 墓碑,护碑石风化轻蚀,雕刻的花卉、动物图案工艺精湛。

高屋基艾家墓地 位于大河苗族乡东龙泉村,建于清代,坐东向西,分布在长 20、宽 6 米的耕地边,由 M1 艾母郭氏老孺人墓、M2 艾母张氏孺人之墓、M3 艾母罗氏老孺人墓组成。M1 土冢墓,冢由条石围砌,前端呈椭圆形,长 3、宽 2.4、高 1.5 米。冢前有清代石碑 1 通,为石质仿木结构,二柱一开间,单檐庑殿顶,碑高 3.2、宽 1.2、厚 0.32 米,碑镌刻楷书"故显妣艾母郭氏孺人之墓,光绪七年"。M2、M3 与 M1 墓冢形制相同,M2 冢长 3、宽 2.2、高 1.7 米,碑高 3.2、宽 1.2、厚 0.35 米,碑镌刻楷书"故显妣艾母张氏孺人之墓,同治五年"。M3 冢长 4、宽 2.4、高 1.65 米,碑高 3.1、宽 1.21、厚 0.32 米,碑镌刻楷书"清故显妣艾母罗氏老孺人之墓,同治五年"。

坟山子李家墓 位于大河苗族乡东龙泉村,建于清代,坐东向西,分布在长 15、宽 6 米的耕地中,占地面积 90 平方米,由 M1 李母艾老孺人墓、M2 李母何老太君墓组成。M1 土冢墓,冢由条石砌成,前端呈圆弧形,长 3.5、宽 3、高 1.54 米。冢前有清代石碑 1 通,为石质仿木结构,二柱一开间,单檐庑殿顶,高 2.6、宽 0.87、厚 0.2 米,碑刻楷书"故慈妣李母艾老孺人墓,道光八年戊子"。M2 与 M1 形制相同,碑宝顶已损毁。

洛威张家墓 位于大河苗族乡环担山村,建于清代,坐北向南,占地面积 141 平方米,由 M1 张维星墓和 M2 张母马孺人墓组成。墓冢用条石砌成,冢前端呈圆弧形,M1 冢长 5.8、宽 3.2、高 1.7 米,冢前石碑为仿木结构,四柱三开间,重檐庑殿顶,碑高 3.6、宽 2、厚 0.17 米,碑明间镌刻楷书"张公讳维星墓,大清同治癸酉年",次间为小楷墓志,碑上雕刻有人物战场及花卉图案。M2 与 M1 形制完全相同。墓有院,院用条石砌成，前端呈"八"字形，院宽15、深9.4米，院墙高2.2米。

石壳嘴墓群　位于大河苗族乡金鹅池村，建于清代，坐西北向东南，分布在长30、宽20米的坡地中，占地面积600平方米，由M1吴母彭老孺人墓、M2罗学琼墓、M3吴朝南墓、M4罗母郭老孺人墓组成。M1土家墓，冢由条石砌成，冢前端呈圆弧形，冢长1.8、宽1.12、高0.28米。冢前有清代石碑1通，为石质仿木结构，二柱一开间，单檐庑殿顶，碑高3.7、宽1.12、厚0.28米，碑镌刻楷书"皇清待诰吴母彭家老孺人之墓，大清光绪十六年"。碑上镌有花卉、人物图案。M2、M3、M4与M1形制相同。

鱼塘头张家墓　位于大河苗族乡金鹅池村，建于清代，坐西北向东南，占地面积73.6平方米，由M1张文龙墓、M2张门□□□墓组成。M1土家墓，冢由条石砌成，冢前端呈圆弧形，冢长4.6、宽2.8、高1.5米。冢前有清代石碑1通，为石质仿木结构，二柱一开间，单檐庑殿顶，碑高1.98、宽0.84、厚0.18米，碑刻楷书"皇清待赠叔考张讳文龙□□□，道光二年"，碑施护碑石，高1.42、宽0.54、厚0.11米。M2形制与M1完全相同，M1、M2共置1院内，院长9.2、宽8米，院墙用条石砌成，墙高0.9米。

管家坝吴家墓地　位于大河苗族乡金鹅池村，建于清代，坐东北向西南，分布在长30、宽60米的耕地中，由M1吴母萧老□□墓、M2吴门翁老孺人墓、M3吴瑞田麟墓、M4石门方老孺人墓、M5吴□□墓、M6石门陈老孺人墓组成。墓冢均用条石砌成，冢前端呈圆弧形，M1冢长4、宽2.8、高1.36米，冢前墓碑为石质仿木结构，二柱一开间，单檐庑殿顶，碑高2.65、宽0.96、厚0.17米，碑刻楷书"皇清待诰显妣吴母萧老□□□，道光乙未年菊月吉旦日立"，碑施护碑石，高1.24、宽0.55、厚0.15米。碑上有人物图案，护碑石上有花卉装饰图案。M2～M6与M1形制相同。

窖坑扁张家墓地　位于大河苗族乡三道河村，建于清代，坐西向东，占地面积1200平方米，由M1张自有母古氏墓、M2张婆罗老安人墓、M3张登显墓、M4张珍墓、M5张母王老孺人墓、M6张母舒氏孺人墓组成。M1土家墓，冢由条石砌成，冢前端呈圆弧形，冢长6、宽4.4、高1.75米。冢前有清代石碑1通，为石质仿木结构，四柱三开间，重檐庑殿顶，碑高3.3、宽2.4、厚0.3米，碑镌刻楷书"张·公自有·母古氏·之墓，咸丰乙未九年"，碑上刻有动物、花卉图案。M2～M6形制相同，冢由条石筑砌呈椭圆形，碑为石质仿木结构，二柱一开间，单檐歇山顶。

小王沱墓　位于大河苗族乡锣瓦沟村，建于清代，坐南向北，分布在长8、宽6米的坡地边，占地面积48平方米，由M1郭元良和M2郭母何孺人墓组成。墓冢均由条石砌成，呈椭圆形，俗称"鸡蛋坟"，M1冢长3.6、宽2.8、高1.5米。冢前端墓碑为石质仿木结构，二柱一开间，重檐庑殿顶，碑高3.24、宽0.73、厚0.226米，碑刻楷书"郭元良大人墓，光绪五年乙卯岁又三月下浣日吉"，碑施护碑石，高1.25、宽0.48、厚 0.18 米,碑上有花卉、动物图案、护碑石上有花卉及"寿""福"装饰图案。M2 与 M1 形制完全相同。

白岩子后边墓 位于大河苗族乡大河村,建于清代,坐北向南,分布在 15、宽 6 米的坡地边,由 M1 何辉昕墓、M2 何母氏陈老孺人墓组成。墓冢均由条石砌成,冢前端呈圆弧形,M1 冢长 4.5、宽 3.2、高 1.6 米,冢前石碑为仿木结构,四柱三开间,重檐庑殿顶,碑高 3.7、宽 2.35、厚 0.3 米,碑明间镌刻楷书"皇清待赠何公讳辉昕府君之墓,咸丰五年",次间为小楷墓志,碑上雕刻有人物故事图案,冢上沿有花卉图案。M2 墓冢与 M1 形制完全相同,冢前墓碑为长方形弧形顶。

黄楠树何家墓地 位于大河苗族乡大河村,建于清代,坐北向南,分布在长 20、宽 8 米的坡地边,由 M1 何珖墓、M2 何汝杠墓、M3 何母马老孺人墓组成。墓冢均由条石砌成,冢前端均呈圆弧形。M1 冢长 4.5、宽 3.2、高 1.7 米,冢前石碑为长方形弧形顶,碑高 2.85、宽 1.2、厚 0.4 米,碑刻楷书"显考何公讳珖老大人之墓,大清同治二年",碑上雕刻有动物图案。墓有院,院用条石砌成,院宽 4.6、深 8、院墙高 1.7 米,院前端刻有两个巨大的"福"字,院后壁呈笔架形,有垂带踏道 5 级,长 1.3、宽 1 米,墓院台基高 1 米,石质素面。M2、M3 墓冢与 M1 形制相同,但冢前端均为四柱三开间,重檐歇山顶。

马如升夫妇墓 位于大河苗族乡落白亮村,建于清乾隆五十四年(1789 年),坐西南向东北,占地面积为 15 平方米。土冢墓,冢用乱石砌成,前端呈圆弧形,高 1.2、宽 6、长 2.5 米。冢前有清代石碑 1 通,为石质仿木结构,四柱三开间,重檐庑殿顶,高 2.1、宽 2.6、厚 0.21 米,碑镌楷书"皇清待赠修职部诰孺马公讳如升母淡太君老大人之墓,乾隆五十四年"。

郑沈氏墓 位于大河苗族乡落白亮村,建于清嘉庆二十四年(1819 年),坐东南向西北,占地面积为 10.4 平方米。土冢墓,冢用条石筑砌,呈鸡蛋形,高 1.23、宽 2.8、长 3.7 米。冢前有清代石碑 1 通,为石质仿木结构,二柱一开间,单檐庑殿顶,碑高 2.4、宽 0.93、厚 0.18 米,碑镌楷书"皇清待诰孺人始祖妣郑母沈老太君之墓,嘉庆二十四年"。碑两侧施护碑石,高 1、宽 0.4、厚 0.15 米,墓碑、护碑石上雕刻有人物、花草图案。

马宗援墓 位于大河苗族乡落白亮村,建于清嘉庆十三年(1808 年),坐东南向西北,占地面积为 10.5 平方米。土冢墓,冢用乱石砌成,高 1.55、宽 3 米。冢前有清代石碑 1 通,为石质仿木结构,二柱一开间,重檐庑殿顶,碑镌刻楷书"皇清待赠修职郎马公讳宗援老大人之墓,嘉庆十三年"。

滕家坳王氏墓 位于大河苗族乡落白亮村,建于清嘉庆五年(1800 年),坐东北向西南。土冢墓,冢用乱石砌成,冢长 3.2、宽 2.7、高 1.1 米。冢前有清代石碑 1 通,为石质仿木结构，二柱一开间，单檐庑殿顶，碑高1.7、宽0.87、厚0.13米，碑镌刻楷书"皇清待诰孺人慈妣王太君之墓，嘉庆五年"。

萧万氏墓 位于大河苗族乡永革村，建于清嘉庆二十五年（1820年），坐西向东，占地面积为68.8平方米。土冢墓，冢由条石筑砌，前端呈圆弧形，长4、宽2.7、高1.7米。冢前有清代石碑1通，为石质仿木结构，四柱三开间，重檐庑殿顶，高3.1、宽2.6、厚0.29米，碑镌楷书"皇清应授孺人显妣萧母万太君墓，嘉庆二十五年"。墓有院，一级，长8.6、宽8米，院墙由条石筑砌，素面，高1米，院台基高1.3米，台基外有垂带踏道4级，长1.1、宽1.6米。

赵张氏墓 位于大河苗族乡丰岩村，建于清嘉庆二十年（1815年），坐西北向东南，占地面积7.5平方米。土冢墓，冢用条石砌成，冢前端呈圆弧形，冢高1.25、宽2.5、长3米，为石质仿木结构，二柱一开间，单檐庑殿顶，碑高1.8、宽0.95、厚0.18米，碑刻楷书"皇清待诰享年八十寿终慈妣赵母张太君之墓，大清嘉庆二十年"，碑施护碑石，高0.9、宽0.56、厚0.12米，碑上刻有花卉图案。

吴新林墓 位于大河苗族乡金鹅社区，建于清嘉庆二十四年（1819年），坐南向北，占地面积14.96平方米。土冢墓，冢用条石筑砌，呈椭圆形，冢高1.12、宽3.4、长4.4米。冢前有清代石碑1通，为石质仿木结构，四柱三开间，重檐庑殿顶，碑高2.65、宽1.96、厚0.17米，碑镌刻楷书"皇清待赠九十五寿吴公讳新林墓，嘉庆二十有四年"，碑上刻有风穿牡丹、花瓶、花卉图案。

胡宏夫妇墓 位于大河苗族乡锣瓦沟村，建于清嘉庆九年（1804年），坐西向东，占地面积19平方米。墓冢用条石砌成，冢前端成圆弧形，冢高1.26、宽3.8、长5米。冢前墓碑为石质仿木结构，二柱一开间，碑帽已损毁，碑高1.55、宽0.92、厚0.16米，碑刻楷书"皇清待诰（赠）显妣胡（公）讳（宏母）刘氏老□□□，龙飞嘉庆九年"。

彭宗唐墓 位于大河苗族乡落白亮村，建于清道光七年（1827年），坐南向北，占地面积9.7平方米。土冢墓，冢用乱石筑砌，前端呈圆弧形，长3.7、宽2.6、高1.2米。冢前有清代石碑1通，为石质仿木结构，二柱一开间，单檐庑殿顶，高1.7、宽0.71、厚0.19米，碑篆刻楷书"清故享年六十寿彭公讳宗唐老大人墓，道光七年"。

赵文元夫妇墓 位于大河苗族乡兴旺村，建于清道光九年（1829年），坐东南向西北，占地面积10.66平方米。土冢墓，冢用条石筑砌，呈椭圆形，冢高1.4、宽2.6、长4.1米。冢前有清代石碑1通，为石质仿木结构，碑帽已损毁，碑高1.6、宽0.93、厚0.21米，碑刻楷书"八十寿显考老大人之墓"，题记年代已风化脱落，有护碑石，高1.72、宽0.54、厚0.2米，碑额枋和护碑石上有花卉图案。

覃王氏墓 位于大河苗族乡兴旺村，建于清道光八年（1828年），坐西南向东北，占地面积 19.32 平方米。墓冢用条石砌成，冢前端呈圆弧形，冢高 1.3、长 3.2、宽 4.6 米，冢前墓碑为石质仿木结构，二柱一开间，单檐庑殿顶，碑高 2.5、宽 0.93、厚 0.16 米，碑刻楷书"皇清待赠诰显考妣覃公母讳世恩王氏老大孺人□□墓，大清道光八年"。

陈钟氏墓 位于大河苗族乡兴旺村，建于清道光十九年（1839 年），坐东南向西北，占地面积 12.04 平方米。墓冢用条石砌成，冢前端呈圆弧形，冢长 4.3、宽 2.8、高 1.57 米，冢前墓碑为石质仿木结构，二柱一开间，重檐庑殿顶，碑高 3.23、宽 1、厚 0.26 米，碑刻楷书"清故待诰显妣陈母钟老太君墓，道光十九年"，碑上雕刻有动物、花卉图案。

韩国弼夫妇墓 位于大河苗族乡兴旺村，建于清道光元年（1821 年），坐南向北，占地面积 12.9 平方米。墓冢用条石砌成，冢前端呈圆弧形，冢长 3.8、宽 3.4、高 1.3 米，冢前墓碑为石质仿木结构，四柱三开间，重檐庑殿顶，碑高 3.54、宽 2.14、厚 0.25 米，碑明间镌刻楷书"皇清待赠（诰）享九十寿显考讳国弼（姚德配杨母）老大（孺）人之墓，道光元年"，次间为小楷墓志。碑上雕刻有人物故事、动物、花卉图案。

李廷瑞夫妇墓 位于大河苗族乡兴旺村，建于清道光三十年（1850 年），坐东南向西北，占地面积 18 平方米。墓冢用条石砌成，冢前端呈圆弧形，冢高 2.1、宽 3.6、长 5 米，冢前墓碑为石质仿木结构，二柱一开间，单檐庑殿顶，碑高 3.8、宽 1.08、厚 0.22 米，碑刻楷书"清故享八十四寿显考李公瑞妣李郭老安人之墓，道光三十年"，碑施护碑石，高 1.87、宽 0.56、厚 0.18 米，碑上雕刻有人物故事、动物、花卉图案，护碑石上雕刻有人物、动物、花瓶、花卉图案。

陈苏氏墓 位于大河苗族乡东龙泉村，建于清道光四年（1824 年），坐东北向西南，占地面积为 6.8 平方米。土冢墓，冢用条石砌成，前端呈圆弧形，高 1.2、宽 2.4、长 2.8 米。冢前有清代石碑 1 通，为石质仿木结构，二柱一开间，单檐庑殿顶，碑高 2.4、宽 0.9、厚 0.25 米，碑镌刻楷书"皇清诰正八□□人显妣陈门苏老太君□，道光四年甲申岁"。碑两侧施护碑石，高 1.43、宽 0.5、厚 0.15 米，左右侧护碑石上分别雕刻有仙鹤、鹿动物图案。

朱文运墓 位于大河苗族乡东龙泉村，建于清道光二十二年（1842 年），坐东北向西南，占地面积为 8.5 平方米。土冢墓，冢由条石砌成，前端呈圆弧形，高 1.4、宽 2.6、长 3.4 米。冢前有清代石碑 1 通，为石质仿木结构，二柱一开间，单檐庑殿顶，碑高 2.5、宽 0.97、厚 0.26 米，碑镌刻楷书"皇清待赠严考朱文运老人之墓，道光二十二年"。碑两侧施护碑石，高 1.4、宽 0.55、厚 0.14 米，墓碑、护碑石上雕刻的动物、花卉图案。

陈尚彬墓 位于大河苗族乡东龙泉村，建于清道光六年（1826 年），坐东向西，占地面积为 10.5 平方米。土冢墓，冢用条石砌成，前端呈圆弧形，长 3.5、宽 3、高 1.2米。冢前有清代石碑 1 通，为石质仿木结构，四柱三开间，重檐庑殿顶，碑高 2.5、宽1.95、厚 0.18 米。碑镌刻楷书"皇三清赠文林部明经进士显考陈讳尚彬府□□□，道光六年丙戌"，副碑为小楷碑志。

张维乾墓　位于大河苗族乡东龙泉村，建于清道光二十年（1840 年），坐西向东。土冢墓，冢由条石筑砌，呈圆弧形，冢长 4.4、宽 2.4、高 1.2 米。冢前有清代石碑 1通，为石质仿木结构，四柱三开间，重檐庑殿顶，碑高 3.3、宽 2、厚 0.2 米，碑镌刻楷书"皇清待赠登仕郎张公讳维乾老大人之□，道光贰拾年"。碑上雕刻有凤凰、鹿、虎、花卉图案。

张萧氏墓　位于大河苗族乡长征村，建于清道光九年（1829 年），坐南向北，占地面积为 10.92 平方米。土冢墓，冢由条石筑砌，前端呈圆弧形，长 3.6、宽 2.6、高 1.6米。冢前有清代石碑 1 通，为石质仿木结构，四柱三开间，重檐庑殿顶，高 2.8、宽1.75、厚 0.2 米，碑镌刻楷书"皇清待诰张母萧老孺人□，大清道光己丑年"。

生基坪子张氏墓　位于大河苗族乡长征村，建于清道光七年（1827 年），坐东向西，占地面积为 11.4 平方米。土冢墓，冢由条石筑砌，前端呈圆弧形，长 3.8、宽 3、高 1.3 米。冢前有清代石碑 1 通，为石质仿木结构，二柱一开间，重檐庑殿顶，宽 1、高 3.3、厚 0.3 米，碑镌刻楷书"□□郎张公瑞□□□□笛墓，清道光七年"。碑两侧施护碑石，高 1.35、宽 0.53、厚 0.15 米。

石朝登墓　位于大河苗族乡环担山村，建于清道光四年（1824 年），坐南向北，占地面积为 9.02 平方米。土冢墓，冢由条石筑砌，前端呈圆弧形，长 3.5、宽 2.2、高1.4 米。冢前有清代石碑 1 通，为石质仿木结构，四柱三开间，重檐庑殿顶，高 2.6、宽 2.1、厚 0.125 米，碑镌楷书"皇清待赠显考石公朝登老大人墓，道光四年"。

张杨氏墓　位于大河苗族乡环担山村，建于清道光五年（1825 年），坐北向南，占地面积为 7.6 平方米。土冢墓，冢由条石筑成，前端呈圆弧形，长 3.2、宽 2、高 1.6米。冢前有清代石碑 1 通，为石质仿木结构，四柱三开间，三重檐庑殿顶，高 3、宽1.9、厚 0.17 米，碑镌刻楷书"皇清待诰张母杨老孺人墓，道光乙酉年"。

赵王氏墓　位于大河苗族乡丰岩村，建于清道光二十六年（1846 年），坐北向南（160°），占地面积 7.7 平方米。土冢墓，冢用乱石砌成，冢前端呈圆弧形，冢高 1.2、宽 2.2、长 3.5 米。冢前有清代石碑 1 通，为石质仿木结构，二柱一开间，单檐庑殿顶，碑帽已倒塌，碑高 1.3、宽 0.75、厚 0.17 米，碑刻楷书"皇清待诰前母赵门王老孺人墓，道光二十六年丙午岁仲冬月浣日"，碑上刻有"双凤朝阳"图案。

麻地湾朱家墓　位于大河苗族乡龙山村，建于清道光二十五年（1845 年），坐南向北，分布在长 30、宽 8 米的苦竹林边，占地面积 240 平方米，由 M1 朱母李续真和 M2

朱张氏墓组成。墓冢用条石砌成，呈椭圆形，俗称"鸡蛋坟"。M1 冢高 1.55、宽 3.8、长 4.7 米，冢前墓碑为石质仿木结构，四柱三开间，重檐庑殿顶，碑高 3.3、宽 2.2、厚 0.2 米，碑明间镌刻楷书"皇清待诰朱母李续真孺人寿墓，大清道光二十五年"，次间为小楷墓志。碑宝顶施二龙抢宝，碑上有花卉、人物、器物、花鸟、龙纹图案，冢上沿有花卉图案。墓有院，院用条石砌成，前端呈外"八"字形，院宽 9.5、深 11.5 米，院壁有动物、器物、花卉及"福""寿"图案，院处有垂带踏道 3 级，长 1.1、宽 2.65、高 0.54 米，素面。M2 墓冢与 M1 形制相同。

黄如茂墓　位于大河苗族乡回龙村，建于清道光六年（1826 年），坐北向南（160°），占地面积 13.76 平方米。土冢墓，冢用条石砌成，冢前端呈圆弧形，冢高 1.2、宽 3.2、长 4.3 米。冢前有清代石碑 1 通，为石质仿木结构，二柱一开间，单檐庑殿顶，碑高 1.95、宽 0.91、厚 0.21 米，碑刻楷书"皇清待赠陆拾四寿显考黄讳如茂大人墓，道光六年"。

郭崇舜夫妇墓　位于大河苗族乡锣瓦沟村，建于清道光四年（1824 年），坐南向北，占地面积 45 平方米。墓冢均由条石砌成，冢前端呈圆弧形，冢高 1.5、长 9、宽 5 米，冢前墓碑为石质仿木结构，四柱三开间，重檐庑殿顶，碑高 3.4、宽 2.4、厚 0.28 米，碑明间镌刻楷书"皇清待赠六十寿显考郭崇舜大人（诰七十寿显妣郭胡氏孺人）之墓，道光四年仲冬吉旦"，碑施护碑石，高 1.47、宽 0.7、厚 0.16 米。

文萧氏墓　位于大河苗族乡李子关村，建于清道光五年（1825 年），坐南向北，占地面积 10.92 平方米。墓冢用条石砌成，呈椭圆形，俗称"鸡蛋坟"，冢高 1.35、宽 2.6、长 4.2 米。冢前墓碑为石质仿木结构，四柱三开间，三重檐庑殿顶，碑高 3.05、宽 2.48、厚 0.25 米，碑明间镌刻楷书"皇清待诰文母萧老孺人墓，道光五年"，碑上雕刻有人物故事、动物、花卉图案。

杨世卫墓　位于大河苗族乡九龙山村，建于清咸丰十一年（1861 年），坐西向东，占地面积 27 平方米。墓冢由条石砌成，前端呈圆弧形，长 4.5、宽 3、高 1.8 米。冢前有清代石碑一通，为二柱一开间，石质仿木结构，单檐庑殿顶，高 3.2、宽 1.14、厚 0.39 米，碑镌楷书"故显考杨公讳世卫老大人之墓，咸丰十一年"。碑两侧施护碑石，长 1.55、宽 0.55、厚 0.25 米，墓筑有条石矮墙围护成院，素面，一级，长 6、宽 4.5、院墙高 1.7、厚 0.3 米。

张大川夫妇墓　位于大河苗族乡三道河村，建于清咸丰七年（1857 年），坐西向东，占地面积 183.52 平方米。墓冢用条石砌成，冢前端呈圆弧形，冢高 2.1、宽 5.2、长 6.4 米。冢前有清代石碑 1 通，为石质仿木结构，四柱三开间，三重檐庑殿顶，碑高 4、宽 2.38、厚 0.28 米，碑镌刻楷书"显·孝妣·张公母·大川·陆氏之墓，咸丰七年"。碑上刻有人物、动物、花卉图案。墓有院，院前端呈外"八"字形，长 14.8、宽

12.4 米，院墙用条石砌成，墙高 1.8 米。

甘维银夫妇墓　位于大河苗族乡回龙村，建于清咸丰三年（1853 年），坐北向南，占地面积 10.26 平方米。墓冢用条石砌成，冢前端呈圆弧形，冢长 3.8、宽 2.7、高 1.4 米。冢前有清代石碑 1 通，为石质仿木结构，四柱三开间，重檐庑殿顶，碑镌刻楷书"清故显·孝妣·甘·公维银·母黄氏孺大人墓，咸丰三年"。碑上刻有人物、动物及花卉图案。

张维陞夫妇墓　位于大河苗族乡锣瓦沟村，建于清咸丰四年（1854 年），坐西北向东南，占地面积 21 平方米。墓冢用条石砌成，冢前端呈圆弧形，冢高 1.55、宽 4.2、长 5 米，冢前墓碑为石质仿木结构，四柱三开间，重檐庑殿顶，碑高 4.5、宽 2.42、厚 0.23 米，碑明间镌刻楷书"皇清（例赠）待诰显（孝）妣张（公讳维陞）母丁太君老（大）孺人之莹墓，咸丰四年甲寅岁"，次间为小楷墓志，碑施护碑石，高 1.08、宽 0.48、厚 0.21 米。碑上有"双凤朝阳"、人物故事、书卷图案，冢上沿有花卉图案，护碑石上有花卉图案。

郑张氏墓　位于大河苗族乡落白亮村，建于清同治六年（1867 年），坐东向西，占地面积为 9.4 平方米。土冢墓，冢用条石砌成，前端呈圆弧形，高 1.4、宽 2.6、长 3.6 米。冢前有清代石碑 1 通，为石质仿木结构，二柱一开间，重檐庑殿顶，碑高 3.4、宽 1、厚 0.21 米，碑镌刻楷书"皇清显妣郑母张老太君墓，同治六年"。碑两侧施护碑石，高 1.7、宽 0.46、厚 0.16 米，墓碑、护碑石上雕刻人物、花草图案。

郑升墓　位于大河苗族乡落白亮村，建于清同治四年（1865 年），坐东北向西南，占地面积为 10.5 平方米。土冢墓，冢用条石砌成，前端呈圆弧形，高 1.2、宽 2.8、长 3.8 米。冢前有清代石碑 1 通，为石质仿木结构，二柱一开间，重檐庑殿顶，碑高 3.4、宽 0.97、厚 0.24 米，碑镌刻楷书"皇清显孝郑公讳升大人墓，同治四年"。碑两侧施护碑石，高 1.45、宽 0.4、厚 0.13 米。

赵傅氏墓　位于大河苗族乡落白亮村，建于清同治七年（1868 年），坐北向南，占地面积为 12.1 平方米。土冢墓，冢用条石砌成，前端呈圆弧形，高 1.6、宽 2.8、长 4.3 米。冢前有清代石碑 1 通，为石质仿木结构，二柱一开间，单檐庑殿顶，碑高 2.38、宽 1、厚 0.24 米，碑镌刻楷书"赵母傅孺人墓，同治七年"。碑两侧施护碑石，高 1.6、宽 0.55、厚 0.23 米，墓碑、护碑石上雕刻有动物、花草图案。

马天视墓　位于大河苗族乡落白亮村，建于清同治十年（1871 年），坐西向东，占地面积 11 平方米。土冢墓，冢用条石筑砌，呈椭圆形，冢长 4.2、宽 2.6、高 1.4 米。冢前有清代石碑 1 通，为石质仿木结构，二柱一开间，单檐庑殿顶，碑高 2.33、宽 0.98、厚 0.3 米，碑镌刻楷书"皇清显考马公天视八十墓，同治十年"。

艾思油墓　位于大河苗族乡东龙泉村，建于清同治六年（1867 年），坐东向西，占地面积8.4平方米。土冢墓，冢用条石筑砌，前端呈椭圆形，高1.6、宽2.6、长3.2米。冢前有清代石碑1通，为石质仿木结构，二柱一开间，单檐庑殿顶，高2.9、宽1.08、厚0.3米，碑镌刻楷书"艾公讳思油老大人之墓位，同治六年"。

张文栋墓　位于大河苗族乡环担山村，建于清同治五年（1866年），坐北向南，占地面积为72平方米。土冢墓，冢由条石筑砌，前端呈圆弧形，长4.5、宽3.6、高1.9米。冢前有清代石碑1通，为石质仿木结构，四柱三开间，三重檐庑殿顶，高3.5、宽2.4、厚0.18米，碑镌楷书"显考张公讳文栋大人之墓，同治五年"。墓有院，长9、宽8米，院墙由乱石筑砌，高1.8米。

张刘氏墓　位于大河苗族乡东龙泉村，建于清光绪十六年（1890年），坐东北向西南，占地面积为37.8平方米。土冢墓，冢用条石筑砌，前端呈圆弧形，冢高1.7、宽2.8、长4米。冢前有清代石1通，为长方形圆弧顶，碑高2.2、宽1、厚0.26米，碑镌楷书"张母刘老孺人之墓，清光绪十六年"，碑上雕刻有花草纹饰。墓有院，一级，院墙由条石筑砌，素面，院宽9、深4.2米，院壁高1.8米。

艾登星墓　位于大河苗族乡东龙泉村，建于清光绪七年（1881年），坐东向西，占地面积11.2平方米。土冢墓，冢由条石筑砌，呈圆弧形，冢长3.4、宽2.6、高1.5米。冢前有清代石碑1通，为石质仿木结构，二柱一开间，单檐庑殿顶，碑高3.2、宽1.15、厚0.42米，碑镌刻楷书"故显考艾公讳登星大人墓，光绪七年"。墓有院，一级，院长5.6、宽2、高1.3米，为石质素面。

马天旦墓　位于大河苗族乡落白亮村，建于清光绪三年（1877年），坐西北向东南，占地面积为11.6平方米。土冢墓，冢用条石筑砌，呈圆形，冢高1.5、宽3.2、长3.6米。冢前有清代石碑1通，为石质仿木结构，二柱一开间，单檐庑殿顶，碑高2.2、宽0.94米，碑镌刻楷书"皇清显考马公天旦老大人墓，光绪三年"。

罗毛氏墓　位于大河苗族乡落白亮村，建于清光绪三年（1877年），坐东南向西北，占地面积为19平方米。土冢墓，冢用条石砌成，前端呈圆弧形，高1.7、宽3.8、长5米。冢前有清代石碑1通，为石质仿木结构，二柱一开间，单檐庑殿顶，碑高3.3、宽1、厚0.28米，碑镌刻楷书"罗公粹修母毛氏孺人之墓，光绪二年"。碑两侧施护碑石，高1.65、宽0.56、厚0.2米。

马秦氏墓　位于大河苗族乡兴旺村，建于清光绪三年（1877年），坐东北向西南，占地面积41.5平方米。土冢墓，冢用条石砌成，冢前端呈圆弧形，冢高1.7、宽3.2、长4.2米。冢前有清代石碑1通，为石质仿木结构，二柱一开间，圆弧形拱帽顶，碑高3.1、宽1.1、厚0.31米，碑刻楷书"马母秦孺人墓，大清光绪三年"，碑施护碑石，高1.8、宽0.71、厚0.25米。碑上刻有麒麟、蟾蜍、凤凰、花卉、兵器、毛笔、二龙抢宝等图案，护碑石上刻有二龙戏水、鲤鱼跳龙门等图案。墓有院，前端呈外"八"

字形，院长 8.3、宽 5 米，院墙用条石砌成，墙高 2.1 米，院两侧有石狮及对联。

覃李氏墓　位于大河苗族乡兴旺村，建于清光绪六年（1880 年），坐西北向东南（50°），占地面积 11.2 平方米。墓冢用条石砌成，冢前端呈圆弧形，冢高 1.54、宽 2.8、长 4 米，冢前石碑为长方形，弧形顶，碑高 2.34、宽 1.02、厚 0.28 米，碑刻楷书"皇清待诰覃母李老孺人墓，光绪庚辰年"，碑上雕刻有蝙蝠、二龙抢宝、凤戏牡丹图案。

何张氏墓　位于大河苗族乡兴旺村，建于清光绪十二年（1886 年），坐南向北，占地面积 49 平方米。墓冢用条石砌成，冢前端呈圆弧形，冢长 4、宽 2.8、高 1.7 米，冢前墓碑为石质仿木结构，二柱一开间，碑帽已损毁，碑高 1.82、宽 0.95、厚 0.23 米，碑刻楷书"皇清例诰何母张宜之人墓，光绪十二年"，碑施护碑石，高 1.58、宽 0.5、厚 0.2 米。碑上雕刻有花卉图案，护碑石上雕刻有花卉图案，冢上沿石有花卉图案。墓有院，院用条石砌成，前端呈外"八"字形，院宽 9.8、深 5 米，院墙高 2.83 米，院内有碑刻行书及雕刻的动物、花卉、"福"、"寿"图案。

马良汰墓　位于大河苗族乡兴旺村，建于清光绪元年（1875 年），坐东北向西南（20°），占地面积 12.8 平方米。墓冢用条石砌成，冢前端呈圆弧形，冢高 1.4、宽 3.2、长 4 米，冢前墓碑为石质仿木结构，二柱一开间，单檐庑殿顶，碑高 2.75、宽 0.9、厚 0.21 米，碑刻楷书"祖考马良汰墓，光绪元年"。

张世建墓　位于大河苗族乡东龙泉村，建于清光绪二十三年（1897 年），坐东北向西南，占地面积为 43.3 平方米。土冢墓，冢用条石砌成，前端呈圆弧形，高 1.76、宽 2.8、长 3.9 米。冢前有清代石碑 1 通，为长方形弧形顶，碑高 2.4、宽 1.1、厚 0.42 米，碑上雕有龙及花草，碑镌刻楷书"显考张世建老大人之墓，光绪二十三年"。墓有院，一级，长 9.2、宽 4.7 米，墓院墙由条石筑砌，高 2.3、厚 0.35 米，院后壁左侧雕刻有凤凰，右侧雕刻有净瓶。

杨余氏墓　位于大河苗族乡关口村，建于清光绪元年（1875 年），坐西向东，占地面积为 78.2 平方米。土冢墓，冢由条石筑砌，前端呈圆弧形，长 4.5、宽 3.8、高 1.7 米。冢前有长方形清代石碑 1 通，高 2.56、宽 1.09、厚 0.25 米，碑镌楷书"皇清待诰庶母杨余老孺人之墓，光绪元年"。墓有院，一级，长 9.2、宽 8.5 米，院墙由板石筑扣，雕刻有人物、花草、动物图案。院有石质台基，素面，高 2 米，墓院有垂带踏道 8 级，长 3、宽 1.5 米，踏道右边有石质香塔一个，二级，四边形，高 2.38、边长 0.65 米。

何李氏墓　位于大河苗族乡大河村，建于清光绪十九年（1893 年），坐北向南，占地面积 11.6 平方米。墓冢用条石砌成，冢前端呈圆弧形，冢长 4、宽 2.9、高 1.7 米，冢前墓碑为石质仿木结构，二柱一开间，单檐庑殿顶，碑宝顶已损毁，碑高 2.9、宽

0.87、厚 0.26 米，碑刻楷书"皇清例诰孺人何母李老太君之墓，大清光绪癸巳十九年"，碑施护碑石，高 1.65、宽 0.75、厚 0.2 米。碑上有花卉图案，冢上沿有花卉图案。

近现代重要史迹及代表性建筑

兴文县红军烈士墓 位于大河苗族乡李子关村，坐东北向西南（60°），占地面积 169.5 平方米，由 M1、M2 两座形制相同的红军烈士墓组成。墓冢外贴白色瓷砖，前端呈圆弧形，冢长 2.3、宽 1.6、高 1.15 米，冢前碑用水泥筑成，呈长方形，高 1.65、宽 0.78、厚 0.25 米，碑刻楷书"中央红一方面军某部（一九三五年二月），无名氏红军烈士墓，大和苗族乡人民政府，二〇〇五年三月"，在烈士墓左侧有无名氏红军烈士墓志，右侧有"纪念红军长征七十周年纪念碑"1 通，上述"长征精神永放光芒"8 个大字，烈士墓为弘扬爱国主义精神，进行传统革命教育的阵地。

其他

朱明魁墓 位于大河苗族乡兴旺村，建于 1936 年，坐东南向西北，占地面积为 55 平方米。墓冢用条石筑砌，前端呈圆弧形，长 4.7、宽 2.4、高 1.1 米，冢前有墓碑一通，为石质仿木结构，四柱三开间，重檐庑殿顶，碑高 3.7、宽 1.8、厚 0.27 米，碑镌楷书"显考朱公讳明魁大人之墓，民国丙子岁"。墓碑左右两端用条石筑砌，呈瓜形向前延伸，形成坟堂，长 3.1、宽 1.68、高 0.6 米，坟堂末端两侧各塑石质文笔一支，文笔高 1.55、直径 0.32 米，基石为正方形，素面，高 0.98、宽 0.4 米。墓有院，共一台，院墙由条石筑砌，呈外"八"字形，院长 8、宽 5、高 1.5 米，院壁后方屏风镌有楷书"佑启后人"、"裕后恢先"。

麒麟苗族乡

古墓葬

松林坡墓群 位于麒麟苗族乡三合村，建于明代，墓室向东（100°），分布在长 15、宽 8 米的坡地中，分布面积 120 平方米，由 M1～M6 组成，其中 M1、M6 已被扰乱，M2～M5 完好。M1 墓室用条石砌成，呈长方形，墓室长 2.3、宽 0.57、高 1 米，M6 形制与 M1 相同，墓室长 1.8、宽 0.65、高 0.6 米。

生基嘴墓群 位于麒麟苗族乡院山村，建于明代，分布在长 20、宽 18 米的坡地中，坐南向北（340°），占地面积 360 平方米，有墓室 4 座，均由条石砌成，墓室 1、墓室 2 已被扰乱，墓室 3、墓室 4 保存完好，其中墓室 2 高 0.4、宽 0.55 米，墓室长 2、宽

0.8、高 0.6 米。

老房子舒家墓地 位于麒麟苗族乡海腊村，建于清代，坐北向南，分布在长 100、宽 8 米的楠竹林边，由 M1 舒母吴孺人墓、M2 舒登程墓、M3 舒继聪墓、M4 舒门吴老孺人墓组成。M1、M2 墓冢由条石砌成，M3、M4 墓冢由乱石砌成。M1 土冢墓，冢由条石筑砌，前端呈圆弧形，长 5、宽 3.6、高 1.8 米。冢前有清代石碑 1 通，为石质仿木结构，二柱一开间，单檐庑殿顶，高 2.4、宽 0.88、厚 0.26 米，碑刻楷书"舒母吴孺人墓，咸丰丁巳中浣立"。

柏香林王家墓地 位于麒麟苗族乡崔家村，建于清代，坐西向东，分布在长 150、宽 200 米的杂树林中，由 M1 王澎墓、M2 王氏墓、M3 王文拔墓组成。M1 土冢墓，冢由条石砌成，冢前端呈圆弧形，长 4、宽 2.8、高 1.6 米。冢前有清代石碑 1 通，为石质仿木结构，四柱三开间，重檐庑殿顶，碑高 3.1、宽 2.32、厚 0.15 米，碑镌楷书"皇清待赠显考王公讳澎大人墓，道光己丑年"。碑局部风化严重，碑文剥落，碑上雕刻有花卉、凤凰图案。墓有院，内有人物故事雕刻图案，现存拜台三级，一级宽 18、深 3.8、高 1.7 米，二级宽 13、深 5、高 1.6 米，三级宽 5、深 3.9、高 1.05 米，有弧形如意踏道五级。M2 土冢墓，冢由条石筑砌，前端呈椭圆形，碑为石质仿木结构，二柱一开间，单檐歇山顶。M3 与 M1 形制一致，碑为长方形弧形顶，有墓院，一级，呈外"八"字形。

王守恒夫妇墓 位于麒麟苗族乡崔家村，建于清代，坐西向东，占地面积 50 平方米，由 M1 王守恒墓、M2 王舒氏墓组成。M1 土冢墓，冢由条石砌成，前端呈圆弧形，长 4.5、宽 3.2、高 1.6 米。冢前有清代石碑 1 通，为长方形圆弧顶，碑高 2.4、宽 1.2、厚 0.28 米，碑镌刻楷书"显考王守恒墓，咸丰四年"。墓有院，20 世纪 50 年代"大跃进"时被拆毁。M2 的形制和碑冢的尺寸与 M1 一致。

殷家村墓群 位于麒麟苗族乡三合村，建于清代，坐北向南，分布在长 15、宽 10 米的耕地边，占地面积 150 平方米，由 M1 杨瑞璘墓、M2 郭母黄氏墓、M3 郭维纶墓组成。M1 土冢墓，冢由条石砌成，冢前端呈圆弧形，高 1.7、宽 3.2、长 5 米。冢前有清代石碑 1 通，为石质仿木结构，四柱三开间，重檐庑殿顶，碑高 2.7、宽 2.3、厚 0.2 米，碑镌刻楷书"覃恩正八品侍郎杨公讳瑞璘□□，大清道光三年"。M2 土冢墓，冢由乱石砌成，冢前端呈圆弧形，碑为石质仿木结构，二柱一开间，单檐歇山顶。M3 土冢墓，冢由乱石砌成，冢前端呈圆弧形，碑为石质仿木结构，四柱三开间，重檐歇山顶，右侧下檐石已损毁。

三所坟罗家墓地 位于麒麟苗族乡三合村，建于清代，坐北向南，占地面积 90 平方米，由 M1 罗玉山墓、M2 罗母蒋老孺人墓、M3 罗德新墓组成。墓冢用条石砌成，冢前端呈圆弧形，M1 冢长 3.8、宽 2.8、高 1.3 米。

冢前墓碑为石质仿木结构, 二柱一开间, 单檐庑殿顶, 碑高2.4、宽0.9、厚0.19米, 碑刻楷书"皇清待赠显考罗公讳玉山字金堂大人之墓, 嘉庆十八年", 碑上雕刻有花卉图案。M2、M3与M1形制相同。

下德印刘家墓地 位于麒麟苗族乡麒麟村, 建于清代, 坐北向南, 分布在长150、宽15米的杉木林边, 占地面积2250平方米, 由M1刘仕元墓、M2刘老孺人墓、M3刘缓墓组成。M1土冢墓, 冢由条石砌成, 冢前端呈圆弧形, 长3.8、宽3.1、高1.5米, 冢前有清代石碑1通, 为石质仿木结构, 二柱一开间, 单檐庑殿顶, 碑高2.5、宽1、厚0.3米, 碑刻楷书"皇清待赠受职郎显考刘讳仕元字朝佐大人墓, 嘉庆贰拾贰年岁序丁丑"。M2土冢墓, 冢由条石砌成, 碑体轻度风化, 碑宝顶已损毁。M3土冢墓, 冢由乱石砌成, 碑体风化明显。

柑子湾包包墓 位于麒麟苗族乡金田村, 建于清代, 坐西向东, 分布在长20、宽8米的耕地中, 占地面积160平方米, 由M1萧元善墓、M2萧母王太君墓组成。M1土冢墓, 冢由条石砌成, 冢前端呈圆弧形, 长3.8、宽3.8、高1.5米。冢前有清代石碑1通, 为石质仿木结构, 二柱一开间, 单檐庑殿顶, 碑高2.3、宽1.3、厚0.3米, 碑刻楷书"皇清待赠显考萧公讳元善大人墓, 嘉庆元年", 碑施护脚石, 高1.3、宽0.53、厚0.17米。M2与M1形制相同。

大连沟墓 位于麒麟苗族乡双河村, 建于清代, 坐东向西, 占地面积13.26平方米。土冢墓, 冢由条石砌成, 冢前端呈圆弧形, M1冢长3.9、宽3.4、高1.1米。冢前有清代石碑1通, 为石质仿木结构, 二柱一开间, 单檐庑殿顶, 高2.3、宽0.88、厚0.17米, 碑镌楷书"清故慈妣叶母吴太君之墓, 道光庚寅年"。M2形制与M1完全相同, 墓碑文风化脱落。

鹅颈田墓 位于麒麟苗族乡衔村, 建于清代, 坐南向北, 占地面积48平方米, 由M1罗母杨老孺人墓、M2罗仕荣墓组成。M1, 土冢墓, 冢由条石砌成, 冢前端呈圆弧形, 长3.3、宽2.5、高1.3米。冢前有清代石碑1通, 为石质仿木结构, 二柱一开间, 单檐庑殿顶, 高2.5、宽0.88米, 厚0.15米, 碑镌楷书"皇清待诰显妣洲范罗母杨老孺人之墓, 道光四年"。M2形制与M1相同。

三河口何家墓地 位于麒麟苗族乡茶园村, 建于清代, 坐东向西, 分布在长25、宽8米的耕地边, 占地面积200平方米, 由M1何汝仲何氏墓、M2何辉鼎墓、M3何母刘氏墓组成。M1土冢墓, 冢由条石砌成, 冢前端呈圆弧形, 冢高1.45、宽6.8、长5米。冢前有清代石碑1通, 为石质仿木结构, 四柱三开间, 重檐庑殿顶, 碑高3.1、宽2.24、厚0.18米, 碑镌刻楷书"皇清待诰（赠）显妣（考）何讳（门）汝（何）仲（氏）老大（孺）人之寿墓, 大清道光十四年"。碑施护碑石, 高1.17、宽0.49、厚0.12米, 碑上刻有花卉及兵器图案, 护碑石上左右分别刻有篆字"寿"、"福"。M2、

M3 形制与 M1 相同。

文庙王家墓地　位于麒麟苗族乡兰厂村，建于清代，坐东北向西南，占地面积 151 平方米，由 M1 王母马老孺人墓、M2 王朝栋墓、M3 王田相墓组成。M1 土冢墓，冢由条石筑砌，呈椭圆形，冢高 1.15、宽 3.2、长 3.8 米。冢前有清代石碑 1 通，为石质仿木结构，四柱三开间，重檐庑殿顶，碑高 2.5、宽 2.34、厚 0.21 米，碑镌刻楷书"皇清待诰慈妣王母马老孺人□，龙飞嘉庆十七年"，碑上雕刻有花卉图案。M2、M3 与 M1 形制完全相同，M3 墓冢扰乱损毁严重。

三所坟墓群　位于麒麟苗族乡兰厂村，建于清代，坐西北向东南，分布在长 20、宽 6 米的耕地中，占地面积 120 平方米，由 M1 蓝母彭老孺人墓、M2 蓝长发墓、M3 段老孺人墓组成。M1 墓冢由条石筑砌，呈椭圆形，冢长 3.6、宽 3、高 1.45 米。冢前有清代石碑一通，为石质仿木结构，二柱一开间，重檐庑殿顶，碑高 3.34、宽 1.03、厚 0.32 米，碑刻楷书"皇清待诰蓝母彭老孺人墓，咸丰辛巳岁"，碑施护碑石，高 1.12、宽 0.5、厚 0.12 米，碑、护碑石上雕刻有蝙蝠、花卉图案。M2、M3 冢的形制与 M1 相同，碑为四柱三开间，重檐歇山顶，M2 碑宝顶已损毁，右侧护碑石已倒踏。

坟山院子蓝家墓　位于麒麟苗族乡兰厂村，建于清代，坐西向东，占地面积 280 平方米，由 M1 蓝母贺氏老孺人墓、M2 蓝富昌墓组成。M1 墓冢由条石筑砌，呈椭圆形，冢长 4、宽 3.2、高 1.47 米。冢前有清代石碑 1 通，为石质仿木结构，二柱一开间，重檐庑殿顶，碑高 3.46、宽 1.12、厚 0.2 米，碑刻楷书"皇清乡益勤惠显妣蓝母贺氏老孺人墓，大清道光十四年"，碑施护碑石，高 1.62、宽 0.64、厚 0.12 米，碑、护碑石上雕刻有人物故事、花卉、寿桃图案。M2 与 M1 形制相同。M1、M2 共用一墓院，院长 15、宽 8.5 米，墓院墙用条石砌成，墙高 1.45 米，院墙前端柱石上刻有人物、花卉图案，院外有拜台一级，呈弧形，长 20、深 5.5 米，台基高 0.4 米，素面。

武家屋基蒋家墓　位于麒麟苗族乡海峡村，建于清代，分布在长 15、宽 6 米的杂树林边，坐南向北（345°），占地面积 90 平方米，由 M1 蒋母刘氏太君墓、M2 蒋如彬墓组成。M1 土冢墓，冢由条石砌成，冢前端呈圆弧形，冢长 4.6、宽 3.2、高 1.4 米。冢前有清代石碑 1 通，为石质仿木结构，四柱三开间，三重檐歇山顶，碑高 3.15、宽 2.34、厚 0.23 米，碑镌刻楷书"皇清例赠孺人蒋母刘氏太君墓，道光戊申年"，碑施护碑石，高 1.1、宽 0.43、厚 0.16 米，碑、护碑石上雕刻有花卉、动物、人物故事图案。M2 与 M1 形制相同。

黄桶湾刘家墓地　位于麒麟苗族乡银鹤村，建于清代，坐西向东，占地面积 180 平方米，由 M1 刘母郑老孺人墓、M2 刘兴墓、M3 刘母张氏墓组成。M1 土冢墓，冢由条石砌成，冢前端呈椭圆形，冢长 4、宽 2.8、高 1.7 米。冢前有清代石碑 1 通，为长方形圆弧顶，碑高 1.9、宽 0.9、厚 0.2 米，碑刻楷书"刘母郑老孺人墓，同治七年"。

M2、M3 形制与 M1 相同，M2、M3 碑体风化严重，部分碑文脱落。

大榜墓　位于麒麟苗族乡顺庆村，建于清代，坐北向南，占地面积 50 平方米，由 M1 钟婆林老孺人墓、M2 钟公敬□墓组成。M1 土冢墓，冢由条石筑砌，前端呈圆弧形，长 4、宽 2.9、高 1.5 米。冢前有清代石碑 1 通，为长方形圆弧形顶，高 1.5、宽 0.82、厚 0.17 米，碑镌楷书"清故祖妣钟婆林老孺人墓，同治十二年"。M2 的形制及碑冢尺寸与 M1 一致。

核桃树墓　位于麒麟苗族乡光辉村，建于清代，坐东北向西南，占地面积 84 平方米，由 M1 何瑀墓、M2 何埕墓组成。M1 为墓冢由条石筑砌，呈椭圆形，长 4.4、宽 3.4、高 1.4 米。冢前有清代石碑 1 通，为石质仿木结构，二柱一开间，重檐庑殿顶，高 3.5、宽 1、厚 0.25 米，碑镌楷书"皇清待赠何公讳瑀老大人之墓，大清咸丰四年"。碑两侧有护碑石，高 1.8、宽 0.6、厚 0.2 米，墓碑、护碑石上雕刻人物、花草、动物图案。M2 与 M1 形制相同，M2 墓碑风化严重，碑文部分脱落，碑及护碑石上雕刻花草、动物图案。

蒋进阶墓　位于麒麟苗族乡龙泉村，建于清乾隆六十年（1795 年），坐西向东，占地面积为 9.8 平方米。土冢墓，冢用乱石砌成，墓长 3.3、宽 3、高 1.3 米。冢前有清代石碑 1 通，为石质仿木结构，二柱一开间，单檐庑殿顶，宽 0.69、高 1.6、厚 0.13 米，碑镌刻楷书"清故寿终年考蒋公进阶大人之墓，清乾隆六十年"。

王相卿墓　位于麒麟苗族乡崔家村，建于清嘉庆十五年（1810 年），坐西向东，占地面积为 10.8 平方米。土冢墓，冢由条石筑砌，前端呈圆弧形，长 3.6、宽 3、高 1.55 米。冢前有清代石碑 1 通，为石质仿木结构，二柱一开间，单檐庑殿顶，高 2.2、宽 0.82、厚 0.13 米，碑镌刻楷书"皇清待赠显考王公相卿老大人墓，嘉庆十五年"。

陈仙夫妇墓　位于麒麟苗族乡德印村，建于清嘉庆二十二年（1817 年），坐西向东，占地面积为 12.6 平方米。土冢墓，冢由条石筑砌，前端呈圆弧形，长 3.6、宽 3.5、高 1.5 米。冢前有清代石碑 1 通，为石质仿木结构，二柱一开间，单檐庑殿顶，高 2、宽 0.85、厚 0.16 米，碑镌楷书"皇清待赠公讳仙（诰母杨母）老大（孺）人墓，嘉庆二十二年"。

马世隆墓　位于麒麟苗族乡隐龙村，建于清嘉庆十四年（1809 年），坐西向东，占地面积 25 平方米。土冢墓，冢由条石筑砌，呈圆形，长 5、宽 5、高 1.7 米。冢前有清代石碑 1 通，为石质仿木结构，单檐庑殿顶，高 3、宽 0.94、厚 0.18 米，碑镌楷书"皇清待赠故严考马公世隆老大人之墓，大清嘉庆十四年"。碑上有简单的花草雕刻。

梁容墓　位于麒麟苗族乡隐龙村，建于清嘉庆二十一年（1816 年），坐北向南，占地面积为 9.88 平方米。土冢墓，冢由条石筑砌，前端呈圆弧形，长 3.2、宽 2.6、高 1.175 米。冢前有清代石碑 1 通，为石质仿木结构，二柱一开间，单檐庑殿顶，高 2.4、宽 0.94 米，厚 0.18 米，碑镌楷书"皇清待赠显考梁公讳容大人之墓，嘉庆二十一年"。

马怀矩墓　位于麒麟苗族乡隐龙村，建于清嘉庆二十四年（1819 年），坐北向南，占地面积为 11.55 平方米。土冢墓，冢由条石筑砌，前端呈圆弧形，长 3.5、宽 3.3、高 1.6 米。冢前有清代石碑 1 通，为石质仿木结构，二柱一开间，单檐庑殿顶，高 1.8、宽 0.84、厚 0.2 米，碑镌刻楷书"皇清例赠儒林郎马公讳怀矩老大人之墓，大清嘉庆二十四年"。

王嘉睿墓　位于麒麟苗族乡大地村，建于清嘉庆二十一年（1816 年），坐西向东（85°），占地面积 12.8 平方米。土冢墓，冢用条石砌成，冢前端呈圆弧形，冢高 0.7、宽 3.2、长 4 米。冢前有清代石碑 1 通，为石质仿木质结构，二柱一开间，单檐庑殿顶，碑记高 2.05、宽 0.96、厚 0.28 米，碑刻楷书"皇清例赠文林即王公讳嘉睿老□□□，大清嘉庆丙子岁"。碑施护碑石，高 1.38、宽 0.8、厚 0.17 米，碑上有花卉及寿桃图案，护脚石上有花卉图案。

虾子田王家墓　位于麒麟苗族乡飞燕村，建于清嘉庆二十三年（1818 年），坐西南向东北（30°），占地面积 10.2 平方米。土冢墓，冢用条石砌成，冢前端呈圆弧形，冢高 1.24、宽 3、长 3.4 米。冢前有清代石碑 1 通，为石质仿木结构，二柱一开间，单檐庑殿顶，碑高 2.46、宽 0.92、厚 0.16 米，碑刻楷书"皇清待赠显考王公□□□，大清嘉庆岁次戊寅"。

马儿坡卢家墓　位于麒麟苗族乡顺庆村，建于清嘉庆十一年（1806 年），坐西向东，占地面积为 9.8 平方米。土冢墓，冢由条石筑砌，前端呈圆弧形，长 3.5、宽 2.8、高 1.4 米。冢前有清代石碑 1 通，为石质仿木结构，二柱一开间，单檐庑殿顶，高 2.4、宽 1.1、厚 0.18 米，碑镌刻楷书"皇清待诰孺人慈妣卢□□墓，嘉庆拾壹秋"。

罗美焕夫妇墓　位于麒麟苗族乡中和村，建于清道光二十六年（1846 年），坐东向西，占地面积 13.6 平方米。土冢墓，冢由条石砌成，前端呈圆弧形，长 4、宽 3.4、高 1.7 米。冢前有清代石碑 1 通，为石质仿木结构，二柱一开间，单檐庑殿顶，高 2.5、宽 0.86、厚 0.17 米，碑镌楷书"皇清例赠文林郎显考罗公美焕老大人慈妣罗母李氏老孺人墓，清道光二十六年"。碑两侧有护碑石，高 1.33、宽 0.55、厚 0.12 米。

刘文绅墓　位于麒麟苗族乡中和村，建于清道光十二年（1832 年），坐西向东，占地面积为 8 平方米。土冢墓，冢由乱石砌成，前端呈圆弧形，长 3、宽 2.4、高 1.5 米。冢前有清代石碑 1 通，为石质仿木结构，二柱一开间，单檐庑殿顶，高 2.4、宽 0.8、厚 0.17 米，碑镌刻楷书"皇清显考刘公讳文绅之墓，道光十二年"。

刘文绣墓　位于麒麟苗族乡中和村，建于清道光十五年（1835 年），坐西向东，占地面积 12.8 平方米。土冢墓，冢由条石筑砌，前端呈圆弧形，长 4、宽 3.2、高 1.4 米。冢前有清代石碑 1 通，为石质仿木结构，单檐庑殿顶，高 1.9、宽 0.78、厚 0.18

米，碑镌刻楷书"显祖考八十二寿刘文绣大人之墓，道光十五年"。

舒正坤墓 位于麒麟苗族乡海腊村，建于清道光十四年（1834年），坐北向南，占地面积14平方米。土冢墓，冢由条石砌成，冢前端呈圆弧形，长4、宽3.5、高1.4米。冢前有清代石碑1通，为石质仿木结构，二柱一开间，单檐庑殿顶，高2.6、宽0.9、厚0.23米，碑镌楷书"清故舒正坤墓，大清道光戊子十四年"。

张王氏墓 位于麒麟苗族乡崔家村，建于清道光十九年（1839年），坐西向东，占地面积为11.55平方米。土冢墓，冢由条石筑砌，呈椭圆形，长3.5、宽3.3、高1.45米。冢前有清代石碑1通，为石质仿木结构，二柱一开间，单檐庑殿顶，高2.9、宽0.96、厚0.2米，碑镌楷书"皇清待诰慈妣张母王太君墓，清道光十九年"。

刘成氏墓 位于麒麟苗族乡麒麟村，建于清道光十五年（1835年），坐西向东，占地面积11.1平方米。土冢墓，冢由条石砌成，冢前端呈圆弧形，长3.7、宽3、高1.35米。冢前有清代石碑1通，为石质仿木结构，二柱一开间，单檐庑殿顶，高2.5、宽0.9、厚0.2米，碑镌楷书"皇清待诰慈妣刘母成太君之墓，道光乙未年"，碑上有雕刻花草。

龙聪墓 位于麒麟苗族乡金田村，建于清道光九年（1829年），坐西向东，占地面积为10.64平方米。土冢墓，冢由条石筑砌，前端呈圆弧形，长3.2、宽2.8、高1.5米。冢前有清代石碑1通，为石质仿木结构，二柱一开间，单檐庑殿顶，高2.5、宽0.95、厚0.28米，碑镌楷书"清故显考龙公聪老大人之墓，道光己丑年"。

陈国美墓 位于麒麟苗族乡德印村，建于清道光二十五年（1845年），坐西向东，占地面积9.8平方米。土冢墓，冢用条石砌成，前端呈圆弧形，长3.5、宽2.8、高1.6米。冢前有清代石碑1通，为石质仿木结构，二柱一开间，单檐庑殿顶，高2.55、宽0.9、厚0.23米，碑镌楷书"显考陈国美墓，清道光乙巳年"。

梁吴氏墓 位于麒麟苗族乡隐龙村，建于清道光十六年（1836年），坐北向南，占地面积为13.68平方米。土冢墓，冢由条石筑砌，前端呈圆弧形，长3.8、宽3.6、高1.4米。冢前有清代石碑1通，为石质仿木结构，二柱一开间，单檐庑殿顶，高2.6、宽0.96、厚0.2米，碑镌楷书"皇清恩赐八品节考慈妣梁门吴老孺人墓，道光十六"。

叶碘罗氏墓 位于麒麟苗族乡双河村，建于清道光二十一年（1841年），坐东向西，占地面积24.96平方米。墓冢用条石砌成，冢前端呈圆弧形，冢宽5.2、长4.8、高1.46米，冢前墓碑为石质仿木结构，二柱一开间，单檐庑殿顶，碑高2.4、宽0.88、厚0.18米，碑刻楷书"清故胞（叔叶碘）婶罗氏墓，大清道光二十一年"，碑上雕刻有动物、花卉图案。

蓝詹氏墓 位于麒麟苗族乡兰厂村，建于清道光二十五年（1845年），坐西北向东南（120°），占地面积 11.9 平方米。土冢墓，冢用条石筑砌，呈椭圆形，冢高 1.2、宽 3.4、长 3.5 米。冢前有清代石碑 1 通，为石质仿木结构，二柱一开间，重檐庑殿顶，碑高 2.85、宽 1、厚 0.2 米，碑刻楷书"皇清待诰故慈妣蓝门詹氏老孺人墓，大清道光二十五年"，碑施护碑石，高 1.05、宽 0.4、厚 0.18 米，碑、护碑石上刻有"双凤朝阳"、动物及花卉图案。

龙富均墓　位于麒麟苗族乡金田村，建于清咸丰八年（1858 年），坐东向西，占地面积为 9.24 平方米。土冢墓，冢由条石筑砌，前端呈圆弧形，长 3.3、宽 2.8、高 1.4 米。冢前有清代石碑 1 通，为石质仿木结构，二柱一开间，单檐庑殿顶，高 2.7、宽 0.88、厚 0.3 米，碑镌刻楷书"龙讳富均之墓，咸丰戊午年"。碑两侧有护碑石，高 1.3、宽 0.58、厚 0.22 米。

陈经邦墓　位于麒麟苗族乡德印村，建于清咸丰九年（1859 年），坐西向东，占地面积为 9.92 平方米。土冢墓，冢由条石筑砌，呈圆形，长 3.2、宽 3.1、高 1.3 米。冢前有清代石碑 1 通，为石质仿木结构，二柱一开间，单檐庑殿顶，高 2.4、宽 0.97、厚 0.19 米，碑镌楷书"皇清待赠武俊郎陈公讳经邦墓，咸丰九年"。

郭登信墓　位于麒麟苗族乡东风村，建于清咸丰二年（1852 年），坐西向东（110°），占地面积 9.12 平方米。土冢墓，冢用条石围筑砌，呈椭圆形，冢高 0.9、宽 2.4、长 3.8 米。冢前有清代石碑 1 通，为石质仿木结构，二柱一开间，单檐庑殿顶，碑高 2.6、宽 0.77、厚 0.18 米，碑刻楷书"显考郭登信墓，大清咸丰二年季秋月吉旦"，碑施护碑石，高 1.32、宽 0.56、厚 0.14 米。碑额枋上有花卉图案，护碑石上有叶状及动物图案。

秦刘氏墓　位于麒麟苗族乡崔家村，建于清同治八年（1869 年），坐北向南，占地面积为 13.6 平方米，墓冢由条石砌成，冢前端呈圆弧形，长 4、宽 3.4、高 1.8 米。冢前有清代石碑 1 通，为石质仿木结构，四柱三开间，重檐庑殿顶，高 3.2、宽 2.3、厚 0.17 米，碑镌楷书"秦母刘孺人墓，同治己巳年"，碑上雕刻花草、动物图案，碑座基石上施刻有祥云纹。

郭杨氏墓　位于麒麟苗族乡新民村，建于清光绪八年（1882 年），坐北向南，占地面积 38 米。墓冢用条石砌成，冢前端呈圆弧形，冢长 4.8、宽 3.6、高 1.8 米。冢前有清代石碑 1 通，为石质仿木结构，二柱一开间，重檐庑殿顶，碑高 3.95、宽 0.92、厚 0.28 米，碑刻楷书"郭母杨孺人墓，大清光绪八年"。碑施护碑石，高 1.66、宽 0.51、厚 0.22 米，碑、护碑石上雕刻有人物故事、花卉、双鹿、铃铛、西瓜、花卉、龙、老鼠吃葡萄、房屋等图案。墓有院，墓院用条石砌成，前端呈"八"字形，院长 7.6、宽 5 米，院墙高 1.7 米，院前端左侧有"福禄"图案，右侧有"寿喜"图案，墓院屏风呈笔架形，屏风两侧雕有花卉图案，屏风正中镌刻"芳型宛在"四个大字，大字左侧为花卉花瓶，右侧为"凤穿牡丹"。墓院前有石质拜台一级，长7.6米，台基高0.42米，素面。

罗魏氏墓　位于麒麟苗族乡中和村，建于清光绪二十年（1894年），坐北向南，占地面积为9.1平方米。土冢墓，冢用条石筑砌，前端呈圆弧形，长3.5、宽2.6、高1.5米。冢前有清代石碑1通，为长方形，圆弧顶，碑高1.61、宽0.84、厚0.16米，碑镌刻楷书"清故显妣罗母魏老孺人墓，光绪三十年"。

王吴氏墓　位于麒麟苗族乡崔家村，建于清光绪六年（1880年），坐西向东，占地面积为8.68平方米。土冢墓，冢由条石筑砌，前端呈圆弧形，长3.1、宽2.8、高1.23米。冢前有清代石碑1通，为石质仿木结构，二柱一开间，长方形圆弧顶碑，高1.99、宽0.99、厚0.25米，碑镌楷书"王母吴孺人墓，清光绪六年"。

刘马氏墓　位于麒麟苗族乡麒麟村，建于清光绪八年（1882年），坐北向南，占地面积为130平方米。墓冢由条石筑砌，前端呈圆弧形，长5、宽3、高2米。冢前有清代石碑1通，为石质仿木结构，二柱一开间，重檐庑殿顶，碑高2.95、宽1、厚0.7米，碑镌刻楷书"刘母马孺人墓"。墓有院，院壁由条石砌，呈花瓣形，刻有高浮雕作战图、花草图案等，墓院为一级，长13、宽10米。

陈胡氏墓　位于麒麟苗族乡德印村，建于清光绪十五年（1889年），坐西向东，占地面积为6.2平方米。土冢墓，冢由乱石砌成，长2.5、宽2、高1.4米。碑前有清代石碑1通，为石质长方形，圆弧顶，碑高2、宽0.85、厚0.13米，碑镌楷书"清故慈妣陈母胡氏孺人墓，光绪十五年"。

申用乾墓　位于麒麟苗族乡龙泉村，建于清光绪十八年（1892年），坐北向南，占地面积9.8平方米。土冢墓，冢由条石砌成，冢前端呈圆弧形，长3.5、宽2.8、高1.6米。冢前有清代石碑1通，高2.6、宽0.9、厚0.22米，碑镌楷书"显考申用乾墓，光绪壬辰年"。碑两侧有护碑石，高1.55、宽0.48、厚0.17米，墓碑、护碑石上雕刻花卉、动物图案。

吴万兴墓　位于麒麟苗族乡龙泉村，建于清光绪十六年（1890年），坐西向东，占地面为11.2平方米。土冢墓，冢由条石筑砌，前端呈圆弧形，长3.5、宽3.2、高1.7米。冢前有清代石碑1通，为石质仿木结构，二柱一开间，长方形，卷拱荷叶形顶碑，高3、宽0.9、厚0.19米，碑镌楷书"清故显考吴公讳万兴老大人之墓，大清光绪十六年"。

王文秀墓　位于麒麟苗族乡象鼻村，建于清光绪四年（1878年），坐北向南，占地面积140平方米。墓冢由条石砌成，前端呈圆弧形，长5、宽4、高1.6米。冢前有清代石碑1通，为石质仿木结构，四柱三开间，重檐庑殿顶，高4、宽2.6、厚0.26米，碑镌楷书"显考王文秀，大清光绪四年"，石碑上雕刻有精美的人物故事。墓有院，一级，长 14、宽 10 米；院墙由条石筑砌，素面。墙高 1.5、厚 0.3 米。

吴福周墓   位于麒麟苗族乡隐龙村，建于清宣统二年（1910 年），坐北向南，占地面积 12.25 平方米。土冢墓，冢由条石砌成，冢前端呈圆弧形，长 3.5、宽 2.7、高 1.5 米。冢前有清代石碑 1 通，为石质仿木结构，四柱三开间，三檐庑殿顶，高 3.4、宽 2.2、厚 0.2 米，碑镌刻楷书"显考吴福周墓，宣统庚戌二年"。碑上雕刻人物、花草图案。

洪承绪墓   位于麒麟苗族乡乐望村，建于清代。坐西北向东南，占地面积 29 平方米。墓冢用水泥涂抹，冢长 5、宽 4.8、高 1.6 米，冢前石碑为长方形，高 1.68、宽 0.88、厚 0.18 米，碑刻楷书"钦令四川都督总兵洪承绪墓，公元二〇〇八年三月"。洪承绪（1620～1652 年），南明隆武元年（1645 年）授守备之职，永历元年（1647 年）升游击，永历二年为副将，永历四年特授总兵，镇守大坝（即太平里），是年九月卒于住所。他一声孤身亮节，始终一德，不忘明朝不降清。

古建筑

白塔   位于麒麟苗族乡中和村，原为五级楼阁式，攒尖顶，在 1958 年"大跃进"期间将白塔塔顶和四、五级塔身拆毁，现仅存三级。白塔建于明崇祯十六年，清嘉庆二十三年维修，为楼阁式砖塔，塔高 7.2 米，塔身呈六边形，边长 2.6 米，底层直径 6.8 米，塔门面南，门高 2、宽 0.95 米，门前有踏道 5 级。塔向上逐层内收，各层均开窗，塔内有实心柱，20 级踏道绕实心柱盘旋至顶，素面六边形塔基高 1 米，每边长 2.8 米。

其他

湾头杜家墓   位于麒麟苗族乡中华村，建于中华民国期间，坐东南向西北（300°），分布在长 8、深 5 米的楠竹林中，占地面积 40 平方米，由 M1 杜母胡孺人墓和 M2 杜鸿元墓组成。M1 土冢墓，冢用条石砌成，冢前端呈圆弧形，冢长 3.4、宽 2.8、高 1.4 米。冢前有石碑 1 通，为石质仿木结构，二柱一开间，单檐庑殿顶，碑高 2.66、宽 0.76、厚 0.2 米，碑刻楷书"慈姚杜母胡孺人墓，民国戊辰年"，碑施护碑石，高 1.34、宽 0.48、厚 0.19 米，碑上有兵器图案，左右护碑石上有龙、花卉及花瓶图案。M2 墓冢用泥土堆成，冢长 3.5、宽 1.8、高 1.15 米，冢前碑为长方形荷叶卷状顶，碑高 2.05、宽 0.67、厚 0.18 米，碑刻楷书"故显考杜公鸿远之墓，民国十七年戊辰随"，碑与一弧形石质坟堂相连，坟堂宽 2.4、深 1.9、高 0.76 米，末端各有一八爪墩，边长 0.25、高 0.2 米。

仙峰苗族乡

古墓葬

坟湾胡家墓　位于仙峰苗族乡大元村，建于清代，坐南向北，分布在长10、宽6米的山坡上，占地面积60平方米，由M1胡成宗墓、M2胡门刘老孺人墓组成。M1为土冢墓，冢由条石砌成，冢前端呈圆弧形，冢长3.5、宽2.8、高1.2米。冢前有清代石碑1通，为石质仿木结构，二柱一开间，单檐庑殿顶，碑高1.9、宽0.74、厚0.16米，碑刻楷书"故显考胡呈宗老大人之墓，道光二十八年"。M2与M1形制完全相同。

坟坝头刘家墓　位于仙峰苗族乡新界村，建于清代，坐东北向西南，占地面积35平方米，由M1刘述先墓、M2刘母李太君墓组成。M1土冢墓，冢由条石砌成，冢前端呈圆弧形，长3.6、宽2.8、高1.44米。冢前有清代石碑1通，为石质仿木结构，二柱一开间，单檐庑殿顶，碑高2.8、宽0.87、厚0.23米，碑镌刻楷书"清故显考刘公述先之墓，光绪二十七年"。碑施护碑石，高1.38、宽0.63、厚0.15米，碑上有动物图案，护碑石上有人物故事、花草图案。M2与M1形制完全相同。

屋基头李家墓　位于仙峰苗族乡新界村，建于清代，坐东北向西南，占地面积96.8平方米，由M1李友银墓、M2李母老孺人墓组成。M1土冢墓，冢由条石砌成，冢前端呈圆弧形，冢长4.5、宽2.8、高1.3米。冢前有清代石碑1通，为石质仿木结构，二柱一开间，单檐庑殿顶，碑高2.45、宽0.8、厚0.22米，碑刻楷书"故显考李公友银达大人之墓，光绪二十二年"。碑施护碑石，高1.53、宽0.47、厚0.2米，碑、护碑石上雕有人物、动物、花卉图案。M2形制与M1形制完全相同。

大沱头罗家墓　位于仙峰苗族乡太阳光村，建于清代，坐东向西，分布在长12、宽12米的坡地中，由M1罗景山墓、M2罗母许明宽墓组成。M1土冢墓，冢由条石砌成，冢前端呈圆弧形。冢长4.5、宽3.4、高1.56米。冢前有清代石碑1通，为石质仿木结构，二柱一开间，单檐庑殿顶，碑高2.6、宽0.96、厚0.21米，碑刻楷书"皇清待诰罗公景山老大人之墓，大清光绪二十一年"。M2与M1形制完全相同。

大坟牟氏墓　位于仙峰苗族乡兴隆村，建于清嘉庆十年（1805年），坐东北向西南，占地面积8.4平方米。土冢墓，冢用乱石砌成，冢前端呈圆弧形，冢高1.3、宽2.8、长3米。冢前有清代石碑1通，为石质仿木结构，二柱一开间，单檐庑殿顶，碑高1.42、宽0.76、厚0.15米，碑刻楷书"待赠享年柒拾叁寿终慈妣牟氏老孺人墓，皇清嘉庆拾年"。

陈福泉墓　位于仙峰苗族乡仙峰山社区，建于清道光十八年（1838年），坐西南向东北，占地面积为72.5平方米。土冢墓，冢由条石筑砌，前端呈圆弧形，长4.4、宽3.3、高1.62米。墓前有清代石碑1通，为石质仿木结构，四柱三开间，碑帽已毁，碑高1.5、宽0.21、厚0.21米，碑镌楷书"陈公福泉之墓，清道光十八年"。碑两侧有护碑石，高1.5、宽0.5、厚0.22米，右侧护碑石已损毁。墓有院，一级，长9.8、宽7.4米；院墙由条石筑砌，素面，高2.2米。

刘陈氏墓 位于仙峰苗族乡新界村，建于清咸丰九年（1859年），坐东北向西南，占地面积12.32平方米。土冢墓，冢用条石砌成，冢前端呈圆弧形，冢高1.46、宽2.8、长4.4米。冢前有清代石碑1通，为石质仿木结构，二柱一开间，单檐庑殿顶，碑高2.6、宽0.8、厚0.26米，碑刻楷书"清故慈妣刘母陈氏之墓，咸丰九年"。

王刘氏墓 位于仙峰苗族乡新界村，建于清同治四年（1865年），坐西北向东南，占地面积9.9平方米。土冢墓，冢用条石砌成，冢前端呈圆弧形，冢高1.4、宽3、长3.3米。冢前有清代石碑1通，为石质仿木结构，二柱一开间，单檐庑殿顶，碑高2.88、宽0.95、厚0.28米，碑刻楷书"故慈妣王母刘孺人墓，同治四年"。碑施护碑石，高1.38、宽0.55、厚0.2米，刻有花卉图案。

乐杜氏墓 位于仙峰苗族乡兴隆村，建于清同治十一年（1872年），坐东北向西南（210°），占地面积15.64平方米。土冢墓，冢用条石砌成，冢前端呈圆弧形，冢高1.5、宽3.4、长4.6米。冢前有清代石碑1通，为石质仿木结构，二柱一开间，单檐庑殿顶，碑高2.86、宽0.9、厚0.21米，碑刻楷书"慈妣乐门杜孺人墓，同治十一年"。碑上雕有二龙抢宝图案。

乐文金墓 位于仙峰苗族乡兴隆村，建于清同治二年（1863年），坐东北向西南，占地面积121.5平方米。土冢墓，冢用条石砌成，冢前端呈圆弧形，冢高1.55、宽3.2、长4.5米。冢前有清代石碑1通，为石质仿木结构，二柱一开间，重檐庑殿顶，碑高3.5、宽0.92、厚0.28米，碑刻楷书"显考乐文金墓，同治二年六月"。碑施护碑石，高1.45、宽0.55、厚0.18米，碑、护碑石上雕有狮、人物、"双凤朝阳"、花卉等图案。墓有院，院宽13.5、深9米，院墙用条石砌成，墙高1.2米，院前端两侧雕有对联及人物故事、动物、花卉图案，院墙部分条石已损毁，冢扰乱、损毁严重。

如保禅师墓 位于仙峰苗族乡群鱼村，建于清同治四年（1865年），坐西向东，占地面积24.64平方米。土冢墓，由条石砌成，冢前端呈圆弧形，冢高1.45、宽4.4、长5.6米。冢前有清代石碑1通，为石质仿木结构，二柱一开间，单檐庑殿顶，碑高2.2、宽0.9、厚0.22米，碑刻楷书"临济正宗第十世恩师上如下保禅师之墓，同治四年林钟月下浣立"，碑上刻有花卉、葫芦等图案。

何延璧墓 位于仙峰苗族乡东方亮村，建于清光绪十八年（1892年），坐西北向东南，占地面积18.9平方米。墓冢用条石砌成，冢前端呈圆弧形，冢高1.6、宽4.2、长

4.5 米。冢前有清代石碑 1 通，为石质仿木结构，四柱三开间，重檐庑殿顶，碑高4.5、宽2.64、厚0.23 米，碑镌楷书"皇清例授显考何公延璧老大人之墓，大清光绪十八年壬辰岁仲春月立"。碑施护碑石，高1.4、宽0.5、厚0.16 米，碑、护碑石上雕有人物故事、花卉图案。

黄郑氏墓 位于仙峰苗族乡大团结村，建于清光绪二十二年（1896 年），坐西南向东北，占地面积57.8 平方米。土冢墓，冢用条石砌成，冢前端呈圆弧形，冢高1.4、宽2.8、长3.6 米。冢前有清代石碑 1 通，为石质仿木结构，二柱一开间，单檐庑殿顶，碑高2.7、宽0.92、厚0.23 米，碑刻楷书"皇清待诰故慈妣黄母郑太君老孺人之墓，大清光绪二十二年"，碑施护碑石，高1.3、宽0.52、厚0.2 米，碑、护碑石上雕有"双凤朝阳"、花草等图案。

黄延拔墓 位于仙峰苗族乡大团结村，建于清光绪二十一年（1895 年），坐西向东，占地面积10.08 平方米。土冢墓，冢用条石砌成，冢前端呈圆弧形。冢高1.5、宽2.8、长3.6 米。冢前有清代石碑 1 通，为石质仿木结构，二柱一开间，单檐庑殿顶，碑高2.38、宽0.86、厚0.28 米，碑刻楷书"黄公延拔老□□，光绪二十一年丙申岁"。碑施护碑石，高1.44、宽0.55 米，厚0.18 米，碑、护碑石上雕人物故事、花草等图案。

陈尔昌夫妇墓 位于仙峰苗族乡满山红村，建于清光绪十年（1884 年），坐东南向西北（300°），占地面积18 平方米。土冢墓，冢用条石砌成，冢前端呈椭圆形，冢高1.5、宽4、长4.5 米。冢前有清代石碑 1 通，为石质仿木结构，二柱一开间，单檐庑殿顶，碑高2.8、宽0.08、厚0.3 米，碑刻楷书"故显考继妣陈尔昌，朱氏大孺人墓，光绪十年"，碑上刻有动物、人物图案，护碑石上刻有龙、葫芦等图案。

罗李氏墓 位于仙峰苗族乡高山好村，建于清光绪二十四年（1898 年），坐东北向西南（230°），占地面积15.36 平方米。土冢墓，冢用条石砌成，冢前端成圆弧形，冢长4.8、宽3.2、高1.4 米。冢前有清代石碑 1 通，为石质仿木结构，二柱一开间，单檐庑殿顶，碑高3.1、宽0.93、厚0.25 米，碑刻楷书"故显妣罗母李广德之墓，光绪二十四年全月十四日"，碑施护碑石，高1.33、宽0.5、厚0.16 米，碑及护碑石上刻有花卉图案。

罗毓诗墓 位于仙峰苗族乡居坪村，建于清光绪五年（1879 年），占地面积14.72 平方米。土冢墓，冢用条石筑砌，呈椭圆形，冢长4.6、宽3.2、高1.6 米。冢前有清代石碑 1 通，为长方形，圆弧顶，碑高1.3、宽1.05、厚0.16 米，碑刻楷书"皇清待赠享年八十寿终故显考罗公讳毓诗大人墓，大清光绪五年七月初八日立"，碑上有花草图案。

黄其麟墓 位于仙峰苗族乡合庆村，建于清光绪十四年（1888 年），坐北向南，占地面积 12 平方米。冢用条石砌成，冢前端呈圆弧形，冢长 4、宽 3、高 1.2 米。冢前有清代石碑 1 通，为石质仿木结构，二柱一开间，单檐庑殿顶，碑高 3.25、宽 1.02、厚 0.29 米，碑刻楷书"显考麒麟大人之墓，光绪戊子年冬月中浣立"，碑施护碑石，高 1.68、宽 0.46、厚 0.22 米，碑上刻有花卉、麒麟及鹿衔花图案。

罗小鲁墓　位于仙峰苗族乡太阳光村，建于清光绪十六年（1890 年），坐东向西（280°），占地面积 11.2 平方米。土家墓，冢用条石砌成，冢前端呈圆弧形，冢高 1.3、宽 2.8、长 4 米。冢前有清代石碑 1 通，为石质仿木结构，四柱三开间，重檐庑殿顶，碑高 3.78、宽 2.28、厚 0.3 米，碑镌楷书"皇清例授国学罗公小鲁老大人墓，光绪十六年"，碑施护碑石，高 1.01、宽 0.45、厚 0.15 米。碑宝顶为镂空"二龙抢宝"，碑雕刻有人物战场图案、人物故事图案。

近现代重要史迹及代表性建筑

先锋隧道　位于仙峰苗族乡仙峰村，建于 1977 年，南北走向，全长 810 米，占地面积 2430 平方米。隧道由条石筑砌，顶端为拱形，隧道进口处为长方形圆弧形，高 2.9、宽 3 米，进口处至隧道为 8 米，由宽变窄，呈内"八"字形，隧道高 2.1、宽 2 米，隧道底面路由碎石铺成，平直，为人行路道，下面为引水渠。

隧道山门呈"八"字形布局，为石质仿木结构，四柱三开间，无顶，长 9.8、高 6.6 米。明间额匾镌楷书"先锋隧道"，明间两侧石柱上镌刻有对联"一峒镇干溪；天堑变通途"。先锋隧道主要是为先锋水电站引水发电而修建的，现仍在使用。

莲花镇

古遗址

罗屯寨寨址　位于莲花镇龙凤村，建于清光绪七年（1881 年），坐东向西，分布面积 3.91 平方米，寨门用条石砌成，顶端呈弧形，门高 1.7、宽 1.7 米，拱高 0.9 米，门道长 2.3 米。寨门下方 50 米大砖拐有石刻"培修罗屯，光绪七年"。

古墓葬

长水河墓群　位于莲花镇水栏村，建于明代，坐南向北，分布在长 50、宽 60 米的杂竹林中，面积 300 平方米。墓室用条石砌成。共有 M1～M4，其中 M3 由 3 个单室组成，单室宽 1.3、高 1.1、长 2.8 米。M4 单室内有龛及花纹图案。

生基坡墓　位于莲花镇大坪村，建于明代，坐西向东，占地面积 10.5 平方米。墓室用条石砌成，双室，内相通，墓门为双扇，现仅存一扇。单墓室长 2.4、宽 0.95、高 1.63 米，室内壁各凿有一龛，龛顶呈圆弧形，龛高 0.3、宽 0.34、深 0.1 米。墓门宽 0.97、高 1.1、厚 0.08 米。门楣为一横向条石，长 2.9、厚 0.32 米。墓已被扰乱，墓室内有许多乱石块。

黄祖纲墓　位于莲花镇大兴村，建于清代，坐东北向西南，占地面积 13.2 平方米。土冢墓，冢用条石砌成，冢前端呈圆弧形，冢长 4.4、宽 3、高 1.5 米。冢前有清代石碑 1 通，为石质仿木结构，二柱一开间，单檐庑殿顶，碑高 2.4、宽 1.05、厚 0.34 米，碑刻楷书"皇清待赠显考黄公祖纲墓"，碑施护碑石，高 1.58、宽 0.6、厚 0.2 米，碑上刻有动物图案，碑石风化严重，图案模糊不清。

曾德甲墓　位于莲花镇莲花山村，建于清乾隆五十四年（1789 年），坐南向北，占地面积 11.2 平方米。土冢墓，冢用乱石砌成，冢高 1.1、宽 2.8、长 4 米。冢前有清代石碑 1 通，为石质仿木结构，二柱一开间，单檐庑殿顶，碑高 1.2、宽 0.7、厚 0.16 米，碑刻楷书"清故享年五六寿终曾公讳德甲老大人之坟墓前位，乾隆五十四年"。

刘吴氏墓　位于莲花镇林园村，建于清道光二十四年（1844 年），坐西向东，占地面积 46.2 平方米。土冢墓，冢由条石筑砌，前端呈圆弧形，长 4、宽 2.7、高 2 米。冢前有清代石碑 1 通，为石质仿木结构，二柱一开间，单檐庑殿顶，高 2.8、宽 1.36、厚 0.34 米，碑镌楷书"皇清待诰刘母吴老孺人墓，大清道光二十四年"。墓有院，一级，长 7、宽 6.6 米，院墙由条石筑砌，素面。

韩腾兴墓　位于莲花镇复兴村，建于清道光二十年（1840 年），坐西南向东北（30°），占地面积 13.5 平方米。土冢墓，冢用泥土堆筑呈长方形，冢高 1.4、宽 3、长 4.5 米。冢前有清代石碑 1 通，为石质仿木结构，四柱三开间，碑帽已损毁，碑高 2.4、宽 2.5、厚 0.3 米，碑镌楷书"皇清例授登仕郎韩公腾兴老大人墓，道光庚子桐月建"，碑上刻有花卉图案，墓曾有坟堂，现已损毁。

刘肇兴夫妇墓　位于莲花镇高义村，建于清咸丰三年（1853 年），坐西北向东南，分布在长 15、宽 10 米的杂树林，占地面积 150 平方米，由 M1 刘肇兴墓、M2 刘母李孺人墓组成。M1 土冢墓，冢由泥土堆筑，呈长方形，长 5、宽 3、高 1.6 米。冢前有清代石碑 1 通，为石质仿木结构，四柱三开间，重檐庑殿顶，碑高 2.55、宽 2.43、厚 0.53 米，碑刻楷书"刘公讳肇兴墓，大清咸丰三年"。碑宝顶盖顶端座"二龙抢宝"圆雕，宝顶盖呈双卷拱形，两端为装饰狮，盖前端匾额内有"二龙抢宝"图案，碑额枋上有 9 个人物图案，从左到右 1、4、8 面部损毁，5、9 面部风化严重，6、7 右轻度风蚀。次间两端侧壁有人物故事图案，右为"三人同象"，左为"武松打虎"。连接两次间的坟堂呈弧形，向外延伸，有一弧形石质门槛与之相连，坟堂宽 2.5、深 3、高 0.96 米，门槛宽 0.12、长 3.1、高 0.08 米，坟堂两侧上沿为卷草纹图案，下沿为素面，鲫鱼背，坟堂末端两侧各塑蟾蜍一只，但面部有局部残缺，墓座呈三边形，外侧为素面，左内侧有花卉及鹿图案，右内侧为花卉及"鲤鱼跳龙门"图案。M2冢长4.5、宽3.6、高1.4米，冢前石碑为仿木结构，四柱三开间，单檐歇山顶，碑高2.55、宽2.43、厚0.53米，碑刻楷书"刘母李孺人墓，大清咸丰三年"。碑宝顶呈花瓣形，有"双凤朝阳"图案，碑额枋上有人物故事图案，碑檐施龙饰图案，碑次间上有人物图案及石质书卷，书卷上有篆字各二。连接两次间的坟堂呈弧形，向外延伸，有一石质弧形门槛与之相连，坟堂宽2.5、深2.95、高0.96米，门槛长3.1、宽0.12、高0.08米，坟堂末端两侧有瓜墩各一个，高0.185、直径0.36米。

李宗兴墓　位于莲花镇大坪村，建于清咸丰四年（1854年），坐东北向西南，占地面积16平方米。土冢墓，冢用条石砌成，冢前端呈圆弧形，冢高1.8、宽3.2、长5米。冢前有清代石碑1通，为石质仿木结构，二柱一开间，重檐庑殿顶，碑高4.1、宽1.15、厚0.33米，碑刻楷书"李公讳宗兴墓，咸丰四年"。碑施护碑石，高1.73、宽0.74、厚0.28米。碑、护碑石上雕有"双凤朝阳"、倒立猴、"凤穿牡丹"及花卉图案，墓冢上沿石为石质仿木结构屋顶。

刘文字夫妇墓　位于莲花镇长岭村，建于清同治九年（1870年），坐西向东，占地面积23.2平方米。墓冢用泥土堆成，冢长4、宽3.2、高1.4米。冢前有清代石碑一通，为石质仿木结构，四柱三开间，重檐庑殿顶，碑高3.7、宽2.26、厚0.25米，碑镌楷书"显考刘文字温氏墓，大清同治庚午年"。碑宝顶上有龙、人物及兵器图案，碑上雕刻有"双凤朝阳"、人物故事、花卉、花瓶图案。碑前有坟堂，坟堂宽3.34、深3.1、高0.74米。

魏宏登墓　位于莲花镇幸福村，建于清光绪二年（1876年），坐东向西，占地面积72平方米。土冢墓，冢用条石砌成，前端呈圆弧形，冢长5、宽3.7、高1.9米。冢前有清代石碑1通，为石质仿木结构，四柱三开间，三檐庑殿顶，碑高3.5、宽2.7、厚0.32米，碑刻楷书"清故魏公宏登老大人之墓，光绪二年"。碑上雕刻有凤穿牡丹、花卉、花瓶、老鼠吃葡萄、龙纹图案等。墓有院，院宽8、深9米，院墙由条石筑砌，高1.8米，院后壁屏及前院柱上均有楷书对联。

魏刘氏墓　位于莲花镇幸福村，建于清光绪七年（1881年），坐北向南，占地面积28平方米。土冢墓，冢用泥土堆筑，呈长方形，长5、宽3.5、高1.55米。冢前有清代石碑1通，为石质仿木结构，四柱三开间，三重檐庑殿顶，碑高4.9、宽3、厚0.4米，碑刻楷书"清故显妣魏母刘老孺人墓，大清光绪七年"，碑上雕刻有人物故事、花卉、动物等图案。碑前有坟堂，长3.5、宽3米，坟堂两侧末端各有一石狮，头部已损毁，有一石质弧形门槛连接墓堂末端，门槛长2.8、宽0.16、高0.1米。

刘体瑞墓　位于莲花镇高义村，建于清光绪二十七年（1901年），坐北向南，占地面积 17.8 平方米。土冢墓，冢由泥土堆筑，呈长方形，长 3.5、宽 2.8、高 1.7 米。冢前有清代石碑 1 通，为石质仿木结构，二柱一开间，长方形，卷拱荷叶形顶碑，高 2.9、宽 1.05、厚 0.31 米，碑镌楷书"皇清待诰故显考刘公讳体瑞老大人之佳城，大清光绪二十七年"。碑前有坟堂，长 3.2、宽 2.5 米，堂壁由条石筑砌，素面。

瞿顺坤墓　位于莲花镇共和村，建于清光绪九年（1883 年），坐东南向西北，占地面积 140 平方米。土冢墓，冢用条石砌成，冢前端呈圆弧形，冢长 4.6、宽 3.6、高 1.6 米。冢前有清代石碑 1 通，为长方体，高 2.48、宽 1.36、厚 0.3 米，碑刻楷书"瞿公顺坤之墓，光绪九年"。墓有院，院用条石砌成，院高 14 米，深 10 米，院墙高 2 米，院前端各有一幅小楷墓志，字迹大部分已模糊。

刘粤兴墓　位于莲花镇长岭村，建于清光绪十年（1884 年），坐西向东，占地面积 17 平方米。土冢墓，冢用条石砌成，冢前端呈圆弧形，冢长 5、宽 3.4、高 1.6 米。冢前有清代石碑 1 通，为石质仿木结构，四柱三开间，重檐庑殿顶，碑高 3.26、宽 2.1、厚 0.25 米，碑镌楷书"刘公粤兴之墓，光绪十年"。碑宝顶上有二龙及人物故事图案，碑上檐额上有"二龙抢宝"图案，额枋上有"双凤朝阳"图案，下檐额上有花卉图案，额枋上有兵器图案。

刘曾氏墓　位于莲花镇林园村，建于清光绪二十九年（1903 年），坐北向南，占地面积为 20.5 平方米。土冢墓，冢由泥土堆筑，呈长方形，长 3.5、宽 2.9、高 1.8 米。冢前有清代石碑 1 通，为石质仿木结构，二柱一开间，长方形荷叶形边顶，碑高 3、宽 0.95、厚 0.31 米，碑镌楷书"刘母曾老太君佳城，光绪二十九年"，碑前有坟堂，长 3.7、宽 2.8 米，堂壁由条石筑砌，素面。

陈盛氏墓　位于莲花镇大坪村，建于清光绪十六年（1890 年），坐西向东，占地面积为 12.8 平方米。土冢墓，冢由条石筑砌，前端呈圆弧形，长 4、宽 3.2、高 1.7 米。冢前有清代石碑 1 通，为石质仿木结构，二柱一开间，长方形卷拱荷叶形顶碑，高 2.75、宽 1.2、厚 0.32 米，碑镌楷书"陈母盛孺人墓，光绪庚寅年"。

李范氏墓　位于莲花镇大坪村，建于清光绪三十四年（1908 年），坐西向东，占地面积 21 平方米。土冢墓，冢由泥土堆筑，呈长方形，长 3.5、宽 2.8、高 1.9 米。冢前有清代石碑 1 通，为石质仿木结构，二柱一开间，长方形，荷叶形边顶，碑高 3.05、宽 1.05、厚 0.25 米，碑镌楷书"李母范老太君，大清光绪三十四年"。碑前有坟堂，长 4、宽 28 米，堂壁由条石筑砌、素面。

张美祖墓　位于莲花镇大坪村，建于清光绪六年（1880 年），坐西南向东北，占地面积 14.4 平方米。土冢墓，冢用条石砌成，冢前端呈圆弧形，冢高 1.6、宽 3.2、长 4.5 米。冢前有清代石碑 1 通，为石质仿木结构，二柱一开间，重檐庑殿顶，碑高 3.9、宽 1.36、厚 0.18 米，碑镌楷书"显考张美祖墓，光绪六年"。碑施护碑石，高 1.6、宽

0.52、厚 0.18 米，碑、护碑石上雕有"双凤朝阳"、花卉、人物故事及"福""寿"图案。

黄胜元墓 位于莲花镇大兴村，建于清光绪九年（1883 年），坐西北向东南，占地面积 150 平方米。土冢墓，冢用泥土堆筑，呈长方形，冢长 5、宽 3.2、高 1.4 米。冢前有清代石碑 1 通，为石质仿木结构，二柱一开间，单檐庑殿顶，碑高 2.4、宽 1.15、厚 0.28 米，碑刻楷书"黄公胜元之墓，光绪九年"。碑有坟堂，坟堂长 2.95、宽 2.1 米，坟堂两侧末端各有一八瓜墩，高 0.18、直径 0.33 米。

古建筑

双垂节孝坊 位于莲花镇观音寺社区，建于清嘉庆十六年（1811 年），为何氏兄弟之妻，节孝坊于"文化大革命"期间被石灰封盖，现基本保存完整。

坊坐东朝西，石质仿木结构，五楼庑殿式顶，四柱三间，面阔 7.2、高 9.6 米，额枋镌"双垂节孝"、"叠播清身"、"圣旨"等楷书文，横坊上雕刻有"楚臣相老赖子愚戏双亲"、"梦中哭竹，冬日笋生"、"董永打马游街，天仙赐子"、"江孝割股"、"赵公明打黑虎"、"木莲和尚挑经书"等人物故事，左右次间上额枋间匾为镂空圆钱文寿图案。坊柱为素面，施有抱鼓石 8 个。宜宾市人民政府于 2002 年 5 月公布为文物保护单位。

石窟寺及石刻

大转拐石刻 位于莲花镇龙凤村，建于清光绪七年（1881 年），南向北，现保存完整。石刻呈长方形，长 1.54、宽 0.95 米，石刻距地表 1.2 米，石刻竖排楷书，字径 0.22、字距 0.06 米，阴刻，共 58 字。石刻正文为"培修罗屯"四个大字，石刻小字为题记年款"光绪七年孟春辛巳岁孟春月立，土匠蒲洪顺，范辉挺书，王中和助不贰千文，范源发，助不拾千文，魏泰和，助不叁佰文，范宗文助十二千文"。

九丝城镇

古遗址

九丝山城址 位于九丝城镇九丝村，建于明代，城址平面呈不规则的长方形，南北长 2500、东西宽 1400 米，占地面积 3500000 平方米，周长约为 7800 米。城址现存大寨门遗迹一处、小寨门遗迹一处、粮仓遗迹一处、宫殿遗迹一处、断壁城墙遗迹 5 处、水口一处、古道 2 处、炮台 4 处、碾米心 1 个。城址对研究僰人的分布，生产生活状况及僰汉战争史提供了重要的史迹资料。

古墓葬

岩头寺岩墓 位于九丝城镇龙泉村，建于汉代，分布在南北长 60、东西宽 15 米的半山腰岩壁上，共 12 座，从左到右编号为 M1 ~ M12，墓群横排，门皆东向。M1、M3 碑扰乱，M2、M4 ~ M12 口均有封土，保存完好。M1 单室，三层面楣，素面，门宽 1.45、高 2 米，墓室长 2.35、宽 1.9、高 1.45 米，拱顶，后壁凿有龛，高 0.79、宽 1.4、深 0.68 米，墓室左右壁各置一石棺，石棺长 2、宽 0.6、高 0.55 米。M3 单室，三层门楣，后壁凿一龛，墓室右壁置一石棺。

东南桥悬棺墓地 位于九丝城镇龙泉村，建于明代，分布在东西长 100、南北宽 25 米的山崖峭壁上，共 30 座，为人工凿穴式，悬棺面向北，距地表 60 米，下有一小溪为东南河，由西向东注入德胜河。现 30 座岩穴内的木棺早年已坠落，岩穴保存完整，其中 M1 穴长 2、高 0.55、深 0.5 米。

桩子岩悬棺墓地 位于九丝城镇龙泉村，建于明代，分布在东南至西北长 60、东北至西南宽 15 米的山崖峭壁上，共 28 座，为人工凿穴式，置棺面向西南，距地表 50 米，下有河为德胜河。现 28 座岩穴内的木棺早年已坠落，岩穴保存完整，其中 M1 穴长 2.1、高 0.55、深 0.6 米。

手把岩悬棺 位于九丝城镇新建村，建于明代，分布在东西长 100、南北宽 40 的山崖峭壁上，共 112 座，为人工凿穴式，置棺面向北，距离地表 15 米，下有河为碾米河。112 座岩穴内的木棺早年已坠落，岩穴保存完整，其中 M1 穴长 2、高 0.55、深 0.6 米。宜宾市人民政府于 2011 年 2 月公布为文物保护单位。

壶瓶田悬棺墓地 位于九丝城镇高兴村，建于明代，分布在东西长 15、南北宽 6 米的山崖峭壁上，共 6 座，为人工凿穴式，悬棺面向北，距地表 10 米，下有一河为簸峡河。现 6 座岩穴内的木棺早年已坠落，岩穴保存完整，其中 M1 穴长 1.9、高 0.55、深 0.5 米。

铁索桥悬棺墓地 位于九丝城镇新丰村，建于明代，分布在东北至西南长 250、东南至西北宽 20 米的山崖峭壁上，共 71 座，为人工凿穴式，置棺面向南，距地表 20 米，下有河为德胜河。现 71 座岩穴内的木棺早年已坠落，岩穴保存完整，其中 M1 穴长 2.05、高 0.55、深 0.6 米。

棺材岩悬棺墓地 位于九丝城镇簸峡村，建于明代，分布在东西长 15、南北宽 8 米的山崖峭壁上，共 5 座，为人工凿穴式，悬棺面向北，距地表 30 米。现 5 座岩穴内的木棺早年已坠落，岩穴保存完整，其中 M1 穴长 3、高 0.9、深 0.7 米。

霞麻口岩头悬棺墓地 位于九丝城镇红旗村，建于明代，分布在东北至西南长 15、东南至西北宽 5 米的峭壁上，共 2 座，为人工凿穴式，悬棺面向西北，岩墓群距地表 65 米，下有一河为文印河。现 2 座岩穴内的木棺早年已坠落，岩穴保存完整，其中 M1 穴长 1.9、高 0.5、深 0.5 米。

仙塘沟悬棺墓地 位于九丝城镇红胜堰村，建于明代，分布在东北至西南长 15 米，东南至西北宽 5 米的峭壁上，共 2 座，为人工凿穴式，悬棺面向西北，距地表 20 米，下有一河为文印河。现 2 座岩穴内的木棺早年已坠落，岩穴保存完整，其中 M1 穴长 1.9、高 0.6、深 0.5 米。

霞麻口悬棺墓地 位于九丝城镇红胜堰村，建于明代，为人工凿穴式，悬棺面向西，距地表 50 米，下有一河为文印河。现岩穴内的木棺早年已坠落，岩穴保存完整，穴长 2、高 0.6、深 0.5 米。

刘正国夫妇墓 位于九丝城镇宝元村，建于明万历四十六年（1618 年），坐西向东，占地面积 19.25 平方米。土冢墓，冢用简易条石砌成，冢前端呈圆弧形，冢高 1.3、宽 3.5、长 5.5 米。冢前有明代石碑 1 通，为长方形弧形顶，碑高 1.48、宽 0.87、厚 0.19 米，碑刻楷书"明故始祖修职郎刘公正国门袁氏老祖人□□，大明万历四十六年"。

学堂嘴黎家墓 位于九丝城镇柏杨村，建于清代，坐西北向东南（150°），分布在长 11、深 5 米的杂树林边，占地面积为 55 平方米，由 M1 黎琴有墓、M2□□人墓组成。M1 土冢墓，冢由条石砌成，冢前端呈圆弧形，冢长 4、宽 2.8、高 1.4 米。冢前有清代石碑 1 通，为石质仿木结构，二柱一开间，重檐庑殿顶，碑高 3.45、宽 0.9、厚 0.24 米，碑刻楷书"黎公琴有之墓，大清光绪二十九年"，碑施护脚石，高 1.5、宽 0.45、厚 0.2 米。碑额枋正面及侧面共有六幅人物故事图案，左右护碑石上有石狮子滚绣球及各两幅人物故事图案，碑石须弥座台基，长 2.18、宽 0.5、高 0.3 米，台基上有装饰图案，墓冢上沿有花卉图案。M2 与 M1 形制相同，M1、M2 共用一院，院用条石砌成，宽 11、深 5、院墙高 1.2 米，素面。

苍蒲田杨家墓 位于九丝城镇东风村，建于清代，坐东南向西北，占地面积 80 平方米，由 M1 杨母文孺人墓、M2 杨德贵墓组成。M1 土冢墓，冢由条石筑砌，椭圆形，冢长 4.2、宽 3.4、高 1.7 米。冢前有清代石碑 1 通，为石质仿木结构，二柱一开间，重檐庑殿顶，碑高 3.6、宽 0.96、厚 0.22 米，碑刻楷书"杨母文孺人墓，光绪丙申年"，碑施护碑石，高 1.42、宽 0.6、厚 0.16 米，碑上有人物故事、器物、寿桃、花卉图案，护碑石上有龙、牛、树、鹤、花卉图案。M2 土冢墓，冢长 4.2、宽 3.4、高 1.7 米，碑为石质仿木结构，二柱一开间，重檐歇山顶，碑高 3.6、长 0.96、厚 0.21 米，碑刻楷书"杨公德贵之墓，光绪丙申年"，施护碑石，高 1.4、宽 0.6、厚 0.16 米，碑上有人物故事和动物图案，护碑石上有狮子滚绣球及人物图案，但右护碑上石狮破损。

陈家塝周家墓 位于九丝城镇政治村，建于清代，坐东向西，分布在长 10、宽 5 米的楠竹林中，占地面积 50 平方米，由 M1 周承先赵普成墓、M2 周母李老孺人墓组成。M1 土冢墓，冢由条石砌成，冢前端呈椭圆形，冢长 4.3、宽 3.7、高 1.8 米。冢前有清代石碑 1 通，为石质仿木结构，二柱一开间，单檐庑殿顶，碑高 3.17、宽 0.94、厚 0.23 米，碑刻楷书"皇清待赠诰显考妣周公母讳（赵）承（普）先（成）老孺人合棺之墓，光绪十六年"，碑宝顶为二龙抢宝图案，碑额枋及侧面有人物故事及图案，碑施护碑石，高 1.66、宽 0.47、厚 0.18 米，其上有龙及鱼图案。M2 冢高 1.5、宽 2.4、长 4.3 米，碑为石质仿木结构，二柱一开间，单檐歇山顶，碑高 3.27、宽 0.96、厚 0.22 米，碑刻楷书"皇清待诰故显妣周母李老孺人墓，大清光绪十六年"，碑宝顶有二龙及篆字"寿"装饰图案，碑额枋上有人物故事图案，侧面有花卉及狮子图案。

金鱼田易家墓 位于九丝城镇平山村，建于清代，坐东北向西南（220°），分布在宽 12、深 8.8 米的楠竹林边，占地面积 105.6 平方米，由 M1 易永言墓、M2 易母甘太君墓组成。M1 土冢墓，冢由条石砌成，冢前端呈圆弧形，冢长 4.3、宽 3.2、高 1.5 米。冢前有清代石碑 1 通，为石质仿木结构，四柱三开间，重檐庑殿顶，碑高 3.35、宽 2.44、厚 0.25 米，碑刻楷书"皇清待赠易父永言老大人之墓，咸丰七年岁在丁巳"，两侧副碑为小楷墓志，碑施护碑石，高 1.15、宽 0.52、厚 0.16 米。碑、护碑石上雕刻有佛像、花卉、兵器、寿桃、鹿衔花、蝙蝠图案。碑座台基石上刻有花卉图案，台基长 3.9、宽 0.82、高 0.25 米。M2 与 M1 形制相同。

大坟山黎家墓地 位于九丝城镇双合村，建于清代，坐东北向西南（250°），占地面积 144 平方米，由 M1 黎恒有墓、M2 黎母余孺人墓、M3 黎母林孺人墓组成。M1 土冢墓，冢由条石砌成，冢前端呈圆弧形，冢长 5、宽 3、高 1.7 米。冢前有清代石碑 1 通，为石质仿木结构，二柱一开间，重檐庑殿顶，碑高 3.8、宽 0.9 米，厚 0.28 米，碑刻楷书"皇清待赠显考黎公讳恒有大人墓，大清光绪十八年"，碑施护碑石，高 1.54、宽 0.6 米，厚 0.18 米。碑宝顶为二龙及宝瓶镂空雕饰，上檐檐额上有"二龙抢宝"图案，下檐檐额上有"双凤朝阳"图案，下檐额枋上有人物战场、寿桃等图案，护碑石上有狮子滚绣球及人物故事、蝙蝠、花卉、蜜蜂图案。墓冢上沿石为仿木结构建筑屋面，其上雕刻有精美的动物、植物、器物图案，墓后壁为重檐歇山顶，有人物战场、凤穿牡丹、二龙抢宝图案，图案下有楷书"则居之安"4 个大字，字径 0.4、字距 0.1 米，左右侧有楷书"晨昏趣乐"和"山水清音"，后壁宝顶及檐脊已损毁。M2、M3 墓与 M1 形制相同，M2 墓碑为石质仿木结构，二柱一开间，重檐歇山顶，M3 墓碑为长方形。

任毕氏墓 位于九丝城镇新合村，建于清道光三年（1823 年），坐东北向西南（230°），占地面积 8.05 平方米。土冢墓，冢用条石砌成，冢前端呈圆弧形，冢高 1.4、宽 2.3、长 3.5 米。冢前有清代石碑 1 通，为石质仿木结构，二柱一开间，单檐庑殿顶，碑高 2.4、宽 1.09、厚 0.31 米，碑刻楷书"皇清待赠显妣任门毕老孺人□□，大清道光三年"。

张帝钦墓　位于九丝城镇新合村，建于清道光元年（1821 年），坐东北向西南（200°），占地面积 14.4 平方米。土冢墓，冢用条石砌成，冢前端呈圆弧形，冢高 1.35、宽 3.6、长 4 米。冢前有清代石碑 1 通，为石质仿木结构，二柱一开间，单檐庑殿顶，碑高 2.2、宽 1.1、厚 0.3 米，碑刻楷书"皇清例授修职郎显考张公帝钦□□，大清道光元年"。

马万氏墓　位于九丝城镇新丰村，建于清同治四年（1865 年），坐南向北，占地面积 25.3 平方米。土冢墓，冢用条石筑砌，椭圆形，冢长 5.5、宽 4.6、高 1.8 米。冢前端有清代石碑 1 通，为石质仿木结构，四柱三开间，重檐庑殿顶，碑高 4、宽 3、厚 0.18 米，碑明间镌楷书"皇清待诰显妣马母讳源真万老如人之墓，大清同治四年"，两次间均为小楷墓志。碑明间额枋上有三幅人物故事图案，次间额枋上各有二幅，侧面各一幅人物故事图案，左右次间檐额上分别有老鼠吃葡萄、蝙蝠、花卉图案，碑施护碑石，高 1.68、宽 0.7、厚 0.17 米，其上有龙及动物装饰图案。

向延抠墓　位于九丝城镇龙泉村，建于清光绪三十年（1904 年），坐东南向西北，占地面积为 12 平方米。土冢墓，冢由条石筑砌，前端呈圆弧形，长 3.7、宽 2.8、高 1.5 米。冢前有清代石碑 1 通，为石质仿木结构，二柱一开间，单檐庑殿顶，高 2.88、宽 0.85、厚 0.21 米，碑镌楷书"显考向公延抠门府君之□，光绪三十年"，碑两侧有护碑石，高 1.3、宽 0.55、厚 0.1 米。

吴怀超墓　位于九丝城镇新民村，建于清宣统元年（1909 年），坐西向东，占地面积 14.7 平方米。土冢墓，冢用条石砌成，冢前端呈圆弧形，冢长 4.2、宽 3.5、高 1.5 米。冢前有清代石碑 1 通，为石质仿木结构，二柱一开间，重檐庑殿顶，碑高 3.35、宽 1.03、厚 0.27 米，碑刻楷书"皇清例赠显考吴公讳怀超老大人□□，清宣统二年"。碑施护脚石，高 1.48、宽 0.44、厚 0.16 米。碑宝顶有一佛像装饰图案，碑下檐正中有一人物图案，对联横批侧面各有一花卉图案，左护脚石上有花卉及鹿衔花图案，右护碑石上有花卉及喜鹊闹梅图案。

古建筑

建武井　位于九丝城镇龙泉村，建于明代，坐西南向东北，占地面积 33 平方米。水井四周用条石砌成，井底用石板铺垫，井长 2.4、宽 1.5、深 1 米，井上有一用条石筑成的小青瓦房将其遮盖，瓦房长 6、宽 5.5、高 3.2 米。井上方 1.54 米处用大石板盖顶，石板长 2.7、宽 2.1、厚 0.3 米，盖顶石上前方有木质栅栏，长 3.95、高 1.08 米，井盖内有贡台二级，页台长 3、宽 0.5、高 0.8 米，有木质菩萨大小 25 尊，井前有一石坝，长 4.5、宽 2.2 米，井右方有踏道四级，高 0.6 米。水井至今仍为村民取水洗衣、洗菜之用。

禹王宫正殿　位于九丝城镇龙泉村，坐西向东，建于明代，历代维修，占地面积 262 平方米，现保存完整。禹王宫矩形布局，木结构，悬山式屋顶，抬梁穿斗混合梁架，面阔三间 20.8 米，进深四间 9.8 米，通高 9.5 米，有廊柱，台基为素面。禹王宫梁上有更换题记，柱上有万字纹纹饰，现因楼板腐朽，暂不能上楼查看。原建筑右边有厢房，2008 年因内柱虫蚀严重，已拆除。

刘香远宅　位于九丝城镇龙泉村，始建于明万历年间，历代维修，坐西向东，正堂、厢房组成凹形布局，占地面积为 142.9 平方米。民居正堂为木结构悬山式小青瓦屋顶，穿斗梁架，三穿用七柱，面阔三间 11 米，进深六间 8.9 米，通高 5.45 米，左右厢房为木结构悬山式小青瓦屋顶，穿斗梁架，三穿用五柱，面阔三间 7.5 米，进深四间 3、高 4.5 米，正堂及左右厢房台基为素面，宽 1.2、高 0.45 米，正堂台基有垂带踏道 3 级，长 0.8、宽 1.55 米。

下山包石灶　位于九丝城镇新建村，建于明代，系僰人凿置手把岩悬棺时所建，灶头坐西向东，占地面积 2.1 平方米。灶头为石质结构，灶头长 2.1、宽 1、高 1 米，灶台平面正中处凿有一孔即灶心，直径 0.52、高 0.4 米，灶心东面凿一长方形灶门，宽 0.35、高 0.46、厚 0.23 米。

石窟寺及石刻

九丝山石刻　位于九丝城镇九丝村，坐南向北，占地面积 7.5 平方米，石刻呈长方形，高 3.5、宽 2 米，石刻距地表 2.5 米，石刻竖排行书字径 0.16、字距 0.03、行距 0.06 米，阴刻共 163 字。内容为"荡寇崇朝升峭壁，同来睥睨接钩陈。扶桑日出乾坤辟，玉垒云堆虎豹屯。沃土已归神禹贡，中兴重睹鬼方宾。欢偕瘁力诸文武，秦凯新回万壑春……"明万历二年（1574 年），叙州知府陈大壮等一行二十余人登九丝城记事七言诗一首，颂扬四川巡抚曾省吾等破都掌蛮事宜，石刻由曾省吾撰，都御史、都指挥使吴宪、吴鲸勒石。石刻书法刚劲、雄浑，具有极高的艺术价值，同时是研究僰人民族史，僰汉战争史非常珍贵的实物佐证。宜宾市人民政府于 2002 年 5 月公布为文物保护单位。

刘公生祠石雕　位于九丝城镇九丝村，为明万历二十五年（1597 年）建武游击淡章给总兵刘显及其子刘挺修建的生祠，其主体已毁，仅剩神台及石碑。神台石座呈长方形，坐西北向东南，长 4.43、宽 1.6、高 1.18 米，为青砂石质，风化较重、残缺。石座分成四格，前壁、左壁、右壁均浮雕图案，前壁大部为刘显与僰人作战及群臣朝圣的浅浮雕图案，人物众多，疏密得当，栩栩如生，中部为云朵、莲花，上部花草，左壁、右壁为花草、云朵、莲花等图案。宜宾市人民政府于 2002 年 5 月公布为文物保护单位。

西关口石刻 位于九丝城镇九丝村，建于明万历元年（1573 年），现保存完整。石刻呈矩形，东西向，占地面积 6 平方米，高 2、宽 2.5 米，石刻距地表 1.5 米。石刻竖排行书，字径 0.09、字距 0.03 米，行距 0.05 米，阴刻，石刻完好无损，全文共 110 字，内容为：“万历元年冬十月既望，四川布政使冯成能，副使渤海李江，参议嘉禾沈伯龙同登九丝城。当天兵大捷，为经略万世之宏图也！惟时，风卷长云，日开阴谷，相与酬觞绝顶，跃剑悬岩，俯视万灶星屯，蛮巢鞠为焦土，望西南诸夷，厄塞尽在目中，诚千古奇观。是用勒石，以志不朽。纬川冯能书。”西关口石刻是四川布政使冯成能、副使渤海李江、参议嘉禾沈伯龙等，在明朝兵马攻克九丝城后登九丝城，由四川布政使冯成能撰书，石刻书法刚劲、飘逸，具有极高书法艺术价值，同时是研究僰人民族史、僰汉战争史非常珍贵的实物佐证。宜宾市人民政府于 2002 年 5 月公布为文物保护单位。

建武明碑 位于九丝城镇龙泉村，建于明万历二年（1574 年），占地面积 8.75 平方米，共 5 通。碑体保存完整，分别有《功宗小记》碑、《平蛮碑记》碑、《蛮碑记》碑、《平蛮颂》碑、《戎平行 并序》碑组成，均为石质长方形，圆弧顶碑，碑分大小碑两种，大碑高 4.55、宽 2.3、厚 0.33 米，小碑高 3.5、宽 1.9、厚 0.33 米，碑文竖行楷书，字径 0.06、字距 0.03、行距 0.03 米，阴刻。现除《功宗小记》碑尚有部分碑文清晰外，其他四块碑文基本风化殆尽。建武记事碑是为四川巡抚曾省吾、总兵刘显歌功颂德而树立的，《功宗小记》碑的撰文及碑文皆为曾省吾所作，所叙史实甚详，书法精工。宜宾市人民政府于 2002 年 5 月公布为文物保护单位。

天险洪开碑 位于九丝城镇龙泉村，建于明万历四年（1576 年），为明军克平九丝城后所树立，碑坐西向东，现保存完整。碑为长方形，圆弧顶，高 2、宽 1.1、厚 0.16 米，碑文竖行楷书，大字字径 0.46、字距 0.035 米，小字字径 0.06、字距 0.03 米，阴刻，碑正文为“天险洪开”四个大字，碑的小字为题记年款“钦差镇守四川总兵□南京中均邻徐州府安边同知万年四年（1576 年）”。

荡平坡营石碑 位于九丝城镇宝元村，为明朝万历元年（1573 年）明军在攻打都掌蛮时在此地建造兵营而树立的，碑为东西向，现保存完整。碑为长方形，圆弧顶，高 1.17、宽 0.56、厚 0.16 米，碑文竖行楷书，字径 0.14、字距 0.045 米，阴刻，碑正文为“盪平坡营”，碑的题记年代模糊不清。

建武石刻造像 位于在兴文县九丝城镇，建于明代，石刻圆雕造像共 3 尊，造像石系青砂石刻，现保存完好。建武石刻造像为一佛、二菩萨。阿弥陀佛结跏坐于束腰长方形莲台上，座高 1.1、两膝间距 0.65 米，头饰螺，双耳几垂肩，面部丰满、神态安详，嘴角略带笑意，着僧祇支，下身着裙，外穿通肩大衫，两手合于胸。佛背面下端有题记为明万历二十五年（1597年）造。佛左为大势至菩萨坐像，身高1.1、肩宽0.5米，头饰螺，面形丰腴，慈祥可亲，结跏坐于束腰长方形莲台上，左右手平放于膝上，着僧祇支、下身着裙，外穿通肩大衫。建武石刻造像，是我县纪年最早、保存最好，雕刻艺术精美的石刻造像，具有很高的艺术价值，是很好的艺术珍品。宜宾市人民政府于2002年5月公布为文物保护单位。

棂星门石坊 位于九丝城镇龙泉村，建于清乾隆二十六年（1761年），建筑主体已损毁，仅存棂星门坊保存完整，现该处已被烈士陵园占用。

坊为坐北朝南。石质仿木结构。四柱三间无顶，面阔6.36、通高6.26米。坊明间横额上刻"双凤朝阳"，下刻"二龙抢宝"浮雕，中置匾镌刻"棂星门"三字，次间横额素面，匾各分镌刻"德配"、"天地"，坊柱皆素面。次间坊柱顶端各有一圆雕石狮，形态生动。宜宾市人民政府于2002年5月公布为文物保护单位。

近现代重要史迹及代表性建筑

龚家宅 位于九丝城镇龙泉村，建于民国年间，坐西向东，占地面积791平方米，现基本保存完整。解放后为建武区政府职工宿舍，现龙泉村在使用，龚家民居整体建筑呈长方形，分正堂门房，正院、后院、左厢房、右厢房等二个四合院，面阔22.1、进深42米，有房舍35间，天井2个。

土地沟万寿桥 位于九丝城镇宝元村，建于民国四年（1915年），现基本保存完整。桥为南北走向，跨鸭子塘小溪，为石质单孔拱券式平桥，长6.9、宽2.29、高3.6米，拱券跨度3.1米，拱券高2.8米，桥面平直，由石板铺成，桥有栏，为石质素面，高0.28、宽0.28米。孔顶有一圆雕龙，局部已残缺，头朝西，尾向东，桥现仍在使用。北端桥头5米处树立有一通长方形建桥方碑，碑高1.1、宽0.31米，碑三方均镌楷书碑文，碑文风化较重。

关田坝红军标语 位于九丝城镇九丝村，为川南红军游击队所书，分布在长15、宽3、离地面高4米的民房夹壁上，分布面积45平方米。标语用墨竖书在民房正面3幅，横书在民房后面1幅，其中第3幅字径0.06、字距0.03、行距0.05米，标语内容分别为："①勇敢的工农加入工农红军！打倒扣发军饷的军阀杨森！川南游纵宣。②拥护中国共产党万岁！红军川南宣。③中国共产党是无产阶级的政党，共产党是无产阶级革命的领导者，拥护中国共产党。④共产党是无产阶级政党！红军川南宣。"

双河大桥 位于九丝城镇红胜堰村，建于1974年，南北走向，跨文印河，占地面积126平方米。桥为石质单孔拱券式平桥，长28、宽4.5、高10.2米，跨度14米，拱券高8.2米，桥上有石栏杆，长33、宽0.33、高0.8米，栏杆外侧各有一幅石刻标语，西面内容为"把批林批孔斗争到底"，东面内容为"认真看书学习，弄通马克思主义"。桥北端栏杆条石上有标语及毛主席语录，左侧为"我们的责任是向人民负责，双河大桥一九七四年下旬；毛主席语录：指导我们思想的理论基础是马克思列宁主义"。右侧为"团结起来，争取更大的胜利；毛主席语录：领导我们事业的核心力量是中国共产党。"

大坝苗族乡

古墓葬

来龙山墓群 位于大坝苗族乡沙坝村，建于汉代，共 10 座，墓室坐东北向西南，占地面积 1000 平方米，M1 ~ M7，M9 ~ M10 被扰乱，M8 保存完好。M1 墓室由天然石块砌成，长 2.4、宽 1.2、高 1.23 米，墓室顶由一块天然大石封顶，封顶大石长 3.3、宽 2.6、厚 0.17 米。M2 ~ M10 形制与 M1 相同，M8 墓室被泥土覆盖，仅露少部分盖石，墓室形制不详。

大坟山墓 位于大坝苗族乡沙坝村，建于明代。石质仿木结构，墓门坐东西向，2 墓室形制规格相同，拱顶，墓室 1 长 5.1、宽 1.3、高 1.45 米，墓石前有通道长 1.53、宽 0.97、高 0.39 米。二室均有门，各墓室门为石质双扇，素面，每扇门高 0.65、宽 0.5、厚 0.07 米，二室后均壁凿有一龛，高 0.4、宽 0.5、深 0.05 米，龛内壁为素面，二室用石墙隔开，石墙厚 0.1 米，石室墓已被扰乱，墓石底部已被泥土覆盖，通道部分盖石已损毁。

六马袁氏墓 位于大坝苗族乡仁合村，建于清代，坐东北向西南，占地面积 12 平方米。土冢墓，冢由条石砌成，呈椭圆形，长 3.4、宽 3、高 1.4 米。冢前有清代石碑 1 通，为石质仿木结构，二柱一开间，单檐庑殿顶，高 2.8、宽 0.95、厚 0.26 米，碑镌楷书"清故儒生享年二十六终袁□□□□，大清道光辛□□"，碑两侧有护碑石，高 1.09、宽 0.43、厚 0.12 米。

凼凼凼头墓群 位于大坝苗族乡柏坳林村，建于清代，坐西南向东北，共有墓 3 座，东南至西北向呈品字形，占地面积 1000 平方米。凼凼凼头墓群从右到左由 M1 钱母萧孺人墓、M2 李□□墓、李母王老孺人墓、M3 杨母卓老孺人墓组成，均为土冢墓。M1 墓冢由条石砌成，呈椭圆形，长 4.3、宽 3、高 1.65 米。墓冢前有清代石碑 1 通，为二柱一开间，石质仿木结构，单檐庑殿顶，高 2.8、宽 1.06、厚 0.34 米，碑镌楷书"故慈姚钱母萧老孺人墓，清光绪二年"。碑两侧有护碑石，高 1.15、宽 0.46、厚 0.16 米。墓碑、护碑石上雕刻的人物故事、花草图案细腻精美。M2、M3 形制相同，冢由条石砌成，前端为圆弧形，两通墓碑均轻度风化，局部有一定程度的破损，护碑石与碑的榫卯已松脱。

杨家坟墓地 位于大坝苗族乡石家沟村，建于清代，坐东南向西北（310°），占地面积为100平方米，由M1杨世明墓、M2杨映川墓、M3杨母寅氏孺人老太君墓组成。M1为土冢基，冢由条石筑砌，呈椭圆形，长3.8、宽3.8、高1.4米。冢前有清代石碑1通，为石质仿木结构，四柱三开间，三重檐歇山顶，高3.6、宽2.17、厚0.195米，碑镌楷书"皇清待赠享年六十一寿显考杨讳世明老大人墓，大清道光十五年"。碑两侧有护碑石，高1.02、宽0.48、厚0.14米，碑、护碑石上雕刻有精美的人物故事、花草图案。M2、M3与M1形制相同，M2碑为石质仿木结构，重檐歇山顶，两侧有护碑石，M3为石质单檐庑殿顶，两侧有护碑石，两碑、护碑石上均雕刻有精美的人物故事和花草图案。

黄桶坡墓 位于大坝苗族乡沙坝村，建于清代，坐西向东，分布在长10、宽5米的坡地中，占地面积50平方米，由M1陈仕估墓和M2陈翰映墓组成。墓冢均由条石围砌，呈椭圆形，俗称"鸡蛋坟"，M1冢高1.7、宽3.35、长3.35米，冢前石碑为仿木结构，四柱三开间，重檐庑殿顶，碑高3.4、宽2.43、厚0.23米，碑明间镌楷书"清故享年六拾寿显考陈公讳仕估府君墓，道光十五年"，次间为小楷墓志，碑上雕刻有人物、花卉图案。M2墓冢与M1形制相同，碑为石质仿木结构，二柱一开间，单檐歇山顶。

坝上詹家墓地 位于大坝苗族乡建国村，建于清代，坐西南向东北，共有墓5座，占地面积450平方米，由M1詹母刘太君□墓、M2詹婆田老人墓、M3詹来凤墓、M4詹芳华墓、M5詹芳口墓组成。M1为土家墓，冢由条石筑砌，前端为圆弧形，长4.7、宽2.8、高1.4米。冢前有石碑1通，为二柱一开间，石质仿木结构，重檐庑殿顶，高2.5、宽0.98、厚0.256米，碑篆楷书"詹母刘太君□，道光二十九年"。碑两侧施护碑石，高1.15、宽0.47、厚0.12米。墓碑、护碑石上雕刻花卉图案。M4、M5形制相同，土家墓，由条石筑砌，前端为圆弧形，碑、护碑石风化严重，冢保存完整。M2、M3因修川云公路搬在此，碑石两通，风化严重，共葬一冢，由乱石筑砌，现保存完整。

干榜上墓群 位于大坝苗族乡凉水井村，建于清代，品字形布局，占地面积8000平方米，墓群由M1蒋知壂墓、M2登仕□□、M3婆玉孺人墓、M4邹母俞孺人墓、M5邵母张孺人墓、M6钟波江子孺人墓、M7钟典祥墓组成。M6土家墓，坐东北向西南，冢由条石筑砌，呈椭圆形，长4.1、宽2.9、高1.3米。冢前有清代石碑1通，为石质仿木结构，二柱一开间，重檐庑殿顶，高2.9、宽1.07、厚0.27米。碑镌楷书"钟婆江孺人墓，道光丙午年"。碑两侧有护碑石高1.37、宽0.52、厚0.15米。碑及护碑石上雕刻有人物，花草图案。M1~M5、M7冢均由条石筑砌，呈椭圆形，碑均受不同程度风化和损坏，冢部分条石已被损毁。

苟家坟苟氏墓　　位于大坝苗族乡黄草坪村，建于清乾隆五十八年（1793 年），坐南向北，占地面积 11.16 平方米。土冢墓，冢用条石筑砌，呈椭圆形，冢高 1.5、宽 3.6、长 3.1 米。冢前有清代石碑 1 通，为石质仿木结构，二柱一开间，单檐庑殿顶，碑高 3.1、宽 1.19、厚 0.3 米，碑刻楷书"皇清待诰五十上寿慈妣□□□老太君墓，乾隆五十八年"。

黄苏氏墓　　位于大坝苗族乡平寨村，建于清嘉庆十六年（1811 年），坐东南向西北，占地面积 10.2 平方米。土冢墓，冢用条石筑砌，呈椭圆形，冢高 1.2、宽 3、长 3.4 米。冢前有清代石碑 1 通，为石质仿木结构，二柱一开间，单檐庑殿顶，碑高 2.1、宽 1.03、厚 0.28 米，碑刻楷书"皇清待诰寿终慈妣黄母老孺人之墓铭，嘉庆十六年辛未又三月吉旦"。

坪子头陈家墓　　位于大坝苗族乡龙塘村，建于清嘉庆十九年（1814 年），坐东北向西南，占地面积为 8.4 米。土冢墓，冢由条石筑砌，呈椭圆形，长 2.9、宽 2.4、高 1.25 米。冢前有清代石碑 1 通，为石质仿木结构，二柱一开间，重檐庑殿顶，高 2.6、宽 1.04、厚 0.34 米，碑镌楷书"诰显故祖考陈公讳□□□之墓，大清嘉庆十九年"。

严世伦墓　　位于大坝苗族乡石家沟村，建于清嘉庆二十五年（1820 年），坐东向西，占地面积为 13.77 平方米。土冢墓，冢由条石筑砌，前端呈圆弧形，长 4.5、宽 2.7、高 1.1 米。冢前有清代石碑 1 通，为石质仿木结构，二柱一开间，单檐庑殿顶，高 2.1、宽 0.98、厚 0.31 米，碑镌楷书"皇清待赠享年五十寿终严考公世伦大人之墓，龙飞嘉庆二十五年"。碑两侧有护碑石，高 1.1、宽 0.5、厚 0.155 米。

裘思元墓　　位于大坝苗族乡古佛台村，建于清道光十五年（1835 年），坐南向北，占地面积 14.5 平方米。土冢墓，冢用条石砌成，冢前端呈圆弧形，冢高 1.4、宽 2.9、长 5 米。冢前有清代石碑 1 通，长方形圆弧顶，碑高 1.19、宽 0.68、厚 0.145 米，碑刻楷书"皇清待赠四十五寿叔考裘讳思元大人之墓，道光十五年仲冬月吉旦"。

赵文烈墓　　位于大坝苗族乡朝阳村，建于清道光三年（1823 年），坐北向南，占地面积 14.06 平方米。墓冢用条石砌成为圆形，俗称"鸡蛋坟"，冢长 3.7、宽 3.8、高 1.5 米。墓冢前有清代石碑 1 通，为仿木结构，四柱三开间，四檐庑殿顶，碑高 4.15、宽 2.24、厚 0.16 米，碑镌楷书"皇恩锡正八品享年九十上寿显考赵公（讳）文烈字继秀大人墓，大清道光癸未年"。碑两侧有护碑石，高 1.2、宽 0.46、厚 0.115 米。碑上雕刻有人物、花卉、器物图案，护碑石上雕刻有花卉图案。

院子头墓群　　位于大坝苗族乡柏坳林村，建于清代，坐西南向东北，占地面积为 1500 平方米，由 M1 杨母刘老□□□、M2 赵国通墓、M3 罗朝林墓、M4 赵母侯孺人墓组成。M1 为土冢墓，冢由条石砌成，呈椭圆形，长 3.2、宽 3.2、高 1.1 米。冢前有清代石碑 1 通，为石质仿木结构，二柱一开间，单檐庑殿顶，高 2.2、宽 0.93、厚 0.3

米，碑镌楷书"清故享年六十上寿慈妣杨母刘老□□□，皇清道光四年"，风化严重。M2、M3、M4 形制相同，为土冢墓，由条石砌成，呈椭圆形，冢前有长方形石碑，碑顶端坐石质悬山式屋顶，碑、冢现保存完好。

桂井氏墓　位于大坝苗族乡红旗村，建于清咸丰五年（1855 年），坐西北向东南，占地面积 7.75 平方米。土家墓，冢由条石砌成，冢前端呈圆弧形，长 3.1、宽 2、高 1.3 米。冢前有清代石碑 1 通，为石质仿木结构，四柱三开间，重檐庑殿顶，高 2.5、宽 2.19、厚 0.2 米，碑镌楷书"皇清待诰桂母孺□□，大清咸丰五年"，碑上雕刻有人物故事和花草图案。

杨映春墓　位于大坝苗族乡石家沟村，建于清咸丰八年（1858 年），坐东北向西南，占地面积为 11.52 平方米。土家墓，冢由条石筑砌，前端呈圆弧形，长 4.2、宽 2.4、高 1.4 米。冢前有清代石碑 1 通，为石质仿木结构，二柱一开间，单檐庑殿顶，高 2.8、宽 1.1、厚 0.25 米，碑镌楷书"清故五十八寿杨讳映春大人墓，咸丰八年"，碑两侧有护碑石，高 1.32、宽 0.46 米。

龙塘张家墓　位于大坝苗族乡拔毛村，建于清光绪四年（1878 年），坐南向北，占地面积 15.36 平方米。土家墓，冢用条石砌成，冢前端呈圆弧形，冢高 1.7、宽 3.2、长 4.8 米。冢前有清代石碑 1 通，为石质仿木结构，二柱一开间，重檐庑殿顶，碑高 3、宽 1、厚 0.27 米，碑刻楷书"皇清待赠享年八十显考张□□大人墓，光绪戊寅年"。碑施护碑石，高 1.48、宽 0.43、厚 0.2 米。碑上雕有人物故事及花卉图案，护碑石上刻有人物故事、动物故事图案。

陈耀绪墓　位于大坝苗族乡二季山村，建于清道光十七年（1837 年），坐北向南，占地面积 16.65 平方米。墓冢用条石砌成，冢呈椭圆形，俗称"鸡蛋坟"，冢高 1.6、宽 3.7、长 4.5 米。冢前一清代石碑为仿木结构，二柱一开间，单檐庑殿顶，碑高 2、宽 0.85、厚 0.16 米，碑刻楷书"皇清待赠陈公耀绪老大人之墓，道光十七年十月一日立旦"。碑帽已损毁，墓冢扰乱，冢尾端条石部分已损毁。

康萧氏墓　位于大坝苗族乡小寨村，建于清光绪十一年（1885 年），坐北向南，占地面积 55.25 平方米。墓冢用条石砌成，冢前端呈圆弧形，冢长 3.2、宽 2.5、高 1.45 米。冢前碑为石质仿木结构，二柱一开间，单檐庑殿顶，碑高 2.4、宽 0.79 米，碑刻楷书"康母萧孺人墓，光绪拾一年"，碑施护碑石，高 1.22、宽 0.47、厚 0.13 米，上雕刻有"福""寿"装饰图案。墓有院，院用条石砌成，呈长方形，宽 8.5、深 6.5 米，院墙高 1.5 米，院内壁上雕刻有人物故事及花卉图案，有朝门两扇，石质，高 1.68、宽 0.58、厚 0.13 米，朝门外有石质踏道 7 级，素面。

古建筑

晏州城隍庙　位于大坝苗族乡晏州社区，建于明末清初，坐西向东，占地面积

135.66 米，由前殿和后殿组成，均为木结构，单檐悬山式屋顶，前殿为抬梁、穿斗混合梁架，面阔三间 11.4 米，进深三间 17.7 米，通高 8.5 米。后殿为穿斗结构，面阔三间 11.4 米，进深四间 4.2 米，通高 8 米，20 世纪 70 年代被作为大坝苗族供销社职工宿舍，现前殿和后殿部分已被住家户改建，但主体尚保存完整。

向家祠堂　位于大坝苗族乡晏州社区，建于清代，坐北朝南，占地面积 200 平方米。小青瓦屋面，穿斗式梁架，三穿用九柱，面阔五间 20 米，进深八间 10 米，通高 5.5 米，该祠堂是向家在清代即为大坝望族的见证。

洞河桥　位于大坝苗族乡四龙村，建于清代。南北走向，跨洞河，占地面积 90 平方米。桥为石质单孔拱券式拱桥，桥长 18、宽 5、高 4.2 米，拱券跨度 6.8 米，拱高 3.2 米，桥两端共有垂带踏道 21 级，桥面为石板路面。

石海镇

古墓葬

大坟山李家墓地　位于石海镇顺和村，建于清代，坐北向南，占地面积 208 平方米，由 M1 李门郑氏墓、M2 李元福墓、M3 李母王氏墓组成。墓冢均用条石砌成，冢前端呈圆弧形，M2 冢长 5、宽 3、高 1.52 米。冢前石碑为仿木结构，二柱一开间，重檐庑殿顶，碑高 3.52、宽 0.89、厚 0.26 米，碑刻楷书"清故显考李公讳元福老大人之墓，道光三十七年"。碑施护碑石，高 1.6、宽 0.65、厚 0.16 米，碑上雕刻有人物故事、花卉图案，护碑石上雕刻有花卉图案。M1、M3 形制与 M2 完全相同。墓有院，院用条石砌成，呈长方形，院宽 16、深 13 米，院墙高 1.04 米。墓院山门为石质双门，门宽 1.84、高 3.42 米。

院子陈家墓地　位于石海镇石林村，建于清代，坐东北向西南，共有墓 3 座，占地面积 375 平方米，由 M1 陈桂翁墓、M2 陈口德墓、M3 陈荣绪墓组成。M1 土家墓，冢由条石筑砌，呈椭圆形，长 3.7、宽 3.1、高 1.36 米。冢前有清代石碑 1 通，为二柱一开间，石质仿木结构，单檐庑殿顶，高 2.84、宽 0.81、厚 0.25 米，碑镌楷书"皇清待赠显考陈公桂翁大人墓，咸丰元年"。碑两侧有护碑石，高 1.24、宽 0.52、厚 0.17 米，碑座为须弥座，长 2.2、高 0.3、厚 0.5 米，墓碑、护碑石、碑座上雕刻人物故事、花卉。M2、M3 形制相同，土家墓，冢由条石筑砌呈椭圆形，碑、护碑石上雕刻的花卉、人物、动物图案风化严重，镌刻字迹部分已脱落。

大坟坝陈家墓地　位于石海镇石林村，建于清代，坐东南向西北，共有墓 5 座，占地面积 300 平方米，由 M1 陈母黎孺人墓、M2 陈母胡太君墓、M3 陈孺榛墓、M4 陈母殷氏墓、M5 陈元公墓组成，均为土冢墓。M1 墓冢由条形石砌成，呈椭圆形，长 4.1、宽 3.9、高 1.75 米，冢前有清代石碑 1 通，为二柱一开间，石质仿木结构，单檐庑殿顶，高 3.4、宽 1.05、厚 0.28 米，碑镌楷书"皇清待诰故显妣陈母黎孺人墓，大清道光十六年"。碑两侧有护碑石，高 1.62、宽 0.58、厚 0.16 米，墓碑、护碑石、冢上雕刻花草、动物图案。M2、M3、M5 墓冢形制相同，由条石砌成，呈椭圆形，均被扰乱。M2 墓碑为四柱三开间，重檐歇山顶，主碑与两侧副碑的榫卯已松脱开裂，墓碑、护碑石轻微风化，上雕刻的人物、花卉图案十分精致。M3、M5 墓碑为二柱一开间，单檐歇山顶，M3 墓碑、护碑石上雕刻的动物、花卉图案非常精工，风化轻蚀，M5 碑中度风蚀。M4 冢由条石砌成，呈椭圆形，冢曾被扰乱，墓碑、护碑石风化轻蚀，上雕刻的动物、花卉图案细腻精美。

三角地陈家墓地　位于石海镇石林村，建于清代，坐西向东，占地面积 450 平方米，由 M1 陈母王孺人墓、M2 陈棠墓组成。M1 墓为土冢墓，冢由条石筑砌，呈椭圆形，长 3.4、宽 3.8、高 1.65 米。冢前有清代石碑 1 通，石质仿木结构，二柱一开间，单檐庑殿顶，高 3.2、宽 1.12、厚 0.265 米，碑镌楷书"皇清待诰陈母王孺人墓，大清道光二十五年"。碑两侧有护碑石，高 1.51、宽 0.575、厚 0.16 米，碑、护碑石上雕刻人物、花草、动物图案。M2 为土冢墓，冢由条石筑砌，呈圆形，碑为四柱三开间，碑帽、冢部分条石已毁，碑、护碑石风化轻蚀。

毛乡田墓　位于石海镇大旗村，建于清代，坐东南向西北，占地面积 50 平方米，由 M1 舒旭珍、M2 □□□墓组成。M1 为土冢墓，冢由条石筑砌，呈椭圆形，长 3.8、宽 2.8、高 1.3 米。冢前有清代石碑 1 通，为二柱一开间，碑镌楷书"清故享年八十寿辰者舒公讳旭珍大人墓，道光拾陆年"。M2 碑风化严重，碑文雕刻图案大部分已风化殆尽，墓冢由条石砌成，部分条石已松动，冢尾部已被泥土覆盖。

柏香林墓群　位于石海镇大旗村，建于清代，坐西北向东南，占地面积 1000 平方米，由 M1 刘老太君墓、M2 □□□墓、M3 袁德成墓组成。M1 为土冢墓，冢由条石筑砌，前端呈椭圆形（尾部被泥土覆盖），长 2.8、宽 2.6、高 1.5 米。冢前有清代石碑 1 通，石质仿木结构，二柱一开间，单檐庑殿顶，高 2.6、宽 1.02、厚 0.28 米，碑镌楷书"清授正九品慈妣袁母刘老太君墓，嘉庆拾四年"。M2 墓碑为单檐歇山顶，碑护脚石风化严重，部分文字已脱落。冢由条石筑砌，冢前端呈椭圆形，现保存完整，冢尾被泥土覆盖。M3 墓碑为长方形，风化轻蚀，冢由条石筑砌，冢上沿边为石质仿木屋顶，保存完整，冢尾被泥土覆盖。

彭家沟墓群　位于石海镇兴晏村，建于清代，坐西向东，占地面积 600 平方米，由 M1 李登第墓、M2 张隆陞墓、M3 舒母罗老孺人墓、M4 陈殿元墓组成。M1 土冢墓，冢由条石筑砌，前端呈圆弧形，高 1.2、长 3.2、宽 2.9 米。冢前有清代石碑 1 通，为石质仿木结构，二柱一开间，单檐庑殿顶，高 2.3、宽 0.95、厚 0.27 米，碑镌楷书"清故显考李公讳登第大□□、皇清道光二十三年"。M2 土冢墓，冢由条石筑砌，呈椭圆形，长 3.6、宽 3.4、高 1 米。冢前有清代石碑 1 通，为石质仿木结构，二柱一开间，单檐歇山顶，碑高 2.2、宽 0.93、厚 0.21 米，碑镌刻楷书"清故慈妣法辰张隆陞孺人墓、皇清道光二十三年"。M3 与 M1 形制相同，冢高 1.58、宽 3.6 米；碑高 2、宽 0.88、厚 0.22 米，碑镌楷书"皇清待诰慈妣舒母罗老孺人墓，道光二十八年"。M4 与 M2 形制相同，冢高 1.4、长 3.6、宽 3.2 米，碑高 1.74、宽 0.82、厚 0.2 米，碑镌刻楷书"清故胞叔陈殿元老大人墓，大清同治八年"。

大坪子墓 位于石海镇同心村，建于清代，坐东北向西南，占地面积 36 平方米，由 M1 文雁氏孺人墓、M2 文□德墓组成。M1 土冢墓，冢由条石筑砌，呈椭圆形，冢长 3.7、宽 2.9、高 1.5 米。冢前有清代石碑 1 通，为石质仿木结构，二柱一开间，单檐庑殿顶，高 2.29、宽 0.85、厚 0.15 米，碑镌楷书"清故享年七八寿终慈妣，文門雁氏孺人墓，嘉庆十三年"。M2 与 M1 形制相同，M2 碑帽被推落掉在冢顶的封土上。

杨联崇墓 位于石海镇红鱼村，建于清嘉庆十一年（1806 年），坐北向南，占地面积 8.4 平方米。墓冢由条石砌成，前端呈圆弧形，长 3.5、宽 2.4、高 1.3 米。冢前有清代石碑一通，为石质仿木结构，二柱一开间，单檐庑殿顶，高 1.2、宽 0.49、厚 0.11 米，碑镌楷书"故严考杨公讳联崇大人墓，嘉庆十一年"。碑两侧有护碑石，高 1.2、宽 0.49、厚 0.11 米，墓碑、护碑石上雕刻"二龙戏珠"花草纹饰。

张右居墓 位于石海镇中堰村，建于清嘉庆元年（1796 年），坐北向南，占地面积 10.4 平方米。土冢墓，冢由条石砌成，冢前端呈圆弧形，冢长 4、宽 2.6、高 1.3 米。冢前有清代石碑 1 通，为长方形圆弧顶，碑高 1.6、宽 0.78、厚 0.12 米，碑刻楷书"清故张公讳右居大人之墓，嘉庆元年"。

罗王氏墓 位于石海镇和平村，建于清嘉庆二十五年（1820 年），坐东向西，占地面积 9.8 平方米。土冢墓，冢用条石砌成，冢前端呈圆弧形，冢长 3.5、宽 2.8、高 0.9 米。冢前有清代石碑 1 通，碑为长方形（原有碑帽已损毁），碑高 0.8、宽 0.7、厚 0.14 米，碑刻楷书"皇清待诰享年七十五寿终显妣罗母王老孺人墓，嘉庆庚辰年"。冢右侧条石损毁严重，墓冢及墓碑部分已被土掩。

陈张氏墓 位于石海镇石林村，建于清道光二十年（1840 年），坐东南向西北，占地面积 10 平方米。土冢墓，冢由条石筑砌，呈椭圆形，长 3.2、宽 3、高 1.6 米。冢前有清代石碑 1 通，为石质仿木结构，二柱一开间，重檐庑殿顶，高 3.87、宽 1.1、厚 0.225 米，碑镌楷书"皇清待诰陈母张太君老孺人墓，大清道光二十年"。碑两侧有护碑石，高 1.66、宽 0.68、厚 0.2 米，墓碑、护碑石、冢上雕刻人物、花卉、动物图案。

刘尚荣墓 位于石海镇大旗村，建于清道光二十五年（1845 年），坐西向东，占地面积 10 平方米。土冢墓，冢由条石筑砌，呈椭圆形，长 3.3、宽 2.8、高 1.55 米。冢前有清代石碑 1 通，为石质仿木结构，二柱一开间，单檐庑殿顶，高 3、宽 0.94、厚 0.25 米，碑镌楷书"清故显考刘尚荣之墓，道光二十五年"。

陈汝松墓　位于石海镇兴晏村，建于清道光二十五年（1845 年），坐东向西，占地面积为 17.6 平方米。土冢墓，冢由条石筑砌，呈鸡蛋形，高 1.55、宽 2.4、长 3.6 米。冢前有清代石碑 1 通，为石质仿木结构，二柱一开间，单檐庑殿顶，碑高 2.8、宽 0.87、厚 0.25 米，碑镌刻楷书"待赠显考陈公汝松老大人之墓，大清道光二十五年"。

罗方氏墓　位于石海镇红鱼村，建于清道光十七年（1837 年），坐北向南，占地面积为 10.14 平方米。土冢墓，冢由条石砌成，前端呈圆弧形，长 3.9、宽 2.6、高 1.25 米。冢前有清代石碑 1 通，为石质仿木结构，二柱一开间，单檐庑殿顶，高 2.6、宽 0.85、厚 0.2 米，碑镌楷书"故慈姚罗母方孺人墓，道光十七年"。碑两侧有护碑石，高 1.26、宽 0.48、厚 0.11 米。

袁光远墓　位于石海镇文家村，建于清道光二十九年（1849 年），坐西向东（80°），占地面积 21.0 平方米。墓为土冢，用条石筑砌，呈椭圆形，冢高 1.52、宽 4.2、长 5 米。冢前有清代石碑 1 通，为石质仿木结构，四柱三开间，三重檐庑殿顶，碑高 4、宽 2.26、厚 0.19 米，碑镌刻楷书"故显考芯盛袁公讳光远大人墓，道光二十九年"。碑施护碑石，高 1.14、宽 0.5、厚 0.13 米。碑上雕有张果老骑毛驴、何仙姑卧牙床等人物故事图案，护碑石上刻有动物及花卉图案，冢上沿刻有花卉图案。

冒脑张氏墓　位于石海镇红鱼村，建于清咸丰九年（1859 年），坐北向南，占地面积 7.97 平方米。土冢墓，冢由乱石砌成，长 3、宽 2.4、高 1.3 米。冢前有清代石碑 1 通，为石质仿木结构，二柱一开间，单檐庑殿顶，高 1.6、宽 0.68、厚 0.12 米，碑镌楷书"慈母张孺人墓，咸丰九年"。

李茂荣墓　位于石海镇大雪村，建于清咸丰六年（1856 年），坐南向北，占地面积 11.2 平方米。土冢墓，冢用条石筑砌，前端呈圆弧形，长 4、宽 2.8、高 1.4 米。冢前有清代石碑 1 通，为石质仿木结构，单檐庑殿顶，高 2.8、宽 0.97、厚 0.3 米，碑镌楷书"清故显考李公茂荣□□"，题记年代"清咸丰六年"。

刘模墓　位于石海镇大雪村，建于清同治十一年（1872 年），坐南向北，占地面积为 8.36 平方米。土冢墓，冢由条石筑砌，前端呈圆弧形，长 3.2、宽 2.2、高 1.4 米。冢前有清代石碑 1 通，为石质仿木结构，二柱一开间，单檐庑殿顶，高 2、宽 0.8、厚 0.22 米。碑镌刻楷书"故显考刘公讳棋之墓，同治十一年"。

杨朝吉夫妇墓　位于石海镇顺河村，建于清光绪二十五年（1899 年），坐北向南，占地面积 21 平方米。墓冢由条石砌成，前端呈圆弧形，长 5、宽 4.2、高 1.8 米。冢前有清代石碑 1 通，为石质仿木结构，二柱一开间，重檐庑殿顶，高 3.6、宽 0.85、厚

0.24 米，碑镌楷书"显考姚公朝吉母张氏老大孺人墓，光绪二十五年"，碑两侧施护碑石，高 1.34、宽 0.48、厚 0.23 米。

李游氏墓 位于石海镇顺河村，建于清光绪十四年（1888 年），坐南向北，占地面积为 17 平方米。墓冢由条石砌成，冢前端呈圆弧形，长 4.5、宽 3.6、高 1.46 米。冢前有清代石碑 1 通，为石质仿木结构，二柱一开间，重檐庑殿顶，高 3.62、宽 0.96、厚 0.26 米，碑镌楷书"李母游孺人墓，大清光绪十四年"。碑两侧有护碑石，高 1.58、宽 0.63、厚 0.2 米。墓碑、护碑石上雕刻人物、花草图案。

李光品墓 位于石海镇顺和村，建于清光绪二十二年（1896 年），坐北向南，占地面积 9.8 平方米，墓冢用条石砌成，前端呈圆弧形，长 3.5、宽 2.8、高 1.6 米。墓前有清代石碑 1 通，为石质仿木结构，二柱一开间，单檐庑殿顶，高 3.8、宽 0.99、厚 0.31 米，碑镌楷书"故显考李光品墓，清光绪丙申年"。碑两侧有护碑石，高 1.82、宽 0.52、厚 0.24 米。

金徐氏墓 位于石海镇红鱼村，建于清光绪七年（1881 年），坐北向南，占地面积 12 平方米。土冢墓，冢由条石砌成，前端呈圆弧形，长 4、宽 2.9、高 1.53 米。冢前有清代石碑 1 通，为石质仿木结构，二柱一开间，单檐庑殿顶，高 3.1、宽 1.06、厚 0.29 米，碑镌楷书"金母孺人墓，光绪辛巳年"。碑两侧有护碑石，高 1.5、宽 0.62、厚 0.18 米。

袁美玉墓 位于石海镇平寨村，建于清光绪十年（1884 年），坐东向西，占地面积 80 平方米。土冢墓，冢由条石筑砌，呈椭圆形，长 3.6、宽 3.2、高 1.9 米。冢前有清代石碑 1 通，为石质长方形碑，碑高 2.9、宽 1.14、厚 0.28 米，碑镌刻楷书"袁公美玉之墓，大清光绪拾年"，碑座为须弥座，长 1.7、宽 0.9、高 0.51 米。

古建筑

庙湾陈家祠堂 位于石海镇石林村，建于清代，现保存完整。陈家祠堂坐北朝南，矩形布局，建筑面积 107.3 平方米，祠堂台基为素面，高 0.23 米，现被水泥沙浆覆盖。面阔三间 14.7 米，进深三间 7.3 米，通高 6.5 米，抬梁穿斗混合梁架，悬山式小青瓦屋顶。

近现代重要史迹及代表性建筑

大漏斗石刻 位于石海镇石海社区，两处石刻均为 1983 年所题，坐东向西。一处为前国家主席胡耀邦题"天下奇观"四个大字，石刻离石海风景区公路约 15 米，字幅长 3、高 8、字径 1、字距 0.5 米，行书。另一处为前国防部长张爱萍撰书的《西江月·访兴文石林洞乡》，距地面 2 米，字幅长 3、高 7、字径 0.1、行距 0.4 米，草书。

其他

竹林湾井　位于石海镇中埂村，建于中华民国期间，坐西向东，占地面积2.03平方米。井呈长方形，井壁三方由条石筑砌，井顶端由大石块盖顶，井底现被泥土覆盖，井长1.35、宽0.74、高0.46米。井口前有一水函，呈长方形，水函两侧由条石筑砌，水函底现碑泥土覆盖，水函长1.4、宽0.74、高0.16米。该井现无人使用，井水出水口被泥土覆盖。

太平镇

古墓葬

石坟坡墓　位于太平镇顺龙村，建于清代，坐北向南，分布在长6、宽15米的小山坡上，占地面积为90平方米，由M1冯三浩墓、M2冯□□墓组成。M1土冢墓，冢由条石砌成，前端呈圆弧形，长4、宽3.76、高1.3米。冢前有清代石碑1通，为石质仿木结构，二柱一开间，单檐庑殿顶，碑高2.3、宽0.96、厚0.18米，碑体风化明显，右檐正吻有缺损。M2与M1形制相同，但碑体风化严重，其下段及右下侧脱落面积大。

黄竹箢墓　位于太平镇安源村，建于清代，坐西向东，分布在长25、宽6米的杂竹林中，占地面积为150平方米，由M1李国文墓、M2李茂材墓组成。M1墓冢由泥土堆筑，长3.6、宽3.35、高1.9米。冢前有清代石碑1通，为石质仿木结构，二柱一开间，单檐庑殿顶，高2.3、宽1.6、厚0.28米，碑镌楷书"李公国文之墓，同治七年"。碑前有坟堂，长3.35、宽2.7米，堂壁由条石筑砌，素面。M2与M1形制相同，冢前碑为长方形花瓣顶。

生基坡墓　位于太平镇上坝村，建于清代，坐西向东，分布在长20、宽6米的山坡上，占地面积120平方米，由M1修职郎□□□墓、M2赵沛之墓组成。M1土冢墓，冢由条石砌成，冢前端呈圆弧形，长3.2、宽2.8、高1.4米。冢前有清代石碑1通，为石质仿木结构，二柱一开间，单檐庑殿顶，碑高3.2、宽1.1、厚0.24米，碑镌楷书"皇清诰修职郎□□□，光绪二十六年"，碑两侧有护碑石，高1.4、宽0.65、厚0.18米，碑及护碑石上雕有人物故事及花卉图案，碑宝顶为镂空雕，但左侧有缺损。M2土冢墓，冢由条石砌成，冢前端呈圆弧形，碑为长方形弧形顶，碑上雕有花卉图案，碑体左侧下段有脱落痕迹。

张杨氏墓　位于太平镇双泉村，建于清道光十五年（1835年），坐北向南，占地面积 21.12 平方米。土冢墓，冢用条石砌成，冢前端呈圆弧形，冢长 4.8、宽 4.4、高 1.5米。冢前有清代石碑 1 通，为石质仿木结构，四柱三开间，重檐庑殿顶，碑高 2.25、宽 2.1、厚 0.2 米，碑镌楷书"张母杨孺人墓，道光十五年"。

李先仁墓　　位于太平镇安源村，建于清道光二十八年（1848 年），坐北向南，占地面积 17.1 平方米。土冢墓，冢用泥土堆筑，呈长方形，冢长 6、宽 2.4、高 1.4米。冢前有清代石碑 1 通，为石质仿木结构，四柱三开间，重檐庑殿顶，碑高 2.5、宽 1.94、厚 0.2 米，碑镌刻楷书"李公先仁之□，道光二十八年"。碑次间为楷书墓志，但风化严重，多数已脱落，墓碑前有坟堂，长 3、宽 2.9 米，堂壁由条石筑砌，素面。

李清顺墓　　位于太平镇安源村，建于清道光九年（1829 年），坐西向东，占地面积 17 平方米。墓冢用条石砌成，前端呈圆弧形，冢高 1.65、长 4.4、宽 3.4 米。冢前有 1 清代石碑，为仿木结构，四柱三开间，重檐庑殿顶，碑高 3.15、宽 2.48、厚 0.25 米，碑镌楷书"显考李清顺墓，道光九年"。碑上雕刻有精美生动的人物故事、花卉及蝙蝠图案，墓冢上沿石为仿木结构屋面，并施刻有多个蝙蝠图案。

斑竹林坡崔氏墓　　位于太平镇万民村，建于清道光五年（1825 年），坐北向南，占地面积 12 平方米。土冢墓，冢用条石砌成，前端呈圆弧形，冢长 4、宽 2.7、高 1.8米。冢前有清代石碑 1 通，为石质仿木结构，二柱一开间，重檐庑殿顶，碑高 3.8、宽 1.7、厚 0.5 米，碑刻楷书"皇清待诰李母崔老孺人墓，大清道光五年"。碑上雕刻有精美的人物故事及花卉图案。

李魏氏墓　　位于太平镇凉草坝村，建于清道光七年（1827 年），坐东向西，占地面积为 17.8 平方米。土冢墓，冢由泥土堆筑，呈长方形，长 4、宽 2.2、高 1.5 米。冢前有清代石碑 1 通，为石质仿木结构，二柱一开间，单檐庑殿顶，高 2.3、宽 1.05、厚 0.3 米，碑镌楷书"李母魏太君墓，道光七年"，碑两侧有护碑石，碑前有坟堂，呈半圆形，长 3、宽 3、高 1.6 米，堂壁为条石筑砌，素面。

陈渝藩墓　　位于太平镇文龙村，建于清道光十年（1830 年），坐西向东，占地面积为 17 平方米。土冢墓，冢由条石砌成，前端呈圆弧形，长 5、宽 3.4、高 2 米。冢前有清代石碑 1 通，为石质仿木结构，二柱一开间，重檐庑殿顶，高 3.55、宽 1.4、厚 0.32米，碑镌楷书"陈公渝藩之墓，大清道光十年"，碑上雕刻有花草纹饰。

阮王氏墓　　位于太平镇松林坡村，建于清道光五年（1825 年），坐西向东，占地面积 18.15 平方米。墓冢用条石砌成，冢前端呈圆弧形，冢长 5.5、宽 3.3、高 1.85 米，冢前碑为长方形，重檐庑殿顶，高 4.35、宽 1.18、厚 0.3 米，碑刻楷书"阮母王孺人墓，道光五年"，碑施护碑石，高 1.65、宽 0.6、厚 0.18 米。

花呷坟李氏墓　　位于太平镇马石沟村，建于清道光十年（1830 年），坐东北向西南，占地面积 15.3 平方米。墓冢用条石砌成，冢前端呈圆弧形，冢高 1.9、宽 3.4、长 4.5 米。冢前石碑为仿木结构，四柱三开间，重檐庑殿顶，碑高 3.9、宽 2.2、厚 0.4 米，碑明间镌刻楷书"李母□□太君墓。道光十年"，次间为小楷墓志。碑上雕刻有人物故事、动物、花卉图案，冢上沿石上雕刻有花卉图案。

李吴氏墓　位于太平镇顺龙村，建于清咸丰七年（1857 年），坐南向北，占地面积 13.5 平方米。土冢墓，冢用条石砌成，冢前端呈圆弧形，冢长 4.5、宽 3、高 1.8 米。冢前有清代石碑 1 通，为石质仿木结构，四柱三开间，重檐庑殿顶，碑高 3.6、宽 2、厚 0.32 米，碑镌楷书"李母吴孺人墓，咸丰七年仲冬月中浣日"，碑上有花卉、花鸟图案，但碑体风化严重，碑右柱石及碑下段脱落明显。

李陈氏墓　位于太平镇凉草坝村，建于清咸丰二年（1852 年），坐西向东，占地面积 183 平方米。土冢墓，冢用条石砌成，冢前端呈圆弧形，冢长 6、宽 4、高 1.9 米。冢前有 1 清代石碑，为仿木结构，四柱三开间，三重檐庑殿顶，碑高 4.5、宽 2.5、厚 0.25 米，碑镌楷书"李母陈太君墓，大清咸丰二年。仲冬月□旦立"。上有人物故事及花卉图案，碑风化严重，大面积碑石起层脱落，部分碑文或模糊或风化殆尽。墓有院，一级，院长 15、宽 12.2 米，院由条石筑砌，高 2.5 米，素面。

亢文斌墓　位于太平镇上坝村，建于清咸丰五年（1855 年）。坐北向南，占地面积 140 平方米。墓冢用条石砌成，冢前端呈圆弧形，长 5.5、宽 5、高 2.2 米。冢前有清代石碑 1 通，为石质仿木结构，四柱三开间，重檐庑殿顶，高 3.5、宽 2.3、厚 0.23 米，碑镌楷书"显考亢文斌墓，清咸丰五年"，碑上雕刻有人物故事、动物、花卉图案。墓有院，长 14、宽 10 米，院壁由条石筑砌，为花瓣形，院壁石上刻有高浮雕人物故事、花草图案等，地面由石板铺成。

李国富墓　位于太平镇安源村，建于清同治五年（1866 年），坐南向北，占地面积为 22.59 平方米。土冢墓，冢由泥土堆筑，呈长方形，长 3.5、宽 3、高 1.7 米。冢前有清代石碑 1 通，为石质仿木结构，四柱三开间，重檐庑殿顶，高 2.3、宽 0.8、厚 0.2 米，碑镌楷书"李公国富之墓，同治五年"，碑前有坟堂，呈半圆形，长 3.9、高 1.1、宽 3.1 米，堂壁为条石筑砌，素面。

亢申氏墓　位于太平镇三星村，建于清同治九年（1870 年），坐西向东，占地面积 100 平方米。墓冢用条石砌成，前端呈圆弧形，冢长 5、宽 3.5、高 2 米。冢前端有清代石碑 1 通，为石质仿木结构，二柱一开间，重檐庑殿顶，碑高 4.4、宽 1.1、厚 0.3 米，护碑石高 1.82、宽 0.57、厚 0.23 米，碑刻楷书"亢母申太君□，同治九年"。墓有院，一级，院长 10、宽 10 米，碑体、护碑石、墓院壁上刻有高浮雕人物故事、动物、花卉图案，护碑石刻有"福"、"寿"纹饰，碑体下段及护碑石下段风化严重，脱落明显，碑文及对联部分已脱落。

李丁氏墓 位于太平镇万民村，建于清同治十年（1871 年），坐南向北，占地面积为 21.16 平方米。土冢墓，冢由泥土堆筑，呈长方形，长 4、宽 2.4、高 1.7 米。冢前有清代石碑 1 通，为石质仿木结构，二柱一开间，单檐庑殿顶，高 3.2、宽 0.9、厚 0.28 米，碑镌楷书"李母丁孺人墓，同治十年"，碑前有坟堂，呈半圆形，长 3.4、宽 3.4、高 1.3 米，堂壁为条石筑砌，素面。

李华邦墓 位于太平镇川龙村，建于清同治七年（1868 年），坐南向北，占地面积 49 平方米。土冢墓，冢用泥土堆成，长 5、宽 3.7、高 1.3 米。冢前有清代石碑 1 通，为石质仿木结构，四柱三开间，重檐庑殿顶，碑高 3.1、宽 2.1、厚 0.3 米，碑镌楷书"显考李公华邦老大人之墓，同治七年"。碑前有坟堂，长 3.7、宽 3 米，坟堂末端各有一石狮，长 0.5、宽 0.3、高 0.6 米，坟堂有一圆弧形石质门槛，长 3.5、宽 0.2、高 0.1 米，须弥座台基，高 0.2 米，上有祥云纹饰，碑上雕有人物故事、动物、花卉图案。墓有院，一级，呈外"八"字形，长 5、宽 3.9 米，院墙由条石筑砌，素面，高 0.8 米。

刘启纶墓 位于太平镇顺龙村，建于清同治四年（1865 年），坐南向北，占地面积 16.5 平方米。土冢墓，冢用条石砌成，前端呈圆弧形，长 4.5、宽 3.6、高 1.7 米。冢前有清代石碑 1 通，为石质仿木结构，四柱三开间，重檐庑殿顶，碑高 4.5、宽 2.2、厚 0.32 米，碑刻楷书"刘公启纶之墓，同治四年"，碑上有人物、花卉图案。冢扰乱损毁严重。

亢李氏墓 位于太平镇三星村，建于清光绪十四年（1888 年），坐西向东，占地面积 84 平方米。土冢墓，冢用条石砌成，前端呈圆弧形，长 5、宽 3.3、高 2.2 米。冢前有清代石碑 1 通，为长方形，碑高 2.4、宽 0.99、厚 0.28 米，碑刻楷书"亢母李太君墓，大清光绪戊子年"。墓有院，院长 10、宽 8.4 米，院墙高 2 米。

曾立仁夫妇墓 位于太平镇万民村，建于清光绪九年（1883 年），坐西向东，占地面积 24 平方米。土冢墓，冢由条石砌成，前端呈圆弧形，长 6、宽 4、高 2.2 米。冢前有清代石碑 1 通，为石质仿木结构，二柱一开间，重檐庑殿顶，碑高 4.2、宽 1.3、厚 0.25 米，碑镌楷书"曾立仁余氏孺人墓，光绪九年"，碑施护碑石，高 1.8、宽 0.6、宽 0.25 米。碑及护碑石上均有精美的花卉图案，右护碑石上"福"、"寿"图案。

丁朝仪夫妇墓 位于太平镇顺龙村，建于清光绪十九年（1893 年），坐西向东，占地面积为 18 平方米。土冢墓，冢由条石砌成，前端呈圆弧形，长 5、宽 3.6、高 2 米。冢前有清代石碑 1 通，为石质仿木结构，四柱三开间，重檐庑殿顶，高 2.6、宽 2、厚 0.3 米，碑镌楷书"显妣丁朝仪大罗氏孺□□，清光绪十九年"，碑上雕刻花草纹饰。

陈罗氏墓 位于太平镇顺龙村，建于清光绪三十一年（1905 年），坐南向北，占地面积为 33 平方米。土冢墓，冢由泥土堆筑，呈长方形，长 4、宽 2.5、高 1.65 米。冢前有清代石碑 1 通，为长方形荷叶形边顶，高 2.8、宽 0.9、厚 0.2 米，碑镌楷书"陈母罗孺人墓，大清光绪三十一年"，碑前有坟堂，呈半圆形，长 5、宽 4.6、高 1.1 米，堂壁为条石筑砌，素面。

亢瑞凤墓　位于太平镇火箭村，建于清光绪十四年（1888 年），坐东向西，占地面积 128 平方米。土冢墓，冢用条石砌成，前端呈圆弧形，长 6、宽 3、高 2.1 米。冢前有清代石碑 1 通，为长方形，碑高 2.75、宽 1.17、厚 0.29 米，碑刻楷书"武庠亢瑞凤墓，大清光绪戊子年"。墓有院，长 12.4、宽 10.3 米，院墙由条石筑砌，高 2.6 米，院壁内侧前端雕有精美的人物、动物、花卉图案，后壁有"禄"装饰图案。

吕超武墓　位于太平镇青山岩村，建于清光绪三十四年（1908 年），坐西南向东北（50°）。土冢墓，冢用泥土堆筑，呈长方形，冢长 4、宽 2.4、高 1.1 米。冢前有清代石碑 1 通，为长方形荷叶形边顶，碑高 2.3、宽 0.9、厚 0.27 米，碑刻楷书"显考吕公超武之墓，清光绪三十四年春二月中□旦"。

李庆发墓　位于太平镇川龙村，建于清宣统二年（1910 年），坐西向东，占地面积 18.2 平方米。土冢墓，冢用泥土堆筑，呈长方形，冢高 1.65、宽 2.6、长 4 米。冢前有清代石碑 1 通，为长方形荷叶形边顶，碑高 2.6、宽 0.9、厚 0.21 米，碑镌楷书"显考李庆发墓，宣统二年"。墓前有坟堂，长 2.6、宽 2.2 米，坟堂末端两侧各有一装饰石狮，碑上雕刻人物图案。

刘袁氏墓　位于太平镇顺龙村，建于清宣统二年（1910 年），占地面积为 13 平方米。土冢墓，冢由泥土堆筑，呈长方形，长 4、宽 2、高 1.5 米。冢前有清代石碑 1 通，有长方形荷叶形顶碑，高 2.25、宽 0.68、厚 0.23 米，碑镌刻楷书"刘母袁孺人墓，宣统庚戌年"。碑前有坟堂，长 2.5、宽 2 米，堂壁由条石筑砌，素面。

近现代重要史迹及代表性建筑

母猪井大桥　位于太平镇太平社区，建于民国二十七年（1938 年），南北走向，跨黄连溪，占地面积 176.8 平方米。桥为石质双孔拱券式平石桥，桥长 26、宽 6.8、高 4.8 米，单拱券跨度长 8 米，拱券高 3.5 米，桥面为石板路面，有残存石栏杆，高 0.66、宽 0.32 米。

周家镇

古墓葬

棺木岩悬棺墓地　位于周家镇洛浦村，建于明代，分布在东西长 30、南北宽 28 米的山崖峭壁上，共 4 座，为人工凿穴式，置棺面向南，距地表 10 米，下有一小溪，名碾子沟，由西向东注入周家河。现 4 座墓穴内的木棺早年已坠落，墓穴保存完整，其中 M1 墓穴长 1.9、高 0.55、深 0.6 米。

茶园头墓群　位于周家镇周家村，建于清代，坐东北向西南，占地面积为 90 平方米，由 M1 夏首椿墓、M2 杨登林墓、M3 陈永泰墓组成。M1 墓冢由条石砌成，冢前端成圆弧形，长 4.5、宽 3、高 1.35 米。冢前有清代石碑 1 通，为石质仿木结构，二柱一开间，重檐庑殿顶，高 2.08、宽 0.9、厚 0.23 米，碑镌楷书"皇清待赠故显考夏公讳首椿老大人墓，同治九年"。M2、M3 与 M1 形制相同，M2、M3 墓碑风化较重，年代题记均风化殆尽。

大坟山墓　位于周家镇加兴村，建于清代，坐东北向西南，占地面积为 50 平方米，由 M1 周母李太君老孺人墓、M2 周怀魁墓组成。M1 墓冢由条石砌成，冢前端成圆弧形，长 4.5、宽 3.7、高 1.42 米。冢前有清代石碑 1 通，为石质仿木结构，二柱一开间，单檐庑殿顶，高 2.9、宽 0.8、厚 0.25 米，碑镌楷书"皇清待诰故显妣周母李太君老孺人之墓，光绪二年"，碑两侧有护碑石，高 1.32、宽 0.56、厚 0.15 米。M2 与 M1 形制相同，M2 碑、护碑石风化严重。

大湾头罗家墓　位于周家镇加兴村，建于清代，坐西北向东南（160°），占地面积 120 平方米，由 M1 罗朝儒墓、M2 罗母谢太君墓组成。M1 土冢墓，冢由条石砌成，冢前端呈圆弧形，冢长 4.2、宽 3、高 1.35 米。冢前有清代石碑 1 通，为石质仿木结构，二柱一开间，单檐庑殿顶，碑高 2.4、宽 0.78、厚 0.18 米，碑刻楷书"清故显考罗公讳超儒老大人之墓，光绪六年"。碑施护碑石，高 1.02、宽 0.4、厚 0.15 米，护碑石上各有鹿及花卉图案。M2 与 M1 形制相同。

瘦埂李家墓　位于周家镇天星村，建于清代，坐北向南，占地面积 167.8 平方米，由 M1 李莘椿、M2 李母胡太君墓组成。M1 土冢墓，冢由条石砌成，冢前端呈圆弧形，冢高 1.36、宽 2.6、长 4.2 米。冢前有清代石碑 1 通，为石质仿木结构，二柱一开间，单檐庑殿顶，碑高 2.46、宽 0.9、厚 0.17 米，碑镌楷书"皇清待赠显考李公讳莘椿翁老大人之墓，咸丰丁巳年"。墓有院，墓院用条石砌成，宽 9、深 8.2 米，院墙高 1.16 米，素面，院左侧前端部分条石有损毁。M2 与 M1 形制相同，冢高 1.4、宽 3、长 4.7 米，碑高 2.54、宽 0.9、厚 0.25 米，碑镌楷书"皇清待赠显妣李母胡太君老孺人之墓，大清咸丰十年"。M1、M2 各有一墓院，墓院大小尺寸相同，均呈外"八"字形，院用条石砌成，宽 9.5、深 10 米，院墙高 1.15 米，素面。

周正榜夫妇墓　位于周家镇龙洞村，建于清代，坐东北向西南，占地面积为 70 平方米，由 M1 周正榜墓、M2 周家孺人墓组成。M1 土冢墓，冢由条石筑砌，前端呈圆弧形，长 4.4、宽 3.2、高 1.6 米。冢前有清代石碑 1 通，为石质仿木结构，二柱一开间，单檐庑殿顶，高 2.1、宽 0.94、厚 0.25 米，碑镌楷书"清故逸霆周公讳正榜老人之冥墓，大清同治十三年"。碑两侧有护碑石，高 1.26、宽 0.5、厚 0.08 米，冢左前端已毁坏。M2 形制与 M1 相同，冢长 4.4、宽 3.2、高 1.6 米，碑高 2.6、宽 0.95、厚 0.27 米，护碑石高 1.2、宽 0.5、厚 0.1 米，冢左前端已毁坏。墓前端有石质香塔一个，三级、六边形，香门东西向，呈长方圆弧形，塔二、三级五方均有人物故事、花草雕刻和镌刻书法，塔高 2.95、边长 0.48、直径 0.8 米。

大坟山彭家墓 位于周家镇磺矿村，建于清代，坐西向东，分布在宽 10、深 7.5 米的楠竹林边，占地面积 75 平方米。M1 墓冢由条石砌成，冢前端呈圆弧形，冢高 1.65、宽 2.6、长 3.5 米。冢前有清代石碑 1 通，为石质仿木结构，二柱一开间，单檐庑殿顶，碑高 2.94、宽 1.13、厚 0.32 米，碑刻楷书"皇清待赠显妣彭母宗戒讳寂林老孺人墓，光绪丙子三年"。碑施护碑石，高 1.6、宽 0.6、厚 0.15 米，碑、护碑石上雕有蝙蝠、人物故事及花卉图案。M2 与 M1 形制完全相同。

李泽荣墓 位于周家镇铜矿村，建于清道光十二年（1832 年），坐西向东，占地面积 12.16 平方米。土冢墓，冢用条石砌成，冢前端呈圆弧形，冢长 3.8、宽 3.2、高 1.5 米。冢前有清代石碑 1 通，为石质仿木结构，四柱三开间，重檐庑殿顶，碑高 2.44、宽 1.8、厚 0.18 米，碑镌楷书"皇清显考李公讳泽荣大人之墓，道光十二年"，碑上雕有花瓶及花卉图案。

民普周氏墓 位于周家镇加兴村，建于清道光七年（1827 年），坐东南向西北（280°），占地面积为 17.6 平方米。土冢墓，冢由条石砌成，冢前端呈圆弧形，长 5、宽 3.2、高 1.2 米。冢前有清代石碑 1 通，为石质仿木结构，二柱一开间，单檐庑殿顶，高 2.2、宽 0.92、厚 0.26 米，碑镌楷书"皇清待诰孺人显妣周老太君之墓，清道光丁亥"。

涩李子湾叶氏墓 位于周家镇新塘村，建于清咸丰九年（1859 年），坐东南向西北，占地面积 14.23 平方米。土冢墓，冢由条石砌成，前端呈圆弧形，长 4.2、宽 3.4、高 1.3 米。冢前有清代石碑 1 通，为石质仿木结构，二柱一开间，单檐庑殿顶，高 2.15、宽 0.99、厚 0.26 米，碑镌楷书"皇清待诰故祖妣叶老孺人墓，咸丰九年"，碑风化严重，有残缺。

罗永山墓 位于周家镇洛浦村，建于清光绪三十年（1904 年），坐东北向西南，占地面积 45 平方米。墓冢由条石砌成，前端呈圆弧形，长 4.4、宽 3、高 1.6 米。冢前有清代石碑 1 通，为石质仿木结构，四柱三开间，重檐庑殿顶，高 3.7、宽 2.2、厚 0.32 米，碑镌楷书"清故显考罗公讳永山大人之寿藏，大庆光绪叁拾年"。碑两侧有护碑石，高 1.35、宽 0.48、厚 0.18 米，碑、护碑石上雕刻人物故事、动物图案。

李廷楹墓 位于周家镇铜矿村，建于清光绪二十七年（1901 年），坐西北向东南（150°），占地面积为 17 平方米。土冢墓，冢用条石砌成，冢前端呈圆弧形，长 4.5、宽 3.4、高 1.6 米。冢前有清代石碑 1 通,为长方形荷叶形边顶,碑高 2.44、宽 0.94、厚 0.23 米。碑镌楷书"选学正堂李公廷楷大人之墓,光绪二十七年"。碑两侧有护碑石,高 1.42、宽 0.63、厚 0.14 米,护碑石上雕刻有人物故事,花草图案。

坎上罗家墓 位于周家镇加兴村,建于清光绪二年(1876 年),坐东北向西南,占地面积 50 平方米,由 M1 罗母吴老太君墓、M2 罗母李太君组成。M1 土冢墓,冢由乱石砌成,冢前端呈圆弧形,冢长 3.5、宽 2.6、高 1.3 米。冢前有清代石碑 1 通,为石质仿木结构,二柱一开间,单檐庑殿顶,碑高 2.5、宽 0.8、厚 0.26 米,碑刻楷书"皇清待诰显妣罗母吴老太君墓,光绪二年仲冬十五日立",碑施护碑石,高 1.2、宽 0.45、厚 0.22 米,碑、护碑石上雕刻有人物耕作图案、鹿衔花及花卉图案。M2 与 M1 形制完全相同。

周彭氏墓 位于周家镇龙洞村,建于清光绪四年(1878 年),坐东南向西北,占地面积为 70 平方米。土冢墓,冢由条石筑砌,前端呈圆弧形,长 1.5、宽 2.8、高 1.5 米。冢前有清代石碑 1 通,为石质仿木结构,二柱一开间,单檐庑殿顶,高 2.2、宽 0.8、厚 0.27 米,碑镌楷书"皇清待诰故显考妣周母彭戒寂源老孺人之墓,大清光绪四年",碑两侧有护碑石,高 1.15、宽 0.54、厚 0.16 米。墓有院,长 10、宽 7 米,院墙由乱石筑砌,高 1.4 米。

郭世珍墓 位于周家镇石屏村,建于清光绪十九年(1893 年),坐西北向东南,占地面积 11.48 平方米。土冢墓,冢由条石砌成,冢前端呈圆弧形,冢高 1.5、宽 2.8、长 4.1 米。冢前有清代石碑 1 通,为石质仿木结构,二柱一开间,单檐庑殿顶,碑高 2.7、宽 0.9、厚 0.2 米,碑镌刻楷书"皇清待赠故显考郭公讳世珍老大人之墓,大清光绪癸巳年",碑施护碑石,高 1.11、宽 0.49、厚 0.1 米,碑、护碑石上雕有人物故事及花卉图案。

沱田头郭世珍墓 位于周家镇石屏村,建于清光绪六年(1880 年),坐西向东,占地面积 12.8 平方米。土冢墓,冢用条石砌成,冢前端呈圆弧形,长 4、宽 3.2、高 1.55 米。冢前有清代石碑 1 通,为石质仿木结构,二柱一开间,单檐庑殿顶,碑高 2.75、宽 1.05 米,碑刻楷书"皇清待赠故显考郭公讳世珍老大人墓,大清光绪六年",碑施护碑石,高 1.4、宽 0.56、厚 0.18 米,碑、护碑石上刻有人物故事及花卉图案。

近现代重要史迹及代表性建筑

川南硫铁矿职工医院旧址 位于周家镇云龙社区,建于 1975 年,坐西南向东北(293°),建筑占地面积 270 平方米。整体建筑呈长方形,两层楼砖混结构,面阔六间 21.6 米,纵深 7、高 7 米。原为川南硫铁矿职工医院,现为周家镇云龙社区办公室及社区定点医疗机构。该处旧址是 20 世纪 70 年代兴文第一家省属企业的生存发掘状。

屏山县

锦屏镇

古遗址

龙跃阁遗址 位于锦屏镇附城村，原为明代塔式三层阁楼，俗称东关亭，坐东向西，分布面积 110 平方米。该建筑 1978 年因县炸药厂失火烧毁，现存遗迹为建筑底层部分砖石墙体和两道石质拱门。墙体用大砖抹石灰浆砌成，砖上有印，印文为阴刻"龙跃阁"三字。两道拱门柱头有阴刻对联。因处向家坝电站淹没区内，2012 年实施迁移保护。

古墓葬

沟头上墓地 位于锦屏镇四坪村，明代墓冢。墓碑已毁无存，仅存石椁两个，前部露出土坎，其余部分埋于耕地中，相距 0.3 米。均东南向，形制相同，高 1.4、宽 1.3 米。

郭义甫夫妇墓 位于锦屏镇共和村，清光绪年间，西南向，为 1 座土坑石砌墓。条石砌冢，冢长 5、宽 3.2、高 1.1 米；石质单碑，碑顶残，现高 1.2、宽 0.8、厚 0.15 米；墓前 2 米为长方形拜台，宽 7 米。

周以才夫妇墓 位于锦屏镇五一村，清代，由于墓碑风化具体年代不详，坐西南向东北，为土坑石砌墓。条石砌冢，冢长 6、宽 3.8、高 1.4 米；碑为石质四柱三开间牌楼顶，两侧带抱鼓，碑残高 2.8、残宽 6 米。

李天禹墓 位于锦屏镇金鱼村，清嘉庆二十三年（1818 年），坐东南向西北，为一座土坑石砌墓。条石砌冢，呈梯形，长 6、前宽 4、后宽 3、高 1.4 米；碑为石质两柱一开间庑殿顶，碑高 1.8、宽 1.1 米，柱厚 0.35 米。

李世秀夫妇墓 位于锦屏镇共和村，清道光十八年（1838 年），坐向西南，为 1 座土坑石砌墓。条石砌冢，冢长 6、宽 5、高 1.5 米；冢头笔架形，高 2.8 米；石质单碑，碑顶梯形，碑高 2.2、宽 0.9、厚 0.13 米。

李林氏墓　位于锦屏镇共和村，清道光二年（1822 年），坐向西南，为 1 座土坑石砌墓。冢长 6、宽 3.5、高 1.4 米。碑为四柱三开间庑殿顶，两侧抱鼓，上刻花草图案，宽 4、高 2.20 米。

牟元相墓　位于锦屏镇共和村，清道光九年（1829 年），西南向，为 1 座土坑石砌墓。条石砌冢，冢严重扰乱，残冢长 3、宽 2、高 1 米；石质单碑，碑高 1.2、宽 0.7、厚 0.16 米。

陈福贵墓　位于锦屏镇集翠村，清道光十五年（1835 年），坐东南向西北，为 1 座土坑石砌墓。条石砌冢，冢长 6、宽 3.4、高 1.4 米；碑为石质四柱三间三楼形，两侧八字形抱鼓，碑高 3.2、宽 4.2 米。

张元枢夫妇墓　位于锦屏镇集翠村，清道光二十三年（1843 年），坐东南向西北，为 1 座土坑石砌墓。条石砌冢，冢头笔架顶，冢长 7、宽 4.8、高 2.4 米；石质两柱一开间碑，碑高 1.4、宽 0.8、柱宽 0.3 米。

杨积兴夫妇墓　位于锦屏镇白坪村，清咸丰五年（1855 年），北向，为 1 座土坑石砌墓。冢头梯形，冢长 7、宽 3.5、高 1.7 米；碑为石质两柱一开间庑殿顶，两侧抱鼓，碑高 2.5、宽 2.7 米。

大桥沟墓群　位于锦屏镇共和村，共 3 座，呈一斜线排列，葬于清代，均坐东北向西南，M3 为石室墓，M1、M2 均为条石砌成土坑墓，墓主为李姓，呈弧线布局。M1 为李何氏墓，清同治十二年春立碑，冢头为圆形，冢长 4.5、宽 2.4、高 1.6 米，冢尾已平为耕地。碑为石质圆头单碑，宽 0.7、高 1.4、厚 0.1 米。

朱甸臣夫妇墓　位于锦屏镇五一村，清同治四年（1865 年），坐西北向东南，为 1 座土坑石砌墓。条石砌冢，冢长 7、宽 4.5、高 1.6 米；石质单碑，碑顶呈梯形，高 2.2、宽 0.8、厚 0.2 米。

老关山王氏墓　位于锦屏镇中和村，清同治九年（1870 年），坐向西南，为 1 座土坑石砌墓。条石砌冢，冢长 6.5、宽 3.5、高 1.6 米；碑为石质仿木结构四柱三开间庑殿顶，两侧八字形抱鼓，通高 3.1、通宽 5.2 米。

古建筑

万寿寺　位于锦屏镇附城村，始建于金大定年间，重建于明代，现存大雄宝殿、观音殿。两殿坐北向南，均在一中轴线上，木结构建筑，占地面积 6000 平方米，建筑面积 348.6 平方米。大雄宝殿重檐歇山式顶，上檐施斗拱 22 朵，下檐施斗拱 28 朵，抬梁式梁架，六架椽，屋前后乳栿搭牵用四柱。面阔三间 12 米，进深三间 12.50 米，通高 12 米。殿内柱用料粗大，有明显的柱侧角生起。须弥座台基，束腰以花卉、云龙镂空浮雕装饰，垂带式踏道 11 级。观音殿重檐歇山式顶，外上层分别用 19、21、23 朵斗拱组成三层承受屋顶；内上层用 36 朵斗拱组成藻井，中原悬有明成化二年铸铜镜一面。下檐柱头补间，转角铺作，内外用斗拱 56 朵，面阔三间 12 米，进深三间 12 米，通高 12 米。殿内西墙壁有明代壁塑约 10 平方米，壁塑损坏严重。台基为须弥座，下有花卉、绳纹雕刻图案，垂带式踏道 9 级。

万寿寺为明代马湖府佛教事物管理机构"僧纲司"正都纲驻节庙宇，为马湖诸多佛教庙宇之首。现存大雄宝殿和观音殿。该寺严格按照《营造法式》造做，是研究古马湖宗教、建筑、民俗的珍贵实物资料。四川省人民政府于 1991 年 4 月 16 日公布为文物保护单位。

官水井 位于锦屏镇五桂街，该井水在明代只供马湖府官府使用，庶民不得到此井挑水，故名"官水井"。石质，井台呈梯形，上边长 2.7、下边长 3.7、腰 2.7 米；四周原有围墙长 4.7、高 0.8 米；井口呈圆形，用 5 节直径 0.8 米石管砌成，每节高 0.48、厚 0.1 米，井通深 2.55 米，井口高出地面 0.4 米，井底以一口古铁钟镶砌，直径约 1、高约 1.5 米，水从钟顶眼流入井内，今水量较小。因处向家坝水电站淹没区内，淹没前已提取资料。

高城墙王氏宅 位于锦屏镇政府南侧，明城墙在西侧从南向北通过，坐北向南，穿斗式梁架小青瓦屋面木结构建筑，中部为天井，形成四合院。西南角开门进出，正房面阔三间 12.90 米，进深 4 米；左右厢房均面阔一间 5 米，进深 4 米；门房面阔三间 12.90 米，进深 4 米；大门宽 1.20 米。建筑四周为青砖砌墙，中间墙壁基本上为木板墙壁。该宅用料粗大，门窗雕花，布局合理，始建年代略晚于明马湖古城。

因处向家坝水电站淹没区内，2012 年实施迁移保护。

万寿观 位于锦屏镇东新街，始建年代不详，原有五重大殿，现仅存明代玄帝宫。坐北向南，木结构重檐歇山式顶，面阔三间 12 米，进深三间 11 米，通高 11 米。上檐共施斗拱 12 朵，下檐前方内外拱不一致，外施斗拱 8 朵，内由横 12 朵小拱组成，竖 5 列共 60 朵，左右各 8 朵，后檐为 5 朵，其结构有别于宋《营造法式》。大殿用料粗大，有柱侧脚明显。

万寿观为明代马湖府管理道教事务机构"道纪司"驻居地，是研究古马湖地区宗教、文化、建筑的重要实物资料，具有较大的历史、科学、艺术价值。四川省人民政府于 1991 年 4 月 16 日公布为文物保护单位。因处向家坝水电站淹没区内，2012 年实施迁移保护。

禹帝宫 位于锦屏镇南城社区，始建于明代，原位置在万寿寺前金沙江左岸，因被洪水淹没，于清雍正五年重建于现址。禹帝宫原为四合院，现仅存正殿，单檐歇山式顶，坐西北向东南，须弥座高 1.20 米。面阔五间 19.55 米，明间 5.65 米，次间 4.15 米，梢间 2.80 米，进深三间 11.10 米，通高 12 米，檐柱高 5 米。中心为抬梁式，侧为穿斗木石结构。殿内石金柱高 8 米，直径 0.70 米，柱础直径 1.10 米。殿顶面施灰色筒瓦，烧制龙脊正吻（已毁），内瓦格以木板密封，前檐下施如意斗拱，拱内镂空花雕。殿前廊外两侧须弥座束腰石板雕刻人物深浮雕，须弥座及部分柱础为明代，其余为清代。殿内左前金柱有金沙江水文标记三处：1. 齐穿枋处有 1924 年（甲子年）水文标记；2. 在柱之上部有"咸丰十年五月二十七、八、九日洪水位"（同明嘉靖三十九年水位）；3. 在柱础上一尺有"1966 年"水文标记。

四川省人民政府于 1991 年 4 月 16 日公布为文物保护单位。因处向家坝水电站淹没区内，2012 年实施迁移保护。

狮子桥 位于锦屏镇附城村，建于明代，南北走向，为两墩三孔石质平板桥。桥面由 7 块大青石铺成，两侧有栏杆，两面桥墩柱上端有石狮各一，两侧石狮相望，同侧石狮背向。桥长 17.3、宽 1.6、高 4.95 米，桥中跨 6.6 米。该桥为明代至 20 世纪公路通车前从宜宾至屏山官道的最后一处关隘，在交通和军事上都具有重要意义。经 400 多年使用，该桥依然基本保存完好，仍在发挥作用。

屏山县人民政府于 2005 年 12 月 6 日公布为文物保护单位。因处向家坝水电站淹没区内，2012 年实施提取资料保护。

犀牛桥 位于锦屏镇附城村，建于明代，该桥两端原有两个镇水犀牛石雕，故名犀牛桥，桥南 25 米处现存有一残缺石雕犀牛头部。该桥东西走向，石结构单孔拱桥。桥长 30、宽 4.8、高 5.4、跨度 5、拱高 4 米，桥面用石板铺成，微呈弧形，原有石栏杆，今存望柱眼，桥拱圈石多采用纵横砌置法，几百年来经洪水淹没冲洗仍保存较好。因处向家坝水电站淹没区内，2012 年实施迁移保护。

马湖府城 位于锦屏镇城内，现存小南门、北门、西门。3 座城楼分别位于县城南、北、西入城口，城基石质部分建于明隆庆年间，城楼均为清代重建。北门名"承恩门"，城楼名"拱极楼"；小南门名"迎江门"，城楼名"得月楼"；西门名"翔凤门"、城楼名"怀远楼"，3 座城楼形制基本相同。南门面阔三间 10.9 米，进深三间 7.5 米，通高 5.5 米；门洞由条石砌成，两拱圈间距 3.8 米，拱高 1.5 米，跨度 2.5 米；城楼基座通高 4.75 米，两扇铁门尚存，南面拱门洞上有一木质匾，中书"迎江门"，右书"南广张乃史题"，左书"辛未年夏日"；再上有石质匾镶嵌于墙壁内，上阴刻"近水楼台"四字。原东门城楼早年已毁，仅存门洞和部分基础。

宜宾市人民政府于 2002 年 5 月 8 日公布为文物保护单。因处向家坝水电站淹没区内，2012 年实施迁移保护。

清凉寺 位于锦屏镇清凉村，坐东北向西南，始建于宋代，原分上、下寺，现存建筑为上寺部分。最早的大雄宝殿重建于明成化九年（1473 年），其余各殿和厢房均建于清康熙或光绪年间，总占地面积 2300 平方米。大雄宝殿为木结构抬梁式梁架，重檐歇山式顶小青瓦屋面，面阔三间 14.50 米，进深三间 15.20 米，通高 14.50 米，六架椽屋，上檐正面施斗拱五朵，四铺作单抄出 45 度斜拱；下檐正面施斗拱 6 朵，五铺作双抄并出 45 度斜拱。

四川省人民政府于 1996 年 9 月 16 日公布为文物保护单位。因处向家坝水电站淹没区内，2012 年实施迁移保护。

东关石坊群 位于锦屏镇附城村，由于公庙坊、守贞遂志坊、彤管流辉坊组成。于公庙坊坊体石质，东西走向。石坊镶嵌于居民院坝杂屋墙壁内，四柱三门，无顶盖，额上饰花纹。通高 3.9、门宽 4.4 米，柱坊上有斗拱八朵。横额上书"于公庙"三字。题跋为明嘉靖丁酉（十六）年（1537 年）。

守贞遂志坊建于清乾隆二十四年（1759 年）。石质，东西走向，仿木结构四柱三门重檐歇山式顶，宝顶上饰龙头正吻。上题"守贞遂志"、"旌表节妇任应孝之妻王氏之坊"。石坊通宽 6.6、高 8.5 米，抱鼓石八个，均高 1.9、宽 0.8 米。

彤管流辉坊建于清乾隆四十四年（1779 年）。仿木结构四柱三门重檐歇山式顶，宝顶已脱落。通宽 6.8、高 7 米，抱鼓高 1.7、宽 0.82 米，有龙、马、花草浅浮雕图案。上题"彤管流辉"、"旌表孝节邑民任国相之妻李氏之坊"。屏山县人民政府于 1982 年 7 月公布为文物保护单位。

聂家大院 位于锦屏镇城内，现存部分为北正街 101 号、53 号和五桂街 9 号、10 号，为木结构穿斗抬梁混合梁架。北正街 101 号建筑面积 240 平方米，正房五间，耳房两间，穿斗式梁架悬山式顶，木楼两层，呈三合院形，中为天井，院前垂带踏道 20 级。北正街 53 号与 101 号、五桂街 9～10 号并列，建筑面积 500 平方米，正房面阔四间 23.50 米，进深一间 10.5 米，正房六扇门，前有踏道 20 级。五桂街 9～10 号建筑面积 180 平方米，面阔五间 20 米，进深 9 米。聂家大院虽然分散零落，但仍然保持着清代中晚期官宦家族建筑的气势和特点。因处向家坝水电站淹没区内，2012 年实施迁移保护。

王氏宅 位于锦屏镇忠孝街，建于清代，南临街，为穿斗式梁架悬山式顶小青瓦屋面一楼一底木结构建筑。底层平街面为铺面两间，二楼为住房，门额饰有精美雕花，上铺一层青花瓷片。后两间均面阔二间 6.5 米，进深 11.2 米，占地面积 72.8 平方米。因处向家坝水电站淹没区内，2012 年实施迁移保护。

彭家碉楼 位于锦屏镇天仙村，修建于清末，该碉楼为夯土墙悬山顶小青瓦屋面四层土木建筑，俗称印子。北向，面阔一间 4.5 米，进深一间 5 米，墙厚 0.55 米，通高 12 米。

石窟寺及石刻

赵时吉题刻 位于锦屏镇芋和村与集翠村交界处，题刻年款为明代隆庆年间，有两处，一处在集翠村一组海子沱北崖壁上，西南向，离地面约 20 米，为"赤城天险"四字，总宽约 4.5、高约 1 米；字为楷书，字径约 0.6 米。另一处位于前处北 400 余米，在芋和村一组马马石西南 80 余米崖壁上，东北向，离地面约 50 米，该题刻位置长满青苔，字迹完全被遮盖，具体内容不清楚，时代稍晚于海子沱题刻。

天经石　位于锦屏镇附城村，题刻呈长方形，宽 2.2、高 0.7 米。石壁上横排阴刻楷书"天经石"三个大字，是明成化十八年（1484 年）马湖府世袭知府弟安鲲书。屏山县人民政府于 1982 年 7 月公布为文物保护单位。

双观音石窟　位于锦屏镇万涡村与集翠村交界处，题款为"大清道光六年"。凿刻于一块大石头南面，总高 2.2、宽 1.2 米，分为上下两窟，上窟有弧形排水小沟。上窟为观音龛，高 0.8、宽 0.7、深 0.4 米，有观音像 1 尊，高约 0.5 米；其他造像四尊，刻于左右龛壁，均高 0.1 厘米左右；龛右侧有梯形顶小石碑，记录相关功德人名字。下窟为土地神龛，高 0.6、宽 0.5、深 0.3 米，摩崖造像 1 尊，高约 0.4 米。两窟之间梯状台阶两级。

近现代重要史迹及代表性建筑

猫猫沟悬索桥　位于锦屏镇平和村，修建于 1965 年，解决了桥西居民进城交通问题。为一座钢缆悬索桥。桥长 88.5、宽 2、通高 30 米。

城郊电站　位于锦屏镇平和村二组猫猫沟北 100 余米，修建于 1968 年，当时解决了城市居民照明用电和人畜饮用水问题。长条石砌成石质拦水坝，长 27、顶宽 2.5、高 4 米。对研究屏山城区早期用电、饮水等社会发展有一定价值。

锦屏饮水渠　位于锦屏镇共和村，条石砌成，西北—东南走向，西北起于底坝大桥南 200 余米处，东南至自来水厂止，全长 4000 余、宽 1.2 ~ 1.5 米，深 1 米。该水渠解决了屏山老县城守着金沙江却饮用水困难的问题，对屏山社会发展起到了一定作用。

新市镇

古墓葬

龙尾墓　位于新市镇龙尾社区和平街，明代，坐向西，为条石、大石板砌成的三室墓。右起第一室宽 1.1 米，第二室宽 1.4 米，第三室宽 1.1 米，均深 3、高 1.3 米。

代家铺子石室墓　位于新市镇寸腰村，明代，坐向北。墓群隐藏于 200 平方米范围内，露出地表仅一单室石室墓，墓宽 1.10、高 0.90 米，深 2.40 米。

花生行墓群　位于新市镇菜园村，共 3 墓。明代，为条石、大石板砌成，呈丁字形布局。M1、M2 损毁严重，均为一墓四室，坐向西南。M1 墓室已毁坏；M2 右侧挡板已无存；M3 在一土坎下，露出地面一角，用大石板嵌成，坐东向西。三墓大小、形制基本相同。墓长 3、宽 1、高 1.2 米。

马鞍子墓地　位于新市镇沙滩村，明代，东北向，现存砖拱墓 2 座。两墓相距 1.5 米，形制相同，均用大青砖砌成拱圈；墓埋于耕地土坎，露出部分能辨认出墓葬形制；墓拱圈内空，均高 1.2、宽 1 米，拱圈厚 0.4 米，墓砖长 0.4、宽 0.21、厚 0.07 ~ 0.1 米。

下关山墓　位于新市镇沙滩村，明代，坐向东，为条石拱圈墓。墓埋于耕地内，仅墓头露出土坎，露出部分高 0.9、宽 1.2、深 0.4 米。

青狮坪墓　位于新市镇大桥村，明代，北向，双室石室墓。用条石板砌筑，双室相通，宽 2.5、高 1.2 米；单室长 2.8、宽 0.9、高 1 米。

马鞍子墓　位于新市镇沙滩村，明正德十五年（1519 年），东北向，用条石板砌筑，两室相通。左室由于近期盗掘露出地面，长 2.8、宽 1.1、高 1.2 米；右室埋于地下，具体数据不详，墓有石碑一通，因近期盗掘大部露出地面，碑头呈半圆形，碑高 0.8、宽 0.5、厚 0.1 米，上刻"故考姚双魂神位　正德己卯"。

罗太和墓　位于新市镇白花村，清代，东南向，为 1 座土坑石砌墓。条石砌冢，冢长 4、宽 2.5、高 1.2 米。石质单碑嵌于冢头中央。

菜园墓　位于新市菜园村，清乾隆二十三年（1758 年），南向，原为条石砌冢，现条石无存仅存锥形封土堆。土堆高 1、直径 2 米；碑为石质两柱一间庑殿顶，碑高 1.8、宽 1.1、厚 0.25 米。

椒园村涂氏墓地　位于新市镇椒园村一组大坡上，共 4 座墓，清代，均向北，为土坑石砌墓。M1 涂德坦夫妇墓，清道光十四年（1834 年）。冢长 6.5、宽 4、高 1.3 米；碑为石质仿木四柱三门，两侧抱鼓，庑殿顶，碑梢间和抱鼓呈八字形，碑高 2.8、宽 4.5 米；墓前 1.2 米范围为长方形拜台，宽 7 米。M2 涂德安墓，清道光三年（1823 年），冢头呈半圆形，碑为石质两柱一开间，庑殿顶；M3 涂文彩墓，清同治二年，冢头笔架形，碑为石质庑殿顶，两侧施抱鼓；M4 涂光熹夫妇墓，清光绪十六年（1890 年），石质无帽两侧抱鼓单碑。

烂凹子蒋氏墓　位于新市镇观音村，清墓，向东北，为土坑墓。坟现长 2.2、宽 1.2、高 1.02 ~ 1.38 米。石质单碑，墓碑已下沉，凸字形顶，飞檐。左柱联仅识"砂水"。右柱联仅识"阴阳得"。碑上方刻"山清水秀"四字。墓碑高 1.66、宽 1.28 米。

孙世举夫妇三人合葬墓　位于新市镇天池村，清代，西向，为 1 座土坑石砌墓。条石砌冢，冢头半圆形，为孙世举与张明文、张明亮三人合葬墓，冢长 8、宽 7.5、高 1.4 米。碑为石质仿木四柱三开间，两侧抱鼓，重檐庑殿顶，高 2.8、宽 3.6 米。

姚炳灵墓 位于新市镇天宫村，葬于清同治年间，西北向，为 1 座土坑石砌墓。条石砌冢，冢长 7、宽 4、高 1.5 米。碑为石质两柱一开间，庑殿顶，两侧抱鼓，碑高 2.5、宽 2.5 米。

杨文氏墓 位于新市镇平宁村二组碾子包，葬于清同治年间，西北向，为 1 座土坑石砌墓。条石砌冢，冢长 5、宽 3.5、高 1.2 米，碑为四柱三开间庑殿顶，两次间呈八字形。

杨余氏墓 位于新市镇平宁村，清同治年间，北向，为 1 座土坑石砌墓。条石砌冢，冢长 5、宽 3、高 1.2 米。石质单碑，高 1.2、宽 0.8 米，厚 0.15 米。

沙滩李氏墓 位于新市镇沙滩村，葬于清乾隆二十七年（1762 年），东北向，为 1 座土坑石砌墓。块石砌冢，冢长 4、宽 2.5、高 1.1 米。碑为石质两柱一门庑殿顶，高 1.2、宽 0.7 米。

陈氏墓地 位于新市镇寸腰村，为 2 座土坑石砌墓。M1 为陈上荣墓，西北向，条石砌冢，冢头挡土墙八字形，冢长 6、宽 4、高 1.3 米；碑为石质两柱一开间庑殿顶，通高 2.4、宽 1.2 米；墓前有半圆形拜台两层。M2 位于 M1 西南 4 米，为陈应元墓，西北向，块石砌冢，冢长 4.5、宽 3、高 1.2 米；石质单碑，高 1.3、宽 0.9、厚 0.08 米。

马草坡陈氏墓地 位于新市镇寸腰村，为土坑石砌墓 3 座。M1 陈门王氏墓，西北向，清嘉庆十六年（1811 年），条石砌冢，冢长 5、宽 3.5、高 1.2 米；碑为石质四柱三开间重檐庑殿顶，高 2.6、宽 4 米，碑前有长方形拜台。M2 陈祥应黄氏合葬墓，在 M1 右 3 米处，西北向，清光绪十四年（1888 年），土坑石砌墓，冢长 5、宽 4、高 1.3 米；碑为石质两柱一开间庑殿顶，高 1.8、宽 1.2 米。M3 陈门姜氏墓，在 M1 左 3 米，西北向，光绪十四年（1888 年），土坑石砌墓，冢两侧八字墙，冢长 5、宽 3、高 1.2 米；碑为石质两柱一开间庑殿顶，高 1.6、宽 1.2 米。

肖良能墓 位于新市镇天池村，葬于清嘉庆二十四年（1819 年），西北向，为 1 座土坑石砌墓。条石砌冢，冢头半圆形，冢长 6、宽 4、高 1.4 米。碑为石质两柱一开间，庑殿顶单碑，高 1.7、宽 1.1 米。

李登武墓 位于新市镇沙滩村，清嘉庆二十三年（1818 年），平面为圆角梯形，西南向，以长方形石块砌成平顶封土墓。冢长 4、宽 2.68～3.8、高 1.7 米。碑楼四柱三碑，悬山顶，有抱鼓。上刻动物、花卉，正中纵刻"皇清例赠登仕佐郎显考李公讳登武府君墓"，中纵刻"大清嘉庆二十三年戊寅小阳月廿日"，前有大拜台，长 6、宽 7.6 米。

聂氏墓地 位于新市镇龙口村，共有清墓 8 座，均坐向东南，分布在东西 80 余米、南北 120 余米范围内。M1 为聂治墓，南距乡村公路 10 米，清道光四年（1824 年）；为土坑石砌墓，条石砌冢，冢头呈半圆形，冢长 6、宽 3.5、高 1.2 米；碑为四柱三开间，两侧施抱鼓，重檐庑殿顶，高 2.3、宽 3.6 米。其余 7 座聂氏家族墓均为上坑石砌墓，全部严重扰乱，墓碑无存，无法确定具体年代。

陈李氏墓 位于新市镇寸腰村，清道光十五年（1835 年），北向，为 1 座土坑石砌墓。块石砌冢，冢长 3.5、宽 3、高 1.4 米；盖于冢头石板宽 1.2、长 1.8、厚 0.2 米，并前伸 0.4 米；石质无帽单碑嵌于冢头，碑顶半圆形，碑露出地表部分高 1.2、宽 1.1 米。

孙杨氏墓 位于新市镇天池村，清道光十八年（1838 年），西北向，为 1 座土坑石砌墓。块石砌冢，冢呈长方形，长 6、宽 4、高 1.2 米。碑为石质仿木四柱三开间，两侧施抱鼓，重檐顶，高 2.9、宽 3.6 米。碑前有圆弧形拜台。

孙世文墓 位于新市镇天池村，清道光十八年（1838 年），南向，为 1 座土坑冢石墓。墓南向，条石冢头呈半圆形，长 6、宽 4、高 1.4 米。碑为石质两柱一开间，庑殿顶，高 2.2、宽 1.2 米。

文朱氏墓 位于新市镇沙滩村，清道光二十二年（1842 年），东北向，为 1 座土坑石砌墓。块石垒冢，冢长 4、宽 2.5、高 1 米。碑为石质庑殿顶单碑，高 1.7、宽 1、厚 0.14 米。

文维纯墓 位于新市镇沙滩村，清道光十一年（1831 年），东北向，墓为 1 座土坑石砌墓。墓冢已经大部毁坏，碑也部分损坏。残冢长 3、宽 2 米；残碑两柱一开间，残高 1.2、宽 1.2 米。

李杨氏墓 位于新市镇沙滩村，清道光七年（1827 年），坐向南，以长方形石块砌冢的土坑墓。冢为圆角长方形，宽 4.6、长 3.16、高 1.6 米。有六边形拜台，拜台宽 10、长 8.36 米。碑为石质四柱三开间，三重檐顶，两侧有八字墙、抱鼓。碑高 4.20、宽 6 米。右次间中刻"大清道光柒年小陽月穀旦"。上刻有人物、动物、花草图案。

青杠嘴吕家墓 位于新市镇大桥村，清道光十五年（1835 年），西北向，为 1 座土坑石砌墓。条石砌冢，冢长 6、宽 3.5、高 1.2 米，原有石质仿木四柱三开间两侧抱鼓重檐墓碑，现已经毁坏，墓碑石头散落于墓前 20 平方米范围内。

青冈嘴杨氏墓 位于新市镇大桥村，清道光十八年（1838 年），北向，为 1 座土坑石砌墓。条石砌冢，冢头梯形，冢长 6、宽 3.5、高 1.7 米。碑为石质两柱一开间庑殿顶单碑，高 1.8、宽 1.2 米。

李元顺墓 位于新市镇先锋村，清咸丰十一年（1861 年），北向，土坑石砌墓。条石砌冢，冢头梯形，冢长 6、宽 3.5、高 1.4 米，碑为石质仿木四柱三间三楼，两侧抱鼓。碑雕刻精美，碑高 3.6、宽 4.2 米。

杨万礼墓 位于新市镇沙滩村，清同治八年（1858 年），东北向，土坑石砌墓。条石砌冢，冢长 6、宽 3.2、高 1.2 米。石质单碑嵌于冢头，碑高 1.1、宽 0.6 米。

杨涂氏墓 位于新市镇二坪村，清咸丰二年（1852 年），东北向，土坑石砌墓。条石砌冢，冢长 6、宽 3、高 1.7 米。碑为石质庑殿顶单碑，高 1.9、宽 0.9、厚 0.2 米。

李罗氏墓 位于新市镇红旗村，清咸丰二年（1852 年），东北向，土坑石砌墓。条石砌冢，冢长 6、宽 3.5、高 1.4 米。碑为石质圆头单碑，碑头浮雕缠枝花草。碑高 1.8、宽 1、厚 0.15 米。

陈子义夫妇墓 位于新市镇寸腰村，清同治十三年（1874 年），西北向，土坑石砌墓。条石砌冢，冢头挡土墙笔架形带八字墙，冢长 5、宽 4、高 1.8 米。石质单碑嵌于冢头挡土墙，碑高 1.6、宽 0.8、厚 0.2 米。

罗大章墓 位于新市镇大桥村，清同治九年（1870 年），北向，土坑石砌墓。条石砌冢，冢长 6、宽 3.5、高 1.7 米。石质单碑，高 1.8、宽 0.8、厚 0.15 米。

李田氏墓 位于新市镇大塘村，清同治元年（1862 年），东北向，土坑石砌墓。条石砌冢，冢长 6、宽 3.5、高 1.4 米。石质单碑，高 2、宽 1、厚 0.25 米。

杨卓品墓 位于新市镇天宫村，清同治十年（1871 年），西北向，土坑石砌墓。条石砌冢，冢长 6、宽 3.5、高 1.3 米；石质单碑，碑高 1.8、宽 0.8、厚 0.2 米。

姚聂氏墓 位于新市镇天宫村，清同治九年（1870 年），西北向，土坑石砌墓。条石砌冢，冢头梯形，冢长 7、宽 4、高 1.8 米；碑为石质仿木四柱三开间门牌楼顶，高 3.5、宽 4.5 米。墓冢前有弧形拜台，宽 30 余米，深 12 米。

杨万业墓 位于新市镇天宫村，清同治元年（1862 年），西北向，土坑石砌墓。条石砌冢，冢长 7、宽 3.5、高 1.5 米。石质单碑，高 2、宽 0.9、厚 0.2 米。

杨万臣墓 位于新市镇前锋村，清同治六年（1867 年），北向，土坑石砌墓。条石砌冢，冢长 7、宽 3.5、高 1.5 米，石质单碑，高 2、宽 0.8、厚 0.2 米。

万齐寿墓 位于新市镇何家坪村，清光绪三十二年（1906 年），东南向，土坑石砌墓。条石砌冢，冢长 6、宽 3.5、高 1.2 米；石质单碑，碑高 1.2、宽 0.8、厚 0.15 米。

孙氏墓 位于新市镇天池村，清光绪十七年（1891 年），墓主孙中国，西北向，为 1 座土坑石砌墓。条石砌冢，冢头两角圆形，冢长 5.5、宽 3、高 1.3 米；石质单碑，碑高 2、宽 0.9、厚 0.18 米。

文彝氏墓 位于新市镇沙滩村，葬于清光绪十九年（1893 年），东向，土坑石砌墓。条石砌冢，冢头长梯形，冢长 6、宽 3.5、高 1.2 米。石质单碑，碑高 1.3、宽 0.8、厚 0.12 米。

文三省墓 位于新市镇沙滩四组黄角树西北 40 米，清光绪十二年（1886 年），东南向，土坑石砌墓。条石砌冢，冢头梯形，冢长 6、宽 3.5、高 1.3 米。石质单碑，碑顶半圆形，碑高 1.3、宽 0.8、厚 0.12 米。

杨万义夫妇墓 位于新市镇大桥村，清光绪二十五年（1899 年），西向，土坑石砌墓。条石砌冢，冢长 8、宽 5、高 1.3 米。冢前两层拜台，碑为石质仿木四柱三开间，两侧抱鼓，庑殿顶，高 4、宽 3.2 米，碑雕刻精美，保存完好。

笪箕背方氏夫妇墓　位于新市镇二坪村，清光绪十一年（1885 年），东北向，土坑石砌墓。条石砌冢，冢长 6、宽 4、高 1.4 米。整石庑殿顶单碑立于墓前，碑高 2、宽 0.9、厚 0.15 米。

温成图墓　位于新市镇天宫村，清光绪十三年（1887 年），西北向，土坑石砌墓。条石砌冢，冢头内凹弧形，冢长 7、宽 6、高 1.3 米；碑为石质两柱一开间，庑殿顶，两侧八字墙顶带石狮，墓碑雕刻精美，高 2.8、宽 2.8 米。

古建筑

椒园官道　位于新市镇汉溪村，始建于明初，清乾隆年间重修。该官道为明、清时期西宁至新市的交通要道中段，由当时政府和民众出资修建，重修碑记至今仍然立在官道边。现存部分在汉溪村至椒园村之间，东西走向，长约 2000、宽 0.8 ~ 1.2 米。路面青石板长 0.8 ~ 1.2、宽 0.4 ~ 0.8、厚 0.1 ~ 0.25 米。

刘氏碉楼　位于新市镇椒园村，修建于清末动乱年代。该碉楼为一石木结构三层楼，门东北向，底层条石砌成，墙厚 0.8 米。二三层块石砌成，墙厚 0.6 米，悬山顶小青瓦屋面。三层均面阔一间 5.7 米，进深一间 5.2 米，通高 12 米。

涂氏宅　位于新市镇椒园村，修建于清中叶，为涂氏家族祖屋。西北走向，由前堂、后堂和左右厢房组成四合院院落。前堂为两层穿斗式梁架硬山顶小青瓦屋面，面阔三间 13.6 米，进深三间 5.2 米，通高 8 米；后堂为两层穿斗式梁架硬山顶小青瓦屋面，面阔三间 13.6 米，明间进深 5.1 米，左右梢间进深六间 6.1 米，通高 8 米。左右厢房为穿斗式梁架小青瓦屋面，各面阔一间 5.5 米，进深两间 2.4 米，通高 6.5 米。天井宽 7 米，进深 3.7 米。

月光寺碉楼　位于新市镇天池村，建于清代，该碉楼与月光寺同时修建，为三层土木结构悬山顶小青瓦屋面建筑。门朝南（月光寺内），底层面阔一间 8 米，进深一间 8 米，通高 12 米。原是月光寺的防护建筑，具有瞭望、躲避和反击盗匪等功能。

染坊头碉楼　位于新市镇天池村，建于清末，该碉楼为 1 座石木结构悬山顶小青瓦屋面三层建筑。东北走向，面阔一间 5 米，进深一间 4.8 米，通高 11 米。

天池孙氏宅　位于新市镇天池村，修建于清中叶，为 1 座穿斗式梁架悬山顶小青瓦屋面五开间两层木结构建筑。西北走向，面阔五间 21.4 米，进深四间 5.4 米，明间缩进 1.1 米，通高 8.5 米，占地面积 150 平方米。该建筑门窗雕刻精美，房间装饰华丽。另外，明间现存神柜一个。

黄楝树文氏宅　位于新市镇沙滩村，建于清晚期，该建筑为穿斗式梁架悬山顶小青瓦屋面并列四合水院落建筑，东南走向，由正院和西院组成。外墙均用块石或条石砌筑，俗称"金包银"。

正院前堂为倒坐房，穿斗式梁架悬山顶小青瓦屋面两层木结构建筑，面阔五间 20 米，明间进深 4 米，左右次间和梢间均进深 5 米；正堂为穿斗式梁架悬山顶小青瓦屋面两层木结构建筑，面阔五间 20 米，明间和左右次间进深 6 米，前施两步架卷棚廊道，廊柱间施镂空雕雀替，左右梢间进深 8 米；左、右厢房面阔三间 12 米，进深 4 米，左厢房明间为东北进出过道并设院子左大门，右厢房右次间为西南进出西院过道；前堂正堂左右厢房形成四合院，中间为大天井，天井宽 10、进深 12 米。

西院正房为穿斗式梁架悬山顶小青瓦屋面建筑，面阔三间 10 米，进深 6 米；右厢房为穿斗式梁架悬山顶小青瓦屋面建筑，面阔三间 12 米，进深 4 米；门房为倒坐房，穿斗式梁架悬山顶小青瓦屋面建筑，面阔三间 12 米，进深 6 米，门房左次间为西南进出过道，并设院子右大门；西院中间天井宽 7、进深 12 米。

上糖房李氏宅　位于新市镇大桥村，修建于清代，两层砖木结构悬山顶小青瓦屋面。西北走向，面阔五间 21 米，进深六间 6 米，通高 8.5 米。台基高出地面 0.6 米，底层青砖包砌屋架，俗称"金包银"。墙体局部有彩绘，明间缩进一间，正中开双扇门，左右次间墙体各有石质花窗一扇，右次间花窗中心为"寿"字，左次间花窗为"福"字，各有斜棂格子窗一扇。

龙尾石坊群　位于新市镇龙尾社区，为清代石质仿木结构四柱三门重檐庑殿顶。两坊相距 30 余米，均西北—东南向。牌坊一为"贞寿之门"坊，高 9、宽 6 米；一为"安节之亨"坊，高 9、宽 6.5 米。

屏山县人民政府于 1982 年 7 月公布为文物保护单位。因处向家坝水电站淹没区内，2012 年实施迁移保护。

石窟寺及石刻

新市大佛　位于新市镇和平街，坐北向南，凿于明嘉靖十年，清道光十七年维修，后头部损毁，1981 年修复。造像距地面 2 米高的崖壁，穿隆形龛。龛高 4.78、宽 2.6、深 1.27 米，龛后壁圆雕释迦佛立像一躯，通高 3.78 米。佛头饰螺髻，着圆领通肩袈裟，手施转法轮印，赤足立于莲台上。龛左右壁有明、清题刻。

屏山县人民政府于 1982 年 7 月公布为文物保护单位。因处向家坝水电站淹没区内，2012 年实施迁移保护。

普陀岩石窟　位于新市镇千步村与柏杨村交界处，原为一石质仿木庑殿顶观音龛。南向，龛高 1.4、宽 1、深 1 米。龛内观音像无存。

同结善缘修路碑　位于新市镇椒园村，立于清乾隆四十五年（1780 年），为一修路功德碑。西向，石质单碑庑殿顶，高 1.2、宽 0.8、厚 0.12 米。碑刻内容为当地民众捐资修建西宁至新市老官道。

飞水岩筑路碑　位于新市镇天池村，立于清乾隆十六年（1751 年），为一筑路功德碑。西南向，石质，高 1.2、宽 0.8、厚 0.2 米。碑坐 1.4、宽 0.4、高 0.4 米。

石佛寺摩崖造像　位于新市镇院坪村，清乾隆四十五年（1780 年），凿于西南向分三排岩壁上，分布面积 30 平方米。共计佛像 33 尊，其中佛 5 尊，普陀三圣共 3 尊，观音带善财龙女共 3 尊，财神带童子共 3 尊，罗汉 19 尊。全部造像均为深浮雕。最高佛像 0.8 米，最矮童子 0.3 米。

近现代重要史迹及代表性建筑

陈兴和碉楼　位于新市镇寸腰村，建于民国初年，为三层石木结构建筑，俗称"印子"，是集防御、瞭望、发警报和躲避、反击盗匪为一体的建筑。北向，块石砌墙，墙厚 0.5 米，木梁木楼板，悬山顶小青瓦屋面，面阔一间 6 米，进深一间 5 米，通高 11 米。

代家铺子碉楼　位于新市镇寸腰村，建于民国初年，为一石木结构四层建筑。东南向，块石砌墙，墙厚 0.5 米，木梁木楼板，悬山顶小青瓦屋面，面阔一间 5.5 米，进深一间 6 米，通高 14 米。该建筑修建于民国动乱年代，对研究当地民国历史有一定价值。

路坎上孙氏宅　位于新市镇天池村，修建于民国末年，西北向，穿斗式梁架悬山顶小青瓦屋面，三开间两层木结构建筑。面阔三间 13.3 米，明间 5.2 米，通高 8.5 米。

代家铺子堰沟　位于新市镇寸腰村，由于沿途居民最集中处称代家铺子，堰沟因名。修建于 20 世纪 50 年代中期"大跃进"前，全长 1500 余米，由村民投工投劳，就地取石，加石灰浆砌成。堰沟彻底解决了寸腰沟右岸土地用水和村民饮水问题，促进了当地经济、社会发展。

花盆子桥　位于新市镇大桥村，是 213 国道老路段上的桥梁，修建于 1957 年，为石质单拱公路桥。东西走向，长 25.7、高 16、宽 8 米。单拱跨度 10 米，拱高 14 米。该桥是当时经济发展的见证，对研究当地经济、社会发展有一定价值。

寸腰水电站　位于新市镇寸腰村，修建于 1974 年，机房地基约 30 平方米，由引水渠、蓄水池和机房地基组成。引水渠用块石砌成，长 60、宽 0.8、深 0.5 米。蓄水池用条石砌成，墙厚 1.3 米，池子长 7、宽 7、深 5 米。该遗迹是当时小水电站建设的实物见证，对研究当地水利电力发展史有一定历史价值。

吊岩沟拦河坝　位于新市镇观音村一组与大塘村一组交界处，修建于 20 世纪 70 年代，整体南向。拦河坝呈弧形，为 1 座条石、混凝土构筑物，长 70 余米，顶部宽 1.2 米，通高 7.2 米。上部条石砌成，下部混凝土浇筑，混凝土部分高 3.9 米，条石部分高

3.3 米；底宽 4 米，顶宽 1.2 米。拦河坝西端有条石护墙，长 35、高出拦河坝 2 米。拦河坝东端护墙和引水入口为一体，高出拦河坝 0.6 米。该坝修建于改革开放前夕，该拦河坝蓄水解决了新市镇居民饮水和企业用水问题。

其他

糖房沟砖瓦窑群　位于新市镇大桥村，建于 20 世纪 80 年代，废弃于 2000 年前后。现存砖瓦窑 3 座，呈南北向，分布在 50 余米一线上；三窑形制相同，均为条石砌成的圆形窑，大小一致，外径 6、高 5.5 米，窑门拱卷形均高 2、宽 1.5 米。1 号窑窑门西南向；2 号窑在 1 号窑南 7 米，窑门北向；3 号窑在 2 号窑南 20 米，窑门西向。窑群修建于改革开放初期，是当时当地农村经济复苏农民开始改建住房现象的实物见证。

中都镇

古遗址

夷靖遗址　位于中都镇黎明村和民建村，由丹霞洞石室、夷靖墓和龙虎洞墓组成。丹霞洞石室位于黎明村，有石窟 2 个题记 9 幅。两石窟均呈方形，顶为拱形。主洞东南向，深 4.2、宽 5、高 2 米；内有一石床，长 2.1、宽 1.29 米。侧洞东北向，深 3.5、宽 4.3、高 2 米。两石窟周围崖壁有题刻 9 幅，行书、楷书、隶书均有，内容为吟咏山水及感叹时世诗文，为明沐川长官司副长官夷靖及其兄弟所书，年代题款为“嘉靖七年”。

夷靖墓：位于笑和村，因乡镇基本建设已消失。龙虎洞墓位于民建村，整体向东，共有崖墓 2 座、题刻 1 处和建筑木桩孔近 100 个。崖墓年代为汉代，明嘉靖年间中都土司夷靖修整两崖墓作为休闲处，遂名“龙虎洞”。右墓崖上方“龙虎洞”题刻宽约 4.5、高约 1.3 米，年代题款已风化。两洞南北相距 80 余米，两洞之间及两边崖壁上与崖墓平行位置有方形、长方形、圆形孔洞近 100 个，孔洞宽或直径大多在 0.2～0.35、深 0.2～0.3 米。屏山县人民政府于 1982 年 7 月公布为文物保护单位。

天宝寨遗址　位于中都镇雪花村，始建于宋代，明清时期有多次改建或者扩建；天宝寨中原有天宝寺和节烈祠各 1 座，具体毁于何时无记载。遗址现存石围墙一圈于山顶，围墙东北角开拱形寨门；围墙内面积约 40 亩，寨门高 3.5、宽 1.2 米，拱高 0.6 米；寨墙厚 1～3 米。该遗址曾出土宋代彩瓷片和宋青花瓷片等。

北方寺遗址　位于中都镇洪安村，明嘉靖二十三年（1544 年）建，分布在 1000 余平方米范围内。原有佛像 27 尊，石狮 1 对，镂空雕石香炉 1 个。现存题刻 1 处，石狮 1

对，佛像柱础各 1 个，散布于 1000 余平方米范围内。题刻为"梯云得路"四字，午款为嘉靖壬寅年（1542 年）。石狮半截埋于耕地中，佛像残头部，柱础位于民宅门边。

杨家宅遗址 位于中都镇筒车村，该遗迹处原杨姓居民祖屋，修建于清代，因有高大碉楼故名大碉楼。20 世纪 80 年代至 90 年代末，居民因经济逐渐宽裕，陆续修建新房搬出并将属于自己的部分拆毁，于是四合院带碉楼的杨氏院子成了废墟，碉楼处已新建房屋。遗址总体东南向，面宽 30、进深 31 米；门房遗迹面阔 30、进深 10 米，明间正门石质部分基本保存；正房形制与门房相同；两侧厢房均面阔 1、进深 9 米；中间院坝保存完好，从院坝上正方和左右厢房均有垂带踏道四级。

印子坝寺庙遗址 位于中都镇黄桷村，清乾隆四十二年（1777 年），东北向，占地面积 90 平方米左右。现存碑一通，高 1.3、宽 1 米。碑正有一石牛，牛头毁，牛身残长0.7 米；右前 7 米立一八角形石柱，上刻有文字，另散落一石雕花板，长 0.8、厚0.4 米。

古墓葬

西门口老街子墓 位于中都镇笑和村，明代，坐东向西，为大石板砌成的双室石室墓，处一土坎中上部。石板盖露出地表一角，四周为耕地，已扰乱。

笑和村墓 位于中都镇笑和村，明代，坐向南，用大石板砌成。墓室大部分露出地面，扰乱严重。墓长 4、宽 1.5、高 1.5 米。

田家坡墓 位于中都镇新都村，明代，坐南向北，墓上部分露出地面，为石质大石板砌成的石室墓。单室宽 1、高 1、深 2.5 米。

老街子墓 位于中都镇笑和村，清代，西向，墓椁用石板扣成，整体埋于地下。仅露出地面 0.2 米左右，盖顶石缺一块存两块，石椁内存腐朽木质棺材底板，石椁长 3、宽 1.2、高 1.4 米。

屋背后陈氏墓 位于中都镇筒车村，清末，坐南向北，为 1 座土坑石砌墓。条石砌冢，冢长 6、宽 3.5、高 1.1 米。碑为石质无帽单碑，两侧抱鼓，碑高 1.7、宽 1、厚0.18 米。

罗启伦墓 位于中都镇筒车村，清代，坐西向东，为条石砌成土坑墓。冢头呈圆形，冢长 7、宽 4.5、高 1.3 米，冢尾毁坏，平为耕地。碑四柱三开间，上刻有动物、花草图案，碑顶垮塌，毁坏严重。

高石梯墓群 位于中都镇新都村，共四座，均北向，为土坑石砌墓。其中，M1 墓冢长 4、宽 3、高 1.2 米；碑为二柱一开间，单檐歇山式顶，宽 1、高 1.3 米。

老水孔墓群 位于中都镇新都村，清代，共 3 座，均坐西南向东北，为条石围砌土坑墓。在一水平线上，M1 与 M2 相隔 3 米，M2 与 M3 相隔 8 米，碑已毁。M1 冢长 6、宽 4、高 1.4 米；M2 冢长 5、宽 3、高 1.4 米；M3 冢长 6、宽 3.5、高 1.5 米。墓冢后部均毁坏成为耕地。

廖秀华夫妇墓 位于中都镇雪花村，清代，南向，为条石砌成土坑墓。冢长 6、宽 3.2、高 1.6 米。碑为四柱三开间仿木结构牌楼顶，残高 2.6、宽 3.2 米。

杨何氏墓 位于中都镇筒车村，清乾隆四十九年（1784 年），坐向北，为土坑石砌墓。冢长 6、宽 2、高 1.4 米。单碑嵌入冢头，碑高 1.6、宽 0.8 米。墓四周已辟为耕地。

徐万霖墓 位于中都镇白塔村，清乾隆三十八年（1773 年），坐向北，为土坑石砌墓。冢长 6、宽 4.5、高 1.3 米。碑拱卷顶，八字墙，中刻一"寿"字，高 2.6、宽 4 米。

高雄夫妇墓 位于中都镇孝和村，清嘉庆十四年（1809 年），坐向西，为土坑乱石砌成。冢长 5、宽 4、高 1.2 米。碑为单碑无帽，宽 0.9、高 1.3、厚 0.15 米。

杨维仁墓 位于中都镇筒车村，清嘉庆二十五年（1820 年），坐向北，为土坑条石围砌墓。冢长 7、宽 3.5、高 1.2 米。碑为二柱一开间庑殿顶，高 1.8、宽 1.3 米。

王一清墓 位于中都镇新坪村，清嘉庆二十三年（1818 年），坐西北向东南，为一座土坑石砌墓。条石砌冢，冢头半圆形，冢长 7、宽 4.2、高 1.4 米。碑为石质四柱三开间牌楼顶，碑残高 2.6、宽 3.2 米。

刘登寿墓 位于中都镇新坪村，清嘉庆二十二年（1817 年），坐向西南，为 1 座土坑石砌墓。墓条石砌冢，冢头梯形，冢长 6、宽 3.4、高 1.4 米。碑为石质仿木四柱三开间牌楼顶，两侧施抱鼓，通高 2.8、通宽 4.1 米。

会龙村顾氏墓 位于中都镇会龙村，清嘉庆二十五年（1820 年），坐南向，土坑石砌墓，墓主为一将军。冢长 6.5、宽 3.8、高 1.3 米。碑为石质仿木二柱一开间庑殿顶，宽 1.4、高 2.5、厚 0.13 米。

廖秀贵夫妇墓 位于中都镇雪花村，清嘉庆五年（1800 年），坐向西，为条石砌成土坑墓。冢长 6、宽 3.9、高 1.2 米。碑为二柱一间仿木结构，单檐庑殿顶，宽 1.2、高 1.6 米。

西门口王氏墓 位于中都镇笑和村，清道光六年（1826 年），向南，为土坑石砌墓。墓冢基本破坏成平地。碑为二柱一开间单碑，庑殿顶，高 1.5、宽 1 米，碑顶有残缺。

何氏墓地 位于中都镇筒车村，清代，均土坑石砌墓，布局呈梯形状，从左到右编为 M1 至 M3，均坐向东北。其中，M1 何玉魁墓，冢长 7、宽 4、高 1.2 米，碑无帽呈半圆形，上刻人物图案，两侧有抱鼓，总宽 2.4、高 2.2、厚 0.16 米；M2 何文贵墓，冢长 9、宽 4、高 1.3 米，前有碑，宽 4.5、高 4 米，为四柱三开间，八字形抱鼓，重檐庑殿顶，上刻深浮雕花纹；M3何玉曾墓，形制、规格基本相同。

杨驭周夫妇墓　位于中都镇筒车村，清道光二十六年（1846年），向北，土坑条石围砌墓。冢长10、宽6、高1.7米。碑为四柱三开间三楼顶，两侧抱鼓上卧石狮，碑高4、宽4.5米，上刻精美的深浮雕人物、花草图案。墓两侧各建字库一个，前5米修有石围墙，中有垂带式四级踏道。

雷真富夫妇墓　位于中都镇新都村，清道光十年（1830年），坐西南向东北，土坑石砌墓。条石砌冢，冢长6、宽3.5、高1.2米。石质四柱三开间三牌楼顶，两侧抱鼓及其他碑构建被损坏，仅存碑两通，倒于冢前右侧。

胡秀梁墓　位于中都镇新都村，清道光十五年（1835年），坐向北，为土坑石砌墓。冢长5、宽3.5、高1.2米，冢已为耕地。碑为四柱三开间三牌楼顶，两侧有抱鼓呈八字形，上刻花草、人物图案，宽3、高3.2米。

朱翼齐夫妇墓　位于中都镇黎明村，清道光七年（1817年），坐东南向西北，为一座土坑石砌墓。条石砌冢，冢长5、宽3、高1.6米；碑为石质仿木三柱三开间牌楼顶，两侧八字墙带抱鼓，残高2.6、残宽6.6米，浮雕人物、飞凤、花卉十分精美；墓碑前有石香炉1个。

邓永魁墓　位于中都镇中都镇会龙村，清道光元年（1821年），坐向西南，为条石砌成土坑墓。冢长6、宽3.4、高1.4米。碑为石质仿木四柱三门牌楼顶，两侧八字墙带抱鼓，通高3.6、通宽6.2米。

朱正泰夫妇墓　位于中都镇南向村，清咸丰十年（1860年），坐东南向，为1座土坑石砌墓，是三人合葬墓。冢长6、宽4、高1.5米；碑为石质仿木四柱三开间牌楼顶，两次间八字形带抱鼓，通高2.8、通宽5米；碑前有石质香炉1个。

石旮旯廖氏墓　位于中都镇新中村，清咸丰十年（1860年），坐向南，为1座土坑石砌墓。墓条石砌冢，冢头半圆形，冢长4、宽2.8、高1.5米；碑为石质仿木两柱一开间庑殿顶，两侧施抱鼓，通高2.4、通宽2.6米。

杨珍夫妇墓　位于中都镇筒车村，清同治三年（1864年），坐向北，为土坑条石围砌墓。冢长5、宽4.5、高1.5米。冢头呈圆形，碑为二柱一开间，二重檐庑殿顶，两侧抱鼓，碑高4、宽3米，上刻精美的深浮雕人物、花草图案。

徐廷甲墓　位于中都镇黎明村，清同治元年（1862年），坐向西，为条石砌成土坑墓。冢头两角倒圆，冢长6、宽4、高1.4米。碑为四柱三开间牌楼顶，两侧八字形抱鼓，通宽4.4、通高3.6米。碑上刻有花、人物、动物图案。

陈先祛夫妇墓　位于中都镇会隆村，葬于清同治三年（1864年），坐向南，为1座土坑石砌墓。墓条石砌冢，冢头两角圆形，冢长6.5、宽4.2、高1.4米；碑为石质仿木四柱三开间牌楼顶，两侧施抱鼓，通高3.4、通宽4.2米。

徐忠和墓 位于中都镇民建村，清同治七年（1868年），坐向东北，为土坑石砌墓。冢长5、宽3.5、高1.1米。碑嵌入冢头，高0.9、宽0.65米。

张元聚墓 位于中都镇笑和村，清光绪二十四年（1898年），坐南向，为土坑条石围砌墓。冢长6.5、宽3、高1.2米。碑嵌入冢头，高1、宽0.7米。

朱氏夫妇墓 位于中都镇黄角村，清光绪十四年（1888年），坐南向，为1座土坑石砌墓。墓条石砌冢，冢长5、宽3.5、高1.3米；碑为石质单碑，两侧施狮形抱鼓，通高2、通宽2.4米。

朱任氏墓 位于中都镇高峰村，清光绪九年（1883年），坐向东南，为1座土坑石砌墓。墓条石砌冢，冢长5.5、宽3、高1.4米；碑为石质仿木两柱一开间牌楼顶，两侧施抱鼓，通高2.6、通宽2.8米，浮雕人物花卉十分精美。

唐光琪墓 位于中都镇筒车村，清光绪十一年（1885年），坐向南北，条石砌成土坑墓。墓冢长6、宽4、高1.2米。碑为二柱一开间庑殿顶，宽1.1、高2.2米，上刻深浮雕人物、动物、花草图案。

周氏夫妇墓 位于中都镇新都村，清光绪十四年（1888年），坐向东北，为土坑条石围砌墓。冢长7、宽4、高1.20米。碑为四柱三开间二重檐牌楼顶，两侧抱鼓上卧石狮，碑高3.5、宽3米，上刻深浮雕人物、花草图案。

徐俊斋夫妇墓 位于中都镇永兴村，清光绪十年（1884年），坐向东南，为条石砌成土坑墓，冢圆形，直径8米；碑为四柱三开间仿木结构牌楼顶，两侧八字形抱鼓，通宽3.4、通高3.8米。

康代安墓 位于中都镇新坪村，清光绪二十五年（1899年），坐北向南，为土坑石砌墓。冢长6.5、宽3.6、高1.8米；碑为石质两柱一开间庑殿顶，两侧施抱鼓，碑高3.2、宽2.2米。

湛克贤夫妇墓 位于中都镇民建村，清光绪八年（1882年），坐向东，条石砌成土坑墓。冢头两角圆形，长6、宽4.5、高1.3米。碑为四柱三门仿木结构牌楼顶，两侧有八字形抱鼓，通宽4.4、通高3.4米。

徐怀圣夫妇合葬墓 位于中都镇白塔村，清宣统二年（1910年），坐向北，土坑石砌墓。条石砌冢，冢头两角呈半圆形，冢长6、宽4、高1.4米；石质单碑嵌于冢头，碑高1、宽0.8米。

古建筑

大沙田桥 位于中都镇筒车村，建于明代。该桥为块条石铺成，横跨无名沟，南北走向。桥长2.5、宽0.8、厚0.4米。

冲头上桥 位于中都镇筒车村，建于明代，东南—西北走向，横跨中都和右岸无名冲沟上，块石垒砌桥台，条石搭成桥面。桥面由两块长 3.5、宽 0.5、厚 0.2 米的石板铺成。桥长 4、宽 1、高 1.4 米。该桥是与连接中都与马边的明代官道同时代修建的，故定为明代桥。

楞严寺　位于中都镇新都村，修建于明成化二年（1466 年），由正殿、前殿、后殿、左右厢房组成，整体向东。正殿抬梁式梁架，重檐歇山顶，屋面施筒瓦，上下檐下施斗拱；其余建筑均为穿斗式梁架悬山顶，小青瓦屋面。正殿面阔三间 12.4 米，进深三间 12 米，通高 12.5 米，明间后踏道十二级进后殿；前殿面阔五间 18 米，进深四间 6 米，通高 7 米，左梢间开山门，垂带踏道六级进殿；后殿面阔五间 20 米，进深四间 8 米，通高 7 米；右厢房面阔三间 13 米，进深四间 8 米，通高 7 米垂带踏道四级进正殿；左厢房为两层建筑，面阔四间 18 米，进深四间 7 米，通高 8.5 米。正殿与左厢房间有天井，东西长 10、南北宽 3 米。

国务院 2013 年 5 月公布为文物保护单位。

和平街民居　位于中都场镇和平街，建于清代。该建筑为悬山式屋顶，小青瓦铺面，穿斗式梁架木结构建筑。坐北向南，面阔二间 8 米，进深 11 米，通高 8 米，为二层建筑。

民主街凌氏宅　位于中都场镇民主街，建于清代。该建筑坐西南向东北，为双层楼悬山式屋顶，小青瓦屋面，穿斗式梁架木结构建筑。面阔二间 8.6 米，进深 9 米，通高 11 米，前檐口挑檐下瓜柱饰莲花瓣灯笼纹，前后有方格窗。

民主街曹氏宅　位于中都镇民主街，建于清代。该建筑坐东向西，为一楼一底悬山式屋顶，小青瓦铺面，穿斗式梁架木结构建筑。面阔五间 22.5 米，进深四间 9 米，通高 11 米。前檐口用双檩，挑檐下瓜柱饰有莲花瓣灯笼纹，方格窗。

民主街苏氏宅　位于中都镇民主街，建于清代。该建筑坐东向西，为二层楼悬山式屋顶，小青瓦铺面，穿斗式梁架木结构建筑，面阔四间 16 米，进深六间 14 米，通高 12 米，内有一小天井。

罗昌银宅　位于中都镇民主街，建于清代。该建筑坐南向北，为二层楼悬山式屋顶，小青瓦铺面，穿斗式梁架木结构建筑，面阔一间 3.5 米，进深 14 米，通高 9 米，前五扇大门上部雕刻三角形拼成图案花窗。

梅氏宅　位于中都镇民主街，建于清代。该建筑坐东向西，为二层楼悬山式屋顶，小青瓦铺面，穿斗式梁架木结构建筑，面阔一间 3.8 米，进深三间 12 米，通高 8 米。

民主街民居　位于中都镇民主街，建于清代。该建筑坐西向东，为二层楼悬山式顶，小青瓦铺面，穿斗式梁架木结构建筑，面阔三间 12 米，进深三间 7 米，通高 10 米。

民主街 65 号民居　位于中都镇民主街，建于清代。该建筑坐东向西，为二层楼悬山式顶，小青瓦铺面，穿斗式梁架木结构建筑，面阔二间 8 米，进深三间 7.5 米，通高 8 米。

和平街 2 号伍氏宅 位于中都场镇和平街，修建于清代。该建筑坐向东南，为二层楼悬山式顶，小青瓦铺面，穿斗式梁架木结构建筑，面阔三间 13 米，进深三间 13 米，通高 8 米。

民主街张氏宅 位于中都镇老街民主街，修建于清代，该建筑为 1 座穿斗式梁架悬山顶小青瓦屋面两层木结构建筑。该建筑南向，两层形制相同，均面阔五间 20 米，进深四间 10 米，通高 12 米。

大王庙 位于中都镇民主街 073 号，庙又名"黑龙土祖庙"，修建于明代。建筑向东，由前殿、后殿、右厢房各 1 座组成。前殿抬梁式重檐歇山顶小青瓦屋面，面阔三间 11 米，进深三间 11 米，通高 10 米，四方施斗拱；后殿形制同前殿；右厢房为穿斗梁架悬山顶小青瓦屋面建筑，面阔三间 12 米，进深四间 8 米，通高 7 米。前后殿和右厢房及左围墙构成四合院，院内为天井。该建筑对研究中都民族族源和发展历史有重要价值。

屏山县人民政府于 1982 年 7 月公布为文物保护单位。

中都段氏宅 位于中都镇街村，建于清代。该建筑为木结构穿斗式梁架，悬山式顶，小青瓦屋面，二层楼房，坐西向东。面阔五间 20.5 米，进深 9 米，通高 9 米。

民主街杨氏宅 位于中都镇民主社区民主街，修建于清代。该建筑坐西向东，为二层楼悬山式顶，小青瓦铺面，穿斗式梁架木结构建筑，面阔三间 18.50 米，进深四间 9 米，通高 10 米。

老街徐氏宅 位于中都镇老街民主街，修建于清代。该建筑南向，为穿斗式梁架悬山顶小青瓦屋面两层木结构建筑，两层相同形制，均面阔一间 4.50 米，进深四间 7 米，通高 7.50 米。

许氏宅 位于中都场镇，修建于清代。该建筑坐西向东，为二层楼悬山式顶，小青瓦铺面，穿斗式梁架木结构建筑，室内地面用石板铺面。建筑面阔四间 18.5 米，进深四间 9 米，通高 10 米。

民主街刘氏宅 位于中都镇民主街，建于清代。该建筑坐北向南，为一楼一底悬山式屋顶，小青瓦铺面，穿斗式梁架木结构建筑，面阔一间 4.5 米，进深 7 米，通高 9 米。挑檐下瓜柱饰有粗糙的灯笼纹。

文庙 位于中都镇孝和村，修建于清代中叶，为 1 座混合梁架硬山顶小青瓦屋面建筑。建筑坐东向西，面阔三间 13.8 米，进深三间 9 米，通高 8.5 米，前檐下施斗拱 10 朵。右次间有修建文庙功德碑一通，碑高 1.8、宽 0.8、厚 0.2 米。屏山县人民政府于 1982 年 7 月公布为文物保护单位。

大田坝安氏宅 位于中都镇大田村，建于清代。该建筑为原安家村下厅右厢房，坐向东南，为穿斗式梁架悬山顶，小青瓦屋面，前有两步架廊道，面阔三间 15 米，进深三间 6 米，通高 7 米。

老水孔罗氏宅 位于中都镇筒车村，建于清代。该建筑从西南向东北，为三合水布局二层楼悬山式屋顶，小青瓦铺面，穿斗式梁架石木结构建筑，正厅面阔五间 23.5 米，进深六间 6 米。原正厅门上有一贺匾中浅阴刻"云连字峻"，落款"大清光绪四年□寅□□"，现放置在室内；厢房面阔三间 12.9 米，进深三间 6 米，通高 9 米。厅、房及坝面均用石板铺成，前有廊、垂带踏道五级，廊石柱础形状各异，有的饰有莲花瓣、花卉等图案。周围乱石围墙厚 0.4 米。

五谷庙 位于中都镇筒车村，建于清代。该庙坐南向北，呈三合水庭院布局，占地面积 154 平方米，建筑面积 117 平方米。建筑正殿为木结构抬梁式梁架，面阔五间 17.7 米，进深三间 4.2 米，两侧厢房为单檐木结构悬山式顶，穿斗式梁架，面阔一间 3.5 米，进深一间 3.7 米，通高 4 米。

笑和川主庙 位于中都镇笑和村，修建于清乾隆五十五年（1790 年），该庙穿斗抬梁混合梁架硬山顶，小青瓦屋面。面阔五间 22 米，进深四间 14 米，通高 8.5 米，垂带踏道 2 级，前有 440 平方米石坝。

回头山字库塔 位于中都镇李家坝，建于清同治二年（1863 年）。该塔为 1 座石质楼阁式塔，坐北向。一、三层有拱形门，通高 5 米，面阔 1 米，进深 1 米；三层重檐四脊火珠宝顶。底层为惜字库烧字阁，有对联一副，四方石板盖 1.3 米；上三层内逐层内收，高分别为 1.1、1.4、1.1 米，顶高 0.6 米，石板厚 0.2 米；三层均空心。

石窟寺及石刻

白云深处题刻 位于中都镇洪安村，长 2、宽 0.5 米，阴刻"白云深处"四字，正楷颜体。题款为"沐川长官司副长官夷靖书"、"明嘉靖年间"。

太平沟摩崖造像 位于中都镇宏安村，建造年代是明弘治七年（1494 年）、清道光十一年（1831 年）。坐西向东，分布在高 3、宽 6.6 米范围内。共两龛，均为长方形拱顶。其中观音佛龛（明代）宽 2.1、高 2.3 米，摩崖造像 5 尊；龙神土地龛（清代）1 个宽 1.8、高 0.9 米，摩崖造像 2 尊。

迎恩桥摩崖题刻 位于中都镇黎明村，凿于明嘉靖四十四年（1565 年），题跋长方形，长 3、深 0.3、高 0.9 米。凿在桥基石上，阴刻正体。

近现代史迹及代表性建筑

方家油坊 位于中都镇场镇和平街南部，修建于民国末，由临街铺面、榨油坊和油碾子组成。铺面西向临街，为穿斗式梁架悬山顶小青瓦两层木结构建筑，前施两步架郎道，面阔三间 15 米，进深三间 12 米，通高 8 米。榨油坊位于铺面后 4 米，亦为穿斗式梁架悬山顶小青瓦两层木结构建筑，面阔三间 15 米，进深三间 10 米，通高 7.5 米。铺面和榨油坊之间两次间位置为棚架，明间位置为天井。油碾子位于榨油坊明间与左次间中间位置，为一直径 6 米碾盘。该建筑对研究民间榨油工艺有一定历史价值。

小夷都索桥 位于中都镇民义村一组与前进村一组交界处小夷都中都河上，西南—东北走向，索桥用钢、木、石建成。全长 100、宽 2.5、高 10 米。该桥修建于"文化大革命"时期，解决了当地两岸交通问题。

黄桷坝拦河坝 位于中都镇黄桷村二组与会龙村交界处，建于 20 世纪 60 至 70 年代，南—北走向，坝由条石砌成二步梯形，南北两侧建有引水渠道，坝南 4 米处建一缺口，均用于泄洪引水。坝全长 136、宽 2、高 4.2 米。该坝修建于"文革"时期，对研究当地小水电发展和治理中都河流域下游洪涝灾害有一定价值。

其他

永赖同功题记 位于中都镇双河村，题记书于明万历十七年（1588 年），以石灰书写颜体正书，字大 0.6 米见方。正中书"永赖同功"四个大字，上款题"明万历□年"，下落款"安边同知汪京题"。屏山县人民政府于 1982 年 7 月公布为文物保护单位。

龙华镇

古墓葬

汤家湾墓 位于龙华镇复兴村，葬于明代，坐向西北，为 1 座三室石室墓。用条石石板砌成，后部埋于地下，仅前部露出地面，露出部分通宽 4.2、高 0.7 米。通过墓门观察，为梯形顶，单室宽 1、高 1.1、进深 3 米，三室相通。

郭氏墓地 位于龙华镇银厂村，由 2 座墓并列组成，从右至左编号为 M1、M2。两墓均西北向，土坑石砌墓，条石砌冢，碑为石质四柱三开间牌楼顶，两侧施抱鼓。M1 葬于清道光四年（1824 年），冢长 6、宽 4、高 1.4 米；碑高 3.2、宽 4.2 米；拜台前边沿左右有光绪年间碑两通。M2 葬于清道光十五年（1835 年），冢长 7、宽 4.6、高 1.6 米；碑高 3.4、宽 4.6 米；左右各有望柱两根，望柱高 1.4 米。

姚吴氏墓 位于龙华镇中心村，葬于清同治五年（1866 年），坐向东南，为 1 座土坑石砌墓条石砌冢。冢头梯形，冢长 7、宽 3、高 1.4 米；石质单碑笔架顶嵌于冢头，碑高 1.6、宽 0.8 米。

彭秀阳墓　位于龙华镇鱼孔村，葬于清光绪癸未年（1883 年），坐向西北，为 1 座土坑石砌墓。条石砌冢，冢长 6.5、宽 4、高 1.3 米；石质单碑，高 1.8、宽 0.9、厚 0.2 米。

王顺宣夫妇墓　位于龙华镇中埂村，葬于清宣统二年（1910 年），南向，为 1 座土坑石砌墓。冢长 7、宽 5.5、高 1.7 米；石质单碑，顶呈梯形，高 2.5、宽 1.1、厚 0.25 米；碑座连有石香炉一个；香炉前有圆形石供桌一张，高 0.6、直径 1.2 米；绕墓一周有长方形石质仿木栏杆。

古建筑

龙华寺　位于龙华镇汇龙社区，修建于明代，为 1 座抬梁式重檐歇山顶建筑，原有三重殿，现仅存正殿。该殿坐东南向西北，位于一须弥座上，面阔三间 12.4 米，进深三间 12 米，通高 11 米。屏山县人民政府于 2005 年 12 月 6 日公布为文物保护单位。

龙华凉桥　位于龙华镇顺河街，始建于清末。改建于 2000 年前后，该桥为一石质桥墩水泥桥面木梁架悬山顶重檐小青瓦屋面风雨桥，俗称凉桥。该桥南北向横跨小龙溪口，是龙华古镇通往北方的要道。现存桥墩和分水狮为清代原物，其余为 2000 年前后重修。该桥长 40、宽 8、通高 18 米。原平安营石狮一对安放在北桥头两侧。

正街 26 号杨氏宅　位于龙华镇街村，建于清代。坐西向东，为一楼一底悬山式屋顶，小青瓦屋面，穿斗式梁架木结构建筑。面阔三间 13 米，进深四间 6 米，通高 6.8 米，房屋建筑面积 80 平方米。

正街 33 号彭氏宅　位于龙华镇街村，建于清代。坐东向西，为一楼一底悬山式屋顶，小青瓦屋面，穿斗式梁架木结构建筑。面阔二间 9 米，进深四间 5 米，通高 8 米，房屋建筑面积 48 平方米。

正街 20 号民居　位于龙华镇汇龙社区，修建于清代。该建筑东北走向，为穿斗式梁架悬山顶小青瓦屋面一楼一底木结构建筑，面阔四间 15 米，进深四间 10 米，通高 7 米。

拐角胡氏宅　位于龙华镇汇龙社区，修建于清代。该建筑为穿斗式梁架悬山顶小青瓦屋面一楼一底木结构建筑，面阔三间 11 米，进深四间 8 米，通高 7.5 米。

正街杨氏宅　位于龙华镇汇龙社区，修建于清代。该建筑坐西向东，为 1 座穿斗式梁架悬山顶小青瓦屋面一楼一底木结构建筑，面阔三间 13 米，进深四间 6 米，通高 7.5 米。

正街陈氏宅　位于县龙华镇汇龙社区，修建于清代。该建筑坐西向东，为一座穿斗式梁架悬山顶小青瓦屋面一楼一底木结构建筑，面阔三间 12 米，进深六间 12 米，通高 7.5 米。

正街陈刘氏宅 位于龙华镇汇龙社区，修建于清代。该建筑坐东北向西南，为一座穿斗式梁架悬山顶小青瓦屋面一楼一底木结构建筑，面阔三间 13 米，进深四间 8 米，通高 7.5 米。

陈氏宅 位于龙华镇汇龙社区，建于清代。该建筑坐西向东，为 1 座穿斗式梁架悬山顶小青瓦屋面一楼一底木结构建筑，面阔二间 7 米，进深五间 7 米，通高 7 米。

正街陈杨氏宅 位于龙华镇汇龙社区，建于清代。该建筑坐东向西，为 1 座穿斗式梁架悬山顶小青瓦屋面一楼一底木结构建筑，面阔二间 10 米，进深十一间 11 米，通高 7.5 米。

邓氏宅 位于龙华镇汇龙社区，建于清代。该建筑坐东向西，为 1 座穿斗式梁架悬山顶小青瓦屋面两楼一底木结构建筑，面阔一间 4 米，进深二间 6 米，通高 10.5 米。

顺河街邓氏宅 位于龙华镇汇龙社区，建于清代。该建筑坐北向南，为 1 座穿斗式梁架悬山顶小青瓦屋面一楼一底木结构建筑，面阔三间 15 米，进深八间 8 米，通高 7.5 米。

董氏宅 位于龙华镇汇龙社区，建于清代。该建筑坐南向北，为 1 座穿斗式梁架悬山顶小青瓦屋面两楼一底木结构建筑，面阔二间 9 米，进深四间 13.5 米，通高 7.5 米。

胡氏宅 位于龙华镇汇龙社区，建于清代。该建筑坐西向东，为 1 座穿斗式梁架悬山顶小青瓦屋面两楼一底木结构建筑，面阔二间 9 米，进深九间 19 米，通高 7.5 米。

新街 30 号民居 位于龙华镇汇龙社区，建于清代。该建筑坐东向西，为 1 座穿斗式梁架悬山顶小青瓦屋面两楼一底木结构建筑，面阔三间 15 米，进深三间 6 米，通高 7.5 米。

顺河街苟氏宅 位于龙华镇汇龙社区，建于清代。该建筑坐南向北，为 1 座穿斗式梁架悬山顶小青瓦屋面一楼一底木结构建筑，面阔三间 15 米，进深三间 7 米，通高 7 米。

正街胡氏宅 位于龙华镇汇龙社区，建于清代。该建筑坐西向东，为 1 座穿斗式梁架悬山顶小青瓦屋面一楼一底木结构建筑，面阔三间 15 米，进深三间 8 米，通高 7 米。

正街李氏宅 位于龙华镇汇龙社区，建于清代。该建筑坐东向西，为 1 座穿斗式梁架悬山顶小青瓦屋面两楼一底木结构四合院建筑，由前厅、后堂左右厢房组成。前厅面阔三间 15 米，进深三间 7 米，明间和左次间缩进一间 1 米，前施两步架廊道，通高 7 米；后堂面阔四间 15 米，进深二间 4 米，通高 7 米；左厢房面阔二间 6 米，进深一间 3 米；右厢房面阔三间 6 米，进深一间 4 米。中间天井宽 4、深 4 米。

凉桥头刘氏宅 位于龙华镇汇龙社区，建于清代。该建筑坐北向南，为 1 座穿斗式梁架悬山顶小青瓦屋面一楼一底木结构建筑，面阔二间 9 米，进深六间 6 米，通高 7 米。

凉桥头王氏宅　位于龙华镇汇龙社区，建于清代。坐南向北，为1座穿斗式梁架悬山顶小青瓦屋面一楼一底木结构建筑，面阔二间6.80米，进深七间12米，通高7米。

正街刘邓氏宅　位于龙华镇汇龙社区，建于清代。坐东向西，为1座穿斗式梁架悬山顶小青瓦屋面一楼一底木结构建筑，面阔四间16米，进深七间11米，通高7.5米。

正街刘苟氏宅　位于龙华镇汇龙社区，建于清代。坐北向南，为1座穿斗式梁架悬山顶小青瓦屋面一楼一底木结构建筑，面阔三间12米，进深四间8米，通高7.5米。

新街刘罗氏宅　位于龙华镇汇龙社区，建于清代。坐东向西，为1座穿斗式梁架悬山顶小青瓦屋面一楼一底木结构建筑，面阔三间11米，进深五间7米，通高7.5米。

正街刘氏宅　位于龙华镇汇龙社区，建于清代。坐西向东，为1座穿斗式梁架悬山顶小青瓦屋面一楼一底木结构建筑，面阔二间9米，进深七间12米，通高7.5米。

正街10号刘氏宅　位于龙华镇汇龙社区，建于清代。坐西向东，为1座穿斗式梁架悬山顶小青瓦屋面一楼一底木结构建筑，面阔一间5米，进深六间12米，通高7米。

正街20号民居　位于龙华镇汇龙社区，建于清代。坐西南向东北，为1座穿斗式梁架悬山顶小青瓦屋面一楼一底木结构建筑，面阔四间15米，进深五间10米，通高7.5米。

顺河街街道　位于龙华镇汇龙社区，顺河街古街道与大龙溪流向一致，因而故名顺河街。街道长170余、宽2.2~2.5米，用青石板铺面，条石砌街沿；街道中间为下水道，下水道高0.5、宽0.6米。

新街街道　位于龙华镇汇龙社区，新街古街道与小龙溪流向一致，因修建时间晚于正街和顺河街而名新街。街道南北走向，长120余、宽2.2~2.5米，用青石板铺面，条石砌街沿；街道中间为下水道，下水道高0.5、宽0.6米，长与街道相等。

龙华禹王宫　位于龙华镇汇龙社区，建于清代，原为四合院，现存朝门、戏楼和正殿各一。该建筑坐向西，牌楼式朝门，高10、宽12米，上镶嵌烧件和瓷片图案；戏楼紧连朝门，为一单檐歇山顶两层建筑，楼下明间为过道，楼上为戏台，面阔三间6米，进深三间6米；正殿位于戏楼东25米，为一硬山式建筑，面阔三间12米，进深三间8米，须弥座束腰有戏剧故事浮雕8幅，十分精美。屏山县人民政府于1982年7月公布为文物保护单位。

正街街道　位于龙华镇汇龙社区，正街古街道与小龙溪流向一致，街道长250余、宽2.5~3米，用青石板铺面，条石砌街沿；街道中间为下水道，下水道高0.5、宽0.6米，长与街道相等。

龙华营门　位于龙华镇汇龙社区，修建于清咸丰年间，为清平安营营门之一，门西向，条石砌成拱形顶，原有木质铁皮门，现仅存石质门拱及部分护墙。门高2.8、宽2米，门柱头厚0.5米，护墙左右各3米左右。

正街罗氏宅　位于龙华镇汇龙社区，建于清代。坐西向东，为1座穿斗式梁架悬山顶小青瓦屋面一楼一底木结构建筑，面阔一间5米，进深九间18米，通高7米。

汇龙罗氏宅　位于龙华镇汇龙社区，建于清代。坐东向西，为1座穿斗式梁架悬山顶小青瓦屋面一楼一底木结构建筑，面阔四间17米，进深四间4米，通高7米。

新街马氏宅　位于龙华镇汇龙社区，建于清代。坐西向东，为1座穿斗式梁架悬山顶小青瓦屋面一楼一底木结构建筑，面阔二间7米，进深六间12米，通高7米。

马氏宅　位于龙华镇汇龙社区，建于清代。坐西向东，为1座穿斗式梁架悬山顶小青瓦屋面一楼一底木结构建筑，面阔三间9米，进深四间11米，通高7.5米。

顺河街彭氏宅　位于龙华镇汇龙社区，建于清代。坐北向南，为一楼一底悬山式屋顶，小青瓦屋面，穿斗式梁架木结构建筑。面阔三间15米，进深五间11米，通高7.5米，房屋建筑面积167平方米。

正街彭氏宅　位于龙华镇汇龙社区，建于清代。坐东向西，为一楼一底悬山式屋顶，小青瓦屋面，穿斗式梁架木结构，吊脚楼式建筑。面阔二间8米，进深七间9米，通高6.8米，房屋建筑面积76平方米。

顺河街27号民居　位于龙华镇汇龙社区，建于清代。坐北向南，为一楼一底悬山式屋顶，小青瓦屋面，穿斗式梁架木结构建筑。面阔四间14米，进深五间5.5米，通高7.5米，房屋建筑面积80平方米。

沈氏宅　位于龙华镇汇龙社区，建于清代。坐南向北，为一楼一底悬山式屋顶，小青瓦屋面，穿斗式梁架木结构建筑。面阔三间5米，进深三间6米，通高5.2米，房屋建筑面积31平方米。

正街沈氏宅　位于龙华镇汇龙社区，建于清代。坐东向西，为一楼一底悬山式屋顶，小青瓦屋面，穿斗式梁架木结构建筑。面阔二间6.5米，进深四间4米，通高8.2米，房屋建筑面积27平方米。

顺河街胡氏宅　位于龙华镇汇龙社区，建于清代。坐北向南，为一楼一底悬山式屋顶，小青瓦屋面，穿斗式梁架木结构建筑。面阔五间17米，进深四间8米，通高7.5米，房屋建筑面积136平方米。

顺河街王氏宅　位于龙华镇汇龙社区，建于清代。坐北向南，为一楼一底悬山式屋顶，小青瓦屋面，穿斗式梁架木结构建筑。面阔二间7米，进深六间7米，通高6.5米，房屋建筑面积50平方米。

正街民居　位于龙华汇龙社区，建于清代。坐西向东，为一楼一底悬山式屋顶，小青瓦屋面，穿斗式梁架木结构建筑。面阔三间10米，进深八间12米，通高7.4米，房屋建筑面积121平方米。

新街冉氏宅　位于龙华镇汇龙社区，建于清代。坐西向东，为一楼一底悬山式屋顶，小青瓦屋面，穿斗式梁架木结构建筑。面阔三间 16.5 米，进深九间 18 米，通高 7.5 米，房屋建筑面积 297 平方米。

新街唐氏宅 位于龙华镇汇龙社区，建于清代。坐东向西，为一楼一底悬山式屋顶，小青瓦屋面，穿斗式梁架木结构建筑。面阔四间 12.8 米，进深六间 8 米，通高 7.5 米，房屋建筑面积 102.4 平方米。

新街汪氏宅 位于龙华镇汇龙社区，建于清代。坐北向南，为一楼一底悬山式屋顶，小青瓦屋面，穿斗式梁架木结构建筑。面阔二间 3.8 米，进深六间 5 米，通高 6.8 米，房屋建筑面积 19 平方米。

新街 25 号王氏宅 位于龙华镇汇龙社区，建于清代。坐西向东，为一楼一底悬山式屋顶，小青瓦屋面，穿斗式梁架木结构建筑，檐口为二步架。面阔二间 11 米，进深四间 5 米，通高 6.8 米，房屋建筑面积 56 平方米。

顺河街 32 号王氏宅 位于龙华镇汇龙社区（原为龙华镇卫生院），建于清代。坐南向北，为一楼一底悬山式屋顶，小青瓦屋面，穿斗式梁架木结构建筑。面阔三间 10 米，进深六间 11 米，其中左边开间另接一间厢房，大约 3 平方米，通高 6.6 米，房屋建筑面积 114 平方米。

新街王氏宅 位于龙华镇汇龙社区，建于清代。坐南向北，为一楼一底悬山式屋顶，小青瓦屋面，穿斗式梁架木结构建筑。面阔二间 9 米，进深三间 5.5 米，通高 6.8 米，房屋建筑面积 51.5 平方米。

董氏宅 位于龙华镇汇龙社区，建于清代。坐北向南，为悬山式屋顶，小青瓦屋面，穿斗式梁架三层木结构建筑。面阔二间 6.25 米，进深六间 19.7 米，通高 6.8 米，房屋建筑面积 123.125 平方米。

新街肖氏宅 位于龙华镇汇龙社区，建于清代。坐东向西，为一楼一底悬山式屋顶，小青瓦屋面，穿斗式梁架木结构建筑。面阔三间 15 米，进深五间 6 米，通高 7 米，房屋建筑面积 91 平方米。

正街 8 号民居 位于龙华镇汇龙社区，建于清代。坐西向东，为一楼一底悬山式屋顶，小青瓦屋面，穿斗式梁架木结构建筑。面阔三间 13.5 米，进深八间 16 米，通高 7.5 米，房屋建筑面积 261 平方米。

新街谢氏宅 位于龙华镇汇龙社区，建于清代。坐西向东，为一楼一底悬山式屋顶，小青瓦屋面，穿斗式梁架木结构建筑。面阔三间 15 米，进深四间 8 米，通高 7.2 米，房屋建筑面积 120 平方米。

谢氏宅 位于龙华镇汇龙社区，建于清代。坐北向南，为一楼一底悬山式屋顶，小青瓦屋面，穿斗式梁架木结构建筑。面阔二间 9 米，进深六间 7 米，通高 6.5 米，房屋建筑面积 64.5 平方米。

黎氏宅　位于龙华镇汇龙社区，建于清代。坐东向西，为一楼一底悬山式屋顶，小青瓦屋面，穿斗式梁架木结构建筑。面阔一间4.5米，进深八间8米，通高750米，房屋占地面积36平方米。

新街罗氏宅　位于龙华镇汇龙社区，建于清代。坐北向南，为一楼一底悬山式屋顶，小青瓦屋面，穿斗式梁架木结构建筑。面阔一间5米，进深五间9米，通高7米，房屋建筑面积55平方米。

顺河街马氏宅　位于龙华镇汇龙社区，建于清代。坐南向北，为一楼一底悬山式屋顶，小青瓦屋面，穿斗式梁架木结构建筑。面阔二间10米，进深六间7米，通高12米，房屋建筑面积70平方米。

新街5号王氏宅　位于龙华镇汇龙社区，建于清代。坐东向西，为一楼一底悬山式屋顶，小青瓦屋面，穿斗式梁架木结构建筑。面阔二间7米，进深四间4.5米，通高5.5米，房屋建筑面积32.5平方米。

阳氏宅　位于龙华镇汇龙社区，建于清代。坐南向北，为一楼一底悬山式屋顶，小青瓦屋面，穿斗式梁架木结构建筑。面阔一间5.5米，进深九间9米，通高7米，房屋建筑面积49.5平方米。

袁氏宅　位于龙华镇汇龙社区，建于清代。坐西向东，为一楼一底悬山式屋顶，小青瓦屋面，穿斗式梁架木结构建筑。面阔一间5米，进深八间6米，通高4米，房屋建筑面积30.5平方米。

新街曾氏宅　位于龙华镇汇龙社区，建于清代。坐北向南，为一楼一底悬山式屋顶，小青瓦屋面，穿斗式梁架木结构建筑。面阔四间18米，进深八间6米，通高7米，房屋建筑面积108平方米。

顺河街张氏宅　位于龙华镇汇龙社区，建于清代。坐北向南，为一楼一底悬山式屋顶，小青瓦屋面，穿斗式梁架木结构建筑。面阔三间15米，进深六间11米，通高7.5米，房屋建筑面积165平方米。

新街赵氏宅　位于龙华镇汇龙社区，建于清代。坐东向西，为一楼一底悬山式屋顶，小青瓦屋面，穿斗式梁架木结构建筑。面阔二间9米，进深三间6米，通高7米，房屋建筑面积54平方米。

汇龙刘氏宅　位于龙华镇汇龙社区，建于清代。坐西向东，为一楼一底悬山式屋顶，小青瓦屋面，穿斗式梁架木结构建筑。面阔一间5.5米，进深六间12米，通高7.5米，房屋建筑面积66平方米。

黄家碉楼　位于龙华镇银厂村，建于清代。该碉楼为穿斗式梁架、重檐攒尖顶、小青瓦屋面两楼一底木结构建筑，坐东向西。建筑正面门外左右条石砌成的弧形围墙。该建筑通高11米；底层面阔五间16米，明间进深二间9米，左右次间和梢间进深一间5

米；二楼和三楼形制在底楼明间前部起造，面阔一间4米，进深一间5米。

石窟寺及石刻

丹霞洞摩崖造像及石刻　位于龙华镇小龙村，石窟寺由摩崖造像1尊和石窟13窟组成，整体坐西南向东北。摩崖造像位于整体西南一崖壁上，为一尊深浮雕佛教接引佛立像，袈裟螺髻，施接引印，通高30余米。石窟顺佛像左延伸开凿，从左至右编号为1号、2号、3号、4号、5号石窟。1号石窟单室，2号石窟六室，3号4号石窟各一室，5号石窟两室。外山门在4号石窟与5号石窟中间前200余米，内山门在4号石窟左前60余米。石窟年代有准确记年的为2号和4号，2号石窟始凿于清乾隆年间，完工于清道光二十一年（1841年）；4号石窟开凿于清咸丰至光绪年间；其余各窟均于清代道光至光绪年间开凿。摩崖造像根据2号窟对联和造像风格，确定为明代开凿，因其造像下部未完工，所以没有题刻记年。

四川省人民政府于1991年4月16日公布为文物保护单位。

近现代史迹及代表性建筑

龙华供销社旧址　位于龙华镇汇龙社区，建于1965年，坐东向西，为一悬山式顶砖木两层楼结构。面阔六间27米，进深8米，层高4米，通高11米，占地面积216平方米。龙华供销社改制前为龙华镇供销社所有，改制后龙华供销社职工分别购买。底楼平街为门市，每间门市六扇双开门，各开间门板上保存了"文化大革命"时期典型的标语口号，与街对面古朴的清代民居建筑形成鲜明的对比，反映着那个时代的典型特征；二楼木质地板，为住房。

杨石关桥　位于龙华镇大坳村，东南—西北走向，横跨在细沙溪南岸杨石关冲沟上，为一座单拱平桥。该桥条石桥身，条石栏杆，泥石桥面，长17.6、高7.2、宽8米。单拱跨度12、拱高4米。

龙华桥　位于龙华镇汇龙社区与早稻村四组交界处，东西走向，条石砌桥身，条石栏杆，混凝土桥面，桥长45.6、宽8、通高10.4米。拱肩对称排列四个拱形泄洪孔，拱跨度30米，拱高6米。该桥建于改革开放时期，是当时经济发展的实物见证。

大乘镇

古墓葬

雷公包墓　位于大乘镇安子村，葬于明代，坐向南，为一双室石室墓。条石和石板砌成，通宽 3、高 1.2、进深 3 米，梯形顶，两室相通，前有廊道。

点灯包墓　位于大乘镇安子村，葬于明代，坐向南，为一双室石室墓。用条石和石板砌成，现存两墓室后部背龛和墓室部分石构件。从现存部分测量，该墓通宽 3、高 1.3、进深 3.5 米；单室内宽 1.1、进深 3、高 1.3 米。现存背龛浮雕人物花卉房屋等，十分精美。

点灯包东墓　位于大乘镇安子村，葬于明代，南向，为一四室石室墓。墓用条石和石板砌成，四室相通，落井顶，前有廊道，通宽 5.5、高 1.5 米，进深 4 米；单室内宽 1.1、进深 3、高 1.3 米。现存背龛浮雕人物、花卉、房屋等，十分精美。

瓦窑坪石室墓群　位于大乘镇和睦村，葬于明代，坐向东南，共 6 座石室墓，均为条石石板砌成。从南向北再从西向东编号为 M1、M2、M3、M4、M5、M6。M1 单室，宽 1.2、高 1.2、进深 3 米；M2 位于 M1 后 20 余米，为三室石室墓，通宽 3.5、高 1.2、进深 3 米；M3 在 M2 左 5 米，形制同 M2；M4 为双室石室墓，两室相通，井形顶，有背龛，通宽 2.6、深 3、高 1.3 米；M5 为三室石室墓，三室相通，井形顶，通宽 4.2、深 3.1、高 1.4 米；M6 为四室石室墓，四室相通，井形顶，通宽 5.2、深 3、高 1.5 米。

深基扁墓　位于大乘镇和睦村，葬于明代，南向，为用大石板及条石筑成的石室墓。露出地面为部分能见两室，室间不能相通。单室宽 1.1、高 1.2、深 2.8 米。

大石包墓　位于大乘镇中坪村，葬于明代，向西南，用条石、大石板砌成双室墓。两室形制相同，墓室相通。墓口露出地面 0.5 米，单室墓深 3、宽 1.1、高 1.3 米。

中坪村墓　位于大乘镇中坪村，葬于明代，坐东向西，为条石、大石板砌成并排四室。形制相同，墓室相通，墓口在一土坎下，单室深 3、宽 1、高 1.3 米。

蔡家山王氏墓地　位于大乘镇安子村，葬于清代，共二墓，土坑石砌墓。M1 王明贵墓，坐向东南，葬于清道光十三年（1833 年），冢长 7、宽 4、高 1.5 米；石质单碑，顶呈梯形，碑高 1、宽 0.8、厚 0.2 米。M2 王明亮墓，葬于清道光十三年（1833 年），与 M1 形制基本相同，坐向西南。

陈福堂墓　位于大乘镇安子村，建于清代，坐西向东，为 1 座土坑石砌墓。冢长 6、宽 3 米。碑为两柱一开间，圆弧形顶，高 2、宽 1.2 米，碑文已风化。

瓦窑坪姚氏墓　位于大乘镇和睦村，葬于明代，东南向，为 1 座土坑石砌墓。冢头呈梯形，冢长 7、宽 4、高 1.3 米。碑为两柱一开间庑殿顶。

下坟山王氏墓　位于大乘镇安子村，葬于清嘉庆五年（1800 年），坐西南向东北，为一土冢墓。单碑无帽，高 1、宽 0.8、厚 0.12 米，碑局部风化。

廖元惠吴氏夫妇墓　位于大乘镇安子村，葬于清嘉庆十九年（1814 年），坐西向东，为一座土坑墓。冢长 12、宽 7、高 3 米。单碑无帽，高 1.8、宽 1、厚 0.2 米。

陈卢氏墓　位于大乘镇和睦村，葬于清嘉庆五年（1780 年），东向，为 1 座土坑石砌墓。冢长 6、宽 3、高 1.2 米。碑为两柱一开间石质单碑，高 1.2、宽 0.8 米。

比丘尼悟性墓 位于大乘镇三合村，葬于清嘉庆七年（1802 年），西向，为 1 座土坑石砌墓。条石砌冢，冢头梯形，冢长 7、宽 3.5、高 1.5 米；石质单碑，顶呈半圆形，碑高 1.8、宽 0.9、厚 0.2 米。

石吴氏墓 位于大乘镇安子村，葬于清道光九年（1829 年），东南向，为 1 座土坑石砌墓，冢长 7、宽 3.5、高 1.5 米。碑为两柱一开间庑殿顶，高 2.2、宽 1.2 米。

石春夫妇墓 位于大乘镇安子村，葬于清道光二十八年（1848 年），西北向，为 1 座土坑石砌墓。冢头呈梯形，冢长 8、宽 4、高 1.6 米。单碑庑殿顶，碑高 2、宽 1.1、厚 0.15 米。

李明道墓 位于大乘镇安子村，葬于清道光十年（1830 年），坐西南向东北，为 1 座土坑石砌墓。冢长 7、宽 3、高 1.5 米。碑为四柱三开间重檐庑殿顶，两边抱鼓呈八字形，高 2.2、宽 4 米。

邓杨氏墓 位于大乘镇安子村，葬于清道光六年（1826 年），坐向东北，为 1 座土坑石砌墓。冢头成梯形，冢长 8、宽 4、高 1.6 米。碑为四柱三开间重檐殿顶，两侧带抱鼓，呈八字形安置；碑间柱 2.2 米，八字墙 1.4 米，抱鼓 0.8 米，碑总宽 7 米；碑冢连成一体，高 3.5、宽 7 米。

油房组墓 位于大乘镇安子村，葬于清道光十五年（1835 年），东北向，为 1 座土坑石砌墓。冢头呈梯形，冢长 7、宽 3.5 米。单碑无帽，高 1.7、宽 0.7、厚 0.12 米。

曾氏墓 位于大乘镇安子村，葬于清道光二十一年（1841 年），东北向，为 1 座土坑石砌墓。冢已毁，仅存一土堆，单碑无帽，碑文已风化，高 1.2、宽 0.8 米。

石添富墓 位于大乘镇安子村，葬于清道光九年（1829 年），东南向，为 1 座土坑石砌墓。冢长 7、宽 4、高 1.5 米。碑为两柱一开间庑殿顶，高 2.2、宽 1.2 米。

九步组廖氏墓 位于大乘镇安子村，葬于清道光二十一年（1841 年），东北向，土坑石砌墓。冢头成梯形，冢长 7、宽 3.5、高 1.8 米。碑为两柱一开间（整石）庑殿顶，碑局部风化，高 2、宽 0.9 米。

邓新远墓 位于大乘镇安子村，葬于清道光九年（1829 年），坐西南向东北，土坑石砌墓。冢头呈梯形，长 7、宽 3.5 米。碑为两柱一开间，云形顶，高 2.2、宽 1.2 米。

邓岳明墓 位于大乘镇大烂田村，葬于清道光十四年（1834 年），东南向，为 1 座土坑石砌墓。冢头呈梯形，冢长 6、宽 3、高 1.5 米。石质单碑无帽，碑高 1.5、宽 0.8、厚 0.13 米。墓前有一拜台，宽约 1.5 米。

姚吴氏墓 位于大乘镇和睦村，葬于清道光十六年（1836 年），东南向，为 1 座土坑石砌墓。冢头梯形，冢长 8、宽 3、高 1.3 米。碑为石质两柱一开间庑殿顶，通高 1.6、宽 1.1 米。

吴万麟墓 位于大乘镇和睦村，葬于清道光二十二年（1842年），西北向，为1座土坑石砌墓。条石砌冢，冢石已垮塌，土冢长7、宽3、高1.2米。石质单碑，顶呈圆弧形，碑高1.5、宽0.8、厚0.2米。墓前有石砌半圆形拜台，高3、宽10米，进深6米。

比丘尼照应墓 位于大乘镇三合村，葬于清道光二十年（1840年），西向，为1座土坑石砌墓。条石砌冢，冢为正八边形，每边上部雕刻浮雕图案三幅，边长1.5、高1.6米。石质单碑，高2、宽1.1、厚0.22米。

薛天富夫妇墓 位于大乘镇柏杨村，葬于清道光十四年（1834年），坐西南向东北，为1座土坑石砌墓。条石砌冢，冢头梯形，冢长7、宽4.2、高1.4米；碑为石质两柱一开间庑殿顶，两侧八字墙带抱鼓，碑高2.8、宽5.4米。碑前有弧形拜台，宽10、进深5米。

薛星龙夫妇墓 位于大乘镇柏杨村，葬于清道光二十五年（1845年），坐西南向东北，为1座土坑石砌墓。条石砌冢，冢头梯形，冢长7、宽3.8、高1.6米。碑为石质四柱头三开间牌楼顶，两侧施抱鼓，碑高3.2、宽4.4米。

李必富墓 位于大乘镇双峰村，葬于清道光二十九年（1849年），东南向，为1座土坑石砌墓。冢头梯形，冢长8、宽5、高1.7米；石质单碑，顶呈梯形，高2.4、宽1、厚0.25米。

廖文倄墓 位于大乘镇安子村，葬于清咸丰十年（1860年），东北向，为1座土冢墓。单碑无帽，宽0.9、高1.4、厚0.12米，碑文已开始风化。

下坟山李氏墓 位于大乘镇安子村，葬于清咸丰十年（1860年），东北向，为1座土冢墓。单碑无帽，高1.5、宽0.9、厚0.15米。土冢与周边土地几乎相连。

廖廷位墓 位于大乘镇安子村，葬于清咸丰十年（1860年），坐西向东，为1座土冢墓。单碑无帽，宽0.9、高1.6、厚0.11米，碑石风化严重。

姚再显夫妇墓 位于大乘镇和睦村，葬于清咸丰八年（1858年），东南向，为1座土坑石砌墓。冢长10、宽6、高1.8米。碑为石质带帽顶，碑顶刻有"椿萱堂"，碑两旁有对联，碑高2.1、宽1、厚0.16米。碑前有一香炉。墓前原有拜台，后已毁。

喻雄斌墓 位于大乘镇和睦村，葬于清咸丰二年（1852年），坐西向东，为1座土坑石砌墓。冢头成梯形，冢长7、宽4、高1.6米。单碑无帽，高2.2、宽1、厚0.2米，有拜台20平方米。

李封氏墓 位于大乘镇沙坪村，葬于清咸丰八年（1858年），东南向，为土坑石砌墓。条石砌冢，冢长6、宽3、高1.7米；石质单碑，顶呈半圆形，碑高1.5、宽0.9、厚0.15米。

廖汝生夫妇墓 位于大乘镇安子村，葬于清同治四年（1865年），坐东向西，为土坑石砌墓。冢头成梯形，冢长 10、宽 8、高 1.60 米。单碑无帽，顶呈圆弧形，高 1.8、宽 1.1、厚 0.18 米。

谢星明墓 位于大乘镇安子村，葬于清同治五年（1866 年），坐西向东，为土坑石砌墓。冢长 7、宽 3.5、高 1.3 米。单碑无帽，高 1.5、宽 1、厚 0.12 米。

温氏墓 位于大乘镇百合村，葬于清同治六年（1867 年），西北向，为土坑石砌墓。条石砌冢，冢头挡土墙中间为笔架形，两侧为八字形，冢长 6、宽 3、高 1.3 米。碑为石质两柱一开间，碑高 0.8、宽 0.7 米。

王真寿墓 位于大乘镇杨柳村，葬于清同治十二年（1873 年），南向，为土坑石砌墓。条石砌冢，冢长 6、宽 3、高 1.3 米。石质单碑，顶呈梯形，碑高 1.5、宽 0.8、厚 0.15 米。

李正青墓 位于大乘镇染坊村，葬于清同治十一年（1872 年），南向，为土坑石砌墓。条石砌冢，冢头弧形，冢长 8、宽 3.5、高 1.7 米。石质单碑，顶呈梯形，碑高 2.2、宽 1、厚 0.2 米。

廖凤崧墓 位于大乘镇安子村，葬于清光绪三十一年（1905 年），东北向，为土坑石砌墓。砌石已毁，单碑无帽，顶呈圆弧形，宽 0.5、高 1、厚 0.2 米。

马真葵墓 位于大乘镇安子村，葬于清光绪三十一年（1905 年），东北向，为土坑石砌墓。砌石已毁，存一单碑无帽，顶呈圆弧形，宽 0.6、高 1.1、厚 0.12 米。

姚胜文墓 位于大乘镇和睦村，葬于清光绪十四年（1888 年），东南向，为 1 座土坑石砌墓。条石砌冢，冢长 6、宽 4、高 1.8 米。石质单碑，顶呈圆弧形，碑高 0.8、宽 0.6、厚 0.15 米。

姚正栋夫妇墓 位于大乘镇和睦村，葬于清光绪二十六年（1900 年），东南向，为 1 座土坑石砌墓。条石块石砌冢，冢长 7、宽 4.5、高 1.8 米。石质单碑，碑上部断裂落于墓前，残碑高 1.2、宽 0.8、厚 0.2 米。

徐心禄墓 位于大乘镇马脑村，葬于清光绪二十六年（1900 年），西南向，为土坑石砌墓。条石砌冢，冢头弧形，冢长 6、宽 3、高 1.5 米。石质单碑，高 1.5、宽 0.9、厚 0.15 米。

吕国贞墓 位于大乘镇正直村，葬于清光绪二十四年（1898 年），坐西向东，为土坑石砌墓。砌石已松动，冢头成梯形，冢长 8、宽 4、高 1.8 米。单碑无帽，高 1.8、宽 0.9、厚 0.15 米。

李正科墓 位于大乘镇新华村，葬于清光绪十九年（1893 年），东南向，为土坑石砌墓。条石砌冢，冢头弧形，冢长 7、宽 3.5、高 1.6 米。石质单碑，碑顶梯形，碑高 1.7、宽 0.9、厚 0.22 米。

古建筑

大乘东岳庙　位于大乘镇和平街，修建于清中期，为1座穿斗式梁架重檐歇山顶，小青瓦屋面木结构建筑。该建筑西南向，面阔五间21米，进深五间15米，通高12.5米。

严氏宅　位于大乘镇和平街，为一座穿斗式梁架硬山顶小青瓦屋面砖木结构一楼一底建筑。该建筑东南向，面阔三间10米，进深三间6米，通高8.5米。

和平街刘氏宅　位于大乘镇和平社区，为1座穿斗式梁架悬山顶小青瓦屋面一楼一底木结构建筑。该建筑北向，前有四步架廊道，右间右前保存着木柜台；面阔两间10米，进深五间10米，通高8.5米。

和平刘氏宅　位于大乘镇和平街，修建于清代，为1座穿斗式梁架悬山顶小青瓦屋面木结构一楼一底建筑。坐东向西，面阔六间22米，进深四间12米，通高8.5米。

和平张氏宅　位于大乘镇和平街，修建于清代。为一座穿斗式梁架悬山顶小青瓦屋面一楼一底木结构建筑。坐南向北，面阔五间19米，进深七间14米，通高8.5米；明间前有四步架廊道。

和平8号罗氏宅　位于大乘镇和平街，修建于清代。为一楼一底穿斗式梁架悬山顶小青瓦屋面木结构建筑。该建筑东向，面阔一间5米，进深10米，通高8.5米。

和平15号钟氏宅　位于大乘镇和平街，该建筑修建于清代。为1座穿斗式梁架悬山顶小青瓦屋面一楼一底木结构建筑。该建筑东南向，面阔三间10米，进深七间14米，通高8.5米。

和平14号民居　位于大乘镇和平街，该建筑修建于清代。为1座穿斗式梁架悬山顶小青瓦屋面一楼一底木结构建筑。该建筑东向，面阔五间18.5米，进深四间7米，通高8.5米。

和平陈氏宅　位于大乘镇和平街，该建筑修建于清代。为1座穿斗式梁架悬山顶小青瓦屋面一楼一底木结构建筑。该建筑东南向，面阔三间12米，进深四间7.5米，通高8米。

和平街11号民居　位于大乘镇和平街，该建筑修建于清代。为1座穿斗式梁架悬山顶小青瓦屋面一楼一底木结构建筑。该建筑西向，面阔七间25米，进深九间19米，通高8.5米；明间、左右又次间进深第五间为天井，明间天井后楼上房间外有走廊。

和平社区朱氏宅　位于大乘镇和平社区，建于清代。坐向东南，为双层楼木结构悬山式顶，小青瓦铺面，穿斗式梁架，面阔二间8米，进深八间16米，通高12米。

和平街朱氏宅　位于大乘镇和平社区，建于清代。坐西向东，为双层木结构悬山式顶，小青瓦铺面，穿斗式梁架，面阔一间 4.5 米，进深八间 16 米。

和平街罗氏宅　位于大乘镇和平街，建于清代。坐西向东，为双层楼木结构悬山式顶，小青瓦铺面，穿斗式梁架，面阔二间 8.5 米，进深十间 20 米，通高 12 米。

胜利街 15 号吴氏宅　位于大乘镇胜利街，建于清代。坐西南向东北，为双层楼木结构悬山式顶，小青瓦铺面，穿斗式梁架，面阔四间 16 米，进深四间 8 米，通高 12 米。平街层为铺面，二楼窗花损毁较多，部分已做改造。

胜利街 13 号吴氏宅　位于大乘镇胜利街，建于清代。坐东北向西南，为三层楼木结构悬山式顶，小青瓦铺面，穿斗式梁架，面阔二间 8 米，进深十间 20 米，通高 16 米。西南临街，底层铺面已做现代改造。

胜利街周氏宅　位于大乘镇胜利街，建于清代。坐南向北，为双层楼木结构悬山式顶，小青瓦铺面，穿斗式梁架，面阔二间 9 米，进深三间 6 米，通高 10 米。底层铺面已做部分现代改造。

胜利街敬氏宅　位于大乘镇和平社区，建于清代。坐南向北，为双层楼木结构悬山式顶，小青瓦铺面，穿斗式梁架，面阔三间 10 米，进深九间 18 米，通高 12 米。底层小作坊，二楼居住。

胜利街 9 号民居　位于大乘镇胜利街，建于清代。坐南向北，为砖、木、石结构，双层硬山式顶，小青瓦铺面，面阔三间 11.5 米，进深十六间 32 米，通高 12 米，坐向西南，西南临街，二进有小天井。

胜利街 4 号王氏宅　位于大乘镇胜利街，建于清代。坐南向北，为双层楼木结构悬山式顶，小青瓦铺面，穿斗式梁架，面阔二间 9 米，进深四间 7 米，通高 11 米。北面临街，底层为铺面，二楼作居住用。

胜利街 3 号邓氏宅　位于大乘镇胜利街，建于清代。坐南向北，为双层楼木结构悬山式顶，小青瓦铺面，穿斗式梁架，面阔三间 14 米，进深四间 7 米，通高 11 米。北面临街，底层为铺面，二楼居住。

板板桥　位于大乘镇和睦村，修建于清代。该桥为一座石质平板桥，东北—西南走向，桥长 4、宽 0.8、高 1.5 米。

民主组 50 号朱氏宅　位于大乘镇全和村，建于清代。坐北向南，为双层楼木结构悬山式顶，小青瓦铺面，穿斗式梁架，面阔二间 8.5 米，进深五间 10 米，通高 12 米。

龙氏山庄　位于大乘镇岩门村，始建于清同治二年，历时 10 多年，竣工于光绪年间，坐落在一面坡半山，朝门向东。山庄外有长方形条石围墙，围墙东面开门；门内抬梁式单檐歇山顶小青瓦屋面两层木结构建筑，底层为门厅，楼上为戏楼。戏楼西 20 米为内三堂一进八字形朝门，朝门左右耳房、一进正房及左右厢房组成一进四合院；一进正房明间与二进正房明间之间有抬梁式通道，该通道与一进正房、二进正房和左右厢房组成并列四合院；二进正房、三进正房和左右厢房组成三进四合院。围墙正门、一进八字朝门、一进正房明间、二进明间正门虽在一条中轴线上，但却刻意左右错开，造成"龙"游动态势。内三堂右后碉楼 1 座；内三堂左原为规模与内三堂相似的花厅，已于民国期间毁于火灾。龙氏山庄总计有柱头 216 根，房屋 56 间，建筑面积约 3000 平方米，总占地面积近 10000 平方米。四川省人民政府于 2007 年 6 月 1 日公布为文物保护单位。

石窟寺及石刻

丫鹊口石窟寺　位于大乘镇和睦村，凿于清代。为 1 座石质土地龛，龛高 1.2、宽 1 米、纵宽 1.1 米，有铭"职居五行末　位立三才中"刻于龛柱，整个神龛都已风化。

蔡家山石窟寺　位于大乘镇安子村，修建于清道光元年（1821 年）。该龛北向，用石头砌成，仿木单檐庑殿顶，面阔一间 0.8 米，进深一间 0.8 米，通高 1 米。龛内观音像毁坏无存，左门柱题刻捐资人和年代。

近现代史迹及代表性建筑

九步岩雕楼　位于大乘镇安子村，建于中华民国，坐西向东，为 1 座土木石悬山式顶结构。通高四层 14、面宽 6、纵宽 7 米，每层四面设有瞭望孔。

三湾鱼塘　位于大乘镇京坪村、马脑村两村交接处，修建于 1957 年至 1958 年。该塘堤坝正面东北向，用条石砌两面，中间夯土填实。堤坝长 60、高 6、底宽 12、顶宽 5 米。塘容积 3 万立方米，是大乘镇街区供水水源，现承包给曾万林经营管理。

福延镇

古墓葬

庄子上权氏墓　位于福延镇新庄村，葬于清代，南向，为 1 座土坑石砌墓。冢头呈梯形，冢长 7、宽 3.5、高 1.5 米。石质单碑无帽，顶呈圆弧形，碑高 1.7、宽 0.85、厚 0.15 米。

张氏墓　位于福延镇新白村，葬于清道光二年（1822 年），东南向，为 1 座土坑石砌墓。条石砌冢，冢长 6.5、宽 3、高 1.4 米。碑为四柱三开间重檐庑殿顶，带抱鼓，碑及抱鼓呈八字形，高 2.8、宽 3.5 米。前有条石砌拜台，呈半圆形包围，宽 8 米。

廖文秀墓　位于福延镇照宝村，葬于清同治十二年（1873 年），南向，为 1 座土坑石砌墓。条石砌冢，冢长 6、宽 3、高 1.2 米。碑为两柱一开间有帽，两侧抱鼓呈八字形，碑高 3.2、宽 4.4 米，碑顶有精美雕花。

　　石必兴墓　位于福延镇尖山村，葬于清光绪十三年（1887 年），西北向，为 1 座土坑石砌墓。条石砌冢，冢头梯形，冢长 7、宽 3.5、高 1.6 米。石质单碑，顶圆弧形，碑高 2.2、宽 0.8、厚 0.2 米。墓前有长方形拜台，宽 5、进深 2.5 米。

　　张照祥墓　位于福延镇旺乐村，葬于清光绪二十七年（1901 年），西南向，为 1 座土坑石砌墓。条石砌冢，冢长 6、宽 3、高 1.5 米。石质单碑无帽，顶呈梯形，碑高 1.2、宽 0.7、厚 0.12 米。

　　姚秀铣墓　位于福延镇桤木村，葬于清光绪二年（1876 年），东北向，为 1 座土坑石砌墓。条石砌冢，冢长 6、宽 3、高 1.5 米。石质单碑无帽，碑高 1.2、宽 0.7、厚 0.12 米，碑风化较严重。

　　黄大彪墓　位于福延镇松树村，葬于清光绪十八年（1892 年），西南向，为 1 座土坑石砌墓。条石砌冢，冢长 5.5、宽 3、高 1.3 米。石质单碑无帽，顶呈圆弧形，碑高 1.4、宽 0.8、厚 0.15 米。

古建筑

　　田家祠堂　位于福延镇中坝村，修建于清代。该建筑南向，混合梁架，悬山顶小青瓦屋面，面阔五间 18 米，进深 10.50 米，明间和两次间正面缩进一间。

石窟寺及石刻

　　文昌行祠摩崖造像　位于福延镇五峰村，摩崖造像为文昌帝君及随从摩崖造像和石窟题刻，开凿于明弘治九年（1496 年）。造像为文昌帝君骑在马上，马童牵马，随从在后，做西行状；右上方云端坐有两仙人，面东向。石窟西壁有明弘治九年题刻。屏山县人民政府于 2005 年 12 月 6 日公布为文物保护单位。现处向家坝水电站淹没区，淹没前已取资料。

近现代史迹及代表性建筑

　　杨功甫烈士墓　位于福延镇庙坝村，葬于民国元年十二月（1912 年），坐向西南，为辛亥革命烈士墓。冢为石砌，墓室上有封土，前部为梯形，后部长方形，长 4.7、宽 3.2、尾宽 3.3、高 1.8 米。碑为石质仿木四柱三门三楼顶，两侧八字形仪墙带抱鼓，高 3.5、宽 5.2 米，上饰宝瓶顶，脊部起翘，饰鱼龙吻。明间碑身中部刻"杨公功甫之墓"，左侧刻"民国元年十二月十二號 建"，墓碑前有大、小拜台，大拜台为半圆形，半径约 2.7、高约 0.6 米，周围有一圈环形石，中间填土；小拜台方形，位于大拜台之上。屏山县人民政府于 1982 年 7 月公布为文物保护单位。现处向家坝电站淹没区内，淹没前已取资料。

富荣镇

古遗址

岩翁寺遗址　位于富荣镇楠木村，为清代所建，西南向。寺庙已毁，现仅遗存石狮两座：通高（连基高）3.20 米，净狮高 1.70 米，石基高 1.40 米，基宽 0.70 米，基身有精美生动的雕刻，两狮并排相距 10 米。另还存有残佛像、石条、石盆、残柱础、锤呙。

古墓葬

茅香坝墓地　位于富荣镇园田村，葬于明代，为 2 座大石板墓室，均东向，从下到上编好 M1 ~ M2。形制相似，均长 3、宽 1.2 米，露出地面 0.5 米。

下石牛坝墓　位于富荣镇园田村，葬于明代，西南向，由石板砌成的 1 座石室墓。部分淹埋于土中，露出土坎部分长 1.6、宽 0.6、高 1.5 米，墓门尚存。

园田村墓　位于富荣镇园田村，葬于明代，东向，为 1 墓双室。用大板石及条石垒砌而成，双墓室形制相同，单室高 1.3、宽 1.1、深 2.5 米，封门石已毁，墓被盗并严重扰乱，已成空墓。

下坟山墓　位于富荣镇园田村，葬于明代，东南向，为 1 座双室石室墓。用条石和石板砌成，墓前右半部露出地表，其余部分埋于地下。从露出部分可见该墓两室相通，通宽 2.8、高 1.4、深 3 米。单室高 1.2、宽 1.1、深 3 米。

大坡墓　位于富荣镇漆树村，葬于明代，南向，为一四室石室墓。用条石和石板扣成，通宽 5.2 米，通高 1.7 米，通进深 3.6 米。四室形制相同，均井形顶，单室宽 1、高 1.2、进深 3 米。

赵家村墓地　位于富荣镇玉峰村，葬于明代，东南向并列于耕地中，由 2 座石拱卷墓室组成。墓室相距 3 米，形制相同，从右至左编号为 M1、M2。两墓室均由条石、石板砌成，墓门石顶部半圆形，前部露出地面，后部埋于土中。M1 露出地面长 2.2、宽 1.5、高 1.7 米。M2 露出地面长 1、宽 1.2、高 1.2 米。

李家湾墓　位于富荣镇油坊村，南向，为 1 座双室石室墓。墓室前端露出，后部埋于土坎中，从左至右编号 M1、M2。用条石和石板扣成，露出部分通宽 3.2、高 1.1 米；单室宽 1.2、高 0.9 米。

袁氏夫妇合葬墓　位于富荣镇园田村，葬于清光绪年间，南向，为 1 座土坑石砌墓。墓有三棺，条石砌冢，冢头呈纱帽形，冢长 5、宽 4、高 1.5 米；碑为石质两柱一开间，碑高 1.2、宽 1 米。

天华山罗氏墓　位于富荣镇园田村，葬于清道光年间，具体年代风化无法辨认，西向，为 1 座土坑石砌墓。条石砌冢，冢长 5、宽 4、高 1.4 米。碑为两柱一开间庑殿顶，碑顶无存，残碑高 1.4、宽 1 米。

欧家坝欧家墓　位于富荣镇园田村，葬于清代中期，西南向，为 1 座土坑石砌墓。条石砌冢，冢头笔架形，冢长 6、宽 4、高 1.7 米。

茅香坝张氏墓　位于富荣镇园田村，葬于清代，东北向，为 1 座土坑石砌墓。条石砌冢，冢长 6、宽 3、高 1.4 米。单碑有柱嵌于冢头，碑高 1.1、宽 0.7 米，前有一拜台。

上石牛坝彭氏墓　位于富荣镇园田村，葬于清代，西南向，为 1 座土坑石砌墓。条石砌冢，冢头笔架形，刻有回纹图案，冢长 5.5、宽 4、高 1.9 米。碑已毁。

下石牛坝彭氏墓　位于富荣镇园田村，葬于清代，东南向，为 1 座土坑石砌墓。条石砌冢，冢头顶呈笔架形，冢长 8、宽 5、高 1.9 米。碑倒在冢前乡村公路边上（可辨认为庑殿顶碑帽）。

彭氏墓地　位于富荣镇园田村，葬于清代，共 2 座，皆西北向，墓形制相同，均为土坑石砌墓。条石砌冢，上有封土。M1 冢长 5.2、宽 2.6、高 1.6 米；M2 冢长 4.8、宽 3.1、高 1.5 米。两墓墓碑均失，两座墓间距 3 米。

上石牛坝罗氏墓　位于富荣镇园田村，葬于清代，西南向，为 1 座土坑石砌墓。条石砌冢，上有封土，冢头为半圆形，冢长 5.2、宽 3.4、高 1.5 米。墓碑已毁。口碑资料该墓为罗氏夫妇合葬墓。

下坟山南部墓　位于富荣镇园田村，葬于清代，东南向，为 1 座土坑石砌墓。条石砌冢，冢头笔架形，冢长 7、宽 4、高 1.6 米。碑为两块石板竖镶而成，嵌于冢头条石间，顶部弧形，似双扇门样，无任何题刻，碑宽 1、高 1.2 米。

圣云寺王氏墓地　位于富荣镇园田村，共 2 座墓，坐向东南，土坑室砌墓。M1 王朝贵墓，葬于清光绪三十三年（1907 年），条石砌冢，冢头呈纱帽形，冢长 7、宽 3、高 1.7 米；石质单碑，碑高 1.5、宽 0.8、厚 0.15 米。M2 王朝富墓，葬于清光绪十三年（1887 年），墓制与 M1 基本相同，冢后部已经埋于乡村公路下。

和尚园富墓　位于富荣镇楠木村，葬于清道光拾□年，西南向，为土坑石砌墓。构筑形制与"民墓"相同，冢长 7、宽 4、高 1.5 米，四柱三门带坟墙，呈八字形安置。该墓与和尚觉宣墓、和尚祥振昌墓呈一字形排列。该墓对研究清代屏山佛教葬制习俗有一定价值。

权氏墓地　位于富荣镇龙池村，葬于清代，具体年代不详，由 2 座土坑石砌墓组成，均东南向，编号为 M1、M2，相距 6 米。均条石砌冢，冢长 7、宽 4.5、高 2.2 米；

原有石质单碑，现碑毁无存。

龙池村权氏墓地 位于富荣镇龙池村，葬于清代，共2座，皆南向，均为土坑石砌墓。M1冢长9、宽7、高1.5米。M2冢长8、宽5、高1.5米，墓前有拜台，呈半圆形，基高为1.8、宽7米。两墓墓碑均失，M2前地上有残碑，墓间距离9米。

鹅颈项权氏墓 位于富荣镇青华村，葬于清代，西北向，为1座土坑石砌墓。该墓为富荣境内权姓入川始祖坟墓，具体年代不详。条石砌冢，冢头笔架形，笔架部分浮雕花卉、文字图案；冢长5、宽3.5、高1.6米。冢前有拜台，宽6、进深4米。石质单碑倒于冢前，文字面朝地，碑高1.8、宽0.9、厚0.18米。

糯米田权家墓 位于富荣镇青华村，葬于清代，具体年代不详，南向，为1座土坑石砌墓。条石砌冢，冢头梯形，冢长7、宽4.2、高2.3米；原有石质单碑已毁无存。

徐世明夫妇墓 位于富荣镇朝阳村，葬于清光绪年间，由于墓碑风化无法辨认具体年代。西南向，为1座土坑石砌墓。条石砌冢，冢头梯形，冢长7、宽4.2、高1.6米。碑为石质仿木六柱五开间牌楼顶，两侧梢间八字形带抱鼓，通高4.8、宽8.6米。碑前有石香炉一个，有长方形拜台，宽12、进深6米。

红庙子包氏墓 位于富荣镇园田村，葬于清乾隆四十三年（1778年），东南向，为1座土坑室砌墓。冢因修乡村公路埋于公路路基下，仅露出前部，残冢头笔架形，长4、宽2.5、高1.2米。石质单碑嵌于冢头中间，高1.4、宽0.8米。

袁柴氏墓 位于富荣镇园田村，葬于清嘉庆二十一年（1816年），东北向，为1座土坑石砌墓。条石砌冢，冢头有楼顶装饰石雕，冢长8、宽4.5、高1.5米。石质单碑，碑高0.9、宽0.7米。

黎家坡罗氏夫妇墓 位于富荣镇园田村，葬于清嘉庆二十二年（1817年），南向，为1座土坑石砌墓。条石砌冢，冢头笔架形，冢长5.5、宽5、高2.8米。碑为两柱一开间，碑高1.40、宽1米。

廖政仁墓 位于富荣镇园田村，葬于清嘉庆二年（1797年），南向，为1座土坑石砌墓。冢已毁，碑为石质庑殿顶（帽已掉落在地），碑高1.2、宽0.8、厚0.1米。

计宣夫妇墓 位于富荣镇园田村，葬于清嘉庆元年（1796年），东北向，为1座土坑石砌墓。冢已毁。单碑有帽（庑殿顶），碑高1.2、宽0.6、厚0.12米。

园田九碑墓 位于富荣镇园田村，葬于清嘉庆十一年（1806年），东南向，为1座土坑石砌墓。条石砌冢，冢已经全部埋于公路下。碑为石质仿木十柱九开间九楼顶，两侧八字形抱鼓，主楼和左右四次楼毁坏无存，残碑高2.5、宽6、厚0.18米；九门碑除明间碑题刻墓主和年款外，其余八碑均为浮雕花板。

和尚觉宣墓 位于富荣镇楠木村，碑文明示葬于嘉庆十二年（1807年），西南向，为土坑石砌墓。构筑形制与"民墓"相同，冢长7、宽4、高1.5米，碑为四柱三开间带坟墙，呈八字形安制，雕花精美。

和尚祥振昌墓　位于富荣镇楠木村，葬于嘉庆十七年（1812年），西南向，为土坑石砌墓。构筑形制与"民墓"相同，冢长7、宽4、高1.5米，碑为四柱三开间带坟墙，呈八字形安制，雕花精美。

祠堂头罗氏墓群　位于富荣镇园田村，葬于清代，共3座，均东南向，为土坑石砌墓。三墓从前至后再右排序为M1、M2、M3。M1、M2墓碑无存，年代不详；M2墓冢完好，墓碑倒塌于墓前，墓碑题刻为罗仁辅墓，葬于道光二十二年。采访当地居民，三墓均为罗家祖坟。

罗仁墓　位于富荣镇园田村，葬于清道光二十二年（1842年），东南向，为1座土坑室砌墓。条石砌冢，冢头呈纱帽形，冢长5、宽3、高1.4米；石质单碑，碑高1.6、宽1、厚0.15米。

欧铎墓　位于富荣镇园田村，葬于清道光二十一年（1841年），西南向，为一座土坑石砌墓。条石砌冢，冢长4.5、宽3、高1.3米。石质单碑，碑顶笔架形，碑高0.9、宽0.6、厚0.1米。

刘攀桂夫妇墓　位于富荣镇园田村，葬于清道光十三年（1833年），南向，为1座土坑石砌墓。条石砌冢，冢头弧形，冢长5.5、宽3.5、高1.6米。石质单碑嵌于冢头，碑高1、宽0.8米。

张氏夫妇墓　位于富荣镇园田村，葬于清道光三年（1823年），东南向，为1座土坑墓。土冢长约4、宽约2.5、高约1米。石质单碑，顶呈梯形，碑高1.1、宽0.8、厚0.15米。

彭世週夫妇墓　位于富荣镇园田村，葬于清道光十二年（1832年），东南向，为1座土坑石砌墓。条石砌冢，冢长8、宽4.5、高1.8米。碑为四柱三开间三楼顶，两侧带抱鼓，碑高3、宽3.5米。围绕墓冢和墓碑有石质坟墙，墙内面阔14、进深16米。

罗席珍墓　位于富荣镇园田村，葬于清道光二十五年（1845年），南向，为1座土坑石砌墓。条石砌冢，冢头笔架形，冢长7、宽4、高1.8米。石质单碑，碑顶梯形，高1.5、宽0.9、厚0.18米。

陈文生夫妇墓　位于富荣镇园田村，葬于清道光十九年（1839年），东南向，为1座土坑石砌墓。条石砌冢，冢头笔架形，冢长8、宽6.5、高3.2米。碑为石质仿木四柱三开间三楼顶，两侧带抱鼓，碑高3.5、宽4.4米。

和尚能兴墓　位于富荣镇楠木村，葬于清道光十二年（1832年），南向，为土坑石砌墓。条石砌冢，冢长7、宽3、高1.6米，冢头呈圆形。碑为两柱一开间庑殿顶，碑高2.5、宽1.4米，两旁有对联。

曹福青墓　位于富荣镇龙池村，葬于清道光十九年（1939年），东南向，为1座土坑石砌墓。条石砌冢，冢长 6、宽 3.5、高 1.3 米；石质单碑，顶呈半圆形，碑高 1.1、宽 0.8、厚 0.12 米。

王天佑夫妇墓 位于富荣镇沙田村，葬于清道光二十一年（1841 年），东南向，为 1 座土坑石砌墓，笔架顶。冢长 7.4、宽 5、高 1.8 米。碑为两柱一开间，碑高 1.2、宽 0.8 米，碑面局部风化。

刘攀寿夫妇墓 位于富荣镇沙田村，葬于清道光二十一年（1841 年），东南向，为 1 座土坑石砌墓。笔架顶，墓冢长 7.4、宽 5、高 1.8 米。碑为四柱三开间三楼顶带抱鼓，碑高 2.8、宽 4.1 米，碑面局部风化，字迹能辨认。

彭世敏夫妇墓 位于富荣镇红春朝阳村，葬于清道光二十二年（1842 年），东南向，为 1 座土坑石砌墓。笔架顶，上有封土，墓冢长 6、宽 4.8、高 2.5 米；单碑嵌于冢头，碑高 1.4、宽 0.8 米；碑前有一小香案，墓前有拜台，长约 5.5、宽约 3 米。

杨宋氏墓 位于富荣镇朝阳村，葬于清道光十六年（1836 年），西南向，为 1 座土坑石砌墓。条石砌冢，条石已毁无存，存封土冢长 6、宽 3.5、高 1.2 米。碑为石质两柱一开间庑殿顶，两侧云头如意八字墙，通高 2.4、通宽 6.5 米。碑前有弧形拜台，宽 7、进深 3 米。

黄玄复墓 位于富荣镇园田村，葬于清咸丰七年（1857 年），南向，为 1 座土坑石砌墓。条石砌冢，冢头纱帽形，冢长 7、宽 3、高 1.6 米。碑为石质两柱一开间庑殿顶，碑通高 1.80、通宽 1.1、柱厚 0.3 米。

欧大超夫妇墓 位于富荣镇园田村，葬于清同治九年（1870 年），西南向，为 1 座土坑石砌墓。条石砌冢，冢头梯形，冢长 7、宽 5、高 1.7 米。四柱三门三楼顶两侧抱鼓碑立于冢前，次间和抱鼓呈八字形，碑高 3.5、宽 4 米。

张廷辅墓 位于富荣镇园田村，葬于清同治十二年（1873 年），东北向，为 1 座土坑石砌墓。条石砌冢，上有封土，冢长 5、宽 3、高 0.8 米。石质单碑无帽，碑高 1.1、宽 0.7、厚 0.15 米。

权登文墓 位于富荣镇青华村，葬于清同治十一年（1872 年），东向，为 1 座土坑石砌墓。条石砌冢，冢头梯形，冢长 5、宽 3.5、高 1.6 米。冢前有长方形拜台，宽 5、进深 3 米。石质单碑，顶呈梯形，碑高 1.9、宽 0.9、厚 0.18 米。

刘觉亮墓 位于富荣镇蔡和村，葬于清同治十二年（1873 年），东南向，为 1 座土坑石砌墓。条石砌冢，冢长 4.5、宽 3.5、高 1.31 米；石质单碑，碑高 1.6、宽 0.8、厚 0.15 米。

牟氏夫妇墓 位于富荣镇沙田村，葬于清同治二年（1863 年），东西向，为 1 座土坑石砌墓。笔架顶，上有封土，冢长 7、宽 5.2、高 2.6 米。碑为四柱一门，嵌于冢头，两旁有对联，碑高 1.4、宽 0.8 米。碑前有一弧形拜台，长约 10、宽约 4 米。

彭运佳夫妇墓 位于富荣镇红春朝阳村，葬于清同治十三年（1874 年），东南向，为 1 座土坑石砌墓，笔架顶。冢长 4.8、宽 4、高 2.8 米。石质单碑，顶为梯形，碑高 2.8、宽 0.9、厚 0.22 米，碑面局部风化。

文寂善墓 位于富荣镇园田村，葬于清清光绪三年（1877 年），东南向，为 1 座土坑石砌墓。条石砌冢，冢头纱帽形，冢长 4.5、宽 3、高 1.6 米；石质单碑，碑高 1.8、宽 0.9、厚 0.25 米。

杨书林墓 位于富荣镇园田村，葬于清光绪二十九年（1904 年），西南向，为 1 座土坑石砌墓。冢呈前宽后窄状，冢头顶呈笔架形，冢长 6、前宽 3.5、后宽（弧形）2.5、高 1.8 米。石质单碑，顶呈梯形，碑高 2.2、宽 1.1、厚 0.2 米。墓前有一香案，另原有拜台，但已损坏，无法辨清。

欧天琪夫妇墓 位于富荣镇园田村，葬于清光绪十一年（1885 年），西南向，为 1 座土坑石砌墓。条石砌冢，冢头笔架形，冢长 5、宽 4.5、高 1.2 米。碑为两柱一开间庑殿顶，两侧带抱鼓，碑高 3.2、宽 3.1 米。

宋玉玘夫妇墓 位于富荣镇园田村，葬于清光绪五年（1879 年），东南向，为 1 座土坑石砌墓。条石砌冢，冢头笔架形，冢长 7、宽 6.5、高 2.5 米。石质单碑，碑高 2.20、宽 1 米，厚 0.15 米。

李连芳夫妇墓 位于富荣镇园田村，葬于清光绪七年（1881 年），东南向，为 1 座土坑石砌墓。条石块石砌冢，冢头圆弧形，冢长 7、宽 3.5、高 1.7 米。石质单碑，碑顶半圆形，碑高 1.6、宽 0.8、厚 0.15 米。

吴大鸿夫妇合葬墓 位于富荣镇园田村，葬于清光绪三年（1877 年），南向，为 1 座土坑石砌墓。条石砌冢，冢头笔架形，冢长 8、宽 4.4、高 2.5 米。石质单碑，碑高 2.2、宽 1、厚 0.18 米。

王世祥夫妇墓 位于富荣镇园田村，葬于清光绪九年（1883 年），东南向，为 1 座土坑石砌墓。条石砌冢，冢头笔架形，冢长 8、宽 5.5 米。石质单碑，碑高 1.6、宽 0.8、厚 0.16 米。

汪国相夫妇墓 位于富荣镇楠木村，葬于清光绪八年（1882 年），东北向，为 1 座土坑石砌墓。冢头呈梯形，冢长 7.5、宽 4、高 1.6 米。单碑无帽，碑高 1.8、宽 0.85、厚 0.22 米。

权兴文夫妇墓 位于富荣镇龙池村，葬于清光绪二十一年（1895 年），南向，为 1 座土坑石砌墓。条石块砌冢，冢长 6、宽 4、高 2 米；石质单碑，碑高 1.2、宽 0.8 米。

黄印福墓 位于富荣镇茶叶村，葬于清光绪甲申年（1884 年），南向，1 座土坑石砌墓。条石砌冢，冢头纱帽形，冢长 5.5、宽 3.2、高 1.6 米。石质单碑嵌于冢头，碑高 1.2、宽 0.8 米；碑前有 1 米方形小拜台。

谭何氏墓 位于富荣镇玉峰村，葬于清光绪二十六年（1900 年），东南向，为 1 座土坑石砌墓。条石砌冢，冢长 5、宽 3、高 1.3 米。石质单碑，碑高 2、宽 2、厚 0.2 米。

彭运仁夫妇墓 位于富荣镇朝阳村，葬于清光绪七年（1881 年），南向，为 1 座土坑石砌墓。条石砌冢，冢长 8、宽 7、高 2.6 米。石质单碑，碑顶梯形，高 3、宽 1.1、厚 0.25 米。碑前有石香炉一个，绕墓一周有长方形石质仿木栏杆。

王心科夫妇墓 位于富荣镇朝阳村，葬于清光绪三十四年（1908 年），东南向，为 1 座土坑石砌墓。条石砌冢，冢头笔架顶，冢长 6.5、宽 5.2、高 2.7 米。石质单碑，高 3.2、通宽 1.2、厚 0.22 米。

田永振墓 位于富荣镇团田村，葬于清宣统二年（1910 年），东南向，为 1 座土坑石砌墓。条石砌冢，冢长 4.5、宽 3.5、高 2 米。石质单碑，碑顶梯形，碑高 1.8、宽 0.7、厚 0.13 米。

古建筑

扇子山权氏宅 位于富荣镇青华村，修建于清代。为权家老屋右厢房，该建筑东北向，穿斗式梁架悬山顶小青瓦屋面一楼一底木结构建筑。面阔三间 12 米，进深三间 5 米，通高 8 米。明间格子门窗保存基本完好。

近现代史迹及代表性建筑

徐经邦烈士墓 位于富荣镇朝阳村，坐向西南，为 1 座土坑掩土墓。冢长 3、宽 2、高 1.5 米。石质单碑立于冢前，碑高 1、宽 0.6、厚 0.15 米。

徐经邦烈士是屏山第一个地下共产党员，1925 年被重庆莲花池国民党左派党部派回屏山，以国民党左派身份组织国民党县党部，从事共产党地下工作。1926 年徐经邦被屏山反动派抓捕，并于次日枪决，时年 27 岁。屏山县人民政府于 1982 年 7 月公布为文物保护单位。

新安镇

古墓葬

大坪菜地墓 位于新安镇大坪村，葬于明代，西南向，为 1 座单室石室墓。露出地面为部分室壁和四块顶盖石，该墓露出地面部分长 3.1、宽 1.4、高 0.4 米。

红丰村墓 位于新安镇红丰村，葬于明代，东向，为条石、大石板砌成双室墓冢。墓室露出地表，前有廊，两墓室形制相同，墓室相通。墓室长 3.2、宽 1.8、高 1.3 米。

大坟林墓 位于新安镇红丰村，葬于汉代，东向，为1双室石室墓。墓门为砖石砌成拱形，墓左室垮塌，右室外露地表0.25米。左室露出一块砖的三分之一，形制大小同右室。砖长0.4、宽0.21、厚0.08米。

桐子包墓 位于新安镇井坝村，葬于明代，西向，为1座两室石室墓。用条石石板砌成，梯形顶，墓长3.2、通宽2.6、通高1.4米。单室内长2.8、宽1、高1.2米。

刺巴湾石室墓地 位于新安镇和平村，葬于明代，共2座墓，坐东向西，均为条石、大石板砌成。石板均长1.2、宽1.1、高1.3米。M1外露地表一角，未扰乱；M2墓室垮塌，扰乱严重，两墓相距1.50米，在一水平线上。

廖氏墓地 位于新安镇民主村，葬于清代，共3座，呈弧形排列，均呈东北向，为条石砌成土坑墓。其中M3墓冢长14、宽11、高3.6米；碑为笔架顶，中刻"寿"字，两侧有抱鼓，呈八字形，宽9.4、高3.6米；碑前中左右又各立单碑一块，宽1、高2.2、厚0.18米。墓为两兄弟夫妇合葬墓，年代分别是清光绪二十四年（1898年）和光绪十八年（1892年）。M1墓形制同M3，为廖氏兄弟廖天华墓。M2墓碑垮塌、墓冢条石均散落在地，冢头中被挖一大坑，冢已扰乱。

晒谷坝李氏墓 位于新安镇新光村，葬于清代，坐向东，为1座土坑石砌墓。冢头呈方形，冢长6.5、宽3.2、高1.6米。单碑无帽，碑毁，碑帽散落在墓左侧。

场背后墓群 位于新安镇新光村，葬于清代，共5座，均坐向东南，为条石砌成土坑墓。其中M5冢长5.5、宽3、高1.3米。碑皆无存。其余均不同程度毁坏。

小台地曹氏墓 位于新安镇新光村，葬于清代，东南向，为1座土坑石砌墓。条石砌冢，冢长5.5、宽4、高1.3米。墓碑无存。调查当地民众，皆称为曹家老坟，疑为曹家入川第一代人坟墓（俗称"发坟"）。

枣儿湾墓 位于新安镇新春村，葬于清代，坐西北向东南，为1座土坑石砌墓。冢头呈圆形，冢长4.5、宽2.8、高1.2米。条石被搬走，墓碑无存，仅有碑顶散落在地。

大坪头墓 位于新安镇大坪村，葬于清代，东南向，为1座土坑石砌墓。冢条石仅存碑石一块，其余无存，封土已经与耕地连成一片。两柱一开间残碑立于冢前，残碑高1.2、通宽1、厚0.15米，碑题刻风化严重，仅能辨认出"皇清"等几字。

三尖角墓 位于新安镇红丰村，葬于清代，东北向，为条石砌成圆形土坑墓。墓在一个土坎下，冢现已平为耕地。碑为二柱一开间仿木结构单檐歇山顶，碑面风化严重，字迹不清，碑顶中刻"寿"字，碑宽1.1、高1.4米。

大坟林徐氏墓群 位于新安镇红丰村，葬于清代，东向，共3座，呈弧形布局，均为条石砌成土坑墓，无墓碑。其中M1冢长6、宽2.2、高1.2米。

王殿若夫妇墓 位于新安镇井坝村，葬于清道光年间，具体年代不详，南向，为1座土坑石砌墓。条石砌冢，冢头呈梯形，冢长5、宽3.4、高1.3米。碑为石质四柱三开间三楼顶，两侧带抱鼓，两次间和抱鼓呈八字形，碑通高 2.2、通宽 3.2 米；碑前有圆弧形拜台，宽 3.2、进深 2 米；拜台后中部有石质香炉一个。

老坟山王氏夫妇墓 位于新安镇井坝村，葬于清代，具体年代不详，南向，为 1 座土坑石砌墓。条石砌冢，冢头呈笔架形，冢长 6、宽 3.8、高 1.4 米，冢头高 2.4 米。碑为石质两柱一开间，高 1.1、宽 1.1 米。

石溪沟王氏墓 位于新安镇井坝村，葬于清初，南向，为 1 座土坑石砌墓。条石砌冢，冢长 5、宽 3.4、高 1.4 米。碑立于冢前，为石质四柱三门三楼顶两侧抱鼓，抱鼓呈八字形，碑通高 3.2、通宽 4.20 米。

王文举夫妇墓 位于新安镇井坝村，葬于清嘉庆二年（1797 年），南向，为 1 座土坑石砌墓。条石砌冢，冢后部埋于耕地内，露出部分长 4、宽 2.2、高 1.8 米。碑立为石质四柱三开间笔架顶，两侧八字墙，八字墙与门柱连接处有凸出方石墩各一，碑通高 2.2、通宽 6.7 米。墓碑前有长方形拜台，宽 4、进深 2.5 米。

王氏夫妇墓 位于新安镇新光村，葬于清道光二十二年（1842 年），坐向东南，为条石砌成的土坑墓。冢条石多处毁损，已与耕地连成一体，长 7、宽 4.5、高 1.4 米。碑为四柱三开间仿木结构重檐歇山顶，有抱鼓，呈八字形。碑面风化严重，字迹不清，碑顶风化部分脱落，碑宽 4.3、高 3 米。

康全举墓 位于新安镇大坪村，葬于清道光十年（1830 年），东南向，为 1 座土坑石砌墓。冢条石无存仅存封土丘，长 4、宽 1.5、高 0.8 米。石质单碑，碑高 1.2、宽 0.9、厚 0.08 米。

苟文轩墓 位于新安镇大坪村，葬于清道光四年（1824 年），东向，为 1 座土坑石砌墓。条石砌冢，冢呈梯形，冢长 7、前宽 3.2、后宽 2、高 1.4 米。碑为石质四柱三开间五楼顶，两侧八字墙带抱鼓，碑高 3.2、宽 5.6 米。

大坪头杨氏夫妇墓 位于新安镇大坪村，葬于清道光七年（1827 年），东向，为 1 座土坑石砌墓。冢条石无存仅存封土丘，长 4、宽 2.2、高 1 米。碑为石质两柱一开间庑殿顶，碑顶脱落于碑后封土上，碑下部埋于地下，碑残高 1.1、宽 1.3 米。

牌坊嘴王氏墓 位于新安镇井坝村，葬于清道光二十四年（1844 年）。为 1 座土坑石砌墓，妻妾子七人合葬，该墓南向，条石砌冢，冢头挡土墙与碑为一体，冢长 6、宽 8、高 1.6 米；碑为石质八柱七门五出笔架形顶，两侧八字墙带抱鼓，通高 4.2、通宽 8.8 米；碑前有长方形拜台，宽 9、进深 3 米，拜台石碑正中位置有一石香炉。

方文儒墓 位于新安镇红丰村，葬于清咸丰七年（1857 年），东向，为 1 座土坑石砌墓。条石砌冢，冢头呈梯形，冢长 7、宽 3.8、高 1.5 米。碑为石质仿木四柱三开间三楼，两侧带抱鼓，碑高 3.2、宽 5.2 米。

康朱氏墓 位于新安镇大坪村，葬于清同治九年（1870 年），东南向，为 1 座土坑石砌墓。冢块石垒成，长4、宽2.5、高1.3米。碑为石质两柱一开间庑殿顶，两侧八字形抱鼓，碑残高1.4、宽2.2、厚0.2米；碑顶脱落于碑前。

徐元庆墓 位于新安镇红丰村，葬于清同治十一年（1872年），坐向东南，为条石砌成土坑墓。冢长5.5、宽2.8、高1.4米。碑为二柱一开间仿木结构单檐歇山顶，有抱鼓，碑额、抱鼓上刻有花纹图案，碑下部分风化脱落，碑宽2.6、高2.5米。

阳开祥夫妇墓 位于新安镇民主村，葬于清光绪十八年（1892年），坐向东南，为条石砌成土坑墓。墓侧条石出现裂缝，墓尾条石多处垮塌，冢尾与耕地连成一体，冢长6.5、宽5.8、高1.6米。石质单碑，宽1.1、高1.5、厚0.15米。

王家田廖氏墓地 位于新安镇民主村，葬于清代，共4座墓，均向东，为条石砌成土坑墓。其中M3葬于清光绪六年（1880年），为廖母罗明贞墓，冢长6.5、宽3、高1.6米；碑为重檐歇山式仿木结构建筑，两侧有八字墙、抱鼓，左侧抱鼓倒塌，碑呈八字形，宽5、高3.6米，上饰有深浮雕人物、花草图案。M1、M4与M3形制基本相同，M2碑已无存，墓葬两侧条石垮塌。

朱启仲夫妇墓 位于新安镇大坪村，葬于清光绪二年（1876年），西南向，为1座土坑石砌墓。条石砌冢，冢长6.5、宽4、高1.4米。石质单碑嵌于冢头，碑高1.2、宽0.6米。

张抚之夫妇墓 位于新安镇红丰村，葬于清光绪二十四年（1898年），坐西北向东南，为梯形土冢墓。冢前宽7、后宽6、长5米。前封门墙为条石垒砌而呈"八"字形，红砂石质，仿木结构建筑；笔架顶，四柱三开间，两抱鼓石。笔架顶中间为圆形变形回纹，两边为蝙蝠纹。明间横批"鳳翥龍蟠"。左对联"萬項砂環雲作带"；右对联"山峰翠拥笔生花"。两明间上为回纹纹饰，对联为"层云生遠幽；瑞氣繞靈色"。对联刻字均为阴刻，行楷。两抱鼓石圆心阴刻樱桃花。碑为三块方行青砂石质碑；最左碑上刻"张母钟光孺人之墓；光绪二十四年仲夏月穀旦"；中间碑上刻"张公抚之老大人之墓"；碑刻字为阴刻，楷书。

徐振纲墓 位于新安镇红丰村，葬于清光绪三十四年（1908年），坐向东，为条石砌成土坑墓。冢长5.5、宽2.5、高1.4米。碑为二柱一开间仿木结构单檐歇山顶，嵌入冢头中间，上刻有"双凤朝阳"图，碑宽1.2、高2.8米。前有长方形拜台，长5、宽2.5米。

石溪沟王氏墓 位于新安镇井坝村，葬于清光绪四年（1878年），南向，为1座土坑石砌墓。条石砌冢，冢长4.6、宽3.2、高1.1米。碑为石质四柱三开间三楼顶，两侧带抱鼓呈八字形，碑通高3.1、通宽3.8米。

余文魁墓 位于新安镇红丰村，葬于清宣统九年（1910年），坐向东南，为条石砌成长方形土坑墓。冢四层条石上铺有分水顶盖，冢长5.5、宽2.8、高1.7米。碑嵌入在墓冢头中间，宽0.5、高1米。前有半圆形拜台，半径2.6米。

古建筑

平夷长官司衙门　位于新安镇新江村，修建于清代，为多进并列混合四合院建筑群，总体坐北向南。现存房屋11座，分别为右一进正房和右厢房、右二进正房左右厢房和门厅、右三进右厢房、右四进正房、左二进正房和左厢房、左三进正房。其中正房面阔五间，进深六间，穿斗式梁架。占地面积8460平方米，建筑面积420平方米，总体呈南北长东西窄长方形布局。其建筑形式多样化，既有穿斗式也有抬梁式梁架，既有悬山式也有硬山式顶，既有小巧精致的小厅堂也有庄严宽敞的政事大堂。该建筑群是金沙江下游仅存的1座从元至清都曾使用的官府衙门建筑。

屏山县人民政府于2005年12月6日公布为文物保护单位。因处向家坝水电站淹没区内，2012年实施迁移保护。

龙桥　位于新安镇龙桥村一组石溪沟口，修建于清中叶，为1座石质单拱平桥。该桥东西向，长24、宽4、通高14米；拱跨度12、拱高4.5米；拱正中北面安置石雕龙头，南面安置石雕龙尾。因处向家坝水电站淹没区内，2012年实施迁移保护。

英雄洞　位于新安镇新光村，题刻为宋代开凿，布列在路边的崖壁上，总平面呈长方形。崖壁上阴刻横排，楷书"万古英雄"四个字刻在一个长24、高11、厚18米的巨石中部，题刻宽3.4、高1.1米，阴刻字凸出0.02~0.06米，字大0.9米×0.9米。崖壁上部遗存建筑孔洞5个，孔径0.05米。

屏山县人民政府于1982年7月公布为文物保护单位。现处向家坝水电站淹没区内，淹没前已提取资料。

楼东乡

古建筑

宋家沟桥　位于楼东乡田坝村，修建于明代万历年间，为1座单跨石拱桥。该桥东西走向，规则条石砌成，长17、宽3.5、通高11.6米；跨度10、拱高3、基高6米；拱卷石为两层，厚0.8米；拱卷石上方正中临江面装饰石雕龙尾，临山面装饰石雕龙头，拱卷石上1.2米（三层石头）上为桥面，桥面石板铺成；石质栏杆高0.6米。因处向家坝水电站淹没区内，2012年实施迁移保护。

黄家祠　位于楼东乡街村，建于清代。占地面积840平方米，建筑面积530平方米。为楼东黄氏家族的祠堂，现存正殿及左厢房，坐北向南，正殿为抬梁式和穿斗式混合构架，硬山顶小青瓦屋面建筑，面阔三间 11.30 米，进深四间 10、高 10 米；左右厢房各面阔六间 22.5 米，为悬山式小青瓦屋面二层木结构建筑。因处向家坝水电站淹没区内，2012 年实施迁移保护。

员外府 位于楼东乡街村，修建于清代，为 1 座三进四合院落式建筑。坐向南，由门厅、一进左右厢房和中厅、二进左右厢房和后厅、后堂组成。下厅为单檐小青瓦屋面穿斗式木结构建筑，两侧与相邻铺面为硬山式顶；中厅为单檐硬山小青瓦屋面；下厅为硬山小青瓦屋面穿斗式木结构建筑。

屏山县人民政府于 2005 年 12 月 6 日公布为文物保护单位。因处向家坝水电站淹没区内，2012 年实施迁移保护。

周谢氏宅 位于楼东乡街村，建于清代，为 1 座穿斗式梁架悬山顶小青瓦屋面两层楼四合院布局建筑。该建筑南向，由临街铺面建筑、左右厢房、正房和天井组成。临街铺面面阔三间 12 米，进深六间 10 米，通高 8 米，临街立面施木槛墙和花窗；左右厢房面阔一间 3 米，进深二间 3 米；正房面阔三间 12 米，进深四间 8 米；四合院内楼层施木栏杆和回廊，各房间门窗装饰较为华丽。因处向家坝水电站淹没区内，2012 年实施迁移保护。

场镇王氏宅 位于楼东乡街村，建于清代，为 1 座穿斗式梁架悬山顶小青瓦屋面两开间两层木结构建筑。该建筑北向，由临街铺面建筑和后堂组成。临街铺面面阔两间 8.80 米，进深三间 9 米，通高 7.5 米；后堂面阔两间 8 米，进深十一间 26.6 米，后堂正门有雕花格子门窗。因处向家坝水电站淹没区内，2012 年实施迁移保护。

街村王氏宅 位于楼东乡街村，建于清代，为 1 座三进院落建筑。该建筑南向，占地面积 720 平方米，由临街铺面建筑、中间绣楼及居室、家庭议事厅后堂和后花园组成。全部建筑均采用穿斗式梁架悬山顶小青瓦屋面两层木结构建筑形式。临街铺面建筑面阔三间 14.4 米，进深十二间 24 米，通高 8 米；绣楼面阔一间 3.2 米，进深二间 2.4 米。通高 7 米；居室面阔三间 11 米，进深四间 6 米，通高 7.5 米；后堂面阔三间 13 米，进深四间 6 米，通高 8 米，门窗雕刻精美，临后花园明间有垂花门罩；后花园柴房面阔两间 6 米，进深两间 2.4 米，通高 6.5 米。该建筑布局严谨而又富于变化，前店后居互不干扰。因处向家坝水电站淹没区内，2012 年实施迁移保护。

万寿宫牌楼 位于楼东乡街村，修建于清中叶，为 1 座四柱三间三楼砖石结构牌楼。原为万寿宫正门门楼正面，西向。面阔三间 7.5 米，通高 15 米。该牌楼石刻题记刚劲有力，石刻人物花卉和烧件造型别致精美，是文物保护单位万寿宫的一部分。

屏山县人民政府于 2005 年 12 月 6 日公布为文物保护单位。因处向家坝水电站淹没区内，2012 年实施迁移保护。

街村权氏宅 位于楼东乡街村，建于清末，为 1 座穿斗式梁架悬山顶小青瓦屋面三开间两层木结构建筑。该建筑南临街，底层施两步架廊道，两层均面阔三间 12.5 米，进深四间 10 米，通高 7.5 米。因处向家坝水电站淹没区内，2012 年实施迁移保护。

街村南华宫 位于楼东乡街村，建于清代，现存建筑是正殿，为 1 座穿斗抬梁式硬山顶小青瓦屋面建筑。该建筑南向，面阔三间 13 米，进深三间 9 米，通高 8.5 米。因处向家坝水电站淹没区内，2012 年实施迁移保护。

凌氏商号 位于楼东乡街村，建于清末，现存凌氏店铺、凌氏货栈、凌氏作坊，均为穿斗式梁架悬山式顶，小青瓦屋面一楼一底木结构建筑。其中凌氏店铺北临街，底层为铺面，二层为货仓及员工居室，两层均面阔四间 17 米，进深六间 11.5 米，通高 8.5 米。

屏山县人民政府于 2005 年 12 月 6 日公布为文物保护单位。因处向家坝水电站淹没区内，2012 年实施迁移保护。

凌家大院 位于楼东乡街村，建于清末，为一穿斗式梁架悬山顶小青瓦屋面四合院建筑。该建筑北临街，由门厅、正房和左右厢房组成四合院。门厅面阔三间 12 米，进深四间 6 米，通高 7 米，明间为通道外墙呈八字形；正房面阔三间 12 米，进深四间 8 米，通高 8.5 米，明间单层，两次间为两层；左右厢房均面阔两间 8 米，进深两间 4 米，通高 7.5 米，两层建筑，厢房与正房结合处间距 2 米；中间天井东西宽 4 米，南北长 7 米。该建筑布局严谨，左右对称，窗户雕刻美观。因处向家坝水电站淹没区内，2012 年实施迁移保护。

凌家新房子 位于楼东乡田坝村，修建于清代，为 1 座两进四合院，西北向，占地面积 2600 平方米，建筑总面积 2234 平方米。前堂穿斗式梁架悬山顶小小青瓦屋面，面阔五间，进深两间，后施两步架廊道；中堂混合梁架硬山顶小青瓦屋面，前施两步架廊道，面阔五间，进深二间；后堂穿斗式梁架悬山顶小青瓦屋面，前施两步架廊道，面阔五间，进深五间。凌家新房子布局严谨又富有变化，特别是民居建筑中的手法和建筑形式，都烙下了移民迁徙文化的痕迹，是屏山地区乃至川南地区具有代表性的民居建筑。

屏山县人民政府于 2005 年 12 月 6 日公布为文物保护单位。因处向家坝水电站淹没区内，2012 年实施迁移保护。

凌家老房子 位于楼东乡田坝村，建于清代。因其为凌氏家族入住楼东时建造年代最早而故名。三重大厅坐南向北呈长方形，与左、右建筑构成大小四合院落 12 个，计有房舍 91 间，八字大门连墙。木结构悬山顶式，抬梁式梁架，正厅面阔五间 22 米，进深四间 8 米，通高 8 米；左右厢房各四间，面阔 17.5 米，进深三间 5 米。

屏山县人民政府于 2005 年 12 月 6 日公布为文物保护单位。

楼东禹王宫 位于楼东乡田坝村，建于清乾隆年间。现存正殿和西配殿，坐北向南，占地面积 1000 平方米。禹王宫正殿为抬梁式单檐硬山顶小青瓦屋面木结构建筑，面阔五间 15 米，进深三间 10 米，通高 8.5 米。西配殿为穿斗式梁架悬山顶小青瓦屋面两层木结构建筑，布局呈倒凹字形，后部面阔三间 12 米，进深四间 6 米；左右各面阔三间 3 米，进深两间 4 米；中间为天井。因处向家坝水电站淹没区内，2012 年实施迁移保护。

丹桂湾民居 位于楼东乡街村，修建于清道光元年（1821 年）。丹桂湾原为四合院布局，现存正房、左右耳房和左厢房部分，全部为穿斗式梁架悬山顶小青瓦屋面一楼一底木结构建筑，占地面积 850 平方米，建筑面积 760 平方米。正房坐东北向西南，面阔五间 25 米，进深 11.4 米，前施两步架廊道和卷棚，通高 14 米；左右耳房均面阔两间 9 米，进深 10 米，通高 14 米；正房和左右耳房并列建筑于 1 米高台基上。左厢房现存二间面阔 9 米，进深 6 米，通高 9 米，地基比正房和耳房低 1 米。该建筑用料粗大，高大宽敞，做工精细，雕刻精美。因处向家坝水电站淹没区内，2012 年实施迁移保护。

近现代史迹及代表性建筑

凌氏家祠 位于楼东乡乡场，修建于 1920 年前后，为 1 座中国人修建的具有国外风格的近代建筑。坐北向南，占地面积 540 平方米，总面阔三间 15 米，通进深 36 米，由山门、正殿、东西厢房组成。山门为单檐歇山顶两层建筑，底层中间为通道，二层为戏楼；东西厢房二层，砖木结构；正殿为单檐硬山顶建筑。

屏山县人民政府于 2005 年 12 月 6 日公布为文物保护单位。因处向家坝电站淹没区内，2012 年实施迁移保护。

苏氏宅 位于楼东乡街村，修建于民国初年，由临街建筑、一进院天井左右厢房和正房、二进院天井左右厢房和后房组成。均采用穿斗式梁架悬山顶小青瓦屋面两层木结构建筑形式。该建筑南向，临街铺面建筑面阔三间 13 米，进深四间 6 米，底层前施两步架廊道，楼层施木槛墙和卷棚；一进院正房面阔三间 13 米，进深六间 10 米，左右厢房面阔一间 2.5 米，进深二间 4 米；二进院正房面阔三间 13 米，进深九间 13 米，左右厢房面阔一间 2.5 米，进深二间 4 米。因处向家坝水电站淹没区内，2012 年实施迁移保护。

付骆氏宅 位于楼东乡街村，修建于民国初年，南向，由临街建筑，一进院天井左右厢房和正房、二进院天井左右厢房和后房组成。付骆氏宅均采用穿斗式梁架悬山顶小青瓦屋面两层木结构建筑形式，占地面积 345 平方米，建筑面积 336 平方米。临街铺面建筑面阔三间 13 米，进深四间 6 米，底层前施两步架廊道，楼层施木槛墙和卷棚；一进院正房面阔三间 13 米，进深 6 间 10 米，左右厢房面阔一间 2.5 米，进深两间 4 米；二进院正房面阔三间 13 米，进深 9 间 13 米，左右厢房面阔一间 2.5 米，进深两间 4 米。该民居内部形成整体空间和场地面积之大，在传统民居中很少见。因处向家坝水电站淹没区内，2012 年实施迁移保护。

韩氏宅　位于楼东乡田坝村，建于民国初年，为 1 座穿斗式梁架悬山顶小青瓦屋面，左右次间后拖与围墙形成后院式样建筑。该建筑西向，面阔三间 14.5 米，明间进深四间 10 米，两次间为两层建筑，进深五间 14 米；屋顶后延伸与后围墙形成后院。该建筑保持了初建风貌，代表金沙江流域有别于川西和川东的独特建筑风格、形式和做法。因处向家坝水电站淹没区内，2012 年实施迁移保护。

鸭池乡

古墓葬

雷劈石墓　位于鸭池乡民乐村，葬于明代，东向，为 1 座双室石室墓。开凿于一块高约 5、宽约 8、厚约 5 米的巨大石头上；因雷劈巨石分成两块，右半部位于原处，左半部滑落在原位置左前 8 米处。墓室长 2.5、宽 2、高 1.5 米。中间两块停尸板，墓室右壁和右上角位于原处，其余部分位于滑落部位。

罗悟贤墓　位于鸭池乡中华村，葬于清道光五年（1825 年），东南向，为 1 座土坑石砌墓。条石砌冢，冢头笔架形，冢长 5.5、宽 3.4、高 2.5 米。石质单碑，碑高 1.6、宽 0.8、厚 0.18 米。

王大仕夫妇墓　位于鸭池乡大坝村，葬于清道光二十六年（1846 年），西北向，为 1 座土坑石砌墓。条石砌冢，冢长 7、宽 3.5、高 1.4 米。碑为石质四柱三开间三楼顶，两侧带抱鼓呈八字形；碑通高 4.5、通宽 4 米。

凌汉泫墓　位于鸭池乡隆兴村，葬于清咸丰十一年（1861 年），东北向，为 1 座土坑石砌墓。条石砌冢，冢长 6、宽 2.5、高 1.3 米。石质单碑，碑高 1.1、宽 0.7、厚 0.15 米。

刘世达夫妇墓　位于鸭池乡长乐村，葬于清咸丰丙辰年（1856 年），东南向，为 1 座土坑石砌墓。冢完全埋于乡村公路下，墓碑倒于冢前耕地边，墓碑高 2.2、宽 1.1、厚 0.2 米。

王续真墓　位于鸭池乡屏宜村，葬于清同治六年（1876 年），东北向，为 1 座土坑石砌墓。条石砌冢，冢长 7、宽 3.5、高 1.5 米。碑为石质如意顶，碑高 2.5、宽 0.8、厚 0.2 米。

凌德雄墓　位于鸭池乡周家山村，葬于清同治四年（1865 年），东向，为 1 座土坑石砌墓。条石砌冢，冢长 7、宽 4、高 1.8 米。石质单碑，碑高 1.8、宽 0.9、厚 0.16 米。

廖太伦墓 位于鸭池乡清平村，葬于清同治七年（1868 年），坐东西向，为 1 座土坑石砌墓。冢部分垮损，长 7、宽 3.5、高 1.3 米。单碑无帽，高 0.8、宽 0.5、厚 0.08 米。

凌汉洮墓 位于鸭池乡民乐村，葬于清同治十二年（1873 年），东北向，为 1 座土坑石砌墓。条石砌冢，冢长 6、宽 3、高 1.4 米。石质单碑，碑顶梯形，碑高 1.4、宽 0.9、厚 0.15 米。

郝寂善墓 位于鸭池乡工农村，葬于清光绪二十六年（1900 年），西北向，为 1 座土坑石砌墓。条石砌冢，冢长 5、宽 3、高 1.5 米；石质单碑，高 1.6、宽 0.9、厚 0.15 米。

罗光全墓 位于鸭池乡油花村，葬于清光绪二十六年（1900 年），东南向，为 1 座土坑石砌墓。条石砌冢，冢头弧形，冢长 6、宽 3、高 1.5 米。石质单碑，碑高 1、宽 0.6、厚 0.12 米。

吴登龙墓 位于鸭池乡白坝村，葬于清光绪二十六年（1900 年），西南向，土冢，冢与四周耕地几乎相接。单碑无帽，高 1.1、宽 0.8、厚 1.2 米。

彭永修夫妇墓 位于鸭池乡光明村，葬于清光绪三十四年（1908 年），东南向，为 1 座土坑石砌墓。条石砌冢，冢头纱帽形，冢长 8、宽 5、高约 2.5 米。石质单碑，碑高 2.2、宽 0.9、厚 0.2 米。

古建筑

水井桥 位于鸭池乡华象村，修建于清代，为 1 座石质平板桥。该桥东南—西北走向，用条石石板砌成，桥长 3、宽 1、高 2.5 米。

华象牌坊 位于鸭池乡华象村，修建于清光绪六年（1880 年），东西走向，正面向西。石质，四柱三门五楼顶，柱前后均有抱鼓石。通宽 8.1、通高 9.5 米。明间石柱 0.7 米见方，次间边柱 0.6 米见方。明间宽 2.5 米，次间宽 1.5 米。主匾书刻"古井波澄"四字。

近现代史迹及代表性建筑

锁口丘堰塘 位于鸭池乡保护村，修建于 1957 年，为 1 座石质堤坝堰塘，约 3000 平方米。堤坝南北走向，内用条石砌成，外用泥土夯砌。长 20、高 7、底宽 6、面宽 1 米。

越红大队知青房 位于鸭池乡越红村，修建于 20 世纪 60 年代末，为 1 座土墙悬山顶建筑。该建筑西向，面阔三间 12 米，进深两间 7.5 米，通高 7 米，前有两步架廊道。该建筑门窗富有时代特色，对见证知识青年上山下乡这段历史有一定的价值。

黑河沟水库 位于鸭池乡民乐村，修建于 20 世纪 60 年代，为 1 座石质水库拦水坝。该坝东南—西北走向拦断河沟，长 74、高 12、宽 1 米。支撑堤和滚水坝约 130 平方米。

龙溪乡

古墓葬

五坳子墓 位于龙溪乡新胜村，葬于明代，西向，为 1 座四室石室墓。用条石和石板砌成，四室相通，梯形顶，通宽 5.9、通高 1.6、进深 3 米；单室内宽 1、高 1.4、进深 3 米。

板栗包墓 位于龙溪乡人民村，葬于明代，西南向，为 1 座双室石室墓。两室相通，用条石和石板砌成，梯形顶，前有廊道，通宽 3.2、通进深 3.8、高 1.4 米。

老房子墓 位于龙溪乡改换村，葬于明代，南向，为 1 座五室石室墓。墓用条石和石板砌成，前有廊道，五室相通，梯形顶，通宽 7.5、通高 1.7、进深 3.4 米；单室内宽 1、高 1.5、进深 3 米。

周家坝墓 位于龙溪乡改换村，葬于明代，北向，为 1 座两室石室墓。用条石和石板砌成，两室相通，井形顶，通宽 3、通高 1.4、深 3 米；单室内宽 1、高 1、进深 3 米。

幸福村墓 位于龙溪乡幸福村，葬于明代，东向，为 1 座五室石室墓。用条石和石板砌成，左四室相通，井形顶，通宽 6.8、通高 1.4、进深 3.5 米；单室内宽 0.95、高 1.2、进深 3.3 米。

四方田墓 位于龙溪乡民和村，葬于明代，西向，为 1 座两室石室墓。用条石和石板砌成，两室相通，井形顶，通宽 3.3、通高 1.7、进深 3 米。单室内宽 1、高 1.4、进深 3 米。

陈玉贵夫妇墓 位于龙溪乡四合村，葬于清道光年间，具体年代风化无法辨认，东南向，为 1 座三人合葬的土坑石砌墓。条石砌冢，冢长 6、宽 4、高 1.6 米。碑为石质仿木四柱三开间，两侧八字墙带抱鼓碑，通高 3.8、通宽 6.2 米。

月亮田蒋家墓地 位于龙溪乡新胜村，墓地由 2 座墓组成，均北向，为土坑石砌墓。从左至右编号为 M1、M2，两墓相距 8 米。M1 为蒋芝兰夫妇墓，葬于清道光四年（1924 年），条石砌冢，冢头梯形，冢长 6、宽 4.5、高 1.5 米；碑为石质仿木四柱三开间牌楼顶，两侧八字墙带抱鼓，碑通高 3.2、通宽 6.8 米。M2 为蒋胜科夫妇墓，葬于清道光十年（1830 年），形制与 M1 相同。

油草湾刘家墓地 位于龙溪乡新胜村，由 2 座墓组成，从左至右编号为 M1、M2，两墓相距 10 米。均东南向，为土坑石砌墓。M1 为刘公郭氏合葬墓，葬于清嘉庆年间，具体年代题款风化无法辨认，冢长 6、宽 4.5、高 2.2 米；石质半圆顶单碑，碑高 1.6、宽 0.8、厚 0.16 米。M2 为刘喜昌墓，冢头笔架形，形制与 M1 相同，石质单碑，碑高 1.8、宽 0.8、厚 0.2 米，葬于清嘉庆年间，碑立于民国六年（1917 年）。

刘李氏墓　位于龙溪乡人民村，葬于清代，具体年代风化不详，坐北向南，为土坑石砌墓。条石砌冢，冢长 5、宽 3.2、高 1.3 米；碑为石质仿木四柱三开间三牌楼顶，碑高 3.4、宽 3.2 米。

余杨氏墓　位于龙溪乡改换村，葬于清嘉庆十三年（1808 年），北向，为 1 座土坑石砌墓。条石砌冢，冢头梯形，冢长 6、宽 4、高 1.4 米。碑为石质仿木四柱三开间牌楼顶，两侧八字墙带抱鼓，碑通高 3、通宽 5.2 米。

陈黄氏墓　位于龙溪乡幸福村，葬于清嘉庆十九年（1814 年），东向，为 1 座土坑石砌墓。条石砌冢，冢长 6、宽 5、高 1.5 米。碑为石质仿木四柱三开间牌楼顶，两侧八字墙带抱鼓，碑通高 3.2 米、通宽 7.2 米。围绕墓冢和墓碑有条石墓墙，前后面长 10 米，前面正中开两柱庑殿顶门一道，左右长 12 米。

朱氏墓地　位于龙溪乡幸福村，葬于清代，由 2 座组成，均北向，为土坑石砌墓。从左至右编号为 M1、M2，相距约 2 米。M1 为朱世选夫妇墓，冢长 6、宽 4、高 2.2 米；碑为石质仿木四柱三开间牌楼顶，通高 3.1、通宽 2.4 米，年代题款为清嘉庆十四年（1809 年）。M2 为朱世选长子朱大斌墓，冢长 5、宽 3.5、高 2 米；碑为石质两柱一开间庑殿顶，通高 2.4、宽 1.4 米。

刘氏夫妇墓　位于龙溪乡八一村，葬于清道光十四年（1834 年），西向，为 1 座土坑石砌墓。条石砌冢，冢长 6.6、宽 4、高 1.5 米。石质仿木四柱三门笔架顶两侧八字墙带抱鼓碑立于冢前，碑通高 3、通宽 6.2 米。

陈永龙夫妇墓　位于龙溪乡四合村，葬于清道光六年（1826 年），西向，为 1 座土坑石砌墓。条石砌冢，冢长 7.6、宽 6、高 2 米。碑为石质仿木四柱三开间，两侧八字墙带抱鼓，通高 3.8、通宽 7.2 米。

唐三升墓　位于龙溪乡四合村，葬于清道光四年（1824 年），东南向，为 1 座土坑石砌墓。条石砌冢，冢头梯形，冢长 6、宽 3.8、高 1.6 米。碑为石质仿木四柱三开间牌楼顶，两侧八字墙带抱鼓，碑通高 3.6、通宽 5.6 米。墓前有弧形拜台约 300 平方米。

陈凤兰夫妇墓　位于龙溪乡四合村，葬于清道光十四年（1834 年），东向，为 1 座土坑石砌墓。条石砌冢，冢长 6.5、宽 4.2、高 1.5 米。碑为石质仿木四柱三开间，两侧八字墙带抱鼓，通高 3.4、通宽 6.6 米。

马祥亮夫妇墓　位于龙溪乡人民村，葬于清道光二十六年（1846 年），东南向，为

1座土坑石砌墓。条石砌冢，冢长5、宽3.2、高1.4米。碑为石质仿木六柱五开间牌楼顶，两侧八字墙带抱鼓，碑高3.8、宽7.6米，雕刻花卉鸟兽及人物图像。

梁朝禄夫妇墓　位于龙溪乡人民村，葬于清道光九年（1829年），东南向，为1座土坑石砌墓。条石砌冢，冢长6、宽5、高1.8米。碑为石质仿木四柱三开间牌楼顶，两侧八字墙带抱鼓碑，碑高3.5、宽5.8米，雕刻花卉、鸟兽及人物图像。碑前左右有石质经幢各一根，高3.2米。墓冢前有弧形拜台，宽约13米。

马麒建墓　位于龙溪乡人民村，葬于清道光十八年（1838年），东南向，为1座土坑石砌墓。条石砌冢，冢头两角倒圆，冢长6、宽3.4、高1.5米。碑为石质仿木四柱三开间牌楼顶，两侧八字墙带抱鼓，碑高4.2、宽5.6米，雕刻花卉鸟兽及人物图像。

梁鸣富夫妇墓　位于龙溪乡人民村，葬于清道光九年（1929年），西向，为1座土坑石砌墓。条石砌冢，冢长5、宽3.3、高1.5米。碑为石质仿木四柱三开间牌楼顶，两侧八字墙带抱鼓，碑高3.3、宽4.2米，雕刻花卉、鸟兽及人物图像。

马祥兆夫妇墓　位于龙溪乡人民村，葬于清道光十八年（1838年），东南向，为1座土坑石砌墓。条石砌冢，冢长6、宽4.2、高1.6米。碑为石质仿木四柱三开间牌楼顶，两侧八字墙带抱鼓，碑高3.8、宽5.6米，雕刻花卉鸟兽及人物图像。

马李氏墓　位于龙溪乡人民村，葬于清道光八年（1828年），东南向，为1座土坑石砌墓。条石砌冢，冢长5.5、宽3.3、高1.3米。碑为石质仿木四柱三开间牌楼顶，两侧八字形抱鼓，碑高2.4、宽3.8米，雕刻花卉鸟兽及人物图像。

新房子梁氏墓　位于龙溪乡人民村，葬于清道光十年（1830年），西南向，为1座土坑石砌墓。条石砌冢，冢长6.5、宽5、高1.7米。碑为石质仿木四柱三开间牌楼顶，两侧八字墙带抱鼓，碑高3.8、宽5.8米，雕刻花卉、鸟兽及人物图像。

梁登荣墓　位于龙溪乡人民村，葬于清道光十七年（1837年），西南向，为1座土坑石砌墓。条石砌冢，冢长6、宽5、高1.9米。碑为石质仿木四柱三开间牌楼顶，两侧八字墙带抱鼓，碑高3.7、宽5.6米，雕刻花卉、鸟兽及人物图像。

刘攀喜夫妇墓　位于龙溪乡翻身村，葬于清道光二十三年（1843年），西北向，为1座土坑石砌墓。条石砌冢，冢长40、宽6.5、高1.5米。碑为石质仿木四柱三开间牌楼顶，两侧八字墙带抱鼓，碑高4.1、宽5.6米，雕刻花卉鸟兽及人物图像。

秦光宗夫妇墓　位于龙溪乡大兴村，葬于清道光十四年（1834年），东南向，为1座土坑石砌墓。条石砌冢，冢头梯形，冢长5.6、宽4、高1.6米；碑为石质仿木四柱三开间，两侧八字墙带抱鼓，通高3.8、通宽6.8米。

朱氏墓　位于龙溪乡民和村，葬于清道光十三年（1833年），东向，为1座土坑石砌墓。条石砌冢，冢长7、宽4、高1.6米；碑为石质仿木四柱三开间牌楼顶，两侧八字墙带抱鼓，通高 3.2、通宽 6.2 米；碑左前 2.5 米处有灯杆一根，半圆顶有圆孔，高 3、宽 0.5、深 0.3 米。

陈级三夫妇墓　位于龙溪乡四合村，葬于清光绪甲申年（1884 年），西向，为 1 座土坑石砌墓。条石砌冢，冢长 8.5、宽 5、高 2.5 米。碑为石质仿木四柱三开间，两侧八字墙带抱鼓，通高 4.5、通宽 6.6 米。围绕墓周围有墓墙，宽 14、进深 14.2 米，墙内面积约 200 平方米。

刘儒相夫妇墓　位于龙溪乡人民村，葬于清光绪十二年（1888 年），西北向，为 1 座土坑石砌墓。条石砌冢，冢长 5.5、宽 5.5、高 1.6 米。碑为石质仿木四柱三开间牌楼顶，两侧八字形抱鼓，碑高 4.5、宽 4.1 米；墓沿为圆形，条石砌成，绕墓一周，直径 15 米，墓右前开两柱庑殿顶门。

古建筑

双节千秋坊　位于龙溪乡老街，立于清咸丰年间。具体年代因牌坊年款题刻损坏无法确定。东西朝向，横跨龙溪老街北部，石质仿木结构，四柱三门牌楼顶，柱两面带抱鼓石狮。楼顶已损坏无存，仅存坊架和抱鼓石狮及部分浮雕。明间面阔 3.2 米，两次间均面阔 1.8 米，残高 5.5 米。明间正面额枋下刻"双节千秋"、"旌表徐之锐之妻彭氏徐之铨之妻覃氏"。

大石包桥　位于龙溪乡四合村，建于清代。南北走向，横跨大石包冲沟，桥面为一块石板，长 7、宽 0.8、厚 0.4 米；中间桥墩为整块石头做成，高 2.6、宽 1、厚 0.4 米；两头依冲沟用五层条石做成桥头。

易家山碉楼　位于龙溪乡幸福村，建于清代。坐南向北，建在 5 米高正方形台基上，抬梁式重檐歇山顶小青瓦屋面木结构建筑。面阔三间 12 米，进深三间 11.5 米，通高 12 米；左面有垂带踏道 10 级，接木梯可进出碉楼。

二仰坪牌坊　位于龙溪乡幸福村，为二仰坪寺庙门前牌坊，修建时间应与庙宇同时，庙宇残碑题刻年款为"大清乾□□□□"。正面南向，石质仿木结构，四柱三门牌楼顶，坊柱南北侧均有抱鼓，通高 5.5、通宽 4.5 米；坊正面额书刻"兰谷禅院"，并浮雕"石敢当"。

劈山庙　位于龙溪乡农民村，修建于清代。该石阁门东向，条石墙体，悬山式顶，方形门。面阔一间 2.6 米，进深一间 2.9 米，通高 2.7 米；庙内后壁有石质神台，高 0.6、宽 2、进深 0.5 米；庙前大石上开凿有台阶 16 级进出石阁。

节妇王氏坊　位于龙溪乡八一村，该坊立于清嘉庆四年（1799 年）。原为石质四柱三门牌楼顶，现存四柱和明间及左右次间额枋，其余部分毁坏无存。坊南北向，横跨在屏山至龙溪大官路上，现存部分通高 4.2、通宽 4.4 米；明间额枋间书刻"节妇李文明之妻王氏之坊"，年代题款为"大清嘉庆四年春立"。

三多堂庙   位于龙溪乡民和村，建于清嘉庆五年（1800 年）。坐向北，为 1 座石质两层仿木结构石阁。通高 2.3、面阔 2.1、进深 0.8 米；上层供三霄娘娘，下层供奉土地。石阁右前碑一通，梯形顶，高 1、宽 0.7、厚 0.12 米，年代题款为"大清嘉庆五年闰四月十二日立"。

向家沟桥   位于龙溪乡民和村，建于清嘉庆五年（1800 年）。为石质三孔两墩平板桥。南北走向，横跨向家沟，长 11、宽 2、高 4.3 米；桥墩上游一侧有分水石一块，斜搭桥墩中部。

三圣宫   位于龙溪乡老街，修建于清咸丰二年（1852 年）。现存三圣宫戏楼，坐东向西，为穿斗抬梁混合梁架，单檐歇山顶小青瓦屋面，一楼一底木结构建筑。面阔三间12 米，进深三间 12 米，通高 9 米；明间顶部原为逐层上收八面藻井，有戏剧场面彩画50 余幅，现存数幅。戏楼临街右侧原有碑一通，题刻三圣宫修建年代为清咸丰二年（1852 年），现碑无存。

石窟寺及石刻

大石包筑路碑   位于龙溪乡四合村，立于清嘉庆四年（1799 年），为嘉庆年间修筑龙溪至宜宾官路时捐资人功德碑。石质仿木结构，两柱一门庑殿顶，正面东南向。通高1.7、通宽 1.25、柱厚 0.35 米。

庙子沟摩崖造像   位于龙溪乡幸福村，清嘉庆七年（1802 年），由 4 个石窟和 3 尊造像组成。崖壁右上石窟高 0.4、宽 0.3、深 0.2 米，摩崖造像观音像 1 尊，窟下题刻年款"大清嘉庆七年（1802 年）"；崖壁右下石窟高 0.4、宽 0.35、深 0.25 米，摩崖造像土地公土地婆神像各 1 尊；其余 2 窟在崖壁左方中部，无造像，现存神像为村民近年新塑。

手巴岩石刻   位于龙溪乡民和村，清嘉庆十八年（1813 年）。西北向，离地面约 2米处，阴刻题记面积约 2 平方米。大字"修路碑"，小字记录修建龙溪至红椿山路经过及出资人姓名。

普陀宫石窟寺   位于龙溪乡四合村，建于清代，由 2 座石阁和 1 对灯杆夹板组成。左侧石阁额书"普驼宫"三字，石质仿木两层结构，通高 1.55、面阔 1.05、进深 0.8米，下层供奉土地神像，上层供奉观音像，阁内右侧题刻年款为清道光十四年（1834年）。右侧石阁仿木两层结构，通高 1.3、面阔 1、进深 0.8 米，供奉无名佛像。灯杆夹板位于右侧石阁前三米，石质，方形圆顶，相距 0.5、高 3.1 米，左柱外题刻年款为清道光十一年（1831 年）。

太平乡

古墓葬

柏树林墓　位于太平乡大池村，葬于明代，东南向，为双室石室墓。因修建乡村公路前部被毁坏，仅存左室后部和右室后壁龛。现存部分宽 3、高 1.4、深 1.2 米；单室，宽 1 米，井形顶，莲花形背龛。

学堂埂王氏墓　位于太平乡龙山村，葬于清嘉庆年间，由于墓碑风化，具体年代不详，坐南向北，为 1 座土坑石砌墓。条石砌冢，呈正八边形，每边长 1.5、高 1.6 米。碑为石质两柱一开间庑殿顶，碑高 1.6、宽 1.2、柱厚 0.3 米。

大地头安氏墓　位于太平乡前哨村，葬于清嘉庆年间，由于墓碑风化，具体年代不详，坐西北向东南，为 1 座土坑石砌墓。条石砌冢，呈正八边形，每边长 1.5、残高 0.8 米。碑为石质两柱一开间庑殿顶，高 2.4、宽 1.15、柱厚 0.3 米。

李氏墓　位于太平乡庆庄村，葬于清代，坐向东北，为土坑砌墓。墓前碑已毁，冢头呈弧形，长 6、宽 4、高 1.2 米。

宋钟氏墓　位于太平乡中和村，葬于清咸丰二年（1852 年），坐北向南，为 1 座土坑石砌墓。条石砌冢，冢头两角倒圆，长 6、宽 3.2、高 1.6 米。碑为石质两柱一开间，两侧施抱鼓，碑高 2.4、宽 1.1、柱宽 0.25 米。

罗艾氏墓　位于太平乡中和村，葬于清咸丰八年（1858 年），坐北向南，为 1 座土坑石砌墓。条石砌冢，冢头两角倒圆，冢长 6.5、宽 3.6、高 1.7 米；石质单碑，顶呈半圆形，高 2.1、宽 0.9、厚 0.12 米。

王黄氏墓　位于太平乡通林村，葬于光绪六年（1880 年），坐向东北，为条石砌成土坑墓。冢头呈圆形，长 6.5、宽 3.5、高 1.3 米。碑为二柱一开间庑殿顶，两侧有抱鼓，碑高 2.2、宽 1.2 米。

古建筑

雷氏贞节坊　位于太平乡中和村，修建于清代，为 1 座石质仿木结构牌楼。四柱三门三楼，坐向西南，通高约 8、通宽 7.9 米，四柱宽和进深均 0.6 米。两侧抱鼓带狮，背面狮仰首，正面狮俯首，抱鼓带狮宽 0.5、长 1.2 米。明间宽 3.5 米，两次间宽 1.8 米。明间顶下书"处士文大章之妻雷氏节孝坊"。屏山县人民政府于 1982 年 7 月公布为文物保护单位。

夏溪乡

古遗址

红庙岩遗址 位于夏溪乡红岩村，原清代红岩庙于1976年拆除修建村小学，仅余石夹板保存至今，东南向，通高2.5米；基座为一整石，长1.05、宽1.05、高0.5米；基座上竖立两根石柱，高2、宽0.5、厚0.25米，相距0.3米，石柱外侧浮雕花草、云龙等图案及出资人姓名等。

古墓葬

中峰寺和尚墓 位于夏溪乡钢丝村，葬于明代，西向，为1座土坑石砌墓。冢头半圆形，冢长6、宽3.5、高1.5米。石质单碑，高2、宽1.4、厚0.2米。

板栗湾陈氏墓 位于夏溪乡大埝村，葬于清代，西南向，为条石砌成土坑墓。冢头呈圆形，冢长3.8、宽3.7、高1.3米。碑为二柱一开间仿木结构单檐歇山顶，碑宽1.2、高2米。

刺巴林罗杨氏墓 位于夏溪乡新桥村，葬于清嘉庆年间，坐向南，为条石砌成土坑墓。冢长6.6、宽4、高1.9米。碑为四柱三开间仿木结构重檐歇山顶，碑高3.4、宽3.8米；中刻"罗母杨元泰墓""嘉庆"等，风化严重，字迹不清，饰有花草图案。

黄角树墓 位于夏溪乡南坪村，葬于清代，具体年代不详，南向，为砖室墓。前部损坏，现存后半部，残存部分长2、宽1.4、高1.1米。

吕上珍夫妇墓 位于夏溪乡建设村，清乾隆五十五年（1790年），东北向，为1座土坑石砌墓，条石砌冢，冢头挡土墙八字形延伸，冢长5.5、宽4.1、高1.3米。石质单碑，高1.2、宽1、厚0.1米。

彭家坟山墓地 位于夏溪乡西和村，葬于清嘉庆十四年（1809年），共5座，均坐向北，为条石砌成土坑墓，为长方形墓冢。M1冢长6.4、宽2.9、高1.4米；碑为二柱三开间仿木结构单檐庑殿顶嵌入墓冢，左右次间刻有"福"、"寿"二字。明间宽1.35、高1.8米，中刻"皇清显考彭公讳昌德字天福老大人之墓，嘉庆十四年立"。其余均为清道光年墓。

张才捷墓 位于夏溪乡建设村，葬于清嘉庆二十二年（1817年），坐向北，为条石砌成土坑墓，冢长6.8、宽3.2、高1.3米。墓碑四柱三门仿木结构重檐歇山顶，宽3.9、高2.5米，题刻"张才捷字友仁……墓，清嘉庆丁丑（二十二）年季冬月朔四日立"。拜台长3.7米。

邓文现夫妇墓　位于夏溪乡大埝村，葬于清道光十七年（1837年），坐向西北，为条石砌成土坑墓。冢长6、宽3.3、高1.3米。碑四柱三开间仿木结构重檐歇山顶，有抱鼓，呈八字形，上刻花草图案。碑宽3.3、高2.3、厚0.2米。碑刻"邓文现喻氏……墓"。

新河庄墓地　位于夏溪乡大埝村，葬于清代，共2座，均陈姓墓，坐向南，为条石砌成土坑墓。M1被盗，M2保存完好。M1墓长4.4、宽1.9、高1.4米。碑二柱一开间仿木结构单檐歇山顶，宽0.79、高1.1米，风化严重，字迹不清。M2刻"……陈晏氏，道光十二年（1832年）"。

郑永宁墓　位于夏溪乡钢丝村，葬于清道光三年（1823年），坐向南，为条石砌成土坑墓。冢长5、宽3.9、高1.1米。碑为四柱三开间仿木结构重檐歇山顶，有抱鼓，碑宽3.9、高2.5米。明间中刻"郑永宁之墓，清道光三年十月立"。

罗陈氏墓　位于夏溪乡钢丝村，葬于清道光六年（1826年），东北向，为1座土坑石砌墓。冢长6、宽3.2、高1.4米。碑为石质仿木四柱三开间，残高2.2、宽2.8米。

彭陈氏墓　位于夏溪乡西河村，葬于清道光十五年（1835年），坐西北向，为1座土坑石砌墓。墓条石砌冢，冢长6.5、宽4.2、高1.6米；碑为石质仿木四柱三开间牌楼顶，两侧八字墙带抱鼓，通高3.4米，通宽6.6米。

彭胡氏墓　位于夏溪乡西河村，葬于清道光十九年（1839年），西北向，为1座土坑石砌墓。条石砌冢，冢长6、宽4、高1.5米；碑为石质仿木四柱三开间牌楼顶，两侧八字墙带抱鼓，残高3.1、残宽6米。

红椿沟温氏墓　位于夏溪乡红椿村，葬于清同治十三年（1874年），坐向北，为条石砌成土坑墓。冢长6、宽4、高1.2米。碑为四柱三开间仿木结构重檐歇山顶，两侧施花纹抱鼓，碑上刻花草、动物、人物等图案，顶结跏趺坐一罗汉，形象逼真。碑宽4.5、高4、厚0.22米，题记"清同治十三年立"。前面拜台约30平方米。

染坊头陈氏墓地　位于夏溪乡大埝村，葬于清代，共2座，均坐向北，为条石砌成土坑墓。M1为陈公夫妇合葬墓，冢长6、宽4、高1.4米。碑为四柱三开间仿木结构重檐歇山顶，两次间八字形有图案带抱鼓，碑宽4.5、高3米。M2为陈友兴墓，石质单碑，清光绪三十三年立。

彭再星墓　位于夏溪乡钢丝村，葬于清光绪二十五年（1899年），坐向东北，为条石砌成土坑墓。墓冢长4.8、宽3.5、高1.7米。墓碑为四柱三间仿木结构重檐歇山顶，有抱鼓，上卧圆雕石狮一只，碑上刻有花纹图案。碑宽3.85、高3、厚0.2米。前面拜台损毁。

吕道隆墓　位于夏溪乡西河村，葬于清光绪九年（1883年），坐向东北，为条石砌土坑墓。冢长5.7、宽5.2、高1.5米。碑为四柱三开间仿木结构重檐歇山顶，有抱鼓，呈八字形，上刻人物、花草、动物图案。碑高 4.7、宽 6、厚 0.4 米，碑文为"皇清例增正八品修职吕道隆墓、待诰嫡母杨氏墓、待诰庶母张氏"。

王杨氏墓　位于夏溪乡瓦窑村村，葬于清光绪五年（1879 年），东南向，为 1 座土坑石砌墓。条石砌冢，冢头呈梯形，冢长 5、宽 4、高 1.4 米。碑为石质仿木四柱三开间三楼笔架顶，两次间及抱鼓呈八字形，碑通高 3.6、通宽 4.4 米，有精美碑雕刻。碑前有长方形拜台，长 5、宽 1.5 米。

朱文运墓　位于夏溪乡烂坝村，清光绪丁丑年（1877 年），东南向，为 1 座土坑石砌墓。冢条石无存，仅存封土，长 4、宽 2.5、高 1.1 米。碑为石质两柱一开间庑殿顶，两侧施抱鼓，碑顶脱落于地上，残碑高 1.6、宽 2.5 米。

古建筑

观音桥　位于夏溪乡大埝村，建于清代，石质二柱三孔石板桥，东北西南走向，桥长 9.9、宽 1.8、高 2.2 米。桥西南端有石碑一通，高 2、宽 1 米，三面刻字。题记年代"清嘉庆□□□立"。

渔溪石塔　位于夏溪乡鱼溪村，建于清同治四年（1865 年）。坐南向北，青石结构，共五层。塔顶为六角攒尖顶，塔身呈六边形，层层上收，各层均开门，塔内空心。素面基坐，高 1.8 米，每边长 1.1 米。塔各层均有横匾、门联，顶层正面有一弥勒佛像，造型生动。塔左右侧有建造年代和捐修出钱人名记载。

石窟寺及石刻

铙钹山摩崖造像　位于夏溪乡大埝村，凿于清代。位处长 15、宽 15 米岩壁上，长方形敞口平顶龛，高 1.63、宽 1.23、深 0.5 米。龛内造像为观音，结跏趺坐于麒麟上，色彩仍鲜艳清晰。观音坐高 1.1、肩宽 0.35 米。麒麟卧高 0.35、长 0.95 米。左 10 米处立有一碑，记载年代为"清嘉庆……年……"。

吉福寺摩崖造像　位于夏溪乡大埝村，凿于清代，西北向，摩崖造像。石砌龛高 1.4、宽 1.7、深 0.7 米；造像为佛像，高 1.25、肩宽 0.45 米。

观音岩石刻　位于夏溪乡红岩村，题刻为清代，三幅石刻均利用天然崖壁，记录了清乾隆至嘉庆年间修建"理民府"官道相关事宜。文字均竖排阴刻楷书，从右至左编号为 B1、B2、B3。B1 框线长方形拱形顶，高 1.4、宽 1.1 米，题刻时间为乾隆五十一年（1786 年）；B2 外无框线，依照崖壁自然宽度题刻，高 0.8、宽 2 米，题刻时间为嘉庆元年（1796 年）；B3 位于 B2 上方，外无框线，依照崖壁自然宽度题刻，高 0.8、宽 1.2 米，题刻时间为嘉庆十三年（1808 年）。

近现代史迹及代表性建筑

沙溪沟桥 位于夏溪乡大埝村，属新市至西宁公路桥梁，修建于 1957 年。为一石质单拱桥。南北走向，条石砌成，泥结石桥面；桥长 27.6、宽 8、通高 11.8 米；拱跨 10、拱高 4.4、基高 5 米。

新桥沟新桥 位于夏溪乡新桥村，修建于 1957 年，水泥浇铸平板桥，横跨新桥沟，东西走向。桥长 9、宽 8.5、通高 5.7 米。桥面有栏杆，高 1 米。桥下两侧桥基用条石包砌，高 7.2 米。桥属新市至西宁公路桥，是当时经济发展的实物见证。

太平桥 位于夏溪乡新桥村，属新市至西宁公路桥梁，修建于 1957 年，为 1 座单拱石质桥。桥呈弧形，东西走向，条石砌桥身，泥石桥面，条石栏杆。桥长 23、宽 8、通高 11.5 米；拱跨度 5、高 2.7 米。

糖房沟新月桥 位于夏溪乡建设村，属新市至西宁公路，修建于 1957 年，为 1 座单拱石质公路桥。东西走向，混凝土桥面，条石桥身；桥长 20、高 8.6、宽 8 米；拱跨 5、拱高 3、基高 3.6 米。

龙神沟桥 位于夏溪乡红椿村一组，与建设村九组交界，属新市至西宁公路，修建于 1957 年，为 1 座单拱石质公路桥。东西走向，略呈弧形，条石砌桥身，水泥桥面，南侧混凝土栏杆，北侧条石栏杆；桥长 17、宽 8、高 9.2 米。

新建桥 位于夏溪乡钢丝村修建于 1957 年，为 1 座单拱石质平桥，南北走向，桥长 17.2、宽 8、通高 7.7 米。23 个桥墩，拱高 3、基座高 3、跨度 6 米。

夏溪桥 位于夏溪乡钢丝村，修建于 1957 年，为 1 座公路桥。南北走向，混凝土预制桥梁桥面，混凝土柱钢管栏杆，石质桥墩。桥长 10、宽 10、高 5.7 米。

屏边彝族乡

古墓葬

大屋基墓群 位于屏边彝族乡青龙村，明代，共 3 座，分布在长 50、宽 25 米的坡地，坐向南。三墓大部分暴露地面，扰乱严重。形制基本相同，均为条石、大石板砌成的石室墓，各墓室相通。其中 M1 为双室墓，长 4.7、宽 1.2、高 1 米。曾出土过陶瓷罐、人骨、铁圈。

周家湾墓群 位于屏边彝族乡青龙村，4 座清墓，坐向西南，均为条石砌成土坑墓，占地面积约 300 平方米。从左至右编号为 M1、M2、M3、M4。M1 为陈先元墓，冢长 4.5、宽 2.5、高 1.3 米；碑为石质仿木结构四柱三开间牌楼顶，残高 1.8、残宽 2.8

米，年款题刻为"大清嘉庆□□□年"。M2 碑题刻为"嘉庆□□□年"，M3 碑题刻为"道光□□□年"，M4 年代不清。

玉皇观墓地　位于屏边彝族乡塘湾村，2 座墓，东向南，为条石砌成土坑墓。二墓相距 5 米。M1 墓冢长 5、宽 3、高 0.8 米。墓碑四柱三开间，仿木结构重檐歇山顶，有抱鼓，呈八字形。碑宽 3、高 2、厚 0.2 米。中刻"皇清西逝显妣李母周氏法德慈……嘉庆二十五年孟夏"。

周正礼墓　位于屏边彝族乡塘湾村，清嘉庆二十四年（1819 年），坐向西，为条石砌成土坑墓。冢长 4.5、宽 2、高 0.95 米。碑原为四柱三开间，现存两柱仿木结构单檐歇山顶，碑宽 1.7、高 2 米。

杨子贵夫妇墓　位于屏边彝族乡青龙村，清道光十一年（1831 年），坐向西南，为条石砌成土坑墓。墓冢长 4.8、宽 4.6、高 0.9 米。碑为三柱二开间仿木结构重檐歇山式，左右八字墙，分别刻"福"、"寿"二字，中刻"杨子贵、杨李氏墓，道光十一年十月十三日立"，碑宽 4.34、高 3 米。

吴氏墓地　位于屏边彝族乡青龙村，清道光十二年（1832 年），共 5 座，整体坐向西南，形制基本相同，为条石砌成土坑墓。M1 被盗，已扰乱。M2 冢长 4.5、宽 3、高 1.8 米；碑为四柱三开间仿木结构重檐歇山顶，有抱鼓，呈八字形，碑宽 4.3、高 3 米，中刻"清故妣吴龙氏……道光十二年……"。M4 为清光绪元年墓，石质单碑。M5 为道光七年墓。

谢世清墓　位于屏边彝族乡塘湾村，清同治三年（1864 年），坐向西北，为条石砌成土坑墓，墓冢后部条石垮塌。冢长 6.4、宽 2.5、高 1.6 米。碑为四柱三门仿木结构重檐歇山式顶，两侧有抱鼓。碑 1.1、高 1.9 米。碑中心刻"西逝显考谢老大人墓"，左刻"同治三岁次甲子黄……"。碑顶盖错位，二楼碑心从中破损，底楼右次间损毁。

谢世清是屏边彝族乡人，曾参加过清咸丰末同治初反满"太平军起义"，事败被逮押夏溪杀害，殉难时年仅二十余岁。

古建筑

朱氏宅　位于屏边彝族乡屏边村，修建于清代，穿斗式梁架悬山顶小青瓦屋面，两开间两层木结构建筑，通高 8 米。东临街，底层平街为铺面，二层为住房；两层均面阔两间 6 米，进深四间 7 米。

屏边李氏宅　位于屏边彝族乡屏边村街村，修建于清代，穿斗式梁架悬山顶小青瓦屋面，三开间两层木结构建筑，通高 8 米。建筑东临街，底层平街为铺面，二层为住房；两层均面阔三间 11.5 米，进深四间 7 米。

神龛子庙　位于屏边彝族乡青龙村，建于清嘉庆十年（1805），坐北向南，石质悬山式屋形二层阁楼，石阁总高 3.3、宽 2.7、深 1 米。上层一佛二菩萨，佛高 0.4、肩宽 0.09 米。下层土地一尊，坐高 0.35、肩宽 0.08 米。左侧立一石碑，歇山顶，高 1.8、宽 0.8、厚 0.25 米。

石窟寺及石刻

麻柳观音窟　位于屏边彝族乡麻柳村，嘉庆三年始建，嘉庆八年增拓，嘉庆十三年增碑。造像及碑刻分布在长 4、宽 1 的范围。龛为屋形龛，高 1.2、宽 0.55、深 0.35 米，龛内为观音造像作结跏趺坐式，高 0.36、肩宽 0.16 米。龛侧有碑三通，两碑字迹风化不清，另一碑记载造龛经过及沿革。

近现代史迹及代表性建筑

屏边桥　位于新市至西宁公路屏边彝族乡青龙村四组场口，修建于 20 世纪 50 年代，南北走向，条石砌成，水泥桥面。长 10、宽 8、高 5.8 米。该桥属新市至西宁公路重要桥梁，修建于大跃进前夕，是当时经济发展的实物见证。

屏边索桥　位于屏边彝族乡屏边村，修建于 20 世纪 60 年代，东西走向，跨西宁河，有 5 根斜拉钢缆，桥面铺钢板，每块长 1.5、宽 0.5、厚 0.05 米。桥长 72、宽 1.5、高 12 米。该桥修建于"文化大革命"时期，对解决西宁河两岸交通起到了很大作用。

清平彝族乡

古遗址

观音堂遗址　位于清平彝族乡烂田村，清嘉庆十七年（1812 年），正面西向，原建筑已毁，现存石刻圆雕佛像 9 尊、香炉 1 件、莲座 2 件，散布于长 4.5、宽 2.5 米范围。佛像、香炉等雕刻精美，具有典型的清代风格。

古墓葬

代文彩夫妇墓　位于清平彝族乡大石村，葬于清代，坐向西南，条石砌成土坑墓。冢长 5.5、宽 3.7、高 1.4 米。碑为四柱三开间重檐庑殿顶，宽 2.3、高 3.2 米，碑文字迹风化不全，呈八字形，上刻有简单纹饰，前有直径 2.5 米的拜台。

大坪上陆氏夫妇墓　位于清平彝族乡后山村，葬于清代，坐向南，条石砌成土坑墓。墓冢长满荒草，长 7、宽 4.2、高 1.3 米。碑顶全部脱落在地，四柱三开间重檐庑殿顶，两侧有抱鼓。残碑宽 3.6、高 1.8 米，碑文已辨认不全。

黎氏墓地　位于清平彝族乡岩坪村，由4座墓组成，坐向东，从左至右编号为M1、M2、M3、M4。M1葬于清乾隆六十年（1795年），为黎正凤墓；M2为黎文先夫妇墓，葬于道光二十年（1840年）；M3黎卢氏墓、M4黎永贵墓，均葬于清嘉庆六年（1801年）。四墓均为土坑石冢。M1冢长6、宽4、高1.5米；石质仿木两柱一开间庑殿顶，碑嵌于冢头，高1.8、宽1.2米。M2、M3、M4形制相同，冢长6、宽3.2、高1.5米；碑为石质仿木两柱一开间庑殿顶，立于M3、M4冢前，两碑形制相同，均高1.8、宽1.2米。

卢仲勤墓　位于清平彝族乡大石村，葬于清嘉庆二十四年（1819年），坐向西南，条石砌冢。冢长6、宽3.5、高1.2米。碑为四柱三开间，重檐庑殿顶，宽2.7、高2.8米。前有半圆形拜台，直径2.5米。

老坟山陈氏墓地　位于清平彝族乡岩坪村，由2座墓组成，从左至右编号为M1、M2。M1葬于道光十四年（1834年），为陈万懋墓；M2葬于清嘉庆十二年（1807年），为陈上富、陈公杨氏、陈杨氏墓。两墓均为土坑石砌墓，坐西向东，条石砌冢。M1冢长6、宽4、高1.5米；石质仿木两柱一开间庑殿顶，碑立于冢前，碑高1.8、宽1.2米。M2冢长6、宽7、高1.5米；三碑均为石质仿木两柱一开间，庑殿顶，均高1.8、宽1.2米。

马鞍石沈氏墓地　位于清平彝族乡冒水村，8座墓均葬于清代，坐向南，为乱石垒成土坑墓。M1沈陈氏墓，清道光六年（1826年）。冢头呈月牙形，长4.5、宽3、高1.2米。碑为石质单碑，宽0.5、高1米；M2沈明玉墓，清光绪二十六年（1900年），碑为单碑庑殿顶；M3沈王氏墓，清光绪二十六年（1900年），碑为石质单碑，庑殿顶；M4沈光华墓，单碑笔架形顶；M5申沈氏墓，清道光十九年（1839年），冢头呈椭圆形前立单碑无帽；M6沈谢氏墓，清同治九年（1870年），前立单碑有帽；M7、M8沈氏墓，清同治八年（1869年），碑为单碑庑殿顶。

卢家墓地　位于清平彝族乡大石村，由2座墓组成，从右至左编号为M1、M2。M1葬于清道光十一年（1831年），为卢王氏墓，M2葬于清道光十二年（1832年），为卢胜勤墓。两墓均为土坑石砌墓，坐向东，形制相同，条石砌冢，冢长6、宽4、高1.3米；碑为石质仿木四柱三开间牌楼顶，两次间八字形，碑高2.7、宽3.2米。

到荡子黄氏墓地　位于清平彝族乡大石村，共4座清墓，均在一水平线上，坐向西南。其中M2年代为光绪八年，条石砌成土坑墓，长6、宽4.5、高1.6米。碑为仿木结构建筑，四柱三间二楼庑殿顶，左右有抱鼓，碑宽4、高3.5米。

黄光灵墓　位于清平彝族乡大石村，清光绪元年（1875年），坐向南，为乱石垒成墓冢。冢长5.5、宽2.5、高1.8米。碑为石质单碑庑殿顶，高1.2、宽0.6米。

黄卢氏墓　位于清平彝族乡龙宝村，清光绪十二年（1886年），坐向南，条石砌成长方形墓冢，长 5.5、宽 3.2、高 1.2 米。碑为单碑二柱一开间，二重檐歇山顶，有抱鼓，宽 2.2、高 2.3 米。

芋和田黄氏夫妇墓　位于清平彝族乡清平彝族乡前山村，清光绪三十年（1904年），坐向南，条石砌成长方形墓冢，长 7、宽 4.2、高 1.8 米。碑为石质四柱三开间，重檐庑殿顶，宽 3.4、高 3.4 米。

古建筑

大石字库塔　位于清平彝族乡大石村，清嘉庆十六年（1811 年），石质，四方形，重檐顶，长宽均 1、通高 3.2 米；台基长宽均 1.4、高 0.3 米；下部 1.2 米为条石砌成实心，中部下檐下 1 米，空心；上下檐间东面石板浮雕虎面，虎口为字库孔，孔右侧题刻"大清嘉庆十六年"。

石窟寺及石刻

马颈子摩崖造像　位于清平彝族乡烂田村，清嘉庆十七年（1812 年）。1 尊位于 1 个西向长方形敞口平顶龛内，龛高 0.65、宽 0.6、深 0.25 米；造像 1 尊为观音菩萨，位于正中，高 0.4 米；另 1 尊位于龛顶额上，高 0.3 米；龛右侧题刻"大清嘉庆十七年"。

新发乡

古建筑

白庙　位于新发乡石盘村，修建于清代，西南向，原为四合院，现存正殿和左右配殿，均为混合梁架硬山顶小青瓦屋面，正殿与配殿之间有高出屋面 2~3 米的封火墙。正殿面阔三间 13 米，进深五间 10 米，通高 9 米；左右配殿形制相同，均面阔三间 10 米，进深三间 6 米，通高 7 米。

近现代史迹及代表性建筑

永远水库　位于新发乡蒋坝村营盘组狗尾巴山北 100 余米，与丁发村蛮洞湾交界。建于 1964 年，用条石砌内壁和外壁，中间填土，堤坝长 120 米，顶宽 4、底宽 32、外高约 20 米。近年，堤坝内壁又用混凝土预制板铺面加固。该堤坝的修建，解决了蒋坝村附近数千亩土地的灌溉用水问题，是新中国兴修水利设施促进农业发展的实物证明。

后　记

　　《酒都文物——宜宾市第三次全国文物普查成果集成》，得力于宜宾市第三次全国文物普查工作的圆满完成和取得的大量基础资料。宜宾市政府高度重视普查工作，成立了宜宾市第三次全国文物普查领导小组，负责全市普查工作的组织和领导。领导小组成员单位市委宣传部、宜宾军分区、市发改委、市财政局、市国土资源局、市住建局、市交通局、市林业局、市统计局、市民宗局、市水利局、市党史办、市文广新局，为文物普查做了大量卓有成效的工作。市文广新局还具体负责全市第三次全国文物普查工作。

　　宜宾市第三次全国文物普查工作取得丰硕成果，也是各区、县各级政府、相关部门和参加普查工作的同志艰苦工作、辛勤劳动的结果。他们以对祖国历史文化遗产高度负责任的态度，以饱满的工作热情、一丝不苟的工作作风，克服了许多难以想象的困难，使得宜宾市第三次全国文物普查工作，按国家要求，保质保量按时完成；同时，也为本书的编写，奠定了扎实的基础。这里，向他们表示最诚挚的感谢！

　　《酒都文物——宜宾市第三次全国文物普查成果集成》，是对宜宾市各区县文物普查资料进行汇总、系统整理；对文物的认定、计量、信息采集、数据汇总等各个方面进行认真审查、核实和补充，对文字表述进行修改和充实。参加本书编写的同志是（按姓氏笔画）：王莉、王玺、邓胜英、艾永琪、卢根柱、关维、向山、刘松涛、刘冰彬、陈丹、陈安艳、陈勇、陈凯、宋学慧、张杨、罗平、范玉洪、周雯、姚世强、姚祯、凌光慧、黄乐生、曹家树、崔安、蔡永旭、蔡永红、廖红娟。其中，蔡永旭同志在本书的编写过程中，做了大量工作，这里，一并表示感谢！

　　由于学识有限，缺点和不足之处在所难免，敬请指正。

编者

2013 年 8 月